Manual de Direito Civil
Contemporâneo

Anderson Schreiber

Manual de Direito Civil

Contemporâneo

8ª edição
2025

saraiva jur

- O autor deste livro e a editora empenharam seus melhores esforços para assegurar que as informações e os procedimentos apresentados no texto estejam em acordo com os padrões aceitos à época da publicação, *e todos os dados foram atualizados pelo autor até a data da entrega dos originais à editora*. Entretanto, tendo em conta a evolução das ciências, as atualizações legislativas, as mudanças regulamentares governamentais e o constante fluxo de novas informações sobre os temas que constam do livro, recomendamos enfaticamente que os leitores consultem sempre outras fontes fidedignas, de modo a se certificarem de que as informações contidas no texto estão corretas e de que não houve alterações nas recomendações ou na legislação regulamentadora.

- Data do fechamento do livro: 25/11/2024

- O autor e a editora se empenharam para citar adequadamente e dar o devido crédito a todos os detentores de direitos autorais de qualquer material utilizado neste livro, dispondo-se a possíveis acertos posteriores caso, inadvertida e involuntariamente, a identificação de algum deles tenha sido omitida.

- Direitos exclusivos para a língua portuguesa
  Copyright ©2025 by
  Saraiva Jur, um selo da SRV Editora Ltda.
  Uma editora integrante do GEN | Grupo Editorial Nacional
  Travessa do Ouvidor, 11
  Rio de Janeiro – RJ – 20040-040

- **Atendimento ao cliente: https://www.editoradodireito.com.br/contato**

- Reservados todos os direitos. É proibida a duplicação ou reprodução deste volume, no todo ou em parte, em quaisquer formas ou por quaisquer meios (eletrônico, mecânico, gravação, fotocópia, distribuição pela Internet ou outros), sem permissão, por escrito, da **SRV Editora Ltda.**

- Capa: Tiago Fabiano Dela Rosa
  Diagramação: Claudirene de Moura Santos Silva

- **DADOS INTERNACIONAIS DE CATALOGAÇÃO NA PUBLICAÇÃO (CIP)
  VAGNER RODOLFO DA SILVA – CRB-8/9410**

S378m   Schreiber, Anderson
Manual de direito civil contemporâneo / Anderson Schreiber. – 8. ed. – São Paulo:
    Saraiva Jur, 2025.

1.168 p.
ISBN 978-85-5362-533-8 (impresso)

1. Direito. 2. Direito civil. I. Título. II. Série.

	CDD 347
2024-4134	CDU 347

Índices para catálogo sistemático:
1. Direito civil   347
2. Direito civil   347

Apresentação

A convite da Editora Saraiva, aceitei o desafio de redigir este *Manual de Direito Civil Contemporâneo*, não sem alguma hesitação. Compilar em um único volume todos os pormenores do direito civil, a mais extensa disciplina dos cursos universitários brasileiros, em meio a todas as transformações por que passa atualmente a matéria, me parecia uma tarefa irrealizável. E é. Isso, todavia, só reforça a importância de uma obra que transmita ao leitor o conteúdo fundamental do direito civil, reunindo os conceitos essenciais da disciplina e apresentando, de modo técnico e coerente, as novas teorias e construções que vêm sendo acolhidas pelos nossos tribunais. Eis o propósito deste livro. Nas páginas que se seguem, cada instituto é apresentado de modo didático, por meio da sua definição, dos seus principais efeitos e de exemplos de aplicação concreta em nossa jurisprudência. A isso acrescentei as linhas de tendência que me pareceram necessárias para fornecer uma visão atualizada do direito civil. Este livro não substitui a leitura dos diversos volumes de *Tratados*, *Cursos* e *Instituições* que elevam a cultura civilista brasileira. Aqui, a proposta foi outra: a de construir uma obra sintética, de fácil consulta, que, como verdadeiro *manual*, o leitor pode ter sempre *à mão* para relembrar a essência do direito civil.

Por sugestão da Editora, foram também incluídos ao longo do livro *QR codes*, que permitem acessar vídeos em que apresento aprofundamentos adicionais sobre alguns temas e abordo novas leis e julgados que podem surgir após a publicação da edição, tudo de modo a manter a obra atualizada em tempo real. Para acesso à listagem completa de vídeos:

Agradeço, por fim, a alguns dedicados ex-alunos e pesquisadores que muito me ajudaram na organização e atualização desta obra: Rafael Mansur, Ketlyn Chaves de Souza, Manoella Alves, Felipe Ramos Ribas Soares, Jeniffer Gomes, Rafaele Medeiros Soares, Ihala Galon e Marcella Meirelles. A esse time de bravos e jovens civilistas, meu muito obrigado.

Índice

Apresentação V

TEORIA GERAL DO DIREITO CIVIL

CAPÍTULO 1 – Direito Civil e Ordenamento Jurídico

1. Unidade da ordem jurídica 3
2. Ramos do direito 3
3. Utilidade dos ramos do direito... 4
4. O que é o direito civil? 5
5. Direito civil e liberalismo... 5
6. As grandes codificações 6
7. A influência das grandes codificações na América Latina.......... 7
8. Raízes do direito civil brasileiro 8
9. Intervenção do Estado e leis especiais 10
10. Constituição de 1988.. 10
11. Direito civil-constitucional... 11
12. Código Civil de 2002 13
13. Alguns equívocos do Código Civil.. 14
14. Futuro do direito civil 15
15. Funcionalização dos institutos jurídicos....................................... 15
16. O papel do civilista... 16

CAPÍTULO 2 – A Norma Jurídica

1. Fontes do direito 19
2. Pluralidade de fontes normativas.. 21
3. Vigência da lei 21
4. Vigência da lei no espaço 22
5. Eleição da lei aplicável aos negócios jurídicos 24
6. Vigência da lei no tempo 25

7.	Revogação, ab-rogação e derrogação	25
8.	Repristinação	25
9.	Irretroatividade da lei	26
10.	Proteção ao direito adquirido (Gabba)	26
11.	A teoria objetiva de Roubier	27
12.	Direito transitório no Brasil	27
13.	Sacralização do direito adquirido	28
14.	De volta à irretroatividade da lei	29

Capítulo 3 – Interpretação da Norma Jurídica

1.	Interpretação das normas jurídicas	31
2.	*In claris fit interpretatio*	32
3.	Escola da Exegese	32
4.	Escola Histórica	32
5.	Pandectística	33
6.	Escola do Direito Livre	33
7.	Uso alternativo do direito e o chamado direito alternativo	34
8.	A interpretação hoje	35
9.	Elementos de interpretação	35
10.	Integração do direito	37
11.	Analogia *legis*	38
12.	Costume	39
13.	Princípios gerais do direito (analogia *iuris*)	39
14.	Integração-interpretação-aplicação como processo unitário	40

Capítulo 4 – A Relação Jurídica

1.	Relação jurídica	43
2.	Situações jurídicas subjetivas	44
3.	Direito subjetivo: apogeu e crise	45
4.	Dever jurídico	47
5.	Direito potestativo	47
6.	Faculdade jurídica	48
7.	Poder jurídico	48
8.	Interesse legítimo	49
9.	Ônus	50
10.	Pretensão	51
11.	Estado pessoal (*status*)	51

12. De volta à relação jurídica	52
13. Elementos da relação jurídica	52
14. O problema do sujeito da relação jurídica	53

Capítulo 5 – A Pessoa Humana

1. Pessoa humana	55
2. Distinção em relação às pessoas jurídicas	56
3. Personalidade em sentido subjetivo	56
4. Personalidade em sentido objetivo	57
5. Início da personalidade	57
6. Tutela dos interesses do nascituro	57
7. Proteção jurídica dos embriões	59
8. A questão do aborto	60
9. Aborto de fetos anencéfalos (ADPF 54)	61
10. O chamado direito de não nascer	63
11. Capacidade	64
12. Capacidade de direito	64
13. Capacidade de fato	66
14. Incapacidade absoluta × relativa	66
15. Incapacidade × falta de legitimação	67
16. Releitura das incapacidades	67
17. Interdição	68
18. Emancipação	69
19. Estatuto da Pessoa com Deficiência	69
20. Fim da personalidade	72
21. Eutanásia	72
22. Testamento biológico	74
23. Comoriência	75
24. Morte civil × morte presumida	76
25. Ausência	76
26. Fases da ausência	77
27. Efeitos existenciais da ausência	77
28. Retorno do ausente ou desaparecido	78

Capítulo 6 – Direitos da Personalidade

1. Dignidade da pessoa humana	81
2. Autonomia existencial	83

3. O lançamento de anão	84
4. Direitos da personalidade	86
5. Características dos direitos da personalidade	87
6. Autolimitação aos direitos da personalidade	88
7. Direitos da personalidade no Código Civil de 2002	89
8. Direito ao próprio corpo	90
9. Mercado humano	91
10. O caso Moore	92
11. Exigência médica	92
12. Cirurgias de "transgenitalização"	93
13. *Wannabes*	94
14. Consentimento informado	95
14.1. Transfusão de sangue para Testemunhas de Jeová	96
15. Direito à privacidade	96
16. Proteção de dados pessoais	98
17. Direito ao nome	99
18. Direito à identidade pessoal	102
19. Direito à identidade pessoal das pessoas transgênero	103
20. Direito à honra	104
21. Direito de sátira	105
22. Direito à imagem	106
23. Colisão entre direitos da personalidade e liberdade de informação	108
24. A questão das biografias	112
25. Direito ao esquecimento	114
26. Instrumentos de tutela da personalidade	117
27. Tutela *post mortem* da personalidade	117
28. A marcha infinita da personalidade	119

Capítulo 7 – A Pessoa Jurídica

1. Conceito	121
2. Natureza jurídica	122
3. Personificação do ente coletivo	124
4. Direitos da personalidade da pessoa jurídica: crítica	124
5. Função social da empresa	125
6. Classificação	126
7. Sociedades	126
8. Associações	128

8.1. Início e extinção das associações 128
8.2. Associações na jurisprudência 129
9. Fundações 131
9.1. Início e extinção das fundações 132
10. Desconsideração da personalidade jurídica 133
11. Entes não personalizados 136

Capítulo 8 – Domicílio

1. Conceito 137
2. Importância 138
3. Indeclinabilidade 139
4. Pluralidade de domicílios 139
5. Mudança de domicílio 139
6. Domicílio da pessoa jurídica 140
7. Espécies de domicílio 140
7.1. Domicílio civil × político 140
7.2. Domicílio profissional 141
7.3. Domicílio voluntário × necessário (e legal) 141
7.4. Domicílio geral × especial 142
8. Domicílio em uma leitura civil-constitucional 143

Capítulo 9 – Bens

1. Bens ou coisas 145
2. Tendências atuais 147
3. Direito dos animais 148
4. Os bens no Código Civil de 2002 149
5. Bens móveis e imóveis 150
6. Definição de bens imóveis 151
7. Definição de bens móveis 152
8. Bens fungíveis e infungíveis 152
9. Infungibilidade dos bens imóveis 153
10. Efeitos da distinção 153
11. Bens consumíveis e inconsumíveis 154
12. Efeitos da distinção 155
13. Bens divisíveis e indivisíveis 155
14. Bens singulares e coletivos 156
15. Patrimônio 157
16. Bens principais e acessórios 158

17. Princípio da gravitação jurídica 158
18. Frutos e produtos 159
19. Benfeitorias 160
20. O problema das pertenças 161
21. Bens públicos 163
22. Bem de família 164
23. Evolução jurisprudencial do bem de família 166
24. Bem de família e *venire contra factum proprium* 169

Capítulo 10 – Fato Jurídico

1. Fato jurídico 171
2. Crítica 172
3. Classificação dos fatos jurídicos 173
4. Fatos lícitos e ilícitos 173
5. Fatos lícitos 173
6. Ato jurídico em sentido estrito 175
7. Teoria do ato-fato 176
8. Análise funcional dos atos lícitos 177
9. Ato ilícito 177
10. Excludentes de ilicitude 178
11. Abuso do direito 179
12. Abuso do direito e boa-fé objetiva 179
13. Concepção objetiva do abuso do direito 180
14. Exemplos de aplicação jurisprudencial do abuso de direito ... 181
15. Ato abusivo × ato ilícito 183
16. Sistematização da teoria 184
17. Juízo de merecimento de tutela 184

Capítulo 11 – Negócio Jurídico

1. Negócio jurídico 185
2. Crítica ao negócio jurídico 186
3. A nova autonomia privada 188
4. Três planos do negócio jurídico 190
5. Plano de existência 190
6. Plano de validade 191
   6.1. A forma do negócio jurídico 191
   6.2. Liberalidade das formas 192
   6.3. Forma *ad solemnitatem* e *ad probationem tantum* 193
   6.4. Forma × formalismo 193

	6.5. Causa do negócio jurídico	194
7.	Plano de eficácia	196
	7.1. Modalidades do negócio jurídico	197
	7.2. Condição	197
	7.3. Condição suspensiva × resolutiva	198
	7.4. Condição puramente potestativa	198
	7.5. Condição simplesmente potestativa	199
	7.6. Condição perplexa	200
	7.7. Condição impossível	200
	7.8. Termo	200
	7.9. Efeitos do termo	201
	7.10. Distinção entre termo e condição	201
	7.11. Encargo	202
	7.12. Efeitos do encargo	203
8.	Negócios jurídicos unilaterais e bilaterais	203
9.	Interpretação do negócio jurídico	203
10.	Representação	206
	10.1. *Procuratio*	207
	10.2. *Contemplatio domini*	207
	10.3. Representação × interposição	208
	10.4. Representação sem mandato	208
	10.5. Conflito de interesses	209
	10.6. Representante aparente	210

Capítulo 12 – Defeitos do Negócio Jurídico

1.	Defeitos do negócio jurídico	213
2.	Erro	214
	2.1. Erro substancial	214
	2.2. Erro incidental	215
	2.3. Erro escusável	215
	2.4. Erro perceptível	216
	2.5. Perceptibilidade × escusabilidade do erro	217
	2.6. Erro de direito	218
	2.7. Exemplo de erro de direito	219
	2.8. Erro sobre motivo	219
	2.9. Teoria da pressuposição	220
	2.10. Conservação do negócio anulável por erro	222

3. Dolo 223
   3.1. Dolo principal × dolo incidental 223
   3.2. *Dolus bonus* 223
   3.3. Dolo por omissão 224
   3.4. Dolo recíproco 224
4. Coação 224
   4.1. *Vis compulsiva* × *vis absoluta* 225
   4.2. Avaliação da ameaça 225
   4.3. Supressão da equivalência do dano 225
5. Lesão 226
   5.1. Elemento objetivo da lesão: desequilíbrio entre as prestações 228
   5.2. Elemento subjetivo da lesão: necessidade ou inexperiência 229
   5.3. Lesão e princípio do equilíbrio contratual 230
   5.4. Conservação do negócio jurídico 231
   5.5. Lesão e Código de Defesa do Consumidor 232
6. Estado de perigo 232
   6.1. Elemento objetivo do estado de perigo: obrigação excessivamente onerosa 233
   6.2. Elemento subjetivo do estado de perigo: conhecida necessidade de salvar-se 233
   6.3. Conservação do negócio jurídico celebrado em estado de perigo 234
7. Fraude contra credores 234
   7.1. *Eventus damni* e *consilium fraudis* 235
   7.2. Transmissão gratuita 235
   7.3. Transmissão onerosa 236
   7.4. Fraude contra credores × outras espécies de fraude 236
   7.5. Efeitos da fraude contra credores 237
8. Ainda sobre os defeitos do negócio jurídico 237

Capítulo 13 – Invalidade do Negócio Jurídico

1. Invalidade do negócio jurídico 239
2. Distinção entre nulidade e anulabilidade 239
3. Causas de nulidade 241
4. Simulação 241
   4.1. Elementos da simulação 242
   4.2. Simulação inocente 242

4.3.	Simulação absoluta × relativa (dissimulação)	243
4.4.	Preservação do negócio jurídico dissimulado	243
4.5.	Hipóteses de simulação	243
4.6.	Alegação por quem simula	244
4.7.	Terceiros de boa-fé	244
4.8.	Exemplo jurisprudencial de simulação	245
5.	Princípio da conservação dos negócios jurídicos	245
6.	Conversão do negócio jurídico	246
7.	Exemplos de conversão do negócio jurídico	246
8.	Conversão substancial × formal	247
9.	Conversão legal	248
10.	Crítica aos requisitos da conversão	248
11.	Redução do negócio jurídico	248
12.	Atenuação dos rigores da nulidade diante do comportamento das partes	249
13.	Necessidade de revisão crítica da teoria das nulidades	251
14.	Teoria da inexistência	251
15.	Crítica à teoria da inexistência	252
16.	Negócios jurídicos inexistentes na jurisprudência	253

Capítulo 14 – Prescrição e Decadência

1.	Prescrição e decadência	255
2.	Prescrição	256
2.1.	Prescrição aquisitiva	256
2.2.	Prescrição extintiva: três correntes	256
2.3.	Conceito de prescrição	258
2.4.	Duplo fundamento: releitura à luz dos valores constitucionais	259
2.5.	Interrupção da prescrição	259
2.6.	Taxatividade das causas de interrupção	260
2.7.	Reinício do prazo	261
2.8.	"Uma única vez"	261
2.9.	Pretensões contra a Fazenda Pública	262
2.10.	Impedimento e suspensão da prescrição	263
2.11.	Taxatividade das causas de impedimento e suspensão	264
2.12.	Ausência de pretensão	264
2.13.	Inalterabilidade dos prazos prescricionais	265
2.14.	Reconhecimento *ex officio*	265

2.15. Renúncia à prescrição 266
2.16. Termo inicial dos prazos prescricionais 267
2.17. Prazos prescricionais 267
2.18. Pretensões imprescritíveis 269
2.19. Prescrição e danos morais 269
2.20. Prescrição intercorrente 271
3. Decadência 272
   3.1. Fatalidade do prazo decadencial 273
   3.2. Irrenunciabilidade e inalterabilidade do prazo decadencial 274
   3.3. Reconhecimento *ex officio* 274
   3.4. Decadência convencional 274
   3.5. Prazos de decadência 275
   3.6. Legislação especial 275
4. Prescrição e decadência sob a ótica civil-constitucional 276
5. Extinção de direitos *antes* do prazo e exercício de direitos *após* o prazo decadencial ou prescricional 277

Direito das Obrigações

Capítulo 15 – Obrigações

1. Direito das obrigações 283
2. Conceito de obrigação 283
3. Relação obrigacional 284
4. Fonte das obrigações 284
5. Elementos da obrigação 285
6. Função da obrigação 286
7. Patrimonialidade da obrigação 286
8. Débito e responsabilidade 287
9. Obrigação natural 287
10. Obrigação *propter rem* ≠ ônus reais 288
11. Modalidades de obrigações 289
   11.1. Obrigação de dar 290
         11.1.1. Obrigação de dar coisa certa 290
         11.1.2. Obrigação de dar coisa incerta 291
   11.2. Obrigação de fazer 291
   11.3. Obrigação de não fazer 293

12. Obrigações cumulativas e alternativas 293
13. Escolha, concentração e especificação 294
14. Obrigação facultativa ou com faculdade de substituição 295
15. Obrigações com pluralidade de sujeitos 295
16. Obrigações indivisíveis 296
17. Obrigações solidárias 297
18. Solidariedade legal 297
19. Solidariedade convencional 298
20. Solidariedade ativa e passiva 299
21. Natureza jurídica da solidariedade 299
22. Renúncia à solidariedade 300
23. Transmissão das obrigações 301
24. Cessão de crédito e assunção de dívida 302
25. Eficácia da cessão de crédito 303
26. Cessão *pro soluto* e *pro solvendo* 303
27. Assunção de dívida 303
28. Assunção por expromissão e por delegação 304
29. Adjunção ou adesão à dívida 304
30. Cessão de posição contratual 305
31. Obrigações intransmissíveis 306
32. Obrigações de meio e obrigações de resultado........................ 306

Capítulo 16 – Adimplemento das Obrigações

1. Adimplemento das obrigações 309
2. Tríplice transformação do adimplemento 310
3. Requisitos do pagamento 311
   3.1. Quem deve pagar 311
   3.2. A quem se deve pagar 312
   3.3. Objeto do pagamento 312
   3.4. Lugar do pagamento 312
   3.5. Tempo do pagamento 313
4. Prova do pagamento: quitação 314
5. Presunção de pagamento 314
6. Modalidades indiretas de pagamento 315
   6.1. Pagamento em consignação 315
   6.2. Pagamento com sub-rogação 316
   6.3. Imputação do pagamento 316

6.4. Dação em pagamento	317
7. Modos de extinção da obrigação diversos do adimplemento	318
7.1. Novação	319
7.2. Compensação	320
7.3. Confusão	322
7.4. Remissão de dívida	324

Capítulo 17 – Inadimplemento das Obrigações

1. Inadimplemento	327
2. Inadimplemento absoluto × mora	328
3. Mora	329
4. Requisitos da mora do devedor	330
5. Requisitos da mora do credor	330
6. Termo inicial da mora	331
6.1. Mora *ex re*	331
6.2. Mora *ex persona*	332
6.3. Mora em obrigações decorrentes de ato ilícito	333
7. Mora em obrigações negativas	334
8. Purga ≠ cessação da mora	335
9. Inadimplemento antecipado	335
10. Efeitos do inadimplemento antecipado	337
11. Violação positiva do contrato	338
12. Teoria do adimplemento substancial	340
13. Crítica à avaliação matemática do adimplemento substancial	341

Capítulo 18 – Efeitos do Inadimplemento

1. Efeitos do inadimplemento relativo (mora)	345
2. Efeitos do inadimplemento absoluto	346
3. Perdas e danos	347
3.1. Dano emergente	347
3.2. Lucros cessantes	348
3.3. Interesse contratual positivo e negativo	348
3.4. Caráter subsidiário das perdas e danos	349
3.5. Dano moral decorrente de inadimplemento	350
3.6. Caso fortuito ou força maior	350
3.7. Fortuito interno	351
3.8. Cláusulas limitativas ou excludentes do dever de indenizar	351

4.	Atualização monetária	352
5.	Juros moratórios	352
	5.1. Taxa legal de juros	353
	5.2. Desnecessidade de alegação de prejuízo	354
	5.3. Termo inicial dos juros moratórios	355
6.	Cláusula penal	355
	6.1. Obrigação acessória	357
	6.2. Cláusula penal compensatória × moratória	358
	6.3. Valor da cláusula penal	359
	6.4. Desnecessidade de alegação do prejuízo	360
	6.5. Indenização suplementar	360
	6.6. Redução equitativa da cláusula penal	361
7.	Arras	362
	7.1. Arras confirmatórias × penitenciais	363
	7.2. Pacto acessório e real	364
	7.3. Distinção entre arras penitenciais e cláusula penal	364
	7.4. Arras penitenciais e direito do consumidor	365
	7.5. Redução equitativa das arras	366

Capítulo 19 – Enriquecimento sem Causa

1.	Pagamento indevido	367
2.	*Indebitum ex re × indebitum ex persona*	368
3.	Pagamento indevido e entrega de imóvel	369
4.	Pagamento indevido e dívida condicional	369
5.	Pagamento indevido e obrigação natural	369
6.	Pagamento indevido para fim ilícito	370
7.	Enriquecimento sem causa	370
8.	Requisitos do enriquecimento sem causa	372
9.	Justa causa	373
10.	Caráter subsidiário da *actio in rem verso*	374
11.	Teoria do duplo limite	375
12.	Lucro da intervenção	375
	12.1. Enquadramento sistemático	376
	12.2. Cumulatividade das pretensões restitutória e reparatória	377
	12.3. Quantificação da obrigação de restituir o lucro da intervenção	377

Capítulo 20 – Contratos: Noções Gerais

1.	Contrato: origens	381

2. Consensualismo 382
3. O contrato no liberalismo jurídico.. 384
4. A morte do contrato?.. 385
5. O contrato no direito contemporâneo 388
6. Princípios tradicionais do direito dos contratos..................... 390
7. Novos princípios do direito dos contratos.............................. 392
   7.1. Boa-fé objetiva.. 392
      7.1.1. Superutilização da boa-fé 394
      7.1.2. *Venire contra factum proprium* 395
      7.1.3. *Verwirkung* ou *suppressio*..................................... 396
   7.2. Função social do contrato.. 397
   7.3. Equilíbrio contratual... 401
8. Princípio da intervenção mínima?.. 403
9. O contrato-fato 406
10. Classificação dos contratos 407
    10.1. Contratos bilaterais e unilaterais.................................... 408
    10.2. Contratos onerosos e gratuitos 409
    10.3. Contratos comutativos e aleatórios 410
    10.4. Contratos formais e informais 412
    10.5. Contratos consensuais e reais 413
    10.6. Contratos típicos e atípicos... 414
    10.7. Contratos de execução instantânea, diferida e continuada . 415
    10.8. Contratos relacionais e contratos cativos de longa duração. 416
    10.9. Contratos preliminares e definitivos............................. 418
    10.10. Contratos de adesão e contratos paritários 418
    10.11. As chamadas condições contratuais gerais................. 420
    10.12. Contratos principais e acessórios................................. 422
    10.13. Contratos coligados e redes contratuais..................... 423
    10.14. Contratos incompletos 426
    10.15. Contratos eletrônicos 426
    10.16. A alegada distinção entre contratos civis e contratos de consumo.. 429
    10.17. A alegada distinção entre contratos civis e contratos empresariais 432

Capítulo 21 – Formação e Interpretação dos Contratos

1. A formação do contrato no direito brasileiro............................. 435

2.	A proposta	437
3.	Retratação e aditamento da proposta..	438
4.	Oferta ao público...	439
5.	*Invitatio ad offerendum*	440
6.	A aceitação...	440
7.	Momento de formação do contrato	441
8.	Lugar do contrato	443
9.	A escolha da lei aplicável ao contrato	444
10.	Negociações preliminares e responsabilidade pré-contratual....	446
11.	Um caso emblemático: o caso dos tomates	447
12.	Carta de intenções e memorando de entendimentos	449
13.	Acordos de confidencialidade	449
14.	Contrato preliminar ou pré-contrato..	451
15.	Execução específica do contrato preliminar	452
16.	Estipulação em favor de terceiro e promessa de fato de terceiro	453
17.	Contrato com pessoa a declarar..	454
18.	Tutela externa do crédito...	455
19.	Interpretação dos contratos..	458

Capítulo 22 – Extinção dos Contratos

1.	Extinção dos contratos...	461
2.	Resilição e resolução..	462
3.	Resilição...	462
	3.1. Resilição bilateral: distrato...	462
	3.2. Resilição unilateral	464
	3.3. Resilição unilateral convencional	464
	3.4. Denúncia...	465
	3.5. Suspensão de eficácia da denúncia..................................	465
4.	Resolução	466
	4.1. Cláusula resolutiva tácita ou expressa	466
	4.2. Controle do exercício do direito de resolução	468
5.	Resolução contratual por onerosidade excessiva	469
	5.1. Antecedentes teóricos..	469
	5.2. Desequilíbrio contratual superveniente no direito brasileiro	471
	5.3. Requisitos	473
	5.3.1. Contratos de execução continuada ou diferida.........	473

	5.3.2. Onerosidade excessiva	474
	5.3.3. Extrema vantagem	475
	5.3.4. Fatos imprevisíveis e extraordinários	476
	5.4. Efeitos	481
	5.4.1. Resolução do contrato	481
	5.4.2. Revisão judicial do contrato	482
	5.5. Dever de renegociar	484
6.	Frustração do fim do contrato	485
7.	Exceção do contrato não cumprido	488
8.	*Exceptio non rite adimpleti contractus*	489
9.	Exceção de inseguridade	489
10.	Vícios redibitórios	490
11.	Evicção	492
12.	Responsabilidade pós-contratual	493

Capítulo 23 – Contratos em Espécie

1.	Contratos em espécie	496
2.	Qualificação contratual	496
3.	Compra e venda	497
	3.1. Elementos da compra e venda	498
	3.2. Classificação	500
	3.3. Efeito obrigacional da compra e venda	501
	3.4. Invalidade da compra e venda	501
	3.5. Compra e venda *ad corpus* × *ad mensuram*	501
	3.6. Pactos adjetos à compra e venda	502
	3.6.1. Retrovenda	502
	3.6.2. Venda a contento ou sujeita a prova	503
	3.6.3. Preempção ou preferência	504
	3.6.4. Venda com reserva de domínio	506
	3.6.5. Venda sobre documentos	506
	3.7. Compra e venda internacional de mercadorias	507
4.	Troca ou permuta	509
5.	Estimatório	510
6.	Doação	511
	6.1. Objeto da doação	513
	6.2. *Animus donandi*	513
	6.3. Forma escrita	514

	6.4. Classificação	514
	6.5. Espécies de doação	514
	6.6. Invalidade das doações	516
	6.7. Revogação da doação	517
	6.8. Promessa de doação	519
7.	Locação	519
	7.1. Características	520
	7.2. Locações especiais	520
	7.3. Disciplina geral da locação	521
	7.3.1. Elementos da locação	521
	7.3.2. Efeitos	522
	7.3.3. Extinção	522
	7.4. Locação de imóveis urbanos	523
	7.4.1. Características	524
	7.4.2. Elementos	524
	7.4.3. Efeitos	524
	7.4.4. Fiança e outras garantias	526
	7.4.5. Cessão e sublocação	527
	7.4.6. *Shopping center*	527
	7.4.7. Extinção	529
8.	*Leasing*	529
9.	Comodato	532
	9.1. Características	532
	9.2. Elementos	533
	9.3. Efeitos	534
	9.4. Extinção	535
10.	Mútuo	535
	10.1. Características	535
	10.2. Elementos	537
	10.3. Efeitos	538
	10.4. Mútuo de dinheiro	538
	10.5. Extinção	542
11.	Prestação de serviços	542
	11.1. Características	543
	11.2. Elementos	544
	11.3. Tutela externa do crédito	544
	11.4. Extinção	546

12. Empreitada 546
   12.1. Elementos 548
   12.2. Características 548
   12.3. Efeitos 549
   12.4. Variação de preços e risco do empreiteiro 549
   12.5. Extinção × suspensão 550
   12.6. Responsabilidade do empreiteiro 551
   12.7. Proteção do autor do projeto 552
13. Depósito 552
   13.1. Espécies de depósito 553
   13.2. Efeitos 554
   13.3. Direito de retenção 555
   13.4. Uso da coisa depositada 555
   13.5. Extinção 555
   13.6. Prisão civil do depositário infiel 556
14. Mandato 557
   14.1. Elementos 558
   14.2. Características 559
   14.3. Procuração 560
   14.4. Conflito de interesses 560
   14.5. Espécies de mandato 561
   14.6. Efeitos do mandato 562
   14.7. Atuação *ultra vires mandati* 562
   14.8. Abuso de poder do mandatário 563
   14.9. Substabelecimento 563
   14.10. Extinção do mandato 564
   14.11. Procuração em causa própria 565
   14.12. Mandato judicial 565
15. Comissão 567
   15.1. Elementos 568
   15.2. Características 568
   15.3. Efeitos da comissão 569
   15.4. Cláusula *del credere* 569
   15.5. Extinção 570
16. Agência 570
   16.1. Elementos 571
   16.2. Características 573

16.3. Efeitos	573
16.4. Extinção	574
17. Distribuição	575
17.1. Distribuição e concessão mercantil	576
18. Corretagem	576
18.1. Elementos	577
18.2. Características	577
18.3. Efeitos	578
18.4. Extinção	579
18.5. O problema do registro do corretor	579
19. Transporte	580
19.1. Elementos	581
19.2. Características	582
19.3. Efeitos	583
19.3.1. Transporte de pessoas	583
19.3.2. Transporte de coisas	585
19.4. Responsabilidade civil do transportador aéreo	585
19.5. Transporte cumulativo	586
19.6. Extinção	587
20. Seguro	588
20.1. Espécies	588
20.2. Elementos	589
20.3. Características	589
20.4. Efeitos	590
20.5. Efeitos sobre terceiros	591
20.6. A boa-fé no contrato de seguro	593
20.7. Cláusula perfil	594
20.8. Seguro de vida do companheiro	595
20.9. A questão do suicídio no seguro de vida	596
20.10. Acidentes provocados por embriaguez	597
20.11. Cosseguro e resseguro	598
20.12. Extinção do contrato de seguro	598
21. Constituição de renda	598
21.1. Elementos	598
21.2. Características	599
21.3. Efeitos	600
21.4. Extinção	600

22. Jogo e aposta 601
    22.1. Características 601
    22.2. Efeitos 601
23. Fiança 603
    23.1. Elementos 604
    23.2. Características 604
    23.3. Efeitos 605
    23.4. Benefício de ordem ou excussão 605
    23.5. Benefício de divisão 606
    23.6. Outorga uxória ou marital para fiança 606
    23.7. Sub-rogação do fiador 606
    23.8. Responsabilidade do fiador na prorrogação do contrato de locação 607
    23.9. Penhorabilidade do imóvel do fiador 607
    23.10. Extinção 607
24. Transação 608
25. Compromisso 609
26. Administração fiduciária de garantias 610

Capítulo 24 – Responsabilidade Civil

1. Responsabilidade por ato ilícito ou responsabilidade subjetiva   613
2. Análise dos elementos do ato ilícito 614
3. Culpa 615
   3.1. Da culpa psicológica à culpa normativa 615
   3.2. Irrelevância dos graus de culpa 615
   3.3. Culpa desproporcional: parágrafo único do art. 944 616
   3.4. Responsabilidade objetiva ou sem culpa 616
   3.5. Responsabilidade objetiva no Brasil 618
   3.6. Cláusula geral de responsabilidade objetiva por atividades de risco 619
4. Dano 621
   4.1. Certeza e atualidade do dano 621
   4.2. Espécies de dano 622
   4.3. Dano patrimonial 622
   4.4. Perda da chance 623
   4.5. Dano moral 625
   4.6. Um caso emblemático 626

4.7. O chamado dano moral *in re ipsa*	627
4.8. Quantificação do dano moral	629
4.9. *Punitive damages*	630
4.10. Dano moral à pessoa jurídica	632
4.11. O chamado dano moral coletivo	633
5. Nexo de causalidade	635
5.1. Teoria da causa direta e imediata	635
5.2. Subteoria da necessariedade causal	636
5.3. A flexibilização do nexo causal	637
5.4. Teoria da causalidade alternativa	638
5.5. Excludentes de causalidade	639
6. Erosão dos filtros da reparação	640
7. Dever de reparar	641
8. Reparação não pecuniária dos danos morais	642
8.1. Retratação pública	642
8.2. Retratação privada	643
8.3. Outros meios não pecuniários de reparação	645
9. Responsabilidade contratual × extracontratual	647
10. Mitigação do próprio dano	649
11. Responsabilidade solidária entre os coautores	650
12. Regras especiais de responsabilidade civil	650
12.1. Responsabilidade por fato de terceiro	651
12.2. Responsabilidade civil do incapaz	652
12.3. Responsabilidade pelo fato das coisas	654
12.4. Responsabilidade pelo fato dos animais	655
12.5. Responsabilidade do empresário pelos danos causados por produtos postos em circulação	656
12.6. Responsabilidade civil do Estado	657
13. Relação entre a responsabilidade civil e a responsabilidade criminal	660

Capítulo 25 – Direito do Consumidor

1. Direito do consumidor	663
2. Relação de consumo	664
3. Fornecedor	664
4. Consumidor	665
5. Consumidor por equiparação	666

6. Direitos básicos do consumidor 667
7. Proteção à saúde e segurança do consumidor 667
8. Responsabilidade civil pelo fato do produto e do serviço 668
9. Dicotomia entre fato e vício do produto ou serviço 670
10. Riscos de desenvolvimento 671
11. Desconsideração da personalidade jurídica 672
12. Proteção contratual do consumidor 673
13. Superendividamento 675

Capítulo 26 – Atos Unilaterais e Preferências Creditórias

1. Conceito de atos unilaterais 679
2. Promessa de recompensa 680
    2.1. Espécies 680
    2.2. Requisitos 680
    2.3. Revogabilidade 681
    2.4. Beneficiário da promessa 681
3. Gestão de negócios 681
    3.1. Distinção entre gestão de negócios e mandato 682
    3.2. Natureza jurídica da gestão 682
4. Preferências creditórias 683
    4.1. Privilégios 683
    4.2. Privilégios gerais e especiais 683
    4.3. Direitos reais de garantia 684
    4.4. Confronto entre preferências 684
    4.5. Por um novo tratamento da insolvência 685

Direitos Reais

Capítulo 27 – Introdução aos Direitos Reais

1. Direitos reais 691
2. Distinção entre direitos reais e direitos obrigacionais 692
3. Crítica à distinção entre direitos reais e direitos obrigacionais.. 693
4. A questão da tipicidade dos direitos reais 696
5. Tipicidade × taxatividade 697
6. Classificação dos direitos reais 699
7. Aquisição de direitos reais 699

Capítulo 28 – Posse

1. O que é a posse 701
2. Teorias da posse: Savigny × Ihering 702
3. A posse no Código Civil brasileiro 705
4. *Ius possidendi* × *ius possessionis* 706
5. Autonomia da posse 707
6. Função social da posse 708
7. Natureza jurídica da posse 710
8. Posse direta e indireta 711
9. Fâmulo da posse 711
10. Posse justa e injusta 712
11. Interversão da posse 712
12. Posse de boa-fé e de má-fé 713
13. Justo título 713
14. Crítica à expressão posse de má-fé 714
15. Composse 715
16. Aquisição da posse 715
17. Constituto-possessório e cláusula *constituti* 716
18. Aquisição originária e derivada da posse 717
19. Atos de mera tolerância 717
20. Acessão de posse 717
21. Perda da posse 717
22. Efeitos da posse 718
    22.1. Direito aos frutos 718
    22.2. Direito à indenização e retenção de benfeitorias 719
    22.3. *Posse ad usucapionem* 720
    22.4. Responsabilidade pela perda ou deterioração da coisa 720
    22.5. Interditos possessórios 721
        22.5.1. Ação de manutenção de posse 722
        22.5.2. Ação de reintegração de posse 722
        22.5.3. Interdito proibitório 723
        22.5.4. Procedimento especial ou ordinário 723
        22.5.5. Fungibilidade das ações possessórias 723
        22.5.6. Cumulação de pedidos 724
        22.5.7. Caráter dúplice das ações possessórias 724
        22.5.8. *Exceptio dominii* 724
        22.5.9. Atualidade dos interditos possessórios 724

23. Posse de direitos	725
24. Posse de bens incorpóreos	725
25. Posse de bens públicos	726

Capítulo 29 – Propriedade

1. Propriedade	729
2. Função social da propriedade	730
3. Pluralidade de estatutos proprietários	732
4. Função social da propriedade na Constituição brasileira	732
5. Função social da propriedade no Código Civil	735
6. A chamada expropriação judicial	736
6.1. Natureza jurídica controvertida	737
6.2. Aplicação prática	739
6.3. Aplicabilidade a bens públicos	741
7. Perfil estrutural da propriedade	742
8. Modos de aquisição da propriedade imóvel	743
8.1. Usucapião de bem imóvel	745
8.1.1. Fundamento	746
8.1.2. Coisas usucapíveis	747
8.1.3. Requisitos da usucapião	747
8.1.4. Usucapião ordinária ≠ extraordinária	749
8.1.5. Usucapião tabular	749
8.1.6. Modalidades especiais de usucapião	750
8.1.7. Usucapião extrajudicial	753
8.2. Acessão	754
8.2.1. Acessões ≠ benfeitorias	754
8.2.2. Acessão invertida	755
8.3. Aquisição pelo registro	756
8.3.1. Sistema alemão	757
8.3.2. Sistema francês	757
8.3.3. Sistema brasileiro	757
8.3.4. Princípios registrais	758
8.3.5. Aspectos formais da transcrição	759
8.3.6. Retificação, anulação e cancelamento do registro	760
9. Modos de aquisição da propriedade móvel	760
9.1. Ocupação	760
9.1.1. Diferença entre ocupação e descoberta	761

	9.2. Achado do tesouro	761
	9.3. Especificação	762
	9.4. Confusão, comistão e adjunção	762
	9.5. Tradição	763
	9.6. Usucapião de bem móvel	763
10.	Perda da propriedade	764
11.	Limitações ao direito de propriedade	764
12.	Propriedade resolúvel	766
	12.1. Efeitos	767
	12.2. Propriedade resolúvel ≠ propriedade *ad tempus*	767
13.	Propriedade fiduciária	767
	13.1. Negócio fiduciário ≠ negócio indireto	768
	13.2. Usos da propriedade fiduciária	768
	13.3. *Trust*	769
	13.4. Alienação fiduciária em garantia	769
14.	Fundos de investimento	770

Capítulo 30 – Direito de Vizinhança

1.	Direito de vizinhança	773
2.	Vizinhança ≠ contiguidade	774
3.	Fundamento	774
4.	Natureza jurídica	775
5.	Disciplina do direito de vizinhança	775
6.	Classificação dos direitos de vizinhança	776
7.	Uso anormal da propriedade	776
	7.1. Teoria da imissão corpórea	776
	7.2. Teoria do uso normal	777
	7.3. Teoria da necessidade	778
	7.4. Teoria mista de San Tiago Dantas	778
	7.5. Uso anormal no Código Civil de 2002	779
	7.6. Exemplos jurisprudenciais	780
	7.7. Instrumentos de tutela	781
8.	Direitos especiais de vizinhança	782
9.	O futuro do direito de vizinhança	784

Capítulo 31 – Condomínio

1.	Condomínio	785

2.	Relações internas e externas..	786
3.	Natureza jurídica	786
4.	Espécies de condomínio	787
5.	Condomínio geral	788
	5.1. Direitos dos condôminos..	788
	5.2. Direito de divisão	788
	5.3. Renúncia à parte ideal	789
	5.4. Deveres dos condôminos..	789
	5.5. Administração do condomínio	789
	5.6. Extinção do condomínio...	790
	5.7. Condomínio *pro diviso*	790
	5.8. Condomínio forçado...	791
6.	Condomínio edilício	791
	6.1. Utilidade social	792
	6.2. Natureza jurídica	792
	6.3. Evolução legislativa..	793
	6.4. Características	794
	6.5. Constituição do condomínio edilício.....................................	794
	6.6. Convenção de condomínio e regimento interno....................	795
	6.6.1. Normas condominiais e valores constitucionais	796
	6.7. Direitos do condômino no condomínio edilício	797
	6.8. Deveres do condômino no condomínio edilício	797
	6.9. Administração do condomínio edilício..................................	800
	6.10. Síndico	800
	6.11. Direito de voto do locatário	801
	6.12. Exclusão de condômino...	801
	6.13. Extinção do condomínio edilício	802
	6.14. Condomínio de lotes	803
	6.15. Condomínio urbano simples	804
7.	Condomínio de fato..	805
	7.1. Loteamento de acesso controlado...	807
8.	Condomínios especiais...	807
	8.1. Condomínio em multipropriedade..	808
	8.2. *Flat service*	809
	8.3. *Shopping center*..	810
9.	Incorporação imobiliária	810
10.	Extinção dos contratos imobiliários ("Lei do Distrato").............	812

Capítulo 32 – Direitos Reais sobre Coisa Alheia

1. *Jura in re aliena* 815
2. Direito de superfície 816
    2.1. Dupla disciplina 816
    2.2. Estatuto da Cidade ≠ Código Civil 817
3. Servidões 818
    3.1. Servidões contínuas e descontínuas 818
    3.2. Servidões aparentes e não aparentes 818
    3.3. Constituição das servidões 819
    3.4. Exercício das servidões 819
    3.5. Extinção das servidões 819
    3.6. Servidões legais 820
4. Usufruto 820
    4.1. Objeto do usufruto 820
    4.2. Direitos e deveres do usufrutuário 820
    4.3. Extinção do usufruto 821
    4.4. Usufruto legal 822
5. Uso 822
6. Habitação 822
7. Direito real de habitação do cônjuge sobrevivente 823
8. Concessão de uso especial para fins de moradia 824
9. Concessão de direito real de uso 826
10. Direito de laje 826
11. Direitos oriundos da imissão provisória do Poder Público na posse de bens em processo de desapropriação 829
12. Direito do promitente comprador 831
    12.1. Natureza jurídica: direito real de aquisição 832
        12.1.1. Direito real de aquisição do fiduciante 832
    12.2. Promessa de compra e venda e hipoteca 833
13. Enfiteuse 833

Capítulo 33 – Direitos Reais de Garantia

1. Direitos reais de garantia 835
2. Sequela e preferência 836
3. Publicidade e especialização 837
4. Indivisibilidade 838
5. Acessoriedade 838

6. Natureza jurídica: *jus in re aliena* 839
7. Espécies 840
   7.1. Penhor 840
       7.1.1. Espécies de penhor 841
       7.1.2. Constituição e registro do penhor 841
       7.1.3. Coisa móvel 841
       7.1.4. Direitos do credor pignoratício 842
       7.1.5. Pacto comissório ≠ pacto marciano 843
       7.1.6. Crítica ao pacto marciano 844
       7.1.7. Direito à venda antecipada 845
       7.1.8. Deveres do credor pignoratício 845
       7.1.9. Extinção do penhor 846
       7.1.10. Modalidades especiais de penhor 847
       7.1.11. Penhor sucessivo e subpenhor 849
   7.2. Hipoteca 850
       7.2.1. Constituição da hipoteca 850
       7.2.2. Acessoriedade 851
       7.2.3. Espécies 851
       7.2.4. Hipoteca de segundo grau e extensão da hipoteca ... 852
       7.2.5. Eficácia *erga omnes* 853
       7.2.6. Prazo da hipoteca 853
       7.2.7. Extinção da hipoteca 853
       7.2.8. Execução extrajudicial 855
       7.2.9. Hipoteca legal 855
       7.2.10. Hipoteca judiciária 856
   7.3. Anticrese 857
   7.4. Alienação fiduciária em garantia 857
       7.4.1. Natureza jurídica 858
       7.4.2. Desdobramento da posse 859
       7.4.3. Vedação ao pacto comissório 859
       7.4.4. Venda extrajudicial 860
       7.4.5. Busca e apreensão extrajudicial 860
       7.4.6. Prisão civil do fiduciante 861

Direito de Família

Capítulo 34 – A Família Contemporânea

1. A família 866

2. O direito de família	867
3. Princípios constitucionais da família	867
4. Livre planejamento familiar	868
5. Paternidade responsável	869
6. Papel do Estado na família	870
7. Entidades familiares	870
7.1. *Numerus apertus*	871
7.2. Requisitos	871
7.3. Crítica	873
7.4. Famílias simultâneas	874
7.4.1. Uniões estáveis simultâneas	875
7.4.2. O problema do concubinato	876
7.4.3. Súmula STF 380	878
7.4.4. Inconstitucionalidade do art. 1.727	880
7.4.5. Companheiro de boa-fé	881
7.4.6. O entendimento do Supremo Tribunal Federal	882
8. Parentesco	882
8.1. Efeitos do parentesco	883
8.2. Linhas e graus de parentesco	884
8.3. Afinidade	885
8.4. Cônjuge e companheiro	885
9. Direitos da criança e do adolescente	886
10. Um caso emblemático	887
11. Filiação	888
11.1. Presunção *pater is est*	889
11.2. Reconhecimento de filhos	891
11.2.1. Reconhecimento voluntário	891
11.2.2. Reconhecimento judicial	891
11.2.3. Exame de DNA	892
11.2.4. Relativização da coisa julgada	893
11.2.5. Paternidade socioafetiva	893
11.2.6. Multiparentalidade	894
11.2.7. Efeitos da multiparentalidade	895
11.2.8. Reconhecimento extrajudicial da paternidade socioafetiva	898
11.2.9. Reconhecimento extrajudicial de multiparentalidade	899

11.2.10. Filiação assistida 900
        11.2.10.1. Inseminação artificial homóloga 900
        11.2.10.2. Inseminação artificial heteróloga 903
        11.2.10.3. Gestação de substituição 905
11.3. Autoridade parental 906
    11.3.1. Disciplina normativa 907
    11.3.2. Titularidade da autoridade parental 908
    11.3.3. Exercício da autoridade parental 909
    11.3.4. Guarda 909
    11.3.5. Guarda compartilhada... 910
    11.3.6. Extinção da autoridade parental............................ 911
    11.3.7. Suspensão da autoridade parental........................ 912
    11.3.8. Perda da autoridade parental................................. 913
        11.3.8.1. Castigo imoderado................................... 914
        11.3.8.2. Abandono do menor................................ 914
        11.3.8.3. Abandono afetivo..................................... 915
        11.3.8.4. Alienação parental 916
        11.3.8.5. Autoalienação parental............................ 917
11.4. Adoção 918
    11.4.1. Disciplina constitucional 918
    11.4.2. Disciplina legal... 918
    11.4.3. Crítica à Lei n. 12.010/2009 919
    11.4.4. Interesse do adotando.. 920
    11.4.5. Concordância do adotando maior de 12 anos........ 920
    11.4.6. Consentimento dos pais ou representantes legais do adotando... 920
    11.4.7. Estágio de convivência 921
    11.4.8. Processo judicial.. 921
    11.4.9. Requisitos do adotante 921
    11.4.10. Adoção por ascendentes.. 922
    11.4.11. Adoção por casal homoafetivo.............................. 922
    11.4.12. Adoção por divorciados 924
    11.4.13. Efeitos da adoção 924
    11.4.14. Plena equiparação entre filhos.............................. 924
    11.4.15. Extinção do vínculo com a família original 924
    11.4.16. Direito ao conhecimento da origem biológica 925
    11.4.17. Mudança de nome.. 925

	11.4.18. Adoção à brasileira	925
	11.4.19. Adoção internacional	926

Capítulo 35 – Casamento

1.	Casamento	927
2.	Natureza jurídica (casamento ≠ contrato)	928
3.	Espécies de casamento	930
4.	Paradigma da reserva familiar	931
5.	Capacidade para o casamento	932
6.	Impedimentos matrimoniais	933
7.	Causas suspensivas do casamento	934
8.	*Turbatio sanguinis*	934
9.	Casamento inexistente	935
10.	Casamento nulo	936
11.	Casamento anulável	936
	11.1. Erro essencial	936
12.	Casamento putativo	937
13.	Formação do casamento	937
14.	Efeitos do casamento	938
15.	Regime de bens	938
	15.1. Regime legal supletivo	939
	15.2. Mutabilidade	939
	15.3. Pacto antenupcial	941
	15.4. Regime da comunhão universal	942
	15.4.1. Proventos do trabalho	943
	15.4.2. Pensão previdenciária	943
	15.5. Regime da comunhão parcial	944
	15.6. Regime da separação de bens	945
	15.7. Separação legal de bens	945
	15.7.1. Súmula 377 do STF	946
	15.7.2. Inconstitucionalidade	947
	15.8. Regime de participação final nos aquestos	948
16.	Dissolução do casamento	949
	16.1. Fim da separação judicial	950
	16.2. Divórcio	951
	16.2.1. Divórcio extrajudicial	952
	16.2.2. Divórcio e autoridade parental	952

16.2.3. O chamado divórcio *post mortem* 952
16.2.4. Partilha dos bens 953

Capítulo 36 – União Estável e Outras Entidades Familiares

1. União estável 955
2. União estável *versus* casamento 956
3. Características 957
4. União estável "virtual" 959
5. Relações patrimoniais na união estável 960
6. Deveres dos companheiros 961
7. Uniões estáveis simultâneas 961
8. Extinção da união estável 963
9. Outras entidades familiares 963
10. União homoafetiva 963
11. Casamento civil homoafetivo 964
12. União poliafetiva 965

Capítulo 37 – Alimentos, Tutela, Curatela e Tomada de Decisão Apoiada

1. Alimentos 967
    1.1. Espécies de alimentos 968
    1.2. Possibilidade e necessidade 969
    1.3. Proporcionalidade 970
    1.4. Características dos alimentos 970
        1.4.1. Irrepetibilidade 970
        1.4.2. Irrenunciabilidade 971
    1.5. Duração dos alimentos 972
    1.6. Quantificação dos alimentos 973
    1.7. Revisão dos alimentos 973
    1.8. Prestação de contas 974
    1.9. Cessação dos alimentos 975
    1.10. Indignidade 975
    1.11. Prisão civil do devedor de alimentos 976
2. Tutela, curatela e tomada de decisão apoiada 976
    2.1. Tutela 977
        2.1.1. Nomeação do tutor 977
        2.1.2. Tutela testamentária 977

2.1.3. Tutela legítima	977
2.1.4. Tutela dativa	978
2.1.5. Tutor único para irmãos	978
2.1.6. Incapacidade para tutela	978
2.1.7. Escusa da tutela	979
2.1.8. Protutor	979
2.1.9. Exercício da tutela	980
2.1.10. Cessação da tutela	980
2.2. Curatela	980
2.2.1. Posicionamento da matéria	981
2.2.2. Distinção entre tutela e curatela	981
2.2.3. Curatela do menor	981
2.2.4. Interdição	982
2.2.5. Limites da curatela	982
2.2.6. Exercício da curatela	982
2.2.7. Cessação da curatela e levantamento da interdição	983
2.2.8. Curatela das pessoas com deficiência	983
2.3. Tomada de decisão apoiada	984

Direito das Sucessões

Capítulo 38 – Sucessões

1.	Direito hereditário	991
2.	Fundamento da herança	992
3.	Crítica à herança	992
4.	Espécies de sucessão	994
5.	Princípios do direito sucessório	994
6.	Herança	994
7.	Capacidade para suceder	995
	7.1. Comoriência	996
	7.2. Nascituros e concebidos	996
	7.3. Curador de ventre	996
	7.4. Prole *post mortem*	997
	7.5. Prole eventual	998
	7.6. Sucessora pessoa jurídica	998
	7.7. Ao tempo do óbito	999
8.	Abertura da sucessão	999

9. *Droit de saisine* 999
10. Aceitação da herança 1000
11. Aceitação direta e indireta 1000
12. Benefício de inventário 1001
13. Renúncia da herança 1001
14. Herança jacente 1002
15. Herança vacante 1003
16. Indignidade 1003
17. Deserdação 1006

Capítulo 39 – Sucessão Legítima

1. Sucessão legítima 1009
2. Herdeiros legítimos 1009
3. Herdeiros necessários 1010
4. Proteção da legítima 1010
5. Cálculo da legítima 1011
6. Redução das liberalidades 1011
7. Colação 1012
8. Modos de suceder 1012
    8.1. Sucessão *jure proprio* 1012
    8.2. Sucessão *jure representationis* 1013
    8.3. Sucessão *jure transmissionis* 1013
9. Modos de partilhar a herança 1014
10. Vocação hereditária 1014
11. Sucessão do cônjuge 1015
    11.1. Concorrência com os descendentes 1015
12. Sucessão do companheiro 1019
13. Multiparentalidade 1020

Capítulo 40 – Sucessão Testamentária

1. Testamento 1023
2. Conteúdo existencial do testamento 1024
3. Natureza jurídica do testamento 1025
4. Capacidade para testar 1027
5. Formalismo no testamento 1027
6. Espécies de testamento 1028
    6.1. Testamento público 1028

	6.2. Testamento cerrado	1028
	6.3. Testamento particular	1029
	6.4. Testamento marítimo, aeronáutico e militar	1030
	6.5. Testamento nuncupativo	1031
	6.6. Codicilo	1031
	6.7. Legado	1031
	6.7.1. Liberalidade	1032
	6.7.2. Sucessão a título singular	1032
	6.7.3. Fonte testamentária	1032
	6.7.4. Espécies de legado	1033
	6.7.5. Pagamento do legado	1034
	6.7.6. Extinção e caducidade do legado	1035
7.	Disposições testamentárias	1035
	7.1. Nomeação de herdeiro ou legatário	1035
	7.2. Cláusulas de inalienabilidade, impenhorabilidade e incomunicabilidade	1036
8.	Interpretação do testamento	1037
9.	Substituição testamentária	1038
	9.1. Substituição ordinária	1038
	9.2. Substituição recíproca	1038
	9.3. Fideicomisso	1039
	9.4. Conversão legal em usufruto	1040
	9.5. Distinção em relação à deixa em favor de prole eventual	1040
	9.6. Propriedade resolúvel do fiduciário	1041
	9.7. Transmissão dos bens ao fideicomissário	1041
	9.8. Fideicomissário ainda não concebido ao tempo da substituição	1042
	9.9. Falecimento do fiduciário	1042
	9.10. Falecimento do fideicomissário	1042
	9.11. Caducidade do fideicomisso	1043
	9.12. Fideicomisso *inter vivos*?	1043
10.	Direito de acrescer	1044
11.	Testamenteiro	1045
	11.1. Aceitação do testamenteiro	1045
	11.2. Função indelegável	1045
	11.3. Testamenteiro universal × particular	1046

11.4. Atribuições do testamenteiro 1046
11.5. Prêmio ou vintena 1046
11.6. Renúncia do testamenteiro 1047
11.7. Cessação da testamentaria 1047
12. Revogação do testamento 1047
12.1. Revogação expressa 1047
12.2. Revogação tácita 1048
12.3. Rompimento do testamento 1048
12.4. Caducidade do testamento 1049
12.5. Invalidade do testamento 1049
12.6. Prazo para invalidação 1049

Capítulo 41 – Inventário e Partilha

1. Inventário 1051
    1.1. Inventário extrajudicial 1051
    1.2. Inventário judicial 1052
    1.3. Inventário negativo 1053
    1.4. Inventariante 1053
        1.4.1. Administração provisória da herança 1053
        1.4.2. Nomeação do inventariante 1054
        1.4.3. Atribuições do inventariante 1054
        1.4.4. Remoção do inventariante 1054
    1.5. Processamento do inventário 1055
2. Partilha 1055
    2.1. Espécies de partilha 1056
        2.1.1. Partilha amigável 1056
        2.1.2. Partilha judicial 1056
    2.2. Partilha em vida 1056
    2.3. Anulação da partilha 1057
    2.4. Garantia dos quinhões hereditários 1057
3. Sonegados 1057
4. Petição de herança 1058

Índice alfabético-remissivo 1061

Bibliografia 1083

TEORIA GERAL
DO DIREITO CIVIL

Capítulo 1

DIREITO CIVIL E ORDENAMENTO JURÍDICO

SUMÁRIO: **1.** Unidade da ordem jurídica. **2.** Ramos do direito. **3.** Utilidade dos ramos do direito. **4.** O que é o direito civil? **5.** Direito civil e liberalismo. **6.** As grandes codificações. **7.** A influência das grandes codificações na América Latina. **8.** Raízes do direito civil brasileiro. **9.** Intervenção do Estado e leis especiais. **10.** Constituição de 1988. **11.** Direito civil-constitucional. **12.** Código Civil de 2002. **13.** Alguns equívocos do Código Civil. **14.** Futuro do direito civil. **15.** Funcionalização dos institutos jurídicos. **16.** O papel do civilista.

1. Unidade da ordem jurídica

A ordem jurídica brasileira é unitária. Em outras palavras, o direito civil, o direito penal, o direito administrativo não consistem em universos isolados, mas se comunicam permanentemente como partes integrantes e indissociáveis do ordenamento jurídico, irradiando os valores consagrados na Constituição da República. Os problemas que o jurista se propõe a resolver não vêm rotulados como problemas de direito civil ou de direito tributário ou de direito ambiental. São problemas que surgem nas relações sociais e não se submetem a nenhuma classificação prévia. A solução depende, não raro, do conhecimento de diferentes setores da ciência jurídica.

2. Ramos do direito

Ainda assim, a doutrina tradicional costuma dividir o direito em "ramos". Tal abordagem parte da célebre lição de Ulpiano, para quem o direito se divide em dois grandes troncos: de um lado, o direito privado, que se ocupa dos interesses particulares (*ad singulorum utilitatem*); do outro lado, o direito público, que cuida dos interesses do Estado[1]. Essa distinção entre direito público e direito privado já foi considerada a divisão fundamental (*summa divisio*) da ciência jurídica. Hoje, no entanto, a melhor doutrina reconhece seu artificialismo, uma vez que, como se verá adiante, também o direito privado é permeado pelo interesse público. De todo modo, a distinção continua a ser empregada para fins didáticos.

Do tronco do direito público nascem os ramos do direito administrativo, do direito penal, do direito tributário, do direito processual e assim por diante. Do tronco do direito privado nascem essencialmente os ramos do direito civil e do direito empresarial.

3. Utilidade dos ramos do direito

Além de ter utilidade didática, a distinção do direito em ramos exerce papel relevante na organização da atividade de produção de normas jurídicas, bem como na definição da competência dos tribunais e de seus órgãos internos. A Constituição brasileira autoriza somente a União a legislar sobre direito civil (art. 22, I). Já o direito tributário e o direito econômico, por exemplo, podem ser objeto de leis emanadas tanto pela União quanto pelos Estados ou pelo Distrito Federal (art. 24, I). Assim, uma lei estadual que regule matéria de direito civil será considerada inconstitucional, por afrontar a competência legislativa traçada na Constituição. De modo semelhante, pretensões fundadas no direito civil não podem, em regra, ser apresentadas perante a Justiça do Trabalho ou a Justiça Militar, devendo ser formuladas perante a chamada Justiça Comum.

Nosso ordenamento jurídico, contudo, não define o que se deve entender por direito civil. O Código Civil cuida, naturalmente, de diferentes matérias, mas isso não resulta em uma definição de direito civil. Exprime tão somente um somatório de conteúdos que o compõem, sem prejuízo de outros tantos. O direito civil não se limita ao Código Civil. A exemplo do que ocorre com outros ramos do direito, o direito civil é um conceito histórico.

---

1 Digesto I, 1, 1, 2. Sobre o tema, ver: José Carlos Moreira Alves, *Direito romano*, 13. ed., Rio de Janeiro: Forense, 2002, v. 1, p. 80.

4. O que é o direito civil?

O direito civil consiste, em sua definição tradicional, no "direito privado comum"[2]. Ao contrário do direito empresarial, que se ocupa das relações jurídicas estabelecidas por determinada classe de sujeitos (os comerciantes e, modernamente, os empresários e as sociedades empresárias) no exercício de certa atividade (o comércio e, modernamente, a empresa), o direito civil exerce um papel bem mais amplo e, de certo modo, residual, disciplinando quaisquer relações jurídicas estabelecidas entre particulares (pessoas físicas ou jurídicas), como relações contratuais e relações de família, entre tantas outras[3].

De fato, o conteúdo do direito civil é vastíssimo, o que lhe reserva o posto de disciplina mais extensa do currículo universitário brasileiro. Os direitos da personalidade, os contratos, a posse, a propriedade, a responsabilidade civil, a herança, a família são apenas alguns dos temas que integram o estudo do direito civil. Como o antigo *jus civile*, que era o conjunto de instituições aplicáveis aos cidadãos romanos no convívio na *civitas*[4], o direito civil moderno foi concebido com o escopo de disciplinar a vida do homem comum nas recíprocas relações sociais. Essa disciplina, contudo, nunca foi ideologicamente neutra, tendo sofrido a influência das concepções dominantes no pensamento político e econômico de cada época e lugar.

5. Direito civil e liberalismo

As revoluções burguesas dos séculos XVII e XVIII influenciaram decisivamente o desenho do direito civil moderno, atribuindo-lhe forte viés liberal, individualista e patrimonialista. Liberal porque destinado a assegurar essencialmente a liberdade dos indivíduos, impedindo a intervenção do Estado nas relações estabelecidas com outros indivíduos. Individualista porque voltado a permitir a realização dos interesses de cada indivíduo, sem maiores preocupações

---

2 Clóvis Beviláqua, *Teoria geral do direito civil*, 4. ed., Ministério da Justiça: Serviço de Documentação, 1972, p. 63. Daí por que, ainda hoje, as expressões *direito civil* e *direito privado* são, vez por outra, usadas como sinônimas.

3 Henri Capitant, *Introduction a l'étude du droit civil*, 2. ed., Paris: A. Pedone, 1904, p. 19-20.

4 "O *ius civile* é o direito próprio de determinada *civitas*; é o direito do *civis* (cidadão); é o direito que não é comum às outras *civitates*." (José Carlos Moreira Alves, *Direito romano*, cit., v. I, p. 80.)

com o bem-estar coletivo, que, acreditava-se, seria alcançado naturalmente pela soma do exercício da "livre inteligência" de cada indivíduo. Patrimonialista porque centrado sobre a proteção do patrimônio, ou seja, do conjunto de bens de cada indivíduo. Mesmo o direito de família era "colorido com tintas patrimoniais"[5]: a maior parte da sua disciplina se dedicava ao regime de bens e à incapacidade da mulher e dos filhos para a administração do patrimônio familiar.

Essas três características explicam-se historicamente pelo anseio da nova classe dominante em reagir aos abusos perpetrados durante o período imediatamente anterior. Com efeito, a burguesia pretendia conter a atuação do Estado, identificada no Antigo Regime com o poder arbitrário dos soberanos e com os privilégios da nobreza. O direito civil passava a ser visto como o espaço por excelência da liberdade individual, o círculo de atuação exclusiva da autonomia da vontade, em que o Estado não podia interferir. Consistia, nas palavras de Konrad Hesse, no "autêntico baluarte da liberdade burguesa"[6]. A sedimentação desse direito civil burguês viria com as grandes codificações.

6. As grandes codificações

Aprovado em 1804, o Código Civil francês – conhecido como *Code Napoléon* pela participação decisiva do imperador na sua promulgação – permanece em vigor até os dias atuais. Em 2004, o bicentenário foi comemorado pelos franceses com cerimônias e exposições. Para muitos, o Código Civil francês representa um verdadeiro monumento da ciência jurídica universal. Seus 2.281 artigos disciplinam detalhadamente um vasto número de assuntos, exprimindo a *pretensão de completude* típica do processo de codificação, ou seja, a ambição de regular todos os aspectos da vida civil, suprimindo o espaço de interpretação das cortes judiciais. De fato, o *Code Napoléon* foi redigido com a finalidade de assumir o "papel de estatuto único e monopolizador das relações privadas", tornando-se uma verdadeira "Constituição do direito privado"[7].

---

5 Francesco Ruscello, Dal patriarcato al rapporto omosessuale: dove va la famiglia?, *Rassegna di Diritto Civile*, 2002, p. 516-545.
6 Konrad Hesse, *Derecho constitucional y derecho privado*, Madrid: Ed. Civitas, 1995, p. 37.
7 Gustavo Tepedino, Premissas metodológicas para a constitucionalização do direito civil, in *Temas de direito civil*, 3. ed., Rio de Janeiro: Renovar, 2004, p. 2-3.

Fortemente ancorado no direito de propriedade, no "direito de gozar e dispor das coisas do modo mais absoluto"[8], o Código Civil francês foi um dos principais instrumentos de difusão do ideário burguês. Embora não tenha sido a primeira codificação civil da Europa – antes dele, já haviam sido editados, por exemplo, o Código Civil da Prússia (1794) e o Código Civil da Baváriia (1756) –, o Código Civil francês foi a primeira codificação a produzir efeitos marcantes sobre a elaboração das leis de outros países, por força não apenas da elevada repercussão da Revolução Francesa, mas também da política expansionista de Napoleão. Sua influência foi decisiva na elaboração de diversos códigos civis na Europa e fora dela.

O mesmo se pode dizer do Código Civil alemão: o *Bürgerliches Gesetzbuch*, literalmente "livro de direito burguês", mais conhecido pela sigla BGB[9]. Promulgado em 1896 – mais de noventa anos, portanto, após a aprovação do Código Civil francês – o BGB foi influenciado pela experiência da codificação francesa, e também pelo rigoroso conceitualismo da pandectística alemã. Uma das principais características do Código Civil alemão é justamente começar com uma *parte geral*, de perfil conceitual. O BGB, que também permanece em vigor, serviu de modelo para a codificação civil em diversos países europeus, como Portugal, Grécia e Ucrânia, e não europeus, como China, Japão e Coreia do Sul.

7. A influência das grandes codificações na América Latina

A influência transeuropeia das "grandes" codificações é ainda hoje explicada, na maior parte dos manuais, como fruto de sua admirável qualidade técnica. Cumpre notar, todavia, que a disseminação dessas codificações para além dos limites continentais, como verdadeiros modelos legislativos a serem adotados por outros povos, está intimamente relacionada ao colonialismo praticado pelas nações europeias na Ásia, na África e nas Américas. A França de Napoleão e a Alemanha do fim do século XIX tinham em comum, além do intuito de organizar seu sistema jurídico interno, claros propósitos expansionistas, como demonstraram fatos concomitantes e sucessivos à edição das grandes codificações. A exportação de seu modelo jurídico não ocorreu por acaso,

---

8 "Article 544. La propriété est le droit de jouir et disposer des choses de la manière la plus absolue, pourvu qu'on n'en fasse pas un usage prohibé par les lois ou par les règlements."

9 Pronuncia-se bê-guê-bê.

como fruto espontâneo da mera admiração intelectual de juristas estrangeiros, mas se inseriu em um projeto deliberado de influência cultural, que afetou principalmente as nações ocupadas no processo de expansão, as colônias situadas fora do território europeu e as nações que dependiam, de algum modo, do apoio político e econômico da França e da Alemanha para obter ou conservar sua independência em um mundo que vivia sob severas agitações políticas. A mesma estratégia, aliás, se repetiria muitas décadas mais tarde, com novos personagens[10].

Nada disso desmerece as codificações civis europeias, enquanto produto intelectual, mas não se pode continuar a tratar sua influência mundial como mera consequência de um elevado primor técnico. Sua repercussão deriva de um conjunto de iniciativas voltadas a propagar o modelo jurídico de duas potências mundiais, consolidando ambiciosos projetos políticos de expansão das fronteiras e das respectivas zonas de influência. A exportação das codificações civis produziu impacto muito mais duradouro que muitas das guerras travadas durante os séculos XVIII e XIX. O próprio Napoleão teria chegado a afirmar: "Minha maior glória não consistiu em ter ganho quarenta batalhas; Waterloo apagará a memória de tantas vitórias. O que nada apagará, o que viverá eternamente, é o meu Código Civil"[11].

8. Raízes do direito civil brasileiro

O Código Civil francês e os trabalhos preparatórios do Código Civil alemão, além de outras codificações europeias, exerceram forte influência sobre o Código Civil brasileiro de 1916. No fim do século XIX, era intensa no Brasil a pressão pela edição de uma codificação civil nacional. Desde o "descobrimento", o Brasil havia passado, por força da colonização portuguesa, a ser regido pelas Ordenações do Reino de Portugal. Evidentemente, as numerosas tribos indígenas naturais do território brasileiro já possuíam seus próprios conjuntos de regras para reger sua vida social. Entretanto, a brutalidade do processo de colonização produziu tamanha ruptura cultural que essas fontes de um genuíno

---

10 James A. Gardner, *Legal Imperialism – American Lawyers and Foreign Aid in Latin America*, Madison: University of Winsconsin Press, 1980.

11 Jean Limpens, Territorial Expansion of the Code, in Bernard Schwartz (Ed.), *The Code Napoleon and the Common-Law World: The Sesquicentennial Lectures Delivered at the Law Center of New York University, December 13-15, 1954*, New Jersey: The Lawbook Exchange, 2008, p. 102.

direito civil brasileiro foram quase inteiramente apagadas, em favor da aplicação integral das Ordenações do Reino de Portugal[12]. Assim, o Brasil passou a integrar, primeiro como colônia, depois como nação independente, a tradição romano-germânica típica do direito europeu continental.

Mesmo após a declaração de independência, em 1822, e a proclamação da República, em 1889, continuaram em vigor no Brasil as Ordenações do Reino de Portugal (Ordenações Filipinas). O curioso é que tais Ordenações já não vigiam mais em Portugal, que promulgou seu primeiro Código Civil em 1867. Inspirada pelo exemplo do *Code Napoléon*, a comunidade jurídica brasileira ansiava por uma codificação genuinamente nacional.

Ao longo de todo o século XIX, não faltaram tentativas de edição de um Código Civil. Merecem destaque, dentre elas, a *Consolidação das Leis Civis* (1857) e o *Esboço* (1860-1864) de Teixeira de Freitas[13]. Em 1899, Epitácio Pessoa, então Ministro da Justiça, atribuiu a Clóvis Beviláqua a tarefa de redigir um Código Civil para o país. Professor de Legislação Comparada da Faculdade de Direito de Recife, Clovis desincumbiu-se da tarefa em apenas seis meses, mas o projeto acabaria sendo discutido no Congresso Nacional por mais quinze anos. A longa duração dos debates deveu-se, em parte, à resistência de Rui Barbosa, que teceu duras críticas ao projeto de Bevilaqua[14].

Promulgado em 1915, o Código Civil entrou em vigor em 1º de janeiro de 1916. Embora nascido já no século XX, o Código Bevilaqua refletia o pensamento jurídico europeu do século anterior, tendo se inspirado nas codificações civis da França, Alemanha e Portugal, entre outras. Como o BGB, o Código Civil de 1916 dividia-se em Parte Geral e Parte Especial, sendo essa última composta de quatro livros: Direito de Família, Direito das Coisas, Direito das Obrigações e Direito das Sucessões[15]. Na disciplina dos diversos institutos de direito civil, o Código Bevilaqua refletia o liberalismo, o individualismo e o patrimonialismo

---

12 Primeiro, as Ordenações Afonsinas (1446-1513), sucedidas pelas Ordenações Manuelinas (1513-1605), as quais, por sua vez, foram sucedidas pelas Ordenações Filipinas (1605 em diante).

13 O Código Civil argentino de 1874, elaborado por Vélez Sarsfield, foi influenciado pela estrutura utilizada no *Esboço* e contou com a transcrição de diversos artigos da obra de Teixeira de Freitas.

14 Rui Barbosa, Parecer sobre a redação do projeto do Código Civil, in *Obras completas de Rui Barbosa*, Rio de Janeiro: Ministério da Educação e da Saúde, 1949, v. XXIX (1902), t. I.

15 A atividade comercial já era regulada pelo Código Comercial brasileiro, que entrara em vigor em 25 de junho de 1850.

que marcaram as grandes codificações europeias[16]. Tais valores ajustavam-se ao pensamento das elites da sociedade brasileira, que, em 1916, era ainda essencialmente agrícola e patriarcal.

9. Intervenção do Estado e leis especiais

A industrialização, a massificação das relações sociais, a emancipação da mulher foram apenas algumas das transformações sociais que atingiram o Brasil ao longo do século XX. Já nos anos 1920 o Brasil começou a sofrer os efeitos dos movimentos populares e da crise no fornecimento de mercadorias, os quais, intensificados pela eclosão da Primeira Guerra Mundial, exigiram a intervenção do Estado na atividade econômica para atender aos anseios sociais. Essa situação se acentuou nas décadas seguintes, com a edição de numerosas leis especiais de cunho assistencial, inspiradas na política do *Welfare State*, que se propagava pela Europa.

As Constituições do pós-guerra consagraram, por toda parte, valores solidaristas e humanitários, em larga medida opostos ao liberalismo de outrora. A nova axiologia constitucional impunha ampla reformulação das bases do direito privado. À liberdade contratual contrapõe-se o dirigismo contratual. Ao direito de propriedade contrapõe-se a função social da propriedade. À família chefiada pelo homem contrapõem-se a igualdade de gênero e o melhor interesse dos filhos. No Brasil, como em muitos outros países, a legislação especial tornou-se o veículo dessa transformação, subtraindo setores inteiros da disciplina codificada (contrato de trabalho, locação de imóveis urbanos, união estável etc.). O Código Civil perdeu o papel de centro do sistema jurídico, que se deslocou gradativamente para as Constituições.

10. Constituição de 1988

A mais democrática das Constituições brasileiras, promulgada em 5 de outubro de 1988, encerrou no Brasil um longo e tenebroso período de autoritarismo

---

16 "A despeito da diferença flagrante entre o meio europeu e o brasileiro, muitas construções jurídicas da Europa continental são introduzidas sem maior resistência. O legislador pátrio, desdenhoso das condições materiais de existência do país, pôde, com mais facilidade, romper, em certos pontos, com as tradições do passado modificando as linhas arquitetônicas de importantes institutos jurídicos" (Orlando Gomes, *Raízes históricas e sociológicas do Código Civil brasileiro*, São Paulo: Martins Fontes, 2003, p. 19-20).

militar, marcado pela supressão de direitos fundamentais. Seu art. 1º indica como fundamentos da República brasileira a soberania, a cidadania, a dignidade da pessoa humana, os valores sociais do trabalho e da livre iniciativa e o pluralismo político. Seu art. 3º lista como objetivos fundamentais a construção de uma sociedade livre, justa e solidária, a erradicação da pobreza e da marginalização, a redução das desigualdades sociais e regionais, entre outros. Em diversas passagens, a Constituição de 1988 evidencia seu compromisso com a realização de valores como a igualdade substancial, a solidariedade social e a dignidade humana. Porém, o liberalismo patrimonialista do Código Civil de 1916 encontrava-se não apenas desatualizado, mas em nítido confronto ideológico com o solidarismo humanista da Constituição de 1988. Era preciso, em uma palavra, *constitucionalizar* o direito civil.

11. Direito civil-constitucional

O direito civil-constitucional pode ser definido como a corrente metodológica que defende a necessidade de permanente releitura do direito civil à luz da Constituição[17]. O termo "releitura" não deve, contudo, ser entendido de modo restritivo. Não se trata apenas de recorrer à Constituição para interpretar as normas ordinárias de direito civil (aplicação indireta da Constituição), mas também de reconhecer que as normas constitucionais podem e devem ser *diretamente* aplicadas às relações jurídicas estabelecidas entre particulares. A rigor, para o direito civil-constitucional não importa tanto se a Constituição é aplicada de modo direto ou indireto (distinção nem sempre fácil)[18]. O que importa é obter a máxima realização dos valores constitucionais no campo das relações privadas.

Como se vê, o direito civil-constitucional não é o "conjunto de normas constitucionais que cuida de direito civil" nem se trata tampouco de uma tentativa de esvaziar o direito civil, transferindo alguns de seus temas (família, propriedade etc.) para o campo do direito constitucional. Trata-se, ao contrário, de superar a segregação entre a Constituição e o direito civil, remodelando os institutos com base nas diretrizes constitucionais, em especial dos valores funda-

---

17 Nas palavras de Pietro Perlingieri, trata-se da "rilettura del codice civile e delle leggi speciali alla luce della Costituzione repubblicana" (*Il diritto civile nella legalità costituzionale*, Nápoles: ESI, 2001, p. 189).

18 Pietro Perlingieri, *Perfis do direito civil – introdução ao direito civil constitucional*, trad. Maria Cristina De Cicco, Rio de Janeiro: Renovar, 1999, p. 12.

mentais do ordenamento jurídico. O adjetivo "constitucional", aposto ao direito civil, tem apenas este propósito: enfatizar o compromisso com a máxima concretização da Constituição. Não há, para os defensores do direito civil-constitucional, um direito civil que não seja constitucional. Do mesmo modo, a legalidade é sempre constitucional e também a interpretação é sempre constitucional, guiada pelos valores consagrados na Constituição.

Como toda corrente metodológica, o direito civil-constitucional está sujeito a alguma variação de abordagem e ênfase entre os autores[19]. Nenhuma metodologia nasce pronta e acabada, mas se aperfeiçoa continuamente. Há, contudo, um núcleo central de premissas teóricas, o qual permite a delimitação dos seus contornos e o mútuo reconhecimento entre os seus adeptos. Há, em outras palavras, alguns pressupostos teóricos fundamentais que caracterizam o direito civil-constitucional e que permitem distingui-lo de outras escolas de pensamento. Pode-se referir: (i) natureza normativa da Constituição; (ii) unidade e complexidade do ordenamento jurídico; (iii) interpretação com fins aplicativos; (iv) reconhecimento da historicidade e funcionalização dos institutos do direito privado[20]. Essas premissas serão apresentadas ao leitor ao longo dos capítulos iniciais desta obra e permearão todo o seu conteúdo.

A constitucionalização do direito civil encontrou forte resistência entre os nossos civilistas, ciosos dos seus conceitos seculares e da sua dogmática imune às instabilidades políticas que, no Brasil, já haviam levado à promulgação de mais de seis Constituições, enquanto o Código Civil de 1916 permanecia único e monolítico. Nesse contexto, remodelar o direito civil à luz da Constituição parecia uma proposta insana e temerária, já que as Constituições passavam e o Código Civil permanecia.

Com o tempo, contudo, a metodologia civil-constitucional conquistou adeptos, consolidando-se no debate acadêmico, difundindo-se Brasil afora e abrindo espaço sob as arcadas das universidades mais tradicionais. O direito civil-constitucional acabaria consagrado também na jurisprudência, especialmente por meio da atuação inovadora do Superior Tribunal de Justiça, que não se furtou a reler o direito civil à luz das normas constitucionais, promovendo

---

19 Luiz Edson Fachin alude, nesse sentido, às "constitucionalizações" do direito civil, no plural (*Questões de direito civil brasileiro contemporâneo*, Rio de Janeiro: Renovar, 2008, p. 5).
20 Anderson Schreiber e Carlos Nelson Konder (Coords.), *Direito civil constitucional*, São Paulo: Atlas, 2016.

alterações significativas no modo de aplicação dos institutos mais tradicionais do direito privado. Diante dessa ampla releitura doutrinária e jurisprudencial, a edição de um novo Código Civil já se mostrava algo desnecessária, mas poderia, ainda assim, ter surgido como tentativa de reformulação mais ampla e profunda das bases do direito civil brasileiro. Não foi, infelizmente, o que ocorreu.

> Breve análise da metodologia do direito civil-constitucional. O autor fala das críticas mais comuns ao direito civil-constitucional e explica a necessidade de sua correta aplicação na experiência brasileira.
> Acesse também pelo *link*: https://uqr.to/1xgt6

12. Código Civil de 2002

A promulgação do novo Código Civil não teve nenhuma relação com o amplo processo de releitura do direito civil empreendido pela doutrina e pelos tribunais. Ressuscitou-se um projeto elaborado na década de 1970, durante o período mais severo da ditadura militar brasileira. Àquela época, a comissão encarregada da tarefa, embora formada por ilustres juristas, trabalhou sob a expressa premissa de "não dar guarida no Código senão aos institutos e soluções normativas já dotados de certa sedimentação e estabilidade"[21]. O projeto, portanto, já era conservador ao tempo da sua elaboração e, por sorte, acabou "engavetado" no Congresso Nacional, onde sua inatualidade agravou-se naturalmente nas décadas seguintes não apenas pelas transformações sociais ocorridas no Brasil, mas também por força da mudança significativa da ordem jurídica representada pela promulgação da Constituição de 1988 e pela edição de toda a legislação especial voltada à concretização de seus valores fundamentais[22].

A retomada de um projeto elaborado antes da Constituição de 1988, sob premissas conservadoras, não parece encontrar nenhuma justificativa técnica ou científica, tendo sido fruto de interesses políticos de ocasião, e não do efetivo anseio social, como deveria ocorrer com uma nova codificação civil. O texto nem sequer chegou a ser debatido com a sociedade civil ou mesmo com a co-

---

21 Miguel Reale, *O projeto de Código Civil – situação atual e seus problemas fundamentais*, São Paulo: Saraiva, 1986, p. 76.
22 Não faltaram alertas ao Congresso Nacional. Ver: Luiz Edson Fachin e Carlos Eduardo Pianovski Ruzyk, Um projeto de Código Civil na contramão da Constituição, in *Revista Trimestral de Direito Civil*, 2000, v. 4, p. 243-263.

munidade jurídica: foi aprovado às pressas ao longo do ano de 2001. O "novo" Código Civil tem muito pouco de realmente novo. O texto repete substancialmente aquele do Código Civil de 1916, já tendo sido chamado de "cópia malfeita" do antecessor[23]. Sua aprovação foi recebida pela melhor doutrina como "um duro golpe na recente experiência constitucional brasileira", restando aos juízes, aos advogados e ao intérprete de modo geral "a espinhosa tarefa de temperar o desastre, aplicando diretamente o texto constitucional, seus valores e princípios, aos conflitos de direito civil, de modo a salvaguardar o tratamento evolutivo que tem caracterizado as relações jurídicas do Brasil contemporâneo"[24].

13. Alguns equívocos do Código Civil

Não faltam exemplos de omissões e imprecisões no Código Civil de 2002. No campo do direito de família, por exemplo, a atual codificação não trouxe uma palavra sobre a união homoafetiva, o que levou o Supremo Tribunal Federal a reservar uma interpretação constitucional ao art. 1.723 do Código Civil, de modo a estender a disciplina da união estável aos casais formados por pessoas do mesmo sexo[25]. No campo dos contratos, a codificação limitou-se, com algumas poucas e esparsas exceções, a repetir acriticamente o Código Civil anterior, mantendo regras tão intoleráveis como a prisão civil do depositário infiel (art. 652)[26]. No campo dos direitos da personalidade, para se ter um último exemplo, o legislador civil instituiu um tratamento estrutural e repleto de equívocos, como se vê, a título ilustrativo, no art. 15, que autoriza o tratamento médico compulsório, vedando-o apenas em caso de "risco de vida" (art. 15), o que revela flagrante equívoco e total dissonância da axiologia constitucional, que protege a dignidade humana como valor fundamental do ordenamento jurídico[27].

---

23 Maria Celina Bodin de Moraes, O direito civil-constitucional, in *Na medida da pessoa humana: estudos de direito civil-constitucional*, Rio de Janeiro: Renovar, 2010, p. 31.

24 Gustavo Tepedino, O novo Código Civil: duro golpe na recente experiência constitucional brasileira, editorial à *Revista Trimestral de Direito Civil*, v. 7, 2001.

25 STF, ADI 4277 e ADPF 132, julgadas conjuntamente em sessão histórica encerrada em 5-5-2011 e iniciada um dia antes.

26 Gustavo Tepedino, Direitos humanos e relações jurídicas privadas, in *Temas de direito civil*, 4. ed., Rio de Janeiro: Renovar, 2008, p. 74-78.

27 Sobre o tema, seja consentido remeter a: Anderson Schreiber, *Direitos da personalidade*, 3. ed., São Paulo: Atlas, 2014, p. 53-55.

14. Futuro do direito civil

O Código Civil de 2002 não afastou a necessidade de aplicação das normas constitucionais às relações privadas, nem poderia, já que se trata de um processo contínuo e necessário. A codificação de 2002, ao contrário, reforçou essa necessidade, pois, sob o disfarce da novidade legislativa, oculta largas porções de ideologia do passado. O patrimonialismo, o individualismo e o liberalismo exacerbado continuam vivamente presentes no texto do "novo" Código Civil, em franca oposição ao solidarismo humanista consagrado no texto constitucional. A aparência de novidade não deve, portanto, iludir o leitor. Mais do que nunca, impõe-se a releitura do direito civil à luz da Constituição.

O direito civil contemporâneo conserva, em larga medida, sua vocação originária, desempenhando o papel de normativa geral das relações privadas. Entretanto, também como o *jus civile* romano, o direito civil contemporâneo desempenhou, por longo período, um papel excludente. Todo o esforço mais recente tem sido o de construir um direito civil mais abrangente, que se desprenda do liberalismo e do patrimonialismo de outrora, para realizar o solidarismo humanista consagrado na Constituição. Fala-se em "despatrimonialização" ou em "repersonalização" do direito civil, com o intuito de evidenciar a necessidade de fazer incidir na disciplina das relações privadas a tutela de interesses existenciais que, por tanto tempo, foram mantidos à margem das preocupações civilistas.

A própria concepção das relações privadas como relações estabelecidas exclusivamente no interesse dos particulares transforma-se para reconhecer a necessidade de atuação do Estado, a fim de avaliar continuamente a legitimidade do exercício da autonomia privada à luz dos valores constitucionais.

15. Funcionalização dos institutos jurídicos

Cumpre aqui explicitar a distinção entre a estrutura (como funciona) e a função (para que serve) dos institutos jurídicos, reconhecendo nesse último aspecto a verdadeira justificativa da sua proteção pelo ordenamento. Na conhecida lição de Salvatore Pugliatti, a função é a "razão genética do instituto" e, por isso mesmo, seu real elemento caracterizador[28]. A função corresponde ao interesse que o ordenamento visa proteger por meio de determinado instituto

---

28   Salvatore Pugliatti, *La proprietà nel nuovo diritto*, Milão: Dott. A. Giuffrè, 1964, p. 300.

jurídico e, por essa razão, predetermina, nas palavras do Professor de Messina, a sua estrutura[29]. A sofisticada construção obriga os juristas, e especialmente os civilistas, a se perguntarem: qual o papel que o ordenamento reserva a cada instituto jurídico? Por que a ordem jurídica atual o preserva? Abandona-se, com essas indagações, a postura sonolenta que tomava os institutos jurídicos como colocados à livre disposição do sujeito de direito (mera vontade). A funcionalização dos institutos de direito civil a interesses sociais que transcendem o propósito individual dos seus titulares – função social da propriedade, função social do contrato, função social da empresa – vem atribuir ao Poder Judiciário um papel de controle do exercício das posições jurídicas, que ultrapassa a distinção entre ato lícito e ato ilícito, recaindo sobre os fins perseguidos pelos sujeitos privados. Nesse cenário, a distinção entre direito público e direito privado acaba relegada a uma distinção histórica ou, no máximo, a uma relação meramente quantitativa, em que o direito público aparece como campo onde predomina o interesse público e o direito privado como campo onde o interesse público se combina com o interesse privado[30]. Com isso supera-se o mito de que o direito privado é campo avesso ao Estado. Ao contrário, reconhece-se progressivamente a importância da atuação do Estado nas relações privadas para a preservação do equilíbrio, da igualdade substancial e da justiça material.

16. O papel do civilista

Há, em conclusão, todo um novo mundo que se abre ao civilista contemporâneo. De um lado, o Código Civil de 2002 veio reforçar a necessidade de prosseguir na tarefa de conformar os institutos de direito civil, forjados sob o liberalismo patrimonialista, aos novos valores constitucionais. De outro, surgem novos espaços de atuação com base na reaproximação entre o direito privado

---

29 "Non soltanto la struttura per sè conduce inevitabilmente al tipo che si può descrivere, ma non individuare, bensì inoltre la funzione esclusivamente è idonea a fungere da criterio d'individuazione: essa, infatti, dà la ragione genetica dello strumento, e la ragione permanente del suo impiego, cioè la ragione d'essere (oltre a quella di essere stato). La base verso cui gravita e alla quale si collegano le linee strutturali di un dato istituto, è costituita dall'interesse al quale è consacrata la tutela. L'interesse tutelato è il centro di unificazione rispetto al quale si compongono gli elementi strutturali dell'istituto (...)" (Salvatore Pugliatti, *La proprietà nel nuovo diritto*, cit., p. 300).

30 Pietro Perlingieri, *Perfis do direito civil – introdução ao direito civil constitucional*, cit., p. 54.

e o direito público, com o incremento do diálogo entre o direito civil, o direito administrativo, o direito tributário e assim por diante. No próprio âmbito das relações privadas, impõe-se a integração, sempre ao redor da Constituição, dos diversos setores em que se fragmentou nas últimas décadas a ordem jurídica. O direito do consumidor, o direito comercial (hoje, denominado direito empresarial em virtude da reunificação promovida pelo Código Civil em torno da teoria da empresa), o direito agrário, os direitos autorais, o direito da internet, entre outros, não são, como sustentam alguns autores, "microssistemas", com valores próprios e lógica distinta. São, longe disso, integrantes de um sistema jurídico único, unitário, que gravita em volta da axiologia constitucional. É de se rejeitar, portanto, a chamada teoria dos microssistemas, elaborada na Itália por Natalino Irti, que retratou a "era da descodificação", com a substituição do monossistema por um polissistema formado pelos estatutos legislativos, cada qual representando um microssistema com normas e valores próprios[31]. O resultado dessa proliferação de microssistemas é uma indesejável fragmentação do sistema jurídico, que passa a não oferecer resposta às múltiplas relações que atraírem a aplicação de estatutos diversos, inspirados em propósitos setoriais muitas vezes antagônicos[32]. A reunificação do ordenamento jurídico em torno da Constituição afigura-se imprescindível para superar impasses e *bairrismos jurídicos* que em nada contribuem para a realização do projeto constitucional.

Ao civilista contemporâneo compete atuar pela concretização dos valores constitucionais na realidade brasileira, vencendo as resistências dos setores da doutrina e da jurisprudência brasileiras que ainda enxergam as relações privadas com as lentes do passado. Além disso, cumpre-lhe saber se inserir responsavelmente no amplo intercâmbio de modelos jurídicos que vem se desenhando no mundo atual, corrigindo vícios do passado, como a importação acrítica de construções europeias ou norte-americanas e a injustificada indiferença às demais experiências jurídicas da América Latina. A celebração de tratados, a elaboração de princípios comuns e outras tentativas de harmonização jurídica, além da ampla difusão da arbitragem como meio de solução de conflitos internacionais, exigem do civilista um cuidadoso trabalho de compatibilização de fontes normativas também no plano internacional. A missão se mostra, portanto, ampla e árdua, mas seguramente gratificante. O leitor é já partícipe dessa reconstrução. Mãos à obra!

---

31 Natalino Irti, *L'età della decodificazione*, Milão: Dott. A. Giuffrè, 1999.
32 Gustavo Tepedino, Normas constitucionais e relações de direito civil na experiência brasileira, in *Temas de direito civil*, Rio de Janeiro: Renovar, 2006, t. II, p. 33.

Capítulo 2

A Norma Jurídica

Sumário: 1. Fontes do direito. **2.** Pluralidade de fontes normativas. **3.** Vigência da lei. **4.** Vigência da lei no espaço. **5.** Eleição da lei aplicável aos negócios jurídicos. **6.** Vigência da lei no tempo. **7.** Revogação, ab-rogação e derrogação. **8.** Repristinação. **9.** Irretroatividade da lei. **10.** Proteção ao direito adquirido (Gabba). **11.** A teoria objetiva de Roubier. **12.** Direito transitório no Brasil. **13.** Sacralização do direito adquirido. **14.** De volta à irretroatividade da lei.

1. Fontes do direito

Fontes do direito ou fontes normativas são os atos ou fatos considerados idôneos pelo ordenamento para criar, modificar ou extinguir normas jurídicas. A doutrina tradicional das fontes do direito identifica a *lei* como fonte primária das normas jurídicas, considerando fontes subsidiárias a *analogia*, os *costumes* e os *princípios gerais do direito*. As fontes subsidiárias somente seriam aplicáveis em caso de omissão da lei, conforme declara expressamente, entre nós, o art. 4º da Lei de Introdução às Normas do Direito Brasileiro (Decreto-lei n. 4.657, de 1942)[1]. Tal construção vincula-se intimamente ao processo de codificação do direito civil. A codificação produziu o mito do monopólio estatal da produção jurídica, que identifica todo o direito com o direito codificado. A crença de que um código, uma vez emanado, bastava a si próprio reduzia a atividade do

---

1 "Art. 4º Quando a lei for omissa, o juiz decidirá o caso de acordo com a analogia, os costumes e os princípios gerais de direito."

intérprete à mera operação lógico-formal de subsunção da premissa menor à premissa maior, do caso à lei, implicando desprestígio da doutrina e da jurisprudência, relegadas à repetição servil e à aplicação mecânica da literalidade do texto legal. O intérprete limitava-se, assim, a ser *la bouche de la loi*, a boca da lei.

Como registra Norberto Bobbio, "a miragem da codificação é a completude: uma regra para cada caso. O Código é para o juiz um prontuário que lhe deve servir infalivelmente e do qual não pode se afastar"[2]. Esse verdadeiro fetichismo da codificação atribuía ao Código Civil o significado de verdadeira "Constituição do direito privado", sem que se cogitasse qualquer regra fora do corpo codificado que lhe fosse hierarquicamente superior na disciplina das relações privadas. É só a partir da segunda metade do século XIX e início do século XX que esse cenário começa a se transformar. Os movimentos sociais e o processo de industrialização, associados aos movimentos populares e à escassez de mercadorias, que se intensificam com a eclosão da Primeira Guerra Mundial, vêm atingir profundamente o direito civil europeu e, na sua esteira, os ordenamentos jurídicos latino-americanos. A necessidade de intervenção estatal na economia torna-se patente e se opera de modo progressivo[3]. Multiplicam-se leis especiais que abrem exceções à sistemática do Código Civil e regulamentam novos institutos desenhados para atender ao clamor da sociedade. Chega-se, tempos depois, à chamada era dos estatutos, com a proliferação de leis que pretendem regular setores inteiros das relações sociais, não só sob seus aspectos civis, mas também administrativos e penais. São exemplos no direito brasileiro o Estatuto da Criança e do Adolescente (Lei n. 8.069/90), o Estatuto da Pessoa Idosa (Lei n. 10.741/2003) e o Código de Proteção e Defesa do Consumidor (Lei n. 8.078/90). As codificações civis perdem a centralidade de outrora.

A isso soma-se um processo gradativo de especialização do direito, com a multiplicação de entidades estatais autorizadas a produzir normas jurídicas. O papel do Poder Legislativo passa a ser compartilhado por outros entes dotados de poder jurígeno, ou seja, o poder de criar direito. É o caso, por exemplo, das agências reguladoras, emissoras de normas jurídicas que se somam àquelas de origem parlamentar. Verifica-se, ainda, o reconhecimento gradativo de fontes normativas não estatais, como se vê, por exemplo, no fenômeno da autorregulação, presente no campo desportivo (Constituição, art. 217, § 1º) e no campo de

---

2 Norberto Bobbio, *Teoria generale del diritto*, Turim: G. Giappichelli Ed., 1993, p. 242.
3 Gustavo Tepedino, Premissas metodológicas para a constitucionalização do direito civil, in *Temas de direito civil*, 4. ed., Rio de Janeiro: Renovar, 2008, p. 5.

atuação das entidades profissionais (Conselho Federal de Medicina, entre outros), cujas normas deontológicas passam a integrar o estatuto normativo dos profissionais. Pode-se recordar também os regramentos de associações, sindicatos, condomínios etc.

2. Pluralidade de fontes normativas

Nesse cenário de pluralidade de fontes normativas, o problema das fontes do direito é visto de perspectiva inteiramente diversa. Não se trata de elencar em ordem de prioridade as fontes do direito ou de reduzi-las, em abordagem estrutural, a uma ordem sucessiva de recursos a serem empregados na lacuna do ordenamento (lei, analogia, costume e princípios gerais do direito). A lacuna corresponde a um falso problema. Se os princípios constitucionais se aplicam independentemente da intermediação do legislador, não há que se cogitar de lacuna no ordenamento jurídico. Ainda que haja omissão do legislador ordinário, cumpre ao intérprete extrair diretamente das normas constitucionais a solução do caso concreto. Superada a visão da interpretação jurídica como operação mecânica de subsunção, revela-se toda a complexidade da atividade do intérprete, a quem compete, por meio da permanente dialética entre o fato e a norma, individuar a normativa adequada ao caso concreto, aplicando não a regra específica, mas o ordenamento jurídico como um todo.

Nesse contexto de fontes normativas plurais e heterogêneas, o intérprete é chamado a conservar a unidade do ordenamento jurídico, que ou é uno ou não é ordenamento[4]. Tal unidade somente pode ser alcançada por meio de uma interpretação voltada à máxima realização dos valores fundamentais do ordenamento jurídico, expressos na Constituição. Antes de se detalhar a atividade interpretativa, faz-se necessário, contudo, delimitar o universo de normas jurídicas com que deve trabalhar o intérprete. Tal delimitação é alcançada pelo estudo da vigência das leis no tempo e no espaço.

3. Vigência da lei

Na conhecida definição de Francesco Gabba, vigência é a qualidade impositiva da lei. Consubstancia-se em seu caráter obrigatório em certo espaço e

---

4 "Ou bem o ordenamento é uno ou não é ordenamento jurídico" (Gustavo Tepedino, Normas constitucionais e direito civil na construção unitária do ordenamento, in *Temas de direito civil*, Rio de Janeiro: Renovar, 2009, t. III, p. 10).

por certo tempo. Duas diretrizes são consideradas "princípios" cardeais nessa matéria: o princípio da obrigatoriedade e o princípio da continuidade. Pelo princípio da obrigatoriedade, ninguém pode se escusar da lei alegando não conhecê-la: *ignorantia legis neminem excusat*. Assim expressamente dispõe o art. 3º da Lei de Introdução às Normas do Direito Brasileiro (Decreto-lei n. 4.657/1942), muito embora se admita, como se verá no estudo dos negócios jurídicos, a figura do *erro de direito*[5]. Pelo princípio da continuidade, a lei vige até que outra lei a modifique ou a revogue (Decreto-lei n. 4.657/1942, art. 2º). A vigência da lei desdobra-se em duas dimensões: espacial e temporal.

4. Vigência da lei no espaço

Examine-se, primeiro, a dimensão espacial. A eficácia de uma lei no espaço deve ser analisada em dois planos: (a) no plano interno e (b) no plano internacional. No plano interno, a eficácia espacial da lei depende, essencialmente, do ente federativo que a emite. As leis municipais do Rio de Janeiro circunscrevem-se ao território do seu município, não tendo, por exemplo, aplicação no município de Petrópolis. As leis do estado de Minas Gerais aplicam-se a todo o território daquele estado, mas não fora dele. Essas limitações internas assumem relevância, por exemplo, para o direito administrativo, pois cada ente federativo tem competência para disciplinar sua própria organização administrativa. Não guardam, contudo, relevância para o estudo do direito civil, porque a Constituição atribui à União competência privativa para legislar sobre essa vasta temática (art. 22, I). Nem estados nem municípios dispõem de competência para regular questões de direito civil, que é uno e uniforme para todos os entes que compõem a República Federativa do Brasil.

No plano internacional, a regra é que a lei brasileira tem vigência no território do nosso país. E o mesmo acontece em todos os outros países, pela simples razão de que a atividade legislativa é uma expressão da soberania nacional, da autonomia de cada Estado soberano. A regra, portanto, é a *territorialidade das leis*. A imensa maioria dos ordenamentos jurídicos, contudo, faz certas concessões à aplicação, em seu território, das leis de outros países, fenômeno a que se denomina *extraterritorialidade* das leis. É esse o objeto da disciplina do direito

---

[5] Definida por Francisco Amaral como "falso conhecimento ou ignorância da norma jurídica respectiva" (*Direito civil: introdução*, 7. ed., Rio de Janeiro: Renovar, 2008, p. 509).

internacional privado, cuja tarefa consiste em determinar qual direito deve ser aplicado para solucionar determinado conflito surgido de uma relação que percorre ou se vincula a mais de um sistema jurídico nacional. Savigny, em seu *Sistema de Direito Romano Atual*, explica essa atitude com base em uma comunhão dos sistemas nacionais, que, embora soberanos, teriam consciência da presença de outros sistemas nacionais, com os quais coexistem. Embora essa seja, de fato, a inspiração originária do direito internacional privado, não se pode deixar de recordar, pelo prisma técnico, a lição de San Tiago Dantas, para quem "o direito internacional privado, de internacional, só tem o nome, é um direito interno como todos os demais"[6]. Também se discute o seu caráter de direito privado, na medida em que suas normas têm natureza cogente, havendo pouco ou nenhum espaço para o exercício da autonomia privada. A denominação, contudo, fez escola e não é pior que a designação anglo-saxã (*conflict of laws*) ou aquela empregada por Savigny, que tratava da matéria sob o título de "limites da lei no espaço"[7].

O legislador brasileiro ocupou-se do direito internacional privado na Lei de Introdução às Normas do Direito Brasileiro (Decreto-lei n. 4.657/1942), em que, ressalvada a proteção inafastável à soberania nacional, à ordem pública e aos bons costumes (art. 17), traça, conforme a natureza e o objeto do conflito que se pretende regular, diversos critérios para a identificação da lei aplicável. Determina, por exemplo, que seja aplicada, em regra, a lei do país do domicílio da pessoa para a solução de questões atinentes ao início e ao fim da personalidade, ao nome, à capacidade e aos direitos de família (art. 7º). Para as sucessões, impõe que seja aplicada a lei do último domicílio do *de cujus* ou do ausente (art. 10). Para qualificar os bens, emprega o critério da *lex rei sitae*, isto é, da lei do país onde se situam os bens (art. 8º). E, finalmente, para qualificar e reger as obrigações vale-se do critério do *locus regit actum*, sujeitando-as à lei do país em que se constituírem (art. 9º). Essa última regra remete a um tema de extrema importância prática, que é o de saber se é possível ou não às partes submeterem um negócio jurídico a lei nacional diversa daquela do país em que tal negócio é celebrado.

---

6 San Tiago Dantas, *Programa de direito civil: aulas proferidas na Faculdade Nacional de Direito (1942-1945) – parte geral*, Rio de Janeiro: Ed. Rio, 1977, p. 99.

7 Para detalhes acerca da discussão terminológica, ver: Caio Mário da Silva Pereira, *Instituições de direito civil*, 29. ed., atualizada por Maria Celina Bodin de Moraes, Rio de Janeiro: Forense, 2016, v. I, p. 145-146.

5. Eleição da lei aplicável aos negócios jurídicos

O tema da eleição da lei aplicável aos negócios jurídicos é, ainda hoje, polêmico. Os autores de direito internacional privado referem-se ao tema como o problema da *autonomia privada*, tomando a espécie pelo gênero. Em termos práticos, pode-se formular a seguinte indagação: podem duas sociedades, uma brasileira e a outra italiana, ao celebrarem um contrato de transporte marítimo no Rio de Janeiro, eleger para regular sua relação contratual a lei inglesa?

A doutrina se divide quanto à matéria. Majoritária até a década de 1990 era a corrente que entendia impossível a escolha pelas partes, impossibilidade que derivaria da interpretação histórica do Decreto-lei n. 4.657/42, o qual, ao eleger em seu art. 9º o critério da lei do país em que as obrigações se constituírem, suprimiu a expressão "salvo estipulação em contrário", que constava da norma correspondente na Lei de Introdução ao Código Civil de 1916 (Lei n. 3071/16)[8]. A supressão exprimiria uma clara decisão do legislador brasileiro em tornar a norma cogente.

Entretanto, ganhou força nas últimas décadas o entendimento contrário, que sustenta o caráter dispositivo do art. 9º da Lei de Introdução, essencialmente por três razões: (a) o longo distanciamento temporal dos motivos que levaram o legislador a suprimir a expressão "salvo estipulação em contrário" na Lei de Introdução atual, que é de 1942; (b) o reconhecimento de que a *mens legislatoris* é coisa diversa da *mens legis*, sendo certo que o art. 9º da Lei de Introdução atual, se não ressalva a possibilidade de disposição em contrário, tampouco a afasta expressamente; e (c) a Lei de Arbitragem (Lei n. 9.307/96), em seu art. 2º, § 1º, autoriza a livre escolha das "regras de direito que serão aplicadas na arbitragem, desde que não haja violação aos bons costumes e à ordem pública". Assim, havendo cláusula compromissória (cláusula arbitral) no contrato, é lícita a escolha da lei aplicável à solução dos conflitos dele decorrentes. Não havendo cláusula compromissória, a possibilidade ou não de eleição da lei aplicável continua controvertida, identificando-se, contudo, uma gradativa ampliação do entendimento favorável à livre escolha da lei de regência, desde que respeitada a ordem pública, assim entendido o conjunto de normas cogentes que integram o núcleo fundamental do ordenamento jurídico.

---

8 "Art. 13. Regulará, salvo estipulação em contrário, quanto à substância e aos efeitos das obrigações, a lei do lugar, onde forem contraídas."

6. Vigência da lei no tempo

Vistas as principais questões relativas à vigência da lei no espaço, cumpre enfrentar o tema da vigência da lei no tempo. No Brasil, por força da Lei Complementar n. 95/98, cada lei deve indicar expressamente o momento da sua entrada em vigor, assegurado "prazo razoável para que dela se tenha amplo conhecimento" (art. 8º). Faltando a indicação, aplica-se a *vacatio legis* de 45 dias, contados da data da publicação, conforme disposto no art. 1º da Lei de Introdução.

Como já visto, iniciada a vigência da lei nova, sua força obrigatória se impõe até que uma nova lei a modifique ou revogue (art. 2º). Trata-se do princípio da continuidade das leis, que se aplica a todas as normas que não se destinem expressamente a vigência temporária. Vigoram, portanto, até que ocorra alguma causa capaz de lhe suprimir a eficácia, como (a) a não recepção por uma nova Constituição, (b) a declaração de inconstitucionalidade (cujos efeitos são, em regra, retroativos, mas podem ser modulados pelo Supremo Tribunal Federal), ou (c) a revogação por uma lei nova.

7. Revogação, ab-rogação e derrogação

A revogação pode ser (a) total, também chamada ab-rogação, ou (b) parcial, denominada derrogação. Em imagem um tanto sinistra, afirma-se que a ab-rogação mata a lei anterior, enquanto a derrogação apenas a amputa.

A revogação pode, ainda, ser (a) expressa, quando a lei nova revoga a anterior de modo explícito, ou (b) tácita, quando a revogação não resulta de disposição expressa, mas de incompatibilidade objetiva entre a lei anterior e a lei nova. O problema da revogação tácita não é desprovido de complexidade, pois nem sempre a incompatibilidade objetiva é flagrante. O Código Civil de 2002, por exemplo, suscitou numerosas polêmicas nesse sentido, quando tratou do condomínio edilício, contemplado na Lei n. 4.591/64, dos juros, contemplados na Lei de Usura (Decreto n. 22.626/93), do direito de superfície, já regulado no Estatuto da Cidade, entre outras matérias.

8. Repristinação

Ainda no campo da revogação, cumpre registrar que, no direito brasileiro, a perda de vigência da lei revogadora não tem efeito repristinatório, ou seja, não restaura a lei revogada, salvo disposição expressa nesse sentido (Lei de Introdução, art. 2º, § 3º).

9. Irretroatividade da lei

As questões mais difíceis em matéria de vigência da lei no tempo não surgem, contudo, no campo da revogação das leis, mas sim no campo da eficácia sobre fatos pretéritos. Não há dúvida de que os atos concluídos e inteiramente consumados anteriormente ao início da vigência de uma lei nova produzirão ou não efeitos jurídicos conforme o que determinava a legislação anterior. Repugna ao mais elementar senso de justiça que uma pessoa possa vir a ser surpreendida com a aplicação de uma lei nova sobre ato que praticou e concluiu inteiramente no passado, pautando-se por outra lei. É nesse sentido que alude a doutrina recorrentemente a um *princípio da irretroatividade das leis*.

Há, todavia, fatos, atos ou negócios jurídicos que ainda estão em curso ou cujos efeitos ainda estão se produzindo quando entra em vigor a lei nova. É desse problema que se ocupa o chamado direito transitório ou direito intertemporal, e não é problema simples. Numerosas teorias surgiram para tentar solucioná-lo.

10. Proteção ao direito adquirido (Gabba)

Dentre as referidas teorias, aquela que conta com maior difusão e prestígio é, sem dúvida, a teoria de Francesco Gabba[9]. Para o Mestre de Pisa, a lei nova deve ter a mais ampla aplicação, incidindo quer sobre situações jurídicas novas, quer sobre os efeitos de situações jurídicas anteriores, desde que não viole os *direitos adquiridos*. Gabba define o direito adquirido como aquele que, sendo consequência de um fato idôneo a produzi-lo, se integrou definitivamente ao patrimônio do seu titular, ainda que a ocasião de exercê-lo não se tenha apresentado antes da vigência da lei nova. Mais especificamente, o direito adquirido pode ser visto sob três aspectos:

(a) Em relação à sua origem, decorre de um fato gerador que já se tenha verificado por inteiro, tendo se configurado todos os seus elementos constitutivos. Diferencia-se, nesse particular, das *expectativas de direito*, que, assentando em fatos aquisitivos incompletos, traduzem a simples esperança do seu titular em relação a direito futuro. Por exemplo, o servidor público que já completou todos os requisitos para a aposentadoria tem direito adquirido de se aposentar. Já aquele que ainda não completou todos esses requisitos, como a idade mínima, não tem direito adquirido, mas mera expectativa de direito.

---

9   Carlo Francesco Gabba, *Teoria della retroattività delle leggi*, Turim: Unione Tip. Ed. Torinese, 1891.

(b) Em relação à sua incorporação, o direito adquirido integra o patrimônio do seu titular, não se tratando de mera faculdade legal da qual deixou de fazer uso, mas de um direito cuja titularidade assumiu. Assim, se um cônjuge aliena um bem imóvel sem a autorização do outro em hipótese que a lei exige a outorga, surge o direito potestativo de anular a alienação, que passa a integrar o patrimônio do cônjuge prejudicado. Não poderá a lei posterior extinguir esse direito, que perdurará até o escoamento do prazo decadencial.

(c) Em relação aos efeitos, o direito adquirido, no momento em que entra em vigor a lei nova, ainda não se exauriu, diferenciando-se, nesse ponto, dos chamados *direitos consumados*, cujos efeitos se iniciaram e se concluíram sob a vigência da lei anterior. É exemplo a situação do servidor público que já se aposentou.

A teoria de Gabba atraiu diversos seguidores, mas também críticos.

11. A teoria objetiva de Roubier

Um dos principais críticos da teoria de Gabba foi Paul Roubier, que, em sua obra *Le Droit Transitoire* (1960), após distinguir os fatos sobre os quais pode uma lei incidir em *facta praeteria* (fatos pretéritos), *facta futura* (fatos futuros) e *facta pendentia* (fatos em curso), propõe solução mais objetiva, segundo a qual as leis não teriam, em regra, efeito retroativo, aplicando-se apenas aos fatos futuros, salvo se a norma expressamente afirmasse seu caráter retroativo[10]. Com isso, restaria eliminada ou, ao menos, reduzida a margem de subjetividade do intérprete, objeto da crítica de Roubier. Para parte da doutrina civilista, a teoria objetiva de Roubier produz maior segurança quanto aos fatos em curso, apresentando, porém, a desvantagem de permitir o afastamento da irretroatividade por mera disposição do legislador.

12. Direito transitório no Brasil

No Brasil, a trajetória do direito transitório foi sinuosa. A Lei de Introdução às Normas do Direito Brasileiro (Decreto-lei n. 4.657/42) afastou-se, em sua versão original, da construção de Gabba. O art. 6º do Decreto-lei n. 4.657/42 dispunha que "a lei em vigor terá efeito imediato e geral. Não atingirá, entretanto, salvo disposição expressa em contrário, as situações jurídicas definitivamente constituídas e a execução do ato jurídico perfeito". Em 1957,

---

10 Paul Roubier, *Le droit transitoire: conflits des loi dans le temps*, 2. ed., Paris: Dalloz et Sirey, 1960, p. 171-174.

a Lei n. 3.238 veio modificar a redação do referido art. 6º, acolhendo a concepção de Gabba, ao afirmar:

> Art. 6º A Lei em vigor terá efeito imediato e geral, respeitados o ato jurídico perfeito, o direito adquirido e a coisa julgada.
>
> § 1º Reputa-se ato jurídico perfeito o já consumado segundo a lei vigente ao tempo em que se efetuou.
>
> § 2º Consideram-se adquiridos assim os direitos que o seu titular, ou alguém por êle, possa exercer, como aquêles cujo começo do exercício tenha têrmo pré-fixo, ou condição pré-estabelecida inalterável, a arbítrio de outrem.
>
> § 3º Chama-se coisa julgada ou caso julgado a decisão judicial de que já não caiba recurso.

A Constituição de 1988 ocupou-se expressamente do tema, afirmando, em seu art. 5º, inciso XXXVI, que "a lei não prejudicará o direito adquirido, o ato jurídico perfeito e a coisa julgada". É de se notar, portanto, que o Constituinte brasileiro não encampa um *princípio* de irretroatividade das leis, como erroneamente propaga certa parcela da doutrina; tão somente assegura proteção ao direito adquirido, ao ato jurídico perfeito e à coisa julgada, noções cujos contornos restaram definidos pela Lei de Introdução.

O Código Civil, no art. 2.035, impõe a aplicação da nova codificação aos efeitos ainda em curso dos negócios e demais atos jurídicos praticados sob a vigência da codificação anterior, ressalvada a sua validade, que continua regida pela codificação anterior. Tem-se aí o que se convencionou denominar de "retroatividade mínima", que se limita aos efeitos continuados de atos pretéritos, situação que não viola, segundo a doutrina dominante, a garantia de proteção ao direito adquirido.

13. Sacralização do direito adquirido

Doutrina e jurisprudência brasileiras promoveram, porém, verdadeira "sacralização" do direito adquirido. Por ter restado inserida no rol dos direitos fundamentais, a garantia de proteção ao direito adquirido ostenta o caráter de cláusula pétrea, o que tem levado à alegação de impossibilidade de reformas estruturais por parte do Poder Constituinte Derivado. A noção tem sido oposta até mesmo à reorganização da política remuneratória de servidores públicos, o que levou o Supremo Tribunal Federal a consagrar a orientação segundo a qual "não há direito adquirido a regime jurídico".

Ocorre que, como qualquer outro direito fundamental, a garantia de proteção ao direito adquirido sujeita-se à ponderação em face de outros direitos fundamentais, como também já decidiu nossa Suprema Corte (STF, ADI 3.105/DF, relator para acórdão Min. Cezar Peluso, j. 18-8-2004). Não é diversa a conclusão de Carlos Alberto Tolomei, em dissertação defendida no âmbito do Mestrado em Direito Civil da Faculdade de Direito da UERJ. Destaca Tolomei que o direito adquirido é apenas um dentre vários direitos fundamentais, fazendo-se necessário recorrer à técnica da ponderação entre os direitos em conflito em cada caso concreto, não podendo o direito adquirido prevalecer, em abstrato, sobre outros direitos de igual hierarquia[11]. Gustavo Tepedino recorda, ainda, que a categoria do direito adquirido foi concebida e desenvolvida para a tutela de relações patrimoniais, fazendo-se necessária uma desmitificação do direito adquirido[12].

14. De volta à irretroatividade da lei

A necessidade de ponderação entre a proteção ao direito adquirido e outros direitos fundamentais exprime, em larga medida, a substituição de um modelo puramente estrutural e formal de irretroatividade, baseado exclusivamente na análise temporal, para um modelo de cunho substancial e material em que a eventual retroatividade da lei é debatida à luz do seu papel de concretização dos valores fundamentais da ordem jurídica. Classificações de fatos jurídicos conforme o seu caráter pretérito, presente ou futuro, assim como classificações dos efeitos dos fatos jurídicos, baseadas nos mesmos critérios, acabam por mascarar discussões de fundo axiológico que não podem ser ignoradas na definição da retroatividade da lei e da sua respectiva intensidade. Assim, não se pode ignorar a diferença que existe entre discutir a retroatividade, de um lado, de leis que representam avanços humanitários, como no sempre lembrado exemplo da Lei Áurea, ou, ainda, de leis que se voltam deliberadamente para o passado, como leis de anistia, e, de outro lado, leis que promovem restrições a direitos individuais ou coletivos, como no exemplo das leis que, em cenário de crise econômica, restringem direitos dos trabalhadores criados por leis infraconstitucionais. Ainda que tais leis possam ser democraticamente

---

11 Carlos Young Tolomei, *A proteção do direito adquirido sob o prisma civil-constitucional: uma perspectiva sistemático-axiológica*, Rio de Janeiro: Renovar, 2005, p. 267-274.
12 Gustavo Tepedino, O STF e a noção de direito adquirido, in *Temas de direito civil*, Rio de Janeiro: Renovar, 2006, t. II, p. 394.

aprovadas em cenários de drástica escassez de recursos, o fato de exprimirem menor e não maior realização dos valores constitucionais exige cautela extrema na proteção às situações pretéritas, e mesmo às chamadas situações pendentes. Impõem-se a estas últimas regras de transição que permitam a adequada tutela das expectativas despertadas pela legislação anterior e o respeito ao princípio constitucional da igualdade social, que impede a criação de soluções normativas assentadas em sacrifício desproporcional das parcelas mais necessitadas da população brasileira.

O debate acerca da retroatividade das leis deixa, assim, de se apresentar como terreno puramente formal para revelar seu aspecto substancial, o qual não pode deixar de influenciar a avaliação do grau de retroatividade permitido pela ordem jurídica.

Capítulo 3

Interpretação da Norma Jurídica

Sumário: **1.** Interpretação das normas jurídicas. **2.** *In claris fit interpretatio*. **3.** Escola da Exegese. **4.** Escola Histórica. **5.** Pandectística. **6.** Escola do Direito Livre. **7.** Uso alternativo do direito e o chamado direito alternativo. **8.** A interpretação hoje. **9.** Elementos de interpretação. **10.** Integração do direito. **11.** Analogia *legis*. **12.** Costume. **13.** Princípios gerais do direito (analogia *iuris*). **14.** Integração-interpretação-aplicação como processo unitário.

1. Interpretação das normas jurídicas

A interpretação das normas jurídicas consiste na identificação do seu sentido e alcance. Na passagem inspirada de Carlos Maximiliano,

> interpretar uma expressão de Direito não é simplesmente *tornar claro* o respectivo dizer, abstratamente falando; é sobretudo, revelar o sentido apropriado para a vida real, e conducente a uma decisão reta. Não se trata de uma arte para simples deleite intelectual, para o gozo das pesquisas e o passatempo de analisar, comparar e explicar os textos; assume, antes, as proporções de uma disciplina eminentemente prática, útil na atividade diária, auxiliar e guia dos realizadores esclarecidos, preocupados em promover o progresso, dentro da ordem; bem como dos que ventilam nos pretórios os casos controvertidos, e dos que decidem os litígios e restabelecem o Direito postergado[1].

---

1 Carlos Maximiliano, *Hermenêutica e aplicação do direito*, 19. ed., Rio de Janeiro: Forense, 2001, p. 8-9.

2. In claris fit interpretatio

O objeto da interpretação jurídica é, portanto, toda norma jurídica na sua imprescindível dialética com a realidade fática que a determina e que transforma. É de se rejeitar o brocardo latino *in claris non fit interpretatio*, pois a interpretação não se aplica apenas a normas jurídicas que não sejam claras. Consistindo a interpretação na atividade que busca identificar o sentido e o alcance da norma, a clareza é algo que sucede, e não que antecede, a atividade interpretativa. Trata-se, nas palavras de Pietro Perlingieri[2], de um *posterius*, e não de um *prius* à interpretação. O que o brocardo *in claris non fit interpretatio* produz, em última análise, é a redução do espaço da atividade interpretativa, privilegiando um positivismo jurídico exacerbado. As diferentes concepções acerca da amplitude da atuação e do próprio papel do intérprete no direito correspondem àquilo que se costuma denominar de *escolas de interpretação*. É do conhecimento dessas escolas que se deve partir no estudo desse tema.

3. Escola da Exegese

Destaca-se, nesse campo, disputa travada ao longo do século XIX entre a Escola da Exegese e a Escola Histórica, disputa ainda hoje influente sobre o modo de interpretar as normas jurídicas. A Escola da Exegese, surgida na esteira da promulgação do *Code Napoléon*, atribuía ao intérprete um papel limitado, enxergando os juristas como meros explicadores da lei. Seus adeptos (Duranton, Demolombe e Troplong, entre outros) entreviam na norma jurídica a expressão da vontade soberana do povo, de tal modo que nenhuma proposta interpretativa poderia se afastar da literalidade. Embora, recentemente, tenha se desvelado a influência que ideias jusnaturalistas continuaram a exercer implicitamente sobre os autores da Escola da Exegese, o certo é que essa escola tornou-se o símbolo de um legalismo excessivo[3].

4. Escola Histórica

A Escola Histórica, por sua vez, representa, em larga medida, a reação a esse legalismo exagerado. Enquanto a Escola da Exegese vinculava-se intensamente ao

---

2 Pietro Perlingieri, *Perfis do direito civil – introdução ao direito civil constitucional*, trad. Maria Cristina De Cicco, Rio de Janeiro: Renovar, 1999, p. 71.
3 António Manuel Hespanha, *A cultura jurídica europeia: síntese de um milénio*, Coimbra: Almedina, 2012, p. 404-409.

ambiente juspolítico francês, marcado pela promulgação do *Code Napoléon* como festejada emanação do Estado, outras regiões da Europa não haviam, ainda, experimentado a formação do Estado Nacional, o que só ocorreria nos últimos anos do século XIX. Nessas regiões, o legalismo estatal não fazia nenhum sentido. Daí o surgimento, na Alemanha, da Escola Histórica, cujo programa consistia justamente em perquirir as fontes não estatais e não legislativas do direito. Os adeptos da Escola Histórica (Savigny, Puchta e outros) enxergavam as normas jurídicas não como produto de um monopólio estatal, mas como fruto de uma evolução histórico-cultural de um povo: o chamado *Volksgeist* (espírito do povo), silenciosamente atuante e permanentemente presente. A construção da noção de *Volksgeist*, associada intimamente ao ambiente cultural do romantismo alemão, se erigiu em pilar fundamental da Escola Histórica, que, antilegalista, se caracterizava pela valorização das fontes consuetudinárias e doutrinárias do direito. De fato, os adeptos da Escola Histórica reservavam à doutrina papel tão relevante na criação do direito que chegaram a aludir a um verdadeiro *Professorenrecht*, ou seja, um Direito dos Professores.

5. Pandectística

Importante ramo da Escola Histórica alemã foi a chamada pandectística (*Pandektenwissenschaft*) ou jurisprudência dos conceitos (*Bergriffsjurisprudenz*), caracterizada pela visão do direito como um todo orgânico e sistemático de institutos jurídicos construídos com base em princípios gerais, a exemplo das ciências naturais. À pandectística devem-se diversos conceitos de elevada abstração que ocupam ainda hoje papel central na dogmática do direito civil, como a noção de negócio jurídico.

6. Escola do Direito Livre

Também antilegalista, mas avessa ao formalismo conceitual, a Escola do Direito Livre (*Freiesrecht*), historicamente mais tardia, foi formada com base na constatação de Ernst Fuchs de que o juiz, na identificação da solução jurídica, partia não da lei ou dos conceitos, mas da sua própria percepção de justiça (*Recthsgefühl*)[4]. Os adeptos da Escola do Direito Livre propugnavam o abandono tanto do modelo legalista quanto do modelo conceitualista do direito em prol de uma fundamentação "livre" do magistrado, que seria capaz de traduzir,

---

4 Ernst Fuchs, *Die gemeinschädlichkeit der konstruktiven Jurisprudenz*, Karlsruhe: G. Braun, 1907.

caso a caso, a solução imposta pelo sentimento social de justiça. Como bem observa Hespanha, se foi sempre considerada extremista e subversiva da segurança e certeza da ordem jurídica, a Escola do Direito Livre teve o grande mérito de evidenciar o papel político da decisão judicial, papel que vinha sendo escamoteado pelo positivismo, "ao apresentar o juiz como um autômato executor da lei ou dos princípios científicos do direito"⁵.

7. Uso alternativo do direito e o chamado direito alternativo

Registre-se que diversos fundamentos da Escola do Direito Livre acabariam sendo recuperados pelo chamado movimento do *uso alternativo del diritto* (uso alternativo do direito), que nasceria bem mais tarde na Itália (1970), em um ambiente político caracterizado pelo neomarxismo e pelas doutrinas críticas do direito. Com a fórmula "uso alternativo do direito", pretendia-se afirmar, em síntese, que, embora construído para atender aos interesses das classes dominantes, o direito não precisaria ser necessariamente interpretado e aplicado em seu favor. Tratava-se de uma tentativa de atribuir papel substancial ao direito, rejeitando a visão do marxismo tradicional segundo a qual o direito seria mera superestrutura determinada pelas relações econômicas subjacentes. Visava, ainda, superar a tradicional indiferença ou "desprezo" dos pensadores marxistas pelo direito, desprezo que Luigi Ferrajoli chega a considerar "uma das razões principais da falência histórica daquela esperança do século que foi o comunismo"⁶.

O uso alternativo do direito teve vida curta na Itália, mas, em uma demonstração emblemática da circulação das ideias jurídicas, acabaria, por sua vez, servindo de fonte de inspiração, no Brasil, para o chamado *direito alternativo*, que floresceu nos anos de 1980 e 1990. Nas vozes de Amilton Bueno de Carvalho, Miguel Baldez e Ricardo Pereira Lira, entre outros, o direito alternativo despertou, entre nós, um vivo interesse inicial, como possível via de escape não apenas ao autoritarismo da ditadura militar brasileira, mas também ao conservadorismo atávico das elites que a sustentaram. Enfrentou, contudo, progressivo ocaso em virtude da redemocratização e do advento da Constituição de 1988, que acabaram por tornar possíveis outros caminhos hermenêuticos para a cons-

---

5   António Manuel Hespanha, *A Cultura jurídica europeia*, cit., p. 459.
6   Luigi Ferrajoli, em entrevista concedida a Alfonso García Figueroa, disponível em: <www.dirittoequestionipubbliche.org/D_Q-5/contributi/testi_5_2005/rec_G_Figueroa-Ferrajoli.pdf> (acesso em: 20 nov. 2017).

trução de uma sociedade mais solidária e igualitária, sem o risco de soluções disformes que variassem de acordo com a concepção individual de justiça de cada magistrado.

8. A interpretação hoje

Atualmente, há certo consenso de que a interpretação jurídica não se limita à análise servil da lei, nem se subordina exclusivamente à produção estatal, nem tampouco pode se centrar em concepções pessoais de justiça ou desconsiderar o dado normativo como emanação de uma sociedade democrática e pluralista. Deve o intérprete escapar ao dogmatismo formalista, mas também ao dogmatismo sociológico. Seu desafio cotidiano consiste em extrair das normas jurídicas o seu sentido e alcance à luz do próprio ordenamento, visto não apenas em sua literalidade, mas também em seu conjunto, em sua história e em seus fins, assim entendidos os valores a cuja concretização se propõe a ordem jurídica por meio de sua norma fundamental, a Constituição da República, compreendida com base na permanente dialética com a realidade social.

Alude-se a uma interpretação jurídica *aplicativa*, voltada não para um projeto explícito de reforço ou contestação da autoridade legislativa estatal, mas para a máxima concretização dos valores constitucionais em cada caso concreto. Daí a afirmação de Castanheira Neves de que a interpretação jurídica, hoje orientada pelo objetivo prático da realização do direito, tornou-se um problema em aberto, já que "deixou de haver uma teoria estabilizada e dominante que tranqüilamente se pudesse expor nas suas linhas características, como ainda acontecia há duas ou três décadas"[7].

9. Elementos de interpretação

A interpretação da norma jurídica exige, portanto, a análise de diferentes elementos ou aspectos da norma como (a) o elemento literal, gramatical ou filológico; (b) o elemento sistemático; (c) o elemento histórico; e (d) o elemento teleológico.

O elemento literal, gramatical ou filológico corresponde à literalidade do texto normativo e costuma ser definido pela doutrina como ponto de partida

---

[7] António Castanheira Neves, *Metodologia jurídica: problemas fundamentais*, Coimbra: Coimbra Editora, 1993, p. 9.

necessário da interpretação das normas jurídicas, por oferecer os múltiplos significados possíveis do texto. Uma boa interpretação não pode se restringir, todavia, ao elemento literal, devendo compreender outros aspectos da norma. O elemento sistemático consiste na análise dos significados assumidos pela norma interpretada em confronto com as demais normas do ordenamento jurídico. O elemento histórico revela os antecedentes jurídicos e fáticos que conduziram à produção da norma e abre, de certa forma, as portas da interpretação para o seu elemento teleológico, consubstanciado no fim que a ordem jurídica persegue com aquele específico comando normativo.

Tome-se como exemplo o art. 15 do Código Civil, segundo o qual "ninguém pode ser constrangido a submeter-se, com risco de vida, a tratamento médico ou a intervenção cirúrgica". Uma interpretação puramente literal da norma contida naquele artigo conduziria à conclusão, *a contrario sensu*, de que, não havendo risco de vida, qualquer pessoa pode ser constrangida a se submeter a tratamento médico ou intervenção cirúrgica, mesmo que contra a sua vontade. A interpretação sistemática revela, contudo, que o significado do art. 15 não pode ser este, pois a Constituição, além de afirmar em seu art. 5º, II, que "ninguém será obrigado a fazer ou deixar de fazer alguma coisa senão em virtude de lei", protege, por meio de um vasto conjunto de dispositivos, a dignidade da pessoa humana (art. 1º, III, entre outros). Ainda pelo prisma sistemático, verifica-se que o art. 15 se situa no capítulo dedicado aos direitos da personalidade, que consistem em garantias em favor da proteção da pessoa humana, erigidas não para submetê-la à vontade alheia, mas para assegurar sua autodeterminação. A interpretação histórica evidencia que a origem do art. 15 do Código Civil se situa precisamente na superação de uma omissão do Código Civil de 1916, que, excessivamente marcado pelo patrimonialismo, não se ocupou da proteção da pessoa humana. E a interpretação teleológica revela que o fim perseguido com aquela norma foi salvaguardar o ser humano de atos de autoritarismo da parte do Estado ou da instituição médica. Todos esses elementos – sistemático, histórico e teleológico – caminham em sentido oposto ao que poderia sugerir a mera interpretação literal: o art. 15 deve ser interpretado não como norma que proíbe o tratamento médico compulsório apenas em caso de risco de vida, autorizando-o nos demais casos, mas sim como norma que proíbe o tratamento médico compulsório em regra, haja ou não risco de vida[8].

---

8   O tratamento médico compulsório é excepcionalmente admitido no direito brasileiro em prol da própria pessoa humana (direito à saúde, à ressocialização etc.) em casos de medida de segurança e internamento compulsório de pessoas acometidas de trans-

Aos elementos interpretativos tradicionais parte da doutrina tem acrescentado, recentemente, um quinto elemento: o elemento axiológico. A construção, que tem o mérito de enfatizar a dimensão do direito como conjunto de valores, afigura-se, a rigor, desnecessária em uma perspectiva constitucionalizada, na qual os fins da norma jurídica já se identificam necessariamente com a concretização de valores consagrados no texto constitucional. Como ensina Perlingieri, a atividade do intérprete exige

> o contextual conhecimento do problema concreto a ser regulado, isto é, do fato, individuado no âmbito do inteiro ordenamento – o conjunto das proposições normativas e dos princípios –, de maneira a individuar a normativa mais adequada e mais compatível com os interesses e com os valores em jogo. Portanto, a interpretação é, por definição, lógico-sistemática e teleológico-axiológica, isto é, finalizada à atuação dos novos valores constitucionais[9].

Registre-se, por fim, que não há, de acordo com a ciência hermenêutica, ordem ou prevalência entre os elementos interpretativos. Todos convergem para a interpretação da norma jurídica, combinando-se não raro de modo indissociável no raciocínio interpretativo e na argumentação de que se vale o intérprete a fim de justificar o significado alcançado por meio da interpretação da norma jurídica.

10. Integração do direito

Tradicionalmente, distingue-se a interpretação das normas jurídicas da integração do direito: enquanto a interpretação estaria voltada a desvendar o significado de uma norma já existente, a integração seria a atividade dirigida à supressão de *lacuna* do ordenamento jurídico, ou seja, de ausência de qualquer norma apta a reger determinada situação concreta. Diante de lacuna, por falta de lei (fonte principal do direito), ao intérprete competiria recorrer às fontes subsidiárias ou supletivas do direito: (a) a analogia (analogia *legis*), (b) os costumes

---

torno mental, na forma de Lei n. 10.216/2001, conhecida como Lei Antimanicomial. Mesmo aí, contudo, deve haver rigoroso controle dos limites dessas medidas e permanente verificação da sua adequação aos fins pretendidos, sob pena de se desvelar o autoritarismo que contraria o valor fundamental da dignidade humana.

9   Pietro Perlingieri, *Perfis do direito civil – introdução ao direito civil constitucional*, trad. Maria Cristina De Cicco, Rio de Janeiro: Renovar, 1999, p. 72.

e (c) os princípios gerais do direito (analogia *iuris*), tal qual determina o já mencionado art. 4º da Lei de Introdução às Normas do Direito Brasileiro[10].

11. Analogia *legis*

A analogia *legis* consiste, na definição de Clóvis Beviláqua, na "aplicação da lei a casos por ela não regulados, mas nos quais há identidade de razão ou semelhança de motivo"[11]. *Ubi eadem est legis ratio, ibi eadem legis dispositio* (onde se verifica a mesma razão da lei, deve haver a mesma disposição legal). A analogia inspira-se, portanto, em termos jusfilosóficos, na igualdade de tratamento de situações semelhantes. Adverte Norberto Bobbio que

> para que se possa tirar a conclusão, quer dizer, para fazer a atribuição ao caso não regulamentado das mesmas consequências jurídicas atribuídas ao caso regulamentado semelhante, é preciso que entre os dois casos não exista uma semelhança qualquer, mas uma semelhança relevante, é preciso ascender dos dois casos a uma qualidade comum a ambos, que seja ao mesmo tempo a razão suficiente pela qual ao caso regulamentado foram atribuídas aquelas e não outras consequências[12].

Exemplo de analogia tem-se na aplicação do direito real de habitação previsto no art. 1.831 do Código Civil aos companheiros que vivem em união estável. O referido dispositivo afirma que "ao cônjuge sobrevivente, qualquer que seja o regime de bens, será assegurado, sem prejuízo da participação que lhe caiba na herança, o direito real de habitação relativamente ao imóvel destinado à residência da família, desde que seja o único daquela natureza a inventariar". A expressão "cônjuge sobrevivente" não poderia, a rigor, ser interpretada como abrangente do companheiro sobrevivente, pois se trata de significado que a literalidade daquela expressão, a rigor, não comporta. Entretanto, a mesma razão legal (*ratio legis*) que leva à atribuição de direito real de habitação ao cônjuge sobrevivente está presente na situação do companheiro sobrevivente, qual seja, o fato de que se trata de imóvel em que os conviventes residiam conjuntamente em vida, formando o espaço físico daquela relação familiar, o autêntico lar do casal, independentemente da modalidade de família em que

---

10 "Art. 4º Quando a lei for omissa, o juiz decidirá o caso de acordo com a analogia, os costumes e os princípios gerais de direito."
11 Clóvis Beviláqua, *Teoria geral do direito civil*, 7. ed., Rio de Janeiro: Paulo de Azevedo, 1955, p. 35.
12 Norberto Bobbio, *Teoria do ordenamento jurídico*, 6. ed., Brasília: UnB, p. 153-154.

o direito enquadre aquela convivência fática entre as pessoas (casamento, união estável, união homoafetiva etc.).

12. Costume

O costume representa, por sua vez, uma prática reiterada percebida no meio social como regra de comportamento. A doutrina define o costume como a "observância constante de uma norma jurídica não baseada em lei escrita"[13]. Identificam-se no costume dois elementos constitutivos: (a) o elemento interno, que consiste na convicção geral de que a observância daquela prática costumeira é necessária para o adequado disciplinamento das condutas individuais (*opinio necessitatis*); e (b) o elemento externo, consubstanciado na sua repetição na vida social, pois o costume não é um fato isolado, mas sim uma prática de "formação lenta e sedimentária", exigindo frequência e diuturnidade[14]. Não há no direito brasileiro atual um prazo fixo para a configuração do costume, ao contrário do que ocorria no passado (uma lei de 18 de agosto de 1769, conhecida como Lei da Boa Razão, condicionava a força obrigatória do costume à sua persistência por mais de cem anos). Exemplo de costume, no Brasil, é a fila. Nossa lei não a impõe. Trata-se de prática constante e reiterada que a generalidade das pessoas considera necessária à ordem social.

Registre-se que, ainda que presentes os elementos interno e externo, o costume não assume força vinculante se for contrário à lei. Não se admite, em outras palavras, o costume *contra legem* nem o costume de não observar uma lei pode ser invocado para infirmá-la. A alegação de que certa lei não é cumprida ou "não pegou" não serve, portanto, para afastar seu caráter obrigatório. Apenas assume relevância jurídica o costume *praeter legem* (à margem da lei) ou *secundum legem* (de acordo com a lei) – sendo este último de discutível utilidade diante da própria existência da previsão legal em igual sentido; seus defensores reservam para ele o papel de mero complemento da lei ou de subsídio para sua interpretação.

13. Princípios gerais do direito (analogia *iuris*)

Princípios gerais do direito são, na célebre definição de Cogliolo, regras oriundas da abstração lógica daquilo que constitui o substrato comum das

---

13 Clóvis Beviláqua, *Teoria geral do direito civil*, cit., p. 23.
14 Caio Mário da Silva Pereira, *Instituições de direito civil*, 29. ed., atualizada por Maria Celina Bodin de Moraes, Rio de Janeiro: Forense, 2016, v. I, p. 58.

diversas normas de direito positivo[15]. O recurso aos princípios gerais do direito é também chamado de analogia *iuris*. Argumenta-se que se trata do mesmo processo lógico da analogia, porém sobre campo mais vasto e sobre mais variados elementos[16]. Na analogia *iuris*, explica Francisco Amaral, "parte-se de uma pluralidade de normas jurídicas e com base nelas, por indução, chega-se a um princípio aplicável ao caso, não previsto em nenhuma hipótese legal"[17].

Convém registrar que os princípios constitucionais foram, por muito tempo, encarados pela doutrina civilista como princípios gerais do direito, dos quais o intérprete só poderia se valer em caráter subsidiário, na ausência de norma específica do Código Civil e após o insucesso na superação da lacuna por meio do recurso à analogia e aos costumes. Tal modo de proceder, como denunciou Gustavo Tepedino, acabava "por relegar a norma constitucional, situada no vértice do sistema, a elemento de integração subsidiário", em "verdadeira subversão hermenêutica"[18]. Atualmente, a doutrina é unânime em reconhecer que os princípios constitucionais são normas jurídicas, hierarquicamente superiores às normas contidas na codificação civil. É o Código Civil que deve ser interpretado e aplicado à luz das normas constitucionais, não o contrário.

14. Integração-interpretação-aplicação como processo unitário

O reconhecimento da normatividade dos princípios constitucionais não apenas afasta o caráter subsidiário da sua aplicação, mas também exige revisão crítica de toda a temática da integração de lacunas no ordenamento jurídico. Com efeito, visto que os princípios constitucionais se aplicam independentemente da intermediação do legislador, não há que se cogitar em nenhuma hipótese de "lacuna" no ordenamento jurídico. Como já se adiantou, ainda que haja omissão do legislador ordinário, cumpre ao intérprete extrair diretamente das normas constitucionais a solução do caso concreto. Restando superada a concepção segundo a qual a atividade do intérprete limita-se à subsunção mecânica

---

15   Pietro Cogliolo, *Filosofia do direito privado*, trad. Eduardo Espínola, Baía, 1898, p. 155.
16   Clóvis Beviláqua, *Teoria geral do direito civil*, cit., p. 35.
17   Francisco Amaral, *Direito civil: introdução*, 7. ed., Rio de Janeiro: Renovar, 2008, p. 126.
18   Gustavo Tepedino, Normas constitucionais e relações de direito civil na experiência brasileira, in *Temas de direito civil*, Rio de Janeiro: Renovar, 2006, t. II, p. 25.

da situação fática à lei e tendo passado a interpretação a exprimir a aplicação do ordenamento como um todo para a solução do concreto conflito de interesses, o problema da omissão do legislador ordinário se resolve no âmbito da própria interpretação.

Daí a lição de Pietro Perlingieri, para quem, em "perspectiva hermenêutica que tende a individuar a normativa mais adequada ao caso", é "difícil separar as hipóteses previstas tipicamente pela lei das não previstas", o que conduz à conclusão de que, "nesse sentido, a interpretação é sempre analógica"[19]. O papel do intérprete, em conclusão, não é, em nenhuma hipótese, o de subsumir mecanicamente situações fáticas a comandos regulamentares, mas o de individuar a resposta dada pelo inteiro ordenamento jurídico a certo problema concreto, buscando a máxima concretização dos valores constitucionais. Toda a elegante construção científica em torno da integração da ordem jurídica revela o indisfarçável anseio de limitar a atuação do intérprete, impedindo-o de avançar sobre terrenos dominados pelo silêncio do legislador. Atualmente, integração, interpretação e aplicação do direito deixam de ser vistas como procedimentos mentais estanques, separados por rígidas fronteiras, para se fundirem em uma autêntica e unitária interpretação aplicativa.

---

19 Pietro Perlingieri, *Perfis do direito civil*, cit., p. 75.

Capítulo 4

A Relação Jurídica

Sumário: 1. Relação jurídica. **2.** Situações jurídicas subjetivas. **3.** Direito subjetivo: apogeu e crise. **4.** Dever jurídico. **5.** Direito potestativo. **6.** Faculdade jurídica. **7.** Poder jurídico. **8.** Interesse legítimo. **9.** Ônus. **10.** Pretensão. **11.** Estado pessoal (*status*). **12.** De volta à relação jurídica. **13.** Elementos da relação jurídica. **14.** O problema do sujeito da relação jurídica.

1. Relação jurídica

O direito civil, como visto, é o direito que se ocupa das relações jurídicas comuns entre particulares. Antes de adentrar o seu estudo, é preciso definir o que se entende por relações jurídicas. O conceito de relação jurídica, porém, não é unívoco. Sua formulação, tal qual a conhecemos, deve-se à pandectística alemã do século XIX, que compreendia a relação jurídica como uma relação estabelecida entre dois sujeitos por uma regra de direito. Nas palavras de Savigny, "toda relação jurídica aparece-nos como relação de pessoa a pessoa, determinada por uma regra de direito que confere a cada sujeito um domínio em que sua vontade reina independentemente de qualquer vontade estranha"[1]. Em que pese sua inspiração individual-voluntarista, a concepção da relação jurídica como relação entre sujeitos teve diversos méritos. Foi responsável, por exemplo, por estabelecer uma correlação entre termos homogêneos (sujeito e sujeito)[2], ao contrário de outras concepções que pretendiam enxergar a relação jurídica

---

1 Friedrich Karl von Savigny, *Sistema del derecho romano actual*, Madri: Góngora, 1878, v. 3, t. 4, p. 258.
2 Manuel António Domingues de Andrade, *Teoria geral da relação jurídica*, Coimbra: Almedina, 1992, v. I, p. 18-19.

como relação entre um sujeito e uma coisa (inspirada no apoderamento típico do direito de propriedade) ou mesmo entre duas coisas (de que é resquício em nosso Código Civil a expressa referência, na disciplina das servidões, ao "prédio dominante" e ao "prédio serviente")[3]. Além disso, a noção de relação jurídica enfatizou a dimensão relacional do direito, em oposição a construções que compreendiam a relação jurídica como mera correlação entre normas jurídicas (teoria pura do direito)[4].

Tecnicamente, contudo, cumpre reconhecer que há numerosas hipóteses nas quais, embora se verifique a estrutura de uma relação jurídica, não se vislumbram dois sujeitos que detenham sua titularidade. Basta pensar na doação feita ao nascituro, em que há um sujeito doador, mas o donatário não é ainda sujeito de direito. Ou recordar o exemplo corriqueiro dos títulos de crédito à ordem (por exemplo, cheque) que voltam, mediante endosso, ao próprio emitente. Nem por isso a relação jurídica se extingue, já que o título pode ser recolocado em circulação. E isso ocorre porque, ainda que reunidos transitoriamente em um único sujeito, existem, nessa situação, dois centros de interesses (credor e devedor) que permanecem distintos. Daí por que a compreensão da relação jurídica como ligação intersubjetiva cede passagem à atual concepção da relação jurídica como ligação entre duas *situações jurídicas subjetivas*.

2. Situações jurídicas subjetivas

Nas palavras de Pietro Perlingieri: "O sujeito é somente um elemento externo à relação jurídica porque externo à situação: é somente o titular, às vezes ocasional, de uma ou de ambas as situações que compõem a relação jurídica"[5]. As situações jurídicas subjetivas são a tradução do efeito jurídico (*dever ser*) do fato (*ser*) com referência a um centro de interesses, que encontra a sua imputação em um sujeito destinatário[6]. A existência de um centro de interesses

---

[3] Código Civil, arts. 1.378 a 1.389.
[4] Pietro Perlingieri, *O direito civil na legalidade constitucional*, trad. Maria Cristina De Cicco, Rio de Janeiro: Renovar, 2008, p. 730-731.
[5] Pietro Perlingieri, *O direito civil na legalidade constitucional*, cit., p. 734.
[6] Pietro Perlingieri, *O direito civil na legalidade constitucional*, cit., p. 668. A dificuldade conceitual que envolve as situações jurídicas subjetivas é bem apresentada por: Eduardo Nunes de Souza, Situações jurídicas subjetivas: aspectos controversos, *Civilística*, a. 4, n. 1, 2015, p. 5-11.

juridicamente relevante, portanto, independe da existência de um sujeito de direito (pense-se, por exemplo, nos atos praticados pela massa falida, ente despersonalizado)[7]. A situação jurídica subjetiva é gênero que pode ser mais bem compreendido pela análise das suas múltiplas espécies, dentre as quais se destacam o direito subjetivo, o dever jurídico, o direito potestativo, o poder jurídico e o interesse legítimo.

3. Direito subjetivo: apogeu e crise

A maior parte dos manuais de direito civil ainda reserva importância central à categoria do direito subjetivo. A origem histórica da noção é controvertida. Há, de um lado, autores que já a vislumbram nas fontes romanas por força dos diferentes modos de empregar o vocábulo *ius* e, de outro, aqueles que a identificam apenas no século XIV, na obra do frade franciscano Guilherme de Ockham, que, após classificar as leis em preceptivas (*v.g.*, temer a Deus), proibitivas (*v.g.*, não matarás) e permissivas (aquelas em que não há nem imperativo, nem proibição), defende a existência, no campo dessas últimas, de um poder do homem sobre as coisas centrado em sua vontade individual, rompendo com a tradição tomista e se alinhando com os primeiros passos do individualismo jurídico[8].

A concepção contemporânea de direito subjetivo exprime o embate entre duas concepções desenvolvidas no século XIX. A *Escola Psicológica* ou *Teoria da Vontade*, da qual foi precursor Bernhard Windscheid, define o direito subjetivo como poder de ação da vontade reconhecido pela ordem jurídica. Variam entre os seus adeptos a amplitude e os limites concedidos a esse poder, mas todos compreendem como essencial o aspecto volitivo. Contra tal concepção insurge-se a *Escola Teleológica* ou *Teoria do Interesse*, formulada por Ihering, para quem o direito subjetivo é um interesse juridicamente protegido. Enquanto a Teoria da Vontade exprime um voluntarismo exacerbado, típico do pensamento liberal-individualista, a Teoria do Interesse filia-se às "primeiras tentativas de entender o direito de um ponto de vista teleológico"[9]. Sucederam-se numerosas teorias

---

7   Para um maior desenvolvimento da questão, remete-se o leitor para: Anderson Schreiber, *A proibição de comportamento contraditório: tutela da confiança e venire contra factum proprium*, 4. ed., São Paulo: Atlas, 2016, p. 103-106.
8   Michel Villey, La genèse du droit subjectif chez Guilherme d'Occam, *Archives de Philosophie du Droit*, PUF, v. 1, 1964.
9   Pietro Perlingieri, *O direito civil na legalidade constitucional*, cit., p. 675.

mistas, que procuravam combinar os aspectos volitivo e teleológico (Jellinek, Saleilles, Ferrara, entre outros), dando ensejo à definição do direito subjetivo mais aceita na atualidade: direito subjetivo é o poder reconhecido pelo ordenamento a um sujeito para a realização de um interesse próprio.

O vício metodológico dessa concepção "está na crença de que um interesse tutelado pelo ordenamento seja finalizado a si próprio"[10]. Em um ordenamento expressamente comprometido com a realização de certos valores fundamentais, as situações favoráveis não podem ser consideradas isoladamente, mas devem ser vistas em conjunto com os deveres impostos para a proteção de outros interesses de igual ou superior hierarquia. Assim, o reconhecimento de qualquer possibilidade de ação do sujeito (*facultas agendi*) faz surgir uma situação subjetiva complexa, composta tanto de poderes quanto de deveres, obrigações, ônus. "É nesta perspectiva que se coloca a crise do direito subjetivo. Este nasceu para exprimir um interesse individual e egoísta, enquanto a noção de situação subjetiva complexa configura a função de solidariedade presente ao nível constitucional"[11].

Não se trata, contudo, de dar razão às teorias negativistas, que recusam validade à noção de direito subjetivo, como a célebre construção de Duguit, para quem somente há o direito objetivo, que se destina a pautar o comportamento das pessoas e faz surgir situações de sujeição à norma, e não poderes individuais, ou, ainda, a construção de Kelsen, para quem, conquanto a norma jurídica possa ser encarada pelo aspecto objetivo ou pelo aspecto subjetivo, o que releva para a ciência jurídica é tão somente a norma em si, inexistindo um "direito subjetivo" como elemento científico. As teorias negativistas falham, todavia, em reconhecer que se existe um dever jurídico imposto pelo direito objetivo, há de existir igualmente uma situação jurídica favorável ou ativa a que corresponde esse dever jurídico, ou, nas palavras de Perlingieri, "o dever deve ser funcionalizado à realização de um interesse favorável, isto é, de um direito"[12], cuja concretização depende da vontade do seu titular, a ser exercida em conformidade com a ordem jurídica.

O direito subjetivo não chega, portanto, a ser descartado, mas, na perspectiva das situações jurídicas funcionalizadas para a concretização dos valores constitucionais, deixa de exprimir um poder de vontade vazio de

---

10   Pietro Perlingieri, *Perfis do direito civil – introdução ao direito civil constitucional*, trad. Maria Cristina De Cicco, Rio de Janeiro: Renovar, 1999, p. 120.
11   Pietro Perlingieri, *Perfis do direito civil*, cit., p. 121.
12   Pietro Perlingieri, *O direito civil na legalidade constitucional*, cit., p. 676.

sentido, para se dirigir à concretização do interesse subjetivo na medida em que se afigure conforme à realização dos valores tutelados pela ordem jurídica. Sua "crise" contemporânea é, em larga medida, fruto dessa forte funcionalização e exprime a crise da própria noção de sujeito de direito na experiência jurídica atual[13].

4. Dever jurídico

Situação jurídica subjetiva correlata ao direito subjetivo, o dever jurídico é usualmente definido como o aspecto passivo da relação jurídica. O titular do direito subjetivo exige do titular do dever jurídico certo comportamento necessário para atender o interesse protegido. Valem, aqui, todas observações já feitas em relação ao direito subjetivo. Não se deve mais enxergar a situação do titular do dever jurídico como sujeição a um poder da vontade do titular do direito subjetivo contraposto; ao titular do dever jurídico cabem usualmente também situações jurídicas subjetivas ativas que decorrem da complexidade da relação jurídica na qual se insere.

Quando o dever jurídico se contrapõe a um direito subjetivo de crédito, o dever jurídico é chamado de *obrigação*, consubstanciando-se em um dever de executar determinada prestação, de cunho patrimonial, para a satisfação do interesse do credor. O termo obrigação pode também ser usado em outro sentido, para designar a relação jurídica obrigacional. Trata-se de uma metonímia consagrada pelo uso da doutrina civilista.

5. Direito potestativo

Direito potestativo é a situação subjetiva que permite ao titular unilateralmente constituir, modificar ou extinguir uma relação jurídica, interferindo na esfera jurídica de outro sujeito, impossibilitado de evitar, em termos jurídicos, o exercício desse direito. No dizer de Agnelo Amorim Filho, "os direitos potestativos se exercitam e atuam, em princípio, mediante simples declaração de vontade do seu titular, independentemente de apelo às vias judiciais e, em qualquer hipótese, sem o concurso da vontade daquele que sofre

---

13 Michel Miaille, *Uma introdução crítica ao direito*, Lisboa: Moraes Ed., 1976; e, mais recentemente, Stefano Rodotà, *Dal soggetto alla persona*, Nápoles: Editoriale Scientifica, 2007. O tema será tratado, em mais detalhe, no capítulo seguinte.

a sujeição"¹⁴. São exemplos de direito potestativo o direito do mandante de revogar o mandato, o direito do herdeiro de aceitar a herança, o direito do oblato de aceitar uma proposta de contrato, o direito do credor de proceder à escolha nas obrigações alternativas, o direito de retrovenda do comprador, o direito do contratante de anular um contrato por coação, e assim por diante.

Diferentemente do direito subjetivo, que impõe ao devedor uma prestação, o direito potestativo corresponde a uma situação de sujeição. Assim, violado um direito subjetivo, surge para o seu titular a pretensão de exigir que o devedor efetue a prestação. O direito potestativo, por sua vez, não pode ser violado; é exercido independentemente da vontade do devedor e mesmo contra ela. Daí a situação passiva por este titularizada ser chamada de *estado de sujeição*. A distinção entre direito subjetivo e direito potestativo é o que permite, modernamente, distinguir a prescrição da decadência¹⁵.

6. Faculdade jurídica

A doutrina reserva o termo faculdade jurídica à "possibilidade, reconhecida ao titular de um direito, de adotar determinado comportamento, que está compreendido no conteúdo do direito, mas não o exaure"¹⁶. É nesse sentido que se afirma que o direito de propriedade abrange as faculdades de usar, fruir e dispor da coisa. Por essa razão, pode-se afirmar que o titular dos direitos autorais sobre determinada obra intelectual tem a faculdade de ceder seus direitos autorais a terceiros.

7. Poder jurídico

O poder jurídico consiste na situação jurídica subjetiva que deve ser exercida pelo titular no interesse de outrem. Constitui autêntico ofício: seu exercício não é livre, mas obrigatório e necessário para a proteção do interesse alheio. Por isso, o poder jurídico é comumente designado como "direito-dever". São exemplos de poder jurídico a *autoridade parental* (outrora denominada *poder fa-*

---

14 Agnelo Amorim Filho, Critério científico para distinguir a prescrição da decadência e para identificar as ações imprescritíveis, *Revista dos Tribunais*, v. 49, n. 300, out. 1960, p. 14.
15 O tema será retomado, adiante, no capítulo dedicado ao estudo da prescrição e decadência.
16 Vincenzo Roppo, *Diritto privato*, Turim: Giappichelli, 2010, p. 52.

miliar), o exercício do múnus público de tutela e curatela, e assim por diante. O poder jurídico e o direito potestativo têm em comum a possibilidade de intervenção sobre a esfera jurídica alheia, independentemente da vontade do titular desta última. Diferenciam-se, por outro lado, pelo fato de que, enquanto o direito potestativo é exercido pelo titular em seu próprio interesse, o poder jurídico deve ser exercido sempre no interesse de terceiro. A doutrina destaca que, por isso mesmo, o exercício do poder jurídico sujeita-se a mecanismos de controle externos, aproximando-se em certa medida do modelo de funcionamento do direito público, em que o agente público age sempre no interesse alheio, da coletividade[17]. Não faltam autores que têm preferido empregar em situações de poder jurídico o termo *autoridade*, como o fez, de resto, o legislador brasileiro por meio da Lei n. 12.318/2010, que, ao dispor sobre alienação parental, aludiu todo o tempo à autoridade parental, em detrimento da expressão *poder familiar*, empregada pelo Código Civil de 2002.

8. Interesse legítimo

Interesse legítimo é a situação jurídica subjetiva correlata ao poder jurídico. Assim, se o tutor não exerce corretamente seu ofício, tem o tutelado a possibilidade de deflagrar o controle do atendimento (*accertamento*, na expressão italiana) do seu interesse legítimo. É uma situação jurídica subjetiva que permanece latente, em passividade, dependendo da atuação de outrem para realizar-se. A figura do interesse legítimo assume histórica importância nos ordenamentos jurídicos que adotam uma jurisdição administrativa autônoma em relação à jurisdição estatal geral. Ali, a posição do administrado é identificada não com um direito subjetivo – a exigir da Administração certo comportamento em seu favor –, mas como simples interesse legítimo – em ver controlada a atuação da Administração em prol do seu interesse. Institui-se, assim, um controle de caráter mais excepcional e limitado.

No Brasil, em que inexiste jurisdição administrativa autônoma, os interesses jurídicos dos administrados são vistos como direitos subjetivos. Portanto, qualquer administrado pode, em teoria, exigir da Administração Pública prestações destinadas a atender seus interesses juridicamente protegidos, o que, à luz do nosso texto constitucional, abrange o direito à saúde, o direito à educação, o direito à moradia, o direito ao lazer, entre outros. O generoso rol de direitos sociais consagrado em nossa Constituição contrasta com a realidade do

---

17   Vincenzo Roppo, *Diritto privato*, cit., p. 57.

país, em que a imensa maioria da população não tem acesso à mínima realização desses direitos nem o Estado parece dispor dos meios necessários para realizá-los. Desenha-se, assim, uma situação quase esquizofrênica: os direitos sociais são considerados por nós direitos subjetivos, e qualquer cidadão tem o direito de exigir prestações da Administração Pública no sentido de realizá-los, mas, sabedores de que os meios materiais para tanto inexistem, nossos tribunais acabam confrontados com um dilema: ou aplicam o chamado princípio da reserva do possível, privando os jurisdicionados desses direitos que restam como direitos subjetivos apenas no papel, ou condenam a Administração Pública a realizar tais prestações, interferindo de modo casuístico e imprevisível no desempenho das políticas públicas, que, por conta disso, acabam dispondo de ainda menos recursos para sua concretização. Não raro, apequena-se o direito subjetivo do jurisdicionado, outorgando prestações mínimas que nem solucionam o problema nem deixam de representar, na soma de todos os casos, uma ameaça à disponibilidade de caixa do agente público para a realização das prioridades elegidas por quem foi democraticamente alçado à condição de gestor dos recursos públicos.

Exemplo emblemático tem-se no julgamento do Supremo Tribunal Federal, que, examinando caso concreto que refletia a grave situação dos detentos, os quais vivem, de modo geral, em condições degradantes nos presídios brasileiros, concluiu que o Estado deveria indenizar o presidiário em valor correspondente a R$ 2.000,00[18]. Da perspectiva da pessoa humana submetida a tenebrosas violações de seus direitos, o montante é irrisório e apequena o direito fundamental à dignidade; da perspectiva da Administração Pública, considerando a amplitude da população carcerária, o montante é catastrófico em sua totalidade, representando uma soma capaz de comprometer seriamente a realização de políticas públicas, incluindo a eventual reforma do sistema penitenciário, essa sim a necessidade que haveria de ser perseguida. Tudo isso está a recomendar um renovado exame do interesse legítimo no direito brasileiro.

9. Ônus

Ônus é a situação jurídica subjetiva passiva na qual o titular deve adotar certo comportamento em seu próprio interesse. Um exemplo de ônus tem-se no art. 290 do Código Civil, que, ao determinar que a cessão de crédito só

---

18 STF, Tribunal Pleno, RE 580.252/MS, rel. Min. Teori Zavascki, j. 16-2-2017.

tem eficácia para o devedor quando for notificado, reserva ao cessionário o ônus de fazê-lo sob pena de não obter um resultado útil para si. Outro exemplo de ampla aplicação prática é o do ônus probatório, disciplinado atualmente no art. 373 do novo Código de Processo Civil. No ônus, a adoção do comportamento que permite a realização do interesse do titular é deixada à sua própria discricionariedade.

10. Pretensão

Pretensão é, na lição de Pontes de Miranda, "a posição subjetiva de poder exigir de outrem alguma prestação positiva ou negativa"[19]. Para a maior parte da doutrina, a pretensão não é uma situação jurídica subjetiva autônoma, mas a mera exigibilidade do direito subjetivo em seu estado dinâmico-patológico, ou seja, após a violação. É nesse sentido que o Código Civil a acolhe, ao afirmar em seu art. 189 que, "violado o direito, nasce para o titular a pretensão". A noção de pretensão – aqui sempre tomada no sentido de pretensão de direito material (*Anspruch*), não se confundindo com a pretensão de natureza adjetiva do direito processual – afigura-se extremamente relevante para fins de prescrição, restando hoje assente o entendimento de que a prescrição não atinge nem o direito subjetivo, que ainda pode ser atendido, nem o direito de ação, que se exerce contra o Estado, mas a pretensão em sentido material[20].

11. Estado pessoal (*status*)

Também controvertida, tanto em relação ao enquadramento como situação subjetiva como em relação ao próprio conceito, é a noção de estado pessoal ou *status*, aí incluídas suas diversas subespécies: *status* familiar, *status* profissional etc. Na doutrina brasileira, o estado tem sido definido como "a posição jurídica da pessoa no meio social"[21]. Perlingieri, porém, adverte quanto ao risco de se realizarem generalizações inoportunas, de o intérprete deixar de verificar as particularidades inerentes a cada estado pessoal[22].

---

19   Pontes de Miranda, *Tratado de direito privado*, Rio de Janeiro: Borsoi, 1955, v. V, p. 451.
20   O tema será tratado detalhadamente mais adiante, em capítulo dedicado à prescrição e decadência.
21   Orlando Gomes, *Introdução ao direito civil*, Rio de Janeiro: Forense, 1989, p. 173.
22   Pietro Perlingieri, *Perfis do direito civil*, cit., p. 132.

12. De volta à relação jurídica

Vistas as diferentes espécies de situações jurídicas subjetivas, não se deve deixar de retornar à relação jurídica, que, como visto, se estrutura pela ligação entre estas situações subjetivas. Equívoco frequente na manualística nacional consiste em se deter sobre o estudo individualizado e categorial das situações jurídicas subjetivas, quando não apenas do direito subjetivo. É de suma importância analisar as correlações que se estabelecem entre as várias situações jurídicas subjetivas. Como adverte Perlingieri, "não é suficiente aprofundar o poder atribuído a um sujeito se não se compreendem ao mesmo tempo os deveres, as obrigações, os interesses dos outros. Em uma visão conforme aos princípios da solidariedade social, o conceito de relação representa a superação da tendência que exaure a construção dos institutos civilísticos em termos exclusivos de atribuição de direitos"[23].

E a própria relação jurídica, por sua vez, não pode ser compreendida somente pelo seu aspecto estrutural, senão por uma visão funcional que identifique a finalidade prático-social a que se dirige e os concretos sujeitos envolvidos, desprendendo-se da pretensa neutralidade que se tentou lhe atribuir no passado. A relação jurídica só pode ser analisada de uma perspectiva dinâmica e concreta, calcada no seu aspecto funcional, subordinada à concretização dos valores fundantes da ordem jurídica. Uma obrigação pecuniária, por exemplo, consiste, por si só, em um dado vazio, uma roupagem oca: é só o exame da sua função, mediante a concreta análise das pessoas envolvidas e do escopo da sua constituição, à luz das circunstâncias fáticas concretas, que permitirá revelar seus efeitos jurídicos. Somente a análise funcional permite compreender a relação jurídica em si e o papel das situações jurídicas subjetivas que a compõem sem recair em um conceitualismo categorial e puramente estrutural. Na precisa síntese de Perlingieri: "a função da relação jurídica é o regulamento, o ordenamento do caso concreto"[24].

13. Elementos da relação jurídica

A relação jurídica é decomposta pela doutrina em três elementos: sujeito, objeto e vínculo jurídico (*nexus*). "Configura-se, assim, uma estrutura cujo elemento subjetivo são as pessoas, físicas ou jurídicas, que dela participam, em função de um elemento objetivo que é um comportamento ativo ou passivo

---

23 Pietro Perlingieri, *Perfis do direito civil*, cit., p. 113.
24 Pietro Perlingieri, *O direito civil na legalidade constitucional*, cit., p. 736.

dessas pessoas, titulares de situações jurídicas de poderes e deveres. (...) O vínculo expressa e liga situações jurídicas de poder e de dever, de que são titulares os respectivos sujeitos, ativos e passivos"[25]. Nessa perspectiva puramente estrutural, o fim prático-social perseguido com a relação jurídica não integra sua estrutura. Pior: o sujeito resta reduzido a mero componente da relação jurídica.

14. O problema do sujeito da relação jurídica

A teoria da relação jurídica, não obstante seus numerosos méritos e sua continuada importância para o estudo e a compreensão do direito civil e do direito como um todo, tem sofrido crítica severa na atualidade. Ao reduzir a pessoa a um elemento estrutural, a noção de relação jurídica acaba por desviar o foco de atenção daquele que consiste, em última análise, na razão de ser do próprio direito. Nas palavras de Luiz Edson Fachin,

> a relação jurídica exprime menos um meio técnico para desenhar uma exposição e mais uma ordenação conceitual para dar conta de um modo de ver a vida e sua circunstância. Sob suas vestes está menos o direito em movimento, coletivamente considerado, e mais um direito que se afirma no confronto e na negação do outro. É um conceito superado por sua própria insuficiência, denunciada pela tentativa de captar, atemporalmente, pessoas, nexos e liames. Não é sob o argumento do rigor técnico ou conceitual que se deve abrir as portas para continuar submetendo a pessoa como ideia integrante da relação jurídica[26].

Justamente por não ser o sujeito um elemento essencial da situação (e, portanto, da relação) jurídica, impõe-se compreender a noção de *titularidade* enquanto ligação entre o sujeito e a situação subjetiva[27].

Ao se apreender a pessoa como mero polo subjetivo da relação jurídica, tende-se a considerá-la em abstrato, ignorando todas as suas particularidades

---

25 Francisco Amaral, A relação jurídica, in Ana Carolina Brochado Teixeira e Gustavo Pereira Leite Ribeiro (Coord.), *Manual de teoria geral do direito civil*, Belo Horizonte: Del Rey, 2011, p. 168. Destaque-se a ausência de consenso quanto à enumeração desses elementos. Manuel António Domingues de Andrade, por exemplo, trata o vínculo como a estrutura interna da relação; os elementos, por sua vez, seriam a ela externos: os sujeitos, o objeto, o fato jurídico e a garantia (*Teoria geral da relação jurídica*, cit., v. I, p. 6).
26 Luiz Edson Fachin, *Teoria crítica do direito civil*, 3. ed., Rio de Janeiro: Renovar, 2012, p. 35-36.
27 Pietro Perlingieri, *O direito civil na legalidade constitucional*, cit., p. 715.

concretas. A abordagem funcional da relação jurídica procura evitar tamanho equívoco, enfatizando o fim perseguido com a relação jurídica, fim que somente pode ser compreendido à luz das pessoas específicas que assumem a titularidade das situações jurídicas subjetivas que se interligam no âmbito da relação jurídica. A perspectiva funcional surge, assim, como meio de evitar, de um lado, os excessos de um conceitualismo que reduza todo ser humano a mero componente de uma noção abstrata prevalente (relação jurídica), a qual passaria a constituir em lugar da proteção da pessoa o centro de atenções do direito, mas também de se precaver, de outro lado, contra os excessos do individualismo jurídico, que, erigindo o sujeito de direito (ainda que tomado abstratamente) em titular de um poder de vontade tendencialmente ilimitado, acaba por se converter em autêntica "lei do mais forte" nas relações entre particulares, lançando à margem do direito multidões de minorias, privadas de qualquer intervenção protetiva do Estado[28].

---

28 Sobre o tema, seja consentido remeter a: Gustavo Tepedino e Anderson Schreiber, Minorias no direito civil brasileiro, *Revista Trimestral de Direito Civil*, Rio de Janeiro, v. 10, 2002, p. 135-155.

Capítulo 5

A Pessoa Humana

Sumário: 1. Pessoa humana. 2. Distinção em relação às pessoas jurídicas. 3. Personalidade em sentido subjetivo. 4. Personalidade em sentido objetivo. 5. Início da personalidade. 6. Tutela dos interesses do nascituro. 7. Proteção jurídica dos embriões. 8. A questão do aborto. 9. Aborto de fetos anencéfalos (ADPF 54). 10. O chamado direito de não nascer. 11. Capacidade. 12. Capacidade de direito. 13. Capacidade de fato. 14. Incapacidade absoluta × relativa. 15. Incapacidade × falta de legitimação. 16. Releitura das incapacidades. 17. Interdição. 18. Emancipação. 19. Estatuto da Pessoa com Deficiência. 20. Fim da personalidade. 21. Eutanásia. 22. Testamento biológico. 23. Comoriência. 24. Morte civil × morte presumida. 25. Ausência. 26. Fases da ausência. 27. Efeitos existenciais da ausência. 28. Retorno do ausente ou desaparecido.

1. Pessoa humana

O estudo do direito civil contemporâneo deveria se iniciar pela pessoa humana, a que o Código Civil brasileiro denomina pessoa natural. Nossa Constituição consagra a dignidade da pessoa humana como um dos valores fundamentais da ordem jurídica (art. 1º, III), impondo a proteção e a promoção dos múltiplos aspectos da personalidade humana. Assegurar as condições necessárias ao pleno desenvolvimento da pessoa humana e à sua realização talvez seja o principal objetivo do direito contemporâneo e o direito civil não apenas reflete esse propósito, como talvez exprima, dentre os diversos ramos do direito, o melhor exemplo de uma reformulação dogmática efetivamente destinada a alcançá-lo.

2. Distinção em relação às pessoas jurídicas

A pessoa humana ou natural distingue-se das pessoas jurídicas (sociedades, associações, fundações etc.). Como será visto em capítulo próprio, a pessoa jurídica é uma entidade abstrata, concebida pelos juristas para que as pessoas humanas possam alcançar determinados resultados práticos. A distinção é, portanto, radical: enquanto as pessoas humanas são fins em si mesmas, as pessoas jurídicas consistem em um dos muitos instrumentos jurídicos colocados a serviço das pessoas humanas. Embora essa observação pareça óbvia, muitas vezes passa despercebida em nossa doutrina e jurisprudência, que acabam por assimilar as duas noções. É que as pessoas jurídicas, como o próprio nome revela, foram construídas à imagem e semelhança das pessoas naturais. São ambas *pessoas* para a ciência jurídica, no sentido de que são ambas dotadas de personalidade em sentido subjetivo.

3. Personalidade em sentido subjetivo

Personalidade em sentido subjetivo é a aptidão genérica para ser titular de direitos e obrigações. Nessa acepção, tanto as pessoas naturais quanto as pessoas jurídicas são dotadas de personalidade. Podem figurar como partes de um contrato, podem ser devedores de tributos, podem ser proprietários de certo bem. Tanto a pessoa humana quanto a pessoa jurídica podem estabelecer relações jurídicas. Daí se afirmar que ambas têm *personalidade* ou que ambas são *sujeitos de direito*. Garantindo-se a toda e qualquer pessoa, humana ou jurídica, a condição de sujeito de direito, mascaravam-se, na prática, as profundas diferenças existentes em concreto, preservando-se situações de abuso e exploração. A propósito, ensina Luiz Edson Fachin que, no direito brasileiro contemporâneo, "ser sujeito de direito tem correspondido a ser eventualmente sujeito de direito. A susceptibilidade de tal titularidade não tem implicado concreção, efetividade. A proclamação conceitual inverte-se na realidade. Livres e iguais para não serem livres e iguais"[1].

Com o escopo de superar essa realidade, efetuando-se a passagem do sujeito de direito à pessoa em concreto, passou-se a atribuir à personalidade um duplo sentido técnico, para abranger não apenas a personalidade em sentido subjetivo, qualidade genérica para ser sujeito de direito que se reconhece tanto

---

1 Luiz Edson Fachin, *Teoria crítica do direito civil*, 3. ed., Rio de Janeiro: Renovar, 2012, p. 40.

às pessoas humanas quanto às pessoas jurídicas, mas também a personalidade *em sentido objetivo*, exclusiva das pessoas humanas.

4. Personalidade em sentido objetivo

Personalidade em sentido objetivo é o conjunto de atributos próprios e exclusivos da pessoa humana merecedores de especial proteção da ordem jurídica[2]. Inclui o direito à integridade psicofísica, à honra, à imagem, à privacidade etc. É nessa acepção que o Código Civil emprega o termo quando alude aos direitos da personalidade (arts. 11 a 21), que serão examinados no próximo capítulo.

5. Início da personalidade

O Código Civil afirma que a personalidade da pessoa natural começa no momento do nascimento com vida (art. 2º). Refere-se aí à personalidade em sentido subjetivo. Ao estipular como marco inicial da personalidade o nascimento com vida, o direito civil brasileiro filia-se à corrente *natalista*, que se contrapõe à corrente *concepcionista*, segundo a qual a personalidade da pessoa humana inicia-se no momento da concepção. Algumas codificações estrangeiras adotam a tese concepcionista, o que produz algumas distinções relevantes em relação a temas como a fertilização *in vitro*, o aborto e o direito de herança.

6. Tutela dos interesses do nascituro

Embora o Código Civil brasileiro tenha seguido indiscutivelmente a corrente natalista, o seu art. 2º ressalva que "a lei põe, a salvo, desde a concepção, os direitos do nascituro". Vale dizer: embora não seja ainda dotado de personalidade em sentido subjetivo, ou seja, de aptidão genérica para ser titular de direitos e obrigações, o nascituro tem alguns de seus interesses (futuros e eventuais) protegidos, desde logo, pela ordem jurídica. Por exemplo, o Código Civil admite que seja feita doação ao nascituro (art. 542) e reconhece vocação hereditária a pessoas "já concebidas" no momento da abertura da

---

[2] San Tiago Dantas, *Programa de direito civil*, Rio de Janeiro: Ed. Rio, 1979, v. I, p. 192; Gustavo Tepedino, A tutela da personalidade no ordenamento civil-constitucional brasileiro, in *Temas de direito civil*, 3. ed., Rio de Janeiro: Renovar, 2004, p. 27.

sucessão (arts. 1.798, 1.799, I, e 1.800, § 3º). Registre-se que o Código Civil, ao admitir a doação ao nascituro, exige que seja aceita por seu "representante legal" (art. 542). O emprego do termo "representante legal", embora tecnicamente equivocado (quem ainda não tem personalidade não pode ser representado), explica-se pela necessidade de solucionar o problema prático da exigência de aceitação para a conclusão da doação. Mostra-se, todavia, inconsistente com a solução adotada pelo mesmo Código Civil no tocante às doações feitas aos absolutamente incapazes, em que a aceitação é dispensada (art. 543). Ora, se há dispensa de aceitação em doação feita aos absolutamente incapazes, com maior razão deveria haver dispensa de aceitação em doação feita ao nascituro. Não se trata de defender a dispensa – que, a rigor, assenta em uma avaliação superficial do legislador no sentido de que a doação somente traz vantagens ao donatário, perspectiva que desconsidera o seu eventual interesse moral em não aceitar a doação, recusando a formação do contrato –, mas, se o legislador dispensa a aceitação em um caso, deveria dispensá-la no outro. O Código Civil trata, ainda, do nascituro ao reconhecer a possibilidade de se lhe nomear um curador (art. 1.779), possibilidade que remete ao *curator ventris* do direito romano, curador cuja nomeação poderia ser requerida pela gestante ao magistrado para defesa dos direitos do nascituro que antecipadamente se assegurava.

A legislação especial também está repleta de exemplos de proteção aos interesses do nascituro. O Estatuto da Criança e do Adolescente (Lei n. 8.069/90) declara expressamente, em seu art. 26, parágrafo único, a possibilidade de reconhecimento de paternidade, mesmo antes do nascimento. Na esteira disso, a jurisprudência reconhece mesmo a possibilidade de ação de investigação de paternidade de nascituro, ajuizada pela mãe[3]. A Lei n. 11.804/2008 disciplina o direito a alimentos gravídicos, assim entendida a pensão alimentícia paga durante a gravidez, até o nascimento da criança. O Superior Tribunal de Justiça, por sua vez, já decidiu que "o nascituro também tem direito aos danos morais pela morte do pai, mas a circunstância de não tê-lo conhecido em vida tem influência na fixação do *quantum*"[4].

A doutrina discute se tais hipóteses configuram tecnicamente "direitos do nascituro", como afirma literalmente o art. 2º do Código Civil, ou mera

---

3   TJRJ, Apelação Cível 1999.001.01187, rel. Des. Luiz Roldão de Freitas Gomes, 25-5-1999. A ação havia sido extinta em primeiro grau por ausência de legitimidade ativa.
4   STJ, REsp 399.028/SP, 26-2-2002.

expectativa de direito, a depender de um fato futuro (nascimento com vida) para produzir efeitos. Se o nascituro não detém personalidade, parece claro que não pode ser titular de direitos de nenhuma natureza. Tampouco a expectativa de direito é categoria que possa encontrar aqui adequada aplicação. Na expectativa de direito, o direito não existe por completo, mas já existe o sujeito, o que, no caso do nascituro, tecnicamente inexiste. O que ocorre em relação ao nascituro é a proteção objetiva pela ordem jurídica de interesses futuros e eventuais que poderão vir a se converter em direitos no momento do nascimento com vida do seu titular. Esses interesses futuros e eventuais do nascituro são protegidos objetivamente pela ordem jurídica, em atenção à probabilidade de que o titular venha a existir em breve e por razões de conveniência social. A situação se assemelha à tutela da honra e da imagem de pessoa já falecida, tema que será examinado mais adiante, no capítulo atinente aos direitos da personalidade.

7. Proteção jurídica dos embriões

Questão que tem suscitado amplo debate na sociedade brasileira diz respeito à chamada proteção jurídica dos embriões, especialmente em face dos procedimentos de fertilização *in vitro*. Os embriões encontram-se em um estágio ainda anterior àquele dos nascituros. Somente se tornam nascituros no momento em que são implantados no útero materno. Por isso, não gozam de personalidade nem sequer têm interesses futuros e eventuais tutelados pela legislação. Ainda assim, há autores que sustentam que os embriões *in vitro* têm direito à vida e ao tratamento digno, por serem potencialmente pessoas humanas[5]. A proposta, embora aparentemente progressista e humanitária, deve ser examinada com extrema cautela, porque poderia criar obstáculo jurídico insuperável à discussão de temas importantíssimos, como as pesquisas com células-tronco e a descriminalização do aborto. A melhor abordagem aqui parece ser a imposição, em procedimentos de fertilização e pesquisas científicas que possam resultar no descarte de embriões humanos, de deveres de segurança e cuidado compatíveis com a especial natureza dos embriões, sem, contudo, pretender lhes atribuir personalidade jurídica.

---

5 Jussara Maria Leal de Meirelles, Os embriões humanos mantidos em laboratório e a proteção da pessoa: o novo Código Civil brasileiro e o texto constitucional, in Heloisa Helena Barboza, Jussara Maria Leal de Meirelles e Vicente de Paulo Barretto (Orgs.), *Novos temas de biodireito e bioética*, Rio de Janeiro: Renovar, 2003, p. 92-94.

8. A questão do aborto

Tipificado como crime no Brasil, o aborto somente é autorizado pela nossa legislação nas hipóteses em que o médico não tem outro meio de salvar a vida da gestante ou quando a gestante ou, se incapaz, o seu representante legal exprimem o desejo de interromper uma gravidez resultante de estupro (Código Penal, art. 128, I e II)[6]. A criminalização do aborto no Brasil nunca evitou a prática, apenas a condenou ao submundo e à marginalidade do Estado de Direito. Pesquisa realizada pela Universidade de Brasília e pelo Instituto ANIS revelou que, no Brasil, uma em cada cinco mulheres de 40 anos já realizou, ao menos, um aborto ao longo da vida[7].

A tipificação penal do aborto, inserindo-o entre os "crimes contra a vida", choca-se não apenas com a legislação civil, que nega personalidade aos fetos e embriões, mas também com o texto constitucional. Ao elevar a dignidade humana a fundamento da República, a Constituição de 1988 assegurou proteção à autodeterminação existencial do ser humano em diferentes esferas. Ao declarar que "ninguém será submetido a tortura nem a tratamento desumano ou degradante" (art. 5º, III), o Constituinte brasileiro não assegurou apenas a inviolabilidade da integridade física dos cidadãos perante o Estado, mas se comprometeu também com a sua proteção em face da sociedade civil e dos costumes religiosos, na esteira de uma longa evolução histórica no tratamento jurídico do corpo

---

[6] Em 2024, o Conselho Federal de Medicina editou a Resolução n. 2.378, que veda aos médicos a realização do procedimento de assistolia fetal, empregado para a interrupção da gravidez decorrente de estupro – e, portanto, admitida por lei –, quando houver probabilidade de sobrevida do feto em idade gestacional acima de 22 semanas. A constitucionalidade da norma foi impugnada perante o Supremo Tribunal Federal, tendo o Min. Alexandre de Moraes proferido, em 17 de maio de 2024, decisão liminar determinando a suspensão dos efeitos da resolução. Entendeu o Ministro relator da ADPF 1.141 que, "ao limitar a realização de procedimento médico reconhecido e recomendado pela Organização Mundial de Saúde, inclusive para interrupções de gestações ocorridas após as primeiras 20 semanas de gestação (...), o Conselho Federal de Medicina aparentemente se distancia de *standards* científicos compartilhados pela comunidade internacional, e, considerada a normativa nacional aplicável à espécie, transborda do poder regulamentar inerente ao seu próprio regime autárquico, impondo tanto ao profissional de medicina, quanto à gestante vítima de um estupro, uma restrição de direitos não prevista em lei, capaz de criar embaraços concretos e significativamente preocupantes para a saúde das mulheres".

[7] Uma síntese dos resultados obtidos na Pesquisa Nacional do Aborto, realizada pela Universidade de Brasília e pelo ANIS – Instituto de Bioética, Direitos Humanos e Gênero, pode ser consultada em: <www.abortoemdebate.com.br/wordpress/?p=640> (acesso em: 31 ago. 2012).

humano. Esse compromisso constitucional assume relevância ainda maior no tocante às mulheres.

Já vistas como meras depositárias da continuidade genética do varão, predestinadas à gestação pela Igreja e pela sociedade, as mulheres conquistaram, mundo afora, seu direito à autodeterminação corporal, libertando-se do dogma do destino maternal como única via possível para a realização feminina. A própria maternidade deixa de ser vista como uma necessidade orgânica para se tornar uma escolha pessoal. Nesse contexto, afigura-se flagrantemente inconstitucional a conservação da tipificação penal do aborto, que, longe de preservar a vida, põe em risco a vida e a saúde das gestantes que não têm recursos suficientes para procurar as custosas clínicas clandestinas que funcionam no país.

9. Aborto de fetos anencéfalos (ADPF 54)

A anencefalia é, tecnicamente, uma má-formação do tubo neural durante a fase embrionária. Trata-se, em outras palavras, de uma má-formação fetal do cérebro. Ao contrário do que o termo sugere, fetos anencéfalos podem possuir partes do tronco cerebral, garantindo algumas funções vitais do organismo. A patologia, todavia, é letal. A maioria dos fetos já nasce sem vida. Para aqueles que sobrevivem ao nascimento, não existe cura ou tratamento. A maior parte morre algumas horas ou dias após o parto. Em hipóteses muito raras, a sobrevida alcança um ou, no máximo, dois anos. A maioria dos casos de anencefalia pode ser diagnosticada no período pré-natal, por um simples exame de ultrassom.

Dispensa explicação o drama vivido por mulheres gestantes de fetos anencéfalos. A decisão de prosseguir ou não com a gestação e de tentar ter ou não o bebê nessas condições consiste, a toda evidência, em uma decisão personalíssima. Entretanto, o direito positivo brasileiro suprimia essa possibilidade de escolha ao tipificar o aborto como crime, sem abrir exceção à anencefalia ou a qualquer outra anomalia que conduza necessariamente ao falecimento do feto antes, durante ou logo após o parto. Daí a Confederação Nacional dos Trabalhadores na Saúde ter proposto, em junho de 2004, a Arguição de Descumprimento de Preceito Fundamental 54, pleiteando, em síntese, que o Código Penal passasse a ser interpretado em conformidade com os princípios constitucionais, de modo a se afastar a configuração de crime de aborto na interrupção da gravidez de fetos anencefálicos.

O julgamento definitivo da ADPF 54 somente ocorreu em abril de 2012, quase oito anos após a sua propositura. Por oito votos a dois, o Supremo Tribunal

Federal decidiu que o pedido era procedente: a interrupção da gravidez de fetos anencéfalos não configura crime de aborto no Brasil. O julgamento da ADPF 54 representou importante passo na tutela da dignidade da mulher e de seus direitos fundamentais. O STF foi, contudo, cauteloso em sua conclusão, evitando recomendar ao Ministério da Saúde e ao Conselho Federal de Medicina que adotassem medidas para viabilizar o aborto nos casos de anencefalia, como queriam alguns Ministros. Também se preocupou todo o tempo em destacar que cuidava de uma situação peculiar e específica, talvez por receio de que suas conclusões fossem estendidas a outras hipóteses de aborto. Não há, todavia, como deixar de aplicar o mesmo raciocínio humanitário a outras situações patológicas que, como a anencefalia, evidenciam elevado risco de morte do feto antes, durante ou logo após o parto (como ocorre, por exemplo, em certos casos de má-formação óssea). O entendimento da Corte também deveria ser estendido àquelas situações que, embora sem o componente sombrio do prognóstico da morte certa, impõem risco grave de vida ou comprometem de modo significativo a saúde da criança. Em muitos países, por exemplo, é autorizada a interrupção da gravidez em caso de diagnóstico de rubéola, doença que, se contraída pela gestante, pode impor severas limitações físicas à criança que venha a nascer.

Por fim, e já aqui transcendendo as conclusões do Supremo Tribunal Federal, impõe-se a revisão da vedação penal ao aborto, privilegiando-se, de modo mais efetivo e realista, a autodeterminação pessoal da gestante em qualquer hipótese. As situações identificadas acima (anencefalia, má-formação óssea, rubéola etc.) revelam apenas hipóteses tópicas em que a criminalização do aborto assume conotação monstruosa, assemelhando-se, como asseverou o Ministro Luiz Fux, à imposição da tortura. A verdade, contudo, é que, em qualquer situação, a maternidade deve ser uma dádiva desejada, não havendo, à luz da nossa ordem jurídica, nenhuma razão legítima para que o Estado interfira na autonomia corporal da mulher, impondo-lhe, em decorrência de descuido ou acidente, uma gravidez involuntária[8].

---

8   Merece destaque, nessa direção, a corajosa decisão proferida pela Primeira Turma do Supremo Tribunal Federal em 2016, conferindo ao Código Penal interpretação conforme à Constituição para excluir do âmbito de incidência das condutas tipificadas a interrupção voluntária da gravidez realizada nos primeiros 3 meses de gestação: "A criminalização é incompatível com os seguintes direitos fundamentais: os direitos sexuais e reprodutivos da mulher, que não pode ser obrigada pelo Estado a manter uma gestação indesejada; a autonomia da mulher, que deve conservar o direito de fazer suas escolhas existenciais; a integridade física e psíquica da gestante, que é quem sofre, no seu corpo e no seu psiquismo, os efeitos da gravidez; e a igualdade

10. O chamado direito de não nascer

Outra questão polêmica diz respeito ao chamado *direito de não nascer*. A expressão difundiu-se por todo o mundo após o célebre julgamento do *affaire Perruche*, na França. Tratava-se de ação de indenização proposta por Nicolas Perruche, com 6 anos de idade, representado pelos pais, contra os médicos que acompanharam a gravidez de sua mãe. A Sra. Perruche havia declarado sua vontade de ter a gravidez interrompida caso fosse constatado que o feto havia sido infectado pelo vírus da rubéola, o que poderia causar deformações graves ao futuro bebê. A interrupção da gravidez nessa hipótese é legalmente admitida na França. Os médicos, todavia, falharam no diagnóstico e garantiram que o bebê nasceria bem. Nicolas nasceu, no entanto, com severas limitações físicas, a ponto de sustentar que preferia não ter nascido daquela forma. O fundamento do seu pedido indenizatório contra os médicos foi o sofrimento decorrente do nascimento indesejado e a violação do seu direito de não nascer[9].

A Corte de Cassação francesa, no acórdão n. 457, reconheceu o direito de Nicolas ser indenizado pela sua condição, decisão que foi extremamente criticada pela sociedade civil, principalmente pelas entidades defensoras dos direitos dos portadores de necessidades especiais, que enxergaram na decisão um ato discriminatório. Ao mesmo tempo, diversas novas ações judiciais foram propostas valendo-se do precedente do *affaire Perruche*. No afã de pôr fim aos debates, foi editada a Lei n. 2002-303, chamada *Lei anti-Perruche*, que restringe a possibilidade de ressarcimento por dano de nascimento indesejado, estabelecendo que:

> I. Ninguém pode reclamar por danos pelo fato de seu nascimento. A pessoa nascida com uma deficiência devido a negligência médica pode obter reparação do dano quando o ato ilícito causou diretamente a deficiência ou a agravou, ou não foram tomadas medidas para sua atenuação. Quando a responsabilidade de um profissional ou de um estabelecimento de saúde perante os pais de uma criança nascida com deficiência não for detectada durante

---

da mulher, já que homens não engravidam e, portanto, a equiparação plena de gênero depende de se respeitar a vontade da mulher nessa matéria" (STF, 1ª T., HC 124.306/RJ, red. p/ acórdão Min. Luís Roberto Barroso, j. 9-8-2016). Para mais detalhes sobre o tema, ver: Anderson Schreiber, Aborto do feto anencéfalo e tutela dos direitos da mulher, in *Direito civil e Constituição*, São Paulo: Atlas, 2013, p. 331-338.

9   Para mais detalhes sobre o caso, ver: Maria Celina Bodin de Moraes e Carlos Nelson Konder, *Dilemas de direito civil-constitucional*, Rio de Janeiro: Renovar, 2012, p. 177-186.

a gravidez, por conta de falha grave, os pais podem pleitear indenização a título de prejuízo próprio. Este dano não pode incluir encargos especiais, aferíveis ao longo da vida da criança, decorrentes da deficiência. A compensação devida a título deste último é de solidariedade nacional. As disposições do presente item I são aplicáveis aos processos pendentes, com exceção daqueles em que tiver sido irrevogavelmente decidido a favor do princípio da indenização[10].

No Brasil, a existência de um direito de não nascer é controvertida. Como já se esclareceu, em nosso ordenamento, a aptidão para ser titular de direitos (personalidade) tem início no nascimento com vida. Um direito de não nascer seria, assim, uma contradição nos próprios termos. Não se pode, contudo, afastar aprioristicamente a possibilidade de ressarcimento do dano causado pela imperícia médica que provoca a perda da chance de ter uma vida desprovida de necessidades especiais. Embora toda a vida humana possua, moral e juridicamente, o mesmo valor, tal argumento não pode ser utilizado para ignorar as dificuldades práticas vividas na sociedade atual pelos portadores de necessidades especiais, dificuldades que representam danos patrimoniais e morais a serem reparados nos casos em que imperícia médica (por ação ou omissão) figure comprovadamente como causa da lesão à saúde da criança, a exemplo do que ocorre em outros casos de dano médico.

11. Capacidade

Como já se viu, o nascimento com vida atribui ao ser humano personalidade jurídica, ou seja, a aptidão para ser titular de direitos e obrigações. Para que possa exercer pessoalmente esses direitos, a ordem jurídica exige que, além da personalidade, a pessoa humana seja dotada de *capacidade*. A doutrina tradicional distingue a capacidade em duas espécies: capacidade de direito e capacidade de fato.

12. Capacidade de direito

Capacidade de direito, também chamada capacidade de gozo ou capacidade de aquisição, é usualmente definida como a "aptidão para adquirir os

---

10   Lei 2002-303, art. 1º, item I, tradução livre.

direitos na vida civil"[11]. No direito contemporâneo, a capacidade de direito confunde-se com a própria noção de personalidade, tornando-se, a rigor, dispensável. Com efeito, a noção de capacidade de direito foi construída para explicar porque, historicamente, algumas pessoas, embora reconhecidas como pessoas, não detinham total ou parcialmente capacidade para a aquisição de direitos. Era o que ocorria, por exemplo, com os gladiadores (*auctoratus*) no direito romano: embora conservassem a condição de homens livres, comprometiam-se por juramento a se deixar açoitar, prender e queimar, restando privados da imensa maioria dos seus direitos[12]. Ainda no século XIX, algumas codificações reservavam tratamento semelhante ao estrangeiro: se o seu respectivo Estado não assegurasse reciprocidade no tratamento dos nacionais em seu território, o estrangeiro era privado de seus direitos, mas não chegava a ser reduzido à condição de objeto, mantendo o *status* formal de pessoa[13].

No direito brasileiro contemporâneo, no qual a personalidade é dotada de um sentido não meramente formal, mas substancial, reconhecendo-se a toda pessoa humana, sem restrições, a possibilidade de contrair direitos e obrigações, a noção de capacidade de direito identifica-se inteiramente com a personalidade, perdendo, por isso mesmo, a sua utilidade[14]. Ainda assim, a doutrina brasileira continua a se esforçar por apresentar as duas noções com definições distintas. Afirma-se que os conceitos "interpenetram-se sem se confundir"[15]. Personalidade seria "a aptidão, reconhecida pela ordem jurídica a alguém para exercer direitos e contrair obrigações", enquanto a capacidade de direito seria "a aptidão para adquirir direitos e exercê-los por si ou por outrem"[16]. Outros autores limitam-se a afirmar que a capacidade de direito é "a medida da personalidade"[17].

---

11 Caio Mário da Silva Pereira, *Instituições de direito civil*, 24. ed., Rio de Janeiro: Forense, 2011, v. I, p. 221.
12 José Carlos Moreira Alves, *Direito romano*, 13. ed., Rio de Janeiro: Forense, 2000, v. I, p. 115-116.
13 Sobre o tema, ver: Arnoldo Wald, *Curso de direito civil brasileiro*, 7. ed., São Paulo: RT, 1995, v. 1, p. 119.
14 "Só não há capacidade de aquisição de direitos onde falta personalidade, como no caso do nascituro, por exemplo" (Carlos Roberto Gonçalves, *Direito civil brasileiro*, 10. ed., São Paulo: Saraiva, 2012, v. I, p. 94-96).
15 Francisco Amaral, *Direito civil: introdução*, 6. ed., Rio de Janeiro: Renovar, 2006, p. 218.
16 Clóvis Beviláqua, *Teoria geral do direito civil*, 7. ed., Rio de Janeiro: Paulo de Azevedo, 1955, p. 61-63.
17 Orlando Gomes, *Introdução ao direito civil: revista, atualizada e aumentada de acordo com o Código Civil de 2002*, Rio de Janeiro: Forense, 2008, p. 149.

A verdade, contudo, é que, no atual estágio da ciência jurídica (uma ciência prática, convém recordar), os conceitos de personalidade e capacidade de direito se sobrepõem inteiramente. Tal entendimento é reforçado pelo Código Civil, que, com exceção do já reproduzido art. 1º, menciona em diversas passagens a "pessoa capaz", referindo-se nunca à capacidade de direito, que toda pessoa humana detém por definição, mas sempre à capacidade de fato[18], que nem toda pessoa humana detém, como se verá a seguir.

13. Capacidade de fato

Capacidade de fato é a faculdade concreta de exercer por si mesmo os direitos, sem necessidade de assistente ou representante. Toda pessoa humana tem personalidade e capacidade de direito, mas não tem necessariamente capacidade de fato. Enquanto a capacidade de direito refere-se à aptidão para ser titular de direitos (titularidade), a capacidade de fato diz respeito ao exercício de direitos. O menor de 16 anos, por exemplo, tem capacidade de direito, mas não tem capacidade de fato, somente podendo exercer seus direitos por meio de representante.

O Código Civil, na esteira da tradição romano-germânica, não estabelece requisitos para a aquisição da capacidade de fato. Emprega técnica diversa: lista as causas que privam as pessoas da capacidade de fato, ou, em outras palavras, lista as *incapacidades*.

14. Incapacidade absoluta × relativa

A incapacidade, por sua vez, se divide em duas espécies: a incapacidade absoluta e a incapacidade relativa. Os absolutamente incapazes são, atualmente, apenas os menores de 16 anos, dos quais se ocupa o art. 3º do Código Civil. Devem ser *representados* por outras pessoas nos atos da vida civil, sendo nulos os atos por eles praticados sem representação.

Diversa é a situação dos relativamente incapazes, de que se ocupa o Código Civil no seu art. 4º. Incluem-se entre os relativamente incapazes os menores com idade entre 16 e 18 anos, os viciados em tóxico, os ébrios habituais, entre outros. Aos menores entre 16 e 18 anos o direito veda em absoluto a prática

---

18   Código Civil, arts. 104, 105, 213, 215, §§ 2º e 4º, e outros.

de certos atos como a adoção (art. 1.618 do Código Civil combinado com o art. 42 do ECA), mas concede a prática de outros, de natureza personalíssima, como a possibilidade de testar (art. 1.860, parágrafo único) ou de ser mandatário (art. 666). Para a realização dos atos jurídicos em geral, exige que sejam *assistidos*, sob pena de anulabilidade do ato (art. 171, I).

15. Incapacidade × falta de legitimação

Coisa diversa da incapacidade é a falta de legitimação. Pode ocorrer que a pessoa, embora capaz, esteja proibida de praticar certo ato por vedação legal específica. Diz-se, em tal hipótese, que, embora capaz, falta-lhe legitimidade ou legitimação para a prática daquele ato em particular. Assim, o irmão do adotando, maior de 18 anos e em pleno gozo das suas faculdades mentais, tem capacidade de direito e capacidade de fato, mas carece de *legitimação* para adotar o próprio irmão, pois a lei veda expressamente a adoção nessa hipótese (ECA, art. 42, § 1º).

16. Releitura das incapacidades

O instituto das incapacidades tem sido objeto de substanciosa releitura crítica nos últimos anos. A proteção à dignidade humana, que se reflete na garantia de autodeterminação da pessoa natural, impõe a flexibilização do regime codificado das incapacidades, que pretendia retirar por completo o incapaz da vida privada. A lógica empregada no Código Civil, segundo a qual a pessoa ou é capaz ou é incapaz (lógica do tudo ou nada), não mais se coaduna com a máxima proteção à pessoa. Hoje, impõe-se a *modulação* da incapacidade, reconhecendo-se à pessoa a mais ampla participação possível nos atos da vida civil, como já se vê em exemplos preciosos como o Estatuto da Criança e do Adolescente, que reconhece o direito do adolescente maior de 12 anos de ser ouvido no processo de adoção. A lógica da capacidade *versus* incapacidade deve ser substituída por uma análise concreta da pessoa humana, verificando as suas reais possibilidades na vida civil. Nas palavras de Ana Carolina Brochado, "aprisionar a pessoa humana – sem considerar suas vicissitudes – em categorias estanques coloca dificuldades e empecilhos ao livre desenvolvimento da personalidade, tolhe sua personalidade, além de limitar sua potencialidade, o que contraria toda a principiologia constitucional, tornando-se prisão institucionalizada"[19].

---

19 Ana Carolina Brochado Teixeira, Integridade psíquica e capacidade de exercício, *Revista Trimestral de Direito Civil*, v. 33, jan./mar. 2008, p. 36.

Entenda-se: o regime das incapacidades priva o sujeito de direito do livre consentimento, na medida em que o condiciona à assistência ou à representação para a prática de atos da vida civil. Tal privação, contudo, encontrava justificativa no propósito de proteger o incapaz, mostrando-se historicamente aceitável na medida em que impedia que seu patrimônio fosse dilapidado por atos praticados sem o pleno discernimento acerca das consequências. As "escolhas" do incapaz ficavam, assim, pendentes de participação alheia, indispensável à validade e eficácia da sua própria declaração de vontade. A esse modelo abstrato e puramente estrutural contrapôs-se, com especial força nas últimas décadas, a realidade concreta: em numerosas situações, os incapazes acabavam tolhidos de uma parcela de autonomia que estavam em plenas condições de exercer livremente, não apenas no campo patrimonial, mas também no campo existencial. Quem não tem plenas condições de gerir sozinho seu patrimônio não será necessariamente inapto para realizar escolhas existenciais[20]. E mesmo no campo patrimonial é possível elencar atos que uma pessoa não tem condições de realizar (aquisição e alienação de imóveis, por exemplo) e outros cuja prática não oferece perigo aos seus interesses (contratos de menor monta, recebimento de aluguéis etc.).

Um regime abstrato e geral de "proteção" ao incapaz acabou, na prática, se convertendo em instrumento de abordagem excludente. A própria designação de certa pessoa como "incapaz" – expressão que, por si só, já é carregada de significado negativo – assume, não raro, caráter discriminatório, que se vê com alguma frequência em casos envolvendo silvícolas, pródigos ou toxicômanos. O rótulo generaliza situações inteiramente distintas, que mereceriam da ordem jurídica remédios diferenciados em grau e natureza. O Código Civil de 2002 falhou nesse sentido, ao reproduzir com impressionante dose de desatualidade o regime de incapacidade contido na codificação de 1916. Transcorrido quase um século, nada se alterou para os incapazes.

17. Interdição

Interdição é o procedimento judicial voltado ao reconhecimento da incapacidade de uma pessoa e à instituição de sua curatela[21]. Outrora concedida sem grande parcimônia pelo Poder Judiciário, especialmente nos casos de pessoas idosas, a interdição tem sido vista atualmente com cautela. Nossas cortes não apenas

---

20   Ana Luiza Maia Nevares e Anderson Schreiber, Do sujeito à pessoa: uma análise da incapacidade civil, *Quaestio Iuris*, Rio de Janeiro, 2016, v. 9, n. 3, p. 1547-1548.
21   O instituto da curatela será estudado mais à frente, no âmbito do direito de família.

vêm exigindo a comprovação médica da condição que conduz à interdição, mas também avaliando, caso a caso, se a interdição consiste, de fato, na melhor medida para proteger os interesses do interditando. Por exemplo, o Tribunal de Justiça do Rio de Janeiro já considerou improcedente pedido de interdição de pessoa alegadamente pródiga, fundado em laudo médico que atestava demência por prodigalidade com base em declaração da interditanda de que prestava ajuda a pessoas carentes. Concluiu, naquela ocasião, o tribunal que "o auxílio a necessitados não consubstancia prodigalidade, mas exemplo de comportamento a ser seguido"[22].

18. Emancipação

Emancipação é a aquisição da capacidade civil antes da idade legal[23]. Poderá ser: (a) voluntária, "pela concessão dos pais, ou de um deles na falta do outro, mediante instrumento público, independentemente de homologação judicial" (art. 5º, parágrafo único, I, parte inicial), (b) judicial, requerida pelo pupilo, "ouvido o tutor" (art. 5º, parágrafo único, I, parte final), ou (c) legal, operando seus efeitos automaticamente nas hipóteses previstas no art. 5º, parágrafo único, incisos II a V. Nas modalidades voluntária e judicial, exige-se que o menor tenha 16 anos completos. Destaque-se que a emancipação faz cessar a incapacidade, mas não antecipa a maioridade, ou seja, continuam incidindo sobre o emancipado as regras cujo suporte fático seja especificamente sua idade, e não sua capacidade[24].

No tocante à responsabilidade civil, tem entendido a jurisprudência do Superior Tribunal de Justiça que "a emancipação voluntária, diversamente da operada por força de lei, não exclui a responsabilidade civil dos pais pelos atos praticados por seus filhos menores"[25].

19. Estatuto da Pessoa com Deficiência

Promulgado em 2015, o Estatuto da Pessoa com Deficiência (Lei n. 13.146) teve a oportunidade de redimensionar a questão da incapacidade, mas acabou por não atingir todas as expectativas criadas em torno da sua

---

22 TJRJ, 1º CC, Apelação 0002156-65.2002.8.19.0040, rel. Des. Henrique de Andrade Figueira, v.u., j. 29-6-2004.
23 Clóvis Beviláqua, *Teoria geral do direito civil*, cit., p. 93.
24 Para um aprofundado exame do instituto da emancipação, remete-se o leitor a: Maici Barboza dos Santos Colombo, *Emancipação: um estudo sobre a capacidade civil de adolescentes*, São Paulo: Foco, 2024.
25 STJ, 4ª T., AgRg no Ag 1.239.557/RJ, rel. Min. Maria Isabel Gallotti, j. 9-10-2012.

promulgação. Como já se afirmou em outra sede, o aludido Estatuto consubstancia, por um lado, valente intervenção legislativa, que tem a virtude de ter se proposto a revisitar de modo criativo um setor tradicionalmente intocável como o regime das incapacidades, fazendo, enfim, cumprir muito daquilo que já impunha a Convenção Internacional das Nações Unidas sobre os Direitos das Pessoas com Deficiência, de dezembro de 2006, e seu Protocolo Opcional[26]. Nesse sentido, o Estatuto "vem atender uma população de quase 46 milhões de pessoas no Brasil, o que corresponde a 25% da população brasileira, que integram os 15% da população mundial, cerca de um bilhão de pessoas, afetadas por algum tipo de deficiência"[27]. Vislumbra-se no diploma motivação personalista, por procurar atribuir maior autonomia às pessoas com deficiência, que, vítimas de preconceito na sociedade brasileira (aí incluído o Poder Judiciário), acabavam e ainda acabam muitas vezes tolhidas do livre exercício de suas escolhas.

Por outro lado, o Estatuto veio recheado de problemas técnicos. Por exemplo, alterou-se a redação do art. 1.768 do Código Civil para admitir a autocuratela, mas deixou de promover alteração semelhante no art. 747 do novo Código de Processo Civil (Lei n. 13.105/2015), convertendo a alteração do art. 1.768 da codificação civil em letra natimorta. O Estatuto causa, ainda, certa perplexidade em passagens relevantes, como na nova redação que reservou ao art. 4º do Código Civil: ali foram convertidos em relativamente incapazes "aqueles que, por causa transitória ou permanente, não puderem exprimir sua vontade", personagens que até a entrada em vigor do Estatuto eram tidos como absolutamente incapazes. A alteração exigirá assistência, com participação do incapaz no ato, o que pode ser inviável em termos práticos, bastando se pensar na pessoa em estado comatoso, entre outros tantos exemplos[28].

O Estatuto remove do Código Civil as referências à incapacidade por deficiência ou enfermidade mental (art. 3º, II, e art. 4º, I e II, nas redações revogadas), passando a proclamar, no art. 6º, que "a deficiência não afeta a

---

26 Ana Luiza Maia Nevares e Anderson Schreiber, Do sujeito à pessoa: uma análise da incapacidade civil, *Quaestio Iuris*, v. 9, n. 3, Rio de Janeiro, 2016, p. 1554.

27 Heloisa Helena Barboza e Vitor Almeida, A capacidade civil à luz do Estatuto da Pessoa com Deficiência, in Joyceane Bezerra de Menezes (Org.), *Direito das pessoas com deficiência psíquica e intelectual nas relações privadas: convenção sobre os direitos da pessoa com deficiência e Lei Brasileira de Inclusão*, Rio de Janeiro: Processo, 2016, p. 249.

28 José Fernando Simão, Estatuto da Pessoa com Deficiência causa perplexidade (partes I e II), disponível em: <www.conjur.com.br> (acesso em: 20 nov. 2017).

plena capacidade civil da pessoa"[29]. Conforme advertência da melhor doutrina: "Na impossibilidade de se superar a mudança legislativa, sobretudo em matéria de estado, que tem necessária fonte legal, instaura-se verdadeira crise, que demandará os melhores esforços da doutrina e da jurisprudência para que, no afã de se adotar uma terminologia não discriminatória, não se exponham tais pessoas a toda sorte de golpes, supostamente chancelados pela reforma legislativa"[30].

Mesmo nas inovações do Estatuto que têm sido festejadas, há, por trás da aparência inovadora, vícios antigos[31].

Em que pese a gravidade dessas falhas, uma análise de caráter mais metodológico permite concluir que o maior problema do Estatuto não se situa em defeitos pontuais, relativos a essa ou àquela inovação que, conquanto motivada para a proteção da pessoa com deficiência, possa ter sido mal desenhada ou pouco refletida. Seu problema mais grave, permita-se a crítica de fundo, foi que, ao procurar executar a passagem do sujeito à pessoa, acabou cedendo ao peso excessivo da concretização, a ponto de operar uma reforma limitada à situação da pessoa com deficiência, introduzida sem uma preocupação sistemática e abrangente. O efeito disso é uma reforma tão restrita no regime de incapacidades que gera um resultado *fraturado*, em que os conceitos tradicionais do direito civil foram excepcionados de modo casuístico, sem uma efetiva e necessária reformulação. O excesso de preocupação com a terminologia – há passagens do Estatuto que parecem inspiradas unicamente no intuito de evitar expressões como "deficiente", "interdição" etc. – talvez tenha tirado o foco de questões centrais, de maior relevância, que não poderiam ter deixado de ser enfrentadas por uma reforma real e efetiva, como os critérios e o modo de avaliação do discernimento da pessoa para fins de curatela e a própria

---

29 Sobre o tema, já decidiu o Superior Tribunal de Justiça que, a partir da vigência do Estatuto da Pessoa com Deficiência, não mais se afigura possível declarar a incapacidade absoluta de pessoa adulta que, em razão de enfermidade permanente, encontre-se inapta para gerir sua pessoa e administrar seus bens de modo voluntário e consciente (STJ, 4ª T., REsp 1.927.423/SP, rel. Min. Marco Aurélio Bellizze, j. 27-4-2021).

30 Maria Celina Bodin de Moraes, prefácio a Joyceane Bezerra de Menezes (Org.), *Direito das pessoas com deficiência psíquica e intelectual nas relações privadas: convenção sobre os direitos da pessoa com deficiência e Lei Brasileira de Inclusão*, Rio de Janeiro: Processo, 2016.

31 É o que revela o estudo do instituto da tomada de decisão apoiada, contemplado nos arts. 84, § 2º, 115 e 116 do EPD. Sobre o tema, ver, neste mesmo Manual, tópico específico sobre a tomada de decisão apoiada, na parte dedicada ao Direito de Família.

modulação dos efeitos da curatela, que se apresenta no texto do Estatuto como diretriz, mas sem parâmetros úteis àqueles que têm, diariamente, a tarefa de julgar pleitos de interdição.

Ao agir dessa forma, em vez de valorizar o dado concreto da realidade, o Estatuto acabou por criar outro sistema abstrato e formal, no qual agora a pessoa com deficiência é "sempre capaz", ingressando, mais uma vez, no revelho modelo do tudo ou nada. Como se vê, além das falhas específicas – as quais poderão ser atenuadas em larga medida pela atuação diligente do intérprete –, a grande vicissitude do Estatuto é ter perdido a oportunidade de proceder a uma reforma do regime de incapacidades de modo a efetivamente funcionalizá-lo para o atendimento do livre desenvolvimento da personalidade humana.

> Problemas suscitados pelo Estatuto da Pessoa com Deficiência. O autor detalhará a repercussão do Estatuto da Pessoa com Deficiência sobre a teoria das incapacidades, discutindo controvérsias decorrentes da sua aplicação.
> Acesse também pelo *link*: https://uqr.to/1xgt7

20. Fim da personalidade

Vistas as noções de capacidade de direito e capacidade de fato, convém retornar ao estudo da personalidade, para examinar a questão atinente à sua extinção. O fim da personalidade se dá com a morte da pessoa natural, segundo o disposto no art. 6º do Código Civil. Precisar o momento da morte não é, contudo, tarefa simples. A doutrina mais recente se inclina pelo momento da morte cerebral, também chamada morte encefálica[32]. O entendimento favorece a técnica dos transplantes, de capital importância na sociedade contemporânea, e tempera alguns efeitos tormentosos do extraordinário desenvolvimento tecnológico dos meios de prolongamento artificial da vida.

21. Eutanásia

Tema polêmico é o que diz respeito à eutanásia. A tormentosa questão tem sido discutida em todo o mundo. Não faltam casos que se tornaram ampla-

---

32 Carlos Roberto Gonçalves, *Direito civil brasileiro*, cit., v. I, p. 143.

mente conhecidos, como o de Nancy Cruzan, nos Estados Unidos, personagem de uma longa batalha judicial movida por seu pai com o intuito de desligar os aparelhos que a mantinham artificialmente viva. O reconhecimento desse direito em sede judicial só veio mais de sete anos depois do acidente que a condenou a um estado vegetativo permanente. Os aparelhos foram enfim desligados em dezembro de 1990. No túmulo de Nancy, onde até hoje visitantes depositam mensagens de apoio à eutanásia, encontra-se a lápide em que se lê: "Nascida em 20 de julho de 1957. Partiu em 11 de janeiro de 1983. Em paz em 26 de dezembro de 1990"[33]. No Brasil, a discussão tem se mantido nos extremos, contrapondo, de um lado, aqueles que rejeitam a eutanásia, classificando-a como crime de homicídio privilegiado (Código Penal, art. 121, § 1º), e, de outro, aqueles que a defendem diante da ausência de norma expressa a respeito, quer na legislação civil, quer na legislação penal. O debate polarizado parece destinado a não evoluir. O próprio termo *eutanásia* (do grego, *boa morte*) é empregado para designar uma ampla diversidade de situações concretas, que merecem exame em separado.

Há, em primeiro lugar, hipóteses em que o paciente capaz opta livremente por recusar certo tratamento, mesmo após ter sido informado de que a recusa pode conduzir progressivamente ao agravamento da doença e, em última análise, ao óbito. É o caso da vítima de câncer que opta por não realizar quimioterapia. Aqui, não pode haver dúvida de que a vontade do paciente deve ser respeitada. Trata-se de simples aplicação do princípio do consentimento informado, que, como constata elevada doutrina, "de regra da vida está se tornando também regra do morrer, assinalando a passagem do poder do terapeuta à responsabilidade do paciente"[34]. Do mesmo modo que o direito protege a opção da pessoa por tratamentos menos invasivos ou dolorosos, acolhe também sua consciente decisão de não receber tratamento algum. Ainda que a decisão conduza à morte, não se tem, a rigor, eutanásia.

Debates mais intensos surgem em um segundo grupo de hipóteses: quando o paciente, já em fase terminal, solicita a suspensão de procedimentos e tratamentos que prolongam artificialmente a sua existência. Aqui, atender à vontade do paciente, interrompendo o tratamento médico, resulta em deixar outras causas produzirem o resultado letal. A participação do médico entra em cena como elemento agravante do dilema ético e jurídico. Nada obstante, também

---

33 Para detalhes sobre esse e outros casos, ver: Gustavo Tepedino e Anderson Schreiber, O extremo da vida – eutanásia, accanimento terapêutico e dignidade humana, *Revista Trimestral de Direito Civil*, v. 39, jul./set. 2009, p. 3-17.

34 Stefano Rodotà, em entrevista ao *Il Manifesto*, publicada em 27-9-2006 sob o título *La dignità della fine*.

nessa situação a vontade consciente e informada do paciente deve ser atendida. Trata-se do que se vem denominando de ortotanásia ou eutanásia passiva.

Por fim, há situações em que o paciente solicita a atuação direta do médico para a obtenção do resultado letal. Sem a atuação do médico, a morte não ocorrerá naturalmente. Eis a hipótese mais tormentosa. Ainda assim, também aqui parece que a decisão da pessoa humana deve ser respeitada. A avaliação jurídica da conduta do médico dependerá, além da inequívoca caracterização da intenção e iniciativa do paciente, de circunstâncias outras como a duração e a seriedade do acompanhamento clínico efetuado pelo médico, evitando-se a banalização de uma decisão que, pelo seu caráter drástico, deve ser sempre livre e refletida[35].

22. Testamento biológico

Denomina-se testamento biológico (ou testamento vital, tradução literal da expressão em inglês *living will*) o instrumento por meio do qual a pessoa manifesta, antecipadamente, sua vontade de se submeter ou não a certos tratamentos médicos em situações nas quais fique impedida de manifestar pessoalmente sua vontade, com o propósito de escapar ao drama terminal vivido por pacientes que sofrem lesão cerebral ou ingressam em estado vegetativo, por exemplo. Com o mesmo objetivo, alguns ordenamentos jurídicos têm admitido que a pessoa indique um mandatário para assuntos dessa natureza, por meio das chamadas *health care proxies* ou simplesmente "procurações de saúde".

No Brasil, mesmo à falta de qualquer autorização legislativa, o Conselho Federal de Medicina editou, em 2012, a Resolução CFM n. 1.995, que dispõe sobre as "diretivas antecipadas de vontade", definidas em seu art. 1º como "o conjunto de desejos, prévia e expressamente manifestados pelo paciente, sobre cuidados e tratamentos que quer, ou não, receber no momento em que estiver incapacitado de expressar, livre e autonomamente, sua vontade".

Em boa hora, o Conselho Federal de Medicina deixou de estabelecer requisitos formais para a elaboração das diretivas antecipadas de vontade ou mesmo requisitos procedimentais para sua instrumentalização, deixando à livre avaliação de cada pessoa humana como deve se dar a manifestação de vontade sobre aspecto tão extremo e fluido da existência humana. O art. 2º, § 4º, da

---

35 Sobre o tema, seja permitido remeter a: Anderson Schreiber, *Direitos da personalidade*, 3. ed., São Paulo: Atlas, 2014, p. 56-67, onde são analisados diversos casos concretos que facilitam a compreensão das diferentes hipóteses de eutanásia.

Resolução CFM n. 1.995/2012 determina que "o médico registrará, no prontuário, as diretivas antecipadas de vontade que lhes foram diretamente comunicadas pelo paciente". Essa forma de registro é meramente exemplificativa e não exclui outras, que independam da direta comunicação entre médico e paciente, como documentos particulares[36]. E mesmo que não haja registro de manifestação do paciente não se deve excluir, em determinados casos, a reconstrução da intenção presumida do indivíduo, à luz de sua personalidade, de modo a autorizar a interrupção de tratamentos artificiais que ele, se tivesse refletido a respeito, não teria desejado.

A mencionada resolução do Conselho Federal de Medicina atende, portanto, à melhor abordagem do tema: reconhece a validade das manifestações prévias de vontade do paciente, a prevalecer sobre "os desejos dos familiares" (art. 2º, § 3º), e impõe ao médico o dever de respeitá-las (art. 2º, *caput*, embora o Conselho pudesse aí ter empregado expressão mais firme que o simples "levá-las em consideração"). O próprio Supremo Tribunal Federal já reconheceu a legitimidade das diretivas antecipadas de vontade como instrumento de tutela da autonomia existencial para a recusa de certos tratamentos médicos[37].

23. Comoriência

Comoriência é "a presunção de morte simultânea de pessoas reciprocamente herdeiras"[38]. Se dois ou mais indivíduos falecem na mesma ocasião, não se podendo determinar qual a ordem em que faleceram, o Código Civil presume, de modo relativo, que morreram simultaneamente (art. 8º). A regra tem importante aplicação em casos de acidentes aéreos e outras catástrofes que vitimam membros da mesma família. A regra da comoriência (morte simultânea) impede que se dê a sucessão entre os comorientes, o que poderia produzir resultados diversificados sobre os herdeiros sobreviventes.

---

36 No campo existencial, com efeito, deve-se evitar "procedimentos rígidos demais: o testamento biológico deve ser informal e revogável a qualquer momento. É justo, de outro lado, prever a possibilidade de desrespeitá-lo sempre que entre o momento de sua emissão e o momento da decisão final tenham surgido novidades terapêuticas relevantes" (Stefano Rodotà, *La dignità della fine* (entrevista ao *Il Manifesto*)). Ver também Anderson Schreiber, *Direitos da personalidade*, cit., p. 61-62.

37 STF, Tribunal Pleno, RE 1.212.272/AL, rel. Min. Gilmar Mendes, j. 25-9-2024. A decisão dizia respeito especificamente à recusa de transfusão de sangue para Testemunhas de Jeová, tema que será analisado no próximo capítulo.

38 Francisco Amaral, *Direito civil: introdução*, cit., p. 267.

24. Morte civil × morte presumida

O direito brasileiro não admite a chamada morte civil, que consiste na privação da personalidade de pessoa ainda viva, a título de punição. Era prática aceita entre os romanos, por meio do instituto da *capitis deminutio maxima*[39], e que encontra, ainda hoje, paralelo em algumas culturas estrangeiras em que o direito é fortemente vinculado à religião. Muito diversa é a morte presumida, que o Código Civil brasileiro admite se (i) for extremamente provável a morte de quem estava em perigo de vida ou se (ii) pessoa desaparecida em campanha militar ou feita prisioneira não for encontrada até dois anos após o término da guerra (art. 7º). A declaração da morte presumida somente pode ocorrer após a realização de esforços significativos para a localização da pessoa desaparecida e seu propósito consiste exclusivamente em facilitar a vida de familiares próximos, permitindo, por exemplo, a celebração de novo casamento e a sucessão nos bens do desaparecido.

25. Ausência

A presunção de morte é também admitida nos casos de ausência. Ausência é o estado, declarado por decisão judicial, da pessoa natural que se encontra em lugar incerto e da qual não se tem nenhuma notícia por prolongado período de tempo[40]. Em fórmula didática, afirma-se: "não presença + falta de notícias + decisão judicial = ausência"[41]. De longa tradição no direito civil, o instituto da ausência tem forte conotação patrimonial. Sua aplicação somente é admitida quando o ausente não tiver deixado representante para administrar seus bens e negócios, ou tal representante se recusar ou não puder continuar exercendo a representação para esse fim (arts. 22 e 23). Toda a minuciosa disciplina da ausência é dirigida à transferência da administração e, em seguida, da propriedade dos bens do ausente, com o escopo de evitar que seu patrimônio permaneça à deriva, suscitando conflitos sociais. Não obstante a tônica patrimonialista da disciplina legal do instituto, já decidiu o Superior Tribunal de Justiça, adotando orientação de viés personalista, que "a comprovação da propriedade não é condição *sine qua non* para a declaração de ausência", de modo que "se o ausente

---

39 José Carlos Moreira Alves, *Direito romano*, cit., v. I, p. 121.
40 Bárbara Almeida de Araújo, A ausência: análise do instituto sob a perspectiva civil--constitucional, in Gustavo Tepedino (Coord.), *A parte geral do novo Código Civil – estudos na perspectiva civil-constitucional*, Rio de Janeiro: Renovar, 2002, p. 60.
41 Washington de Barros Monteiro, *Curso de direito civil: parte geral*, 40. ed., São Paulo, Saraiva, 2005, v. 1, p. 120.

deixa interessados em condições de sucedê-lo, em direitos e obrigações, ainda que os bens por ele deixados sejam, a princípio, não arrecadáveis, há viabilidade de se utilizar o procedimento que objetiva a declaração de ausência"[42].

26. Fases da ausência

A ausência ocorre em três fases sucessivas: (a) curadoria dos bens do ausente; (b) sucessão provisória do ausente; e (c) sucessão definitiva do ausente. Na primeira fase, nomeia-se um curador para administrar os bens do ausente. Note-se que, ao contrário da declaração de ausência, a nomeação de curador só tem lugar no caso da existência de bens em abandono, uma vez que o propósito da curadoria é a gestão dos bens (*cura rei*), e não da pessoa do ausente[43]. Passado um ano da arrecadação dos bens (ou três anos, se o ausente tiver deixado representante), os interessados podem requerer a abertura provisória da sucessão. Nessa segunda fase, os herdeiros interessados em se imitir na posse dos bens terão que prestar garantias suficientes para assegurar a restituição dos bens caso o ausente reapareça. Vale dizer: os bens do ausente passam ao patrimônio dos herdeiros, mas não ainda de modo definitivo. Passados dez anos do trânsito em julgado da sentença que concede a abertura da sucessão provisória, podem os interessados requerer a chamada sucessão definitiva, com o levantamento das garantias prestadas e a consolidação dos bens em seu patrimônio.

A disciplina da ausência caracteriza-se, como se vê, por prazos longos e múltiplas etapas. É que, aqui, ao contrário do que ocorre nas hipóteses do art. 7º do Código Civil, não há razão objetiva para se acreditar que o ausente tenha falecido. Daí a opção legislativa por um procedimento que se prolonga no tempo, distanciando gradativamente o ausente da titularidade de seu patrimônio.

27. Efeitos existenciais da ausência

Sem embargo da forte conotação patrimonial do instituto, o Código Civil reconhece que a decretação de ausência produz alguns efeitos que transcendem os

---

42 STJ, 3ª Turma, REsp 1.016.023/DF, rel. Min. Nancy Andrighi, j. 27-5-2008.
43 Gustavo Tepedino, Heloisa Helena Barboza e Maria Celina Bodin de Moraes (Coords.), *Código Civil interpretado conforme a Constituição da República*, 2. ed., Rio de Janeiro: Renovar, 2007, p. 71.

bens do ausente. Por exemplo, o art. 1.728, I, determina que os filhos menores de pais declarados ausentes sejam postos sob tutela. Problema dramático dizia respeito ao casamento, tendo a doutrina discutido, sob a vigência da codificação anterior, se a declaração de ausência rompia ou não o vínculo conjugal. O Código Civil de 1916 encaminhava-se pela negativa (art. 315). O Código Civil atual inverteu a orientação, determinando em seu art. 1.571, § 1º, que a sociedade conjugal extingue-se não apenas pela morte efetiva do cônjuge, mas também pela presunção de morte decorrente da ausência. No sistema atual, portanto, a abertura da sucessão definitiva opera, de pleno direito, o fim do matrimônio. Entretanto, como tal abertura leva mais de dez anos para ocorrer, a via do divórcio, hoje ampla e incondicionada, permanece como caminho mais útil para o cônjuge do ausente.

É o que já reconheceu o Tribunal de Justiça do Rio de Janeiro, em inspirado acórdão:

> Senhora modesta do lar, em juízo sob o pálio da gratuidade judiciária, abandonada pelo marido após o perpassar de uma única primavera, cujo cônjuge bateu asas pelo mundo afora, dele notícia alguma captada, isso em prova provada, há de merecer o anteparo da lei, por uma compreensão evoluída do direito, mais amplo do que aquela, quebrando-se-lhe as algemas de um casamento que só subsiste no assento registral[44].

Pode ocorrer, todavia, que o ausente retorne.

28. Retorno do ausente ou desaparecido

Apesar do nome, a sucessão definitiva do ausente não é todo irreversível. Retornando nos dez anos seguintes à abertura da sucessão definitiva, o ausente tem direito a receber seus bens no estado em que se encontrem ou o equivalente ao que foi recebido com a sua venda (art. 39)[45]. Se o retorno do ausente ocorre

---

44 TJRJ, Ap. Cív. 1995.001.06354, 1ª CC, rel. Des. Ellis Hermydio Figueira, j. 5-12-1995 apud Gustavo Tepedino, Heloisa Helena Barboza e Maria Celina Bodin de Moraes (Coords.), *Código Civil interpretado conforme a Constituição da República*, 2. ed., Rio de Janeiro: Renovar, 2007, p. 102.

45 "Art. 39. Regressando o ausente nos dez anos seguintes à abertura da sucessão definitiva, ou algum de seus descendentes ou ascendentes, aquele ou estes haverão só os bens existentes no estado em que se acharem, os sub-rogados em seu lugar, ou o preço que os herdeiros e demais interessados houverem recebido pelos bens alienados depois daquele tempo."

após o prazo de dez anos, o entendimento doutrinário, baseado na interpretação *a contrario sensu* do art. 39, é de que o ausente "nada recebe"[46]. Passados dez anos da sucessão definitiva, "perdem o ausente e seus ascendentes ou descendentes, que não apareceram, o direito aos bens que foram entregues aos herdeiros e interessados"[47].

Embora não lhe restitua o patrimônio, o retorno do ausente afasta a presunção de morte, restaurando todos os direitos da pessoa natural. O mesmo raciocínio se aplica às hipóteses do art. 7º, já que a morte presumida não consiste em punição ou estado inexorável, mas mero artifício técnico-jurídico voltado a facilitar a vida civil dos familiares e a gestão do patrimônio do desaparecido. Seu retorno afasta imediatamente a presunção de morte. Daí parte da doutrina afirmar que a morte presumida não extingue a personalidade, apenas a mantém em suspenso[48].

Caso curioso na experiência estrangeira, e que põe em evidência as razões do legislador para adotar um regime cercado de tantas cautelas, é o de Donald E. Miller Jr., morador do estado de Ohio, nos Estados Unidos, que desapareceu em 1986, sendo declarado morto a pedido de sua família em 1994. Miller reapareceu em 2013, afirmando que apenas tinha se mudado para outro estado em busca de emprego e havia sido surpreendido pela desativação do seu número de seguridade social. Pleiteou, então, a declaração de que ainda estava vivo. A decisão do juiz Allan H. Davis, no entanto, causou perplexidade: julgou improcedente o pedido, uma vez que a legislação de Ohio não permite a reversão da declaração de morte após o decurso de três anos. Para efeitos legais, Donald E. Miller Jr. estava morto[49].

Essa solução, como visto, não se afigura consentânea com a disciplina legal da matéria no direito brasileiro, e muito menos com os valores que devem guiar o intérprete no enfrentamento das questões analisadas neste capítulo. Impõe-se, em síntese, redimensionar o tratamento conferido à pessoa humana em nosso ordenamento, adequando-o à centralidade normativa conferida à promoção de sua dignidade. Nessa missão, ganham especial relevância os chamados direitos da personalidade.

---

46   Caio Mário Pereira da Silva, *Instituições de direito civil*, cit., v. I, p. 193.
47   Pontes de Miranda, *Tratado de direito privado*, Rio de Janeiro: Borsoi, 1955, t. IX, p. 392.
48   Caio Mário da Silva Pereira, *Instituições de direito civil*, cit., v. I, p. 188.
49   John Schwartz, Declared Legally Dead, as He Sat Before the Judge, disponível em: <www.nytimes.com/2013/10/12/us/declared-legally-dead-as-he-sat-before-the-judge.html?mcubz=0> (acesso em: 20 nov. 2017).

Capítulo 6

DIREITOS DA PERSONALIDADE

SUMÁRIO: **1.** Dignidade da pessoa humana. **2.** Autonomia existencial. **3.** O lançamento de anão. **4.** Direitos da personalidade. **5.** Características dos direitos da personalidade. **6.** Autolimitação aos direitos da personalidade. **7.** Direitos da personalidade no Código Civil de 2002. **8.** Direito ao próprio corpo. **9.** Mercado humano. **10.** O caso Moore. **11.** Exigência médica. **12.** Cirurgias de "transgenitalização". **13.** *Wannabes*. **14.** Consentimento informado. **14.1.** Transfusão de sangue para Testemunhas de Jeová. **15.** Direito à privacidade. **16.** Proteção de dados pessoais. **17.** Direito ao nome. **18.** Direito à identidade pessoal. **19.** Direito à identidade pessoal das pessoas transgênero. **20.** Direito à honra. **21.** Direito de sátira. **22.** Direito à imagem. **23.** Colisão entre direitos da personalidade e liberdade de informação. **24.** A questão das biografias. **25.** Direito ao esquecimento. **26.** Instrumentos de tutela da personalidade. **27.** Tutela *post mortem* da personalidade. **28.** A marcha infinita da personalidade.

1. Dignidade da pessoa humana

Duas guerras mundiais, os horrores do holocausto nazista e a efetiva utilização da bomba atômica foram apenas alguns dos assustadores acontecimentos que o mundo testemunhou no curto intervalo entre 1914 e 1945. Embora a História tenha conhecido massacres mais avassaladores, como a chamada "conquista" da América[1], nunca antes a repercussão de tais atrocidades provocara uma sensação tão generalizada de fragilidade. Em toda parte, despertaram os anseios por uma nova ordem de valores, apta a proteger a condição humana na

---

1 É emblemático o caso da "conquista" da América Latina, que deixou tantos ou mais mortos que a Segunda Guerra Mundial. Sobre o tema, ver: Eduardo Galeano, *As veias abertas da América Latina*, São Paulo: Paz e Terra, 1996.

sua redescoberta vulnerabilidade. Como explica Umberto Eco: "Foi neste século que se desenvolveu pela primeira vez uma solidariedade em escala planetária. Mesmo quando não a praticamos, sentimos que ela é um dever. (...) Outrora massacrava-se e não se sentia arrependimento"[2]. Laços de solidariedade formaram-se em torno do propósito maior de preservação da humanidade, preocupação que passaria a guiar os passos da comunidade jurídica internacional.

Em 1948, a Declaração Universal dos Direitos Humanos, aprovada pela Assembleia Geral das Nações Unidas, afirmaria expressamente que "o reconhecimento da dignidade inerente a todos os membros da família humana e de seus direitos iguais e inalienáveis é o fundamento da liberdade, da justiça e da paz no mundo". A consagração da dignidade humana como "fundamento da liberdade" e valor central da ordem jurídica internacional influenciou as Constituições da segunda metade do século XX, que a incorporaram como verdadeira razão de ser do Estado Democrático de Direito. A Constituição brasileira a menciona já em seu art. 1º, entre os fundamentos da República:

> A República Federativa do Brasil, formada pela união indissolúvel dos Estados e Municípios e do Distrito Federal, constitui-se em Estado Democrático de Direito e tem como fundamentos:
> (...)
> III – a dignidade da pessoa humana.

No Brasil, como em diversos outros países, a dignidade humana assumiu posição de destaque no ordenamento jurídico[3]. Considerada como "princípio fundamental de que todos os demais princípios derivam e que norteia todas as regras jurídicas"[4], a dignidade humana tem sido o valor-guia de um processo de releitura dos variados setores do direito, que vão abandonando o liberalismo e o materialismo de outrora em favor da recuperação de uma abordagem mais humanista e mais solidária das relações jurídicas. Ao mesmo tempo, a visão cientificista do direito cede espaço a um viés mais principiológico e valorativo, que estimula o reenvio da solução dos casos concretos ao patamar mais elevado

---

2   Catherine David, Frédéric Lenoir e Jean-Philippe de Tonnac (Orgs.), *Entrevistas sobre o fim dos tempos*, Rio de Janeiro: Rocco, 1999, p. 201.
3   Gustavo Tepedino, A tutela da personalidade no ordenamento civil-constitucional brasileiro, in *Temas de direito civil*, 3. ed., Rio de Janeiro: Renovar, 2004, p. 50.
4   Luiz Edson Fachin, Fundamentos, limites e transmissibilidade – anotações para uma leitura crítica, construtiva e de índole constitucional da disciplina dos direitos da personalidade no Código Civil brasileiro, *Revista da EMERJ*, v. 8, n. 31, 2005, p. 58.

dos fundamentos do Estado Democrático de Direito. Nesse contexto, a dignidade humana tem sido diretamente aplicada a um sem-número de casos concretos. Sua invocação tem se tornando cada vez mais frequente não apenas nos debates acadêmicos, mas também nas motivações das decisões judiciais, nas peças advocatícias, nas decisões administrativas, nos debates parlamentares, nas justificativas de projetos de lei e assim por diante.

Apesar disso, não é fácil definir a dignidade da pessoa humana. Poucas noções apresentam contornos tão fluidos. Sua longa trajetória filosófica não é unívoca, mas gravita sempre em torno da mesma ideia: a de que a espécie humana possui uma qualidade própria, que a torna merecedora de uma estima (*dignus*) única ou diferenciada. A dignidade humana não corresponde, portanto, a algum aspecto específico da condição humana, mas exprime, isto sim, "uma qualidade tida como inerente a todo e qualquer ser humano", sendo frequentemente apresentada como "o valor próprio que identifica o ser humano como tal"[5]. Seu conceito pode ser formulado nos seguintes termos: a dignidade humana é o valor-síntese que reúne as esferas essenciais de desenvolvimento e realização da pessoa humana. Seu conteúdo não pode ser descrito de modo rígido; deve ser apreendido por cada sociedade em cada momento histórico, considerando seu próprio substrato cultural.

O propósito da sua apreensão jurídica é assegurar proteção à condição humana, em seus múltiplos aspectos e manifestações, tomando a pessoa "sempre como um fim e nunca como um meio"[6]. Nesse sentido é que se afirma ser contrário à dignidade humana "tudo aquilo que puder reduzir a pessoa (o sujeito de direitos) à condição de objeto"[7].

2. Autonomia existencial

Isso não significa que a dignidade humana identifique-se com a liberdade individual, com a simples autonomia da vontade ou, ainda, com uma irrestrita autonomia existencial. A imensa maioria dos autores contemporâneos identificam na própria dignidade humana uma dimensão social, que autolimita

---

5   Ingo Wolfgang Sarlet, *Dignidade da pessoa humana e direitos fundamentais na Constituição Federal de 1988*, Porto Alegre: Livraria do Advogado, 2001, p. 38-39.
6   Immanuel Kant, *Fundamentos da metafísica dos costumes*, Rio de Janeiro: Ediouro, 1997, p. 79.
7   Maria Celina Bodin de Moraes, *Danos à pessoa humana – uma leitura civil-constitucional dos danos morais*, Rio de Janeiro: Renovar, 2003, p. 85.

a persecução de interesses existenciais quando possam, de algum modo, atentar contra a dignidade humana vista na perspectiva da relação entre o ser humano e o seu meio social. Assim, Luís Roberto Barroso, embora inserindo a autonomia individual no que denomina conteúdo intrínseco da dignidade humana, reconhece-lhe um "valor comunitário" que funcionaria como limite às escolhas individuais. Em suas palavras:

> O *valor comunitário* é o elemento social da dignidade humana, identificando a relação entre o indivíduo e o grupo. Nesta acepção, ela está ligada a valores compartilhados pela comunidade, assim como às responsabilidades e deveres de cada um. Vale dizer: a dignidade como valor comunitário funciona como um limite às escolhas individuais. Também referida como dignidade como heteronomia, ela se destina a promover objetivos sociais diversos, dentre os quais a proteção do indivíduo em relação a atos que possa praticar capazes de afetar a ele próprio (condutas autorreferentes), a proteção de direitos de outras pessoas e a proteção de valores sociais, dos ideais de *vida boa* de determinada comunidade. Para minimizar os riscos do moralismo e da tirania da maioria, a imposição de valores comunitários deverá levar em conta (a) a existência ou não de um direito fundamental em jogo, (b) a existência de consenso social forte em relação à questão e (c) a existência de risco efetivo para direitos de terceiros[8].

3. O lançamento de anão

Esse embate entre diferentes aspectos da dignidade humana conduz frequentemente a casos concretos de difícil solução. Foi o que se viu, por exemplo, no caso do lançamento de anão. No entender do Conselho de Estado francês, aquela estranha prática reduzia o sujeito Manuel Wackenheim a objeto do lazer alheio, afrontando, desse modo, a sua dignidade humana. Cidadão francês, Manuel Wackenheim tem pouco mais de um metro e catorze centímetros de altura. O nanismo restringiu consideravelmente suas chances de emprego. No verão de 1991, passou a exercer, no interior da França, uma ocupação inusitada. Seu ofício consistia em se vestir com capacete e roupas acolchoadas, com alças nas costas, e ser lançado em direção a um colchão de ar por clientes de bares e

---

8 Luís Roberto Barroso, A dignidade da pessoa humana no direito constitucional contemporâneo: natureza jurídica, conteúdos mínimos e critérios de aplicação, in *O novo direito constitucional brasileiro: contribuições para a construção teórica e prática da jurisdição constitucional no Brasil*, Belo Horizonte: Fórum, 2013, p. 327.

discotecas. A competição, que ficou conhecida como *lancer de nain* (lançamento de anão), ganhou rápida popularidade e acabou por atrair a atenção das autoridades públicas francesas.

Em outubro daquele mesmo ano, o prefeito da cidade de Morsang-sur-Orge proibiu a realização da atividade. Manuel Wackenheim recorreu, então, à corte administrativa de Versailles, que anulou a proibição por considerar que não havia nenhum distúrbio à ordem, à segurança ou à saúde pública. O prefeito apelou da decisão e o Conselho de Estado francês acolheu o recurso, vedando a prática do lançamento de anão, por considerá-la uma afronta à dignidade humana. O caso ganhou repercussão internacional quando Wackenheim apresentou uma reclamação ao Comitê de Direitos Humanos das Nações Unidas. Sustentou, em síntese, que a proibição do Conselho de Estado francês, muito ao contrário de proteger, violava a sua dignidade humana, já que o impedia de exercer uma profissão. Alegou, ainda, que a decisão afrontava sua liberdade, sua privacidade e configurava ato discriminatório contra os portadores de nanismo. O Comitê considerou que a diferenciação, no caso, não configurava discriminação, já que decorria da razão física de "os anões serem as únicas pessoas aptas a serem lançadas por outras". Concluiu, ainda, que o banimento da atividade fora baseado em critérios objetivos e razoáveis, inexistindo violação aos direitos humanos[9].

A solução não é, naturalmente, imune a controvérsias. A dignidade humana não consiste em um conceito de aplicação matemática. A própria percepção do que é ou não é essencial ao ser humano varia conforme a cultura e a história de cada povo, e também de acordo com as concepções de vida de cada indivíduo. Tamanha fluidez não agrada aos juristas, sempre ansiosos por um porto seguro que permita distinguir o certo do errado, o lícito do ilícito, o legítimo do ilegítimo, dando alguma segurança e previsibilidade às soluções dos conflitos que possam surgir na vida social. Daí a necessidade tão sentida nos meios jurídicos de, sem rejeitar o caráter aberto da dignidade humana, indicar os principais atributos que a compõem e identificar as principais espécies de conflitos em que a dignidade humana entra em cena.

Daí o renovado interesse pelos direitos da personalidade na experiência jurídica contemporânea.

---

9   *Communication 854/1999, U.N. (2002)*. O inteiro teor da decisão pode ser consultado no *site* da Biblioteca de Direitos Humanos da Universidade de Minnesota: <humanrights.law.monash.edu.au>.

4. Direitos da personalidade

As primeiras construções em torno dos direitos da personalidade surgiram no contexto histórico da segunda metade do século XIX. A expressão foi concebida por jusnaturalistas franceses e alemães para designar certos direitos inerentes ao homem, tidos como preexistentes ao seu reconhecimento por parte do Estado, conforme esclarece De Ruggiero[10]. Eram, já então, direitos considerados essenciais à condição humana, direitos sem os quais "todos os outros direitos subjetivos perderiam qualquer interesse para o indivíduo, ao ponto de se chegar a dizer que, se não existissem, a pessoa não seria mais pessoa"[11].

Afirmava-se que os direitos da personalidade eram absolutos, imprescritíveis, inalienáveis e indisponíveis, características ainda hoje repetidas na legislação pátria e estrangeira[12]. A categoria abrangia um núcleo de atributos inseparáveis da pessoa humana, a ser protegido não apenas em face do Estado, mas também contra o avanço incessante da exploração do homem pelo homem. Domado o Leviatã, o direito se propunha agora a enfrentar o lobo. A luta, contudo, não foi fácil.

Os direitos da personalidade encontraram forte resistência em um ambiente jurídico ainda marcado pelo pensamento liberal, especialmente no campo do direito privado. Contribuiu também para isso a existência de divergências significativas entre os próprios defensores da categoria. Não havia, por exemplo, consenso sobre quais eram os direitos da personalidade. Falava-se com frequência no direito ao próprio corpo, no direito à honra e no direito à vida, mas alguns autores acrescentavam o direito ao nome e outros direitos. Havia mesmo quem incluísse no rol o direito à propriedade, cuja natureza patrimonial representava, para outros, a própria antítese dos direitos da personalidade. Para parte da doutrina, não havia ainda "direitos da personalidade" no plural, mas um único "direito geral da personalidade". Os desacordos, enfim, eram muitos.

Nesse cenário, não chega a ser espantoso que juristas importantes, como Savigny, Von Tuhr e Enneccerus, negassem qualquer validade científica à categoria. Viam nela uma inovação inconsistente. Sustentavam, em poucas palavras, que os direitos da personalidade configuravam uma contradição nos

---

10 Roberto de Ruggiero, *Instituições de direito civil*, Campinas: Bookseller, 1999, v. I, p. 275-276.
11 É a lição de Adriano De Cupis, em seu célebre *I diritti della personalità*, Milão: Giuffrè, 1950, p. 18-19.
12 Tais características serão examinadas detalhadamente adiante.

próprios termos, já que tinham como *objeto* o próprio *sujeito*. Se, para o direito civil, a personalidade consistia na capacidade de ter direitos, não podia essa mesma personalidade figurar como objeto de direito algum.

As críticas seriam, pouco a pouco, superadas. Estudos de relevo demonstrariam que a noção de personalidade deve ser considerada sob dois aspectos distintos. Sob o aspecto *subjetivo*, identifica-se com a capacidade que tem toda pessoa (física ou jurídica) de ser titular de direitos e obrigações. Sob o aspecto *objetivo*, contudo, "tem-se a personalidade como conjunto de características e atributos da pessoa humana, considerada como objeto de proteção por parte do ordenamento jurídico"[13]. Nesse último sentido é que se fala em direitos da personalidade.

Por muito tempo, contudo, as críticas aos direitos da personalidade minaram seu desenvolvimento. O Código Civil alemão, aprovado em 1896, não acolheu expressamente a categoria, frustrando os seus adeptos. O Código Civil brasileiro de 1916 também não trouxe nenhuma menção ao assunto. A omissão gerou efeitos desastrosos. As poucas alusões aos direitos da personalidade que existiam na nossa doutrina praticamente desapareceram da manualística nas décadas seguintes. O interesse pelo tema só voltaria a ser despertado entre nós a partir da segunda metade do século XX, com a consagração da dignidade humana no texto constitucional.

5. Características dos direitos da personalidade

É justamente em função do reconhecimento da intrínseca conexão entre a categoria dos direitos da personalidade e a dignidade da pessoa humana, valor nuclear do ordenamento, que se reconhece a esses direitos uma série de características especiais, que conformam seu regime jurídico.

Em breve síntese, é possível reconhecer os seguintes atributos aos direitos da personalidade: (i) *extrapatrimonialidade*: são direitos cuja função é proteger a condição humana, em seus mais genuínos aspectos e manifestações, não sendo, portanto, suscetíveis de avaliação econômica, configurando situações jurídicas subjetivas existenciais; (ii) *generalidade*: sendo a dignidade valor reconhecido a todas as pessoas, a todos são assegurados os direitos voltados a promovê-la; (iii) *caráter absoluto*: sua observância se impõe a toda coletividade (*erga omnes*); (iv) *não taxatividade*: a ausência de previsão no Código Civil não impede que outras mani-

---

13 Gustavo Tepedino, A tutela da personalidade no ordenamento civil-constitucional brasileiro, in *Temas de direito civil*, cit., p. 27.

festações da personalidade humana sejam consideradas merecedoras de tutela, por força da aplicação direta do art. 1º, III, da Constituição (como os direitos à identidade pessoal, à integridade psíquica e à diferença, por exemplo)[14], característica por vezes referida como "elasticidade"[15]; (v) *imprescritibilidade*: podem ser exercitados a qualquer tempo, independentemente do decurso de longos prazos sem invocá-los[16]; (vi) *inalienabilidade, indisponibilidade e intransmissibilidade*: como manifestações essenciais da condição humana, os direitos da personalidade não podem ser alienados ou transmitidos a outrem, quer por ato entre vivos, quer em virtude da morte do seu titular, justificando a referência da doutrina a uma "titularidade orgânica", uma vez que as situações existenciais encontram sua razão de ser na realização do interesse do titular, sendo dele indissociável[17].

Embora não seja rara a afirmação de que "não pode o indivíduo autolimitar os direitos inerentes à sua personalidade"[18], a suposta irrenunciabilidade dos direitos da personalidade é matéria que suscita intensa polêmica.

6. Autolimitação aos direitos da personalidade

Um dos problemas mais palpitantes em matéria de direitos da personalidade diz respeito às autolimitações ao seu exercício. O Código Civil, em norma anacrônica, considera que os direitos da personalidade não podem no seu exercício "sofrer limitação voluntária". Nada mais distante da realidade, em que se sucedem cotidianamente contratos em que as pessoas concordam com certas limitações voluntárias ao exercício dos seus direitos da personalidade, como se vê nos contratos de licenciamento de uso de imagem celebrados por artistas e atletas, além de situações até mais extremas, como a dos contratos celebrados pelos participantes de *reality shows* como o *Big Brother Brasil*.

---

14 Sobre o tema, ver: Maria Celina Bodin de Moraes, Ampliando os direitos da personalidade, in *Na medida da pessoa humana: estudos de direito civil-constitucional*, Rio de Janeiro: Renovar, 2010, p. 121-148.
15 Pietro Perlingieri, *La personalità umana nell'ordinamento giuridico*, Nápoles: ESI, 1972, p. 185-186.
16 Questão mais complexa é a referente a prescritibilidade da pretensão compensatória surgida pela violação aos direitos da personalidade, os danos morais, que será enfrentada no capítulo dedicado à prescrição.
17 Pietro Perlingieri, *O direito civil na legalidade constitucional*, trad. Maria Cristina De Cicco, Rio de Janeiro: Renovar, 2008, p. 717-718.
18 Caio Mário da Silva Pereira, *Instituições de direito civil*, 29. ed., atualizada por Maria Celina Bodin de Moraes, Rio de Janeiro: Forense, 2016, v. I, p. 204.

Eis um dos pontos mais difíceis da atual disciplina dos direitos da personalidade, ao qual o Código Civil deu tratamento intolerável, animando enunciado em sentido diametralmente oposto, aprovado já na I Jornada de Direito Civil: "O exercício dos direitos da personalidade pode sofrer limitação voluntária, desde que não seja permanente nem geral" (Enunciado n. 4). Isso, contudo, não basta: ao lado da duração e do alcance da autolimitação, cumpre também analisar a sua intensidade (grau de restrição que impõe ao exercício dos direitos da personalidade) e sua finalidade (que deve estar vinculada a um interesse direto e imediato do seu próprio titular).

Ainda não há consenso sobre os parâmetros que devem guiar o controle de legitimidade dessa limitação e só a análise específica de cada um dos atributos da personalidade humana contemplados pelo Código Civil pode oferecer auxílio nessa árdua tarefa.

7. Direitos da personalidade no Código Civil de 2002

O Código Civil de 2002 passou a dedicar um capítulo aos direitos da personalidade em sua Parte Geral. Em tal capítulo, tratou a codificação dos seguintes direitos da personalidade: direito ao próprio corpo, direito ao nome, direito à honra, direito à imagem (embora apenas reflexamente) e direito à privacidade. A primeira advertência diz respeito ao caráter não taxativo do rol de direitos da personalidade contemplados pelo Código Civil. Trata-se apenas, como adverte Paulo Lôbo, daqueles direitos atinentes à personalidade humana "que produzem efeitos mais agudos nas relações civis"[19]. Há outros direitos da personalidade, como o direito à identidade pessoal, que não restaram contemplados expressamente no Código Civil.

Ainda de modo geral, pode-se afirmar que, embora o Código Civil tenha tido o mérito de tratar do tema, reservando-lhe capítulo autônomo na Parte Geral, o tratamento normativo dispensado aos direitos da personalidade pela nossa codificação é, em larga medida, insuficiente e anacrônico. De fato, o Código Civil brasileiro contempla os direitos da personalidade à imagem e semelhança do paradigma dos direitos subjetivos – o direito de propriedade, em orientação equivocada que já foi denunciada pela melhor doutrina[20]. Além dis-

---

19 Paulo Lôbo, Danos morais e direitos da personalidade, *Revista Trimestral de Direito Civil*, v. 6, p. 92.
20 Gustavo Tepedino, A tutela da personalidade no ordenamento civil-constitucional

so, deixa de oferecer parâmetros ao intérprete para ponderações diante de outros interesses merecedores de tutela, preferindo soluções prontas e acabadas, de caráter puramente estrutural, que dificilmente se conformam à realidade concreta, como já se destacou em outra sede[21].

Tome-se como exemplo inicial o art. 13 da codificação, que contempla o chamado direito ao próprio corpo.

8. Direito ao próprio corpo

Ali, o legislador opta por critérios estruturais vedando, por exemplo, a diminuição física permanente (art. 13)[22]. Sugere, *a contrario sensu*, que a diminuição não permanente resta autorizada. Interpretando-se de modo literal o dispositivo, as inserções de microchips subcutâneos e outros mecanismos removíveis seriam considerados lícitos no direito brasileiro, mesmo que com finalidade puramente comercial (*v.g.*, controle de acesso de funcionários, como já se oferece no mercado dos Estados Unidos). Além disso, resta consagrada, por via indireta, a ideia de que as partes regeneráveis do corpo humano merecem menor proteção do que as irrecuperáveis, protegendo-se apenas estas últimas contra os impulsos da autonomia privada[23].

Tal concepção é perigosa e tem feito estrada especialmente no que diz respeito ao tratamento jurídico reservado às chamadas partes destacadas do corpo humano, como fio de cabelo, saliva, sêmen. Encaradas tradicionalmente como *res derelicta*, tais partículas carregam, hoje, a intimidade mais profunda da pessoa, representada pelo seu código genético. Em muitos países, tem-se chega-

---

brasileiro, in *Temas de direito civil*, cit., p. 51; Eroulths Cortiano Júnior, Alguns apontamentos sobre os chamados direitos da personalidade, in Luiz Edson Fachin (Coord.), *Repensando fundamentos do direito civil contemporâneo*, Rio de Janeiro: Renovar, 1998, p. 35.

21 Anderson Schreiber, Os direitos da personalidade e o Código Civil de 2002, in Gustavo Tepedino, Luiz Edson Fachin (Org.), *Diálogos sobre direito civil*, Rio de Janeiro: Renovar, 2008, v. II, p. 236-237.

22 Para uma análise crítica dos critérios empregados pelo artigo 13, ver Ana Carolina Brochado Teixeira, *Saúde, Corpo e Autonomia Privada*, Rio de Janeiro: Renovar, 2010, p. 267-349.

23 Embora superada, em atenção a fins socialmente relevantes como transfusões, transplantes e pesquisas médicas, a ideia de que o corpo humano não pode ser objeto de atos de disposição (Constituição, art. 199, § 4º), nem por isso se reconhece "uma liberdade ou poder absoluto do sujeito que retire do corpo o seu caráter essencial, singular e merecedor de proteção. A liberdade se vê sempre colocada diante da intangibilidade do corpo humano" (José Antônio Peres Gediel, *Os transplantes de órgãos e a invenção moderna do corpo*, Curitiba: Moinho do Verbo, 2000, p. 96).

do a declarar a extensão do conceito de corpo humano para assegurar sua proteção[24]. No Brasil, as próprias autoridades públicas têm perpetrado abusos, como revela o caso de Roberta Jamilly Martins Costa, cuja saliva coletada em guimbas de cigarros fumados na delegacia foi utilizada para realizar, contra a sua vontade, exame de DNA, que atestou a ausência de vínculo biológico entre ela e sua mãe de criação, acusada também do sequestro do menino Pedrinho[25]. Em outro caso amplamente noticiado, a cantora mexicana Gloria Trevi, após engravidar na Superintendência da Polícia Federal, teve sua placenta coletada e congelada para a realização de exame de DNA, contra sua expressa manifestação de vontade, tudo com a chancela do Supremo Tribunal Federal[26].

9. Mercado humano

Verifica-se, assim, a necessidade de se conferir adequada proteção, seja em face de terceiros, seja em face do próprio indivíduo, também às diminuições físicas não permanentes, cuja importância se intensifica em um cenário onde passam a servir, mais que à aferição da filiação biológica, a procedimentos de resultados verdadeiramente fantásticos como a fecundação *in vitro* e até mesmo a clonagem. O perigo de que, na ausência de uma firme proteção jurídica, o interesse comercial acabe por estimular a disposição de tais partículas aparece sob a forma de experiência consumada na América Latina, no nem sempre lembrado caso do Plasmaferesis, laboratório instalado na Nicarágua que coletava, mediante pagamento, o sangue de cidadãos pobres e subnutridos, além de prisioneiros e militares de baixo escalão "coagidos à doação". Com o integral apoio do governo ditatorial de Anastasio Somoza, o laboratório exportou, entre 1973 e 1977, para os Estados Unidos e a Europa, a cada ano, 300 mil frascos de san-

---

24 Ver, na jurisprudência alemã, BGH 9-11-1993, *NJW*, 1994, 128, onde se conferiu pronta reparação contra a negligente destruição de líquido seminal em banco de sêmen.

25 "A saliva de Roberta foi coletada nas pontas de cigarro fumados por ela na delegacia. Desde o início das investigações, ela jamais se propôs a fazer o teste. Orientado por uma perita de Brasília, o delegado Gonçalves conseguiu a prova durante o depoimento de Roberta na DEIC. Segundo ele, o procedimento da polícia foi legal, pois não houve invasão de privacidade. O promotor Diaulas Ribeiro, da Promotoria de Justiça Criminal de Defesa dos Usuários do Serviço de Saúde (Pró-Vida), não vê problemas no modo de coleta usado pela polícia: 'Não se permite a retirada de material de um réu. Mas, nesse caso, foi colhido o DNA da vítima, ou seja, da própria Roberta. A jogada foi genial', resumiu" (Reportagem de Guilherme Goulart, publicada no *Correio Braziliense*, em 13 de fevereiro de 2003, sob o título "E Roberta é mesmo Aparecida").

26 STF, Reclamação 2040/DF, j. 21-2-2002.

gue, despertando críticas do jornal de oposição, *La Prensa*, cujo diretor, Pedro Chamorro, acabou assassinado. O crime causou a indignação do povo nicaraguense, que tomou as ruas e, aos gritos de "Somoza vampiro!", queimou a sede do Plasmaferesis, derrubando o regime ditatorial, já minado pela revolta sandinista, e obrigando o ditador a fugir do país[27].

10. O caso Moore

Exemplo de consequências menos dramáticas, mas igualmente estarrecedor no que tange à exploração comercial de partes destacadas do corpo, tem-se no famoso caso Moore, em que células do sangue (linfócitos T) retiradas do baço extraído de um paciente afetado pela leucemia foram cultivadas e, por sua peculiar capacidade de produzir substâncias antibactericidas e antitumorais, acabaram patenteadas pela University of California, dando margem a uma linha de produtos lançada no mercado farmacêutico. O paciente, Moore, homem de negócios do Alasca, propôs ação judicial reivindicando participação nos significativos lucros auferidos com a venda dos produtos pelos médicos, pesquisadores e empresas associadas. A jurisprudência norte-americana deu razão, inicialmente, ao paciente, mas, em última instância, a Suprema Corte da Califórnia decidiu que não lhe cabia nenhuma fatia na receita derivada do uso das células de Moore, já então avaliadas em mais de 3 milhões de dólares[28].

11. Exigência médica

Na esteira dos avanços recentes da genética e da biologia, casos semelhantes revelam, em todo o mundo, a temerária imissão de interesses comerciais no campo da disposição de partes destacadas do corpo, questão a que o

---

27 A viúva de Chamorro, Violeta, veio a se tornar presidente da Nicarágua em 1990. O episódio do Plasmaferesis e outros relacionados ao mercado de sangue são narrados no documentário *Até a última gota* (Brasil, 1980), de Sérgio Rezende, que recebeu o prêmio de melhor filme no festival de Mannheim, na Alemanha.

28 Giovanni Berlinguer e Volnei Garrafa, *O mercado humano*, 2. ed., Brasília: UnB, 2001, p. 77. Ao comentar este caso, Carlos Nelson Konder aduz que "se a decisão em questão já é dramática, a hipótese de a patente recair sobre uma sequência genética é assustadora. Afirma-se, nessa seara, que a identidade genética é um bem jurídico sob tutela constitucional (BARACHO, 2005), guarnecido por um direito à identidade genética, não apenas no tocante à espécie humana como um todo, mas especificamente de cada indivíduo (ASCENÇÃO, 2004)" (Carlos Nelson Konder, Privacidade e corpo: convergências possíveis, *Pensar*, Fortaleza, v. 18, n. 2, maio/ago. 2013, p. 385).

Código Civil brasileiro não reservou a merecida atenção. Proibiu, como visto, a diminuição permanente da integridade física, deixando as demais hipóteses ao sabor da noção pouco precisa de bons costumes. Mesmo no que tange à diminuição física permanente, porém, o legislador de 2002 tem recebido críticas. Como única exceção à proibição de atos de disposição definitiva, o art. 13 do Código Civil indicou a "exigência médica". De pronto, o termo "exigência" sugere um rigor terapêutico nem sempre presente em intervenções socialmente aceitas e amplamente difundidas, como as cirurgias plásticas puramente embelezadoras e os tratamentos estéticos definitivos (depilação permanente etc.). Além de irreal, a exceção tem mérito discutível. A supervalorização do parâmetro médico pode estimular uma abordagem desfavorável de certas questões, como se vê, de forma emblemática, na evolução do tratamento reservado, no Brasil, às cirurgias de transgenitalização.

12. Cirurgias de "transgenitalização"

As cirurgias de transgenitalização, atualmente denominadas de afirmação de gênero, inicialmente vistas com desconfiança por parte dos tribunais, passaram a contar com um maior grau de aceitação baseadas na Resolução n. 1.652/2002 do Conselho Federal de Medicina, segundo a qual o "diagnóstico de disforia de gênero", caracterizado pelo "desconforto com o sexo anatômico natural" e pelo "desejo de mudar de sexo capaz de levar à automutilação ou autoextermínio", era considerado idôneo a permitir ao médico a realização da cirurgia, atendidos os demais requisitos estabelecidos pela norma deontológica. Assim, afirmava-se que a qualificação do desconforto com o sexo natural como "disforia" e a consequente previsão das cirurgias de transgenitalização como tratamento adequado a estes "pacientes" atendiam ao requisito da "exigência médica" previsto no art. 13 do Código Civil, de modo a autorizar a realização de tal procedimento cirúrgico. Sob um manto aparente benéfico, porque superava histórica resistência jurisprudencial à mudança de sexo[29], essa abordagem prestava um desserviço evidente ao converter o debate – jurídico e ético – em torno da identidade de gênero em uma discussão puramente técnica, que reduz toda a imensa questão da autodeterminação corporal a um "tratamento" de enfermidade ou doença.

Melhor orientação é seguida pela atual Resolução CFM n. 2.265/2019, que, rompendo com a abordagem patologizante assumida pelas normativas que

---

29 TJRJ, Ap. Cível 1993.001.06617 e TJRJ, Ap. Cível 2002.001.16591, entre outros.

a precederam, identifica a noção de "*transgênero* ou incongruência de gênero" como simplesmente a "não paridade entre a identidade de gênero e o sexo ao nascimento, incluindo-se neste grupo transexuais, travestis e outras expressões identitárias relacionadas à diversidade de gênero" (art. 1º). A Resolução não se limita a cuidar da afirmação de gênero – compreendida como "o procedimento terapêutico multidisciplinar para a pessoa que necessita adequar seu corpo à sua identidade de gênero por meio de hormonioterapia e/ou cirurgias" (art. 1º, § 5º) –, enfocando, de modo mais amplo, a necessidade de atenção integral à saúde do transgênero, que "deve contemplar todas as suas necessidades, garantindo o acesso, sem qualquer tipo de discriminação, às atenções básica, especializada e de urgência e emergência" (art. 2º). Constata-se, assim, louvável esforço do órgão deontológico para adequar o tratamento da matéria às mais recentes concepções médicas, sociais e jurídicas.

13. *Wannabes*

E se, no caso das cirurgias de afirmação de gênero, o resultado útil alcançado, no passado, pela abordagem médica – a autorização (Código Civil, art. 13 c/c Resolução CFM n. 1.652/2002) – poderia justificar o efeito negativo do enfoque patológico adotado, outras hipóteses existem em que a conclusão médica caminhará em sentido diametralmente oposto. Comprova-o um sem-número de casos envolvendo os chamados *wannabes* ou *amputees-by-choice*, pessoas que se amputam por vontade própria, em atos que vêm preocupando a comunidade jurídica especialmente nos Estados Unidos e na Grã-Bretanha[30]. Também nesse campo a medicina identifica distúrbios de adequação anatômica, associados ora à admiração pela capacidade de superação dos portadores de necessidades especiais, ora a um obsessivo anseio de especial atenção e cuidado que adviriam da mutilação[31]. No fim da década de 1990, o cirurgião Robert Smith amputou as pernas de dois pacientes fisicamente saudáveis, em um hospital na Escócia, suscitando o furor da imprensa britânica. Pois Smith alegou atender à "exigência médica" de encerrar o sofrimento daqueles pacientes que, segundo o cirurgião, se encontravam em um tal estado de desespero que seriam capazes de promover automutilação "em uma linha de trem" ou "utilizando armas de fogo", com sério risco de vida para si e para terceiros.

---

30 Carlos Nelson Konder, O consentimento no biodireito: os casos dos transexuais e dos wannabes, *Revista Trimestral de Direito Civil*, Rio de Janeiro: Padua, jul./set. 2003, v. 15, p. 65-66.

31 Richard L. Bruno, Devotees, Pretenders and Wannabes: Two cases of Factitious Disability Disorder, *Journal of Sexuality and Disability*, 1997, v. 15, p. 243-260.

Vê-se que o critério da exigência médica, visto por juristas com certo temor reverencial, pode assumir, muitas vezes, contornos tão flexíveis quanto os que caracterizariam uma eventual alusão à exigência jurídica, com interpretações e nuances tão múltiplas quanto as que decorrem das próprias normas que procuram regular a dramática questão da disposição do próprio corpo. A verdade é que tais controvérsias encerram escolhas que não são biológicas, mas valorativas, para as quais um jurista não está, portanto, menos habilitado do que um clínico. E aqui, como em outros campos, se compreenderá que, se tal verdade, por ser apenas jurídica, não é verdade por inteiro, tampouco o será a verdade médica. O melhor remédio há de surgir não da prevalência de uma sobre a outra, como sugere o art. 13 do Código Civil, mas da sua efetiva combinação.

14. Consentimento informado

Há ainda equívoco grave no art. 15 do Código Civil – já examinado, ao se tratar, em capítulo anterior, do tema da interpretação das normas jurídicas. Ao afirmar que "ninguém pode ser constrangido a submeter-se, com risco de vida, a tratamento médico ou intervenção cirúrgica", o legislador sugere que, não havendo risco de vida, qualquer pessoa poderia ser constrangida a tratamentos médicos contrários à sua vontade. A regra de ouro aí, muito ao contrário, é a necessidade de consentimento informado[32]. Somente em casos excepcionalíssimos, resultantes da ponderação com outros interesses constitucionalmente protegidos, poderá haver a submissão de pessoa a tratamento médico compulsório. São exemplos a vacinação obrigatória e o tratamento médico de pessoa submetida por decisão judicial a medida de segurança, instituídos com foco na tutela do direito à saúde do próprio paciente e da coletividade.

---

32 O STJ já entendeu, inclusive, que a privação da oportunidade do paciente de manifestar seu consentimento informado dá ensejo ao dever de reparar: "O dever de informar é dever de conduta decorrente da boa-fé objetiva e sua simples inobservância caracteriza inadimplemento contratual, fonte de responsabilidade civil *per se*. A indenização, nesses casos, é devida pela privação sofrida pelo paciente em sua autodeterminação, por lhe ter sido retirada a oportunidade de ponderar os riscos e vantagens de determinado tratamento, que, ao final, lhe causou danos, que poderiam não ter sido causados, caso não fosse realizado o procedimento, por opção do paciente" (STJ, 4ª T., REsp. 1.540.580/DF, rel. p/ acórdão Min. Luis Felipe Salomão, j. 2-8-2018). Merece destaque, na doutrina, o trabalho de Paula Moura Francesconi de Lemos Pereira, *Relação médico-paciente: o respeito à autonomia do paciente e a responsabilidade civil do médico pelo dever de informar*, Rio de Janeiro: Lumen Juris, 2011.

14.1. Transfusão de sangue para Testemunhas de Jeová

Questão que evidencia o equívoco do art. 15 consiste na submissão de Testemunhas de Jeová, contra a sua vontade, a procedimentos de transfusão de sangue, cuja prática é proibida de acordo com a sua crença. O direito à vida é invocado, nesse contexto, para tentar justificar uma intervenção médica que pode resultar, aos olhos do paciente, em uma condenação divina ao tormento.

Ao examinar o tema, o Supremo Tribunal Federal concluiu acertadamente pela prevalência da autonomia individual e da liberdade religiosa, garantindo a todo paciente o direito à recusa de procedimento médico que envolva transfusão de sangue. A legitimidade da recusa, no entanto, restou condicionada à maioridade e à plena capacidade civil do paciente, bem como a se tratar de decisão inequívoca, livre, informada e esclarecida, podendo inclusive ser veiculada por meio de diretiva antecipada de vontade[33]. Satisfeitas essas exigências, deve o Estado garantir o direito à vida e à saúde do paciente disponibilizando procedimentos alternativos no âmbito do Sistema Único de Saúde, aos quais o paciente poderá recorrer caso haja viabilidade técnico-científica de sucesso e anuência técnica da equipe médica com a sua realização. Em se tratando de paciente criança ou adolescente, no entanto, entendeu o STF que o princípio do melhor interesse aponta para a preservação da vida e da saúde das pessoas em desenvolvimento, obstando que os pais impeçam a transfusão de sangue aos filhos[34].

15. Direito à privacidade

Atualmente, é unânime na doutrina o entendimento de que a tutela da privacidade requer meios que transcendam a mera proteção negativa – não intromissão na vida privada, não obtenção de dados etc. –, exigindo, diante da inevitabilidade da coleta de dados pessoais, comportamentos positivos, que imponham a verificação de autenticidade das informações, sua correção, seu seguro armazenamento, sua utilização limitada à finalidade específica para a qual são fornecidos, sua avaliação não discriminatória etc.[35]

---

33 Já se tratou das diretivas antecipadas de vontade no capítulo anterior, quando se examinou a figura do chamado testamento biológico.
34 STF, Tribunal Pleno, RE 979.742/AM, rel. Min. Luís Roberto Barroso, e RE 1.212.272/AL, rel. Min. Gilmar Mendes, j. 25-9-2024.
35 Stefano Rodotà, *Intervista su privacy e libertà*, Paolo Conti (Org.), Roma-Bari: Laterza, 2005. No Brasil, ver, por todos: Danilo Doneda, *Da privacidade à proteção de dados pessoais*, Rio de Janeiro: Renovar, 2006, p. 23-30.

Em vez de se concentrar na pluralidade de remédios exigidos para a proteção da privacidade e dos dados pessoais, em face dessas novas controvérsias, o Código Civil de 2002 preferiu fazer constar de seu art. 21 o preceito simplista segundo o qual "a vida privada da pessoa natural é inviolável"[36]. Não é. A mera observação da vida cotidiana revela a violação sistemática da privacidade e, em alguns casos, justificadamente à luz da ordem jurídica. O passageiro compelido a permitir a inspeção de sua bagagem de mão pelo raio X de um aeroporto tem, inegavelmente, violada a sua privacidade, mas compreenderá facilmente que tal violação justifica-se, na situação concreta, pelo direito de todos os passageiros, inclusive o próprio, à segurança nos aviões. Todavia, se guardas do aeroporto de Miami decidem, como noticiou a imprensa, inspecionar os espaços internos do gesso que envolve o braço de uma menina brasileira de 9 anos, então, ter-se-á na esfera privada da criança uma interferência excessiva, abusiva.

Embora prosaicos, os exemplos revelam que a privacidade se sujeita, como outros interesses existenciais, a ponderações que, à luz das circunstâncias concretas, a fazem ora prevalecer, ora assentir com a prevalência de outros interesses que, também voltados à proteção da pessoa humana, se mostram dignos em abstrato de igual proteção. Também neste particular falhou, portanto, o legislador de 2002 ao declarar a tão solene quanto irreal inviolabilidade do direito à privacidade, quando melhor figura faria se ocupando das múltiplas manifestações da privacidade, dos fatores relevantes para sua ponderação com outros interesses, ou ainda dos remédios específicos disponíveis à sua tutela.

A Constituição, nesse particular, tem a peculiar característica de ser mais específica que a codificação, chegando a detalhar instrumentos específicos de tutela da privacidade como o *habeas data*. A tradição inovadora inaugurada pela concepção do remédio heroico em pleno texto constitucional foi interrompida pelo Código Civil, que disciplinou a privacidade com olhos voltados para o passado, deixando sem resposta uma série de problemas debatidos na atualidade, como o direito à privacidade na internet e o direito à privacidade diante de controles biométricos para uso de serviços e ingresso em edifícios, inclusive edifícios públicos. Seguiram-se anos de espera até que o Congresso Nacional

---

36 A origem do comando pode ser identificada no texto constitucional, cujo art. 5º, inciso X, considera "invioláveis a intimidade, a vida privada, a honra e a imagem das pessoas, assegurado o direito a indenização pelo dano material ou moral decorrente de sua violação". Todavia, se, ali, a redação assume o caráter genericamente protetivo, natural em uma carta constitucional, a sua repetição literal no art. 21 do Código Civil se afigura, além de inútil, incompatível com o maior grau de concretude que se espera da normativa infraconstitucional.

aprovasse a Lei Geral de Proteção de Dados Pessoais (Lei n. 13.709/2018), que veio a transformar esse cenário.

16. Proteção de dados pessoais

Como visto, a proteção dos dados referentes à pessoa humana consiste em um dos mais sensíveis desafios decorrentes do extraordinário avanço tecnológico ocorrido nas últimas décadas[37]. A aprovação da Lei Geral de Proteção de Dados Pessoais (Lei n. 13.709/2018) veio, enfim, inserir o Brasil entre os países que contam com instrumentos para a proteção desse importante aspecto do direito fundamental à privacidade. Fortemente influenciada pelo regramento europeu sobre a matéria, a Lei n. 13.709/2018 define *dados pessoais* de modo amplo, como "informação relacionada a pessoa natural identificada ou identificável" (art. 5º, I)[38]. Referida lei enumera, ainda, os princípios que devem reger as atividades de tratamento de dados, como boa-fé (objetiva), finalidade, adequação, transparência, entre outros (art. 6º). O que se exige, em apertada síntese, é que o tratamento de dados seja realizado sempre para propósitos compatíveis com a ordem jurídica, que os dados coletados sejam empregados exclusivamente nestas finalidades e que o tratamento se dê de modo seguro e transparente, garantindo a mais ampla proteção à pessoa humana.

Merece destaque o tratamento protetivo conferido aos chamados *dados sensíveis*, ou seja, dados pessoais sobre "origem racial ou étnica, convicção religiosa, opinião política, filiação a sindicato ou a organização de caráter religioso, filosófico ou político, dado referente à saúde ou à vida sexual, dado genético ou biométrico, quando vinculado a uma pessoa natural" (art. 5º, II). A definição legal não

---

[37] Em decisão emblemática sobre o tema, o plenário do Supremo Tribunal Federal reconheceu, em decisão proferida em 7 de maio de 2020, no âmbito das Ações Diretas de Inconstitucionalidade 6.387, 6.388, 6.389, 6.390 e 6.393, a inconstitucionalidade da Medida Provisória n. 954/2020, que determinava a empresas de telefonia que compartilhassem com o IBGE a relação dos nomes, números de telefone e endereços de consumidores, pessoas físicas ou jurídicas, para fins de suporte à produção estatística oficial durante a pandemia de coronavírus, por se tratar de medida concretamente incompatível com a tutela constitucional dos dados pessoais. Esta decisão tem sido celebrada como a primeira decisão do Supremo Tribunal Federal a reconhecer a existência de um direito fundamental que apenas em 2022 passaria a constar expressamente da Constituição: a proteção de dados pessoais no Brasil.

[38] Enunciado 693 da IX Jornada de Direito Civil (2022): "A proteção conferida pela LGPD não se estende às pessoas jurídicas, tendo em vista sua finalidade de proteger a pessoa natural".

deve ser vista como taxativa, devendo a expressão *dado sensível* ser interpretada, a rigor, como qualquer informação relacionada a aspectos íntimos e existenciais da pessoa humana cuja divulgação possa atrair fundado risco sobre sua esfera jurídica. Daí por que o legislador, ao dispor sobre o tratamento dos dados sensíveis, exige consentimento do titular ou de seu responsável legal "de forma específica e destacada, para finalidades específicas", salvo nos casos em que o dado em questão for indispensável para proteção da vida ou da incolumidade física do titular ou de terceiro; cumprimento de obrigação legal ou regulatória pelo controlador; ou outros fins especificamente indicados pelo art. 11 da Lei n. 13.709/2018[39].

Decisiva para assegurar a efetividade da LGPD é a Autoridade Nacional de Proteção de Dados (ANPD), autarquia que tem entre as suas atribuições a elaboração de diretrizes para a *Política Nacional de Proteção de Dados Pessoais e da Privacidade* e a fiscalização do tratamento de dados pessoais no Brasil, além da aplicação de sanções em caso de descumprimento à legislação (LGPD, art. 55-J, III e IV). Originalmente criada com a natureza de órgão da Administração Pública federal, integrante da Presidência da República, foi convertida em uma autarquia de natureza especial, dotada de autonomia técnica e decisória (Lei n. 14.460/2022). Era este, com efeito, o melhor caminho a ser seguido, uma vez que a experiência de outros países mostra que a autonomia e a independência da Autoridade Fiscalizadora em relação ao Poder Executivo afiguram-se indispensáveis, pois o Poder Público, não raro, é um dos grandes violadores da privacidade dos cidadãos.

Em 10 de fevereiro de 2022 foi promulgada a Emenda Constitucional n. 115, que incluiu a proteção de dados pessoais entre os direitos e garantias fundamentais e fixou a competência privativa da União para legislar sobre proteção e tratamento de dados pessoais (CR, art. 5º, LXXIX, art. 21, XXVI, e art. 22, XXX). A Emenda Constitucional não era de todo necessária – pois proteção de dados pessoais já era um direito fundamental, inerente à privacidade (art. 5º, inciso X), conforme destacou-se acima –, mas a alteração não deixa de ter um peso simbólico relevante em um país que ainda precisa desenvolver uma efetiva cultura de proteção aos dados pessoais.

17. Direito ao nome

Especial destaque reserva o Código Civil ao direito ao nome. Os arts. 16 e 18 cuidam do nome como direito, determinando, respectivamente, que "toda

---

39   O tema foi objeto de estudo aprofundado por Chiara Spadaccini de Teffé, *Dados Pessoais Sensíveis: qualificação, tratamento e boas práticas*, São Paulo: Foco, 2022.

pessoa tem direito ao nome, nele compreendidos o prenome e o sobrenome", e que "sem autorização, não se pode usar o nome alheio em propaganda comercial". A doutrina destaca que o nome consiste, a rigor, não em um direito, mas em verdadeiro direito-dever, na medida em que ninguém pode não ter um nome[40]. De uma tradição caracterizada pela imutabilidade do nome e por um forte controle estatal sobre suas alterações, herdada da experiência cultural portuguesa, o Brasil tem passado a um cenário mais dúctil, com uma sucessão impressionante de normas legais que vêm relativizar a inflexibilidade da Lei de Registros Públicos (Lei n. 6.015/73) para admitir novas hipóteses de alteração do nome, como a Lei n. 9.708/98, que admite a substituição do prenome por apelidos públicos e notórios (Xuxa, Lula etc.), e a Lei n. 11.924/2009, que autoriza o enteado ou enteada a adotar o nome de família do padrasto ou madrasta (a chamada Lei Clodovil). Na mesma direção, a própria jurisprudência vinha flexibilizando a rigidez legal, revelando-se mais sensível a pleitos de alteração do nome[41].

Finalmente, a Lei n. 14.382/2022 alterou a redação dos arts. 55 a 57 da Lei de Registros Públicos, afastando a regra geral de imutabilidade do nome da pessoa humana. Com efeito, a nova lei passou a prever expressamente a possibilidade de alteração imotivada do prenome, inclusive pela via extrajudicial (Lei de Registros Públicos, art. 56, *caput* e § 1º)[42]. Para fazer frente aos

---

40 Serpa Lopes, *Curso de direito civil*, 8. ed., Rio de Janeiro: Freitas Bastos, v. I, p. 329.
41 A título de exemplo, veja-se TJRJ, 16ª Câmara Cível, Apelação Cível 0017690-09.2019.8. 19.0087, rel. Des. Marco Aurélio Bezerra de Melo, j. 19-4-2022: "Requerente idoso, com 60 anos de idade, que nasceu no interior no Nordeste e foi registrado aos 17 anos com o prenome Domingos, sendo negado pelo pai a escolha de outro nome. Relata situações de zombaria e constrangimentos desde a infância que se perpetuaram na vida adulta. Autor que busca atendimento pelo SUS, concluindo o psicólogo pela insuportabilidade da situação fática para o requerente, fato corroborado no parecer psicológico da equipe técnica de confiança do juízo (ETIC), no sentido de que ele não se reconhece como Domingos. (...) Embora o nome 'Domingos' seja comumente adotado e, abstratamente, não exponha a pessoa ao ridículo, a prova dos autos denota que as situações vexatórias e o constrangimento experimentados partem de interpretação do próprio requerente quanto ao seu prenome, não se podendo menosprezar o sentimento pessoal e as repercussões psicológicas advindas dos episódios narrados. (...) Em matéria de direitos da personalidade, na ponderação de princípios entre segurança jurídica e autonomia privada, esta deve ser considerada com primazia quando não estiver em risco a segurança jurídica ou a ordem pública. (...) Desta feita, o caso é de reforma da sentença para julgar procedente o pedido, determinando-se a expedição de ofício ao RCPN para proceder a alteração do prenome do requerente para Guilherme".
42 "Art. 56. A pessoa registrada poderá, após ter atingido a maioridade civil, requerer pessoalmente e imotivadamente a alteração de seu prenome, independentemente de

habituais receios de que a alteração do prenome seja usada como meio de fraude a credores ou à persecução penal, a Lei n. 14.382/2022 determina que a averbação de alteração do prenome conterá dados como o prenome anterior, os números de identidade e do CPF, entre outros, que deverão constar expressamente das certidões solicitadas (Lei de Registros Públicos, art. 56, § 2º). Na mesma direção, o § 4º do art. 56 da Lei de Registros Públicos prevê a faculdade do oficial do registro civil recusar, fundamentadamente, a alteração do prenome, em caso de suspeita de fraude, falsidade, má-fé, vício de vontade ou simulação. Além de consagrar a possibilidade de alteração imotivada do prenome, a Lei n. 14.382/2022 modificou a redação do art. 57, *caput*, da Lei de Registros Públicos, instituindo um amplo rol de hipóteses em que se permite a modificação do sobrenome[43].

O nome deixa assim de ser uma imposição do destino, cuja alteração restava vedada pela ordem jurídica, para se tornar um genuíno espaço de autonomia existencial da pessoa humana. Neste contexto, o *"direito ao nome"* – como proclamado pelo Código Civil – passa a ter real significado e sentido, tornando-se realmente um direito do seu titular[44].

> Mais detalhes sobre as inovações trazidas pela Lei 14.382/2022. O autor tratará do novo regime jurídico da alteração do prenome e do sobrenome no registro civil de pessoas naturais, destacando quando tais alterações são possíveis e quais os seus limites.
>
> Acesse também pelo *link*: https://uqr.to/1xgt8

---

decisão judicial, e a alteração será averbada e publicada em meio eletrônico. § 1º A alteração imotivada de prenome poderá ser feita na via extrajudicial apenas 1 (uma) vez, e sua desconstituição dependerá de sentença judicial".

[43] "Art. 57. A alteração posterior de sobrenomes poderá ser requerida pessoalmente perante o oficial de registro civil, com a apresentação de certidões e de documentos necessários, e será averbada nos assentos de nascimento e casamento, independentemente de autorização judicial, a fim de: I – inclusão de sobrenomes familiares; II – inclusão ou exclusão de sobrenome do cônjuge, na constância do casamento; III – exclusão de sobrenome do ex-cônjuge, após a dissolução da sociedade conjugal, por qualquer de suas causas; IV – inclusão e exclusão de sobrenomes em razão de alteração das relações de filiação, inclusive para os descendentes, cônjuge ou companheiro da pessoa que teve seu estado alterado".

[44] Para mais detalhes, seja consentido remeter o leitor ao artigo "A mudança tem nome", publicado na minha coluna do JOTA em 2 de agosto de 2022: <https://www.jota.info/opiniao-e-analise/colunas/coluna-do-anderson-schreiber/a-mudanca-tem-nome-02082022>.

18. Direito à identidade pessoal

"Uma das poucas coisas, antes talvez a única coisa que eu sabia ao certo era esta: que me chamava Mattia Pascal"[45]. Inicia-se assim o célebre romance de Pirandello sobre o homem que, lendo no jornal a notícia equivocada da própria morte, decide passar a viver como alguém que não era, descobrindo-se, após um período inicial de satisfação, atormentado pela presença constante daquele que foi um dia. A frase inaugural da obra revela, com força literária, que o nome representa bem mais que o sinal de reconhecimento do seu titular pela sociedade: o nome estampa a própria identidade da pessoa humana.

Atenta a isso, a doutrina italiana desenvolveu, a partir da década de 1970, o chamado direito à identidade pessoal, que abrange a proteção ao nome, mas vai muito além, alcançando sua relação com os diferentes traços pelos quais a pessoa humana vem representada no meio social[46]. Trata-se, em outras palavras, de um "direito de 'ser si mesmo' (*diritto ad essere se stesso*), entendido este como o respeito à imagem da pessoa participante da vida em sociedade, com a aquisição de ideias e experiências pessoais, com as convicções ideológicas, religiosas, morais e sociais que diferenciam a pessoa e, ao mesmo tempo, a qualificam"[47].

Alguns autores entendem que a identidade pessoal integra o direito à privacidade, por contemplar, em última análise, a genuína relação entre a pessoa e seus dados pessoais. Outros autores preferem reservar lugar autônomo à identidade pessoal, quer pela sua aptidão a elevar a proteção do nome a patamar mais substancial que a tutela formalista que lhe vem tradicionalmente assegurada, quer pela peculiaridade dos instrumentos destinados à proteção da identidade pessoal, cuja inspiração é substancialmente diversa daqueles reservados à tutela da privacidade, ao menos em sua acepção original. Já se viu, contudo, que o direito à privacidade vem sendo tomado em acepção mais ampla que a simples tutela da intimidade, para abranger o controle da captação e utilização de dados pessoais. Nessa concepção mais abrangente, a privacidade e a identidade pessoal aproximam-se de modo talvez indistinto. Seja como for, o importante é que se enfatize, dentro do âmbito de proteção à dignidade humana, esse fundamental aspecto da personalidade representado pela correta identificação do indivíduo no seu meio social.

---

45 Luigi Pirandello, *Il fu Mattia Pascal*, Trento: Einaudi, 2006, p. 3, tradução livre.
46 Na doutrina nacional, confira-se: Raul Cleber da Silva Choeri, *O direito à identidade na perspectiva civil-constitucional*, Rio de Janeiro, Renovar, 2010.
47 Maria Celina Bodin de Moraes, Sobre o nome da pessoa humana, *Revista da EMERJ*, v. 3, n. 12, 2000, p. 71.

19. Direito à identidade pessoal das pessoas transgênero

Pessoas transgênero têm direito à identidade em conformidade com seu próprio gênero. Em julgamento histórico, o STF atribuiu interpretação conforme à Constituição ao art. 58 da Lei de Registro Públicos[48], para admitir a possibilidade de transgêneros alterarem seu nome e sexo (gênero) no registro civil, independentemente de se submeterem a cirurgia de transgenitalização ou a qualquer outro procedimento destinado a "readequar" seu próprio corpo ao sexo correspondente ao seu gênero (ADI 4.275)[49].

Com efeito, a função do registro civil é dar segurança à vida em sociedade. Um registro civil que atribua a uma pessoa atributos que ela não ostenta na vida social é um registro "falso", "errado", que exige retificação. Nome e gênero devem ser vistos não como estados registrais imutáveis ou verdades superiores ao seu titular, mas como um espaço essencial de realização da pessoa humana. O condicionamento da retificação à realização de procedimentos de adequação do sexo sobrepõe indevidamente uma suposta verdade biológica aos valores fundantes da ordem jurídica, calcados na dignidade humana. Como bem destacado por Luiz Edson Fachin, em sede doutrinária, "não parece adequado, dentro do ponto de vista constitucional da dignidade da pessoa humana, tornar a cirurgia condição *sine qua non* para a mudança de nome e sexo, pois, se assim fosse, de algum modo o sujeito sofreria uma violação a um direito. Se não aceitar realizar a cirurgia, terá seu direito ao nome e identidade negado, se fizer a cirurgia para que então possa ter reconhecido seu direito ao nome e sexo, terá seu direito ao corpo agredido. Uma análise sistemática da Constituição de 1988 dá conta de demonstrar que esse escambo entre direitos não parece ser a tônica que o constituinte pretendeu dar a lei fundamental"[50].

Na decisão da ADI 4.275, o STF não se limitou a extirpar a injustificável exigência de cirurgia. Afastou, ainda, a possibilidade de qualquer exigência referente a idade, perícia médica ou outros limites que pudessem obstar a tutela do direito à identidade. Nessa esteira, a maioria da Corte concluiu ser desnecessário que o pedido de retificação fosse realizado pela via judicial, po-

---

48 "Art. 58. O prenome será definitivo, admitindo-se, todavia, a sua substituição por apelidos públicos notórios. Parágrafo único. A substituição do prenome será ainda admitida em razão de fundada coação ou ameaça decorrente da colaboração com a apuração de crime, por determinação, em sentença, de juiz competente, ouvido o Ministério Público."
49 STF, ADI 4.275, red. p/ acórdão Min. Luiz Edson Fachin, j. 1-3-2018. No mesmo sentido, já havia decidido o STJ no REsp 1.626.739/RS, rel. Min. Luis Felipe Salomão, j. 9-5-2017.
50 Luiz Edson Fachin, O corpo do registro no registro do corpo; mudança de nome e sexo sem cirurgia de redesignação, *Revista Brasileira de Direito Civil*, v. 1, jul./set. 2014, p. 60.

dendo ser apresentado diretamente em cartório. Ponderou-se que, na ausência de requisitos para a alteração, a atuação jurisdicional ficaria esvaziada, nada impedindo que o oficial do registro civil suscite o procedimento de dúvida, submetendo a apreciação da matéria a um magistrado. Assegurou-se, por fim, o sigilo em relação ao procedimento, de modo que os documentos retificados não podem fazer referência às alterações, expondo a intimidade da pessoa transgênero. Na esteira da decisão do STF, foi editado o Provimento n. 73/2018 do CNJ, que dispõe sobre a averbação da alteração do prenome e do gênero nos assentos de nascimento e casamento de pessoa transgênero no Registro Civil das Pessoas Naturais, de modo a viabilizar o cumprimento da decisão[51].

20. Direito à honra

O direito à honra tutela o respeito à reputação da pessoa em seu meio social, e está contemplado no art. 17 do Código Civil, segundo o qual "o nome da pessoa não pode ser empregado por outrem em publicações ou representações que a exponham ao desprezo público, ainda quando não haja intenção difamatória". Embora aluda ao uso do nome da pessoa, sua clara finalidade é evitar que ela seja exposta "ao desprezo público, ainda quando não haja intenção difamatória". O dispositivo não pode ser interpretado literalmente: a liberdade de informação, por exemplo, autoriza o uso de nome alheio para relatar fatos de interesse público e pode ocorrer que tais fatos, embora reflexo de uma situação verdadeira, acabem por expor a pessoa a desprezo público, como ocorre no caso das reportagens que denunciam situações de corrupção ou outros delitos. Também aqui o legislador parece ter optado por um enunciado normativo de aparência garantista e aplicação simples, mas não logrou solucionar diversos problemas que atinem ao direito à honra na atualidade.

Outro ponto importante atinente à honra diz respeito à distinção entre honra subjetiva – aquilo que diz respeito à percepção que a pessoa tem de si mesma – e honra objetiva – aquilo que diz respeito à percepção que a sociedade tem do indivíduo. A dicotomia de origem penal tem servido a embasar casos de indenização por dano moral à pessoa jurídica, por exemplo, com base em reportagens que relatam fatos falsos, afetando a reputação da pessoa jurídica na sociedade. A hipótese é controvertida. Para alguns autores, trata-se necessariamente de dano patrimonial, que afeta a atividade econômica da pessoa jurídica,

---

51 A matéria foi posteriormente incorporada ao Código Nacional de Normas da Corregedoria Nacional de Justiça do Conselho Nacional de Justiça – Foro Extrajudicial (Provimento n. 149/2023 do CNJ), sendo disciplinada nos arts. 516 e ss.

ou do chamado dano institucional, quando se tratar de instituição sem fins lucrativos[52]. O Superior Tribunal de Justiça, todavia, tem admitido a indenização por dano moral à pessoa jurídica, já consagrada na Súmula 227.

21. Direito de sátira

Tema conexo ao direito à honra é o do direito de sátira, por vezes exercido com base na exposição da honra de certa pessoa. Exemplo emblemático tem-se no conhecido caso do Castelo de Itaipava, bela construção erguida pelo barão Smith de Vasconcellos na cidade fluminense de mesmo nome, e herdado por seus familiares. Em nítida galhofa com a revista *Caras*, que se utiliza de um castelo para divulgação do estilo de vida das celebridades, a revista humorística *Bundas* elegeu o Castelo de Itaipava como "Castelo de *Bundas*". A reportagem cômica informou, ainda, que a escolha daquele castelo era muito oportuna, já que o referido barão teria feito sua fortuna com os lucros advindos de uma fábrica de papel higiênico. Na sequência, "alegando apenas repetir uma piada recorrente à época da construção do castelo", a revista atribuiu-lhe o título de "Barão da Merda"[53]. Herdeiros do barão promoveram ação de indenização por danos morais em face da Editora Pererê, responsável pela veiculação da revista, que teria, na aludida matéria, exposto ao ridículo o nome do falecido e de sua família. O caso chegou ao Superior Tribunal de Justiça, onde foi vitorioso, por maioria, o entendimento da Ministra Nancy Andrighi, que considerou inexistir dano à honra naquele caso concreto. Ponderou a necessidade de analisar a expressão supostamente injuriosa dentro do contexto de sua veiculação, em meio de comunicação explicitamente satírico, bem como o fato de o referido castelo ser mero instrumento da piada, e não o alvo dela, concluindo que a reportagem seria apenas "uma crítica genérica de costumes"[54].

Outra decisão importante nesse campo foi proferida pelo Supremo Tribunal Federal, que, no julgamento da ADI 4.451, declarou a inconstitucionalidade do art. 45, II, da Lei n. 9.504/97 (Lei das Eleições), que vedava às emissoras de rádio e TV usarem "trucagem, montagem ou outro recurso de áudio

---

52 Gustavo Tepedino, Crise de fontes normativas e técnica legislativa na parte geral do Código Civil de 2002, in *O Código Civil na perspectiva civil-constitucional: parte geral*, Rio de Janeiro: Renovar, 2013, p. 12-15.
53 Trechos extraídos do relatório da Min. Nancy Andrighi, no julgamento do caso perante o STJ (Recurso Especial 736.015/RJ, 16-6-2005).
54 Para uma análise mais ampla do caso, seja consentido remeter a: Anderson Schreiber, *Direitos da personalidade*, 3. ed., São Paulo: Atlas, 2014, p. 89-93.

ou vídeo que, de qualquer forma, degradem ou ridicularizem candidato, partido ou coligação, ou produzir ou veicular programa com esse efeito". Interpretado literalmente, o dispositivo serviria para proibir qualquer forma de crítica, especialmente aquela veiculada por meio do uso do humor, como acontece em charges ou sátiras, tão frequentes em nosso país, especialmente em época de eleições. Essa interpretação choca-se, todavia, com a Constituição da República, que garante as liberdades de expressão e informação como direitos fundamentais. O humor consiste em legítima manifestação da liberdade de expressão artística e intelectual, consagrada no art. 5º, IX, da Constituição. Atende, ainda, ao interesse de toda a sociedade, pois constitui instrumento importante de fomento à visão crítica, necessária à consolidação do Estado Democrático de Direito[55].

O confronto entre o direito de sátira e a tutela da honra é, naturalmente, delicado. Sua solução não está na prevalência abstrata de um interesse sobre outro, mas no sopesamento entre eles diante das circunstâncias específicas do caso concreto.

> Debate sobre o direito de sátira. O autor trará os contornos conceituais do direito de sátira e discutirá alguns casos polêmicos.
> Acesse também pelo *link*: https://uqr.to/1xgt9

22. Direito à imagem

O direito à imagem exprime o controle que cada pessoa detém sobre sua representação externa, abrangendo qualquer tipo de reprodução de sua imagem ou de sua voz. O Código Civil, em momento infeliz, tratou da imagem conjuntamente com a honra (art. 20), deixando de reconhecer autonomia ao direito à imagem. De fato, uma interpretação literal do art. 20 sugere que uma pessoa somente poderia se insurgir contra os usos não autorizados da sua imagem se "lhe atingirem a honra, a boa fama ou a respeitabilidade, ou se se destinarem a fins comerciais". A proteção da imagem ficaria, assim, dependendo da configuração de uma lesão à honra ou de uma finalidade comercial do uso da imagem. Muito ao contrário, nossa jurisprudência e doutrina já reconhecem, há muito, a autonomia do direito à imagem, como também o faz a própria Constituição da República (art. 5º, X). É

---

55 STF, ADI 4.451/DF, rel. Min. Alexandre de Moraes, j. 21-6-2018.

nesse sentido que deve ser lida a Súmula 403 do Superior Tribunal de Justiça, aprovada em 2009, segundo a qual "independe de prova do prejuízo a indenização pela publicação não autorizada de imagem de pessoa com fins econômicos ou comerciais". Basta pensar no uso de imagem de pessoa famosa, sem autorização, em panfletos e materiais de campanha eleitoral para se perceber que o uso não autorizado da imagem de alguém pode ser impedido mesmo que não haja uso para fins comerciais ou uma lesão à reputação do titular da imagem.

O art. 20 do Código Civil incorre em um segundo equívoco grave: deixa de contemplar a frequente colisão entre direito à imagem e liberdade de informação, direito fundamental que mais comumente entra em choque com o direito à imagem. Na literalidade do art. 20, não seria possível divulgar a imagem de uma pessoa sem sua autorização, ainda que o fato retratado fosse verídico e houvesse legítimo interesse na circulação da informação no meio social, salvo no caso de ser necessária a divulgação à administração da justiça ou à manutenção da ordem pública. Por essa razão, alguns autores chegaram mesmo a sustentar a inconstitucionalidade do art. 20 do Código Civil brasileiro, em face das liberdades de expressão e de informação, consagradas no art. 5º da Constituição[56]. Independentemente de se aderir ou não à tese da inconstitucionalidade do art. 20, o certo é que o Poder Judiciário deve, na análise dos casos envolvendo o uso indevido de imagem, avaliar se está diante de um legítimo exercício da liberdade de expressão ou de informação. Havendo, de um lado, legítimo exercício da liberdade de expressão ou informação e, de outro lado, uma ameaça ou lesão ao direito à imagem, competirá ao magistrado empregar a técnica da ponderação, a fim de verificar qual dos dois interesses deve prevalecer à luz das circunstâncias fáticas envolvidas.

Para auxiliar o Poder Judiciário nessa difícil tarefa, a melhor doutrina tem proposto parâmetros para tal ponderação, sustentando que o magistrado deverá atentar, por exemplo, para "a veracidade do fato"; "a licitude do meio empregado na obtenção da informação"; "a personalidade pública ou estritamente privada da pessoa objeto da notícia"; "o local do fato"; "a natureza do fato" (fato que é notícia por si, como uma enchente ou uma eleição, ou que se torna notícia apenas por conta da pessoa envolvida); "a existência de interesse público na divulgação em tese"[57].

---

56 Luiz Gustavo Grandinetti Castanho de Carvalho, Direito à informação x direito à privacidade. O conflito de direitos fundamentais, in *Fórum: Debates sobre Justiça e Cidadania, Revista da AMAERJ*, n. 5, 2002, p. 15.

57 Luís Roberto Barroso, Colisão entre liberdade de expressão e direitos da personalidade. Critérios de ponderação. Interpretação constitucionalmente adequada do Código Civil e da Lei de Imprensa, *Revista Trimestral de Direito Civil*, v. 16, p. 89-91.

Em trabalhos específicos sobre o tema[58], tenho sustentado a necessidade de se abandonar alguns dos parâmetros tradicionalmente empregados na solução desses conflitos, em especial os parâmetros da "pessoa pública" e do "local público". Recuso, de plano, a qualificação de qualquer pessoa humana como "pública". Pessoas são *privadas* por definição. A expressão *pessoa pública* é empregada com o propósito de sugerir que o uso da imagem de celebridades dispensa autorização, pelo simples fato de que vivem de sua exposição na mídia. Pelo contrário, a proteção ao direito de imagem de celebridades é tão intensa quanto a de qualquer um. O fato de viverem profissionalmente de sua imagem na mídia só reforça a importância que a representação física assume em relação àquelas pessoas. O fato de a pessoa retratada ser célebre ou notória pode, quando muito, sugerir que há algum grau de interesse do público em ter acesso à imagem, pela única razão de dizer respeito àquela pessoa. Isso não basta, contudo, para que se conclua pela prevalência da liberdade de informação sobre o direito à imagem. Diversos outros fatores devem ser sopesados antes de se concluir, no caso específico, qual dentre os dois direitos fundamentais há de prevalecer. Limitar-se ao critério simplista da "pessoa pública" é postura que incentiva perversas violações ao direito de imagem.

O mesmo ocorre com o parâmetro do "lugar público". Nem toda imagem capturada em local de acesso público pode ser usada sem consentimento da pessoa retratada. É evidente que quem posa para uma foto na rua ou discursa em um palanque montado em uma praça pode ter sua imagem captada e transmitida dentro daquele contexto, mas isso ocorre em virtude do consentimento tácito que se extrai do comportamento do titular em tais situações. Se a imagem discrepa do consentimento tácito que se pode extrair da situação, como no caso da foto de famosa atriz cuja imagem foi captada por baixo do vestido, sem roupas íntimas, durante evento público de moda, parece evidente que não se pode considerar legítima a divulgação da imagem, por força da discrepância entre o suposto consentimento e aquilo que a imagem em si retrata, pouco importando aí se o lugar em que a imagem foi captada é ou não acessível ao público em geral.

23. Colisão entre direitos da personalidade e liberdade de informação

A liberdade de informação – indevidamente chamada de "liberdade de imprensa", pois não se trata de uma prerrogativa exclusiva de jornalistas ou en-

---

58 Anderson Schreiber, *Direitos da personalidade*, 3. ed., São Paulo: Atlas, 2014, p. 113-114; 146-148.

tidades jornalísticas – caracteriza-se como direito de receber, acessar ou difundir informações. A liberdade de informação consiste em um direito fundamental na ordem jurídica brasileira. Sua importância, reconhecida pelo Constituinte, não diz respeito apenas ao campo das liberdades individuais, mas também ao interesse da sociedade como um todo. A liberdade de informação é indispensável, por exemplo, para a preservação da democracia.

Isso não significa dizer que a liberdade de informação seja uma liberdade absoluta ou ilimitada. A liberdade de informação subordina-se, em primeiro lugar, a um controle de legitimidade do seu exercício, fundado na veracidade da informação. Quem produz uma notícia falsa não exerce legitimamente a liberdade de informação. Incorre, ao contrário, em abuso do direito, que, como tal, não merece proteção. Essa é uma das razões pelas quais considero tecnicamente imprecisa a reunião da liberdade de expressão e da liberdade de informação sob o rótulo das "liberdades comunicativas". A liberdade de informação dirige-se, por definição, a uma finalidade específica: informar a sociedade. Qualquer exercício da liberdade de informação que se distancie desse fim, desinformando a sociedade, perde seu merecimento de tutela.

Mesmo quando exercida de modo legítimo (ou seja, com o fim de informar), a liberdade de informação não assume caráter absoluto, não se podendo afirmar que sempre prevalecerá sobre outros direitos fundamentais, em especial os direitos da personalidade (honra, privacidade etc.). Em caso de colisão entre o legítimo exercício desses direitos e o legítimo exercício da liberdade de informação, deve-se recorrer, como já adiantado, à técnica da ponderação.

Cumpre registrar que, no Brasil, diversos autores têm sustentado o caráter preferencial da liberdade de informação sobre os direitos da personalidade, à semelhança do que ocorre no direito norte-americano[59]. Discordo de tal posicionamento, defendendo a ausência de caráter preferencial da liberdade de informação, à semelhança do que ocorre no direito europeu. Os defensores do caráter preferencial baseiam-se, em resumo, nos seguintes argumentos: (a) superioridade da liberdade de informação, em interpretação histórica calcada no receio de censura estatal; (b) risco de acentuada imprevisibilidade que a ausência de caráter preferencial lançaria sobre a realização de reportagens jornalísticas, programas de TV, livros, entre outros; (c) indenização àquele que teve sua honra,

---

59 Daniel Sarmento, Liberdades comunicativas e "direito ao esquecimento" na ordem constitucional brasileira, *Revista Brasileira de Direito Civil*, v. 7, jan./mar. 2016, p. 204-216.

imagem ou privacidade violada pelo titular da liberdade de informação já serviria de solução adequada para o problema.

Entendo, em primeiro lugar, que a Constituição brasileira, ao contrário do que ocorre no direito norte-americano, não admite hierarquização prévia ou preferência entre direitos fundamentais. Nosso texto constitucional tutela tanto a liberdade de informação quanto os múltiplos desdobramentos da dignidade humana como direitos fundamentais (honra, privacidade, imagem etc.) no mesmo dispositivo (art. 5º) em incisos que não apresentam qualquer forma de hierarquização. Aliás, se qualquer dos interesses em conflito devesse contar com uma preferência apriorística, a preferência seria seguramente dos direitos da personalidade, que representam direta e imediata manifestação da dignidade humana, contemplada como fundamento da República no art. 3º, III, do texto constitucional. A interpretação histórica não permite, a meu ver, que se inverta essa tábua axiológica definida textualmente pelo Constituinte.

Em segundo lugar, não concordo que a ponderação suscite risco de censura estatal ou de retorno ao autoritarismo. Não se pode, a meu ver, confundir o julgamento realizado pelo Poder Judiciário com as garantias processuais e materiais inerentes ao exercício da jurisdição, com censura, sob pena de se afastar qualquer espécie de controle de legitimidade sobre o exercício da liberdade de informação, que passaria a ser um "superdireito". O alegado risco de retorno ao autoritarismo surge, a meu ver, no outro lado do debate, quando se argumenta que o interesse da sociedade pela livre informação prevalece sobre interesses individuais, prevalência que se encontrava tipicamente presente no discurso dos regimes autoritários, que defendiam o coletivo como superior ao individual. Tratando-se de atributos essenciais da personalidade humana, ocorre justamente o oposto: o individual é que deve, salvo exceções muito específicas, prevalecer sobre o coletivo, a fim de se preservar efetivamente a esfera de autonomia existencial do ser humano, que não pode sofrer intervenções fundadas no suposto interesse coletivo[60]. Assim, se fosse possível, por interpretação da Constituição, extrair alguma preferência, haveria de ser necessariamente em favor da dignidade humana e de seus desdobramentos individuais, não já do interesse informativo da sociedade. Repito, contudo, que o texto constitucional tratou dos direitos da personalidade e da liberdade de informação como direitos de igual

---

60 Maria Celina Bodin de Moraes, Ampliando os direitos da personalidade, in *Na Medida da Pessoa Humana: estudos de direito civil-constitucional*, Rio de Janeiro: Renovar, 2010, p. 140.

hierarquia, não sendo possível ao intérprete, a meu ver, extrair interpretativamente da nossa Constituição uma preferência *a priori* por qualquer dos interesses quando em colisão.

Em terceiro lugar, registro que a ausência de previsibilidade absoluta na solução desses conflitos acontece em qualquer hipótese de colisão de direitos fundamentais, não havendo nenhuma razão para que, nessa situação específica, isso seja obstáculo à aplicação da técnica da ponderação, já empregada em tantas matérias por nossas cortes, notadamente pelo Supremo Tribunal Federal. Aliás, os casos de colisão entre liberdade de informação e outros direitos fundamentais têm chegado com frequência cada vez maior aos tribunais, inclusive ao STF, que tem tido, recorrentemente, a oportunidade de fixar parâmetros de ponderação, que poderiam funcionar como importante cartilha sobre os cuidados que devem ser adotados nas situações limítrofes, afastando, de tal modo, a imprevisibilidade sobre o resultado das ações adotadas pelos titulares da liberdade de informação em cada tipo de situação.

Por fim, a "solução" consubstanciada na oferta de indenização posterior não é uma solução minimamente adequada. Deixar de impedir a conduta lesiva no momento em que ocorre contraria toda a evolução da responsabilidade civil contemporânea, que pretende prevenir os danos em vez de simplesmente indenizá-los pecuniariamente. A lesão a direitos da personalidade revela-se frequentemente irremediável, não se apagando com o recebimento de qualquer soma em dinheiro. A tese da indenização, note-se, não representa um "meio-termo" porque, em última análise, permite que a dignidade humana seja violada por quem quer que disponha de recursos para pagar o *preço da violação*. Ora, o que a Constituição brasileira assegura a todo cidadão não é (apenas) o direito a ser indenizado por violações à sua personalidade; são os direitos da personalidade em si. A indenização é um remédio subsidiário, para quando nada mais funciona. Não pode ser o remédio principal para a violação de um direito fundamental, protegido pelo Constituinte[61].

Ausente uma preferência apriorística e abstrata, diante de colisão entre a liberdade de informação e outros direitos fundamentais, cumpre ao intérprete

---

61 Sobre o tema, confira-se Felipe Ribas e Rafael Mansur, A tese da posição preferencial da liberdade de expressão frente aos direitos da personalidade: análise crítica à luz da legalidade constitucional, e Anderson Schreiber, Liberdade de expressão e tecnologia, ambos publicados na coletânea *Direito e mídia: tecnologia e liberdade de expressão*, Anderson Schreiber, Bruno Terra de Moraes e Chiara Spadaccini de Teffé (Coords.), São Paulo: Foco, 2020, p. 1-53.

aplicar o método da ponderação. Assim, deve-se resistir à tentação de traçar parâmetros supostamente aplicáveis a todos os casos em que se contraponham direitos da personalidade e liberdade de informação. Cada tipo de situação fática apresenta circunstâncias relevantes distintas, conforme os diversos interesses que se conjugam concretamente. Por mais fácil que pareça o caminho da hierarquização prévia, da criação de "superdireitos" ou "direitos preferenciais", não se pode nem se deve renunciar ao exercício da ponderação entre os interesses em conflito – mesmo que tal exercício seja mais delicado e mais difícil sob o ponto de vista técnico. O que se deve fazer, a meu ver, é, considerando as hipóteses mais frequentes de colisão, elaborar parâmetros que forneçam grau satisfatório de previsibilidade e uniformidade às decisões judiciais eventualmente proferidas sobre o tema.

Essa foi a orientação acolhida na *VIII Jornada de Direito Civil* promovida pelo Centro de Estudos da Justiça Federal, em que restou aprovado o Enunciado n. 613, segundo o qual "a liberdade de expressão não goza de posição preferencial em relação aos direitos da personalidade no ordenamento jurídico brasileiro".

24. A questão das biografias

Um amplo debate nacional foi travado em torno do tema das "biografias não autorizadas", ou seja, biografias que não contavam com a prévia autorização do biografado. Tornou-se célebre no Brasil o caso da biografia do cantor Roberto Carlos, que propôs processos cível e criminal contra a editora da obra e o biógrafo por conta do seu descontentamento com a exposição no livro de detalhes delicados de sua vida pessoal, como o falecimento de sua esposa e o acidente que lhe tolheu a perna. As ações foram encerradas por meio de um acordo, mas deflagraram amplo debate nacional, que culminou com a propositura da ADI pela Associação Brasileira de Editores de Livros e seu julgamento no STF.

Outro caso célebre foi o da biografia de Manoel dos Santos, o Mané Garrincha, tema do livro *A estrela solitária*, de Ruy Castro, que, no entendimento do Tribunal de Justiça do Rio de Janeiro, não se limitou "a relatar o futebol de Garrincha, a habilidade que o tornou um mito mundial, suas proezas nos gramados e vitórias nos campeonatos; infelizmente foi muito além, invadindo a intimidade do cidadão Manoel dos Santos e apequenando a sua imagem... Nem mesmo a intimidade de sua vida familiar foi poupada"[62]. A invasão da privaci-

---

62 Trecho da lavra do Desembargador Sergio Cavalieri Filho, ao relatar o agravo regimental interposto contra a liminar que concedeu, no âmbito de mandado de segurança, a busca e apreensão dos exemplares disponíveis ao público (transcrito no

dade, identificada pela corte, não foi invocada pelo já falecido gênio das pernas tortas, mas por suas filhas, segundo as quais a obra "agride com tamanha violência a intimidade do ídolo mundial" que chega a descrever "de modo chulo" as "particularidades físicas da genitália de Garrincha, tudo isso com o objetivo de tornar atraente o livro e alcançar o lucro objetivado pela ré (editora) e seus sócios nessa lamentável empreitada"[63].

Merece destaque, ainda, o caso envolvendo a biografia de Virgulino Ferreira da Silva, o cangaceiro conhecido como Lampião, escrita pelo juiz aposentado Pedro de Moraes Silva e intitulada *Lampião – o Mata Sete*, na qual o autor, além de narrar a carreira criminosa do biografado, teria exposto sua intimidade ao afirmar que o cangaceiro teria sido homossexual. A obra também relata a suposta prática de infidelidades por parte de Maria Bonita, mulher de Lampião, além de questionar a real paternidade da filha do casal, levando esta a ajuizar ação judicial pleiteando a proibição da circulação do livro. A demandante obteve êxito na primeira instância. O juiz sentenciante entendeu que "não se admite assim que o requerido tente passar a ideia, através de sua obra, de que Lampião era homossexual, pois tal comportamento, a toda evidência, não é compatível com a história de vida de Lampião e muito menos com a história do cangaço". Todavia, o Tribunal de Justiça do Estado de Sergipe reformou a sentença, invocando a vedação constitucional à censura e assentando que "afirmar a homossexualidade de um homem público, nos tempos modernos, ainda que tal figura seja símbolo da masculinidade de uma época, não configura qualquer demérito ou agressão moral"[64].

Esses e outros casos acumularam-se na experiência jurisprudencial brasileira e acabaram dando ensejo à ADI 4.815, julgada em 2015 pelo STF, que deu interpretação conforme a Constituição aos arts. 20 e 21 do Código Civil, a fim de declarar inexigível a autorização prévia para a publicação de biografias[65]. A exigência de autorização prévia foi considerada inconstitucional justamente por fazer com que o direito à privacidade prevalecesse, *a priori* e em abstrato, sobre a liberdade de expressão.

A associação autora da ADI pretendia, ainda, ver reconhecida a impossibilidade de proibição de circulação de livros em razão da tutela da honra ou

---

acórdão proferido pelo STJ no âmbito do REsp 521.697/RJ, rel. Min. Cesar Asfor Rocha, 16-2-2006, publicado em *RSTJ*, v. 201, p. 449).

63   Notícia publicada no *site* do STJ (www.stj.gov.br), em 17-2-2006, sob o título "Companhia das Letras terá de indenizar herdeiras de Garrincha por biografia".
64   TJSE, 2ª Câmara Cível, Ap. Civ. 201200213096, rel. Des. Cezario Siqueira Neto, j. 2-10-2014.
65   STF, Tribunal Pleno, ADI 4.815/DF, rel. Min. Cármen Lúcia, j. 10-6-2015.

da privacidade do biografado, o que não restou expressamente acolhido pela Corte. Ainda que alguns Ministros revelem adotar o entendimento segundo o qual a liberdade de expressão goza de proteção preferencial em relação aos direitos da personalidade – na esteira da posição norte-americana sobre o tema –, a Corte não se definiu a respeito disso. Com efeito, a tese de que uma biografia pode tratar de todo e qualquer aspecto da vida privada do biografado, sendo eventuais conflitos resolvidos por meio de indenização posterior ao biografado, é uma tese inconstitucional, pois faz com que a liberdade de expressão prevaleça *a priori* e em abstrato sobre a privacidade[66].

25. Direito ao esquecimento

Sempre associado ao direito à privacidade, o chamado *direito ao esquecimento* tem ganhado destaque na mídia. O nome "direito ao esquecimento" induz em erro: não se trata de exigir o esquecimento de fatos pretéritos nem de apagar o passado ou reescrever a História. O direito ao esquecimento deve ser visto não como direito a eliminar dados históricos (o nome esquecimento é, por isso mesmo, a rigor, impróprio), mas como direito da pessoa humana de se defender contra uma *recordação opressiva de fatos pretéritos* que podem minar a construção e reconstrução da sua identidade pessoal, apresentando-a à sociedade sob falsas luzes (*sotto falsa luce*)[67], de modo a fornecer ao público uma projeção do ser humano que não corresponde à sua realidade atual.

Tecnicamente, o direito ao esquecimento é, portanto, um direito (a) exercido necessariamente por uma pessoa humana; (b) em face de agentes públicos ou privados que tenham a aptidão fática de promover representações daquela pessoa sobre a esfera pública (opinião social), incluindo veículos de imprensa, emissoras de TV, fornecedores de serviços de busca na internet etc.; (c) em oposição a uma recordação opressiva dos fatos, assim entendida a recordação que se caracteriza, a um só tempo, por ser desatual e recair sobre aspecto sensível da personalidade, comprometendo a plena realização da identidade daquela pessoa humana, ao apresentá-la sob falsas luzes à sociedade.

---

66 Anderson Schreiber, Biografias, privacidade e indenização, *Carta Forense*, disponível em: <http://www.cartaforense.com.br/conteudo/artigos/biografias-privacidade-e-indenizacao/12635> (acesso em: 21 dez. 2017). Sobre o tema das biografias, confira-se, ainda, a obra de Fernanda Nunes Barbosa, *Biografias e Liberdade de Expressão*, Porto Alegre: Arquipélago Editorial, 2016.

67 A expressão é de Giuseppe Cassano, *I diritti della personalità e le aporie logico dogmatiche di dottrina e giurisprudenza – Brevissimi cenni*, disponível no *site* Diritto & Diritti: <www.diritto.it/articoli/civile/cassano1.html> (acesso em: 7 nov. 2018).

Originário do *diritto all'oblio*, da experiência jurídica italiana, o direito ao esquecimento nasce no campo da ressocialização de ex-detentos, que não devem ser permanentemente identificados como tais, sob pena de se impedir seu efetivo retorno à vida em sociedade. No Brasil, porém, a interpretação que lhe foi conferida pelo Superior Tribunal de Justiça como um "um direito de não ser lembrado contra sua vontade"[68] acaba por convertê-lo em verdadeiro direito de propriedade sobre os acontecimentos pretéritos, caindo no equívoco já denunciado neste capítulo de aplicar aos direitos da personalidade a lógica proprietária. A ampla aplicabilidade do direito ao esquecimento ao campo da internet tem suscitado renovado interesse nos últimos anos.

Nesse campo, é possível delinear, de forma geral, três correntes doutrinárias: (i) *pró-informação*: simplesmente não existe um direito ao esquecimento, que, além de não constar expressamente da legislação brasileira, não poderia ser extraído de qualquer direito fundamental nem mesmo do direito à privacidade e à intimidade. Um direito ao esquecimento seria, ademais, contrário à memória de um povo e à própria História da sociedade. A liberdade de informação prevaleceria sempre e *a priori*; (ii) *pró-esquecimento*: o direito ao esquecimento não apenas existe, como deve preponderar sempre, como expressão do direito da pessoa humana à reserva, à intimidade e à privacidade. Na esteira da cláusula geral de tutela da dignidade da pessoa humana – valor supremo na ordem constitucional brasileira –, esses direitos prevaleceriam sobre a liberdade de informação acerca de fatos pretéritos, não atuais. Entender o contrário seria rotular o indivíduo, aplicando "penas perpétuas" por meio da mídia e da internet; (iii) *intermediária*: a Constituição brasileira não permite hierarquização prévia e abstrata entre liberdade de informação e privacidade (da qual o direito ao esquecimento seria um desdobramento). Figurando ambos como direitos fundamentais, não haveria outra solução tecnicamente viável que não a aplicação do método de ponderação, com vistas à obtenção do menor sacrifício possível para cada um dos interesses em colisão. Esta última posição é que nos parece mais adequada[69].

Em 2021, o Supremo Tribunal Federal examinou a controvérsia em torno do direito ao esquecimento, ao julgar o Recurso Extraordinário 1.010.606/RJ.

---

68 STJ, 4ª Turma, REsp 1.334.097/RJ, rel. Min. Luis Felipe Salomão, j. 28-5-2013.
69 Para uma análise mais ampla do tema, seja consentido remeter a Anderson Schreiber, *Direito ao esquecimento*, in Anderson Schreiber, Bruno Terra de Moraes e Chiara Spadaccini de Teffé (coords.), *Direito e mídia*: tecnologia e liberdade de expressão, 2. ed., São Paulo: Foco, 2022. p. 217-230. Confira-se, ainda, com ênfase nos remédios disponibilizados ao titular, a obra de Júlia Costa de Oliveira Coelho, *Direito ao esquecimento e seus mecanismos de tutela na internet: como alcançar uma proteção real no universo virtual?*, São Paulo: Foco, 2020.

Naquela ocasião, nossa Suprema Corte fixou, por maioria, a seguinte tese: "*É incompatível com a Constituição a ideia de um direito ao esquecimento, assim entendido como o poder de obstar, em razão da passagem do tempo, a divulgação de fatos ou dados verídicos e licitamente obtidos e publicados em meios de comunicação social analógicos ou digitais. Eventuais excessos ou abusos no exercício da liberdade de expressão e de informação devem ser analisados caso a caso, a partir dos parâmetros constitucionais – especialmente os relativos à proteção da honra, da imagem, da privacidade e da personalidade em geral – e as expressas e específicas previsões legais nos âmbitos penal e cível*"[70].

Nota-se, em primeiro lugar, que o STF se limitou a declarar incompatível com a Constituição uma determinada compreensão do direito ao esquecimento – que não era, como visto, a compreensão mais adequada sob o ponto de vista técnico. Nesse sentido, o STF parece, com todas as vênias, ter travado um debate ultrapassado, discutindo uma noção de direito ao esquecimento que já não correspondia ao estado atual da matéria na doutrina especializada. A impressão que se extrai dos votos de diversos Ministros é que havia uma rejeição maior ao nome (direito ao esquecimento) que à ideia.

Independentemente disso, parece certo que a tese aprovada pelo STF não chega a ser, como anunciaram alguns, uma pá de cal sobre o direito ao esquecimento, pois a parte final do enunciado deixa em aberto a possibilidade de um juízo casuístico acerca da licitude da invocação de fatos pretéritos, à luz de parâmetros bastante genéricos ("*proteção da honra, da imagem, da privacidade e da personalidade em geral*"). Do modo como foi posta, a tese aprovada por maioria no STF não chega a contribuir para a solução dos casos concretos. Bem ao contrário, mantém em estado de indefinição os conflitos entre a liberdade de expressão e outros direitos fundamentais, como a honra e a privacidade[71]. Melhor teria sido que a Corte tivesse aproveitado aquela oportunidade para indicar parâmetros para a ponderação, ao menos nas hipóteses de programas de *true crime* (isto é, baseados na retratação ou encenação de crimes reais). Deste modo, a Suprema Corte estaria efetivamente contribuindo para a solução de conflitos, em um sentido ou em outro.

O caráter excessivamente abstrato da tese aprovada pelo STF demonstra que toda a discussão em torno do direito ao esquecimento continua viva no direito brasileiro, desde que entendido de forma diversa daquela que foi rejeitada pela Suprema Corte – o que já ocorre, repita-se, na doutrina. Daí por que é possível supor que

---

70   STF, RE 1.010.606/RJ, Tribunal Pleno, Rel. Min. Dias Toffoli, j. 11-2-2021.
71   Na mesma direção: Rafael Mansur, *Decisão do STF não é 'pá de cal' no direito ao esquecimento*, disponível em: <https://www.conjur.com.br/2021-fev-24/mansur-stf-nao-jogou-pa-cal-direito-esquecimento> (acesso em: 2 set. 2021).

o tema voltará a ser debatido nos tribunais superiores, talvez sob uma denominação menos ambígua e equivocada que direito ao esquecimento, mas se centrando quiçá sobre o direito que todos têm de ser retratados de modo atualizado.

> Detalhes sobre o direito ao esquecimento. O autor analisará as controvérsias suscitadas pela decisão proferida pelo Supremo Tribunal Federal.
> Acesse também pelo *link*: https://uqr.to/1xgta

26. Instrumentos de tutela da personalidade

O debate em torno dos remédios cabíveis evidencia a insuficiência das técnicas ressarcitória e repressiva, calcadas no binômio lesão-sanção, para propiciar a proteção integral que se deve dispensar à dignidade humana[72]. O art. 12 do Código Civil, ao proclamar que "pode-se exigir que cesse a ameaça, ou a lesão, a direito da personalidade, e reclamar perdas e danos, sem prejuízo de outras sanções previstas em lei", reforça os mecanismos de proteção no momento patológico da violação[73]. Não é, ainda, suficiente. Aos direitos da personalidade deve se reconhecer "uma tutela complexa, que se transmuda diante das necessidades do caso concreto, sobretudo, porque constatamos que a personalidade humana possui desdobramentos que apenas se revelam na medida em que certas necessidades sociais se estabelecem, de maneira a tornar impossível um esgotamento apriorístico e fechado de suas hipóteses por parte da ordem jurídica"[74]. É papel do intérprete extrair do ordenamento meios adequados não só para proteger a pessoa humana, mas também para, na medida do possível, promover a sua dignidade.

27. Tutela *post mortem* da personalidade

Cabe, por fim, indagar como reage o ordenamento jurídico ao fato de alguém atentar contra os direitos da personalidade de pessoa já falecida. Por

---

72 Gustavo Tepedino, A tutela da personalidade no ordenamento civil-constitucional brasileiro, in *Temas de direito civil*, cit., p. 52.
73 Gustavo Tepedino, Heloisa Helena Barboza e Maria Celina Bodin de Moraes (Coords.), *Código Civil interpretado conforme a Constituição da República*, 2. ed., Rio de Janeiro: Renovar, 2007, p. 35.
74 Ana Carolina Brochado Teixeira e Renata de Lima Rodrigues, Aspectos gerais dos direitos da personalidade, in Ana Carolina Brochado Teixeira e Gustavo Pereira Leite Ribeiro (Coord.), *Manual de teoria geral do direito civil*, Belo Horizonte: Del Rey, 2011, p. 244.

exemplo, o que ocorre se alguém publica uma notícia falsa, atribuindo a pessoa morta uma conduta reprovável ou até mesmo a prática de um delito? Não há dúvida de que, com a morte, a personalidade em sentido subjetivo (aptidão para adquirir direitos e obrigações) se extingue. A própria existência da pessoa cessa[75]. Mas o que ocorre com a personalidade em sentido objetivo, assim entendido o conjunto de atributos essenciais da pessoa humana? Extingue-se com a pessoa? Se não se extingue, tampouco se transmite a quem quer que seja, já que é intransmissível por definição. A ofensa fica, então, sem consequência?

O problema é tecnicamente delicado, mas o Código Civil, em boa hora, reservou-lhe uma solução prática. O parágrafo único do art. 12 ocupou-se do tema, atribuindo aos herdeiros legitimação para requerer medidas destinadas a fazer cessar a lesão ou ameaça aos direitos da personalidade do morto[76].

Não se trata de uma concessão fantasmagórica, mas de norma ditada pelo interesse social. Os direitos da personalidade projetam-se para além da vida do seu titular. O atentado à honra do morto não repercute, por óbvio, sobre a pessoa já falecida, mas produz efeitos no meio social. Deixar sem consequência uma violação desse direito poderia não apenas causar conflitos com familiares e admiradores do morto, mas também contribuir para um ambiente de baixa efetividade dos direitos da personalidade. O direito quer justamente o contrário: proteção máxima para os atributos essenciais à condição humana. Daí a necessidade de se proteger *post mortem* a personalidade, como valor objetivo, reservando a outras pessoas uma extraordinária legitimidade para pleitear a adoção das medidas necessárias a inibir, interromper ou remediar a violação, como autoriza o art. 12 do Código Civil.

Instigante caso de tutela *post mortem* dos direitos da personalidade foi enfrentado pelo Superior Tribunal de Justiça em 2019: após o falecimento do pai, suas três filhas entraram em conflito em relação à destinação do cadáver do genitor, que, em vida, não havia definido o destino a ser dado a seu corpo. A filha caçula, que morava com o pai, adotou as providências para submeter o corpo a criogenia. As filhas mais velhas do *de cujus*, no entanto, discordaram da providência adotada pela caçula e ajuizaram ação pleiteando a obtenção de al-

---

75 Código Civil, art. 6º: "A existência da pessoa natural termina com a morte; presume-se esta, quanto aos ausentes, nos casos em que a lei autoriza a abertura de sucessão definitiva."
76 "Art. 12. (...) Parágrafo único. Em se tratando de morto, terá legitimação para requerer a medida prevista neste artigo o cônjuge sobrevivente, ou qualquer parente em linha reta, ou colateral até o quarto grau."

vará para sepultar o corpo do pai. Após variados entendimentos nos julgamentos em primeira e segunda instâncias, o Superior Tribunal de Justiça reconheceu o chamado *direito ao cadáver* como um desdobramento dos direitos da personalidade de cada indivíduo, de modo que, transcendendo a discussão entre as filhas, procurou reconstruir a vontade do próprio de cujus no caso concreto. Nessa esteira, concluiu o STJ, após a análise de diferentes elementos da demanda, que a manifestação da filha mais nova *"é a que traduz a real vontade de seu genitor em relação à destinação de seus restos mortais, visto que, sem dúvida alguma, é a que melhor pode revelar suas convicções e desejos, em razão da longa convivência com ele, que perdurou até o final de sua vida"*[77]. Em especial, reconheceu o STJ que a autodeterminação pessoal não cessa com a morte, não podendo a vontade do titular ser afastada pelo interesse dos familiares simplesmente pelo fato de ter falecido. Impõe-se, portanto, o respeito às decisões adotadas explícita ou implicitamente em vida acerca da destinação do próprio corpo após a morte, desde que tais decisões se revelem compatíveis com a ordem constitucional[78].

28. A marcha infinita da personalidade

Os direitos da personalidade desafiam as classificações e taxonomias a que tanto se apegaram os juristas em um passado recente. A história mostra o fracasso de todas as tentativas de enumerar os direitos da personalidade em um rol definitivo. Concluiu-se, enfim, que não são *numerus clausus*, ou seja, de número fechado. Como atributos considerados essenciais à condição humana, sua compreensão e amplitude variam no tempo e no espaço. O caráter aberto da dignidade humana não permite o congelamento das suas múltiplas expressões. Da prática judicial, da produção legislativa, da reflexão doutrinária emergem, a cada dia, novos direitos da personalidade, manifestações existenciais as mais variadas que vêm clamar pelo reconhecimento de sua essencialidade. A própria distinção entre essas expressões não é rígida. Muitos conflitos concretos envolvem, a um só tempo, a violação do direito ao nome, do direito à imagem, do direito à privacidade, dentre outros. O que resta atingido, em última análise, é a dignidade humana. A construção dos direitos da persona-

---

[77] STJ, 3ª T., REsp. 1.693.718/RJ, rel. Min. Marco Aurélio Bellizze, j. 26-3-2019.
[78] Para mais detalhes sobre o caso, confira-se: Anderson Schreiber, *O caso da criogenia: direito ao cadáver e tutela post mortem da autodeterminação corporal*, disponível em: <http://www.cartaforense.com.br/conteudo/colunas/o-caso-da-criogenia-direito-ao-cadaver-e-tutela-post-mortem-da-autodetetminacao-corporal/18341> (acesso em: 11 jul. 2019).

lidade como uma categoria geral tem a utilidade de evidenciar, para fins práticos, as semelhanças e as diferenças entre os vários atributos da condição humana, sem ameaçar a indelével unidade que os vincula, como aspectos de um todo indivisível.

> Análise de direitos da personalidade não reconhecidos de forma expressa no Código Civil. O autor discutirá casos recentes e polêmicos, julgados pelo Supremo Tribunal Federal, envolvendo projeções dos direitos da personalidade na vida contemporânea.
>
> Acesse também pelo *link*: https://uqr.to/1xgtb

Capítulo 7

A Pessoa Jurídica

Sumário: 1. Conceito. **2.** Natureza jurídica. **3.** Personificação do ente coletivo. **4.** Direitos da personalidade da pessoa jurídica: crítica. **5.** Função social da empresa. **6.** Classificação. **7.** Sociedades. **8.** Associações. **8.1.** Início e extinção das associações. **8.2.** Associações na jurisprudência. **9.** Fundações. **9.1.** Início e extinção das fundações. **10.** Desconsideração da personalidade jurídica. **11.** Entes não personalizados.

1. Conceito

Pessoa jurídica é o ente a que a ordem jurídica atribui personalidade distinta daquela de seus membros ou instituidores, sendo o termo personalidade aí compreendido na sua acepção de aptidão para ser titular de direitos e obrigações. Trata-se, nas palavras de Rubens Limongi França, da "união moral de pessoas reunidas com o objetivo de alcançar um fim comum e reconhecida pelo ordenamento como sujeito de direito"[1]. Enneccerus, Kipp e Wolff, em seu célebre *Tratado*, identificam a origem histórica das pessoas jurídicas na necessidade permanente de todos os povos de promoverem uniões e criarem instituições para a obtenção de fins comuns, desde as de raio de ação mais amplo, como o Estado e a Igreja, até aquelas de raio de ação mais restrito, como as associações particulares[2]. Pontes de Miranda registra que "a tais entidades, para se não con-

---

1 Rubens Limongi França, *Instituições de direito civil*, 3. ed., São Paulo: Saraiva, 1994, p. 65.
2 Enneccerus, Kipp e Wolff, *Tratado*, I, p. 436.

fundirem com as pessoas-homens, dá-se o nome de pessoas jurídicas ou morais, ou fictícias, ou fingidas"[3]. A pessoa jurídica, também chamada pessoa ideal ou coletiva, tem personalidade autônoma, distinta e independente da personalidade de seus membros. Toda a utilidade da pessoa jurídica reside, de fato, na distinção entre o seu patrimônio e os patrimônios de seus integrantes, que, em regra, não respondem pelas obrigações contraídas pelo ente moral.

Em 2019, a chamada Lei da Liberdade Econômica (Lei n. 13.874) incluiu no Código Civil o art. 49-A, que consagra expressamente a autonomia da pessoa jurídica ao afirmar que "a pessoa jurídica não se confunde com os seus sócios, associados, instituidores ou administradores". A regra é complementada pelo parágrafo único do mesmo artigo, em que se lê: "A autonomia patrimonial das pessoas jurídicas é um instrumento lícito de alocação e segregação de riscos, estabelecido pela lei com a finalidade de estimular empreendimentos, para a geração de empregos, tributo, renda e inovação em benefício de todos". A alteração teve por escopo reforçar a importância da separação patrimonial. A utilidade da modificação legislativa é, contudo, questionável, pois, como visto, a autonomia das pessoas jurídicas é noção tradicional no direito civil brasileiro, reconhecida pela unanimidade da doutrina e vinculada ao próprio conceito de pessoa abstrata. Além disso, é preciso registrar que o teor do parágrafo único do art. 49-A não logra afastar ou reduzir a aplicabilidade da noção de função social da empresa, que abrange, além dos fins enunciados naquele dispositivos, o atendimento a outros interesses que derivam dos valores constitucionais, como a redução das desigualdades sociais e econômicas e a erradicação da pobreza, entre outros (Constituição, art. 3º).

2. Natureza jurídica

Discute-se, em doutrina, a natureza jurídica da pessoa coletiva ou moral. Diferentes teorias surgiram com base no exame do tema. Embora usualmente apresentada como uma distinção simplificada entre teoria da ficção e teoria da realidade, o exame da matéria revela múltiplas vertentes teóricas que merecem registro.

As chamadas teorias da ficção têm em comum o fato de que negam uma existência real à pessoa jurídica, tratando-a ora como uma ficção da lei, ora como uma ficção da vontade de seus membros. A teoria da ficção legal (Savigny,

---

3   Pontes de Miranda, *Tratado de direito privado*, Rio de Janeiro: Borsoi, 1954, v. I, p. 156.

Windscheid, entre outros) considera que a pessoa jurídica somente encontra explicação como criação da lei. Já Teixeira de Freitas criticava tal posicionamento, argumentando que, sendo a mais importante das pessoas jurídicas o Estado e sendo o próprio Estado o emissor das leis, a teoria da ficção legal acabaria presa em uma ideia circular inescapável, segundo a qual a pessoa jurídica-Estado é criação da lei, mas a lei é criação do Estado. Também no campo da ficção, situa-se a teoria da vontade, de Zittelman, segundo a qual a pessoa jurídica é a personificação da vontade dos seus membros. Tal teoria, que representa de certo modo o ápice do voluntarismo ao atribuir à vontade o papel de sujeito de direito, destacando-a de seus membros, também labora sobre o terreno ficcional.

A teoria da propriedade coletiva, de Planiol e Berthélémy, busca o fundamento da pessoa jurídica na propriedade coletiva. A pessoa jurídica nada mais seria, assim, que uma massa de bens subtraída ao regime da propriedade individual de seus membros sob uma aparência de pessoa autônoma. A teoria da propriedade coletiva sofreu críticas diante da possibilidade de existência no direito contemporâneo de pessoas jurídicas de fins não patrimoniais e mesmo desprovidas de um acervo de bens. Ao centrar o próprio fundamento das pessoas jurídicas no patrimônio segregado, tal teoria não logra explicar a distinção, por exemplo, entre pessoas jurídicas e patrimônio de afetação.

A teoria da instituição, de Maurice Hauriou, transpôs para a pessoa jurídica a noção de instituição como organização social que, por se destinar a preencher finalidades socialmente úteis, são personificadas[4]. A construção teórica se apresenta como "uma alternativa entre o individualismo subjetivista – próprio aos autores franceses vinculados ao liberalismo individualista do *Code* de Napoleão – e o individualismo objetivista que reduz o fenômeno jurídico ao direito objetivo"[5]. A teoria sofre críticas pela ênfase conferida ao elemento sociológico, que não corresponderia integralmente ao processo do legislador[6].

As teorias realistas sustentam, diversamente, que a pessoa jurídica não é uma ficção legal, mas uma realidade: se não uma realidade objetiva, como sustentam Endemann, Saleilles e outros defensores do organicismo, ao menos uma realidade técnica. Na passagem forte de Caio Mário da Silva Pereira, "diante de

---

[4] Caio Mário da Silva Pereira, *Instituições de direito civil*, 29. ed., atualizada por Maria Celina Bodin de Moraes, Rio de Janeiro: Forense, 2016, v. I, p. 257.

[5] Rodrigo Xavier Leonardo, A pessoa jurídica no direito privado brasileiro do século XXI, in Ana Carolina Brochado Teixeira e Gustavo Pereira Leite Ribeiro (Coord.), *Manual de teoria geral do direito civil*, Belo Horizonte: Del Rey, 2011, p. 395-396.

[6] Francisco Amaral, *Direito civil: introdução*, 7. ed., Rio de Janeiro: Renovar, 2008, p. 321.

todos os fatores de sua autonomização, o jurista e o ordenamento jurídico não podem fugir da verdade inafastável: as pessoas jurídicas existem no mundo do direito e existem como seres dotados de vida própria, de uma vida real"[7]. Era também a posição de Clóvis Beviláqua, para quem "devem ser considerados pessoas jurídicas todos os agrupamentos de homens que, reunidos para um fim cuja realização procuram, mostram ter vida própria, distinta da dos indivíduos que os compõem, e necessitando para a segurança dessa vida, de uma proteção particular do direito"[8].

Explica Paulo Lôbo que as teorias ficcionistas e realistas correspondem a fases distintas do Estado liberal: a ideia de ficção é cara à fase incipiente de formação do regime liberal, "apropriada ao espírito individualista do momento", ao passo que o reconhecimento das pessoas jurídicas como uma realidade corresponde "à fase máxima de evolução do Estado liberal e da afirmação do individualismo interessado em reduzir o poder do Estado", que apenas declara a existência daqueles entes "comparados a pessoas humanas ou físicas". Em ambas as teorias, "a preocupação essencial é 'personificar' este titular de direitos subjetivos, seja fictício ou real"[9].

3. Personificação do ente coletivo

O Código Civil de 2002 evidencia muito bem esse afã personificador, pois não apenas coloca a pessoa jurídica ao lado da pessoa natural, mas regula a primeira à imagem e semelhança da segunda, ocupando-se, por exemplo, do início e do fim da sua personalidade (arts. 45 e 51) e chegando mesmo ao ponto de lhe estender, "no que couber, a proteção dos direitos da personalidade" (art. 52).

4. Direitos da personalidade da pessoa jurídica: crítica

A melhor doutrina já destacou o equívoco de tal assimilação. Especificamente sobre a extensão dos direitos da personalidade à pessoa jurídica, afirmou Gustavo Tepedino que "o intérprete deve estar atento para a diversidade de

---

7   Caio Mário da Silva Pereira, *Instituições de direito civil*, cit., v. I, p. 260.
8   Clóvis Beviláqua, *Teoria geral do direito civil*, 7. ed., Rio de Janeiro: Paulo de Azevedo, 1955, p. 117.
9   Paulo Lôbo, Função atual da pessoa jurídica, *Revista de Direito Civil, Imobiliário, Agrário e Empresarial*, v. 46, out./dez. 1988, p. 58.

princípios e de valores que inspiram a pessoa física e a pessoa jurídica, e para que esta, como comunidade intermediária constitucionalmente privilegiada, seja merecedora de tutela jurídica apenas e tão somente como um instrumento (privilegiado) para a realização social das pessoas que, em seu âmbito de ação, é capaz de congregar"[10]. Esse caráter meramente instrumental da pessoa jurídica vem ganhando destaque com a retomada da noção de função social da empresa.

5. Função social da empresa

Não se pode aludir à pessoa jurídica sem mencionar a função social da empresa. Trata-se de transposição do conceito de função social, já amplamente desenvolvido em relação à propriedade e, mais recentemente, ao contrato, para o campo do exercício da atividade empresarial[11].

O reconhecimento da empresa como atividade econômica organizada e principal vetor de produção de riquezas no capitalismo contemporâneo impôs, a exemplo do que ocorrera no passado com a propriedade, sua funcionalização ao atendimento de interesses socialmente relevantes. No Brasil, a Lei das Sociedades por Ações (Lei n. 6.404/76) exige expressamente tanto dos acionistas controladores quanto dos administradores das companhias o cumprimento da função social da empresa (arts. 154 e 116, parágrafo único). A Constituição brasileira de 1988, em seu art. 173, § 1º, I, menciona expressamente a função social da empresa pública, da sociedade de economia mista e de suas subsidiárias. E os novos valores consagrados no texto constitucional, em especial o valor social da livre-iniciativa, a dignidade humana, a solidariedade social e a própria função social da propriedade, convergem para exigir também da atividade privada de empresa o atendimento de interesses sociais relevantes. O instrumento primordial do capitalismo é, assim, chamado a desempenhar um papel de relevância social, atendendo não apenas aos interesses individualistas de seus titulares (empresário e sociedade empresária), mas aos interesses socialmente relevantes de toda a coletividade.

Esse elemento funcional, interno e determinante foi construído no seio da atividade de empresa e dirigido inicialmente às pessoas jurídicas de caráter empresarial (sociedades empresárias), simplesmente porque é aí que se tem

---

10 Gustavo Tepedino, A pessoa jurídica e os direitos da personalidade, in *Temas de direito civil*, 4. ed., Rio de Janeiro: Renovar, 2008, p. 580.
11 Sobre a função social da propriedade, ver capítulo sobre propriedade, adiante.

normalmente o mais exacerbado individualismo. Nada impede, contudo, que a função social seja também identificada e promovida em relação à atividade de outras espécies de pessoas jurídicas, ainda que não empresárias, já que a ausência de finalidade lucrativa não isenta outras entidades intermediárias, como fundações e associações, do atendimento dos valores constitucionais. São, como as sociedades empresárias, instrumentais para a concretização desses valores.

6. Classificação

Vistos os principais contornos da noção de pessoa jurídica, deve-se adentrar o estudo das suas classificações e espécies. As pessoas jurídicas se dividem, em primeiro lugar, em (a) pessoas jurídicas de direito público e (b) pessoas jurídicas de direito privado. As pessoas jurídicas de direito público podem ser de direito público externo, como são os Estados estrangeiros, ou podem ser de direito público interno, como são a União, os estados, o Distrito Federal, os territórios, os municípios, suas autarquias, incluindo associações públicas, e, ainda, na amplíssima referência do inciso V do art. 41, "as demais entidades de caráter público criadas por lei".

As pessoas jurídicas de direito privado, por sua vez, se subdividem, segundo o art. 44 da codificação, em (a) associações; (b) sociedades; (c) fundações; (d) organizações religiosas; e (e) os partidos políticos.

7. Sociedades

As sociedades são pessoas jurídicas constituídas com objetivo de lucro para distribuição entre seus sócios[12]. Sua disciplina é traçada no Livro II da Parte Especial do Código Civil, que, procedendo a uma parcial reunificação do direito privado, se dedicou ao direito da empresa, em que, apesar do nome, trata também das sociedades simples ou não empresárias.

A doutrina tradicionalmente extraía do art. 981[13] a exigência de que as sociedades fossem pluripessoais, ou seja, constituídas por mais de um sócio,

---

12 José Edwaldo Tavares Borba, *Direito societário*, 13. ed., Rio de Janeiro: Renovar, 2012, p. 9.
13 "Art. 981. Celebram contrato de sociedade as pessoas que reciprocamente se obrigam a contribuir, com bens ou serviços, para o exercício de atividade econômica e a partilha, entre si, dos resultados."

admitindo-se a unipessoalidade apenas em hipóteses excepcionais. Nesse sentido, afirmava-se que as sociedades encontrariam na *affectio societatis* seu elemento essencial, consubstanciado no "estado de cooperação que se impõe entre os sócios para a consecução do interesse comum, traduzido no interesse da própria sociedade"[14].

A tradição doutrinária foi, todavia, rompida por intervenções legislativas que vieram, gradativamente, enfraquecer a exigência de mais de um sócio. Em 2011, a Lei n. 12.441/2011 criou a figura algo inusitada da EIRELI – Empresa Individual de Responsabilidade Limitada, que, nos termos daquele diploma legislativo, não se configurava como uma sociedade, mas como uma pessoa jurídica que podia ser constituída por um único titular. Alguns anos depois, em 2016, a Lei n. 13.247 alterou o Estatuto da Advocacia, introduzindo em seu art. 15 a figura da sociedade unipessoal de advocacia, inovação que reacendeu o debate quanto à pertinência, no plano teórico, da exigência de pluripessoalidade como característica essencial das sociedades. No mesmo sentido, em 2019, a Lei n. 13.874 (Lei da Liberdade Econômica) alterou o Código Civil, de modo a introduzir expressamente a figura da sociedade limitada unipessoal (art. 1.052, §§ 1º e 2º).

A inovação, que apresenta vantagens práticas relevantes, merecia ter sido implementada com maior rigor sistemático[15], pois a sociedade limitada unipessoal parece, na atual redação do Código Civil, inconsistente com a definição de sociedade que ainda consta do art. 981 da codificação, que (a) qualifica a sociedade como um contrato e (b) estabelece que, por meio de tal contrato, "as pessoas (...) reciprocamente se obrigam" a contribuir, com bens ou serviços, para o exercício de atividade econômica e a partilha, entre si, dos resultados.

Registre-se, finalmente, que a introdução da sociedade limitada unipessoal em nossa ordem jurídica tornou despicienda a figura da EIRELI, razão pela qual a Lei n. 14.195/2021 determinou a conversão das EIRELIs já existentes em sociedades limitadas unipessoais (art. 41). Na mesma direção, a Lei n.

---

14 Gustavo Tepedino, Ruptura da *affectio societatis* e seus efeitos sobre os direitos previstos em acordo de acionistas, in *Temas de direito civil*, Rio de Janeiro: Renovar, 2009, t. III, p. 333.

15 No afã de resgatar uma maior sistematicidade na disciplina das sociedades no Código Civil, a Lei 14.195/2021 revogou expressamente o inciso IV e o parágrafo único do art. 1.033 do Código Civil, que previam, respectivamente, (a) a falta de pluralidade de sócios não reconstituída no prazo de 180 dias como causa de dissolução das sociedades simples e (b) a possibilidade de afastamento da dissolução caso o sócio remanescente optasse pela conversão do registro da sociedade para empresário individual ou para EIRELI. Apesar das modificações, subsistem ainda as inconsistências apontadas no corpo do texto.

14.382/2022 expressamente revogou os arts. 44, VI, e 980-A do Código Civil, pondo fim à trajetória das EIRELIs em nosso ordenamento.

8. Associações

Associação é, na definição do art. 53 do Código Civil, a "união de pessoas que se organizem para fins não econômicos". A definição não pode, todavia, ser interpretada de modo literal. Admite-se que as associações desenvolvam atividades de caráter econômico, desde que não haja a *finalidade lucrativa*, ou seja, o objetivo primordial de produzir lucros e reparti-los entre os associados – o que Waldemar Ferreira, em seu *Tratado de direito comercial*, chama de *animus lucrandi*. O propósito lucrativo é característica das sociedades (art. 981), consistindo, como já visto, em traço distintivo marcante entre essa espécie de pessoa jurídica e as associações.

Em que pese ao legislador ter optado por elencar separadamente as organizações religiosas e os partidos políticos, atentando para as peculiaridades destas modalidades de pessoa jurídica, cabe pontuar que "os partidos políticos, os sindicatos e as associações religiosas possuem natureza associativa, aplicando-se-lhes o Código Civil"[16], além de, eventualmente, suas próprias leis de regência.

A Constituição assegura, em seu art. 5º, inciso XVII, a plena liberdade de associação, vedada a de caráter paramilitar. Acrescenta, ainda, em seu inciso XX, que "ninguém poderá ser compelido a associar-se ou a permanecer associado". A liberdade de associação constitui, assim, direito fundamental, mas que se sujeita, ainda assim, à ponderação em caso de conflito com outros direitos fundamentais. Nesse sentido, ensina Pietro Perlingieri que "a atividade associativa não constitui uma área subtraída ao primado da pessoa (...). A associação é merecedora de tutela enquanto for idônea para consentir a formação e o desenvolvimento dos seus associados que, quando alcançam o escopo associativo, realizam a si mesmos"[17].

8.1. Início e extinção das associações

A associação se constitui por meio do registro de seu estatuto, que, sob pena de nulidade, conterá a denominação, os fins e a sede da associação, além

---

16   Enunciado n. 142 da III Jornada de Direito Civil.
17   Pietro Perlingieri, *Perfis do direito civil – introdução ao direito civil constitucional*, trad. Maria Cristina De Cicco, Rio de Janeiro: Renovar, 1999, p. 301.

de outros requisitos mencionados no art. 54 do Código Civil. A Constituição reforça a autonomia das associações determinando, em seu art. 5º, inciso XVIII, que sua criação independe de autorização, "sendo vedada a interferência estatal em seu funcionamento".

O texto constitucional protege a associação não apenas em seu nascimento, mas também na sua extinção. Rejeitando práticas comuns no regime autoritário, a Constituição determina que "as associações só poderão ser compulsoriamente dissolvidas ou ter suas atividades suspensas por decisão judicial, exigindo-se, no primeiro caso, o trânsito em julgado" (art. 5º, XIX).

De teor menos protetivo, o Código Civil limitou-se a determinar em seu art. 61 que, em caso de dissolução da associação, o remanescente do seu patrimônio líquido seja destinado a outra entidade de fins não econômicos, devendo também aí se fazer a ressalva de que basta a ausência de propósito lucrativo.

Registre-se que a disciplina sintética e puramente estrutural da associação no Código Civil, em contraposição à importância que tais pessoas jurídicas têm assumido na realidade social, dá ensejo a candentes controvérsias na experiência jurídica brasileira. A exclusão de associado por justa causa, contemplada de modo puramente pontual no art. 57 do Código Civil, bem como a correta interpretação da ambígua disposição do art. 55 da codificação, em que se lê que "os associados devem ter iguais direitos, mas o estatuto poderá instituir categorias com vantagens especiais"[18], são apenas alguns dos temas que suscitam discussão. Parece certo que o regime jurídico das associações está a merecer maior especificação legislativa, a fim de proporcionar a necessária segurança jurídica àqueles que decidem se associar em prol de certa finalidade comum de caráter não lucrativo.

8.2. *Associações na jurisprudência*

Algumas questões polêmicas em matéria de associação. Primeiro, a necessidade de observância à garantia do devido processo legal nos procedimentos para exclusão de associados, discutida em caso no qual a União Brasileira de Compositores excluiu de seus quadros um associado sem que a

---

18　A questão foi objeto de debate na VII Jornada de Direito Civil, dando origem ao Enunciado n. 577: "A possibilidade de instituição de categorias de associados com vantagens especiais admite a atribuição de pesos diferenciados ao direito de voto, desde que isso não acarrete a sua supressão em relação a matérias previstas no art. 59 do CC".

ele fosse oportunizada a possibilidade de se defender das acusações. A relatora do processo na Segunda Turma do Supremo Tribunal Federal, a Ministra Ellen Gracie, apresentou voto sucinto, no qual afirmava que "a controvérsia envolvendo a exclusão de um sócio de entidade privada resolve-se a partir das regras do estatuto social e da legislação civil em vigor. Não tem, portanto, o aporte constitucional atribuído pela instância de origem". Prevaleceu, no entanto, o voto do Ministro Gilmar Mendes, entendendo que o "espaço de autonomia privada garantido pela Constituição às associações não está imune à incidência dos princípios constitucionais que asseguram o respeito aos direitos fundamentais de seus associados", de modo que a violação ao devido processo importaria a nulidade do procedimento de exclusão[19].

O Supremo Tribunal Federal também já examinou se é lícito condicionar a desfiliação de associado à quitação de débito referente a benefício obtido por intermédio da associação ou ao pagamento de multa, concluindo pela inconstitucionalidade desta prática, por importar restrição ao direito fundamental à liberdade de associação em sua dimensão negativa (direito de não se associar)[20].

Outra questão polêmica: é possível controle judicial sobre o escrutínio dos associados que decide negar o ingresso de certa pessoa em associação? Trata-se, no mais das vezes, de decisão em sessão secreta, na qual se dispensa justificativa ou fundamentação. A jurisprudência tem considerado possível rever decisões de associações quando eivadas de ilegalidade. A ausência de justificativa, por vezes, dificulta a sindicabilidade judicial da manifestação dos associados. Foi o que ocorreu em caso julgado pelo Tribunal de Justiça do Estado do Rio de Janeiro, em que o autor, que postulava se associar ao Iate Clube do Rio de Janeiro, teve seu pleito negado pela administração da associação, atribuindo a decisão da entidade ao fato de ser homossexual. Como o regimento da comissão avaliadora previa o escrutínio secreto, e na ausência de outros elementos que apontassem qualquer tipo de preconceito em razão da orientação sexual do autor, o pedido foi julgado improcedente pelo Tribunal. Segundo o relator do acórdão, "a liberdade de associação não poderá ser interpretada, somente, considerando a pretensão daquele que pretende se associar, mas também deverá ser garantido aos integrantes de associação o critério próprio de escolha dos seus membros"[21].

---

19 STF, 2ª Turma, RE 201.819/RJ, rel. Min. Ellen Gracie, Red. p/ acórdão Min. Gilmar Mendes, j. 11-10-2005.
20 STF, Tribunal Pleno, RE 820.823/DF, rel. Min. Dias Toffoli, j. 30-9-2022.
21 TJRJ, 1ª CC, Apelação 0049129-25.2007.8.19.0001, rel. Des. Custodio Tostes, j. 24-2-2015.

Outro tema polêmico: exclusão de associado que entra com ação judicial em face da associação. O Tribunal de Justiça do Rio de Janeiro já decidiu pela nulidade de cláusula estatutária que previa o dever do associado de "não processar a Associação, ou, se fizer, não votar ou ser votado em Assembleias a que título for e, se vencido, requerer imediatamente o seu desligamento, sob pena de ser convidado a se retirar da mesma". Afirmou-se que a liberdade associativa não poderia prevalecer sobre a garantia de acesso à Justiça, prevista no art. 5º, XXXV da Constituição[22].

Por fim, questão interessante diz respeito à alteração da qualidade de associado por força de casamento. O estatuto de um clube de hipismo previa que, com o casamento, o sócio individual passava a familiar, pagando a taxa devida a essa categoria. No caso levado ao Tribunal de Justiça do Estado de São Paulo, a esposa do sócio individual, autor da ação, não manifestou vontade de ingressar no quadro social, o que não impediu a associação de compulsoriamente modificar o *status* do sócio de individual para familiar. Examinando a questão, concluiu o Tribunal que a "regra estatutária deve ser compatibilizada com o preceito constitucional que assegura a liberdade de associação, ninguém podendo ser compelido a associar-se contra a sua vontade", de maneira que, à luz de uma interpretação compatível com a Constituição, "o sócio individual só passa a familiar, se o cônjuge manifestar a sua vontade de ingressar no quadro social e se a respectiva proposta for aceita pela associação. O contrário implicaria na filiação compulsória do cônjuge ao quadro social, o que não é compatível com o preceito constitucional"[23].

9. Fundações

A fundação é espécie de pessoa jurídica que se forma pela afetação de determinados bens a certos fins preestabelecidos pelo seu instituidor. Daí a lição de Orlando Gomes, para quem a fundação é "patrimônio destinado a um fim", consistindo em uma pessoa jurídica "de tipo especial, pois não se forma pela associação de pessoas físicas; nem é obra de um conjunto de vontades, mas de uma só"[24]. Ao contrário da associação, que nasce de uma conjunção de esfor-

---

22 TJRJ, 9ª CC, Apelação 0028523-63.2009.8.19.0208, rel. Des. Roberto de Abreu e Silva, j. 2-4-2013.
23 TJSP, 1ª Câmara de Direito Privado, Apelação 9064345-12.2006.8.26.0000, rel. Des. Paulo Eduardo Razuk, j. 30-11-2010.
24 Orlando Gomes, *Introdução ao direito civil: revista, atualizada e aumentada de acordo com o Código Civil de 2002*, Rio de Janeiro: Forense, 2008, p. 198-199.

ços pessoais, uma verdadeira união de pessoas em torno de um mesmo fim, configurando uma *universitas personarum,* nas fundações o elemento dominante é o material, *universitas bonorum,* consubstanciado na afetação de bens em torno de uma finalidade comum. Silvio Rodrigues destaca, entretanto e com acerto, que "embora a fundação consista num patrimônio, a sua instituição almeja atingir a satisfação de algum interesse humano"[25]. Daí por que a fundação não se desprende do controle de merecimento de tutela aplicável a qualquer exercício da liberdade individual.

Os fins para os quais se constitui a fundação deverão ser, nos termos do art. 62, parágrafo único, do Código Civil: assistência social; cultura, defesa e conservação do patrimônio histórico e artístico; educação; saúde; segurança alimentar e nutricional; defesa, preservação e conservação do meio ambiente e promoção do desenvolvimento sustentável; pesquisa científica, desenvolvimento de tecnologias alternativas, modernização de sistemas de gestão, produção e divulgação de informações e conhecimentos técnicos e científicos; promoção da ética, da cidadania, da democracia e dos direitos humanos; atividades religiosas.

9.1. Início e extinção das fundações

A criação da fundação exige que o instituidor proceda, por escritura pública ou testamento, a uma dotação especial de bens livres, especificando o fim a que se destina e declarando, se quiser, a maneira de administrá-la (art. 62). O instituidor pode elaborar ele próprio o estatuto da fundação ou deixar o encargo àqueles a quem acometer a administração da fundação (art. 65). O estatuto será então submetido ao Ministério Público, que poderá negar previamente o estatuto ou exigir mudanças ao interessado (art. 764, I, CPC).

Quando da submissão do estatuto ao Ministério Público, este poderá exigir modificações ou denegar aprovação, situações nas quais é assegurado ao interessado requerer ao juiz o suprimento da aprovação (art. 764, CPC). O art. 65, parágrafo único, prevê algumas hipóteses em que o próprio órgão do Ministério Público elaborará o estatuto. Pela nova redação dada pela Lei n. 13.151/2015, que alterou o § 1º do art. 66 do Código Civil, o órgão responsável será o do Ministério Público do Distrito Federal e dos territórios, caso as fundações funcionem no Distrito Federal ou em território. Aprovado, o estatuto deverá ser levado a registro, para que, em atendimento ao disposto no art. 45 do

---

25   Silvio Rodrigues, *Direito civil: parte geral,* 32. ed., São Paulo: Saraiva, 2002, p. 99.

Código Civil, se inicie a existência legal da fundação como pessoa jurídica. Qualquer alteração no estatuto social da fundação, por determinação do art. 67, III, do Código Civil, deverá ser novamente submetida à aprovação por parte do Ministério Público.

O art. 69 do Código Civil ocupou-se da extinção da fundação, determinação que se repete substancialmente no art. 765 do novo Código de Processo Civil. Determina, assim, o art. 69 que, em se tornando "ilícita, impossível ou inútil a finalidade a que visa a fundação, ou vencido o prazo de sua existência, o órgão do Ministério Público, ou qualquer interessado, lhe promoverá a extinção, incorporando-se o seu patrimônio, salvo disposição em contrário no ato constitutivo, ou no estatuto, em outra fundação, designada pelo juiz, que se proponha a fim igual ou semelhante". Aqui, como nas associações, o Código Civil trata de assegurar a transmissão do patrimônio remanescente a entidade semelhante à pessoa jurídica que se extingue.

Instituto diverso da extinção, mas que assume imensa importância prática na atualidade e sem o qual não se pode encerrar o estudo, ainda que breve, das pessoas jurídicas é o da desconsideração da personalidade jurídica.

10. Desconsideração da personalidade jurídica

A desconsideração da personalidade jurídica é instituto concebido na experiência anglo-saxônica como forma de permitir o salto sobre a pessoa jurídica para alcançar diretamente o patrimônio de seus sócios ou administradores. É chamada de *disregard doctrine*, ou ainda de *lifting the corporate veil*, que consiste precisamente nisto: erguer o véu da pessoa jurídica para atingir quem estiver por trás. É célebre o caso *Salomon vs. Salomon & Co.*, julgado na Inglaterra no final do século XIX. A polêmica decisão da House of Lords reverteu, por unanimidade, o entendimento firmado nas instâncias inferiores segundo o qual Aron Salomon, vendedor de botas de couro, havia cometido fraude contra seus credores ao vender seu negócio a uma sociedade limitada que tinha como sócios sua mulher e seus cinco filhos mais velhos e se tornar credor de um empréstimo à referida sociedade, um pouco antes da sua falência. Como registra Alexandre Assumpção Alves, a desconsideração da personalidade jurídica é hoje conhecida por toda parte, sendo denominada de *desestimación de la personalidad jurídica* pela doutrina espanhola e de parte da América Latina, de *Durchgriff* ou penetração da personalidade jurídica na Alemanha, de *superamento della personalità giuridica* na Itália, e de afastamento ou *mise a l'écart de la personnalité morale* na França, não faltando, enfim, designações para o instituto[26].

O art. 50 do Código Civil ocupa-se do tema, filiando-se à chamada teoria maior da desconsideração, que exige, para que se atinja o patrimônio dos sócios ou administradores, a configuração de abuso da personalidade jurídica, caracterizado pelo desvio de finalidade ou pela confusão patrimonial. À teoria maior opõe-se a teoria menor da desconsideração, que se contenta com a simples constatação de que a pessoa jurídica funciona como obstáculo ao ressarcimento de danos. Para alguns autores, é a corrente a que se teria filiado o art. 28 do Código de Defesa do Consumidor[27].

O art. 50 do Código Civil sofreu expressivas modificações com a Lei da Liberdade Econômica (Lei n. 13.874/2019). O *caput* do artigo foi alterado para se explicitar que a desconsideração deverá atingir apenas os bens dos administradores ou sócios *direta ou indiretamente beneficiados pelo abuso da personalidade jurídica*. A alteração evita que a desconsideração venha a se dar em prejuízo de sócios ou administradores que não se favoreceram com o abuso, como sócios minoritários que não participam da administração da pessoa jurídica e podem não ter auferido qualquer vantagem com a má administração. Cumpre registrar, todavia, que administradores e sócios que participam da administração da pessoa jurídica (sócios-administradores) têm, também eles, o dever de *evitar* o abuso da personalidade jurídica e, nesse contexto, ainda que não tenham sido diretamente beneficiados pelo abuso, podem ser chamados a responder como beneficiários indiretos, especialmente nos casos em que os sócios e administradores diretamente beneficiados não tenham patrimônio suficiente para arcar com os danos causados.

A Lei da Liberdade Econômica acrescentou, ainda, cinco novos parágrafos ao art. 50 do Código Civil, no afã de estabelecer critérios objetivos para a aplicação da desconsideração da personalidade jurídica. Nessa direção, o § 1º do art. 50 define o que se deve entender por *desvio de finalidade*, aludindo à utilização da pessoa jurídica para (a) lesar credores e (b) praticar atos ilícitos de qualquer natureza. Apesar do conectivo *"e"*, não se trata de requisitos cumulativos, bastando o uso da pessoa jurídica em um ou outro sentido para que se

---

26 Alexandre Ferreira de Assumpção Alves, *A desconsideração da personalidade jurídica à luz do direito civil-constitucional: o descompasso das disposições do Código de Defesa do Consumidor com a* disregard doctrine, Rio de Janeiro: Uerj, 2003, p. 111 (tese de doutorado).

27 Para maiores detalhes, seja consentido remeter ao capítulo 25 desta obra, dedicado ao direito do consumidor, no qual se destina um tópico específico ao exame da desconsideração da personalidade jurídica nas relações de consumo.

caracterize o desvio de finalidade. Ainda em relação a essa matéria, o § 5º do art. 50 estabelece que a mera expansão ou alteração da atividade originariamente desenvolvida pela pessoa jurídica não implica, por si só, desvio de finalidade.

O § 2º do art. 50 detalha a segunda hipótese de abuso da personalidade jurídica, qual seja, a *confusão patrimonial*, a que o direito americano denomina *commingling of funds*. O referido dispositivo define a confusão patrimonial como a *ausência de separação de fato entre os patrimônios* dos sócios e da pessoa jurídica. Os dois primeiros incisos deste parágrafo descrevem exemplos corriqueiros de confusão patrimonial, como o cumprimento reiterado de obrigações do sócio ou administrador pela pessoa jurídica, ou vice-versa, e a transferência de ativos ou passivos sem efetiva contraprestação (excluída expressamente a incidência da desconsideração quando tais ativos ou passivos sejam de valor proporcionalmente insignificante). O terceiro inciso refere-se genericamente a *"outros atos de descumprimento da autonomia patrimonial"*, possibilitando ao intérprete identificar, a partir de elementos do caso concreto, outras modalidades de confusão patrimonial, como a prestação de garantia pela pessoa jurídica em negócio de interesse exclusivo do sócio (fiança da sociedade em contrato de locação residencial do sócio etc.).

O § 3º do art. 50 permite a extensão das obrigações de sócios ou de administradores à pessoa jurídica, consagrando expressamente a chamada *desconsideração inversa da personalidade jurídica*, há muito admitida por nossa doutrina e jurisprudência. Com efeito, não obstante a desconsideração ter sido concebida para permitir que credores da pessoa jurídica alcançassem o patrimônio dos sócios ou administradores, admite-se a invocação da teoria para justificar o movimento inverso, especialmente naqueles casos em que o sócio tenha desviado bens de seu próprio patrimônio para a sociedade[28].

Por fim, o § 4º do art. 50 do Código Civil afasta a possibilidade de desconsideração da personalidade jurídica a partir da mera identificação de grupo econômico, exigindo, também nesses casos, a presença dos requisitos do desvio de finalidade ou da confusão patrimonial. Com efeito, aplicar a desconsideração da personalidade jurídica a partir da mera configuração de grupo econômico significaria apagar as fronteiras entre as diferentes personalidades jurídicas, transformando em regra aquilo que foi concebido para ser exceção.

---

28 "É cabível a desconsideração da personalidade jurídica denominada 'inversa' para alcançar bens de sócio que se valeu da pessoa jurídica para ocultar ou desviar bens pessoais, com prejuízo a terceiros" (Enunciado n. 283 da IV Jornada de Direito Civil).

Registre-se que a desconsideração tem sido aplicada não apenas às sociedades, mas também às associações. Nesse caso, porém, já decidiu o Superior Tribunal de Justiça que "a responsabilidade patrimonial deve ser limitada apenas aos associados que estão em posições de poder na condução da entidade, pois seria irrazoável estender a responsabilidade patrimonial a um enorme número de associados que pouco influenciaram na prática dos atos associativos ilícitos"[29].

Sob o ângulo processual, o novo Código de Processo Civil regula o chamado incidente de desconsideração da personalidade jurídica como uma nova modalidade de intervenção de terceiros, tratada nos arts. 133 a 137. Segundo a doutrina processualista,

> este incidente vem assegurar o pleno respeito ao contraditório e ao devido processo legal no que diz respeito à desconsideração da personalidade jurídica. É que sem a realização desse incidente o que se via era a apreensão de bens de sócios (ou da sociedade, no caso de desconsideração inversa) sem que fossem eles chamados a participar, em contraditório, do processo de formação da decisão que define sua responsabilidade patrimonial, o que contraria frontalmente o modelo constitucional de processo brasileiro, já que admite a produção de uma decisão que afeta diretamente os interesses de alguém sem que lhe seja assegurada a possibilidade de participar com influência na formação do aludido pronunciamento judicial[30].

11. Entes não personalizados

Para encerrar o estudo das pessoas jurídicas, convém registrar que o direito contemporâneo acaba por reconhecer parcelas de capacidade a entidades às quais não reserva a condição de pessoa, física ou jurídica, por considerar a subjetivação desnecessária à realização dos fins a que estão destinadas. São os chamados entes despersonalizados[31]. Assim, a doutrina brasileira identifica como entes despersonalizados o condomínio, o espólio, a massa falida e os fundos de investimentos. Há ainda autores que incluem no rol dos entes despersonalizados os nascituros e os ainda não concebidos, tendo em vista a proteção que a lei lhes reserva em dadas hipóteses (CC, art. 2º, art. 1.799, I etc.).

---

29 STJ, 3ª T., REsp 1.812.929/DF, rel. Min. Marco Aurélio Bellizze, j. 12-9-2023.
30 Alexandre Freitas Câmara, *O novo processo civil brasileiro*, São Paulo: Atlas, 2015, p. 95-96.
31 Paulo Lôbo, *Direito civil: parte geral*, 4. ed., São Paulo: Saraiva, 2013, p. 96.

Capítulo 8

Domicílio

Sumário: **1.** Conceito. **2.** Importância. **3.** Indeclinabilidade. **4.** Pluralidade de domicílios. **5.** Mudança de domicílio. **6.** Domicílio da pessoa jurídica. **7.** Espécies de domicílio. **7.1.** Domicílio civil × político. **7.2.** Domicílio profissional. **7.3.** Domicílio voluntário × necessário (e legal). **7.4.** Domicílio geral × especial. **8.** Domicílio em uma leitura civil-constitucional.

1. Conceito

O domicílio é a sede jurídica da pessoa[1]. Em relação à pessoa natural, domicílio é "o lugar onde ela estabelece a sua residência com ânimo definitivo" (art. 70). Conjugam-se, assim, dois elementos: um material e externo, consubstanciado no fato da residência, e outro psíquico ou anímico e interno, consubstanciado na intenção de ali permanecer. Por residência, entende-se a morada habitual da pessoa. Não é qualquer residência, todavia, que configura domicílio, mas apenas a residência caracterizada pela intenção de definitividade, ainda que tal intenção possa se alterar no tempo. Daí a doutrina, de modo didático, graduar tais conceitos: *morada* (local da habitação), *residência* (morada permanente) e *domicílio* (residência com ânimo definitivo)[2].

Definições mais abstratas de domicílio foram formuladas em sede doutrinária no Brasil e no exterior. Há quem conceitue o domicílio como centro das

---

1 Francisco Amaral, *Direito civil: introdução*, 7. ed., Rio de Janeiro: Renovar, 2008, p. 280.
2 Caio Mário da Silva Pereira, *Instituições de direito civil*, 29. ed., atualizada por Maria Celina Bodin de Moraes, Rio de Janeiro: Forense, 2016, v. I, p. 312-313.

relações mantidas pela pessoa, como espaço geográfico onde se desenrola sua vida doméstica ou seus negócios. Tem certa razão Planiol quando afirma, criticamente, que as várias definições de domicílio apresentadas pelos juristas modernos conseguiram obscurecer uma ideia clara. Daí a importância de se manter nesse tema a simplicidade da noção: domicílio é o *domus*, o local da morada, o "lugar onde se supõe que ela se acha para os efeitos do direito"[3].

Não se pode deixar de registrar que, embora a definição de domicílio no Código Civil seja aplaudida por nossa doutrina, a alusão ao "ânimo definitivo" não deixa de ser dotada de certo artificialismo. A rigor, não é exatamente o elemento volitivo que caracteriza o domicílio, mas a sua aparência como residência definitiva em suas relações sociais. Se uma pessoa decide se mudar, terá já se despido do ânimo de permanência em relação à sua residência, mas continuará tendo ali seu domicílio, para fins jurídicos. Daí por que melhor que a definição legal é o conceito proposto por San Tiago Dantas, segundo o qual domicílio é "o lugar onde a pessoa reside com caráter de permanência"[4]. O *animus* da pessoa é, a rigor, elemento de difícil acesso e natural instabilidade, de modo que uma noção de efeitos práticos tão relevantes como domicílio bem pode dispensá-lo para sua configuração.

2. Importância

A noção de domicílio assume extrema relevância no direito civil e no direito em geral. Segundo o art. 7º da Lei de Introdução às Normas do Direito Brasileiro (Decreto-lei n. 4.657/42), a "lei do país em que for domiciliada a pessoa determina as regras sobre o começo e o fim da personalidade, o nome a capacidade e os direitos de família"; é ainda o domicílio que determina o local onde a pessoa, habitualmente, terá de cumprir suas obrigações (CC, art. 327) e ainda onde será aberta a sua sucessão hereditária (CC, art. 1.785).

Na seara processual, vige a regra que aponta, em princípio, o domicílio do réu como o foro apropriado para propositura das ações fundadas em direito pessoal e em direitos reais sobre bens móveis (CPC, art. 46). Não obstante, a ação de responsabilidade civil do fornecedor de produtos e serviços pode ser proposta no domicílio do autor (CDC, art. 101, I), e, no âmbito dos Juizados Especiais Cíveis, o autor pode optar, nas ações para reparação de danos de qualquer natureza, pelo seu domicílio ou pelo local do ato ou do fato, bem como pelo lugar

---

3 Clóvis Beviláqua, *Teoria geral do direito civil*, 7. ed., Rio de Janeiro: Paulo de Azevedo, 1955, p. 142.
4 San Tiago Dantas, *Programa de direito civil*, Rio de Janeiro: Ed. Rio, 1977, v. I, p. 200.

onde a obrigação devesse ser satisfeita ou pelo local onde o réu exerça atividades profissionais ou econômicas ou mantenha estabelecimento, filial, agência, sucursal ou escritório (Lei n. 9.099, art. 4º)[5].

3. Indeclinabilidade

Toda pessoa tem domicílio. Na ausência de residência fixa, a lei compreende como seu domicílio "o lugar onde for encontrada" (art. 73). Assim, a ninguém é dado deixar de ter domicílio. Como adverte Luiz Edson Fachin: "Dito de outra forma, é um carimbo de qualificação jurídica, com um nome e localização fixados em um tempo e em um espaço. Não é por acaso que o sujeito está indeclinavelmente ligado a um certo lugar"[6].

4. Pluralidade de domicílios

O direito brasileiro, firme nesse particular na tradição romana, admite a pluralidade de domicílios da pessoa natural, tomando-se como tal qualquer um deles para os efeitos que a lei prescreve[7]. Como destaca Zeno Veloso, "no mundo moderno, com a expansão dos negócios, com o incremento dos meios de transporte, com o desenvolvimento das comunicações, é cada vez mais frequente haver pessoas que têm diversas residências, onde alternadamente vivam, ou mais de um centro de ocupação habitual"[8].

5. Mudança de domicílio

É livre a pessoa para alterar seu domicílio. Nas palavras de Arnoldo Wald, "toda pessoa tem direito a escolher livremente o domicílio, salvo quando

---

5 Bruno Lewicki, O domicílio no Código Civil de 2002, in Gustavo Tepedino (Coord.), *O Código Civil na perspectiva civil-constitucional: parte geral*, Rio de Janeiro: Renovar, 2013, p. 145-146.
6 Luiz Edson Fachin, *Teoria crítica do direito civil*, 3. ed., Rio de Janeiro: Renovar, 2012, p. 48.
7 "Art. 71. Se, porém, a pessoa natural tiver diversas residências, onde, alternadamente, viva, considerar-se-á domicílio seu qualquer delas."
8 Zeno Veloso, O domicílio no direito brasileiro, no português e no projeto de Código Civil do Brasil, *Revista de Direito Civil, Imobiliário, Agrário e Empresarial*, n. 37, jul./set. 1986, p. 19.

a lei o impõe em razão de circunstâncias particulares"[9]. A mudança de domicílio não se opera com a simples transferência da residência, mas exige, no dizer da lei, "a intenção manifesta de o mudar" (art. 74), valendo aqui as considerações já formuladas acerca da indevida correlação entre a noção objetiva de domicílio e o elemento anímico da pessoa. A prova se dá por meio das declarações às Municipalidades e outras circunstâncias fáticas a serem analisadas em conjunto (*e.g.*, contratação de conta-corrente, abertura de estabelecimento comercial).

6. Domicílio da pessoa jurídica

Pessoas jurídicas não têm residência, mas sede, que é o centro de sua atividade dirigente, constando, normalmente, de seu estatuto, contrato social ou outros atos constitutivos[10]. O art. 75 do Código Civil ocupa-se do tema, fixando, como regra, o domicílio das pessoas jurídicas no "lugar onde funcionarem as respectivas diretorias e administrações, ou onde elegerem domicílio especial no seu estatuto ou atos constitutivos" (art. 75, IV), e tratando também do domicílio das pessoas jurídicas de direito público: desse modo, o domicílio da União é o Distrito Federal; o domicílio dos Estados, suas capitais; e assim por diante.

7. Espécies de domicílio

A ideia geral de domicílio como sede jurídica da pessoa possui diversos desdobramentos, que são objeto de classificação pela doutrina.

7.1. *Domicílio civil × político*

O Código Civil deixou de lado a adjetivação "civil" que apunha ao conceito de domicílio[11], a qual levara Carvalho Santos a afirmar que o legislador havia aceito implicitamente a distinção entre domicílio civil e político,

---

9 Arnoldo Wald, *Curso de direito civil brasileiro: introdução e parte geral*, 7. ed., São Paulo: Revista dos Tribunais, 1992, p. 188.
10 Clóvis Beviláqua, *Código Civil dos Estados Unidos do Brasil commentado*, 6. ed., Rio de Janeiro: Francisco Alves, 1940, v. I, p. 254.
11 "Art. 31. O domicílio civil da pessoa natural é o lugar onde ela estabelece a sua residência com animo definitivo" (Código Civil de 1916).

entendido este como "aquele em que uma pessoa exerce seus direitos políticos e notadamente seus direitos eleitorais". Tal diferenciação, se não deixou de existir, não precisava mais ser explicitada na codificação civil, sendo certo que o domicílio eleitoral é regido por lei específica (Código Eleitoral, Lei n. 4.737/65, art. 42, parágrafo único). Permanece valendo a advertência de Carvalho Santos: "não é necessário, para caracterizar o domicílio civil, que a pessoa exerça no lugar os seus direitos de cidadão. Esses fatos podem servir de adminículos para provar o domicílio, mas a sua falta não implica a não existência dele"[12].

7.2. Domicílio profissional

Inovou, contudo, o Código Civil ao estabelecer o domicílio profissional da pessoa natural como o lugar onde exerce sua profissão, o qual se torna relevante para efeitos atinentes às suas relações profissionais (art. 72). Havendo pluralidade de domicílios profissionais, "cada um deles constituirá domicílio para as relações que lhe corresponderem" (art. 72, parágrafo único). Impõe-se, assim, uma análise finalística da relação examinada[13]. Para Zeno Veloso, a inovação é salutar, na medida em que muitos profissionais que vivem com a família em cidade menor, geralmente mais calma e aprazível, trabalham na metrópole vizinha[14].

7.3. Domicílio voluntário × necessário (e legal)

Domicílio voluntário é o que deriva da livre escolha da pessoa. Domicílio necessário é aquele que deriva de condição de dependência ou outro estado que o impõe. Tem domicílio necessário, por exemplo, o menor sob autoridade parental, cujo domicílio é necessariamente o domicílio dos pais. Modalidade específica de domicílio necessário é o chamado *domicílio legal*, imposto por lei a certas pessoas em decorrência de atividade ou profissão[15]. É, por exemplo, o caso do servidor público civil ou militar, que tem domicílio onde exercer suas funções, ou, ainda, do preso, que tem domicílio onde cumpra sua pena.

---

12 J. M. Carvalho Santos, *Código Civil brasileiro interpretado*, 11. ed., Rio de Janeiro: Freitas Bastos, 1981, v. I, p. 425.
13 Bruno Lewicki, O domicílio no Código Civil de 2002, in Gustavo Tepedino (Coord.), *O Código Civil na perspectiva civil-constitucional: parte geral*, cit., p. 157.
14 Zeno Veloso, *O domicílio no direito brasileiro...*, cit., p. 20.
15 Caio Mário da Silva Pereira, *Instituições de direito civil*, cit., v. I, p. 320.

O Código Civil trata indistintamente do domicílio legal e do domicílio necessário, em seu art. 76. É de se registrar que a maior parte das hipóteses de domicílio necessário não impede a existência de outro domicílio, voluntário ou até necessário, como no caso do servidor público que tem duas matrículas em locais distintos, exercendo em dois lugares suas funções. Em síntese, o domicílio necessário não é exclusivo[16].

7.4. Domicílio geral × especial

Distinção relevante é, ainda, a que se faz entre o domicílio geral, destinado a centralizar indiscriminadamente as relações jurídicas da pessoa, e o domicílio especial, estabelecido como sede para determinada relação obrigacional[17]. O domicílio especial ampara-se no art. 78 do Código Civil, que autoriza a eleição de domicílio em "contratos escritos" para o exercício de direitos e cumprimento de obrigações deles resultantes.

Habitual é a eleição de foro para dirimir controvérsias oriundas do contrato, fruto da autonomia negocial das partes, sendo esta possibilidade autorizada pela lei civil e respeitada pela lei processual (art. 63, CPC). No que concerne às relações de consumo, a cláusula de eleição de foro não se encontra listada no rol de cláusulas abusivas do art. 51, mas nossa jurisprudência tem considerado que "nos contratos de adesão, o foro de eleição contratual cede em favor do local do domicílio do devedor, sempre que constatado ser prejudicial à defesa do consumidor, podendo ser declarada de ofício a nulidade da cláusula de eleição pelo julgador"[18]. Considerando o caráter aberto decorrente da cláusula geral contida no art. 51, inciso IV, do Código de Defesa do Consumidor, a cláusula de eleição deverá ser reputada nula sempre que embaraçar o exercício do direito básico assegurado ao consumidor para a "facilitação da defesa de seus direitos" (art. 6º, VIII)[19]. Note-se, ainda, que o § 3º do art. 63 do novo Código de Processo Civil admite o controle de ofício pelo juiz da abusividade da cláusula de eleição, sem restringir sua abrangência às relações de consumo ou mesmo aos contratos de

---

16 Gustavo Tepedino, Heloisa Helena Barboza e Maria Celina Bodin de Moraes (Coords.), *Código Civil interpretado conforme a Constituição da República*, 2. ed., Rio de Janeiro: Renovar, 2007, v. I, p. 170.
17 Caio Mário da Silva Pereira, *Instituições de direito civil*, v. I, p. 322.
18 STJ, 4ª Turma, AgRg no AREsp 476.551/RJ, rel. Min. Luis Felipe Salomão, j. 25-3-2014.
19 Bruno Lewicki, O domicílio no Código Civil de 2002, in Gustavo Tepedino (Coord.), *O Código Civil na perspectiva civil-constitucional: parte geral*, cit., p. 163.

adesão[20], valendo pontuar a advertência da doutrina processualista no sentido de que "só será abusiva a cláusula de eleição de foro quando criar obstáculos que tornem muito difícil ou impossível o exercício do direito de defesa"[21].

8. Domicílio em uma leitura civil-constitucional

Uma leitura civil-constitucional do domicílio suscita, ainda, outros aspectos de maior importância à luz da proteção dos interesses existenciais da pessoa humana. Impõe-se uma abordagem do domicílio que não se limite à sua identificação para fins de cumprimento de direitos patrimoniais de terceiros, mas que também o eleve a centro de proteção substancial da pessoa humana, em suas garantias fundamentais. Por essa via, a abstração formal da noção de domicílio torna-se porta de entrada para uma valorização do espaço físico da residência ou morada, a merecer tutela privilegiada, como determina o Constituinte ao afirmar que "a casa é asilo inviolável do indivíduo" (art. 5º, XI, CF).

A Emenda Constitucional n. 26, de 14 de fevereiro de 2000, veio inserir expressamente, entre os direitos sociais (art. 6º), o direito à moradia, muito embora, a rigor, a ideia já estivesse implícita na lei fundamental. A alteração constitucional reforça a concepção de que a própria condição humana depende de uma referência espacial particular, de uma esfera de ocupação determinada, segura e inviolável, em que a personalidade possa desenvolver-se plenamente, dignamente, impondo-se a garantia dos meios materiais razoavelmente necessários – e não apenas mínimos – para o pleno desenvolvimento da personalidade humana. Entendido este direito não apenas como uma proteção em face da interferência de terceiros, mas, sobretudo, como uma garantia de acesso à moradia, sua efetivação esbarra em obstáculos de ordem normativa, material e social[22].

---

20 "Art. 63. (...) § 3º Antes da citação, a cláusula de eleição de foro, se abusiva, pode ser reputada ineficaz de ofício pelo juiz, que determinará a remessa dos autos ao juízo do foro de domicílio do réu."
21 Alexandre Freitas Câmara, *O novo processo civil brasileiro*, São Paulo: Atlas, 2015, p. 54.
22 Seja consentido remeter a: Anderson Schreiber, Direito à moradia como fundamento para impenhorabilidade do imóvel residencial do devedor solteiro, in Carmem Lucia Silveira Ramos et al., *Diálogos sobre direito civil*, Rio de Janeiro: Renovar: 2002, v. I, p. 78-85.

Capítulo 9

BENS

SUMÁRIO: **1.** Bens ou coisas. **2.** Tendências atuais. **3.** Direito dos animais. **4.** Os bens no Código Civil de 2002. **5.** Bens móveis e imóveis. **6.** Definição de bens imóveis. **7.** Definição de bens móveis. **8.** Bens fungíveis e infungíveis. **9.** Infungibilidade dos bens imóveis. **10.** Efeitos da distinção. **11.** Bens consumíveis e inconsumíveis. **12.** Efeitos da distinção. **13.** Bens divisíveis e indivisíveis. **14.** Bens singulares e coletivos. **15.** Patrimônio. **16.** Bens principais e acessórios. **17.** Princípio da gravitação jurídica. **18.** Frutos e produtos. **19.** Benfeitorias. **20.** O problema das pertenças. **21.** Bens públicos. **22.** Bem de família. **23.** Evolução jurisprudencial do bem de família. **24.** Bem de família e *venire contra factum proprium*.

1. Bens ou coisas

Bem, em sentido amplo, é tudo aquilo que é desejado pelo homem a fim de atender a seus interesses. Quando tais interesses são amparados pelo ordenamento jurídico, o bem se qualifica, tornando-se bem jurídico. Como já destacava Clóvis Beviláqua, "para o direito, o bem é uma utilidade, porém, com extensão maior do que a utilidade econômica, porque a economia gira dentro de um círculo determinado por estes três pontos: o trabalho, a terra e o valor; ao passo que o direito tem por objeto interesses, que se realizam dentro desse círculo, e interesses outros, tanto do indivíduo quanto da família e da sociedade"[1].

A doutrina civilista emprega, por vezes, o termo *coisa*, que deve ser compreendido como sinônimo de bem. Coisa ou bem é, portanto, noção que abrange,

---

[1] Clóvis Beviláqua, *Teoria geral do direito civil*, 7. ed., Rio de Janeiro: Paulo de Azevedo, 1955, p. 151-152.

na atualidade, tanto os objetos materiais quanto os imateriais sobre os quais recaiam interesses juridicamente protegidos[2]. Na prática, todavia, a expressão *coisa* acaba sendo usada mais frequentemente ao se tratar de bens que são ou podem ser objeto de direitos reais (o chamado *direito das coisas*). Registre-se que o conceito de bem ou coisa consiste em noção histórica e relativa, já que varia conforme as necessidades do homem em cada época e a sua própria noção de utilidade, tal qual reconhecida pelo direito.

Nessa direção, é de se registrar que nossa doutrina mais tradicional, em franco descompasso com a Constituição brasileira, ainda identifica os bens jurídicos com aquilo que pode ser apropriado com exclusividade pelo homem. Trata-se de vício metodológico, vinculado à identificação entre o direito subjetivo e o direito de propriedade, que, em forte conotação patrimonialista, acaba por considerar como bem jurídico apenas aquilo que pode ser submetido à apropriação exclusiva de um indivíduo. Muito ao contrário, a proteção constitucional a interesses difusos e coletivos, de cunho extrapatrimonial, insuscetíveis de apropriação exclusiva, não retira do seu objeto (por exemplo, o meio ambiente, os bens culturais, os bens históricos etc.) o caráter de bem jurídico, cuja titularidade é atribuída a todas as pessoas sem que o objeto em si pertença a ou possa ser apropriado com exclusividade por alguém. É o interesse do homem, valorado pelo ordenamento jurídico, que converte determinada coisa em bem jurídico, merecedor de proteção, independentemente de adentrar o patrimônio individual de quem quer que seja.

Em uma perspectiva civil-constitucional, é preciso ter em mente que a pessoa não pode jamais ser um bem. Pessoa é sujeito de direito, enquanto bem é objeto de direito. Qualquer redução, total ou parcial, da pessoa a objeto de uma situação jurídica implica afronta ao princípio constitucional da dignidade humana. Vale aqui, em suas devidas proporções, a máxima kantiana segundo a qual os bens têm *valor*, as pessoas têm *dignidade*. As noções de pessoa e bem não podem se confundir. As pessoas são titulares de direitos, enquanto os bens são objetos de direito. É emblemática a definição do art. 202 do Código Civil português, segundo o qual "diz-se coisa tudo aquilo que pode ser objecto de relações jurídicas".

---

2 Contra: Caio Mário da Silva Pereira, *Instituições de direito civil*, 29. ed., atualizada por Maria Celina Bodin de Moraes, Rio de Janeiro: Forense, 2016, v. I, p. 338. Para ele o termo "coisa" deve ser reservado para os objetos materiais e "bens" para os imateriais.

2. Tendências atuais

O estudo dos bens recebe, nessa perspectiva, um renovado influxo. A análise estática, por meio de infindáveis classificações em abstrato (bens móveis e imóveis, corpóreos e incorpóreos, fungíveis e infungíveis etc.), vem perdendo espaço para propostas centradas sobre o papel que tais bens desempenham na relação jurídica concretamente estabelecida entre as pessoas. Impõe-se, em síntese, uma análise funcional dos bens jurídicos: "para cada bem, portanto, definido com sua específica destinação, finalidade e função, o ordenamento reserva regime jurídico que o singulariza"[3].

Foi esta a perspectiva adotada pelo STF ao examinar a extensão da imunidade tributária concedida pela Constituição a "livros, jornais, periódicos e o papel destinado a sua impressão" (art. 150, VI, *d*), a livros eletrônicos (*e-books*) e os suportes dedicados exclusivamente a acessá-los. Concluiu o tribunal que "o art. 150, VI, *d*, da Constituição não se refere apenas ao método gutenberguiano de produção de livros, jornais e periódicos. O vocábulo 'papel' não é, do mesmo modo, essencial ao conceito desses bens finais. O suporte das publicações é apenas o continente (*corpus mechanicum*) que abrange o conteúdo (*corpus misticum*) das obras. O corpo mecânico não é o essencial ou o condicionante para o gozo da imunidade, pois a variedade de tipos de suporte (tangível ou intangível) que um livro pode ter aponta para a direção de que ele só pode ser considerado como elemento acidental no conceito de livro. A imunidade de que trata o art. 150, VI, *d*, da Constituição, portanto, alcança o livro digital (*e-book*)"[4].

Essa abordagem torna-se especialmente relevante nas relações que envolvam pessoas humanas. Assim, mais importante que classificar um bem como móvel ou imóvel, corpóreo ou incorpóreo, fungível ou infungível, torna-se identificar, por exemplo, os *bens essenciais* a que todas as pessoas devem ter acesso, à luz da ordem jurídica brasileira[5]. Fala-se, ainda nesse sentido, de um

---

3   Gustavo Tepedino, Livro (eletrônico) e o perfil funcional dos bens jurídicos na experiência brasileira, in Dário Moreira Vicente et al., *Estudos de direito intelectual em homenagem ao Prof. Dr. José de Oliveira Ascensão*, Coimbra: Almedina, 2015, p. 272.

4   STF, Tribunal Pleno, RE 330.817/RJ, rel. Min. Dias Toffoli, e RE 595.676/RJ, rel. Min. Marco Aurélio, j. 8-3-2017.

5   Nesse sentido, a proposta da professora Teresa Negreiros quanto ao reconhecimento de um *paradigma da essencialidade*, a permitir a classificação dos bens em essenciais, úteis e supérfluos, tomando por critério a sua utilidade existencial, ou seja, seu grau de relevância para a conservação da dignidade de quem deles necessita, a fim de determinar um regime mais ou menos tutelar às relações jurídicas que os tenham por objeto. Cf.: Teresa Negreiros, *Teoria do contrato: novos paradigmas*, 2. ed., Rio de Janeiro: Renovar: 2006, p. 459-485.

patrimônio mínimo, a que todas as pessoas humanas fariam jus como instrumento necessário a garantir o exercício de seus direitos fundamentais[6]. Embora alguns passos importantes já tenham sido dados nessa nova direção pelo direito brasileiro, como a instituição da proteção legal ao bem de família, que será detalhada mais adiante, o certo é que ainda há aqui uma longa estrada a percorrer.

3. Direito dos animais

Dentre as novas tendências em matéria de bens, tem-se o crescente reconhecimento da necessidade de um tratamento jurídico diferenciado aos animais. Se, por um lado, é certo que os animais não são sujeitos de direito, não podendo figurar como titulares de direitos ou obrigações, por outro lado, parece cada vez mais difícil manter o tratamento dado aos animais pelo Código Civil brasileiro, em que os animais (semoventes) são contemplados simplesmente como bens ou coisas.

Toda a legislação protetiva dos chamados "direitos dos animais"[7] revela, em última análise, que os animais, conquanto objeto de direito, são destinatários senão de relações afetivas (as quais, em teoria, somente poderiam ser estabelecidas entre dois sujeitos), ao menos de aspirações afetivas da pessoa humana, consistindo, por isso mesmo, em partícipes da realização de seus interesses existenciais. Daí legislações mais recentes terem optado por um caminho intermediário: sem elevar os animais a sujeitos de direito, outorgam-lhes, todavia, uma especial proteção do ordenamento jurídico. Foi o que fez o Código Civil da Hungria, ao dispor que as "disposições relativas às coisas se aplicam aos animais de modo compatível com a legislação especial que estabelece derrogações em conformidade com sua natureza" (§ 5:14, 3). Também o Código Civil da República Tcheca: "Animais vivos possuem especial importância e valor enquanto seres vivos dotados de sentidos. Animais vivos não são coisas; disposições relativas a coisas serão aplicáveis aos

---

6   Luiz Edson Fachin, *Estatuto jurídico do patrimônio mínimo*, 2. ed., Rio de Janeiro: Renovar, 2006, *passim*. Ver também: Eroulths Cortiano Jr., Para além das coisas: breve ensaio sobre o direito, a pessoa e o patrimônio mínimo, in Carmem Lucia Silveira Ramos et al., *Diálogos sobre direito civil*, Rio de Janeiro: Renovar: 2002, v. I, p. 161-163.

7   No Brasil, ver, além da própria Constituição (art. 225, § 1º, VII), as Leis n. 5.197/67, n. 7.173/83 e n. 9.605/98, que asseguram, entre outros, os seguintes "direitos" aos animais: proibição a maus-tratos, vedação do exercício de caça, pesca e comércio de determinadas espécies (ou em determinados períodos) e obrigatoriedade de assistência profissional médico-veterinária em jardins zoológicos.

animais somente na medida em que não forem incompatíveis com a sua natureza" (§ 494). O tradicional Código Civil francês foi igualmente modificado, pela Loi nº 2015-177, para prever que "os animais são seres vivos dotados de sensibilidade. Salvo disposição especial que os proteja, os animais são submetidos ao regime dos bens" (art. 515-14). Por fim, o Código Civil português passou, por meio da Lei n. 8/2017, a afirmar: "Os animais são seres vivos dotados de sensibilidade e objeto de proteção jurídica em virtude da sua natureza" (art. 201-B)[8].

Longe de representar um capítulo inusitado da teoria geral do direito civil, a questão do tratamento jurídico reservado aos animais espelha, a rigor, a valorização dos interesses existenciais da pessoa humana sobre alguns entes especiais, que, embora não constituam sujeitos de direito à luz da ordem jurídica e se diferenciem ontologicamente do ser humano, exprimem a realização de um interesse existencial do ser humano, merecedor de proteção privilegiada, qual seja, a sua especial afeição por todos os seres vivos e, em última análise, pelo próprio ecossistema em que o ser humano se insere.

> Debate sobre a "guarda" de animais de estimação. O autor discutirá a posição do STJ acerca do problema do destino do animal de estimação após o fim do relacionamento do casal e o eventual direito de visitação.
> Acesse também pelo *link*: https://uqr.to/1xgtc

4. Os bens no Código Civil de 2002

Essas novas tendências, que já vinham sendo debatidas na virada do século, bem poderiam se ter refletido no Código Civil de 2002. A codificação, contudo, pela própria desatualidade do projeto que lhe deu origem, repetiu substancialmente a estrutura e as disposições do Código Civil de 1916 sobre a matéria, limitando-se a correções técnicas pontuais. Já o Relatório Geral do Projeto que deu origem à nova codificação advertia que "na disciplina dos bens

---

8   Tramita no Congresso Nacional o PL n. 6.054/2019, que dispõe sobre a natureza jurídica dos animais domésticos e silvestres. O projeto pretende reconhecer os animais como seres sencientes, ou seja, dotados de natureza emocional e capazes de sentir dor. Assim, eles deixariam de ser considerados bens móveis, conforme disposto no art. 82 do Código Civil, e passariam a ser dotados de "natureza jurídica *sui generis*", tornando-os "sujeitos com direitos despersonificados" (art. 3º). O projeto foi aprovado em agosto de 2019 pelo Senado Federal, pendendo ainda de aprovação pela Câmara dos Deputados no momento de envio dos originais desta edição para a Editora.

praticamente nada foi alterado"[9]. Com efeito, a Parte Geral da nossa atual codificação limita-se a classificar os bens em diferentes espécies. Não há aí uma *teoria geral dos bens*, como, às vezes, informam os manuais em nítido exagero. Nem se preocupou o legislador em traçar diretrizes substanciais para a apropriação e o uso dos bens na realidade social brasileira, como propunha a mais avançada doutrina. Limitou-se, em abordagem puramente estrutural, a uma verdadeira *taxonomia dos bens*, aglutinando diferentes classificações, acompanhadas de algumas poucas regras relativas a cada espécie contemplada.

5. Bens móveis e imóveis

A distinção entre bens móveis e imóveis, considerada por diversos autores como a "mais natural"[10], foi também a primeira contemplada pelo Código Civil. Com efeito, padece nossa legislação de certo fetichismo da coisa imóvel, pois insiste em dotar os imóveis de uma estabilidade do título dominial que não se verifica em relação aos bens móveis. Por exemplo: (a) a transmissão da propriedade do bem imóvel exige formalidades dispensadas para a transmissão do bem móvel (CC, arts. 1.245 e 1.267); (b) a transmissão do bem imóvel depende, na maior parte dos casos, da outorga do cônjuge do titular do bem (CC, art. 1.647, I); (c) os prazos para aquisição de bem imóvel por usucapião são mais longos que os previstos, em circunstâncias semelhantes, para os bens móveis (CC, arts. 1.238, 1.239, 1.240, 1.260 e 1.261); (d) o *situs* da coisa define a competência nas ações que versam sobre direitos reais incidentes sobre bem imóvel (CPC, art. 47).

Se tais peculiaridades eram compreensíveis em uma economia essencialmente agrícola, centrada sobre a propriedade da terra, hoje perderam muito de sua razão em ser, em virtude do incremento da riqueza mobiliária, especialmente por meio de ações de sociedades anônimas, debêntures, quotas de fundos de investimentos, automóveis de luxo e outros bens móveis que exprimem, não raro, valor econômico superior ao dos bens imóveis. Mais: a asfixia do espaço urbano e a desigual distribuição de terras no campo, problemas que assolam gravemente a sociedade brasileira, estão a exigir uma disciplina mais flexível dos bens imóveis, calcada não em uma vetusta estabilidade do título de propriedade, mas sim no seu *aproveitamento útil* e no atendimento de sua *função social*, como expressamente determina o texto constitucional.

---

9   Relatório Geral, p. 29.
10 Caio Mário da Silva Pereira, *Instituições de direito civil*, cit., v. I, p. 347.

O Código Civil de 2002 perdeu, nesse sentido, a oportunidade de traçar uma disciplina efetivamente funcionalizada dos bens imóveis, limitando-se a repetir, com pontuais alterações, aquilo que já constava da codificação de 1916: um elenco de definições e regras de caráter puramente estrutural, que exibem maior compromisso com o conceitualismo oitocentista que com a concretização dos valores constitucionais nas relações privadas. As poucas alterações em relação à codificação anterior suscitaram controvérsias acadêmicas, mas causaram pouco ou nenhum impacto concreto na realidade fundiária brasileira.

6. Definição de bens imóveis

O art. 79 do Código Civil de 2002 afirma que "são bens imóveis o solo e tudo quanto se lhe incorporar natural ou artificialmente", não discriminando mais as acessões naturais, físicas ou intelectuais, como fazia o Código Civil de 1916 no art. 43, I a III. O novo dispositivo desencadeou celeuma doutrinária acerca da permanência, no novo diploma, da antiga classe dos bens imóveis por acessão intelectual. Na I Jornada de Direito Civil, promovida pelo Centro de Estudos Judiciários do Conselho da Justiça Federal, foi aprovado enunciado no sentido de que "não persiste no novo sistema legislativo a categoria dos bens imóveis por acessão intelectual, não obstante a expressão 'tudo quanto se lhe incorporar natural ou artificialmente', constante da parte final do art. 79 do CC". Alvo de veementes críticas por ter dilatado excessivamente o conceito de bem imóvel, nosso legislador – na esteira do que já havia feito o legislador italiano – substituiu a imobilização por acessão intelectual pelo instituto das *pertenças*, que será analisado mais à frente neste mesmo capítulo.

Merece destaque, ainda, a categoria dos *bens imóveis por determinação legal*, dentre os quais o art. 80 inclui "os direitos reais sobre imóveis e as ações que os asseguram" e "o direito à sucessão aberta". Trata-se de verdadeira "ficção da lei"[11], destinada a atribuir maior gravidade, solenidade e segurança à transmissão desses direitos. O Código Civil de 2002 deixou de inserir no rol dos imóveis por definição legal as apólices da dívida pública oneradas com cláusula de inalienabilidade, a que fazia menção a codificação de 1916, razão pela qual tais bens voltam ao seu estado natural de bens móveis.

---

11 Silvio Rodrigues, *Direito civil: parte geral*, 32. ed., São Paulo: Saraiva, 2002, p. 126.

7. Definição de bens móveis

Os bens móveis são aqueles suscetíveis de movimento próprio (semoventes), ou passíveis de remoção por força alheia sem alteração da sua substância ou destinação econômico-social (art. 82). A referência à *destinação econômico-social* vem flexibilizar o antigo posicionamento segundo o qual a distinção entre coisas móveis e imóveis atendia simplesmente a um critério físico ou natural. O art. 81 do Código Civil enfatiza o critério da destinação econômico-social ao conservar a qualificação de bens imóveis em relação às "edificações que, separadas do solo, mas conservando sua unidade, forem removidas para outro local", bem como em relação aos "materiais provisoriamente separados de um prédio para nele se reempregarem".

Nada impede que o legislador atribua aos bens móveis, em determinadas hipóteses, alguma característica que é própria da disciplina dos bens imóveis, como corre com a hipoteca (garantia real sobre bens imóveis), que a lei faz recair também sobre navios e aeronaves (art. 1.473, VI e VII), bens que, nem por isso, perdem seu caráter de bens móveis.

8. Bens fungíveis e infungíveis

Segundo velha definição romana, as coisas fungíveis são as que se medem, se pesam ou se contam; modernamente, diz-se que as coisas fungíveis não se identificam pela sua individualidade, mas pela quantidade e qualidade, enquanto as infungíveis têm individualidade própria[12]. O Código Civil definiu os bens fungíveis no seu art. 85, afirmando que "são fungíveis os móveis que podem substituir-se por outros da mesma espécie, qualidade e quantidade". Em outras palavras, "as coisas fungíveis guardam entre si uma relação de equivalência, o que lhes atribui um mesmo poder liberatório, e significa que o devedor tem a faculdade de se quitar da obrigação, entregando ao credor uma coisa em substituição à outra, desde que do mesmo gênero, da mesma qualidade, e na mesma quantidade"[13]. As coisas infungíveis, ao contrário, consistem em bens individuados, o que impede que o devedor entregue outros bens da mesma natureza em cumprimento de sua obrigação.

---

12 Arnoldo Wald, *Curso de direito civil brasileiro*, 7. ed., São Paulo: Revista dos Tribunais, 1995, v. I, p. 158.
13 Caio Mário da Silva Pereira, *Instituições de direito civil*, cit., v. I, p. 356.

São exemplos de bens fungíveis os tomates que o agricultor se obriga a entregar ao distribuidor de produtos agrícolas. É exemplo de bem infungível o quadro específico de um certo artista plástico que um colecionador de arte adquire em leilão. É de se notar que a classificação dos bens como fungíveis ou infungíveis não deve ser feita em abstrato, mas sim com base no interesse concreto das partes de cada relação jurídica. Assim, um boi pode ser bem fungível se vendido pelo pecuarista que se desfaz de certo número de cabeças de gado, mas pode ser bem infungível se vendido pelo mesmo pecuarista a um comprador que pretende adquirir aquele boi específico, animal reprodutor premiado em feiras pecuárias por sua particular genética, que representa garantia de uma prole futura de qualidade. Da mesma forma, moedas e notas de dinheiro são bens fungíveis quando utilizadas como meio de pagamento, mas serão bens infungíveis se, já em desuso, são adquiridas por um colecionador interessado em sua peculiar individualidade.

9. Infungibilidade dos bens imóveis

O Código Civil reforçou a difundida noção que nega aos bens imóveis a possibilidade de serem fungíveis. Alguns autores ressaltam, todavia, que tal diretriz, se corresponde ao que é mais corriqueiro na vida prática, não pode ser tomada em sentido absoluto, bastando-se, por exemplo, cogitar do "caso de vários proprietários comuns de um loteamento ajustarem partilhar entre si os lotes ao desfazerem a sociedade: um que se retire receberá *certa quantidade de lotes*, que são havidos como coisas fungíveis, até o momento da lavratura do instrumento, pois que o credor não é o do corpo certo, mas de coisas determinadas tão somente pelo gênero, pela qualidade e pela quantidade"[14]. É também esse nosso posicionamento, coerente com a advertência de que a qualificação dos bens como fungíveis ou infungíveis depende, fundamentalmente, do concreto interesse das partes em cada relação jurídica.

10. Efeitos da distinção

A distinção entre bens fungíveis e não fungíveis é relevante, produzindo efeitos jurídicos diferenciados. Pode-se mencionar, a título ilustrativo, as seguintes consequências da distinção: o empréstimo de coisas fungíveis configura

---

14 Caio Mário da Silva Pereira, *Instituições de direito civil*, cit., v. I, p. 357.

mútuo (CC, arts. 586), ao passo que o empréstimo de coisas não fungíveis constitui-se em comodato (CC, art. 579); o depósito de coisas fungíveis segue a disciplina do mútuo (CC, art. 645); a fungibilidade das dívidas é requisito para que se opere a compensação (CC, art. 369); o legado de coisa fungível será cumprido ainda que tal coisa inexista entre os bens deixados pelo testador (CC, art. 1.915). A ideia de fungibilidade repercute também, como se verá mais adiante, no terreno específico das obrigações de fazer, pois a prestação devida pode traduzir *fazer fungível*, que pode ser prestado por um terceiro (por exemplo, pintar uma casa), ou *fazer infungível*, quando só interessa ao credor o serviço prestado pelo próprio devedor (por exemplo, pintar um quadro artístico). A distinção tem relevância para solucionar a questão da inexecução da prestação: enquanto na hipótese de fazer fungível, o credor pode recorrer a um substituto para realizar a prestação, às custas do devedor (art. 249), o mesmo procedimento não se aplica na hipótese de fazer infungível, já que a prestação por substituto afigura-se incompatível com a própria obrigação. O tema será examinado, em detalhe, mais adiante, no estudo do direito das obrigações.

11. Bens consumíveis e inconsumíveis

O Código Civil distingue, ainda, os bens móveis em consumíveis e inconsumíveis. Os bens consumíveis (*usu consumuntur*, no dizer dos romanos) são aqueles cujo uso implica a destruição imediata de sua própria substância (*consumibilidade natural*), sendo também considerados consumíveis aqueles bens que se destinam à alienação (*consumibilidade jurídica*). Inconsumíveis são, ao contrário, aqueles bens que admitem uso constante, ou seja, que não são destruídos ou descartados por meio de sua utilização. Assim, são apontados como exemplos de bem consumível os alimentos e os livros destinados à venda que se encontram em uma livraria. Exemplo de bem inconsumível é o mesmo livro na propriedade de um estudante de direito.

Registre-se que os bens inconsumíveis podem estar sujeitos a uma *deterioração gradativa* pelo uso. Isso, no entanto, não os torna consumíveis. Vale lembrar que a vontade das partes pode tornar inconsumível um bem consumível, como no caso do pescador que empresta o enorme peixe capturado para fotografia e posterior devolução (*ad pompam vel ostentationis causam*). Note-se que, embora os bens fungíveis sejam normalmente consumíveis, os conceitos de fungibilidade e consumibilidade não se confundem. A ideia de fungibilidade tem em vista, conforme já visto, a relação entre bens da mesma natureza, dizendo respeito à possibilidade de sua substituição, ao passo que a ideia de consumibilidade leva em conta a destinação do bem. Assim, em exemplo real, o agricultor que leva a leilão a maior abóbora já colhida tem, em suas mãos, um bem infungível. Ainda assim, será considerado consumível (consumibilidade jurídica), por estar sendo levado à venda.

12. Efeitos da distinção

À exceção do art. 86, que os define, os bens consumíveis são mencionados pelo Código Civil uma única vez, no art. 1.392, em que se lê:

> Salvo disposição em contrário, o usufruto estende-se aos acessórios da coisa e seus acrescidos.
>
> § 1º Se, entre os acessórios e os acrescidos, houver coisas consumíveis, terá o usufrutuário o dever de restituir, findo o usufruto, as que ainda houver e, das outras, o equivalente em gênero, qualidade e quantidade, ou, não sendo possível, o seu valor, estimado ao tempo da restituição.

Como se vê, o próprio legislador cogita da hipótese de os bens consumíveis serem infungíveis, não podendo ser substituídos por equivalentes, caso em que o usufrutuário pagará ao nu-proprietário o seu valor ao tempo da restituição, como se verá adiante, no estudo do usufruto.

13. Bens divisíveis e indivisíveis

Outra distinção trazida pelo Código Civil diferencia os bens em divisíveis e indivisíveis. Na atualidade, salienta-se que a divisibilidade é própria de todos os corpos, pois, fisicamente, pode-se dividir até o átomo, antes considerado indivisível, e muitas descobertas mais recentes da ciência advêm de estudos e pesquisas realizadas em partículas que se encontram abaixo da escala nanométrica (1 nanômetro = 1 bilionésimo do metro). Do ponto de vista jurídico, contudo, são considerados divisíveis apenas aqueles bens "que se podem fracionar sem alteração na sua substância, diminuição considerável de valor ou prejuízo do uso a que se destinam" (art. 87). A definição é mais adequada que aquela que constava do Código Civil de 1916, restrita às características substanciais da coisa. Realça, também aí, o legislador a destinação socioeconômica do bem, dando ensejo a uma interpretação calcada no aspecto funcional da relação jurídica concreta.

No ilustrativo exemplo de Silvio Venosa, um diamante pode ser dividido em sua substância, mas isso implicaria perda significativa de valor, razão pela qual, embora fisicamente divisível, deve ser reputado juridicamente indivisível, se sua destinação socioeconômica é a venda. Admite-se, ainda, que um bem naturalmente divisível seja tornado indivisível por determinação legal ou pela vontade das partes (art. 88). Exemplo de bem legalmente indivisível é o do muro que separa terrenos contíguos. Exemplo de bem tornado indivisível pela vontade das partes é o da biblioteca (coleção de livros) que, embora fisicamente partilhável, o testador determina seja mantida em sua integridade.

14. Bens singulares e coletivos

A distinção entre bens singulares e coletivos apresenta pouco interesse prático, sendo sua previsão legislativa atribuída a simples "reminiscência de intermináveis discussões dos glosadores, herdadas pelo direito moderno"[15]. Talvez por isso, o Código Civil de 2002 tenha adotado técnica diversa da codificação anterior, limitando-se a definir os bens singulares como os que se consideram *de per si*, independentemente dos demais (art. 89), e passando, logo, ao tratamento dos bens coletivos ou universalidades.

O legislador não define, todavia, o que entende por bens coletivos ou universalidades, podendo-se invocar aqui o conceito de Clóvis Beviláqua: "Coisas coletivas (*universitates rerum*) são as que, sendo compostas de várias coisas singulares, se consideram em conjunto, formando um todo"[16]. Na esteira do direito romano, contempla nossa codificação civil duas espécies de universalidade: (a) a universalidade de fato (*universitas facti*) considerada como a pluralidade de bens singulares que, pertinentes à mesma pessoa, tenham destinação unitária (art. 90); e (b) a universalidade de direito (*universitas juris*), considerada como o "complexo de relações jurídicas, de uma pessoa, dotadas de valor econômico" (art. 91).

A doutrina acrescenta que, enquanto a universalidade de fato decorre da vontade do titular dos bens singulares (*v.g.*, rebanho, biblioteca, frota de navios), a universalidade de direito decorre sempre de determinação da lei (*v.g.*, patrimônio e herança). Daí decorre que a universalidade de direito não atende a uma razão uniforme, realizando-se para diversos fins, de tal maneira que a

---

15 Caio Mário da Silva Pereira, *Instituições de direito civil*, cit., v. I, p. 361.
16 Clóvis Beviláqua, *Teoria geral do direito civil*, cit., p. 171.

categoria acaba não contando com uma disciplina jurídica única. Destaca-se, ainda sobre o tema, que "a universalidade de fato não pode ser considerada uma coisa sobre a qual se tenha propriedade distinta do domínio que se tenha dos *capita aliena*", pois "a conexão econômica que existe entre as unidades do todo não cria uma nova *coisa*"[17].

15. Patrimônio

À universalidade de direito formada pelo complexo de situações jurídicas subjetivas patrimoniais titularizadas por uma pessoa denomina-se *patrimônio*. O ordenamento jurídico confere a esse conjunto de direitos de conteúdo mutável um tratamento unitário para que possa, nessa qualidade, promover interesses merecedores de tutela, sendo o exemplo mais evidente de função desempenhada pelo patrimônio o de servir como garantia geral dos credores[18].

Sob influência da teoria clássica formulada por Aubry e Rau, é comum a associação pela doutrina entre as noções de patrimônio e personalidade, afirmando-se que o patrimônio seria "a projeção econômica da personalidade civil"[19]. Tal associação traz grave risco, por ignorar a distinção qualitativa entre os interesses patrimoniais e os de natureza existencial, que gozam de proteção diferenciada à luz de sua posição axiologicamente superior[20]. Discute a doutrina, ademais, se o patrimônio abrangeria apenas as situações ativas (*v.g.* propriedade, crédito), ou se também incluiria as situações passivas (como as dívidas)[21].

Corolário da teoria clássica é o postulado da unidade, pelo qual a cada pessoa corresponderia apenas um patrimônio. Superada a indevida associação entre personalidade e patrimônio, e entendido esse como uma universalidade de direito, nada impede que uma mesma pessoa seja titular de mais de um patrimônio, convivendo o patrimônio geral com o *patrimônio separado* (ou *patrimônio*

---

17 Orlando Gomes, *Introdução ao direito civil*, 10. ed., Rio de Janeiro: Forense, 1988, p. 236-237.
18 Milena Donato Oliva, O patrimônio no direito brasileiro, in Gustavo Tepedino (Coord.), *O Código Civil na perspectiva civil-constitucional: parte geral*, Rio de Janeiro: Renovar, 2013, p. 200.
19 Clóvis Beviláqua, *Teoria geral do direito civil*, cit., p. 153.
20 Gustavo Tepedino, A tutela da personalidade no ordenamento civil-constitucional brasileiro, in *Temas de direito civil*, 4. ed., Rio de Janeiro: Renovar, 2008, p. 58.
21 Caio Mário da Silva Pereira, *Instituições de direito civil*, cit., v. I, p. 329-330.

de afetação), tutelado com o escopo de realizar uma função específica. Uma vez que o patrimônio destacado se submete a regime jurídico diferenciado para o atendimento de suas finalidades, tornando-se total ou parcialmente imune à ação dos credores gerais, impõe-se que sua criação se dê por lei[22].

Registre-se, ainda, que, na esteira do processo de funcionalização das situações patrimoniais à promoção da dignidade humana, tornou-se célebre a proposição de Luiz Edson Fachin quanto ao reconhecimento de um *patrimônio mínimo* à pessoa natural, como "garantia patrimonial que integra sua esfera jurídica", "mensurado consoante parâmetros elementares de uma vida digna e do qual não pode ser expropriada ou desapossada"[23]. O adjetivo mínimo é usado aí, como se vê, não no sentido de diminuto, mas no sentido de essencial e indispensável a assegurar os meios materiais para o gozo da personalidade humana.

16. Bens principais e acessórios

Os bens podem ser classificados não apenas quando considerados em si mesmos, mas também quando considerados reciprocamente. Nesse sentido, repetindo a codificação de 1916, o Código Civil atual conceitua o bem principal como aquele que existe "sobre si, abstrata ou concretamente". Bem acessório, ao revés, é "aquele cuja existência supõe a do principal" (art. 92). Como adverte San Tiago Dantas, o verbo "existir" na definição legal precisa ser esmiuçado: "Existir, aí, quer dizer preencher os seus fins, preencher a sua função econômica. As rodas de um veículo podem existir perfeitamente separadas do veículo; mas dizemos que elas são acessórias do veículo porque elas não preenchem o seu fim senão ligadas a ele"[24]. O critério, portanto, deve ser, mais uma vez, o fim para o qual o bem é tomado em consideração.

17. Princípio da gravitação jurídica

A distinção entre bens principais e acessórios tem importante consequência diante do chamado *princípio da gravitação jurídica*, segundo o qual o

---

22 Milena Donato Oliva, *Patrimônio separado: herança, massa falida, securitização de créditos imobiliários, incorporação imobiliária, fundos de investimento imobiliário, trust*, Rio de Janeiro: Renovar, 2009, p. 217-278.
23 Luiz Edson Fachin, *Estatuto jurídico do patrimônio mínimo*, cit., p. 1.
24 San Tiago Dantas, *Programa de direito civil*, Rio de Janeiro: Ed. Rio, 1977, v. I, p. 235.

acessório segue a sorte do principal (*accessorium sequitur principale*, no dizer dos romanos). É o que determinava expressamente o art. 59 do Código Civil de 1916, e, muito embora a norma não tenha sido expressamente repetida na atual codificação civil, sua subsistência é unânime na nossa doutrina, já que entendimento contrário tornaria inútil a própria distinção entre bens principais e acessórios, uma vez que a lei não lhe reserva explicitamente nenhuma outra consequência.

Alguns reflexos do princípio da gravitação jurídica podem, ademais, ser colhidos em outros trechos da codificação: por exemplo, (a) a obrigação de dar coisa certa abrange seus acessórios, ainda que não mencionados, exceto se o contrário resultar do título ou das circunstâncias do caso (CC, art. 233); (b) a nulidade da obrigação principal importa a da obrigação acessória, como se vê na cláusula penal e na fiança; e (c) na disposição de um crédito são abrangidos todos os seus acessórios (art. 287).

A legislação destaca, dentre os bens acessórios, os *frutos*, os *produtos*, as *benfeitorias* e as *pertenças*, cuidando de sua disciplina nos arts. 95 a 97 do Código Civil.

18. Frutos e produtos

Frutos e produtos são utilidades que se retiram do bem principal. "Enquanto a separação do fruto não altera a substância da coisa principal, a extração do produto determina sua progressiva diminuição"[25]. É que, ao contrário dos produtos, os frutos se reproduzem periodicamente (*fructus est quid ex re nasci et renasci solet*). Assim, as pedras de uma pedreira ou o ouro de uma mina são produtos. O leite de uma vaca e as maçãs de um pomar são frutos. O critério distintivo assenta, portanto, na existência de um ciclo reprodutivo, que não degrada ou reduz o bem principal.

Diferenciam-se os frutos em (a) *percebidos* ou *colhidos*, quando já destacados do bem principal; (b) *pendentes*, assim entendidos os que ainda não foram e ainda não deveriam ter sido separados do bem principal; e, finalmente, (c) *percipiendos*, quando já deveriam ter sido colhidos, mas não o foram. A distinção tem grande relevância, especialmente no tocante aos efeitos da posse, como será visto adiante. Os frutos podem ser ainda classificados em *naturais, industriais* e *civis*. São naturais os que derivam da força orgânica da coisa principal;

---

25 Orlando Gomes, *Introdução ao direito civil*, cit., p. 241.

industriais os que derivam do esforço humano; e civis os rendimentos derivados da coisa, como juros, aluguéis e rendas.

Tanto frutos quanto produtos podem ser objeto de negócio jurídico, ainda que não separados do bem principal (art. 95). A distinção entre frutos e produtos apresenta, contudo, utilidade, fazendo-se sentir sobretudo na delimitação de certos direitos de gozo, como usufruto, que dá ao usufrutuário direito aos frutos da coisa (art. 1.394), não já aos produtos, como será examinado no estudo dos direitos reais.

19. Benfeitorias

Benfeitorias são as "obras ou despesas feitas na coisa, com o fim de conservá-la, melhorá-la, ou embelezá-la"[26]. Os romanos as denominavam *impensae* (despesas), pois configuravam despesas efetuadas para conservar, melhorar ou embelezar a coisa. À tríplice função corresponde a distinção, herdada da tradição romana, entre benfeitorias (a) necessárias, (b) úteis ou (c) voluptuárias. São necessárias as benfeitorias que têm por fim conservar o bem ou evitar que se deteriore. São úteis as benfeitorias que aumentam ou facilitam o uso do bem. E, por fim, são voluptuárias as de mero deleite ou recreio, que não aumentam o uso habitual do bem, ainda que o tornem mais agradável ou sejam de elevado valor (art. 96).

A aplicação concreta dessa classificação não pode prescindir da análise do contexto socioeconômico em que se dá o melhoramento nem da qualidade do bem principal que vem a sofrer o acréscimo. Por exemplo, "aquilo que num casebre traduziria um luxo indizível pode acrescentar pouco a um luxuoso palacete"[27]. Na vida prática, é muitas vezes difícil definir se uma obra foi feita com o propósito de incrementar o uso do bem ou para mera conservação da coisa. Mesmo porque não é raro que os propósitos se combinem. Quem troca um quadro de luz de um apartamento por outro de espécie mais moderna tem, a um só tempo, a finalidade de conservar o imóvel, evitando eventual sobrecarga e curto-circuito das fiações, e a finalidade de ampliar o seu uso, permitindo a instalação de mais numerosos e potentes eletrodomésticos.

---

26   Caio Mário da Silva Pereira, *Instituições de direito civil*, cit., v. I, p. 366.
27   Gustavo Tepedino, Heloisa Helena Barboza e Maria Celina Bodin de Moraes (Coords.), *Código Civil interpretado conforme a Constituição da República*, 2. ed., Rio de Janeiro: Renovar, 2007, v. I, p. 200.

A classificação das benfeitorias em necessárias, úteis e voluptuárias assume importância significativa na disciplina da posse, dos contratos e de outras matérias. Por exemplo, o possuidor de má-fé tem direito a ser ressarcido das "benfeitorias necessárias" (art. 1.220), mas não das úteis e voluptuárias. Por sua vez, o locatário goza de direito de retenção no caso de benfeitorias necessárias ou, ainda, no caso de benfeitorias úteis realizadas com expresso consentimento do locador (art. 578). Em outro exemplo, o Código Civil autoriza o exercício do direito de retrato, na retrovenda, mediante a restituição pelo vendedor do preço e reembolso das despesas efetuadas pelo comprador, incluindo "as que, durante o período de resgate, se efetuaram com a sua autorização escrita, ou para a realização de benfeitorias necessárias" (art. 505).

Registre-se, por fim, que as benfeitorias devem resultar da ação voluntária de melhorar a coisa. Não se consideram benfeitorias "os melhoramentos ou acréscimos sobrevindos ao bem sem a intervenção do proprietário, possuidor ou detentor" (art. 97), como ocorre no exemplo do imóvel que vem a ganhar bela vista por conta da demolição de viaduto situado à sua frente.

20. O problema das pertenças

Inovando em nossa tradição jurídica, o Código Civil de 2002 abandonou, como já visto, a categoria dos bens imóveis por acessão intelectual. Em seu lugar, tratou das chamadas *pertenças*, que definiu como "os bens que, não constituindo partes integrantes, se destinam, de modo duradouro, ao uso, ao serviço ou ao aformoseamento de outro" (art. 93). Tal destinação deve ser objeto de aferição por critérios objetivos[28], descolada de cogitações acerca da vontade do titular do bem principal, como se extrai do Enunciado n. 535 da VI Jornada de Direito Civil: "Para a existência da pertença, o art. 93 do Código Civil não exige elemento subjetivo como requisito para o ato de destinação". A noção de pertença, produto da doutrina alemã do século XVIII[29], encontrou guarida nos §§ 97 e 311c do BGB, segundo

---

28 Nessa esteira, o STJ já qualificou como pertença o equipamento de monitoramento acoplado a um caminhão, assentando que "atende, de modo duradouro, à finalidade econômico-social do referido veículo, destinando-se a promover a sua localização e, assim, reduzir os riscos de perecimento produzidos por eventuais furtos e roubos, a que, comumente, estão sujeitos os veículos utilizados para o transporte de mercadorias" (STJ, 3ª T., REsp 1.667.227/RS, rel. Min. Marco Aurélio Bellizze, j. 26-6-2018).

29 Mathias Schmoeckel, Joachim Rückert e Reinhard Zimmermann, *Historisch-Kritischer Kommentar zum BGB*, Band I, Tübingen: Mohr Siebeck, 2003, p. 336.

os quais as pertenças devem, na dúvida, ser consideradas abrangidas pelo negócio jurídico que tenha por objeto o bem principal[30]. A doutrina contemporânea europeia tem visto a categoria das pertenças com alguma suspeita, destacando a imensa variabilidade na aplicação concreta do conceito, a depender, a rigor, de um profundo exame do caso concreto, em suas particulares circunstâncias. No exemplo de Cunha Gonçalves, um aparelho de calefação pode ser considerado como pertença ou não a depender das condições climáticas da região em que se situa a casa objeto de uma venda[31]. Daí a crítica de Schlossman, para quem as pertenças não constituem uma categoria dogmática, mas mero predicado interpretativo baseado nos usos locais[32]. Essa insegurança em torno da qualificação de um bem acessório como pertença talvez explique por que o legislador brasileiro, invertendo a orientação traçada no BGB, determinou que "os negócios jurídicos que dizem respeito ao bem principal não abrangem as pertenças, salvo se o contrário resultar da lei, da manifestação de vontade, ou das circunstâncias do caso" (art. 94).

Há quem vislumbre no dispositivo a influência do Código Civil português[33], que, ao tratar das "coisas acessórias ou pertenças", se opôs à tradição romana do *accessorium sequitur principale* para declarar em seu art. 210 que "os negócios jurídicos que têm por objecto a coisa principal não abrangem, salvo

---

30 "§ 97 (1) Zubehör sind bewegliche Sachen, die, ohne Bestandteile der Hauptsache zu sein, dem wirtschaftlichen Zwecke der Hauptsache zu dienen bestimmt sind und zu ihr in einem dieser Bestimmung entsprechenden räumlichen Verhältnis stehen. Eine Sache ist nicht Zubehör, wenn sie im Verkehr nicht als Zubehör angesehen wird. (2) Die vorübergehende Benutzung einer Sache für den wirtschaftlichen Zweck einer anderen begründet nicht die Zubehöreigenschaft. Die vorübergehende Trennung eines Zubehörstücks von der Hauptsache hebt die Zubehöreigenschaft nicht auf"; "§ 311c Verpflichtet sich jemand zur Veräußerung oder Belastung einer Sache, so erstreckt sich diese Verpflichtung im Zweifel auch auf das Zubehör der Sache". Em tradução livre: "§ 97 (1) Pertenças são coisas móveis que, sem serem partes integrantes, são destinadas a servir o fim econômico da coisa principal, colocando-se em uma correspondente relação espacial. Uma coisa não é pertença se assim não for considerada no tráfego. (2) A utilização temporária de uma coisa para servir o fim econômico de outra não caracteriza a pertinencialidade. A separação temporária entre a pertença e a coisa principal não faz cessar a pertinencialidade"; "§ 311c Se alguém se obriga a alienar ou onerar uma coisa, esta obrigação, na dúvida, se estende às suas pertenças".

31 Luiz da Cunha Gonçalves, *Tratado de direito civil em comentário ao Código Civil português*, 2. ed. atualizada e aumentada e 1. ed. brasileira, São Paulo: Max Limonad, 1958, v. III, t. I, p. 89.

32 Schlossman, Ein Fall von latenter Verweisung auf partikuläres Gewohnheitsrecht im BGB, *Jherings jahrbücher für die dogmatik des Bürgerlichen Rechts*, Jena, v. 41, 1900, p. 289-302.

33 Alexandre Pimenta Batista Ferreira, É necessária a figura das pertenças no Código Civil?, *Revista de Informação Legislativa*, Brasília, a. 48, n. 191, jul./set. 2011, p. 7-15, com vasta bibliografia sobre o tema na doutrina estrangeira.

declaração em contrário, as coisas acessórias". Essa inversão – a que Menezes Cordeiro denominou um "aparatoso erro histórico"[34] – não foi seguida, ao menos expressamente, pelo Código Civil brasileiro no tocante aos bens acessórios em geral, mas apenas no tocante às pertenças no já mencionado art. 94, que, em sua parte final, ressalva a possibilidade de que o contrário resulte "das circunstâncias do caso", de tal maneira que, se a finalidade do legislador pátrio foi atribuir maior segurança no tráfego negocial desses bens, pode-se dizer, no mínimo, que não foi feliz na redação do enunciado normativo.

A ausência de tradição no direito brasileiro em torno da categoria das pertenças conduziu a verdadeiro mosaico de opiniões na doutrina que se propôs a comentar o atual Código Civil. Valiosa tentativa de sistematização foi empreendida por Marcelo Calixto, que, calcando-se na distinção entre partes integrantes, pertenças e bens acessórios, afirma que "as primeiras estão irremediavelmente ligadas ao bem, não sendo objeto de relações próprias", ao contrário das segundas, as quais "podem ser destacadas do bem principal, podendo, portanto, ser objeto de relações jurídicas próprias, sendo que, como regra, não seguem a sorte do bem principal", enquanto os bens acessórios seriam, por fim, "entendidos como aqueles que não se enquadram no conceito de partes integrantes nem no de pertença (...), podem ser objeto de negócios jurídicos autônomos, mas, como regra, seguem a sorte do bem principal"[35]. O meritório esforço interpretativo não afasta, contudo, a impressão de que a introdução da categoria das pertenças em nosso ordenamento trouxe mais insegurança que utilidade.

21. Bens públicos

O Código Civil ocupa-se, ainda, dos bens públicos, que define como aqueles que pertencem às pessoas jurídicas de direito público (art. 98). O Enunciado n. 287 da IV Jornada de Direito Civil afirma que o dispositivo não exaure a enumeração dos bens públicos, uma vez que poderiam ser considerados como bens públicos também aqueles que, embora pertencentes a pessoa jurídica de direito privado, estejam afetados à prestação de serviços públicos. O Código Civil repete, ademais, a tripartição que já constava da codificação anterior, dividindo os bens públicos em (a) de uso comum do povo, (b) de uso especial e (c)

---

34 António Menezes Cordeiro, *Tratado de direito civil*, 2. ed., Coimbra: Almedina, 2002, v. I, t. II, p. 170.
35 Marcelo Junqueira Calixto, Dos bens, in Gustavo Tepedino (Coord.), *O Código Civil na perspectiva civil-constitucional: parte geral*, Rio de Janeiro: Renovar, 2013, p. 186.

dominicais, considerando as duas primeiras espécies inalienáveis e remetendo, no tocante à terceira espécie, às exigências da lei para a alienação.

Dispositivo que ainda suscita polêmica é o art. 102 do Código Civil, segundo o qual os bens públicos não estão sujeitos a usucapião. A codificação foi aí mais abrangente que a Constituição, a qual determina que "os imóveis públicos não serão adquiridos por usucapião" (arts. 183, § 3º, e 191, parágrafo único), nada dizendo sobre os bens públicos móveis. De qualquer modo, não se pode deixar de registrar que é rica e complexa, na experiência jurídica brasileira atual, a discussão sobre os efeitos do uso de bens imóveis públicos, especialmente diante da ocupação de encostas de morros e terrenos de marinha por favelas em cidades como Rio de Janeiro e Recife. Se à posse desses terrenos tem sido negado o efeito *ad usucapionem*, nem por isso é possível considerá-la juridicamente irrelevante, havendo que se distinguir entre a posse como meio de aquisição da propriedade, reconhecido pela ordem jurídica, e a posse como estado de fato ao qual a ordem jurídica reconhece relevância e proteção para fins distintos da aquisição do título dominial[36].

22. Bem de família

A codificação civil de 1916 cuidava do chamado bem de família voluntário, originado do instituto norte-americano do *homestead*, criado no Texas em 1839. Trata-se, em termos gerais, de noção voltada a permitir aos integrantes de uma família que instituam, por escritura pública ou por testamento, sobre o seu prédio domiciliar uma proteção contra a execução por dívidas. É célebre sobre a matéria no Brasil uma obra de Álvaro Villaça Azevedo, *Bem de família*, de 1974.

Ao lado do instituto de fonte voluntária, albergado no Código Civil de 1916, a Lei n. 8.009/90 veio, com forte inspiração naquele trabalho doutrinário, instituir o bem de família de fonte legal. O art. 1º da Lei n. 8.009/90 determina que "o imóvel residencial próprio do casal, ou da entidade familiar, é impenhorável e não responderá por qualquer tipo de dívida civil, comercial, fiscal, previdenciária ou de outra natureza, contraída pelos cônjuges ou pelos pais ou filhos que sejam seus proprietários e nele residam, salvo nas hipóteses previstas nesta lei". O parágrafo único acrescenta que "a impenhorabilidade compreende o imóvel sobre o qual se assentam a construção, as plantações, as benfeitorias de

---

36 O tema será detalhado no capítulo atinente à posse.

qualquer natureza e todos os equipamentos, inclusive os de uso profissional, ou móveis que guarnecem a casa, desde que quitados".

O Superior Tribunal de Justiça ampliou, gradativamente, a proteção reservada pela Lei n. 8.009/90 para abranger também devedores solteiros, primeiro ao argumento de que eram "família futura" ou "família em potencial". Mais tarde, em genuína interpretação conforme a Constituição, concluiu a Corte que a extensão da proteção do bem de família aos devedores solteiros derivava da direta aplicação do direito constitucional à moradia, inserido no rol do art. 6º pela Emenda Constitucional n. 26/2000 e que, a rigor, já derivava da cláusula geral de tutela da dignidade humana[37]. Tal orientação jurisprudencial culminou na edição da Súmula 364 do STJ, segundo a qual "o conceito de impenhorabilidade do bem de família abrange também o imóvel pertencente a pessoas solteiras, separadas e viúvas".

Na contramão dessa tendência, o Código Civil de 2002 deixou de cuidar, no livro dedicado aos bens, do bem de família, transferindo a matéria para o livro dedicado ao direito de família. Mesmo aí, continuou cuidando apenas do bem de família de instituição voluntária, "mantidas as regras sobre a impenhorabilidade do imóvel residencial estabelecida em lei especial" (art. 1.711). Perdeu com isso a chance de, considerando uma disciplina mais abrangente do bem de família, dar início a uma efetiva regulação do patrimônio mínimo, a ser garantido a toda pessoa humana. Ainda assim, há na disciplina do bem de família voluntário algumas inovações pontuais dignas de registro: (a) o legislador de 2002 criou o limite de 1/3 do patrimônio líquido existente ao tempo da instituição; (b) permitiu a instituição pelos "cônjuges, ou a entidade familiar" (art. 1.711); (c) permitiu que o bem de família abranja, além do prédio residencial urbano ou rural destinado ao domicílio da família, valores mobiliários, cuja renda será aplicada na "conservação do imóvel e no sustento da família" (arts. 1.712 e 1.713); (d) ocupou-se, mais detidamente, da extinção do bem de família. Registre-se, todavia, que a instituição do bem de família voluntário afigura-se extremamente rara na realidade brasileira, seja por conta da burocracia e dos

---

37 Tal posicionamento já era defendido por parte da doutrina. Seja consentido remeter a: Anderson Schreiber, Direito à moradia como fundamento para impenhorabilidade do imóvel residencial do devedor solteiro, in Carmem Lucia Silveira Ramos et al., *Diálogos sobre direito civil*, Rio de Janeiro: Renovar: 2002, v. I, p. 77-98. Na mesma direção, ver: Rosalice Fidalgo Pinheiro e Katya Isaguirre, O direito à moradia e o STF: um estudo de caso acerca da impenhorabilidade do bem de família do fiador, in Gustavo Tepedino e Luiz Edson Fachin (Orgs.), *Diálogos sobre direito civil*, Rio de Janeiro: Renovar, 2008, v. II, p. 131-164.

custos envolvidos na escrituração pública necessária à sua constituição em vida, seja por conta da proteção mais abrangente que a legislação especial já reserve ao imóvel residencial.

23. Evolução jurisprudencial do bem de família

A análise da jurisprudência revela, de fato, que é o bem de família legal que tem servido de instrumento de tutela em face da cobrança de dívidas, dando ensejo a numerosas controvérsias para a precisa delimitação dos seus contornos[38]. Discute-se, por exemplo, se é constitucional a exceção criada pelo art. 3º, VII, da própria Lei n. 8.009/90, que afasta a impenhorabilidade em caso de "obrigação decorrente da fiança em contrato de locação". A previsão, que não constava da versão original da Lei n. 8.009/90, foi incluída pela Lei do Inquilinato, no alegado afã de proteger o mercado imobiliário. A diversidade de tratamento entre o fiador e o próprio locatário escapa à tradição da disciplina da fiança e suscita dúvidas acerca da constitucionalidade do dispositivo, à luz não apenas do direito constitucional à moradia, mas da isonomia[39]. O STF, todavia, decidiu que a exceção é constitucional, na medida em que cada pessoa é livre para decidir ser ou não fiadora[40]. Tribunais estaduais continuaram, porém, a debater o tema em casos concretos, fazendo com que a matéria chegasse à Segunda Seção do Superior Tribunal de Justiça[41], que reafirmou seu alinhamento ao entendimento consagrado pelo STF, editando a Súmula 549: "É válida a penhora de bem de família pertencente a fiador de contrato de locação". Posteriormente, decisão proferida pela Primeira Turma do STF realizou um *distinguishing*, considerando que, no caso das locações comerciais, "não se vislumbra justificativa para que o devedor principal, afiançado, goze de situação mais benéfica do que a conferida ao fiador, sobretudo porque tal disparidade de tratamento, ao contrário do que se verifica na locação de imóvel residencial, não se presta à promoção do próprio direito à moradia"[42]. Esta decisão fez com que a matéria fosse revisitada pelo Plenário do STF, que, no

---

38 Muitas dessas controvérsias são analisadas no profundo estudo de Paulo Franco Lustosa, *Bem de família: renúncia e disposição*, Rio de Janeiro: Lumen Juris, 2016.
39 Ver: Flávio Tartuce, A penhora do bem de família do fiador, *Carta Forense*, disponível em:<http://www.cartaforense.com.br/conteudo/colunas/a-penhora-do-bem-de-familia-do-fiador/2378> (acesso em: 21 dez. 2017).
40 STF, RE 407.688/AC, 8-2-2006.
41 STJ, REsp 1.363.368/MS, 12-11-2014.
42 STF, 1ª T., RE 605.709/SP, rel. p/ acórdão Min. Rosa Weber, j. 12-6-2018.

entanto, reafirmou sua posição favorável a uma ampla admissibilidade da penhora do bem de família do fiador, aprovando a seguinte tese de repercussão geral: "É constitucional a penhora de bem de família pertencente a fiador de contrato de locação, seja residencial, seja comercial"[43].

Outro ponto controvertido diz respeito à hipoteca. O art. 3º, V, da Lei n. 8.009/90 afasta a impenhorabilidade em caso de execução de hipoteca de imóvel oferecido pelo casal ou entidade familiar como garantia real. O Superior Tribunal de Justiça, contudo, já entendeu que "a exceção à impenhorabilidade prevista no art. 3º, inciso V, da Lei n. 8.009/90, não se aplica à hipótese em que a hipoteca foi dada para garantia de empréstimo contraído pela empresa, da qual é sócio o titular do bem, onde reside sua família" por "inexistência, na espécie, de situação em que a garantia hipotecária foi constituída em benefício da família, e, por isso mesmo, suscetível de penhora, nos termos do referenciado inciso V"[44]. Assim, se o bem foi dado em hipoteca para garantir dívida do devedor ou de sua família, a hipoteca produz efeitos e se aplica a exceção contida no inciso V do art. 3º da Lei n. 8.009/90. Todavia, se o bem do sócio foi dado em hipoteca para garantir dívida de pessoa jurídica da qual é sócio, e geralmente em situação de renegociação em evidente desvantagem para o devedor ou garante, a hipoteca não resiste, aplicando-se a proteção do bem de família, sendo o bem impenhorável[45]. Ainda sobre o tema, já decidiu a Terceira Turma do Superior Tribunal de Justiça que "a ausência de registro da hipoteca não afasta a exceção à regra de impenhorabilidade prevista no art. 3º, V, da Lei n. 8.009/90", uma vez que a hipoteca se constitui por força de contrato, lei ou sentença judicial, servindo o registro apenas para lhe conferir eficácia *erga omnes*[46].

Nossos tribunais debatem ainda a questão do imóvel de alto valor: pode o imóvel de valor elevado ser protegido pela impenhorabilidade ou haveria aí um tratamento anti-isonômico e injusto na medida em que o credor pode estar habitando morada menos luxuosa que a de seu devedor. A Quarta Turma do Superior Tribunal de Justiça, examinando o tema, decidiu que "o fato de ser valioso o imóvel não retira sua condição de bem de família impenhorável"[47].

---

43 STF, Tribunal Pleno, RE 1.307.334/SP, rel. Min. Alexandre de Moraes, j. 9-3-2022.
44 STJ, REsp 302.281/RJ, 22-3-2004.
45 José Simão, A hipoteca do bem de família: a garantia sobrevive, *Carta Forense*, disponível em: <http://www.cartaforense.com.br/conteudo/colunas/a-hipoteca-e-bem-de-familia-a-garantia-sobrevive/195> (acesso em: 21 dez. 2017).
46 STJ, REsp 1.455.554/RN, 14-6-2016.
47 STJ, REsp 715.259/SP, 5-8-2010. Mais recentemente, no mesmo sentido: STJ, 4ª T., REsp 1.351.571/SP, 27-9-2016.

Registre-se que o novo Código de Processo Civil trouxe abrandamento da impenhorabilidade em alguns casos, reconhecendo, por exemplo, a possibilidade de penhora de pensões, salários e rendimentos em montante superior a cinquenta salários mínimos (art. 833, § 2º), mas nada disse com relação ao bem de família[48]. Assim, a impenhorabilidade do imóvel de alto valor não restou afastada. O que a Lei n. 8.009/90 exclui da impenhorabilidade são "os veículos de transporte, obras de arte e adornos suntuosos" (art. 2º).

Aqui, também há controvérsia em relação a certos bens, como aparelhos de ar-condicionado. Enquanto algumas decisões reconhecem a impenhorabilidade de bens como "um forno elétrico, dois *freezers*, dois videocassetes, dois aparelhos de ar-condicionado e um forno de micro-ondas, objetos que, a despeito de não serem indispensáveis, são usualmente mantidos em um imóvel residencial, não podendo ser considerados de luxo ou suntuosos"[49], outras assentam "a penhorabilidade de aparelhos de ar-condicionado, lava-louças, som, *freezer* e bar em mogno, bens úteis, mas não indispensáveis à família"[50]. Note-se que a proteção conferida pela Lei n. 8.009/90 se estende a "todos os equipamentos ou móveis que guarneçam a casa" (art. 1º, parágrafo único), excluindo-se apenas os "adornos suntuosos" (art. 2º). Dizer que a impenhorabilidade deve abranger apenas aqueles bens essenciais à sobrevivência é reduzir injustificadamente a tutela legal, sobretudo em um país como o Brasil, em que a maior parte das pessoas sobrevive com tão pouco. Por isso mesmo, a garantia da dignidade humana não pode ser dirigida a um núcleo mínimo, mas a um núcleo satisfatório de proteção.

Nossas cortes, atentas ao perfil funcional do instituto, têm assegurado a impenhorabilidade do imóvel quando "o único imóvel residencial do devedor (...) esteja locado a terceiros, desde que a renda obtida com a locação seja revertida para a subsistência ou a moradia da sua família" (Súmula 486, STJ). De modo similar, o Superior Tribunal de Justiça, "em caráter excepcional, confere o benefício da impenhorabilidade legal, prevista na Lei n. 8.009/90, a bem imóvel de propriedade de pessoa jurídica, na hipótese de pequeno empreendimento familiar, cujos sócios são seus integrantes e a sua sede se confunde com a mora-

---

48 Flávio Tartuce, Penhora do bem de família de alto valor: impossibilidade, *Carta Forense*, disponível em: <http://www.cartaforense.com.br/conteudo/artigos/penhora-do-bem-de-familia-de-alto-valor-impossibilidade/17219> (acesso em: 21 dez. 2017).
49 STJ, REsp 488.820/SP, 8-11-2005.
50 STJ, REsp 1.066.463/SP, 26-8-2008.

dia deles"⁵¹. Ainda na mesma linha: "É impenhorável o único imóvel *comercial* do devedor quando o aluguel daquele está destinado unicamente ao pagamento de locação residencial por sua entidade familiar"⁵². Reconhece-se, ainda, que "impenhorabilidade do bem de família legal também abrange o imóvel em fase de aquisição, como aqueles decorrentes da celebração do compromisso de compra e venda ou do financiamento de imóvel para fins de moradia, sob pena de impedir que o devedor (executado) adquira o bem necessário à habitação da entidade familiar"⁵³.

24. Bem de família e *venire contra factum proprium*

Decisão que provocou polêmica foi proferida pela Terceira Turma do Superior Tribunal de Justiça em março de 2015, ocasião em que a Corte aplicou o *nemo potest venire contra factum proprium* (proibição de comportamento contraditório) para impedir a alegação de impenhorabilidade de bem que tinha sido oferecido à penhora pelo próprio devedor. O STJ enfatizou a necessidade de que a impenhorabilidade do bem de família seja manejada de boa-fé, concluindo que se "as partes, mediante acordo homologado judicialmente, pactuaram o oferecimento do imóvel residencial dos executados em penhora, não se pode permitir, em razão da boa-fé que deve reger as relações jurídicas, a desconstituição da penhora, sob pena de desprestígio do próprio Poder Judiciário"⁵⁴. Na mesma linha, decisão proferida pela Quarta Turma, em junho de 2019, afastou a impenhorabilidade de imóvel previamente dado como garantia de uma alienação fiduciária para obtenção de um empréstimo feito para pessoa jurídica da qual o próprio devedor era sócio. Segundo o Tribunal, "não se admite a proteção irrestrita do bem de família se esse amparo significar o alijamento da garantia após o inadimplemento do débito, contrariando a ética e a boa-fé, indispensáveis em todas as relações negociais"⁵⁵.

---

51 STJ, REsp 1.422.466/DF, 17-5-2016.
52 STJ, REsp 1.616.475/PE, 15-9-2016.
53 STJ, 3ª T., REsp 1.677.079/SP, rel. Min. Ricardo Villas Bôas Cueva, j. 25-9-2018.
54 STJ, REsp 1.461.301/MT, 5-3-2015.
55 STJ, 4ª T., REsp 1.559.348/DF, rel. Min. Luis Felipe Salomão, j. 18-6-2019.

Capítulo 10

FATO JURÍDICO

SUMÁRIO: 1. Fato jurídico. **2.** Crítica. **3.** Classificação dos fatos jurídicos. **4.** Fatos lícitos e ilícitos. **5.** Fatos lícitos. **6.** Ato jurídico em sentido estrito. **7.** Teoria do ato-fato. **8.** Análise funcional dos atos lícitos. **9.** Ato ilícito. **10.** Excludentes de ilicitude. **11.** Abuso do direito. **12.** Abuso do direito e boa-fé objetiva. **13.** Concepção objetiva do abuso do direito. **14.** Exemplos de aplicação jurisprudencial do abuso de direito. **15.** Ato abusivo × ato ilícito. **16.** Sistematização da teoria. **17.** Juízo de merecimento de tutela.

1. Fato jurídico

De acordo com a doutrina tradicional, fato jurídico é o acontecimento em virtude do qual começam, se modificam ou se extinguem as relações jurídicas. Trata-se do acontecimento, humano ou natural, que produz efeitos jurídicos, provocando o nascimento, a modificação ou a extinção de relações jurídicas[1]. Tal definição decorre do aperfeiçoamento da lição de Savigny, para quem "fatos jurídicos são os acontecimentos em virtude dos quais começam ou terminam as relações jurídicas"[2]. Edmond Picard, em sua obra *Le droit pur*, chegou a propor o termo *fato jurígeno*, que melhor se conformaria à ideia de fato apto a *gerar* efeitos jurídicos[3], mas a expressão fato jurídico restou consagrada pela nossa doutrina. Toda a realidade se dividiria, assim, em (a) fatos jurídicos, que produzem efeitos

---

1   Francisco Amaral, *Direito civil: introdução*, 7. ed., Rio de Janeiro: Renovar, 2008, p. 379.
2   Friedrich Karl von Savigny, *Traité de droit romain*, 2. ed., Paris: Firmin Didot, 1856, t. III, p. 3.
3   Edmond Picard, *Le droit pur*, Paris: Flammarion, 1920, § 103.

jurídicos, e (b) fatos não jurídicos, que não produzem efeitos jurídicos. Nesse sentido, o casamento é um exemplo de fato jurídico, enquanto o beijo seria um exemplo de fato não jurídico.

2. Crítica

A doutrina mais recente tem, contudo, desvelado o equívoco que subjaz a essa dicotomia. Pietro Perlingieri registra que a divisão dos fatos em fatos jurídicos e não jurídicos corresponde a uma visão ultrapassada do direito como mero garantidor de situações adquiridas, à luz de um ordenamento composto apenas por regras, e não por princípios. Na atualidade, impõe-se, ao contrário, reconhecer que "todo fato da realidade social, até o mais simples e aparentemente insignificante, tem juridicidade"[4]. Caminhar em uma praia, dirigir um automóvel ou comer um sorvete são fatos juridicamente relevantes na medida em que consubstanciam exercício de uma liberdade constitucionalmente assegurada[5]. O beijo não consiste em fato não jurídico, mas sim no exercício da liberdade afetiva protegida pela ordem jurídica – fato jurídico, portanto. Esclarece Perlingieri que aquilo a que a doutrina tradicional chama de fatos juridicamente irrelevantes ou são fatos juridicamente relevantes, como os já mencionados exercícios de liberdade, ou simplesmente não são fatos. Nas palavras do civilista italiano, "o respiro de uma formiga não é um fato juridicamente irrelevante: simplesmente não é um fato"[6]. Isso porque fatos para a ciência jurídica, que é uma ciência social, não são os fatos naturais, mas somente os fatos que invoquem a ideia de convivência ou relação com o outro (fatos sociais).

Nessa perspectiva, há que se fazer a distinção entre eficácia jurídica e relevância jurídica. Os fatos sociais têm sempre relevância jurídica porque toda a

---

[4] Pietro Perlingieri, *Manuale di diritto civile*, 2. ed., Nápoles: Edizioni Scientifiche Italiane, 2000, p. 55.

[5] "(...) o fato concreto é sempre juridicamente relevante (...). Cada fato, mesmo aquele aparentemente indiferente para o direito, tem sempre o seu aspecto de juridicidade. Tomem-se, como exemplo, as normas que estabelecem o direito de liberdade pessoal, o direito de expressão e de pensamento, o direito à liberdade de circulação etc. O simples fato de Fulano subir no carro e andar alguns quilômetros é juridicamente relevante, enquanto é manifestação exterior de um valor, de um princípio jurídico, como é aquele da liberdade de circulação (...). Não existe fato que não tenha uma valoração expressa ou implícita no âmbito do ordenamento" (Pietro Perlingieri, *Perfis do direito civil – introdução ao direito civil constitucional*, trad. Maria Cristina De Cicco, Rio de Janeiro: Renovar, 1999, p. 90).

[6] Pietro Perlingieri, *Manuale di diritto civile*, cit., p. 55.

atividade social interessa ao direito. Podem ter, ainda, eficácia se o ordenamento lhe reserva um efeito jurídico individualizado, consubstanciado na criação, modificação ou extinção de uma situação jurídica subjetiva. Passear por um terreno é um fato juridicamente relevante; adquiri-lo por meio de um contrato é fato juridicamente relevante e eficaz na medida em que cria uma situação jurídica subjetiva (direito de propriedade). Assim, todo fato social é juridicamente relevante, ainda que não seja necessariamente eficaz. É com essa advertência em mente que se deve examinar a classificação dos fatos jurídicos.

3. Classificação dos fatos jurídicos

Os fatos jurídicos são divididos em duas espécies: (a) de um lado, os chamados *fatos jurídicos naturais*, também chamados *fatos jurídicos em sentido estrito*, que são aqueles acontecimentos juridicamente relevantes que prescindem da vontade humana; (b) de outro lado, os *fatos jurídicos humanos*, chamados simplesmente de *atos jurídicos*, que são aqueles acontecimentos juridicamente relevantes que resultam da atuação humana. Exemplo de fato jurídico natural é a avulsão, que consiste no desprendimento, por força natural violenta, de uma porção de terra que acabar por se unir ao terreno de outro proprietário (CC, art. 1.251). Exemplo de ato jurídico é a especificação, assim entendido o ato daquele que, trabalhando sobre matéria prima alheia, produz uma espécie nova, como uma escultura (art. 1.269).

4. Fatos lícitos e ilícitos

Os fatos jurídicos humanos (ou atos jurídicos em sentido amplo), por sua vez, dividem-se em lícitos e ilícitos, tendo por critério a conformidade ou não com o direito. Em que pesem as críticas acerca da qualificação de um ato contrário ao ordenamento como fato jurídico, esta se justifica pela atribuição por parte da lei de efeitos jurídicos aos fatos ilícitos, de modo que o caráter "jurídico" de tais atos se vincula não à conformidade ao direito, mas sim à eficácia jurídica.

5. Fatos lícitos

Os atos jurídicos lícitos se subdividem nas seguintes espécies: (a) os *atos jurídicos em sentido estrito*, em que os efeitos jurídicos decorrem do ato voluntário, mas não se orientam conforme a intenção do agente; e (b) os *negócios jurídicos*, que são declarações de vontade acolhidas pelo ordenamento para produzir efeitos jurídicos desejados pelo agente. No ato jurídico em sentido estrito, os efeitos são ditos *ex lege*, pois derivam diretamente da lei, que desconsidera a eventual intenção do agente por trás do comportamento voluntário. No negócio jurídico, ao contrário, a ordem jurídica concede ao agente exatamente o efeito que ele pretende, dizendo-se, por essa razão, um efeito jurídico *ex voluntate*. Ao lado dessas duas figuras, parcela da doutrina acrescenta, ainda, uma terceira espécie: (c) os *atos-fatos jurídicos*, consubstanciados nos atos humanos cuja produção de efeitos não decorre de ato voluntário. Tal categoria, cuja validade científica é discutida em nossa doutrina, será examinada em detalhe mais adiante.

Exemplo de ato jurídico em sentido estrito é a gestão de negócios: quando determinada pessoa intervém na gestão de negócio alheio sem autorização do interessado, a lei impõe uma série de efeitos que não decorrem da intenção do gestor (arts. 861 e s.). Exemplo de negócio jurídico é o testamento: a lei determina que o patrimônio do testador seja dividido conforme a intenção que o testador tiver declarado. Note-se bem: tanto o ato jurídico em sentido estrito quanto o negócio jurídico são atos voluntários do homem, mas, enquanto no ato jurídico em sentido estrito, o efeito jurídico independe da intenção do agente, no negócio jurídico, o efeito jurídico somente se verifica se tiver sido pretendido pelo agente. Salvattore Pugliatti diferenciava, nesse mesmo sentido, os atos jurídicos voluntários (*atti volontari*) dos atos jurídicos de vontade (*atti di volontà*), dizendo: "somente nos atos de vontade, e não já nos atos voluntários, adquire relevância jurídica o programa que o agente pretende realizar com o cumprimento do ato, e que o direito traduz em uma determinada série consequencial. Nos atos voluntários, ao contrário, é exclusivamente a atividade (voluntária) que o direito toma em consideração, independentemente de qualquer programa do agente"[7]. Esse *programa, propósito* ou *intenção* do agente é o elemento central da noção de negócio jurídico, que exprime a máxima concessão do direito, como regramento objetivo, à vontade do indivíduo.

Em razão de suas peculiaridades, essas figuras merecem um olhar mais cuidadoso. Especificamente quanto ao negócio jurídico, pelo seu papel de destaque tanto na teoria do direito privado como na sistemática do Código Civil, seu exame se dará de forma destacada, no capítulo seguinte.

---

7   Salvatore Pugliatti, *I fatti giuridici*, revisão e atualização de Angelo Falzea, Milão: Giuffrè, 1996, p. 4.

6. Ato jurídico em sentido estrito

Enquanto ao negócio jurídico o legislador reservou toda uma disciplina geral, traçada no passado sob a rubrica do gênero atos jurídicos, ao ato jurídico em sentido estrito, por sua vez, reservou apenas a disposição do seu art. 185, em que se lê: "Aos atos jurídicos lícitos, que não sejam negócios jurídicos, aplicam-se, no que couber, as disposições do Título anterior".

O amplo desenvolvimento da teoria do negócio jurídico, na doutrina alemã, não teve correspondente no campo dos atos jurídicos *stricto sensu*. De fato, o interesse no estudo do negócio jurídico vem justamente de sua concepção voluntarista; decorrendo da vontade do agente os seus efeitos, necessário se faz examinar os vícios que podem se abater sobre essa vontade, as cláusulas restritivas da sua eficácia, as consequências disso para os efeitos do negócio jurídico, e assim por diante. No ato jurídico *stricto sensu*, em que os efeitos decorrem diretamente da lei, pouca interferência tem o fator volitivo. Cada ato jurídico possuirá requisitos próprios, disciplinados especificamente pela lei, o que dificulta ou torna desnecessário o desenvolvimento de uma teoria geral dos atos jurídicos em sentido estrito.

O art. 185 do Código Civil, aliás, tem sido alvo de críticas por tornar aplicável a disciplina dos negócios jurídicos aos atos jurídicos lícitos "no que couber". A própria diferença ontológica entre o negócio jurídico – fundado na intenção do agente de produzir o efeito jurídico – e o ato jurídico – em que a intenção do agente é irrelevante, bastando o seu comportamento voluntário – não recomenda a aplicação extensiva ao ato jurídico de qualquer dispositivo que valorize a intenção. A aplicabilidade da disciplina do negócio jurídico ao ato jurídico *stricto sensu* deve ficar, assim, restrita às normas que não se centrem na intenção do declarante, por exemplo as que tratam da forma do negócio jurídico ou da incapacidade (CC, art. 104, I e III, entre outros). Como ensina Paulo Lôbo: "se aplicam ao ato jurídico em sentido estrito as normas relativas à capacidade civil – especialmente a capacidade de exercício –, à representação, às exigências de forma, à constituição das provas, os requisitos gerais de validade, porque comuns a ele e ao negócio jurídico"[8].

No mais, os atos jurídicos em sentido estrito acabam por encontrar regulação na Parte Especial da codificação, com regras próprias para cada gênero de ato jurídico, solução que, de resto, não difere substancialmente daquela adotada

---

8 Paulo Lôbo, *Direito civil: parte geral*, 4. ed., São Paulo: Saraiva, 2013, p. 223.

nas codificações estrangeiras que acolhem a distinção entre as duas categorias. Qualquer assimilação entre ato e negócio jurídico deve ser evitada.

7. Teoria do ato-fato

Atos-fatos jurídicos, na definição de Pontes de Miranda, "são atos humanos, em que não houve vontade, ou dos quais se não leva em conta o conteúdo de vontade, aptos, ou não, a serem suportes fáticos de regras jurídicas"[9]. É justamente essa ausência (ou desimportância) da vontade do agente que aparta a categoria dos atos-fatos das demais espécies de atos lícitos, essencialmente voluntarísticas. Nos atos-fatos jurídicos, portanto, a ação humana é materialmente considerada, despida de qualquer exigência de intencionalidade ou mesmo consciência de sua prática, ligando-se aos efeitos jurídicos por uma relação meramente causal[10].

Da perspectiva doutrinária, a configuração *ex lege* dos efeitos aproxima os atos-fatos dos atos em sentido estrito, levando parte da doutrina a recusar autonomia científica aos atos-fatos. Já pelo prisma do direito positivo, a abstração da vontade torna inadequada qualquer associação entre a disciplina dos atos-fatos e a do negócio jurídico, ainda que de modo residual (como faz o art. 185 em relação aos atos em sentido estrito), sendo pertinente a colocação de Pontes de Miranda: "A variedade deles ainda não permitiu que se lhes descobrissem todas as regras gerais; e as regras sobre os negócios jurídicos não podem apanhá-los"[11]. Daí se considerarem, por exemplo, inadequadas cogitações acerca da validade de um ato-fato, que não poderá ser reputado nulo nem anulável[12].

Exemplo de ato-fato é o achado de tesouro por menor incapaz: uma vez descoberto, a lei determina que metade do tesouro encontrado pertencerá ao proprietário do prédio e a outra metade a quem tiver encontrado o tesouro (art. 1.264).

---

9   Pontes de Miranda, *Tratado de direito privado*, 3. ed., Rio de Janeiro: Borsoi, 1970, t. I, p. 83.
10 Gustavo Tepedino, Esboço de uma classificação funcional dos atos jurídicos, *Revista Brasileira de Direito Civil*, v. 1, jul./set. 2014, p. 20-21, invocando as lições de Santoro-Passarelli.
11 Pontes de Miranda, *Tratado de direito privado*, cit., t. I, p. 83.
12 Paulo Lôbo, *Direito civil: parte geral*, cit., p. 219.

8. Análise funcional dos atos lícitos

Além do simples ímpeto classificatório, importa compreender a utilidade da examinada classificação dos atos lícitos. Verifica-se que, quanto maior o papel da vontade do agente na gênese dos efeitos jurídicos, mais intenso o controle imposto pela ordem jurídica sobre o ato gerador[13]. Daí a exaustiva disciplina do negócio jurídico, o tratamento residual do ato jurídico em sentido estrito, e a previsão puramente pontual dos atos-fatos. No entanto, se o objetivo é propiciar um controle adequado aos atos humanos, a categorização utilizada, em que pese sua importância didática, peca pelo caráter exclusivamente estrutural, o que fica evidenciado pelas intermináveis controvérsias doutrinárias acerca da qualificação a ser conferida aos mais diversos atos, refletida na insegurança quanto à determinação do regime aplicável. Como adverte Gustavo Tepedino, "somente a interpretação funcional, ao fotografar o regulamento de interesses em seu todo, de modo a compreender o ato e suas circunstâncias, inserido na atividade a ser analisada, permitirá qualificá-lo e estabelecer a disciplina aplicável"[14].

9. Ato ilícito

Encerrada a análise dos fatos lícitos, passa-se ao exame dos fatos ilícitos, que têm no ato ilícito sua categoria central. Ato ilícito é o ato humano voluntário (ação ou omissão) que, violando a ordem jurídica, causa dano a outrem. Na definição do art. 186 do Código Civil, "aquele que, por ação ou omissão voluntária, negligência ou imprudência, violar direito e causar dano a outrem, ainda que exclusivamente moral, comete ato ilícito". O ato ilícito pode, assim, ser decomposto em três elementos, a saber: (a) conduta culposa (culpa ou dolo) do agente; (b) dano; e (c) nexo de causalidade entre a conduta culposa e o dano.

A exigência desses diversos elementos afasta o conceito legal de ato ilícito de sua noção intuitiva, de ato humano contrário ao direito, razão pela qual deve-se considerar que a noção de ato ilícito, prevista no art. 186, não esgota o

---

13   Eduardo Nunes de Souza, Categorias de atos jurídicos lícitos e seu controle de validade, *Revista dos Tribunais*, v. 967, maio 2016, p. 116-117.
14   Gustavo Tepedino, Esboço de uma classificação funcional dos atos jurídicos, *Revista Brasileira de Direito Civil*, v. 1, jul./set. 2014, p. 22.

campo da ilicitude *lato sensu* (*rectius*, antijuridicidade)[15]. A inclusão do dano, especificamente, como um elemento do ato ilícito, revela sua íntima ligação com a *responsabilidade civil*, efeito jurídico que lhe é imputado pelo art. 927[16].

10. Excludentes de ilicitude

O Código Civil contempla, em seu art. 188, atos que, embora apresentem ou aparentem apresentar todos os elementos necessários à sua qualificação como ilícitos, têm sua ilicitude excluída por determinação legal. São os atos praticados (a) em legítima defesa, (b) no exercício regular de um direito ou (c) em estado de necessidade.

Trata-se das chamadas excludentes de ilicitude. Considera-se em legítima defesa "aquele que, usando moderadamente dos meios necessários, repele injusta agressão, atual ou iminente, a direito seu ou de outrem"[17]. Igualmente lícito é o exercício regular de um direito reconhecido, pois se "elimina da estrutura do ato a contravenção a um dever preexistente, neutralizando desta sorte os efeitos do dano causado"[18]. O estado de necessidade, por fim, "caracteriza-se pela ação destinada a remover perigo iminente, com a deterioração ou destruição da coisa alheia, ou lesão a pessoa"[19].

Nada obstante o afastamento da ilicitude das condutas albergadas pelo art. 188, o Código Civil impõe o dever de indenizar na hipótese de estado de necessidade, quando a vítima não foi a causadora do perigo (art. 929), sendo cabível o manejo de ação regressiva pelo agressor se o perigo ocorrer por culpa de terceiro (art. 930, *caput*). No caso de legítima defesa de terceiro, quando o defensor causar dano a pessoa diversa do agressor, poderá o defensor regredir contra o terceiro defendido (art. 930, parágrafo único), embora este não tenha

---

15 De modo semelhante: Marcos Bernardes de Mello, Classificação dos fatos jurídicos, in Ana Carolina Brochado Teixeira e Gustavo Pereira Leite Ribeiro (Coord.), *Manual de teoria geral do direito civil*, Belo Horizonte: Del Rey, 2011, p. 558-559.
16 Por esta razão, os elementos do ato ilícito serão estudados em detalhe no capítulo próprio da responsabilidade civil.
17 Orlando Gomes, *Introdução ao Direito Civil*, Rio de Janeiro: Forense, 1989, 1. ed. universitária, p. 505.
18 Caio Mário da Silva Pereira, *Instituições de direito civil*, 29. ed., atualizada por Maria Celina Bodin de Moraes, Rio de Janeiro: Forense, 2016, v. I, p. 561.
19 Francisco Amaral, *Direito civil: introdução*, cit., p. 555.

praticado conduta alguma. A doutrina tem identificado nos dispositivos exemplos de *responsabilidade civil por ato lícito*[20].

Sob a vigência da codificação de 1916, da excludente relativa ao exercício regular de um direito, a doutrina extraía, *a contrario sensu*, a vedação ao abuso do direito. A construção não se faz mais necessária em face do art. 187 do Código Civil atual.

11. Abuso do direito

A noção de abuso do direito tem origem eminentemente jurisprudencial. Não contemplada pelo Código Napoleão, a categoria do abuso surge, ao menos em sua versão moderna, como uma criação dos tribunais franceses, para impedir os resultados iníquos derivados do exercício de direitos subjetivos, aos quais a dogmática liberal havia dado um caráter absoluto. Em sua concepção original, o ato abusivo identificava-se com o ato emulativo, ou seja, aquele praticado com o exclusivo intuito de causar dano a outrem.

A noção de abuso do direito foi gradativamente se distanciando da noção de ato emulativo. A intenção de prejudicar já não servia mais de fundamento exclusivo à coibição de todas as hipóteses de ato abusivo. Doutrina e jurisprudência empenharam-se na busca de critérios menos intimistas. A figura foi remetida à proteção aos bons costumes ou ao conteúdo moral do direito. Outras vezes, perdeu-se em referências mais etéreas aos princípios do direito natural ou ao espírito do ordenamento jurídico. Conseguiu-se, finalmente, certo consenso em torno da associação do abuso do direito ao próprio conceito de direito subjetivo, e da definição do ato abusivo como aquele que supera os limites ou os fins econômicos e sociais do próprio direito subjetivo exercido.

12. Abuso do direito e boa-fé objetiva

A crise da própria noção de direito subjetivo, no âmbito do já tanto referido processo de solidarização do direito, e o reconhecimento de outros mecanismos de controle de legitimidade das situações jurídicas subjetivas puseram em xeque a figura. Dentre as inúmeras razões apontadas pela doutrina para o

---

20   Gisela Sampaio da Cruz, As excludentes de ilicitude no novo Código Civil, in Gustavo Tepedino (Coord.), *O Código Civil na perspectiva civil-constitucional: parte geral*, Rio de Janeiro: Renovar, 2013, p. 461-472.

ocaso do abuso do direito, desponta em importância o desenvolvimento da cláusula geral de boa-fé objetiva, como princípio geral de direito "suficientemente vasto para controlar o exercício de quaisquer direitos privados, positivo no sentido de prescrever condutas e não, apenas, na sua falta, indemnizações, e objectivo por ignorar elementos atinentes ao agente, como o dolo ou a negligência"[21].

No âmbito dos meios de controle judicial da autonomia privada, a boa-fé objetiva apresenta, de fato, uma feição mais moderna e mais intensa que a do abuso do direito. Não se pode ignorar, todavia, o esforço doutrinário mais recente em recuperar o amplo papel do abuso do direito.

13. Concepção objetiva do abuso do direito

De todas as inúmeras teorias que se propõem a explicar o conceito de abuso do direito, o que, hoje, se reconhece como essencial à categoria é a contrariedade ao fundamento axiológico-normativo do direito exercido. Assim, abusa do direito quem o exerce de forma aparentemente regular, mas em contradição com os valores que o ordenamento pretende por meio dele realizar. Ou, nas palavras de Cunha de Sá, há abuso do direito naquela situação concreta em que "podemos descobrir concordância com a estrutura formal de um dado direito subjectivo e, simultaneamente, discordância, desvio, oposição, ao próprio valor jurídico que daquele comportamento faz um direito subjectivo"[22].

O abuso do direito ganha, sob esta concepção, a tarefa de conformar a autonomia privada aos valores que o ordenamento jurídico pretende, por meio daquela situação subjetiva específica, tutelar. A abrangente tarefa acabou dando ensejo a conceituações ecléticas de abuso do direito, vinculadas ora à função econômica e social do direito, ora aos bons costumes e à boa-fé objetiva. Pioneiro nessa direção foi o Código Civil suíço de 1907, que ligou o abuso do direito à boa-fé, ao estatuir, em seu art. 2º, que cada um deve exercer seus direitos e obrigações segundo as regras da boa-fé. O Código Civil português, adotando uma espécie de concepção eclética do abuso, incorporou os três critérios, dispondo em seu art. 334: "É ilegítimo o exercício de um direito, quando o titular exceda manifestamente os limites impostos pela boa-fé, pelos bons costumes ou pelo fim social ou econômico desse direito".

O Código Civil brasileiro, inspirando-se na codificação portuguesa, adotou a concepção eclética do ato abusivo, em seu art. 187: "Também comete

---

21 Menezes Cordeiro, *Da boa fé no direito civil*, Coimbra: Almedina, 1997, p. 694.
22 Fernando Augusto Cunha de Sá, *Abuso do direito*, Lisboa: Petrony, 1973, p. 456.

ato ilícito o titular de um direito que, ao exercê-lo, excede manifestamente os limites impostos pelo seu fim econômico ou social, pela boa-fé ou pelos bons costumes". Embora sem empregar a expressão "abuso do direito", o legislador brasileiro aproveitou-se de sua tradição em nossa experiência para criar uma ampla cláusula geral de controle de legitimidade do exercício de situações jurídicas subjetivas[23]. E a jurisprudência tem demonstrado, cotidianamente, sua utilidade.

14. Exemplos de aplicação jurisprudencial do abuso de direito

Há diversos exemplos de aplicação da noção de abuso do direito por nossos tribunais. O Superior Tribunal de Justiça já decidiu, por exemplo, que incorre em *abuso da liberdade de informação* "o órgão de imprensa que, apesar de divulgar fato verídico, relaciona a notícia à manchete de caráter manifestamente ofensivo à honra da vítima de crime de estupro de vulnerável, atribuindo à adolescente conduta ativa ante o fato ocorrido, trazendo menções injuriosas a sua honra"[24]. Já o Tribunal de Justiça de Minas Gerais identificou *abuso do direito de cobrança* no "procedimento do síndico que, em nome do condomínio, divulga e dá publicidade à inadimplência de condômino, enviando aos demais moradores cópia da sentença condenatória da ação de cobrança de taxas condominiais"[25].

O Tribunal de Justiça do Tocantins, por sua vez, afirmou que configura *abuso do direito de petição* "a representação feita no Conselho de Ética da Ordem dos Advogados do Brasil, com o fim evidente de causar dano à imagem profissional do causídico, fundamentada em inverdades alegadas e não provadas"[26]. Em São Paulo, a Corte estadual qualificou como *abuso do poder familiar* a negativa infundada do pai em autorizar que a mãe levasse os filhos menores para visitá-la em sua residência no exterior, uma vez que "não logrou demonstrar qualquer prejuízo que adviria para os menores com a ida à

---

23 Sobre o tema: Eduardo Nunes de Souza, *Abuso das situações jurídicas subjetivas no direito brasileiro*, Createspace, 2016.
24 STJ, 4ª Turma, REsp 1.875.402/SP, rel. Min. Marco Buzzi, j. 23-4-2024.
25 TJMG, 12ª Câmara Cível, Ap. Civ. 2493015-64.2005.8.13.0145, rel. Des. Alvimar de Ávila, j. 14-11-2007.
26 TJTO, 3ª Turma da 2ª Câmara Cível, Apelação 0015337-46.2016.827.0000, rel. Des. Ângela Prudente, j. 21-6-2017.

Suíça, isto é, o recorrido não indica fato prejudicial aos filhos que não recomende a autorização para a sua viagem", o que levou o Tribunal a suprir o consentimento[27].

Hipótese recorrentemente admitida pelos nossos tribunais é a de *abuso do direito de ação*. Nesse sentido, instigante caso apreciado pelo Superior Tribunal de Justiça, no qual um padre impetrou *habeas corpus* com pedido liminar para impedir o procedimento de interrupção de gestação de um feto diagnosticado com síndrome de Body Stalk[28], que já contava com alvará judicial obtido pela gestante. A medida liminar foi deferida, suspendendo o tratamento para interromper a gravidez, que prosseguiu até seu termo natural, dando à luz a criança, que faleceu 1 hora e 40 minutos após o parto. O Superior Tribunal de Justiça, reformando a decisão do tribunal de origem em ação indenizatória ajuizada pelos pais, assentou que "esse tipo de ação faz medrar, em seara imprópria, o corpo de valores que defende – e isso caracteriza o abuso de direito – pois a busca, mesmo que por via estatal, da imposição de particulares conceitos a terceiros, tem por escopo retirar de outrem, a mesma liberdade de ação que vigorosamente defende para si"[29]. Tamanha a frequência desse tipo de demanda que o Tribunal de Justiça do Rio de Janeiro aprovou em 20 de março de 2017 o Enunciado n. 374 de sua Súmula de Jurisprudência Predominante: "O abuso do direito de demandar gera o direito à indenização". Foi também para interditar o exercício abusivo do direito de demandar em detrimento da liberdade de expressão que o Supremo Tribunal Federal conferiu interpretação conforme à Constituição ao art. 53 do Código de Processo Civil para determinar que, "havendo assédio judicial contra a liberdade de expressão, caracterizado pelo ajuizamento de ações a respeito dos mesmos fatos, em comarcas diversas, com o notório intuito de prejudicar o direito de defesa de jornalistas ou de órgãos de imprensa, as demandas devem ser reunidas para julgamento conjunto no foro de domicílio do réu"[30].

---

27 TJSP, 3ª Câmara de Direito Privado, Apelação 0013350-76.2011.8.26.0032, rel. Des. Beretta da Silveira, j. 5-2-2013.

28 Definida na decisão como a "denominação dada a um conjunto de malformações fetais que inclui um grande defeito da parede abdominal, cifoescoliose e cordão umbilical curto ou ausente. É o mais raro dentre todos os defeitos da parede abdominal com ocorrência média de 1 caso para cada 14.273 nascimentos. Não há um defeito cromossômico específico que acompanhe a síndrome e a mesma *é sempre letal*".

29 STJ, 3ª Turma, REsp 1.467.888/GO, rel. Min. Nancy Andrighi, j. 20-10-2016.

30 STF, Tribunal Pleno, ADIs 7.055 e 6.792, red. p/ acórdão Min. Luís Roberto Barroso, j. 22-5-2024.

15. Ato abusivo × ato ilícito

Não obstante o art. 187 iniciar pela afirmação de que "também comete ato ilícito", a melhor técnica não recomendaria a alusão inicial ao "ato ilícito", figura de pressupostos próprios, já estabelecidos no art. 186 da codificação, que se distingue tradicionalmente do exercício inadmissível dos direitos, ato lícito, ao menos em sua aparência. A associação entre as duas situações, tão distintas entre si, ainda que seja possível remetê-las a uma ilicitude *lato sensu*, contrariou a tradição nacional, prestando desserviço à identificação bem mais sutil dos atos que se fundam em direitos reconhecidos, mas violam seu embasamento axiológico e finalístico. De ato ilícito em sentido técnico, portanto, não cuida o art. 187 do Código Civil[31].

As figuras guardam em comum, contudo, a possibilidade de ensejarem uma mesma consequência jurídica: a responsabilidade civil. Isso, porém, não deve implicar nenhuma confusão entre os institutos. Por um lado, a responsabilidade civil decorrente do ato abusivo prescinde da demonstração de culpa[32], elemento ínsito ao ato ilícito; por outro, o dano, segundo elemento do ato ilícito, não é essencial para a qualificação do exercício enquanto abusivo[33]. Daí a doutrina apontar que os efeitos do abuso não são restritos ao dever de indenizar, não havendo uma "sanção específica" predefinida pelo ordenamento[34], na esteira da tendência de superação da taxatividade dos remédios jurídicos.

Em um esforço para conciliar essa perspectiva funcional com o esquema tradicional da teoria dos fatos jurídicos, a doutrina tem proposto a inclusão, sob a rubrica dos fatos ilícitos *lato sensu* (reprovados pelo direito), ao lado do tradicional ato ilícito (art. 186), de uma categoria dos *atos antijurídicos*, apta a abarcar o amplo espectro de situações contrárias ao direito que extravasam a esfera do ato ilícito – entre elas, o ato abusivo[35].

---

31 No mesmo sentido: Heloísa Carpena, O abuso do direito no Código Civil de 2002: relativização de direitos na ótica civil-constitucional, in Gustavo Tepedino (Coord.), *O Código Civil na perspectiva civil-constitucional: parte geral*, Rio de Janeiro: Renovar, 2013, p. 426-431.

32 Enunciado n. 37 da I Jornada de Direito Civil: "A responsabilidade civil decorrente do abuso do direito independe de culpa e fundamenta-se somente no critério objetivo-finalístico."

33 Enunciado n. 539 da VI Jornada de Direito Civil.: "O abuso de direito é uma categoria jurídica autônoma em relação à responsabilidade civil. Por isso, o exercício abusivo de posições jurídicas desafia controle independentemente de dano."

34 Judith Martins-Costa, Os avatares do abuso do direito e o rumo indicado pela boa-fé, in Gustavo Tepedino (Org.), *Direito civil contemporâneo: novos problemas à luz da legalidade constitucional*, São Paulo: Atlas, 2008, p. 75.

35 Gustavo Tepedino, Esboço de uma classificação funcional dos atos jurídicos, *Revista Brasileira de Direito Civil*, v. 1, jul./set. 2014, p. 15; Rose Melo Vencelau Meireles, O

16. Sistematização da teoria

Convém sistematizar os conceitos apresentados até aqui:

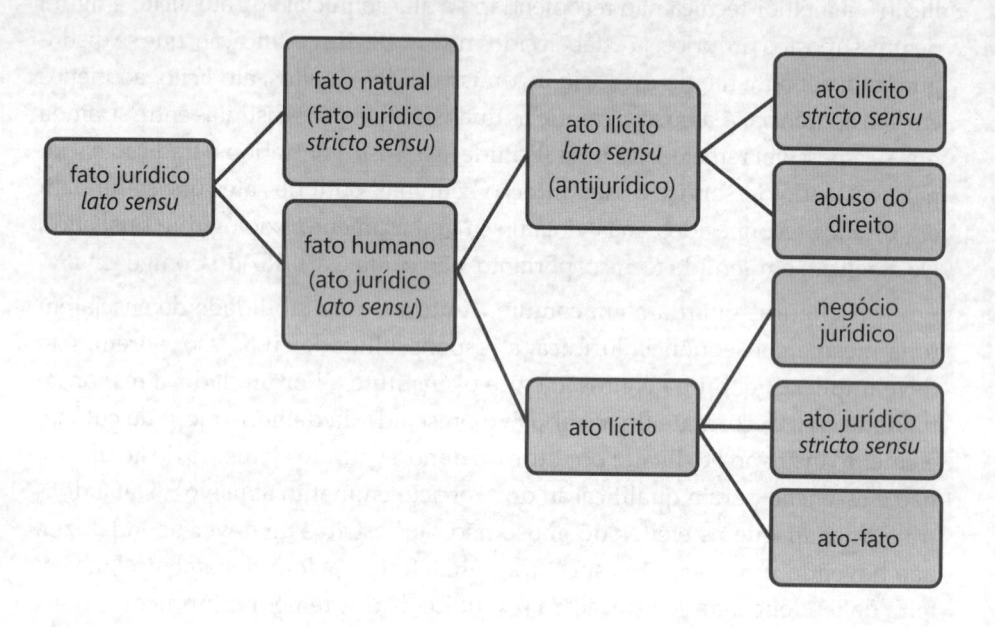

```
fato jurídico           fato natural                                    ato ilícito
lato sensu              (fato jurídico          ato ilícito              stricto sensu
                        stricto sensu)          lato sensu
                                                (antijurídico)           abuso do
                        fato humano                                      direito
                        (ato jurídico
                        lato sensu)                                      negócio
                                                                         jurídico
                                                ato lícito               ato jurídico
                                                                         stricto sensu
                                                                         ato-fato
```

17. Juízo de merecimento de tutela

Categorias como a do ato abusivo explicitam a insuficiência da dicotomia clássica entre lícito e ilícito, de caráter estrutural, para o controle da conformidade da atividade humana ao ordenamento jurídico. De um lado, amplia-se o campo da antijuridicidade, que passa a abarcar não só o ato que viola a lei como também o que não atende à sua função. De outro, impõe-se ao intérprete verificar, além da simples licitude do ato (não ilicitude), se este pode ser considerado como a realização prática de uma ordem jurídica de valores, extraída da Carta Constitucional[36] – apenas nessa hipótese poderá o ato se reputado merecedor de tutela.

---

negócio jurídico e suas modalidades, in Gustavo Tepedino (Coord.), *O Código Civil na perspectiva civil-constitucional: parte geral*, Rio de Janeiro: Renovar, 2013, p. 222.

36 Pietro Perlingieri, *O direito civil na legalidade constitucional*, trad. Maria Cristina De Cicco, Rio de Janeiro: Renovar, 2008, p. 650.

Capítulo 11

Negócio Jurídico

Sumário: **1.** Negócio jurídico. **2.** Crítica ao negócio jurídico. **3.** A nova autonomia privada. **4.** Três planos do negócio jurídico. **5.** Plano de existência. **6.** Plano de validade. **6.1.** A forma do negócio jurídico. **6.2.** Liberalidade das formas. **6.3.** Forma *ad solemnitatem* e *ad probationem tantum*. **6.4.** Forma × formalismo. **6.5.** Causa do negócio jurídico. **7.** Plano de eficácia. **7.1.** Modalidades do negócio jurídico. **7.2.** Condição. **7.3.** Condição suspensiva × resolutiva. **7.4.** Condição puramente potestativa. **7.5.** Condição simplesmente potestativa. **7.6.** Condição perplexa. **7.7.** Condição impossível. **7.8.** Termo. **7.9.** Efeitos do termo. **7.10.** Distinção entre termo e condição. **7.11.** Encargo. **7.12.** Efeitos do encargo. **8.** Negócios jurídicos unilaterais e bilaterais. **9.** Interpretação do negócio jurídico. **10.** Representação. **10.1.** *Procuratio*. **10.2.** *Contemplatio domini*. **10.3.** Representação × interposição. **10.4.** Representação sem mandato. **10.5.** Conflito de interesses. **10.6.** Representante aparente.

1. Negócio jurídico

Categoria que assume papel de inquestionável destaque no âmbito da teoria dos fatos jurídicos é a do negócio jurídico. Na célebre definição de Antônio Junqueira de Azevedo, "negócio jurídico é todo fato jurídico consistente em declaração de vontade, a que o ordenamento jurídico atribui os efeitos designados como queridos"[1]. É possível, portanto, delinear dois elementos distintivos da figura: (a) um voluntarístico, sempre externalizado por meio de uma declaração

---

1 Antônio Junqueira de Azevedo, *Negócio jurídico: existência, validade e eficácia*, 4. ed., São Paulo: Saraiva: 2002, p. 16.

da vontade[2]; e (b) a produção de efeitos *ex voluntate*, associados ao *programa* que o agente pretende realizar com o cumprimento do ato[3]. Daí a doutrina se referir ao negócio jurídico como "o regulamento de interesses estipulado pela autonomia privada"[4].

2. Crítica ao negócio jurídico

O negócio jurídico não era conhecido no direito romano[5]. Sua formulação deve-se à pandectística alemã, do século XIX, que pretendeu cristalizar em uma categoria abstrata o poder da vontade individual, em sua máxima expressão. Concebido como declaração de vontade apta a produzir efeitos jurídicos, o negócio jurídico estrutura-se todo em torno da vontade do indivíduo, que passa a ser a pedra de toque da disciplina normativa dos negócios jurídicos. Nessa perspectiva, a vontade individual não é apenas suficiente para constituir obrigações, mas é também o elemento que legitima o vínculo obrigacional. Pouco importa se o conteúdo da obrigação é justo ou equilibrado, pouco importa se as partes estão em situação de equilíbrio ou disparidade. Vale a máxima que, ainda hoje, muitos de nós trazemos em nosso inconsciente: "obrigou-se porque quis". O querer, por si só, bastaria para explicar o efeito vinculante.

A noção de negócio jurídico, registre-se, não encontrou acolhida na codificação civil brasileira de 1916, que tratava apenas do ato jurídico como gênero. Clóvis Beviláqua, em sua *Teoria geral do direito civil*, não alude ao negócio jurídico, embora noticie haver, no direito alemão, "tendência a estabelecer-se distinção entre atos jurídicos e declarações de vontade"[6]. Foi o Código Civil de 2002 que incorporou ao direito brasileiro a noção de negócio jurídico, reservando-lhe toda uma disciplina geral de forte conotação voluntarista. A opção legislativa dissocia-se do seu tempo, pois a categoria do negócio jurídico vem sendo considerada

---

2   A conciliação entre a vontade interna, psicológica, do agente e o dado objetivo de sua declaração é um problema central na dogmática do negócio jurídico.
3   Salvatore Pugliatti, *I fatti giuridici*, revisão e atualização de Angelo Falzea, Milão: Giuffrè, 1996, p. 4.
4   Gustavo Tepedino, Esboço de uma classificação funcional dos atos jurídicos, *Revista Brasileira de Direito Civil*, v. 1, jul./set. 2014, p. 16.
5   Em que pese a opinião minoritária em contrário de autores como: Gerhard Dulckeit, Zur Lehre vom Rechtsgeschäft im Klassischen römischen Recht, in *Festschrift für Fritz Schulz*, Band 1, Weimar, 1951.
6   Clóvis Beviláqua, *Teoria geral do direito civil*, 7. ed., Rio de Janeiro: Paulo de Azevedo, 1955, p. 198.

dispensável na atualidade, quando não contrária à nova ordem de valores sociais. Era já essa a opinião de Orlando Gomes, para quem

> tanto do ponto de vista teórico como prático, político como técnico, a conservação da categoria negócio jurídico é a consagração de um retrocesso, e o propósito de reentronizá-lo numa parte geral do Código Civil, hoje despropositada, não passa de vã tentativa de salvar valores agonizantes do capitalismo adolescente, quando não sejam crassa ignorância em doutores de que a categoria pandectística foi elaborada num contexto jurídico ultrapassado, e para atender às exigências de uma ordem econômica e social que deixou de existir[7].

Em direção semelhante, observa Francisco Amaral que, "sendo o negócio jurídico uma categoria histórica e lógica, foi válida e útil enquanto vigentes as condições que a determinaram. Mudadas as condições e destituído o conceito de sua função ideológica, não se justifica a sua manutenção (...) o que permanece com pleno vigor, como causa da dinâmica jurídica, é o ato jurídico como gênero, e, como categoria específica de crescente importância, o contrato"[8]. O debate, registre-se, não é puramente terminológico. A doutrina brasileira talvez continue tratando do negócio jurídico por sentimento semelhante àquele que Francesco Galgano identificou na Itália, onde, segundo o professor de Bolonha, os civilistas falam do negócio jurídico "mais por hábito linguístico que por convicção conceitual"[9].

O hábito, contudo, não pode suplantar a necessidade de se enxergar o negócio jurídico no âmbito da legalidade constitucional. Se, no passado, a autonomia da vontade era vista como valor em si mesmo, a atrair legitimidade ao negócio jurídico pelo simples fato de ser fruto da liberdade individual, hoje a situação afigura-se inteiramente diversa. O negócio jurídico não é mais terreno exclusivo da vontade, imune à incidência das normas constitucionais, mas instrumento cujo merecimento de tutela deve ser permanentemente aferido à luz da nova tábua axiológica consagrada pela Constituição. Os efeitos de um negócio jurídico concreto não derivam da vontade dos celebrantes, mas decorrem e se justificam apenas na medida em que se reconhece a legitimidade dos fins perseguidos, e do modo como são perseguidos, naquele particular exercício da

---

7 Orlando Gomes, Autonomia privada e negócio jurídico, in *Novos temas de direito civil*, Rio de Janeiro: Forense, 1983, p. 89.
8 Francisco Amaral, *Direito civil: introdução*, 7. ed., Rio de Janeiro: Renovar, 2008, p. 392.
9 Francesco Galgano, Il negozio giuridico, in Antonio Cicu e Francesco Messineo, in *Trattato di diritto civile e commerciale*, Milão: Giuffrè, 1988, v. III, t. 1, p. 16.

autonomia privada. É dessa perspectiva que a categoria do negócio jurídico deve ser analisada no direito brasileiro.

3. A nova autonomia privada

Na concepção oitocentista, forjou-se o conceito de autonomia privada como um espaço privilegiado de liberdade individual, um círculo de perseguição dos interesses privados, que – coerentemente com isso – eram definidos por exclusão, como aqueles interesses estranhos ao Estado. A autonomia privada, nesse contexto, identificava-se com a autonomia da vontade, isto é, com a livre expressão do intuito individual de cada sujeito[10]. E, como sua legitimidade decorria da própria vontade individual, a autonomia privada não se condicionava a nenhuma função juridicamente imposta[11].

Essa concepção de autonomia privada perdurou por longo tempo, e ainda hoje não se pode dizer que toda a doutrina tenha despertado para as suas imperfeições. Não obstante, a consagração da solidariedade como norma constitucional e o reconhecimento da aplicabilidade direta das normas constitucionais sobre as relações privadas impuseram intensa reformulação do conceito. O livre exercício da vontade individual, que tantas iniquidades gerava nas relações entre agentes econômicos desiguais, deixa de ser aceito como expressão fundamental do direito privado, para passar a ser tutelado apenas quando e na medida em que se mostre em consonância com a dignidade humana, entendida sob uma ótica solidarista[12]. A autonomia privada deixa de ser um espaço de livre exercício de interesses privados, para integrar-se ao ordenamento jurídico, submetendo-se, como todos os demais institutos jurídicos, aos valores consagrados em nível constitucional.

Não mais considerada um valor em si mesma, a autonomia privada deixa de ser merecedora de tutela, por si só. Impõe-se um juízo de valor particular sobre cada ato de exercício da autonomia privada, a fim de verificar se os interesses concretamente perseguidos se conformam à tábua axiológica do sistema civil-constitucional[13].

---

10 Francisco Amaral, A autonomia privada como princípio fundamental da ordem jurídica: perspectivas estrutural e funcional, *Revista de Informação Legislativa*, v. 102, Brasília, 1989, p. 213.
11 Luigi Ferri, Nozione giuridica di autonomia privata, in *Studi in onore di Francesco Messineo: per il suo XXXV anno d'insegnamento*, Milão: Dott. A. Giuffrè, 1959, v. 4, p. 158.
12 Michelle Giorgianni, O direito privado e as suas atuais fronteiras, *Revista dos Tribunais*, v. 747, p. 49.
13 Pietro Perlingieri, *Perfis do direito civil – introdução ao direito civil constitucional*, trad. Maria Cristina De Cicco, Rio de Janeiro: Renovar, 1999, p. 277.

A autonomia privada deixa assim de ter um único fundamento constitucional: a liberdade individual. Seu fundamento de legitimidade passa a variar de acordo com os interesses perseguidos e com os valores constitucionais a que estes interesses possam, na hipótese concreta, ser associados[14]. De um modo geral, "os atos de autonomia têm fundamentos diversificados, de modo que não devem ser conduzidos unicamente à livre iniciativa econômica, protegida pelo art. 170 da Constituição Federal brasileira. Quando os atos de autonomia disserem respeito a situações existenciais, se relacionam diretamente à cláusula geral de tutela e promoção da pessoa humana, prevista no art. 1º, III, da Constituição da República"[15].

Nesse novo contexto, a legitimidade dos atos de autonomia privada passa a estar condicionada ao atendimento dos valores constitucionais, e em especial àqueles indicados como fundamentais pela própria Constituição, em especial a dignidade da pessoa humana e a solidariedade social[16]. Impõe-se, no exercício da autonomia privada, um intenso respeito à condição alheia – da contraparte ou dos terceiros sobre os quais repercute tal exercício –, compreendida em sua integral amplitude, com atenção às suas expectativas, às suas necessidades e às suas fraquezas[17]. Enquanto, na perspectiva liberal, o direito atentava tão somente para a vontade do praticante da conduta, na perspectiva solidarista, o enfoque se estende também, e com especial importância, sobre o destinatário do ato ou aqueles que sofram seus reflexos.

Essa relevante mudança de perspectiva não resulta, como pretendem alguns, em meras limitações extrínsecas ou excepcionais à autonomia privada, que reduziriam, mas conservariam imutável o seu núcleo de liberdade individual. Trata-se, ao contrário, de uma verdadeira transformação no conteúdo da autonomia privada, imposta por limites – ou melhor, elementos – que são antes internos que externos[18].

---

14 Pietro Perlingieri, *Autonomia negoziale e autonomia contrattuale*, Nápoles: Edizioni Scientifiche Italiane, 2000, p. 333.
15 Rose Melo Vencelau Meireles, *Autonomia privada e dignidade humana*, Rio de Janeiro: Renovar, 2009, p. 98.
16 Pietro Perlingieri, *La personalità umana nell'ordinamento giuridico*, Camerino: Scuola di Perfezionamento in Diritto Civile dell'Università di Camerino, 1982, p. 74.
17 Fala-se já em um princípio geral de tutela do mais vulnerável. Ver, entre nós: Alinne Arquette Leite Novais, Os novos paradigmas da teoria contratual: o princípio da boa-fé objetiva e o princípio da tutela do hipossuficiente, in Gustavo Tepedino (Coord.), *Problemas de direito civil-constitucional*, Rio de Janeiro: Renovar, 2000, p. 36.
18 Pietro Perlingieri, *Perfis do direito civil*, cit., p. 280.

Os novos elementos da autonomia privada manifestam-se, no plano legislativo, por meio, por exemplo, dos estatutos que asseguram ampla proteção a setores sociais reconhecidamente vulneráveis, como os consumidores e os trabalhadores, determinando a nulidade de certas cláusulas *a priori* reputadas abusivas da condição de vulnerabilidade e atribuindo expressamente caráter irrenunciável a uma série de direitos considerados necessários ao equilíbrio da relação jurídica em foco. E se essas medidas legislativas poderiam ser desavisadamente encaixadas naquele discurso da mera limitação do campo da autonomia privada, já não o podem as inúmeras cláusulas gerais, que vêm sendo criadas e desenvolvidas pelo direito contemporâneo[19]. Tais cláusulas gerais não vedam certas condutas; condicionam todas. Não reduzem o âmbito da autonomia privada; servem de mecanismos de controle de legitimidade do seu exercício, à luz dos valores constitucionais. Atuam, portanto, sobre o próprio conteúdo concreto da autonomia privada, e não sobre um espaço que lhe seja pretensamente reservado pelo ordenamento jurídico. Em definitivo: ainda que certo comportamento seja expressamente autorizado por lei ou por contrato, será preciso verificar se a sua adoção nas circunstâncias concretas se conforma à dignidade humana e à solidariedade social. Só assim o ordenamento jurídico contemporâneo lhe assegurará tutela.

É à luz desta renovada concepção de autonomia privada que deve ser compreendida a noção de negócio jurídico.

4. Três planos do negócio jurídico

A doutrina divide a análise do negócio jurídico em três planos: existência, validade e eficácia[20].

5. Plano de existência

Em apertada síntese, no plano da existência situam-se os elementos essenciais do negócio jurídico, entendidos como aqueles *pressupostos de fato*

---

19 Cláusula geral é, na sempre referida definição de Karl Engisch, "uma formulação da hipótese que, em termos de grande generalidade, abrange e submete a tratamento jurídico todo um domínio de casos" (Karl Engisch, *Introdução ao pensamento jurídico*, Lisboa: Fundação Calouste Gulbenkian, 2001, p. 229).

20 Tríplice repartição da qual se ocupou em obra célebre Antônio Junqueira de Azevedo, *Negócio jurídico: existência, validade e eficácia*.

necessários à sua ocorrência. A maior parte da doutrina identifica como elementos essenciais o sujeito, o objeto e a forma. Há, ainda, quem prefira aludir à vontade em lugar do sujeito[21]. Antônio Junqueira de Azevedo critica ambos os posicionamentos, sustentando que o sujeito de direito é elemento externo ao negócio jurídico e que a declaração de vontade não é elemento do negócio jurídico, mas consiste no negócio jurídico em si, em perspectiva fiel à definição de Windscheid, para quem "negócio jurídico é declaração de vontade"[22]. Para Junqueira, são elementos constitutivos do negócio jurídico: (a) o objeto, (b) a forma e (c) as circunstâncias negociais, sendo estas últimas entendidas como aquelas circunstâncias que fazem com que a manifestação de vontade seja vista socialmente como dirigida à produção de efeitos jurídicos[23]. As circunstâncias negociais são aquilo que permitiria distinguir, por exemplo, uma promessa de contratar de um mero convite para comparecer a um evento social.

6. Plano de validade

Dos elementos essenciais exige a lei certas qualidades, que são os *requisitos de validade* do negócio jurídico. O Código Civil de 2002, mesmo sem seguir uma distinção rigorosa entre os três planos do negócio jurídico, elenca tais requisitos no seu art. 104, ao exigir a presença de "agente capaz", "objeto lícito, possível, determinado ou determinável" e "forma prescrita ou não defesa em lei". Assim, será *inválido* o negócio jurídico celebrado por agente incapaz, sem a necessária assistência ou representação, ou o negócio jurídico que tenha objeto ilícito, como o acordo sobre a divisão do produto de um assalto ou, ainda, o chamado *pacta corvina*, contrato sobre herança de pessoa viva, vedado expressamente pelo nosso Código Civil em seu art. 426. Dentre os requisitos de validade do negócio jurídico, merece especial atenção a forma prescrita ou não defesa em lei.

6.1. *A forma do negócio jurídico*

Forma do negócio jurídico é o meio através do qual o agente exprime sua vontade. A forma pode ser escrita, verbal, mímica, consistir no próprio silêncio

---

21 Francisco Amaral, *Direito civil: introdução*, cit., p. 410.
22 Bernhard Windscheid, *Diritto delle Pandette*, Turim: UTET, 1902, v. I, parte 1, p. 265.
23 Antônio Junqueira de Azevedo, *Negócio jurídico: existência, validade e eficácia*, cit., p. 117.

ou, ainda, em atos dos quais se deduz a declaração de vontade[24]. O direito romano, caracterizado por um intenso formalismo, chegava a dividir o modo de constituição das obrigações em *re, verbis, litteris* ou *consensu*, reservando pouco espaço a esta última. A classificação está na base de categorias ainda atuais como os *contratos reais*[25]. O direito europeu da Idade Média conservou algumas dessas solenidades, que nos chegam até o tempo presente, como o costume medieval, ainda preservado em feiras pecuárias da região de Montpellier na França, segundo o qual *emptio non valet sine palmata*, isto é, a venda não vale sem a palmada (na face do vendedor)[26]. No direito contemporâneo, seja pela intensa influência do voluntarismo jurídico, seja pelas necessidades práticas atinentes à dinâmica do tráfego econômico, o formalismo cedeu passagem ao chamado princípio do consensualismo ou da liberalidade das formas.

6.2. Liberalidade das formas

O direito brasileiro adota o princípio do consensualismo ou da liberalidade das formas, como se extrai do art. 107 do Código Civil vigente, segundo o qual a validade da declaração de vontade não dependerá de forma especial, senão quando a lei expressamente a exigir. Assim, os negócios jurídicos não são, salvo disposição em contrário, solenes ou formais, podendo se realizar sob qualquer forma, ou seja, por escritura pública, por instrumento particular, verbalmente, e assim por diante. Em algumas hipóteses excepcionais, todavia, a lei exige expressamente a obediência a certa forma, como no exemplo dos negócios jurídicos que visem à constituição, transferência, modificação ou renúncia de direitos reais sobre imóveis de valor superior a trinta vezes o maior salário mínimo vigente no país, os quais devem ser celebrados necessariamente por escritura pública (art. 108), ou, ainda, no exemplo das doações, que devem ser celebradas por escrito (art. 541), admitindo-se a forma verbal apenas nas chamadas *doações manuais*, assim entendidas aquelas relativas a bens móveis de pequeno valor cuja entrega se dê *incontinenti* à celebração do negócio (o que ocorre com frequência, por exemplo, na entrega de presentes de aniversário).

---

24 Antônio Junqueira de Azevedo, *Negócio jurídico: existência, validade e eficácia*, cit., p. 126.
25 Categoria que Moreira Alves destaca não ser criação romana: José Carlos Moreira Alves, *Direito romano*, 16. ed. Rio de Janeiro: Forense, 2014, p. 477-478.
26 John Gilissen, *Introdução histórica ao direito*, 2. ed., trad. António Manuel Hespanha, Lisboa: Calouste Gulbenkian, 1995, p. 734.

6.3. *Forma* ad solemnitatem *e* ad probationem tantum

É antiga, entre nós, a distinção entre a forma *ad solemnitatem* e *ad probationem tantum*. A primeira consubstanciaria um elemento essencial do negócio, integrando a própria substância do ato (*forma dat esse rei*). A segunda seria mero meio de prova. Já Clóvis Beviláqua insurgia-se contra a distinção, pois, a seu ver, "se a lei estatui que, num certo ato, a escritura é da substância, e, em relação a certo outro, declara que somente por escritura ele se pode provar, é claro que o ato há de submeter-se à forma escrita, para que tenha eficácia e prevaleça quando contestado"[27]. Era também a opinião de João Monteiro, para quem "em uma palavra: a forma do ato, judiciariamente, se confunde com a prova do mesmo ato"[28]. Há, todavia, quem a defenda, como Caio Mário da Silva Pereira, que invocava o exemplo do art. 401 do Código de Processo Civil anterior, segundo o qual não se admitia prova exclusivamente testemunhal para demonstrar a existência de obrigação de valor superior a dez salários mínimos[29]. A forma escrita seria aí *ad probationem tantum*, não sendo exigida para a substância do ato. O novo Código de Processo Civil suprimiu o dispositivo, reforçando os argumentos daqueles que entendem dispensável a distinção.

6.4. *Forma* × *formalismo*

O estudo da forma não deve ser confundido com o formalismo, que ocorre quando a forma é tomada como um fim em si mesmo. Se, no passado, a forma atendia exclusivamente a exigências de segurança jurídica, na atualidade, pode ser dirigida à garantia de interesses ou valores privilegiados do ordenamento constitucional. Afirma-se, nessa direção, que "as exigências de forma respondem justamente à necessidade de assegurar a efetiva liberdade das pessoas, ora para que não assumam vínculos de maneira açodada, ora para que não sucumbam diante do poder contratual alheio"[30]. Assim, compete ao intérprete não apenas controlar o merecimento de tutela das formas tradicionais à

---

27 Clóvis Beviláqua, *Teoria geral do direito civil*, cit., p. 230.
28 João Monteiro, *Teoria do processo civil*, 6. ed., atualizada por J. M. de Carvalho Santos, Rio de Janeiro: Borsoi, 1956, t. I, p. 404.
29 Caio Mário da Silva Pereira, *Instituições de direito civil*, 24. ed., atualizada por Maria Celina Bodin de Moraes, Rio de Janeiro: Forense, 2011, v. I, p. 412.
30 Cristiano de Sousa Zanetti, *A conservação dos contratos por defeito de forma*, São Paulo: Quartier Latin, 2013, p. 17.

luz da legalidade constitucional, mas também reconhecer na forma um importante instrumento de promoção dos valores fundamentais.

O legislador brasileiro tem se valido de exigências formais no escopo de garantir a tutela de interesses privilegiados à luz da Constituição, como se vê no caso da disciplina dos contratos de adesão, em relação aos quais determina o art. 54 do Código de Defesa do Consumidor:

> (...) § 3º Os contratos de adesão escritos serão redigidos em termos claros e com caracteres ostensivos e legíveis, cujo tamanho da fonte não será inferior ao corpo doze, de modo a facilitar sua compreensão pelo consumidor.
>
> § 4º As cláusulas que implicarem limitação de direito do consumidor deverão ser redigidas com destaque, permitindo sua imediata e fácil compreensão.

Tem-se aí exemplo da renovada importância da forma do negócio jurídico em uma perspectiva atenta à necessidade de concretização dos valores constitucionais nas relações privadas.

6.5. *Causa do negócio jurídico*

Ainda dentre os requisitos de validade do negócio jurídico, parte da doutrina sustenta ser necessária a presença de *causa lícita*. A causa do negócio jurídico consiste em uma das noções mais controversas do direito civil em toda a tradição romano-germânica. Nosso Código Civil de 2002 não menciona a causa como elemento do negócio jurídico, assim como já não o fazia o Código Civil de 1916. Em passagem célebre, Pontes de Miranda defendeu que o silêncio do legislador seria aí "inoperante", equivalendo, em suas palavras, "ao grito do professor de obstetrícia que se dirigisse às internadas: 'Todos os recém-nascidos nasçam sem pernas'"[31]. A causa seria, em suas palavras, um elemento inerente ao negócio jurídico. Em sentido contrário, pronunciaram-se outros tantos autores, seguindo o anticausalismo sustentado na França por Planiol, mesmo em face da determinação expressa do *Code Napoléon*, que, na versão original do seu art. 1.108, afirmava que quatro condições são essenciais para a validade de uma convenção: o consentimento da parte que se obriga, sua capacidade de contratar, um objeto certo que forme a matéria do compromisso

---

31 Pontes de Miranda, *Tratado de direito privado*, 3. ed., Rio de Janeiro: Borsoi, 1970, t. III, p. 100.

e *"une cause licite dans l'obligation"*. Nas últimas décadas, o tema da causa parece ter tido seu desenvolvimento contido, paradoxalmente, não tanto pela falta de reconhecimento da importância da noção, mas justamente pela sua demasiada amplitude.

Com efeito, a noção de causa é caracterizada atualmente por uma intensa fluidez. Identificada historicamente com a *razão* pela qual as partes celebram certo negócio jurídico, a causa viu-se ameaçada pelo racionalismo jurídico, que vislumbrava o perigo de converter em elemento do negócio os meros motivos subjetivos da contratação. Para enfrentar tal crítica, desenvolveram-se diferentes soluções, as quais acabaram resultando em uma ampla polissemia que, hoje, pesa sobre o termo, com múltiplas vertentes teóricas e subespécies. Fala-se em causa subjetiva, causa objetiva, causa abstrata, causa concreta, causa final, causa do negócio, causa do contrato, causa da obrigação etc. O conceito de causa parece ter sido lançado em um labirinto de possibilidades, sendo certo que essa miríade de consequências que derivariam da causa não deixa de despertar aquele mesmo receio de insegurança em torno da sua aplicação prática – o que já levou parte da doutrina italiana a taxá-la de noção "oportunista" ou mero "artifício" a serviço dos juristas[32]. Daí não ser incomum encontrar, entre nós, elogios ao legislador brasileiro, que teria andado bem ao não acolher a noção de causa que tantas aflições gerava em solo francês[33]. Daí também a conclusão de Antônio Junqueira de Azevedo, para quem o anticausalismo se deve "antes às dificuldades em se fixarem, seja o conceito, seja o papel jurídico da causa, que a qualquer consistência lógica"[34].

A noção de causa ou, ao menos, os efeitos que a noção pretendia exercer sobre o controle de legitimidade dos negócios jurídicos, na construção francesa, têm, todavia, encontrado renovado terreno no campo da função social do contrato, prevista no art. 421 do Código Civil. Pode-se afirmar que a causa reaparece, nesse sentido, na ordem jurídica brasileira, embora sem referência nominal. Recupera-se a construção objetiva da causa como função do negócio jurídico, função socialmente útil e controlável pela ordem jurídica independentemente da vontade original do agente, que passa a estar em segundo plano, conforme já sustentava a melhor tradição italiana. No dizer de Salvatore Pugliatti: "não é a vontade do agente que dá valor à causa, mas é a

---

32 Matilde Girolami, *L'artificio della* causa contractus, Pádua: Cedam, 2012.
33 Paulo Barbosa de Campos Filho, *O problema da causa no Código Civil brasileiro*, São Paulo: Max Limonad, s.d., p. 70.
34 Antônio Junqueira de Azevedo, *Negócio jurídico*, cit., p. 152-153.

causa que constitui o fundamento do negócio e, portanto, a sustentação da vontade"[35]. A autonomia negocial não é protegida como um "capricho momentâneo" das partes, mas como atividade útil à realização de fins merecedores de proteção jurídica[36]. Assim, conquanto lhe sejam atribuídos também outros papéis na ciência jurídica, entre eles o da qualificação dos contratos[37], é no campo do controle de merecimento de tutela que a causa desempenha papel mais relevante. Parece certo que, em muitas experiências jurídicas – dentre as quais, a brasileira –, tal papel vem hoje exercido por noções que, mesmo sem aludir nominalmente à causa, encontram fundamento na essência do seu significado, qual seja, a de uma razão (*ratio*) do negócio jurídico que justifique a sua proteção pela ordem jurídica por algo que não corresponda à mera vontade subjetiva dos contratantes.

7. Plano de eficácia

Vistos os planos de existência e de validade do negócio jurídico, compete passar ao estudo do terceiro e último plano: o da eficácia. A eficácia consiste na aptidão do negócio jurídico a produzir efeitos. Embora tal aptidão se mostre presente, a princípio, em todo o negócio existente e válido, pode ser contida pela lei ou pela vontade das partes. Bem observa Antônio Junqueira de Azevedo que o problema da eficácia é usualmente examinado de perspectiva *negativa*, por meio dos chamados *fatores de ineficácia* do negócio jurídico[38]. A ineficácia pode decorrer da lei, no caso do testamento que não produz efeitos durante a vida do testador, por exemplo, ou da convenção entre as partes, que podem subordinar a eficácia do negócio a certos *elementos acidentais*, como o termo, a condição ou o encargo, também chamados *modalidades do negócio jurídico*.

---

35 Salvatore Pugliatti, *Diritto civile: metodo, teoria, pratica*, Milão: Giuffrè, 1951, p. 79: "non è la volontà dell'agente che dà valore alla causa, ma è la causa che costituisce il fondamento del negozio, e quindi il sostegno della volontà".
36 Emilio Betti, Negozio giuridico, in Antonio Azara e Ernesto Eula (Coords.), *Novissimo Digesto Italiano*, XI, Turim: UTET, 1965, p. 209.
37 Ver: Maria Celina Bodin de Moraes, A causa dos contratos, in *Na medida da pessoa humana: estudos de direito civil-constitucional*, Rio de Janeiro: Renovar, 2010, p. 293. Para uma detalhada análise do papel da causa no processo de qualificação dos contratos, na doutrina nacional, confira-se: Carlos Nelson Konder, *Causa e tipo: a qualificação dos contratos sob a perspectiva civil-constitucional*, Rio de Janeiro, 2014.
38 Antônio Junqueira de Azevedo, *Negócio jurídico: existência, validade e eficácia*, cit., p. 55.

7.1. Modalidades do negócio jurídico

As chamadas modalidades do negócio jurídico não são, diferentemente do que a expressão possa sugerir, espécies de negócio jurídico. Consistem, isso sim, em modos de limitação voluntária da eficácia do negócio jurídico. Como já se registrou, parte da doutrina brasileira tem preferido empregar, por maior rigor científico, a expressão elementos acidentais do negócio jurídico ou, em latim, *accidentalia negotti*, que nos remete a outra classificação tríplice, que distingue os elementos acidentais do negócio jurídico dos *essentialia negotti*, elementos essenciais à configuração do negócio jurídico, e dos *naturalia negotti*, elementos naturais, inseridos no negócio jurídico por meio de normas supletivas do ordenamento, se não forem afastadas pelas partes.

As principais modalidades do negócio jurídico são (a) a condição, (b) o termo e (c) o encargo. Merecem, pela importância teórica e prática, exame em separado.

7.2. Condição

Considera-se condição "a cláusula que, derivando exclusivamente da vontade das partes, subordina o efeito do negócio jurídico a evento futuro e incerto" (art. 121). É o exemplo do comprador de um imóvel que se obriga a pagar pelo bem certo preço se e quando restar comprovada a regularidade da construção ali erigida junto à prefeitura da cidade. É importante registrar que não se enquadra no conceito de condição a chamada *condição legal*, que se revela verdadeiro pressuposto do negócio jurídico, de tal modo que, "ainda que aposta ao negócio sob a forma condicional, implica repetir apenas a exigência da lei"[39]. A condição, em sentido técnico-jurídico, é sempre uma modalidade do negócio jurídico e, portanto, uma limitação *voluntária* à sua eficácia. Tem como fonte a vontade das partes. Clóvis Beviláqua a qualificava como uma "determinação acessória" da vontade das partes[40], enquanto Pontes de Miranda, negando o caráter acessório da condição, a denominava de elemento "inexo" à declaração de vontade, afirmando não se tratar nem de algo conexo, nem anexo à declaração de vontade, mas de uma parcela sua incindível[41].

---

39   Caio Mário da Silva Pereira, *Instituições de direito civil*, cit., v. I, p. 465.
40   Clóvis Beviláqua, *Teoria geral do direito civil*, cit., p. 214.
41   Pontes de Miranda, *Tratado de direito privado*, cit., t. V, p. 98 e 216.

7.3. Condição suspensiva × resolutiva

Há duas espécies de condição: (a) condição suspensiva e (b) condição resolutiva. Tem-se a condição suspensiva quando a eficácia do negócio jurídico só tem início após a realização do evento futuro e incerto. A eficácia do negócio fica, por assim dizer, "em suspenso". O art. 125 do Código Civil esclarece, todavia, que, enquanto a condição suspensiva não ocorrer, não se adquire o direito que resulta do negócio jurídico, reservando-se à parte mera expectativa de direito[42].

Condição resolutiva, por outro lado, é aquela que não impede que o negócio produza efeitos desde logo, mas os faz cessar no momento em que se verifica o evento futuro e incerto. Aqui, ao contrário do que ocorre na condição suspensiva, a aquisição do direito é imediata, todavia com caráter resolúvel, e permanecerá na esfera do adquirente *até quando* a condição resolutiva aconteça. O pai que doa ao filho um automóvel sob a condição de que ele seja aprovado em concurso público celebra negócio jurídico sob condição suspensiva. Se, todavia, no mesmo exemplo, estipula-se no contrato de doação que a entrega será imediata, mas que os efeitos do contrato cessarão se o filho não for aprovado em concurso público nos três anos seguintes, tem-se condição resolutiva (art. 128).

7.4. Condição puramente potestativa

Nosso Código Civil veda a chamada condição puramente potestativa, assim entendida aquela que subordina a eficácia do ato "ao puro arbítrio de uma das partes" (art. 122). Equivale à chamada cláusula *si volam* (se eu quiser, se eu assim desejar), historicamente reprimida por deixar uma das partes e a própria segurança do negócio jurídico subordinadas ao mero capricho da outra parte. Nesse sentido, o Superior Tribunal de Justiça já decidiu, em rumoroso caso, envolvendo a cessão do jogador Juninho pelo Ituano Futebol Clube ao São Paulo Futebol Clube, pela nulidade de cláusula que estipulava, na hipótese de o São Paulo negociar o passe do atleta nos 18 meses seguintes à celebração do contrato, o pagamento ao Ituano de um percentual sobre o valor da venda. Durante a vigência da cláusula, o clube inglês Middlesbrough formulou duas propostas de aquisição do jogador, que foram rejeitadas pelo São Paulo. No entanto, 40 dias após o término do prazo, o jogador finalmente foi vendido ao time inglês

---

42 Para um exame atual das inúmeras dificuldades que envolvem o instituto, consulte-se: Fernanda Mynarsky Martins-Costa, *Condição suspensiva: função, estrutura e regime jurídico*, São Paulo: Almedina, 2017.

pelo valor de U$ 7.500.000,00, sem que o Ituano recebesse quantia alguma. O Tribunal entendeu que "exsurge, cristalino, o conteúdo puramente potestativo do contrato, que impôs a uma das partes a condição, apenas e tão somente, de mero espectador, em permanente expectativa, enquanto dava ao outro parceiro irrestritos poderes para decidir como bem lhe aprouvesse", concluindo então que "cometeu o contrato 'penalidade máxima', ao dispor, como o fez, sobre a venda do aplaudido atleta, devendo ser considerada sem efeito a cláusula, no que se refere ao limite de tempo dentro do qual teria o Ituano o direito de participar, em 25%, sobre o valor do negócio"[43].

7.5. Condição simplesmente potestativa

Parte da doutrina distingue a condição puramente potestativa da condição simplesmente potestativa, assim entendida aquela que depende da vontade do sujeito, mas também de circunstâncias externas que estão fora de uma esfera de puro arbítrio do agente (*v.g.*, se eu for morar em Paris, se eu vender minha casa)[44]. É digna de registro a lição de Ferrara, para quem a vedação à condição puramente potestativa não assenta na sua ilicitude, mas na sua inutilidade, por revelar a falta de seriedade do negócio jurídico celebrado[45].

De fato, a vedação às condições puramente potestativas não pode ser aplicada sem a devida análise do escopo negocial perseguido pelas partes, ou seja, da função social e econômica que o negócio jurídico desempenha. A sofisticação das relações negociais tem dado ensejo a contratos aleatórios de toda espécie, muitos dos quais têm seus efeitos aparentemente condicionados à simples vontade de um dos contratantes (aberturas de linha de crédito, opções de compra e venda de ações, pactos de *call, put* etc.). Uma análise mais profunda dessas situações revela que, longe de sujeitar o ato ao mero capricho de um dos contratantes, retirando-lhe a seriedade, tais contratos assentam em um complexo intercâmbio de riscos e oportunidades cuja utilidade para as partes, embora aleatória, revela-se real e consistente. A aplicação da vedação legal à condição puramente potestativa não se pode, portanto, desprender do seu escopo, que é o de rejeitar o negócio jurídico pela falta de seriedade, a vincular um dos contratantes e, ao mesmo tempo, não vincular o outro.

---

43 STJ, 3ª T., REsp 291.631/SP, rel. Min. Castro Filho, j. 4-10-2001, publ. RDR 23/334.
44 Silvio Rodrigues, *Direito civil: parte geral*, 32. ed., São Paulo: Saraiva, 2002, p. 245.
45 Francesco Ferrara, La condizione potestativa, *Rivista del Diritto Commerciale e del Diritto Generale delle Obbligazioni*, a. 29, n. 9-10, pt. 1, Milão: F. Vallardi, 1931, p. 563.

7.6. Condição perplexa

O Código Civil cuida de vedar, no mesmo art. 122, as chamadas condições perplexas, assim entendidas aquelas que encerram uma contradição atroz capaz de privar de qualquer efeito o negócio (art. 122). No exemplo de Zeno Veloso é perplexa a condição fixada nos seguintes termos: "Caio será meu herdeiro se eu morrer depois dele". Tal condição não pode, por óbvio, ser admitida, na medida em que exprime uma *contradictio in terminis*, a retirar qualquer efeito do negócio jurídico. O fato de que o legislador brasileiro tenha vedado, no mesmo dispositivo, as condições perplexas e as condições puramente potestativas reforça o entendimento, antes exposto, de que a finalidade da lei, ao proibir condições puramente potestativas, foi evitar a inutilidade do negócio jurídico, por sua falta de seriedade.

7.7. Condição impossível

Merecem, ainda, atenção neste breve incurso pela tipologia das condições aquelas que se afiguram física ou juridicamente impossíveis. Verificam-se quando a eficácia do negócio jurídico é subordinada a um evento que não se pode realizar em virtude da natureza das coisas ou do direito. Seus efeitos variam conforme sejam suspensivas ou resolutivas. No primeiro caso, invalidam o negócio; no segundo, reputam-se não apostas ao negócio (arts. 123-124). A condição impossível é, a rigor, uma *não condição*, pois não se trata de evento de ocorrência futura e incerta; ao contrário, sendo impossível, sabe-se desde logo que não se realizará.

7.8. Termo

A segunda modalidade do negócio jurídico de que se ocupa o Código Civil é o termo. O termo difere da condição, justamente porque se trata de evento futuro *e certo*, ao qual se subordina a eficácia do negócio jurídico. Daí ser comum a associação dos termos com datas futuras. Clóvis Beviláqua chega a definir o termo como "dia no qual tem de começar ou de extinguir-se a eficácia de um negócio jurídico"[46]. A rigor, todavia, termo pode ser não apenas uma data, mas qualquer evento futuro cuja ocorrência seja indubitável: a morte de determinada pessoa, por exemplo, configura tecnicamente um termo.

Nossa codificação reconhece duas espécies de termo: (a) termo inicial e (b) termo final. O termo inicial, também chamado *suspensivo* ou *dilatório*, é o que

---

46 Clóvis Beviláqua, *Teoria geral do direito civil*, cit., p. 220.

marca o início de eficácia do negócio jurídico. Os romanos chamavam-no *dies a quo*, expressão que ainda se emprega entre nós. Já o termo final, também chamado *resolutivo* ou *peremptório*, é aquele que marca o momento de cessação da eficácia do negócio jurídico. É o que os romanos chamavam de *dies ad quem*, caracterizando um negócio jurídico temporário ou *ad tempus*.

Assim, o vendedor que se obriga a entregar a coisa alienada no dia 23 de março de 2018 celebra negócio jurídico sujeito a termo inicial. Já o jogador de futebol que se compromete a jogar por certo clube até o fim do ano de 2020 celebra negócio jurídico sujeito a termo final. Os efeitos do negócio se produzem, nesse último exemplo, não com base em determinado evento futuro e certo, mas *até* a ocorrência de determinado evento futuro e certo.

7.9. *Efeitos do termo*

Há uma importante diferença entre os efeitos do termo e da condição. No caso da condição suspensiva, como visto, não há a aquisição do direito até que se verifique a condição. Isso porque, sendo a condição evento futuro e incerto, nada assegura que ocorrerá, de modo que o ordenamento não confere mais que mera expectativa de direito nessa hipótese (art. 125). No termo inicial, ao contrário, é certo que o evento ocorrerá, de modo que o ordenamento atribui, desde logo, o direito em si, suspendendo tão somente o seu exercício. A diferença é relevante, deixando o titular de um direito a termo em posição bem mais confortável que o titular de direito eventual, uma vez que o primeiro pode praticar, desde logo, todos os atos que lhe são facultados como titular do direito (art. 131), enquanto o segundo, não sendo ainda titular do direito, pode apenas praticar atos destinados à sua conservação para o futuro (art. 130). Trata-se de um corolário da certeza do negócio jurídico sujeito a termo, cuja eficácia está de imediato assegurada, apenas sujeita a um limite temporal, diversamente do que ocorre com o negócio jurídico condicionado, ainda incerto[47].

7.10. *Distinção entre termo e condição*

Apesar dessa importante diferença de efeitos, nem sempre é fácil distinguir o termo da condição nos casos concretos. Por exemplo, se o doador se

---

47 Manuel A. Domingues de Andrade, *Teoria geral da relação jurídica*, Coimbra: Almedina, 1998, v. II, p. 385.

compromete a entregar o bem no dia em que o donatário completar a maioridade, o dia da maioridade é certo, mas a maioridade em si é eventual, pois pode ocorrer que o donatário venha a falecer antes de atingi-la. Isso acontece porque, estritamente, a incerteza de um evento futuro pode versar sobre dois aspectos distintos: sobre a sua existência (*se* o evento acontecerá) e sobre o momento de seu implemento (*quando* acontecerá).

É de extrema valia a classificação apresentada por San Tiago Dantas, conforme a qual os eventos futuros podem ser agrupados em quatro espécies: (a) acontecimentos que são *certus an et certus quando*, como uma data – aí não há dúvida de que se trata de termo; (b) acontecimentos que são *certus an et incertus quando*, como a morte de certa pessoa, que ocorrerá inevitavelmente, mas não se sabe quando – também aí se trata de termo; (c) acontecimentos *incertus an et incertus quando*, como o fato de certa pessoa se casar – não se sabe se nem quando se casará, razão pela qual se trata aí inegavelmente de condição; e, finalmente, (d) acontecimentos *incertus an et certus quando*, como a maioridade de alguém que, se ocorrer, se sabe quando ocorrerá, mas que pode não vir a ocorrer. Nessa última hipótese é que se tem, segundo San Tiago, o "problema mais difícil e que só pode ser resolvido por um critério de interpretação. Temos que verificar qual foi a vontade da parte; se foi criar um termo ou uma condição". Deve-se examinar o escopo do negócio jurídico, para esclarecer se as partes quiseram dar caráter eventual aos seus efeitos ou tão somente adiá-los no tempo. Na dúvida, recomenda que o intérprete se incline pela condição[48].

7.11. *Encargo*

A terceira e última modalidade de negócio jurídico contemplado no Código Civil é o encargo ou modo, que consiste no ônus assumido pelo beneficiário de uma liberalidade. O ônus não deve ser de tal monta que possa configurar uma contraprestação. Nesse caso, a liberalidade desnatura-se. O encargo assenta, antes, sobre a ideia de uma restrição à parte beneficiada pelo negócio jurídico. Daí a definição de Clóvis Beviláqua, para quem "encargo (*modus*) é a determinação acessória em virtude da qual se restringe a vantagem criada pelo ato jurídico, estabelecendo o fim a que deve ser aplicada a coisa adquirida, ou impondo uma certa prestação"[49]. Exemplo corriqueiro é a doação de livros a

---

48 San Tiago Dantas, *Programa de direito civil*, Rio de Janeiro: Ed. Rio, 1977, v. I, p. 318-320.
49 Clóvis Beviláqua, *Teoria geral do direito civil*, cit., p. 223.

uma biblioteca, com o encargo de manter a integridade da coleção ou, ainda, de a situar em local acessível à consulta pública. Outro exemplo frequente é o do legado deixado pelo testador com o encargo de lhe construir um túmulo ou de promover a celebração de missas em sufrágio da sua alma.

7.12. Efeitos do encargo

Ao contrário da condição e do termo, o encargo não suspende nem a aquisição, nem o exercício do direito sobre o qual incide, a não ser que tenha sido, nos termos do art. 136 do Código Civil, imposto como condição suspensiva do negócio – hipótese em que deixa, obviamente, de ser encargo. Embora não obste a aquisição nem o exercício do direito, o encargo pode afetar a eficácia do negócio jurídico se, uma vez exigido, não vier a ser cumprido. A legitimidade para exigir o seu cumprimento depende, em cada caso, de quem é o favorecido com o encargo. As regras sobre o tema, bem como outras consequências do descumprimento do encargo, são traçadas na Parte Especial do Código Civil na disciplina própria de cada espécie de liberalidade (*e.g.*, doação, legado).

8. Negócios jurídicos unilaterais e bilaterais

Subdivide-se o negócio jurídico em duas espécies: (a) negócio jurídico unilateral, que exige a manifestação de uma única vontade para sua formação, como é o caso do testamento, ao qual basta a vontade do testador, ou da promessa de recompensa (arts. 854-860), à qual basta a vontade do promitente; e (b) negócio jurídico bilateral, que exige a manifestação de, no mínimo, duas vontades para sua formação. O negócio jurídico bilateral corresponde ao contrato, instituto de extrema importância na realidade contemporânea e ao qual o legislador se dedica em particular na Parte Especial do Código Civil.

9. Interpretação do negócio jurídico

Compreendidos os três planos do negócio jurídico – existência, validade e eficácia –, convém adentrar o problema da sua interpretação. Valem aqui as considerações gerais sobre a interpretação das normas jurídicas já vistas nesta obra por ocasião do estudo da interpretação das leis. Todavia, a interpretação do negócio jurídico afigura-se, não raro, mais complexa. Primeiro, porque se destina, essencialmente, a desvendar o significado e o alcance de normas instituídas pelas próprias partes na persecução do escopo negocial comum. Assim, enquanto a lei se destina a atender os interesses de toda sociedade, interesses que são do conhecimento de qualquer cidadão que se disponha a examinar a norma, o negócio jurídico se destina a atender os interesses das partes, ainda que lidos em conformidade com os interesses gerais da sociedade. Desse modo, a interpretação do negócio jurídico exige, indispensavelmente, o conhecimento acerca do que pretendiam as partes com o negócio celebrado. Enquanto o legislador se move guiado pelo interesse social – e, ainda quando assim não seja, por patologias políticas, assim devem ser interpretados os seus atos para que se assegure a máxima realização do interesse da sociedade –, as partes se movem guiadas por interesses particulares, que o intérprete deve compreender em profundidade sob pena de interpretar mal o negócio jurídico celebrado. A adequada interpretação de um contrato de afretamento a casco nu, ainda que guiado por parâmetros jurídicos de ordem geral, não pode prescindir de um conhecimento mínimo das práticas negociais do setor marítimo e do seu funcionamento socioeconômico.

Além disso, o negócio jurídico, como fruto da autonomia privada, pode conter ele próprio regras de interpretação traçadas pelas partes. Tem-se tornado cada vez mais frequente entre nós, por influência de práticas advocatícias do *common law*, a inserção em contratos de cláusulas destinadas a guiar a interpretação do próprio instrumento contratual. As partes podem, assim, não apenas determinar como devem ser interpretadas certas expressões, por meio de cláusulas de definição, mas também dispor sobre os modos de interpretação do negócio jurídico, estipulando, por exemplo, que nenhuma tolerância em relação ao descumprimento das obrigações contidas naquele contrato será interpretada como renúncia ao direito de exigir seu cumprimento no futuro. Esta possibilidade passou a ser contemplada expressamente pelo § 2º do art. 113 do Código Civil, inserido pela Lei n. 13.874/2019 (Lei da Liberdade Econômica). Afirma-se, no referido dispositivo, que "as partes poderão livremente pactuar regras de interpretação, de preenchimento de lacunas e de integração dos negócios jurídicos diversas daquelas previstas em lei". O efeito concreto dessas cláusulas sobre a interpretação do negócio jurídico e da relação negocial como um todo dependerá, sempre, de um conjunto de elementos interpretativos que não se limita à literalidade da cláusula, mas que tampouco pode ignorá-la inteiramente como fruto legítimo do exercício da autonomia privada. Tais cláusulas, porém, especialmente quando estabelecerem critérios interpretativos diversos daqueles constantes da lei, não se furtam a um controle concreto quanto ao seu merecimento de tutela à luz da ordem jurídica brasileira.

O próprio Código Civil traz algumas regras de interpretação dos negócios jurídicos em geral, que devem ser observadas pelo intérprete. Por exemplo, o art. 110 da codificação nega qualquer efeito à reserva mental feita pelo autor da declaração de vontade no sentido de não querer o negócio, salvo se dela tinha conhecimento o destinatário da declaração. Com isso, consagra a norma interpretativa segundo a qual a interpretação dos negócios jurídicos não deve levar em conta as intenções subjetivas dos contratantes, mas tão somente a sua comum intenção, assim entendido o consenso alcançado em relação ao escopo do negócio jurídico celebrado. É nesse sentido que se deve compreender o art. 112 do Código Civil, conforme o qual, nas declarações de vontade, se atenderá mais à intenção nelas consubstanciada que ao sentido literal da linguagem. A interpretação do negócio jurídico não se restringe ao sentido literal da linguagem, mas deve exprimir a comum intenção das partes por trás das palavras empregadas.

Também merece menção a importante previsão do art. 113 da codificação, que, além de impor a interpretação segundo os usos do lugar, consagra a boa-fé objetiva em sua função hermenêutica, como parâmetro imperativo de interpretação dos negócios jurídicos, sem embargo das suas demais funções, que o Código Civil reconhece nos arts. 187 e 422. A boa-fé objetiva, como se verá mais adiante, impõe que a interpretação do negócio jurídico resulte em um significado compatível com a lealdade recíproca e a mútua confiança que deve guiar as partes na sua relação negocial.

A Lei da Liberdade Econômica inseriu um § 1º no art. 113, contemplando *standards* de interpretação negocial há muito consagrados em sede doutrinária e jurisprudencial. São eles: (a) o comportamento das partes posteriormente à celebração do negócio[50]; (b) os usos, costumes e práticas do mercado relativas ao tipo de negócio celebrado; (c) a boa-fé (objetiva), aí inutilmente duplicada[51]; (d) adoção do sentido mais benéfico à parte que não redigiu o dispositivo, se identificável (a chamada *interpretatio contra proferentem ou contra stipulatorem*); e (e) adoção do sentido correspondente "a qual seria a razoável negociação das partes sobre a questão discutida, inferida das demais disposições do negócio e da racionalidade econômica das partes, consideradas as informações disponíveis no momento de sua celebração".

Ainda entre as regras legais de interpretação, situa-se a previsão do art. 114 do Código Civil, que impõe interpretação restritiva aos negócios jurídicos benéficos ou gratuitos, assim entendidos aqueles em que apenas uma das partes sofre sacrifício econômico, reservando-se à outra um benefício. É o caso dos contratos de

---

50 Já era esta a orientação acolhida pelo Enunciado n. 409 da V Jornada de Direito Civil do CJF: "Os negócios jurídicos devem ser interpretados não só conforme a boa-fé e os usos do lugar de sua celebração, mas também de acordo com as práticas habitualmente adotadas entre as partes".

51 Por erro de redação da Lei n. 13.874/2019, a boa-fé encontra-se presente no *caput* e no inciso III do § 1º do art. 113.

doação, de comodato, entre outros em que se pratica uma liberalidade em favor de outrem. Justamente pela ausência de contrapartida recebida pelo sacrifício assumido é que o legislador impõe a interpretação restritiva desses negócios, a fim de assegurar que o sacrifício não acabe sendo superior àquele realmente assumido.

Por fim, o Código Civil também disciplina os efeitos do silêncio. A regra é que o silêncio, enquanto ausência de manifestação de vontade, não produz nenhum efeito[52]. Nada obstante, "o silêncio importa anuência, quando as circunstâncias ou os usos o autorizarem, e não for necessária a declaração de vontade expressa" (art. 111). O ordenamento jurídico reconhece eficácia, portanto, apenas àquele silêncio circunstanciado[53]. Na sociedade de consumo massificado, a ponderação dessas circunstâncias exige especial cautela, justificando a opção do Código de Defesa do Consumidor por determinar que os serviços prestados e os produtos remetidos ou entregues ao consumidor sem solicitação prévia equiparam-se às amostras grátis (art. 39, III c/c parágrafo único do CDC), afastando a possibilidade de se interpretar, nesses casos, o silêncio do consumidor como anuência[54].

10. Representação

Merece uma última palavra o tema da representação, de que o Código Civil também se ocupa no título dedicado ao negócio jurídico (arts. 115-120). Representação é, em síntese, a técnica jurídica de atuação em nome de outrem. A representação faz com que os efeitos de um ato ou negócio jurídico recaiam não sobre quem o pratica, mas sobre a pessoa em nome de quem é praticado. O direito romano primitivo desconhecia a representação: a solenidade que cercava os atos jurídicos era tão elevada que se exigia que fossem pessoalmente praticados. A possibilidade da prática de um ato ou negócio jurídico por pessoa diversa da que sofre seus efeitos só ganhou força durante a Idade Média, com o direito canônico. Sendo a própria Igreja Católica fundada no chamado poder dos representantes de Deus, apressaram-se os canonistas em consagrar a regra

---

52 Caio Mário da Silva Pereira, *Instituições de direito civil*, cit., v. I, p. 405.
53 Rose Melo Vencelau Meireles, O negócio jurídico e suas modalidades, in Gustavo Tepedino (Coord.), *O Código Civil na perspectiva civil-constitucional: parte geral*, Rio de Janeiro: Renovar, 2013, p. 233.
54 Um exame verticalizado da temática abordada neste tópico pode ser encontrado em Francisco Paulo De Crescenzo Marino, *Interpretação do negócio jurídico*, São Paulo: Saraiva, 2011, passim. Especificamente quanto à regra do art. 111 do Código Civil, v. Pedro Sack, A *interpretação do silêncio no negócio jurídico*, São Paulo: Revista dos Tribunais, 2024.

segundo a qual *potest quis per alium quod potest facere per se ipsum* – pode-se fazer por outrem aquilo que se pode fazer por si. O efeito prático dessa mudança de rota para o desenvolvimento dos negócios foi tamanha que Ernst Rabel chega a denominar a representação de "um milagre jurídico"[55]. Ressalvados os atos jurídicos tidos como personalíssimos, a possibilidade de representação impera no direito contemporâneo, tornando-se cada vez mais relevante em um mundo globalizado, caracterizado pela circulação das pessoas e pela necessidade de celebração de negócios sem a presença física das partes.

10.1. Procuratio

Tecnicamente, a representação, como agir em nome alheio, existe independentemente de o representante ter, de fato, recebido o poder de agir em nome do representado. A outorga do poder de representar dá-se por um negócio jurídico unilateral a que a doutrina denomina procuração (*procuratio*). Para ocorrer a representação, contudo, basta que um negócio jurídico tenha sido *declaradamente* celebrado em nome de um terceiro com o fim de que sobre tal pessoa recaiam os seus efeitos. Como explica Manuel Domingues de Andrade, "realizar-se ou sair frustrada e inoperante esta intenção ou tendência do negócio, produzirem-se ou não se produzirem os seus efeitos na órbita deste terceiro, é já uma questão atinente, não ao conceito e portanto à existência da representação, mas à sua validade ou eficácia"[56]. Portanto, independentemente da efetiva outorga do poder de representar, sempre que alguém vier a atuar declaradamente em nome de outrem terá existido representação.

10.2. Contemplatio domini

Basta, em outras palavras, a *contemplatio domini*, ou seja, a publicidade ou exteriorização do fato de que a atuação se dá em nome de um representado. Se o representante age em nome próprio, não há tecnicamente representação (atuação em nome de outrem), daí resultando que ficará o representante, e não o representado, vinculado aos efeitos do negócio (art. 118). Se age em nome alheio, há representação, mas o representado somente restará vinculado

---

55 Ernst Rabel, Die Stellvertretung in den hellenistichen Rechten und in Rom, in *Atti del Congresso Internazionale di Diritto Romano e di Stori di Diritto*, apud Paolo Cappellini, Rappresentanza (diritto intermedio), in *Enciclopedia del Diritto*, Varese: Giuffrè, 1984, p. 435.
56 Manuel A. Domingues de Andrade, *Teoria geral da relação jurídica*, cit., v. II, p. 286.

se a atuação do representante tiver se dado nos limites dos poderes conferidos (art. 116). O que caracteriza a existência da representação é, portanto, a *contemplatio domini*, ou seja, a atuação em nome alheio, mas o efeito da representação, que é a vinculação do representado, somente ocorrerá se tiver agido o representante dentro dos poderes outorgados pelo representado por meio da *procuratio*. Daí a prática amplamente consagrada de se exigir vista e cópia da procuração antes de se celebrar um negócio jurídico com quem afirma estar agindo como representante de outrem.

A *contemplatio domini* é, ainda, o elemento que permite diferenciar a representação de uma figura próxima, mas distinta, a que se denomina interposição.

10.3. *Representação × interposição*

A representação diferencia-se da interposição. Na interposição, o agente age em nome próprio, mas *no interesse* de outrem. Não há representação, pois não há atuação em nome alheio. Falta a *contemplatio domini*. Se o marido vai à banca de jornais comprar uma revista a pedido de sua mulher, há interposição. Age no interesse alheio, mas em nome próprio. A obrigação de pagar que contrai perante a banca de jornal recai sobre si mesmo, não sobre o interessado na celebração do negócio jurídico. A situação é inteiramente diversa daquela de quem aluga o imóvel de um amigo que deixou a cidade. O contrato de locação será firmado por uma pessoa *em nome* da outra, e não apenas no seu interesse. Há aí representação. Os direitos e obrigações decorrentes do contrato de locação recairão sobre o amigo que deixou a cidade e não sobre quem pratica o negócio.

Apesar da evidente diferença entre representação e interposição, alguns autores denominam a interposição de *representação indireta*, expressão que se deve rejeitar porque de representação não se trata. Há, ainda, quem chame a interposição de *representação imprópria*, que, como o próprio termo revela, não é propriamente representação, mas figura autônoma, razão pela qual melhor se afigura evitar qualquer nomenclatura que possa gerar confusão entre os dois institutos. Registre-se que o Código Civil de 2002, ao cuidar dos contratos em espécie, trouxe diversas novas modalidades contratuais que são centradas na ideia de interposição. É o caso da comissão, por exemplo, que será estudada oportunamente.

10.4. *Representação sem mandato*

O Código Civil de 1916 não continha normas gerais sobre representação, limitando-se a tratar do contrato de mandato. Discutia-se, naquele cenário, se havia representação sem mandato. A controvérsia encontra-se superada. A autonomia científica da representação foi explicitamente reconhecida pelo Código Civil de 2002, não apenas quando admite a representação derivada da lei (*representação legal*), mas mesmo no tocante à representação voluntária, quando remete a matéria à Parte Especial da codificação, e não apenas à disciplina do mandato. De fato, na Parte Especial, o intérprete se deparará, por exemplo, com o parágrafo único do art. 710, em que o legislador permite, no âmbito do contrato de agência, que o proponente confira poderes ao agente para representá-lo. Não há aí, corretamente, alusão ao mandato, mas à representação de fonte voluntária, instituto que se descola do tipo contratual do mandato em nossa codificação. Há representação sem mandato.

10.5. Conflito de interesses

Na disciplina da representação, constante da Parte Geral do Código Civil, destacam-se as normas relativas ao conflito de interesses entre o representante e o representado. Dois dispositivos cuidam do tema: os arts. 117 e 119. O art. 117 traz, na lição de Gustavo Tepedino, uma *causa objetiva de anulabilidade*, consubstanciada no *autocontrato*, também chamado *contrato consigo mesmo*, ou seja, o contrato celebrado pelo representante, nesta qualidade, com si próprio[57]. O representante figura aí em ambos os polos do contrato: em um deles necessariamente como representante e, no outro, como ele próprio ou como representante de um terceiro sujeito. Configura-se o autocontrato, por exemplo, quando aquele amigo a quem se deu procuração para locar o imóvel decide, ele próprio, ser inquilino, hipótese na qual figurará em ambos os polos do contrato, em um deles como representante do locador e, no outro, como locatário. De acordo com o art. 117, salvo se o permitir a lei ou o representado, o contrato consigo mesmo é anulável. Trata-se de situação objetiva, que independe de qualquer consideração subjetiva acerca dos benefícios extraídos ou não do autocontrato pelo representante.

Já o art. 119 traz *causa subjetiva de anulabilidade*, calcada no "conflito de interesses" entre representante e representado. É o caso, por exemplo, do representante que recebe procuração para comprar determinado bem, e o compra de sociedade da qual é sócio – embora o interesse do comprador representado seja o de adquirir o bem pelo valor mais baixo possível, é do interesse do represen-

---

57 Gustavo Tepedino, Cláusula compromissória no acordo de acionistas, in *Soluções práticas de direito civil*, São Paulo: Revista dos Tribunais, 2012, v. III, p. 242.

tante, enquanto sócio da vendedora, que o negócio se realize pelo valor mais elevado, que se refletirá, em parte, no seu bolso, quando da distribuição dos lucros[58]. Tal situação só dá ensejo à anulação do negócio jurídico celebrado pelo representado "se tal fato era ou devia ser do conhecimento de quem com aquele tratou" (art. 119). Vale dizer: se a outra parte ignorava o conflito de interesses, o negócio prevalecerá por amor à sua boa-fé.

Note-se que o prazo para anulação é diverso nas duas hipóteses contempladas. Para a anulação do negócio jurídico celebrado em conflito de interesses nos termos do art. 119, seu parágrafo único fixa prazo curto: 180 dias. Já na hipótese de autocontrato, contemplada no art. 117, por não haver prazo específico, aplica-se a regra geral do art. 179, que fixa o prazo decadencial em dois anos. A diversidade de tratamento procura tutelar o terceiro que participa do negócio jurídico, lançando o ônus de uma rápida atuação contra a má representação sobre o representado, responsável pela eleição do representante. Protege-se, assim, a segurança no tráfego negocial.

10.6. *Representante aparente*

Não se pode encerrar o estudo da representação sem uma palavra sobre a representação aparente. Embora o Código Civil tenha deixado de cuidar do tema, a questão tem sido recorrente na jurisprudência, guardando grande interesse prático[59]. Como já visto, a ausência de outorga do poder de representação leva à ineficácia do negócio jurídico perante o representado. Na dogmática tradicional do direito civil, tal ineficácia só pode ser contornada pela ratificação expressa do negócio pelo representado. Diante, contudo, da massificação e despersonalização das relações contratuais, os tribunais vêm, há algumas décadas, concedendo proteção ao terceiro de boa-fé, que celebra o contrato confiando em uma *aparência* de legitimidade do representante para a qual tenha contribuído, por ação ou omissão, o representado.

Foi o que ocorreu em caso emblemático julgado pelo Supremo Tribunal Federal, nos idos de 1970[60]. A Corte Suprema analisou, à época, a atuação de um

---

58   Francesco Galgano, *Trattato de diritto civile*, 2. ed., Pádua: Cedam, 2010, v. II, p. 431.
59   Como já destacava estudo de Ricardo Lira intitulado "Considerações sobre a representação nos negócios jurídicos. A Teoria da Aparência e o princípio da publicidade na Administração Pública", publicado no volume inaugural da *Revista da Faculdade de Direito da UERJ*, v. 1, Rio de Janeiro, 1993.
60   STF, Recurso Extraordinário n. 77.814/SP, j. 2-4-1974, *in DJ* 10-5-1974.

corretor que vendeu títulos de certa sociedade a diversos investidores, que, diante de um cenário econômico que se prometia negativo, decidiram resgatá-los. Descobriram, então, que os títulos não pertenciam à sociedade, já que o corretor não tinha poderes para representá-la na emissão e negociação de títulos. O corretor suicidou-se e os investidores promoveram ação judicial contra a sociedade empresária, que o Supremo Tribunal Federal acabou por considerar responsável pelo pagamento dos títulos, pois o corretor, embora desprovido sob o ponto de vista técnico-jurídico de poderes de representação, tinha sala privativa na sede da companhia, participava do seu cotidiano e figurava, inclusive em anúncios veiculados na imprensa, como um de seus diretores, situação que ensejara a legítima confiança dos investidores na existência de poderes de representação. Em casos assim, os tribunais têm elevado à realidade aquilo que era mera aparência, reconhecendo-se a plena eficácia do ato sobre a esfera jurídica do representado, não por força de ratificação, mas em homenagem à confiança depositada pelo terceiro em certo comportamento comissivo ou omissivo do suposto representado.

Capítulo 12

Defeitos do Negócio Jurídico

Sumário: 1. Defeitos do negócio jurídico. **2.** Erro. **2.1.** Erro substancial. **2.2.** Erro incidental. **2.3.** Erro escusável. **2.4.** Erro perceptível. **2.5.** Perceptibilidade × escusabilidade do erro. **2.6.** Erro de direito. **2.7.** Exemplo de erro de direito. **2.8.** Erro sobre motivo. **2.9.** Teoria da pressuposição. **2.10.** Conservação do negócio anulável por erro. **3.** Dolo. **3.1.** Dolo principal × dolo incidental. **3.2.** *Dolus bonus*. **3.3.** Dolo por omissão. **3.4.** Dolo recíproco. **4.** Coação. **4.1.** *Vis compulsiva* × *vis absoluta*. **4.2.** Avaliação da ameaça. **4.3.** Supressão da equivalência do dano. **5.** Lesão. **5.1.** Elemento objetivo da lesão: desequilíbrio entre as prestações. **5.2.** Elemento subjetivo da lesão: necessidade ou inexperiência. **5.3.** Lesão e princípio do equilíbrio contratual. **5.4.** Conservação do negócio jurídico. **5.5.** Lesão e Código de Defesa do Consumidor. **6.** Estado de perigo. **6.1.** Elemento objetivo do estado de perigo: obrigação excessivamente onerosa. **6.2.** Elemento subjetivo do estado de perigo: conhecida necessidade de salvar-se. **6.3.** Conservação do negócio jurídico celebrado em estado de perigo. **7.** Fraude contra credores. **7.1.** *Eventus damni* e *consilium fraudis*. **7.2.** Transmissão gratuita. **7.3.** Transmissão onerosa. **7.4.** Fraude contra credores × outras espécies de fraude. **7.5.** Efeitos da fraude contra credores. **8.** Ainda sobre os defeitos do negócio jurídico.

1. Defeitos do negócio jurídico

Defeitos do negócio jurídico são vícios que maculam a declaração de vontade do agente, deflagrando a anulabilidade do negócio jurídico celebrado. São considerados defeitos do negócio jurídico pelo Código Civil brasileiro o erro, o dolo, a coação, a lesão, o estado de perigo e a fraude contra credores. Verificando-se qualquer desses defeitos, o negócio jurídico pode ser anulado conforme as regras que serão estudadas a seguir. A simulação era considerada um defeito do negócio jurídico pelo Código Civil de 1916, mas a atual codificação trata da simulação como causa de nulidade, e não de anulabilidade, retirando o instituto do campo dos defeitos do negócio jurídico.

A doutrina classifica os defeitos do negócio jurídico em duas espécies: (a) os vícios do consentimento, que revelam divergência entre a vontade declarada e aquela que seria a real vontade do agente; e (b) os vícios sociais, que revelam divergência entre a vontade declarada e as exigências sociais. Vícios do consentimento são o erro, o dolo e a coação. Vício social é a fraude contra credores. Quanto aos defeitos da lesão e do estado de perigo, não há consenso. Parcela considerável da doutrina brasileira os insere entre os vícios do consentimento, assemelhando-os à coação. Para nós, pelo contrário, e por razões que serão detalhadas adiante, a lesão e o estado de perigo devem ser considerados vícios sociais.

2. Erro

Erro ou ignorância é a falsa representação da realidade que influencia a declaração de vontade do agente. Na célebre definição de Fubini, "erro é o estado da mente que, por falha do conhecimento do verdadeiro estado das coisas, impede uma real manifestação da vontade"[1]. Segundo Orlando Gomes, "tendo sobre um fato ou sobre um preceito noção inexata ou incompleta, o agente emite sua vontade de modo diverso do que a manifestaria, se deles tivesse conhecimento exato, ou completo"[2]. A aparente simplicidade da definição não deve iludir o intérprete, pois, como já advertia De Page, o problema do erro constitui um dos mais delicados que o direito procura resolver.

Efeito do erro é tornar anulável o negócio jurídico celebrado. Para que o efeito se produza, exige, todavia, o Código Civil de 2002 que o erro seja (a) substancial e (b) cognoscível, assim entendido o erro "que poderia ser percebido por pessoa de diligência normal, em face das circunstâncias do negócio" (art. 138).

2.1. *Erro substancial*

Erro substancial é, na definição de Clóvis Beviláqua, aquele que "vicia o ato na sua substância", pois "domina" a vontade[3]. Aplica-se aí o adágio romano: *non videntur qui errant consentire*. O próprio Código Civil se encarrega de elencar as hipóteses de erro substancial em seu art. 139. Trata-se, em síntese,

---

1 Riccardo Fubini, *La dottrina dell'errore in diritto civile italiano*, Turim: Bocca, 1902, p. 4.
2 Orlando Gomes, *Introdução ao direito civil*, 1. ed. universitária, Rio de Janeiro: Forense, 1989, p. 431.
3 Clóvis Beviláqua, *Teoria geral do direito civil*, 7. ed., Rio de Janeiro: Paulo de Azevedo, 1955, p. 202.

de falsa representação da realidade sobre a natureza do negócio, o objeto principal da declaração ou alguma de suas qualidades essenciais (inciso I) ou ainda no que concerne "à identidade ou à qualidade essencial da pessoa a quem se refira a declaração de vontade, desde que tenha influído nesta de modo relevante" (inciso II). O rol do art. 139 não deve ser interpretado de modo taxativo, devendo ser considerado substancial todo erro que tenha tido influência significativa na celebração do negócio. São exemplos sempre lembrados a compra de bijuterias prateadas por quem crê serem de prata, ou a aquisição de cópia de obra de arte por aquele que acredita se tratar do original.

Embora não consista, a rigor, em negócio jurídico, cuja disciplina é decisivamente guiada pelo caráter patrimonial da operação econômica subjacente, o casamento tem sido campo fértil para a aplicação do instituto do erro essencial que nossa legislação prevê como causa de anulação, hipótese que parte da doutrina enxerga de modo analógico ao erro negocial. Hipótese curiosa colhida na jurisprudência do Tribunal de Justiça do Rio de Janeiro diz respeito à anulação do casamento por erro essencial quanto às qualidades do cônjuge. Decidiu-se, na ocasião, que "tendo a mulher, antes do casamento, demonstrado personalidade afável, bondosa e zelosa para com o senhor idoso, estes foram os motivos determinantes para a união. Dois meses após as núpcias, revelou seu verdadeiro 'eu', demonstrando caráter desonesto, apossando-se dos proventos do marido, vendendo seu imóvel e deixando-o ao abandono. Caracterização de erro essencial 'in persona', autorizando a anulação do casamento"[4].

2.2. Erro incidental

Ao erro substancial opõe-se o erro acidental ou incidental, que recai sobre qualidades secundárias do objeto do negócio jurídico, não ensejando discrepância entre a vontade declarada e a vontade real que justifique a anulação da declaração de vontade. É o caso, por exemplo, do mero erro de cálculo, contemplado no 143 do Código Civil, o qual autoriza a retificação do negócio jurídico, não já a sua anulação.

2.3. Erro escusável

Parte da doutrina afirma que, além de substancial, o erro deve ser escusável para conduzir à anulação do negócio jurídico[5]. Erro escusável é aquele

---

4 TJRJ, 12ª CC, Ap. Cível 2000.001.04969, rel. Des. Alexandre Varella, j. 8-8-2000.
5 Era a posição do jurista alemão Heinrich Dernburg, em suas *Pandekten*. No Brasil, ver: Silvio Rodrigues, *Direito civil: parte geral*, 32. ed., São Paulo: Saraiva, 2002, p. 190-191;

que não deriva de uma falta de normal diligência por parte de quem o invoca. Se, ao contrário, o erro poderia ter sido evitado por aquele que o invoca, empregando a diligência do homem médio, então o erro será inescusável e não poderá, segundo tal entendimento, gerar a anulabilidade do negócio jurídico.

Nem o Código Civil atual nem a codificação anterior aludiam à escusabilidade como requisito do erro. O que o Código Civil de 2002 exige, na verdade, é que o erro seja perceptível pela outra parte.

2.4. Erro perceptível

Para que se verifique a anulabilidade do negócio jurídico, o Código Civil atual exige que o erro seja, além de substancial, perceptível por pessoa de diligência normal (art. 138). Para alguns autores, a expressão estaria a indicar nada mais que a escusabilidade do erro[6]. Tal associação não se sustenta tecnicamente, porque exigiria locução negativa: anulável seria o erro que *não* pudesse ser percebido pela pessoa de normal diligência. O que o Código Civil atual pretendeu aqui foi se referir não ao declarante, mas ao destinatário da declaração de vontade viciada. O legislador exige, para a anulação, que o erro pudesse ter sido percebido pelo destinatário da declaração[7]. No exemplo de Gustavo Tepedino: "imagine-se um modesto vendedor de bijuterias em uma feira de artesanatos que, acreditando que o comprador está ciente do tipo de material empregado, vende-lhe uma pulseira de latão amarelo". O eventual erro do comprador ao emitir a declaração não pode ser percebido pelo vendedor, que, por isso mesmo, não tem o dever de desfazer o equívoco[8]. Tal espécie de erro, imperceptível ao destinatário da declaração, não conduz à anulação do negócio, privilegiando-se a segurança das relações negociais.

Francisco Amaral, *Direito civil: introdução*, 7. ed., Rio de Janeiro: Renovar, 2008, p. 511; J. M. Leoni Lopes de Oliveira, *Curso de direito civil*, São Paulo: Atlas, 2015, v. I, p. 868-869.

6 Carlos Roberto Gonçalves, *Direito civil brasileiro*, 6. ed., São Paulo: Saraiva, 2008, v. I, p. 366.

7 Ana Luiza Maia Nevares, O erro, o dolo, a lesão e o estado de perigo no Código Civil, in Gustavo Tepedino (Coord.), *O Código Civil na perspectiva civil-constitucional: parte geral*, Rio de Janeiro: Renovar, 2013, p. 296.

8 Gustavo Tepedino, Heloisa Helena Barboza e Maria Celina Bodin de Moraes (Coords.), *Código Civil interpretado conforme a Constituição da República*, 2. ed., Rio de Janeiro: Renovar, 2007, p. 273.

A introdução no Código Civil de 2002 do requisito da perceptibilidade do erro, também chamado de cognoscibilidade do erro, exprime uma mudança radical de visão em relação ao aludido defeito do negócio jurídico. Na vigência da codificação de 1916, o erro consistia possivelmente na mais intensa concessão ao voluntarismo jurídico, na medida em que permitia a anulação do negócio jurídico independentemente de qualquer análise do comportamento da outra parte. Enquanto os demais defeitos do negócio jurídico (dolo, coação, fraude contra credores e, naquela época, simulação) assentavam, em alguma medida, sobre a atitude do contratante que suporta o pedido de anulação, o erro prescindia de qualquer ato desse contratante que via o negócio jurídico ser anulado pelo erro do outro, erro do qual nem sequer precisava ter tido conhecimento anteriormente ao pleito de anulação. Ao passar a exigir, como requisito para a anulação, a perceptibilidade do erro pela parte que não o invoca, o legislador de 2002 atribuiu a esse tradicional defeito do negócio jurídico um caráter inter-relacional, freando o excessivo voluntarismo que fazia com que o vício de vontade de um dos contratantes pudesse comprometer a validade do negócio jurídico sem nenhuma consideração sobre a atuação efetiva ou potencial da contraparte.

2.5. Perceptibilidade × escusabilidade do erro

Parte dos autores sustenta que a exigência legal de que o erro seja perceptível não afasta, por si só, a exigência doutrinária de que seja escusável. Embora perceptibilidade do erro e escusabilidade do erro não sejam, de fato, incompatíveis, parece certo que a opção do legislador pela primeira noção exprime um distanciamento do parâmetro da escusabilidade, na medida em que se passa a olhar para o outro contratante. Se o que se exige agora é que o erro possa ter sido percebido, o fundamento da anulação parece se deslocar para a falta de cuidado do contratante que deixa de perceber o erro cognoscível, omissão que acaba levando a outra parte a celebrar o negócio jurídico eivado de erro. Nesse contexto, pouco importa se o erro é ou não escusável, se poderia ou não ser evitado pela normal diligência de quem erra. Uma vez sendo perceptível, tal erro deveria ser objeto de alerta por quem ingressa no negócio jurídico, evitando-se a falsa representação da realidade, ainda que inescusável (evitável pela diligência normal do agente que labora em erro). O que ocorre, na verdade, é que o erro evitável pela normal diligência de quem erra frequentemente não é perceptível, pois se assume que, se a parte poderia tê-lo evitado e não o fez, é porque não labora em erro, mas tal assertiva somente pode ser verificada à luz do caso concreto.

Nada obstante, não é raro encontrar na jurisprudência decisões sustentando que "o erro que enseja a anulação de negócio jurídico, além de essencial, deve ser escusável, decorrente da falsa representação da realidade própria do homem mediano, perdoável, no mais das vezes, pelo desconhecimento natural das circunstâncias e particularidades do negócio jurídico. Vale dizer, para ser escusável o erro deve ser de tal monta que qualquer pessoa de inteligência mediana o cometeria". Quanto ao caso concreto em exame, entendeu-se que

> não é crível que o autor, instituição financeira de sólida posição no mercado, tenha descurado-se das cautelas ordinárias à celebração de negócio jurídico absolutamente corriqueiro, como a dação de imóvel rural em pagamento, substituindo dívidas contraídas e recebendo imóvel cuja área encontrava-se deslocada topograficamente daquela constante em sua matrícula. Em realidade, se houve vício de vontade, este constituiu erro grosseiro, incapaz de anular o negócio jurídico, porquanto revela culpa imperdoável do próprio autor, dadas as peculiaridades da atividade desenvolvida[9].

2.6. *Erro de direito*

O Código Civil de 2002 inovou, ainda, ao considerar substancial o erro de direito se, "não implicando recusa à aplicação de lei, for o motivo único ou principal do negócio jurídico" (art. 139, III). O erro de direito (*error iuris*) consiste na falsa representação acerca do direito aplicável ou de sua interpretação. A noção se choca, aparentemente, com a máxima *nemo jus ignorare consetur*, consubstanciada no art. 3º da Lei de Introdução às Normas do Direito Brasileiro. Adverte, contudo, Orlando Gomes que, no erro de direito, não se trata de se escusar da aplicação da lei, com o argumento de não conhecê-la, mas tão somente de permitir a anulação do negócio jurídico, com efeitos apenas entre as partes[10]. É também a posição encontrada no direito comparado, por exemplo, em Guilherme Borda, *Error de hecho y error de derecho*. Ainda assim, foi grande a celeuma sob a vigência do Código Civil de 1916: Clóvis Beviláqua sustentava que somente o *error facti* (erro de fato) assumia relevância jurídica[11], entendimento contrariado por Eduardo Espínola, para quem, não tendo aquela codificação o excluído expressamente, deveria ser tratado como espécie de erro, podendo conduzir à

---

9   STJ, 4ª T., REsp 744.311/MT, rel. Min. Luis Felipe Salomão, j. 19-8-2010.
10 Orlando Gomes, *Introdução ao direito civil*, cit., p. 433.
11 Clóvis Beviláqua, *Código Civil dos Estados Unidos do Brasil commentado*, 3. ed., Rio de Janeiro: Francisco Alves, 1927, v. 1, p. 325.

anulação do negócio se substancial[12]. Serpa Lopes afirmava que o erro de direito não podia ser acolhido tão facilmente quanto o erro de fato, competindo a quem o comete demonstrar que agira de boa-fé[13].

O Código Civil de 2002 considera o erro de direito como espécie de erro substancial, desde que, não implicando recusa à aplicação da lei, seja o motivo único ou principal do negócio. Ainda haverá que se demonstrar a cognoscibilidade do erro, cuja exigência, constando da norma geral do art. 138, aplica-se também ao *error iuris* (art. 139, III).

2.7. Exemplo de erro de direito

Exemplo de erro de direito que se extrai da jurisprudência do Superior Tribunal de Justiça é o da aquisição de imóvel por quem, sendo seu possuidor por muitos anos, já o havia usucapido ao tempo do negócio. Decidiu, na ocasião, o STJ que

> não parece crível que uma pessoa faria negócio jurídico para fins de adquirir a propriedade de coisa que já é de seu domínio, porquanto o comprador já preenchia os requisitos da usucapião quando, induzido por corretores da imobiliária, ora recorrente e também proprietária, assinou contrato de promessa de compra e venda do imóvel que estava em sua posse *ad usucapionem*. Portanto, incide o brocardo *nemo plus iuris*, isto é, ninguém pode dispor de mais direitos do que possui[14].

2.8. Erro sobre motivo

Em regra, os motivos que levaram o agente a emitir sua declaração de vontade são irrelevantes para o direito civil. A frustração da motivação subjetiva, interna e psicológica de uma ou ambas as partes não produz efeito algum sobre o negócio jurídico celebrado. Como já advertiam os romanos, *falsa causa non nocet*. Daí a norma do art. 140 da codificação: "o falso motivo só vicia a declaração de vontade quando expresso como razão determinante".

Assim, quem adquire um livro para presentear certa pessoa acreditando ser seu aniversário não pode, a princípio, pretender anular o contrato de

---

12 Eduardo Espínola, *Sistema do direito civil brasileiro*, 4. ed., Rio de Janeiro: Livraria Conquista, 1961, v. II, p. 276-277.
13 Serpa Lopes, *Comentários à Lei de Introdução ao Código Civil*, 2. ed., Rio de Janeiro: Freitas Bastos, 1959, v. I, p. 85.
14 STJ, 4ª T., REsp 1.163.118/RS, rel. Min. Luis Felipe Salomão, 20-5-2014.

compra e venda da obra, sob o argumento de que se equivocou acerca da data. A livraria nada tem com o motivo subjetivo da aquisição, salvo se as próprias partes tiverem convertido tal motivo em uma razão determinante e expressa do negócio jurídico.

Não há, todavia, necessidade de que se use a fórmula "razão determinante", mas tão somente que se possa extrair do negócio jurídico celebrado a explicitação do motivo como essencial à conclusão do ajuste. Não raro, o motivo que leva as partes a contratar vem expresso nos contratos sob a forma de "considerando", o que nem por isso deixa de atender o requisito de explicitação exigido pelo art. 140 do nosso Código Civil.

Registre-se que, apesar da literalidade do art. 140, parte da doutrina discute se o erro sobre motivo realmente exige que tal motivo reste "expresso" como razão determinante do negócio jurídico. É instigante notar, por exemplo, que, no art. 139, III, do Código Civil, que trata do erro de direito, não exige o legislador o caráter expresso, limitando-se a aludir ao erro de direito como "motivo único ou principal" do negócio. Assim o faz seguramente porque o conhecimento (verdadeiro ou falso) das leis subjaz à contratação, não a integrando em termos expressos normalmente. Noutras palavras: não é usual que se inscreva como premissa de um instrumento contratual a interpretação que as partes reservam às regras legais. Mas, se não é necessário ser "expresso" o motivo jurídico, com maior razão não precisaria ser expresso o motivo fático, podendo ser considerada viciada a vontade desde que se identifique o falso motivo como razão determinante do negócio jurídico, assim entendida não apenas a razão expressa, mas também aquela que resulte inequivocamente das circunstâncias. O ponto aqui discutido associa-se à antiga teoria da pressuposição de Windscheid.

2.9. *Teoria da pressuposição*

Em 1850, em sua obra *Die Lehre des römischen Rechts von der Voraussetzung*, Bernhard Windscheid formulou o conceito de pressuposição. Para Windscheid, a pressuposição, que pertence ao campo das autolimitações da vontade, pode ser definida como "uma condição não desenvolvida. Com isso quer dizer-se que a relação jurídica originada através da declaração de vontade é feita depender de um certo estado de coisas", de tal modo que "se o estado de coisas pressuposto não existir ou não se concretizar ou deixar de existir, a relação jurídica constituída através da declaração de vontade não se mantém a não ser sem, ou melhor, contra a vontade do declarante". O interessado, todavia, somente pode alegar a pressuposição "quando da sua declaração de vontade se possa reconhecer que sob a sua declaração de vontade está uma outra, a verdadeira, isto é, quando, na sua declaração de vontade, o motivo se tenha elevado a pressuposição"[15]. Vale dizer: a pressuposição só pode ser invocada quando seja cognoscível pela outra parte.

A teoria de Windscheid, que chegou a ser incorporada ao primeiro projeto do BGB, acabou dali retirada por força das numerosas críticas que atraiu de juristas renomados, como Otto Lenel[16]. Para Lenel, a teoria de Windscheid procurava criar uma figura intermediária entre os motivos subjetivos do contratante e a condição. A tentativa era falha, na visão de Lenel, porque uma de duas situações ocorreria: ou a contraparte do negócio desconhecia por completo a pressuposição, ou, conhecendo-a, não esteve disposta, no momento da conclusão do negócio, a subordinar a essa pressuposição a sua eficácia, tomando-a como mero assunto particular da outra parte. Em qualquer dos casos, estar-se-ia submetendo a contraparte a uma condição que não foi aceita. Acatar a pressuposição significaria, nesse sentido, confundir os motivos unilaterais com as condições, abrindo as portas do direito à insegurança.

A crítica de Lenel é hoje reconhecida como demasiadamente severa com a construção windscheidiana. A teoria da pressuposição não apenas foi aproveitada pelas chamadas teorias da base do negócio (Oertmann, Larenz etc.), mas também continuou a se fazer sentir na experiência europeia. Os juristas do *common law* a reconhecem na chamada *doctrine of frustration*, associada aos célebres *coronation cases* (casos da coroação), casos judiciais despertados pela frustração de contratos de locação celebrados por locatários que queriam testemunhar o cortejo do Rei Eduardo VII no dia de sua coroação, que acabaria por ser cancelado[17]. A jurisprudência italiana da *Cassazione* também menciona, mais recentemente, a teoria da pressuposição.

O cotejo da disciplina do erro com a teoria da pressuposição é matéria que pede desenvolvimento entre nós, especialmente para a avaliação do erro sobre motivo e a exigência do art. 140 de que tal motivo tenha restado expresso como razão determinante do negócio jurídico. Tal exigência destoa, de cer-

---

15 Tradução para o português de António Menezes Cordeiro de trecho de Bernhard Windscheid, *Die Lehre des römischen Rechts von der Voraussetzung*, cit., p. 6 (*Da boa fé no direito civil*, Coimbra: Almedina, 1997, p. 970).

16 Otto Lenel, *Die Lehre von der Voraussetzung (im Hinblick auf den Entwurf eines bürgerlichen Gesetzbuches)*, AcP 74 (1889), p. 213-239.

17 *Krell vs. Henry*, 1903, 2 K.B. 740 (C.A.). Para comentários adicionais sobre o caso, ver, entre outros: R. G. McElroy e Glanville Williams, The Coronation Cases – I, *Modern Law Review* 4.4, 1941, p. 241-260.

ta forma, da disciplina geral do erro. Nossa jurisprudência, por exemplo, não tem considerado, ao aplicar o art. 139, II, do Código Civil, que a "qualidade essencial" da pessoa em que se baseia o agente para emitir sua declaração esteja necessariamente expressa. Assim, o Tribunal de Justiça do Rio de Janeiro já manteve a anulação de ato constitutivo de sociedade comercial por "erro essencial quanto à pessoa dos sócios, que, como depois se demonstrou, eram pessoas ligadas a atividades criminosas, com prisão preventiva decretada"[18]. Seguramente não terá restado expresso no ato constitutivo que a sociedade só estava sendo formada porque se imaginava que os sócios eram pessoas honestas. Bem se poderia dizer que se trata de uma pressuposição, de uma condição implícita do negócio.

Suponha-se o seguinte caso concreto: celebro contrato de doação para certa pessoa com a qual não tenho nenhuma relação familiar ou afetiva, mas que, conforme noticiado nos jornais, teria me salvado a vida quando caí inconsciente de um barco. Descubro depois que tudo não passou de uma farsa, tendo sido eu carregado à praia pelas ondas. Terá havido falso motivo que, como razão determinante da minha doação, deveria conduzir à anulabilidade do negócio jurídico, ainda que não expresso no instrumento de doação. Isso porque uma liberalidade praticada naquelas circunstâncias teria presumidamente como razão determinante o salvamento de minha vida. O exemplo revela que, se uma acolhida demasiadamente aberta da anulabilidade com base em erro sobre motivo pode, de fato, comprometer a segurança das relações negociais, uma rigorosa exigência de incorporação expressa ao instrumento que formaliza o negócio jurídico pode se revelar injusta e irrazoável à luz das circunstâncias concretas.

2.10. *Conservação do negócio anulável por erro*

O art. 144 permite ao destinatário da declaração de vontade viciada em erro evitar a anulação do negócio jurídico, oferecendo-se para cumprir o negócio jurídico em conformidade com a real intenção do declarante. Essa exceção (defesa), que se mostra consentânea com o princípio da conservação dos negócios jurídicos, pode ser invocada na própria contestação da ação anulatória[19].

---

18   TJRJ, 8ª C.C., Ap. Cív. 1995.001.00401, rel. Des. Carpena Amorim, j. 28-3-1995.
19   Ana Luiza Maia Nevares, O erro, o dolo, a lesão e o estado de perigo no Código Civil, in Gustavo Tepedino (Coord.), *O Código Civil na perspectiva civil-constitucional: parte geral*, cit., p. 310.

3. Dolo

Dolo é o erro provocado. Na definição de Clóvis Beviláqua, "dolo é o artifício ou expediente astucioso, empregado para induzir alguém à prática de um ato jurídico, que o prejudica, aproveitando ao autor do dolo ou a terceiro"[20]. Não se deve confundir o dolo, como defeito do negócio jurídico, e o dolo como modalidade de culpa, elemento do ato ilícito, que se revela na conduta intencionalmente dirigida a causar prejuízo a outrem. Embora ambas as noções assentem sobre a malícia do agente, são conceitos distintos que possuem papel e efeitos próprios na dogmática do direito civil. O que se estuda neste capítulo é tão somente o dolo-defeito.

3.1. Dolo principal × dolo incidental

A exemplo do erro, o dolo só provoca a anulabilidade do negócio jurídico quando tenha influenciado de modo relevante a sua celebração. Trata-se do chamado *dolus causam dans* ou dolo principal, sem o qual o negócio jurídico não se teria realizado. Difere do *dolus incidens* (dolo incidental ou acidental), aquele a despeito do qual "o negócio seria realizado, embora por outro modo" (art. 146). O dolo incidental produz tão somente o dever de indenizar as perdas e danos, mas não resulta na anulabilidade do negócio jurídico.

3.2. Dolus bonus

A doutrina distingue, tradicionalmente, o *dolus malus* do *dolus bonus*. O *dolus malus* seria o dolo propriamente dito: aquele que se caracteriza pela vontade de iludir, com o propósito de prejudicar o declarante. Já o *dolus bonus* consistiria naquele conjunto de práticas usuais do comércio que não têm o escopo de iludir ou prejudicar, como a ênfase nas qualidades do bem a ser vendido ou os exageros habitualmente utilizados na publicidade comercial[21]. O *dolus bonus* não seria suficiente para atrair os efeitos jurídicos do dolo. Aqui, cumpre distinguir, todavia, entre os exageros insuscetíveis de induzir em erro o declarante e, de outro lado, aquelas informações objetivamente falsas que podem acabar por iludi-lo. É certo que a ordem jurídica brasileira admite o *puffing*, prática publicitária voltada a enaltecer as características do produto,

---

20 Clóvis Beviláqua, *Teoria geral do direito civil*, cit., p. 204.
21 Francisco Amaral, *Direito civil: introdução*, cit., p. 513.

por vezes de modo exacerbado, mas sempre inofensivo (como nos slogans "o perfume que você nunca mais vai esquecer", "a cerveja mais saborosa do mundo" e assim por diante). Nosso direito coíbe, no entanto, a publicidade enganosa, aquela que, utilizando informações inverídicas, pode produzir falsa representação da realidade (CDC, art. 37).

3.3. Dolo por omissão

O dolo pode ser por omissão, quando uma das partes silencia sobre fato ou qualidade essencial à celebração do negócio jurídico. O dever de informação, imposto pela boa-fé objetiva também na fase pré-contratual, realça a repressão ao dolo omissivo[22]. São exemplos de dolo por omissão a venda de automóvel entre particulares sem a informação de que sofrera amplo conserto por força de severo acidente ou a locação de imóvel por locador que silencia quanto à existência de vazamentos nas instalações hidráulicas do apartamento ou mesmo de conflitos de vizinhança recorrentemente gerados por excesso de ruído, se tinha conhecimento desses problemas.

3.4. Dolo recíproco

Se ambas as partes agiram com dolo, nenhuma delas poderá alegá-lo para anular o negócio ou reclamar indenização. Trata-se do chamado dolo recíproco, que conduz à neutralização dos efeitos do dolo, de parte a parte, como imperativo moral, bem expresso na máxima do *common law* segundo a qual *equity must come with clean hands* (a equidade deve vir com mãos limpas).

4. Coação

Coação é a ameaça de dano com a qual se constrange alguém a celebrar um negócio jurídico. O coagido é privado de "energia moral" e da "espontaneidade do querer"[23]. A coação deve ser de tal intensidade que seja capaz de incutir no agente fundado temor de dano iminente "à sua pessoa, à sua família ou aos seus bens" (art. 151). Inovando em relação à codificação anterior, o Código Civil de 2002 admite também a configuração de coação, a critério do

---

22 Para uma investigação aprofundada sobre o tema, ver Giovana Benetti, *Dolo no Direito Civil:* uma análise da omissão de informações, São Paulo: Quartier Latin, 2019.
23 Clóvis Beviláqua, *Teoria geral do direito civil*, cit., p. 205.

juiz, quando a ameaça se dirigir a pessoa não pertencente à família do paciente (art. 151, parágrafo único). A doutrina suscita também hipótese curiosa de coação mediante a ameaça de dano ao próprio coator, como no caso do filho que, para obter uma doação do pai, ameaça suicidar-se.

4.1. Vis compulsiva × vis absoluta

Em qualquer dessas hipóteses, a coação de que se cogita é a coação moral, a *vis compulsiva*, não a coação calcada em violência física, *vis absoluta*, que retira ao agente qualquer capacidade de escolha. Assim, se alguém aponta uma arma a outra pessoa, ordenando que assine o contrato, o negócio jurídico não é anulável, mas inexistente, por ausência absoluta de vontade. Não se trata de vício do consentimento, mas de uma ausência de consentimento, razão pela qual o negócio jurídico nem chega a existir. Falta-lhe um elemento essencial, resolvendo-se a questão no plano da existência, não da validade.

4.2. Avaliação da ameaça

A ameaça deve ser de dano iminente, prestes a acontecer. A ameaça de dano futuro e remoto, como a ameaça genérica, não se mostra apta a viciar o negócio jurídico por coação. Tampouco se considera coação a ameaça do exercício normal de um direito nem o simples temor reverencial (art. 153). Na avaliação da ameaça, deve-se levar em consideração não o homem médio, mas a própria vítima da coação, sua idade, condição, saúde, temperamento e demais circunstâncias que possam influir na repercussão da ameaça. Emprega-se, assim, um critério concreto e não abstrato.

4.3. Supressão da equivalência do dano

O Código Civil de 1916 exigia que o dano ameaçado fosse "igual, pelo menos, ao receável do ato extorquido" (art. 98). A orientação encontrava origem na tradição romana, na qual a coação exigia *timor maioris malitatis* (temor de um mal maior), e já havia sido incorporada ao *Esboço* de Teixeira de Freitas, que afirmava não se configurar a coação diante da ameaça de um mal evitável ou *menor* do que o negócio extorquido[24]. Parte da doutrina nacional aplaudia a

---

24 Teixeira de Freitas, *Código Civil:* esboço, Rio de Janeiro: Typographia Universal de Laemmert, 1860, arts. 494 e 495, p. 310.

orientação, afirmando que, na ameaça de um mal menor, "não se desenha aquela alternativa entre o mal em perspectiva e a declaração de vontade capaz de impor ao paciente a escolha deste sem possibilidade de resistência"[25].

A exigência de dano "igual, pelo menos, ao receável do ato extorquido" afigura-se, a nosso ver, inadequada, por impor excessiva dificuldade ao coagido, que seria forçado a dosar, em especial situação de perigo, a correspondência quantitativa entre dois danos futuros: o que é objeto da ameaça e o que resulta do negócio jurídico a ser celebrado sob coação. Além disso, podendo a ameaça recair sobre diferentes aspectos do patrimônio ou personalidade da vítima ou, ainda, de seus familiares, é provável que a diversidade de natureza dos interesses envolvidos impeça uma comparação quantitativa entre o dano ameaçado e o prejuízo material advindo do negócio jurídico que o coagido se vê compelido a celebrar. Assim, nos parece que caminhou bem o Código Civil de 2002 ao suprimir o requisito do dano "igual, pelo menos, ao receável".

5. Lesão

A lesão é instituto milenar, que tem origem na *laesio enormis* do direito romano, vício que assentava sobre a desproporção das prestações contratadas. O Código de Justiniano autorizava expressamente a rescisão do contrato de compra e venda de bem imóvel sempre que o vendedor alienasse o bem por preço "menor que a metade do seu valor"[26]. A *laesio* romana não era encarada como um vício do consentimento ou um defeito qualquer da vontade do contratante, mas como um vício objetivo do contrato.

A lesão chegaria ao Brasil por meio das Ordenações Filipinas, sancionadas ao fim do século XVI e fortemente influenciadas pelo direito canônico, que reprimia a usura. Tais Ordenações reproduziram expressamente o critério da "metade do justo preço" para fins de caracterização da lesão, estendendo-a a todos os contratos de compra e venda, e não apenas àqueles relativos a bens

---

25 Caio Mário da Silva Pereira, *Instituições de direito civil*, 29. ed., atualizada por Maria Celina Bodin de Moraes, Rio de Janeiro: Forense, 2016, v. I, p. 447.

26 Trata-se da conhecida *lex secunda* do Livro IV, Título XLIV, do Código de Justiniano (C. 4, 44, 2), fruto da necessidade de amenizar, naquele específico momento histórico, os rigores da lei romana, em virtude da necessidade de proteção de pobres e oprimidos, conforme os ensinamentos do cristianismo que ascendia (Reinhard Zimmermann, *The Law of Obligations – Roman Foundations of the Civilian Tradition*, Cidade do Cabo: Juta & Co., 1992, p. 261).

imóveis[27]. A Consolidação das Leis Civis, de Teixeira de Freitas, também contemplava a lesão no seu art. 359, expandindo-a além da compra e venda: "Todos os contractos, em que se dá, ou deixa, uma cousa por outra, podem ser rescindidos por acção da parte lesada, se a lesão fôr enorme: isto é, se exceder metade do justo valor da cousa".

Essa ampliação crescente da lesão na experiência jurídica brasileira viria a ser, porém, interrompida pelo Código Civil de 1916. A lesão era vista com receio por Clóvis Beviláqua, autor do anteprojeto, e por muitos outros juristas da época, influenciados pelo liberalismo jurídico que chegava, não sem certo atraso, ao Brasil do final do século XIX. O próprio Bevilaqua sustentaria, durante os trabalhos da Comissão Especial da Câmara dos Deputados, que a lesão era instituto útil "nas épocas em que o Estado necessita de exercer uma tutela mais direta e contínua sobre a vida privada dos indivíduos, porque esses não se sentem assaz fortes contra a prepotência e contra a cobiça, e porque entre as classes sociais há um verdadeiro contraste". Ao contrário, em um Estado em que a igualdade civil encontrava-se assegurada, entendia o jurista cearense que as transações econômicas "devem ser entregues à lei da oferta e da procura"[28]. Por essas razões, a lesão restou abolida pelo Código Civil de 1916.

Parte da doutrina não se conformou e continuou a sustentar a sobrevivência do instituto. Em 1938, a edição do Decreto-lei n. 869, que tipificou os chamados crimes contra a economia popular, definiu o delito de usura real ou pecuniária como "obter ou estipular, em qualquer contrato, abusando da premente necessidade, inexperiência ou leviandade de outra parte, lucro patrimonial que exceda o quinto do valor corrente ou justo da prestação feita ou prometida" (art. 4º, b). A partir dessa norma de natureza penal, muitos civilistas passaram a advogar que, a despeito do silêncio do Código Civil de 1916, a lesão havia sido ressuscitada entre nós, pois se a obtenção do lucro desproporcional era reprimida penalmente, com maior razão não poderia ser considerada plenamente válida no campo civil[29].

---

27 Manuel Antônio Coelho da Rocha, *Instituições de direito civil*, São Paulo: Saraiva, 1984, t. II, p. 419.

28 *Projeto de Código Civil Brasileiro – Trabalhos da Comissão Especial da Câmara dos Deputados*, VI, p. 8.

29 Basileu Ribeiro Filho, *A lesão nos atos jurídicos: tese de concurso para livre-docente de cadeira de instituições de direito civil e comercial da Faculdade Nacional de Ciências Econômicas*, 1948, Rio de Janeiro: Aurora, *passim*. Ver, também, a tese de cátedra de Caio Mário da Silva Pereira, *Lesão nos contratos bilaterais*, Belo Horizonte: Imprensa Oficial, 1949, *passim*.

Influenciado por essa longa e turbulenta trajetória, o Código Civil de 2002 disciplinou a lesão entre os defeitos do negócio jurídico, cedendo aos influxos de sua versão subjetivista, devidos em parte à própria via de retorno da lesão ao direito brasileiro, a qual ocorreu por meio do campo penal[30]. Assim, o art. 157 afirma ocorrer a lesão "quando uma pessoa, sob premente necessidade, ou por inexperiência, se obriga a prestação manifestamente desproporcional ao valor da prestação oposta". Como se vê, a configuração da lesão depende, na literalidade do Código Civil, da conjugação de dois elementos: o elemento objetivo e o elemento subjetivo.

5.1. Elemento objetivo da lesão: desequilíbrio entre as prestações

A lesão inspira-se no propósito de evitar a onerosidade excessiva que pode viciar o contrato em sua formação. O art. 157 alude expressamente à desproporção manifesta da prestação em relação "ao valor da prestação oposta", razão pela qual a doutrina majoritária tem entendido que a lesão se aplica somente aos contratos bilaterais e onerosos, havendo autores que só a admitem em contratos comutativos, embora possa se verificar, a rigor, também nos aleatórios, desde que o desequilíbrio não se insira no âmbito do risco assumido pelo contratante.

O desequilíbrio entre as prestações deve, em primeiro lugar, ser manifesto, não se qualificando a lesão baseada no simples lucro, ainda que elevado, de uma das partes. O que se coíbe é a desproporção exagerada entre as prestações. O Código Civil deixou de traçar parâmetros, ficando a matéria reservada à apreciação judicial em face dos valores praticados no mercado para hipóteses semelhantes. Historicamente, pode-se colher alguns parâmetros de valor meramente indicativo: o direito romano, por exemplo, como já se mencionou, referia-se à lesão enorme (*laesio enormis*), quando o preço da venda era inferior à metade do preço justo. Os canonistas acrescentaram a isso a figura da *lesão enormíssima*, quando a diferença superava dois terços daquele valor. Do exame do direito comparado advêm, ainda, outros critérios, como os *sept douzièmes* (sete doze avos), extraídos da disciplina das vendas de imóveis no Código Civil francês[31], ou o de *más de la cuarta parte del valor de las cosas* (mais da quarta parte do

---

30   Sobre o tema, ver: Anderson Schreiber, O princípio do equilíbrio das prestações e o instituto da lesão, in *Direito civil e Constituição*, São Paulo: Atlas, 2013, p. 124-126.
31   "Article 1.674. Si le vendeur a été lésé de plus de sept douzièmes dans le prix d'un immeuble, il a le droit de demander la rescision de la vente, quand même il aurait

valor das coisas), empregado pelo Código Civil espanhol ao tratar da lesão em contratos celebrados por tutores[32]. São meros exemplos que não afastam o dever do juiz de avaliar a desproporção à luz do caso concreto e do negócio jurídico especificamente celebrado pelas partes.

O desequilíbrio deve estar presente já na gênese do contrato. O Código Civil é expresso nesse sentido, ao determinar no § 1º do art. 157 que seja apreciada "a desproporção das prestações segundo os valores vigentes ao tempo em que foi celebrado o negócio jurídico". Assim, se o desequilíbrio advém de fato superveniente à formação do contrato, não há que se invocar a lesão, devendo a parte prejudicada recorrer à resolução ou revisão contratual por onerosidade excessiva (arts. 478-480 c/c 317).

5.2. Elemento subjetivo da lesão: necessidade ou inexperiência

Além do elemento objetivo, consubstanciado na desproporção entre as prestações, exige o legislador a presença de um elemento subjetivo para a configuração da lesão: o contratante que sofre o ônus excessivo deve ter se obrigado "sob premente necessidade, ou por inexperiência" (art. 157).

Caio Mário da Silva Pereira enxergou aí a exigência de um *dolo de aproveitamento*, que "se configura na circunstância de uma das partes aproveitar-se das condições em que se encontre a outra, acentuadamente a sua inexperiência, a sua leviandade ou o estado de premente necessidade em que se acha, no momento de contratar"[33]. Tal entendimento influenciou decisivamente a maior parte da doutrina e jurisprudência brasileiras, que continua a aludir ao dolo de aproveitamento como requisito da lesão[34]. Em que pese a autoridade do ensinamento, a letra da lei foi mais objetiva, não aludindo a nenhuma conduta maliciosa ou intenção de aproveitamento por parte do beneficiado. Nosso Código

---

    expressément renoncé dans le contrat à la faculté de demander cette rescision, et qu'il aurait déclaré donner la plus-value."

32 "Artículo 1.291. Son rescindibles: 1.º Los contratos que pudieren celebrar los tutores sin autorización judicial, siempre que las personas a quienes representan hayan sufrido lesión en más de la cuarta parte del valor de las cosas que hubiesen sido objeto de aquéllos." Sobre a tortuosa trajetória da lesão no direito civil espanhol, ver: Maria Mercedes Alberruche Díaz-Flores, *La rescisión por lesión en el derecho civil español*, Madri: La Ley Actualidad, 2010, p. 211-303.

33 Caio Mário da Silva Pereira, *Instituições de direito civil*, cit., v. I, p. 458.

34 Contra, inclusive, o Enunciado n. 150 da III Jornada de Direito Civil, promovida em 2004 pelo Conselho da Justiça Federal, no qual se lê: "A lesão de que trata o art. 157 do Código Civil não exige dolo de aproveitamento".

Civil nem sequer exige o *conhecimento* do beneficiado acerca da situação de necessidade ou inexperiência em que se encontra o declarante. Contenta-se com a necessidade ou inexperiência em si, sem ingressar em nenhuma avaliação do comportamento ou propósito da outra parte.

5.3. Lesão e princípio do equilíbrio contratual

Embora o Código Civil tenha exigido a premente necessidade ou inexperiência do declarante para a configuração da lesão no direito brasileiro, o instituto começa a se distanciar dos impulsos voluntaristas para estimular o desenvolvimento de uma regra mais ampla de proteção contra a onerosidade excessiva, calcada no princípio do equilíbrio contratual. Na experiência internacional, colhem-se, inclusive, exemplos de maior abertura, como o dos Princípios do Unidroit para os Contratos Comerciais Internacionais, que apresentam rol amplo ao tratar da chamada *gross disparity* (art. 3.2.7), instituto assemelhado à nossa lesão. Ali, além da premente necessidade ou inexperiência, alude-se a outros fatores, como o estado de dependência do contratante prejudicado (*dependence*), sua improvidência (*improvidence*) ou, mesmo, sua falta de habilidade negocial (*lack of bargaining skill*), em rol declaradamente exemplificativo (*among other factors*).

Nosso entendimento é de que o fato de o Código Civil brasileiro, em seu art. 157, não haver empregado expressão semelhante a *"among other factors"* não deve representar obstáculo a uma interpretação que reserve caráter exemplificativo às referências à premente necessidade ou inexperiência do contratante. No direito brasileiro contemporâneo, não faltam exemplos de enunciações normativas às quais doutrina e jurisprudência têm atribuído caráter ilustrativo mesmo à falta de um explícito posicionamento nesse sentido por parte do legislador, sendo notório o exemplo do rol *numerus apertus* das entidades familiares, extraído do art. 226 da Constituição, que alude expressamente apenas ao casamento, à união estável e à família monoparental[35]. Nessa mesma direção, a menção do art. 157 à inexperiência ou necessidade não deve ser compreendida como um rol fechado ou taxativo, mas sim como enumeração meramente ilustrativa, a fim de que tais expressões não acabem servindo de obstáculo à apreciação de situações semelhantes que possam não ter tido a fortuna de adentrar o literal enunciado daquela norma.

---

35 Paulo Lôbo, Entidades familiares constitucionalizadas: para além do *numerus clausus*, in Rodrigo da Cunha Pereira (Coord.), *Família e cidadania: o novo CCB e a* vacatio legis, Belo Horizonte: IBDFAM/Del Rey, 2002, p. 89-107.

5.4. Conservação do negócio jurídico

Efeito da lesão é a anulabilidade do negócio jurídico. O Código Civil, contudo, prevê expressamente sua conservação por iniciativa da parte beneficiada, que pode oferecer suplemento ou concordar com a redução do seu proveito, de modo a eliminar a excessiva onerosidade. O § 2º do art. 157 afirma que não se decretará a anulação do negócio "se for oferecido suplemento suficiente, ou se a parte favorecida concordar com a redução do proveito". O dispositivo reflete, também aqui, o princípio da conservação dos negócios jurídicos.

O que se discute atualmente é se a revisão judicial do negócio jurídico caracterizado pela lesão pode ocorrer independentemente da iniciativa e da concordância da parte beneficiada. A possibilidade é defendida por doutrina minoritária e valorosa[36]. Com efeito, a revisão judicial do contrato já é admitida independentemente da concordância da parte beneficiada em outras hipóteses específicas do Código Civil (*v.g.*, arts. 442, 455, 500). No direito comparado, o Código Civil y Comercial argentino, de 2014, admite o pleito de modificação do contrato maculado por lesão. Também os Princípios do Unidroit afirmam, na já mencionada hipótese de *gross disparity*, que a parte prejudicada poderá requerer que o tribunal venha a "adaptar o contrato ou a cláusula, com o fim de torná-lo conforme às exigências da boa-fé em matéria comercial" (art. 3.2.7). Embora o legislador brasileiro pareça ter se inclinado na direção oposta ao inserir, por meio da Lei n. 13.874/2019 (Lei da Liberdade Econômica), nos arts. 421, parágrafo único, e 421-A, III, referências a um suposto caráter excepcional da revisão contratual, impõe-se ao intérprete prestigiar, nessa matéria, o princípio do equilíbrio contratual, em razão do seu *status* constitucional[37], privilegiando o reequilíbrio do contrato (por meio da revisão) em detrimento da sua extinção via anulação[38].

---

36 Vladimir Mucury Cardoso, *Revisão contratual e lesão à luz do Código Civil de 2002 e da Constituição da República*, Rio de Janeiro: Renovar, 2008, p. 417-437. O entendimento restou consagrado no Enunciado n. 291 da IV Jornada de Direito Civil: "Nas hipóteses de lesão previstas no art. 157 do Código Civil, pode o lesionado optar por não pleitear a anulação do negócio jurídico, deduzindo, desde logo, pretensão com vista à revisão judicial do negócio por meio da redução do proveito do lesionador ou do complemento do preço".

37 Conforme defendi em Anderson Schreiber, *Equilíbrio contratual e dever de renegociar*, São Paulo: Saraiva Educação, 2018, p. 42-52.

38 Para uma análise mais detalhada das referidas inovações legislativas, seja consentido remeter o leitor ao tópico dedicado ao "princípio da intervenção mínima", no capítu-

5.5. Lesão e Código de Defesa do Consumidor

Não se pode deixar de registrar que o Código de Defesa do Consumidor também se ocupa do desequilíbrio originário das prestações, reservando ao consumidor proteção mais ampla que ao contratante ordinário, como se vê nos seus arts. 6º, V, e 51, IV[39]. Para muitos autores, também aí se está a tratar de lesão, embora os pressupostos sejam mais diminutos se comparados aos do Código Civil. Também o efeito é distinto: nulidade ou revisão contratual[40].

6. Estado de perigo

Vício assemelhado à lesão é o estado de perigo. Para muitos autores, trata-se tão somente de uma especificação do instituto da lesão, mas nosso Código Civil cuida dos dois defeitos em separado, ainda que com notáveis semelhanças. Configura-se o estado de perigo quando alguém, premido da necessidade de salvar-se, ou a pessoa de sua família, de grave dano conhecido pela outra parte, assume obrigação excessivamente onerosa (art. 156). É o caso, por exemplo, da pessoa que, precisando de tratamento médico urgente, concorda em pagar quantia desproporcional ao procedimento que será efetuado ou da pessoa que, sujeita a violência iminente, aceita pagar preço excessivo pelo seu transporte a outra região.

Para alguns autores, o estado de perigo assemelha-se à coação. Todavia, enquanto na coação a ameaça ou violência provém de uma pessoa interessada na prática do ato, no estado de perigo a ameaça decorre de simples circunstâncias de fato, que exercem forte influência na manifestação da vontade do agente[41]. Como na coação, o legislador deixa a critério do juiz, na avaliação das circunstâncias concretas, a configuração do estado de perigo diante de risco que

---

lo 20 desta obra.

39 "Art. 6º São direitos básicos do consumidor: (...) V – a modificação das cláusulas contratuais que estabeleçam prestações desproporcionais ou sua revisão em razão de fatos supervenientes que as tornem excessivamente onerosas"; "Art. 51. São nulas de pleno direito, entre outras, as cláusulas contratuais relativas ao fornecimento de produtos e serviços que: (...) IV – estabeleçam obrigações consideradas iníquas, abusivas, que coloquem o consumidor em desvantagem exagerada, ou sejam incompatíveis com a boa-fé ou a equidade".

40 Para mais detalhes, ver: Viviane Perez, O instituto da lesão no Código de Defesa do Consumidor: uma análise dirigida aos juros praticados em contratos bancários, *Revista Trimestral de Direito Civil*, n. 31, jul./set. 2007, p. 101.

41 Francisco Amaral, *Direito civil: introdução*, cit., p. 517.

recaia sobre pessoa não pertencente à família do declarante (art. 156, parágrafo único). A proximidade com a lesão, contudo, evidencia-se no fato de que, também para a configuração do estado de perigo, o legislador exige, ao lado do elemento subjetivo, um elemento objetivo[42].

6.1. Elemento objetivo do estado de perigo: obrigação excessivamente onerosa

O elemento objetivo do estado de perigo consubstancia-se na assunção de obrigação excessivamente onerosa. A expressão não é idêntica àquela empregada na disciplina da lesão, na qual o Código Civil fala em "prestação manifestamente desproporcional ao valor da prestação oposta", mas a doutrina brasileira trata ambas as referências como sinônimas. É de se registrar, todavia, que o conceito legal do estado de perigo permitiria, em teoria, sua aplicação também a contratos unilaterais onerosos, o que já não ocorre na lesão[43].

6.2. Elemento subjetivo do estado de perigo: conhecida necessidade de salvar-se

O elemento subjetivo é exigido pelo Código Civil na disciplina do estado de perigo tanto em relação à vítima como em relação à parte que se beneficia do negócio jurídico. Em relação à vítima, o elemento subjetivo caracteriza-se pela situação de inferioridade em que se encontra a vítima, qualificada pela necessidade de salvar-se, ou a pessoa de sua família de grave dano[44]. Já em relação à outra parte, o elemento subjetivo caracteriza-se pelo estado de consciência quanto à ameaça que paira sobre o declarante. Aqui, portanto, ao contrário do que ocorre na disciplina da lesão, o Código Civil exige o conhecimento da contraparte a respeito do risco que recai sobre o declarante que se encontra ameaçado pelo perigo. A lei não requer, registre-se, a demonstração de dolo de aproveitamento ou conduta maliciosa, mas tão somente que o dano seja "conhecido pela outra parte".

A diferença entre o estado de perigo e a lesão nesse particular tem sido, ao menos, atenuada pela jurisprudência. Se não chegam a dispensar o "conhecimen-

---

42 Gustavo Tepedino, Heloisa Helena Barboza e Maria Celina Bodin de Moraes (Coords.), *Código Civil interpretado conforme a Constituição da República*, cit., p. 295.
43 A classificação dos contratos será estudada em detalhe adiante.
44 Ana Luiza Maia Nevares, O erro, o dolo, a lesão e o estado de perigo no Código Civil, in Gustavo Tepedino (Coord.), *O Código Civil na perspectiva civil-constitucional: parte geral*, cit., p. 326.

to da outra parte", nossos tribunais têm facilitado a prova do preenchimento desse requisito, extraindo sua presença das simples circunstâncias objetivas que rodeiam a contratação. Nessa direção, tem se tornado corriqueiro, entre nós, o reconhecimento judicial do estado de perigo em casos de cobrança de pagamento ou prestação de garantia por internação hospitalar acompanhado da afirmação de que o conhecimento da outra parte (clínica, hospital etc.) resulta da própria "gravidade da doença"[45] ou de outras circunstâncias concretas, como a "ausência de assinatura de termo de responsabilidade" em virtude do caráter de emergência[46].

6.3. Conservação do negócio jurídico celebrado em estado de perigo

Durante a III Jornada de Direito Civil promovida pelo Conselho de Justiça Federal, em 2004, foi aprovado o seguinte enunciado: "Ao estado de perigo (art. 156) aplica-se, por analogia, o § 2º do art. 157" (Enunciado n. 148). Vale dizer: pode a parte evitar a anulação do negócio jurídico celebrado em estado de perigo "se for oferecido suplemento suficiente, ou se a parte favorecida concordar com a redução do proveito". Trata-se de reflexo do princípio de conservação dos negócios jurídicos, que estimula sua preservação sempre que seja possível salvá-lo do vício. O enunciado contorna uma omissão evidente do Código Civil de 2002, que não alude, na disciplina do estado de perigo, à possibilidade de reequilíbrio do negócio jurídico. Aliás, não alude tampouco ao efeito do estado de perigo: a anulabilidade do negócio jurídico, que se extrai também, por analogia, da disciplina da lesão. Também se aplicam ao estado de perigo as considerações feitas sobre a conservação do negócio lesionário, no tocante ao cabimento da ação revisional diretamente pela parte prejudicada.

7. Fraude contra credores

Configura-se a fraude contra credores quando o devedor insolvente, ou na iminência de se tornar insolvente, celebra negócios jurídicos que desfalcam seu patrimônio em detrimento da garantia que tal patrimônio representa para os credores. Bevilaqua registra que "o vocábulo fraude trouxe do direito romano

---

45 TJRJ, 3ª Câmara Cível, Apelação Cível 0040150-37.2008.8.19.0002, rel. Des. Luiz Fernando Ribeiro De Carvalho, 14-3-2013
46 TJSP, 32ª Câmara de Direito Privado, Apelação Cível 1026210-70.2015.8.26.0576, rel. Des. Kioitsi Chicuta, 1-9-2016.

uma certa vacilação de significado, que passou para o direito francês e o pátrio", pois "os romanos, umas vezes, designavam por *fraus* qualquer ardil ou embuste empregado no intuito de enganar; outras vezes *fraus* equivalia à simulação como na frase *fraudem legi facere*"[47]. Há, ainda, quem associe a fraude ao dolo por sua intenção maliciosa. As três figuras não devem, contudo, ser confundidas: (a) no dolo, induz-se em erro o emissor da declaração de vontade; (b) na simulação, declara-se deliberadamente algo que não é desejado; e (c) na fraude, a declaração de vontade é perfeita, exprimindo o verdadeiro querer, mas essa vontade se dirige a um fim intolerável para a ordem jurídica: prejudicar terceiro ou escapar a uma norma imperativa[48]. A fraude contra credores é modalidade específica do gênero fraude, que se dirige a causar prejuízo aos credores.

7.1. Eventus damni e consilium fraudis

São tradicionalmente apontados como elementos caracterizadores da fraude contra credores: (a) o *eventus damni*, que é o prejuízo objetivamente causado ao credor, por tornar o devedor insolvente ou por ter agravado ainda mais seu estado de insolvência; e (b) o *consilium fraudis*, definida como a intenção do devedor ou do devedor aliado com terceiro de ilidir os efeitos da cobrança pelos credores[49]. Aqui, do mesmo modo que em alguns outros defeitos do negócio jurídico, conjuga-se, portanto, um elemento objetivo com um elemento subjetivo.

O *consilium fraudis* tem passado por progressiva relativização, dispensando-se a tormentosa prova da intenção de prejudicar, quer nas transmissões gratuitas, quer nas onerosas. Daí a conclusão de Caio Mário da Silva Pereira, para quem "mais modernamente, e digamos, com mais acuidade científica, não se exige que o devedor traga a intenção deliberada de causar prejuízo (*animus nocendi*); basta que tenha a consciência de produzir o dano"[50].

7.2. *Transmissão gratuita*

O Código Civil dispensa o *consilium fraudis* na hipótese de transmissão gratuita de bens ou remissão de dívidas, permitindo a anulação do ato praticado pelo devedor "mesmo que ignore" seu próprio estado de insolvência

---

47 Clóvis Beviláqua, *Teoria geral do direito civil*, cit., p. 210-211.
48 Teixeira de Freitas, *Consolidação das leis civis*, 3. ed., Rio de Janeiro: B. L. Garnier, 1876, nota 17 ao art. 358, p. 240.
49 Francisco Amaral, *Direito civil: introdução*, cit., p. 520.
50 Caio Mário da Silva Pereira, *Instituições de direito civil*, cit., v. I, p. 450-451.

(art. 158). Atende aqui o legislador ao fato de que, nas transmissões gratuitas, aquele que celebra o negócio jurídico com o devedor não sofrerá efetivo prejuízo com a anulação do negócio jurídico, já que é mero beneficiário da transmissão, não tendo dado nada em troca do que recebeu, enquanto o credor sofrerá o *eventus damni*, sendo prejudicado na satisfação do seu direito de crédito. É o que ocorre nas doações feitas pelo devedor a filhos, netos e outros familiares, no afã de evitar a captura do seu patrimônio.

7.3. *Transmissão onerosa*

Na hipótese de transmissão onerosa, o legislador também relativiza a exigência de *consilium fraudis* ao autorizar a anulação quando "a insolvência for notória, ou houver motivo para ser conhecida do outro contratante" (art. 159). A concepção voluntarista da fraude contra credores vai assim cedendo passagem a uma compreensão mais objetiva do instituto, dirigida à ampliação da proteção dos credores independentemente da caracterização da intenção maliciosa do devedor. O que se deve ter em mente na aplicação do instituto não é a vontade subjetiva do devedor, mas o sopesamento entre os direitos dos credores e os direitos daqueles que celebram o negócio jurídico com o devedor, confiando na sua segurança. Sempre que a insolvência for notória, seja conhecida ou deva ser conhecida do outro contratante, a ordem jurídica privilegia o credor, cujo título jurídico sobre o patrimônio do devedor já existia ao tempo da celebração do negócio jurídico, permitindo sua anulação.

7.4. *Fraude contra credores* × *outras espécies de fraude*

A fraude contra credores, como já se advertiu, diferencia-se de outras espécies de fraude, que têm requisitos e efeitos próprios na ordem jurídica brasileira. Assim, a fraude contra credores distingue-se da fraude à lei, que se destina a fraudar a aplicação de lei imperativa, conduzindo à nulidade do ato, nos termos do art. 166, VI, do Código Civil, e não à sua anulabilidade. Distingue-se, ainda, da fraude à execução (CPC, art. 792), que exige a preexistência da lide e conduz à ineficácia da alienação em face do credor, e não à invalidade (nulidade ou anulabilidade). Registre-se que há autores que enxergam na fraude à execução uma "especialização da fraude contra credores"[51].

---

51 Yussef Said Cahali, *Fraude contra credores*, 3. ed., São Paulo: Revista dos Tribunais, 2002, p. 80.

7.5. Efeitos da fraude contra credores

O Código Civil é explícito em afirmar a anulabilidade do negócio como consequência da fraude contra credores (arts. 158, 159 e 165). Não obstante, parcela da doutrina tem sustentado que

> a circunstância de o nosso Código Civil falar, de maneira expressa, em anulação do ato defraudador dos direitos do credor não impede que a doutrina e jurisprudência mais modernas vejam, na espécie, um caso de ineficácia e não de nulidade, (...) assim, a previsão do Código Civil de que a "anulação" decorrente da pauliana não autoriza o retorno do bem alienado à livre disponibilidade a execução dos credores (art. 165), permite à moderna doutrina qualificar o fenômeno sob a ótica da ineficácia, afastando-o, portanto, do sentido literal da norma legislada[52].

A tese, inclusive, repercutiu no âmbito da jurisprudência do STJ[53]. De outro lado, continua-se a afirmar, com melhor razão, que "no ordenamento jurídico brasileiro, em vista do disposto no art. 165 do Código Civil, os efeitos da pauliana se resumem à anulabilidade do ato, com a devolução dos bens ao patrimônio do devedor, cancelando o negócio em proveito do acervo sobre que se tenha de efetuar o concurso de credores e não apenas ao que a intentou"[54].

8. Ainda sobre os defeitos do negócio jurídico

O Código Civil de 1916 previa, ainda entre os defeitos do negócio jurídico, a simulação, que conduzia à anulabilidade do negócio. No Código Civil de 2002, a simulação passou a figurar entre as causas de nulidade do negócio jurídico, que serão estudadas no capítulo seguinte. Sobre os defeitos do negócio jurídico em geral, pode-se concluir que (a) há continuada tendência de relativização do império da vontade, com maior objetivação dos pressupostos necessários à sua configuração; (b) tal tendência vem reforçada na codificação de 2002

---

52 Humberto Theodoro Júnior, in Sálvio de Figueiredo Teixeira (Coord.), *Comentários ao novo Código Civil*, Rio de Janeiro: Forense, 2003, v. 3, t. I, p. 399-400.
53 STJ, 1ª T., REsp 506.312/MS, rel. Min. Teori Zavascki, j. 15-8-2006.
54 Roberta Silva Melo Fernandes Remédio Marques, A ação/impugnação pauliana. Análise comparativa entre o direito português e o direito brasileiro, *Revista Brasileira de Direito Civil*, v. 9, jul./set. 2016, p. 132.

pela inclusão de dois novos defeitos do negócio jurídico, calcados na onerosidade excessiva, que, embora associados a elementos subjetivos (inexperiência, necessidade, perigo), apresentam potencial interpretativo capaz de lhes assegurar uma leitura menos subjetivista; e (c) na esteira também desses dois defeitos, despertam a doutrina e a jurisprudência para uma cada vez mais evidente preocupação com a conservação do negócio jurídico, por meio da ampliação das vias de saneamento do vício, evitando-se o remédio terminativo representado pela sua anulação.

> Detalhes sobre os "novos" defeitos do negócio jurídico: estado de perigo e lesão. O autor apresentará ambos os institutos de modo mais profundo, tecendo críticas sobre o tratamento que lhes foi conferido pelo legislador e defendendo sua interpretação ampliativa.
>
> Acesse também pelo *link*: https://uqr.to/1xgtd

Capítulo 13

INVALIDADE DO NEGÓCIO JURÍDICO

SUMÁRIO: **1.** Invalidade do negócio jurídico. **2.** Distinção entre nulidade e anulabilidade. **3.** Causas de nulidade. **4.** Simulação. **4.1.** Elementos da simulação. **4.2.** Simulação inocente. **4.3.** Simulação absoluta x relativa (dissimulação). **4.4.** Preservação do negócio jurídico dissimulado. **4.5.** Hipóteses de simulação. **4.6.** Alegação por quem simula. **4.7.** Terceiros de boa-fé. **4.8.** Exemplo jurisprudencial de simulação. **5.** Princípio da conservação dos negócios jurídicos. **6.** Conversão do negócio jurídico. **7.** Exemplos de conversão do negócio jurídico. **8.** Conversão substancial x formal. **9.** Conversão legal. **10.** Crítica aos requisitos da conversão. **11.** Redução do negócio jurídico. **12.** Atenuação dos rigores da nulidade diante do comportamento das partes. **13.** Necessidade de revisão crítica da teoria das nulidades. **14.** Teoria da inexistência. **15.** Crítica à teoria da inexistência. **16.** Negócios jurídicos inexistentes na jurisprudência.

1. Invalidade do negócio jurídico

O Código Civil de 2002 cuida da invalidade do negócio jurídico em geral, após se ocupar dos defeitos do negócio jurídico. A ordenação dos temas é criticável, na medida em que os defeitos nada mais são do que causas de uma espécie de invalidade. Com efeito, o gênero invalidade divide-se em duas espécies: (a) nulidade e (b) anulabilidade.

2. Distinção entre nulidade e anulabilidade

A nulidade distingue-se da anulabilidade em diversos aspectos. A nulidade deve ser pronunciada *ex officio* pelo juiz, a qualquer tempo em que tiver a oportunidade de tomar conhecimento de sua ocorrência, podendo ser invocada tanto pelas partes quanto pelo Ministério Público (art. 168). A anulabilidade, por sua vez, somente pode ser decretada quando pleiteada por uma das partes e só às próprias partes a alegação aproveita (art. 177). A sentença que reconhece a nulidade tem natureza declaratória, diversamente da sentença que decreta a anulação do negócio jurídico, a qual assume natureza constitutivo-negativa. Isso porque o negócio jurídico anulável só é efetivamente anulado quando uma das partes decide exercer seu direito potestativo de anulação. Já o negócio jurídico nulo é considerado nulo desde sua celebração. Daí deriva que o reconhecimento da nulidade produz efeitos *ex tunc* (retroativos), enquanto a anulabilidade produz efeitos *ex nunc* (não retroativos)[1]. Ainda nessa mesma direção, afirma-se que a nulidade é um vício absoluto, que opera efeitos de pleno direito (*pleno iure*), independentemente de atuação das partes ou de terceiros. Por isso mesmo, o negócio jurídico nulo não convalesce nem pode a nulidade ser suprida. Além de insanável, a nulidade é considerada pela maior parte da doutrina como imprescritível. Como já declaravam os romanos, *quod nullum est nullo lapsu temporis convalescere potest*. A anulabilidade, por outro lado, é subordinada a prazos decadenciais relativamente curtos – quatro anos no caso dos defeitos do negócio jurídico, por exemplo (art. 178) – e pode ser suprida pelas próprias partes por meio da confirmação expressa ou mesmo tácita do negócio jurídico anulável (arts. 172 a 175).

Todas essas distinções entre a nulidade e anulabilidade decorrem de uma diferença essencial sempre repetida pela doutrina: enquanto na nulidade afronta-se um interesse de ordem pública, lesando toda a sociedade, na anulabilidade o negócio jurídico apresenta desconformidade menos grave com a ordem jurídica, ferindo apenas o interesse particular. Registre-se, ainda na mesma direção, que o legislador brasileiro dispensa o critério do prejuízo para a configuração da nulidade, rejeitando o velho adágio francês segundo o qual *pas de nullité sans grief* (não há nulidade sem prejuízo). Assim, os negócios jurídicos podem ser declarados nulos independentemente de haver configuração de prejuízo para

---

1 Este é o entendimento convencional na matéria, defendido, entre outros, por: Caio Mário da Silva Pereira, *Instituições de direito civil*, 29. ed., atualizada por Maria Celina Bodin de Moraes, Rio de Janeiro: Forense, 2016, v. I, p. 540. Registre-se, no entanto, a divergência de autores que, invocando o art. 182 ("Anulado o negócio jurídico, restituir-se-ão as partes ao estado em que antes dele se achavam, e, não sendo possível restituí-las, serão indenizadas com o equivalente"), sustentam que o preceito se aplica a ambas as espécies de invalidade (nulidade e anulabilidade), que produziriam, portanto, efeitos *ex tunc*. Ver: Leonardo de Andrade Mattietto, Invalidade dos atos e negócios jurídicos, in Gustavo Tepedino (Coord.), *A parte geral do novo Código Civil: estudos na perspectiva civil-constitucional*, 3. ed., Rio de Janeiro: Renovar, 2007, p. 345.

qualquer das partes ou terceiros, mantendo-se coerente aí o legislador com o pressuposto de que tais negócios ofendem por si só a ordem jurídica e estimulam um ambiente negocial nocivo.

3. Causas de nulidade

São nulos, de acordo com o art. 166 do Código Civil, os negócios jurídicos que (a) sejam celebrados por pessoas absolutamente incapazes; (b) tenham objeto ilícito, impossível ou indeterminável; (c) tiverem motivo determinante, comum a ambas as partes, ilícito; (d) não se revistam da forma prescrita em lei; (e) desrespeitarem solenidade que a lei considera essencial à sua validade; e (f) tiverem por objetivo fraudar lei imperativa, além de outros que o Código Civil ou as leis extravagantes declararem nulos ou proibidos, ainda que sem sanção específica. É o caso, por exemplo, do chamado *pacta corvina* (pacto do corvo), assim entendido o contrato sobre herança de pessoa viva, que nossa codificação proíbe expressamente no art. 426, sem lhe cominar a nulidade[2]. O rol do art. 166, portanto, não é taxativo, embora a nulidade, por conta da gravidade de seus efeitos, exija sempre a ofensa a uma previsão legal.

Dentre as causas de nulidade, merece destaque a simulação.

4. Simulação

Simulação é "o ato de alguém que, conscientemente e com a conivência de outra pessoa, a quem a sua declaração é dirigida, faz conter nesta, como vontade declarada, uma coisa que nenhuma delas quer, ou coisa diversa daquela que ambas querem"[3]. Trata-se, em síntese, da celebração de um negócio jurídico que aparentemente está em acordo com a ordem jurídica que o disciplina, mas que, em verdade, não visa ao efeito que juridicamente deveria produzir, por se tratar de uma declaração enganosa de vontade. É, na síntese de Bevilaqua, "um ato fictício, que encobre e disfarça uma declaração real de vontade, ou que simula a existência de uma declaração que não se fez"[4].

---

2 "Art. 426. Não pode ser objeto de contrato a herança de pessoa viva."
3 Luís Cabral de Moncada, *Lições de direito civil: parte geral*, 4. ed., Coimbra: Almedina, 1995, p. 600.
4 Clóvis Beviláqua, *Teoria geral do direito civil*, 7. ed., Rio de Janeiro: Paulo de Azevedo, 1955, p. 209.

4.1. Elementos da simulação

A doutrina afirma que a simulação demanda a confluência de três elementos: (a) a divergência entre o negócio jurídico celebrado e os efeitos perseguidos pelos declarantes; (b) um acordo simulatório entre os declarantes; e (c) o intuito de enganar terceiros[5]. A existência de um acordo entre declarante e declaratário distingue a simulação da *reserva mental*, na qual o declarante manifesta vontade para realização de negócio jurídico que não deseja efetivamente, mas sem o conhecimento da outra parte (art. 110). A reserva mental não vicia o negócio jurídico. O intuito de enganar terceiros, por sua vez, serviria, segundo a doutrina, a diferenciar a simulação das chamadas declarações não sérias, como as lúdicas, jocosas e teatrais[6].

4.2. Simulação inocente

O intuito de enganar terceiro não implica necessariamente intuito de causar dano ou violar a lei. Se esse ocorrer também, reputa-se *maliciosa* a simulação. É o caso de uma venda em que se simula um preço maior que o efetivamente pago para prejudicar o titular de direito de preferência, ou um preço menor para prejudicar o Fisco. Se as partes, ao contrário, estiverem de boa-fé, a simulação é chamada *inocente*, como no exemplo do comodante que opta por um comodato por prazo indeterminado, disfarçando uma doação que deseja e não celebra abertamente para não magoar o terceiro que lhe presentou com o bem.

O Código Civil de 1916, em seu art. 103, determinava que somente a simulação maliciosa gerava a anulabilidade do negócio jurídico, sendo inócua a simulação inocente. O dispositivo já era controvertido àquela época e sua supressão no Código Civil vigente, com a transferência da simulação para o campo das nulidades, veio reforçar o entendimento de que tanto a simulação maliciosa quanto a inocente ensejam nulidade[7].

---

5 Francisco Amaral, *Direito civil: introdução*, 7. ed., Rio de Janeiro: Renovar, 2008, p. 538.
6 José Beleza dos Santos, *A simulação em direito civil*, Coimbra: s. n., 1955, p. 66.
7 É o posicionamento adotado por: Francisco Amaral, *Direito civil: introdução*, cit., p. 539; Pablo Stolze Gagliano e Rodolfo Pamplona Filho, *Novo curso de direito civil*, 3. ed., São Paulo: Saraiva, 2003, v. I, p. 384; Leonardo de Andrade Mattietto, Invalidade dos atos e negócios jurídicos, in Gustavo Tepedino (Coord.), *A parte geral do novo Código Civil: estudos na perspectiva civil-constitucional*, 3. ed., Rio de Janeiro: Renovar, 2007, p. 351; Silvio Rodrigues, *Direito civil: parte geral*, 32. ed., São Paulo: Saraiva, 2002, p. 301. Contra: Caio Mário da Silva Pereira, *Instituições de direito civil*, cit., v. I, p. 535.

4.3. Simulação absoluta × relativa (dissimulação)

Cabe referir nesse ponto à distinção entre simulação *absoluta* e *relativa*. Por absoluta entende-se a realização de um negócio de conteúdo vazio, porque em verdade realiza-se tal negócio para não ter nenhum efeito. Por exemplo, uma venda simulada com a finalidade de facilitar o despejo de inquilinos ou com a finalidade de esvaziar o patrimônio para prejudicar credores. A simulação relativa, também denominada dissimulação, é a que se afirma conter dois negócios, quais sejam, o negócio simulado, que esconde ou camufla outro negócio, que é o negócio jurídico dissimulado, o qual consubstancia a verdadeira intenção das partes.

4.4. Preservação do negócio jurídico dissimulado

Determina a lei que subsistirá o negócio jurídico dissimulado se válido for na substância e na forma. Caio Mário da Silva Pereira vê aí uma "deformação conceitual", pois, se o vício é de nulidade, nada poderia ser preservado[8]. A preservação do negócio dissimulado explica-se, teoricamente, em homenagem à ideia de máxima conservação dos negócios jurídicos, que o Código Civil de 2002 encampou em diversas passagens, incluindo o instituto da redução das nulidades, que será examinado ainda neste capítulo. A subsistência do negócio jurídico dissimulado apresenta, contudo, desafios práticos relevantes. É que, a rigor, nenhum dos declarantes emitiu sua manifestação de vontade no sentido da formação do negócio dissimulado, de tal maneira que, na maior parte dos casos, será impossível afirmar que desejavam efetivamente aquele negócio. A subsistência do negócio jurídico dissimulado fornece, porém, solução à maior parte das hipóteses de simulação inocente, pois permite conjugar a nulidade da simulação com a preservação do negócio jurídico que não fere os interesses de quem quer que seja. No já mencionado exemplo do comodato celebrado pelo comodante que queria doar o bem, mas temia magoar aquele que, no passado, o havia presenteado com a coisa, haveria tecnicamente nulidade do comodato, mas subsistência da doação.

4.5. Hipóteses de simulação

Parte das dificuldades conceituais experimentadas pela doutrina no campo da simulação advém do fato de que o Código Civil de 2002 não definiu o

---

8 Caio Mário da Silva Pereira, *Instituições de direito civil*, cit., v. I, p. 432.

instituto em nenhum momento. Limitou-se a listar hipóteses. Com efeito, o art. 167, § 1º, da nossa codificação considera haver simulação nos negócios jurídicos quando: I – aparentarem conferir ou transmitir direitos a pessoas diversas daquelas às quais realmente se conferem, ou transmitem; II – contiverem declaração, confissão, condição ou cláusula não verdadeira; III – os instrumentos particulares forem antedatados, ou pós-datados.

4.6. Alegação por quem simula

O Código Civil de 1916 vedava a alegação da simulação por qualquer dos seus partícipes (art. 104). A doutrina enxergava aí um reflexo do antigo adágio segundo o qual *nemo auditur propriam turpitudinem allegans* (a ninguém é dado alegar sua própria torpeza). Sendo elemento indispensável à simulação o acordo simulatório, parecia imoral que os declarantes extraíssem benefício da sua alegação. O Código Civil de 2002 não repetiu o preceito, mas parte da nossa doutrina continua a sustentar tal entendimento[9]. É de se observar, porém, que a transposição da simulação para o campo das nulidades do negócio jurídico advoga em sentido oposto, isto é, no sentido de que a simulação pode ser invocada por qualquer das partes, devendo, inclusive, ser reconhecida de ofício pelo juiz a qualquer tempo (art. 168).

4.7. Terceiros de boa-fé

Como já visto, o efeito da declaração de nulidade de negócio jurídico é *ex tunc* (retroativo), fulminando o ato em sua origem e extirpando todos os seus efeitos. É o que ocorre diante da simulação. Tal retroatividade deve, contudo, ser atenuada diante da presença de terceiros de boa-fé, que acreditaram na aparência do negócio jurídico simulado. Por exemplo, se uma compra e venda de imóvel é feita com o intuito de disfarçar uma doação, evitando-se a incidência do respectivo tributo, mesmo que venha a ser, posteriormente, declarada sua nulidade, o corretor de imóveis não deixa de fazer jus à sua comissão se da simulação não estava ciente, tendo agido de boa-fé. Trata-se, a rigor, de uma ponderação entre o interesse público que anima a nulidade e a tutela da boa-fé e da segurança das relações negociais, cujo balanceamento resulta em atenuação da eficácia retroativa da nulidade, sem afastá-la.

---

9   Caio Mário da Silva Pereira, *Instituições de direito civil*, cit., v. I, p. 535.

4.8. Exemplo jurisprudencial de simulação

Exemplo instigante que se extrai da jurisprudência do Superior Tribunal de Justiça envolveu a compra e venda de ações por pessoa que não era a real interessada no negócio, com o fito de burlar o pacto que instituiu entre os acionistas direito de preferência. "Diante da impossibilidade de aquisição das ações diretamente pelo acionista principal, que se comprometera a observar o direito de preferência, o negócio jurídico operou-se por intermédio de seu filho, com dinheiro aportado pelo pai." O Tribunal Superior concluiu que "há simulação, causa de nulidade do negócio jurídico, quando, com o intuito de ludibriar terceiros, o negócio jurídico é celebrado para garantir direitos a pessoas diversas daquelas às quais realmente se conferem ou transmitem". Registrou, ainda, que "diante da enorme dificuldade de produção de prova cabal e absoluta da ocorrência de simulação, é facultado ao julgador valer-se das regras de experiência, bem como de indícios existentes no processo para considerar presente o vício que invalida o negócio jurídico"[10].

5. Princípio da conservação dos negócios jurídicos

O Código Civil de 2002 sofreu, no capítulo dedicado à invalidade do negócio jurídico, notável influência do princípio da conservação dos negócios jurídicos. Trata-se, nas palavras de Antônio Junqueira de Azevedo, de imperativo segundo o qual "tanto o legislador quanto o intérprete, o primeiro, na criação das normas jurídicas sobre os diversos negócios, e o segundo, na aplicação dessas normas, devem procurar conservar, em qualquer um dos três planos – existência, validade e eficácia –, o máximo possível do negócio realizado pelo agente"[11].

Embora possa representar, à primeira vista, nova roupagem da revelha submissão do direito privado aos efeitos da vontade individual, o princípio assenta na utilidade socioeconômica do negócio jurídico e opera mediante interpretação e qualificação do acordo de vontades com o exato escopo de conformá-lo à ordem jurídica, no todo ou em parte. A conservação dos contratos é

---

10 STJ, 3ª Turma, REsp 1.620.702/SP, rel. Min. Ricardo Villas Bôas Cueva, j. 22-11-2016.
11 Antônio Junqueira de Azevedo, *Negócio jurídico*: existência, validade e eficácia, 4. ed., São Paulo: Saraiva: 2002, p. 66. O autor define como elementos inderrogáveis "os que servem para definir cada categoria de negócio e que, portanto, caracterizam sua essência" (p. 35). Confira-se, ainda, na doutrina, a contribuição de Victor Willcox, *Princípio da Conservação do Negócio Jurídico*: releitura à luz da legalidade constitucional, Rio de Janeiro: Lumen Juris, 2023.

consagrada nos Princípios de Direito Europeu dos Contratos (art. 5: 106) e em diversas codificações estrangeiras: no Código Civil francês (art. 1.157), no italiano (art. 1.367), no espanhol (art. 1.284), no português (art. 237), além de ser admitida na jurisprudência dos tribunais alemães, austríacos, ingleses, entre outros[12].

Verifica-se, portanto, no direito contemporâneo acentuada preocupação em assegurar os efeitos do negócio celebrado entre as partes, tanto quanto seja isso possível, em um autêntico *favor contractus*. Entre as principais manifestações do princípio da conservação dos negócios jurídicos no Código Civil brasileiro estão (a) a conversão do negócio jurídico e (b) a redução do negócio jurídico.

6. Conversão do negócio jurídico

Conversão do negócio jurídico é o procedimento por meio do qual o intérprete, perante um negócio jurídico a que falte um elemento inderrogável, qualifica-o em outro tipo, mediante o aproveitamento dos elementos presentes[13]. Trata-se de uma aplicação do brocardo segundo o qual *utile per inutile non vitiatur* (o útil não se vicia pelo inútil). O Código Civil de 2002 consagrou a possibilidade de conversão do negócio jurídico em seu art. 170, afirmando que, se o negócio jurídico nulo contiver os requisitos de outro, "subsistirá este quando o fim a que visavam as partes permitir supor que o teriam querido, se houvessem previsto a nulidade". A conversão, note-se, não modifica a vontade das partes. O que se converte não é a declaração de vontade em sua substância, mas o negócio jurídico em que se qualifica[14].

7. Exemplos de conversão do negócio jurídico

São exemplos de conversão do negócio jurídico: (a) a compra e venda sem escritura pública ser convertida em promessa de compra e venda; (b) a hipoteca sem autorização do cônjuge ser convertida em confissão de dívida; (c) o trespasse de estabelecimento sem escritura pública ser convertido em venda singular de bens móveis; (d) a alienação do usufruto ser convertida em cessão de seu exercício; (e) a doação de bem inalienável ser convertida em constituição de usufruto,

---

12   Carlo Castronovo, *Principi di diritto europeo dei contratti*, Milão: Giuffrè, 2001, p. 330.
13   Antônio Junqueira de Azevedo, *Negócio jurídico*: existência, validade e eficácia, cit., p. 67.
14   Ana Carolina Kliemann, O princípio da manutenção do negócio jurídico: uma proposta de aplicação, *Revista Trimestral de Direito Civil*, v. 26, abr./jun. 2006, p. 23.

uso ou habitação; (f) a renúncia antecipada de prescrição (proibida) ser convertida em interrupção de prescrição[15].

Exemplo curioso se extrai da jurisprudência do STJ. Uma mulher transferiu para a filha o produto da venda de um imóvel, com o objetivo de custear tratamento médico do qual necessitava a neta. Cinco anos depois, mãe e filha celebraram "contrato de compra e venda de direitos de herança", pelo qual buscavam atribuir ao negócio anterior o caráter de adiantamento de legítima. Após a morte da filha, a autora ajuizou ação em face do espólio pleiteando o retorno ao seu patrimônio do valor doado. O tribunal de origem julgou a demanda improcedente, entendendo que a transferência patrimonial teria sido uma liberalidade da avó em benefício da saúde da neta, não constituindo adiantamento de legítima, e que o "contrato" celebrado posteriormente seria nulo, por dispor da herança de pessoa viva. O STJ, reformando a decisão, realizou a conversão substancial do negócio. Afirmou-se que a doação da quantia para a filha da autora seria um negócio nulo, "porque preterida solenidade que a lei considera essencial para sua validade (art. 166, V, do CC/02): a escritura pública ou instrumento particular". Estariam presentes, no entanto, os requisitos de outro negócio jurídico, o contrato de mútuo gratuito, uma vez que houve a entrega de quantia de dinheiro, e era possível extrair do "contrato" posteriormente celebrado entre as partes (não obstante também se tratar de negócio nulo, *pacta corvina*) a intenção da beneficiária em restituir o valor. Concluiu-se ser "razoável e perfeitamente aceitável, à vista de todo o exposto, a conclusão no sentido de que, se houvessem previsto a nulidade do suposto contrato de doação, por ausência de formalidade essencial para a caracterização da alegada 'antecipação de legítima', teriam mãe e filha celebrado contrato de mútuo gratuito, por prazo indeterminado, o que autoriza, na hipótese, a respectiva conversão"[16].

8. Conversão substancial × formal

A conversão do negócio jurídico pode ser *substancial* ou *formal*. A primeira avulta em importância, pois toca a própria natureza do negócio, enquanto a

---

15 João Alberto Schützer Del Nero, *Conversão substancial do negócio jurídico*, Rio de Janeiro: Renovar, 2001, p. 421 e s.
16 STJ, 3ª T., REsp 1.225.861/RS, rel. Min. Nancy Andrighi, j. 22-4-2014. Uma interessante análise crítica da decisão pode ser encontrada em: Guilherme Henrique Lima Reinig e Daniel Amaral Carnaúba, Nulidade da doação e conversão substancial do negócio jurídico: comentários ao acórdão do REsp 11.225.861/RS, *Revista de Direito Civil Contemporâneo*, v. 1, out. 2014, p. 399 e s.

segunda restringe-se à nulidade da forma adotada para o negócio, sem atingi-lo na sua essência – por exemplo, uma escritura pública nula que passa a valer como instrumento particular.

9. Conversão legal

A doutrina alude, ainda, a uma conversão *legal* do negócio jurídico, que se realiza quando a conversão não é provocada pelo intérprete, mas determinada em enunciado normativo expresso. É o que ocorre, por exemplo, no art. 431 do Código Civil, que converteria a aceitação fora do prazo em nova proposta.

10. Crítica aos requisitos da conversão

Para operar-se a conversão faz-se necessário, de acordo com o art. 170 do Código Civil, que (a) o negócio jurídico reputado como nulo contenha os requisitos do negócio jurídico sucedâneo e (b) fique verificado que, se as partes tivessem ciência da nulidade do negócio jurídico primitivo, mesmo assim teriam desejado celebrar o negócio jurídico sucedâneo. Tais requisitos são objeto de crítica na doutrina. O primeiro requisito revela o excessivo apego do legislador de 2002 à perspectiva estrutural do negócio jurídico, quando melhor teria sido seguir o exemplo da codificação civil holandesa para exigir apenas que o negócio nulo e o seu sucedâneo desempenhem a mesma função[17]. Já o segundo requisito traduz concepção excessivamente voluntarista do negócio jurídico, submetendo a conversão a uma pesquisa virtual da vontade das partes, artificiosa e irrelevante quando se parte da premissa de que o instituto da conversão visa atender à ideia de preservação da utilidade socioeconômica do negócio jurídico celebrado[18].

11. Redução do negócio jurídico

Também considerado uma expressão do princípio da conservação dos contratos e do aforismo latino *utile per inutile non vitiatur*, o instituto da redução

---

17 Leonardo de Andrade Mattietto, Invalidade dos atos e negócios jurídicos, in Gustavo Tepedino (Coord.), *A parte geral do novo Código Civil: estudos na perspectiva civil-constitucional*, cit., p. 358.
18 João Alberto Schützer Del Nero, *Conversão substancial do negócio jurídico*, cit., p. 279.

do negócio jurídico é o procedimento interpretativo que permite a preservação da parte válida do ajuste, em sendo separável do todo. Nesse sentido, já ponderava Bevilaqua que, "se a parte do ato não é elemento substancial dele, se pode ser afastada, sem prejuízo nem alteração do todo, não o contaminará e poderá ser afastada"[19].

A redução do negócio jurídico não deve ser confundida com a conversão. Ao contrário da conversão, a redução não importa uma mudança de qualificação do negócio, mas tão somente uma limitação interpretativa[20]. O instituto da redução já constava da codificação de 1916, mas o Código Civil atual acrescentou, ao início do art. 184, a ressalva de que a redução deve manter "respeitada a intenção das partes". A inovação na redação do dispositivo, remetendo à vontade das partes, tem sido considerada ociosa por parte da doutrina[21]. Deve, além disso, ser interpretada com cuidado, sob pena de impor uma leitura excessivamente subjetivista ao negócio jurídico, desviando o instituto da redução da sua finalidade, que é a preservação da parcela ainda útil à realização da função do ajuste, em linha com a chamada conservação dos negócios jurídicos.

12. Atenuação dos rigores da nulidade diante do comportamento das partes

Redução e conversão do negócio jurídico exprimem a atenuação dos rigores da nulidade em prol da preservação da utilidade socioeconômica de negócios jurídicos que, conquanto nulos, podem ser aproveitados em parte ou de outro modo. Tal atenuação tem sido percebida também com base na influência de outras noções jurídicas. Por toda parte, por exemplo, os tribunais têm se revelado mais complacentes com as chamadas *nulidades de forma*, preservando os efeitos de negócios jurídicos que, mesmo celebrados sem a observância da forma legal ou solenidades consideradas indispensáveis à sua validade, produziram por anos a fio seus efeitos, de tal modo que suprimir seus efeitos, ainda mais de modo retroativo (*ex tunc*), representaria verdadeira afronta às expectativas não apenas das partes, mas de todos aqueles que foram, de alguma maneira, tocados

---

19 Clóvis Beviláqua, *Código Civil dos Estados Unidos do Brasil comentado*, 3. ed., Rio de Janeiro: Francisco Alves, 1927, v. 1, p. 410.
20 Gustavo Tepedino, Heloisa Helena Barboza e Maria Celina Bodin de Moraes (Coords.), *Código Civil interpretado conforme a Constituição da República*, 2. ed., Rio de Janeiro: Renovar, 2007, p. 333-334.
21 Caio Mário da Silva Pereira, *Instituições de direito civil*, cit., v. I, p. 539.

pelo negócio jurídico nulo. Por exemplo, a doação de imóvel, ainda que feita sem a necessária escritura pública, não pode ser absolutamente desconsiderada pelo direito sob o argumento da sua nulidade, se as partes ao longo de anos se comportaram como se a doação tivesse validamente ocorrido.

Trata-se de aplicação do princípio da boa-fé objetiva e, mais especificamente, da proibição do comportamento contraditório, sintetizada no brocardo latino segundo o qual *nemo potest venire contra factum proprium* (ninguém pode vir contra o próprio fato). A proibição de comportamento contraditório pode abranger também hipóteses de nulidades substanciais, que não se limitem à forma. Se duas sociedades empresárias celebram contrato com cláusula de indexação de pagamentos ao dólar fora das hipóteses autorizadas pela legislação brasileira e cumprem esse contrato regularmente por anos a fio, deve o Poder Judiciário declará-lo nulo por ferir o curso forçado da moeda nacional (art. 318)[22] e cancelar todos os seus efeitos desde a data de sua celebração? Parece-nos que o comportamento das partes deve aí desempenhar relevante papel, pois a aplicação fria dos efeitos da nulidade poderia gerar um resultado incompatível com a boa-fé objetiva, a qual, assim como as normas em que se inspiram as hipóteses de nulidade, também exprime um interesse público, de caráter cogente e imperativo.

Ainda no campo da atenuação dos rigores da nulidade, há que se mencionar a proteção aos terceiros de boa-fé, pois mesmo os negócios jurídicos nulos podem produzir efeitos, em atenção à segurança das relações jurídicas. É o que já se mencionou no estudo da simulação e que se faz sentir também em outras passagens do Código Civil, como no tratamento do casamento putativo. Por fim, não se pode deixar de mencionar, como exemplo de possível temperança do rigor da nulidade, instigante discussão acerca da imprescritibilidade do vício de nulidade[23]: no Brasil, embora a maior parte da doutrina afirme que o direito de pleitear a declaração de nulidade dos negócios jurídicos seja imprescritível[24], alguns autores fazem distinção entre a declaração de nulidade,

---

22 "Art. 318. São nulas as convenções de pagamento em ouro ou em moeda estrangeira, bem como para compensar a diferença entre o valor desta e o da moeda nacional, excetuados os casos previstos na legislação especial."

23 A questão é amplamente analisada por: Marcelo Dickstein, *Nulidades prescrevem? Uma análise funcional da invalidade*, Rio de Janeiro: Lumen Juris, 2016.

24 Tese que ganhou reforço com a dicção do Código Civil de 2002: "Art. 169. O negócio jurídico nulo não é suscetível de confirmação, nem convalesce pelo decurso do tempo".

imprescritível, e a desconstituição de seus efeitos patrimoniais, que estaria sujeita ao prazo geral de dez anos[25].

13. Necessidade de revisão crítica da teoria das nulidades

Todos esses exemplos demonstram que a chamada teoria das nulidades está a exigir urgente revisão crítica por parte da doutrina, seja no tocante aos efeitos do negócio jurídico nulo, seja na distinção entre os efeitos da nulidade e da anulabilidade, cuja fronteira já não parece tão nítida quanto outrora. O tecido do Código Civil não contribui para um tratamento sistemático da matéria, na medida em que a técnica empregada pelo legislador consiste em apontar hipóteses específicas de invalidade, por vezes muito distintas entre si. O direito brasileiro continua à espera de uma construção mais uniforme que, a um só tempo, assegure consistência teórica ao regime das invalidades e assuma a natural preferência da ordem jurídica por remédios de efeitos não terminativos, que privilegiem, na medida do possível, a conservação dos fatos pretéritos, sem enveredar por desconstruções quixotescas[26].

14. Teoria da inexistência

Uma última palavra merece a teoria dos atos inexistentes ou simplesmente teoria da inexistência. A teoria da inexistência surgiu na Alemanha, mas foi mais intensamente desenvolvida na doutrina francesa, em decorrência do princípio de que todos os casos de nulidade deveriam vir expressos no texto legal (*pas de nullité sans texte*). Seu campo de aplicação, inicialmente, foi o direito matrimonial, em especial aquelas hipóteses de casamento sem autoridade competente ou entre pessoas do mesmo sexo, que não encontravam prévia disposição legal em sentido contrário e que, portanto, não poderiam ser ditos nulos. A fim de contornar tal obstáculo, juristas franceses sustentavam que tais hipóteses não configuravam nulidade, mas inexistência. Não haveria ato jurídico em tais casos.

Ainda hoje, os defensores da teoria da inexistência sustentam que o negócio jurídico inexistente, como o negócio jurídico nulo, não produz efeito algum. A única diferença estaria no fato de que o negócio jurídico inexistente dispensaria

---

25 Gustavo Tepedino, Prescrição da nulidade em instrumento de cessão de créditos, in *Soluções práticas de direito civil*, São Paulo: Revista dos Tribunais, 2012, v. I, p. 582-583.
26 Nessa direção, a obra de Eduardo Nunes de Souza, *Teoria Geral das Invalidades do Negócio Jurídico*, São Paulo: Almedina, 2017.

qualquer provimento judicial para seu reconhecimento, uma vez que constitui "mera aparência de ato"[27]. Sobre o tema, já decidiu o Superior Tribunal de Justiça que, "no caso de ser o ato praticado pela pessoa jurídica representada por apenas um dos seus sócios, quando seus estatutos determinam seja ela representada pelos dois sócios em conjunto, o que ocorre não é deficiência na representação, no sentido técnico-jurídico, que aceita convalidação, mas ausência de consentimento da empresa, por falta de manifestação de vontade, requisito fático para a formação do ato". Concluiu, assim, a Corte que "o ato jurídico para o qual não concorre o pressuposto da manifestação de vontade é de ser qualificado como inexistente, cujo reconhecimento independe de pronunciamento judicial, não havendo que invocar-se prescrição, muito menos a do art. 178 do Código Civil"[28].

15. Crítica à teoria da inexistência

Parte da doutrina critica a teoria da inexistência por diferentes razões. Primeiro, a própria expressão "ato inexistente ou negócio inexistente" encerraria uma contradição nos próprios termos: ou o negócio jurídico se forma ou não se forma, não havendo razão para se aludir a uma teoria da inexistência dos negócios jurídicos – ou, pelo menos, não havendo maior razão para tanto do que haveria para aludir a uma teoria da inexistência de cada um dos institutos jurídicos. A teoria da inexistência é considerada, ainda, uma teoria inexata, pois a afirmação de que o negócio jurídico inexistente dispensaria provimento jurisdicional é falaciosa. A rigor, se a "aparência" de negócio jurídico foi considerada suficiente para que se qualifique o negócio como inexistente é porque já haverá fundada dúvida sobre a sua existência ou inexistência, dúvida que somente poderá ser afastada por um provimento jurisdicional num sentido ou noutro. A teoria da inexistência seria, ademais, inútil, porque seria substituída com vantagens pela nulidade – a qual já afasta a prescrição e já suprime retroativamente os efeitos do negócio. Seria, além disso, inconveniente por privar as partes das garantias de defesa que lhes caberiam em processo voltado ao reconhecimento ou decretação de invalidade[29].

---

27 Caio Mário da Silva Pereira, *Instituições de direito civil*, cit., v. I, p. 543.
28 STJ, 4ª T., REsp 115.966, rel. Min. Sálvio de Figueiredo Teixeira, 17-2-2000, in RT 781/179.
29 Silvio Rodrigues, *Direito civil: parte geral*, cit., p. 291-292.

16. Negócios jurídicos inexistentes na jurisprudência

Em que pesem as críticas dirigidas à teoria da inexistência, nossos tribunais a acolhem em diferentes hipóteses, incluindo, a título ilustrativo, a promessa de venda de lote de terreno quando o loteamento não restou aprovado pela Municipalidade[30], a doação de imóvel do qual o doador tem mera permissão de uso[31] e a alteração de contrato social de sociedade limitada com falsificação de assinatura de um dos sócios[32]. O próprio fato de que a teoria da inexistência é figura frequente na jurisprudência evidencia que sua suposta vantagem em relação à nulidade, qual seja, a dispensa de provimento jurisdicional, não se afigura realista. Pelo prisma científico, contudo, não há dúvida de que, em exemplos como aqueles que foram aqui citados, o problema se situa no plano da existência do negócio jurídico, e não da sua validade.

> Análise da jurisprudência envolvendo a aplicação da teoria da inexistência. O autor apresentará as decisões que reconhecem a inexistência de negócios jurídicos, explicando as razões para a aplicação da teoria em cada caso concreto e destacando outros aspectos relevantes.
> Acesse também pelo *link*: https://uqr.to/1xgte

---

30 TJRJ, 2ª Câmara Cível, Apelação Cível 0005839-80.2006.8.19.0037, rel. Des. Jessé Torres, j. 23-3-2011.
31 TJRS, 17ª Câmara Cível, Apelação Cível 70001933779, rel. Des. Ney Wiedemann Neto, j. 11-9-2001.
32 TJSP, 1ª Câmara Reservada de Direito Empresarial, Apelação Cível 0056291-97.2012.8.26.0002, rel. Des. Francisco Loureiro, j. 16-12-2015.

Capítulo 14

Prescrição e Decadência

Sumário: **1.** Prescrição e decadência. **2.** Prescrição **2.1.** Prescrição aquisitiva. **2.2.** Prescrição extintiva: três correntes. **2.3.** Conceito de prescrição. **2.4.** Duplo fundamento: releitura à luz dos valores constitucionais. **2.5.** Interrupção da prescrição. **2.6.** Taxatividade das causas de interrupção. **2.7.** Reinício do prazo. **2.8.** "Uma única vez". **2.9.** Pretensões contra a Fazenda Pública. **2.10.** Impedimento e suspensão da prescrição. **2.11.** Taxatividade das causas de impedimento e suspensão. **2.12.** Ausência de pretensão. **2.13.** Inalterabilidade dos prazos prescricionais. **2.14.** Reconhecimento *ex officio*. **2.15.** Renúncia à prescrição. **2.16.** Termo inicial dos prazos prescricionais. **2.17.** Prazos prescricionais. **2.18.** Pretensões imprescritíveis. **2.19.** Prescrição e danos morais. **2.20.** Prescrição intercorrente. **3.** Decadência. **3.1.** Fatalidade do prazo decadencial. **3.2.** Irrenunciabilidade e inalterabilidade do prazo decadencial. **3.3.** Reconhecimento *ex officio*. **3.4.** Decadência convencional. **3.5.** Prazos de decadência. **3.6.** Legislação especial. **4.** Prescrição e decadência sob a ótica civil-constitucional. **5.** Extinção de direitos *antes* do prazo e exercício de direitos *após* o prazo decadencial ou prescricional.

1. Prescrição e decadência

Prescrição e decadência são institutos que traduzem a influência do tempo sobre o exercício dos direitos. Destinam-se, em última análise, a impedir a eternização de conflitos na vida social, extinguindo posições jurídicas que seus respectivos titulares não façam valer após certo lapso temporal. O estudo da prescrição e da decadência consiste no que já foi denominado de um dos campos mais áridos do direito civil. O tema é dominado, na esfera legislativa, por uma técnica normativa regulamentar, que resulta em dispositivos legais de caráter muito específico, e, na esfera doutrinária, por um forte dogmatismo, dificultando a influência dos valores constitucionais sobre esses dois institutos, como se verá mais adiante. Além disso, a aplicação concreta da prescrição e da decadência gera quantidade tão grande de controvérsias práticas que o jurista italiano Bruno Troisi, em conhecida passagem, afirmou: "É quase uma ironia do destino que institutos destinados, segundo a opinião dominante, a garantir a certeza dos fatos sejam eles próprios fonte de profundas incertezas em diversos dos seus aspectos"[1]. Esse é o terreno em que se passa a ingressar. Comecemos pela prescrição.

2. Prescrição

Primeira advertência importante: para parte da doutrina, existem duas espécies de prescrição, de efeitos inteiramente opostos, a saber, (a) a prescrição extintiva ou liberatória, a que o Código Civil denomina simplesmente prescrição, e (b) a prescrição aquisitiva, em que o lapso do tempo não extingue, mas constitui um direito, em especial um direito real para aquele que possui a coisa por certo lapso de tempo.

2.1. *Prescrição aquisitiva*

A prescrição aquisitiva não é tratada pelo nosso Código Civil como modalidade de prescrição, e sim com o nome de usucapião, figura autônoma que será estudada no campo específico dos direitos reais. Esta tem sido também a orientação seguida na maior parte dos ordenamentos jurídicos estrangeiros. É emblemática nesse sentido a experiência italiana, na qual a "prescrição aquisitiva" era mencionada pelo Código Civil de 1865, mas foi abolida no Código Civil de 1942, que reservou o termo "prescrição" à sua modalidade extintiva.

2.2. *Prescrição extintiva: três correntes*

Se, por um lado, há consenso em que a prescrição extingue, não há unanimidade sobre o que ela extingue. Há três correntes doutrinárias sobre essa temática no Brasil. Para a primeira corrente, a prescrição extingue o próprio direito em si. Foi a posição adotada, entre nós, por Eduardo Espínola, em seu célebre *Sistema de Direito Civil Brasileiro*, e corresponde à orientação mais tradicional no direito pátrio. Para a segunda corrente, a prescrição extingue apenas a *ação*, e não o direito em si, que ainda pode ser atendido espontaneamente pelo titular do dever jurídico correspondente. De fato, quem efetua o pagamento de uma dívida já prescrita não pode exigir restituição do

---

1 Bruno Troisi, *La prescrizione come procedimento*, Camerino: ESI, 1980, p. 12-13.

que pagou, conforme expressamente registra o art. 882 do Código Civil brasileiro[2]. Disso se extrai que o direito continua "vivo". Houvesse sido extinto o direito de crédito, o pagamento da dívida prescrita geraria uma transferência patrimonial desprovida de causa, em outras palavras, um enriquecimento sem causa, que autorizaria quem pagou a exigir restituição. Daí se conclui que a prescrição não fulmina o direito. Fulminaria, então, para essa segunda corrente, a ação. Ficaria o sujeito com "um direito desprovido de ação". Foi a posição adotada por Clóvis Beviláqua, autor do projeto do Código Civil de 1916, e por Câmara Leal, que dedicou volume importantíssimo ao estudo da prescrição e da decadência[3].

Os adeptos da terceira e última corrente sustentam que a prescrição não atinge nem o direito material, que ainda pode ser atendido espontaneamente, nem o direito de ação, que, autônomo e abstrato, se exerce, de acordo com a processualística contemporânea, em face do Estado, com vistas à obtenção de um provimento jurisdicional que independe do direito em si. O que a prescrição atinge, portanto, é a pretensão de direito material, a *Anspruch* do direito alemão, que consiste na exigibilidade, judicial ou não, daquele direito. Como sustenta Fábio Konder Comparato,

> a razão do êxito do direito alemão na interpretação do instituto da prescrição reside no fato de que a doutrina, desde o período da pandectística, soube decompor as *facultas agendi* do sujeito de direito de forma clara e exata (...). O direito subjetivo, categoria bruta que transcende o campo do direito das obrigações, decompõe-se, na verdade, em dois elementos que exigem visualização: um direito estático à prestação e um direito de exigir essa mesma prestação (...). Esse direito de exigir, *facultas exigendi* é, sem dúvida, projeção do direito à prestação, mas com ele não se confunde (...) é o que a doutrina germânica denominou pretensão, conceito forjado por Windscheid, em meados do século XIX em obra famosa sobre a *actio* romana[4].

---

2   "Art. 882. Não se pode repetir o que se pagou para solver dívida prescrita, ou cumprir obrigação judicialmente inexigível."

3   Na lição do autor do anteprojeto do Código Civil de 1916, "prescrição é a perda da ação atribuída a um direito, e de toda a sua capacidade defensiva, em consequência do não uso delas, durante um determinado espaço de tempo" (Clóvis Beviláqua, *Teoria geral do direito civil*, Serviço de Documentação do Ministério da Justiça, 1972, p. 308). No mesmo sentido: Antônio Luís da Câmara Leal, *Da prescrição e da decadência*, 2. ed., Rio de Janeiro: Forense, 1959.

4   *Parecer sobre prescrição* – sem responsabilidade de cátedra.

A pretensão não se confunde com o direito de ação: é noção de direito material e somente existe no direito subjetivo, que atribui ao seu titular o direito a uma prestação. Celebro com o vendedor um contrato de compra e venda de um livro, a ser entregue em três dias. Passados os três dias, se não tiver sido efetuada a prestação, há violação ao meu direito subjetivo de receber o bem nos termos contratados. Inicia-se, então, o prazo para o exercício da pretensão, que Pontes de Miranda definia justamente como "a posição subjetiva de poder exigir de outrem alguma prestação positiva ou negativa"[5]. A chamada *teoria da pretensão* foi expressamente acolhida pelo Código Civil de 2002, em seu art. 189, em que se lê: "Violado o direito, nasce para o titular a pretensão, a qual se extingue, pela prescrição, nos prazos a que aludem os arts. 205 e 206".

2.3. *Conceito de prescrição*

Pode-se afirmar, portanto, que, de acordo com o direito positivo brasileiro, a prescrição conduz à extinção da pretensão. Perde o titular do direito não o direito material em si nem o direito de ação, hoje considerado abstrato e autônomo, mas tão somente a faculdade de exigir o atendimento daquele direito material, seja pela via judicial, seja pela via extrajudicial[6]. A prescrição deve, então, ser definida como a extinção de uma pretensão pelo decurso de certo lapso de tempo previsto em lei[7]. O legislador, em outras palavras, impõe prazos prescricionais para o exercício das pretensões. E por qual razão o faz?

---

5   Pontes de Miranda, *Tratado de direito privado*, Rio de Janeiro: Borsoi, 1955, v. V, p. 451.

6   STJ, 3ª T., REsp 2.088.100/SP, rel. Min. Nancy Andrighi, j. 17-10-2023: "A pretensão se submete ao princípio da indiferença das vias, podendo ser exercida tanto judicial quanto extrajudicialmente. Ao cobrar extrajudicialmente o devedor, o credor está, efetivamente, exercendo sua pretensão, ainda que fora do processo. (...) Logo, o reconhecimento da prescrição da pretensão impede tanto a cobrança judicial quanto a cobrança extrajudicial do débito".

7   Parte da doutrina nacional, fiel às lições de Pontes de Miranda, vê no art. 189 um equívoco do legislador, uma vez que, a rigor, a prescrição não extinguiria a pretensão, mas apenas encobriria sua eficácia, dando lugar a uma exceção substancial passível de oposição pelo interessado (Rodrigo Xavier Leonardo, *A prescrição no Código Civil brasileiro (ou o jogo dos sete erros)*, Revista da Faculdade de Direito – UFPR, Curitiba, n. 51, 2010, p. 111-112). Esta interpretação parece ter sido impactada pela alteração do Código Civil, admitindo o reconhecimento de ofício da prescrição, questão que será objeto de análise adiante. Defende que a prescrição efetivamente extingue a pretensão: Atalá Correia, *Prescrição: entre passado e futuro*, São Paulo: Almedina, 2021, p. 92-94.

2.4. Duplo fundamento: releitura à luz dos valores constitucionais

A prescrição tem, segundo a doutrina, duplo fundamento. Primeiro, destina-se a atribuir estabilidade às relações sociais, consolidar situações jurídicas que se preservaram inalteradas no tempo[8]. A prescrição desempenha, assim, um papel apaziguador, vinculado às aspirações de segurança jurídica e, por isso mesmo, considerado hoje um instituto de ordem pública.

A doutrina indica, ainda, um segundo fundamento para a prescrição: sancionar a inércia do titular do direito que deixa de exercê-lo. Invoca-se aqui o brocardo latino *dormientibus non succurrit jus*: o direito não socorre a quem dorme. Resgata-se, no mesmo sentido, a máxima *iura scripta vigilantibus*: as leis são escritas para os vigilantes. Esse fundamento punitivo, contudo, explica-se por razões históricas, em especial pela necessidade de se identificar uma justificativa fundada na culpa do sujeito de direito antes de lhe impor uma perda tão significativa quanto aquela decorrente da prescrição. Trata-se de uma necessidade muito sentida em períodos históricos anteriores, marcados pelo liberal-individualismo jurídico e por uma verdadeira aversão à intervenção do Estado na regulação dos interesses privados.

Hoje, todavia, não encontra mais respaldo no ordenamento jurídico brasileiro. Já no seu preâmbulo, a Constituição brasileira exprime seu compromisso com a "segurança", compromisso que enfatiza ao repetir o termo entre os direitos e garantias fundamentais (art. 5º, *caput*), reconduzindo-se, portanto, ao imperativo constitucional de segurança jurídica o fundamento axiológico da prescrição no direito brasileiro, sem necessidade de se recorrer a uma ideologia punitiva.

2.5. Interrupção da prescrição

A ideia de prescrição como sanção é extraída principalmente das causas de interrupção do prazo prescricional, fundadas em sua ampla maioria na diligência do titular da pretensão. As causas de interrupção da prescrição são listadas no art. 202 do Código Civil: (a) o despacho do juiz ordenando a citação em processo judicial[9], (b) o protesto judicial, (c) o protesto cambial, (d) a apre-

---

8   San Tiago Dantas, *Programa de direito civil – teoria geral*, edição revista e atualizada por Gustavo Tepedino et al., Rio de Janeiro: Forense, 2001, p. 343.

9   Sobre o despacho do juiz ordenando a citação, determina o CPC nos seus arts. 240, § 1º, e 802, parágrafo único: "Art. 240. A citação válida, ainda quando ordenada por juízo incompetente, induz litispendência, torna litigiosa a coisa e constitui em mora

sentação do título de crédito em juízo de inventário ou em concurso de credores, (e) o ato judicial que constitua em mora o devedor e, por fim, (f) qualquer ato inequívoco, ainda que extrajudicial, que importe o reconhecimento do direito pelo devedor.

É de se notar que o legislador não inclui entre as causas de interrupção a notificação extrajudicial ao devedor, prática comum na advocacia. Sobre o tema, já decidiram nossos tribunais que "a notificação extrajudicial não tem o condão de interromper o prazo prescricional (...) porque não está entre as causas interruptivas da prescrição previstas pelo art. 202 do CC"[10].

A Lei n. 9.492/97 já autoriza o protesto em cartório de "documentos de dívida", mesmo que não configurem títulos de crédito. Assim, se houver o protesto em cartório de documento de dívida líquida e vencida, entende a melhor doutrina que se dá o efeito da interrupção da prescrição. "Basta para tanto que o documento espelhe uma dívida líquida, certa e exigível"[11].

2.6. *Taxatividade das causas de interrupção*

O rol de causas de interrupção é considerado taxativo. Porém, tem sido admitida, em algumas hipóteses, interpretação extensiva, como no caso de início de procedimento arbitral, que se entende abrangido pela referência do art. 202, inciso I, ao despacho citatório do juiz. Já decidiu o STJ, a esse propósito, que a demora na citação por motivo imputável ao aparelho judiciário afasta o curso da prescrição ou mesmo da decadência, como registrado na Súmula 106 do STJ: "Proposta a ação no prazo fixado para o seu exercício, a demora na citação, por motivos inerentes ao mecanismo da Justiça, não justifica o acolhimento da arguição de prescrição ou decadência".

---

o devedor, ressalvado o disposto nos arts. 397 e 398 da Lei n. 10.406, de 10 de janeiro de 2002 (Código Civil). § 1º A interrupção da prescrição, operada pelo despacho que ordena a citação, ainda que proferido por juízo incompetente, retroagirá à data de propositura da ação. (...) Art. 802. Na execução, o despacho que ordena a citação, desde que realizada em observância ao disposto no § 2º do art. 240, interrompe a prescrição, ainda que proferido por juízo incompetente. Parágrafo único. A interrupção da prescrição retroagirá à data de propositura da ação."

10 STJ, 2ª T., AgRg no REsp 1.553.565/DF, rel. Min. Herman Benjamin, j. 3-12-2015. Na mesma direção: STJ, 4ª T., AgInt no AREsp 1.656.629/MT, rel. Min. Antonio Carlos Ferreira, j. 22-11-2021.

11 Gustavo Tepedino, Heloisa Helena Barboza e Maria Celina Bodin de Moraes (Coords.), *Código Civil interpretado conforme a Constituição da República*, 2. ed., Rio de Janeiro: Renovar, 2007, v. I, p. 388.

2.7. Reinício do prazo

Sendo interrompida a prescrição por qualquer das causas interruptivas, o prazo volta a fluir integralmente "da data do ato que a interrompeu, ou do último ato do processo para a interromper" (art. 202, parágrafo único). Em outras palavras, recomeça-se a contar o prazo do zero, como se jamais tivesse fluído.

2.8. "Uma única vez"

A interrupção, como se vê, poderia levar a sucessivos recomeços do prazo prescricional, "eternizando" a pretensão do titular. Para evitar tal inconveniente, o Código Civil determinou, no *caput* do art. 202, que interrupção só pode ocorrer "uma única vez", sanando com isso celeuma que imperava na doutrina acerca da matéria sob a vigência da codificação anterior. Assim, ainda que o titular do direito seja diligente a mais não poder, atuando diariamente para resguardar sua posição jurídica, corre o risco de perder sua pretensão pelo decurso do tempo, porque o Código Civil limita a uma única vez a possibilidade de interrupção. Parece claro, portanto, que o art. 202 introduz inovação incompatível com um suposto caráter punitivo da prescrição, empurrando-a em definitivo para o campo (mais objetivo) da segurança jurídica e da paz social.

Questão prática relevante nesse campo diz respeito à interrupção ou não da prescrição diante de despacho judicial ordenando a citação em ação judicial para cobrança de dívida cujo prazo prescricional já tenha sido interrompido uma vez por força de outra causa de interrupção (por exemplo, protesto judicial). Se a vedação à nova interrupção ("uma única vez") fosse interpretada literalmente, a ação judicial correria simultaneamente ao prazo prescricional, o que, considerando a longa duração dos processos judiciais, resultaria seguramente em cobrança ineficaz. Em sentido contrário, porém, o Superior Tribunal de Justiça já decidiu que "o legislador, ao determinar a unicidade da interrupção prescricional, não diferenciou, para aplicação do princípio, a causa interruptiva em razão de citação processual (inciso I) daquelas ocorridas fora do processo judicial (incisos II a VI)"[12].

---

12 STJ, 4ª Turma, REsp 1.786.266/DF, rel. Min. Antonio Carlos Ferreira, j. 11-10-2022. Na mesma direção: STJ, 3ª Turma, REsp 1.924.436/SP, rel. Min. Nancy Andrighi, j. 10-8-2021.

2.9. Pretensões contra a Fazenda Pública

Nas pretensões contra a Fazenda Pública, a prescrição, que é quinquenal (cinco anos), também só pode ser interrompida uma única vez, conforme já determinava, bem antes do Código Civil de 2002, o art. 8º do Decreto n. 20.910/32. A peculiaridade em relação à Fazenda Pública é que o prazo prescricional volta a correr não por inteiro, mas pela metade, privilégio fazendário que resulta expressamente do art. 9º do mesmo decreto[13].

Tomada em sua literalidade, a regra faria com que a interrupção da prescrição pudesse até prejudicar o credor diligente da Fazenda. Suponha-se, por exemplo, que um município deixe de efetuar pagamento devido a um fornecedor, o qual apresenta, logo em seguida, requerimento administrativo e obtém o reconhecimento da dívida, publicado no Diário Oficial, ainda no primeiro ano do prazo prescricional. Ora, o reconhecimento de dívida, já vimos, interrompe a prescrição, razão pela qual ela voltaria a correr pela metade, isto é, dois anos e meio. Assim, o particular que foi diligente e obteve o reconhecimento de dívida acabaria tendo, no total, menos tempo para cobrar o que lhe é devido que o particular que restou inerte. Ora, se o direito não socorre a quem dorme, a interrupção da prescrição não pode prejudicar o devedor diligente. Por essa razão, o Supremo Tribunal Federal editou, há muito, a Súmula 383, em que se lê: "A prescrição em favor da Fazenda Pública recomeça a correr, por dois anos e meio, a partir do ato interruptivo, mas não fica reduzida aquém de cinco anos, embora o titular do direito a interrompa durante a primeira metade do prazo".

Note-se que, se a hipótese for de prestações de trato sucessivo, que se renovam a cada novo período, a prescrição atinge cada uma delas em separado. Assim, se um policial pretende obter o adicional de periculosidade cujo pagamento fora interrompido indevidamente pelo Estado dez anos antes, pode pleitear as verbas pretéritas dos últimos cinco anos, porque se entende que há aí não uma prestação única, mas prestações sucessivas, que se renovam. Nesse sentido dispõe a Súmula 85 do STJ: "Nas relações jurídicas de trato sucessivo em que a Fazenda Pública figure como devedora, quando não tiver sido negado o próprio direito reclamado, a prescrição atinge apenas as prestações vencidas antes do quinquênio anterior à propositura da ação".

O referido enunciado excepciona aquelas situações em que haja negativa do próprio direito reclamado. Suponha-se, por exemplo, que o hipotético servi-

---

13 "Art. 9º A prescrição interrompida recomeça a correr, pela metade do prazo, da data do ato que a interrompeu ou do último ato ou termo do respectivo processo."

dor tenha, após o requerimento de pagamento do aludido adicional, sido informado de que decisão final proferida no processo administrativo formado com base em seu requerimento considerou que não fazia jus à verba porque, tendo passado a exercer função interna na corporação, deixou de se expor ao perigo. Nessa hipótese, lhe terá sido negado o próprio direito, e não o simples pagamento das prestações sucessivas que dele decorrem. O prazo prescricional, portanto, será uno, devendo ser contado da data da negativa.

2.10. Impedimento e suspensão da prescrição

Ao lado das causas de interrupção da prescrição, cuida o Código Civil das causas que impedem ou suspendem a fluência do prazo prescricional. Nas palavras de Clóvis Beviláqua, "suspensão da prescrição é a parada que o direito estabelece, por considerações diversas, ao curso dela, ou o impedimento que opõe ao seu início"[14]. Suspensão e impedimento da prescrição são, como se vê, institutos assemelhados. A diferença entre o impedimento e a suspensão diz respeito ao momento da sua ocorrência, que, no caso do impedimento, antecede o termo inicial do prazo prescricional, que nem sequer começa a correr. A suspensão, ao revés, somente se verifica posteriormente ao início do prazo prescricional, que é paralisado para, finda a causa suspensiva, voltar a fluir pelo tempo remanescente. Destaque-se que, ao contrário do que ocorre na interrupção, em que o prazo recomeça do zero, o prazo suspenso volta a correr de onde parou.

As causas de impedimento ou suspensão fundam-se não na diligência do titular da pretensão, mas no seu *status* pessoal, revelando razões de ordem moral e ética que afastam o transcurso da prescrição por uma reconhecida dificuldade de ação do titular da pretensão. Assim, por exemplo, determina o Código Civil que não corre a prescrição contra o absolutamente incapaz (art. 198, I). De modo semelhante, afirma que não corre a prescrição nas pretensões que cônjuge possa ter contra o outro durante a vigência da sociedade conjugal (art. 197, I).

Registre-se que o art. 3º da Lei n. 14.010/2020, que instituiu o chamado Regime Jurídico Emergencial e Transitório (RJET) de Direito Privado no período da pandemia de covid-19, estabeleceu que "os prazos prescricionais consideram-se impedidos ou suspensos, conforme o caso, a partir da entrada em vigor desta Lei [isto é, 12 de junho de 2020] até 30 de outubro de 2020". Trata-se de medida inspirada no objetivo de preservar a possibilidade de exercício dos mais diversos direitos que, por razões práticas, restou enormemente dificultado

---

14 Clóvis Beviláqua, *Teoria geral do direito civil*, 7. ed., Rio de Janeiro: Paulo de Azevedo, 1955, p. 276.

durante o período em que houve restrições à circulação de pessoas (*lockdown* etc.) em virtude da pandemia. Ainda que se compreenda a motivação, a solução eleita pelo legislador emergencial não foi a melhor, seja porque (a) a referida lei foi aprovada apenas em junho de 2020, ficando fora do seu campo de incidência os direitos que prescreveram ao longo dos meses mais severos da pandemia, como abril e maio daquele ano; seja, especialmente, porque (b) o impedimento ou suspensão produzirão efeitos por muitos anos no direito brasileiro, tendo em vista que há prazos bem longos entre nós, como o prazo de dez anos da responsabilidade contratual, em cuja contagem se terá de computar, por toda a próxima década, os meses de impedimento ou suspensão mencionados na Lei n. 14.010/2020. Melhor teria sido que o legislador tivesse determinado simplesmente a prorrogação por mais cinco ou seis meses dos prazos que estavam para findar naquela mesma janela temporal (12 de junho de 2020 a 30 de outubro de 2020). Foi o que recomendamos em artigo publicado quando ainda se encontrava em tramitação o Projeto de Lei[15]. A prorrogação do termo final dos prazos prescricionais teria alcançado o mesmíssimo efeito prático que a suspensão, mas teria a vantagem de se limitar a vigorar por um período relativamente curto de tempo, sem macular por longos anos a contagem de prazos prescricionais de direitos cujo exercício não terá sido, em nada, prejudicado pela pandemia.

2.11. Taxatividade das causas de impedimento e suspensão

Também aqui a doutrina considera o rol taxativo, mas admite alguma margem de interpretação. Por exemplo, equipara-se à situação dos cônjuges aquela dos companheiros na constância da união estável, mesmo que se reconheça a origem espontânea e informal dessa entidade familiar autônoma. No tocante ao absolutamente incapaz, a jurisprudência tem decidido, reiteradamente, que o prazo prescricional deixa de correr mesmo antes da sentença de interdição, desde o momento em que já verificado o estado fático de incapacidade[16].

2.12. Ausência de pretensão

Problema que se diferencia tecnicamente daquele atinente às causas de impedimento e suspensão da prescrição é o da simples ausência de pretensão.

---

15 Anderson Schreiber e Rafael Mansur, *O projeto de lei de regime jurídico emergencial e transitório do covid-19: importância da lei e dez sugestões de alteração*, disponível em: <andersonschreiber.jusbrasil.com.br> (acesso em: 27 ago. 2020).

16 "Conquanto a sentença de interdição tenha sido proferida em data posterior ao decurso do prazo prescricional, a suspensão deste prazo ocorre no momento em que se manifestou a incapacidade mental do indivíduo" (STJ, REsp 652.837/RJ, *DJ* 29-6-2007).

O legislador brasileiro ocupa-se, no art. 199 do Código Civil, de situações em que inexiste, ainda, pretensão exercível. Por exemplo, alude à pendência de condição suspensiva, bem como à pendência de ação de evicção em relação à pretensão do potencial evicto em face do alienante. Aqui, não há ainda exigibilidade do direito subjetivo, porque esse ainda não restou violado. Diante da acolhida da teoria da pretensão no art. 189, o rol do art. 199 poderia mesmo ser considerado supérfluo, tendo sido preservado na codificação mais por amor à tradição legislativa que por razões de fundo.

2.13. Inalterabilidade dos prazos prescricionais

No direito brasileiro, é vedada a alteração dos prazos prescricionais por acordo entre as partes (art. 192). A inalterabilidade decorre do caráter de ordem pública que a maior parte da doutrina atribui ao instituto da prescrição, fundado na estabilização das relações sociais e na segurança jurídica, preocupações de toda a sociedade que as partes não podem, em atendimento aos seus exclusivos interesses individuais, descartar.

2.14. Reconhecimento ex officio

Do caráter de ordem pública reservado ao instituto da prescrição deriva a possibilidade de seu reconhecimento de ofício pelo juiz, independentemente de iniciativa de qualquer das partes. O Código Civil de 2002, na redação original do art. 194, impedia o reconhecimento *ex officio* da prescrição, dando ao instituto a conotação de meio de defesa centrado na vontade do réu. Em 2006, a Lei n. 11.280 revogou o art. 194 da codificação civil e alterou o § 5º do art. 219 do Código de Processo Civil então vigente, que passou a ter a seguinte redação: "O juiz pronunciará, de ofício, a prescrição". O novo Código de Processo Civil, de 2015, confirmou tal orientação ao afirmar no art. 332, § 1º, que "o juiz também poderá julgar liminarmente improcedente o pedido se verificar, desde logo, a ocorrência de decadência ou de prescrição". A possibilidade de reconhecimento de ofício da prescrição é mesmo mais consentânea com o caráter de ordem pública que a doutrina civilista já reservava ao instituto[17].

---

17 Já Luiz F. Carpenter afirmava: "E não se pode admitir, em boa doutrina, que sendo a prescrição fundada na ordem pública, na necessidade social, ao juiz, quando encontrar provada nos autos a mesma prescrição, só seja dado aplicá-la a requerimento da parte. Não, se a prescrição se funda na ordem pública, na necessidade social, ao juiz deve ser lícito pronunciá-la de ofício, sempre que a encontrar provada nos autos:

É de se registrar, todavia, que o reconhecimento de ofício da prescrição não pode ocorrer sem que as partes tenham a oportunidade de se manifestar sobre o tema. Em outras palavras, não pode o magistrado surpreender as partes reconhecendo de ofício a prescrição sem que elas tenham tido prévia oportunidade de se manifestar sobre a matéria. Trata-se de um reflexo do princípio da boa-fé objetiva no processo civil, reconhecido expressamente pelo novo Código de Processo Civil[18].

2.15. Renúncia à prescrição

Se a prescrição é, de fato, um instituto de ordem pública, deveria ser irrenunciável. O Código Civil, todavia, admite no art. 191 que se renuncie à prescrição, expressa ou tacitamente, desde que a renúncia se dê sem prejuízo de terceiro e depois que "a prescrição se consumar". Não se trata, a rigor, de contradição, mas de simples má técnica do legislador de 2002. O que se tem no art. 191, como sua própria linguagem já permite compreender, não é tecnicamente uma renúncia à prescrição pois a prescrição já terá se consumado e a pretensão, portanto, já terá sido extinta, não podendo ser ressuscitada. O que pretendeu, na verdade, o Código Civil foi simplesmente afirmar que o titular de um dever jurídico pode, a qualquer tempo, cumpri-lo espontaneamente, atendendo ao direito correspondente, ainda que já transcorrido o prazo prescricional e extinta a pretensão. Não se tem aí renúncia em sentido técnico, mas simples efeito da prescrição, que atinge, como já visto, não o direito em si, mas a sua mera exigibilidade (art. 189). Assim, o devedor que paga a dívida não renuncia à prescrição, mas simplesmente a ignora, atendendo espontaneamente ao direito subjetivo do credor, que permanece vivo.

Pode ocorrer, contudo, que o devedor não pague o que deve, mas se comprometa a pagar em breve, mesmo que já transcorrido o prazo prescricional, e ofereça garantia desse pagamento futuro. Também nessas hipóteses não se tem,

---

assim ficará entendida a boa doutrina acerca do fundamento da prescrição" (*Da prescrição (artigos 161 a 179 do Código Civil)*, 3. ed., Rio de Janeiro: Nacional de Direito, 1958, p. 234).

18 "Art. 487. (...) Parágrafo único. Ressalvada a hipótese do § 1º do art. 332, a prescrição e a decadência não serão reconhecidas sem que antes seja dada às partes oportunidade de manifestar-se." Sobre o tema da não surpresa, seja consentido remeter a: Anderson Schreiber, Boa-fé objetiva no novo Código de Processo Civil, in Aluisio Gonçalves de Castro Mendes et al. (Coords.), *O novo processo civil brasileiro: temas relevantes. Estudos em homenagem ao Professor, Jurista e Ministro Luiz Fux*, Rio de Janeiro: GZ, 2018, v. 1, p. 73-84.

a rigor, renúncia à prescrição nem renovação do prazo prescricional já extinto. O que ocorre em tais situações é ou uma novação da dívida, com deflagração de novo prazo prescricional, ou, se ausente a novação, um comportamento fático do devedor que, conquanto sem chegar a se qualificar juridicamente como uma substituição da dívida anterior por uma nova, pode ser capaz de despertar no credor uma expectativa de pagamento, naquelas circunstâncias concretas. A legitimidade de tal expectativa deverá ser examinada pelo juiz no caso concreto, sendo eventualmente tutelada por força da boa-fé objetiva, embora não já em virtude da exigibilidade do direito material, extinta que foi pelo decurso do prazo prescricional.

O que se vê, em síntese, é que o Código Civil de 2002, embora acolhendo no art. 189 a noção de que a prescrição não extingue o direito em si, mas simplesmente a pretensão, acabou mantendo a redação de certos dispositivos da codificação de 1916 que não se filiavam à teoria da pretensão. É precisamente o caso do art. 191, que exige, por essa razão, redobrada atenção do intérprete.

2.16. *Termo inicial dos prazos prescricionais*

É intensa a polêmica no direito brasileiro acerca do exato momento a partir do qual passa a fluir o prazo prescricional. A literalidade do art. 189, ao proclamar que "violado o direito, nasce para o titular a pretensão, a qual se extingue, pela prescrição", parece apontar para o momento da violação do direito como termo *a quo* dos referidos prazos. Parcela da doutrina, no entanto, se insurge contra a injustiça gerada nos casos em que a pretensão, embora em tese já exista, não pode ser concretamente exercida, seja porque o lesado ainda não teve ciência da violação ao seu direito, seja por desconhecer a autoria da lesão[19]. O legislador do Código de Defesa do Consumidor, atento à questão, dispôs expressamente que se inicia "a contagem do prazo a partir do conhecimento do dano e de sua autoria" (art. 27).

2.17. *Prazos prescricionais*

O mérito do Código Civil de 2002 em matéria de prescrição foi sistematizar os prazos prescricionais que, na codificação de 1916, eram listados conjunta e confusamente com prazos de decadência. O Código Civil atual distinguiu

---

19 Para um panorama do debate, veja-se: Gisela Sampaio da Cruz e Carla Wainer Chalréo Lgow, Prescrição extintiva: questões controversas, in Gustavo Tepedino (Coord.), *O Código Civil na perspectiva civil-constitucional: parte geral*, Rio de Janeiro: Renovar, 2013, p. 489-496. Confira-se, ainda, o trabalho de Rachel Saab, *Prescrição: função, pressupostos e termo inicial*, Belo Horizonte: Fórum, 2018, p. 95-212.

melhor os dois campos, reunindo a imensa maioria dos prazos prescricionais nos arts. 205 e 206, este último com múltiplos parágrafos e incisivos. De modo geral, o Código Civil de 2002 reduziu sensivelmente os prazos prescricionais, atento à maior celeridade da vida contemporânea, com seus meios velozes de comunicação e transporte, que facilitam cada vez mais o exercício dos direitos. Assim, por exemplo, o prazo das pretensões alimentares foi reduzido de cinco para dois anos (art. 206, § 2º).

Na impossibilidade de percorrer todos os prazos prescricionais, vale destacar aqueles de maior importância prática: (a) o prazo geral de prescrição, aplicável a todas as hipóteses em que a lei não tenha fixado prazo menor, é de dez anos (art. 205), tendo o Código Civil de 2002 suprimido, em boa hora, a polêmica distinção entre os prazos gerais para ações pessoais e ações reais que constava da codificação anterior; (b) o prazo para o exercício de pretensão do segurado contra o segurador é de um ano (art. 206, § 1º, II); (c) o prazo para o exercício de pretensão relativa a aluguéis de prédios urbanos ou rústicos é de três anos (art. 206, § 3º, I); (d) o prazo da pretensão de ressarcimento pelo enriquecimento sem causa foi fixado em três anos (art. 206, § 3º, IV); (e) é também trienal o prazo prescricional para o exercício da pretensão de reparação civil do dano sofrido (art. 206, § 3º, V); (f) é de cinco anos o prazo prescricional para o exercício para pretensão de cobrança de dívidas líquidas constantes de instrumento público ou particular (art. 206, § 5º, I); e (g) é igualmente de cinco anos o prazo para o exercício da pretensão dos profissionais liberais em geral, procuradores judiciais, curadores e professores pelos seus honorários, contado o prazo da conclusão dos serviços, da cessação dos respectivos contratos ou mandato (art. 206, § 5º, II).

Apesar da sistematização interna dos prazos, o Código Civil de 2002 revelou-se indiferente à legislação especial. Por exemplo, ao regular o prazo da pretensão de "reparação civil", que abrange um universo amplíssimo de pretensões, não atentou para situações específicas às quais não apenas a doutrina e a jurisprudência, mas também o legislador especial já vinham reservando tratamento diferenciado, como a pretensão de reparação civil por danos decorrentes de fato do produto ou do serviço (CDC, art. 27). Ao Código Civil competia, no mínimo, ter ressalvado a existência de prazos específicos na legislação especial, como fez em outros incisos (*v.g.*, art. 206, § 3º, VIII). A indiferença do Código à legislação especial, fruto da própria desatualidade do projeto original, elaborado na década de 1970, marca todos os setores da codificação de 2002, mas produz efeitos especialmente nocivos no campo da prescrição e da decadência, que deveria primar justamente pela segurança e pela certeza. A grave omissão lança sobre o intérprete o ônus de sistematizar os diversos prazos estabelecidos nas leis especiais com aqueles previstos no Código Civil, quase sempre mais reduzidos.

2.18. Pretensões imprescritíveis

Nem toda pretensão prescreve. Há pretensões que, pela sua especial primazia no ordenamento jurídico, não se sujeitam aos efeitos do tempo. É o caso das pretensões surgidas considerando a violação a direitos da personalidade. Sobre o tema, já ensinava San Tiago Dantas que "os direitos da personalidade são com a prescrição naturalmente incompatíveis, porque sendo indispensáveis, não poderíamos admitir que a lesão do direito a respeito deles convalescesse", de tal modo que, "para os direitos da personalidade, o problema é simplíssimo: não há prescrição"[20].

A jurisprudência, contudo, é hesitante nessa matéria. Por um lado, alude com frequência à imprescritibilidade dos direitos da personalidade. Por outro, admite a prescritibilidade de certas pretensões fundadas em efeitos patrimoniais de uma situação existencial. Exemplo emblemático dessa dualidade é a Súmula 149 do Supremo Tribunal Federal, que afirma: "É imprescritível a ação de investigação de paternidade, mas não o é a de petição de herança". Essa dualidade se torna mais visível na polêmica em torno do prazo para o exercício da pretensão de compensação dos danos morais.

2.19. Prescrição e danos morais

Boa parte da jurisprudência brasileira entende que a pretensão de compensação dos danos morais é prescritível. Em sentido contrário, todavia, a Primeira Turma do Superior Tribunal de Justiça, na análise especialmente de casos de dano moral decorrente de perseguições políticas durante o Regime Militar, consolidou o valioso entendimento de que a pretensão de reparação de danos à pessoa humana é imprescritível. Destacou, na ocasião, o Ministro Luiz Fux, hoje Ministro do Supremo Tribunal Federal: "À luz das cláusulas pétreas constitucionais, é juridicamente sustentável assentar que a proteção da dignidade da pessoa humana perdura enquanto subsiste a República Federativa, posto seu fundamento. Consectariamente, não há falar em prescrição da pretensão de se implementar um dos pilares da República, máxime porque a Constituição não estipulou lapso prescricional ao direito de agir, correspondente ao direito inalienável à dignidade"[21]. A orientação restou, inclusive, consagrada no enunciado n. 647 da Súmula do STJ: "São imprescritíveis as ações indenizatórias por danos morais e materiais decorrentes de atos

---

20 San Tiago Dantas, *Programa de direito civil*, Rio de Janeiro: Ed. Rio, 1977, v. I, p. 403.
21 STJ, 1ª T., REsp 959.904/PR, rel. Min. Luiz Fux, j. 23-4-2009.

de perseguição política com violação de direitos fundamentais ocorridos durante o regime militar".

Como consequência de uma violação à dignidade humana, a pretensão reparatória de danos morais não deve, de fato, se sujeitar à prescrição. A imprescritibilidade funciona aí como instrumento de tutela da personalidade humana, valor superior, na axiologia constitucional, à segurança jurídica que inspira o instituto da prescrição. Como sustenta Gustavo Tepedino, ao tratar das características dos direitos da personalidade, "a imprescritibilidade impede que a lesão a um direito da personalidade, com o passar do tempo, pudesse convalescer, com o perecimento da pretensão ressarcitória ou reparadora"[22].

Registre-se que, em sentido diametralmente oposto, perigosa orientação tem se formado na Justiça do Trabalho, com base na Emenda Constitucional n. 45/2004. Tem entendido o Tribunal Superior do Trabalho que a pretensão de reparação de danos morais decorrentes de acidente de trabalho sujeita-se à prescrição trabalhista, que é de apenas dois anos contados do término do contrato de trabalho:

> Não é demais enfatizar a peculiaridade de as indenizações por danos material e moral, provenientes de infortúnios do trabalho, terem sido equiparadas aos direitos trabalhistas, por conta da norma do art. 7º, inciso XXVIII, da Constituição, não se revelando, desse modo, juridicamente consistente a tese de que a prescrição do direito de ação devesse observar o prazo prescricional do Direito Civil. Com efeito, se o acidente de trabalho e a moléstia profissional são infortúnios intimamente relacionados ao contrato de emprego, e por isso só os empregados é que têm direito aos benefícios acidentários, impõe-se a conclusão de a indenização prevista no art. 7º, inciso XXVIII, da Constituição se caracterizar, realmente, como direito genuinamente trabalhista, atraindo por conta disso a prescrição trabalhista[23].

Como se vê, precisamente onde o trabalhador deveria estar mais protegido, acaba mais vulnerável ao transcurso do tempo, por força de uma alteração que tinha como escopo central a transferência de jurisdição. A jurisprudência trabalhista ainda não parece ter despertado para a necessidade de adentrar o núcleo ontológico do prazo prescricional, controlando a sua razão de ser, que

---

22 Gustavo Tepedino, A tutela da personalidade no ordenamento civil-constitucional brasileiro, in *Temas de direito civil*, 4. ed., Rio de Janeiro: Renovar, 2008, p. 36.
23 TST, 4ª Turma, Recurso de Revista 237.200-96.2006.5.02.0315, j. 3-2-2010; TST, 1ª Turma, Recursa de Revista 85300-84.2007.5.12.0046, j. 29-3-2017.

é a ponderação de interesses entre a segurança jurídica e todos os demais interesses em jogo, no caso, interesses existenciais do trabalhador, a que a Constituição da República atribui especial primazia.

2.20. Prescrição intercorrente

Denomina-se prescrição intercorrente aquela operada no curso da marcha processual. Deixando o autor da ação de realizar ato necessário ao prosseguimento do curso do processo judicial, sua inércia ocasiona o início do fluxo de novo prazo prescricional, cuja consumação acarreta a extinção do processo. O direito brasileiro tradicionalmente não contava com normas positivadas acerca deste fenômeno. No afã de impedir a paralisia de ações judiciais em razão da desídia do autor, a jurisprudência passou a reconhecer e aplicar, mesmo na ausência de disposição legal expressa, o instituto da prescrição intercorrente[24].

O Código de Processo Civil de 2015 inaugurou uma disciplina jurídica para a prescrição intercorrente, limitada, contudo, ao fenômeno da paralisação do processo de execução por força do insucesso da penhora[25]. Em 2017, a Lei n. 13.467 inseriu na Consolidação das Leis Trabalhistas o art. 11-A, tratando da prescrição intercorrente nas execuções trabalhistas[26]. Em 2021, foi editada a Me-

---

24 Confira-se, entre tantos outros, STJ, 3ª T., REsp 1.491.611/PR, rel. Min. Ricardo Villas Bôas Cueva, j. 9-6-2015: "O reconhecimento da prescrição intercorrente demanda a configuração efetiva de uma inércia da parte interessada no impulso dos atos processuais que lhe competem".

25 "Art. 921. Suspende-se a execução: (...) III – quando não for localizado o executado ou bens penhoráveis; (...) § 1º Na hipótese do inciso III, o juiz suspenderá a execução pelo prazo de 1 (um) ano, durante o qual se suspenderá a prescrição. § 2º Decorrido o prazo máximo de 1 (um) ano sem que seja localizado o executado ou que sejam encontrados bens penhoráveis, o juiz ordenará o arquivamento dos autos. § 3º Os autos serão desarquivados para prosseguimento da execução se a qualquer tempo forem encontrados bens penhoráveis. § 4º O termo inicial da prescrição no curso do processo será a ciência da primeira tentativa infrutífera de localização do devedor ou de bens penhoráveis, e será suspensa, por uma única vez, pelo prazo máximo previsto no § 1º deste artigo. § 4º-A A efetiva citação, intimação do devedor ou constrição de bens penhoráveis interrompe o prazo de prescrição, que não corre pelo tempo necessário à citação e à intimação do devedor, bem como para as formalidades da constrição patrimonial, se necessária, desde que o credor cumpra os prazos previstos na lei processual ou fixados pelo juiz. § 5º O juiz, depois de ouvidas as partes, no prazo de 15 (quinze) dias, poderá, de ofício, reconhecer a prescrição no curso do processo e extingui-lo, sem ônus para as partes."

26 "Art. 11-A. Ocorre a prescrição intercorrente no processo do trabalho no prazo de dois anos. § 1º A fluência do prazo prescricional intercorrente inicia-se quando o

dida Provisória n. 1.040, posteriormente convertida na Lei n. 14.195/2021, que inseriu no Código Civil uma norma geral acerca da prescrição intercorrente. O art. 206-A do Código Civil, cuja redação atual deriva da Lei n. 14.382/2022, determina que "a prescrição intercorrente observará o mesmo prazo de prescrição da pretensão, observadas as causas de impedimento, de suspensão e de interrupção da prescrição previstas neste Código e observado o disposto no art. 921 da Lei n. 13.105, de 16 de março de 2015 (Código de Processo Civil)".

Registre-se que o tema da prescrição intercorrente, por sua própria natureza, vinha recebendo uma maior atenção da doutrina processualista, o que torna particularmente curiosa a sua inserção no âmbito do Código Civil. De todo modo, cabe, agora, à doutrina civilista envidar os esforços necessários ao enquadramento sistemático da prescrição intercorrente, de modo a assegurar a indispensável unidade do ordenamento jurídico.

3. Decadência

Instituto também voltado à estabilização das relações sociais por força do transcurso do tempo, a decadência caminha ao lado da prescrição desde o direito romano. Distingui-las nunca foi tarefa fácil. Diversos critérios sucederam-se historicamente na doutrina para distinguir os dois institutos. Vinculavam-se ora à relação entre a origem do direito e da ação, ora ao próprio objeto da extinção, ora ainda à natureza condenatória ou constitutiva da ação disponível, afirmando-se que a ação condenatória se sujeitava à prescrição e a ação constitutiva sujeitava-se à decadência[27].

Entretanto, o critério mais aceito pela doutrina atual é o que, valendo-se de aspectos que já eram suscitados nas construções anteriores, procura extremar a prescrição da decadência com base na natureza das situações jurídicas subjetivas que a originam. Já vimos que a prescrição assenta na pretensão, que nasce da violação do direito subjetivo. Há direitos, contudo, que são desprovidos de pretensão, direitos em que a exigibilidade (*facultas exigendi*) não chega a surgir. São os direitos potestativos, que exprimem o poder do seu titular de interferir

---

exequente deixa de cumprir determinação judicial no curso da execução. § 2º A declaração da prescrição intercorrente pode ser requerida ou declarada de ofício em qualquer grau de jurisdição."

27 Esse último critério, aliás, fez longa estrada nos nossos tribunais com base no estudo célebre de Agnelo Amorim Filho, professor da Faculdade de Direito da Universidade da Paraíba, Critério científico para distinguir a prescrição da decadência e para identificar as ações imprescritíveis, *Revista dos Tribunais*, v. 49, n. 300, out. 1960, p. 7-37.

na esfera jurídica alheia por declaração unilateral de vontade. Os direitos potestativos não podem, por isso mesmo, ser violados, porque não dependem para a realização senão da vontade dos seus titulares, e, não podendo ser violados, não dão ensejo ao nascimento de pretensão. Exemplo de direito potestativo é o direito de anular um negócio jurídico por vício do consentimento ou o direito de revogar mandato ou o de exigir a divisão do condomínio.

Aos direitos potestativos, que não dão margem à pretensão, o legislador aplica prazos de decadência. Em outras palavras, atento ao intenso poder que os direitos potestativos atribuem ao seu titular de interferir unilateralmente na esfera jurídica alheia, o legislador estabelece, de pronto, um prazo para o seu exercício, sob pena de extinção do próprio direito. São direitos que já nascem premidos por um prazo. Na lição de Planiol, os direitos potestativos carregam em si o germe da própria destruição[28]. A decadência pode ser, portanto, definida como a perda do direito potestativo pelo transcurso do prazo previsto em lei. Não extingue a pretensão, que aí inexiste, extingue o próprio direito potestativo.

3.1. Fatalidade do prazo decadencial

Além da diversidade conceitual, prescrição e decadência diferenciam-se também quanto aos efeitos. Os prazos decadenciais são fatais. Vale dizer: não se sujeitam às causas de impedimento, suspensão ou interrupção previstas para a prescrição. A diferença de tratamento se explica já que, como visto, a satisfação do direito potestativo depende exclusivamente do seu titular. Assim, de duas uma: ou o titular agiu e seu direito foi atendido, não tendo mais razão de ser a decadência, ou não agiu e a decadência segue seu curso. Não há razão para impedir, suspender ou interromper a fluência do prazo decadencial à espera de um comportamento do devedor, porque não se está diante de um direito a uma prestação. O comportamento do devedor é irrelevante para a satisfação do direito potestativo.

Daí por que o Código Civil afirma no art. 207: "salvo disposição legal em contrário, não se aplicam à decadência as normas que impedem, suspendem ou interrompem a prescrição". A ressalva ao início do art. 207 requer explicação: de fato, o Código Civil contém uma disposição específica em contrário, no art. 208, que impede a fluência do prazo decadencial contra o absolutamente incapaz, atraindo para o campo da decadência a causa de suspensão prevista no art. 198,

---

28 Caio Mário da Silva Pereira, *Instituições de direito civil*, 29. ed., atualizada por Maria Celina Bodin de Moraes, Rio de Janeiro: Forense, 2016, v. I, p. 577.

I, do Código Civil. A doutrina explica a extensão dessa causa de suspensão à decadência argumentando que há em ambas as situações o mesmo "fundamento de interesse social na ampla tutela da pessoa humana"[29].

Outra exceção legal encontra-se na Lei n. 14.010/2020, que dispõe sobre o Regime Jurídico Emergencial e Transitório das relações jurídicas de Direito Privado no período da pandemia de covid-19. A referida lei determinou, em seu art. 3º, o impedimento ou suspensão de todos os prazos prescricionais no período entre 12 de junho e 30 de outubro de 2020, sendo certo que o § 2º do mesmo dispositivo expressamente estendeu a determinação de impedimento ou suspensão aos prazos decadenciais no mesmo período. Como já visto no estudo da prescrição, o impedimento ou suspensão previstos pela Lei n. 14.010/2020 não representaram a melhor solução, que seria a simples prorrogação dos prazos que se encerrassem no mesmo período, mas, aqui, o estrago se promete menor, tendo em vista que os prazos decadenciais são, em geral, mais curtos.

3.2. Irrenunciabilidade e inalterabilidade do prazo decadencial

É nula a renúncia à decadência fixada em lei (art. 209). Também não se pode reduzir ou ampliar prazo legal de decadência. Atende-se, também aqui, à necessidade de estabilização das relações sociais que reservam caráter de ordem pública ao instituto, como já advertido em relação à prescrição.

3.3. Reconhecimento ex officio

Também a decadência, por conta disso, deve ser reconhecida de ofício pelo juiz (art. 210). Não há, com base na Lei n. 11.280/2006, qualquer diferença entre os regimes da decadência e da prescrição, valendo aqui tudo quanto já foi dito em relação à prescrição, inclusive no tocante à vedação à surpresa das partes, que, sem prejuízo do reconhecimento *ex officio* pelo juiz, devem ter tido a prévia oportunidade de se manifestar sobre a matéria.

3.4. Decadência convencional

O Código Civil autoriza, ainda, as partes a fixarem, por convenção, prazo para o exercício de determinado direito potestativo (art. 211). Trata-se da cha-

---

29 Gustavo Tepedino, Heloisa Helena Barboza e Maria Celina Bodin de Moraes (Coords.), *Código Civil interpretado conforme a Constituição da República*, cit., v. I, p. 425.

mada *decadência convencional ou imprópria*, técnica que, provindo da vontade das partes, não integra a ordem pública, razão pela qual não se lhe aplicam as regras acerca da impossibilidade de alteração do prazo, da irrenunciabilidade da decadência ou da necessidade de reconhecimento *ex officio*.

3.5. Prazos de decadência

Quanto aos prazos legais de decadência, o Código Civil de 2002 não seguiu o impulso de sistematização que o guiou no campo da prescrição. Os prazos decadenciais continuam espalhados pela codificação. São, de modo geral, mais curtos que os prazos prescricionais, em virtude da própria intensidade do poder que detém o titular do direito potestativo de interferir unilateralmente na esfera jurídica alheia. Na impossibilidade de examinar todos os prazos decadenciais, passa-se a mencionar aqueles que atraem maior interesse prático: (a) é de quatro anos o prazo decadencial para exercício do direito potestativo de anular negócio jurídico por defeito do negócio jurídico, contando-se tal prazo, no caso de coação, do dia em que ela cessar e, em todos os demais defeitos, do dia em que se realizou o negócio jurídico (art. 178, I e II); (b) é também quadrienal o prazo decadencial para anular atos de incapazes, contando-se tal prazo do dia em que cessar a incapacidade (art. 178, III); (c) é de 180 dias o prazo para anulação de negócio jurídico concluído pelo representante em conflito de interesses com o representado (art. 119, parágrafo único); (d) é de dois anos o prazo para anular um ato ou negócio jurídico quando a lei dispuser que é anulável sem fixar prazo para pleitear-se a anulação (art. 179)[30]; (e) é de três anos o prazo decadencial para exercício do direito de resgate na retrovenda estipulada como pacto adjeto em contrato de compra e venda (art. 505); (f) é de um ano o prazo decadencial para revogar por ingratidão a doação (art. 559); (g) é de quatro anos o prazo para exercício do direito potestativo de demandar a exclusão do herdeiro ou do legatário por indignidade (art. 1.815, § 1º); (h) é igualmente de quatro anos o prazo para o interessado provar a causa da deserdação do herdeiro (art. 1.965, parágrafo único).

3.6. Legislação especial

Há prazos decadenciais relevantes também fora do Código Civil. Exemplo de grande importância prática é o prazo para que o consumidor

---

30 Exemplo de aplicação do art. 179 tem-se no chamado autocontrato, celebrado pelo representante consigo mesmo, hipótese que o Código Civil contempla no art. 117, sem prever prazo de anulação específico, razão pela qual é aplicável o prazo bienal.

reclame vício de qualidade ou quantidade de produto ou serviço. De acordo com o art. 26 do Código de Defesa do Consumidor, o direito de reclamar pelos vícios caduca em 30 dias, tratando-se de produto ou serviço não durável; e em 90 dias, tratando-se de produto ou serviço durável. Diferentemente da sistemática adotada no Código Civil, da fatalidade dos prazos, o Código de Defesa do Consumidor admite expressamente hipóteses que "obstam a decadência" (art. 26, § 2º).

Note-se que se a hipótese for de responsabilidade pelo *fato* do produto ou serviço, configurando-se o chamado acidente de consumo, o prazo passa a ser prescricional, de cinco anos, como prevê o art. 27 do Código de Defesa do Consumidor. Assim, por exemplo, se um consumidor adquire um fogão cuja chama não se eleva, sua insatisfação se dirige a um vício do produto, devendo reclamar em 90 dias. Se, ao contrário, o fogão explode, causando danos ao consumidor ou à sua família, o prazo para o exercício da pretensão reparatória é de cinco anos para os danos patrimoniais e imprescritível, como já se sustentou, para os danos morais, na esteira da privilegiada proteção do ordenamento constitucional aos interesses existenciais. Registre-se que a dicotomia entre vício e fato do produto merece críticas, por promover certo artificialismo na distinção de situações que, frequentemente, têm origem comum, variando tão somente na intensidade de suas consequências.

4. Prescrição e decadência sob a ótica civil-constitucional

O Código Civil de 2002, como visto, não primou pela técnica e pela consistência ao disciplinar o tema da prescrição e da decadência. Em outros setores do Código Civil, em que equívocos semelhantes foram cometidos, o intérprete tem sido chamado a corrigir os desvios e as omissões do legislador, por meio de uma hermenêutica construtiva, ancorada na Constituição. Será isso possível também aqui neste campo?

Prescrição e decadência parecem temas imunes às construções interpretativas mais avançadas. A frieza numérica das suas normas e a exatidão matemática dos seus prazos parecem desencorajar a intervenção do intérprete e a direta aplicação dos valores constitucionais. Mesmo nos meios acadêmicos, a prescrição tem sido considerada "um assunto velho", já contemplado de modo absoluto e definitivo pelo legislador. Afinal, que espaço restaria para a interpretação diante de uma norma tão hermética e categórica, como aquela do art. 206, § 1º, II, segundo o qual "prescreve em um ano a pretensão do segurado contra o segurador"? A resposta deve ser buscada não no artigo de lei em si, mas nos fundamentos constitucionais dos institutos, desvelando um vasto campo de investigação aos intérpretes.

5. Extinção de direitos *antes* do prazo e exercício de direitos *após* o prazo decadencial ou prescricional

Decadência e prescrição atendem, como visto, a um imperativo prático de segurança jurídica. A despeito de todas as discussões existentes na matéria, pode-se afirmar que os prazos decadenciais e prescricionais são aplicados, de maneira obediente e rigorosa, pelos tribunais. É de se perguntar, todavia, se, em determinados casos, esses prazos, embora aplicáveis em abstrato, podem ser afastados no caso concreto, por força de outro princípio que, tal qual a segurança jurídica, também integre a ordem pública, como a solidariedade social?

A questão pode ser enfrentada de duas formas diversas. Primeiro, importa saber se um direito ou pretensão pode ser extinto pelo decurso do tempo *antes* do prazo legalmente previsto. Tomemos como exemplo caso que se tornou célebre na Alemanha e envolveu a situação de empreiteiro que, na época da superdesvalorização do marco alemão, levou cerca de dois meses para exigir do devedor que pagasse certa dívida corrigida monetariamente. Como naquele contexto altamente inflacionário, o atraso de alguns dias podia levar à multiplicação do valor do débito, a corte alemã decidiu que o empreiteiro não podia mais exigir o pagamento da dívida, porque perdera sua pretensão diante do retardamento no seu exercício, ainda que dentro do prazo legal de prescrição. Essa perda da pretensão pelo exercício tardio, chamada no direito alemão de *Verwirkung* e também referida nos países latinos como *suppressio* ou *caducidade*, vem hoje fundamentada nos princípios da boa-fé objetiva e da solidariedade social. Equivale a uma verdadeira *prescrição de fato*, na feliz expressão usada por Francisco José Ferreira Muniz, em *Textos de direito civil*[31].

Isso porque, a despeito do prazo prescricional ou decadencial legalmente previsto, o retardamento do titular da pretensão ou do direito potestativo deflagra, em dado contexto, a legítima confiança de que aquela pretensão ou direito não serão mais exercidos. E isso conduz à perda de merecimento de tutela daquela situação jurídica subjetiva. Outro caso emblemático, colhido também na jurisprudência alemã, é o caso Goldina, julgado

---

31 Francisco José Ferreira Muniz, O princípio geral da boa-fé como regra de comportamento contratual, in *Textos de direito civil*, Curitiba: Juruá, 1998, p. 45-46.

em 1925, que envolvia uma ação de impugnação ao uso de marca. O autor da ação havia depositado, em 1906, junto ao órgão público competente a marca Goldina para um complexo de produtos laticínios, que incluía manteiga, leite condensado e margarina, dos quais apenas a margarina veio efetivamente a comercializar. O réu havia depositado, em 1896, a mesma marca Goldina para identificar a sua produção de cacau e chocolate, que acabou tendo um grande desenvolvimento nos anos seguintes, ampliando-se, a partir de 1918, para abranger também manteiga e leite condensado. Em 1921, também o autor decidiu iniciar a produção de manteiga e de leite condensado, valendo-se da marca Goldina, depositada, e já conhecida por conta de uma ampla campanha publicitária promovida pelo réu. Concomitantemente, propôs ação para que o réu fosse impedido de usar a marca para tais produtos, com base na prioridade do registro. O tribunal alemão rejeitou a ação, concluindo ser inadmissível o exercício tardio desse direito[32]. Esse e outros tantos exemplos demonstram que é possível extrair da incidência de princípios constitucionais a determinadas situações concretas um efeito extintivo de uma pretensão ou de um direito *antes* do prazo legalmente previsto. Não há aí, a rigor, conflito com a segurança jurídica, mas realização da segurança jurídica por outro instrumento que não o decurso do prazo decadencial ou prescricional, privilegiando-se a segurança da confiança legitimamente depositada em certos comportamentos adotados pelas partes.

Se até aqui já não se podia afirmar que o tema é pacífico, ingressa-se em discussão bem mais tormentosa quando se enfrenta uma segunda indagação em matéria de prescrição e decadência: pode um direito ser exercido, por imperativo de ordem pública, *após* o decurso do seu prazo extintivo? Embora a doutrina confira às vezes um valor quase absoluto à segurança jurídica, parece claro que ela não desfruta, na axiologia constitucional, de nenhuma primazia sobre outros princípios constitucionais que também compõem a ordem pública, como a solidariedade social e a dignidade humana. Expressão disso tem-se na própria imprescritibilidade que a melhor doutrina sempre atribuiu à pretensão de reparação de lesão aos direitos da personalidade. É de se perguntar, então, se outros valores não podem impor, no caso concreto, a desconsideração de um prazo prescricional ou decadencial por estarem em jogo interesses que, naque-

---

32 Para mais detalhes, ver: Filippo Ranieri, *Rinuncia Tacita e Verwirkung*, Pádua: Cedam, 1971, p. 18-19. Seja consentido remeter, para mais detalhes sobre o tema, a: Anderson Schreiber, *A proibição de comportamento contraditório: tutela da confiança e venire contra factum proprium*, 4. ed., São Paulo: Atlas, 2016, p. 122-127.

las circunstâncias, devem prevalecer, segundo um exercício de ponderação, sobre a segurança jurídica.

Suponha-se, por exemplo, uma associação que deixa escoar o prazo trienal para a propositura de ação reparatória pelos danos patrimoniais causados a uma comunidade de pescadores, cujo trabalho e única fonte de renda foram afetados pela irresponsável poluição de um rio. Pode-se aí "flexibilizar", por assim dizer, o prazo extintivo em homenagem a outros princípios constitucionais, como a solidariedade social? A tendência em nossa doutrina sempre foi a de negar qualquer flexibilização dos prazos decadenciais e prescricionais. Mesmo com todo o movimento de constitucionalização do direito civil, as normas atinentes à prescrição e decadência parecem intocáveis; a própria forma do seu enunciado normativo parece desafiar uma "releitura" constitucional e até mesmo qualquer outra forma de interpretação que transcenda a literalidade. Três anos são três anos e se afigura difícil extrair daí uma interpretação distinta, pois faltam, por vezes, fundamentos para se alcançar a sustentabilidade de *outro* lapso temporal. Daí por que, nas poucas situações em que se alude à constitucionalização do direito civil em matéria de prescrição e decadência, o resultado buscado é o afastamento *in totum* do prazo e o reconhecimento da imprescritibilidade. A matéria encontra-se, todavia, em aberto no campo de reflexões do civilista contemporâneo: se a segurança jurídica, principal inspiração da prescrição e decadência, é todo o tempo ponderada à luz de outros interesses constitucionalmente protegidos, qual o efeito dessa ponderação sobre os prazos prescricionais e decadenciais?

Reconhecer tal espaço de ponderação não significa arruinar o instituto da prescrição nem lançá-lo em um processo progressivo de "decadência". Muito ao contrário: a segurança dos prazos fixos será meramente ilusória se sua aplicação for desacompanhada de qualquer preocupação com a realização dos princípios fundamentais do ordenamento jurídico brasileiro. Decisões judiciais que, amparadas em um exercício genuíno de ponderação, detalhadamente motivado, afastam, em dadas hipóteses, os efeitos drásticos do decurso dos prazos legais não representam aberrações nem arbitrariedades, podendo ser debatidas (e reformadas) por meio dos recursos próprios, como já ocorre em tantos campos onde a aplicação direta dos princípios constitucionais impõe um controle judicial da ponderação efetuada em sede legislativa. O ordenamento jurídico brasileiro passa por um momento de valorização dos princípios e do método ponderativo, com escolas de pensamento as mais diversas enfatizando uma contínua "oxigenação" do sistema legal. Os institutos da prescrição e da decadência não escapam e não devem mesmo escapar a essas transformações, impondo-se à doutrina e à jurisprudência a definição de hipóteses e critérios que permitam que a aplicação das normas constitucionais se dê com previsibilidade e isonomia, pois são esses fatores (e não a subsunção matemática da hipótese concreta à frieza numérica da norma) que caracterizam a segurança jurídica na era contemporânea.

DIREITO DAS OBRIGAÇÕES

Capítulo 15

OBRIGAÇÕES

SUMÁRIO: **1.** Direito das obrigações. **2.** Conceito de obrigação. **3.** Relação obrigacional. **4.** Fonte das obrigações. **5.** Elementos da obrigação. **6.** Função da obrigação. **7.** Patrimonialidade da obrigação. **8.** Débito e responsabilidade. **9.** Obrigação natural. **10.** Obrigação *propter rem* ≠ ônus reais. **11.** Modalidades de obrigações. **11.1.** Obrigação de dar. **11.1.1.** Obrigação de dar coisa certa. **11.1.2.** Obrigação de dar coisa incerta. **11.2.** Obrigação de fazer. **11.3.** Obrigação de não fazer. **12.** Obrigações cumulativas e alternativas. **13.** Escolha, concentração e especificação. **14.** Obrigação facultativa ou com faculdade de substituição. **15.** Obrigações com pluralidade de sujeitos. **16.** Obrigações indivisíveis. **17.** Obrigações solidárias. **18.** Solidariedade legal. **19.** Solidariedade convencional. **20.** Solidariedade ativa e passiva. **21.** Natureza jurídica da solidariedade. **22.** Renúncia à solidariedade. **23.** Transmissão das obrigações. **24.** Cessão de crédito e assunção de dívida. **25.** Eficácia da cessão de crédito. **26.** Cessão *pro soluto* e *pro solvendo*. **27.** Assunção de dívida. **28.** Assunção por expromissão e por delegação. **29.** Adjunção ou adesão à dívida. **30.** Cessão de posição contratual. **31.** Obrigações intransmissíveis. **32.** Obrigações de meio e obrigações de resultado.

1. Direito das obrigações

O direito das obrigações é um dos ramos mais importantes do direito civil. Suas categorias exercem decisiva influência em outros setores do direito privado, chegando a se projetar também sobre o direito público, como se vê, por exemplo, na disciplina dos contratos administrativos e da obrigação tributária, tendo se tornado célebre neste último campo a resposta atribuída a Aliomar Baleeiro diante de um aluno que lhe perguntou o que deveria estudar para se tornar um grande tributarista: "direito das obrigações".

2. Conceito de obrigação

O termo *obrigação* pode ser empregado, na técnica jurídica, em dois sentidos. Em sentido amplo, obrigação é sinônimo de dever jurídico, de qualquer natureza. Em sentido estrito e mais técnico, todavia, o termo *obrigação* é usado para designar uma espécie particular de dever jurídico: o dever de prestação. Esse é o significado que lhe empresta o Código Civil no Livro I da Parte Especial. Os romanos definiam a obrigação como vínculo jurídico pelo qual estamos obrigados a pagar alguma coisa, segundo o direito da nossa cidade (*obligatio est iuris vinculum, quo necessitate adstringimur alicuius solvendae rei secundum nostrae civitas iura*). Modernamente, a obrigação é definida como a relação jurídica mediante a qual o devedor fica adstrito ao cumprimento de uma prestação ao credor, que tem o direito de exigi-la[1].

3. Relação obrigacional

A definição da obrigação como relação jurídica enfatiza a ideia de que a obrigação não se apresenta de modo estático, consistindo, antes, em um desenrolar contínuo rumo ao resultado útil que as partes concordaram em perseguir. Na síntese de Clovis do Couto e Silva, impõe-se enxergar a obrigação como processo[2]. Destaca-se, assim, a necessidade imperativa de uma visão funcional do fenômeno obrigacional, que transcenda a abordagem tradicional limitada à sua estrutura de vínculo que pesa sobre o devedor, para enxergá-lo de forma mais abrangente, completa e individualizada, como relação que se desenvolve entre devedor e credor com vistas à concretização de um fim comum.

4. Fonte das obrigações

Fonte das obrigações é o fato ou ato que, segundo o ordenamento jurídico, é idôneo a fazer surgir o vínculo obrigacional[3]. Para os romanos, inicialmente a *obligatio* poderia ser *ex contractu* ou *ex delicto*, ou seja, podia derivar ou do contrato ou do delito. Posteriormente, desenvolveu-se a ideia de que a obrigação deriva do contrato, do quase contrato, do delito ou do quase delito[4]. Esse modelo quadripartite foi acolhido por diversas codificações modernas. O Có-

---

1   Seja consentido remeter a: Gustavo Tepedino e Anderson Schreiber, Direito das obrigações, in Álvaro Villaça Azevedo (Coord.), *Código Civil comentado*, São Paulo: Atlas, 2008, v. IV, p. 3-4.
2   Clovis do Couto e Silva, *A obrigação como processo*, São Paulo: Bushatsky, 1976.
3   Pietro Perlingieri, *Manuale di diritto civile*, Nápoles: Edizioni Scientifiche Italiane, 2003, p. 225.
4   Silvio Perozzi, *Le obbligazioni romane*, Bolonha: Nicola Zanichelli, 1903, p. 144.

digo Civil brasileiro não define quais são as fontes das obrigações. A doutrina brasileira, em geral, segue a tendência mais recente de rejeitar as categorias do quase contrato e do quase delito, apresentando como fontes das obrigações: (a) o ato jurídico em sentido lato, abrangendo os negócios jurídicos e os atos jurídicos em sentido estrito; (b) o ato ilícito (culposo ou doloso); (c) a lei; e, por fim, (d) o enriquecimento sem causa[5]. Registre-se, contudo, que há fundada controvérsia em torno da qualificação do enriquecimento sem causa como fonte de obrigações, o que se verá adiante.

5. Elementos da obrigação

A doutrina afirma, tradicionalmente, que a relação jurídica obrigacional comporta três elementos essenciais: (a) o elemento subjetivo, ou seja, os sujeitos credor e devedor; (b) o elemento objetivo ou objeto da obrigação, qual seja, a prestação; e (c) o vínculo jurídico. Trata-se de uma classificação que, na atualidade, se sujeita a críticas. Por exemplo, o vínculo jurídico confunde-se em certa medida com a própria ideia de relação jurídica, hoje dominante no campo obrigacional. O elemento subjetivo, por sua vez, não deve ser identificado com os sujeitos credor e devedor, mas com duas situações jurídicas subjetivas complexas, que envolvem direitos e deveres recíprocos, vinculados à colaboração para o atingimento da finalidade concreta da relação obrigacional. Tais situações jurídicas somente se podem denominar de *ativa* e *passiva* (ou *credora* e *devedora*) com base em um *critério de prevalência*, não já de exclusividade ante os numerosos deveres, ônus, faculdades que incidem sobre ambos os polos da relação obrigacional. Ademais, como se verá adiante, no estudo da transmissão das obrigações, o sujeito em si não é um elemento da relação obrigacional, pois pode ser alterado sem que com isso se extinga a relação obrigacional. Pode mesmo faltar por certo lapso de tempo, sem que sua ausência tampouco fulmine a existência da obrigação, como se vê no exemplo do cheque ao portador que, ainda que temporariamente extraviado, não deixa de existir[6]. Pior que críticas pontuais, contudo, essa classificação dos elementos da obrigação suscita uma visão puramente estrutural da relação obrigacional, que a decompõe em componentes estáticos. Hoje, impende observar a obrigação também e primordialmente da perspectiva funcional.

---

5   Ver, nesse sentido, entre outros: Serpa Lopes, *Curso de direito civil*, Rio de Janeiro: Freitas Bastos, 1995, v. II, p. 28.
6   Gustavo Tepedino e Anderson Schreiber, Direito das obrigações, in Álvaro Villaça Azevedo (Coord.), *Código Civil comentado*, cit., p. 6.

6. Função da obrigação

Da perspectiva funcional, a relação obrigacional deve ser estudada como um processo, um conjunto de atos e atividades que se movimentam em direção a determinado fim econômico e social[7]. A função que cada relação obrigacional desempenha, de acordo com os interesses merecedores de tutela que nela convergem, irá determinar a disciplina incidente sobre os elementos de sua estrutura. Assim sendo, estrutura e função devem ser concomitantemente examinadas para a compreensão normativa e interpretação da concreta relação jurídica. Compreende-se, assim, a lição de Pietro Perlingieri, para quem "a obrigação, como um conjunto de deveres e direitos, assume conotação normativa somente no âmbito de um contexto causal que constitui a uma só tempo sua justificação e intrínseca essência"[8].

7. Patrimonialidade da obrigação

Exige-se que o objeto da relação obrigacional seja uma prestação patrimonial. A patrimonialidade é atributo referente à prestação, e não ao interesse do credor na obrigação, que poderá ser extrapatrimonial, como no exemplo do casal que contrata uma babá para cuidar dos filhos enquanto vai a um jantar. A doutrina usualmente explica esse requisito como a possibilidade de conversão da prestação em um valor econômico determinado na hipótese de inadimplemento[9]. Confunde-se, assim, a natureza da prestação com a natureza da reparação, sendo certo que também a violação de deveres extrapatrimoniais poderá ensejar o dever de indenizar. Daí a necessidade de revisitar a noção de patrimonialidade, mais bem entendida como a possibilidade de avaliação de determinado comportamento em termos econômicos, em conformidade com a consciência comum da coletividade, inserida em um contexto histórico e social específico[10].

---

7   Clóvis do Couto e Silva, *A obrigação como processo*, cit., p. 12-13.
8   Pietro Perlingieri, Recenti prospettive nel diritto delle obbligazioni, in *Le obbligazioni tra vecchi e nuovi dogmi*, Nápoles: Edizioni Scientifiche Italiane, 1990, p. 40.
9   Arnoldo Wald, *Direito das obrigações*, São Paulo: Malheiros, 2001, p. 33.
10 Pietro Perlingieri, *Manuale di diritto civile*, cit., p. 224. Na doutrina nacional: Carlos Nelson Konder e Pablo Rentería, A funcionalização das relações obrigacionais: interesse do credor e patrimonialidade da prestação, in Gustavo Tepedino e Luiz Edson Fachin (Orgs.), *Diálogos sobre direito civil*, Rio de Janeiro: Renovar, 2008, v. II, p. 280-296.

Isso não impede que deveres jurídicos desprovidos de valor econômico, reputados merecedores de tutela, sejam juridicamente estabelecidos. Ao contrário, os deveres existenciais mostram-se, por diversos caminhos, plenamente exigíveis. O requisito da patrimonialidade da prestação, contemporaneamente, se justifica como meio de evitar qualquer confusão entre a tutela privilegiada dos valores existenciais e a disciplina ordinária conferida às obrigações, tratando-se o *ser* pelo *ter*, em perspectiva axiologicamente hostilizada pela ordem pública constitucional.

8. Débito e responsabilidade

O vínculo jurídico, elemento da obrigação, era tradicionalmente concebido como um todo unitário, indivisível, mas escritores modernos, sobretudo na esteira das obras de Aloys Brinz e Otto Von Gierke, passaram a sustentar sua decomposição em dois aspectos conceituais: *débito* e *responsabilidade* ou, no original germânico, *Schuld* e *Haftung*. Com base nesses autores – chamados dualistas, em oposição aos monistas, que viam o vínculo jurídico como figura unitária –, passou-se a considerar que o débito (*Schuld*) exprime o dever que tem o sujeito passivo da relação obrigacional de efetuar a prestação. A responsabilidade (*Haftung*) corresponde, por sua vez, à faculdade que tem o credor de exigir que o devedor cumpra a prestação e de utilizar a força estatal para coagi-lo ao cumprimento[11].

Embora débito e responsabilidade sejam, a rigor, duas faces do mesmo fenômeno, a teoria dualista teve o mérito de oferecer explicação, em perspectiva técnica, a determinadas situações em que débito e responsabilidade aparecem desconectados. Entre essas situações, avulta em importância a chamada obrigação natural.

9. Obrigação natural

Designa-se como obrigação natural o vínculo gerador de prestação que, não sendo ilícita, mostra-se inexigível, mas cujo pagamento espontâneo o ordenamento protege, impedindo a repetição. Noutras palavras, a obrigação natural é

---

11 Ver, entre outros: Dieter Medicus, *Tratado de las relaciones obligacionales*, Barcelona: Bosch, 1995, t. I.

débito sem responsabilidade. O direito reconhece a existência da dívida, mas não o poder do credor de cobrá-la. É o exemplo da dívida de jogo, que o ordenamento reconhece como obrigação natural. O credor não pode cobrá-la, mas, se o devedor a paga espontaneamente, não pode tampouco exigir restituição. Não se aplica aí a vedação ao enriquecimento sem causa, justamente porque há causa jurídica, há título jurídico: um débito que o direito reconhece, embora desprovido de responsabilidade. Daí por que alguns autores denominam a obrigação natural de *obrigação imperfeita* ou *degenerada*[12]. Não se trata, contudo, de mero dever moral porque, repita-se, há dívida juridicamente. Na passagem inspirada de Ripert, "estamos numa região inferior no direito, em que não é noite e ainda não é dia. Quando um destes deveres chega à luz do dia, transforma-se em obrigação civil"[13]. O regime diferenciado reconhecido às obrigações naturais justifica-se por razões de política legislativa: há uma expressa opção normativa, baseada em motivos de conveniência social, que podem ou não encontrar respaldo na moralidade. Daí a conclusão de que as obrigações naturais são típicas, vale dizer, devem estar previstas no ordenamento jurídico[14].

10. Obrigação *propter rem* ≠ ônus reais

A doutrina civilista atribui tradicionalmente grande importância à distinção entre os direitos reais e os direitos de crédito (ou obrigacionais). A classificação prende-se às diferenças estruturais entre situações jurídicas de crédito e situações jurídicas de natureza real[15]. No limiar da tradicional distinção entre situações jurídicas obrigacionais e reais, situam-se as obrigações *propter rem* – também denominadas obrigações reais, *ob rem* ou *in rem* –, as quais surgem quando ao direito real acede o dever de prestação exigível de seu titular. As principais características da obrigação *propter rem* são: (i) origina-se necessariamente de um direito real, (ii) incorporando-se imediatamente à esfera patrimonial do seu titular, como verdadeira e própria obrigação; e (iii) transmite-se com o direito real, obrigando quem quer que seja o seu titular[16]. Por tais caracte-

---

12   Enneccerus, Kipp e Wolff assim as denominam em seu *Tratado de derecho civil*, Barcelona: Bosch, 1933, v. 1, t. II, p. 13; entre nós, ver: Serpa Lopes, *Curso de direito civil*, cit., v. II, p. 36.
13   Georges Ripert, *A regra moral nas obrigações civis*, Campinas: Bookseller, 2000, p. 351.
14   Enrico Moscati, Le obbligazioni naturali tra diritto positivo e realtà sociale, *Rivista di Diritto Civile*, n. 2, mar./abr. 1991, ano XXXVII, Pádua: Cedam, p. 182.
15   A questão será devidamente aprofundada no capítulo atinente aos Direitos Reais.
16   Orlando Gomes, *Obrigações*, cit., p. 21.

rísticas, considera-se a obrigação *propter rem* como figura intermediária entre as relações reais e as obrigacionais[17]. São exemplos de obrigações *propter rem* no ordenamento brasileiro a obrigação do condômino de conservar a coisa comum (CC, art. 1.315) e a do proprietário de contribuir para as despesas de construção e conservação de tapumes divisórios (CC, art. 1.297).

Outra figura intermediária entre os direitos reais e os obrigacionais são os chamados ônus reais, que se assemelham às obrigações *propter rem*, mas com elas não se confundem. Os ônus reais são também obrigações que acompanham o direito real sobre certa coisa, mas o vínculo com o direito real é mais intenso que nas obrigações *propter rem*. Desta maior intensidade do vínculo com o direito real resulta importante diferença prática: enquanto nas obrigações reais o titular do direito real só está obrigado a cumprir as prestações constituídas na vigência do seu direito[18], nos ônus reais, o titular do direito real fica obrigado até mesmo com relação às prestações anteriores, já que sucede o seu antecessor na titularidade de coisa a que está visceralmente unida a obrigação. Exemplos de ônus reais no direito brasileiro são o seguro obrigatório, o imposto territorial urbano e rural, o imposto sobre veículos automotores, o foro e outras prestações que são consideradas essenciais ao direito real sobre a coisa.

11. Modalidades de obrigações

A doutrina tradicionalmente classifica as obrigações em três modalidades: (a) obrigação de dar, (b) obrigação de fazer e (c) obrigação de não fazer. Em síntese estreita, a obrigação de dar consiste na entrega de uma coisa, enquanto a obrigação de fazer tem como objeto uma conduta comissiva do devedor. Já a obrigação de não fazer recai sobre uma omissão ou abstenção por parte dele. É certo que, do ponto de vista lógico, entregar alguma coisa (dar) não deixa de ser um agir – um fazer – do devedor. Todavia, tradicionalmente, na dogmática das obrigações de dar, a ênfase se encontra sobre o bem a ser entregue ao credor, enquanto nas obrigações de fazer o interesse do credor se concentra sobre a própria conduta do devedor. Assim, a assunção da obrigação de entregar uma escultura já concluída configura obrigação de dar, mas a obrigação de esculpir

---

17 Roxana B. Cânfora, *Obligaciones reales*, Rosário: Editorial Juris, 1996, p. 3.
18 Eduardo Sócrates Castanheira Sarmento Filho, *A responsabilidade pelo pagamento de quotas condominiais no regime de propriedade horizontal*, São Paulo: Advocacia Dinâmica – Seleções Jurídicas, 1998, p. 11.

um busto do credor é inegavelmente uma obrigação de fazer, ainda que a entrega evidentemente faça parte do acordado.

A distinção, baseada no maior relevo de um aspecto ou outro da relação obrigacional, pode, na análise de situações concretas, dar margem a dúvidas tormentosas. Por essa razão, talvez fosse melhor distinguir as obrigações apenas em positivas – aquelas que têm como objeto uma ação (dar ou fazer) do devedor – e negativas – aquelas que têm como objeto uma abstenção do devedor (não fazer). Foi o que fez, por exemplo, o Código Civil italiano, que não contemplou a distinção entre obrigações de dar, fazer e não fazer (art. 1.222). O Código Civil brasileiro manteve-se, todavia, fiel à tripartição. Embora os princípios gerais traçados para as três modalidades de obrigações sejam os mesmos, pareceu mais conveniente ao legislador trazer regras pormenorizadas para cada uma das espécies, na esteira da codificação anterior. É o que se passa a examinar.

11.1. *Obrigação de dar*

O Código Civil disciplina as obrigações de dar, dividindo seu tratamento em duas subespécies: (a) a obrigação de dar coisa certa (arts. 233 a 242) e (b) a obrigação de dar coisa incerta (arts. 243 a 246).

11.1.1. Obrigação de dar coisa certa

A obrigação de dar coisa certa tem por objeto a entrega de um bem plenamente individualizado. Atendendo à especial ênfase que recai sobre o bem a ser transferido, a legislação contempla as hipóteses de perda e deterioração da coisa, atribuindo-lhe efeitos diferenciados, a depender, também, do momento no qual se opera (antes ou após a tradição) e da existência ou não de culpa por parte do devedor. Vigora nesse campo, de um modo geral, a regra *res perit domino* (a coisa perece para o dono): antes da tradição, o risco é suportado pelo devedor, de modo que a perda da coisa enseja a resolução da avença; após a tradição, estando a coisa já no patrimônio do credor, sobre ele recai o ônus do risco da perda. Se a perda ou deterioração da coisa ocorre por culpa do devedor, o credor fica autorizado a exigir o equivalente em dinheiro à coisa devida, cumulado com as perdas e danos eventualmente sofridas. Caso seja possível a entrega da coisa deteriorada, caberá ao credor a opção entre resolver a obrigação ou aceitar a coisa no estado em que se encontra, com o abatimento proporcional do preço.

Os arts. 238 a 242 do Código Civil ocupam-se da chamada *obrigação de restituir*, que nada mais é que uma modalidade específica de obrigação de dar coisa certa, cujo tratamento diferenciado se justifica pelo fato de que, sendo uma obrigação de devolver, o credor já é proprietário da coisa mesmo antes do cumprimento da obrigação[19]. O princípio aplicável a tais obrigações ainda é o do *res perit domino*, mas, como o dono aqui é o credor, a solução concreta será diferente[20]. Assim, se a coisa se perde antes da restituição sem culpa do devedor, quem sofre a perda é o credor.

11.1.2. Obrigação de dar coisa incerta

A obrigação de dar pode, ainda, ter por objeto coisa incerta, definida tão somente em função de sua quantidade e de seu gênero (art. 243), podendo ainda as partes remeterem a outros atributos da coisa (como a qualidade) sem, contudo, individualizá-la. O estado de incerteza da coisa, que existe no momento da formação da relação obrigacional, tem que se encerrar antes da sua execução, sob pena de o devedor não saber exatamente como a cumprir. O ato que encerra esse estado de incerteza denomina-se *escolha* ou *especificação*, ato pelo qual são individualizados os bens a serem entregues ao credor. Antes da escolha, não poderá o devedor alegar perda ou deterioração da coisa, ainda que por força maior ou caso fortuito (art. 246), uma vez que os gêneros nunca se perdem ou deterioram (*genus nunquam perit*). No direito brasileiro, a escolha cabe ao devedor, se outra coisa não resultar dos termos em que se pactuou a obrigação. Não se trata, porém, de escolha arbitrária: não pode o devedor dar ao credor a coisa de pior qualidade ou menor valor nem pode o credor exigir do devedor a melhor coisa dentre todas daquele gênero (art. 244). Decorre da boa-fé objetiva o dever de selecionar as coisas que reflitam a qualidade média do gênero, atendendo-se ao real interesse do credor. Uma vez cientificado o credor da escolha do devedor, a relação passa a ser regida pelas regras da obrigação de dar coisa certa (art. 245).

11.2. *Obrigação de fazer*

Na disciplina das obrigações de fazer, ganha relevo a distinção entre (a) as obrigações fungíveis, que podem ser prestadas por qualquer pessoa sem prejudicar o interesse do credor, e (b) as obrigações infungíveis, também conhecidas como obrigações personalíssimas ou *intuitu personae*. Exemplo de obrigação fun-

---

19   Gustavo Tepedino e Anderson Schreiber, Direito das obrigações, in Álvaro Villaça Azevedo (Coord.), *Código Civil comentado*, São Paulo: Atlas, 2008, v. IV, p. 50.
20   J. M. de Carvalho Santos, *Código Civil brasileiro interpretado, principalmente do ponto de vista prático*, Rio de Janeiro: Freitas Bastos, 1936, v. XI, p. 54.

gível é aquela por meio da qual o devedor se obriga a retocar a pintura de uma parede ordinária: venha a pintura de quem vier, restará atendido o interesse do credor. Exemplo de obrigação infungível é aquela assumida por um artista plástico famoso de pintar um retrato do credor: aí o interesse do credor vincula-se indissociavelmente à pessoa daquele que cumpre o fazer.

Em se tratando de obrigações personalíssimas, prevê o Código que o devedor que se recusa a prestar "incorre na obrigação de indenizar perdas e danos" (art. 247). O dispositivo deve ser visto com cautela. Trata-se de reflexo normativo da orientação tradicional nesta matéria, segundo a qual o devedor em uma obrigação personalíssima não poderia ser fisicamente compelido a efetuar a prestação, de tal modo que o único caminho que restava ao credor era o ressarcimento das perdas e danos. Atualmente, no entanto, tem-se privilegiado a persecução do adimplemento como escopo da relação obrigacional, reconhecendo a possibilidade de execução específica das obrigações de fazer. A interpretação do artigo, portanto, não deve ser restritiva: além das perdas e danos, poderá o credor exigir o próprio cumprimento da prestação. Ainda que não se admita a coerção física do devedor para efetuar a prestação, a ordem jurídica conta com mecanismos de coerção jurídica, com a fixação de *astreintes*[21].

Se, ao contrário, a obrigação de fazer for fungível, abre-se mais uma opção ao credor: mandar executar a prestação por um terceiro às expensas do devedor, sem prejuízo da indenização suplementar (art. 249, *caput*). Tal via exige, como regra, prévia autorização judicial, dispensada pelo § 1º do art. 249 "em caso de urgência". Não trouxe o Código Civil parâmetros para a avaliação da urgência, que deve ser analisada caso a caso, à luz da noção ordinária de um fazer por cuja realização não se pode mais esperar. Situação diversa da recusa do devedor é a impossibilidade do cumprimento da prestação, que enseja a resolução da

---

21 Não é outro o entendimento da doutrina processualista, que, ao analisar o art. 821 do CPC, que trata da execução das obrigações personalíssimas, afirma: "O simples fato de ter-se recusado o executado a cumprir a obrigação infungível não faz com que a prestação de fato deva ser automaticamente convertida em indenização por perdas e danos, tampouco retira do seu dever jurídico o caráter personalíssimo, a ponto de o credor ter que buscar a prestação por um terceiro" (art. 816, CPC). Prevalece, como já dissemos, o direito do credor à tutela específica da prestação, de sorte que o juiz pode/deve, de ofício ou a requerimento do exequente, valer-se de outras medidas de apoio para compelir o executado ao cumprimento na forma específica (art. 139, IV e art. 536, § 1º, CPC), ou pode agravar as medidas de apoio já determinadas (art. 537, § 1º, 1, CPC)." (Fredie Didier Jr. et al., *Curso de direito processual civil: execução*, 7. ed., Salvador: Ed. JusPodivm, 2017, p. 1048-1049).

obrigação e, no caso de ter incorrido em culpa, a responsabilidade por perdas e danos (art. 248).

11.3. Obrigação de não fazer

As obrigações de não fazer consistem sempre em uma restrição continuada à liberdade individual do devedor, razão pela qual merecem ser valoradas cuidadosamente pelo intérprete em um sistema jurídico que reserva proteção constitucional à autonomia da pessoa humana. Alheio a esse aspecto, o Código Civil de 2002 limitou-se a adaptar as prescrições formuladas para as obrigações de fazer às obrigações negativas. Nessa esteira, nossa codificação prevê a extinção da obrigação de não fazer caso a abstenção se torne impossível, com o dever de indenizar se houver culpa do devedor (art. 250). Estabelece, ainda, a possibilidade de desfazimento do ato, pelo credor ou por terceiro, prescindindo da autorização judicial apenas "em caso de urgência" (art. 251). Na hipótese de desfazimento do ato, o princípio da função social impõe que se observe a repercussão da desconstituição sobre centros de interesse diversos, estranhos à relação obrigacional. Caso haja excessivo sacrifício de interesses socialmente relevantes, deve-se excluir a possibilidade de execução específica, com preferência pela solução tradicional da conversão da prestação em perdas e danos. Assim, se alguém assume a obrigação de não construir sobre certo terreno, mas vem ali a erguer um edifício, a decisão pelo desfazimento do ato não pode deixar de levar em consideração se o edifício está habitado, se terceiros adquiriram unidades na edificação e assim por diante[22].

12. Obrigações cumulativas e alternativas

A obrigação pode ter como objeto uma só prestação, caso em que se denomina obrigação objetivamente simples ou com prestação única. Pode, ao contrário, ter como objeto mais de uma prestação, caso em que se estará diante de uma obrigação com pluralidade de prestações ou, no dizer de alguns autores, de uma obrigação complexa[23]. As obrigações com pluralidade de prestações podem ser de duas espécies: cumulativas ou alternativas. A obrigação cumulativa, também chamada conjuntiva, é aquela cujo objeto é composto por mais de uma

---

22 Gustavo Tepedino e Anderson Schreiber, Direito das obrigações, in Álvaro Villaça Azevedo (Coord.), *Código Civil comentado*, São Paulo: Atlas, 2008, v. IV, p. 78-79.
23 Arnoldo Wald, *Direito das obrigações*, cit., p. 54.

prestação, somente liberando-se o devedor mediante o cumprimento de todas elas. Quem se obriga a entregar um carro usado e uma soma de dinheiro em contrapartida pelo recebimento de um carro novo assume obrigação cumulativa.

Obrigação alternativa, por sua vez, é aquela da qual o devedor se libera mediante o cumprimento de qualquer das prestações que constituem o seu objeto. Nas palavras de João Luis Alves, "é alternativa a obrigação quando, de diversas prestações, uma só que seja satisfeita extingue a obrigação"[24]. Exemplo usual de obrigação alternativa é a da seguradora de automóveis que se compromete a, em caso de sinistro, indenizar o segurado ou entregar veículo similar àquele que se perdeu. Veja-se que a pluralidade do objeto na obrigação alternativa é temporária. O objeto da obrigação alternativa só é plúrimo ao tempo da sua constituição. Ao tempo do pagamento, apenas uma prestação será executada.

As obrigações cumulativas não foram expressamente disciplinadas pelo Código Civil. A elas, portanto, se aplicam os princípios gerais das obrigações simples de dar, fazer e não fazer, de acordo com a natureza da prestação que se analisa. As obrigações alternativas, ao contrário, são reguladas pelo Código Civil, sobretudo em atenção aos problemas suscitados pelos fenômenos da impossibilidade e da escolha ou concentração das prestações alternativas.

13. Escolha, concentração e especificação

A escolha é ato por meio do qual cessa a alternatividade. Extingue-se aquela indeterminação inicial entre as várias prestações possíveis, indicadas no momento de constituição da obrigação alternativa. O objeto converte-se em apenas uma das prestações, certa e determinada. O ato da escolha ou opção é também denominado concentração, sobretudo quando ocorre por força da impossibilidade de uma das prestações alternativas. Diz-se que a impossibilidade de uma prestação faz com que a obrigação *se concentre* sobre a outra (art. 253). Trata-se, em suma, do momento em que "a alternativa desaparece"[25]. No âmbito das obrigações de dar coisa incerta, a escolha – que também lá se verifica – recebe o nome de especificação. A nomenclatura seria aqui imprópria, porque, diferentemente do que ocorre nas obrigações de dar coisa incerta, não se trata,

---

24 João Luis Alves, *Código Civil da República dos Estados Unidos do Brasil anotado*, Rio de Janeiro: Borsoi, 1958, v. IV, p. 21.
25 San Tiago Dantas, *Programa de direito civil*, Rio de Janeiro: Ed. Rio, 1978, v. II, p. 38.

nas obrigações alternativas, de definir espécies de um gênero (especificar), mas de optar entre duas ou mais espécies de prestação indicadas no momento de constituição do vínculo obrigacional.

14. Obrigação facultativa ou com faculdade de substituição

Espécie semelhante, mas diversa da obrigação alternativa, é a chamada obrigação facultativa ou com faculdade de substituição. A obrigação facultativa – categoria não prevista no Código Civil brasileiro, porém amplamente aceita pela nossa doutrina – tem objeto simples, constituído por uma única prestação, mas que se autoriza, desde logo, que seja substituída pelo devedor, de acordo com a sua conveniência. Não há nas obrigações facultativas pluralidade de prestações, e sim uma única prestação *in obligatione* e outra prestação *in facultate solutionis*, isto é, outra que não é devida, mas pode ser utilizada pelo devedor para solver a obrigação, se assim o preferir. Nas palavras de Ricardo Lira, a obrigação facultativa "nasce pronta para ser cumprida", enquanto a obrigação alternativa "nasce tendo por vencer o estágio de indeterminação relativo, do seu objeto, para que fique em condições de ser cumprida"[26].

Disso resulta que a impossibilidade da prestação – a única que, de fato, integra o objeto simples da obrigação facultativa – não leva à concentração automática, mencionada no art. 253 do Código Civil, efeito típico das obrigações alternativas. Se a prestação *in obligatione* se torna impossível ou é nula por qualquer razão, a obrigação facultativa não se concentra sobre a prestação *in facultate solutionis*, já que a invocação dessa é faculdade exclusiva do devedor. Segue-se aí a disciplina das obrigações simples, porque só uma prestação é devida.

15. Obrigações com pluralidade de sujeitos

Ao lado das obrigações objetivamente complexas, que têm como objeto mais de uma prestação, situam-se as obrigações subjetivamente complexas, ou seja, aquelas em que uma ou ambas as situações jurídicas subjetivas que se conectam por meio da relação obrigacional (crédito e débito) sejam de titularidade de mais de um sujeito. Trata-se, em síntese, de uma obrigação com pluralidade

---

26 Ricardo Lira, A obrigação alternativa e a obrigação acompanhada de prestação facultativa, *Revista da Faculdade de Direito da UERJ*, 1970, p. 195-196.

de credores ou devedores. É o que ocorre quando três amigos alugam um apartamento no Rio de Janeiro durante o Carnaval ou quando se adquire um imóvel de propriedade de duas irmãs ou quando se empresta dinheiro a um casal.

Em regra, as obrigações com pluralidade de sujeitos devem ser tratadas como tantas obrigações distintas quantos forem os devedores ou credores (art. 257). Vale dizer: cada devedor responde perante cada credor apenas por sua parte na dívida. A referida regra sofre duas exceções: (a) a indivisibilidade do objeto e (b) a solidariedade entre as partes.

16. Obrigações indivisíveis

As obrigações são consideradas divisíveis quando se centram em prestações que são suscetíveis de cumprimento em partes. São chamadas indivisíveis as obrigações que se centram na prestação que somente pode ser cumprida por inteiro, ou porque o parcelamento da prestação a destituiria de suas características essenciais ou porque assim ajustaram as partes. A obrigação de entregar um cavalo para participar de um páreo ou a obrigação de uma orquestra se apresentar em certo evento são exemplos de obrigações indivisíveis. Note-se que a divisibilidade ou indivisibilidade da obrigação é uma característica que depende, em última análise, do seu objeto (a prestação), determinado de acordo com o interesse das partes, e sem prescindir de uma análise concreta da relação obrigacional. A obrigação de entregar uma biblioteca pode ser divisível ou indivisível, conforme as partes a tratem como todo unitário ou mero somatório de obras individuais. Cumpre ao intérprete verificar os interesses e expectativas das partes envolvidas, em uma análise da obrigação no caso concreto e ao longo de sua evolução particular, para, diante disso, definir como divisível ou indivisível o seu objeto.

Se há mais de um devedor em obrigação indivisível, cada um se considera obrigado pela dívida toda. Aquele que efetuar o pagamento sub-roga-se no direito do credor diante dos demais. Se a pluralidade for de credores, o devedor se desobriga pagando a todos em conjunto ou pagando a um, mediante caução de ratificação pelos demais credores. Quando só um dos credores recebe a prestação indivisível, os demais podem lhe exigir em dinheiro o equivalente à parte que lhes cabia no todo. A remissão por um dos credores não extingue a obrigação, mas os demais somente podem exigi-la com desconto da quota do credor remitente. É de se registrar, ainda, que perde a qualidade de indivisível a obrigação que se converte em perdas e danos porque o montante pecuniário será sempre objetivamente passível de fragmentação.

17. Obrigações solidárias

Ao contrário da indivisibilidade, a solidariedade não deriva das características da prestação, objeto da relação obrigacional. A solidariedade é instituída por lei ou pela vontade das partes com vistas a facilitar a cobrança do crédito ou o pagamento da dívida. Nas palavras de Arnoldo Wald, "na solidariedade existe um vínculo jurídico unitário, uma ligação entre os sujeitos ativos ou passivos da relação jurídica, enquanto, na indivisibilidade, a unidade é do objeto da relação jurídica"[27]. Daí uma diferença fundamental: a indivisibilidade, por se prender à prestação, cessa com a conversão em perdas e danos; a solidariedade, relacionando-se ao vínculo entre os sujeitos, persiste mesmo nessa hipótese. Por outro lado, a morte de uma das partes pode extinguir a solidariedade; a indivisibilidade, como característica do objeto, acompanha a prestação mesmo se transferida aos herdeiros.

Embora distintas no tocante à sua própria natureza, indivisibilidade e solidariedade se aproximam no que diz respeito aos seus efeitos externos. Tanto nas obrigações indivisíveis quanto nas solidárias pode-se exigir de qualquer devedor a dívida toda, e à dívida toda tem direito qualquer credor. A diferença é de fundamento: "na solidariedade, cada devedor paga por inteiro, porque deve por inteiro, enquanto na indivisibilidade solve a totalidade, em razão da impossibilidade jurídica de repartir em cotas a coisa devida"[28]. Tal distinção se liga ao fato de a solidariedade funcionar como garantia da efetividade da obrigação, e não como característica do que se pactua prestar.

18. Solidariedade legal

A solidariedade, como já dito, pode ser estipulada pela vontade das partes no título constitutivo da obrigação ou pode derivar de expressa disposição de lei. Entre as hipóteses de solidariedade legal, destacam-se (a) a solidariedade entre os vários fiadores em fiança conjuntamente prestada a um só débito, sem reserva expressa do benefício de divisão (art. 829); (b) a solidariedade entre os múltiplos mandantes em mandato outorgado para negócio comum (art. 680); (c) a solidariedade entre os comodatários simultâneos de um mesmo bem (art. 585); (d) a solidariedade entre os coautores de ato ilícito (art. 942); e (e) a solidariedade

---

27 Arnoldo Wald, *Direito das obrigações*, cit., p. 59-60.
28 Caio Mário da Silva Pereira, *Instituições de direito civil*, Rio de Janeiro: Forense, 2003, v. II, p. 52.

entre os sócios pelas obrigações sociais em diversos tipos societários (arts. 990, 1.039, 1.045, entre outros). O "alvo do legislador" em todas essas hipóteses, nas palavras de Silvio Rodrigues, é, "precipuamente, reforçar as possibilidades de solução da obrigação"[29].

Com o mesmo propósito, o legislador pode estabelecer responsabilidade solidária pela reparação de danos, como faz no Código de Defesa do Consumidor, que estabelece a responsabilidade solidária dos integrantes da cadeia de fornecimento pela reparação de danos causados ao consumidor (art. 12), ou no Estatuto do Torcedor, que estipula a responsabilidade solidária das entidades responsáveis pela organização da competição, do detentor do mando de jogo e de seus respectivos dirigentes por danos causados ao torcedor em eventos desportivos (art. 19), bem como das torcidas organizadas por danos causados por qualquer dos seus associados ou membros (art. 39-B).

19. Solidariedade convencional

A solidariedade pode derivar, ainda, da vontade das partes. Trata-se da chamada solidariedade convencional ou voluntária. Deve, sempre que possível, constar do título da obrigação, pois a solidariedade não se presume (art. 265). Como explica Tito Fulgêncio, "não exige a lei que a vontade das partes seja expressa", mas "o que indispensavelmente exige, com o emprego dos vocábulos – não se presume – é que a solidariedade seja provada por quem a invoca"[30]. No mesmo sentido, o STJ já declarou que "a solidariedade não se presume, mas pode resultar de manifestação implícita"[31]. Pode o interessado se valer aí de testemunho ou outros meios de prova.

Exemplo comum de relação obrigacional em que as partes instituem a solidariedade por ato voluntário é o contrato de conta-corrente conjunta. Ressalte-se, todavia, que a análise não pode prescindir do exame da real intenção das partes na relação obrigacional em concreto. O Superior Tribunal de Justiça, por exemplo, já negou provimento a pedido de penhora de "conta bancária conjunta, quando fica demonstrado que os cotitulares, ao celebrar o contrato, não tinham a intenção de que houvesse solidariedade, limi-

---

29 Silvio Rodrigues, *Direito civil*, São Paulo: Saraiva, 2002, v. II, p. 74.
30 Tito Fulgêncio, Do direito das obrigações, in Paulo de Lacerda (Coord.), *Manual do Código Civil brasileiro*, Rio de Janeiro: Jacintho Ribeiro dos Santos, 1928, n. 241, v. X, p. 229.
31 STJ, REsp 234.288, j. 19-11-1999.

tando-se a função do devedor à movimentação da conta para a embargante, idosa e enferma"[32].

20. Solidariedade ativa e passiva

A solidariedade pode ser ativa ou passiva, conforme incida sobre os credores ou devedores da relação obrigacional. Também pode ser mista, caso incida sobre ambos os polos da relação obrigacional.

A solidariedade passiva proporciona vantagens significativas ao credor, na medida em que, podendo cobrar de qualquer dos devedores a dívida por inteiro, amplia suas possibilidades de recebimento do pagamento. Já a solidariedade ativa é figura de pouca utilidade prática. Da perspectiva do devedor, a solidariedade ativa o sujeita à atuação de vários credores, cada um com direito a exigir a dívida por inteiro. Da perspectiva dos credores, a solidariedade ativa lhes atribui – além do risco de insolvência do devedor, que já correriam – o risco de insolvência daquele credor que vier a receber o pagamento por inteiro. A única utilidade da solidariedade ativa é permitir a atuação de um credor na impossibilidade de outro, problema que se resolve de melhor forma por meio do mandato ou outro modo de representação. Daí a observação crítica de Giorgio Giorgi, para quem "quase nos sentiríamos inclinados a agradecer ao legislador se tivesse eliminado do campo jurídico essa figura, a qual embora nos embarace com muitas dificuldades teóricas, não nos dá a compensação de uma utilidade prática na mesma proporção"[33].

21. Natureza jurídica da solidariedade

Discute-se qual a natureza jurídica da solidariedade. Ao longo da história surgiram diferentes teorias sobre o tema. Para a chamada *teoria da representação*, a solidariedade criaria uma espécie de sociedade de fato, sendo cada coobrigado representante dos demais. Assenta essa teoria, conforme esclarece Binder, sobre a ideia de que a obrigação solidária reúne uma pluralidade de obrigações, havendo ali tantas obrigações quantos forem os devedores ou credores[34]. Para a chamada

---

32 STJ, Recurso Especial 127.616/RS, j. 13-2-2001, rel. Min. Francisco Falcão.
33 Giorgio Giorgi, *Teoria delle obbligazioni nel diritto moderno italiano*, Florença: Fratelli Cammelli, 1924, v. I, p. 141 (tradução livre).
34 Orlando Gomes, *Obrigações*, Rio de Janeiro: Forense, 2000, p. 63.

teoria fidejussória, devida a Bonfante, a solidariedade resultaria de uma mútua fiança, também assentando sobre uma pluralidade de obrigações. Por fim, para a chamada *teoria unitária*, na obrigação solidária haveria uma só relação obrigacional, concentrada em uma única prestação, em que pese a pluralidade de sujeitos[35].

O Código Civil brasileiro parece ter se inclinado pela teoria unitária, ao afirmar, no art. 264, que há solidariedade quando *na mesma obrigação* concorre mais de um credor, ou mais de um devedor, cada um com direito, ou obrigado, à dívida toda. Os partidários das teorias pluralistas sustentam, contudo, que a teoria unitária não lograria explicar normas como aquela constante do art. 266, segundo a qual "a obrigação solidária pode ser pura e simples para um dos cocredores ou codevedores, e condicional, ou a prazo, ou pagável em lugar diferente, para o outro". Acrescenta, ainda, Orlando Gomes que "só a pluralidade de vínculos justifica as regras relativas à responsabilidade individual pelos atos prejudiciais, inclusive no que diz respeito à mora, como de resto, outras que assentem nesse pressuposto"[36].

22. Renúncia à solidariedade

A solidariedade é renunciável. A renúncia à solidariedade não se confunde com a remissão de dívida. Enquanto a remissão da dívida atinge o débito em si, a renúncia à solidariedade diz respeito apenas ao modo de vinculação entre os codevedores. Assim, o Código Civil brasileiro autoriza, no art. 282, que o credor renuncie à solidariedade em favor de apenas um ou alguns dos devedores. Em tal hipótese, o devedor exonerado continua obrigado, mas apenas pela sua parcela do débito. Subsiste a solidariedade em relação aos demais, não esclarecendo nossa codificação vigente se subsiste em relação à dívida integral ou se deve ser efetuado o desconto da parcela correspondente ao devedor exonerado. A primeira solução é defendida por parte da manualística[37]. A melhor posição, contudo, parece ser a que impede a cobrança pelo valor integral da dívida, conforme já propugnava, embora com linguagem pouco técnica, o art. 912, parágrafo único, do Código Civil de 1916[38]. Entender o con-

---

35 Caio Mário da Silva Pereira, *Instituições de direito civil*, cit., v. II, p. 58.
36 Orlando Gomes, *Obrigações*, cit., p. 63.
37 Pablo Stolze Gagliano e Rodolfo Pamplona Filho, *Novo curso de direito civil*, São Paulo: Saraiva, 2002, p. 85.
38 "Art. 912. (...) Parágrafo único. Se o credor exonerar da solidariedade um ou mais devedores, aos outros só lhe ficará o direito de acionar, abatendo no débito a parte correspondente aos devedores, cuja obrigação remitiu (art. 914)."

trário significaria admitir que o credor, por força do seu ato de exoneração, se tornasse titular de direitos superiores àqueles que lhe foram assegurados na relação obrigacional – o que ocorreria, caso se admitisse que o devedor exonerado ficava obrigado pela sua parcela e os demais obrigados pela dívida integral, incluindo esta mesma parcela.

23. Transmissão das obrigações

Como já visto, a relação obrigacional é relação entre duas situações jurídicas subjetivas complexas correspondentes à posição do credor e à posição do devedor. Tais situações jurídicas subjetivas, como adverte Pietro Perlingieri, existem "mesmo sem a atual presença ou individualização do sujeito titular"[39]. De fato, embora a existência dessas duas situações jurídicas subjetivas seja elemento essencial à obrigação, seus ocupantes, em particular, não o são. Os sujeitos que se investem da titularidade dessas situações são elementos externos à relação obrigacional. Daí por que as obrigações podem ser transmitidas, sem que se extingam. A esse fenômeno dá-se genericamente o nome de *sucessão*, *transferência* ou, como prefere nosso Código Civil, *transmissão* das obrigações.

A transmissão das obrigações pode ser dividida em transmissão *legal* e *voluntária*. É legal a transmissão de obrigações que decorre da lei, como no caso da companhia incorporadora que assume, por expressa disposição legal, as obrigações que vinculavam a companhia incorporada (Lei n .6.404/76, art. 227). É voluntária ou convencional a transmissão das obrigações que se opera por livre disposição da vontade, como expressão legítima da autonomia privada. Outra classificação usual divide a transmissão das obrigações em transmissão *causa mortis* e transmissão *inter vivos*. A transmissão *causa mortis* das obrigações é a premissa fundamental de todo o direito sucessório, admitida desde a fase inicial do direito romano. Diversamente ocorreu com a transmissão *inter vivos*, sobretudo aquela de fonte voluntária: o direito romano primitivo enxergava a obrigação como um vínculo pessoal, que poderia levar mesmo à subjugação corporal do devedor a castigos físicos, contexto em que a transmissão *inter vivos* de obrigações, especialmente a assunção de dívida alheia, era impensável.

A evolução do direito conteve as forças da obrigação no patrimônio do devedor, suprimindo os castigos corporais e passando a admitir como regra geral a transmissibilidade voluntária das obrigações. Nas sociedades con-

---

39 Pietro Perlingieri, *Manuale di diritto civile*, cit., p. 212.

temporâneas marcadas por um capitalismo financeiro acentuado, é cada vez mais comum a cessão de créditos e débitos, visando à celeridade das relações comerciais e à maior efetividade na gestão empresarial. Como expressão desse fenômeno, têm sido praticadas amplamente, por exemplo, as chamadas operações de securitização, que consistem na alienação de créditos de adimplemento duvidoso para companhias especializadas em cobrança. A transmissão das obrigações, nessa hipótese, estimula o dinamismo econômico, mas não deve evidentemente se dar sem a necessária atenção ao histórico da relação obrigacional e às normas que protegem as partes vulneráveis contra a cobrança abusiva.

24. Cessão de crédito e assunção de dívida

A transmissão da obrigação pode consistir em uma *cessão de crédito* ou em uma *cessão de débito*, também chamada *assunção de dívida*. Há cessão de crédito quando se altera o titular da situação jurídica subjetiva complexa identificada com a posição ativa da relação obrigacional, qual seja, a posição a que se atribui o direito subjetivo à prestação. Há assunção de dívida, por outro lado, quando se altera o titular da situação jurídica subjetiva complexa identificada com a posição passiva da relação obrigacional, qual seja, a posição vinculada ao dever de cumprimento da prestação.

O Código Civil de 1916 contemplava expressamente apenas a cessão de crédito, mas a assunção de dívida já era aceita pela doutrina e pela jurisprudência, na esteira do direito comparado e de necessidades de ordem prática. A proximidade topográfica e conceitual dessas duas espécies de transmissão não impede que, entre elas, se identifiquem algumas diferenças fundamentais. A principal distinção reside em que a cessão de crédito não interfere, a princípio, no cumprimento da obrigação – já que, diante da obrigação de pagar certa quantia, determinar se a mesma será paga por Fulano ou Beltrano é irrelevante –, enquanto a assunção de dívida pode ampliar o risco de descumprimento, uma vez que o patrimônio do devedor serve como espécie de "garantia" ao cumprimento da obrigação. Assim, se um devedor sem recursos assume a dívida que originariamente pertencia a um devedor abastado, o credor terá sofrido, com isso, diminuição da segurança de que receberá o pagamento. Atento a essa diferença prática, o Código Civil de 2002 tratou distintamente as duas figuras, exigindo, na assunção de dívida, a prévia aprovação do credor, mas dispensando, na cessão de crédito, a prévia aprovação do devedor.

25. Eficácia da cessão de crédito

O que nossa codificação exige em relação à cessão de crédito é a *notificação do devedor*, para lhe dar ciência de que a transmissão do crédito ocorreu. Sem essa notificação, a cessão de crédito, embora existente e válida, será ineficaz perante o devedor. Significa dizer que, se o devedor não notificado efetuar o pagamento ao credor originário, estará liberado da obrigação, competindo ao cessionário buscar o pagamento junto ao cedente. Nosso Código Civil acrescenta que "por notificado se tem o devedor que, em escrito público ou particular, se declarou ciente da cessão feita" (art. 290, parte final). Registre-se que, embora a norma mencione a notificação, o relevante aqui é a prova de que o devedor foi cientificado da transmissão do crédito, pouco importando a forma como tal cientificação ocorre. O Superior Tribunal de Justiça já concluiu, a tal respeito, que não há "nenhum comando para que seja feita comunicação formal, bastando que tenha o devedor conhecimento do fato"[40].

26. Cessão *pro soluto* e *pro solvendo*

Questão relevante no campo da disciplina da cessão de crédito é aquela que diz respeito à distinção entre a cessão *pro soluto* e a cessão *pro solvendo*. Na cessão *pro soluto*, o cedente libera-se do vínculo obrigacional, permanecendo responsável perante o cessionário apenas pela existência do crédito ao tempo da cessão (*veritas nominis*). Na cessão *pro solvendo*, o cedente responde perante o cessionário não apenas pela existência do crédito, mas também pela solvência do devedor (*bonitas nominis*). Nessa última hipótese, a responsabilidade do cedente persiste até que o cessionário tenha êxito no recebimento da prestação devida[41]. Daí por que alguns autores chegam ao extremo de afirmar que a cessão *pro solvendo* não encerra mais que um mandato para cobrar o crédito, já que o cedente permanece vinculado ao cessionário pelo montante da dívida[42].

27. Assunção de dívida

Em relação à assunção de dívida, nosso Código Civil não se contenta com a mera ciência do credor, mas exige seu "consentimento expresso" (art. 299).

---

40 STJ, 3ª T., REsp 94.648, Min. Ari Pargendler, j. 15-2-2000.
41 Roberto de Ruggiero, *Instituições de direito civil*, Campinas: Bookseller, 1999, v. III, p. 248.
42 Serpa Lopes, *Curso de direito civil*, cit., v. II, p. 425.

Em outras palavras, a assunção de dívida depende da concordância do credor. A alteração do devedor, como já se destacou, pode agravar o risco a que se subordina o credor. Daí ser indispensável seu consentimento. Na mesma linha, o Superior Tribunal de Justiça já decidiu ser necessária a concordância *explícita* do credor, não sendo suficiente a mera inércia do credor diante da notícia da assunção de dívida[43].

28. Assunção por expromissão e por delegação

Diante da forma como foi disciplinada a assunção de dívida no Código Civil de 2002, discute-se em doutrina se restaram preservadas certas classificações tradicionais, como aquela que distinguia entre (a) assunção de dívida *por expromissão*, em que a transmissão do débito ocorre entre o credor e o terceiro que assume a dívida sem participação do devedor, e (b) assunção de dívida *por delegação*, ou triangular, em que a transmissão é levada a cabo entre devedor e terceiro, os quais submetem a assunção à aprovação do credor. Nossa codificação não reserva nenhum efeito diferenciado a essas hipóteses, tratando-se de uma classificação calcada antes na *iniciativa* da assunção que propriamente em espécies distintas do fenômeno assuntivo.

29. Adjunção ou adesão à dívida

Debate-se, ainda, se, ao lado da assunção de dívida de efeito liberatório, disciplinada pelo Código Civil, seria possível entre nós a chamada *assunção de dívida cumulativa*, também denominada *adjunção*, em que o novo devedor não substitui o primitivo, mas soma-se a ele, de tal modo que o efeito liberatório não se produz. Trata-se, a rigor, não de uma forma de transmissão da obrigação, mas de reforço, por meio da inclusão superveniente de um adicional responsável pelo débito. Não há dúvida de que tal operação é possível à luz do direito brasileiro; apenas não configura assunção de dívida nos termos expressos da nossa codificação. Harm Peter Westermann, ao tratar dessa hipótese no direito alemão, emprega o termo "adesão à dívida"[44]. Dependendo da forma como a adjunção ocorrer, pode-se configurar, ainda, novação subjetiva ou mesmo a constituição de fiança.

---

43 STJ, 3ª T., AgRg no REsp 490.419, rel. Min. Nancy Andrighi, j. 10-6-2003, *DJ* 30-6-2003.
44 Harm Peter Westermann, *Código Civil alemão: direito das obrigações (parte geral)*, Porto Alegre: Sergio Antonio Fabris, 1983, p. 183.

30. Cessão de posição contratual

A cessão de posição contratual, também chamada simplesmente cessão de contrato, consiste na transmissão de créditos e débitos de um contratante a terceiro, que assume seu lugar em certa relação contratual. O Código Civil não cuidou, na parte geral das obrigações, da cessão de posição contratual, mas aludiu indiretamente ao fenômeno ao tratar de alguns contratos específicos (art. 694). O instituto não se confunde, todavia, com um mero somatório da cessão de crédito e da assunção de dívida.

Em obra específica sobre o tema, o jurista português Carlos Alberto da Mota Pinto, após anotar que a cessão de posição contratual pode ocorrer também em contratos de trato sucessivo, como a locação e o *leasing*, destacou a circunstância de,

> através da chamada cessão do contrato, se transferirem vínculos que os processos conhecidos de transferência de relações singulares (cessão de direitos e assunção de dívidas) não abrangeriam, mesmo se considerarmos uma soma das suas eficácias separadas. Na verdade, ficariam excluídos do surgimento na titularidade do sucessor os créditos e débitos futuros indetermináveis, os direitos potestativos ligados ao fim do contrato, as sujeições contrapostas a direitos da mesma espécie e os deveres laterais, autônomos em relação à prestação. Se estes vínculos e situações se transmitem para o cessionário da posição contratual, então, pois o objeto da cessão não pode consistir, simplesmente, num crédito e num débito, mas tem de ser uma entidade de natureza diversa destes vínculos singulares[45].

Por envolver também débitos, tem-se entendido que a cessão de posição contratual exige o consentimento do outro contratante[46]. Nossa jurisprudência reconhece o instituto da cessão de posição contratual, já tendo o Superior Tribunal de Justiça decidido que "a celebração entre as partes de cessão de posição contratual, que englobou créditos e débitos, com participação da arrendadora, da anterior arrendatária e de sua sucessora no contrato, é lícita, pois o ordenamento jurídico não coíbe a cessão de contrato que pode englobar ou não todos

---

45 Carlos Alberto da Mota Pinto, *Cessão da posição contratual*, Coimbra: Almedina, 1982, p. 390.
46 Enunciado n. 648 da IX Jornada de Direito Civil (2022): "Aplica-se à cessão da posição contratual, no que couber, a disciplina da transmissão das obrigações prevista no CC, em particular a expressa anuência do cedido, *ex vi* do art. 299 do CC".

os direitos e obrigações pretéritos, presentes ou futuros, inclusive eventual saldo credor remanescente da totalidade de operações entre as partes envolvidas". Na ocasião, entendeu a Corte que a cessão de posição contratual confere ao cessionário de contrato legitimidade, inclusive, para "discutir a validade de cláusulas contratuais com reflexo até em prestações pretéritas já extintas"[47].

31. Obrigações intransmissíveis

Embora a regra no direito contemporâneo seja a transmissibilidade das obrigações, nos termos acima examinados, há certas obrigações que não podem ser transmitidas, por causa de expressa determinação legal, da convenção entre as partes ou da própria natureza da obrigação. Intransmissíveis por força de sua própria natureza são as obrigações personalíssimas, como a dívida de alimentos. O ajuste entre as partes pode tornar intransmissível qualquer espécie de obrigação, estabelecendo-se o chamado *pactum de non cedendo*. Pietro Perlingieri observa, todavia, que o pacto de intransmissibilidade não será merecedor de tutela se tendente a reforçar a posição do devedor sem um motivo justificável ou por um período de tempo excessivamente longo, diante do princípio geral de livre circulação dos bens[48].

32. Obrigações de meio e obrigações de resultado

Importante distinção é a estabelecida entre as obrigações de resultado e as de meio. Enquanto, nas primeiras, o devedor obriga-se a alcançar certo resultado, nas segundas, assume o compromisso de envidar seus melhores esforços na perseguição do fim, sem se obrigar a obtê-lo. A doutrina apressa-se em classificar em abstrato as obrigações, separando-as entre as de meio e as de resultado[49]. É sempre lembrado o exemplo da relação médico-paciente, que a jurisprudência trata como "de obrigação de meio, e não de resultado, salvo na hipótese de cirurgias estéticas"[50]. No entanto, a classificação não pode prescindir do exame concreto da relação obrigacional, perquirindo-se efetivamente os termos pactuados entre as partes, ou seja, aquilo que foi efetivamente prometido.

---

47 STJ, 3ª T., REsp 356.383, rel. Min. Nancy Andrighi, j. 5-2-2002, in RSTJ 156/291.
48 Pietro Perlingieri, *Manuale di diritto civile*, p. 263.
49 Para um amplo repertório, ver: Silvio Rodrigues, *Direito civil*, cit., v. II, p. 17.
50 STJ, 3ª T., REsp 1.395.254/SC, rel. Min. Nancy Andrighi, j. 15-10-2013.

Os autores se esforçam para distinguir o regime aplicável a uma e outra hipótese, especialmente no que concerne aos efeitos da distinção sobre a responsabilidade contratual. A melhor conclusão, porém, parece ser a de que "a distinção não é decisiva para a determinação do regime de responsabilidade do devedor"; em verdade, "a distinção entre as obrigações de meio e de resultado constitui instrumento útil para a qualificação da relação obrigacional e para apreciar, no caso concreto, se houve adimplemento ou inadimplemento da obrigação"[51]. Isso porque, nas obrigações de meio, consistindo a prestação nos melhores esforços do devedor rumo a determinado resultado, e não exatamente no alcançá-lo, o inadimplemento não pode consistir, por óbvio, na não obtenção do propósito perseguido, mas deve, muito diversamente, consubstanciar-se na falta de diligência e empenho do devedor nos esforços empreendidos.

---

51 Pablo Rentería, *Obrigações de meio e de resultado: análise crítica*, Rio de Janeiro: Forense, 2011, p. 121-122.

Capítulo 16

ADIMPLEMENTO DAS OBRIGAÇÕES

SUMÁRIO: 1. Adimplemento das obrigações. **2.** Tríplice transformação do adimplemento. **3.** Requisitos do pagamento. **3.1.** Quem deve pagar. **3.2.** A quem se deve pagar. **3.3.** Objeto do pagamento. **3.4.** Lugar do pagamento. **3.5.** Tempo do pagamento. **4.** Prova do pagamento: quitação. **5.** Presunção de pagamento. **6.** Modalidades indiretas de pagamento. **6.1.** Pagamento em consignação. **6.2.** Pagamento com sub-rogação. **6.3.** Imputação do pagamento. **6.4.** Dação em pagamento. **7.** Modos de extinção da obrigação diversos do adimplemento. **7.1.** Novação. **7.2.** Compensação. **7.3.** Confusão. **7.4.** Remissão de dívida.

1. Adimplemento das obrigações

Adimplemento é o cumprimento da prestação que constitui objeto da relação obrigacional. O Código Civil emprega com o mesmo sentido o termo *pagamento*, expressão que se utiliza, na linguagem comum, apenas para dívidas de dinheiro. Em sentido técnico-jurídico, contudo, adimplemento e pagamento são sinônimos, não se limitando esta última expressão ao adimplemento das obrigações pecuniárias. Assim, o cumprimento de uma obrigação de dar coisa diversa de dinheiro, como entregar um livro, ou de uma obrigação de fazer, como pintar uma casa, ou mesmo de uma obrigação de não fazer, como manter sigilo sobre segredos industriais, denomina-se pagamento ou adimplemento, independentemente da modalidade de obrigação ou do seu objeto.

O adimplemento é tradicionalmente estudado em perspectiva puramente estrutural. Vale dizer: se a prestação foi cumprida exatamente como consta do título obrigacional (contrato etc.), há adimplemento; se não foi cumprida exatamente dessa forma, há inadimplemento. Essa leitura estreita do adimplemento impede que o direito capte toda a complexidade das relações socioeconômicas e conduz a injustiças. Algumas vezes, o devedor não cumpre a prestação exatamente como ajustada, mas ainda assim alcança a finalidade perseguida pelo credor com a constituição da relação obrigacional, como no exemplo do vendedor que entrega o equipamento adquirido, sem o manual de instruções, a um comprador que é especialista no equipamento. Outras vezes, embora cumprindo a prestação precisamente como acordado, o devedor não atende à finalidade buscada pelo credor, como no exemplo do alienante que transfere seu fundo de comércio ao adquirente, mas abre logo em seguida um novo estabelecimento concorrente na mesma rua. A rigor, o adimplemento ou inadimplemento da obrigação deve ser examinado à luz do propósito efetivamente perseguido pelas partes com a constituição da específica relação obrigacional. Impõe-se, na lição de Pietro Perlingieri, "uma investigação em chave funcional, isto é, que tenha em conta a valoração dos interesses considerados não genericamente", mas que os examine "singularmente e concretamente"[1].

2. Tríplice transformação do adimplemento

Considerando com essas novas lentes a noção de adimplemento, identifica-se genuína transformação, que se pode examinar sob três aspectos distintos: (a) temporal; (b) conceitual; e (c) consequencial. Em outras palavras, alteram-se no direito contemporâneo o momento de verificação do adimplemento (plano temporal), as condições para sua configuração (plano conceitual em sentido estrito) e os efeitos que dele decorrem (plano consequencial). Em cada um desses planos, pode-se constatar a presença de novas figuras e construções, como o adimplemento substancial, o inadimplemento antecipado, a violação positiva do contrato e a responsabilidade pós-contratual. Todos esses institutos tornam mais árdua e sofisticada a distinção outrora puramente estrutural entre adimplemento e inadimplemento. Por isso, serão estudados no capítulo seguinte, dedicado ao estudo do inadimplemento. O presente capítulo dedica-se a esclarecer como nossa codificação trata tradicionalmente o adimplemento e quais as formas alternativas que concede ao devedor para adimplir ou, em outras palavras, pagar.

---

1 Pietro Perlingieri, *Il fenomeno dell'estinzione nelle obbligazioni*, Camerino-Nápoles: ESI, 1980, p. 21.

3. Requisitos do pagamento

Pressuposto do pagamento é a existência de uma relação obrigacional que o imponha. Sem isso, a realização da prestação se converte em fonte de enriquecimento sem causa, vedado expressamente pelo Código Civil. Nossa codificação estabelece, ainda, requisitos para que o pagamento seja eficaz, produzindo o seu principal efeito, a liberação do devedor. Há requisitos de natureza objetiva como aqueles relativos ao objeto, tempo, lugar e modo pelo qual se faz o pagamento. Há também requisitos de natureza subjetiva, relativos à pessoa que efetua o pagamento, o chamado *solvens*, e à pessoa a quem se paga, o chamado *accipiens*. Assim, por exemplo, determina o Código Civil que o pagamento deve se dar, em regra, no domicílio do devedor (art. 327) e que o pagamento que importe transmissão de propriedade só terá eficácia se feito por quem possa alienar o objeto em que ele consistiu (art. 307).

3.1. Quem deve pagar

O devedor, pessoa submetida ao vínculo obrigacional, é o primeiro interessado no pagamento. Ressalvadas as obrigações infungíveis ou personalíssimas, nas quais somente o devedor pode cumprir a obrigação, o direito admite que um terceiro venha a pagar a dívida, não se vislumbrando prejuízo algum para o credor que recebe o pagamento de pessoa diversa do devedor, desde que seu interesse seja atendido. O Código Civil, porém, distingue a disciplina aplicável conforme o terceiro possua ou não *interesse jurídico* (ou seja, possa sofrer efeito negativo sobre situação jurídica de que seja titular) no pagamento (arts. 304 a 306).

Quando o pagamento é efetuado pelo próprio devedor, como é a regra, extingue-se a obrigação, ficando exonerado o devedor. Quando o pagamento é efetuado por terceiro interessado, o efeito é a exoneração do devedor frente ao credor original. Ocorre, nessa hipótese, a sub-rogação legal, ou seja, a assunção pelo *solvens* de todos os direitos que o credor possuía em face do devedor. O devedor, portanto, apenas se exonera em face do credor originário, passando a estar vinculado ao *solvens*. Quando o pagamento é efetuado por terceiro não interessado, *em nome e por conta do devedor*, a obrigação se extingue sem que surja entre o devedor e o *solvens* qualquer vínculo jurídico, presumindo-se que houve por parte do terceiro uma liberalidade em benefício do devedor. Por fim, na hipótese de pagamento por terceiro não interessado, *em nome e por conta própria*, o Código Civil atribui a este terceiro direito de reembolso em face do devedor (CC, art. 305).

3.2. A quem se deve pagar

O *accipiens* natural é o credor, titular do direito de exigir o cumprimento da prestação. Pode o pagamento, todavia, ser efetuado também ao representante do credor, que atua como sua *longa manus*. O pagamento feito a pessoa diversa do credor ou seu representante é, a princípio, indevido, podendo, contudo, ser ratificado pelo credor, exonerando o devedor. Independentemente da ratificação, se o pagamento efetivamente reverter em proveito do credor, deverá ser considerado eficaz, sob pena de enriquecimento sem causa (art. 308). Com o escopo de proteger a legítima confiança do *solvens* e, em última análise, a concreta segurança das relações jurídicas, o art. 309 atribui validade ao pagamento efetuado de boa-fé ao credor putativo, ou seja, aquele que, aos olhos de todos, passa como verdadeiro titular do crédito[2]. Sendo o credor incapaz de quitar, afirma-se que a hipótese não é de invalidade da obrigação propriamente dita, mas apenas do pagamento. Nesse caso, se o *solvens* desconhecia a incapacidade, é válido também o pagamento. Se a conhecia, o pagamento vale apenas na medida em que se reverter em benefício do credor (CC, art. 310). O art. 311 admite o pagamento efetuado ao portador da quitação, pois o fato material da apresentação do instrumento da quitação induz uma autorização presumida[3].

3.3. Objeto do pagamento

O art. 313, ao dispor que "o credor não é obrigado a receber prestação diversa da que lhe é devida, ainda que mais valiosa", consagra um princípio fundamental do direito das obrigações: o princípio da identidade da prestação. O objeto do pagamento é, precisamente, a prestação pactuada. Por "prestação diversa" entende-se não apenas a prestação que é substancialmente distinta da original, mas também aquela que, embora idêntica, se faz só em parte ou parceladamente, se assim não se ajustou, do que resulta o princípio da indivisibilidade da prestação (art. 314).

3.4. Lugar do pagamento

A regra consagrada pelo Código Civil brasileiro, na esteira da tradição romano-germânica, é a de que o pagamento deve ser efetuado no domicílio do

---

2 Clóvis Beviláqua, *Código Civil dos Estados Unidos do Brasil comentado*, Rio de Janeiro: Francisco Alves, 1933, v. IV, p. 92.
3 Caio Mário da Silva Pereira, *Instituições de direito civil*, Rio de Janeiro, Forense, 2003, v. II, p. 177.

devedor (art. 327), tomando-se de empréstimo a terminologia francesa que se refere a tais dívidas como *quérables* ou quesíveis. A convenção entre as partes, todavia, pode transformar a dívida em *portable* ou portável, devendo o *solvens* realizar o pagamento no domicílio do credor. Também a lei ou a natureza da obrigação podem impor que o cumprimento se dê em lugar diverso do domicílio do devedor, como ocorre com a obrigação de entregar bem imóvel, que deve ocorrer necessariamente no local onde o bem se situa (art. 328). Por fim, as circunstâncias do caso concreto podem transferir para outra localidade o cumprimento da obrigação, como acontece quando o credor reiteradamente efetua o pagamento em outro local (art. 330), ou quando motivo grave impede a realização do pagamento no lugar determinado (art. 329).

3.5. Tempo do pagamento

As partes frequentemente pactuam o momento do pagamento, fazendo constar expressamente do título da obrigação o vencimento da dívida. A lei, porém, não impõe essa regulação. Na ausência de convenção ou disposição legal que indique o momento do vencimento da dívida, o art. 331 considera que a exigibilidade da obrigação será imediata, facultando ao credor requisitar o pagamento a qualquer tempo. Reconhece-se, todavia, que a expressão "imediatamente" não pode ser interpretada de forma literal, devendo-se atentar para a necessidade de se conferir ao devedor um tempo razoável para a satisfação da prestação[4].

O art. 333 enumera diversas hipóteses que expressam uma significativa diminuição da possibilidade de recebimento da prestação, autorizando, nesses casos, o *vencimento antecipado da obrigação*: o credor pode exigir o pagamento antes do vencimento do prazo estipulado contratualmente ou previsto na lei. O dispositivo tem por escopo "garantir a segurança das relações creditórias, o que atende a uma aspiração de caráter social e genérico"[5]. Registre-se que as partes podem estipular outras causas adicionais de vencimento antecipado. Como o termo de vencimento é fixado em benefício das partes, em regra do devedor, não há razão para se vedar a renúncia a tal termo diante da verificação de certas circunstâncias objetivas previamente estabelecidas.

---

4 Orlando Gomes, *Obrigações*, Rio de Janeiro: Forense, 2000, p. 99.
5 Silvio Rodrigues, *Direito civil*, v. II, São Paulo: Saraiva, 2002, p. 162.

4. Prova do pagamento: quitação

A prova do pagamento denomina-se quitação. Trata-se da declaração com a qual o credor atesta a ocorrência do pagamento[6]. A expressão quitação deriva do verbo *quietare*, empregado no latim medieval com o significado de aquietar ou acalmar. A quitação tranquiliza o devedor na medida em que demonstra a realização do pagamento e, portanto, sua liberação do vínculo obrigacional. Não quer isto dizer que a quitação seja prova absoluta; admite demonstração em contrário[7]. O recebimento da quitação consiste em direito do devedor que paga, permitindo o Código Civil que o devedor retenha o pagamento enquanto não lhe seja oferecida a correspondente quitação (art. 319).

O art. 320 do Código Civil elenca os requisitos da quitação, determinando que designe valor da dívida, nome do devedor, tempo e lugar do pagamento etc. O próprio Código, contudo, atento à funcionalidade do instituto, reconhece validade à quitação quando "de seus termos ou das circunstâncias resultar haver sido paga a dívida" (CC, art. 320, parágrafo único). Na prática, nossa jurisprudência tem se defrontado frequentemente com cláusulas ou termos de quitação genérica, por vezes recíproca, entre as partes, sem nenhuma alusão ao objeto da dívida. Sobre o tema, já decidiu o Superior Tribunal de Justiça que "termo de quitação onde não se especifica a dívida a que ele se refere é tão inútil como um atestado de óbito a que falta o nome do defunto"[8]. Tecnicamente, a quitação em termos gerais resta desprovida da eficácia própria daquilo que se denomina tecnicamente de quitação: prova do pagamento. Isso não impede que o credor se empenhe por demonstrar o pagamento por outros meios, mas resulta na ineficácia da assim chamada quitação ampla e geral como meio probatório[9].

5. Presunção de pagamento

Em algumas situações, o Código Civil presume o pagamento. O art. 324, por exemplo, afirma que a entrega do título firma a presunção de pagamento.

---

6   Pietro Perlingieri, *Manuale di diritto civile*, Nápoles: Edizioni Scientifiche Italiane, 2003, p. 243.
7   Pontes de Miranda, *Tratado de direito privado*, t. XXIV, Rio de Janeiro: Borsoi, 1958, p. 110.
8   STJ, 1ª T., REsp 6.095/PR, rel. Min. Humberto Gomes de Barros, j. 20-8-1992, in RSTJ 39/355.
9   Anderson Schreiber, Compensação de créditos em contrato de empreitada e instrumentos genéricos de quitação, *Revista Brasileira de Direito Civil*, v. 9, 2016, p. 153-154.

Admite-se, contudo, que, em cada caso concreto, o credor demonstre que a entrega do título se deu por motivo diverso, sem ânimo liberatório. Outra importante presunção de pagamento encontra-se no art. 322: o pagamento da última das quotas periódicas da dívida faz presumir o pagamento de todas as anteriores.

6. Modalidades indiretas de pagamento

Ao lado do pagamento direto, o Código Civil contempla modalidades de pagamento indireto, que merecem ser examinadas em separado.

6.1. *Pagamento em consignação*

Pagamento em consignação é modalidade indireta de pagamento, que consiste no depósito judicial ou extrajudicial da prestação pelo devedor em favor do credor. O vocábulo consignação vem de *cum signare*, recordando, na lição de Carvalho de Mendonça, o uso primitivo de exibir o dinheiro em um saco fechado e lacrado com sinete[10]. A consignação não se limita, contudo, ao pagamento de dívidas pecuniárias, abrangendo toda espécie de obrigação de dar. É, por exemplo, amplamente aceita a consignação de bem imóvel, por meio da entrega das chaves. As obrigações de fazer e não fazer afiguram-se, por outro lado, incompatíveis com o pagamento em consignação.

O pagamento em consignação verifica-se normalmente quando o credor se recusa a receber o pagamento (por exemplo, porque discorda do conteúdo da prestação) ou quando o devedor não sabe ao certo onde, quando ou a quem deve efetuar a prestação (por exemplo, nos casos de falecimento do credor com disputa entre herdeiros). Em tais hipóteses, não pode o devedor que pretende efetuar o pagamento restar impedido de se exonerar da obrigação, uma vez que possui legítimo interesse em se desonerar para evitar sua própria constituição em mora e para se livrar dos riscos da coisa ou fato que deve prestar. Daí o ordenamento jurídico permitir que se liberte da dívida efetuando o depósito da prestação.

Como modalidade de pagamento indireto, a consignação em pagamento deve preencher todos os requisitos que são exigidos ao tempo do pagamento, com relação às pessoas, ao objeto, ao modo e ao tempo em que se efetua (CC, art. 336). O Código de Processo Civil (art. 539 e s.) regula o procedimento que deve ser

---

10 M. I. Carvalho de Mendonça, *Doutrina e prática das obrigações*, Rio de Janeiro: Forense, 1956, v. I, p. 518.

seguido para a consignação em pagamento, que pode se dar (a) por meio de ação judicial especificamente voltada para esse fim ou (b) extrajudicialmente, quando a obrigação for de entregar quantia em dinheiro.

6.2. Pagamento com sub-rogação

Pagamento com sub-rogação consiste na substituição do credor que é pago por aquele que paga a dívida ou fornece a quantia para o pagamento[11]. Vale dizer: o pagamento com sub-rogação tem lugar quando o pagamento é efetuado não pelo devedor, mas por pessoa que, assim fazendo, passa a ocupar a posição jurídica até então ocupada pelo credor na relação obrigacional. A sub-rogação, contudo, não se opera se o crédito foi constituído *intuitu personae*, ou seja, as obrigações personalíssimas não comportam esse modo de transferência do credor originário para o *solvens*. Pode decorrer diretamente da lei, a chamada *sub-rogação legal*, ou da convenção entre as partes, a que se denomina *sub-rogação convencional*. O Código Civil determina, no art. 346, que ocorre sub-rogação legal em virtude do pagamento quando (a) o credor paga a dívida que seu devedor tem em relação a outro credor; (b) o adquirente de imóvel hipotecado paga a credor hipotecário, bem como quando terceiro efetua o pagamento para não ser privado de direito sobre imóvel; e (c) o terceiro interessado paga a dívida pela qual era ou podia ser obrigado (*e.g.*, coobrigado ou fiador), no todo ou em parte. O sub-rogado fica investido contra o devedor dos mesmos direitos, garantias, privilégios e preferências de que gozava o credor original (art. 349).

6.3. Imputação do pagamento

Imputação do pagamento não é, a rigor, uma modalidade indireta de pagamento, mas sim a identificação do destino do pagamento efetuado pelo devedor. Se o devedor tem apenas uma dívida face ao credor, o pagamento efetuado a ela se destina e o problema da imputação não se coloca. Se, contudo, o devedor tem com o mesmo credor duas ou mais dívidas da mesma natureza, líquidas e vencidas, sendo o pagamento efetuado insuficiente para a extinção de todas, há que se determinar em qual das dívidas o pagamento deve ser imputado. São requisitos para a incidência das regras relativas à imputação em pagamento: (a) pluralidade de débitos da mesma natureza; (b) identidade de credor e devedor; e (c) suficiência para solver mais de uma dívida.

---

11 Lacerda de Almeida, *Obrigações*, Rio de Janeiro: Revista dos Tribunais, 1916, p. 61.

A regra fundamental em matéria de imputação ao pagamento é a de que a imputação é direito do devedor (art. 352). Faculta-se ao devedor escolher a qual das dívidas líquidas e vencidas se destina a sua prestação. Ao credor não compete aceitar ou recusar a escolha. Se o credor se recusar a receber o pagamento, o devedor pode proceder à consignação em pagamento, indicando a qual dívida se refere.

Registre-se, por fim, que é polêmica a incidência da imputação em pagamento na relação contratual de conta-corrente com instituições bancárias. Para Silvio Venosa, "se o correntista não tiver numerário depositado em volume suficiente para débitos que vençam na mesma data, por exemplo, devem ser aplicados os princípios da imputação em pagamento"[12]. Em sentido diametralmente oposto, J. X. Carvalho de Mendonça afirma que "as regras sobre a imputação não se aplicam se se trata de conta-corrente, pois as remessas que alimentam essas contas não são pagamentos"[13].

6.4. Dação em pagamento

O credor não pode ser compelido a receber prestação diversa da que lhe é devida, ainda que mais valiosa (art. 313). Pode o credor, contudo, aceitar receber prestação diversa da que lhe é devida. Se o faz, o pagamento que se segue recebe o nome de dação em pagamento, ou *datio in solutum*, como diziam os romanos, referindo-se à situação do credor que aceitava o pagamento de uma coisa por outra (*aliud pro alio soluere*). Por depender do consentimento do credor, consubstanciando alteração ao pacto anterior, a dação em pagamento tem natureza de "negócio jurídico translativo"[14], conclusão reforçada pelo art. 357 do Código Civil, que manda aplicar à dação em pagamento a disciplina do contrato de compra e venda.

Não é necessário, ao contrário do que sugeria o Código Civil de 1916, que a prestação oferecida seja coisa diversa de dinheiro: também o oferecimento de dinheiro, que o credor aceita no lugar da prestação que pactuara receber, configura dação em pagamento. A dação em pagamento pode, de fato, se apresentar sob diferentes formas: na entrega de uma coisa por outra (*rem pro re*), de uma coisa por um fato (*rem pro facto*), de um fato por uma coisa (*facto pro re*), de

---

12 Silvio de Salvo Venosa, *Direito civil*, São Paulo: Atlas, 2003, v. II, p. 282.
13 J. X. Carvalho de Mendonça, *Tratado de direito comercial brasileiro*, São Paulo: Freitas Bastos, 1964, v. VI, p. 398.
14 Orlando Gomes, *Obrigações*, cit., p. 119.

uma coisa no lugar de dinheiro (*rem pro pecunia*), de dinheiro no lugar de uma coisa (*pecunia pro re*) e assim por diante. As diferentes espécies são tratadas de forma uniforme pelo direito civil contemporâneo, sendo certo, em qualquer caso, que "a substituição, em se tratando de dação em pagamento, não é da dívida, mas sim do objeto do pagamento"[15].

São requisitos para a dação em pagamento, além da prévia existência da dívida, (a) a concordância do credor com o recebimento de prestação diversa da devida e (b) a efetiva entrega da nova prestação com o propósito de extinguir a dívida (*animus solvendi*). A dação em pagamento, como espécie de pagamento, compartilha do seu efeito: a extinção da relação obrigacional, com a liberação do devedor. Se a dação em pagamento for declarada nula, a obrigação extinta se restabelece, como se dação nunca tivesse havido. O Superior Tribunal de Justiça já o decidiu expressamente no caso de uma dação em pagamento de um imóvel por escritura pública eivada de falsidade[16]. O mesmo efeito reserva o Código Civil à evicção da coisa dada em pagamento: restabelece-se a obrigação primitiva (art. 359). O "restabelecimento" da obrigação primitiva não deixa de ser curioso, uma vez que o efeito normal da evicção seria o mero direito de indenização em face daquele que efetuou a dação em pagamento. O ressuscitar de uma relação obrigacional já extinta não apenas põe em xeque o efeito liberatório da *datio in solutum*, mas também desafia uma explicação sistemática no âmbito do direito obrigacional. Traz, ainda, problemas práticos como a questão das garantias: o restabelecimento da fiança é afastado pelo art. 838 do Código Civil, que preserva a exoneração do fiador na hipótese de evicção da coisa dada em pagamento, e o melhor entendimento doutrinário é aquele que sustenta igual tratamento a outros terceiros que possam ter dado garantia (*e.g.*, avalistas), tendo em vista que o próprio art. 359 ressalva os direitos de terceiros. Como se registrou em outra sede, "o credor não estava obrigado a aceitar a dação; se o fez, liberou o fiador e os demais terceiros garantidores do pagamento, que não podem vir a ser surpreendidos pelas consequências da evicção"[17].

7. Modos de extinção da obrigação diversos do adimplemento

Além do pagamento e de suas formas especiais, como o pagamento com sub-rogação e a dação em pagamento, o Código Civil se ocupa de outros meios

---

15 J. M. de Carvalho Santos, *Código Civil brasileiro interpretado*, vol. XIII, cit., p. 135.
16 STJ, Recurso Especial 222.815/SP, *RSTJ* 132/453.
17 Gustavo Tepedino e Anderson Schreiber, Direito das obrigações, in Álvaro Villaça Azevedo (Coord.), *Código Civil comentado*, São Paulo: Atlas, 2008, v. IV, p. 288.

de extinção das obrigações, chamados meios extintivos impróprios ou modos de extinção diversos do adimplemento. São meios de extinção da obrigação sem cumprimento da prestação. Com efeito, embora o pagamento seja o fim esperado de toda relação obrigacional, a extinção da obrigação pode derivar de outros meios, em particular: (a) a novação, (b) a compensação, (c) a confusão e (d) a remissão da dívida.

7.1. Novação

Novação é a constituição de uma nova relação obrigacional, em substituição a uma relação obrigacional anterior, que fica extinta. A novação já era conhecida dos romanos, que aludiam à *novatio* como meio de extinção da obrigação[18]. Com o desenvolvimento moderno de variados mecanismos de transmissão das obrigações, a importância da novação diminuiu significativamente. Ainda assim, o instituto conserva interesse prático, especialmente no que toca à chamada novação tácita.

A novação pode ser (a) objetiva, quando a nova obrigação difere da anterior no tocante ao seu objeto, ou (b) subjetiva, quando a diferença entre as duas obrigações está no titular da situação jurídica subjetiva identificada com a posição de devedor – a chamada novação subjetiva passiva – ou de credor – a chamada novação subjetiva ativa (art. 360). São requisitos de qualquer novação: (a) a existência de uma obrigação a ser novada (*obligatio novanda*); (b) a constituição de uma nova obrigação, caracterizada por um elemento novo em relação à anterior (*aliquid novi*); e (c) a função novativa[19]. A doutrina brasileira refere-se, em lugar da função novativa, ao *animus novandi*, ou seja, à intenção de extinguir uma relação obrigacional por meio da constituição de uma nova obrigação. A referência ao *animus novandi* como elemento essencial à configuração da novação representa excessiva concessão ao voluntarismo. A rigor, a intenção das partes na novação não é mais relevante do que se vê na dação em pagamento, na remissão de dívida e em todos os demais meios de extinção das obrigações. É de se verificar, em síntese, se houve mudança relevante no negócio, e tal análise não depende da intenção subjetiva de cada uma das partes.

Nossos tribunais têm se mantido fiéis à busca da intenção de novar, mas admitem a novação tácita. Afirmam que, não sendo expresso o *animus novandi*,

---

18 José Soriano de Souza Neto, *Da novação*, São Paulo: Saraiva, 1937, p. 94.
19 Pietro Perlingieri, Modi di estinzione delle obbligazioni diversi dall'adempimento, in *Commentario del Codice Civile*, Bolonha: Zanichelli, 1975, p. 79-80.

"apura-se pelo princípio da incompatibilidade"[20]. Vale dizer: configura novação tácita a constituição de uma obrigação nova incompatível com a obrigação anterior, como no exemplo do empreiteiro que assume a obrigação de construir um edifício sobre o mesmo terreno onde estava obrigado a construir uma casa. A mera dilação de prazos para pagamentos não deve ser considerada novação tácita[21].

7.2. Compensação

A compensação é o meio de extinção das obrigações recíprocas entre as mesmas partes. Sendo duas pessoas, simultaneamente, devedoras uma da outra, seus débitos se extinguem até a concorrência de seus respectivos valores[22]. O direito brasileiro reconhece três espécies de compensação: (a) a compensação legal; (b) a compensação convencional; e (c) a compensação judicial.

A compensação legal é a modalidade regulada nos arts. 368 a 380 do Código Civil. Afirma-se, tradicionalmente, que a compensação no direito civil brasileiro ocorre *ipso iure*, isto é, decorre automaticamente da lei, independentemente da vontade do credor e mesmo de iniciativa do devedor (art. 368). Daí a advertência de Lacerda de Almeida, segundo a qual "a despeito da vontade das partes, a extinção ou redução da dívida começa desde o momento em que as duas dívidas, reunindo cada uma as condições legais, coexistem, encontram-se"[23]. Ainda assim, é preciso registrar que a própria codificação, em algumas passagens, parece subordinar a compensação à iniciativa do devedor. É o que se vê, por exemplo, dos arts. 371 e 376, que se referem a dívidas que o devedor "pode" ou "não pode" compensar. Também o art. 377 caminha nessa direção, ao afirmar que "o devedor que, notificado, nada opõe à cessão que o credor faz a terceiros dos seus direitos, não pode opor ao cessionário a compensação, que antes da cessão teria podido opor ao cedente". Daí a opinião intermediária de Carvalho Santos, para quem "vale a compensação, em última análise, como um pagamento forçado, porquanto o credor não a pode recusar quando o devedor lha oponha"[24].

---

20   TJRJ, Ap. Cível 2004.001.33241, *DJ* 29-11-2005.
21   Antunes Varela, *Das obrigações em geral*, 10. ed., Coimbra: Almedina, 2000, v. II, p. 233.
22   Clóvis Beviláqua, *Código Civil dos Estados Unidos do Brasil comentado*, Rio de Janeiro: Francisco Alves, 1933, v. IV, p. 169.
23   Lacerda de Almeida, *Obrigações*, cit., p. 329.
24   J. M. de Carvalho Santos, *Código Civil Brasileiro interpretado*, Rio de Janeiro: Calvino Filho, 1936, v. XIII, p. 215-216.

A utilidade da compensação é dupla: de um lado, evita o inconveniente de pagamentos simultâneos entre credores e devedores recíprocos, pela mera formalidade do pagamento e sem nenhuma utilidade social ou econômica; de outro, exerce o papel de proteção ao credor que, temendo o inadimplemento do seu devedor, deixa de efetuar a prestação que lhe deve, compensando as dívidas. São requisitos essenciais da compensação: (a) a reciprocidade de débitos entre os mesmos sujeitos (art. 368); (b) que ambas as obrigações tenham por objeto coisas fungíveis, do mesmo gênero e qualidade (art. 370); e (c) que ambas as dívidas sejam líquidas e vencidas (art. 369).

De acordo com o Código Civil, a compensação legal somente ocorre "se duas pessoas forem ao mesmo tempo credor e devedor uma da outra" (art. 368). De modo geral, a doutrina brasileira tem exigido a reciprocidade de sujeitos para fins de aplicação da compensação legal, ainda que exijam especial atenção aquelas hipóteses em que um sujeito, embora formalmente distinto de outro, representa mero *alter ego* do devedor ou credor. Requer-se aqui, contudo, alguma precisão conceitual. A reciprocidade, a rigor, deve se estabelecer entre *centros de interesses* distintos, e não, necessariamente, entre sujeitos diversos. Vislumbram-se, nesta esteira, (i) situações nas quais é possível operar-se a compensação com apenas um sujeito, como na hipótese de este ser titular de patrimônios autônomos ou separados, com obrigações recíprocas, e (ii) casos em que, não obstante a dualidade de sujeitos, não há reciprocidade, uma vez que as situações creditória e debitória se referem a centros de interesses distintos. Pense-se no exemplo em que A seja, em relação a B, devedor em nome próprio, mas credor em nome de um terceiro[25].

Consistindo a compensação em "um duplo pagamento fictício"[26], só poderia ser oposta contra créditos de que se pudesse demandar o pagamento. Daí por que não podem ser objeto de compensação legal as obrigações naturais, que são, por definição, inexigíveis. A compensação convencional, contudo, pode abarcá-las, pois as partes podem, por convenção, estipular a compensação independentemente dos requisitos legais. As dívidas prescritas também carecem de exigibilidade, mas parte da doutrina admite a possibilidade de compensação se a parte a quem favorecia a prescrição deixar de alegá-la[27]. Se a prescrição ocorre após a compensação, a dívida já terá sido pré-extinta, razão pela qual o

---

25 Pietro Perlingieri, *Il fenomeno dell'estinzione nelle obbligazioni*, Camerino-Nápoles: ESI, 1972, p. 108-110.
26 Euclides de Mesquita, *A compensação no direito civil brasileiro*, São Paulo: Leud, 1975, p. 92.
27 Serpa Lopes, *Curso de direito civil*, Rio de Janeiro: Freitas Bastos, 1995, v. II, p. 260, em entendimento que, registre-se, é incompatível com o caráter automático da compensação.

problema não se coloca. De modo semelhante, a obrigação nula não pode ser compensada, mas a anulável o pode, desde que a anulação ainda não tenha sido judicialmente promovida.

Reconhece-se, ainda, a compensação judicial, também chamada de compensação *forçada*, pela qual uma das partes requer a compensação em juízo estatal ou arbitral. Ao contrário da compensação legal, a compensação judicial tem eficácia *ex nunc* e não consiste em matéria de defesa, consubstanciando pretensão autônoma a ser exercida por meio de demanda própria ou de reconvenção. Pode, por isso mesmo, segundo lição recorrente na doutrina brasileira, abranger dívidas ilíquidas[28].

7.3. Confusão

A confusão é definida pela doutrina como a extinção da obrigação em virtude da reunião em uma mesma pessoa da condição de credor e devedor[29]. É exemplo conhecido de confusão aquele em que o devedor, filho do credor, vem a receber por conta do falecimento do pai o direito de crédito contra si mesmo. Sendo o herdeiro credor e devedor da dívida, opera-se a confusão, como meio de extinção da obrigação. Outro exemplo tem-se na incorporação por uma companhia de outra, em face da qual era devedora. Ainda frequente é a hipótese da confusão entre órgãos públicos integrantes do mesmo ente federativo, como nos casos em que o Estado resta condenado a pagar honorários sucumbenciais em favor da Defensoria Pública Estadual[30].

A confusão é usualmente explicada pela nossa doutrina como uma necessidade lógica, decorrente da reunião em um só sujeito das condições de credor e devedor da mesma dívida. Sustentam os autores que, sendo a pluralidade de sujeitos um elemento essencial à relação obrigacional, a reunião em um só sujeito das condições de credor e devedor opera a perda desse elemento e a consequente extinção da obrigação. Afirma-se que, "em tais circunstâncias, surge uma ideia que é a própria negação da relação obrigacional"[31]. A lição merece,

---

28 Serpa Lopes, *Curso de direito civil*, cit., v. II, p. 266.
29 Washington de Barros Monteiro, *Curso de direito civil*, São Paulo: Saraiva, 1979, v. IV, p. 332.
30 Súmula 421 do STJ: "Os honorários advocatícios não são devidos à Defensoria Pública quando ela atua contra a pessoa jurídica de direito público à qual pertença".
31 Caio Mário da Silva Pereira, *Instituições de direito civil*, Rio de Janeiro: Forense, 2003, v. II, p. 169.

contudo, análise cuidadosa. O que consiste em elemento essencial da obrigação, conforme já se esclareceu no capítulo anterior, não é a pluralidade de sujeitos, mas a pluralidade de situações jurídicas subjetivas. Pode ocorrer que a situação jurídica subjetiva reste ocasionalmente desprovida de um titular, como se verifica em um título de crédito à ordem, que é perdido e reencontrado pelo credor. Ninguém dirá que, por conta desse período de ausência de um sujeito-titular, a obrigação se extinguiu. A situação jurídica subjetiva credora, embora destitularizada, continuou existindo durante o período de extravio.

Não é, portanto, necessário que as situações jurídicas subjetivas que compõem a obrigação estejam todo o tempo integradas ao patrimônio de alguém (titularidade). É preciso apenas que não estejam absoluta e definitivamente privadas de apreensão por alguém que as possa exercer. Ora, se a ausência temporária de titular não faz desaparecer a relação obrigacional, é certo que a sua reunião temporária em um mesmo titular não tem nenhuma razão técnica ou "necessidade lógica" de provocar a sua extinção. O conceito e, sobretudo, a justificativa apresentadas pela doutrina brasileira majoritária com relação à confusão, embora venham muitas vezes expressas de forma a sugerir obviedade, não resistem a um olhar mais crítico. A reunião na mesma pessoa das condições de credor e devedor não deveria por si só extinguir a obrigação. Como já advertia Silvio Rodrigues, a relação obrigacional nessa hipótese "não se devia extinguir, mas tão só neutralizar-se, pois a obrigação não foi cumprida nem se resolveu. Ela apenas deixou de ser exigida, na prática, porque o credor não há de reclamá-la de si mesmo"[32]. A função da confusão é, em síntese, extinguir relações obrigacionais inúteis.

Nesta perspectiva, a reunião das situações jurídicas creditória e debitória em um mesmo titular não é nem suficiente para ensejar a confusão – exigindo-se, ainda, a perda de utilidade –, nem sequer necessária, pois a inutilidade da obrigação se verificará, a rigor, não com a reunião das situações em um mesmo sujeito, mas sim com a sua reunião em um *mesmo centro de interesses*, ainda que os sujeitos sejam distintos. Assim, se credor e devedor se casam, sob regime de comunhão, comunicam-se os patrimônios. Os sujeitos ainda são diversos, mas o patrimônio é um só. A confusão, nestes casos, verifica-se, apesar da distinção entre as pessoas envolvidas, porque não há utilidade na preservação da relação obrigacional. Pode ocorrer também a situação oposta, em que, como visto, embora ocorrendo a reunião na mesma pessoa das condições de credor

---

32 Silvio Rodrigues, *Direito civil*, São Paulo: Saraiva, 2002, v. II, p. 223.

e devedor, a obrigação não se extingue por preservar utilidade para o seu sujeito ativo. Assim, por exemplo, a transferência do crédito dado em penhor ao seu devedor originário não extingue a dívida porque ela preserva utilidade para o credor pignoratício. Nestas e em outras hipóteses, crédito e débito, embora reunidos formalmente no mesmo patrimônio e titularizados pela mesma pessoa, permanecem atrelados a centros de interesses diversos, não se operando a confusão.

É possível concluir que a adaptação do perfil estrutural da confusão à sua função implica verdadeira revisão conceitual, sendo insuficiente a noção de confusão como reunião da condição de credor e devedor desta obrigação numa mesma pessoa. A rigor, portanto, *confusão é a reunião das situações jurídicas subjetivas creditória e debitória em um mesmo centro de interesses, tornando inútil a preservação da relação obrigacional.*

7.4. Remissão de dívida

Remissão de dívida é o perdão do débito, por ato gratuito. Sob a vigência do Código Civil de 1916, discutiu-se intensamente o exato conceito de remissão, sustentando alguns autores a sua natureza contratual, enquanto outros a compreendiam como uma espécie de renúncia e, portanto, um ato unilateral e potestativo do credor, sem natureza contratual. O Código Civil de 2002 inclinou-se pela bilateralidade da remissão, ao determinar, no art. 385, que a extinção da obrigação somente se opera com a aceitação do devedor. Assim, somente após a aceitação do devedor produz a remissão o seu efeito primordial, que é a extinção da obrigação. Atende com isso o legislador de 2002 à ideia de que a extinção da obrigação afeta também o patrimônio do devedor e que tal efeito, ainda que benéfico, sobre o patrimônio alheio somente se pode produzir com a concordância do beneficiário. Acrescenta a doutrina que "o perdão pode travestir-se em humilhação. Da mesma maneira que o credor tem o direito de exigir o cumprimento da prestação, tem o devedor o direito de cumpri-la e obter a respectiva quitação, exonerando-se pelo inadimplemento"[33]. Embora o interesse do devedor na recusa da remissão venha usualmente explicado por razões morais, é possível conceber situações nas quais a rejeição assume um aspecto econômico, como no exemplo da sociedade que tem

---

[33] Gustavo Tepedino, Heloisa Helena Barboza e Maria Celina Bodin de Moraes (Coords.), *Código Civil interpretado conforme a Constituição da República*, 2. ed., Rio de Janeiro: Renovar, 2007, v. I, p. 692.

interesse em manter um determinado débito no seu patrimônio por se refletir em benefícios perante o fisco[34].

Duas cautelas são, todavia, recomendadas na interpretação do art. 387 do Código Civil. A primeira é de que a exigência de aceitação do devedor não pode se converter em meio de abuso do direito. Eventual recusa em aceitar a remissão precisa se fundar em interesse legítimo, merecedor de tutela à luz da ordem jurídica. O exercício abusivo do direito de recusar aceitação dá margem à sua ineficácia, de tal modo que a remissão de dívida produzirá seus efeitos e o credor terá ainda direito a indenização pelas eventuais perdas e danos resultantes do abuso[35]. A segunda cautela a ser observada diz respeito ao modo da aceitação pelo devedor, que pode ser tácito. Em outras palavras, pode-se extrair da conduta do devedor a aceitação à remissão de dívida, como na hipótese de, comunicado o devedor, não oferecer ele oposição em prazo razoável[36].

---

34 Pietro Perlingieri, *Il fenomeno dell'estinzione nelle obbligazioni*, cit., p. 91.
35 Gustavo Tepedino e Anderson Schreiber, *Direito das obrigações*, cit., p. 335.
36 Essa é a regra, por exemplo, no Código Civil italiano, cujo art. 1.236 determina que "la dichiarazione del creditore di rimettere il debito estingue l'obbligazione quando è comunicata al debitore, salvo che questi dichiari in un congruo termine di non volerne profittare".

Capítulo 17

Inadimplemento das Obrigações

Sumário: 1. Inadimplemento. **2.** Inadimplemento absoluto × mora. **3.** Mora. **4.** Requisitos da mora do devedor. **5.** Requisitos da mora do credor. **6.** Termo inicial da mora. **6.1.** Mora *ex re*. **6.2.** Mora *ex persona*. **6.3.** Mora em obrigações decorrentes de ato ilícito. **7.** Mora em obrigações negativas. **8.** Purga ≠ cessação da mora. **9.** Inadimplemento antecipado. **10.** Efeitos do inadimplemento antecipado. **11.** Violação positiva do contrato. **12.** Teoria do adimplemento substancial. **13.** Crítica à avaliação matemática do adimplemento substancial.

1. Inadimplemento

Na definição tradicional, inadimplemento é o não cumprimento da prestação tal como pactuada. Para Inocêncio Galvão Telles, a noção está a "significar pura e simplesmente que a prestação não é realizada tal como era devida"[1]. O inadimplemento seria, assim, um conceito puramente estrutural: não cumprida a prestação, há inadimplemento.

Entretanto, como já se advertiu no capítulo anterior, as noções de adimplemento e inadimplemento das obrigações precisam ser encaradas em uma visão funcional, que dê conta de toda a complexidade da relação obrigacional no seu dinâmico desenrolar em direção a certo fim. O adimplemento, que libera o devedor, dando fim à relação obrigacional, bem como o inadimplemento, que deflagra consequências sancionatórias sobre o devedor, não podem ser encarados de forma tão estreita, baseados na literalidade da forma como a prestação foi

---

1 Inocêncio Galvão Telles, *Direito das obrigações*, Coimbra: Coimbra Editora, 1983, p. 260.

pactuada no título obrigacional – título no qual a relação obrigacional encontra sua fonte, mas do qual naturalmente se distancia e, em certa medida, se desprende ao longo da evolução da relação entre as partes. Daí a já noticiada tríplice transformação do adimplemento – temporal, conceitual e consequencial –, que dá ensejo a novas figuras e construções que vêm tornar menos formalista a distinção entre adimplemento e inadimplemento, como a teoria do adimplemento substancial e a chamada violação positiva do contrato, que serão estudadas no presente capítulo. Antes, porém, é preciso compreender como nossa codificação trata o inadimplemento e suas espécies.

2. Inadimplemento absoluto × mora

À luz do Código Civil, o inadimplemento divide-se em duas espécies: (a) o inadimplemento absoluto e (b) o inadimplemento relativo. O inadimplemento absoluto consiste no descumprimento definitivo da obrigação. O inadimplemento relativo ou mora configura-se quando a inexecução da obrigação não é definitiva, afigurando-se ainda possível seu cumprimento pelo devedor de modo a atender o interesse útil do credor. O critério legal de distinção entre inadimplemento absoluto e mora consta do parágrafo único do art. 395 do Código Civil, em que se lê: "Se a prestação, devido à mora, se tornar inútil ao credor, este poderá enjeitá-la, e exigir a satisfação das perdas e danos". Vale dizer: enquanto ainda possível o cumprimento da prestação de modo útil para o credor, tem-se apenas mora. Com a perda de possibilidade útil da prestação, configura-se o inadimplemento absoluto. A possibilidade de conversão do inadimplemento relativo em absoluto pela perda da utilidade da prestação é usualmente referida pela doutrina como "caráter transformista da mora"[2].

Na visão tradicional, sendo a obrigação vínculo que submete o devedor ao poder do credor, dependia da vontade desse último a definição sobre a preservação ou não do interesse útil. Constituía-se um espaço de verdadeiro arbítrio do credor, competindo-lhe dizer se ainda conservava interesse ou não na prestação. A utilidade era vista de perspectiva estritamente subjetiva, confundindo-se com mera *escolha* do credor, que detinha, assim, o poder de converter a mora em inadimplemento absoluto. A melhor doutrina civilista esforçou-se, contudo, ainda sob a vigência da codificação de 1916, por enxergar a questão de

---

[2] Araken de Assis, *Resolução do contrato por inadimplemento*, 5. ed., São Paulo: Revista dos Tribunais, 2013, p. 120.

modo mais objetivo, explorando o sentido material da expressão "inútil ao credor", a revelar que não se deve vislumbrar aí mera escolha do credor, mas uma real inutilidade para o credor, à luz do fim para o qual se constituiu a relação obrigacional. Sobre o credor incide, assim, o ônus da prova da inutilidade, pois a utilidade da prestação se presume[3].

Nesse sentido, é exemplar o acórdão apreciado pelo TJRJ, no qual se pleiteava a resolução de contrato de compra e venda de veículo no qual, apesar de já ter havido a tradição do bem, teria ocorrido uma demora desarrazoada na entrega do respectivo certificado de registro pelo vendedor. Para fundamentar a improcedência do pedido, ponderou o tribunal que

> a demora na entrega do certificado do registro do veículo caracteriza mora e não inadimplemento absoluto, pois não evidenciada nos autos, ainda que de forma mínima, a inutilidade da prestação para o demandante. O pedido de desfazimento do contrato de compra e venda justifica-se na alegação genérica de "perda de negócios que seriam realizados com o veículo" sem qualquer suporte probatório, argumento que não se revela crível diante da atividade fim da empresa autora, que é de impressão gráfica e não de revenda de automóveis usados. (...) É de se destacar, ainda, que a perda do interesse da prestação deve ser apreciada objetivamente e não segundo mero interesse subjetivo do credor.

Considerou-se, ainda, a falta de cooperação do credor para o adimplemento da prestação faltante, sendo, "à luz do princípio da boa-fé objetiva, injustificável a recusa do demandante no recebimento da documentação enviada por correspondência, embora com atraso"[4].

Por essa ótica é que se deve examinar o instituto da mora.

3. Mora

Muitos autores definem a mora como o retardamento na execução da obrigação[5]. A própria etimologia da expressão relaciona-se à *demora* no cumprimento

---

3   J. M. de Carvalho Santos, *Código Civil brasileiro interpretado*, 7. ed., Rio de Janeiro: Freitas Bastos, 1958, v. XII, p. 323; Agostinho Alvim, *Da inexecução das obrigações e suas consequências*, 5. ed., São Paulo: Saraiva, 1980, p. 55, entre outros.
4   TJRJ, 17ª CC, Apelação Cível 0023505-69.2012.8.19.0042, rel. Des. Edson Aguiar de Vasconcelos, j. 7-5-2014.
5   Clóvis Beviláqua, *Código Civil dos Estados Unidos do Brasil comentado*, Rio de Janeiro: Francisco Alves, 1933, v. IV, art. 955.

da prestação. É de se notar, entretanto, que o Código Civil brasileiro define a mora de modo mais amplo que o simples atraso no pagamento, afirmando, no art. 394, que se considera "em mora o devedor que não efetuar o pagamento e o credor que não quiser recebê-lo no tempo, lugar e forma que a lei ou a convenção estabelecer". Verifica-se, assim, que a definição de mora como impontualidade no pagamento, embora correta à luz de certas legislações estrangeiras, afigura-se, entre nós, redutiva e incompatível com a amplitude do texto legal[6]. Ademais, a mora não ocorre apenas em relação ao devedor. Também o credor pode incorrer em mora. É o que ocorre, por exemplo, quando se recusa culposamente a receber a prestação no tempo, lugar e forma convencionados com o devedor.

4. Requisitos da mora do devedor

Requisitos essenciais da mora do devedor, também chamada mora *debitoris* ou mora *solvendi*, são (a) a exigibilidade da prestação e (b) sua não realização por culpa do devedor. Quanto ao primeiro requisito, sendo o pagamento devido apenas ao tempo do vencimento da dívida, a mora somente se instaura em relação a dívida certa e vencida. Também deve ser líquida, pois já os romanos advertiam que *in illiquidis non fit mora*, ainda que, modernamente, haja algum debate sobre a questão. Serpa Lopes bem recorda, nesse particular, inspirado em Giorgio Giorgi, que, "se a falta de liquidação for devida à culpa do devedor, não é justo que a impossibilidade de pagar, dependente de um fato imputável seu, lhe sirva de escusa"[7].

O segundo requisito consiste na culpa do devedor. O Código Civil brasileiro foi expresso sobre o tema ao determinar no art. 396 que "não havendo fato ou omissão imputável ao devedor, não incorre este em mora". Também a codificação de 1916 dispunha em igual sentido e nossa jurisprudência segue a mesma via, já tendo o STJ afirmado que "não há mora do devedor quando inexistente culpa sua"[8].

5. Requisitos da mora do credor

São requisitos da mora do credor, também chamada mora *creditoris* ou mora *accipiendi*, (a) a recusa do credor em receber a prestação no tempo, lugar e

---

6   Agostinho Alvim, *Da inexecução das obrigações e suas consequências*, cit., p. 10.
7   Serpa Lopes, *Curso de direito civil*, v. II, Rio de Janeiro: Freitas Bastos, 1995, p. 354.
8   STJ, REsp 82.560, j. 11-3-1996.

forma pactuados com o devedor e (b) a culpa do credor. É conhecido o debate doutrinário em torno da necessidade ou não de culpa para a configuração da mora do credor. Clóvis Beviláqua sustentava sua desnecessidade, afirmando que a mora do credor resulta exclusivamente da oferta regular do pagamento seguido da recusa do credor[9]. Parte da doutrina ainda sustenta a diferenciação entre a culpa, elemento subjetivo ligado à pessoa do credor, e a *justa causa*, que se constituiria em elemento objetivo estranho à pessoa do credor, tudo para concluir que a mora *creditoris* ocorre quando ausente a justa causa na recusa, independentemente de culpa[10]. De outro lado, estão os autores que sustentam que a mora do credor exige culpa tanto quanto a mora do devedor, pois ao credor cabe um dever jurídico de receber a prestação tal qual ajustada, ou, ao menos, de exonerar o devedor. Tal entendimento vem reforçado pelo influxo da boa-fé objetiva no direito obrigacional, a enfatizar a necessidade de cooperação do credor para o cumprimento da obrigação. Daí a conclusão alcançada pela melhor doutrina, segundo a qual "a culpa é também requisito da *mora accipiendi*. Sendo assim, caso nenhum dos dois (credor e devedor) tenham culpa, não se poderá falar em mora de qualquer deles"[11].

6. Termo inicial da mora

Questão importante é a determinação do preciso momento a partir do qual as partes podem ser consideradas em mora, passando esta a produzir seus efeitos. Aqui, torna-se relevante a distinção entre mora *ex re* e mora *ex persona*.

6.1. Mora ex re

Mora *ex re* é aquela que se constitui de pleno direito, independentemente de interpelação. É a regra adotada no direito civil brasileiro para as obrigações positivas e líquidas, com pagamento a termo, como se vê no art. 397 do Código Civil: "O inadimplemento da obrigação, positiva e líquida, no seu termo, constitui de pleno direito em mora o devedor". Obrigação positiva é aquela que envolve um *dare* ou um *facere*, não já uma abstenção. Líquida é a obrigação cuja

---

9 Clóvis Beviláqua, *Código Civil dos Estados Unidos do Brasil comentado*, cit., v. IV, p. 90.
10 Agostinho Alvim, *Da inexecução das obrigações e suas consequências*, cit., p. 25-33.
11 Gustavo Tepedino, Heloisa Helena Barboza e Maria Celina Bodin de Moraes (Coords.), *Código Civil interpretado conforme a Constituição da República*, 2. ed., Rio de Janeiro: Renovar, 2007, v. I, p. 721.

prestação já se encontra individuada. O art. 397 exprime a consagração normativa do brocardo latino segundo o qual *dies interpellat pro homine*, ou seja, o dia interpela em lugar do homem, no sentido de que a chegada de um termo previamente ajustado serve como interpelação do devedor, dispensando qualquer ato do credor.

A norma do art. 397 admite, contudo, exceções. Destaca, por exemplo, Carvalho Santos que, ainda quando estabelecidas a termo, aquelas obrigações cujo pagamento deve se dar no domicílio do devedor (a chamada dívida quesível ou *quérable*) não se sujeitam à mora *ex re*, já que depende o pagamento da iniciativa do credor de ir ou mandar buscar o pagamento. Em igual sentido, já afirmou o Superior Tribunal de Justiça que

> a existência de previsão contratual de pagamento do restante do débito em data certa não transforma a dívida antes quesível em *portable* (portável); continua sendo obrigação do credor diligenciar o pagamento da dívida no domicílio do devedor, ainda que domiciliados na mesma cidade. Na dívida quesível não é necessária, embora aconselhável, a oferta do devedor, pois deve ele aguardar a presença de cobrança do credor, só lhe sendo exigido que esteja pronto para pagar quando provocado pelo credor[12].

6.2. *Mora* ex persona

Da mora *ex re* diferencia-se a mora *ex persona*, que exige interpelação do devedor. Aplica-se a mora *ex persona* às obrigações cujo pagamento não tenha sido convencionado a termo. A interpelação pode se dar por ação judicial ou, o que é mais comum, por mera notificação extrajudicial demandando o pagamento. Na esteira do Enunciado n. 619 aprovado na VIII Jornada de Direito Civil, organizada pelo Centro de Estudos Judiciários do Conselho da Justiça Federal, entende-se que "a interpelação extrajudicial de que trata o parágrafo único do art. 397 do Código Civil admite meios eletrônicos como *e-mail* ou aplicativos de conversa *on-line*, desde que demonstrada a ciência inequívoca do interpelado, salvo disposição em contrário no contrato".

Questão controvertida diz respeito aos efeitos da notificação de cobrança em valor superior ao débito. Para parte da doutrina e da jurisprudência, tal notificação teria o efeito de constituir o devedor em mora, pois o excesso na cobrança não impediria que fosse alcançada a função da interpelação, "que é o de despertar

---

12   STJ, 3ª T., REsp 363.614, rel. Min. Nancy Andrighi, j. 26-2-2002, *DJ* 22-4-2002.

a atenção do devedor em atraso, concedendo-lhe prazo para que cumpra as obrigações assumidas"[13]. Não obstante, pacificou-se na jurisprudência do STJ a compreensão contrária, de que "se o credor exige o pagamento com correção monetária calculada por índices impróprios, com juros acima do permitido, capitalização mensal, (...) etc., o devedor pode não ter condições de efetuar o pagamento do que se lhe exige, e fica frustrada a oportunidade de purgar a mora. A exigência indevida é ato do credor, causa da falta do pagamento, que por isso não pode ser imputada ao devedor"[14].

6.3. Mora em obrigações decorrentes de ato ilícito

O Código Civil determina que, nas obrigações decorrentes de ato ilícito, o devedor é considerado em mora desde o momento em que o pratica (art. 398). O dispositivo não tem inspiração punitiva; atenta simplesmente a que o ato ilícito, que tem o dano como um de seus elementos, atinge negativamente a esfera da vítima a partir do momento em que é praticado. Para alguns autores, a regra traduz hipótese de mora *ex re* diversa daquela motivada pelo vencimento ou, ainda, de *mora presumida*, em que a lei leva em consideração a data da prática do ato ilícito para determinar a sua fluência[15]. Segundo a redação do art. 398, sua aplicação seria restrita aos casos de responsabilidade por ato ilícito, vale dizer: responsabilidade extracontratual ou aquiliana, de caráter subjetivo. Nada obstante, a mesma lógica se aplica aos casos de responsabilidade extracontratual objetiva, fundada no risco ou em disposições específicas[16]. Seja no ato ilícito,

---

13 STJ, REsp 132.017/SP, 4ª Turma, rel. Min. Sálvio de Figueiredo Teixeira, j. 2-9-1999, *DJ* 11-10-1999, p. 72.
14 STJ, 2ª Seção, EREsp 163.884/RS, rel. Min. Barros Monteiro, red. p/ acórdão Min. Ruy Rosado de Aguiar, j. 23-5-2001, *DJ* 24-9-2001, p. 234. Ver, na mesma direção: "A mora do devedor fica descaracterizada, caso reconhecido excesso ou abusividade na cobrança de encargo no período da normalidade contratual" (AgRg no AgRg no AREsp 435.883/PR, 4ª Turma, rel. Min. Marco Buzzi, j. 15-3-2016).
15 M. I. Carvalho de Mendonça, *Doutrina e prática das obrigações*, v. II, Rio de Janeiro: Forense, 1956, p. 258.
16 Gustavo Tepedino et al., *Código Civil interpretado conforme a Constituição da República*, v. I, 2. ed., Rio de Janeiro: Renovar, 2007, p. 725. A matéria foi pacificada pelo STJ em 2002, em acórdão assim ementado: "Direito Civil. Responsabilidade Objetiva. Juros Moratórios. Fluência. Termo Inicial. No campo da responsabilidade extracontratual, mesmo sendo objetiva a responsabilidade, como na hipótese, os juros moratórios fluem a partir do evento danoso. Embargos conhecidos, mas rejeitados" (STJ, Corte Especial, EREsp 63.068/RJ, red. p/ acórdão Min. Cesar Asfor Rocha, j. 6-11-2002, *DJ* 4-8-2003, p. 204).

seja na responsabilidade objetiva, o propósito é o mesmo: reparar integralmente a vítima. O Superior Tribunal de Justiça sumulou a matéria no verbete n. 54 (1992), com a seguinte redação: "Os juros moratórios fluem a partir do evento danoso, em caso de responsabilidade extracontratual".

7. Mora em obrigações negativas

Parcela significativa da doutrina entende que inexiste mora em obrigações negativas. Nas palavras de Agostinho Alvim, consistindo em uma omissão ou abstenção por parte do devedor, "a obrigação negativa não comporta variante. Ou o devedor não pratica o ato proibido e está cumprindo a obrigação; ou pratica, e dá-se a inexecução"[17]. Diversa é a opinião de Pontes de Miranda, para quem "não é verdade que não haja mora nas obrigações negativas", já que persistindo "possibilidade de ser elidido o efeito da inexecução, o devedor pode ser admitido a purgar a mora e continuar abstendo-se"[18]. É o que ocorre no exemplo do devedor que se obriga a não construir em certo terreno e ali começa a erguer edifício. Em tal caso, pode-se entender que o credor conserva interesse no cumprimento da prestação negativa, podendo pleitear a cessação dos trabalhos e a demolição (desfazimento) da construção. Há mora[19].

Afirma-se majoritariamente ser a mora nas obrigações negativas *ex re*, operando-se automaticamente pela prática da conduta cuja abstenção era devida[20]. Entretanto, percebe-se que também os requisitos que fundamentam a mora *ex re* nas obrigações positivas, notadamente a liquidez, podem não estar presentes nas obrigações negativas, sobretudo quando se está diante de ato jurídico complexo, no qual interagem diversas prestações, tornando-se nem sempre simples a tarefa de precisar se a atuação do devedor deu-se no tempo, lugar e forma devidos. Ganha relevância, nesse aspecto, a atuação da autonomia privada, tendo em vista que as partes podem, precavendo-se dos infortúnios advindos da indefinição quanto ao termo inicial dos efeitos da mora, convencionar a necessi-

---

17 Agostinho Alvim, *Da inexecução das obrigações e suas consequências*, cit., p. 133.
18 Pontes de Miranda, *Tratado de direito privado*, Rio de Janeiro: Borsoi, 1958, t. XXII, p. 188-189.
19 Enunciado n. 647 da IX Jornada de Direito Civil (2022): "A obrigação de não fazer é compatível com o inadimplemento relativo (mora), desde que implique o cumprimento de prestações de execução continuada ou permanente e ainda útil ao credor".
20 Judith Martins-Costa, *Comentários ao novo Código Civil*, v. V, t. II, 2. ed., Rio de Janeiro: Forense, 2009, p. 247.

dade de interpelação para que se constitua em mora o devedor da obrigação negativa (mora *ex personae*)[21].

8. Purga ≠ cessação da mora

As consequências da mora serão estudadas no capítulo seguinte, dedicado aos efeitos do inadimplemento relativo e absoluto. Por ora, cumpre registrar que, sendo a mora um estado provisório, seus efeitos podem ser afastados. Denomina-se *emenda, purga* ou *purgação* da mora a sua extinção por ato espontâneo do devedor ou credor moroso. Purga-se a mora: (a) por parte do devedor, oferecendo este a prestação mais a importância dos prejuízos decorrentes do dia da oferta; e (b) por parte do credor, oferecendo-se este a receber o pagamento e sujeitando-se aos efeitos da mora até a mesma data (art. 401). A purgação da mora pode, nas palavras de Clóvis Beviláqua, "ser admitida a qualquer tempo oportuno", de tal modo que, "ainda que esteja iniciada a ação contra o devedor pode este purgar a mora"[22].

A purga da mora não se confunde com a cessação da mora, que decorre de fato extintivo da obrigação (por exemplo, novação ou remissão de dívida), eliminando todos os efeitos da mora, inclusive os pretéritos[23]. Já a purgação da mora tem eficácia *ex nunc*, não eliminando os efeitos da mora que lhe sejam anteriores.

9. Inadimplemento antecipado

À luz da dogmática tradicional, o inadimplemento absoluto ou relativo da obrigação somente pode se verificar no momento de seu vencimento. Antes do vencimento, o pagamento da dívida é inexigível, razão pela qual o devedor não incorre em mora e, muito menos, em inadimplemento absoluto. Em outras palavras, "o sujeito passivo da obrigação só tem de cumpri-la na época do vencimento", de tal modo que "ao credor não é lícito antecipar-se, pedindo a satisfação da dívida antes do vencimento"[24]. Compete-lhe aguardar, passivamente, o vencimento.

Em direção oposta, a releitura funcional e dinâmica das obrigações, como relações que se desdobram no tempo, impõe reconhecer "o encadeamento,

---

21 Gustavo Tepedino e Francisco de Assis Viégas, Notas sobre o termo inicial dos juros de mora e o artigo 407 do Código Civil, *Scientia Juris*, v. 21, n. 1, 2017, p. 64-65.
22 Clóvis Beviláqua, *Código Civil dos Estados Unidos do Brasil comentado*, cit., v. IV, p. 120.
23 J. M. de Carvalho Santos, *Código Civil brasileiro interpretado*, cit., v. XII, p. 337.
24 Clóvis Beviláqua, *Direito das obrigações*, Campinas: Red, 2000, p. 149-151.

em forma processual, dos atos que tendem ao adimplemento do dever"[25]. Sob o império da boa-fé objetiva, o comportamento das partes antes e depois do cumprimento da prestação principal torna-se juridicamente relevante. Ambas as partes são chamadas a diligenciar pela utilidade da prestação antes, durante e depois do seu vencimento. É nesse cenário que a doutrina brasileira tem passado a invocar a figura do *inadimplemento antecipado* ou *inadimplemento anterior ao termo*[26]. A noção inspira-se na doutrina anglo-saxã do *antecipated breach of contract*, construída com base no célebre caso Hochster *versus* De la Tour, de 1853[27]. Trata-se, em síntese, de reconhecer que o inadimplemento pode se configurar mesmo antes do vencimento da obrigação, como na hipótese em que o devedor comunica ao credor que se recusará a cumprir a prestação. Seria inusitado exigir que o credor aguardasse, em tal caso, o vencimento, pois já ciente de que não haverá o adimplemento. O que se tem aí é, portanto, um inadimplemento antecipado.

A figura do inadimplemento antecipado – a rigor, antecipada recusa ao adimplemento – assume importância elevada quando se admite que sua configuração pode se dar de forma *implícita*, com base em condições fáticas que demonstrem o desinteresse do devedor, de modo a comprometer o cumprimento da obrigação. Em caso emblemático, o Tribunal de Justiça do Rio Grande do Sul examinou pedido de rescisão de contrato de participação em empreendimento hospitalar, promovido por contratante que, mediante o pagamento de preço em parcelas mensais, adquirira quotas que lhe asseguravam participação nos lucros e direito a atendimento médico gratuito na unidade de saúde a ser construída. Constatando que não foi tomada "a mínima providência para construir o prometido hospital, e as promessas ficaram no plano das miragens", concluiu o tribunal que "ofende todos os princípios de comutatividade contratual pretender que os subscritores de quotas estejam adstritos à integralização de tais quotas, sob pena de protesto dos títulos", dando como procedente, por fim, a ação de rescisão do contrato[28].

---

25 Clóvis do Couto e Silva, *A obrigação como processo*, São Paulo: Bushatsky, 1976, p. 13.
26 Aline de Miranda Valverde Terra, *Inadimplemento anterior ao termo*, Rio de Janeiro: Renovar, 2009.
27 Hochster, contratado para prestar serviço de mensageiro para o demandado, durante uma viagem que deveria ter início em 1º de junho, recebeu de De la Tour, em meados de maio, a comunicação de que seus serviços não mais seriam necessários. O juiz decidiu que não seria preciso aguardar o termo inicial da prestação dos serviços para que o demandante reclamasse seus direitos. Para mais detalhes sobre o caso, ver: Fortunato Azulay, *Do inadimplemento antecipado do contrato*, Rio de Janeiro: Ed. Brasília/ Rio, 1977, p. 101-102.
28 TJRS, Apelação Cível 582000378, 8-2-1983, rel. Athos Gusmão Carneiro, *Revista de Jurisprudência do Tribunal de Justiça do Rio Grande do Sul*, v. 97, 1983, p. 397.

10. Efeitos do inadimplemento antecipado

A doutrina diverge quanto aos efeitos do inadimplemento antecipado. Para alguns autores, a antecipada caracterização do inadimplemento autorizaria o credor a ingressar em juízo para pleitear o cumprimento da prestação, ou mesmo para obter a resolução do vínculo obrigacional com a condenação do devedor às perdas e danos[29]. E parte da doutrina tem sustentado até que o credor teria não o direito, mas o *dever* de agir contra a recusa antecipada do devedor, mitigando os seus próprios danos[30]. Com isso, acaba por se atribuir ao inadimplemento antecipado efeitos por vezes mais abrangentes que ao próprio inadimplemento em sua concepção tradicional.

A nosso ver, as situações que se têm reunido sob a denominação de inadimplemento antecipado não caracterizam inadimplemento em si, mas revelam uma elevada probabilidade de inadimplemento. Em outras palavras, há risco significativo de que o devedor não venha a efetuar o cumprimento. Mesmo quando o devedor comunica ao credor antecipadamente sua recusa em efetuar o cumprimento, ainda poderá o devedor mudar de opinião e cumprir a prestação, seja porque alterou seu entendimento sobre o tema, seja porque percebeu que as consequências do inadimplemento podem ser mais custosas que simplesmente adimplir. O inadimplemento antecipado é, a rigor, apenas isso: risco elevado, mas não certeza de inadimplemento.

Por essa razão, as consequências do inadimplemento antecipado devem ser idênticas àquelas que a ordem jurídica brasileira reserva a outras situações de risco significativo de inadimplemento. O efeito do inadimplemento deve ser buscado na aplicação analógica do art. 477 do Código Civil, que dispõe: "Se, depois de concluído o contrato, sobrevier a uma das partes contratantes diminuição em seu patrimônio capaz de comprometer ou tornar duvidosa a prestação pela qual se obrigou, pode a outra recusar-se à prestação que lhe incumbe, até que aquela satisfaça a que lhe compete ou dê garantia bastante de satisfazê-la". Não há dúvida de que o pressuposto expresso da norma, repetida de forma particular na disciplina de diversos contratos específicos (*e.g.*, arts. 495 e 590), consiste na diminuição superveniente no patrimônio de uma das partes. Cumpre, todavia, assegurar, por analogia, idêntico efeito também a outras si-

---

29   Jorge Cesa Ferreira da Silva, *A boa-fé e a violação positiva do contrato*, Rio de Janeiro: Renovar, 2002, p. 257.
30   Anelise Becker, Inadimplemento antecipado do contrato, *Revista de Direito do Consumidor*, v. 12, out/dez 1994, p. 74.

tuações de elevada probabilidade de inadimplemento. Diferentemente da usual assimilação entre o inadimplemento antecipado e o inadimplemento propriamente dito, a aplicação analógica do art. 477 oferece a vantagem de substituir a possibilidade de exercício do direito de resolução por parte do credor (consequência, como se verá, do inadimplemento propriamente dito) por um remédio menos drástico e mais compatível com a situação de relativa incerteza que ainda pende sobre o cumprimento da prestação no termo futuro, autorizando ao credor tão somente "recusar-se à prestação que lhe incumbe, até que aquela satisfaça a que lhe compete ou dê garantia bastante de satisfazê-la". A resolução ficaria, desse modo, reservada àqueles casos em que o cumprimento da obrigação no vencimento futuro se afigurasse, de pronto, impossível (*e.g.*, construção do hospital em quinze dias), enquanto, na mera improbabilidade do cumprimento (construção do hospital em seis meses), o efeito seria não a resolução, mas a aplicação, por analogia, do disposto no art. 477 do Código Civil.

11. Violação positiva do contrato

Desenvolvida pelo advogado alemão Hermann Staub no início do século XX[31], a violação positiva do contrato nasce não como um instituto rigidamente definido, mas como uma noção prática destinada a absorver todas as hipóteses de descumprimento não contempladas pelo BGB, em especial aquelas relacionadas ao mau cumprimento da prestação[32]. Daí o nome violação positiva do contrato: o devedor faz algo, adota uma conduta positiva, mas, ainda assim, descumpre o contrato.

Os tribunais brasileiros têm mencionado a violação positiva do contrato em hipóteses nas quais, embora tenha havido um comportamento do devedor correspondente à realização da prestação contratada, tal comportamento não se mostra satisfatório para atender o fim da relação contratual. São casos como "instalação de piso laminado" com defeito caracterizado pelo "afundamento de miolo"[33], ou a má execução de contrato de seguro por "demora excepcional na realização do conserto de veículo sinistrado"[34].

---

31   Hermann Staub, Die positiven Vertragsverletzungen und ihre Rechtsfolgen, in *Festschrift für den XXVI. Deutschen Juristentag*, Berlim: J. Guttentag, 1902.
32   Zweigert e Kötz, *Introduzione al diritto comparato*, Milão: Giuffrè, 2011, v. II, p. 238.
33   TJRS, Turma Recursal, Recurso Cível 71000626697, j. 29-3-2005.
34   TJRS, Turma Recursal, Recurso Cível 71000818146, j. 21-12-2005.

Dois fatores depõem contra a importação da violação positiva do contrato ao direito brasileiro. Primeiro fator é a amplitude da nossa definição legal de mora, a qual, como já se viu, transcende a mera questão temporal para abranger a não realização do pagamento "no tempo, lugar e forma que a lei ou a convenção estabelecer" (art. 394), podendo-se extrair da alusão à *forma* a interpretação de que somente se considera efetuado o pagamento quando efetuado no modo devido, ou seja, quando bem efetuado, tudo a revelar que o mau cumprimento da prestação configura, entre nós, mora, ao menos enquanto puder ser corrigido. O segundo fator é a existência entre nós de uma disciplina normativa do cumprimento inexato em setores específicos do nosso Código Civil: ora em termos mais gerais, como nos vícios redibitórios (arts. 441-445), ora em tipos contratuais determinados, como nos contratos de empreitada e de transporte (arts. 618, 754 etc.).

Diante desses dois fatores, tem-se passado a sustentar que a violação positiva do contrato deveria ser entendida entre nós como "descumprimento culposo de dever lateral" imposto pela boa-fé objetiva[35]. A utilidade do recurso à noção de violação positiva do contrato nesse sentido é discutível, na medida em que a boa-fé objetiva dispensa um instrumento intermediário de aplicação, que somente seria útil se auxiliasse em sua aplicação concreta, o que não acontece com a noção de violação positiva do contrato, a qual não chega a definir um tipo de comportamento inadmissível nem mesmo um tipo de dever que não se poderia violar. Torna-se, assim, um degrau conceitual desnecessário. Além disso, em uma perspectiva funcional, na qual o cumprimento da prestação principal não basta à configuração do adimplemento, exigindo-se o efetivo atendimento da função concretamente perseguida pelas partes com o negócio celebrado, sem o qual todo comportamento (positivo ou negativo) do devedor mostra-se insuficiente. Vale dizer: revisitado o conceito de adimplemento, de modo a corroborar a necessidade de um exame que abarque o cumprimento da prestação contratada também sob o seu prisma funcional, as hipóteses hoje solucionadas com o uso da violação positiva do contrato tendem a recair no âmago interno da própria noção de inadimplemento, sem necessidade de importação de uma terceira figura de pouca tradição entre nós.

---

35 Jorge Cesa Ferreira da Silva, *A boa-fé e a violação positiva do contrato*, Rio de Janeiro: Renovar, 2002, p. 268. Na definição integral apresentada pelo autor: "No direito brasileiro, portanto, pode-se definir a violação positiva do contrato como inadimplemento decorrente do descumprimento culposo de dever lateral, quando este dever não tenha uma vinculação direta com os interesses do credor na prestação".

12. Teoria do adimplemento substancial

A teoria do adimplemento substancial propõe, em síntese, que o credor seja impedido de obter a resolução do vínculo obrigacional ou invocar a exceção do contrato não cumprido quando o descumprimento se afigure de pequena relevância. Inspirada na *substantial performance* do direito anglo-saxônico[36], tal construção surge com o propósito de autorizar a avaliação da proporcionalidade entre o inadimplemento e as suas consequências, por meio de um controle de legitimidade do exercício do direito à resolução, considerado um remédio drástico, verdadeira *ultima ratio* de que dispõe o credor. Assim, se o devedor pagou a quase totalidade da dívida, não pode o credor pretender a resolução do contrato de mútuo com base no inadimplemento. Poderá o credor, atenção, cobrar a parcela que lhe é devida, mas não poderá resolver o contrato, dando fim à relação obrigacional. O adimplemento substancial, como se vê, é, a rigor, um inadimplemento, mas um inadimplemento de pequena importância.

A teoria do adimplemento substancial encontra expressa acolhida em diferentes experiências jurídicas. O Código Civil italiano, por exemplo, afirma que o contrato não pode ser resolvido diante de um inadimplemento de *scarsa importanza*[37]. A Convenção de Viena, acerca da compra e venda internacional de mercadorias, exige para a resolução do ajuste uma "violação fundamental do contrato" (arts. 49 e 64) e define como fundamental aquela violação que "causa à outra parte um prejuízo tal que prive substancialmente daquilo que lhe era legítimo esperar do contrato, salvo se a parte faltosa não previu este resultado e se uma pessoa razoável, com idêntica qualificação e colocada na mesma situação, não o tivesse igualmente previsto" (art. 25). No Brasil, o silêncio do legislador de 2002 não tem impedido o acolhimento da noção pela jurisprudência, com base na boa-fé objetiva. Há quem chegue a afirmar que, no âmbito da segunda função da boa-fé objetiva, consistente na vedação ao exercício abusivo de posição jurídica, "o exemplo mais significativo é o da proibição do exercício do direito de resolver o contrato por inadimplemento, ou de suscitar a exce-

---

36 Sobre o tema, ver: E. Allan Farnsworth, William F. Young e Carol Sanger, *Contracts – Cases and Materials*, New York: Foundation Press, 2001, p. 700-707, especialmente os esclarecedores comentários às decisões proferidas em *Jacob & Youngs vs. Kent* (*Court of Appeals of New York*, 1921) e *Plante vs. Jacobs* (*Supreme Court of Winsconsin*, 1960).

37 Art. 1.455: "Il contratto non si può risolvere se l'inadempimento di una delle parti ha scarsa importanza, avuto riguardo all'interesse dell'altra".

ção do contrato não cumprido, quando o incumprimento é insignificante em relação ao contrato total"[38].

13. Crítica à avaliação matemática do adimplemento substancial

O atual desafio da doutrina está em fixar parâmetros que permitam ao Poder Judiciário dizer, em cada caso, se o adimplemento afigura-se ou não significativo, substancial. À falta de suporte teórico, as cortes brasileiras têm invocado o adimplemento substancial apenas em abordagem quantitativa. A jurisprudência tem reconhecido a configuração de adimplemento substancial quando se verifica o cumprimento do contrato "com a falta apenas da última prestação"[39], ou o recebimento pelo credor de "16 das 18 parcelas do financiamento"[40], ou a "hipótese em que 94% do preço do negócio de promessa de compra e venda de imóvel encontrava-se satisfeito"[41]. Em outros casos, a análise judicial tem descido mesmo a uma impressionante aferição percentual, declarando substancial o adimplemento nos casos "em que a parcela contratual inadimplida representa apenas 8,33% do valor total das prestações devidas"[42], ou de pagamento "que representa 62,43% do preço contratado"[43].

Por outro lado, com base no mesmo critério percentual – e às vezes no mesmo percentual em si – as cortes brasileiras têm negado a aplicação da teoria com o argumento de que "o adimplemento de apenas 55% do total das prestações assumidas pelo promitente comprador não autoriza o reconhecimento da execução substancial do contrato"[44], ou de que "o pagamento de cerca de 43% contraindica a hipótese de adimplemento substancial"[45], ou ainda de que "a teoria do adimplemento substancial do contrato tem vez quando, como o próprio nome alude, a execução do contrato abrange quase a totalidade das parcelas ajustadas, o que, por certo, não é o caso do pagamento de apenas 70%"[46].

---

38 Ruy Rosado de Aguiar Jr., *Extinção dos contratos por incumprimento do devedor (resolução)*, São Paulo: Aide, 1991, p. 248.
39 STJ, Recurso Especial 272.739/MG, j. 1-3-2001.
40 TJMG, 13ª Câmara Cível, Apelação Cível 1.0521.05.043572-1/001, j. 9-2-2006.
41 TARS, 7ª Câmara Cível, Apelação Cível 194.194.866, j. 30-11-1994.
42 TJDF, 4ª Câmara Cível, Apelação Cível 2004.01.1.025119-0, j. 9-5-2005.
43 TJRS, 19ª Câmara Cível, Apelação Cível 70015436827, j. 8-8-2006.
44 TJRS, 18ª Câmara Cível, Apelação Cível 70015215510, j. 8-6-2006.
45 TJRS, 18ª Câmara Cível, Apelação Cível 70014803209, j. 8-6-2006.
46 TJRS, 20ª Câmara Cível, Apelação Cível 70015167893, j. 16-8-2006.

Pior que a incongruência entre decisões proferidas com base em situações fáticas semelhantes – notadamente, aquelas em que há cumprimento quantitativo de 60% a 70% do contrato[47] –, o que espanta é a ausência de uma análise qualitativa, imprescindível para se saber se o cumprimento não integral ou imperfeito alcançou ou não a função que seria desempenhada pelo negócio jurídico em concreto. Em outras palavras, urge reconhecer que não há um parâmetro numérico fixo que possa servir de divisor de águas entre o adimplemento substancial ou o inadimplemento *tout court*, passando a aferição de substancialidade por outros fatores que escapam ao mero cálculo percentual.

De fato, a teoria do adimplemento substancial veio inicialmente associada a um "descumprimento de parte mínima"[48], em abordagem historicamente importantíssima para frear o rigor do direito à extinção contratual e despertar a comunidade jurídica para o exercício quase malicioso do direito de resolução em situações que só formalmente não se qualificavam como adimplemento integral. Em uma leitura mais contemporânea, contudo, impõe-se reservar ao adimplemento substancial um papel mais abrangente, qual seja, o de impedir que a resolução e outros efeitos igualmente drásticos que poderiam ser deflagrados pelo inadimplemento, como a exceção do contrato não cumprido[49] e a execução de garantias contratuais[50], não venham à tona sem uma ponderação judicial entre (a) a utilidade do remédio invocado para o credor (que pode dispor de outros instrumentos muitas vezes menos gravosos para obter a adequada tutela do seu interesse) e (b) o prejuízo que adviria para o devedor e para terceiros com base nos efeitos deste remédio[51]. É esse o seu papel.

---

47 Veja-se, por exemplo, entre as decisões já citadas, a situação do Tribunal de Justiça do Rio Grande do Sul, que, em 8 de agosto de 2006, considerou aplicável a teoria do adimplemento substancial diante de pagamento "que representa 62,43% do preço contratado" (TJRS, 19ª Câmara Cível, Apelação Cível 70015436827) e, apenas uma semana depois, emitiu decisão que considerava a mesma teoria inaplicável à hipótese de "pagamento de apenas 70%" das prestações ajustadas (TJRS, 20ª Câmara Cível, Apelação Cível 70015167893, j. 16-8-2006).

48 Araken de Assis, *Resolução do contrato por inadimplemento*, São Paulo: Revista dos Tribunais, 2004, p. 134.

49 STJ, 4ª Turma, REsp 883.990/RJ, rel. Min. Fernando Gonçalves, j. 1-4-2008.

50 Em que pese a posição consolidada pela Segunda Seção do Superior Tribunal de Justiça (REsp 1.622.555/MG, rel. p/ acórdão Min. Marco Aurélio Bellizze, j. 22-2-2017), excluindo do âmbito de incidência da teoria do adimplemento substancial as alienações fiduciárias em garantia regidas pelo Decreto-lei n. 911/69.

51 Na mesma direção, embora em outros termos, ver: Judith Martins-Costa, A boa-fé e o adimplemento das obrigações, *Revista Brasileira de Direito Comparado*, Rio de Janeiro:

> Detalhes sobre a teoria do adimplemento substancial. O autor discutirá decisão do Superior Tribunal de Justiça que reconheceu a relevância de aplicar critérios qualitativos na análise do caráter substancial do adimplemento.
>
> Acesse também pelo *link*: https://uqr.to/1xgtf

Instituto de Direito Comparado Luso-Brasileiro, n. 25, p. 265: "O que se observa no exame dos casos concretos já julgados pela jurisprudência brasileira, é que a doutrina do adimplemento substancial sinaliza uma ponderação de bens, de interesses jurídicos: entre o interesse do credor em ver cumprida a prestação exatamente como pactuada, e o interesse do devedor em evitar o drástico remédio resolutivo, prevalece o segundo". Na doutrina mais recente, confira-se os trabalhos de Gabriel da Rocha Furtado, *Mora e Inadimplemento Substancial*, São Paulo: Atlas, 2014, p. 77-123, e Mariana Ribeiro Siqueira, *Adimplemento Substancial: parâmetros para a sua configuração*, Rio de Janeiro: Lumen Juris, 2019, p. 117-162.

Capítulo 18

Efeitos do Inadimplemento

Sumário: 1. Efeitos do inadimplemento relativo (mora). **2.** Efeitos do inadimplemento absoluto. **3.** Perdas e danos. **3.1.** Dano emergente. **3.2.** Lucros cessantes. **3.3.** Interesse contratual positivo e negativo. **3.4.** Caráter subsidiário das perdas e danos. **3.5.** Dano moral decorrente de inadimplemento. **3.6.** Caso fortuito ou força maior. **3.7.** Fortuito interno. **3.8.** Cláusulas limitativas ou excludentes do dever de indenizar. **4.** Atualização monetária. **5.** Juros moratórios. **5.1.** Taxa legal de juros. **5.2.** Desnecessidade de alegação de prejuízo. **5.3.** Termo inicial dos juros moratórios. **6.** Cláusula penal. **6.1.** Obrigação acessória. **6.2.** Cláusula penal compensatória × moratória. **6.3.** Valor da cláusula penal. **6.4.** Desnecessidade de alegação do prejuízo. **6.5.** Indenização suplementar. **6.6.** Redução equitativa da cláusula penal. **7.** Arras. **7.1.** Arras confirmatórias × penitenciais. **7.2.** Pacto acessório e real. **7.3.** Distinção entre arras penitenciais e cláusula penal. **7.4.** Arras penitenciais e direito do consumidor. **7.5.** Redução equitativa das arras.

1. Efeitos do inadimplemento relativo (mora)

Os efeitos da mora são diversos conforme se trate de mora do devedor ou do credor. A mora do devedor implica (a) responsabilidade pelas perdas e danos, juros de mora, atualização monetária e, se intentada ação judicial pelo credor, honorários advocatícios (art. 395); e, ainda, (b) *perpetuatio obligationis*, ou seja, a perpetuação da obrigação com a *responsabilidade agravada* do devedor, que passa a responder, inclusive, pela impossibilidade da prestação ainda que esta derive de caso fortuito ou força maior, salvo prova de isenção de culpa ou de que o dano sobreviria mesmo que a obrigação tivesse sido pontualmente cumprida (art. 399). Enquanto persistir a mora do devedor, o credor pode pleitear a execução específica da obrigação, sem prejuízo dos efeitos já mencionados.

Por sua vez, a mora do credor produz os seguintes efeitos: (a) exime o devedor isento de dolo de responsabilidade pela conservação da coisa; (b) obriga o credor a ressarcir as despesas empregadas em conservá-la; e (c) o obriga, ainda, a recebê-la pela estimação mais favorável ao devedor se o valor da coisa devida oscilar de preço entre a data em que deveria ter sido recebida pelo credor e a data do seu efetivo recebimento (art. 400). Conforme já explicado no capítulo relativo ao adimplemento, o devedor pode, diante da recusa do credor, promover o pagamento em consignação, sem prejuízo dos efeitos mencionados.

2. Efeitos do inadimplemento absoluto

Ao contrário da mora, que é um estado sempre provisório, o inadimplemento absoluto da obrigação é um estado definitivo, insanável. O inadimplemento absoluto implica, assim como a mora, responsabilidade pelas perdas e danos, juros de mora, atualização monetária e, se intentada ação judicial pelo credor, honorários advocatícios.

Entende-se, tradicionalmente, que, com o inadimplemento absoluto, o dever de prestar é integralmente substituído pelo dever de reparar os danos decorrentes do inadimplemento. A produção doutrinária mais recente, contudo, tem enfatizado o direito do credor a pleitear a chamada *execução pelo equivalente*, tal como aventado expressamente no Código Civil para hipóteses de impossibilidade (*v.g.*, arts. 234, 236, 239). A prestação *in natura* – tornada impossível ou inútil ao credor em caso de inadimplemento absoluto – passa, então, a ser substituída pelo *equivalente pecuniário* da prestação. Esta via tem animado estudos que procuram afirmar que a execução pelo equivalente não se confunde com uma espécie de indenização substitutiva justamente por restar funcionalmente atrelada ao cumprimento (ainda que por via subsidiária) do contrato, e não à reparação dos danos sofridos pelo credor com o inadimplemento[1], mesmo que na prática as situações se aproximem inegavelmente.

---

1   Sobre o tema, ver Aline de Miranda Valverde Terra, Execução pelo equivalente como alternativa à resolução: repercussões sobre a responsabilidade civil, in *Revista Brasileira de Direito Civil*, Belo Horizonte, v. 18, out./dez. 2018, p. 49-73. Na mesma direção, merece destaque a dissertação de Rafael Mansur, *Execução pelo Equivalente Pecuniário: natureza e regime jurídico*, Universidade do Estado do Rio de Janeiro: PPGD, 2021, na qual o autor defende que "o direito brasileiro reconhece aos credores de obrigações fundadas em negócios jurídicos, diante do inadimplemento absoluto da obrigação, a faculdade de exigir do devedor uma quantia que seja equivalente à prestação originária inadimplida, tanto em perspectiva quantitativa (equivalente ao valor de mercado da prestação originária) como em perspectiva qualitativa (submetida a um regime jurídico equivalente ao que disciplinava a prestação originária). Tal faculdade encontra seu principal

Independentemente desta discussão, não existe qualquer dúvida acerca do direito do credor à reparação dos danos sofridos em virtude do incumprimento. Tal reparação não há de se dar necessariamente em dinheiro, conforme se verá adiante, mas não se trata mais de exigir o cumprimento da prestação devida. A prestação, como visto, não conserva mais interesse útil ao credor – caso contrário, não se estará diante de inadimplemento absoluto, mas simples mora[2].

3. Perdas e danos

Discute-se a natureza jurídica da responsabilidade por perdas e danos decorrentes do inadimplemento. Para parte da doutrina, trata-se de mera mutação objetiva da obrigação descumprida[3], não já de nova obrigação. Para outros autores, como San Tiago Dantas, trata-se de obrigação sucessiva à obrigação originária, derivada da lei, e não da convenção entre as partes[4]. As perdas e danos devem ser demonstrados por quem pede sua reparação, não admitindo o direito brasileiro a reparação de dano meramente eventual ou hipotético, conforme já visto no capítulo atinente ao ato ilícito. As perdas e danos abrangem (a) o dano emergente e (b) os lucros cessantes.

3.1. *Dano emergente*

Dano emergente consiste em tudo aquilo que a parte inocente efetivamente perdeu. O dano emergente, também chamado de *dano positivo*, consiste na efetiva diminuição do patrimônio da vítima[5]. Agostinho Alvim adverte que

---

fundamento normativo no art. 947 do Código Civil, tratando-se de um instrumento de tutela do direito de crédito pelo equivalente pecuniário. Sua função primordial é permitir, por meio de um sucedâneo, a execução do negócio jurídico inadimplido, tutelando o interesse genérico do credor na prestação. Por esta razão, a execução pelo equivalente pecuniário não pode ser confundida com a responsabilidade civil contratual, cuja finalidade é a reparação do dano sofrido por força do inadimplemento obrigacional, tutelando o interesse específico do credor, frustrado pelo incumprimento".

2   Um estudo completo do inadimplemento absoluto e dos principais efeitos associados a esta modalidade de incumprimento pode ser encontrado em Giovanni Ettore Nanni, *Inadimplemento absoluto e resolução contratual: requisitos e efeitos*, São Paulo: Revista dos Tribunais, 2021.
3   Caio Mário da Silva Pereira, *Instituições de direito civil*, Rio de Janeiro: Forense, 2003, v. II, p. 324.
4   San Tiago Dantas, *Programa de direito civil*, Rio de Janeiro: Ed. Rio, 1978, v. II, p. 97.
5   Sergio Cavalieri Filho, *Programa de responsabilidade civil*, 9. ed., São Paulo: Atlas, 2010, p. 74.

a denominação dano positivo não deve ensejar confusões: o dano emergente abrange não apenas a diminuição do ativo, mas também o aumento do passivo. "Assim, aquele que, em virtude de fato de terceiro, incide em cláusula penal e fica obrigado a pagar, terá sofrido dano emergente, por ver aumentado o seu passivo"[6]. A apuração dos danos emergentes é levada a cabo por meio da chamada teoria da diferença (*Differenztheorie*): compara-se o patrimônio da vítima antes da lesão e depois da lesão, apurando-se a diminuição.

3.2. Lucros cessantes

Lucro cessante é tudo aquilo que "razoavelmente deixou de lucrar" (art. 402). O lucro cessante é, como também já destacado em capítulo anterior, o componente que suscita maior discussão no âmbito das perdas e danos. A apuração dos lucros cessantes exige um juízo mais sofisticado, de valoração daquilo que *razoavelmente* a vítima obteria *se* o evento danoso não tivesse ocorrido. Há, nos lucros cessantes, certa valoração hipotética daquilo que ocorreria em uma cadeia de eventos que não é aquela que se verificou na realidade. Nossos tribunais têm sido restritivos no exame dos lucros cessantes, negando sua reparação sempre que não for possível atestar, com suficiente segurança, que aqueles ganhos ocorreriam. Em geral, nossas cortes somente concedem indenização por lucros cessantes quando dados pretéritos permitem demonstrar que, historicamente, os ganhos se verificaram, não havendo razão objetiva para se acreditar que não se verificariam novamente. Os lucros cessantes diferem, nesse sentido, da perda da chance, que consiste na perda de uma oportunidade de obter certa vantagem ou evitar certo prejuízo. Sobre o tema, remete-se ao exposto no capítulo 24, relativo à responsabilidade civil.

3.3. Interesse contratual positivo e negativo

Aspecto da maior relevância para a quantificação das perdas e danos é a determinação do interesse a ser indenizado. A doutrina distingue, nesse contexto, os interesses positivo e negativo. O interesse positivo é o interesse no cumprimento da obrigação, ou seja, considera como estaria o patrimônio da parte lesada caso tivesse ocorrido o efetivo adimplemento da prestação, conforme o pactuado. Já o interesse negativo reflete o "interesse da confiança", considerando o estado

---

6　Agostinho Alvim, *Da inexecução das obrigações e suas consequências*, 5. ed., São Paulo: Saraiva, 1980, p. 175.

do patrimônio da parte lesada caso jamais tivesse celebrado o contrato[7]. Assim, descumprido um contrato de promessa de compra e venda, por exemplo, tem o credor direito de ser indenizado pelo valor atualizado do imóvel (interesse positivo) ou apenas de ser ressarcido pelos custos que teve ao ingressar no contrato preliminar (interesse negativo)? O Código Civil silencia a respeito. A doutrina não oferece solução unívoca, distinguindo as hipóteses de responsabilidade pré-contratual, resolução do contrato, cumprimento específico etc., além de muitas vezes divergir quanto à solução a ser adotada em cada um desses casos[8]. A matéria, de profunda relevância prática, aguarda a construção de respostas aptas a atender as inúmeras dificuldades que a cercam[9].

3.4. *Caráter subsidiário das perdas e danos*

A mais importante questão no campo da patologia obrigacional é a identificação dos remédios, ou melhor, das soluções disponibilizadas pelo ordenamento jurídico à parte prejudicada pela inexecução. A redação do art. 389, ao dispor que, "não cumprida a obrigação, responde o devedor por perdas e danos", sugere que a indenização consiste no remédio único ou principal de que dispõe o prejudicado pelo inadimplemento. Já o art. 475, inserido no título relativo aos contratos em geral, esclarece que "a parte lesada pelo inadimplemento pode pedir a resolução do contrato, *se não preferir exigir-lhe o cumprimento*, cabendo, em qualquer dos casos, indenização por perdas e danos".

Tem-se, com isso, que o remédio prioritário disponibilizado pelo ordenamento jurídico é o do cumprimento específico da obrigação. Com efeito, o direito há de assegurar, como objetivo primário, a específica satisfação do interessado, perquirindo o preciso resultado que decorreria do cumprimento espontâneo

---

[7] Para Paulo Mota Pinto: "A distinção entre interesse negativo e interesse positivo depende, assim, da caracterização do termo hipotético de comparação relevante para o apuramento do dano, e, concretamente, de esse termo hipotético ser obtido fundamentalmente pela adição de um elemento (interesse positivo) ou pela abstracção de algo que aconteceu (interesse negativo)" (*Interesse contratual negativo e interesse contratual positivo*, Coimbra: Coimbra Editora, 2008, v. II, p. 868).

[8] Para um panorama do debate: Gisela Sampaio da Cruz Guedes, *Lucros cessantes: do bom-senso ao postulado normativo da razoabilidade*, São Paulo: Revista dos Tribunais, 2011, p. 125-148.

[9] Confiram-se, na doutrina brasileira, as contribuições de Renata C. Steiner, *Reparação de Danos: interesse positivo e interesse negativo*, São Paulo: Quartier Latin, 2018, e Deborah Pereira Pinto dos Santos, *Indenização e Resolução Contratual*, São Paulo: Almedina, 2022.

da obrigação. Assim, a garantia de indenização por perdas e danos assume caráter subsidiário ou adicional à execução específica[10].

3.5. Dano moral decorrente de inadimplemento

Discute-se se o inadimplemento da obrigação pode gerar dano moral. Sendo a obrigação dotada de conteúdo econômico, seu descumprimento, em teoria, acarretaria apenas danos patrimoniais. Alguns autores sustentam que o simples descumprimento de um contrato já acarretaria, por si só, uma frustração moral que exigiria reparação. Tal entendimento tem sido rejeitado pela ampla maioria das nossas decisões judiciais. Isso não significa, contudo, que o inadimplemento obrigacional não possa resultar jamais em dano moral indenizável. Se a sociedade gestora do plano de saúde recusa indevidamente o custeio de certo tratamento médico emergencial, cuja cobertura era obrigatória por força do contrato, há inadimplemento do qual pode resultar dano moral (indireto, mas necessário, e, portanto, indenizável no direito brasileiro)[11], representado pela "aflição e angústia para o segurado, o qual se encontra com sua higidez físico-psicológica comprometida, em virtude da enfermidade"[12].

3.6. Caso fortuito ou força maior

Nos termos do art. 393 do Código Civil, o devedor não responde pelos prejuízos resultantes de caso fortuito ou força maior. Parte da doutrina sustenta a diferenciação entre os conceitos de força maior e caso fortuito, enxergando na primeira fato natural inevitável, como as enchentes ou os terremotos, e, no segundo, um evento humano insuperável, como uma greve ou os chamados *atos do Príncipe*, medidas adotadas pelo Poder Público que impeçam o cumprimento da obrigação pelo devedor. Tal distinção, todavia, assume, entre nós, caráter meramente acadêmico, uma vez que tanto o Código Civil de 1916 quanto a codificação atual trataram de caso fortuito e força maior como sinônimos perfeitos[13], definindo-os como "o fato necessário cujos efeitos não era possível evitar ou impedir".

---

10 Gustavo Tepedino e Anderson Schreiber, Direito das obrigações, in Álvaro Villaça Azevedo (Coord.), *Código Civil Comentado*, São Paulo: Atlas, 2008, v. IV, p. 345-347.
11 Sobre o tema, ver o item relativo ao nexo de causalidade em capítulo anterior, dedicado ao ato ilícito.
12 STJ, 4ª T., AgRg no AgRg no REsp 1.372.202/PR, rel. Min. Antonio Carlos Ferreira, j. 2-2-2016.
13 Arnoldo Medeiros da Fonseca, *Caso fortuito e teoria da imprevisão*, 3. ed., Rio de Janeiro: Forense, 1958, p. 129.

A definição afasta também a tese de que a imprevisibilidade é requisito do caso fortuito ou de força maior. Em nosso direito civil, não importa se o evento poderia ter sido ou mesmo se foi previsto pelo devedor, em que pese alguma insistência dos tribunais em perquirir a imprevisibilidade dos fortuitos. Se o evento era inevitável, e implicou inadimplemento, há caso fortuito ou força maior, e o devedor não responde por perdas e danos, pela simples razão de que o prejuízo deriva de causa alheia à sua conduta. Trata-se, portanto, de fator estranho à cadeia causal, apto a romper o nexo de causalidade inicial entre a atividade do agente e o dano.

3.7. Fortuito interno

Do conceito de caso fortuito, parte da doutrina brasileira, especialmente no campo das relações de consumo, passou a apartar o chamado *fortuito interno*, o qual não teria o condão de operar como causa excludente da responsabilidade. Assim, haveria duas espécies de fortuito: externo e interno. Fortuito externo seria o caso fortuito propriamente dito, causa excludente de responsabilidade. Já o fortuito interno seria aquele fato que, conquanto inevitável e, normalmente, imprevisível, liga-se à própria atividade do agente, de modo intrínseco. Por tal razão, o fortuito interno estaria inserido entre os riscos com os quais deve arcar aquele que, no exercício da sua autonomia privada, gera situações potencialmente lesivas à sociedade.

3.8. Cláusulas limitativas ou excludentes do dever de indenizar

A exclusão da responsabilidade pode decorrer também do próprio exercício da autonomia privada pelas partes, por meio da pactuação das chamadas cláusulas limitativas ou excludentes do dever de indenizar[14]. A considerável imprevisibilidade do resultado das ações reparatórias, tanto no tocante à condenação (*an debeatur*) quanto ao valor a ser fixado a título de indenização (*quantum debeatur*), torna cada vez mais frequente na prática contratual brasileira o emprego de cláusulas que limitam, total ou parcialmente, o dever de indenizar, utilizadas para gerir os riscos de um eventual e futuro inadimplemento. Por representarem uma exceção à regra geral de reparação integral do dano, estas cláusulas devem se submeter a um rigoroso exame de merecimento de tutela. Costuma-se elencar, em doutrina, alguns requisitos de validade específicos para estas cláusulas: (a) impossibilidade de exclusão de danos causados por dolo ou

---

14 Confira-se, sobre o tema, a obra de José de Aguiar Dias, *Cláusula de não-indenizar*, Rio de Janeiro: Forense, 1980. Na doutrina mais recente: Vinicius Pereira, *Cláusula de Não Indenizar*, Rio de Janeiro: Lumen Juris, 2015.

culpa grave; (b) não incidência sobre as prestações principais do contrato; (c) limitação do objeto aos danos materiais, vedada a exclusão dos danos morais. No intuito de proteger o consumidor vulnerável, o Código de Defesa do Consumidor declara a nulidade de cláusulas que excluam ou limitem o dever de indenizar (CDC, art. 25), ressalvando que, "nas relações de consumo entre o fornecedor e o consumidor pessoa jurídica, a indenização poderá ser limitada, em situações justificáveis" (art. 51, I, parte final).

4. Atualização monetária

Nas obrigações de pagar quantia certa em dinheiro, deve incidir a atualização monetária, de modo a assegurar a recomposição do valor da moeda, evitando que o devedor se beneficie da desvalorização da moeda e que o credor suporte um prejuízo adicional. Em sua redação original, o Código Civil determinava que a correção monetária se desse segundo "índices oficiais regularmente estabelecidos". No entanto, a ausência de um índice oficial previsto em lei levou à dispersão dos índices empregados nas condenações judiciais[15]. Diante disso, a Lei n. 14.905/2024 alterou a codificação civil para determinar que a atualização monetária da quantia inadimplida observe o índice convencionado ou índice eventualmente previsto em lei específica. Inexistindo qualquer determinação legal ou contratual, será aplicada a variação do Índice Nacional de Preços ao Consumidor Amplo (IPCA), apurado e divulgado pelo IBGE, ou do índice que vier a substituí-lo (CC, art. 389, p.u.).

5. Juros moratórios

Os juros constituem "o preço pelo uso do capital, isto é, a expressão econômica da utilização do dinheiro e, por isso mesmo, são considerados frutos civis"[16].

---

15 A Lei n. 6.899/81 determina a aplicação da atualização monetária nos débitos oriundos de decisão judicial e delega ao Poder Executivo a regulamentação da forma pela qual será efetuado o cálculo da correção monetária. Em atenção ao comando legal, foi editado o Decreto n. 86.649/81, que determinava o emprego da Obrigação Reajustável do Tesouro Nacional (ORTN) – rebatizada como Obrigação do Tesouro Nacional (OTN) pelo Decreto-lei n. 2.284/86. A Lei n. 7.730/89, contudo, extinguiu a OTN, deixando então de existir qualquer índice oficial geral de atualização monetária.

16 Gustavo Tepedino, Heloisa Helena Barboza e Maria Celina Bodin de Moraes (Coords.), *Código Civil interpretado conforme a Constituição da República*, 2. ed., Rio de Janeiro: Renovar, 2007, v. I, p. 741.

Distinguem-se os juros em (a) compensatórios e (b) moratórios. Juros compensatórios são os que se limitam a compensar a privação do capital pelo seu titular. Juros moratórios são os que representam a indenização pelo retardamento no pagamento da dívida. Embora sejam tratados como espécies de um gênero unitário, juros compensatórios e moratórios diferenciam-se não apenas em sua disciplina legal, mas também em sua função, de tal modo que melhor seria apartá-los ontologicamente, a fim de evitar confusões que decorrem de se estender a uma espécie construções erigidas em relação à outra espécie. No estudo do inadimplemento em geral, a análise limita-se aos juros de mora, que incidem tanto sobre prestações em dinheiro, como sobre as de outra natureza (CC, art. 407), e que podem ser fixados por convenção entre as partes ou, se não fixados, aplicam-se de acordo com a taxa legal de juros.

5.1. *Taxa legal de juros*

Taxa de juros é tema que gerou profunda controvérsia no Brasil durante os primeiros quinze anos da Constituição de 1988. O texto originário da Constituição fixava, no art. 192, § 3º, a taxa máxima de juros reais em percentual de 12% ao ano. O dispositivo, contudo, foi considerado desprovido de autoexecutoriedade pelo Supremo Tribunal Federal, necessitando de regulamentação legislativa[17]. A impetração de mandado de injunção destinado a sanar a continuada omissão nessa regulamentação foi considerada insuficiente pela Suprema Corte, que se limitou a notificar o Congresso Nacional acerca da inércia legislativa. O imbróglio encerrou-se com a Emenda Constitucional n. 40, de 2003, que revogou expressamente o § 3º do art. 192.

Influenciado por esse conturbado histórico, o Código Civil de 2002 adotou postura cautelosa na matéria: não fixou, como dito, uma taxa máxima de juros, limitando-se a estabelecer uma taxa legal, a ser aplicada "quando os juros moratórios não forem convencionados, ou o forem sem taxa estipulada, ou quando provierem de determinação da lei" (art. 406). A taxa eleita pela codificação civil foi uma taxa flutuável, correspondente à "taxa que estiver em vigor para a mora do pagamento de impostos devidos à Fazenda Nacional". A solução, tal qual formulada, mostrou-se pouco eficiente: jamais se chegou a um consenso quanto à taxa aplicável. De um lado, argumentou-se que a taxa a que aludia o art. 406 seria a taxa SELIC. De outro, sustentou-se que seria a taxa de

---

17   STF, MI 457, rel. Min. Moreira Alves, j. 26-5-1995.

1% ao mês, prevista no art. 161, § 1º, do Código Tributário Nacional[18]. Em 2008, o Superior Tribunal de Justiça manifestou-se, por meio de sua Corte Especial, em favor da aplicação da taxa SELIC[19]. O precedente, contudo, não impediu que diversos tribunais continuassem a aplicar a taxa de 1% ao mês. Diante disso, a questão retornou à Corte Especial do STJ em 2024, tendo-se, por maioria, ratificado o entendimento em prol da taxa SELIC[20].

Tamanha a insegurança jurídica na matéria que a Lei n. 14.905/2024 veio alterar o art. 406 do Código Civil para fixar nova taxa legal de juros, obtida por meio da dedução do índice legal de atualização monetária (IPCA) da taxa SELIC – em outros termos, aplicando-se a seguinte fórmula: *taxa legal de juros moratórios = SELIC – IPCA*. Cabe ao Conselho Monetário Nacional a definição da precisa metodologia de cálculo da taxa legal e de sua forma de aplicação, a serem divulgadas pelo Banco Central[21], que deve disponibilizar aplicação interativa, de acesso público, que permita simular o uso da taxa de juros legal. Esse novo método de cálculo inaugurado pelo legislador enseja o risco de um resultado negativo na hipótese de o IPCA se revelar mais elevado que a SELIC. Neste caso, a lei determina que a taxa de juros seja considerada igual a zero.

5.2. Desnecessidade de alegação de prejuízo

A incidência dos juros de mora dispensa a alegação de prejuízo (art. 407). Trata-se de uma consequência da própria definição de juros, como remuneração do capital. Como esclarece a doutrina, "a retenção indevida pelo inadimplente do capital pertencente ao credor importa na privação temporária da disponibilidade de sua riqueza, impondo-se a incidência dos juros moratórios, sem que se necessite demonstrar o prejuízo efetivamente causado"[22]. A lei afirma, ainda, que, sendo insuficientes os juros para cobrir o efetivo prejuízo sofrido em razão da mora, o juiz pode conceder uma indenização suplementar ao credor (CC, art. 404, parágrafo único), assegurando a reparação integral do dano.

---

18 Para um exame mais detalhado da controvérsia, seja consentido remeter a Gustavo Tepedino e Anderson Schreiber, *Fundamentos do direito civil*, Rio de Janeiro: Forense, 2024, v. 2, p. 318-321.
19 STJ, Corte Especial, EREsp 727.842/SP, rel. Min. Teori Zavascki, j. 8-9-2008.
20 STJ, Corte Especial, REsp 1.795.982/SP, red. p/ acórdão Min. Raul Araújo, j. 21-8-2024.
21 Em atenção ao comando legal, foi editada a Resolução CMN n. 5.171/2024.
22 Gustavo Tepedino, Heloisa Helena Barboza e Maria Celina Bodin de Moraes (Coords.), *Código Civil interpretado conforme a Constituição da República*, cit., v. I, p. 747.

5.3. Termo inicial dos juros moratórios

Os juros são devidos a partir do momento em que se constitui a mora ou o inadimplemento absoluto. Para se identificar o termo inicial dos juros, é preciso atentar para a distinção entre mora *ex re* e mora *ex persona*, já examinada. Se a obrigação for, todavia, ilíquida, os juros de mora contam-se desde a citação inicial (CC, art. 405; CPC, art. 240). O dispositivo tem o escopo de proteger o credor da eventual demora na execução. Sua aplicação, contudo, se limita às hipóteses de mora *ex persona* nas quais não tenha havido prévia interpelação extrajudicial pelo credor (CC, art. 397, parágrafo único), pois, tendo havido interpelação, a mora fluirá a partir da notificação. Nas obrigações decorrentes de ato ilícito, contudo, considera-se o devedor em mora desde a prática do ato ilícito (CC, art. 398), conforme já visto.

O art. 407 do Código Civil afirma que, "ainda que se não alegue prejuízo, é obrigado o devedor aos juros da mora que se contarão assim às dívidas em dinheiro, como às prestações de outra natureza, uma vez que lhes esteja fixado o valor pecuniário por sentença judicial, arbitramento, ou acordo entre as partes". A redação não é das mais felizes. A expressão "uma vez que" sugere que os juros de mora somente passariam a ser contados do momento de liquidação da obrigação. Esta interpretação, porém, não se coaduna com a função desempenhada pelos juros moratórios, cuja incidência deve coincidir com o período de mora.

A regra, portanto, é sempre a mesma: os juros fluem baseados na constituição em mora do devedor. De modo mais esquemático: (a) sendo a mora *ex re*, fluem os juros (a1) desde a data do vencimento da obrigação contratual (CC, art. 397, *caput*) ou (a2) desde a prática do ato ilícito extracontratual (CC, art. 398 e Súmula 54 do STJ); (b) sendo a mora *ex persona*, (b1) a partir da interpelação extrajudicial do devedor para o cumprimento de dívida contratual exigível (CC, art. 397, parágrafo único) ou (b2) desde a citação inicial (CC, art. 397, parágrafo único e art. 405)[23].

6. Cláusula penal

Instituto de raízes romanas, a cláusula penal foi concebida como medida sancionatória, estabelecida no interesse do credor em ver cumprida a obriga-

---

[23] Para a análise de aspectos controvertidos da matéria, consulte-se o trabalho de Gustavo Tepedino e Francisco Viégas, Notas sobre o termo inicial dos juros de mora e o artigo 407 do Código Civil, *Scientia Iuris*, Londrina, v. 21, n. 1, mar. 2017, p. 55-86.

ção. Consistia em "fruto da convicção dos jurisconsultos de que se deveria considerar injustiça, se não crime, o inadimplemento das obrigações", de tal modo que "a cláusula penal munia-se de natureza de 'pena' para reprimir o delito"[24]. A construção dos canonistas na Idade Média, contudo, acaba por enquadrar a cláusula penal em um movimento mais geral de combate às tentativas de fuga da proibição à usura, contribuindo fortemente para a associação entre cláusula penal e indenização[25].

No direito contemporâneo, tornou-se *communis opinio* afirmar, quanto à cláusula penal, que a sua "função é dupla: ao lado da função de liquidação preventiva do dano deve pôr-se a outra do reforço do vínculo obrigatório, na parte em que convencionando-se uma penalidade para o devedor no caso de não cumprimento ou de demora, se exige, com a ameaça de uma responsabilidade mais grave, a diligência e a pontualidade do obrigado"[26]. Parte minoritária da doutrina vê na função punitiva ou sancionatória da cláusula penal uma função "meramente evetual"[27], ainda que acolhendo a tese da dupla função em plano abstrato. Estudos mais recentes têm demonstrado as confusões conceituais que derivam de se combinar em um só instituto uma função punitiva com uma função compensatória.

Nesse último sentido, afirma António Pinto Monteiro que "a resposta a vários problemas de disciplina jurídica exige que se diferencie, claramente, uma cláusula penal com escopo coercitivo ou compulsório, de uma cláusula penal com a finalidade prefixar o montante da indemnização: a primeira, é uma sanção; a segunda, uma simples liquidação antecipada do dano. Sanção essa, porém, que não se identifica ou confunde com a indemnização"[28]. Nesse sentido, a doutrina alemã já distingue, há algum tempo, a *Vertragsstrafe*, sanção convencional prevista e disciplinada no BGB, da *Schandensersatzpauschalierung*, que exprime mera liquidação antecipada da indenização. Também o *common law* costuma diferenciar as *penalty clauses* das *liquidated damage clauses*, evitando os inconvenientes de uma noção híbrida, misto de pena e indenização. Após

---

24 Gustavo Tepedino, Heloisa Helena Barboza e Maria Celina Bodin de Moraes (Coords.), *Código Civil interpretado conforme a Constituição da República*, cit., v. I, p. 748.
25 António Pinto Monteiro, *Cláusula penal e indemnização*, Coimbra: Almedina, 1999, p. 757.
26 Roberto de Ruggiero, *Instituições de direito civil*, Campinas: Bookseller, 1999, v. III, p. 195.
27 A expressão é de Adriano de Cupis, *Il danno – teoria generale della responsabilità civile*, Milão: Giuffrè, 1979, v. I, p. 521, mas se aplica inteiramente à doutrina brasileira.
28 António Pinto Monteiro, *Cláusula penal e indemnização*, cit., p. 647.

defender o "abandono da tese da dupla função", Pinto Monteiro conclui que "haverá que diferenciar várias espécies de cláusulas penais, consoante a finalidade visada pelos contraentes, a cada uma delas cabendo natureza jurídica distinta"[29]. Assim, três seriam as espécies de cláusula penal: (a) a cláusula penal como fixação antecipada do montante da indenização, que é aquela normalmente disciplinada pela legislação; (b) a cláusula penal puramente compulsória, ajustada entre as partes no exercício da sua autonomia privada como um *plus*, algo que acresce à execução específica da prestação ou à indenização pelo não cumprimento; e (c) a cláusula penal em sentido estrito, isto é, aquela que configura obrigação com faculdade de substituição, sendo pena alternativa em favor do credor em caso de descumprimento da obrigação[30]. A essas duas últimas figuras não se aplicam o impedimento de busca de indenização suplementar nem a limitação global ao valor do prejuízo resultante do descumprimento da obrigação principal, pois não se trata de cláusulas ajustadas como pré-liquidação das perdas e danos[31].

O Código Civil brasileiro não definiu a cláusula penal. Pode-se tomar emprestada a definição do *Code Napoléon*, que, no art. 122, define a cláusula penal como "aquela pela qual uma pessoa, para assegurar a execução de uma convenção, se compromete a dar alguma coisa, em caso de inexecução". Normalmente, o objeto da cláusula penal é dinheiro, mas nada obsta que "o objeto da prestação seja de outra natureza como a dação de uma coisa, um fato, etc."[32]. Sua disciplina há de variar conforme a função que se lhe atribua, atentando-se para as três espécies já examinadas.

6.1. *Obrigação acessória*

A doutrina brasileira destaca que a natureza jurídica da cláusula penal é de obrigação acessória. Extinta a obrigação principal, extingue-se a

---

29 António Pinto Monteiro, *Cláusula penal e indemnização*, cit., p. 759.
30 Em que pese a utilização de termos como "pena", "sanção", entre outros, no estudo da cláusula penal, a função que se lhe reconhece, para além da de liquidação, é uma função *compulsória* ou *coercitiva*, e não propriamente punitiva. Em outras palavras, o que se busca é constranger o devedor ao adimplemento, e não puni-lo pelo inadimplemento, como esclarece António Pinto Monteiro, *Cláusula penal e indemnização*, cit., p. 670.
31 Na doutrina nacional, também atenta para a necessária distinção funcional: Judith Martins-Costa, in Sálvio de Figueiredo Teixeira (Coord.), *Comentários ao novo Código Civil*, 2. ed., Rio de Janeiro: Forense, 2009, v. V, t. II, p. 610-623.
32 J. X. Carvalho de Mendonça, *Tratado de direito comercial brasileiro*, São Paulo: Freitas Bastos, 1964, v. VI, p. 361.

cláusula penal. Assim, "a nulidade da obrigação importa a da cláusula penal", como afirmava expressamente o Código Civil de 1916 em dispositivo (art. 922) que a atual codificação não repetiu, mas que decorre da natureza acessória da cláusula penal. Serpa Lopes, todavia, suscita instigante hipótese em que a cláusula penal tenha sido fixada justamente para o caso de reconhecimento de nulidade. A exigibilidade da cláusula penal esbarraria aí, contudo, na ausência de descumprimento culposo da obrigação principal, que é requisito para sua incidência, nos termos do art. 408 do Código Civil: "incorre de pleno direito o devedor na cláusula penal, desde que, culposamente, deixe de cumprir a obrigação ou se constitua em mora". Com efeito, seja qual for sua função, somente o descumprimento culposo da obrigação pode conduzir à aplicação da cláusula penal. A natureza acessória da cláusula penal não impede sua constituição em ato separado, concomitante ou posterior àquele que constitui a obrigação principal (CC, art. 409). Deve, contudo, ser fixada antes do descumprimento da obrigação principal, sob pena de deturpação de sua função.

6.2. Cláusula penal compensatória × moratória

A doutrina brasileira distingue a cláusula penal em duas espécies: (a) cláusula penal compensatória e (b) cláusula penal moratória. Diz-se compensatória a cláusula penal fixada para a hipótese de inadimplemento absoluto da obrigação. Diz-se moratória a cláusula penal fixada para a hipótese de inadimplemento relativo (mora) da obrigação[33]. Daí a afirmação de Álvaro Villaça Azevedo, para quem "a cláusula penal pode reforçar toda a obrigação assumida, ou, parcialmente, uma de suas cláusulas, ou, ainda, garantir a execução obrigacional sem retardamento"[34]. Os efeitos jurídicos variam conforme a cláusula penal seja de uma ou outra espécie: o desempenho da obrigação principal somente pode ser exigido juntamente com a cláusula penal moratória (art. 411), e não na hipótese de se tratar de cláusula penal compensatória, que se converte em alternativa ao cumprimento da obrigação (art. 410). No que concerne à função desempenhada, pode-se afirmar que, usualmente, a cláusula penal moratória é estipulada com função coercitiva, enquanto a cláusula penal compensatória desempenha função de pré-

---

[33] Sobre a distinção, confira-se o trabalho de Viviane da Silveira Abílio, *Cláusulas Penais Moratória e Compensatória*, Belo Horizonte: Fórum, 2019.

[34] Álvaro Villaça Azevedo, Inexecução culposa e cláusula penal compensatória, parecer publicado na *Revista dos Tribunais*, v. 90, n. 791, 2001, p. 128.

-liquidação das perdas e danos[35], embora "a associação não possa ser feita de maneira definitiva"[36].

6.3. Valor da cláusula penal

O Código Civil determina, no art. 412, que o valor da cominação imposta na cláusula penal não pode exceder o da obrigação principal. A norma já constava do Código Civil de 1916 e, desde então, sofre numerosas críticas, tendo Clóvis Beviláqua afirmado que a limitação "mais perturba do que tutela os legítimos interesses individuais"[37]. Nesse contexto, a repetição da norma no Código Civil de 2002 vem sendo tratada por parte da doutrina como "fruto da pura força da inércia"[38]. Outras codificações, como o Código Civil italiano e o venezuelano, não contêm limitação semelhante. Compreende-se, de qualquer forma, o propósito do legislador: evitar que a prefixação das perdas e danos supere o valor do negócio e possa vir a estimular o interesse do credor no descumprimento da avença. A limitação, contudo, é incompatível com cláusulas penais fixadas pelas partes com fim diverso da prefixação por perdas e danos (cláusula penal puramente compulsória e cláusula penal em sentido estrito, conforme a tripartição já exposta).

Fixada a cláusula penal em valor superior ao valor da obrigação principal, cumpre ao juiz ou árbitro reduzi-la proporcionalmente. Em outros termos, a cláusula penal excessiva é inválida apenas no que superar o valor da obrigação principal, permanecendo válida e eficaz no que tange ao restante[39]. Trata-se, de resto, de aplicação do princípio segundo o qual as convenções devem ser preservadas, não podendo a invalidade parcial de uma cláusula contaminar a sua parte que é válida.

Além do teto trazido pelo art. 412, outras previsões relevantes podem ser encontradas no próprio Código Civil para situações específicas como a

---

35 Gustavo Tepedino, Notas sobre a cláusula penal compensatória, in *Temas de direito civil*, t. II, Rio de Janeiro: Renovar, 2006, p. 48-49. Na jurisprudência: "Se a cláusula penal compensatória funciona como prefixação das perdas e danos, o mesmo não ocorre com a cláusula penal moratória, que não compensa nem substitui o inadimplemento, apenas pune a mora" (STJ, 3ª Turma, REsp 1.355.554/RJ, rel. Min. Sidnei Beneti, j. 6-12-2012).

36 Carlos Nelson Konder, Arras e cláusula penal nos contratos imobiliários, in Fábio de Oliveira Azevedo e Marco Aurélio Bezerra de Melo (Coords.), *Direito imobiliário: escritos em homenagem ao Professor Ricardo Pereira Lira*, São Paulo: Atlas, 2015, p. 148.

37 Clóvis Beviláqua, *Código Civil dos Estados Unidos do Brasil comentado*, Rio de Janeiro: Francisco Alves, 1933, v. IV, p. 77.

38 Caio Mário da Silva Pereira, *Instituições de direito civil*, cit., v. II, p. 158.

39 STJ, REsp 253.004, rel. Min. Aldir Passarinho Junior, j. 7-5-2001.

situação do condômino que não paga suas contribuições (art. 1.336, § 1º), hipótese em que a codificação alude a "multa de até dois por cento sobre o débito". Também a legislação extravagante traz regras sobre o tema. A Lei de Usura (Decreto n. 22.626/1933) estabelece que a cláusula penal moratória não pode ultrapassar 10% do valor da dívida (art. 9º). O Código de Defesa do Consumidor, com a redação dada ao seu art. 52, § 1º, pela Lei n. 9.298/1996, limita a 2% do montante da prestação o valor das multas moratórias em fornecimento de produtos ou serviços que envolvam outorga de crédito ou concessão de financiamento ao consumidor.

6.4. Desnecessidade de alegação do prejuízo

O art. 416 do Código Civil afirma que "para exigir a pena convencional, não é necessário que o credor alegue prejuízo". Sustenta-se que a existência do dano é aí presumida *juris et de jure* (presunção absoluta) com base no inadimplemento. Ainda que nossa doutrina explique o preceito como comando relevante na conservação da utilidade prática de uma convenção voltada à pré-liquidação das perdas e danos, tem, a nosso ver, razão Antunes Varela quando observa que a admissão de incidência da cláusula penal mesmo na ausência do dano sofrido significa que "a cláusula penal extravasa, quando assim seja, do prosaico pensamento da reparação ou retribuição que anima o instituto da responsabilidade civil, para se aproximar da zona cominatória, repressiva ou punitiva, onde pontifica o direito criminal"[40]. Mais uma vez, evidencia-se a necessidade de diferenciar as cláusulas penais conforme suas diferentes funções. Se a ausência de dano não impede a incidência de cláusula penal de função coercitiva – a chamada cláusula penal puramente compulsória, na terminologia cunhada por António Pinto Monteiro –, o mesmo não se pode dizer em relação a uma convenção que tem por fim a liquidação antecipada da indenização.

6.5. Indenização suplementar

O Código Civil determina que, mesmo que o prejuízo exceda o valor da cláusula penal, o credor só poderá exigir indenização suplementar *se assim tiver sido pactuado*, valendo, nesse caso, a cláusula penal como mínimo da indenização (art. 416, parágrafo único). Assim, "no caso de previsão contratual desse jaez, quando os prejuízos experimentados superarem a expressão econômica da cláu-

---

40 Antunes Varela, *Das obrigações em geral*, 10. ed., Coimbra: Almedina, 2000, v. II, p. 140.

sula penal compensatória, esta terá natureza de *minus* indenizatório"[41]. Trata-se de inovação da codificação vigente, já que norma semelhante não constava do Código Civil de 1916.

6.6. Redução equitativa da cláusula penal

A principal inovação do Código Civil de 2002 no campo da cláusula penal situa-se no art. 413, segundo o qual: "A penalidade deve ser reduzida equitativamente pelo juiz se a obrigação principal tiver sido cumprida em parte, ou se o montante da penalidade for manifestamente excessivo, tendo-se em vista a natureza e a finalidade do negócio". A redução deverá ocorrer, portanto, em duas hipóteses: (a) cumprimento parcial da obrigação e (b) penalidade manifestamente excessiva.

A codificação de 1916 apenas *facultava* a redução se a obrigação tivesse sido cumprida em parte. A jurisprudência já enxergava ali um verdadeiro *dever* do juiz, pois o pagamento do valor integral da cláusula penal, fixada com vistas ao inadimplemento integral, no caso de descumprimento parcial resultaria, a rigor, em enriquecimento sem causa do credor. O Código Civil de 2002 acolheu tal entendimento, tornando a redução imperativa, o que levou a jurisprudência a reconhecer a possibilidade de redução de ofício[42]. Note-se que a redução não deve ser admitida quando o cumprimento parcial da obrigação não atender, em nenhuma medida, ao interesse do credor.

Inovou o legislador ao acrescentar ao Código Civil nova hipótese de redução: "se o montante da penalidade for manifestamente excessivo, tendo-se em vista a natureza e a finalidade do negócio". Abre-se aqui relevante espaço para a atuação do juiz, mas sempre com atenção aos parâmetros traçados no dispositivo. A natureza do negócio consiste no conjunto de características essenciais à operação negocial realizada. Deve-se atentar, nessa esteira, a elementos como o tipo contratual, a onerosidade ou gratuidade do contrato, sua comutatividade ou aleatoriedade, a extensão temporal da sua execução (se imediata ou continuada), entre outros aspectos. A alusão à finalidade, por sua vez, remete à função do contrato ou, para alguns autores, à sua causa. Trata-se de verificar a finalidade econômica a que as partes, por meio de determinado contrato, pretenderam atingir. Importante destacar que o art. 413 não alude a qualquer requisito

---

41 Gustavo Tepedino, Heloisa Helena Barboza e Maria Celina Bodin de Moraes (Coords.), *Código Civil interpretado conforme a Constituição da República*, cit., v. I, p. 763.
42 STJ, 4ª Turma, REsp 1.447.247/SP, rel. Min. Luis Felipe Salomão, j. 19-4-2018.

subjetivo, como o estado psicológico ou anímico do contratante nem se limita às hipóteses em que haja contratante vulnerável.

O escopo da norma é conservar a proporcionalidade entre o inadimplemento e seu efeito, na linha do que ocorre em outros países[43]. O direito à redução é irrenunciável, como registrado no Enunciado n. 335 da IV Jornada de Direito Civil (2006): "Não podem as partes renunciar à possibilidade de redução da cláusula penal se ocorrer qualquer das hipóteses previstas no art. 413 do Código Civil, por se tratar de preceito de ordem pública".

Qualquer que seja a modalidade ou função da cláusula, a redução que se impõe é *equitativa*. O caráter equitativo tem prevalecido mesmo na hipótese de redução da cláusula por cumprimento parcial da obrigação, em que seria possível cogitar de uma redução proporcional à parcela cumprida[44].

7. Arras

Arras, ou sinal, são quantia em dinheiro ou outro bem móvel dados por um contratante ao outro, por ocasião da conclusão do contrato, normalmente com o escopo de assegurar seu cumprimento. Nas palavras de Eduardo Espínola, arras são "aquilo que, ao celebrar um contrato, uma das partes dá à outra, como garantia do acordo a que chegaram e da obrigatoriedade do mesmo contrato"[45]. A origem etimológica da palavra *arras* situa-se, segundo Díez-Picazo, na palavra fenícia *arrha*, que tinha sentido de vinculação, aprisionamento ou garantia[46]. Com efeito, as arras funcionam normalmente como *amarras* que vinculam os contratantes a um ajuste definitivo, evidenciando à sociedade que se encontram obrigados entre si. Têm, em regra, função confirmatória do negócio celebrado, reforçando o vínculo obrigacional e servindo como princípio de pa-

---

43 Pietro Perlingieri, *Il diritto dei contratti tra persona e mercato*, Nápoles: Edizioni Scientifiche Italiane, 2003, p. 447.

44 "O art. 413 do Código Civil de 2002, além de instituir o dever do juiz de redução da cláusula penal quando cabível, substituiu o critério da proporcionalidade matemática (previsto no art. 924 do Código Civil de 1916) pela equidade" (STJ, 4ª T., REsp 1.353.927/SP, Rel. Min. Luis Felipe Salomão, j. 17-5-2018). Confira-se, na mesma direção, o Enunciado n. 359 da IV Jornada de Direito Civil do CJF: "A redação do art. 413 do Código Civil não impõe que a redução da penalidade seja proporcionalmente idêntica ao percentual adimplido."

45 Eduardo Espínola, *Garantia e extinção das obrigações. Obrigações solidárias e indivisíveis*, Rio de Janeiro: Freitas Bastos, 1951, p. 352.

46 Luis Díez-Picazo, *Fundamentos del derecho civil patrimonial*, Madrid: Civitas, 1993, v. II, p. 403.

gamento. Por exceção, se houver pacto expresso entre as partes, podem desempenhar outra função: a função penitencial, servindo como contrapartida (*preço*) pelo exercício de um direito de arrependimento ou retratação que as partes tenham instituído de comum acordo. A dualidade de funções dá lugar a duas espécies distintas de arras: (a) as *confirmatórias* e (b) as *penitenciais*.

7.1. Arras confirmatórias × penitenciais

As arras confirmatórias representam um tipo de *indenização* mínima que dá reforço ao vínculo obrigacional (art. 419), enquanto as arras penitenciais constituem o *preço* do arrependimento. Bem observa Eduardo Espínola que, se as arras penitenciais autorizam a ruptura do contrato, "não se pode falar em reforço, e sim em enfraquecimento (*Abschwächung*) do contrato"[47]. O Código Civil determina que as arras são, em regra, confirmatórias, admitindo, porém, as arras penitenciais se as partes assim as estipularem (art. 420). Os efeitos são bastante distintos.

As arras confirmatórias valem como garantia de execução do contrato. Se o contrato for efetivamente cumprido, as arras confirmatórias são restituídas ou computadas na prestação devida (art. 417). Se for descumprido pela parte que deu as arras confirmatórias, a outra pode retê-las (art. 418, I). Se o inadimplemento for de quem recebeu as arras, quem as deu faz jus à sua restituição em dobro, mais atualização monetária, juros e, se for o caso, honorários advocatícios (art. 418, II). Além disso, ao contrário do que ocorre com a cláusula penal, nada impede que o prejudicado persiga indenização suplementar, provando que o prejuízo supera o valor das arras confirmatórias (art. 419).

Atento à função das arras confirmatórias que funcionam como *indenização* mínima, o Superior Tribunal de Justiça já entendeu não ser possível a cumulação de arras confirmatórias com cláusula penal. Isso porque, "na hipótese de inadimplemento do contrato, as arras apresentam natureza indenizatória, desempenhando papel semelhante ao da cláusula penal compensatória", de modo a ser "imperiosa a conclusão no sentido de impossibilidade de cumulação de ambos os institutos, em face do princípio geral da proibição do *non bis in idem* (proibição da dupla condenação a mesmo título)". Adverte, ainda, o STJ: "se previstas cumulativamente para o inadimplemento contratual, entende-se deve incidir exclusivamente a pena de perda das arras", em razão do caráter real e de

---

[47] Eduardo Espínola, *Garantia e extinção das obrigações. Obrigações solidárias e indivisíveis*, cit., p. 353, nota 86.

o regime das arras permitir à parte inocente o pedido de indenização suplementar se provar prejuízo[48].

As arras penitenciais têm disciplina inteiramente diversa, atenta à sua diferente função, que é de contraprestação pelo exercício do direito de arrependimento. As arras somente assumem função penitencial mediante estipulação prévia entre os contratantes (art. 420). Assim o fazendo, as partes conferem-se mutuamente um direito potestativo de desfazimento da avença, valendo as arras como *preço do arrependimento*. Assim, se quem deu as arras penitenciais exerce seu direito de se arrepender, perde-as em favor do outro contratante. Se quem se arrepende é a contraparte, que recebeu as arras penitenciais, deve restituí-las em dobro. Em nenhuma hipótese, todavia, há direito à indenização suplementar (art. 420). Isso porque as arras penitenciais figuram não como princípio de indenização, mas como preço certo do exercício de um direito de arrependimento expressamente pactuado pelas partes.

7.2. Pacto acessório e real

Sejam confirmatórias ou penitenciais, as arras têm natureza jurídica de pacto acessório ao contrato principal. Têm ainda caráter real porque somente se constituem as arras mediante a efetiva entrega ao outro contratante da soma em dinheiro ou, mais raramente, de outro bem móvel. Na lição de Silvio Rodrigues, "é real tal contrato, porque se aperfeiçoa pela entrega da coisa, por uma das partes à outra. A mera promessa de entrega de um sinal não gera os efeitos atribuídos pela lei ao ajuste arral, porque este depende, para sua eficácia, da entrega da *res*"[49].

7.3. Distinção entre arras penitenciais e cláusula penal

As arras penitenciais aproximam-se, para parte da doutrina, do instituto da cláusula penal. Os institutos, todavia, não se confundem. Como explica Orlando Gomes, "nas arras penitenciais, a quantia estipulada é o correspectivo do direito de arrependimento antes de concluído o contrato, e não a indenização por inadimplemento, como na cláusula penal"[50]. Além disso, as arras consistem, como já visto, em pacto acessório de natureza real, em que a entrega do

---

48 STJ, 3ª Turma, REsp 1.617.652, rel. Min. Nancy Andrighi, j. 26-9-2017.
49 Silvio Rodrigues, *Direito civil*, São Paulo: Saraiva, 2002, v. II, p. 282.
50 Orlando Gomes, *Obrigações*, Rio de Janeiro: Forense, 2000, p. 162.

bem ocorre no momento de conclusão do ajuste, diversamente da cláusula penal, que é, em nosso sistema jurídico, desprovida de caráter real.

Firme na convicção de que as arras penitenciais exercem papel de "preço" previamente acertado entre as partes para a hipótese de arrependimento, nossa jurisprudência não tem se eximido de efetuar controle sobre o quantitativo estabelecido para tal finalidade. Nessa direção, confira-se o teor do acórdão do Tribunal de Justiça do Rio Grande do Sul, que, examinando caso concreto de venda de automóvel com arras penitenciais que chegavam a 70% do valor da prestação principal, concluiu: "se o valor inicial representa mais de 70% do preço do bem, não se mostra compatível com o nome de sinal de pagamento. Ilegal previsão de perda. Rescisão do contrato, com retorno das partes ao estado anterior"[51].

7.4. *Arras penitenciais e direito do consumidor*

A legislação especial, diversamente do que ocorre no regime geral do Código Civil, assegura, em alguns casos, aos contratantes o direito de arrependimento. É o que se verifica, por exemplo, no Código de Defesa do Consumidor, cujo art. 49 determina: "o consumidor pode desistir do contrato, no prazo de 7 dias a contar de sua assinatura ou do ato de recebimento do produto ou serviço, sempre que a contratação de fornecimento de produtos e serviços ocorrer fora do estabelecimento comercial, especialmente por telefone ou a domicílio". E o parágrafo único do mesmo dispositivo acrescenta: "Se o consumidor exercitar o direito de arrependimento previsto neste artigo, os valores eventualmente pagos, a qualquer título, durante o prazo de reflexão, serão devolvidos, de imediato, monetariamente atualizados".

Assim, em relações de consumo, eventual cláusula que estabeleça perda de arras por conta do exercício do direito de arrependimento será nula, tendo em vista o caráter indisponível da norma contida no código consumerista. O que podem as partes estipular é direito de arrependimento de caráter contratual que possa ser exercido *após* o período legalmente assegurado de sete dias contados do recebimento do produto ou serviço. Nessa hipótese, será lícita a fixação de arras penitenciais, pois o arrependimento exercido após o prazo legal de reflexão não seria possível sem as arras.

---

51 TJRS, Ap. Cív. 598082535, 14ª C.C., rel. Des. Marco Antonio Bandeira Scapini, j. 24-9-1998.

7.5. Redução equitativa das arras

Tem-se reconhecido no âmbito do direito das obrigações a necessidade de um amplo controle de proporcionalidade entre a gravidade do fato e a extensão de seus efeitos. Esta tendência restou positivada pelo legislador, no que se refere à cláusula penal, no art. 413 do Código Civil, consagrando a possibilidade de sua redução equitativa. Todavia, doutrina[52] e jurisprudência[53] têm, com base na identidade de *ratio*, sustentado a aplicação analógica do art. 413 do Código Civil às arras, sejam elas confirmatórias ou penitenciais. Na mesma linha seguida para a cláusula penal, o STJ também já reconheceu a possibilidade de que tal redução se dê de ofício pelo magistrado[54].

---

52 Carlos Nelson Konder, Arras e cláusula penal nos contratos imobiliários, cit., p. 153.
53 STJ, 4ª Turma, AgInt no REsp 1.167.766/ES, rel. p/ acórdão Min. Maria Isabel Gallotti, j. 16-11-2017; STJ, 3ª Turma, REsp 1.669.002/RJ, rel. Min. Nancy Andrighi, j. 21-9-2017.
54 STJ, 4ª Turma, AgInt no AREsp 669.670/RJ, rel. Min. Lázaro Guimarães, j. 15-3-2018.

Capítulo 19

Enriquecimento sem Causa

Sumário: **1.** Pagamento indevido. **2.** *Indebitum ex re* × *indebitum ex persona*. **3.** Pagamento indevido e entrega de imóvel. **4.** Pagamento indevido e dívida condicional. **5.** Pagamento indevido e obrigação natural. **6.** Pagamento indevido para fim ilícito. **7.** Enriquecimento sem causa. **8.** Requisitos do enriquecimento sem causa. **9.** Justa causa. **10.** Caráter subsidiário da *actio in rem verso*. **11.** Teoria do duplo limite. **12.** Lucro da intervenção. **12.1.** Enquadramento sistemático. **12.2.** Cumulatividade das pretensões restitutória e reparatória. **12.3.** Quantificação da obrigação de restituir o lucro da intervenção.

1. Pagamento indevido

O Código Civil de 1916 não trazia uma regra geral de proibição ao enriquecimento sem causa. Tratava, entretanto, do pagamento indevido, que consiste, tecnicamente, em um dos muitos casos nos quais pode ocorrer enriquecimento sem causa. Já o direito romano reconhecia, ao lado da *conditio indebiti*, outras *conditiones sine causa*, como a *conditio ob finitam causa*, relativa àquele que pagou por razão que existia, mas deixou de existir[1]. O Código Civil brasileiro de 1916 preferiu, entretanto, seguir o sistema do Código Civil austríaco, que trata do pagamento indevido no título atinente ao pagamento das obrigações, linha que já era seguida no *Esboço* de Teixeira de Freitas, não sem severa crítica de Orosimbo Nonato. O Código Civil de 2002 deslocou o tratamento do pagamento indevido para o título pertinente aos atos unilaterais, mantendo, em sua

---

1 Carlos Alberto Dabus Maluf, Pagamento indevido e enriquecimento sem causa, *Revista da Faculdade de Direito da Universidade de São Paulo*, v. 93, 1998, p. 116-117.

substância, as normas que já constavam da codificação anterior, mas fazendo se seguir à disciplina do pagamento indevido um capítulo dedicado ao enriquecimento sem causa.

2. *Indebitum ex re* × *indebitum ex persona*

Há essencialmente duas formas de abordar o pagamento indevido: a corrente objetivista compreende que o pagamento indevido se opera *ex re*, caracterizando-se pelo simples fato de se haver pago algo que não era devido (*indebitum ex re*). De outro lado, a corrente subjetivista exige um elemento subjetivo, consubstanciado no *erro* daquele que efetua o pagamento (*indebitum ex persona*). Há, ainda, construções ecléticas como a do Código Civil italiano, que combina hipóteses em que exige a prova do erro com outras tantas em que a dispensa. Nosso Código Civil vigente, como o anterior, inclinou-se nitidamente pela corrente subjetivista, como se vê no art. 877: "Àquele que voluntariamente pagou o indevido incumbe a prova de tê-lo feito por erro".

À falta de prova do erro, a transferência patrimonial não configura pagamento indevido, sendo considerada uma liberalidade daquele que efetua o pagamento[2]. Carlos Nelson Konder registra, todavia, que a exigência de prova do erro vem sendo mitigada pela jurisprudência[3]. O Superior Tribunal de Justiça já decidiu, nesse sentido, em caso de contrato bancário, que "é dispensável a prova do erro no pagamento de contrato bancário para autorizar a repetição do indébito, pois há de se presumir que o pagamento decorreu de exigência do credor. Não é razoável considerar que tal pagamento a mais tenha sido feito conscientemente pelo devedor, a título de liberalidade concedida ao banco"[4]. De fato, o ônus da prova que recairia sobre aquele que efetua o pagamento (*solvens*) acaba, por vezes, invertido por meio de uma presunção de que houve erro, presunção que compete ao destinatário do pagamento (*accipiens*) elidir[5].

---

2 Antunes Varela, *Direito das Obrigações*, Rio de Janeiro: Forense, 1977, p. 182.
3 Carlos Nelson Konder, Enriquecimento sem causa e pagamento indevido, in Gustavo Tepedino (Coord.), *Obrigações: estudos na perspectiva civil-constitucional*, Rio de Janeiro: Renovar, 2005, p. 395.
4 STJ, REsp 468.268, 4ª T., Min. Ruy Rosado de Aguiar Jr., j. 22-4-2003. Mais recentemente e no mesmo sentido: STJ, 3ª T., AgRg no AREsp 542.761, rel. Min. Marco Aurélio Bellizze, j. 25-11-2014.
5 Teresa Negreiros, Enriquecimento sem causa: aspectos de sua aplicação no Brasil como um princípio geral de direito, *Revista da Ordem dos Advogados*, Lisboa, v. 55, n. 3, dez. 1995, p. 817.

3. Pagamento indevido e entrega de imóvel

O Código Civil traz regras específicas em relação a diferentes modalidades de pagamento indevido e seus desdobramentos. Assim, determina a codificação que, "se aquele que indevidamente recebeu um imóvel o tiver alienado em boa-fé, por título oneroso, responde somente pela quantia recebida; mas, se agiu de má-fé, além do valor do imóvel, responde por perdas e danos" (art. 879). O parágrafo único acrescenta: "se o imóvel foi alienado por título gratuito, ou se, alienado por título oneroso, o terceiro adquirente agiu de má-fé, cabe ao que pagou por erro o direito de reivindicação". Em casos assim, como já advertia Jorge Americano em seu célebre *Ensaio sobre o enriquecimento sem causa*, a norma "em tal hipótese, como sucede em relação à ação pauliana, compara a situação do *solvens* que empobrece, com a do terceiro que enriquece a título gratuito, e manda reduzir-se o patrimônio '*in quantum locupletior factus*'. Não inquire se o adquirente estava de boa ou de má-fé. Anula a aquisição em homenagem ao princípio universal de equidade que prefere o que '*certat de damno vitando*' ao que '*certat de lucro captando*'"[6].

4. Pagamento indevido e dívida condicional

Outra hipótese em que o legislador reconhece expressamente o dever de restituir é aquela relativa ao recebimento do pagamento de dívida condicional antes de implementada a condição (art. 876). "A omissão de uma referência ao termo no dispositivo, embora objeto de discussão, é intencional: o legislador o excluiu da disciplina do pagamento indevido porque o termo suspende o exercício, mas não a aquisição do direito (CC, art. 131). Desse modo, o pagamento antes do vencimento não gera obrigação de restituir, pois presume tratar-se de uma renúncia ao benefício do prazo"[7].

5. Pagamento indevido e obrigação natural

Ainda digna de registro é a hipótese relativa ao pagamento de obrigação natural ou dívida prescrita. Desprovidas que são de exigibilidade, tais dívidas

---

6   Jorge Americano, *Ensaio sobre o enriquecimento sem causa: dos institutos de direito em que se manifesta a condenação do locupletamento injustificado*, São Paulo: Saraiva, 1933, p. 28.
7   Carlos Nelson Konder, Enriquecimento sem causa e pagamento indevido, in Gustavo Tepedino (Coord.), *Obrigações: estudos na perspectiva civil-constitucional*, cit., p. 396.

não carecem, contudo, de reconhecimento jurídico. Daí a seguinte lição de San Tiago Dantas: "se alguém paga a dívida prescrita, se alguém paga a obrigação natural, solveu com causa e não sem causa, e, portanto, não pode repetir o pagamento"[8]. É exatamente o entendimento adotado pelo art. 882 do nosso Código Civil: "Não se pode repetir o que se pagou para solver dívida prescrita, ou cumprir obrigação judicialmente inexigível".

6. Pagamento indevido para fim ilícito

Por fim, o direito brasileiro nega direito à repetição do pagamento indevido a quem "deu alguma coisa para obter fim ilícito, imoral, ou proibido por lei" (art. 883). Por exemplo: "dá-se a alguém algum dinheiro para que ele agrida um desafeto. Não se pode, depois, pretender reaver este dinheiro, por meio de uma repetição, quer ele tenha agredido, quer não tenha, porque a verdade é que não pode tutelar mesmo o direito a repetição por causa do fim ilícito que de qualquer modo se estaria protegendo"[9]. Para que o valor pago indevidamente não beneficie também aquele que o recebe para fim ilícito, imoral ou proibido por lei, o Código Civil ordena que o valor pago indevidamente seja destinado a "estabelecimento local de beneficência, a critério do juiz" (art. 883, parágrafo único).

7. Enriquecimento sem causa

O Código Civil veda o enriquecimento sem causa, em termos gerais, no art. 884: "Aquele que, sem justa causa, se enriquecer à custa de outrem, será obrigado a restituir o indevidamente auferido, feita a atualização dos valores monetários".

Ao situar o tema no título atinente aos atos unilaterais, o Código Civil brasileiro parece ter adotado uma visão restritiva da vedação ao enriquecimento sem causa e tem despertado crítica entre nós. Argumenta-se que nem a restituição do indébito nem a devolução do proveito obtido ajustam-se bem à moldura do ato unilateral, uma vez que, embora "expressem, normalmente, condutas unilaterais, elas não configuram manifestação livre e espontânea da vontade

---

8 San Tiago Dantas, *Programa de direito civil*, Rio de Janeiro: Ed. Rio, 1978, v. II, p. 71.
9 San Tiago Dantas, *Programa de direito civil*, cit., v. II, p. 71.

daquele que as pratica"[10]. Tampouco o fato que dá origem ao enriquecimento sem causa pode ser qualificado necessariamente como ato jurídico unilateral, na medida em que há enriquecimento sem causa derivado de condutas não voluntárias da parte do empobrecido ou mesmo do enriquecido, como no conhecido exemplo dos bovinos que pastam em propriedade alheia.

O certo é que nossa codificação não parece ter sido capaz de resolver a imensa controvérsia que vigora nessa matéria, em torno da precisa qualificação jurídica do enriquecimento sem causa. Como já se viu no primeiro capítulo dedicado ao direito obrigacional, o enriquecimento sem causa não pode ser considerado fonte das obrigações, pois "é, antes, o resultado da ausência de qualquer fonte"[11]. Dabus Maluf afirma que "o que se locupleta com o alheio está na posição do que toma alguma coisa por empréstimo: tem de restituí-la"[12]. Para Fernando Noronha, a vedação ao enriquecimento sem causa é um corolário da *teoria da destinação jurídica dos bens*, segundo a qual, em apertada síntese, toda riqueza que possa ser extraída dos bens com base em seu aproveitamento pertence ao seu titular[13]. A vedação ao enriquecimento sem causa seria, em última análise, uma consequência da tutela do direito de propriedade. Para Judith Martins-Costa, diversamente, trata-se de um reflexo da boa-fé objetiva[14]. O Supremo Tribunal Federal chegou a afirmar, em polêmica decisão, que a vedação ao enriquecimento sem causa configuraria "garantia constitucional implícita"[15]. Julgados posteriores do próprio tribunal rejeitaram, porém, a tese, entendendo que a vedação ao enriquecimento sem causa não configura matéria constitucional[16].

Ainda assim, sua importância atual é notável. Agostinho Alvim já afirmava que "a condenação do enriquecimento injustificado é princípio geral de direito, porque, com maior ou menor extensão, ela tem sido recomendada por

---

10 Gustavo Tepedino, Heloisa Helena Barboza e Maria Celina Bodin de Moraes (Coords.), *Código Civil interpretado conforme a Constituição da República*, 2. ed., Rio de Janeiro: Renovar, 2012, v. II, p. 754.
11 Gustavo Tepedino e Anderson Schreiber, Direito das obrigações, in Álvaro Villaça Azevedo (Coord.), *Código Civil comentado*, São Paulo: Atlas, 2008, v. IV, p. 27.
12 Carlos Alberto Dabus Maluf, *Pagamento indevido e enriquecimento sem causa*, cit., p. 116.
13 Fernando Noronha, Enriquecimento sem causa, *Revista de Direito Civil, Imobiliário, Agrário e Empresarial*, v. 15, n. 56, abr./jun. 1991, p. 57.
14 Judith Martins-Costa, *Comentários ao novo Código Civil*, Rio de Janeiro: Forense, 2003, v. V, t. I, p. 45.
15 STF, 2ª T., Agravo Regimental em Agravo de Instrumento 182.458, rel. Min. Marco Aurélio, j. 4-3-1997.
16 STF, 1ª T., Ag em RE 239.552, rel. Min. Cezar Peluso, j. 31-8-2004, entre outros.

todos os sistemas no tempo e no espaço"[17]. Nossa jurisprudência tem, de fato, recorrido em múltiplas situações e com diferentes fins à vedação do enriquecimento sem causa, dotando a noção de grande abrangência. Como registra, ainda uma vez, Carlos Nelson Konder, a vedação ao enriquecimento sem causa tem sido invocada, em muitas ocasiões, "no âmbito de aplicação de uma norma que atribua ao juiz um maior grau de discricionariedade, como é o caso da redução do valor da cláusula penal (CC, art. 413) e da fixação do quantum indenizatório no dano moral", atuando de maneira similar à ideia de "razoabilidade, impondo ao aplicador uma ponderação que evite qualquer tipo de excesso"; em outros casos, a vedação ao enriquecimento sem causa "aparece como *ratio decidendi* em situações em que a lei é obscura, ou mesmo para o suprimento de lacunas", como ocorre no "exemplo dos bens adquiridos pelo esforço comum nos casamento sob o regime da separação legal de bens"[18]. São raras, aliás, as invocações jurisprudenciais ao enriquecimento sem causa enquanto instituto específico. Destaca o autor que "a aplicação jurisprudencial do enriquecimento sem causa não vem se limitando a utilizá-lo supletivamente, como um princípio geral de direito nos termos do art. 4º da LICC. Muitas vezes, o princípio vem sendo invocado pela jurisprudência como uma 'válvula de escape' interna ao sistema para situações nas quais a aplicação excessivamente rígida da lei levaria a situações explicitamente injustas"[19].

8. Requisitos do enriquecimento sem causa

São requisitos necessários à configuração do enriquecimento sem causa, à luz do nosso direito positivo: (a) o enriquecimento de alguém (b) à custa de outrem (c) sem causa jurídica que justifique o enriquecimento. Por enriquecimento entende-se a obtenção de vantagem patrimonial, podendo se dar por meio do aumento do ativo ou diminuição do passivo ou mesmo por meio da poupança de uma despesa, como adverte Antunes Varela[20]. Há autores que cogitam da aplicabilidade do enriquecimento sem causa diante de vantagem moral[21].

---

17 Agostinho Alvim, Do enriquecimento sem causa, *Revista dos Tribunais*, São Paulo, v. 46, n. 259, maio 1957, p. 3.
18 Carlos Nelson Konder, Enriquecimento sem causa e pagamento indevido, cit., p. 372.
19 Carlos Nelson Konder, Enriquecimento sem causa e pagamento indevido, cit., p. 373.
20 Antunes Varela, *Direito das obrigações*, cit., p. 194.
21 Giovanni Ettore Nanni, *Enriquecimento sem causa*, 3. ed., São Paulo: Saraiva, 2012, p. 259 e s.

O segundo requisito é que o enriquecimento se dê à custa de outrem, aludindo alguns autores à noção de *empobrecimento*, que, sendo "antípoda da de enriquecimento", se apresenta como conceito tão largo quanto aquele, que "se caracteriza quando se perde um elemento patrimonial; do ponto de vista negativo, quando se deixa de recebê-lo, como no caso de alguém haver prestado um serviço sem a correspectiva remuneração"[22]. A alusão a um empobrecimento deve ser vista com cautela, pois há hipóteses de enriquecimento sem causa que não são acompanhadas de um empobrecimento efetivo[23], como no caso do *outdoor* instalado em terreno baldio alheio, que não gera ao proprietário do imóvel nenhuma diminuição do ativo nem a perda de uma vantagem patrimonial concreta e esperada. Ainda assim, haverá enriquecimento sem causa, pois houve enriquecimento à custa de outrem.

O terceiro e último requisito consiste na ausência de causa jurídica para o enriquecimento, requisito que compreende não apenas a falta de causa *ab initio*, mas também aquelas situações em que a causa deixa de existir (art. 885), como ocorria na *conditio ab causam finitam* do direito romano. Toda a infindável controvérsia em torno do conceito de causa pode, em teoria, ser transposta para o âmbito do enriquecimento sem causa, mas parte considerável da doutrina enxerga a causa aqui como noção de contornos próprios. Com efeito, a maioria dos autores têm identificado a causa a que se alude no âmbito do enriquecimento sem causa como um *título jurídico idôneo* a fundamentar a transferência patrimonial[24], o que corresponde substancialmente à ideia já aqui defendida do enriquecimento sem causa como ausência de fonte obrigacional.

9. Justa causa

Merece registro entendimento de Mario Julio de Almeida Costa, que vê no enriquecimento sem causa uma fórmula geral de reprovabilidade à luz dos princípios do sistema jurídico. Em suas palavras, "reputa-se que o enriquecimento carece de causa, quando o direito não o aprova ou consente, porque não existe uma relação ou um fato que, de acordo com os princípios do sistema jurídico, justifique a deslocação patrimonial"[25]. Se tal concepção

---

22 Serpa Lopes, *Curso de direito civil*, Rio de Janeiro: Freitas Bastos, 1995, v. V, p. 72.
23 Diogo Leite de Campos, Enriquecimento sem causa, responsabilidade civil e nulidade, *Revista dos Tribunais*, São Paulo, n. 71, v. 560, jun. 1982, p. 262.
24 Fernando Noronha, Enriquecimento sem causa, cit., p. 69.
25 Mário Júlio de Almeida Costa, *Noções de direito civil*, 4. ed., Coimbra: Almedina, 2001, p. 87.

afigura-se possível à luz do tecido normativo do Código Civil português, que expressamente se refere ao enriquecimento "sem causa justificativa" (art. 473º), melhor ainda parece se amoldar ao Código Civil brasileiro, que, embora adotando no capítulo dedicado ao tema a nomenclatura tradicional do "enriquecimento sem causa", conceitua o instituto no art. 884 como a situação em que alguém, "sem *justa* causa, se enriquecer à custa de outrem". O uso do adjetivo "justa" pode ensejar maior abertura à valoração do intérprete, apta a amparar os usos ampliativos que a jurisprudência brasileira tem aplicado à proibição do enriquecimento sem causa. Trata-se, em última instância, de compreender o enriquecimento como "sem causa, ou injustificado, quando a vantagem econômica obtida à custa de outros não é justificada por um interesse merecedor de tutela"[26].

10. Caráter subsidiário da *actio in rem verso*

O art. 886 do Código Civil consagra a comum opinião de que a vedação ao enriquecimento sem causa é remédio de aplicação subsidiária, ao afirmar: "Não caberá a restituição por enriquecimento, se a lei conferir ao lesado outros meios para se ressarcir do prejuízo sofrido". Vale dizer: a ação de restituição (*actio in rem verso*) só é cabível se outras pretensões não puderem ser exercidas para obter o ressarcimento. Diversas codificações estrangeiras seguem tal orientação. O Código Civil português, por exemplo, afirma no art. 474º: "Não há lugar à restituição por enriquecimento, quando a lei facultar ao empobrecido outro meio de ser indemnizado ou restituído, negar o direito à restituição ou atribuir outros efeitos ao enriquecimento". O Código Civil italiano, no art. 2.042, afirma: "A ação de enriquecimento não pode ser proposta quando o lesado puder exercitar uma outra ação para se fazer indenizar do prejuízo sofrido".

O caráter subsidiário do enriquecimento sem causa tem origem no sistema jurídico francês, em que a ausência de causa nos atos jurídicos já enseja nulidade. Não havendo entre nós tal previsão, o caráter subsidiário é de conveniência questionável. Destaca Marcelo Trindade que a previsão de remédios

---

26 Cesare Massimo Bianca, *Diritto civile*, v. 2, Milão: Giuffrè, 1994, p. 818. Na doutrina nacional, Rodrigo da Guia Silva, *Enriquecimento sem causa: as obrigações restitutórias no direito civil*, São Paulo: Revista dos Tribunais, 2018, p. 172-197, alude a um "giro conceitual do enriquecimento sem causa ao enriquecimento injusto", em homenagem à célebre lição de Orlando Gomes acerca da responsabilidade civil.

específicos em um grande número de hipóteses, inclusive com "limitações quantitativas da restituição", acaba impedindo ou limitando a reversão do enriquecimento[27]. A doutrina tem defendido interpretações voltadas a abrandar o rigor do requisito, entendendo a subsidiariedade como a ausência de "um remédio jurídico alternativo capaz de *efetivamente* instrumentalizar a restituição do indevidamente auferido"[28].

11. Teoria do duplo limite

Controverte a doutrina quanto à aplicabilidade da denominada teoria do duplo limite ao direito brasileiro. Defende-se, majoritariamente, que o objeto da restituição seria limitado tanto pelo valor do enriquecimento experimentado pelo beneficiário como pelo prejuízo sofrido por aquele à custa de quem se enriqueceu; em havendo diferença, o valor da restituição deveria equivaler ao menor entre eles. Isso porque o instituto do enriquecimento sem causa teria em vista "apenas entregar uma vantagem a quem ela de direito pertencia"[29]. Por outro lado, há quem rejeite a teoria, invocando, além da ausência da previsão de tal limitação em lei, a circunstância de não se coadunar "com os preceitos de uma sociedade que preza os padrões de liberdade, justiça e solidariedade prestigiar, ainda que em restrita escala, o enriquecido"[30], devendo a restituição abarcar toda a vantagem por este obtida.

12. Lucro da intervenção

Figura que tem ganhado maior atenção por parte da doutrina nacional é a do lucro da intervenção[31]. Lucro da intervenção é a vantagem patrimonial aufe-

---

27 Marcelo Trindade, Enriquecimento sem causa e repetição de indébito: observações à luz do Código Civil de 2002, *Revista Trimestral de Direito Civil*, v. 18, abr./jun. 2004, p. 260.
28 Cláudio Michelon Jr., *Direito restituitório: enriquecimento sem causa, pagamento indevido, gestão de negócios*, São Paulo: Revista dos Tribunais, 2007, p. 258.
29 Carlos Nelson Konder, Enriquecimento sem causa e pagamento indevido, cit., p. 386-387.
30 Giovanni Ettore Nanni, *Enriquecimento sem causa*, cit., p. 311, citando as lições de Diogo Leite de Campos.
31 A primeira monografia brasileira dedicada exclusivamente ao tema foi a obra de Sérgio Savi, *Responsabilidade civil e enriquecimento sem causa: o lucro da intervenção*, São Paulo: Atlas, 2012.

rida a partir da exploração não autorizada de bem ou direito alheio[32]. É o caso, por exemplo, da publicação que faz uso não autorizado da imagem de uma modelo para fins publicitários. A jurisprudência, na ausência de uma solução legal específica para a questão dos lucros obtidos indevidamente a partir desta intervenção indevida, tem se valido do instrumento da responsabilidade civil[33].

12.1. Enquadramento sistemático

A melhor doutrina, porém, tem denunciado a incompatibilidade estrutural e funcional da responsabilidade civil com a exclusão do lucro ilícito do patrimônio do ofensor. O lucro da intervenção não tem origem na preocupação de indenizar ou compensar os danos sofridos pela vítima, função reconhecida pelo nosso ordenamento à responsabilidade civil, mas sim no afã de retirar da esfera jurídica do ofensor os lucros auferidos por meio de conduta lesiva a direitos (lucros esses que, por vezes, se revelam muito superiores ao eventual dano sofrido pela vítima), função que pode ser adequadamente desempenhada pelo instituto do enriquecimento sem causa[34]. O lucro da intervenção, portanto, configura modalidade de enriquecimento sem causa, caracterizada pela exploração não autorizada de bem ou direito alheio. A restituibilidade do lucro da intervenção, nessa esteira, dependerá ou (a) de um fundamento normativo específico que permita a restituição ou (b), na ausência de fundamento normativo específico (em respeito à regra da subsidiariedade contida no art. 886), da demonstração dos pressupostos da cláusula geral do art. 884[35].

---

32   Anderson Schreiber e Rodrigo da Guia Silva, Aspectos relevantes para a sistematização do lucro da intervenção no direito brasileiro, *Revista Pensar*, disponível em: <http://periodicos.unifor.br/rpen/article/view/7815> (acesso em: 21 nov. 2018).

33   Ilustrativo desta tendência foi o julgamento do REsp 1.335.624/RJ, julgado pelo STJ, no qual se discutia a utilização indevida por certa fabricante de refrigerantes, em campanha publicitária, da imagem da seleção brasileira, de titularidade da Confederação Brasileira de Futebol. Para uma percuciente análise da decisão, ver Felipe Ramos Ribas Soares, Utilização indevida de imagem de pessoa jurídica: responsabilidade civil ou enriquecimento sem causa?, *Revista de Direito Civil Contemporâneo*, n. 5, v. 15, abr./jun. 2018, p. 527-550.

34   Aline de Miranda Valverde Terra e Gisela Sampaio da Cruz Guedes, Considerações acerca da exclusão do lucro ilícito do patrimônio do agente ofensor, *Revista da Faculdade de Direito da UERJ*, Rio de Janeiro, n. 28, dez. 2015, p. 3-10.

35   O Superior Tribunal de Justiça, ao apreciar hipótese fática de utilização não autorizada de imagem de atriz em campanha publicitária, entendeu que "tem o titular do bem jurídico violado o direito de exigir do violador a restituição do lucro que este obteve às custas daquele. (...) o dever de restituição do denominado lucro da intervenção encontra fundamento no instituto do enriquecimento sem causa, atualmente

12.2. Cumulatividade das pretensões restitutória e reparatória

Controvertida é a possibilidade de cumulação das pretensões referentes à restituição do lucro auferido pelo interventor e à reparação do dano sofrido pelo titular do direito. O fato de se fundamentar o lucro da intervenção na vedação ao enriquecimento sem causa poderia sugerir que as pretensões reparatória e restitutória não são cumuláveis, em virtude do caráter subsidiário do enriquecimento ilícito. Há quem entenda, nessa linha, que a cumulação causaria uma sobreposição de sanções ou *bis in idem*. Discordo desse entendimento, opinando pela possibilidade de cumulação das pretensões reparatória e restitutória, que atendem, a meu ver, a funções distintas. Por exemplo, imagine-se que certa atriz, pacifista, tenha sua imagem utilizada de modo não autorizado por sociedade empresária na publicidade de um evento de *Mixed Martial Arts*: enquanto a sociedade empresária obtém enriquecimento sem causa, valendo-se da imagem da atriz sem autorização (lucro da intervenção), o uso da imagem da atriz naquele contexto causa-lhe dano injusto, ao afetar seu direito à imagem (por força do uso não autorizado da sua projeção física) e à identidade pessoal (por força da sua apresentação como algo distinto do que é). As pretensões restitutória e reparatória cumulam-se, sem se excluírem mutuamente, pois atendem a diferentes funções.

12.3. Quantificação da obrigação de restituir o lucro da intervenção

O ponto mais polêmico, em relação ao lucro da intervenção, consiste na quantificação da restituição devida àquele que sofre a intervenção indevida em sua esfera jurídica. Em primeiro lugar, afirma-se a prevalência do *enriquecimento efetivamente auferido* pelo interventor como critério de quantificação, afastando-se eventuais juízos hipotéticos, de modo a privilegiar a investigação da concreta repercussão da intervenção sobre o patrimônio do interventor, o que frequentemente indicará um valor distinto daquele referente ao mero preço médio de mercado para utilização do bem. Há que se perquirir, nesse sentido, o efetivo *nexo de causalidade* entre a intervenção e o lucro, sendo imprescindível verificar o *grau de contribuição causal* de cada um dos fatores concorrentes para a produção do enriquecimento do interventor. Deve-se, por fim, rejeitar a tentativa de aplicação do critério da boa-fé ou má-fé subjetiva por parte do interven-

---

positivado no art. 884 do Código Civil" (STJ, 3ª T., REsp. 1.698.701/RJ, rel. Min. Ricardo Villas Boas Cueva, j. 2-8-2018). Para uma análise doutrinária deste tipo de conflito: Thiago Lins, *O Lucro da Intervenção e o Direito à Imagem*, Rio de Janeiro: Lumen Juris, 2016.

tor, em analogia com a disciplina dos efeitos da posse em relação às benfeitorias (CC, arts. 1.219 e 1.222), em razão do risco de que a invocação à má-fé desvirtue a função restitutória do instituto, legitimando propósitos punitivos.

O problema da quantificação torna-se ainda mais complexo na já mencionada hipótese de cumulação das pretensões restitutória e reparatória. A maior parte dos autores que se dedica ao tema conclui que a delimitação do *lucro* auferido pelo interventor pressupõe o prévio abatimento do montante porventura desembolsado a título de indenização pelo uso do bem ou direito alheio[36]. A conclusão, que funcionaria como espécie de limite à cumulação das pretensões reparatória e restitutória, parece mais facilmente sustentável nas hipóteses em que o dano injusto assume natureza patrimonial tal qual o enriquecimento injustamente obtido. Sua aplicação, todavia, às hipóteses fáticas em que a intervenção sobre bens ou direitos alheios gera dano moral – como no exemplo da atriz lesada em sua identidade pessoal e em sua imagem – pode produzir a sensação de que se está, com o perdão da expressão, subtraindo laranjas de maçãs. A quantificação da indenização em termos pecuniários não parece suficiente para colmatar as naturezas distintas do que se pretende funcionalmente produzir como consequência jurídica de uma dupla violação[37].

O Superior Tribunal de Justiça deparou-se com estas dificuldades ao analisar a quantificação da repetição de indébito em contratos de mútuo feneratício nos quais a cobrança indevida é imputável ao mutuante (aplicação indevida de fator de correção monetária e cobranças amparadas por cláusulas abusivas, por exemplo). Mais especificamente, a Segunda Seção do STJ buscava determinar se deveria ou não fazer incidir juros remuneratórios sobre o valor da repetição, tendo em vista o enriquecimento do mutuante ao extrair juros do valor recebido indevidamente. Segundo o voto do relator, "o lucro da intervenção também pode ser vislumbrado na hipótese (...), pois, como os bancos praticam taxas de juros bem mais altas do que a taxa legal, a instituição financeira acaba auferindo vantagem dessa diferença de taxas, mesmo restituindo o indébito à taxa legal". O colegiado, contudo, optou por fixar uma tese minimalista, para permitir maior amadurecimento da questão antes

---

36 Francisco Manuel Pereira Coelho, *O enriquecimento e o dano*, Coimbra: Almedina, 1970, p. 8, entre outros.
37 Anderson Schreiber e Rodrigo da Guia Silva, Aspectos relevantes para a sistematização do lucro da intervenção no direito brasileiro, *Revista Pensar*, v. 23, n. 4, 2018, disponível em: <http://periodicos.unifor.br/rpen/article/view/7815> (acesso em: 21 nov. 2018).

da fixação de uma tese vinculante definitiva. Assentou-se apenas o *"descabimento da repetição do indébito com os mesmos encargos do contrato"*, ao argumento de que "essa repetição do indébito à taxa contratada, porém, acaba sendo excessiva, pois o banco fica obrigado a restituir mais do que auferiu, uma vez que os juros não se revertem integralmente em lucro para uma instituição financeira. Deveras, parte dos juros é destinada a cobrir os seus custos operacionais e os riscos da operação de crédito"[38].

---

38 STJ, 2ª Seção, REsp 1.552.434/GO, rel. Min. Paulo de Tarso Sanseverino, j. 13-6-2018.

Capítulo 20

CONTRATOS: NOÇÕES GERAIS

SUMÁRIO: **1.** Contrato: origens. **2.** Consensualismo. **3.** O contrato no liberalismo jurídico. **4.** A morte do contrato? **5.** O contrato no direito contemporâneo. **6.** Princípios tradicionais do direito dos contratos. **7.** Novos princípios do direito dos contratos. **7.1.** Boa-fé objetiva. **7.1.1.** Superutilização da boa-fé. **7.1.2.** *Venire contra factum proprium*. **7.1.3.** *Verwirkung* ou *suppressio*. **7.2.** Função social do contrato. **7.3.** Equilíbrio contratual. **8.** Princípio da intervenção mínima? **9.** O contrato-fato. **10.** Classificação dos contratos. **10.1.** Contratos bilaterais e unilaterais. **10.2.** Contratos onerosos e gratuitos. **10.3.** Contratos comutativos e aleatórios. **10.4.** Contratos formais e informais. **10.5.** Contratos consensuais e reais. **10.6.** Contratos típicos e atípicos. **10.7.** Contratos de execução instantânea, diferida e continuada. **10.8.** Contratos relacionais e contratos cativos de longa duração. **10.9.** Contratos preliminares e definitivos. **10.10.** Contratos de adesão e contratos paritários. **10.11.** As chamadas condições contratuais gerais. **10.12.** Contratos principais e acessórios. **10.13.** Contratos coligados e redes contratuais. **10.14.** Contratos incompletos. **10.15.** Contratos eletrônicos. **10.16.** A alegada distinção entre contratos civis e contratos de consumo. **10.17.** A alegada distinção entre contratos civis e contratos empresariais.

1. Contrato: origens

O contrato é usualmente definido como o acordo de vontades destinado a criar, modificar ou extinguir obrigações. A trajetória do instituto é fascinante. Pouco valorizado nas primeiras fases do direito romano, o contrato (*contractus*) distinguia-se dos meros pactos (*pactum* ou *conventio*), que, em regra, não tinham efeito obrigacional[1]. Em uma sociedade em que os deveres dos cidadãos

---

1 Ver, entre outros: José Carlos Moreira Alves, *Direito romano*, 6. ed., Rio de Janeiro: Forense, 2000, p. 107-111.

decorriam essencialmente de sua posição social (*status*) perante a família e a sociedade, o contrato não consistia em instrumento de grande utilidade[2]. Desempenhava, por assim dizer, um papel residual[3]. A ordem jurídica não estimulava sua utilização, como se pode ver das duas principais características dos contratos no direito romano clássico: tipicidade e formalismo.

A tipicidade exprimia-se no fato de que, em Roma, os contratantes somente podiam celebrar determinados tipos contratuais, de número fechado (comodato, depósito etc.). Os contratantes não podiam, todavia, criar contratos livremente. Além de típicos, os contratos eram, em regra, formais ou solenes, isto é, exigiam a prática de determinadas solenidades para a sua formação. Impunha-se ora a pronúncia de fórmulas verbais específicas (contratos *verbis*), ora a entrega de determinados bens (contratos *re*), ora o uso de formalidades escritas (contratos *litteris*)[4]. Qualquer desvio nessas solenidades podia conduzir à desnaturação do contrato em mero *pactum*, sem efeito vinculante. O uso do bronze e da balança (*aes et libra*) para a contratação de empréstimos e a troca de perguntas e respostas predeterminadas entre os contratantes são apenas alguns exemplos de solenidades comuns em Roma. Parte dessas fórmulas contratuais sobreviveu à queda do Império Romano do Ocidente e passou a integrar, sob a forma de costumes, a tradição dos povos europeus durante a Idade Média, resistindo de modo impressionante ao passar do tempo. Como já mencionado, ainda hoje, em alguns mercados de gado na Europa central, a venda somente é considerada realizada após uma palmada no rosto do outro contratante (*emptio non valet sine palmata*)[5].

2. Consensualismo

O formalismo começa a ser abandonado com a ascendência do direito canônico, que exerceu forte influência sobre as instituições jurídicas durante a Idade Média, em que o direito escrito ficou restrito praticamente ao clericato. Desde ao menos o século IV, a Igreja Católica impunha o respeito à palavra dada, condenando como *pecatum* a quebra de promessas feitas pelos homens nas suas relações recíprocas. Embora isso não assegurasse, inicialmente, nenhuma sanção institucional ao violador da promessa – o direito canônico só admitiria a possibilidade

---

2 José Cretella Júnior, *Direito romano moderno*, 12. ed., Rio de Janeiro: Forense, 2003, p. 75.
3 Enzo Roppo, *O contrato*, Coimbra: Almedina, 1988, p. 27.
4 Eugène Petit, *Tratado elementar de direito romano*, Campinas: Russel, 2003, p. 415.
5 John Gilissen, *Introdução histórica ao direito*, 3. ed., Lisboa: Calouste Gulbenkian, 2001, p. 734.

de ação por rompimento do chamado "pacto nu" em 1212 –, estimulava o reconhecimento social do caráter vinculante do consenso alcançado pelos homens[6]. O direito canônico também orientava-se claramente contra o uso de simbologias e invocações divinas como forma de reforçar os pactos estabelecidos na vida social, reprimindo o *juramentum* e outros recursos semelhantes que representavam, aos olhos do catolicismo, um uso condenável do nome de Deus. Desse modo, o direito canônico lança as primeiras sementes do *consensualismo*: a ideia de que o simples consenso basta para formar contratos, em franca oposição à orientação que havia prevalecido no direito romano. A efetiva libertação da tipicidade e do formalismo somente aconteceria, contudo, com a retomada do comércio, que representa a grande causa de ascensão do direito contratual moderno.

Com efeito, embora a noção de contrato tenha sido preservada nas sociedades medievais, o feudalismo não se mostrava propício ao seu pleno desenvolvimento. A vida social gravitava em torno da exploração da terra, para fins de subsistência, e os contratos limitavam-se a disciplinar relações de suserania e vassalagem. Somente a partir do século XI, as cruzadas provocariam a reabertura de antigas rotas comerciais entre Oriente e Ocidente, deflagrando o renascimento do comércio especialmente nas grandes feiras formadas na confluência daquelas rotas. A disciplina jurídica dos pactos realizados nesse período mostrava-se verdadeiramente caótica. Muitos comerciantes se consideravam regidos pelo direito costumeiro de seus próprios povos, que, a partir da queda do Império Romano do Ocidente, haviam se desenvolvido por caminhos distintos a ponto de se tornarem inconciliáveis em muitos aspectos. Data desse período o surgimento das primeiras referências à chamada *lex mercatoria*, um conjunto ideal de normas de caráter supraterritorial, extraídas de costumes e boas práticas empregadas pelos comerciantes da Europa no afã de prevenir conflitos derivados do comércio.

Com o fortalecimento dos mercadores e artesãos, que formaram a nova classe social conhecida como burguesia, a Europa assistiria, nos séculos seguintes, ao aumento de demandas ligadas à liberdade econômica e à segurança das operações comerciais. A disciplina jurídica dos contratos, casuística e costumeira, daria lugar a um conjunto de regras de validade geral, que, embora pretensamente inspirado em instituições recuperadas dos textos romanos, revelava-se firmemente comprometido com a realização de uma determinada ideologia muito própria do seu tempo. Nasciam, assim, as bases do direito contratual

---

6   Em 1212, uma glosa de Johannes Teutonicus ao Decreto de Graciano declarou pela primeira vez: *ex nudo pacto, action oriuntur* (uma ação pode nascer de um pacto nu), em explícita contrariedade à orientação que se extrai dos textos romanos (John Gilissen, *Introdução histórica ao direito*, cit., p. 735).

moderno, um direito contratual essencialmente burguês, no sentido literal, ou seja, voltado à realização dos ideais da burguesia.

3. O contrato no liberalismo jurídico

As revoluções burguesas do século XVIII inauguraram uma nova ordem política e econômica na Europa, cuja base filosófica foi essencialmente liberal. Reagindo aos abusos do Antigo Regime, a burguesia tratou de conter a atuação do Estado, historicamente identificada com o poder arbitrário dos soberanos e com os privilégios da nobreza. A doutrina do *laissez-faire, laissez-passer* reservava ao Estado um papel mínimo, limitado à conservação da segurança dos seus cidadãos e das relações jurídicas por eles estabelecidas. O desenvolvimento da atividade econômica era considerado matéria de ordem exclusivamente "privada", deixada à "livre inteligência" dos indivíduos, que saberiam alcançar, por seus próprios caminhos, o bem comum. A filosofia liberal determinou os rumos da ciência jurídica moderna, colocando o indivíduo e, mais especificamente, a vontade individual no centro do sistema jurídico. Nesse cenário, o contrato abandona o papel residual e excepcional que lhe era reservado no passado, assumindo a condição de principal instrumento de realização da autonomia individual no campo econômico.

A circulação de bens – objetivo precípuo da burguesia – dependia de um direito contratual que, de um lado, assegurasse ampla liberdade aos contratantes, para dispor de seu patrimônio como bem entendessem, e, de outro, garantisse a força vinculante dos contratos de modo geral e irrestrito, sem as soluções casuístas das cortes judiciais, que, aos olhos da burguesia, resultavam sempre em um enfraquecimento do que fora previamente acordado. O liberalismo jurídico expurga do direito contratual toda e qualquer preocupação com o equilíbrio das prestações ou com a justiça material do contrato. Institutos seculares como a lesão (*laesio enormis*) do direito romano passam a ser desprezados como fonte de incertezas. Adota-se a construção segundo a qual a validade do contrato depende apenas de requisitos externos ao ajuste econômico, em fórmula até hoje repetida acriticamente pela legislação brasileira (CC, art. 104)[7].

No Estado liberal, o juiz não adentra o conteúdo do contrato. O contrato é considerado justo pelo simples fato de ser produto da livre manifestação de vontade dos contratantes. Na frase célebre de Fouillée, *qui dit contractuel, dit*

---

[7] "Art. 104. A validade do negócio jurídico requer: I – agente capaz; II – objeto lícito, possível, determinado ou determinável; III – forma prescrita ou não defesa em lei."

juste[8]. O livre acordo de vontades entre sujeitos capazes já consistia, por si só, em expressão suficiente da justiça. O Estado liberal agia, na crítica sempre lembrada de Lassale, como mero *veilleur de nuit*, um "hipotético vigia noturno de uma obra em construção, com o seu indefectível radinho de pilha, cuja intervenção se limitava a bloquear eventuais e inoportunos invasores. Sua atuação limitava-se à repressão do ilícito, sem que sequer lhe fosse dado conhecer o que se estava a erguer naquele canteiro de obras para cuja segurança ele devotava, leal e cegamente, a sua existência"[9].

O papel do Estado limita-se, nesse contexto, a assegurar o cumprimento do pactuado. O contrato é elevado a autêntica "lei entre as partes". A força vinculante dos contratos deixa de ser simples efeito do instrumento contratual para passar a ostentar a condição de princípio fundamental do direito dos contratos: a obrigatoriedade dos pactos (*pacta sunt servanda*) combina-se, assim, com o princípio da liberdade de contratar para formar a base do direito contratual fundado pelas revoluções burguesas. Essa concepção seria cristalizada nas grandes codificações europeias do século XIX, em especial nas codificações da França e da Alemanha. De fato, o *Code Napoléon* e o *Bürgerliches Gesetzbuch*, literalmente "livro de direito burguês", foram instrumentos fortíssimos de difusão do liberalismo jurídico ao redor do mundo. É notável a sua influência sobre o Código Civil brasileiro de 1916, que disciplinou os contratos à imagem e semelhança daquelas codificações.

4. A morte do contrato?

As vicissitudes do modelo liberal começam a se tornar evidentes com o incremento do capitalismo industrial durante a segunda metade do século XIX e a primeira metade do século XX. No "livre" exercício da sua autonomia contratual, os trabalhadores egressos do campo submetem-se, por toda parte, a condições aviltantes de emprego, "concordando" com jornadas longuíssimas de trabalho, pagamento de salários em crédito a ser utilizado em estabelecimentos do próprio empregador e outras cláusulas contratuais que o reduzem a uma condição de semiescravidão. As liberdades fundamentais concebidas pelos revolucionários burgueses como meios de defesa contra o poder arbitrário do Estado foram se tornando claramente insuficientes, na medida em que, como

---

8 Alfred Fouillée, *La science sociale contemporaine*, Paris: Hachette, 1880, p. 410.
9 Gustavo Tepedino, *Temas de direito civil*, Rio de Janeiro: Renovar, 1999, p. 204. Ver: Ferdinand Lassalle, *Programma operaio*, Roma: Luigi Mongini, 1903; e Antonio Gramsci, *Cadernos do cárcere, v. 4: temas de cultura, ação católica, americanismo e fordismo*, Rio de Janeiro: Civilização Brasileira, 2001, p. 85-86.

resultado do próprio liberalismo, a fonte do poder – e, portanto, das arbitrariedades – se deslocava do organismo estatal para a iniciativa privada capitalista[10]. A autonomia privada converte-se em instrumento de opressão entre os próprios indivíduos, permitindo que, em relações desequilibradas, os mais fortes submetessem aos seus interesses os mais vulneráveis[11].

Como reação a tudo isso, o movimento socialista, amadurecido durante todo o século XIX, passa a cooptar massas cada vez mais numerosas de trabalhadores insatisfeitos, culminando com a Revolução Russa de 1917, marco inaugural de um sistema político considerado, à época, capaz de apresentar alternativa real ao capitalismo liberal. Ao mesmo tempo, a grande depressão da economia mundial, que resulta na quebra da Bolsa de Nova York em 29 de outubro de 1929, vem mostrar que o liberalismo econômico era falho em sua equação central. A Primeira Guerra Mundial e a posterior necessidade de reconstrução dos países derrotados – pressuposto indispensável à manutenção da própria economia capitalista, como sustentou o então jovem membro da delegação britânica, John Maynard Keynes, em sua famosa crítica à Conferência de Versalhes, *The economic consequences of the peace* – impunham a intervenção estatal em setores econômicos, mesmo em nível internacional. A primeira metade do século XX assiste a uma alteração sensível no papel do Estado, chamado a atender contingências com as quais o liberalismo não conseguira lidar.

A intervenção do Estado diminui o espaço da autonomia privada. Condições que, antes, eram livremente ajustadas pelos contratantes passam a ser determinadas de modo cogente pelo próprio legislador, em favor das partes mais vulneráveis. O contrato de trabalho, por exemplo, sofre forte intervenção estatal, vedando-se a livre disposição de uma série de matérias, sempre em favor do empregado. O mesmo ocorre, em momento posterior, com os chamados contratos de consumo. O legislador interfere nessas relações, afirmando certos direitos independentemente do que dispõe o contrato e vedando certos ajustes, por meio de normas imperativas. Por exemplo, ainda que um consumidor pessoa física efetivamente *queira* eximir de responsabilidade o fornecedor do serviço que está contratando, a cláusula que prevê a isenção de responsabilidade será considerada nula, de pleno direito, por expressa determinação do Código de Defesa do Consumidor (art. 51, I)[12]. Ainda presa à visão liberal que enxergava o

---

10   Darcy Bessone, *Ideias políticas*, Rio de Janeiro: Forense Universitária, 1987, p. 8.
11   Enzo Roppo, *O contrato*, Coimbra: Almedina, 1988, p. 38.
12   "Art. 51. São nulas de pleno direito, entre outras, as cláusulas contratuais relativas ao fornecimento de produtos e serviços que: I – impossibilitem, exonerem ou atenuem

direito privado como espaço por excelência da liberdade individual, a maior parte dos juristas passa a classificar o direito do trabalho e o direito do consumidor como ramos do direito público, ou como ramos "mistos", em virtude do elevado grau de interferência estatal[13].

Além de impor limites ao exercício da autonomia privada, o Estado vem intervir no direito dos contratos também de uma segunda forma, que se revela, a um só tempo, mais sutil e mais profunda. Ataca-se o próprio fundamento de legitimidade do contrato. Entra em crise a concepção segundo a qual o contrato é "justo" pelo simples fato de derivar da conjugação das livres manifestações de vontade dos contratantes. A comunidade jurídica passa a perseguir novas razões que justifiquem a legitimidade do instituto contratual e dos seus efeitos sobre os contratantes. Retomam-se estudos interrompidos em torno da "causa" do contrato ao mesmo tempo que se inauguram novas frentes, como o desenvolvimento da função social do contrato, fruto da aspiração de reeditar no campo contratual o exemplo relativamente bem-sucedido da função social da propriedade. De modo semelhante, o princípio da boa-fé objetiva procura reinserir, no direito dos contratos, preocupações éticas centradas em outros valores que não simplesmente o império da liberdade e da vontade. No mesmo sentido, o equilíbrio contratual volta a frequentar as atenções dos civilistas, oferecendo-se ao Poder Judiciário instrumentos de revisão do conteúdo contratual, a fim de se preservar ao máximo a equivalência material das prestações.

Nesse novo cenário, muitos autores passaram a afirmar que o direito dos contratos estava em decadência ou em declínio[14]. Alguns chegaram mesmo a anunciar a "morte do contrato", empregando de modo alarmista o título da célebre obra de Grant Gilmore[15]. Longe disso, o contrato talvez nunca tenha estado tão vivo.

---

a responsabilidade do fornecedor por vícios de qualquer natureza dos produtos e serviços ou impliquem renúncia ou disposição de direitos. Nas relações de consumo entre o fornecedor e o consumidor pessoa jurídica, a indenização poderá ser limitada, em situações justificáveis."

13 Tais classificações derivam de uma visão viciada da dicotomia entre direito público e direito privado.

14 Patrick S. Atiyah, *The Rise and Fall of Freedom of Contract*, USA: Oxford University Press, 1985, p. 716 e s.

15 Grant Gilmore, *The Death of Contract*, USA: Ohio State University Press, 1995, cuja obra se inicia com a seguinte afirmação: "We are told that Contract, like God, is dead. And so it is". (Em tradução livre: "Diz-se que o Contrato, assim como Deus, está morto. E, de fato, está".)

5. O contrato no direito contemporâneo

Não seria exagero afirmar que o contrato consiste no instrumento jurídico de utilização mais frequente na vida contemporânea. As relações contratuais se difundiram e se massificaram a tal ponto que um indivíduo dificilmente chega ao fim do dia sem ter celebrado algum novo contrato (*v.g.*, contrato de transporte urbano, compra e venda de alimento ou combustível). Há contratos que nos acompanham permanentemente (*v.g.*, contrato de conta-corrente, contrato de locação de imóvel urbano, contratos de seguro). O contrato representa uma parcela tão intrínseca da vida social que, hoje, mesmo crianças e adolescentes ingressam em relações contratuais, quase naturalmente (pense-se no exemplo da compra de gibis em bancas de jornal), lançando no embaraço as normas legais que declaram a anulabilidade dos contratos celebrados por incapazes e denunciando a necessidade de reformulação da própria noção de capacidade jurídica. Some-se a tudo isso o advento das novas tecnologias, que inaugurou novos espaços de atuação contratual, como se vê nos contratos celebrados via internet. Tais tecnologias libertam o contrato do seu substrato físico, mas também exigem novos instrumentos para assegurar a proteção dos consumidores e demais contratantes no ambiente virtual. Os serviços de comunicação, as redes sociais, os *sites* de leilão e de compra coletiva expandem o campo de aplicação do direito dos contratos, que segue crescendo desenfreadamente.

Além disso, relações outrora estabelecidas por outros caminhos vêm se "contratualizando". As relações de família, por exemplo, se cercam cada vez mais de instrumentos contratuais, como os contratos de convivência entre companheiros e os instrumentos de regulação de guarda compartilhada de filhos[16]. Interesses existenciais passam a integrar diretamente o objeto dos contratos: há acordos em torno do uso da imagem do ser humano ou da limitação ao exercício da sua privacidade para fins de participação em *reality shows*. A prestação da atividade jurisdicional, antes restrita a uma relação entre Estado e jurisdicionado, transborda para o campo contratual por meio dos compromissos arbitrais e das cláusulas compromissórias. A insolvência, outrora tratada como procedimento rígido, abre-se para instrumentos de natureza contratual como a recuperação extrajudicial de pessoas jurídicas, de notável utilidade prática – instrumentos que começam, com injustificável atraso, a encontrar algum paralelo na tutela dos interesses da pessoa humana, por meio da Lei n. 14.181/2021,

---

16 Sobre o tema, consulte-se o trabalho de: Gustavo Tepedino, Contratos em direito de família, in Rodrigo da Cunha Pereira (Org.), *Tratado de direito das famílias*, Belo Horizonte: IBDFAM, 2015, p. 475-501.

que alterou o Código de Defesa do Consumidor para regulamentar o superendividamento. Até mesmo no direito administrativo, genuíno coração do direito público, há uma tendência crescente à utilização de instrumentos contratuais. Para além dos tradicionais contratos de concessão, os entes públicos vêm se valendo de contratos para alcançar resultados mais efetivos em atividades antes exercidas por meio de mecanismos de império. Tem se difundido a celebração de acordos substitutivos às sanções administrativas, de termos de ajustamento de conduta, de acordos-programa e de uma série de outros instrumentos contratuais semelhantes[17]. Chega-se a falar em "fuga para o direito privado"[18].

Também no campo internacional o contrato segue sua trajetória de expansão. Não se tem notícia, na atualidade, de algum ordenamento jurídico que o desconheça. Trata-se, por assim dizer, de um instituto que, respeitadas as peculiaridades de cada experiência jurídica, assume conotação universal. A globalização das relações econômicas tem intensificado a celebração de contratos entre pessoas situadas em diferentes países. Além disso, processos de integração, como os que conduziram ao Mercosul e à União Europeia, com suas respectivas particularidades, têm estimulado iniciativas de harmonização especialmente em relação à disciplina jurídica aplicável aos contratos, como se vê no exemplo emblemático na Convenção de Viena sobre a Compra e Venda Internacional de Mercadorias.

Com efeito, o campo de aplicação e interesse do direito contratual não para de se expandir. Falar em "morte do contrato" nesse contexto representaria flagrante contradição. O que há no direito contemporâneo dos contratos de diversos países é uma tensão de ideologias, muito própria do momento atual. De um lado, forjada sob inspiração do liberalismo patrimonialista, está toda a base liberal e voluntarista do direito privado, sedimentada no raciocínio jurídico. De outro lado, há forte influxo de novos princípios e novos conceitos, calcados no solidarismo humanista consagrado nas Constituições do pós-guerra. Em vez de uma ruptura – como aquela que ocorreu com as revoluções burguesas –, a nova ideologia solidarista veio se imiscuindo no tecido jurídico já existente, embasando inovações pontuais e gradativas, que convivem ainda hoje com a construção tradicional do direito dos contratos. Se, no início, eram vistas como

---

17 Diogo de Figueiredo Moreira Neto, Mutações do direito administrativo: novas considerações (avaliação e controle das alterações), *Revista Eletrônica sobre a Reforma do Estado*, Salvador, v. 2, jun./ago. 2005, disponível em: <www.direitodoestado.com/revista/RERE-2-JUNHO-2005-DIOGO%20FIGUEIREDO.pdf> (acesso em: 21 nov. 2017).

18 Maria João Estorninho, *A fuga para o direito privado: contributo para o estudo da actividade de direito privado da Administração Pública*, Coimbra: Almedina, 1996.

"exceções" dentro do sistema, tais inovações hoje se tornaram tão numerosas que já se vislumbra a possibilidade de conjugá-las em uma reformulação mais ampla do direito dos contratos, que possa assegurar um ambiente contratual mais ético e mais solidário[19].

6. Princípios tradicionais do direito dos contratos

Toda essa trajetória histórica do contrato reflete-se nos chamados princípios do direito contratual[20]. Os três princípios do direito dos contratos, forjados no liberalismo jurídico, são (a) a liberdade de contratar; (b) a obrigatoriedade dos contratos; e (c) a relatividade dos contratos.

A liberdade de contratar exprime o reconhecimento de que o contrato é um instrumento de exercício da autonomia privada. O princípio costuma ser decomposto pela doutrina em quatro aspectos, que enfatizam a percepção de que o contrato decorreria da livre manifestação de *vontade* dos contratantes: (a) a liberdade de celebrar ou não um contrato, (b) a liberdade de escolher a pessoa com quem se estabelece o contrato, (c) a liberdade de determinar o conteúdo do contrato e (d) a liberdade de, uma vez concluído, acionar ou não o aparelho coator do Estado para fazê-lo respeitar[21]. O direito civil atual mostra-se mais sensível ao fato de que quem contrata nem sempre contrata porque *quer*, mas sim, muitas vezes, porque *precisa*, de modo que a necessidade substitui a vontade como motor central da prática contratual. Essa mudança de perspectiva tem feito com que o Estado interfira cada vez mais no campo dos contratos, por meio da instituição de normas imperativas que estabelecem garantias inafastáveis pela vontade dos contratantes. Não se trata, porém, de mera redução quantitativa dos espaços de liberdade contratual. A liberdade de contratar sofre uma alteração de ordem qualitativa, deixando de ser compreendida como um valor em si mesma, como um poder irrestrito dos contratantes, para se transformar em uma liberdade instrumental, voltada à realização de valores consagrados pela ordem jurídica. Embora a liberdade de contratar não seja mais vista com os

---

19 Essa nova perspectiva do direito contratual é amplamente explorada por: Teresa Negreiros, *Teoria dos contratos: novos paradigmas*, 2. ed., Rio de Janeiro: Renovar, 2006.

20 Analiso o tema mais detidamente em: Anderson Schreiber, Princípios fundamentais do direito dos contratos, in Carlos Edison do Rêgo Monteiro Filho, Gisela Sampaio da Cruz Guedes e Rose Melo Vencelau Meireles (Orgs.), *Direito civil*, Rio de Janeiro: Freitas Bastos, 2015, p. 201-221, para onde se pede licença para remeter o leitor.

21 Caio Mário da Silva Pereira, *Instituições de direito civil*, 20. ed., atualizada por Caitlin Mulholland, Rio de Janeiro: Forense, 2016, v. III, p. 21-23.

contornos absolutos que lhe emprestava o pensamento liberal, continua sendo um princípio do direito dos contratos, na visão da doutrina brasileira.

Também a obrigatoriedade dos contratos conserva, segundo a maioria dos juristas brasileiros, esse papel. Sintetizado no brocardo latino *pacta sunt servanda*, o princípio da obrigatoriedade do contrato exprime a força vinculante do instituto, refletida na expressão de que o contrato tem "força de lei", originada no *Code Napoléon*[22]. Sua qualificação como princípio é, todavia, tecnicamente discutível. É que o contrato não difere, nesse particular, de outros institutos jurídicos vinculantes, como o testamento. Nem por isso a doutrina alude a um "princípio" da obrigatoriedade do testamento, tratando o efeito vinculante como mera característica estrutural do instituto. O mesmo deveria ocorrer em relação ao contrato. No entanto, a abordagem liberal segundo a qual o indivíduo era livre para contratar ou não, mas, em contratando, deveria cumprir o pactuado em qualquer circunstância, impregnou-se de tal forma no pensamento jurídico – e na cultura em geral – que, ainda hoje, diante de situações em que um contrato acaba por impor sobre o contratante um sacrifício extraordinário, há quem afirme que o sujeito "contratou porque quis", e que, por isso mesmo, deve suportar o ônus da contratação em qualquer cenário. O peso histórico do caráter vinculante sobre o instituto explica, mais que razões técnicas, a alusão a um princípio da obrigatoriedade do contrato.

Igual raciocínio aplica-se ao princípio da relatividade dos contratos, segundo o qual o contrato é "coisa entre as partes" (*res inter alios acta*). Trata-se, a rigor, não de um princípio, mas de uma característica estrutural do instituto, que produz, em regra, efeitos apenas entre os contratantes. A referência a esse princípio, em nossa doutrina, se limita a servir de introdução à análise da dicotomia entre os direitos obrigacionais (de eficácia relativa, vinculando apenas as partes) e os direitos reais (de eficácia absoluta, vinculando todos os membros da coletividade), dicotomia esta que tem sido cada vez mais questionada. O princípio da relatividade mantinha o contrato imune a aspirações relacionadas à justiça social, as quais não deveriam interferir no tratamento jurídico do contrato, que, enquanto instrumento de realização de interesses puramente individuais, não deveria ser objeto de considerações mais abrangentes, como aquelas pertinentes à sua utilidade ou conveniência para outros indivíduos ou para o grupo

---

22   Cuja redação original do art. 1.134 afirmava expressamente: "*Les conventions légalement formées tiennent lieu de loi à ceux qui les ont faites*". O dispositivo corresponde ao atual art. 1.103, inserido pela *Ordonnance* n. 2016-131, que mantém, ainda hoje, a ideia de que os contratos possuem força de lei entre os contratantes: "*Les contrats légalement formés tiennent lieu de loi à ceux qui les ont faits*".

social como um todo. Todavia, ao longo do século XX, esta visão do contrato cedeu passagem a uma concepção mais solidária, comprometida com a realização de valores sociais. Há muito, o princípio da relatividade conhece exceções, como a estipulação em favor de terceiro, que será estudada mais adiante. Ao lado disso, novos princípios contratuais têm mitigado essa visão do contrato como instituto limitado ao interesse das partes.

7. Novos princípios do direito dos contratos

A doutrina brasileira indica três novos princípios do direito dos contratos[23], os quais não vêm afastar os princípios tradicionais, mas mitigam o rigor dos seus efeitos, na medida em que exprimem uma nova visão, mais solidária e menos liberal, do instituto do contrato. São eles: (a) o princípio da boa-fé objetiva; (b) o princípio da função social dos contratos; e (c) o princípio do equilíbrio contratual.

> Análise mais profunda sobre os novos princípios contratuais. O autor discutirá os contornos teóricos dessa categoria de princípios e os equívocos decorrentes da abordagem que contrapõe princípios clássicos e contemporâneos do direito dos contratos.
> Acesse também pelo *link*: https://uqr.to/1xgtg

7.1. Boa-fé objetiva

A boa-fé objetiva consiste em cláusula geral que impõe a adoção de comportamento compatível com a mútua lealdade e confiança nas relações jurídicas[24]. Trata-se de noção amplamente desenvolvida pela doutrina e jurisprudência alemãs nas relações contratuais, com base no § 242 do BGB, em que se lê: "O devedor está adstrito a realizar a prestação tal como o exija a boa-fé,

---

23 A referência sempre lembrada nessa matéria é: Antônio Junqueira de Azevedo, Princípios do novo direito contratual e desregulamentação do mercado – direito de exclusividade nas relações contratuais de fornecimento – função social do contrato e responsabilidade aquiliana do terceiro que contribui para inadimplemento contratual, *Revista dos Tribunais*, São Paulo, Revista dos Tribunais, v. 750, ano 87, abr. 1998, p. 113-120.

24 Sobre o princípio da boa-fé objetiva, indispensável a consulta a: Judith Martins-Costa, *A boa-fé no direito privado: sistema e tópica no processo obrigacional*, São Paulo: Revista dos Tribunais, 2000. A obra sofreu recentemente uma profunda reformulação: Judith Martins-Costa, *A boa-fé no direito privado: critérios para a sua aplicação*, São Paulo: Marcial Pons, 2015.

com consideração pelos costumes do tráfego". A boa-fé objetiva resulta, portanto, em *standards* de conduta leal e confiável (*Treu und Glauben*). Difere, assim, da boa-fé subjetiva ou boa-fé possessória, definida como um estado psicológico de ignorância acerca de vícios que maculam certo direito.

Do ponto de vista dogmático, tem-se, por toda parte, atribuído à boa-fé objetiva uma tríplice função no sistema jurídico, a saber: (a) função de cânone interpretativo dos negócios jurídicos; (b) função restritiva do exercício de direitos; e (c) função criadora de deveres anexos à prestação principal. O Código Civil brasileiro de 1916 não contemplava a boa-fé objetiva, mas a atual codificação a menciona em diversas passagens. No art. 113, por exemplo, o legislador consagra a boa-fé objetiva em sua função hermenêutica, ao afirmar que "os negócios jurídicos devem ser interpretados conforme a boa-fé e os usos do lugar de sua celebração", exigindo que a interpretação das cláusulas contratuais privilegie sempre o sentido mais conforme à lealdade e à honestidade entre as partes. No art. 187, o Código Civil alude à boa-fé em sua função restritiva de direitos, quando determina que "também comete ato ilícito o titular de um direito que, ao exercê-lo, excede manifestamente os limites impostos pelo seu fim econômico ou social, pela boa-fé ou pelos bons costumes", impedindo o exercício de direitos, sejam eles assegurados por lei ou pelo contrato, em contrariedade à recíproca lealdade e confiança que deve imperar nas relações privadas. Por fim, o art. 422 da codificação declara que "os contratantes são obrigados a guardar, assim na conclusão do contrato, como em sua execução, os princípios de probidade e boa-fé", comando normativo no qual, apesar de seu caráter um tanto genérico, a doutrina tem enxergado a fonte de deveres anexos, como os deveres de informação, cuidado, confidencialidade, entre outros, que variam de acordo com cada relação jurídica concreta da qual decorrem e cuja precisa identificação de seu conteúdo é, em abstrato, inviável. Nada obstante a redação do art. 422, que apenas se refere aos momentos da conclusão e da execução contratual, é unânime a aceitação da incidência do princípio já na fase das tratativas, e mesmo após a extinção do contrato, hipóteses que serão analisadas no momento pertinente.

Como se vê, a definição do conteúdo exato da boa-fé objetiva não é tarefa da qual tenha se desincumbido o legislador. Tal tarefa é reservada ao intérprete, mas não deixada ao seu mero arbítrio. Como esclarece Paulo Lôbo, a boa-fé objetiva "é medida e diretiva para pesquisa da norma de decisão, da regra a aplicar no caso concreto, sem hipótese normativa pré-constituída, mas que será preenchida com a mediação concretizadora do intérprete-julgador. Cada relação obrigacional exige um juízo de valor extraído do ambiente social, considerados o momento e o lugar em que se realiza; mas esse juízo não é subjetivo, no sentido de irradiar-se das convicções morais do intérprete"[25]. Seu sentido deve ser buscado nos parâmetros de lealdade e confiança mútuas próprios de cada tipo de relação jurídica, guardadas as suas especificidades. No exemplo de Antônio Junqueira de Azevedo: "Já nas Ordenações do Reino se prescrevia que quem compra cavalo no mercado de Évora não tem direito aos vícios redibitórios. Os *standards* variam. Se um sujeito vai negociar no mercado de objetos usados, em feira de troca, a boa-fé exigida do vendedor não pode ser igual à de uma loja muito fina, de muito nome, ou à de outro negócio, em que há um pressuposto de cuidado"[26].

7.1.1. Superutilização da boa-fé

Devido à sua inspiração original – associada a considerações morais, éticas e até jusnaturalistas – e à sua estrutura – cláusula geral, cujo conteúdo deve ser preenchido pelo julgador –, a boa-fé objetiva foi se investindo, em todo o mundo, da tarefa de oxigenar os códigos civis, realizando, em sua aplicação concreta, aspirações anti-individualistas e antiliberais. Embora sua incidência tenha sido questionada no âmbito das relações públicas, e até nas relações extracontratuais, a boa-fé objetiva sofreu, no âmbito das relações contratuais, uma utilização exagerada, convertendo-se, muitas vezes, em noção depositária de todos os anseios. Com esta expressão, *superutilização da boa-fé objetiva*, propõe-se designar um processo de invocação arbitrária da boa-fé como justificativa ética de uma série de decisões judiciais e arbitrais, que nada dizem tecnicamente com seu conteúdo e suas funções. Assim, a boa-fé objetiva aparece hoje, não obstante os propósitos meritórios de sua aplicação, como fundamento de soluções a que se chegaria, de forma mais eficaz e mais adequada à luz do próprio sistema jurídico, pela aplicação direta de princípios constitucionais, ou até de regras específicas do direito privado. Outras vezes, invoca-se a boa-fé como sinônimo de equidade, o que é impróprio, já que a boa-fé ocupa um *locus* particular dentro do direito positivo. Pior: a intensa força retórica da expressão tem habituado magistrados a simplesmente mencionar a boa-fé na fundamentação de suas decisões, sem nenhuma espécie de consideração adicional.

Invocada como receptáculo de todas as esperanças, a boa-fé acaba por correr o risco de se converter em um conceito vazio, inútil mesmo na consecução

---

25 Paulo Lôbo, *Teoria geral das obrigações*, São Paulo: Saraiva, 2005, p. 81.
26 Antônio Junqueira de Azevedo, Insuficiências, deficiências e desatualização do Projeto de Código Civil na questão da boa-fé objetiva nos contratos, *Revista Trimestral de Direito Civil*, Rio de Janeiro: Padma, 2000, v. 1, p. 4.

daqueles fins que tecnicamente lhe são próprios[27]. Daí a urgente necessidade de se precisar, com algum grau de segurança, o conteúdo da cláusula geral da boa-fé objetiva, esforço de concretização para o qual contribui a construção de figuras mais específicas, derivadas da boa-fé, dentre as quais avulta em importância o *nemo potest venire contra factum proprium*.

7.1.2. Venire contra factum proprium

A teoria dos atos próprios, expressa pela máxima *nemo potest venire contra factum proprium* (ninguém pode vir contra os próprios atos), impede que uma pessoa contrarie sua conduta anterior causando prejuízo a quem confiara na atitude inicial. Também chamada proibição de comportamento contraditório, a teoria dos atos próprios é reconhecida em diversos ordenamentos jurídicos como uma das muitas manifestações da cláusula geral de boa-fé objetiva[28]. Sua função é a de evitar que a confiança legítima depositada por certa pessoa no comportamento adotado por outra seja lesada pela abrupta alteração desse comportamento. Os pressupostos de sua aplicação devem, portanto, ser informados por essa premissa.

À luz dessas considerações, pode-se indicar quatro pressupostos para a aplicação do princípio de proibição ao comportamento contraditório: (i) um *factum proprium*, isto é, uma conduta inicial; (ii) a legítima confiança de outrem na conservação do sentido objetivo dessa conduta; (iii) um comportamento contraditório com esse sentido objetivo (e, por isso mesmo, violador da confiança); e, finalmente, (iv) um dano ou, no mínimo, um potencial de dano com base na contradição. Sua configuração tem como consequência primordial impedir o exercício da conduta contraditória, ou seja, tornar inadmissível o comportamento posterior. Para muitos autores, esta é a única consequência do *venire contra factum proprium* ou, pelo menos, a que o caracteriza. Além disso, se lhe deve atribuir outra consequência, secundária, mas igualmente importante na prática judicial: a de gerar o dever de reparar o prejuízo derivado da contradição. Deve-se admitir, por fim, que o lesado pleiteie o desfazimento da conduta contraditória, como modalidade de tutela específica dos interesses em conflito, salvo se identificado um interesse social prevalente na permanência do ato.

No Brasil, na esteira da incorporação expressa da boa-fé objetiva pela nova codificação civil (arts. 187 e 422, especialmente), os tribunais têm aplica-

---

27 Menezes Cordeiro, *Da boa-fé no direito civil*, Coimbra: Almedina, 1997, p. 402-403.
28 Para uma análise exaustiva do instituto, seja consentido remeter a: Anderson Schreiber, *A proibição de comportamento contraditório: tutela da confiança e venire contra factum proprium*, 4. ed., São Paulo: Atlas, 2016.

do com frequência cada vez maior a teoria dos atos próprios, para vedar as mais variadas formas de *venire contra factum proprium* nas relações privadas. Entre tais comportamentos, pode-se citar, a título meramente ilustrativo, (a) a pretensão de anulação de negócio jurídico por falta de outorga uxória por quem conviveu com os frutos do negócio por longo período de tempo[29]; (b) a imotivada ruptura de negociações preliminares por quem incute na outra parte a fundada confiança na celebração do contrato[30]; ou (c) a impugnação por certo sócio de medidas adotadas pela sociedade após deliberação própria na qual se mantém silente[31].

7.1.3. *Verwirkung* ou *suppressio*

A expressão *Verwirkung*, também referida pela doutrina de países latinos como *suppressio* ou *caducidade*, foi consagrada pela jurisprudência alemã a partir do fim da Primeira Guerra Mundial, para designar a inadmissibilidade de exercício de um direito por seu retardamento desleal[32]. Não há como se disfarçar a íntima relação entre a *Verwirkung* e o *venire contra factum proprium*. Também a *Verwirkung* tem como núcleo uma contradição a um *factum proprium*, porém o *factum proprium* se mostra, em tal caso, como um comportamento omissivo. Na *Verwirkung*, a inadmissibilidade do exercício do direito vem como consequência de ter a conduta omissiva – a inatividade, o retardamento – do titular deste direito gerado em outrem a confiança de que aquele direito não seria mais exercido. O que se tutela é também, na versão hoje mais aceita da *Verwirkung*, a confiança no comportamento coerente daquele que se retardou em fazer valer o seu direito. Trata-se, portanto, de uma subespécie de *venire contra factum proprium*, caracterizada pelo fato de a conduta inicial ser um comportamento omissivo, um não exercício de uma situação jurídica subjetiva. Recentemente, fala-se também em *Erwirkung*, ou *surrectio*, como o surgimento de um direito em decorrência de haver sido tido como presente na realidade social. Trata-se do mesmo fenômeno, mas visto por prisma inverso[33].

---

29 STJ, REsp 95.539-SP, rel. Min. Ruy Rosado de Aguiar, 3-9-1996.
30 TJRS, Ap. Cível 70016838955, rel. Des. Tasso Delabary, 29-11-2006.
31 TJRS, Ag. Inst. 70001175330, rel. Des. Antônio Carlos Stangler, 21-9-2000.
32 Luis Díez-Picazo, *La doctrina de los propios actos: un estudio crítico sobre la jurisprudencia del Tribunal Supremo*, Barcelona: Bosch, 1963, p. 94.
33 Especificamente sobre estas figuras, veja-se: Marcelo Dickstein, *A boa-fé objetiva na modificação tácita da relação jurídica: surrectio e suppressio*, Lumen Juris: Rio de Janeiro, 2010.

7.2. Função social do contrato

Quando se observa a trajetória percorrida pela boa-fé objetiva na experiência jurídica brasileira, em comparação com os dois outros novos princípios contratuais, identifica-se verdadeiro abismo. A função social do contrato, que, no plano puramente teórico, prometia uma transformação até superior em suas dimensões àquela representada pelo advento da boa-fé objetiva, alterando, entre nós, o próprio fundamento axiológico da liberdade contratual, não encontrou ainda uma aplicação prática digna das suas potencialidades, configurando tema "até hoje enigmático e polêmico"[34]. A culpa recai em larga medida sobre o Código Civil de 2002, que, introduzindo a noção de função social do contrato no direito brasileiro, limitou-se a afirmar no art. 421 que "liberdade contratual será exercida nos limites da função social do contrato". O Código Civil só volta a tratar da função social do contrato nas disposições finais e transitórias do seu livro complementar, quando atribui caráter cogente à noção por meio do parágrafo único do art. 2.035, em que se lê: "nenhuma convenção prevalecerá se contrariar preceitos de ordem pública, como os estabelecidos por este Código para assegurar a função social da propriedade e dos contratos"[35].

Nenhuma das duas normas traz indicação de conteúdo material ou parâmetros para a delimitação conceitual da função social dos contratos. A omissão legislativa contribui fortemente para que a função social do contrato ainda seja mantida, pela imensa maioria da nossa doutrina, em um plano puramente abstrato, sendo definida de modo tão amplo e vago que seu significado passa a se confundir com aquele atinente à ordem jurídica em geral[36]. Assim, a função social do contrato acaba sendo mencionada frequentemente, entre nós, de modo pouco útil, como justificativa ética ou apoio principiológico para institutos jurídicos já consolidados no direito brasileiro, mesmo antes do seu advento. Nessa

---

34　Gustavo Tepedino, Notas sobre a função social dos contratos, in Gustavo Tepedino e Luiz Edson Fachin (Coords.), *O direito e o tempo: embates jurídicos e utopias contemporâneas. Estudos em homenagem ao professor Ricardo Pereira Lira*, Rio de Janeiro: Renovar, 2008, p. 395-396.

35　Em doutrina, ver, no mesmo sentido: Luiz Edson Fachin, Contratos na ordem pública do direito contemporâneo, in Gustavo Tepedino e Luiz Edson Fachin (Coords.), *O direito e o tempo: embates jurídicos e utopias contemporâneas. Estudos em homenagem ao professor Ricardo Pereira Lira*, Rio de Janeiro: Renovar, 2008, p. 459-460.

36　Confira-se, por sua importância e corajoso pioneirismo no tema: Flávio Tartuce, *Função social dos contratos – do Código de Defesa do Consumidor ao Código Civil de 2002*, 2. ed., São Paulo: Método, 2007, p. 248: "Conceituamos o princípio da função social dos contratos como um regramento contratual, de ordem pública (art. 2.035, parágrafo único, do CC), pelo qual o contrato deve ser, necessariamente, analisado e interpretado de acordo com o contexto da sociedade".

direção, têm sido indicadas como consequências da função social do contrato, por exemplo, a possibilidade de conversão do contrato nulo, a dispensa de escritura pública para alienação de imóveis com valor não superior a 30 salários mínimos, a limitação da taxa legal de juros moratórios e a nulidade de cláusulas de renúncia antecipada em contratos de adesão – todas matérias que encontram expressa previsão legal no Código Civil (arts. 170, 108, 406 e 424, respectivamente), limitando-se, aliás, em alguns casos, à pura repetição de normas que já constavam da codificação civil de 1916, a qual, como se sabe, não fazia nenhuma referência à função social do contrato[37]. Em sentido semelhante, a função social do contrato é, por vezes, apontada como fundamento da repressão às cláusulas abusivas, notadamente no campo do direito do consumidor: "Entende-se que o princípio da função social do contrato é um reforço ao princípio da equivalência das prestações, impondo o dever às partes de não inserir cláusulas abusivas nos contratos e assegurar trocas justas e úteis às próprias partes e, por consequência, à sociedade"[38]. A função social do contrato é também invocada como fundamento para a repressão à usura e à agiotagem:

> Se o contrato não serve a ambas as partes, mas apenas a uma delas, não cumpre sua função (social) interna e precisa ser corrigido. Exemplificando: se um consumidor contrata um compra e venda de um liquidificador, pagando o preço em doze vezes e com juros de cem por cento ao ano, esse contrato não está funcionando como compra e venda, mas como mútuo explicitamente abusivo, não servindo à circulação de mercadoria, mas à prática de agiotagem. Assim, não cumpre sua função (social) interna típica de contrato de compra e venda, violando o princípio do art. 421 do Código Civil, além de outros[39].

Nossa jurisprudência, por sua vez, refere-se nominalmente ao princípio da função social com frequência, mas tem encontrado dificuldade em empregá-lo sem o caráter um tanto demagógico que, muitas vezes, se lhe imprime na prática advocatícia, em que a função social tem sido invocada ora como argumento para a defesa dos interesses patrimoniais e individuais dos próprios con-

---

37   Flávio Tartuce, *Função social dos contratos – do Código de Defesa do Consumidor ao Código Civil de 2002*, cit., p. 239-398.

38   Roberta Densa, A função social do contrato, in Sílvio de Salvo Venosa, Rafael Villar Gagliardi e Paula Magalhães Nasser (Coord.), *10 anos de Código Civil: desafios e perspectivas*, São Paulo: Atlas, 2012, p. 278.

39   Roxana Cardoso Brasileiro Borges, Reconstrução do conceito de contrato: do clássico ao atual, in Giselda Maria Fernandes Novaes Hironaka e Flávio Tartuce (Coord.), *Direito contratual: temas atuais*, São Paulo: Método, 2007, p. 33.

tratantes ou de seus concorrentes[40] – utilização que, note-se, contraria o caráter *social* da função que o legislador pretendeu expressamente atribuir ao contrato –, ora como fundamento para a desconsideração do próprio objeto do contrato, resultado que representa uma aplicação principiológica intensíssima, mas que se afasta da própria essência de um princípio setorial do direito dos contratos[41].

Parece, em suma, fazer falta nesse campo uma enumeração normativa de parâmetros de atendimento à função social do contrato, ao menos a título ilustrativo, exemplo que o Código Civil de 2002 bem poderia ter colhido da experiência brasileira em torno da função social da propriedade, que, embora já mencionada na Constituição de 1946, somente veio a ter efetiva aplicação prática com a Constituição de 1988, a qual, além de enunciar o princípio, passou a especificar, ainda que não taxativamente, seu conteúdo, de modo a permitir a verificação concreta de que determinada propriedade imobiliária cumpre ou não cumpre sua função social (arts. 182, § 2º, e 186, I a IV)[42].

---

40   Como ocorreu, por exemplo, na conhecida batalha jurídica travada entre grandes cervejarias brasileiras em torno da contratação do artista Zeca Pagodinho, em que a função social do contrato foi invocada como argumento para a obtenção de responsabilidade civil de terceiro por violação ao crédito. Confira-se trecho da referida decisão: "O art. 421 do Código Civil prevê o princípio da função social do contrato ao prescrever que '*A liberdade de contratar será exercida em razão e nos limites da função social do contrato*'. Ora, tal princípio não observado pela requerida ao aliciar o cantor contratado pela requerente e ao se comprometer a pagar eventual indenização que Zeca Pagodinho viesse a ser condenado. Ademais, a cooptação exercida pela ré constituiu patente ato de concorrência desleal, vedada pelo direito pátrio, o que impõe a sua responsabilidade pelos danos causados à autora" (TJSP, 5ª Câmara de Direito Privado, Apelação Cível 9112793-79.2007.8.26.0000, rel. Des. J.L. Mônaco da Silva, 12-6-2013).

41   Vale registrar que a imensa maioria dos acórdãos fundados na função social do contrato em nossa jurisprudência dirige-se ao afastamento de restrições contratuais ao fornecimento de medicamentos ou realização de tratamentos e procedimentos médicos (próteses, *home care* etc.) em sede de contratos de plano de saúde. Confira-se, entre tantos outros, TJRJ, Apelação Cível 0035691-48.2015.8.19.0001, 30-11-2016; TJRJ, Apelação Cível 360757.2016. 8.19.0001, 12-12-2016; TJPE, Apelação Cível 0054393-72.2010.8.17.0001, 14-6-2016; TJSC, Apelação Cível 2013.083953-5, 1-10-2015; TJCE, Apelação Cível 0134729-64.2013.8.06.0001, 25-10-2016; TJMS, Apelação Cível 0013100-92.2012.8.12.0001, 19-8-2015.

42   "Art. 182 (...) § 2º A propriedade urbana cumpre sua função social quando atende às exigências fundamentais de ordenação da cidade expressas no plano diretor. (...) § 4º É facultado ao Poder Público municipal, mediante lei específica para área incluída no plano diretor, exigir, nos termos da lei federal, do proprietário do solo urbano não edificado, subutilizado ou não utilizado, que promova seu adequado aproveitamento, sob pena, sucessivamente, de: I – parcelamento ou edificação compulsórios; II – imposto sobre a propriedade predial e territorial urbana progressivo no tempo; III – desapropriação com pagamento mediante títulos da dívida pública de emissão

Em que pese a omissão do Código Civil de 2002, a melhor doutrina tem dado, nos últimos anos, passos importantes em prol desse paralelismo entre a função social do contrato e a função social da propriedade, o que promete possibilitar sua efetiva realização, como instrumento de adequação do contrato ao atendimento de interesses sociais relevantes[43]. Por ora, no entanto, o estado do princípio da função social do contrato pode ser retratado como de um emprego nominal intenso, à luz de uma explícita consagração legislativa, mas de conteúdo aplicativo um tanto anárquico na nossa jurisprudência por ausência de uma precisa delimitação conceitual.

Registre-se, por fim, que a atual redação do art. 421 do Código Civil é fruto de alteração promovida pela Lei da Liberdade Econômica (Lei n. 13.874/2019). Dispunha a redação original: "A liberdade de contratar será exercida em razão e nos limites da função social do contrato". A LLE substituiu a expressão "liberdade *de contratar*" por "liberdade *contratual*", atendendo à reivindicação de setores da doutrina que veem nas locuções significados distintos, reservando a primeira à liberdade de celebrar ou não um contrato, e a segunda à liberdade de estipulação do conteúdo contratual. Excluiu-se, ainda, a referência ao exercício da liberdade contratual *"em razão"* da função social do contrato, modificação de cunho mais ideológico que efetivamente aplicativo. A rigor, a vocação do princípio da função social para conformar internamente o conteúdo dos atos de autonomia privada não decorre de qualquer opção redacional do legislador ordinário, mas sim da opção valorativa do Constituinte originário de eleger como fundamento da República brasileira *o valor social da livre iniciativa* (art. 1º, IV), influenciando decisivamente o próprio conceito de função social do contrato em nosso sistema jurídico.

---

previamente aprovada pelo Senado Federal, com prazo de resgate de até dez anos, em parcelas anuais, iguais e sucessivas, assegurados o valor real da indenização e os juros legais. (...) Art. 186. A função social é cumprida quando a propriedade rural atende, simultaneamente, segundo critérios e graus de exigência estabelecidos em lei, aos seguintes requisitos: I – aproveitamento racional e adequado; II – utilização adequada dos recursos naturais disponíveis e preservação do meio ambiente; III – observância das disposições que regulam as relações de trabalho; IV – exploração que favoreça o bem-estar dos proprietários e dos trabalhadores." Em doutrina, ver: Gustavo Tepedino, A função social da propriedade e o meio ambiente, *Revista Trimestral de Direito Civil*, v. 37, Rio de Janeiro: Padma, 2009, p.127-148; José Manuel de Arruda Alvim Netto, A função social da propriedade, os diversos tipos de direito de propriedade e a função social da posse, in Sílvio de Salvo Venosa, Rafael Villar Gagliardi e Paulo Magalhães Nasser (Coords.), *10 anos do Código Civil: desafios e perspectivas*, São Paulo: Atlas, 2012, p. 568-598; e Anderson Schreiber, A função social da propriedade na prática jurisprudencial, in *Direito civil e Constituição*, São Paulo: Atlas, 2013, p. 243-266.

43 Gustavo Tepedino, Notas sobre a função social dos contratos, cit., p. 403.

7.3. Equilíbrio contratual

Chega-se, por fim, ao chamado princípio do equilíbrio contratual. Aqui, a situação parece ainda mais desafiadora, a começar pela nomenclatura: não faltam propostas alternativas de denominação. Fala-se, nesse sentido, em *princípio do equilíbrio das prestações, princípio da equivalência material dos contratos, princípio do equilíbrio econômico do contrato, princípio do equilíbrio econômico-financeiro, princípio da igualdade material contratual, princípio da justiça contratual*, entre outras designações. A esse grande mosaico terminológico corresponde uma produção doutrinária e uma aplicação jurisprudencial absolutamente tímidas, quando se observa o tema sob a ótica de um autêntico *princípio*.

Com efeito, a menção dos tribunais a um princípio do equilíbrio contratual (ou nomes assemelhados) tem se limitado a exercer uma função decorativa nos julgados, sendo empregado quase sempre para "introduzir" a aplicação dos institutos específicos da *lesão*, do *estado de perigo* e da *resolução ou revisão por onerosidade excessiva*, institutos que são expressamente disciplinados pelo Código Civil (arts. 156, 157, 317 e 478 a 480) e que, ainda que não tragam poucos desafios ao intérprete, dispensariam, a rigor, uma fundamentação principiológica no âmbito interno da própria codificação civil. Em pesquisa jurisprudencial realizada em 2017 em diferentes tribunais, não foi possível encontrar uma decisão sequer em que o princípio do equilíbrio contratual tenha desempenhado algum papel útil, que não aquele de simplesmente "confirmar" a aplicação de normas mais específicas já estabelecidas pelo legislador[44]. Na doutrina, a situação é semelhante: com raras exceções, os autores festejam o princípio do equilíbrio contratual, mas passam, logo em seguida, a tratar do funcionamento dos institutos específicos (lesão, estado de perigo etc.)[45]. O princípio fica, então, "esquecido", não se lhe atribuindo nenhuma utilidade autônoma, como se servisse unicamente como uma espécie de apresentação de temas mais específicos, de aplicação pontual.

---

44 Anderson Schreiber, *Equilíbrio contratual e dever de renegociar*, São Paulo: Saraiva Educação, 2018, p. 32-33.

45 "O desequilíbrio econômico é exteriorizado e sancionado no Código Civil pelos modelos jurídicos da lesão e da alteração das circunstâncias. Em ambos há uma intromissão de fato ensejador de pactuação injusta ou que se evidencia em sua fase de execução, subtraindo a normalidade da contratação." (Cristiano Chaves de Farias e Nelson Rosenvald, *Direito civil: contratos*, 5. ed., São Paulo: Atlas, 2015, p. 214.) Em sentido semelhante: "Embora não haja, no Código Civil, a formulação explícita do princípio do equilíbrio contratual, é patente a condenação do desequilíbrio, seja através da vedação da lesão, seja ao se permitir a resolução do contrato por excessiva onerosidade superveniente" (Leonardo Mattietto, O princípio do equilíbrio contratual, *Revista da Procuradoria Geral do Rio de Janeiro*, v. 64, Rio de Janeiro: CEJUR, 2009, p. 187).

Tal cenário explica-se, em larga medida, pelo teor do Código Civil de 2002: ao contrário do que fez com a função social do contrato e com a boa-fé objetiva, noções enunciadas de modo aberto já na inauguração do capítulo dedicado aos contratos em geral (arts. 421 e 422), a codificação civil não aludiu nominalmente ao equilíbrio contratual, ao equilíbrio das prestações ou a qualquer outra expressão semelhante[46]. Tal princípio tem origem na doutrina, ora por dedução dos princípios constitucionais, ora por indução das normas regulamentares (regras) constantes da legislação, em particular daquelas que tratam, na parte geral do Código Civil, da lesão e do estado de perigo (arts. 156 e 157)[47], e daquelas que contemplam, no livro dedicado ao direito das obrigações, a resolução e a revisão contratual por onerosidade excessiva (arts. 317 e 478 a 480)[48].

Nesses seis dispositivos legais, o Código Civil brasileiro reprimiu, em alguma medida, o desequilíbrio exagerado do contrato, fornecendo bases normativas específicas para que a doutrina civilista identificasse uma orientação geral da codificação em prol de relações contratuais equilibradas ou, ao menos, não exagera-

---

[46] Ao contrário, por exemplo, do nosso Código de Defesa do Consumidor, que elenca como princípio da Política Nacional das Relações de Consumo a "harmonização dos interesses dos participantes das relações de consumo e compatibilização da proteção do consumidor com a necessidade de desenvolvimento econômico e tecnológico, de modo a viabilizar os princípios nos quais se funda a ordem econômica (art. 170, da Constituição Federal), sempre com base na boa-fé e equilíbrio nas relações entre consumidores e fornecedores".

[47] "Art. 156. Configura-se o estado de perigo quando alguém, premido da necessidade de salvar-se, ou a pessoa de sua família, de grave dano conhecido pela outra parte, assume obrigação excessivamente onerosa. Parágrafo único. Tratando-se de pessoa não pertencente à família do declarante, o juiz decidirá segundo as circunstâncias. Art. 157. Ocorre a lesão quando uma pessoa, sob premente necessidade, ou por inexperiência, se obriga a prestação manifestamente desproporcional ao valor da prestação oposta. § 1º Aprecia-se a desproporção das prestações segundo os valores vigentes ao tempo em que foi celebrado o negócio jurídico. § 2º Não se decretará a anulação do negócio, se for oferecido suplemento suficiente, ou se a parte favorecida concordar com a redução do proveito."

[48] "Art. 317. Quando, por motivos imprevisíveis, sobrevier desproporção manifesta entre o valor da prestação devida e o do momento de sua execução, poderá o juiz corrigi-lo, a pedido da parte, de modo que assegure, quanto possível, o valor real da prestação. (...) Art. 478. Nos contratos de execução continuada ou diferida, se a prestação de uma das partes se tornar excessivamente onerosa, com extrema vantagem para a outra, em virtude de acontecimentos extraordinários e imprevisíveis, poderá o devedor pedir a resolução do contrato. Os efeitos da sentença que a decretar retroagirão à data da citação. Art. 479. A resolução poderá ser evitada, oferecendo-se o réu a modificar equitativamente as condições do contrato. Art. 480. Se no contrato as obrigações couberem a apenas uma das partes, poderá ela pleitear que a sua prestação seja reduzida, ou alterado o modo de executá-la, a fim de evitar a onerosidade excessiva."

damente desequilibradas. É nessa acepção que os autores brasileiros aludem normalmente a um "princípio" do equilíbrio contratual – não um princípio que o Código Civil de 2002 tenha estampado às claras, como fez com a função social do contrato e a boa-fé objetiva, mas sim um princípio "implícito" extraído do conjunto de dispositivos específicos que reprimem o desequilíbrio originário ou superveniente das prestações. Vê-se que, ao contrário do que ocorre com a boa-fé objetiva e a função social do contrato, o termo *princípio* é usualmente atribuído pela nossa doutrina ao equilíbrio contratual à moda dos tradicionais *princípios gerais de direito*, vistos como fonte de integração de lacunas, e não como diretriz autônoma a incidir mesmo na ausência de uma omissão normativa. Talvez por essa razão, o princípio do equilíbrio contratual acabe surgindo no âmbito civil de modo muito contido, sempre circunscrito aos estreitos limites dessas seis normas regulamentares.

Em nossa opinião, o equilíbrio contratual precisa passar a ser tratado efetivamente como princípio, o que oferece importante potencialidade para a releitura de todo o direito dos contratos. Assim, conquanto lesão e estado de perigo – institutos já estudados – ofereçam alternativas disciplinadas pelo legislador para encarar o desequilíbrio contratual originário sob a ótica de um defeito do negócio jurídico (fonte de anulabilidade), não consistem nos únicos remédios disponíveis para o enfrentamento do problema[49]. O mesmo se deve dizer em relação ao desequilíbrio contratual superveniente, que não encontra na resolução e revisão por onerosidade excessiva sua única solução. Um princípio do equilíbrio contratual, que se queira chamar efetivamente de princípio, precisa ter algum papel além das normas regulamentares já dispostas pelo legislador[50].

8. Princípio da intervenção mínima?

Preocupante alteração introduzida no corpo do Código Civil pela Lei da Liberdade Econômica é aquela constante do parágrafo único do art. 421, em que se lê: "Nas relações contratuais privadas, prevalecerão o princípio da intervenção mínima e a excepcionalidade da revisão contratual". O equívoco do legislador salta aos olhos. Não existe um "princípio da intervenção mínima"; a intervenção do Estado nas relações contratuais de natureza privada é imprescindível, quer para assegurar a força vinculante dos contratos, quer para garantir a incidência das normas jurídi-

---

49 Anderson Schreiber, *Equilíbrio contratual e dever de renegociar*, São Paulo: Saraiva Educação, 2018, p. 128-134.
50 Para mais detalhes sobre o tema, ver: Anderson Schreiber, *Equilíbrio contratual e dever de renegociar*, São Paulo: Saraiva Educação, 2018, p. 39.

cas, inclusive das normas constitucionais, de hierarquia superior à Lei da Liberdade Econômica. O legislador parece ter se deixado levar aqui por uma certa acepção ideológica, que enxerga o Estado como inimigo da liberdade de contratar, quando, na verdade, a presença do Estado – e, por conseguinte, do próprio Direito – afigura-se necessária para assegurar o exercício da referida liberdade.

No que tange à revisão contratual, a Lei da Liberdade Econômica também parece ter incorrido nessa falsa dicotomia entre atuação do Estado-juiz e liberdade de contratar, quando, bem ao contrário, a revisão contratual privilegia o exercício dessa liberdade ao preservar a relação contratual estabelecida livremente entre as partes, diversamente do que ocorre com a resolução contratual – remédio mais drástico que, porém, permanece disponível para todo contratante nas mesmas situações em que a revisão é cabível, em conformidade com o art. 478 do Código Civil, sem que o legislador de 2019 se tenha preocupado em lhe atribuir qualquer excepcionalidade. Se a intenção da lei foi evitar que revisões judiciais de contratos resultem em alterações excessivas do pacto estabelecido entre as partes, empregou meio inadequadamente: afirmar que a revisão contratual deve ser excepcional nada diz, porque não altera as hipóteses em que a revisão se aplica, hipóteses que são expressamente delimitadas no próprio Código Civil. O novo parágrafo único tampouco indica parâmetros, critérios ou limites à revisão contratual, o que leva a crer que a alteração não produzirá qualquer efeito prático relevante no modo como a revisão contratual é aplicada na jurisprudência brasileira – aplicação que, de resto, já se dá, em regra, com bastante cautela e parcimônia, sem interferências inusitadas no conteúdo contratual. Decisões escatológicas existem, como sempre continuarão existindo, em número reduzido. Esse não é um problema decorrente do texto da norma e, portanto, não se resolve com projetos de lei ou medidas provisórias de ocasião.

A preocupação com indevidas interferências heterônomas no conteúdo contratual também parece ter se refletido no novo art. 421-A, cujo *caput* assinala que "os contratos civis e empresariais presumem-se paritários e simétricos até a presença de elementos concretos que justifiquem o afastamento dessa presunção, ressalvados os regimes jurídicos previstos em leis especiais". A norma emprega classificação pouco técnica ao se referir a "contratos civis e empresariais", destoando da sistemática adotada pelo Código Civil, que teve como uma de suas principais diretrizes extinguir a dualidade antes existente entre as obrigações civis e mercantis[51]. De resto, a distinção não produz qualquer con-

---

51 Sobre o tema, seja consentido remeter o leitor ao tópico referente à "alegada distinção entre contratos civis e contratos empresariais", que encerra o presente capítulo.

sequência no âmbito do próprio art. 421-A, que deixou de reservar efeitos distintos para uma ou outra das supostas espécies de contrato. Trata-se, na verdade, de um resquício de versões anteriores do projeto de lei, que diferenciavam as duas espécies e foram criticados antes da publicação da versão final da Lei da Liberdade Econômica[52].

Quanto ao seu conteúdo, o art. 421-A presume os contratos "paritários e simétricos", reforçando a igualdade de forças entre os contratantes. A eventual caracterização da vulnerabilidade de um dos contratantes continua a afastar tal presunção, sempre relativa. Não deve o julgador, porém, se esconder atrás da presunção legal para deixar de examinar concretamente a igualdade de forças entre os contratantes: a isonomia é, afinal de contas, um princípio constitucional (art. 5º, *caput*), a ser aferido formal e substancialmente à luz do caso concreto.

O inciso I do art. 421-A autoriza "às partes negociantes estabelecer parâmetros objetivos para a interpretação das cláusulas negociais". Trata-se, a rigor, de repetição desnecessária do conteúdo do § 2º do art. 113[53]. No que se refere à possibilidade de estipulação de pressupostos para revisão e resolução contratual, prevista na parte final do mesmo inciso, a regra oferece pouca ou nenhuma utilidade prática: os contratantes sempre puderam, no exercício de sua autonomia privada, estabelecer parâmetros objetivos (ou subjetivos) para a interpretação dos requisitos de revisão ou resolução do contrato. Tal faculdade, já há muito reconhecida pela doutrina, não exclui a necessidade de um juízo concreto de merecimento de tutela para determinar, em cada caso, a compatibilidade dos parâmetros contratualmente estabelecidos com a ordem jurídica brasileira, atentando especialmente para a impossibilidade de afastamento do princípio do equilíbrio contratual, que tem fundamento no princípio constitucional da isonomia.

O inciso II do art. 421-A, por sua vez, reforça genericamente a importância de se observar a alocação de riscos definida pelas partes, quando o foco deveria recair sobre o aperfeiçoamento dos institutos relacionados a esta matéria, com a indicação de parâmetros que auxiliassem os magistrados na árdua tarefa de intervir no conteúdo contratual quando tal intervenção se faz necessária, à luz das demais normas do Código Civil.

---

52   Nesse sentido, confira-se: Anderson Schreiber, *Alterações da MP 881 ao Código Civil – Parte I*. Disponível em: <http://www.cartaforense.com.br/conteudo/colunas/alteracoesda-mp-881-ao-codigo-civil---parte-i/18342>. Acesso em: 7 out. 2019.
53   Objeto de comentários no tópico dedicado à interpretação do negócio jurídico, para onde se envia o leitor para maiores detalhes.

Já o inciso III do art. 421-A afirma que "a revisão contratual somente ocorrerá de maneira excepcional e limitada", repetindo o que já se encontra no parágrafo único do art. 421, já examinado anteriormente. A obsessão da chamada Lei da Liberdade Econômica em afirmar e reafirmar a excepcionalidade da revisão contratual revela uma característica um tanto inusitada da Lei n. 13.874/2019, que é o emprego de uma técnica de repetição pleonástica de expressões genéricas, que parecem perseguir um compromisso liberal sem uma efetiva modificação dos requisitos legais para a aplicação dos institutos que exprimem, em alguma medida, intervenção do Poder Judiciário nos contratos.

O tal princípio da intervenção mínima sintetiza, à perfeição, essa curiosa postura legislativa, pois, embora referido nominalmente no novo parágrafo único do art. 421, não corresponde a uma noção jurídica consagrada doutrinariamente (como ocorre, por exemplo, com a função social do contrato, à qual parece ter se tentado contrapor), nem se reflete nas passagens mais técnicas do Código Civil em que a ideologia que parece ter buscado exprimir poderia fazer alguma diferença prática. Inserido do modo como o foi, soa mais como bandeira política que como uma alteração responsável da legislação brasileira.

9. O contrato-fato

Na esteira desse movimento solidarista, que reconfigura de maneira substancial a noção de contrato, impõe-se revisitar o próprio conceito do instituto. Reduzido, pela pandectística alemã, à versão bilateral do negócio jurídico, o contrato passou a ser compreendido como um acordo de vontades destinado a criar, modificar ou extinguir obrigações. A definição que se repete, ainda hoje, nas salas de aula é a do contrato como acordo de vontades. Vale dizer: o contrato continua sendo apreendido e apresentado pela sua gênese voluntarista, não pela sua repercussão na vida prática e social.

No entanto, a expressão "contrato" comporta dois sentidos, designando não apenas o "ato jurídico formal (que dá forma) à relação contratual, isto é, como negócio jurídico fundante", mas também "a atividade que lhe dá conteúdo (atividade contratual)"[54].

Em sua versão dominante, a teoria geral do contrato se limita à primeira acepção do termo, acabando por expor a constrangedora dificuldade dos juris-

---

54 Juliana Pedreira da Silva, *Contratos sem negócio jurídico: crítica das relações contratuais de fato*, São Paulo: Atlas, 2011, p. 19.

tas em lidar com as chamadas "relações contratuais de fato", ou seja, relações que se estabelecem na vida prática a despeito da ausência de um negócio jurídico válido ou existente que lhes sirva de fundamento. É admirável, por exemplo, que uma situação tão corriqueira quanto a do menor que ingressa em um ônibus, paga sua passagem, desce no seu ponto, seja até hoje tratada como uma situação excepcional, porque nascida, desenvolvida e concluída sob a sombra escura da invalidade do seu negócio jurídico fundante.

É ainda mais admirável que, ainda hoje, se procure explicar tais situações com o recurso a ficções, como a autorização presumida dos pais, ou com artifícios repressivos, como a vedação ao enriquecimento sem causa. Com efeito, a imensa maioria dos autores se refere às relações de fato como uma construção marginal, que escapa e se opõe à regra límpida da teoria geral do contrato. Tudo como se uma teoria digna dessa denominação não pudesse absorver e conviver com uma compreensão mais ampla do fenômeno contratual, que, sem negar a utilidade do negócio jurídico, transcendesse a exclusividade da matriz negocial, de modo a reconhecer proteção àquelas atividades contratuais estabelecidas na realidade social, a despeito de um negócio jurídico fundante.

Em uma realidade social marcada pela massificação e mecanização das relações econômicas, não se pode deixar de reconhecer que o negócio jurídico não é mais (se é que terá sido um dia) a fonte exclusiva da proteção dos contratantes. Um direito civil comprometido com os valores solidários da Constituição de 1988 não pode viver constantemente à cata de um artificioso reenvio às declarações originárias de vontade das partes. A intenção dos particulares não se exprime exclusivamente em declarações negociais, mas se renova, continuamente, por seu agir cotidiano. O contrato é, antes de tudo, uma relação concreta, um processo prolongado, caracterizado pela coordenação de múltiplos atos e atitudes, que antecedem o negócio jurídico, que o sucedem e que, algumas vezes, o dispensam. A atuação efetiva dos contratantes revela, frequentemente com mais precisão e clareza que qualquer negócio jurídico, a sua vontade e o seu propósito[55].

10. Classificação dos contratos

Na taxonomia da teoria geral do negócio jurídico, o contrato consiste, como já visto, no negócio jurídico bilateral. Os próprios contratos, contudo, são

---

55 Sobre a temática, confira-se: Gustavo Tepedino, Atividade sem negócio jurídico fundante e a formação progressiva dos contratos, *Revista Trimestral de Direito Civil*, v. 11, n. 44, out./dez. 2010, p. 19-30.

objeto de classificações, conforme critérios diversos. Como adverte Barbosa Moreira, as classificações não são boas ou más; são úteis ou inúteis, conforme produzam ou não efeitos jurídicos diferenciados entre suas espécies. Classificações tendem, ademais, a estimular um tratamento estrutural e estático das relações contratuais, em oposição a um tratamento funcional e dinâmico, mais consentâneo com o direito civil contemporâneo. De todo modo, como o próprio legislador se vale de certas classificações, ao disciplinar o direito dos contratos, tais classificações merecem nossa atenção.

10.1. *Contratos bilaterais e unilaterais*

Já se viu que todo contrato é um negócio jurídico bilateral, por exigir, no mínimo, duas manifestações de vontade para produzir efeitos obrigacionais. Assim, pode causar espanto a afirmação de que os contratos podem ser divididos em contratos bilaterais e unilaterais. É que os termos bilaterais e unilaterais são aqui usados em outro sentido: (a) contratos bilaterais são aqueles que geram obrigações recíprocas entre as partes; e (b) contratos unilaterais são os que geram obrigações apenas para um contratante.

Em outras palavras, na classificação dos negócios jurídicos os termos *bilateral* e *unilateral* são usados para aferir quantas manifestações de vontade são necessárias para despertar o efeito obrigacional. Na classificação dos contratos, os termos *bilateral* e *unilateral* são usados para se aferir a amplitude desse efeito obrigacional: se há obrigações para apenas uma das partes, o contrato é unilateral; se há obrigações recíprocas, o contrato é bilateral. O contrato de compra e venda é exemplo de contrato bilateral porque, por meio dele, o vendedor se obriga a entregar a coisa e o comprador se obriga a pagar o preço. Já o contrato de doação é contrato unilateral, porque somente o doador assume obrigação: entregar o bem, sem contraprestação alguma ao donatário.

A classificação apresenta utilidade na medida em que a legislação prevê consequências diferenciadas conforme o contrato seja unilateral ou bilateral. Por exemplo, o Código Civil afirma expressamente no art. 476 que, "nos contratos bilaterais, nenhum dos contratantes, antes de cumprida a sua obrigação, pode exigir o implemento da do outro". Por outro lado, ao se ocupar da onerosidade excessiva, o art. 480 afirma: "se no contrato as obrigações couberem a apenas uma das partes" – isto é, se o contrato for unilateral – "poderá ela pleitear que a sua prestação seja reduzida, ou alterado o modo de executá-la, a fim de evitar a onerosidade excessiva". Como se vê, há regras jurídicas que se aplicam apenas aos contratos bilaterais e outras que se aplicam apenas aos contratos unilaterais, comprovando a utilidade da classificação.

Convém registrar, todavia, que a noção de bilateralidade contratual não deve ser vista de modo puramente estrutural. Significa dizer que, para caracterizar o contrato bilateral, não bastam obrigações de um lado e de outro, mas é preciso que tais obrigações sejam genuinamente recíprocas, afigurando-se funcionalmente interdependentes. A obrigação de uma das partes deve ser a própria *razão de ser* da obrigação da outra. Por isso mesmo, algumas codificações estrangeiras referem-se aos contratos bilaterais como contratos *sinalagmáticos*. Se um contratante assume a obrigação de prestar um serviço mediante certa remuneração, está claro que a obrigação de pagamento é a própria razão de ser da obrigação de prestar o serviço, configurando-se a interdependência funcional que insere o contrato de prestação de serviço entre os contratos bilaterais. Por outro lado, se, ao celebrar um contrato de doação de um automóvel, as partes estipulam que o donatário deverá providenciar o registro da transferência do veículo junto ao Detran, tal contrato de doação, embora estipulando deveres para ambas as partes, não deixa de ser um contrato unilateral, pois está claro que a obrigação do doador (entrega do automóvel) não está sendo assumida em razão do compromisso do donatário de realizar o registro formal da transferência. A razão de ser da obrigação do doador é uma liberalidade, é a sua intenção de agraciar o donatário, de tal modo que a providência formal que este último se compromete a adotar configura antes um encargo que propriamente uma obrigação e não tem o condão de converter o contrato de doação em um contrato bilateral, por ausência do indispensável sinalagma.

10.2. *Contratos onerosos e gratuitos*

Diz-se oneroso o contrato em que cada parte assume um ônus econômico. Diz-se gratuito o contrato em que apenas uma das partes assume ônus econômico, enquanto a outra parte apenas obtém benefício. O contrato gratuito envolve sempre uma liberalidade, um ato de graciosidade em favor do outro contratante. Por essa razão, são também chamados contratos benéficos, na esteira da terminologia do Código Civil francês, que se refere aos contratos *de bienfaisance*. São exemplos de contratos onerosos o contrato de compra e venda e o contrato de permuta. São exemplos de contratos gratuitos o contrato de doação e o contrato de comodato.

Embora os contratos onerosos sejam normalmente contratos bilaterais e os contratos gratuitos sejam normalmente contratos unilaterais, as classificações não se confundem. A distinção entre contratos bilaterais e unilaterais repousa sobre um critério jurídico: existência ou inexistência de obrigações recíprocas. Já a distinção entre contratos onerosos e gratuitos assenta sobre um critério econômico: assunção de ônus patrimonial por uma ou ambas as partes. Como se verá adiante, pode ocorrer que um contrato seja considerado unilateral, mas oneroso, como ocorre frequentemente com o contrato de mútuo.

A classificação entre contratos onerosos e gratuitos apresenta relevante utilidade, na medida em que o legislador brasileiro estipula regras aplicáveis apenas a uma espécie ou a outra. Por exemplo, os contratos gratuitos ou benéficos devem ser interpretados restritivamente, conforme se extrai do art. 114 do Código Civil. A legislação determina, ainda, que, nos contratos gratuitos, o contratante que o contrato não favorece responde apenas em caso de dolo (art. 392). Por outro lado, de acordo com o art. 477, somente "nos contratos onerosos, o alienante responde pela evicção". Também no tocante à anulação do contrato por fraude contra credores, o Código Civil distingue entre contratos onerosos e gratuitos, facilitando a anulação dos contratos gratuitos que tenham sido praticados pelo fraudador em proveito do outro contratante, sem nenhuma contrapartida por parte deste último (arts. 158 e 159).

10.3. *Contratos comutativos e aleatórios*

Contrato aleatório é aquele em que ao menos uma das partes não pode estimar se a prestação que se obriga a cumprir tem valor correspondente à prestação assumida pela outra parte. Chama-se aleatório justamente porque contém uma dose de álea, incerteza, fortuna. Ao menos um dos contratantes assume um risco de ser chamado a efetuar uma prestação cujo valor supera o valor do que recebe. É o que ocorre, por exemplo, no contrato de seguro, em que o segurado, em troca do prêmio que paga, pode receber uma indenização, se ocorrer o sinistro, ou nada receber, se o sinistro não vier a ocorrer.

Contrato comutativo, ao contrário, é aquele em que qualquer das partes pode, já ao tempo da formação do contrato, efetuar a estimativa da sua prestação em relação à prestação alheia. Tais prestações devem, conforme já se viu no capítulo anterior, ser equivalentes, por força do princípio do equilíbrio das prestações. O desequilíbrio somente é admitido em caráter excepcional, quando justificado por outras razões como a deliberada e explícita assunção de risco pelo contratante. Fora dessas hipóteses, as prestações recíprocas entre as partes devem se revestir de equivalência material, sob pena de se sujeitarem a mecanismos de revisão contratual e correção da desproporção entre as obrigações assumidas. Exemplo de contrato comutativo é o contrato de compra e venda, em que, normalmente, o comprador e o vendedor podem estimar, no momento da formação do contrato, se há equivalência entre as suas prestações recíprocas. Nada impede, por óbvio, que as partes resolvam introduzir um elemento de risco em um contrato de compra e venda, convertendo-o em aleatório, mas se trata de espécie contratual que, no mais das vezes, se apresenta como contrato comutativo.

Como se pode perceber, a classificação entre contratos comutativos e aleatórios é, a rigor, uma subclassificação dos contratos bilaterais e onerosos. Isso porque somente se pode verificar se há ou não relação de equivalência entre os valores das prestações se houver prestações recíprocas entre as partes, cada uma delas representando um ônus patrimonial. Assim, somente se pode indagar se um contrato é aleatório ou comutativo se tal contrato for, antes disso, bilateral e oneroso. Contratos unilaterais ou gratuitos não são dotados, por definição, de uma equivalência econômica entre prestações e isso não provém de alguma assunção de risco, mas da própria natureza desses contratos, calcados em atos de liberalidade e favorecimento da contraparte.

Apenas nos contratos bilaterais e onerosos é que se cogita da presente classificação, sendo certo que, em regra, tais contratos serão comutativos. Somente podem ser considerados aleatórios os contratos em que houver a explícita e deliberada assunção de risco. A boa-fé objetiva impõe, ademais, que haja plena informação sobre a amplitude do risco assumido, devendo ser repelida qualquer tentativa de impor a uma das partes um risco de modo velado, disfarçado ou não inteiramente claro.

O Código Civil perdeu a oportunidade de reservar um tratamento mais moderno aos contratos aleatórios. Em vez de enfatizar deveres de informação e transparência acerca do risco eventualmente assumido, detalhando sua concretização, o legislador de 2002 preferiu repetir quase literalmente os dispositivos que tratavam do tema na codificação de 1916. Assim, os arts. 458 a 461 acabam tratando dos contratos aleatórios de modo excessivamente tipificado, traçando uma disciplina quase barroca que distingue o risco em três categorias abstratas: risco sobre a existência de coisas ou fatos futuros (art. 458), risco sobre a quantidade de coisas futuras (art. 459) e risco sobre o estado de coisas existentes (art. 460). Para piorar, nessa última hipótese labora o legislador sobre um paradigma subjetivista, prevendo, a título de remédio, a anulação por dolo desde que seja provado "que o outro contratante não ignorava a consumação do risco", prova que se faz extremamente difícil para o prejudicado e atrela a matéria à noção de má-fé (falta de boa-fé subjetiva) quando as decisões judiciais já há muito trabalham nesse campo com a violação objetiva a parâmetros de conduta (boa-fé objetiva). A aplicação das normas do Código Civil sobre contratos aleatórios é, em suma, dificultosa na prática e raramente traz segurança aos tribunais na solução dos problemas concretos que se apresentam. O tema está a merecer ampla revisão crítica, com uma abordagem que dê solução adequada às situações específicas que se multiplicam na realidade contratual, como os pactos que asseguram direitos unilaterais de compra e venda de ações (*put* e *call*), contratos de *swap*, contratos de *hedge* e outras espécies contratuais caracterizadas pela noção de risco[56]. Faz-se igualmente urgente um tratamento sistemático da matéria que não se limite à assunção de risco no âmbito do objeto contratual, mas também se ocupe de cláusulas acessórias do contrato, que se mostram cada vez mais comuns na prática contemporânea, como as cláusulas de assunção de risco por caso fortuito ou força maior ou as chamadas cláusulas de não indenizar.

10.4. *Contratos formais e informais*

Encarados pelo prisma da forma como podem ser celebrados, os contratos são classificados em (a) contratos formais, também chamados contratos solenes, e (b) contratos informais, também chamados contratos não solenes. São formais aqueles contratos que dependem, por lei, de uma forma específica. É o caso, por exemplo, do contrato de fiança, que, conforme previsto no art. 819 do Código Civil, "dar-se-á por escrito". Em outras palavras, o contrato de fiança não pode ser celebrado verbalmente ou tacitamente, dependendo de uma forma específica: a escrita. Por outro lado, são contratos informais aqueles que têm forma livre. A legislação não exige uma forma específica para a celebração daquele contrato. É o exemplo do contrato de compra e venda de bem móvel, que pode ser celebrado sob qualquer forma: escrita, verbal ou tácita.

Convém registrar que os contratos no direito brasileiro são, em regra, informais, como reflexo do já examinado *consensualismo* que vigora no direito contratual. Vale dizer: se a legislação trata de certo contrato sem mencionar nada acerca da sua forma, entende-se que sua forma é livre e que, portanto, aquele contrato é um contrato informal ou não solene. A isso alguns autores denominam *princípio da liberalidade das formas*. De igual modo, os contratos atípicos – que, como se verá neste mesmo capítulo, são aqueles que não têm sua disciplina traçada em lei – são necessariamente contratos informais porque não pode o intérprete impor uma forma específica se a legislação não o fez.

---

[56] Exemplo de esforço nesse sentido pode ser encontrado em: Paula Greco Bandeira, *Contratos aleatórios no direito brasileiro*, Rio de Janeiro: Renovar, 2010.

10.5. Contratos consensuais e reais

Do direito romano vem a distinção entre contratos consensuais e contratos reais. A doutrina chama de contratos consensuais aqueles que exigem o mero consenso para sua formação. São chamados contratos reais aqueles que dependem, para sua formação, da entrega de uma coisa (*res*). Os contratos são, em regra, consensuais, não exigindo a entrega de bens como etapa da sua formação, embora possam exigi-la como parte do seu cumprimento. Excepcionalmente, a lei determina que certos contratos somente podem se formar mediante a entrega de um bem. É o caso do contrato de comodato, que o art. 579 declara somente se formar "com a tradição do objeto"[57].

Do ponto de vista estrutural, a classificação entre contratos reais e consensuais deveria ser incorporada à classificação entre contratos formais e informais. De fato, a entrega da coisa representa uma solenidade exigida para a formação do contrato, sendo certo que já os romanos, ao tratar da forma contratual, distinguiam entre contratos *litteris* (que exigiam forma escrita), *verbis* (que exigiam o pronunciamento de fórmulas verbais) e *res* (que exigiam a entrega da coisa). De outro lado, os contratos consensuais, que se concluem pelo mero consenso, nada mais são que contratos que dispensam solenidades ou formas específicas.

Do ponto de vista funcional, a categoria dos contratos reais merece análise detida. Já criticada como romanismo injustificável[58], mas expressamente mantida pela legislação brasileira em relação a alguns contratos específicos, precisa ser compreendida de nova perspectiva. A entrega da coisa não deve ser vista como um rigoroso formalismo, mas como mero instrumento de proteção que impede que seja considerado formado um contrato de comodato – no qual, por definição, o comodante sofre a privação de um bem sem receber nenhuma contrapartida – sem um ato inequívoco do comodante. Tratando-se de liberalidade e não tendo o legislador exigido forma escrita para esse tipo contratual, a exigência de entrega da coisa na etapa de formação do contrato (e não no plano do seu cumprimento) evita que alguém acabe sendo considerado comodante sem a real intenção de sê-lo. Em outras palavras, a exigência de que seja praticado, como pressuposto da formação do contrato, um ato de disposição da posse do bem pelo comodante é o modo encontrado pelo legislador para assegurar

---

57 "Art. 579. O comodato é o empréstimo gratuito de coisas não fungíveis. Perfaz-se com a tradição do objeto."
58 Caio Mário da Silva Pereira, *Instituições de direito civil*, 20. ed., atualizada por Caitlin Mulholland, Rio de Janeiro: Forense, 2016, v. III, p. 57.

que o *animus* de praticar uma liberalidade em favor do comodatário estava efetivamente presente

Pode-se objetar que o legislador poderia simplesmente ter exigido a forma escrita para o comodato, assim como fez com o contrato de doação (art. 541). Todavia, além da tradição histórica da qual o legislador civil sabidamente não se desapega com facilidade, a imposição de forma escrita poderia se revelar artificiosa, na medida em que, na prática, o empréstimo gratuito de bens é celebrado mesmo verbalmente, sem maior cuidado com o registro formal da avença. O resultado, portanto, seria lançar fora do campo contratual uma série de acordos que se verificam na realidade pelo simples fato de que não foram reduzidos a termo escrito. Assim, a opção do legislador em conservar a característica real do comodato, embora seguramente tributária de uma tradição histórica, não se revela uma opção criticável, ao contrário do que sustenta parte relevante da doutrina brasileira.

O que parece passível de crítica, por sua vez, é que, em outros tipos contratuais, a natureza real seja "construída" pela doutrina em absoluta indiferença à linguagem normativa – aí sim, portanto, apenas por razões históricas. É o caso do contrato de mútuo, em que, embora o legislador não aluda à tradição como elemento de formação do contrato, a doutrina insiste em enxergar um caráter real. Nessa espécie contratual, a atribuição de um caráter real acaba por resultar na classificação do contrato como contrato unilateral, despindo o mutuário de garantias importantes perante o mutuante[59]. A natureza real do contrato não pode ser presumida, mas somente pode ser admitida quando resulte da inequívoca opção legislativa, o que não ocorre no contrato de mútuo.

10.6. *Contratos típicos e atípicos*

São chamados contratos típicos ou nominados aqueles que a lei denomina e disciplina por meio de regras específicas. É o caso, por exemplo, do contrato de transporte, que o Código Civil nomeia e disciplina por meio de um conjunto de regras específicas contidas nos arts. 730 a 756. Fala-se, nesse sentido, em *tipo contratual* para designar o regramento específico e detalhado, a exemplo do que ocorre com o tipo penal no campo criminal. Por outro lado, são chamados contratos atípicos ou inominados aqueles que a lei não disciplina expressamente. São exemplos de contratos atípicos os contratos de cessão de uso de imagem e

---

[59] Para mais detalhes sobre o tema, ver: Maria Celina Bodin de Moraes, *O procedimento de qualificação dos contratos e a dupla configuração do mútuo no direito civil Brasileiro*, Rio de Janeiro: Revista Forense, 2000, p. 51-53.

o contrato de EPC (*engineering, procurement and construction*). O Código Civil brasileiro permite expressamente a celebração de contratos atípicos, ao afirmar, no art. 425, que "é lícito às partes estipular contratos atípicos, observadas as normas gerais fixadas neste Código".

Sendo o direito contratual um campo de exercício da autonomia privada, a permissão para a celebração de contratos atípicos já era reconhecida mesmo sob a vigência do Código Civil de 1916, que não continha norma expressa nesse sentido. É de se enfatizar, todavia, que os contratos atípicos não representam um universo isolado de regras criadas pelas próprias partes. Todo contrato, típico ou atípico, insere-se dentro do sistema jurídico, devendo observar as normas gerais do direito contratual, como o princípio da boa-fé objetiva e da função social do contrato, entre outros.

10.7. Contratos de execução instantânea, diferida e continuada

A partir do tempo em que se destinam a ser cumpridos, os contratos podem ser classificados em contratos de execução instantânea, diferida ou continuada. Contratos de execução instantânea são aqueles em que ambas as prestações se destinam a ser cumpridas de imediato. É o caso do contrato de compra e venda à vista, em que ambas as partes estão obrigadas a efetuar suas prestações imediatamente após a celebração do contrato. Por outro lado, considera-se contrato de execução diferida aquele em que o cumprimento do contrato, embora pontual e delimitado no tempo, é diferido para o futuro. É o caso do contrato de compra e venda com pagamento do preço em data futura. Por fim, contrato de execução continuada é aquele cujo cumprimento se estende no tempo de modo difuso (contrato continuado em sentido estrito) ou por meio de atos sucessivos (contrato de trato sucessivo, também chamado de contrato de execução periódica). Exemplo de contrato continuado em sentido estrito seria o contrato de prestação de serviços de segurança, cujo cumprimento se alonga no tempo de modo difuso sem que seja possível identificar atos pontuais de cumprimento porque o que se tem por contratado é não um ou outro *ato*, mas a própria *atividade* do prestador. Exemplo de contrato de trato sucessivo é o contrato de fornecimento mensal de certo produto, em que se pode identificar atos periódicos de cumprimento.

Em dois momentos, o Código Civil vale-se da classificação aqui examinada. No art. 128, ao tratar da condição resolutiva, afirma que o implemento de condição resolutiva aposta a negócio "de execução continuada ou periódica" não tem eficácia quanto aos atos já praticados. Ficam afastados da incidência da norma os contratos de execução instantânea e os contratos de execução diferida pela simples razão de que, nessas duas espécies, não há "atos já praticados" a salvaguardar do efeito extintivo decorrente do implemento da condição resolutiva. Ou o contrato foi cumprido (de modo imediato ou mediato) ou não foi cumprido. A codificação civil volta a invocar a classificação no art. 478, quando limita a possibilidade de resolução contratual por excessiva onerosidade aos contratos de execução continuada ou diferida: "Nos contratos de execução continuada ou diferida, se a prestação de uma das partes se tornar excessivamente onerosa, com extrema vantagem para a outra, em virtude de acontecimentos extraordinários e imprevisíveis, poderá o devedor pedir a resolução do contrato". Embora o legislador não tenha expressamente mencionado no art. 478 os contratos de execução periódica ou trato sucessivo, como havia feito no art. 128, é de se entender que o fez implicitamente, já que são espécie de contrato de execução continuada. O propósito do legislador aqui foi restringir a invocação da onerosidade excessiva por fato superveniente a contratos que ainda estivessem em fase de cumprimento. Isso porque despertaria extrema insegurança que as partes pudessem, após o cumprimento de um contrato, invocar fatos extraordinários e imprevisíveis para rever o valor das prestações que considerassem extremamente onerosos ou para desfazer os contratos já cumpridos (resolução contratual com retorno ao estado anterior). É o que ocorreria, por exemplo, se alguém que vendeu um imóvel anos atrás por um certo preço pudesse invocar a imprevisível valorização da área para exigir complemento do preço ou para pleitear a resolução do contrato já cumprido. De igual modo, na hipótese de desvalorização da área, não poderia se admitir que o comprador assim o fizesse para solicitar abatimento no preço já pago ou desfazimento do negócio mediante restituição do imóvel e devolução da quantia. O tema será examinado, em mais detalhe, no estudo das formas de extinção do contrato.

10.8. *Contratos relacionais e contratos cativos de longa duração*

Ainda em relação ao tempo de duração do contrato, mas já aí em perspectiva dinâmica e concreta, alude a doutrina aos chamados *contratos relacionais*, assim entendidos aqueles "contratos que se desenvolvem numa relação complexa, na qual elementos não promissórios do contrato, relacionados ao seu contexto, são levados em consideração significativamente para a sua constituição"[60]. A

---

60 Ronaldo Porto Macedo Junior, *Contratos relacionais e defesa do consumidor*, São Paulo: Max Limonad, 1998, p. 5.

rigor, a noção de contratos relacionais não corresponde a uma classificação tecnicamente precisa, mas possui tão somente o propósito de enfatizar que, em certos contratos de longa duração, é necessário que as partes se adaptem a mudanças de cenário e contexto, não se podendo solucionar os problemas que surgem no decorrer do seu desenvolvimento por meio de uma constante remissão ao acordo de vontades originário, como se as partes tivessem podido ali prever e antecipar tudo que pode se verificar em sua prolongada relação. Não se trata tanto de uma categoria ou de uma nova classificação, mas de um conceito aberto que se destina a enfatizar a necessidade de uma abordagem que transcenda o mero acordo de vontades originário e que imponha deveres recíprocos de colaboração e readaptação no curso da jornada contratual.

Em sentido semelhante, fala-se em *contratos cativos de longa duração*, expressão cunhada no campo do direito do consumidor para abranger "uma série de novos contratos ou relações contratuais que utilizam os métodos de contratação de massa (através de contratos de adesão ou de condições gerais dos contratos) para fornecer serviços especiais no mercado, criando relações jurídicas complexas de longa duração, envolvendo uma cadeia de fornecedores organizados entre si e com uma característica dominante: a posição de 'catividade' ou 'dependência' dos clientes consumidores"[61]. Diferentemente dos contratos relacionais, em que há uma espécie de dependência recíproca entre os contratantes decorrente da duração e complexidade do vínculo contratual, os contratos cativos de longa duração caracterizam-se por uma dependência unilateral do consumidor em relação ao fornecedor.

Embora apresentem traços distintivos claros, ambos os conceitos têm em comum o escopo de despertar a atenção da comunidade jurídica para certa inadequação das soluções tradicionais do direito contratual – fundadas na remissão ao acordo originário de vontades como parâmetro de solução de todos os conflitos decorrentes da relação contratual – para as relações contratuais duradouras em que se verifique um estado de dependência recíproca ou unilateral entre as partes. Ainda que o legislador brasileiro não empregue essas expressões, os contratos relacionais e os contratos cativos de longa duração têm sido mencionados por nossa jurisprudência na fundamentação de decisões que deixam de aplicar friamente cláusulas de instrumentos contratuais para reconhecer a necessidade de soluções diversas à luz de contextos contratuais que se modificaram ao longo do tempo.

---

61 Claudia Lima Marques, *Contratos no Código de Defesa do Consumidor*, São Paulo: Revista dos Tribunais, 2002, p. 79.

10.9. Contratos preliminares e definitivos

Denomina-se contrato preliminar aquele em que as partes se obrigam a celebrar, em certo tempo ou mediante certas condições, outro contrato, ao qual se denomina contrato definitivo. O contrato preliminar é também denominado pré-contrato ou *pactum in contrahendo*. O termo pré-contrato, todavia, deve ser evitado porque sugere que o contrato preliminar não seria um contrato, mas algo que o antecede. Em verdade, o contrato preliminar tem natureza jurídica de contrato e seu descumprimento gera responsabilidade contratual, e não responsabilidade pré-contratual, como se verá adiante.

São exemplos de contratos preliminares a promessa de compra e venda e a promessa de mútuo. Por meio do contrato preliminar, as partes assumem uma obrigação de fazer, qual seja, celebrar um contrato futuro. Sua utilidade é imensa, pois permite às partes contarem com um contrato futuro, cujos termos são desde logo avençados, podendo a celebração do contrato definitivo restar condicionada a eventos certos ou incertos. Tome-se como exemplo a situação do licitante, que, ao participar de uma licitação para a compra pelo Poder Público de certos produtos, precisa estimar seu custo de produção, base do preço que irá oferecer. Ocorre que o custo de produção varia conforme o preço dos insumos que o próprio licitante adquire. Para não correr o risco de, em caso de vitória na licitação, ser surpreendido por seus fornecedores com aumentos de preços, o licitante diligente pode celebrar contratos preliminares em que seus fornecedores obrigam-se a, em caso de vitória do licitante na referida licitação, fornecer os insumos pelos preços já acordados, aplicando certo índice de correção monetária. O contrato preliminar conta com disciplina própria no Código Civil nos arts. 462 a 466, que será examinada adiante.

10.10. Contratos de adesão e contratos paritários

Contratos paritários são aqueles em que as partes se encontram em situação de paridade no momento de negociação e elaboração do contrato, podendo ambas influir no conteúdo de suas cláusulas. Contratos de adesão são aqueles elaborados unilateralmente por um dos contratantes, que o apresenta ao outro, chamado de aderente, para aceitação em bloco do seu conteúdo. O aderente não tem a oportunidade de discutir ou negociar as cláusulas do contrato, podendo apenas aceitá-lo ou rejeitá-lo no todo (*take it or leave it*, na expressão norte-americana). O contrato de adesão pode ocorrer em casos isolados, mas sua utilização é mais frequente em cenários de contratação em massa, nos quais um dos contratantes (a) tem interesse em uniformizar as suas relações contratuais por meio de um instrumento contratual padronizado e (b) detém o poder econômico ou estratégico necessário para impor o seu instrumento contratual ao outro contratante de modo rígido e unilateral.

No passado, chegou-se a discutir se o contrato de adesão representava efetivamente um contrato, na medida em que aderir não é exatamente o mesmo que acordar: a liberdade de contratar do aderente fica, em tal situação, reduzida à opção de aceitar ou não o contrato tal qual apresentado pelo outro contratante[62]. Basta pensar no cliente que procura um banco para celebrar um contrato de conta-corrente ou de cartão de crédito: receberá formulários para preencher e um contrato pronto e acabado no qual será solicitada a sua assinatura, sem nenhuma chance de alteração dos termos e condições ali estampados. O mesmo acontece em diversos outros campos da vida comum: a contratação de serviço de telefonia celular, a contratação de seguros de automóvel, a contratação de planos de saúde são apenas alguns exemplos de áreas onde é bastante comum o recurso a contratos de adesão. Em nenhum desses casos, o aderente tem liberdade de discutir, negociar ou alterar o conteúdo do contrato proposto. Na sempre lembrada lição de Enzo Roppo, a liberdade contratual do mais forte expande-se a ponto de sacrificar a liberdade contratual do contratante mais fraco, provando que a liberdade de contratar, em um cenário de desigualdade, é sempre uma liberdade autofágica[63].

Embora sob permanente suspeita da ordem jurídica, o contrato de adesão é admitido e aceito como parte da vida contemporânea, caracterizada por um certo *fordismo* contratual, ou seja, pela produção de contratos idênticos em série (contratos *standard*). O Código Civil, todavia, assegura especiais direitos ao aderente, no afã de protegê-lo dos abusos que podem resultar da contratação por adesão. O art. 423 determina, por exemplo, que "quando houver no contrato de adesão cláusulas ambíguas ou contraditórias, dever-se-á adotar a interpretação mais favorável ao aderente". A interpretação pró-aderente, a rigor, não se limita a "cláusulas ambíguas ou contraditórias", mas abrange todas as cláusulas do contrato, pelo simples fato de que concluir pela ambiguidade ou contradição de certa cláusula não é algo que antecede, mas sim que sucede o processo de interpretação. A interpretação do contrato de adesão deve se dar sempre, portanto, em favor do aderente[64].

---

62 Ver, por todos: Georges Ripert, *A regra moral nas obrigações*, Campinas: Bookseller, 2000, p. 112.
63 Enzo Roppo, *O contrato*, Coimbra: Almedina, 1988, p. 38.
64 A chamada Lei da Liberdade Econômica (Lei n. 13.874/2019), em certa medida, estendeu tal proteção também aos contratantes em contratos paritários, por meio da inclusão do novo § 1º do art. 113 do Código Civil, cujo inciso IV afirma que, na inter-

O Código Civil determina, ainda, no art. 424 que, "nos contratos de adesão, são nulas as cláusulas que estipulem a renúncia antecipada do aderente a direito resultante da natureza do negócio". Invalida-se, desse modo, cláusulas que importem antecipada renúncia a direito essencial do aderente, assim entendidos aqueles direitos que resultam da própria natureza do negócio. No contrato de hospedagem, celebrado por mera adesão do hóspede a um instrumento pré-confeccionado pelo hotel, pouco importa a cláusula por meio da qual o hóspede renuncia ao direito de pleitear indenização pelo desaparecimento de suas bagagens ou outros pertences deixados no quarto. Trata-se de renúncia a um direito essencial do hóspede, que resulta da própria natureza da hospedagem em hotéis, que abrange, por definição, não apenas a acolhida do hóspede, mas também a guarda de seus pertences[65]. O mesmo ocorre em estacionamentos que, operando por meio de contratos de adesão, advertem, não raro por meio de avisos ou informações constantes de tíquetes, que não respondem perante seus clientes por eventual furto ou avaria dos veículos ou dos objetos deixados no interior dos automóveis, advertência que se revela inútil, tendo em vista a nulidade da disposição contratual que, em contrato de adesão, importe renúncia ao direito de guarda que resulta da própria natureza desses contratos.

Convém registrar que as especiais proteções concedidas ao aderente não são afastadas pela sua eventual interferência na redação de uma ou outra cláusula do contrato. Com efeito, em alguns casos, o aderente logra obter a rasura ou a alteração, por vezes até de modo manuscrito, de uma ou outra disposição contratual que considere inaceitável. Essa pontual oportunidade não descaracteriza o contrato de adesão, se, no todo, ainda se puder identificar o poder de imposição do outro contratante, razão primeira da proteção legal dispensada ao aderente. O Código de Defesa do Consumidor chega a afirmar expressamente que "a inserção de cláusula no formulário não desfigura a natureza de adesão do contrato" (art. 54, § 1º).

10.11. *As chamadas condições contratuais gerais*

Figura semelhante aos contratos de adesão, mas que representa, sob certo aspecto, um passo adicional rumo ao esvaziamento do papel da vontade do con-

---

pretação do negócio jurídico, deve-se privilegiar o sentido que "for mais benéfico à parte que não redigiu o dispositivo, se identificável".

[65] A propósito, o Código Civil, ao tratar do chamado depósito necessário, determina que "os hospedeiros responderão como depositários, assim como pelos furtos e roubos que perpetrarem as pessoas empregadas ou admitidas nos seus estabelecimentos" (art. 649, p.u.).

tratante mais frágil, é a contratação por meio de condições contratuais gerais. Nessa espécie de contratação, o aderente ingressa em condições predeterminadas abstratamente pelo outro contratante (predisponente) para uma generalidade indefinida de contratos futuros. A elaboração das condições contratuais gerais antecede, portanto, a formação do contrato e, não raro, é veiculada por meio de instrumentos unilaterais como "termos de condições de uso do serviço" ou "regulamentos", aos quais os futuros contratos remetem.

A legislação portuguesa prefere a expressão *cláusulas contratuais gerais* para evitar o emprego do termo *condições,* que tem, no direito civil, sentido técnico próprio. Mais relevante que a questão terminológica é o tratamento jurídico reservado já há algum tempo às cláusulas ou condições contratuais gerais pelo legislador português. De fato, o Decreto-lei n. 446, editado em Portugal em 1985, já adotava as seguintes medidas: (a) impunha ao predisponente deveres de comunicação, informação e esclarecimento, com o escopo de assegurar o efetivo conhecimento pelo aderente do conteúdo das cláusulas contratuais gerais (arts. 5º e 6º); (b) listava uma série de cláusulas contratuais gerais que considera vedadas em caráter absoluto, como cláusulas que "excluam ou limitem o direito de retenção", que "excluam a faculdade de compensação", que "excluam a exceção do contrato não cumprido", entre outras (art. 18); (c) listava outro conjunto de cláusulas contratuais gerais que considera vedadas em caráter relativo, ou seja, consoante o quadro negocial padronizado, como as que "estabeleçam, a favor de quem as predisponha, prazos excessivos para o cumprimento, sem mora, das obrigações assumidas" ou "consagrem cláusulas penais desproporcionais aos danos a ressarcir" (art. 19); (d) ampliava a lista de cláusulas contratuais gerais absolutamente e relativamente abusivas em relações com consumidores finais (arts. 21 e 22); e (e) trazia um conjunto de normas processuais destinadas a permitir não apenas a invalidação *a posteriori* (quando já incorporadas a contratos individuais), mas também o controle preventivo e inibitório de cláusulas contratuais gerais consideradas abusivas, incluindo a incidência de multas e outras sanções (arts. 24 a 34)[66].

O Código Civil brasileiro perdeu a oportunidade de tratar expressamente das condições contratuais gerais, já conhecidas há algum tempo da nossa prática negocial. À falta de disciplina específica, as condições contratuais gerais devem ser compreendidas como espécie de contrato de adesão, atraindo a incidência dos arts. 423 e 424 do Código Civil, o que é pouco à luz

---

66 Decreto-lei n. 446, de 25 de outubro de 1985, com suas alterações posteriores.

do que poderia ter feito a codificação, especialmente se comparado com a experiência estrangeira nessa matéria. É certo que, no âmbito específico das relações de consumo, o Código de Defesa do Consumidor traz, no art. 51, rol de cláusulas contratuais abusivas, permitindo, inclusive, a propositura pelo Ministério Público de ação declaratória da nulidade da cláusula abusiva. Tal norma deve ser estendida às hipóteses de condições contratuais gerais incorporadas a contratos firmados com consumidores, ainda que a incorporação tenha se dado por mera remissão ou referência a "regulamentos" ou "termos de uso", uma vez que tais condições contratuais gerais, se integram o contrato, sujeitam-se aos limites impostos pela codificação consumerista. O Código de Defesa do Consumidor não menciona expressamente a possibilidade de atuação preventiva ou inibitória do Ministério Público, o que se mostra especialmente útil no caso das condições contratuais gerais, cuja elaboração unilateral antecede a formação dos contratos futuros, mas já representa ameaça à tutela do consumidor, não se devendo restringir o *Parquet* à atuação *a posteriori*. Seja por meio de ações inibitórias, seja por meio de inquérito civil, o Ministério Público pode e deve agir na tutela acautelatória dos interesses do consumidor, impedindo que as condições contratuais gerais que se revelem abusivas venham a ser incorporadas a contratos efetivamente celebrados no mercado de consumo[67].

Mesmo fora do âmbito das relações consumeristas, a atuação do Ministério Público, inclusive em sede preventiva, deve ser considerada possível, sempre que identificados interesses individuais homogêneos dotados de relevância social. Como as condições contratuais gerais são usualmente elaboradas para servirem de base normativa para uma ampla gama de contratos futuros, de perfil padronizado, não é raro que os aderentes acabem por se tornar titulares de interesses individuais comuns, sendo certo que, a depender do objeto contratado, tais interesses podem assumir forte conotação social, mesmo fora de relações de consumo.

10.12. *Contratos principais e acessórios*

Partindo não de um aspecto qualquer do contrato, mas da relação que possa ter com outro contrato, a doutrina classifica os contratos em principais e acessórios. Contrato principal é aquele cuja existência independe de outro con-

---

67 Nesse sentido, ver: Cristiano Chaves de Farias e Nelson Rosenvald, *Curso de direito civil*, 3. ed., Bahia: Editora JusPodivm, 2013, v. 4, p. 318-319.

trato. São contratos de existência autônoma. Contrato acessório, por sua vez, é aquele que existe em função de um contrato principal. O contrato acessório segue, por isso mesmo, o destino do contrato principal, confirmando o adágio latino segundo o qual *accessorium sequitur principale*. O exemplo mais notável de contrato acessório no direito brasileiro é o contrato de fiança, por meio do qual o fiador garante ao credor que a obrigação assumida pelo devedor será cumprida. O contrato de fiança exerce, como se vê, a função de garantia da obrigação assumida em outro contrato, que pode ser um contrato de mútuo ou de locação ou de qualquer outra espécie. Esse contrato *garantido* é o contrato principal e se for, porventura, declarado nulo, nula será a fiança. A invalidade do contrato principal contamina o contrato acessório, retirando-lhe validade, nos termos da parte final do art. 184 do Código Civil[68]. A recíproca, naturalmente, não é verdadeira: invalidado o contrato de fiança, íntegro permanece o contrato principal, que não depende funcionalmente daquele.

A classificação entre contratos principais e acessórios, embora tradicional na doutrina civilista, afigura-se, na atualidade, excessivamente redutora. A relação de acessoriedade consiste em apenas uma das muitas relações que podem se estabelecer entre contratos e, mais especificamente, entre situações jurídicas subjetivas asseguradas em diferentes contratos. Essas diferentes relações ou nexos contratuais vêm sendo estudados sob a denominação de coligação contratual.

10.13. *Contratos coligados e redes contratuais*

A coligação contratual, também chamada conexão contratual, pode ser definida como a utilização de uma pluralidade de contratos para a realização de uma mesma operação econômica. Contratos coligados ou conexos são, portanto, contratos que possuem alguma relação funcional entre si. Para Carlos Konder, a "conexão contratual é normalmente explicada pela singela ideia de utilização de vários contratos para a realização de uma mesma operação econômica"[69]. Desse modo, as definições de tais contratos costumam combinar dois elementos essenciais: a pluralidade de contratos e a unidade de operação econômica. Assim, se um consumidor, ao adquirir um automóvel, contrata um financiamento jun-

---

68 "Art. 184. Respeitada a intenção das partes, a invalidade parcial de um negócio jurídico não o prejudicará na parte válida, se esta for separável; a invalidade da obrigação principal implica a das obrigações acessórias, mas a destas não induz a da obrigação principal."
69 Carlos Nelson Konder, *Contratos conexos: grupos de contratos, redes contratuais e contratos coligados*, Rio de Janeiro: Renovar, 2006, p. 94-102 e 189.

to a instituição financeira que ostenta a bandeira do fabricante ou que oferece seus serviços de modo vinculado à alienação do veículo, trata-se de um contrato de financiamento *coligado* ao contrato de compra e venda. Significa dizer que o eventual descumprimento do contrato de compra e venda (falha na entrega do automóvel) produzirá efeitos também sobre o contrato de financiamento, não se podendo analisar os dois contratos de modo desconexo.

Entre contratos coligados ou conexos há sempre alguma contaminação de efeitos. A amplitude dessa contaminação depende do tipo de relação que se estabelece entre os contratos. De modo geral, entre contratos coligados ou conexos pode haver uma relação de dependência unilateral (apenas um contrato depende de outro, como ocorre entre contrato principal e contrato acessório) ou de dependência bilateral (os contratos são interdependentes). A relação de dependência, seja unilateral, seja bilateral, pode ainda ser total ou parcial. Pode igualmente ser limitada à formação dos contratos (um contrato depende de outro, prévio, para se formar), pode acompanhar toda sua fase de cumprimento (o cumprimento de um contrato depende de outro) ou pode se referir à sua extinção (um contrato extingue-se quando outro se formar). Essas relações de dependência podem derivar da vontade das partes ou da lei, aludindo-se, nesse sentido, à coligação voluntária ou coligação legal. Parte da doutrina refere-se às *redes contratuais*, expressão que, embora muitas vezes empregada como mero sinônimo de coligação contratual, tem sido mais utilizada para designar a coligação contratual que envolva diferentes agentes contratantes unidos de modo sistemático em torno da operação econômica por todos pretendida[70].

O fenômeno da coligação contratual, não obstante sua imensa utilização prática, não foi disciplinado pelo Código Civil, de tal maneira que o tratamento jurídico das diferentes espécies de inter-relações contratuais acaba sendo remetido à vontade das partes. Assim, vem se tornando frequente a importação de cláusulas de *cross default* (inadimplemento cruzado) e de outros mecanismos contratuais que estabeleçam explicitamente as relações de interdependência contratual. Mesmo à falta dessas cláusulas, doutrina e jurisprudência têm sabido identificar a coligação contratual na análise de negócios jurídicos complexos, de modo a permitir a aplicação de soluções jurídicas que não se afigurem míopes, fechadas sobre determinada unidade contratual, sempre que tal unidade integre, como peça de engrenagem, uma operação socioeconômica mais ampla.

---

70 Rodrigo Xavier Leonardo, *Redes contratuais no mercado habitacional*, São Paulo: Revista dos Tribunais, 2003, p. 132.

Nesse sentido, destaque-se a decisão do Superior Tribunal de Justiça no Recurso Especial n. 985.531/SP, que reconheceu a relação de interdependência entre um contrato de fornecimento de combustíveis, celebrado entre uma distribuidora e um posto revendedor, e um contrato de financiamento, celebrado entre as mesmas partes, no qual o posto se obrigava a aplicar o valor do financiamento na sua movimentação. Entendeu o STJ que a "finalidade das partes ao celebrar o contrato de financiamento, no caso concreto, era, em última análise, fomentar a atividade principal de distribuição e revenda de combustíveis", razão pela qual o inadimplemento da distribuidora no contrato de fornecimento autorizava a invocação da exceção do contrato não cumprido pelo posto no âmbito do contrato de financiamento[71].

Registre-se, por fim, que a Lei n. 14.181/2021, conhecida como Lei do Superendividamento, inovou ao acrescentar no Código de Defesa do Consumidor o art. 54-F, que declara expressamente a existência de coligação entre o contrato principal de fornecimento de produto ou serviço e os contratos acessórios de crédito que lhe garantam o financiamento, quando o fornecedor de crédito (a) recorrer aos serviços do fornecedor de produto ou serviço para a preparação ou a conclusão do contrato de crédito ou (b) oferecer o crédito no local da atividade empresarial do fornecedor de produto ou serviço financiado ou onde o contrato principal for celebrado. Em seus parágrafos, o art. 54-F disciplina a contaminação de efeitos entre os contratos em caso de exercício do direito de arrependimento, resolução por inadimplemento, invalidade ou ineficácia contratual[72].

---

71 STJ, 3ª T., REsp 985.531/SP, rel. Min. Vasco Della Giustina, j. 1-9-2009.

72 "Art. 54-F. São conexos, coligados ou interdependentes, entre outros, o contrato principal de fornecimento de produto ou serviço e os contratos acessórios de crédito que lhe garantam o financiamento quando o fornecedor de crédito: I – recorrer aos serviços do fornecedor de produto ou serviço para a preparação ou a conclusão do contrato de crédito; II – oferecer o crédito no local da atividade empresarial do fornecedor de produto ou serviço financiado ou onde o contrato principal for celebrado. § 1º O exercício do direito de arrependimento nas hipóteses previstas neste Código, no contrato principal ou no contrato de crédito, implica a resolução de pleno direito do contrato que lhe seja conexo. § 2º Nos casos dos incisos I e II do *caput* deste artigo, se houver inexecução de qualquer das obrigações e deveres do fornecedor de produto ou serviço, o consumidor poderá requerer a rescisão do contrato não cumprido contra o fornecedor do crédito. § 3º O direito previsto no § 2º deste artigo caberá igualmente ao consumidor: Iº contra o portador de cheque pós-datado emitido para aquisição de produto ou serviço a prazo; IIº contra o administrador ou o emitente de cartão de crédito ou similar quando o cartão de crédito ou similar e o produto ou serviço forem fornecidos pelo mesmo fornecedor ou por entidades pertencentes a um mesmo grupo econômico. § 4º A invalidade ou a ineficácia do contrato principal

10.14. Contratos incompletos

O regulamento de relações contratuais destinadas a viger por longos períodos de tempo e de conteúdo não raramente complexo impõe aos negociantes uma série de dificuldades. De um lado, é praticamente impossível prever todos os eventos futuros que poderão impactar a dinâmica contratual, de modo que esses contratos serão invariavelmente lacunosos. De outro, a tentativa de regular exaustivamente todos os riscos antecipados pode dificultar ou mesmo inviabilizar a efetiva celebração do contrato, além de poder resultar em soluções inadequadas em caso de alteração das circunstâncias. Daí a opção das partes de, muitas vezes, não alocar previamente esses riscos, embora prevendo métodos para superar a incompletude na eventual hipótese de sua verificação. Trata-se do que a doutrina vem denominando de contrato incompleto, "negócio jurídico mediante o qual os particulares deliberadamente deixam em aberto lacunas que serão preenchidas posteriormente por um terceiro, por uma ou ambas as partes, ou mediante fatores externos ao contrato"[73], técnica amparada pelo legítimo exercício da autonomia privada negocial. A inexistência de soluções prévias acordadas entre os contratantes exige do intérprete especial cautela para assegurar o respeito à autonomia privada e aos valores fundamentais do ordenamento.

10.15. Contratos eletrônicos

Nos manuais de direito civil e empresarial publicados no Brasil nos últimos anos, tornou-se comum encontrar referências aos "contratos eletrônicos" como um "novo" gênero de contratos, que se afastaria das regras do direito contratual pátrio, constituindo uma espécie de setor de exceção ou de capítulo à parte dentro do direito privado, a exigir uma legislação própria[74]. Em oposição a essa abordagem, há quem sustente que os chamados contratos eletrônicos podem e devem ser tratados exatamente como qualquer outro contrato, afirmando que toda a celeuma criada em torno do tema reduz-se ao problema da validade do documento eletrônico como meio de

---

implicará, de pleno direito, a do contrato de crédito que lhe seja conexo, nos termos do *caput* deste artigo, ressalvado ao fornecedor do crédito o direito de obter do fornecedor do produto ou serviço a devolução dos valores entregues, inclusive relativamente a tributos."

73 Paulo Greco Bandeira, *Contrato incompleto*, São Paulo: Atlas, 2015, p. 50.
74 Cite-se, como exemplo: Gustavo Testa Corrêa, *Aspectos jurídicos da internet*, São Paulo: Saraiva, 2000, p. 38.

prova perante o Poder Judiciário[75]. A razão, contudo, não se situa em nenhum dos dois extremos.

Por um lado, o que se tem chamado de "contratos eletrônicos" nada mais são que *contratos formados por meios eletrônicos de comunicação à distância*, especialmente a internet, de tal modo que o mais correto talvez fosse se referir a contratação eletrônica ou contratação via internet, sem sugerir o surgimento de um novo gênero contratual. Por outro lado, parece hoje evidente que os desafios da matéria não se restringem à validade da prova da contratação por meio eletrônico – que, de resto, consiste em ponto superado no direito brasileiro –, mas envolvem diversos aspectos da teoria geral dos contratos que vêm sendo postos em xeque por essa significativa transformação no modo de celebração dos contratos e no próprio desenvolvimento da relação jurídica entre os contratantes. Com efeito, a contratação eletrônica veio abalar, de um só golpe, cinco referências fundamentais utilizadas pela disciplina jurídica do contrato, que eram definidas de maneira relativamente segura nas contratações tradicionais e, por isso mesmo, eram tomadas como parâmetros pelo legislador e pelos tribunais para a determinação da solução jurídica aplicável. No campo dos contratos eletrônicos, especialmente aqueles celebrados no âmbito das relações de consumo, enfrentar essas cinco questões básicas tornou-se um verdadeiro calvário, como se passa a demonstrar.

São elas: (a) *quem contrata*: numerosos *sites* de fornecedores de produtos ou serviços não exibem o nome empresarial da pessoa jurídica responsável pelo fornecimento (limitando-se a exibir um nome fantasia), além de não trazerem informações acerca de endereço físico ou mesmo de número telefônico para contato, fazendo com que o consumidor, que celebrou o contrato de consumo por confiar na "marca" exibida ou mesmo na "boa aparência" do *site*, diante do surgimento de defeitos, passe a buscar a identidade jurídica do fornecedor, que acaba, em muitos casos, por permanecer oculta. A figura do sujeito de direito se dissipa por completo na internet, mantendo-se um cenário de semianonimato eletrônico no Brasil; (b) *onde contrata*: a internet suprimiu a referência física, geográfica, ao lugar da contratação, noção que era tão cara ao raciocínio do direito civil e do direito internacional privado. O "lugar da contratação" passa, com o comércio eletrônico, a ser uma espécie de abstração,

---

75 Carlos Gustavo Vianna Direito, *Do contrato – teoria geral*, Rio de Janeiro: Renovar, 2007, p. 119-120; Erica Aoki, Comércio eletrônico – modalidades contratuais, in *Anais do 10º Seminário Internacional de Direito de Informática e Telecomunicações*, Associação Brasileira de Direito de Informática e Telecomunicações, 1996, p. 4.

uma ficção que os juristas lutam com unhas e dentes para preservar, mas que se revela cada vez mais artificiosa e irreal; (c) *quando contrata*: no ambiente eletrônico, o envio da aceitação ocorre, muitas vezes, por um mero "clique" do usuário, não deixando nenhuma prova ou indício de que a operação foi concluída. Para evitar insegurança quanto à realização ou não do negócio virtual, muitos autores têm defendido o afastamento da *teoria da expedição mitigada*[76] no campo dos contratos eletrônicos, orientação refletida no Enunciado n. 173 da III Jornada de Direito Civil: "A formação dos contratos realizados entre pessoas ausentes, por meio eletrônico, completa-se com a recepção da aceitação pelo proponente". Esse entendimento, além de contrariar frontalmente a letra do art. 434 do Código Civil, instituindo uma orientação antagônica ao texto legal, não resolve o problema da formação dos contratos eletrônicos, na medida em que o consumidor continua sem saber se o seu pedido de compra foi recebido, questão que permanece inteiramente na esfera de poder do fornecedor; (d) *como contrata*: em contraposição aos instrumentos escritos e assinados da contratação tradicional, a forma da contratação eletrônica resume-se frequentemente à exibição de uma tela ou página virtual que o consumidor pode, se cuidadoso, se dar ao trabalho de imprimir ou copiar para o seu próprio computador ou dispositivo móvel. O Código Civil brasileiro posicionou-se claramente no sentido de admitir documentos puramente eletrônicos (ou suas cópias impressas) como meios probatórios[77], e o Enunciado n. 298 da IV Jornada de Direito Civil assegurou ainda maior clareza ao texto legal, ao concluir que "os arquivos eletrônicos incluem-se no conceito de 'reproduções eletrônicas de fatos ou de coisas' do art. 225 do Código Civil, aos quais deve ser aplicado o regime jurídico da prova documental"; (e) *o que contrata*: o consumidor eletrônico dispõe, de forma até paradoxal, de menos informações sobre o objeto de sua contratação, além de desconhecer os termos do contrato, ou seja, as condições contratuais, que são usualmente apresentadas pelos fornecedores em um formato que desestimula a leitura. Embora, em tese, o consumidor pudesse dispor no ambiente eletrônico de maior tempo de reflexão e de mais instrumentos de busca para obter informações sobre o objeto e os termos

---

[76] Segundo a qual o contrato entre ausentes se forma, em regra, no momento em que a aceitação é expedida. É a teoria acolhida no art. 434 do Código Civil. Para um maior desenvolvimento, remete-se o leitor para o próximo capítulo.

[77] "Art. 225. As reproduções fotográficas, cinematográficas, os registros fonográficos e, em geral, quaisquer outras reproduções mecânicas ou eletrônicas de fatos ou de coisas fazem prova plena destes, se a parte, contra quem forem exibidos, não lhes impugnar a exatidão."

da contratação, o certo é que, atualmente, a contratação via internet se faz de modo muito mais desinformado que a contratação física.

A contratação eletrônica traz inúmeras questões novas, mas se insere no tratamento sistemático dos contratos no direito brasileiro. Seus pontos de dissonância com a teoria geral tradicional representam frequentemente oportunidades para rever dogmas rígidos que já não se justificam mais, nem mesmo fora do ambiente eletrônico. Noutros casos, trata-se de instituir novos mecanismos jurídicos de proteção contra novos riscos que surgem especialmente – mas nem sempre de modo exclusivo – no ambiente eletrônico[78].

10.16. *A alegada distinção entre contratos civis e contratos de consumo*

Ainda no campo das classificações dos contratos, os manuais mais recentes, redigidos após a vigência do Código de Defesa do Consumidor, costumam distinguir entre contratos civis e contratos de consumo. A classificação não nos parece adequada. Em primeiro lugar, o Código de Defesa do Consumidor, ao definir seu escopo de aplicação, prescinde do meio (contrato) pelo qual se estabelece a relação entre consumidor e fornecedor, centrando-se exclusivamente em um critério *ratione personae*. Em outras palavras, a relação de consumo é definida considerando os personagens envolvidos: de um lado, o *fornecedor*, entendido como "toda pessoa física ou jurídica, pública ou privada, nacional ou estrangeira, bem como os entes despersonalizados, que desenvolvem atividade de produção, montagem, criação, construção, transformação, importação, exportação, distribuição ou comercialização de produtos ou prestação de serviços" (CDC, art. 3º); e, de outro lado, o *consumidor*, entendido como "toda pessoa física ou jurídica que adquire ou utiliza produto ou serviço como destinatário final" (CDC, art. 2º), havendo ainda os chamados consumidores por equiparação (CDC, arts. 2º, parágrafo único, 17 e 29).

Como se vê, a relação de consumo é toda relação que envolva, de um lado, um consumidor e, de outro, um fornecedor de produtos ou serviços, pouco

---

[78] Para um maior desenvolvimento dessas reflexões, seja consentido remeter o leitor para: Anderson Schreiber, Contratos eletrônicos e consumo, *Revista Brasileira de Direito Civil*, v. 1, jul./set. 2014, p. 95-119. Veja-se, ainda: Guilherme Magalhães Martins, *Contratos eletrônicos de consumo*, 3. ed., São Paulo: Atlas, 2016; Caitlin Mulholland, *Internet e contratação: panorama das relações contratuais eletrônicas de consumo*, Rio de Janeiro: Renovar, 2006.

importando qual contrato celebraram ou mesmo se celebraram algum contrato entre si. O Código de Defesa do Consumidor transcende, portanto, o contrato, dele prescindindo para sua incidência. Tal abordagem afigura-se utilíssima, em um conjunto de normas de propósito protetivo, de tal modo que aludir a uma categoria de *contratos de consumo*, antes de privilegiar o consumidor, pode induzir uma visão redutora do conjunto de normas especiais voltadas à sua proteção.

Além disso, a unidade do ordenamento jurídico brasileiro, centrado na Constituição da República, não recomenda o estabelecimento de uma dicotomia entre direito civil e direito do consumidor, o que acaba por resultar em uma distinção entre contratos civis e contratos de consumo. Tal distinção sugere, com efeito, um isolamento dos contratos de consumo em universo autônomo, desconectado das normas de direito civil e, portanto, livre de qualquer compromisso sistemático. Uma das consequências nocivas dessa visão dicotômica é chancelar o entendimento de que o direito do consumidor seria um "microssistema" independente, em que as normas de qualquer outro diploma legislativo aplicável (aí incluídos o Código Civil e, em última análise, a própria Constituição da República) podem ser simplesmente ignoradas, bastando para isso invocar a fórmula mágica do "diálogo das fontes", a permitir a "escolha" da norma mais favorável ao consumidor.

Aqui, é preciso enfatizar que um sistema jurídico aberto – assim entendido aquele que não se limita a um conjunto fechado de normas estatais rígidas, mas reconhece a pluralidade de fontes normativas – não corresponde a um sistema jurídico arbitrário em que o intérprete possa proceder à livre escolha das normas aplicáveis, sob pena de se lesar profundamente a garantia constitucional de isonomia, permitindo-se que casos semelhantes sejam julgados de modo inteiramente distinto conforme as escolhas pessoais de cada magistrado. Nesse sentido, não há ordenamento jurídico se não houver unidade sistemática. A expressão "diálogo das fontes", cunhada por Erik Jayme no âmbito do direito internacional privado[79] – ao lado de outras linhas de tendência de caráter genérico como o "retorno aos sentimentos" e a valorização das "narrativas" –, conver-

---

79 "O 'diálogo das fontes' significa que decisões de casos da vida complexos são hoje o somar, o aplicar conjuntamente, de várias fontes (Constituição, Direitos Humanos, direito supranacional e direito nacional). Hoje não mais existe uma fixa determinação de ordem entre as fontes, mas uma cumulação destas, um aplicar lado a lado. Os direitos humanos são direitos fundamentais, mas somente as vezes é possível deles retirar efeitos jurídicos precisos" (Entrevista com o professor Erik Jayme, *Revista Trimestral de Direito Civil*, Rio de Janeiro: Padma, v. 3, jul./set. 2000, p. 292).

teu-se no Brasil em regra de julgamento. Diante de problemas complexos de determinação das normas aplicáveis, nossos tribunais por vezes elegem determinada norma e a aplicam sem fundamentação, argumentando simplesmente que estão se valendo de um "diálogo de fontes", expressão que nada transmite ao jurisdicionado senão a sensação de que o sistema jurídico é arbitrário e que o magistrado escolhe ele próprio que norma aplicar e que normas deixar de lado, em uma operação que representa antes um monólogo que propriamente um diálogo de fontes normativas. Um sistema jurídico aberto não corresponde, portanto, a um sistema rígido e formalista, mas tampouco pode significar um não sistema, dominado pelo arbítrio do intérprete e aplicador da norma[80].

Quando o Código de Defesa do Consumidor afirma, no art. 7º, que os direitos previstos na codificação consumerista não excluem outros decorrentes de tratados e convenções internacionais, leis ordinárias e regulamentos, dentre outras fontes[81], não consagra uma livre escolha de fontes normativas, mas, antes, impõe que todas sejam observadas de modo sistemático, assim como não pode a aplicação da legislação consumerista prescindir, por óbvio, da aplicação das normas constitucionais e civis que incidem como um todo em relações privadas. Não se deve isolar o direito do consumidor como um microssistema, mas antes reintegrá-lo ao sistema jurídico centrado na Constituição, de tal modo que o consumidor usufrua também dos direitos assegurados em normas que não sejam rotuladas como normas consumeristas. Por exemplo, a função social do contrato, prevista no Código Civil, tem nítida aplicação em relações de consumo massificadas. Esse é apenas um dos numerosos exemplos que revelam os prejuízos que podem derivar do isolamento do consumo em um microssistema à parte.

De outro lado, falar em contratos civis produz o indesejável isolamento na direção contrária, excluindo o direito civil de importantes avanços da experiência consumerista, que podem ser estendidos às relações privadas que não envolvam o binômio fornecedor-consumidor. Basta pensar no tratamento do chamado superendividamento, que, originário do campo consumerista e hoje

---

80 Felipe Ramos Ribas Soares, Louise Vago Matieli e Luciana da Mota Gomes de Souza Duarte, Unidade do ordenamento na pluralidade das fontes: uma crítica à teoria dos microssistemas, in Anderson Schreiber e Carlos Nelson Konder, *Direito civil constitucional*, São Paulo: Atlas, 2016, p. 86-95.

81 "Art. 7º Os direitos previstos neste código não excluem outros decorrentes de tratados ou convenções internacionais de que o Brasil seja signatário, da legislação interna ordinária, de regulamentos expedidos pelas autoridades administrativas competentes, bem como dos que derivem dos princípios gerais do direito, analogia, costumes e equidade."

disciplinado pelo Código de Defesa do Consumidor[82], tem indiscutível aplicabilidade nas relações privadas em geral, seja no tocante à imposição de deveres de informação, transparência e responsabilidade aos ofertantes de crédito, seja no tocante à concessão de oportunidade de recuperação econômica ao superendividado. Em que pese sua origem consumerista, o tema do superendividamento revela preocupação atinente à pessoa humana em geral, e não apenas ao consumidor. Demonstra, em particular, certa contradição da ordem jurídica brasileira, que, já possuindo mecanismos de proteção das empresas (recuperação judicial e extrajudicial), supostamente amparados no interesse na conservação de empregos e renda, continua reservando ao empregado e trabalhador, naquelas relações que não se qualifiquem como de consumo, um sistema de insolvência civil totalmente anacrônico[83]. A classificação entre contratos civis e contratos de consumo, em suma, parece trazer uma indesejável fragmentação da ordem jurídica, que produz mais malefícios que benefícios a um estudo coerente do regramento jurídico das relações privadas.

10.17. A alegada distinção entre contratos civis e contratos empresariais

De vícios semelhantes padece a distinção, que também vem se tornando frequente, entre contratos civis e empresariais. O Código Civil de 2002 filiou-se, de certo modo, à ideia de unificação do direito privado, ao incorporar em sua estrutura o chamado direito de empresa, definido com base na atividade desenvolvida pelo empresário individual ou pela sociedade empresária, não já com base no tipo de contrato celebrado. Abandona-se, assim, a antiga concepção dos atos de comércio, que, ao lançar o foco sobre cada ato praticado, talvez justificasse a distinção entre contratos mercantis e contratos civis. Sob a nova ótica da teoria da empresa, a distinção entre contratos civis e contratos empresariais parece fora de contexto, já que o elemento atribuidor do caráter empresarial não é mais o ato jurídico ou negócio jurídico praticado, isolado em si mesmo, mas sim a atividade (conjunto de atos ordenados) desenvolvida pelo personagem a que o direito passa, então, considerar empresário ou empresarial.

A distinção entre contratos civis e empresariais tem, contudo, uma vicissitude mais grave: serve de argumento aos autores que insistem em enxergar o

---

82 Por força de alteração promovida pela Lei n. 14.181/2021.
83 Sobre o tema, ver: Daniel Bucar, *Superendividamento: reabilitação patrimonial da pessoa humana*, São Paulo: Saraiva, 2017.

universo comercial como mundo isolado, guiado por valores próprios e supostamente imune à constitucionalização que atingiu o direito civil. Para tais autores, os contratos civis seriam, sim, influenciados pela boa-fé objetiva, pela função social do contrato e pelo equilíbrio das prestações, enquanto os contratos empresariais permaneceriam "a salvo" de tais princípios porque, sendo firmados por contratantes em situação de paridade (empresas bem assistidas por seus respectivos órgãos jurídicos), não justificariam nenhuma alteração involuntária do seu conteúdo. Os contratos empresariais representariam, desse modo, a última praia do liberalismo jurídico, um setor em que a liberdade das partes é tendencialmente plena e as vontades dos contratantes merecem maior proteção que os valores solidaristas que norteiam a ordem jurídica brasileira.

Tal abordagem exprime grave equívoco. Em primeiro lugar, funda-se em uma igualdade puramente formal entre sujeitos empresários, uma vez que a atual riqueza e complexidade do panorama comercial permite o estabelecimento de relações contratuais entre pequenas e microempresas com corporações transnacionais, havendo, ainda, entre esses dois extremos um amplo e variável espectro de níveis de preparo técnico, jurídico e econômico, de modo que a alegada paridade assume caráter abstrato, não se refletindo necessariamente em uma paridade concreta. Em segundo lugar, é de se notar que, mesmo nos casos em que há efetiva paridade entre os contratantes, o contrato por eles estabelecido não deve ser considerado imune aos valores centrais da ordem jurídica. Boa-fé objetiva, equilíbrio das prestações e função social do contrato não são princípios estabelecidos em defesa do contratante mais fraco, mas em conformidade com o papel que a ordem jurídica reserva ao instituto contratual, com os fins que pretende realizar por meio da sua tutela e, em última análise, com o ambiente contratual sadio que aspira construir.

A distinção entre contratos civis e empresariais sugere o estabelecimento de uma barreira que a ordem jurídica brasileira não alberga. À parte as dificuldades conceituais de diferenciar esses contratos, à falta de critério legal, o certo é que não há razão legítima para fazê-lo nem utilidade prática na tarefa, já que sua única serventia acaba sendo a apresentação de uma visão partida do direito contratual, que se despede da missão sistemática para criar guetos de liberalismo exacerbado tão insensatos quanto os guetos de exagerado protecionismo a que essa distinção normalmente se contrapõe. Em resumo, não há à luz do ordenamento pátrio contratos civis e contratos empresariais, do mesmo modo que não há contratos de consumo e contratos civis. Há apenas contratos, aos quais se aplicam os princípios fundamentais do direito contratual em sua plenitude. A distinção de efeitos concretos da incidência de tais princípios em cada situação varia de acordo com as diretrizes inerentes ao próprio conteúdo desses princípios, não se devendo admitir uma incidência que seja, *a priori*, maior ou menor de acordo com categorias calcadas em setorizações normativas ou supostos microssistemas jurídicos.

Em que pese todo o exposto acima, é importante registrar que a expressão "contratos civis e empresariais" foi incluída no Código Civil em 2019, por meio da chamada Lei da Liberdade Econômica (Lei n. 13.874), que introduziu na codificação o art. 421-A. Referido dispositivo presume paritários e simétricos os "contratos civis e empresariais". Embora a alusão a estas supostas espécies contratuais mereça crítica, não deixa de ser interessante notar que o novo dispositivo reserva idêntico efeito àqueles contratos, confirmando, a rigor, o descabimento da distinção.

Capítulo 21

Formação e Interpretação dos Contratos

Sumário: **1.** A formação do contrato no direito brasileiro. **2.** A proposta. **3.** Retratação e aditamento da proposta. **4.** Oferta ao público. **5.** *Invitatio ad offerendum*. **6.** A aceitação. **7.** Momento de formação do contrato. **8.** Lugar do contrato. **9.** A escolha da lei aplicável ao contrato. **10.** Negociações preliminares e responsabilidade pré-contratual. **11.** Um caso emblemático: o caso dos tomates. **12.** Carta de intenções e memorando de entendimentos. **13.** Acordos de confidencialidade. **14.** Contrato preliminar ou pré-contrato. **15.** Execução específica do contrato preliminar. **16.** Estipulação em favor de terceiro e promessa de fato de terceiro. **17.** Contrato com pessoa a declarar. **18.** Tutela externa do crédito. **19.** Interpretação dos contratos.

1. A formação do contrato no direito brasileiro

Compreender como se dá a formação do contrato é essencial, seja para distingui-lo de outras manifestações de vontade que não chegam a produzir efeito obrigacional, seja para identificar a disciplina legal do respectivo contrato, uma vez que o tempo e o lugar de sua formação determinam as leis que lhe são aplicáveis. O Código Civil de 2002, seguindo a mesma orientação traçada pela codificação civil de 1916, tratou da formação do contrato com base em um esquema binário, composto de duas declarações unilaterais de vontade: (a) a proposta e (b) a aceitação. Consistindo o contrato em acordo de vontades destinado a produzir efeito obrigacional, sua formação se daria pelo encontro dessas duas declarações de vontades distintas. A leitura dos arts. 427 a 435 do Código Civil sugere que o proponente deve apresentar a proposta, com os elementos essenciais do contrato, ao seu destinatário – o chamado *oblato* –, o qual, por sua vez, analisa a proposta e decide se a aceita, se a recusa ou se a aceita com modificações. No primeiro caso, forma-se o contrato; no segundo caso, não se forma; e, no terceiro caso, a aceitação com modificações é considerada uma nova proposta, submetida ao crivo do antigo proponente, agora convertido em oblato, o qual se encontrará novamente diante das três opções.

O elegante esquema é raro, na prática. De fato, embora a formação do contrato possa ocorrer desse modo em alguns casos, com uma proposta pronta e acabada sendo enviada a um destinatário, que a examina para, em seguida, dizer se a aceita ou não, ou se a aceita com modificações, tal procedimento é raro no dia a dia da vida contratual. O mais comum é que a formação do contrato se dê de outras formas, mais ou menos rígidas do que sugere o Código Civil. No mercado de consumo, por exemplo, a proposta toma a forma de uma oferta ao público, com elementos que são imodificáveis, não se concedendo aos destinatários (consumidores) a chance de aceitar a oferta com modificações, mas podendo tão somente aceitá-la ou não, em uma forma de contratação por adesão (*take it or leave it*), já examinada em capítulo anterior. Por outro lado, no âmbito de negócios mais complexos, entre partes situadas em relativa paridade, o mais frequente é que as declarações de vontade não sejam emitidas unilateralmente nem pelo proponente, nem pelo aceitante, mas sejam bilateralmente construídas por meio de negociações preliminares, compostas por uma multiplicidade de contatos, reuniões, conferências telefônicas, elaboração e revisão conjuntas de minutas de contrato e uma série de outros atos que vão construindo, gradativamente, o consenso entre as partes, as quais só emitem efetivamente uma declaração de vontade no momento da reunião final de assinatura do instrumento contratual (o chamado *closing* ou fechamento das grandes operações comerciais). Nessas circunstâncias, a própria identificação de quem é o proponente e de quem é o aceitante revela-se artificial, já que ambos os contratantes construíram conjuntamente o acordo de vontades, não se podendo, senão por uma ficção jurídica, indicar um deles como o autor de uma proposta e outro como emissor de uma aceitação.

Na prática a formação dos contratos ou é mais rígida do que sugere o Código Civil (com uma oferta imodificável ao público), ou é menos rígida (como uma construção conjunta e gradativa do acordo de vontades), sendo rara a aplicação do modelo binário que o legislador, ainda preso ao passado, retratou nos arts. 427 a 435. De todo modo, serão estudados a seguir os conceitos de proposta e aceitação, tal qual contemplados pela codificação, acrescentando-se, ao final, considerações sobre a fase das negociações preliminares – hoje de suma importância na prática contratual – e sobre os acordos não vinculantes, dos quais os contratos se distinguem, também em atenção à utilidade prática dessa distinção.

2. A proposta

Proposta é a declaração receptícia de vontade que já contém os elementos essenciais do contrato que o proponente pretende celebrar. A proposta obriga o proponente, nos termos do art. 427 do Código Civil. Significa dizer que quem faz a proposta já está vinculado pelos seus termos, de tal modo que, se o oblato (destinatário da proposta) vier a aceitá-la, o contrato se formará independentemente de nova manifestação do proponente. Excepcionalmente, não será considerada obrigatória a proposta se contiver ressalva acerca do seu caráter não vinculante ou se a ausência de efeito obrigacional derivar da natureza do negócio ou das circunstâncias do caso concreto (art. 427, parte final). Assim, se o proponente tem intenção de formular uma proposta não vinculante, o ideal é que faça ressalva expressa nesse sentido, por escrito em caso de proposta escrita ou perante testemunhas em caso de proposta verbal. Isso porque, em regra, a proposta é obrigatória e, mesmo que, no seu íntimo, o proponente não tenha pretendido ficar obrigado pelos seus termos, o efeito vinculante estará presente se o seu afastamento não tiver restado claro para o destinatário. Esse é o sentido que deve ser dado ao art. 427 do Código Civil.

Embora obrigado pela proposta, o proponente não fica obrigado para sempre. A legislação brasileira disciplina de modo detalhado o fim da eficácia obrigacional da proposta. Se a própria proposta contém um prazo para aceitação, esse é o prazo em que o destinatário deve expedir a aceitação. Findo o prazo, se o oblato não tiver expedido a aceitação, o proponente não estará mais vinculado[1]. Se a proposta for feita sem prazo, é de se verificar a quem foi dirigida: (a) se dirigida a pessoa presente, a proposta perde o efeito obrigacional se não for aceita de imediato (art. 428, I); (b) se dirigida a pessoa ausente, a proposta perde o efeito obrigacional se "tiver decorrido tempo suficiente para chegar a resposta ao conhecimento do proponente", sem que tal resposta tenha a ele chegado (art. 428, II). Em relação a essa última hipótese, é de se registrar que a

---

1 É o que determina o art. 428, III, do Código Civil, que, embora se referindo ao oblato ausente, aplica-se também ao oblato presente porque a indicação de um prazo pelo proponente estende a eficácia obrigacional da proposta pelo referido lapso de tempo. Sobre o conceito de expedição, ver adiante o tópico relativo à aceitação.

noção de "tempo suficiente" consiste, por óbvio, em uma noção aberta, variando de acordo com o tipo e complexidade do negócio proposto, a distância entre as partes, o meio de comunicação empregado, a eventual diferença de idiomas e outros fatores. Enquanto para uma proposta de venda de uma dúzia de canetas, encaminhada por *e-mail*, o transcurso de dois ou três dias pode ser considerado suficiente, o mesmo lapso de tempo seguramente não será tido como suficiente para a análise de uma proposta de contrato de construção de aeronaves. Caso surja um conflito em torno da preservação ou não da eficácia obrigacional da proposta, diante da chegada de uma aceitação que o proponente considera tardia, a solução terá de ser dada, em última análise, pelo juiz, razão pela qual se faz sempre recomendável que em propostas dirigidas a pessoas ausentes o proponente estabeleça um prazo para aceitação.

Convém registrar que é considerado ausente o oblato que não esteja em comunicação interativa em tempo real com o proponente, ainda que fisicamente situado no mesmo lugar. Por exemplo, dois internautas sentados em uma mesma *lan house* não podem ser considerados presentes se a proposta é enviada por *e-mail*, já que o destinatário não necessariamente estará acessando a sua caixa de entrada de *e-mails* naquele exato momento. De igual modo, são consideradas presentes pessoas que estejam em comunicação interativa em tempo real, ainda que situadas em local distinto. Assim, se uma proposta é feita por telefone, o oblato considera-se pessoa presente, ainda que esteja situado a quilômetros de distância do proponente. Como se vê, o critério empregado para distinguir pessoas ausentes e presentes para fins de eficácia obrigacional não é físico ou geográfico, mas comunicativo.

3. Retratação e aditamento da proposta

Em qualquer caso, pode sempre o proponente retratar-se da proposta, enviando ao oblato uma retratação que, se chegar antes ou simultaneamente com a proposta, a privará de eficácia obrigacional (art. 428, IV), tendo-se aí uma espécie de proposta natimorta. O que o Código Civil não contempla é o efeito de uma retratação que chegue ao oblato após a chegada da proposta. A indagação que surge, nesse sentido, é: pode o proponente desistir, ou mesmo alterar os termos da proposta, após o seu recebimento pelo oblato? Para encontrar resposta, cumpre, em primeiro lugar, observar que, embora a proposta seja uma declaração unilateral de vontade, a sua eficácia obrigacional em relação ao proponente atende à necessidade de respeito à expectativa despertada por essa iniciativa na esfera jurídica do oblato, que pode, inclusive, estar incorrendo em custos para avaliação da conveniência e oportunidade de expedir a aceitação. Nesse sentido, o melhor entendimento é de que qualquer modificação ou retratação da proposta anteriormente enviada que chegue ao oblato após o recebimento da proposta original e ainda dentro do prazo estipulado para sua aceitação pela própria proposta ou pela lei ("tempo suficiente") afigura-se ineficaz. Assim, a recusa do proponente em cumprir o contrato que se forma com a expedição da aceitação configura inadimplemento obrigacional, gerando o dever de ressarcir os prejuízos eventualmente sofridos pelo aceitante.

O que pode o proponente fazer, sem risco de responsabilização, é, em caso de proposta enviada sem prazo, remeter ao oblato uma comunicação adicional à proposta com o propósito de estipular um prazo que não seja exíguo para a expedição da aceitação. Assim, afasta-se a incerteza da noção de "tempo suficiente", liberando-se o proponente caso a aceitação não seja expedida no prazo apontado.

4. Oferta ao público

Antes de adentrar o estudo da aceitação, convém analisar a chamada oferta ao público, que nada mais é que uma proposta dirigida a um conjunto indeterminado de destinatários. A oferta ao público, portanto, é uma espécie de proposta e, nessa condição, também obriga o seu emissor, chamado de ofertante, desde que, tal como a proposta, contenha os elementos essenciais do contrato. Eis o sentido do art. 429 do Código Civil, em que pese sua redação um tanto confusa. O parágrafo único do referido dispositivo autoriza a revogação da oferta ao público, desde que tal possibilidade tenha sido ressalvada nela.

Nas relações de consumo, assim entendidas aquelas estabelecidas entre consumidores e fornecedores de produtos ou serviços[2], a abrangência do efeito vinculante é mais extensa. Isso porque o Código de Defesa do Consumidor, nos arts. 30 a 35, estende o caráter obrigatório a qualquer "informação ou publicidade, suficientemente precisa, veiculada por qualquer forma ou meio de comunicação". Vale dizer: o Código de Defesa do Consumidor transcende a questão da formação do contrato, tornando obrigatória qualquer informação veiculada pelo fornecedor na fase das negociações preliminares, mesmo que em relação a elemen-

---

2   A caracterização das relações de consumo se dá com base em critério *ratione personae*, como visto anteriormente no item relativo à alegada distinção entre contratos civis e contratos de consumo, no capítulo anterior, ao qual se remete o leitor.

tos acessórios do contrato e mesmo que ainda não definidos os seus elementos essenciais. Essa é uma peculiaridade das relações de consumo, não tendo o Código Civil seguido a mesma orientação nas chamadas relações paritárias, em que o efeito obrigacional fica restrito às ofertas que já contenham os elementos essenciais do contrato. Informações veiculadas por meio de apresentações ou comunicações que ainda não contenham a definição de tais elementos podem, eventualmente, resultar em responsabilidade pré-contratual como se verá adiante, mas não passam a integrar o contrato, como ocorre no campo consumerista.

5. *Invitatio ad offerendum*

No sistema traçado pelo Código Civil, toda e qualquer proposta – aí incluída a oferta ao público – deve, para ser considerada juridicamente como tal, conter os elementos essenciais do contrato. Uma proposta de contrato de compra e venda deve, por exemplo, conter a definição do objeto e do preço. Faltando qualquer desses elementos, não se considera uma proposta, mas simples *invitatio ad offerendum* ou, em outras palavras, mero convite do emissor para que lhe sejam dirigidas propostas[3]. Assim, se alguém faz publicar anúncio dizendo "vendo Opala Silverstar 1982", não há aí uma proposta nem uma oferta ao público, porque carece o anúncio de um elemento essencial da compra e venda, qual seja, o preço. O anunciante, portanto, não está sujeito ao efeito obrigacional característico da proposta, até porque, ausente o preço, nem se saberia dizer ao que exatamente o anunciante estaria obrigado, já que a venda pressupõe um preço que não foi veiculado. Trata-se de mero *invitatio ad offerendum*. Se, todavia, o anúncio afirmasse "vendo Opala Silverstar 1982 por R$ 4.000,00", ter-se-ia uma oferta ao público, pois, já tendo sido definidos os elementos essenciais do contrato, o anunciante estaria obrigado pelos seus termos, podendo um eventual interessado aceitar a proposta de imediato e exigir o cumprimento do contrato formado considerando o encontro entre a proposta e a aceitação.

6. A aceitação

O oblato, ao receber a proposta, pode aceitá-la. No sistema desenhado pelo Código Civil, o encontro da aceitação com a proposta resulta na formação

---

3 Ludovico Barassi, *La teoria generale delle obbligazioni*, Milão: Dott. A. Giuffrè, 1964, n. 116, v. II, p. 97.

do contrato. Algumas questões aí se colocam. Em primeiro lugar, a doutrina destaca que a aceitação pode ser expressa, mas também pode ser tácita, resultando de um ato concreto do oblato que revele, de modo inequívoco, a sua concordância com a proposta, como a remessa da mercadoria que o proponente se propunha a adquirir. A ordem jurídica não exige, portanto, uma forma específica para a aceitação, assim como não a exige para a proposta. Não há tampouco vinculação entre a forma da proposta e a forma da aceitação. Uma proposta feita por instrumento escrito pode ser aceita verbalmente ou tacitamente.

Uma segunda questão diz respeito ao tempo da aceitação. Seja expressa, seja tácita, a aceitação precisa ser feita em tempo porque, como se viu anteriormente, o efeito obrigatório da proposta não perdura para sempre. A comunhão entre proposta e aceitação, se ocorrida a destempo, não forma o contrato, pois encontra o proponente já desobrigado. A aceitação tardia é interpretada como nova proposta. O mesmo acontece se a aceitação vem acompanhada de adições, restrições, ressalvas ou qualquer forma de alteração dos termos da proposta recebida. Nessa hipótese, a ordem jurídica considera ter havido não uma aceitação, mas nova proposta. É o que determina o art. 431 do Código Civil: "a aceitação fora do prazo, com adições, restrições, ou modificações, importará nova proposta".

A aceitação modificativa ou com ressalva configura, portanto, uma nova proposta ou, como se diz na prática, uma *contraproposta*. O antigo proponente torna-se, então, oblato, podendo aceitar ou não a contraproposta, ou, ainda, aceitá-la com outras modificações ou ressalvas, caso em que se tem nova proposta, e assim sucessivamente até que se chegue ao consenso ou não. O Código Civil permite também que o aceitante se retrate, afirmando que se considera "inexistente a aceitação, se antes dela ou com ela chegar ao proponente a retratação do aceitante" (art. 433). A norma espelha o que a codificação já determinava em relação à proposta, devendo-se apenas registrar que o caso não é tecnicamente de inexistência da aceitação, mas, antes, de perda de eficácia da aceitação já emitida.

7. Momento de formação do contrato

Nos casos em que a aceitação é emitida em relação a uma proposta ainda obrigatória, torna-se relevante determinar precisamente qual o momento de formação do contrato. Se a aceitação é emitida entre pessoas presentes, não há dúvida: o contrato se forma no exato momento em que o aceitante emite sua declaração de vontade, seja verbalmente, seja por escrito, seja, ainda, por meio do ato inequívoco do qual se extrai a aceitação tácita. Por outro lado, se a aceitação é emitida por pessoa ausente, coloca-se o problema de determinar em que momento específico o contrato se forma: no momento em que o aceitante envia a aceitação, no momento em que o proponente a recebe, no momento em que o aceitante toma ciência desse recebimento, e assim por diante. Diferentes "teorias" surgiram para defender a formação do contrato em cada um desses momentos. Fala-se em teoria da expedição, para sustentar que o contrato se forma no momento em que a aceitação é expedida; em teoria da recepção, para sustentar que o contrato se forma no momento em que a aceitação é recebida; em teoria da confirmação, para sustentar que o contrato se forma no momento em que o aceitante recebe a confirmação de que o proponente recebeu a aceitação, entre outras.

A rigor, não se têm aí verdadeiras teorias, mas diferentes pontos de vista sobre qual deve ser considerado o momento de formação do contrato. Embora às vezes a doutrina faça parecer que se trata de uma questão lógica, resultado de investigação científica, o que se tem nessa discussão é um balanceamento entre a necessidade de garantir a segurança das partes quanto à formação do contrato e a necessidade de imprimir agilidade às relações contratuais. A teoria da confirmação, por exemplo, prima pela segurança, na medida em que o contrato somente se considera formado quando o aceitante é comunicado do recebimento da aceitação, mas, se aplicada aos contratos formados por correspondência física (não eletrônica), comprometeria a celeridade da formação do vínculo contratual, exigindo sucessivas comunicações entre as partes, nem sempre ágeis na sua tramitação física.

Para os contratos em geral, o direito brasileiro adota a teoria da expedição, com algumas mitigações. O art. 434 determina que "os contratos entre ausentes tornam-se perfeitos desde que a aceitação é expedida", exceto nas seguintes situações: (a) se a retratação do aceitante chegar ao proponente antes ou juntamente com a aceitação; (b) se o proponente se houver comprometido a esperar o recebimento da resposta para considerar formado o contrato; (c) se a aceitação, embora expedida, chegar ao proponente após o prazo indicado na proposta. Se o proponente vier a receber a aceitação após o prazo apontado, deverá comunicar tal fato ao aceitante imediatamente (art. 430), evitando que esse último permaneça confiando na formação de um contrato que não ocorreu. O proponente omisso nesse aviso responde pelas perdas e danos que o aceitante vier a sofrer em decorrência da ruptura dessa expectativa. São formas que o legislador encontra para reduzir a insegurança gerada pela teoria da expedição. Nos contratos eletrônicos, tal insegurança alcança nível elevado porque o aceitante, por vezes, limita-se a clicar uma tecla ou um botão, sem que lhe reste qualquer prova desse ato; só o proponente poderá afirmar se a aceitação foi expedida e recebida. Por essa razão, tem se defendido a incidência da teoria da confirmação no caso específico dos contratos eletrônicos, como se verá no capítulo próprio.

8. Lugar do contrato

Além do momento em que o contrato se forma, a ordem jurídica preocupa-se em determinar o lugar da sua formação. Essas duas dimensões – temporal e espacial – somam-se na definição da legislação aplicável ao contrato, partindo de paradigmas da ciência jurídica que, embora consagrados e difundidos, começam a ser questionados diante do avanço das tecnologias. A formação de contratos por meio da internet, por exemplo, põe em xeque a certeza com que se definia outrora o lugar do contrato, evidenciando as deficiências dos critérios tradicionais de determinação da sede espacial da relação contratual.

O Código Civil brasileiro considera o contrato formado "no lugar em que foi proposto" (art. 435). Há aí algumas dificuldades a superar. Primeiro, como já se advertiu no início do capítulo, nem sempre a formação do contrato se dá por meio de uma proposta e uma aceitação, sendo frequente no âmbito das relações negociais mais complexas a construção conjunta do acordo de vontades. Segundo, mesmo nos casos em que há uma proposta formulada por uma das partes, pode ocorrer que o oblato se situe em local diverso do proponente, caso em que a proposta será formulada em um lugar e enviada a outro. Como definir, nessa hipótese, em que lugar o contrato foi proposto? À falta de maior detalhamento do tema no Código Civil, a doutrina brasileira socorre-se da Lei de Introdução às Normas do Direito Brasileiro (Decreto-lei n. 4.567, de 1942), que, tratando das relações de direito internacional privado, determina que "a obrigação resultante do contrato reputa-se constituída no lugar em que residir o proponente" (art. 9º, § 2º). O art. 435 do Código Civil tem sido, assim, interpretado no sentido de que, entre ausentes, o contrato considera-se formado no lugar em que se situa o proponente.

Ocorre, todavia, que o critério para diferenciar a formação do contrato entre presentes e ausentes não é, como visto, o critério espacial ou geográfico, mas o critério da comunicação interativa. Portanto, se os dois contratantes concluem um contrato por telefone, o contrato é considerado formado entre presentes. Também aí deve-se aplicar, à falta de solução melhor, a interpretação de que o contrato foi proposto no lugar em que se situar o proponente. Não se pode deixar, contudo, de notar o artificialismo evidente em tais situações, pois em uma conversa telefônica destinada à formação de um contrato dificilmente será viável identificar um proponente e um aceitante, retornando-se à advertência inicial de que, muitas vezes, o acordo de vontades se alcança conjuntamente, sem que se possa reduzir a complexidade desse contato comunicativo a uma declaração unilateral de uma parte, aceita pela outra.

Em resumo, há no campo da definição do lugar do contrato, tal qual na definição do momento de sua formação, urgente necessidade de uma reformulação dogmática que reaproxime o texto legal da realidade prática, reduzindo os artificialismos.

9. A escolha da lei aplicável ao contrato

A definição do lugar do contrato e do seu tempo servem essencialmente para definir a legislação aplicável a cada contrato. Um contrato formado no Brasil entre presentes seguirá as normas de direito brasileiro, enquanto um contrato formado de proposta formulada por uma companhia sediada na Alemanha, ainda que aceita por sociedade brasileira, seguirá, de acordo com a nossa Lei de Introdução, as leis alemãs. Discute-se, hoje, no âmbito do nosso direito internacional privado, se as partes podem, todavia, eleger uma legislação aplicável, diversa daquela que resultaria da aplicação do critério legal da residência do proponente. Por exemplo, uma empresa alemã e uma empresa brasileira podem, reunidas em São Paulo, celebrar um contrato que preveja a aplicação das leis britânicas? O exemplo não é irreal, pois, com alguma frequência, as partes têm interesse em eleger a legislação de um terceiro país, seja porque o contrato se destina a ser cumprido no todo ou em parte naquele território, seja porque a legislação escolhida é mais detalhada ou notoriamente mais precisa em relação àquele tipo de negócio, seja, ainda, porque as partes, embora desta ou daquela nacionalidade, integram grupo econômico cuja sociedade controladora situa-se no território da legislação escolhida.

Assim, coloca-se a seguinte indagação: o direito brasileiro autoriza que as partes escolham livremente uma lei aplicável ao seu contrato?[4] A doutrina mais tradicional responde negativamente, enxergando norma cogente no art. 9º da Lei de Introdução, cujo *caput* determina: "para qualificar e reger as obri-

---

4 Tal discussão é usualmente referida pelos autores de direito internacional privado como "autonomia da vontade", quando, na verdade, esse é apenas um dos aspectos do contrato em que se pode reconhecer ou não espaço à autonomia privada (outrora denominada autonomia da vontade, por força da abordagem voluntarista do negócio jurídico).

gações, aplicar-se-á a lei do país em que se constituírem". A doutrina mais moderna, todavia, tem admitido a escolha da legislação aplicável ao contrato, seja por força de tratados e convenções internacionais que a admitem, seja em virtude da evolução do próprio direito interno, destacando-se, nesse particular, a Lei de Arbitragem (Lei n. 9.307/96), cujo art. 2º, § 1º, permite às partes "escolher, livremente, as regras de direito que serão aplicadas na arbitragem, desde que não haja violação aos bons costumes e à ordem pública". Assim, se as partes inserem cláusula compromissória em seu contrato, podem escolher livremente a lei aplicável à solução de eventuais conflitos decorrentes do contrato, desde que respeitada a ordem pública brasileira. Significa dizer que a eleição de determinada legislação não pode resultar em afronta a valores fundamentais do ordenamento jurídico brasileiro, caso em que não poderá ser aplicada. Respeitado, contudo, esse limite, a escolha da lei aplicável é expressamente admitida pela Lei n. 9.307/96 se houver cláusula compromissória ou compromisso arbitral, ou seja, se as partes optarem pela arbitragem como meio de solução de conflitos.

Nos casos em que as partes não optarem pela via arbitral, mantendo a solução de conflitos no campo da jurisdição estatal, a resposta não deve ser diferente. De fato, embora o legislador não seja tão explícito quanto foi ao tratar da arbitragem, não há razão para que o art. 9º da Lei de Introdução continue a ser interpretado como norma cogente diante do atual cenário da ordem jurídica brasileira, que já admite a escolha de lei expressamente no universo arbitral. Ora, se na arbitragem é possível optar por outra lei que não a que resultaria do lugar do contrato, não há nenhuma razão plausível para que tal possibilidade não exista nos contratos que serão examinados pelo Poder Judiciário estatal. Aqui, é de se notar que impedir a escolha da lei aplicável ao contrato não representa maior garantia de aplicação da lei brasileira, pois o que a Lei de Introdução impõe não é a aplicação da nossa lei nacional, mas da lei do lugar em que o contrato tiver sido celebrado ou, se ausentes os contratantes, do lugar em que residir o proponente, e ambos os critérios podem levar, como frequentemente levam, à aplicação de direito estrangeiro, por vezes em casos em que as partes optariam pela aplicação das leis brasileiras e até em casos em que o fizeram por expressa disposição contratual, a qual, por uma interpretação anacrônica do art. 9º, vem a ser considerada ineficaz. Respeitada a ordem pública brasileira, deve ser reconhecida às partes a faculdade de eleger a lei aplicável ao seu contrato, quer no âmbito arbitral por força do art. 2º da Lei de Arbitragem, quer fora dele, por ausência de razão legítima para distinguir as duas hipóteses em particular.

10. Negociações preliminares e responsabilidade pré--contratual

Como se advertiu no início do capítulo, a formação dos contratos muitas vezes escapa, na prática, ao esquema desenhado pelo Código Civil, em que o contrato emerge do encontro de dois atos unilaterais prontos e acabados, quais sejam, a proposta e a aceitação. É frequente, especialmente em relações paritárias, que o acordo de vontades seja construído gradativamente pela interação entre os futuros contratantes em uma fase que se denomina de fase pré-contratual, fase das tratativas ou fase das negociações preliminares ao contrato. As negociações preliminares antecedem a formação do vínculo contratual, que pode ocorrer ou não como se verá adiante. Abrangem uma multiplicidade de atos voltados à celebração de um contrato futuro e eventual, que vão desde o conhecimento entre as partes até a definição dos contornos gerais do negócio, sendo perpassados por uma contínua e recíproca avaliação da conveniência e oportunidade da contratação.

As negociações preliminares resultam, muitas vezes, na formação de um contrato. Pode ocorrer que as negociações preliminares caminhem até certo ponto em que uma das partes toma iniciativa de formular uma proposta com todos os elementos essenciais ao contrato futuro, apresentando-a à outra parte para que a avalie e decida se a aceita, se a recusa ou se a aceita com ressalvas ou modificações, apresentando nova proposta. Se assim for, volta-se ao esquema binário do Código Civil e tudo se dá como visto nos itens anteriores. Pode ocorrer que, diversamente, as negociações preliminares caminhem até o ponto em que as partes sentem-se à mesa para assinatura ou selem com um aperto de mãos o seu acordo de vontades, sem que se possa delimitar claramente quem exerce o papel de proponente e quem exerce o de aceitante. O certo é que, tanto no primeiro caso quanto no segundo, o contrato se forma e a fase pré-contratual se encerra, dando início à fase contratual.

Pode se realizar, todavia, uma terceira hipótese: as negociações preliminares não resultam na formação de um contrato, seja porque as partes concluíram conjuntamente que não havia acordo de vontades por qualquer razão, seja porque uma das partes decidiu unilateralmente romper as negociações preliminares. No passado, entendia-se que, como as negociações preliminares não são fonte de obrigação – ao contrário do que acontece com os negócios jurídicos unilaterais, como a proposta, e com os negócios jurídicos bilaterais, ou seja, com os contratos –, a ruptura unilateral dessas negociações não configurava inadimplemento obrigacional e, portanto, não poderia gerar nenhuma espécie de responsabilidade para o negociante. Tratava-se de um fato não jurídico, o qual, ainda que pudesse ser visto como moralmente reprovável, não gerava consequências no campo do direito.

Esse entendimento sofreu alteração radical ao longo do último século. A obra célebre de Rudolf Von Ihering sobre a *culpa in contrahendo*, publicada em 1881, inaugurou na Alemanha amplo debate em torno da *responsabilidade civil pré-contratual*, assim entendida aquela que se funda em comportamentos que antecedem a formação do vínculo obrigacional[5]. A discussão alcançou outros países da Europa e, mais tardiamente, a América Latina. O Código Civil brasileiro não tratou do tema especificamente e nisso falhou mais uma vez, pois doutrina e jurisprudência brasileiras já reconheciam, como ainda hoje reconhecem, a existência de responsabilidade civil pré-contratual sempre que a ruptura unilateral das negociações preliminares se der de modo repentino ou surpreendente, isto é, lesando as legítimas expectativas despertadas na outra parte pelo comportamento de quem dá causa à ruptura. Em outras palavras, são requisitos para a configuração da responsabilidade pré-contratual por ruptura das negociações preliminares: (a) que a ruptura se dê de forma unilateral; (b) que o comportamento anterior da parte que dá causa à ruptura tenha despertado a legítima expectativa da outra parte de que o contrato seria formado; e (c) que a vítima tenha sofrido dano causado pela ruptura.

Como se vê, a responsabilidade civil por ruptura das negociações preliminares é fundada não na culpa em seu sentido tradicional, mas sim na violação à boa-fé objetiva. É lícito romper negociações preliminares a uma contratação, por motivos que vão desde a não obtenção do acordo de vontades até o simples desinteresse, passando, naturalmente, pela identificação de melhores ofertas de negócios. O que se procura reprimir é o comportamento de quem, após agir como se a contratação fosse ocorrer, rompe abruptamente as negociações preliminares, lesando a confiança da outra parte e lhe causando algum dano.

11. Um caso emblemático: o caso dos tomates

Caso emblemático na experiência jurisprudencial brasileira em relação à responsabilidade pré-contratual foi o conhecido *caso dos tomates*. Um agricultor

---

5 No Brasil, ver: Regis Fichtner Pereira, *A responsabilidade civil pré-contratual*, Rio de Janeiro: Renovar, 2001. Advirta-se que, embora a ruptura das tratativas seja o campo mais fértil de aplicação da responsabilidade pré-contratual, a construção não exaure aí a sua esfera de incidência, destacando a doutrina o seu cabimento em outras situações, como no que se refere aos danos causados à pessoa ou aos bens do outro negociante e os danos causados pela celebração de contrato inválido.

do Rio Grande do Sul costumava plantar tomates cujas sementes lhe eram entregues pela Companhia Industrial de Conservas Alimentícias (Cica), a qual, na época da colheita, voltava para adquirir a safra para fins de industrialização. No ano de 1988, a Cica deixou de adquirir os tomates produzidos, razão pela qual o agricultou pleiteou indenização pelos danos sofridos com a perda da produção, uma vez que não teve a quem vender o produto. A mesma situação verificou-se com vários outros agricultores, que intentaram ações semelhantes.

A companhia defendeu-se, em contestação, afirmando não ter assumido nenhum compromisso de adquirir a produção, tendo apenas "doado" sementes a alguns produtores da região, sendo, portanto, legítima sua decisão de não adquirir o produto porque não iria exercer a atividade de industrialização de tomates, em razão de modificações na sua política industrial. Em primeiro grau, a magistrada responsável julgou a ação judicial procedente, com base na *prática reiterada* do fornecimento, pela empresa, de sementes para cultivo de tomates aos agricultores do interior do município, e da correlata aquisição, no final da safra, do produto. Esse comportamento, por sua regularidade e habitualidade, havia ensejado a formação de "uma teia de trabalhadores, proprietários de caminhão, que transportavam o produto, e agricultores, que mantinham expectativa de negócio". Acrescentou a juíza que "o fato de inexistir contrato escrito apenas revela a habitualidade do comportamento e a confiança das partes envolvidas", motivo do provimento da ação. Em segundo grau de jurisdição, o tribunal gaúcho aplicou o princípio da boa-fé objetiva, identificando, no caso concreto, um dever da pré-contratante de não fraudar as expectativas legitimamente criadas pelos seus próprios atos. Concluiu que restava caracterizado o reiterado comportamento da ré em direção ao contrato de aquisição da produção de tomates da safra 87/88, para o qual fez pesquisa de campo, distribuiu gratuitamente as sementes e, no momento da colheita – por ter considerado inconveniente a movimentação da sua empresa pela escassez de matéria-prima –, resolveu não mais adquirir o produto. Com base na *culpa in contrahendo*, o tribunal considerou a empresa alimentícia responsável por indenizar o agricultor pelo valor de toda a parcela da produção que não tinha sido vendida a outros adquirentes[6].

---

6   TJRS, 5ª Câmara Cível, Apelação Cível 591028295, rel. Ruy Rosado de Aguiar Jr., j. 6-6-1991, in RJTJRGS 154/378.

12. Carta de intenções e memorando de entendimentos

Não é incomum, na prática das operações econômicas mais complexas, que as partes celebrem, antes do contrato, documentos que atestam sua intenção comum de buscarem o consenso necessário à contratação. São documentos intitulados carta de intenções, protocolo de intenções, memorando de entendimentos ou simplesmente MOU (sigla para a expressão inglesa *memorandum of understanding*). Tais documentos antecedem a definição dos elementos essenciais do contrato (especialmente o preço ou a remuneração) e, por isso, não possuem efeito vinculante, servindo apenas para atestar o compromisso mútuo das partes em negociar de boa-fé em prol da contratação. Sua utilidade maior consiste em permitir às partes em negociação que obtenham as aprovações internas necessárias para prosseguir nas tratativas. São documentos, portanto, que se inserem na fase das negociações preliminares, também chamada, como se viu, de fase pré-contratual.

Pode ocorrer, no entanto, que as partes já tenham definido os elementos essenciais do contrato futuro, assumindo não mero compromisso pré-contratual, mas a efetiva obrigação de celebrar o contrato em momento posterior. Nessa hipótese, ainda que tenham atribuído ao seu documento a denominação de carta de intenções ou memorando de entendimentos, ou outra expressão similar, terão assumido obrigação vinculante, de tal modo que, independentemente do nome escolhido pelos envolvidos, o instrumento firmado passa a ser compreendido pela ordem jurídica como um contrato preliminar, ponto que se estudará a seguir.

Para que não haja dúvida quanto à real natureza das cartas de intenções e documentos similares, o ideal é que as próprias partes registrem expressamente se estão atribuindo ou não efeito vinculante aos referidos instrumentos. Isso evita que o documento seja entendido por uma das partes como um acordo vinculante, enquanto a outra via nele mero compromisso moral de prosseguir com as negociações. Pode ocorrer, por outro lado, que as partes tenham a comum intenção de atribuir efeito vinculante a uma ou outra cláusula do documento firmado, mas não à sua totalidade. É o que costuma acontecer nos chamados pactos de sigilo ou acordos de confidencialidade.

13. Acordos de confidencialidade

Durante a fase de negociações preliminares, as partes muitas vezes trocam entre si informações estratégicas que não pretendem ver divulgadas ao público em geral. Pense-se, por exemplo, nas negociações preliminares a um futuro contrato de compra e venda de ações de uma companhia. Durante as tratativas, o potencial comprador terá interesse de avaliar todo o passivo existente na sociedade, aí incluído não apenas o passivo já contabilizado nas demonstrações financeiras da companhia, mas também, por exemplo, as ações judiciais que estão em curso contra a companhia ou os processos administrativos que eventualmente possam resultar em multas ou outras sanções para a empresa. Todas essas informações – usualmente transmitidas ao potencial comprador por meio das chamadas auditorias jurídicas (*due diligence*) – o vendedor tem o dever de revelar ao potencial comprador, mas não ao público em geral, sendo compreensível que não queira ver divulgados, sem a necessária contextualização, todos os riscos envolvidos no seu negócio. Ainda no mesmo exemplo, no curso das negociações preliminares, o potencial comprador pode vir a ter acesso a informações estratégicas da companhia, ligadas ao seu processo industrial, às suas iniciativas de *marketing* ou a qualquer outro aspecto do negócio desenvolvido pela sociedade. Também essas informações, por serem estratégicas, o vendedor pretenderá provavelmente manter em sigilo.

Em casos assim, as partes costumam celebrar acordos de confidencialidade, aos quais expressamente atribuem efeito vinculante. Também aqui é comum a referência à expressão da língua inglesa *non disclosure agreement* ou simplesmente NDA. Tais acordos têm natureza contratual. Vale dizer: são contratos pelos quais as partes assumem uma obrigação de não fazer, consubstanciada na abstenção de divulgação a terceiros de qualquer informação a que venham a ter acesso durante as negociações preliminares. Normalmente, tais acordos estabelecem prazo de dois ou três anos, sendo certo que sua vigência independe da celebração do contrato futuro. Evoluam ou não as tratativas rumo ao consenso, as partes seguirão obrigadas pelo dever de sigilo em relação às informações reciprocamente transmitidas.

Na prática negocial, o que se vê, em alguns casos, é a celebração de uma carta de intenções ou protocolo de entendimentos, de caráter não vinculante, com uma cláusula de sigilo e confidencialidade, à qual as partes atribuem expressamente o caráter vinculante. Algumas vezes, essas cartas de intenções ou protocolos de entendimentos encerram-se com uma cláusula que afirma algo como "o presente documento não tem efeito vinculante, salvo no tocante ao item 7, que trata da confidencialidade". Em outras palavras, pode ocorrer que o mesmo documento contenha disposições vinculantes e disposições não vinculantes, técnica que, se não é a mais segura, tampouco é vedada pela legislação brasileira. Haverá, em tais casos, obrigação de sigilo, ao passo que o restante do documento não terá efeito obrigacional, mas indicará mero compromisso moral entre as partes.

Convém registrar que, mesmo que as partes não tenham tido o cuidado de firmar um acordo de confidencialidade ou de estabelecer uma cláusula vinculante nesse sentido, a boa-fé objetiva impõe que os potenciais contratantes se comportem com cuidado e respeito às expectativas de parte a parte. Desse modo, o eventual e futuro comprador não poderá, por exemplo, divulgar ao mercado certa informação negativa que obteve ao longo das tratativas, com o escopo de afastar outros interessados na compra, pois tal conduta afrontaria, a toda evidência, a boa-fé objetiva. As informações obtidas ao longo de uma negociação devem, em regra, ser utilizadas apenas para essa finalidade e, portanto, devem ser preservadas da divulgação pública. A celebração de um acordo de confidencialidade conserva sua utilidade porque, além de impor o dever de sigilo com maior clareza, permite às partes disciplinarem de modo específico a sua abrangência, as suas eventuais exceções, as sanções pelo seu descumprimento (cláusula penal suplementar, por exemplo), entre outros aspectos. A ausência de acordo ou cláusula de sigilo não significa, contudo, carta branca para a divulgação de dados obtidos na fase das negociações preliminares.

14. Contrato preliminar ou pré-contrato

Como já visto, contrato preliminar é aquele em que as partes se obrigam a celebrar, em certo tempo ou mediante certas condições, outro contrato, o qual se denomina contrato definitivo. O Código Civil de 1916 o denominava *pré-contrato*, o que sugeria que se tratava de algo anterior ao contrato e, portanto, algo diverso de um contrato. Ao contrário, o pré-contrato tem natureza contratual; é contrato e, portanto, agiu bem o legislador de 2002 ao passar a denominá-lo contrato preliminar. O único cuidado que a nova terminologia impõe é não confundir o contrato preliminar com a fase das negociações preliminares. As negociações preliminares são pré-contratuais. O contrato preliminar, ao revés, tem natureza de contrato.

De acordo com o Código Civil, o contrato preliminar precisa conter os elementos essenciais do contrato definitivo a ser celebrado, exceto quanto à forma (art. 462). Tome-se, por exemplo, um contrato preliminar de compra e venda, que é, sem dúvida, a espécie de contrato preliminar mais frequente na prática contratual, sendo muitas vezes chamado de *compromisso de compra e venda* ou de *promessa de compra e venda*, muito embora não se trate de promessa unilateral, mas de contrato preliminar propriamente dito. O contrato preliminar de compra e venda já deverá conter a identificação da coisa a ser entregue pelo vendedor e do preço a ser pago pelo comprador, uma vez que *res* e *pretium* são elementos essenciais da compra e venda definitiva. Tal exigência justifica-se no desenho do Código Civil para que seja possível a execução específica do contrato preliminar.

15. Execução específica do contrato preliminar

A grande inovação do Código Civil de 2002 em relação ao contrato preliminar consistiu no expresso reconhecimento da possibilidade de sua execução específica[7]. Pela primeira vez, a legislação brasileira afirmou, de modo geral, que qualquer das partes que tenha celebrado um contrato preliminar poderá exigir a celebração do contrato definitivo, indicando um prazo para que a outra parte o efetive (art. 463). Daí a codificação afirmar que o contrato preliminar já deve conter os elementos essenciais do contrato definitivo, pois somente com tais elementos já definidos afigura-se possível exigir a celebração do contrato definitivo. Como exigir a celebração de um contrato definitivo de compra e venda se as partes, no ajuste preliminar, não tiverem, por exemplo, estabelecido qual o preço a ser pago? A ausência de consenso das partes sobre tal aspecto inviabilizaria a execução específica do contrato preliminar de compra e venda. A definição dos elementos essenciais é requisito para a execução específica, de tal modo que os arts. 462 e 463 do Código Civil somente podem ser compreendidos em conjunto.

A possibilidade de execução específica do contrato preliminar só não existirá na hipótese de as próprias partes terem pactuado expressamente cláusula de arrependimento, facultando a qualquer delas desistir da celebração do contrato definitivo. Isso porque, em tal hipótese, as próprias partes terão afastado, de comum acordo, a possibilidade de execução específica. Com exceção dessa hipótese, a execução específica afigura-se cabível, tendo o legislador disciplinado de modo detalhado o modo como se opera. Primeiro, a parte interessada na execução específica notifica a outra parte, exigindo a celebração do contrato definitivo em um prazo que se afigure razoável para tanto. A legislação não indica um prazo fixo, mas dez ou quinze dias são usualmente suficientes para que a parte já

---

7 Sobre o tema, ver a obra de Luiza Lourenço Bianchini, *Contrato Preliminar: conteúdo mínimo e execução*, Porto Alegre: Arquipélago Editorial, 2017, p. 177-218.

vinculada a um contrato preliminar adote as providências necessárias à celebração do contrato definitivo, especialmente se a exigência da parte notificante já vier acompanhada do instrumento contratual, com a sua própria assinatura, medida que se mostra recomendável para facilitar o cumprimento da exigência. Se o prazo indicado transcorrer *in albis* (em branco), sem que a parte notificada celebre o contrato definitivo, terá ocorrido o inadimplemento do contrato preliminar. Em tal hipótese, além de pleitear o ressarcimento das perdas e danos, poderá o notificante recorrer ao Poder Judiciário para que o juiz supra a vontade do inadimplente, atribuindo caráter definitivo ao contrato preliminar, o que pode ser feito, inclusive, por meio de medida liminar. Em se tratando de contratos de transmissão de propriedade, o juiz determinará, na mesma decisão, que se efetive a transferência do bem, podendo se valer de busca e apreensão, em caso de bem móvel, ou ordem judicial ao registro, em caso de bem imóvel. Confira-se a Súmula 239 do STJ: "O direito à adjudicação compulsória não se condiciona ao registro do compromisso de compra e venda no cartório de imóveis".

16. Estipulação em favor de terceiro e promessa de fato de terceiro

O Código Civil disciplina uma série de figuras por vezes apontadas como exceções ao princípio da relatividade do contrato (cujo caráter principiológico, como visto, afigura-se no mínimo discutível), por se afastarem da estrutura habitual ao envolver, além dos contratantes, a participação de terceiros, ainda que de modos distintos.

A primeira delas é a chamada estipulação em favor de terceiro, pacto pelo qual os contratantes preveem uma prestação em benefício de terceiro (arts. 436 a 438). A doutrina exige, para configuração do instituto, que o beneficiário adquira o direito à vantagem que lhe é dirigida e a correspondente pretensão, não sendo suficiente que o terceiro seja mero destinatário da prestação[8]. Exemplo de estipulação em favor de terceiro está no contrato de seguro de vida que indica um beneficiário (terceiro) da indenização a ser paga pela seguradora no momento do falecimento do segurado.

A promessa de fato de terceiro, por sua vez, consiste na obrigação assumida pelo promitente em face do promissário de obter certa prestação de um

---

8   Gustavo Tepedino, Heloisa Helena Barboza e Maria Celina Bodin de Moraes (Coords.), *Código Civil interpretado conforme a Constituição da República*, 2. ed., Rio de Janeiro: Renovar, 2012, v. II, p. 52.

terceiro (arts. 439 e 440). A rigor, não se tem aqui uma exceção ao princípio da relatividade, pois a promessa de fato de terceiro não gera efeito jurídico algum para o terceiro. Como explica a doutrina, "enquanto a estipulação em favor de terceiro traz benefícios ao não contratante – que tem, em certas hipóteses, o direito de exigir seu cumprimento –, a promessa de fato de terceiro não gera nenhum efeito em relação a este, o qual não se obriga. Se o terceiro não cumpre a prestação prometida por um dos contratantes, responde este, não aquele, pelas perdas e danos"[9]. Exemplo de promessa de fato de terceiro tem-se na promessa de compra e venda de um imóvel tombado em que o promitente-vendedor se obriga a obter o destombamento do bem pela Prefeitura.

17. Contrato com pessoa a declarar

Contrato com pessoa a declarar é aquele em que uma das partes se reserva a faculdade de indicar, no futuro, outra pessoa que passará a figurar como contratante. O art. 467 do Código Civil autoriza expressamente a celebração de contrato com pessoa a declarar, afirmando que, "no momento da conclusão do contrato, pode uma das partes reservar-se a faculdade de indicar a pessoa que deve adquirir os direitos e assumir as obrigações dele decorrentes". Trata-se da chamada cláusula *pro amico eligendo*, por meio da qual, no momento da conclusão do contrato, já se estabelece que uma das partes será substituída por terceiro a ser indicado. Consiste, essencialmente, em uma cessão de posição contratual previamente ajustada entre as partes originais. É prática empregada comumente em contratos celebrados por agências de turismo e entidades semelhantes com companhias aéreas e estabelecimentos de hotelaria.

O contrato com pessoa a declarar é celebrado entre as partes, mas já na expectativa de que uma das partes seja substituída por um terceiro. Nas palavras de Gonçalo Leite, o contrato com pessoa a declarar configura

> uma espécie de contrato em que uma pessoa (o *stipulans*) contrata, por si, com outra pessoa (o *promittens*), reservando-se, porém, a faculdade de nomear sucessivamente, como parte contratante, e no seu lugar, outra pessoa: este contrato produz, portanto, imediatamente, os seus efeitos entre *stipulans* e *promittens*. Mas, com o verificar-se a *electio*, o sujeito da relação originária passa a ser (*ex*

---

[9] Gustavo Tepedino, Relatividade do contrato de transação e seus efeitos sobre terceiros distribuidores de produtos das empresas transacionantes, in *Soluções práticas de direito*, São Paulo: Revista dos Tribunais, 2012, v. II, p. 528.

tunc, em lugar do *stipulans*) o *electus*, o qual terá de comportar-se, em face do *promittens*, como verdadeira e própria parte contratante[10].

De acordo com nossa codificação, a pessoa não tem que estar identificada no momento da conclusão do contrato, podendo ser identificada *a posteriori*. A indicação deverá ser feita em cinco dias da conclusão do contrato, se outro prazo não tiver sido ajustado entre as partes (art. 468). Os efeitos da nomeação do substituto retroagem, adquirindo ele os direitos e as obrigações decorrentes do contrato desde o momento da sua celebração (art. 469). Vale dizer: o estipulante libera-se com a aceitação do substituto para ocupar o seu lugar, devendo tal aceitação observar a mesma forma que foi observada para o contrato (escrita por instrumento particular, por escritura pública etc.). A liberação do estipulante não ocorre se (a) ele próprio não exerce a faculdade de indicar um substituto no prazo ajustado ou, na falta de ajuste, no prazo legal de cinco dias; (b) o indicado recusa, não havendo quem substitua o estipulante; (c) demonstrado que o indicado é insolvente ao tempo da indicação e a outra parte desconhecia o estado de insolvência (art. 470); (d) o indicado é incapaz (art. 471). Em exemplo flagrante de má técnica legislativa, o art. 471 repete a hipótese de insolvência, que já constava do art. 470, sem trazer, contudo, o requisito do desconhecimento.

Registre-se que a substituição independe de nova autorização do promitente. Com efeito, a nomeação (*electio*) é considerada uma declaração unilateral e receptícia de vontade[11]. Naturalmente, é imprescindível a prévia pactuação no sentido de futura indicação, elemento essencial à própria qualificação do contrato com pessoa a declarar, sem o que se configura um contrato comum, cuja cessão de posição contratual exigirá aceitação da contraparte, por força da exigência derivada da disciplina da assunção de dívida. A doutrina admite a chamada *electio per relationem*, quando se estabelece que a escolha da pessoa que substituirá o promitente será feita por um terceiro.

18. Tutela externa do crédito

Na dogmática tradicional, o caráter relativo do direito de crédito, ou seja, sua eficácia estritamente *inter partes*, impedia a responsabilização do terceiro que,

---

10 Gonçalo Rollemberg Leite, Contrato por pessoa a declarar, *Revista Forense*, n. 181, 1959, p. 463.
11 Gustavo Tepedino, Heloisa Helena Barboza e Maria Celina Bodin de Moraes (Coords.), *Código Civil interpretado conforme a Constituição da República*, cit., v. II, p. 107.

de alguma forma, contribuía para o inadimplemento de um contrato. Com efeito, se o contrato apenas produzia efeitos sobre os contratantes, a responsabilidade pelo descumprimento do contrato não poderia jamais recair sobre um terceiro. A modificação axiológica operada no campo contratual, impondo a toda sociedade o compromisso com a construção de um ambiente contratual ético e compatível com a ordem jurídica, vem dando ensejo ao reconhecimento da possibilidade de responsabilização do chamado terceiro cúmplice, assim entendido aquele que contribui para o descumprimento do contrato. Como destaca Perlingieri, "a distinção entre situações absolutas e relativas perdeu portanto a sua justificação histórica na medida em que, com fundamento no dever de solidariedade e da consequente responsabilidade, todos devem respeitar qualquer situação e o titular da mesma tem uma pretensão à sua conservação em relação a todos"[12].

Na ausência de regra geral prevendo essa hipótese de responsabilidade no ordenamento jurídico brasileiro, a doutrina buscou nos novos princípios contratuais o fundamento da tutela externa do crédito. Difundiu-se o entendimento de que o princípio da função social do contrato exigiria que os terceiros não mais se comportassem como se o contrato não existisse, daí resultando sua responsabilidade por interferir na relação contratual alheia[13]. Tal entendimento foi adotado, por exemplo, na conhecida batalha jurídica travada entre grandes cervejarias brasileiras em torno da contratação do artista Zeca Pagodinho como "garoto-propaganda"[14]. O Tribunal de Justiça do Estado de São Paulo, julgando o caso, decidiu:

---

12 Pietro Perlingieri, *Perfis do direito civil – introdução ao direito civil constitucional*, 3. ed., trad. Maria Cristina De Cicco, Rio de Janeiro: Renovar, 2007, p. 142.

13 Antônio Junqueira de Azevedo, Princípios do novo direito contratual e desregulamentação do mercado – direito de exclusividade nas relações contratuais de fornecimento – função social do contrato e responsabilidade aquiliana do terceiro que contribui para inadimplemento contratual, *Revista dos Tribunais*, São Paulo: Revista dos Tribunais, v. 750, ano 87, abr. 1998, p. 117.

14 "Em setembro de 2003, Zeca Pagodinho fechou contrato para ser garoto-propaganda da marca Nova Schin. O acordo, que venceria em setembro de 2004, tinha valor estimado em R$ 1 milhão. No mesmo ano, foi ao ar a campanha, que, além do cantor, contava com Luciano Huck, Aline Moraes, Fernanda Lima e Thiago Lacerda. O filme popularizou o slogan 'experimenta'. (...) Em janeiro de 2004, a Ambev contrata a agência África para cuidar da conta da Brahma, no lugar da F/Nazac. Dois meses depois, é declarada a guerra com a estreia de surpresa de comercial da Brahma com Zeca Pagodinho como principal estrela. No filme, ele canta uma música cujo refrão ironiza sua passagem pela Nova Schin: 'Fui provar outro sabor, eu sei, mas não largo meu amor, voltei'." (STJ deverá decidir briga de cervejarias por Zeca Pagodinho, *Conjur*, 3 jun. 2014, disponível em: <www.conjur.com.br/2014-jun-03/stj-devera-decidir-briga-cervejarias-zeca-pagodinho>, acesso em: 20 nov. 2017).

O art. 421 do Código Civil prevê o princípio da função social do contrato ao prescrever que "A liberdade de contratar será exercida em razão e nos limites da função social do contrato". Ora, tal princípio não observado pela requerida ao aliciar o cantor contratado pela requerente e ao se comprometer a pagar eventual indenização que Zeca Pagodinho viesse a ser condenado. Ademais, a cooptação exercida pela ré constituiu patente ato de concorrência desleal, vedada pelo direito pátrio, o que impõe a sua responsabilidade pelos danos causados à autora[15].

A função social do contrato não se presta, todavia, a esse papel. O emprego da função social para a defesa dos interesses patrimoniais e individuais dos próprios contratantes ou de seus concorrentes contraria o caráter *social* da função que o legislador pretendeu expressamente atribuir ao contrato. Melhor parece reconduzir a responsabilidade do terceiro cúmplice ao princípio da boa-fé objetiva, que tem a vantagem de se moldar às situações fáticas a partir de *standards* de conduta que podem ser próprios de setores negociais específicos. Em outras palavras, fundar a responsabilidade do terceiro cúmplice na noção de boa-fé objetiva, além de mais consentâneo com o significado dos novos princípios contratuais, oferece importante vantagem aplicativa, na medida em que permite a modulação da sua incidência, haja vista a existência de setores negociais em que a interferência de terceiros sobre contratos em curso é absolutamente corriqueira e tolerada[16]. O tema será retomado no estudo do contrato de prestação de serviços, tipo contratual em que o Código Civil se ocupou expressamente da interferência do terceiro sobre o contrato, na modalidade de aliciamento do prestador de serviços[17].

---

15 TJSP, 5ª Câmara de Direito Privado, Apelação Cível 9112793-79.2007.8.26.0000, rel. Des. J.L. Mônaco da Silva, 12-6-2013.

16 Conforme já decidido pelo Superior Tribunal de Justiça: "Os contratos são protegidos por deveres de confiança, os quais se estendem a terceiros em razão da cláusula de boa-fé objetiva. De acordo com a Teoria do Terceiro Cúmplice, terceiro ofensor também está sujeito à eficácia transubjetiva das obrigações, haja vista que seu comportamento não pode interferir indevidamente na relação, perturbando o normal desempenho da prestação pelas partes, sob pena de se responsabilizar pelos danos decorrentes de sua conduta" (STJ, 3ª T., REsp 1.895.272/DF, rel. Min. Marco Aurélio Bellizze, j. 26-4-2022).

17 Para outras considerações sobre o tema, seja consentido remeter a Anderson Schreiber, A chamada responsabilidade contratual de terceiro, in Ana Frazão, Rodrigo R. Monteiro de Castro e Sérgio Campinho (Orgs.), *Direito empresarial e sua interfaces: homenagem a Fábio Ulhoa Coelho*, São Paulo: Quartier Latin, 2022, v. IV, p. 173-187. Para uma instigante aplicação do instituto ao campo da propriedade industrial, v. Lívia Barboza Maia, *Violação de patente por contribuição*, Rio de Janeiro: Lumen Juris, 2024.

19. Interpretação dos contratos

À interpretação dos contratos aplica-se tudo quanto já foi examinado no capítulo dedicado ao estudo da interpretação da norma jurídica. Os diferentes elementos ou aspectos da norma contida no regramento contratual deverão ser levados em consideração pelo intérprete na sua atividade hermenêutica: (a) o elemento literal, gramatical ou filológico; (b) o elemento sistemático; (c) o elemento histórico; e (d) o elemento teleológico.

O elemento literal revela as possibilidades e limites das cláusulas contratuais. O elemento sistemático impõe que, na busca do significado e alcance da cláusula contratual, o intérprete proceda à sua conjugação com outras cláusulas do contrato – e também com outros contratos eventualmente coligados ou conexos ao contrato que se interpreta. O elemento histórico exige que seja observada a trajetória do ajuste contratual, com atenção não apenas às negociações preliminares, mas também as minutas de instrumentos contratuais trocadas entre as partes na fase de formação do contrato, respeitado naturalmente o sigilo profissional dos advogados envolvidos. O elemento teleológico requer que seja cada cláusula contratual interpretada à luz do fim comum perseguido pelas partes com a contratação, não raro expostos nos *consideranda* que antecedem a disposição das cláusulas contratuais quando há instrumentos escritos celebrados entre as partes. A esse já rico conjunto de aspectos somam-se três espécies de regras de interpretação: (a) regras legais de interpretação contratual; (b) regras costumeiras de interpretação contratual; e (c) regras convencionais de interpretação contratual.

Regras legais de interpretação contratual são as regras impostas pelo legislador brasileiro para a interpretação dos contratos. Incluem-se aí as regras legais de interpretação do negócio jurídico, como o art. 112 do Código Civil, que determina que "nas declarações de vontade se atenderá mais à intenção nelas consubstanciada do que ao sentido literal da linguagem". O art. 112 reflete antigo dilema entre a teoria da vontade (*Willënstheorie*), que privilegia a intenção subjetiva dos contratantes, e a teoria da declaração (*Erklärungstheorie*), que toma como ponto de partida não a intenção do agente, mas a vontade tal qual declarada. A disputa secular entre essas duas teorias não se resolveu com a prevalência de qualquer delas, mas com a constatação de que a tarefa do intérprete é buscar a intenção das partes por meio da declaração de vontade. Em outras palavras: a literalidade do texto é um limite à interpretação contratual, mas, dentre as múltiplas possibilidades oferecidas pela linguagem, deve-se buscar não necessariamente o sentido mais evidente, mas aquele que mais se conforma à intenção comum dos contratantes. Outros exemplos de regras legais de interpretação têm-se no art. 113, que exige que o negócio jurídico seja interpretado conforme a boa-fé objetiva e os usos do lugar, no art. 114, que impõe interpretação restritiva dos negócios jurídicos benéficos, e no art. 423, que estabelece a interpretação pró-aderente nos contratos de adesão – todas regras já examinadas anteriormente. Nas relações de consumo, assume grande importância a norma contida no art. 47 do Código de Defesa do Consumidor, que determina que "as cláusulas contratuais serão interpretadas de maneira mais favorável ao consumidor".

Ao lado das regras legais, há as chamadas regras costumeiras de interpretação contratual. São regras que não assumem caráter cogente, mas exprimem um conjunto de regras de experiência hermenêutica no campo contratual. Como exemplo, pode-se citar a regra segundo a qual "o que está no fim da frase se relaciona com toda ela e não apenas com o que imediatamente a precede, uma vez que guarde concordância em gênero e número com a frase inteira"[18]. As chamadas regras costumeiras de interpretação não têm aplicação cogente, mas são instrumentos auxiliares à disposição do intérprete.

Por fim, há as regras convencionais de interpretação contratual, que consistem em regras que as próprias partes pactuam em cláusulas do seu contrato. São, portanto, cláusulas contratuais que se dirigem à interpretação das demais cláusulas contratuais. A possibilidade de estipulação deste tipo de cláusula, embora sempre tenha sido admitida pela doutrina, passou a constar expressamente do art. 113, § 2º, do Código Civil, inserido pela Lei n. 13.874/2019 (Lei da Liberdade Econômica). Exemplo corriqueiro é a cláusula que determina que as cláusulas serão interpretadas de acordo com o seu conteúdo e não com seu título, ou, ainda, a cláusula que impõe que o contrato prevaleça sobre outros ajustes previamente celebrados entre as partes. Também frequente é a cláusula que, em instrumentos contratuais bilíngues, determina que a redação em um dos idiomas prevalece sobre a outra (por exemplo, a redação em português prevalece sobre a redação em inglês para fins de interpretação). Outro exemplo comum são as chamadas cláusulas de definição, que, na esteira da tradição norte-americana, reúnem os sentidos atribuídos pelos contratantes a certas expressões que se repetem ao longo do instrumento contratual, como no exemplo do contrato de compra e venda de 15.000 ações ordinárias de deter-

---

18 Caio Mário da Silva Pereira, *Instituições de direito civil*, 20. ed., atualizada por Caitlin Mulholland, Rio de Janeiro: Forense, 2016, v. III, p. 48.

minada companhia, X S.A., de titularidade do vendedor Y, que define que, com base na segunda menção, o objeto da venda será denominado simplesmente "Ações", evitando a repetição a todo momento da sua descrição. O emprego de definições não apenas facilita a elaboração do instrumento contratual, mas, sobretudo, evita inconsistências na repetição de certas descrições que poderiam dar ensejo a interpretações divergentes entre as partes.

Permita-se, por fim, reiterar a advertência, já realizada quando do estudo da interpretação dos negócios jurídicos, acerca da necessidade de se submeter as cláusulas de interpretação criadas pelas próprias partes a um juízo de merecimento de tutela, afastando-se aquelas disposições contratuais incompatíveis com a ordem pública brasileira, como cláusulas que isentem as partes de observar a boa-fé objetiva na interpretação do contrato.

Capítulo 22

Extinção dos Contratos

Sumário: **1.** Extinção dos contratos. **2.** Resilição e resolução. **3.** Resilição. **3.1.** Resilição bilateral: distrato. **3.2.** Resilição unilateral. **3.3.** Resilição unilateral convencional. **3.4.** Denúncia. **3.5.** Suspensão de eficácia da denúncia. **4.** Resolução. **4.1.** Cláusula resolutiva tácita ou expressa. **4.2.** Controle do exercício do direito de resolução. **5.** Resolução contratual por onerosidade excessiva. **5.1.** Antecedentes teóricos. **5.2.** Desequilíbrio contratual superveniente no direito brasileiro. **5.3.** Requisitos. **5.3.1.** Contratos de execução continuada ou diferida. **5.3.2.** Onerosidade excessiva. **5.3.3.** Extrema vantagem. **5.3.4.** Fatos imprevisíveis e extraordinários. **5.4.** Efeitos. **5.4.1.** Resolução do contrato. **5.4.2.** Revisão judicial do contrato. **5.5.** Dever de renegociar. **6.** Frustração do fim do contrato. **7.** Exceção do contrato não cumprido. **8.** *Exceptio non rite adimpleti contractus*. **9.** Exceção de inseguridade. **10.** Vícios redibitórios. **11.** Evicção. **12.** Responsabilidade pós-contratual.

1. Extinção dos contratos

Contratos se extinguem por variados modos, alguns dos quais não encontram previsão no título dedicado pelo Código Civil ao direito dos contratos. O cumprimento do contrato, que é o seu modo ideal de extinção, não encontra, por exemplo, previsão na nossa codificação, tendo em vista que não encerra controvérsias jurídicas, representando o melhor cenário no campo da extinção contratual. A declaração de nulidade e a anulação do contrato pelas diferentes causas que dão ensejo a esse resultado, como os defeitos do negócio jurídico, também não são tratadas pela codificação civil no título atinente aos contratos, visto que já encontram previsão na parte geral do Código Civil. Ao tratar da extinção dos contratos, o Código Civil se detém, na verdade, sobre apenas três formas de extinção contratual: (a) a resilição; (b) a resolução; e (c) a chamada resolução contratual por onerosidade excessiva, que, como se verá, não configura, tecnicamente, resolução.

2. Resilição e resolução

É antiga a distinção entre resilição e resolução. Resilição é a extinção do contrato pela mera declaração de vontade de um ou de ambos os contratantes. Resolução é a extinção do contrato motivada pelo inadimplemento absoluto da outra parte, embora nosso Código Civil, ao cuidar das obrigações em geral, empregue o termo também na hipótese de impossibilidade total ou parcial da prestação (arts. 234, 235, 248 etc.)[1]. A prática advocatícia consagra, ainda, o termo *rescisão*, que, advindo historicamente de formas específicas de extinção como a hipótese de extinção do contrato por *laesio enormis* no direito romano, acabou se generalizando como expressão empregada nos instrumentos contratuais para designar qualquer forma de extinção por iniciativa das partes.

3. Resilição

A resilição, como visto, é o meio de extinção do contrato fundado na vontade dos próprios contratantes. Produz, em regra, efeitos *ex nunc*. A resilição pode ser bilateral ou unilateral, conforme assente sobre a declaração de vontade de ambas as partes ou de apenas uma delas.

3.1. *Resilição bilateral: distrato*

A resilição bilateral denomina-se distrato. O distrato constitui, no dizer da doutrina, "o acordo entre as partes contratantes, a fim de extinguirem o vínculo obrigacional estabelecido pelo contrato"[2]. É o *contrarius consensus* dos romanos: a convenção em sentido oposto ao contrato. Entretanto, como bem adverte Pontes de Miranda, o distrato "não é ida ao passado para apagar o que redigira, ou se

---

[1] Havia, na vigência do Código anterior, discussão sobre o critério distintivo entre as referidas modalidades: enquanto parcela da doutrina entendia ser o caráter *ex nunc* (no caso da resilição) ou *ex tunc* (na resolução) dos efeitos o fator de distinção, outros autores já defendiam que a diferença estava na causa autorizativa, concepção que veio a ser expressamente acolhida pelo Código Civil atual.

[2] Clóvis Beviláqua, *Código Civil comentado*, Rio de Janeiro: Francisco Alves, 1946, v. IV, p. 256.

dar como não tendo sido aquilo que foi"³. Nenhum distrato pode ser interpretado senão à luz da relação contratual estabelecida pelo contrato originário. O distrato não tem por função inaugurar uma situação nova, mas pôr fim a uma relação existente e disciplinar o modo como esse fim irá ocorrer.

Quanto à sua natureza jurídica, o distrato nada mais é que um novo contrato, um acordo de vontades que extingue obrigações. Em sentido diverso, registre-se, todavia, é a opinião de Carvalho Santos, para quem o distrato não contém uma promessa, nisso se distinguindo do contrato⁴, posicionamento criticado por Serpa Lopes, para quem a extinção das obrigações pode envolver uma promessa a depender da situação de execução do contrato dissolvido⁵.

O Código Civil, no art. 472, determina que o distrato siga a mesma forma exigida para o contrato. Assim, um contrato de compra e venda de imóvel celebrado por escritura pública não pode ser distratado verbalmente. A isso parte da doutrina denomina *princípio da identidade de forma do distrato*. Havia alguma controvérsia sobre o tema na vigência do Código Civil de 1916, cujo art. 1.093 afirmava que "o distrato faz-se pela mesma forma que o contrato". A alteração de redação no art. 472 parece sutil ("pela mesma forma exigida para o contrato"), mas vem justamente responder à disputa instaurada entre aqueles que defendiam que a forma do distrato precisava ser rigorosamente a mesma empregada no específico contrato que se pretendia dissolver⁶ e aqueles que sustentavam interpretação mais flexível, defendendo que qualquer forma serviria desde que respeitada a forma exigida em lei para aquela espécie de contrato⁷. Prevaleceu essa última opinião no Código Civil atual. Desse modo, uma doação celebrada por escritura pública pode ser distratada por instrumento particular, pois o distrato terá respeitado a forma exigida para o contrato de doação, que é a forma escrita. Por cautela, todavia, tendo em vista fatores alheios à discussão, como a publicidade reservada aos documentos públicos ou a dificuldade de prova de distratos verbais, recomenda-se que, na medida do possível, qualquer distrato seja feito por instrumento escrito e que, em se tratando de contrato celebrado por escritura pública, siga-se a mesma forma para o distrato.

---

3   Francisco Cavalcanti Pontes de Miranda, *Tratado de direito privado*, Rio de Janeiro: Borsoi, 1959, t. XXV, p. 282.
4   J. M. de Carvalho Santo, *Código Civil brasileiro interpretado, principalmente do ponto de vista prático*, Rio de Janeiro: Freitas Bastos, 1936, v. 15, p. 263.
5   Serpa Lopes, *Curso de direito civil*, 6 ed., Rio de Janeiro: Freitas Bastos, 1996, v. III, p. 202.
6   Clóvis Beviláqua, *Código Civil comentado*, v. IV, cit., p. 207.
7   Orlando Gomes, *Contratos*, atualizado por Antônio Junqueira de Azevedo e Francisco Paulo De Crescenzo Marino, Rio de Janeiro: Forense, 2009, p. 222-223.

3.2. Resilição unilateral

A resilição pode ser, ainda, unilateral. O art. 473 autoriza a resilição unilateral "nos casos em que a lei expressa ou implicitamente o permita". A resilição unilateral é, portanto, uma possibilidade excepcional, na medida em que a vontade de apenas um dos contratantes não tem, em regra, a aptidão de desfazer o vínculo criado com base na vontade de ambos. Ninguém pode ser compelido a permanecer obrigado para sempre, mas se as partes celebraram um contrato, a "saída" de qualquer das partes antes do seu cumprimento representa, em regra, descumprimento do contrato, de modo que, embora o contratante sempre possa romper o vínculo, arcará com as consequências dessa ruptura, em especial com a reparação das perdas e danos causados à contraparte.

Os casos em que a lei explicitamente admite a resilição unilateral são aqueles em que os contratantes celebraram contratos que se baseiam em uma especial relação de confiança entre as partes, como ocorre no depósito, no mandato e no comodato. Assim, o art. 682, I, do Código Civil admite, por exemplo, a extinção do mandato por resilição unilateral de uma das partes (a *renúncia* do mandato pelo mandatário ou *revogação* do mandato pelo mandante). Note-se, nessa esteira, que o legislador por vezes confere uma "vestimenta" especial à resilição unilateral, sem, contudo, lhe alterar a essência[8].

Ao lado das hipóteses em que a lei explicitamente autoriza a resilição unilateral, há hipóteses de autorização implícita, como ocorre no caso dos contratos por prazo indeterminado. Atende-se nesses casos à mencionada ideia segundo a qual ninguém pode permanecer obrigado para sempre, o que implicaria restrição excessiva à autonomia privada dos contratantes.

3.3. Resilição unilateral convencional

Há que se mencionar, ainda, que as próprias partes podem estabelecer o direito à resilição unilateral em seus contratos. Quando o fazem, é frequente que estabeleçam uma espécie de "aviso prévio" para que o outro contratante não seja surpreendido com a extinção unilateral do contrato. Assim, por exemplo, podem as partes pactuar que qualquer delas tem o direito de resilir o contrato, desde que avise a contraparte com uma antecedência de 60 dias. A resilição unilateral derivará aí não da lei (implícita ou explicitamente), mas da própria

---

8   Ruy Rosado de Aguiar Júnior, *Comentários ao novo Código Civil*, Rio de Janeiro: Forense, 2011, v. VI, t. II, p. 264.

vontade das partes, em exercício legítimo da sua autonomia privada. Configura exemplo de resilição unilateral convencional a extinção do contrato em razão do exercício do direito de arrependimento vinculado à estipulação de arras penitenciais (art. 420).

Nas relações de consumo, o Código de Defesa do Consumidor impõe restrição ao pacto de resilição, considerando nulas de pleno direito as cláusulas que "autorizem o fornecedor a cancelar o contrato unilateralmente, sem que igual direito seja conferido ao consumidor" (art. 51, XI). Nestas relações, portanto, o pacto que estabelece o direito à resilição unilateral somente será válido se tal direito for outorgado exclusivamente ao consumidor ou a ambas as partes.

3.4. Denúncia

A resilição unilateral, nos casos em que é admitida pela ordem jurídica, opera mediante denúncia, ou seja, mediante notificação à outra parte dando ciência da extinção do contrato. A denúncia não precisa ser "aceita". Produz efeitos a partir do momento em que é recebida pelo destinatário. Nesse momento, o contrato se extingue.

3.5. Suspensão de eficácia da denúncia

O Código Civil de 2002 trouxe importante inovação em relação ao direito anterior, ao estatuir no parágrafo único do art. 473 uma exceção aos efeitos da denúncia. Afirma o dispositivo: "se, porém, dada a natureza do contrato, uma das partes houver feito investimentos consideráveis para a sua execução, a denúncia unilateral só produzirá efeito depois de transcorrido prazo compatível com a natureza e o vulto dos investimentos".

Trata-se essencialmente de um meio de proteção contra a ruptura abrupta ou repentina de contrato em cuja conservação a outra parte tenha objetivamente confiado, por meio de investimentos para sua boa execução. Suponha-se um contrato de transporte escolar celebrado por prazo indeterminado entre uma escola e um transportador. Em se tratando de contrato por tempo indeterminado, a escola tem o direito de resilir o contrato a qualquer tempo, mas se o transportador recebe a denúncia logo após ter realizado investimentos consideráveis na renovação e ampliação da frota de veículos para atender à crescente demanda de novos alunos ou, ainda, no treinamento de novos motoristas para melhor atender à escola, poderá o transportador pleitear a suspensão da eficácia da denúncia por "prazo compatível com a natureza e o vulto dos investimentos".

Tal prazo é normalmente calculado com base no tempo que se faria necessário para a amortização dos investimentos.

Este dever de aviso prévio, a rigor, decorreria diretamente do princípio da boa-fé objetiva, de modo que não se deve conferir interpretação restritiva ao dispositivo: sempre que houver algum fator que revele a confiança legítima do denunciado na manutenção do vínculo, ainda que diverso da realização de investimentos, a concessão do prazo será imperativa.

A doutrina discute se, em vez da suspensão da eficácia da denúncia, a questão poderia ser resolvida por meio de indenização pelos investimentos realizados. O Código Civil é omisso sobre esse ponto, mas a jurisprudência tem admitido tal solução, que se revela frequentemente mais salutar que manter coercitivamente uma relação contratual já deteriorada. A opção entre a efetiva observância do prazo e o pagamento do equivalente em dinheiro deve cotejar não apenas os interesses individuais dos contratantes, mas também interesses merecedores de tutela a eles externos, seja de terceiros ou transindividuais, em controle que não difere substancialmente daquele realizado no âmbito da teoria do adimplemento substancial[9].

4. Resolução

A resolução é o meio de extinção do contrato fundado no seu descumprimento. O direito à resolução do contrato surge, para a parte inocente, do inadimplemento absoluto da contraparte. Se o inadimplemento é meramente relativo – por restar conservado o interesse útil do credor no recebimento da prestação –, não surge o direito à resolução, verificando-se apenas os efeitos da mora, já estudados em capítulo anterior. Só o inadimplemento absoluto autoriza a resolução pela parte inocente (art. 475).

4.1. Cláusula resolutiva tácita ou expressa

A esse direito à resolução que surge do inadimplemento absoluto da outra parte denomina-se cláusula resolutiva tácita. A terminologia deve-se a razões históricas que remetem ao direito romano, no qual, na ausência de um direito à resolução reconhecido pela legislação, tal direito passou a ser considerado como

---

9 Sobre o tema, ver Francisco de Assis Viégas, *Denúncia contratual e dever de pré-aviso*, Belo Horizonte: Fórum, 2018, p. 213-256.

cláusula presumida em todos os contratos bilaterais. Na atualidade, a denominação afigura-se, a rigor, imprópria, pois não se trata de cláusula contratual presumida, mas de direito expressamente atribuído pela legislação aos contratantes por meio do art. 475 do Código Civil. Entretanto, nossa doutrina e até nossa legislação continuam a se referir a uma cláusula resolutiva tácita, em oposição à cláusula resolutiva expressa.

O art. 474 do Código Civil determina que "a cláusula resolutiva expressa opera de pleno direito; a tácita depende de interpelação judicial". Independentemente da terminologia empregada, o que a norma traça é uma diferença baseada no meio pelo qual se opera a resolução. Na ausência de cláusula resolutiva expressa no contrato, o direito à resolução decorre da lei e deve ser praticado mediante interpelação judicial. A ideia de que se faz necessária a interpelação judicial nasce do próprio fundamento da resolução, que é o inadimplemento. Nenhuma das partes detém o monopólio da avaliação daquilo que configura ou não configura inadimplemento das obrigações contidas no contrato. Não raro, aquilo que uma das partes alega ser inadimplemento não configura inadimplemento aos olhos da outra, fazendo-se necessário recordar que o inadimplemento somente pode ser considerado como tal na presença de culpa da parte inadimplente. Daí o entendimento, acolhido pelo art. 474, de que o exercício da resolução depende da interpelação judicial, a revelar, desde logo, a possibilidade de controle judicial do tema. Todavia, "a tendência que se observa hoje, nas normas internacionais, nas novas codificações que entraram recentemente em vigor, nos projetos de reforma do direito francês, e mesmo na doutrina estrangeira, é a de ampliar as hipóteses de resolução extrajudicial, haja ou não previsão contratual, mediante procedimento com a menor formalidade possível, e limitação da retroatividade dos efeitos"[10].

Quando, ao contrário, há cláusula resolutiva expressa, afirma o legislador que a resolução "opera de pleno direito", expressão que sugere uma resolução automática, sem necessidade de interpelação judicial ou qualquer outro ato por parte do contratante que exerce o direito de resolver o contrato. A rigor, todavia, a existência de cláusula resolutiva expressa produz como único efeito a necessidade de observância do que consta da referida cláusula. Assim, a resolução só ocorrerá automaticamente, com base no inadimplemento, se a cláusula resolutiva expressa assim determinar. Se determinar, ao contrário, que a resolução se dará por meio de notificação extrajudicial, esse será o instrumento a que as

---

10   Ruy Rosado de Aguiar Júnior, *Comentários ao novo Código Civil*, Rio de Janeiro: Forense, 2011, v. VI, t. II, p. 493.

partes deverão recorrer. Por fim, pode a cláusula resolutiva expressa afirmar que a resolução exigirá interpelação judicial, caso em que a cláusula será inútil, pois isso as partes já têm assegurado pela legislação independentemente da previsão contratual.

De uma perspectiva funcional, é possível identificar na gestão dos riscos contratuais e na viabilização da autotutela (uma vez que o credor poderá resolver o contrato por ato próprio, independentemente de intervenção judicial) a função da cláusula resolutiva expressa, que deverá necessariamente repercutir sobre a sua estrutura[11]. Registre-se, porém, que a opção por uma resolução de efeitos automáticos é cada vez mais rara na prática contratual. Os contratantes, de modo geral, têm percebido os benefícios de não se romper de imediato o vínculo contratual. A tendência nos contratos, especialmente nos de longa duração, tem sido exatamente a oposta: retardar o efeito resolutivo, garantindo espaço para que as partes tentem remediar o inadimplemento ou contorná-lo, quer através de *cure periods* (períodos de cura), quer por meio de procedimentos voltados à renegociação de boa-fé dos termos do contrato.

4.2. Controle do exercício do direito de resolução

Como já se advertiu no estudo dos efeitos do inadimplemento, o direito à resolução tem sido, recentemente, considerado remédio drástico, verdadeira *ultima ratio* para a solução dos conflitos contratuais. Nossas cortes têm efetuado com frequência cada vez maior um controle da legitimidade do exercício do direito de resolução, obstando tal exercício sempre que o inadimplemento se afigure de menor importância (teoria do adimplemento substancial) e em outras situações nas quais a ruptura da relação contratual configure medida desproporcional ao grau de descumprimento do contrato[12]. Destaque-se que esse controle não fica afastado pela previsão de cláusula resolutiva expressa, impondo-se, mesmo nas situações previstas pelos contratantes como aptas a autorizar a resolução do contrato, realizar um juízo de merecimento de tutela sobre tal disposição, ou seja "investigar se a lesão é de tal monta a impactar negativamente na finalidade do contrato em exame, na consecução do resultado útil programado"[13].

---

11   Aline de Miranda Valverde Terra, *Cláusula resolutiva expressa*, Belo Horizonte: Fórum, 2017, p. 50-58.
12   Seja consentido remeter o leitor ao capítulo 18, dedicado ao estudo dos efeitos do inadimplemento.
13   Aline de Miranda Valverde Terra, *Cláusula resolutiva expressa*, cit., p. 213.

5. Resolução contratual por onerosidade excessiva

Repetindo, com pouquíssimas alterações, o que consta do Código Civil italiano sobre a matéria, o nosso Código Civil contemplou nos arts. 478 a 480 a chamada resolução contratual por onerosidade excessiva. O primeiro desses dispositivos revela o sentido que o legislador reservou à expressão: "Nos contratos de execução continuada ou diferida, se a prestação de uma das partes se tornar excessivamente onerosa, com extrema vantagem para a outra, em virtude de acontecimentos extraordinários e imprevisíveis, poderá o devedor pedir a resolução do contrato. Os efeitos da sentença que a decretar retroagirão à data da citação". Como se vê, a extinção do contrato por onerosidade excessiva não configura, a rigor, uma espécie de resolução. Seu fundamento não assenta sobre o inadimplemento, mas sobre o desequilíbrio superveniente do contrato, de tal modo que o mais correto seria aludir à extinção do contrato por onerosidade excessiva.

> Outras controvérsias envolvidas na aplicação da excessiva onerosidade no direito brasileiro. O autor tratará, por exemplo, da invocação da onerosidade excessiva pelo devedor em mora e da sua aplicação aos contratos aleatórios.
> Acesse também pelo *link*: https://uqr.to/1xgth

5.1. Antecedentes teóricos

O problema do desequilíbrio contratual superveniente à formação do contrato, já denominado "um dos mais tormentosos" do direito privado contemporâneo[14], tem sido debatido não apenas em numerosas experiências jurídicas nacionais, mas também no plano internacional. O tema, que concerne, em última análise, à própria "relação entre o Direito e a realidade"[15], costuma ser abordado sob diferentes nomes – *imprevisão, quebra da base do negócio, desequilíbrio entre prestações, alteração das circunstâncias, superveniência contratual, hardship, excessiva onerosidade*, entre outros –, que refletem diferentes concepções teóricas sobre o fenômeno, ora lhe atribuindo tratamento mais abrangente, ora mais restritivo, ora, ainda, lhe reservando apenas um tratamento diverso.

---

14 Giovanni Chiodi, *Giustizia contrattuale – itinerari della giurisprudenza italiana tra otto e novecento*, Milão: Giuffrè, 2009, p. xxiii.

15 José de Oliveira Ascensão, Alteração das circunstâncias e justiça contratual no novo Código Civil, *R. CEJ*, n. 25, Brasília, abr./jun. 2014, p. 60.

A origem comum de todas as teorias modernas situa-se, declaradamente, na cláusula *rebus sic stantibus*, do direito medieval[16]. A expressão provém da abreviação do brocardo latino *contractus qui habent tractum successivum et dependentiam de futuro rebus sic stantibus intelliguntur*, exprimindo, em essência, a ideia de um condicionamento implícito dos vínculos consensuais duradouros à persistência do estado de fato existente ao tempo do pacto. O direito romano desconhecia uma formulação semelhante, ao menos em termos amplos, sendo o florescimento da cláusula *rebus sic stantibus*, como instituto de caráter geral, próprio da experiência jurídica medieval, que "não reconhecia o primado da vontade individual; esta não era então respeitável senão nos limites da fé, da moral e do bem comum"[17]. A partir do século XVII, contudo, a laicização e a releitura racionalista do direito conduziriam ao primado da vontade e à consagração do *pacta sunt servanda* como princípio de caráter praticamente absoluto. Nesse cenário, não havia nenhum espaço para a mitigação do efeito vinculante dos contratos em virtude de acontecimentos supervenientes, menos ainda para a sua revisão por cortes judiciais.

Somente a partir da segunda metade do século XIX, a ideia contida na tradição da cláusula *rebus sic stantibus* é retomada por diferentes autores, que formulam teorias destinadas a aperfeiçoá-la. Todas essas teorias buscam, em alguma medida, dar solução ao mesmo problema: saber quando e em que medida uma alteração superveniente à formação do contrato pode afetar seu efeito vinculante. Assumiram destaque, nesse contexto: (a) na tradição germânica, a *teoria da pressuposição* de Windscheid[18] e as diversas *teorias da base do negócio jurídico*, como as de Paul Oertmann[19], Erich Kaufmann[20], Paul Krückmann[21] e, a mais divulgada entre nós, de Karl Larenz[22]; (b) na experiência jurídica

---

16 Confira-se, por todos: Ricardo Pereira Lira, A onerosidade excessiva nos contratos, *Revista de Direito Administrativo*, v. 159, Rio de Janeiro: FGV, 1985, p. 12.

17 John Gilissen, *Introdução histórica ao direito*, 3. ed., Lisboa: Calouste Gulbenkian, 2001, p. 737.

18 Bernhard Windscheid, *Die Lehre des römischen Rechts von der Voraussetzung*, Düsseldorf: Buddeus, 1850.

19 Paul Oertmann, *Die Geschäftsgrundlage – Ein neuer Rechtsbegriff*, Leipzig: Scholl, 1921.

20 Erich Kaufmann, *Das Wesen des Völkerrechts und di clausula rebus sic stantibus*, Tübingen: Mohr, 1911.

21 Paul Krückmann, Clausula rebus sic stantibus, Kriegsklausel, Streikklausel, in *Archiv für die civilistische Praxis*, 116, Tübingen: Mohr, 1918, p. 157 e s.

22 Karl Larenz, *Geschäftsgrundlage und Vertragserfüllung*, Munique: Beck, 1951. Para a tradução em espanhol, ver: Karl Larenz, *Base del negocio juridico y cumplimento de los contratos*, cit., passim.

francesa, a *teoria da imprevisão*, originada na célebre decisão proferida pelo *Conseil d'État*, em 30 de março de 1916, para solucionar conflito entre a Prefeitura de Bordeaux e a *Compagnie Générale d'Eclairage* daquela cidade[23]; e (c) na tradição italiana, a *teoria da excessiva onerosidade*, incorporada ao Código Civil italiano de 1942, que influenciou intensamente a redação do Código Civil brasileiro de 2002[24].

5.2. *Desequilíbrio contratual superveniente no direito brasileiro*

Embora a discussão sobre os efeitos do desequilíbrio superveniente do contrato venha ocupando os juristas europeus desde a segunda metade do século XIX, o tema só ganhou força no Brasil a partir das primeiras décadas do século XX. O Código Civil brasileiro de 1916 era silente acerca da matéria, cujo desenvolvimento ocorreu mais na jurisprudência que na doutrina. A teoria da imprevisão, que no direito francês não havia produzido tanto eco nos tribunais cíveis, passou a ser citada por nossas cortes no enfrentamento de problemas relacionados ao desequilíbrio contratual superveniente. Já em 1938, o Supremo Tribunal Federal brasileiro, ao negar provimento ao Recurso Extraordinário n. 2.675, reconheceu a possibilidade de revisão do contrato diante de fatos imprevisíveis[25].

Naquele julgamento, o Ministro Eduardo Espínola sustentou, em substancioso voto, a possibilidade de acolhimento no Brasil das chamadas "teorias revisionistas", tendo em vista que o direito brasileiro não continha nenhuma regra que permitisse, de modo expresso, a cláusula *rebus sic stantibus* nem, tão pouco, qualquer regra que a proibisse de modo terminante. Daí extraiu Espínola a "possibilidade de se reduzir a obrigação ou de a invalidar, pela mudança radical da situação" e foi seguido, nos seus fundamentos, pelos demais Ministros da Corte[26]. O Supremo Tribunal Federal voltaria a

---

23 Rémy Cabrillac, Crises financières et contrats: le droit positif français refuse la révision d'un contrat devenu déséquilibré mais le projet de réforme entr'ouvre la porte à l'imprévision, in Başak Başoğlu (ed.), *The Effects of Financial Crises on the Binding Force of Contracts: Renegotiation, Rescission or Revision*, Nova York: Springer, 2016, p. 139.
24 Para um exame detalhado de cada uma destas teorias, seja consentido remeter a: Anderson Schreiber, *Equilíbrio contratual e dever de renegociar*, 2. ed., São Paulo: Saraiva Educação, 2020, p. 173-202.
25 STF, Pleno, RE 2.675, rel. Min. Laudo de Camargo, rel. *ad hoc* Min. Costa Manso, j. 5-1-1938.
26 Para uma análise do julgado, tido como "marco do ingresso brasileiro no rol dos 'revisionistas'", ver: Ricardo Pereira Lira, *A onerosidade excessiva no Código Civil e a*

analisar o tema nas décadas seguintes, mantendo seu entendimento de que "a regra *pacta sunt servanda* sofre temperamentos já tantas vezes explicitados em circunstâncias extraordinárias"[27]. A maior parte dos casos viria motivada por aquilo que a própria corte denominou de "inundação inflacionária".

Se a jurisprudência brasileira já mencionava, com frequência, a cláusula *rebus sic stantibus* e a teoria da imprevisão, a consagração normativa das construções que embasavam o direito à revisão judicial do contrato só viria bem mais tarde por meio de leis especiais, e merece especial destaque o Código de Defesa do Consumidor, de 1990, que assegura ao consumidor direito à revisão de cláusulas contratuais "em razão de fatos supervenientes que as tornem excessivamente onerosas" (art. 6º, V, *in fine*)[28]. O código consumerista não exige que o fato superveniente seja imprevisível, razão pela qual a jurisprudência brasileira tem insistido em enxergar ali uma concretização da *teoria da base do negócio jurídico*[29], embora não se possa identificar no dispositivo legal mencionado nenhum elemento típico das construções teóricas de Oertmann ou Larenz. Ainda nos anos 1990, a Lei n. 8.666, de 1993, que instituiu normas para licitações e contratos da Administração Pública, assegurou ao contratado o direito à preservação do "equilíbrio econômico-financeiro inicial" do contrato diante de diferentes situações (arts. 57, § 1º; 58, § 2º; 65, II, *d*, e § 6º)[30].

A principal peculiaridade do direito brasileiro, nesse campo, talvez resida no fato de que essa experiência das leis especiais dos anos 1990, de caráter mais objetivo, não foi levada em consideração pelo Código Civil de 2002, que acabou refletindo construção diversa, ainda dotada de elementos

---

impossibilidade de modificação judicial dos contratos comutativos sem anuência do credor, in Gustavo Tepedino e Luiz Edson Fachin (Coords.), *O direito e o tempo: embates jurídicos e utopias contemporâneas. Estudos em homenagem ao professor Ricardo Pereira Lira*, Rio de Janeiro: Renovar, 2008, p. 438-439.

27 STF, Agravo de Instrumento 12.472, rel. Min. Philadelpho Azevedo, j. 3-9-1945.
28 Lei n. 8.078, de 11 de setembro de 1990: "Art. 6º São direitos básicos do consumidor: (...) V – a modificação das cláusulas contratuais que estabeleçam prestações desproporcionais ou sua revisão em razão de fatos supervenientes que as tornem excessivamente onerosas".
29 Confira-se, entre tantos outros: STJ, REsp 1.321.614, rel. Min. Ricardo Villas Bôas Cueva, j. 16-12-2014.
30 A mesma orientação foi seguida na Lei n. 14.133/2021, que substituiu a Lei n. 8.666. A Lei n. 14.133 disciplina a preservação do equilíbrio econômico-financeiro do contrato nos arts. 104, § 2º, 124, II, *d*, e 130, entre outros.

de viés subjetivista – em especial, a referência à imprevisão, que dominava o tema em nossos tribunais nos anos 1970, época da conclusão do projeto da nova codificação.

5.3. Requisitos

Da própria análise da disciplina normativa da resolução contratual por onerosidade excessiva – em especial, da literalidade do art. 478 do Código Civil –, a doutrina extrai os requisitos de sua aplicação, quais sejam, (a) contrato "de execução continuada ou diferida"; (b) excessiva onerosidade para uma das partes; (c) "extrema vantagem" da outra parte; e (d) "em virtude de acontecimentos extraordinários e imprevisíveis".

5.3.1. Contratos de execução continuada ou diferida

Quanto aos contratos de execução continuada ou diferida, já se viu seu conceito no estudo das classificações dos contratos. São, em apertada síntese, contratos cujo cumprimento destina-se a perdurar no tempo. É importante destacar, contudo, que o essencial, aqui, não é o tipo de contrato celebrado, mas o fato de que seu cumprimento ainda esteja em curso. Como resultado de uma abordagem categorial dos contratos de execução continuada ou diferida, a doutrina brasileira deixa de enfrentar questões relevantes atinentes às diferentes formas de execução dos contratos que se prolongam no tempo e seus efeitos sobre o desequilíbrio contratual superveniente: por exemplo, pode invocar o desequilíbrio contratual a parte de um contrato de execução diferida que efetuou o pagamento de sua prestação à vista, antecipando os recursos para que a contraparte fizesse frente ao custo necessário à realização da sua respectiva prestação? Ou, ao contrário, além de um contrato em curso, faz-se também necessário que a prestação do contratante que invoca o desequilíbrio contratual esteja pendente de cumprimento?

Tais indagações revelam que as classificações abstratas dos contratos conforme sua duração podem induzir o intérprete a exagerada simplificação, quando não a erro. Com efeito, contratos de execução diferida podem conter prestações de execução imediata para uma das partes, diferida para outra ou diferida para ambas, e a doutrina brasileira parece ignorar qualquer consequência dessas diferenciações para fins de tutela do equilíbrio contratual, ao contrário do que ocorre em outras experiências jurídicas, como se verá oportunamente. Nossa jurisprudência tampouco se ocupa desses temas, refletindo uma abordagem puramente estrutural e abstrata do requisito relativo aos contratos de execução continuada ou diferida, que está a exigir urgente revisão[31].

5.3.2. Onerosidade excessiva

A onerosidade excessiva consiste, essencialmente, em um sacrifício desproporcional sofrido pelo contratante, quer em face da contraprestação que recebe (*desequilíbrio contratual vertical* ou *relacional*), quer em face da obrigação que assumira ao tempo da conclusão do contrato (*desequilíbrio contratual horizontal* ou *temporal*). Não há, no Código Civil, a determinação de um parâmetro em relação ao qual se poderia afirmar que a prestação se torna *excessivamente* onerosa. Nossa legislação deixou a cargo do prudente arbítrio do juiz a aferição, nas hipóteses concretas, do agravamento do sacrifício econômico do contratante necessário à configuração da excessiva onerosidade dos contratos em geral[32].

A opção legislativa, ao não fixar um parâmetro, acaba por resultar em um conjunto de precedentes bastante disforme. Variações de 500% já foram consideradas, entre nós, inaptas a configurar excessiva onerosidade[33]. Em matérias específicas, como reajuste de planos de saúde, ainda que contratualmente previsto, os mesmos tribunais afirmam ora que um reajuste de 50% do valor anteriormente cobrado torna "nítida a onerosidade excessiva em desfavor do consumidor"[34], ora entendem que o mesmo percentual revela-se inapto a "acarretar ônus excessivos para uma das partes"[35]. À falta de parâmetros normativos ou doutrinários mais sólidos, os tribunais têm, na solução dos casos concretos, seguido pareceres de *experts* em economia ou contabilidade, despedindo-se de importante esfera de avaliação, que, embora possa buscar subsídios econômicos e contábeis, revela-se essencialmente jurídica.

---

31 Para algumas propostas interpretativas nesse sentido, seja consentido remeter a: Anderson Schreiber, *Equilíbrio contratual e dever de renegociar*, São Paulo: Saraiva Educação, 2018, p. 237-241.

32 O art. 620 do Código Civil, relativamente ao contrato de empreitada, constitui exceção a essa regra, estabelecendo que, se ocorrer diminuição no preço do material ou da mão de obra superior a um décimo do preço global convencionado, poderá o dono da obra solicitar a sua revisão, para que lhe seja assegurada a diferença apurada.

33 STJ, REsp 831.808, rel. Min. Nancy Andrighi, j. 18-5-2006.

34 TJMG, Embargos Infringentes 0950385-66.2010.8.13.0024, rel. Des. Estevão Lucchesi, j. 28-4-2016.

35 TJMG, Apelação 2359179-33.2006.8.13.0024, rel. Des. Alvimar de Ávila, j. 22-1-2014.

5.3.3. Extrema vantagem

Além da onerosidade excessiva sofrida por um dos contratantes, o art. 478 do Código Civil exige que a outra parte experimente uma "extrema vantagem". Ao requerer a configuração de uma extrema vantagem para um dos contratantes, a codificação brasileira parece ter dado guarida à antiga posição doutrinária que associava a proteção contra o desequilíbrio superveniente da prestação ao princípio geral de vedação ao enriquecimento sem causa[36]. A associação entre o desequilíbrio superveniente do contrato e a vedação ao enriquecimento sem causa, embora possa ter sido útil para "justificar" a interferência na relação contratual em um cenário de voluntarismo exacerbado, acaba por reduzir demasiadamente o campo de incidência da proteção contra a excessiva onerosidade.

Com efeito, a doutrina mais atual destaca que, em se exigindo a configuração de extrema vantagem, "casos típicos de aplicação da teoria da imprevisão, como os contratos de fornecimento de produtos que se tornam inviáveis pela imprevisível indisponibilidade de insumos no mercado, poderão ser afastados da proteção dessa teoria, pois, em princípio, a parte adquirente dos produtos não terá qualquer vantagem excessiva como decorrência dos problemas que afetaram a atividade produtiva da parte fornecedora"[37]. Além disso, como recorda Ruy Rosado de Aguiar Júnior, "os fatos modificativos extraordinários incidem quase sempre igualmente sobre as duas partes, tornando inviável a prestação, sem que disso decorra vantagem para a outra; assim, a guerra, as revoluções, os planos de intervencionismo econômico, etc."[38].

As críticas ao requisito da extrema vantagem se mostram tão contundentes que parcela dos autores brasileiros chega a sugerir que seja simplesmente ignorada[39]. Nessa direção, na IV Jornada de Direito Civil, organizada em 2006 pelo Centro de Estudos Jurídicos do Conselho da Justiça Federal, foi

---

36 Nesse sentido: Arnoldo Medeiros da Fonseca, *Caso fortuito e teoria da imprevisão*, 3. ed., Rio de Janeiro: Forense, 1958, p. 236; Paulo Magalhães Nasser, *Onerosidade excessiva no contrato civil*, São Paulo: Saraiva, 2011, p. 78-79; e Andrea Cristina Zanetti, *Princípio do equilíbrio contratual*, São Paulo: Saraiva, 2012, p. 279.

37 Antonio Celso Fonseca Pugliese, Teoria da imprevisão e o novo Código Civil, *Revista dos Tribunais*, v. 830, dez. 2004, p. 15-16.

38 Ruy Rosado de Aguiar Júnior, *Extinção dos contratos por incumprimento do devedor*, 2. ed., Rio de Janeiro: Aide, 2004, p. 152.

39 Ver, entre outros: João Hora Neto, A resolução por onerosidade excessiva no novo Código Civil: uma quimera jurídica?, *Revista da ESMESE*, n. 4, 2003, p. 50.

aprovado o Enunciado n. 365, com o seguinte teor: "A extrema vantagem do art. 478 deve ser interpretada como um elemento acidental da alteração de circunstâncias, que comporta a incidência da resolução ou revisão do negócio por onerosidade excessiva, independentemente de sua demonstração plena".

Como "elemento acidental" que dispensa "demonstração plena", a extrema vantagem deixaria, a rigor, de integrar o rol de requisitos do art. 478 do Código Civil, interpretação que afasta as dificuldades inerentes à sua verificação, mas tem o grave "inconveniente" de divergir inteiramente da linguagem da norma em comento. Ao intérprete não compete simplesmente ignorar as expressões constantes do dispositivo legal, o que, tecnicamente, somente poderia ser alcançado por meio da impugnação parcial à validade da norma, e não pela via puramente interpretativa.

Para tentar superar esse obstáculo, parte da doutrina brasileira que se ocupa do tema tem sustentado que, embora se trate inegavelmente de um requisito exigido pelo Código Civil, "a extrema vantagem frequentemente nada mais será do que a consequência automática da onerosidade excessiva"[40]. Trata-se, em outras palavras, de mero reflexo da onerosidade excessiva: verificado que esta última incide sobre um dos contratantes, o outro contratante estaria *ipso facto* diante de uma extrema vantagem[41], na medida em que estaria na iminência de obter uma prestação por valor inferior ao valor que seria necessário para obter a mesma prestação naquele momento, à luz das condições de mercado.

5.3.4. Fatos imprevisíveis e extraordinários

O art. 478 do Código Civil não se contenta com a excessiva onerosidade de uma das partes, com extrema vantagem de outra, exigindo, adicionalmente, que o desequilíbrio contratual decorra de um fato superveniente, extraordinário e imprevisível. Por superveniente entende-se o fato que ocorre após a conclusão do contrato, não havendo debate doutrinário a respeito no Brasil. É o seu caráter extraordinário e imprevisível que domina a produção doutrinária em torno do tema, discutindo-se, em especial, se as expressões são empregadas

---

40 Antônio Pedro Medeiros Dias, *Revisão e resolução do contrato por excessiva onerosidade*, Belo Horizonte: Fórum, 2017, p. 92.
41 Paulo Roberto Roque Antônio Khouri, *A revisão judicial dos contratos no novo Código Civil, Código do Consumidor e Lei 8.666/93: a onerosidade excessiva superveniente*, São Paulo: Atlas, 2006, p. 77.

como sinônimos[42] ou se, ao contrário, *extraordinário* e *imprevisível* são qualificações distintas em seu significado[43], havendo, ainda, autores que identificam diferença teórica entre as expressões, mas sustentam sua equivalência prática[44]. Aqueles que defendem a diversidade de sentido debatem, ainda, se o art. 478 exige cumulativamente a extraordinariedade e a imprevisibilidade – como decorre da interpretação literal da conjunção "e" – ou se, diversamente, a exigência é alternativa.

A variedade de opiniões acerca desses temas é tamanha que não constitui tarefa simples desenhar um quadro sistemático da matéria na doutrina brasileira. Pode-se dizer, de modo geral, que nossa doutrina define o fato *extraordinário* como aquele que escapa ao curso normal dos acontecimentos, divergindo do que se afigura comum na vida ordinária[45]. Assim, catástrofes naturais, guerras e epidemias constituiriam, ao menos naqueles países em que tais eventos não se verificam com frequência, fatos extraordinários. Tratar-se-ia, portanto, da aplicação de um *critério objetivo de probabilidade*, baseado em estatísticas ou na simples observação daquilo que ordinariamente acontece.

O caráter objetivo da extraordinariedade serviria precisamente para distingui-la da imprevisibilidade. Enquanto se considera extraordinário aquilo que escapa objetivamente à sucessão habitual dos acontecimentos, o fato *imprevisível* seria aquele que as partes não puderam subjetivamente antever[46]. A imprevisibilidade "possui, portanto, natureza originalmente relativa e identifica-se com a capacidade de os contratantes representarem a ocorrência futura de um determinado evento", enquanto a extraordinariedade assume feição objetiva, vinculando-se ao que é estatisticamente improvável[47]. Haveria, assim, fatos extraordinários previsíveis e fatos ordinários imprevisíveis.

---

42 Nesse sentido, Araken de Assis, Da resolução por onerosidade excessiva, in Arruda Alvim e Thereza Alvim (Coords.), *Comentários ao Código Civil Brasileiro*, Rio de Janeiro: Forense, 2007, v. V, p. 716-717; e Adalberto Pimentel Diniz de Souza, *Risco contratual, onerosidade excessiva & contratos aleatórios*, Curitiba: Juruá, 2015, p. 156.

43 Orlando Gome, *Contratos*, cit., p. 215.

44 É a posição de Ruy Rosado de Aguiar Júnior, *Comentários ao Novo Código Civil*, Rio de Janeiro: Forense, 2011, t. II, v. VI, p. 900.

45 Na definição de Julio Alberto Díaz, "um acontecimento é extraordinário quando sua ocorrência não obedece ao curso normal, ou estatisticamente comum da vida ordinária." (A teoria da imprevisão no novo Código Civil brasileiro, *Revista de Direito Privado*, n. 20, São Paulo: Revista dos Tribunais, out./dez. 2004, p. 205).

46 Laura Coradini Frantz, *Revisão dos contratos: elementos para sua construção dogmática*, São Paulo: Saraiva, 2007, p. 123.

47 Antônio Pedro Medeiros Dias, *Revisão e resolução do contrato por excessiva onerosidade*, cit., p. 45.

O critério distintivo, baseado na objetividade do caráter extraordinário e na subjetividade do caráter imprevisível, tem sido duplamente contestado na doutrina estrangeira, em especial italiana: tem-se demonstrado não apenas que o juízo de imprevisibilidade tende a se tornar objetivo, por força da impossibilidade de perquirir a representação mental das partes ao tempo da contratação, mas também que a aferição de extraordinariedade funda-se, em larga medida, na percepção subjetiva que temos do que ordinariamente acontece.

Pior: uma análise detida da nossa jurisprudência revela que a fundamentação das decisões judiciais no que toca à presença de fatos imprevisíveis e extraordinários caracteriza-se por um forte artificialismo. Examine-se, a título de exemplo, uma hipótese bastante comum em nossa jurisprudência: o contratante A, obrigado a fornecer determinado bem ao contratante B, pleiteia revisão judicial do contrato de fornecimento, com base na excessiva onerosidade gerada sobre sua prestação por causa de uma crise econômica que teria majorado intensamente o custo de fabricação do referido bem. Os órgãos judiciais passam a discutir, então, se a crise em questão consiste ou não em um "acontecimento extraordinário e imprevisível" como requer o art. 478 do Código Civil.

Para alguns magistrados, uma crise econômica, por ser um desvio da normalidade esperada da economia, configura sempre um acontecimento extraordinário; para outros, trata-se de acontecimento ordinário, porque frequente nos tempos atuais, já tendo nossas cortes registrado, nesse sentido, que "é inegável que a partir de meados de 2008 o mundo tem experimentado situações preocupantes na economia"[48]. Discute-se, ainda, se seria ou não fato imprevisível. A análise jurídica do caso passa, então, a mergulhar em conjecturas econômicas: verifica-se recorrentemente a alegação de que, em um mundo globalizado, crises econômicas internacionais são eventos previsíveis; acrescenta-se, vez por outra, a referência às opiniões de "economistas de renome" que teriam, inclusive, chegado ao ponto de, com alguns meses ou anos de antecedência, prever a ocorrência da crise em debate[49]. De outro lado, argumenta-se que, embora a

---

48 TJSP, Apelação 0166687-75.2011.8.26.0100, rel. Des. Gilberto dos Santos, j. 29-11-2012.
49 Há vários exemplos nesse sentido em nossa jurisprudência, especialmente no tocante à desvalorização da moeda brasileira ante o dólar. Confira-se, exemplificativamente, TJMG, 1ª Câmara Cível, Apelação Cível 3655681-18.2000.8.13.0000, rel. Des. Moreira Diniz, 22-10-2002: "Há de se destacar, também, e ainda sobre a imprevisibilidade da acentuada variação cambial, que, nos meses que a antecederam, toda a imprensa brasileira (jornais, revistas, rádio e televisão) era pródiga em divulgar artigos, entrevistas e discursos de conhecidos e notáveis economistas,

ocorrência das crises econômicas seja previsível, crises de elevada dimensão e duração seriam imprevisíveis[50].

Em meio a essa discussão quase filosófica, proferem-se decisões contraditórias, ora acolhendo a alegação de imprevisibilidade, ora a negando, ao sabor das convicções pessoais de cada magistrado, tal como ocorre com os casos de variação cambial e alta inflacionária, conforme já visto. Pior: dá-se margem a sucessivos recursos e reversões de cada *decisum*, em batalhas jurídicas que vão, frequentemente, até o Superior Tribunal de Justiça, de modo que acaba enredando-se ainda mais na análise da questão abstrata da imprevisibilidade e extraordinariedade do acontecimento.

Toda essa discussão, que perdura por anos a fio em cada caso concreto, impossibilitando ou dificultando em demasia a retomada da relação contratual, parece imensamente distante do problema inicial submetido ao Poder Judiciário. O desequilíbrio do contrato específico acaba não apenas ficando em segundo plano, mas, muitas vezes, nem sequer chega a ser examinado, tendo em vista que, ao entender pela ausência do fato imprevisível e extraordinário, a análise dos seus efeitos sobre a relação contratual fica logicamente prejudicada. Urge alterar o foco das discussões em matéria de desequilíbrio contratual superveniente. Como se afirmou em outra sede, "concluir que o juízo de imprevisibilidade e extraordinariedade, além de arbitrário na eleição do seu objeto por ser a cadeia causal que conduz ao desequilíbrio contratual frequentemente complexa e multifacetada, revela-se também impreciso porque permite conclusões divergentes em relação aos mesmos fatos, conforme a especificidade, profundidade e momento da análise"[51].

O que se deve fazer é justamente o oposto daquilo que atualmente ocorre em nossa jurisprudência. O foco da análise deve se deslocar da questão da

---

advertindo sobre a irrealidade da paridade da moeda brasileira com a moeda norte-americana, e descrevendo a necessidade e a iminência de uma variação acentuada para corrigir a distorção existente. Enfim, nem mesmo isso foi surpresa".

50 "No caso de contrato indexado ao dólar, seria previsível a mudança cambial, mas o fator surpresa da *ultradesvalorização* repentina, aumentando consideravelmente o valor das prestações constituiu acontecimento de improbabilidade e de surpresa, tornando excessivamente onerosa as prestações com o aumento abusivo e inesperado da dívida restante do pacto, quebrando o equilíbrio contratual" (TJRJ, 16ª Câmara Cível, Apelação Cível 0003002-81.1999.8.19.0042, rel. Des. Marco Aurélio Bezerra de Mello, 28-9-2011). Posicionamento semelhante já se colhia em julgados do STF: RE 116.669/BA, rel. Min. Oscar Corrêa, 18-11-1988.

51 Anderson Schreiber, *Equilíbrio contratual e dever de renegociar*, São Paulo: Saraiva Educação, 2018, p. 202.

imprevisibilidade e extraordinariedade (do acontecimento apontado como "causa") para o desequilíbrio contratual em concreto. Trata-se, em essência, de assegurar o equilíbrio contratual, e não de proteger as partes contra acontecimentos que não poderiam ou não puderam antecipar no momento de sua manifestação originária de vontade. A superação do voluntarismo exacerbado por uma tábua axiológica de caráter solidarista consagrada em sede constitucional, se não exige afastar inteiramente os requisitos da imprevisibilidade e extraordinariedade, expressamente adotados pelos dispositivos legais constantes do Código Civil brasileiro, impõe, todavia, que se reserve a tais expressões um papel instrumental na atividade interpretativa voltada precipuamente à preservação do equilíbrio do contrato. A imprevisibilidade e extraordinariedade do acontecimento não devem representar um requisito autônomo, a ser perquirido em abstrato com base em um acontecimento localizado a maior ou menor distância do impacto concreto sobre o contrato, mas sim ficar intimamente associadas ao referido impacto, o qual passa a consistir no real objeto da análise judicial.

Em outras palavras: se o desequilíbrio do contrato é exorbitante, isso por si só deve fazer presumir a imprevisibilidade e extraordinariedade dos antecedentes causais que conduziram ao desequilíbrio. O que se afigura indispensável à atuação da ordem jurídica é que o desequilíbrio seja suficientemente grave, afetando fundamentalmente o sacrifício econômico representado pelas obrigações assumidas[52]. Uma alteração drástica e intensa desse sacrifício recai presumidamente sob o rótulo da imprevisibilidade e extraordinariedade, pois é de se assumir que os contratantes não celebram contratos vislumbrando tamanha modificação do equilíbrio contratual; se a tivessem vislumbrado, poderiam ter disposto sobre o tema, para lhe negar efeitos por força de alguma razão inerente ao escopo perseguido com aquele específico contrato (*v.g.*, deliberada assunção de risco por uma das partes). Os contratantes sujeitam-se, por essa razão, à presunção de que não anteciparam a possibilidade do manifesto desequilíbrio – presunção, em uma palavra, de imprevisão –, pela simples razão de que se espera que as partes procurem ingressar em relações contratuais equilibradas.

---

52 Nesse sentido: Rodrigo Toscano de Brito, *Equivalência material dos contratos – civis, empresariais e de consumo*, São Paulo: Saraiva, 2007, p. 99. Em linha semelhante: Flávio Tartuce, A revisão do contrato pelo novo Código Civil, in Jones Figueiredo Alves e Mario Luiz Delgado (Coords.), *Questões controvertidas no Novo Código Civil*, São Paulo: Método, 2003, v. 1, p. 145.

5.4. Efeitos

A exemplo do que ocorre em relação ao exame dos requisitos para invocação do desequilíbrio contratual superveniente, também no tocante aos *remédios* oferecidos pela ordem jurídica o intérprete se depara com um quadro normativo um tanto caótico.

5.4.1. Resolução do contrato

O Código Civil, no art. 478, autoriza o contratante que sofre a excessiva onerosidade tão somente a "pedir a resolução do contrato". O termo *resolução* é empregado aí, como já se viu, no sentido de extinção do contrato e não no sentido técnico, ligado ao inadimplemento ou impossibilidade do cumprimento. A excessiva onerosidade não torna o cumprimento do contrato impossível, mas apenas injustificado à luz do desequilíbrio que acomete, de modo superveniente, a relação contratual.

Diante do pedido de resolução (ou melhor, extinção) do contrato, a lei assegura ao réu o direito de evitá-la, oferecendo-se a "modificar equitativamente as condições do contrato" (art. 479). Parte da doutrina enxerga aí uma abertura à revisão judicial do contrato[53]. Parece certo, contudo, que, ao menos em sua literalidade, o dispositivo limita-se a atribuir uma faculdade ao réu, e não ao autor da demanda, cujo pedido continuaria a ser necessariamente resolutivo. O art. 480 reforça esse sentido literal ao tratar do tema no âmbito dos contratos unilaterais, pois afirma que, "se no contrato as obrigações couberem a apenas uma das partes, poderá ela pleitear que a sua prestação seja reduzida, ou alterado o modo de executá-la, a fim de evitar a onerosidade excessiva". Logo, *a contrario sensu*, não se tratando de um contrato com obrigações para apenas uma das partes, não se poderia pleitear a redução da prestação ou alteração do modo de sua execução, mas tão somente a resolução do contrato. Restaria, as-

---

53 Nessa direção, ver, por todos: Antônio Junqueira de Azevedo: "Ademais, vale dizer que o próprio art. 478 do Código Civil de 2002 também deve ser interpretado no sentido de permitir a revisão dos contratos bilaterais em que uma das prestações tenha se tornado excessivamente onerosa. Primeiramente, porque o artigo seguinte, o 479, estabelece que a resolução somente será decretada se não houver a modificação equitativa das condições do contrato, deixando claro que se *privilegia a revisão*, para somente admitir a resolução como último remédio" (Contrato de opção de venda de participações societárias. Variação imprevisível do valor da coisa prometida em relação ao preço de mercado. Possibilidade de revisão por onerosidade excessiva com base nos arts. 478 a 480 do Código Civil em contrato unilateral, in *Novos estudos e pareceres de direito privado*, São Paulo: Saraiva, 2009, p. 211).

sim, renovado, entre nós, o dogma da intangibilidade do contrato, espécie de "regra de ouro" do liberal voluntarismo, segundo a qual o conteúdo do contrato é imune a qualquer interferência do Estado-juiz.

Contra esse sentido, que seria o mais óbvio à luz da literalidade dos arts. 478 a 480, parece insurgir-se o próprio Código Civil. Primeiro, por uma série de dispositivos específicos da própria codificação que autorizam a revisão de certas espécies de contratos por força de alterações supervenientes, como o art. 620 do Código Civil, que permite a revisão do preço global convencionado no contrato de empreitada, a pedido do dono da obra, se ocorrer diminuição no preço do material ou da mão de obra superior a um décimo do referido preço[54], ou o art. 770, que autoriza o segurado a "exigir a revisão do prêmio, ou a resolução do contrato", se houver, no curso do contrato, redução "considerável" do risco[55]. Poder-se-ia argumentar que tais exemplos assumem caráter de norma especial, na medida em que se limitam a determinados tipos contratuais, mas o Código Civil possui também normas gerais admitindo a revisão contratual, algumas de longa tradição entre nós, nas quais o evidente poder revisional do juiz parece quase disfarçado por trás de fórmulas consagradas, como ocorre na *actio quanti minoris* (ação estimatória) que o art. 442 oferece, em contratos comutativos, ao adquirente de coisa com vícios redibitórios, tema que será estudado ainda neste capítulo[56]. O ápice, contudo, da abertura à revisão ocorre no também já mencionado art. 317.

5.4.2. Revisão judicial do contrato

O art. 317 do Código Civil, situado na parte dedicada ao pagamento, determina: "Quando, por motivos imprevisíveis, sobrevier desproporção manifesta entre o valor da prestação devida e o do momento de sua execução, poderá o juiz corrigi-lo, a pedido da parte, de modo que assegure, quanto possível, o valor real da prestação." O dispositivo teve como escopo originário o combate aos efeitos da inflação e a desvalorização das prestações em dinheiro, mas

---

54 "Art. 620. Se ocorrer diminuição no preço do material ou da mão de obra superior a um décimo do preço global convencionado, poderá este ser revisto, a pedido do dono da obra, para que se lhe assegure a diferença apurada."

55 "Art. 770. Salvo disposição em contrário, a diminuição do risco no curso do contrato não acarreta a redução do prêmio estipulado; mas, se a redução do risco for considerável, o segurado poderá exigir a revisão do prêmio, ou a resolução do contrato."

56 "Art. 442. Em vez de rejeitar a coisa, redibindo o contrato (art. 441), pode o adquirente reclamar abatimento no preço."

sofreu ampliação da sua linguagem nos trabalhos legislativos em torno do projeto de lei que deu origem ao Código Civil atual.

Da redação aberta da norma a doutrina extrai o poder do juiz[57] de corrigir o valor da prestação devida de modo a assegurar tanto quanto possível o valor real da prestação, em cristalina opção pelo remédio revisional. A revisão judicial do contrato afigura-se mais útil ao contratante que sofre a onerosidade excessiva, o qual, por vezes, não tem interesse na extinção do contrato. Basta pensar na hipótese do prestador de serviço que não quer extinguir sua relação contratual com a companhia que é sua cliente, mas tão somente pretende o reequilíbrio do contrato. A utilidade do art. 317, nesse contexto, é tão grande que acabou por se tornar, em nossa experiência recente, uma espécie de "puxadinho hermenêutico" dos arts. 478 a 480, sendo raro encontrar quem trate desses sem aquele, e vice-versa. O art. 317 acaba, portanto, sendo empregado em uma interpretação corretiva dos arts. 478 a 480, para garantir a revisão mesmo na hipótese dos contratos bilaterais, ao contrário do que sugeriria a leitura isolada daqueles dispositivos. A maior parte da doutrina brasileira extrai desse verdadeiro mosaico a conclusão de que, diante das situações de desequilíbrio contratual superveniente em relações regidas exclusivamente pelo Código Civil, resolução e revisão podem ser aplicadas indistintamente, "a critério do autor"[58].

Registre-se que, em 2019, o legislador especial inseriu, por meio da Lei n. 13.874 (Lei da Liberdade Econômica), referências a um suposto caráter excepcional da revisão nos arts. 421, parágrafo único, e 421-A, III, do Código Civil. Não foram, porém, modificados os requisitos ou as hipóteses de cabimento da revisão, de modo que a alusão à sua excepcionalidade não trouxe qualquer alteração real ao tecido normativo brasileiro. Ao intérprete compete, nesse contexto, prestigiar o princípio do equilíbrio contratual, em razão do seu *status* constitucional[59], continuando a preferir o reequilíbrio do contrato (por meio da revisão) em detrimento da sua extinção via resolução[60].

---

57 Discute-se, em doutrina, se o art. 317 exprime mera faculdade do juiz ou, ao contrário, um dever a ser exercido de ofício do magistrado diante do desequilíbrio contratual sanável. Defendendo a revisão judicial de ofício, ver: Ruy Rosado de Aguiar Júnior, *Comentários ao novo Código Civil*, cit., v. VI, t. II, p. 925. Em sentido contrário, Paulo Magalhães Nasser, *Onerosidade excessiva no contrato civil*, cit., 2011, p. 172.

58 Ver, entre outros: Ruy Rosado de Aguiar Júnior, *Comentários ao novo Código Civil*, cit., v. VI, t. II, p. 917.

59 Conforme defendi em Anderson Schreiber, *Equilíbrio contratual e dever de renegociar*, São Paulo: Saraiva Educação, 2018, p. 42-52.

60 Para uma análise mais detalhada das referidas inovações legislativas, seja consentido remeter o leitor ao tópico dedicado ao "princípio da intervenção mínima", no capítulo 20 desta obra.

5.5. Dever de renegociar

A revisão judicial do contrato, embora mais útil que a resolução, não representa panaceia para todos os males. A necessidade de propositura de uma ação judicial para obtenção da revisão do contrato serve, por vezes, de desestímulo ao contratante, que teme ver sua relação contratual deteriorada pelo litígio. Daí ter se tornado cada vez mais comum a busca por soluções extrajudiciais que permitam o reequilíbrio do contrato sem a intervenção do Poder Judiciário. O problema é que, mesmo diante do aviso da contraparte de que o contrato se tornou desequilibrado, o outro contratante, não raro, silencia, beneficiando-se do passar do tempo. De outro lado, ocorre, às vezes, que um contratante só venha a invocar a onerosidade excessiva quando cobrado por sua prestação, ainda que o fato ensejador do desequilíbrio seja muito anterior. Para evitar essas vicissitudes, a legislação de diversos países tem procurado disciplinar o comportamento das partes em caso de excessiva onerosidade, exigindo, por exemplo, que o desequilíbrio contratual seja prontamente comunicado à contraparte e que, uma vez chamado a avaliar tal desequilíbrio, o contratante não possa simplesmente se omitir. O mesmo caminho pode ser trilhado, a meu ver, no direito brasileiro, com base na boa-fé objetiva.

De fato, a boa-fé objetiva, como já visto, impõe a cooperação e a colaboração entre as partes em prol do escopo comum. O dever de renegociar exsurge, assim, como um dever anexo ou lateral de comunicar a outra parte prontamente acerca de um fato significativo na vida do contrato – seu excessivo desequilíbrio – e de empreender esforços para superá-lo por meio da revisão extrajudicial[61]. Como dever anexo, o dever de renegociar integra o objeto do contrato independentemente de expressa previsão das partes.

Note-se que o dever de renegociar não configura um dever de alcançar certo resultado ou de aceitar as novas condições propostas pelo contratante desfavorecido pelo desequilíbrio; não se trata de um *dever de revisar* o contrato extrajudicialmente, mas simplesmente *de ingressar em renegociação*, informando prontamente o fato que a enseja e formulando um pleito de revisão do contrato, ou analisando,

---

61 Embora originariamente concebido como um remédio em face do desequilíbrio contratual superveniente, o dever de renegociar assume relevância também diante de outras patologias internas ao contrato que não determinem de modo definitivo a impossibilidade de cumprimento ou a perda da utilidade da prestação para o credor. É o que ocorre, por exemplo, nas hipóteses de impossibilidade temporária da prestação e de frustração parcial do fim do contrato. Para um exame detalhado do tema, cf. Anderson Schreiber, Impactos da pandemia nas relações contratuais e dever de renegociar, in *Equilíbrio contratual e dever de renegociar*, 2. ed., São Paulo: Saraiva Educação, 2020, p. 439 e s.

com seriedade, o pleito apresentado pelo outro contratante e dando-lhe uma resposta. Desdobra-se em duas etapas: (a) o dever de comunicar prontamente a contraparte acerca da existência do desequilíbrio contratual identificado; e (b) o dever de suscitar uma renegociação que possibilite o reequilíbrio do contrato ou de responder a uma proposta nesse sentido, analisando-a seriamente.

A violação ao dever de renegociar, quer pelo silêncio ou pela recusa em iniciar a renegociação, quer pela ruptura injustificada da renegociação já iniciada, quer, ainda, pela ausência de tão pronta quanto possível comunicação à contraparte acerca do desequilíbrio contratual superveniente, enseja responsabilidade civil pelos danos causados. Aqui, afigura-se possível o paralelo com a incidência da boa-fé objetiva nas tratativas anteriores à formação do contrato, cuja violação deflagra a responsabilidade pré-contratual, já amplamente reconhecida na experiência jurídica brasileira. Outras consequências têm sido suscitadas na experiência estrangeira e internacional, como a preclusão do acesso à ação judicial de revisão ou resolução do contrato ou a deflagração da *exceptio non adimpleti contractus*. Diante do atual tecido normativo brasileiro, é o dever de reparar consequência indiscutível da quebra do dever de renegociação.

> Detalhes sobre o dever de renegociar. O autor aprofundará o exame do fundamento, do conteúdo e das hipóteses de aplicação do dever de renegociar, bem como das consequências de seu descumprimento.
> Acesse também pelo *link*: https://uqr.to/1xgti

6. Frustração do fim do contrato

Problema diverso da excessiva onerosidade é aquele ocasionado por um evento extraordinário e externo às partes que torne inviável o cumprimento do contrato, não em razão de desequilíbrio entre as prestações, mas sim pela perda de seu sentido teleológico[62]. Trata-se da chamada *frustração do fim do contrato*, denominação tomada de empréstimo do direito inglês, no qual o tema surge atrelado à chamada *doctrine of frustration* (literalmente, doutrina da frustração), que se desenvolveu na jurisprudência inglesa por meio de um conjunto de precedentes denominado sinteticamente de *coronation cases* (casos da coroação). Em síntese, às vésperas de um grande cortejo organizado a fim

---

62 José Maria Othon Sidou, *Resolução judicial dos contratos (cláusula rebus sic stantibus) e contratos de adesão*, cit., p. 69.

de celebrar a coroação do Rei Eduardo VII, em 1902, proprietários de imóveis com vista para as avenidas pelas quais passaria o cortejo os alugaram por valores significativos. Alguns dias depois, o futuro rei adoece, adiando-se indefinidamente a coroação. Os locatários, não tendo mais interesse na locação, recusam-se a efetuar o pagamento do aluguel, o que leva os locadores a acioná-los em juízo. A corte inglesa entendeu que, embora não estivesse exatamente diante de um caso de *impossibility* (impossibilidade) – já que o pagamento do aluguel pelo imóvel continuava se afigurando possível –, tratava-se de hipótese análoga à impossibilidade, por ter ficado *frustrated* (frustrado) o *foundation of the contract* (fundamento do contrato), consubstanciado na passagem do cortejo[63]. A *doctrine of frustration* é aceita e aplicada também pela jurisprudência dos Estados Unidos e do Canadá[64].

A ideia de que um contrato pode deixar de ser vinculante pela frustração do seu fim ou fundamento converge com construções que já vinham sendo desenvolvidas, desde o fim do século XIX, na Alemanha, especialmente a partir da teoria da pressuposição apresentada de modo mais sistemático por Windscheid em sua obra *Die Lehre des römischen Rechts von der Voraussetzung*, de 1850. A teoria da pressuposição foi objeto de sucessivos aprimoramentos, dentre os quais se destaca a *teoria mista da base do negócio* de Karl Larenz, cuja originalidade está em uma combinação coerente das construções subjetivistas (mais ligadas à ideia de fim contratual) com as construções objetivistas (mais ligadas à ideia de equilíbrio econômico entre as prestações) em uma única e abrangente teoria da base negocial[65].

No direito brasileiro, vivemos uma fratura nesta temática. O problema gerado pelo desequilíbrio econômico das prestações foi contemplado pelo legislador pátrio, que, embora com uma ou outra insuficiência, disciplinou o tema expressamente no Código Civil (arts. 478 a 480, 317, entre outros) e nas leis especiais (CDC, art. 6º, V; Lei do Inquilinato, art. 19). Já o problema da frustração do fim do contrato não encontra previsão normativa no Brasil, o que não tem impedido a doutrina de cogitar da aplicação do instituto em

---

63 *Krell vs. Henry*, 1903, 2 K.B. 740 (C.A.). Para comentários adicionais sobre o caso, ver, entre outros: R. G. McElroy e Glanville Williams, The Coronation Cases – I, *Modern Law Review* 4.4, 1941, p. 241-260.

64 Para um panorama da aplicação da *doctrine of frustration* na experiência do *common law*, ver: Andrew Schwartz, A Standard Clause Analysis of the Frustration Doctrine and the Material Adverse Change Clause, *UCLA Law Review* 57.3, 2010, p. 804.

65 Karl Larenz, *Base del Negocio Jurídico y Cumplimento de los Contratos*, trad. Carlos Fernandez Rodriguez, Madri: Editorial Revista de Derecho Privado, 1956, p. 37.

nosso ordenamento jurídico, especialmente com base na boa-fé objetiva[66] ou na função social do contrato[67].

Há alguma divergência na enunciação dos requisitos necessários ao reconhecimento da frustração do fim do contrato. O que importa averiguar, essencialmente, é: (a) se o fim do contrato era um fim comum a ambas as partes; e (b) se um acontecimento superveniente comprometeu efetivamente a realização do fim contratual. Não basta, naturalmente, a frustração de um fim unilateral, mantido em segredo ou, mais tecnicamente, em reserva mental; é preciso que, de algum modo, esse fim tenha sido compartilhado entre os contratantes, seja por constar expressamente dos termos do instrumento contratual, seja por resultar das próprias circunstâncias em que se celebrou o contrato.

Quanto aos efeitos, a ampla maioria da doutrina defende que a frustração do fim suprime *ipso jure* a eficácia do contrato, vale dizer, importa sua resolução automática. A doutrina mais atual sustenta, ainda, que o caráter comum do fim contratual exige uma solução afeita ao compartilhamento de riscos, operando-se uma distribuição equitativa dos custos incorridos pelos contratantes para o cumprimento da prestação originariamente devida[68].

Discute-se, ainda, se pode haver frustração temporária ou parcial do fim do contrato. Entende-se, tradicionalmente, que, sendo o fim contratual um objetivo a ser perseguido de modo permanente, ou o fim se frustra ou ainda é alcançável. Não haveria, assim, espaço para uma frustração temporária ou parcial do fim contratual. Todavia, o exemplo dos contratos de execução continuada ou sucessiva recomenda um olhar mais sensível à realidade prática. Pense-se, por exemplo, na locação de uma loja de rua, em que o locatário se vê impossibilitado de exercer o comércio – por alguns meses, eclode-se uma pandemia que conduz o Poder Público a fechar o comércio naquela região; ou até por alguns anos, se, por hipótese, uma reforma urbana impede ou restringe substancialmente o acesso de pedestres àquela rua em particular, como aconteceu no Rio de Janeiro por conta das obras relacionadas aos Jogos Olímpicos de 2016. Em casos assim, a frustração do fim do contrato, consubstanciada na impossibilidade de exploração do comércio – aspecto que não se confunde com a impossibilidade das pres-

---

66 Maria Proença Marinho, *Frustração do fim do contrato*, São Paulo: Foco, 2020, p. 52 e s.
67 Rodrigo Barreto Cogo, *A frustração do fim do contrato: o impacto dos fatos supervenientes sobre o programa contratual*, Rio de Janeiro: Renovar, 2012, p. 328.
68 Maria Proença Marinho, *Frustração do fim do contrato*, cit., p. 117-127. Ver, também, Felipe Ramos Ribas Soares, *Remédios para a frustração do fim do contrato*, Rio de Janeiro: UERJ, 2023 (tese de doutorado).

tações (o pagamento do aluguel, de um lado, e/ou a cessão do uso e o gozo do bem, de outro, prestações cujo cumprimento continua sendo possível em termos jurídicos) –, não terá sido total ou integral, mas durará apenas certo lapso de tempo cujo encerramento se pode, desde já, antever ou estimar.

O que fazer em tais casos? A melhor solução parece ser a aplicação a essas hipóteses de um direito de pleitear a revisão do contrato, de modo análogo ao que ocorre diante do desequilíbrio contratual superveniente[69]. Isso porque se está, também aqui, a rigor, diante de uma situação em que a alteração superveniente das circunstâncias atinge o contrato em sua genuína razão de ser aos olhos das partes.

7. Exceção do contrato não cumprido

Ainda no capítulo dedicado à extinção do contrato, o Código Civil contempla a disciplina da exceção do contrato não cumprido (*exceptio non adimpleti contractus*). A rigor, houve equívoco do legislador na localização da matéria. A exceção do contrato não cumprido não constitui meio de extinção do contrato, mas mera defesa que pode ser invocada, em contratos bilaterais, contra a exigência de cumprimento, calcada no descumprimento da parte contrária. Como afirma o art. 476: "nos contratos bilaterais, nenhum dos contratantes, antes de cumprida a sua obrigação, pode exigir o implemento da do outro".

O efeito da exceção do contrato não cumprido não consiste na extinção, mas na suspensão da exigibilidade da obrigação que integra o contrato. Pressuposto do instituto é o vínculo de dependência funcional entre as obrigações de parte a parte. Descabe a *exceptio* se ausente esse vínculo. É o caso do contratante que se recusa a cumprir uma obrigação principal em virtude do descumprimento de uma obrigação meramente acessória, tal como no exemplo do comprador que deixa de efetuar o pagamento do automóvel já entregue por ter o vendedor deixado de fornecer o manual do veículo[70]. Recorde-se, ainda, que mesmo quanto às prestações interdependentes, aplica-se a teoria do adimplemento substancial, não se admitindo a suspensão da exigibilidade diante de descumprimento de pouca importância.

---

69 Para um exame mais detalhado do tema, remete-se a Anderson Schreiber, Contratos de locação imobiliária na pandemia, in *Revista Pensar*, v. 25, n. 4, 2020.
70 Além da hipótese de inadimplemento das obrigações, tem-se reputado "possível opor exceção de contrato não cumprido com base na violação de deveres de conduta gerados pela boa-fé objetiva" (Enunciado n. 652 da IX Jornada de Direito Civil).

8. *Exceptio non rite adimpleti contractus*

Embora o Código Civil reconheça tão somente a exceção fundada no não cumprimento da obrigação, a doutrina admite a paralisação também nos casos em que o cumprimento é defeituoso, falando-se aí em *exceptio non rite adimpleti contractus*, "porque a inexatidão do implemento da outra parte equivale à falta de execução"[71]. Para Orlando Gomes, a diferença entre a *exceptio non adimpleti contractus* e a *exceptio non rite adimpleti contractus* reside no ônus da prova: "havendo inadimplemento total, incumbe a prova ao contratante que não cumpriu a obrigação. Havendo execução incompleta, deve prová-la quem invoca a exceção, pois se presume regular o pagamento aceito"[72].

9. Exceção de inseguridade

Ainda na mesma seção que cuida da exceção do contrato não cumprido, o Código Civil determina, no art. 477, que "se, depois de concluído o contrato, sobrevier a uma das partes contratantes diminuição em seu patrimônio capaz de comprometer ou tornar duvidosa a prestação pela qual se obrigou, pode a outra recusar-se à prestação que lhe incumbe, até que aquela satisfaça a que lhe compete ou dê garantia bastante de satisfazê-la".

Também aí não se trata de descumprimento do contrato, mas de mera suspensão da exigibilidade do cumprimento diante do fundado risco de que o contratante que exige a prestação a que tem direito não venha a efetuar a prestação que lhe compete. É a chamada exceção de inseguridade, aplicável, por exemplo, ao caso do vendedor de uma lancha que, às vésperas da entrega do veículo, lê no jornal que o comprador sofreu grande revés nas bolsas de valores. Nesse cenário, pode deixar de entregar o bem até que o comprador pague o preço ou dê garantia suficiente do seu pagamento. Pouco importa aí se as partes ajustaram datas diferenciadas para suas respectivas prestações. O fato objetivo da diminuição patrimonial, que consubstancia fundado risco de inadimplemento, justifica a paralisação da exigibilidade.

Como destaca Pontes de Miranda, a exceção de inseguridade não confere a quem a invoca direito à prestação antecipada nem à caução, mas apenas ao

---

71 Caio Mário da Silva Pereira, *Instituições de direito civil*, 20. ed., atualizada por Caitlin Mulholland, Rio de Janeiro: Forense, 2016, v. III, p. 140.
72 Orlando Gomes, *Contratos*, cit. p. 110.

retardamento da sua própria prestação[73]. Daí o ponto de aproximação com a exceção do contrato não cumprido. Ao outro contratante é que caberá escolher entre efetuar antecipadamente sua prestação ou dar caução para obter a prestação a que tem direito.

Registre-se que o art. 477 só menciona risco de inadimplemento derivado de diminuição patrimonial. Ainda assim, é possível cogitar de outros fatos objetivos que suscitem fundado risco de não cumprimento do contrato, como a declaração explícita do contratante de que não irá cumprir sua obrigação no momento do vencimento. Também nessas hipóteses, o art. 477 deve ser, por analogia, aplicado, conforme já se viu no estudo do chamado inadimplemento antecipado.

10. Vícios redibitórios

Forma específica de extinção dos contratos é a *redibição*. Trata-se de faculdade que a lei assegura ao contratante que, em virtude de contrato comutativo ou doação onerosa, recebe um bem com vícios redibitórios. Vícios redibitórios são defeitos ocultos da coisa que a tornam imprópria ao uso a que se destina, ou lhe diminuem o valor (art. 441). A compra de um carro com defeito no limpador de para-brisa ou de um apartamento com falhas em sua instalação hidráulica são exemplos de contratações maculadas por vícios redibitórios.

O vício redibitório é um defeito da coisa, não da vontade, embora parte da doutrina insista em enxergar certa semelhança com o erro. Não deve haver confusão: o erro assenta sobre um vício do consentimento, enquanto o vício redibitório é defeito do bem, que o inutiliza ou diminui o seu valor. Por isso mesmo, a proteção contra vícios redibitórios limita-se a contratos translativos e conta com disciplina própria no Código Civil, sujeita-se a prazos muito distintos e efeitos bastante diversos do erro, como se verá. Traço significativo na distinção entre os institutos é que o erro somente gera a anulabilidade se cognoscível, enquanto, para a redibição do contrato por vícios redibitórios, afigura-se irrelevante saber se o alienante conhece ou não o vício.

Os vícios redibitórios devem ser ocultos. Se aparentes ou conhecidos do adquirente não produzem efeito algum, pois se presume que, tendo notado tais defeitos, o adquirente já ofereceu pela coisa preço compatível com seu caráter defeituoso. Quem, por exemplo, compra um apartamento necessitando visivelmente de reformas não pode invocar vícios redibitórios, pois se presume que pagou o preço que julgou compatível com o estado do imóvel. Os vícios redibitó-

---

73 Pontes de Miranda, *Tratado de direito privado*, Rio de Janeiro: Borsoi, 1959, t. 26, p. 109.

rios devem ser também já existentes ao tempo da tradição. Defeitos que venham a nascer após a tradição já encontram a coisa incorporada ao patrimônio do adquirente e não atraem a tutela contra vícios redibitórios. Se, ao contrário, a coisa vem a perecer no patrimônio do adquirente em virtude de vício que já existia ao tempo da tradição, os efeitos dos vícios redibitórios aplicam-se (art. 444). E quais são esses efeitos?

O Código Civil oferece ao adquirente uma alternativa, podendo optar por (a) *redibir* o contrato, que nada mais é que promover sua extinção com retorno das partes ao *status quo ante* (o adquirente devolve a coisa e recebe de volta a sua prestação), ou (b) reclamar o abatimento no preço proporcional ao vício, por meio da chamada ação de *quanti minoris*. A regra, portanto, é que o adquirente "pode usar de uma e de outra, porque juiz único de sua conveniência"[74]. A doutrina mais recente, no entanto, tem destacado a necessidade de submeter essa escolha a um juízo de merecimento de tutela, afastando a possibilidade de redibição, por exemplo, quando o remédio extintivo se revelar desproporcional à gravidade do defeito[75] – em controle semelhante àquele que já ocorre no campo da resolução. Em qualquer caso, pode o adquirente pleitear, adicionalmente, perdas e danos se demonstrado que o alienante conhecia o vício (art. 443). Como já dito, o conhecimento do alienante não é requisito para a redibição nem para o abatimento, restando sua influência limitada ao cabimento das perdas e danos.

Um remédio que o Código Civil não assegura é o direito à substituição do bem adquirido. Nas relações de consumo, o Código de Defesa do Consumidor assegura, diante de vícios do produto ou serviço, o direito de o consumidor obter a substituição do produto ou a reexecução do serviço (art. 18, § 1º, I c/c art. 20, I). Tal norma não encontra paralelo no regime geral do Código Civil. Outra distinção relevante diz respeito aos prazos. O Código Civil estabelece prazo de 30 dias ou 1 ano conforme a coisa viciada seja bem móvel ou imóvel, sendo tais prazos reduzidos pela metade se a coisa já se encontrava na posse do adquirente (art. 445). Diversamente, o Código de Defesa do Consumidor emprega não o critério da natureza do bem, mas o critério da durabilidade do produto, fixando prazo de 30 dias para produtos não duráveis e 90 dias para produtos duráveis. Assim, enquanto a compra de uma resma de papel e de um helicóptero tem prazos diferenciados no diploma consumerista, o Código Civil lhes aplica o mesmo prazo de 30 dias, por sua natureza comum de bem móvel.

---

74 Orlando Gomes, *Contratos*, cit., p. 113.
75 Rebeca Garcia, *Vícios redibitórios: análise crítica de um regime especial de proteção do adquirente*, Rio de Janeiro: Lumen Juris, 2024, p. 149-152.

Outra diferença importante diz respeito ao termo inicial de contagem dos prazos. No Código Civil, os prazos contam-se, em regra, da data de entrega da coisa, admitindo-se, por exceção, que "quando o vício, por sua natureza, só puder ser conhecido mais tarde, o prazo contar-se-á do momento em que dele tiver ciência, até o prazo máximo de cento e oitenta dias, em se tratando de bens móveis; e de um ano, para os imóveis" (art. 445, § 1º). Já o Código de Defesa do Consumidor, de modo mais favorável ao consumidor-adquirente, estabelece como termo inicial para contagem dos prazos, em caso de vícios ocultos, o momento "em que ficar evidenciado o defeito" (art. 26, § 3º), sem estipular prazos máximos para a descoberta do vício.

Por fim, convém registrar que os prazos para redibir ou reclamar abatimento de preço em virtude de vícios redibitórios não correm na pendência de prazos convencionais de garantia. Assim, se as partes convencionam um prazo para que o alienante responda por defeitos do bem, independentemente da proteção legal contra vícios redibitórios, os prazos previstos no Código Civil ficam suspensos até o fim do prazo convencional.

11. Evicção

A evicção é instituto que, tal como os vícios redibitórios, exprime uma proteção legal em favor do adquirente. Diz respeito, todavia, não a um vício material da coisa, mas a um *vício de direito*. A evicção pode ser definida como a perda da coisa recebida pelo adquirente em virtude de contrato oneroso, por força de sentença judicial ou ato administrativo que a atribui a outrem por razão anterior à celebração do contrato aquisitivo. Parte da doutrina brasileira alude apenas à perda da coisa por força de sentença judicial[76], mas a jurisprudência tem reconhecido, acertadamente, que, "para exercício do direito que da evicção resulta ao adquirente, não é exigível prévia sentença judicial, bastando que fique ele privado do bem por ato de autoridade administrativa"[77]. Registre-se, todavia, que, para fins de configuração da evicção, a noção de perda da coisa não se confunde com a privação material do bem – privação que, embora

---

[76] Esta já era a definição de Bevilaqua, para quem a evicção "consiste na perda, total ou parcial, da posse de uma coisa, em virtude de sentença que a garante a alguém que a ela tinha direito anterior" (Clóvis Beviláqua, *Direito das obrigações*, 5. ed., Rio de Janeiro: Freitas Bastos, 1940, p. 177).

[77] STJ, REsp 259.726/RJ, rel. Min. Jorge Scartezzini, j. 3-8-2004. Na mesma direção, o Enunciado n. 651 da IX Jornada de Direito Civil (2022) "A evicção pode decorrer tanto de decisão judicial como de outra origem, a exemplo de ato administrativo".

ocorra frequentemente nos casos de evicção, pode se verificar ou não. O que é necessário para a configuração da evicção é, em verdade, a frustração do direito do adquirente sobre o bem em razão de defeito na titularidade do alienante (vício jurídico)[78]. É nesse sentido que se deve entender a referência à perda da coisa.

O Código Civil afirma que o alienante responde pela evicção (art. 447). Em outras palavras, tem o alienante o dever de indenizar o adquirente pela perda da coisa. A indenização abrange não apenas a restituição integral do preço ou das quantias pagas pelo adquirente, mas também a indenização por (a) frutos que tiver sido obrigado a restituir, (b) despesas do contrato e dos prejuízos que diretamente resultarem da evicção, (c) custas judiciais pagas pelo adquirente e honorários do advogado por ele constituído, e (d) valor das benfeitorias úteis ou necessárias não abonadas ao que sofreu a evicção.

A evicção pode ser meramente parcial, atingindo apenas parte do direito (e não, necessariamente, do bem) transferido ao adquirente, como no caso de estar a coisa gravada com direito real de terceiro[79]. O Código Civil determina, nessa hipótese, que, "se parcial, mas considerável, for a evicção, poderá o evicto optar entre a rescisão do contrato e a restituição da parte do preço correspondente ao desfalque sofrido. Se não for considerável, caberá somente direito a indenização" (art. 455).

Admite-se que as partes excluam, aumentem ou reduzam, por meio de cláusula expressa, a proteção legal contra a evicção, mas a lei protege o adquirente mesmo em caso de exclusão se o evicto "não soube do risco da evicção, ou, dele informado, não o assumiu" (art. 449). Por outro lado, não pode o adquirente demandar pela evicção, se sabia que a coisa era alheia ou litigiosa (art. 457).

12. Responsabilidade pós-contratual

A expressão *responsabilidade pós-contratual* ou *post pactum finitum* é empregada para destacar que o cumprimento da prestação não elimina a responsabilidade que pode surgir por fatos posteriores capazes de comprometer a realização do

---

[78] Pontes de Miranda, *Tratado de direito privado*, Rio de Janeiro: Borsoi, 1962, t. XXXVIII, p. 157-158.
[79] Daí já ter reconhecido o STJ que, "sendo dever do alienante transmitir ao adquirente o direito sem vícios não consentidos, caracteriza-se a evicção na hipótese de inclusão de gravame capaz de impedir a transferência livre e desembaraçada do bem" (STJ, 3ª Turma, REsp 1.713.096/SP, rel. Min. Nancy Andrighi, j. 10-2-2018).

interesse consubstanciado no contrato. A boa-fé objetiva vem gerar, no dizer da doutrina, essa projeção temporal da responsabilidade, ao impor às partes o dever de se comportarem de modo leal e confiável, abstendo-se de frustrar *a posteriori* os efeitos do contrato.

São exemplos aos quais se aplica a responsabilidade pós-contratual: (a) a venda do ponto comercial com posterior instalação de loja concorrente pelo vendedor na mesma rua, comprometendo os efeitos daquela alienação; e a (b) venda de imóvel anunciado com vista para o mar seguida do início de construção pelo alienante no terreno em frente. A doutrina recorda, ainda, a situação do empregador que, após o término da relação de trabalho, presta informações incorretas ou distorcidas sobre seu ex-empregado, causando embaraço ou dúvida a respeito de sua idoneidade[80].

Alguns autores consideram que a responsabilidade pós-contratual consiste em uma responsabilidade de natureza contratual, baseada no que denominam pós-eficácia das obrigações[81]. Para outra parcela da doutrina, todavia, trata-se de responsabilidade aquiliana ou extracontratual, fundada em deveres *ex bona fide*, que tem fonte legal, independentemente do que consta do contrato, ainda que o preenchimento de seu conteúdo varie conforme o escopo contratual. A questão tem pouca relevância prática, na medida em que a própria dicotomia entre responsabilidade contratual e extracontratual é, hoje, objeto de crítica.

---

80 Rogério Ferraz Donnini, *Responsabilidade pós-contratual no novo Código Civil e no Código de Defesa do Consumidor*, São Paulo: Saraiva, 2004, p. 128.
81 Menezes Cordeiro, Da pós-eficácia das obrigações, in *Estudos de Direito Civil*, Coimbra: Almedina, 1984, 2ª reimp.

Capítulo 23

Contratos em Espécie

Sumário: **1.** Contratos em espécie. **2.** Qualificação contratual. **3.** Compra e venda. **3.1.** Elementos da compra e venda. **3.2.** Classificação. **3.3.** Efeito obrigacional da compra e venda. **3.4.** Invalidade da compra e venda. **3.5.** Compra e venda *ad corpus* × *ad mensuram*. **3.6.** Pactos adjetos à compra e venda. **3.6.1.** Retrovenda. **3.6.2.** Venda a contento ou sujeita a prova. **3.6.3.** Preempção ou preferência. **3.6.4.** Venda com reserva de domínio. **3.6.5.** Venda sobre documentos. **3.7.** Compra e venda internacional de mercadorias. **4.** Troca ou permuta. **5.** Estimatório. **6.** Doação. **6.1.** Objeto da doação. **6.2.** *Animus donandi*. **6.3.** Forma escrita. **6.4.** Classificação. **6.5.** Espécies de doação. **6.6.** Invalidade das doações. **6.7.** Revogação da doação. **6.8.** Promessa de doação. **7.** Locação. **7.1.** Características. **7.2.** Locações especiais. **7.3.** Disciplina geral da locação. **7.3.1.** Elementos da locação. **7.3.2.** Efeitos. **7.3.3.** Extinção. **7.4.** Locação de imóveis urbanos. **7.4.1.** Características. **7.4.2.** Elementos. **7.4.3.** Efeitos. **7.4.4.** Fiança e outras garantias. **7.4.5.** Cessão e sublocação. **7.4.6.** *Shopping center*. **7.4.7.** Extinção. **8.** *Leasing*. **9.** Comodato. **9.1.** Características. **9.2.** Elementos. **9.3.** Efeitos. **9.4.** Extinção. **10.** Mútuo. **10.1.** Características. **10.2.** Elementos. **10.3.** Efeitos. **10.4.** Mútuo de dinheiro. **10.5.** Extinção. **11.** Prestação de serviços. **11.1.** Características. **11.2.** Elementos. **11.3.** Tutela externa do crédito. **11.4.** Extinção. **12.** Empreitada. **12.1.** Elementos. **12.2.** Características. **12.3.** Efeitos. **12.4.** Variação de preços e risco do empreiteiro. **12.5.** Extinção × suspensão. **12.6.** Responsabilidade do empreiteiro. **12.7.** Proteção do autor do projeto. **13.** Depósito. **13.1.** Espécies de depósito. **13.2.** Efeitos. **13.3.** Direito de retenção. **13.4.** Uso da coisa depositada. **13.5.** Extinção. **13.6.** Prisão civil do depositário infiel. **14.** Mandato. **14.1.** Elementos. **14.2.** Características. **14.3.** Procuração. **14.4.** Conflito de interesses. **14.5.** Espécies de mandato. **14.6.** Efeitos do mandato. **14.7.** Atuação *ultra vires mandati*. **14.8.** Abuso de poder do mandatário. **14.9.** Substabelecimento. **14.10.** Extinção do mandato. **14.11.** Procuração em causa própria. **14.12.** Mandato judicial. **15.** Comissão. **15.1.** Elementos. **15.2.** Características. **15.3.** Efeitos da comissão. **15.4.** Cláusula *del credere*. **15.5.** Extinção. **16.** Agência. **16.1.** Elementos. **16.2.** Características. **16.3.** Efeitos. **16.4.** Extinção. **17.** Distribuição. **17.1.** Distribuição e concessão mercantil. **18.** Corretagem. **18.1.** Elementos. **18.2.** Características. **18.3.** Efeitos. **18.4.** Extinção. **18.5.** O problema do registro do corretor. **19.** Transporte. **19.1.** Elementos. **19.2.** Características. **19.3.** Efeitos. **19.3.1.** Transporte de pessoas. **19.3.2.** Transporte de coisas. **19.4.** Responsabilidade civil do transportador aéreo. **19.5.** Transporte cumulativo. **19.6.** Extinção. **20.** Seguro. **20.1.** Espécies. **20.2.** Elementos. **20.3.** Características. **20.4.** Efeitos. **20.5.** Efeitos sobre terceiros. **20.6.** A boa-fé no contrato de seguro. **20.7.** Cláusula perfil. **20.8.** Seguro de vida do companheiro. **20.9.** A questão do suicídio no seguro de vida. **20.10.** Acidentes provocados por embriaguez. **20.11.** Cosseguro e resseguro. **20.12.** Extinção do contrato de seguro. **21.** Constituição de renda. **21.1.** Elementos. **21.2.** Características. **21.3.** Efeitos. **21.4.** Extinção. **22.** Jogo e aposta. **22.1.** Características. **22.2.** Efeitos. **23.** Fiança. **23.1.** Elementos. **23.2.** Características. **23.3.** Efeitos. **23.4.** Benefício de ordem ou excussão. **23.5.** Benefício de divisão. **23.6.** Outorga uxória ou marital para fiança. **23.7.** Sub-rogação do fiador. **23.8.** Responsabilidade do fiador na prorrogação do contrato de locação. **23.9.** Penhorabilidade do imóvel do fiador. **23.10.** Extinção. **24.** Transação. **25.** Compromisso. **26.** Administração fiduciária de garantias.

1. Contratos em espécie

A extensa e analítica disciplina de certas espécies contratuais suscita a falsa impressão de que o Código Civil normatiza, inteiramente, essas matérias. Longe disso, pois podem ter intensa aplicação nesse campo o Código de Defesa do Consumidor e outras leis especiais (Lei do Inquilinato, Estatuto da Terra, Lei Ferrari e outras que serão examinadas ao longo do capítulo), recrudescendo a necessidade de harmonização de normas de diferentes fontes, emitidas em períodos históricos distintos e mediante o emprego de técnicas legislativas às vezes bastante diferenciadas. Torna-se imprescindível, na solução dos problemas interpretativos suscitados, assegurar a unidade do sistema, tendo em conta a primazia axiológica do texto constitucional e sua direta aplicação às relações jurídicas de direito privado.

2. Qualificação contratual

A qualificação é o processo pelo qual se determinam os efeitos jurídicos produzidos por certo fato[1]. A qualificação dos contratos se opera, para a civilística tradicional, por meio da identificação dos elementos essenciais do tipo contratual na operação econômica realizada pelos contratantes. Assim, um contrato que se centre na troca de um bem por um preço será qualificado como

---

1   Carlos Nelson Konder, *Causa e tipo: a qualificação dos contratos sob a perspectiva civil-
    -constitucional*, Rio de Janeiro, 2014, p. 8.

contrato de compra e venda, enquanto aquele que se centre na troca de um bem por outro será qualificado como contrato de permuta, e assim por diante. Trata-se da chamada doutrina dos *essentialia*[2], método que se concentra sobre uma análise exclusivamente estrutural do contrato. A doutrina mais recente tem, contudo, destacado a importância de se proceder a uma análise funcional do contrato, que permita sua qualificação a partir não apenas da sua estrutura, mas também da finalidade econômica e social que pretende atender (causa concreta)[3]. Qualificação e interpretação do contrato integram um processo cognitivo unitário destinado a individuar a normativa idônea ao caso concreto[4].

3. Compra e venda

Considerada o principal contrato típico das codificações modernas e tida por muitos autores como o modelo paradigmático dos contratos bilaterais e onerosos, a compra e venda consiste no contrato por meio do qual o vendedor se obriga a transferir ao comprador a propriedade de um bem, mediante o pagamento do preço em dinheiro ou título representativo de dinheiro. Sua disciplina, herdada em boa parte do pragmatismo romano, é composta de mais de cinquenta artigos no Código Civil brasileiro, chegando ao ponto de regular minúcias que já resultariam da simples aplicação da disciplina geral dos contratos.

Pior: o detalhismo do legislador não deve sugerir que a disciplina da compra e venda encontra-se exaustivamente regulada na codificação civil. Embora a evolução histórica do direito civil tenha logrado lhe preservar certa unidade conceitual, a verdade é que existem compras e vendas das mais variadas espécies, havendo evidente artificialismo na tentativa de se reservar uma única disciplina à compra e venda de uma aeronave e à compra e venda de um saco de feijão. Papel relevante desempenha aí o chamado Código de Defesa do Consumidor. A aquisição de certo produto pelo consumidor, embo-

---

2   A denominação advém da clássica tripartição dos elementos do negócio jurídico em essenciais (*essentialia*), naturais (*naturalia*) e acidentais (*accidentalia*). Sobre o tema, ver: Antônio Junqueira de Azevedo, *Negócio jurídico: existência, validade e eficácia*, 3. ed., São Paulo: Saraiva, 2000, p. 30-39.

3   Confira-se, entre outros: María del Carmen Gete-Alonso y Calera, *Structura y función del tipo contractual*, Barcelona: Bosch, 1979, p. 696-710; Carlos Nelson Konder, *Causa e tipo...*, cit., p. 204-216.

4   Pietro Perlingieri, *O direito civil na legalidade constitucional*, trad. Maria Cristina De Cicco, Rio de Janeiro: Renovar, 2008, p. 650-653.

ra frequentemente se realize por meio de contrato de compra e venda, atrai um conjunto de normas de ordem pública que não encontram sequer uma remissão no Código Civil de 2002.

Como destaca Paulo Lôbo,

> a evolução mais sensível reside no enquadramento da compra e venda em legislações especiais voltadas à realização dos valores e princípios constitucionais, que se têm amplificado no Estado regulador, principalmente as voltadas ao direito do consumidor, ao direito da concorrência e ao abuso do poder econômico. O direito busca um novo equilíbrio, entre os contratantes, que contemple o direito à informação, a tutela da parte vulnerável, o direito a melhores garantias legais, o direito de arrepender-se, o direito à segurança. (...) A necessidade de defender o consumidor, alçada a princípio fundamental conformador do direito infraconstitucional, introduziu a temática das cláusulas abusivas e das eficácias pré e pós-contratual, delimitando o campo de abrangência das normas comuns, estabelecidas no Código Civil, relativamente ao contrato de compra e venda, que passam a ter função supletiva[5].

É crucial, portanto, que o exame da compra e venda seja realizado à luz da pluralidade de fontes normativas que incidem sobre tal espécie contratual e também com base na diversidade do seu objeto e dos fins perseguidos pelas partes com a sua celebração. Valeria aqui, por analogia, a célebre afirmação de Salvatore Pugliatti, pois se é verdadeiro que não há uma propriedade, mas propriedades, também é certo que não há uma compra e venda, mas compras e vendas, guiadas por interesses e necessidades muito distintos entre si.

3.1. *Elementos da compra e venda*

Vem dos romanos a lição segundo a qual a compra e venda possui três elementos essenciais: *res, pretium et consensus* (coisa, preço e consenso). Trata-se, a rigor, de visão que se limita ao objeto da compra e venda (preço e coisa), com o acréscimo do consenso, sinônimo de acordo de vontades, e elemento essencial a qualquer contrato. Eduardo Espínola permite-se acrescentar à tríade romana, ao menos, um quarto elemento, relativo à forma[6]. *Res* é a coisa ou

---

[5] Paulo Lôbo, in Antônio Junqueira de Azevedo (Coord.), *Comentários ao Código Civil*, São Paulo: Saraiva, 2003, v. 6, p. 7-8.
[6] Eduardo Espínola, *Dos contratos nominados no direito civil brasileiro*, Rio de Janeiro: Gazeta Jurídica, 1953, p. 31-32.

bem, termos tidos como sinônimos no direito brasileiro contemporâneo, como já visto no estudo da teoria geral do direito civil. Os bens podem ser corpóreos ou incorpóreos. Nada impede, portanto, que se compre coisas incorpóreas, como certa marca ou determinados créditos, preferindo os autores, nas hipóteses de bens incorpóreos, empregar a denominação de "cessão", mas nunca afastando a incidência da disciplina geral da compra e venda[7]. A coisa objeto do contrato de compra e venda pode, ainda, ser futura, como expressamente autoriza o Código Civil, no art. 483. Em tal situação, a compra e venda assume caráter de contrato aleatório, aplicando-se aqui os já mencionados dispositivos que disciplinam o contrato aleatório com base na antiga tradição da *emptio spei* e da *emptio rei speratae*.

O preço é também elemento essencial à compra e venda. Discutia-se, já entre os romanos, se o preço precisava ser em dinheiro ou não. Calorosos debates se travaram entre proculeianos e sabinianos: os primeiros defendendo que a compra e venda exigia preço em dinheiro; os últimos sustentando que o preço fixado em coisa diferente de dinheiro não desfigurava a compra e venda[8]. O Código Civil brasileiro adere à tese proculeiana, ao definir a compra e venda como contrato em que o comprador se obriga a entrega do preço em dinheiro (art. 481). Se, ao revés, assume a obrigação de entregar coisa que não dinheiro, o contrato se desfigura: deixa de ser compra e venda para se converter em contrato de troca ou permuta. Registre-se que não desfigura a compra e venda a obrigação de pagar preço em título representativo de dinheiro, como cheque ou nota promissória[9].

Exige-se que o preço seja sério. Se fictício ou irrisório, não há compra e venda, mas doação simulada em compra e venda[10]. Exige-se, ainda, que o preço seja certo e determinado ou, ao menos, determinável no momento da celebração do contrato, para que seja determinado no momento do pagamento. Vale dizer: admite-se que as partes estipulem preço variável, oscilando conforme taxas de bolsa ou de mercado, bem como índices financeiros (art. 486). Também podem as partes deixar a fixação do preço ao arbítrio de um terceiro (art. 485). O Código Civil chega a afirmar, no art. 488, que a compra

---

7   Orlando Gomes, *Contratos*, atualizado por Antônio Junqueira de Azevedo e Francisco Paulo De Crescenzo Marino, Rio de Janeiro: Forense, 2009, p. 273.
8   José Carlos Moreira Alves, *Direito romano*, Rio de Janeiro: Forense, 2014, p. 519.
9   Caio Mário da Silva Pereira, *Instituições de direito civil*, 20. ed., atualizada por Caitlin Mulholland, Rio de Janeiro: Forense, 2016, v. III, p. 157.
10 Caio Mário da Silva Pereira, *Instituições de direito civil*, cit., v. III, p. 158.

e venda poderia ser estabelecida "sem fixação de preço ou de critérios para a sua determinação", caso em que presume que as partes "se sujeitaram ao preço corrente nas vendas habituais do vendedor". O dispositivo deve ser lido com cautela: não se pode converter em injustificada subordinação do comprador ao vendedor nem inaugurar uma espécie de *compra e venda sem preço*, inédita na tradição dos sistemas jurídicos romano-germânicos. O art. 488 deve ser lido como hipótese de *preço tacitamente ajustado* entre comprador e vendedor, como no exemplo do empreiteiro que retira latas de tinta ou sacos de cimento do estabelecimento do vendedor, com quem adquire tais bens com habitualidade. Havendo qualquer dúvida quanto ao preço acordado tacitamente, o critério que deve ser aplicado é o critério do preço de mercado do bem adquirido ("termo médio"), como se pode extrair do próprio Código Civil (art. 488, parágrafo único).

O terceiro e último elemento é o consenso, indispensável a qualquer contrato e, portanto, também à compra e venda. Não se exige um consentimento diverso ou especial, razão pela qual a referência a consenso como elemento da compra e venda configura, a rigor, um vestígio romanista.

3.2. Classificação

A compra e venda é um contrato bilateral, oneroso, normalmente comutativo e não solene. É bilateral porque cria obrigações tanto para o vendedor quanto para o comprador. É oneroso porque ambas as partes sofrem em virtude dele um sacrifício econômico, representado pelo dispor da coisa ou do preço. É contrato normalmente comutativo porque, de hábito, o preço e a coisa têm seus valores delimitados no momento da celebração do contrato, permitindo-se estimar a correspondência econômica entre as prestações entre as partes, embora, conforme já visto, a compra e venda possa ser, eventualmente, aleatória. Trata-se, por fim, de contrato não solene, também chamado consensual ou informal, porque a lei não exige forma especial para sua celebração. Registre-se, entretanto, que a compra e venda de bens imóveis superiores a trinta vezes o salário mínimo terá de ser feita por escritura pública, por força do disposto no art. 108 do Código Civil[11].

---

11 "Art. 108. Não dispondo a lei em contrário, a escritura pública é essencial à validade dos negócios jurídicos que visem à constituição, transferência, modificação ou renúncia de direitos reais sobre imóveis de valor superior a trinta vezes o maior salário mínimo vigente no país."

3.3. Efeito obrigacional da compra e venda

O contrato de compra e venda, no direito brasileiro, tem caráter meramente obrigacional. Em outras palavras, a compra e venda, por si só, não transfere a propriedade da coisa, mas apenas *obriga a transferir*. A transferência, no direito brasileiro, se dará por meio da tradição (quando se trata de bens móveis) ou por meio da transcrição do contrato de compra e venda no Registro de Imóveis (quando se trata de bens imóveis)[12].

3.4. Invalidade da compra e venda

Além das causas que conduzem à invalidade do contrato em geral, o legislador entendeu por bem arrolar causas específicas de invalidade da compra e venda nos arts. 496 a 498 do Código Civil. Assim, por exemplo, considera-se *nula* a compra por tutores, curadores, testamenteiros e administradores de bens confiados à sua guarda ou administração, ou, ainda, a compra por leiloeiros e seus prepostos de bens que estejam encarregados de vender (art. 497, I e IV). Nossa legislação considera *anulável* a venda de ascendente a descendente, salvo se os outros descendentes e o cônjuge do alienante expressamente houverem consentido (art. 496), dispensado o consentimento do cônjuge em caso de regime de separação obrigatória de bens.

3.5. *Compra e venda* ad corpus × ad mensuram

Na maior parte dos casos, a compra e venda realiza-se *ad corpus*. Significa dizer que quem se obriga a comprar algo normalmente concorda com o preço à luz da própria individualidade do bem. Pode ocorrer, todavia, que o preço na compra e venda seja fixado *por medida* ou *por extensão* do bem, hipótese na qual se configura a compra e venda *ad mensuram*. Por exemplo, quem compra tecidos, frequentemente compra por medida, ajustando preço a metro. Quem compra imóveis, especialmente imóveis rurais, também o faz, por vezes, *ad mensuram*, isto é, estipulando um preço por hectare, alqueire ou outra medida de extensão da área. Atento aos conflitos que podem surgir da diferença a menor entre a medida real do imóvel e aquela estabelecida no contrato de compra e venda, o legislador assegura ao comprador, em tal hipótese, "o direito de exigir o complemento da área, e, não sendo isso possível, o de reclamar a resolução do contrato ou abatimento proporcional ao preço" (art. 500). Se, por outro lado, a

---

12 Sobre o tema, ver o capítulo acerca dos direitos reais.

medida real do imóvel for superior àquela prevista no contrato, o vendedor poderá, provando que "tinha motivos para ignorar a medida exata da área vendida" – que lhe cabia, em teoria, conhecer –, exigir do comprador ou o complemento do preço ou a devolução do excesso, cabendo ao próprio comprador a escolha entre uma ou outra via. O prazo para o exercício dessas pretensões é, tanto no caso do comprador quanto no caso do vendedor, de um ano contado do registro do título, ressalvados os casos de atraso na imissão da posse provocado pelo alienante, situação em que o termo inicial do prazo será não a data do registro, mas a data da imissão (art. 501).

Nenhum desses efeitos verifica-se quando a compra e venda é realizada *ad corpus*, ou seja, com o preço estipulado à luz do próprio bem e não da sua extensão. As dimensões do bem podem constar do contrato a título meramente enunciativo; isso não converte o contrato em compra e venda *ad mensuram*. É preciso, para tanto, que as medidas sejam elemento essencial da contratação, influenciando diretamente no preço, estipulado de acordo com a extensão do bem. Adicionalmente, o Código Civil brasileiro, no art. 500, § 1º, presume que a referência às dimensões do bem é simplesmente enunciativa se "a diferença encontrada não exceder de um vigésimo da área total enunciada, ressalvado ao comprador o direito de provar que, em tais circunstâncias, não teria realizado o negócio".

3.6. Pactos adjetos à compra e venda

Pactos adjetos são cláusulas especiais previstas em nossa legislação que podem ser apostas pelos contratantes ao contrato de compra e venda, sem desfigurá-lo. São, em suma, (a) o pacto de retrovenda; (b) a venda a contento ou sujeita a prova; (c) o direito de preempção ou preferência; (d) a venda com reserva de domínio; e (e) a venda sobre documentos.

3.6.1. Retrovenda

Retrovenda é a cláusula especial do contrato de compra e venda mediante a qual o vendedor se reserva o direito de recobrar a coisa imóvel alienada, no prazo máximo de três anos, restituindo ao comprador o preço recebido e as despesas que este último tenha tido com a coisa (art. 505). O Código Civil de 2002, como o anterior, refere-se indistintamente a esse direito estipulado em favor do vendedor como *direito de retrovenda*, *direito de resgate* ou *direito de retrato*. Trata-se de um direito potestativo, que independe, portanto, de aceitação ou qualquer ato do comprador. Por isso, seu exercício não é considerado como celebração de um novo contrato de compra e venda, não havendo incidência de novo imposto de transmissão. Opera como uma condição resolutiva da aquisição da propriedade[13].

Ao direito de retrovenda o Código Civil reserva eficácia real, como se vê no art. 507, que permite que o exercício do direito de retrato alcance o bem imóvel mesmo em propriedade de terceiros. A codificação anterior acrescentava ser possível o exercício contra terceiros "ainda que eles não conhecessem a cláusula de retrato". Interpretada literalmente, a situação geraria extrema insegurança nas relações jurídicas, daí ter se resolvido o problema já na vigência da codificação anterior por meio do art. 167, I, alínea 29, da Lei de Registros Públicos (Lei n. 6.015/73), que exige o registro "da compra e venda pura e da condicional", gênero no qual se enquadra, como visto, a retrovenda. Registrada a compra e venda no Registro Geral de Imóveis, o terceiro adquirente não terá como desconhecer a condição resolutiva consubstanciada no direito de resgate, que, por isso, o alcança.

3.6.2. Venda a contento ou sujeita a prova

Aureliano Guimarães define a venda a contento como "a que se realiza sob a condição de só se tornar perfeita e obrigatória, após a declaração do comprador de que a coisa lhe satisfaz"[14]. Em outras palavras: estipulam as partes que a compra e venda fica com sua eficácia suspensa até que o comprador emita a declaração de contentamento com a coisa. Tapetes e quadros frequentemente se vendem a contento, pois ao comprador, por vezes, é difícil avaliar se a coisa lhe agrada ou não sem visualizá-la em sua própria casa, no contexto dos demais móveis que compõem o seu ambiente doméstico. A venda a contento opera como venda sob condição suspensiva: até a declaração de contentamento do comprador não produz efeito algum.

Tecnicamente, discute-se se o contentamento pode configurar condição suspensiva. A condição, como já visto, configura evento futuro e incerto a que se subordina a eficácia do negócio jurídico. A lei impede, contudo, que tal evento dependa exclusivamente da vontade de uma das partes, a fim de que não fique a depender do arbítrio do outro contratante. A tal condição, vedada pelo direito brasileiro, denomina-se condição puramente potestativa. A discussão aqui é, em suma, a seguinte: o contentamento do comprador configura condição puramente potestativa? Washington de Barros Monteiro sustenta que sim, mas, por força da expressa autorização legal, a venda a contento não atrairia a proibição geral

---

13 Caio Mário da Silva Pereira, *Instituições de direito civil*, cit., v. III, p. 180.
14 Aureliano Guimarães, *A compra e venda civil*, São Paulo: Livraria Acadêmica, 1927.

às condições puramente potestativas[15]. Em sentido contrário, há a engenhosa construção defendida por Caio Mário da Silva Pereira, para quem contentar-se ou não com alguma coisa não é situação que dependa da vontade subjetiva do comprador, mas sim de uma objetiva adequação da coisa às suas preferências psicológicas, que não são controladas pela vontade, mas sim por fatores inconscientes[16]. Gostar de verde, azul ou grená não é um ato de vontade, mas um produto das forças mentais incontroláveis que nos atribuem as nossas preferências. Seja como for, o certo é que o contentamento não se sujeita a um escrutínio objetivo: a declaração do comprador de que se contentou ou não com a coisa não exige justificativa e não pode ser contestada. Trata-se, a rigor, de uma esfera de subjetividade que o vendedor consente em suportar em benefício da realização do negócio e da satisfação do seu interesse nas vendas de coisas que seriam vendidas em menor quantidade sem o pacto adjeto mencionado.

Tratamento análogo à venda a contento é reservado pelo Código Civil à chamada venda sujeita a prova (art. 510). Aqui, também se subordina a eficácia da compra e venda a uma condição suspensiva, consubstanciada na prova ou teste da coisa em determinado contexto. Por exemplo, compra-se um *software* com a condição de que se comprove compatível com o sistema de informática do comprador. Aí, como se vê, a estrutura do contrato de compra e venda é semelhante àquela da venda a contento, mas, enquanto o contentamento exprime uma *adequação subjetiva* da coisa às preferências do comprador, a condição na venda sujeita a prova consiste em uma *adequação objetiva* da coisa mediante certo teste ou prova estipulado entre comprador e vendedor.

3.6.3. Preempção ou preferência

Denomina-se preempção ou preferência o direito atribuído ao preferente para adquirir certa coisa, com exclusão de qualquer outro interessado, caso ofereça as mesmas condições. O direito de preferência pode derivar da lei – como ocorre no caso do locatário, para aquisição do imóvel locado (Lei do Inquilinato, art. 27)[17], ou ainda no caso do acionista, para aquisição de novas ações da

---

15 Washington de Barros Monteiro. *Curso de direito civil: direito das obrigações*, 2ª parte, 34. ed., São Paulo: Saraiva, 2003, p. 116.
16 Caio Mário da Silva Pereira, *Instituições de direito civil*, cit., v. III, p. 184-185.
17 "Art. 27. No caso de venda, promessa de venda, cessão ou promessa de cessão de direitos ou dação em pagamento, o locatário tem preferência para adquirir o imóvel locado, em igualdade de condições com terceiros, devendo o locador dar-lhe conhecimento do negócio mediante notificação judicial, extrajudicial ou outro meio de ciência inequívoca."

companhia (Lei das Sociedades por Ações, art. 171)[18] – ou da convenção entre as partes – como ocorre em acordos de acionistas que fixam preferências recíprocas entre titulares de ações para a hipótese de alienação por qualquer deles de ações já existentes. No caso da compra e venda, não há direito de preferência de fonte legal para qualquer das partes, mas o Código Civil autoriza que seja estipulado pelas partes que o vendedor terá direito de preferência para adquirir o bem caso o comprador decida, no futuro, vendê-lo. É nesse sentido que nossa codificação se refere ao pacto adjeto de preempção (*pre-emptio*, pré-venda) ou preferência na compra e venda.

O direito de preferência se instrumentaliza por meio do dever que tem o titular da coisa de, recebendo uma proposta de aquisição com preço e demais condições definidas, comunicar o titular do direito de preferência para que, querendo, exerça seu direito de aquisição em igualdade de condições. Como se vê, para que seja respeitado o direito de preferência, é preciso que o seu titular seja previamente comunicado da possível alienação da coisa, assegurando-se ao preferente a oportunidade de adquirir o bem. O Código Civil determina que, se as partes não fixarem um prazo para o exercício do direito de preferência, este será de três dias no caso de bem móvel e de 60 dias no caso de bem imóvel. Mais uma vez, vale-se a codificação da dicotomia entre bens móveis e imóveis, a qual, como já destacado, não se afigura ideal, tendo em vista as marcantes diferenças que podem existir no universo dos bens móveis. O exercício de direito de preferência em relação a certos bens móveis pode exigir prévia avaliação, como no caso de máquinas industriais ou, ainda, de ações de uma companhia, hipótese em que seria recomendável auditoria jurídica (*due diligence*) e avaliação econômica. Nesses casos, o prazo de três dias afigurar-se-ia irrisório, cabendo às partes estarem atentas para estipular prazo mais longo, sendo certo, ainda, que o Código Civil fixa os limites máximos de 180 dias para bens móveis e dois anos para bens imóveis, contados, em qualquer caso, do dia em que foi comunicado o preferente das condições da proposta.

Se o preferente não for comunicado e a alienação ocorrer sem que lhe tenha sido dada a chance de exercer a preferência, a contraparte fica sujeita ao pagamento de perdas e danos. Ao contrário do que fez em relação à retrovenda, o Código Civil não reservou ao direito de preferência eficácia real. Assim, o

---

18 "Art. 171. Na proporção do número de ações que possuírem, os acionistas terão preferência para a subscrição do aumento de capital."

preferente, lesado em seu direito, não pode pretender obter a coisa de terceiros que a tenham adquirido, conservando apenas direito de se ressarcir dos prejuízos perante aquele que lhe deveria ter dado a oportunidade de exercer a preferência (art. 518). Registre-se, por fim, que estudos mais recentes têm chamado a atenção para a impossibilidade de se considerar esta disciplina do pacto de preempção como um regramento geral aplicável a todas as hipóteses de direito de preferência previstas na legislação ou celebradas entre as partes[19].

3.6.4. Venda com reserva de domínio

Reserva de domínio é a cláusula especial da compra e venda mediante a qual o vendedor se reserva o direito de propriedade sobre a coisa, que só é transferida ao comprador após o pagamento integral do preço, sem prejuízo da transmissão da posse desde o momento da celebração do contrato. Limita-se, por expressa disposição legal, aos bens móveis (art. 521) e exerce essencialmente a função de garantia de pagamento do preço. Na venda com reserva de domínio, como explica Darcy Bessone,

> o vendedor retém o domínio apenas no interesse da garantia, que deseja, do integral pagamento do preço. À falta de outro meio, sob esse aspecto igualmente eficaz, ele permanece dono. Mas, privado do uso e gozo da coisa e vinculado realmente ao comprador, já no instante contratual o seu domínio começa a esvaziar-se, tornando-se progressivamente, a cada prestação nova que o comprador satisfaça, mais próximo do momento fatal, em que se exaurirá por completo[20].

De fato, quando pago integralmente o preço, a propriedade transfere-se automaticamente do vendedor ao comprador (art. 524). Os riscos sobre a coisa já correm por conta do comprador que tiver a posse, desde o momento em que a recebe.

3.6.5. Venda sobre documentos

Último pacto adjeto de que se ocupa o legislador brasileiro é a chamada venda sobre documentos. A disciplina encontra inspiração no Código Civil italiano (arts. 1.527 a 1.530) e tem por escopo assegurar maior agilidade às ope-

---

19 Carla Wainer Chalréo Lgow, *Direito de preferência*, São Paulo: Atlas, 2013, p. 28.
20 Darcy Bessone, *Da compra e venda: promessa e reserva de domínio*, Belo Horizonte: Bernardo Alvares, 1960, p. 268.

rações econômicas de compra e venda de bens móveis de difícil deslocamento. Por esse pacto adjeto, "a obrigatoriedade da tradição da coisa é satisfeita com a entrega ao comprador de documento representativo, para que seja exigível o pagamento do preço"[21]. Há uma espécie de tradição simbólica, por meio de documentos ou títulos como o conhecimento de depósito e o *warrant*. A rigor, a matéria estaria mais bem disciplinada no campo do pagamento das obrigações que propriamente entre os pactos adjetos da compra e venda, pois, sendo aplicável a qualquer contrato translatício, não há motivo para que o tema tenha sido enquadrado no âmbito exclusivo desse tipo contratual.

3.7. *Compra e venda internacional de mercadorias*

Celebrada em Viena em abril de 1980, a Convenção das Nações Unidas sobre Compra e Venda Internacional de Mercadorias (CISG – Convention of International Sales of Goods) tem aplicação em numerosos países, incluindo diversos parceiros comerciais do Brasil. Depois de mais de três décadas de espera, a adesão do Brasil à CISG foi finalmente aprovada pelo Congresso Nacional, por meio do Decreto Legislativo n. 538, de 19 de outubro de 2012, sendo promulgada pelo Decreto n. 8.327, de 16 de outubro de 2014. A convenção se aplica aos contratos de compra e venda de mercadorias quando: (a) uma das partes tiver seu estabelecimento no Brasil e a outra parte também tiver seu estabelecimento em um outro país signatário; (b) a outra parte não tiver seu estabelecimento em um país signatário, mas as regras de direito internacional privado levarem à aplicação da lei de um Estado signatário; (c) as partes, no exercício de sua autonomia privada, optarem pela aplicação das normas da CISG. Não será determinante, portanto, a nacionalidade das partes nem o caráter civil ou comercial das partes ou do contrato (art. 1º). A convenção veicula normas sobre formação dos contratos, interpretação (das normas da própria convenção e dos contratos regidos pela sua disciplina), deveres das partes, responsabilidade contratual, entre outros temas relevantes.

A interpretação da convenção, todavia, exige certa cautela. A CISG passou a integrar o sistema jurídico brasileiro e, em que pese o esforço da convenção em declarar sua própria autonomia em relação aos direitos internos (art. 7), não há espaço em nosso ordenamento para a proliferação de "microssistemas", imunes à eficácia interpretativa e aplicativa da Constituição da República. Muitos princípios hoje insculpidos no Código Civil brasileiro –

---

21 Paulo Lôbo, *Comentários ao Código Civil*, cit., v. 6, p. 216.

como o princípio do equilíbrio contratual e da função social dos contratos – refletem no campo contratual valores constitucionais, como a solidariedade social, que não ficam afastados pela internalização da CISG e continuam, por isso mesmo, podendo ser aplicados indireta (por via interpretativa) ou diretamente (por via aplicativa) na solução de conflitos estabelecidos no âmbito de contratos internacionais de compra e venda de mercadorias regidos pela legislação brasileira. A aplicação dos princípios gerais da convenção – e, de resto, também de suas regras específicas – não prescinde do juízo concreto de constitucionalidade, sob pena de se renunciar à própria ideia de sistema jurídico e de sua necessária unidade.

Nesse sentido, convém notar que a CISG exprime, como qualquer norma internacional ou nacional, um momento histórico que corresponde, no seu caso, ao início dos anos de 1980 e reflete uma determinada filosofia jurídica, que muitos autores associam à busca de uma nova *lex mercatoria*[22]. Seu propósito estaria, assim, atendido na exata medida em que, como regulamentação uniforme, estimulasse a prática do comércio internacional com a "eliminação de obstáculos jurídicos às trocas internacionais"[23]. Nessa direção, a CISG adota, na regulação de diversas matérias, uma abordagem mais "liberal" que aquela hoje encontrada na experiência jurídica brasileira, em que a intervenção estatal (judicial) nos contratos tem sido aceita com mais facilidade. Esses pontos de dissonância não se resolvem por uma preferência absoluta pela CISG, uma vez que muitas dessas divergências encontram amparo na tábua axiológica contida na Constituição de 1988, norma que continua a ocupar a posição central no sistema jurídico brasileiro independentemente da adesão à CISG. Ao intérprete caberá a tarefa de interpretar e aplicar a CISG de modo a assegurar a compatibilidade da sua incidência com os va-

---

22 Véra Jacob de Fradera, A saga da uniformização da compra e venda internacional: da *lex mercatoria* à Convenção de Viena de 1980, in *A compra e venda internacional de mercadorias – estudos sobre a Convenção de Viena de 1980*, São Paulo: Atlas, 2011, p. 5.

23 "Estimando que a adoção de regras uniformes para reger os contratos de compra e venda internacional de mercadorias, que contemplem os diferentes sistemas sociais, econômicos e jurídicos, contribuirá para a eliminação de obstáculos jurídicos às trocas internacionais e promoverá o desenvolvimento do comércio internacional" (preâmbulo da CISG). A convenção também menciona, é verdade, o propósito de "assegurar o respeito à boa-fé no comércio internacional", em seu art. 7(1), mas a doutrina formada em torno da convenção tem reservado à boa-fé um papel menos transformador no âmbito da CISG do que aquele que o conceito tem assumido em alguns sistemas jurídicos, como o brasileiro.

lores constitucionais que compõem a ordem pública brasileira, preservando-se a unidade do sistema jurídico nacional.

4. Troca ou permuta

Troca, permuta ou escambo é o contrato pelo qual as partes se obrigam a dar uma coisa por outra, que não seja dinheiro[24]. Trata-se da forma mais primitiva de circulação de riquezas, historicamente substituída em importância pela compra e venda, após o advento da moeda. Em que pese a inegável preeminência da compra e venda, é equivocada a afirmação de que a permuta estaria quase desaparecendo. Um olhar mais atento à prática negocial contemporânea revela que a permuta preserva sua utilidade em diversos contextos, como no exemplo tão corriqueiro da aquisição pelo incorporador de terreno em troca de algumas unidades de apartamentos do futuro prédio, ou ainda na permuta de quotas ou ações (Lei n. 6.404/76, arts. 257, § 1º, e 259). Neste cenário, há quem aluda a uma verdadeira *revitalização* da permuta na atualidade[25].

A semelhança (estrutural e funcional) entre a permuta e a compra e venda, contudo, leva o legislador brasileiro a determinar a aplicação à permuta do regime jurídico da compra e venda (CC, art. 533), com apenas duas ressalvas: (a) salvo disposição em contrário, cada um dos permutantes pagará por metade as despesas com o instrumento da troca, ao contrário do que ocorre na compra e venda em que o legislador atribui, em regra, ao comprador as despesas de escritura e registro e ao vendedor as despesas de tradição (art. 490); e (b) é anulável a troca de valores desiguais entre ascendentes e descendentes sem consentimento dos outros descendentes e do cônjuge do alienante. Neste segundo caso, a anulabilidade se limita às trocas de "valores desiguais", diversamente do que ocorre na compra e venda, que é anulável independentemente de desproporção entre o preço e a coisa, pois que o legislador presume prejudicial a alienação de um bem em troca de dinheiro, fungível por definição e de mais fácil desaparecimento.

O contrato de permuta ou troca também acompanha a compra e venda no que diz respeito à sua classificação: trata-se de contrato bilateral, oneroso, normalmente comutativo (podendo ser, eventualmente, aleatório) e não solene,

---

24 Clóvis Beviláqua, *Código Civil dos Estados Unidos do Brasil comentado*, Rio de Janeiro: Francisco Alves, 1917, v. IV, p. 331.
25 Giovanni Ettore Nanni, A revitalização do contrato de troca ou permuta, in *Direito civil e arbitragem*, São Paulo: Atlas, 2014, p. 309-317; e Paulo Lôbo, *Direito civil: contratos*, São Paulo: Saraiva, 2011, p. 271.

com exceção das trocas envolvendo bens imóveis superiores a trinta vezes o salário mínimo, que terão de ser feitas por escritura pública (CC, art. 108).

Debate-se em doutrina como deve ser qualificado o contrato quando uma das prestações é formada em parte por dinheiro e em parte por algo diverso, como acontece com frequência, por exemplo, na compra de automóveis usados, em que o comprador entrega seu automóvel antigo como parte do pagamento, que completa com dinheiro. Há quatro correntes de entendimento: (a) trata-se de um contrato atípico, por não se amoldar perfeitamente nem à troca nem à compra e venda; (b) fica configurado o contrato de permuta se a coisa for mais valiosa que a quantia em dinheiro, e fica configurado o contrato de compra e venda em caso contrário; (c) deve-se perquirir a intenção das partes, critério que não deixa de ser enigmático, pois, na verdade, o que se pretende é saber como se qualifica o contrato se a declaração de vontade das partes não tiver se inclinado visivelmente em uma ou outra direção; (d) deve-se adotar um critério eclético, cotejando o valor do bem e a intenção das partes[26]. A discussão, contudo, revela diminuto interesse prático, considerada a substancial coincidência entre os regimes jurídicos da permuta e da compra e venda.

5. Estimatório

Contrato estimatório é aquele por meio do qual "o consignante entrega bens móveis ao consignatário, que fica autorizado a vendê-los, pagando àquele o preço ajustado, salvo se preferir, no prazo estabelecido, restituir-lhe a coisa consignada" (CC, art. 534). O Código Civil de 2002 inovou ao tratar deste contrato como espécie autônoma, anteriormente conhecido na praxe negocial como "venda em consignação". Trata-se de contrato comumente celebrado entre editoras e livrarias, ou, ainda, entre artistas plásticos e galerias de arte. O consignante, proprietário dos bens móveis, transfere ao consignatário a disponibilidade sobre tais bens, para que este realize sua venda a terceiros, devendo pagar ao consignante, ao fim do prazo contratualmente estabelecido, o preço estimado de venda, pactuado previamente entre as partes. Neste caso, o lucro do consignatário decorre da diferença do valor entre o preço estimado no contrato e o preço efetivamente praticado na venda a terceiro. Todavia, pode o consignatário optar por, ao invés de pagar o preço ao consignante, apenas restituir-lhe a coisa consignada.

---

26 Otávio Luiz Rodrigues Júnior, *Código Civil comentado*, São Paulo: Atlas, 2008, v. VI, t. I, p. 508-513, posicionando-se pela adoção deste último entendimento.

A maior parte da doutrina classifica o contrato estimatório como contrato unilateral, oneroso e real, pois se aperfeiçoa apenas com a efetiva tradição dos bens móveis. O prazo é da essência do contrato, mas a omissão das partes em fixá-lo não implica invalidade do negócio: admite-se que o consignante, transcorrido prazo razoável para que o consignatário realize a venda, possa interpelá-lo, assinalando prazo para pagamento do preço[27].

Questão relevante é a natureza da obrigação de restituir os bens: em que pese a lição de Caio Mário da Silva Pereira no sentido de se tratar de obrigação alternativa, tem prevalecido, especialmente em face da redação do art. 534 do Código Civil vigente, a compreensão de que se trata de prestação *in facultate solutionis* (obrigação facultativa), de modo que o consignatário apenas deve ao consignante o pagamento do preço, podendo liberar-se, por opção sua, restituindo as coisas que lhe foram entregues. Em outras palavras, o consignante jamais poderá demandar do consignatário a restituição da coisa. Por outro lado, a impossibilidade de restituição não tem qualquer efeito sobre a prestação devida – pagamento do preço –, que permanece hígida, como esclarece o art. 535 da codificação.

Em razão da transferência da disponibilidade sobre a coisa, operada com a tradição, veda-se: (a) que os credores do consignatário penhorem os bens antes do pagamento do preço, pois a propriedade permanece com o consignante (CC, art. 536), e (b) que o consignante disponha da coisa antes da sua (eventual) restituição (CC, art. 537).

6. Doação

Doação é o contrato pelo qual uma pessoa, por liberalidade, obriga-se a transferir bens ou vantagens para outra, sem contraprestação. O art. 538 do Código Civil segue essa definição, mas em vez de aludir à obrigação de transferir, refere-se à transferência em si[28]. Daí parcela minoritária da doutrina afirmar que o contrato de doação é contrato real que "apenas se aperfeiçoa com a entrega da coisa ao donatário"[29]. A nosso ver, a caracterização do contrato de doação como contrato real, além de trazer inconvenientes práticos, afigura-se de difícil

---

27 Caio Mário da Silva Pereira, *Instituições de direito civil*, cit., v. III, p. 203.
28 "Art. 538. Considera-se doação o contrato em que uma pessoa, por liberalidade, transfere do seu patrimônio bens ou vantagens para o de outra."
29 Paulo Lôbo, *Comentários ao Código Civil*, cit., v. 6, p. 273.

compatibilização com outros dispositivos legais que compõem a disciplina normativa da doação, como a exigência de que as doações sejam realizadas por escrito, exigência formal que atenderia, a rigor, à mesma finalidade já expressa na necessidade de entrega da coisa. Daí por que nos parece melhor a orientação seguida pela doutrina majoritária de enxergar mero descuido do legislador na redação do art. 538.

Seja como for, a doação é sempre um contrato. Ao contrário de outros sistemas jurídicos que a enxergam como negócio jurídico unilateral, a qualificação da doação como contrato (negócio jurídico bilateral, portanto) é inquestionável à luz do nosso ordenamento. A doação exige, entre nós, duas declarações de vontade: uma emanada do doador, que se obriga a transferir gratuitamente um bem a outrem; outra, advinda do donatário, que aceita a doação. Sem aceitação do donatário, o contrato de doação não se forma e pode haver, no máximo, promessa unilateral de doação – figura cuja eficácia vinculante é objeto de controvérsia no direito brasileiro[30]. Note-se que o direito brasileiro admite a doação a incapazes e até a nascituros, mas exige, no primeiro caso, aceitação do representante do donatário absolutamente incapaz ou do assistente em conjunto com o donatário relativamente incapaz, e, no último caso, a aceitação dos pais do nascituro (art. 542). Embora o Código Civil afaste-se parcialmente dessa orientação quando afirma, no art. 543, que, sendo o donatário absolutamente incapaz, "dispensa-se a aceitação, desde que se trate de doação pura", o dispositivo tem sido visto mais como uma concessão à praticidade dos negócios, devido à ausência de qualquer prejuízo para o donatário, que propriamente como uma consagração de uma espécie não contratual de doação[31]. Além disso, é certo que, sendo a propriedade de um bem atrelada necessariamente a certos ônus jurídicos e práticos, a orientação mais prudente consiste em obter o consentimento do representante do absolutamente incapaz mesmo nas hipóteses de doação pura, sob pena de se interpretar o ato como coisa diversa de uma doação. Nossa codificação admite, entretanto, a doação a pessoa jurídica futura (art. 554), impondo, todavia, sua caducidade em dois anos se tal entidade não vier a ser regularmente constituída nesse lapso temporal.

A doutrina identifica três elementos essenciais ao contrato de doação: (a) o elemento objetivo, que se consubstancia na coisa ou vantagem que o doador se

---

30 Maria Celina Bodin de Moraes, Notas sobre a promessa de doação, in *Na medida da pessoa humana: estudos de direito civil-constitucional*, Rio de Janeiro: Renovar, 2010, p. 267-288.
31 Caio Mário da Silva Pereira, *Instituições de direito civil*, cit., v. III, p. 228.

obriga a transferir ao donatário; (b) o elemento subjetivo, que corresponde ao *animus donandi*, ou seja, à chamada intenção de doar; e (c) o elemento formal.

6.1. Objeto da doação

No tocante ao elemento objetivo, registre-se que podem ser objeto de doação quaisquer bens alienáveis, aí incluídos bens móveis ou imóveis, corpóreos ou incorpóreos, direitos ou vantagens de qualquer espécie, *desde que já estejam no patrimônio do doador*. Tal exigência deriva expressamente da redação do art. 538 e não encontra paralelo, por exemplo, no contrato de compra e venda, que pode ter por objeto coisas futuras ou mesmo coisas alheias, desde que o vendedor pretenda adquiri-la para transmiti-la ao comprador no momento futuro ajustado entre as partes. Compreende-se, todavia, que o legislador tenha sido mais restritivo na doação, pois, em se tratando de um contrato que se pratica por liberalidade, há uma tradicional resistência do pensamento jurídico em se admitir que alguém assuma a obrigação de entregar sem contrapartida algo que ainda não tem, pois tal intenção de doar, manifestada com antecedência, poderia não se manter no momento em que o doador vem a ter efetivamente a coisa. Daí a ideia de que o doador deve ser, ao tempo da celebração do contrato de doação, o proprietário da coisa. Assim, a doação de coisa alheia (doação *a non domino*) é considerada nula no direito brasileiro. O elemento objetivo é, a rigor, moldado pela lei de forma a assegurar o atendimento do elemento subjetivo: o *animus donandi*.

6.2. Animus donandi

Tecnicamente, o *animus* (intenção, vontade) é elemento indispensável a qualquer contrato e a qualquer negócio jurídico em geral. A ênfase dispensada à intenção de doar no âmbito do contrato de doação explica-se pela habitual suspeita da ciência jurídica em relação a operações negociais que impõem sacrifício a uma das partes sem um benefício correspondente. Assim, na ausência de uma inequívoca identificação do ânimo de doar, nega-se ao contrato celebrado a qualidade de doação, presumindo-se que a assunção da obrigação de entregar o bem ou vantagem foi realizada sob a promessa de alguma espécie de contrapartida.

A desconfiança jurídica com as liberalidades é tão intensa que, nas Ordenações Filipinas, chegava-se a determinar que as doações que excedessem certo valor teriam de ser confirmadas pelo juiz, a quem competia controlar a espontaneidade do ato. O controle judicial não é mais exigido pela nossa legislação, mas a busca pela efetiva demonstração do *animus donandi* reflete-se nas cautelas de que se cerca o ordenamento ao disciplinar o contrato de doação, como a exigência, em regra, de forma escrita.

6.3. Forma escrita

O contrato de doação é formal, exigindo forma escrita (art. 541). Portanto, doações verbais são nulas no direito brasileiro, com a única exceção da doação manual, assim entendida aquela que recai sobre bens móveis de pequeno valor[32] e cuja tradição se segue imediatamente à celebração do contrato (art. 541, parágrafo único). É o exemplo corriqueiro do presente de aniversário, que configura, tecnicamente, doação manual em favor do aniversariante. Registre-se que mesmo a doação manual precisa ser verbal, não admitindo o Código Civil que seja efetivada tacitamente, pela mera entrega do bem.

6.4. Classificação

A doação constitui contrato unilateral, gratuito e formal. Assim como a compra e venda representa o tipo-paradigma para contratos bilaterais e onerosos, a doação é considerada o tipo-paradigma dos contratos unilaterais e gratuitos. Pelo prisma formal, já se viu que há exigência de forma escrita, salvo na hipótese de doação manual.

6.5. Espécies de doação

O direito brasileiro admite diferentes espécies de doação, como (a) doação pura; (b) doação condicional; (c) doação *propter nuptias*; (d) doação meritória; (e) doação remuneratória; (f) doação com cláusula de reversão; e (g) doação modal.

Doação pura é a doação simples, não subordinada a nenhum evento futuro e incerto, ao cumprimento de encargo, ou em reconhecimento de mérito ou serviços prestados. Doação condicional é a que depende, para ser ou se manter eficaz, de um acontecimento futuro e incerto. A doação *propter nuptias* é, a rigor, uma subespécie de doação condicional, feita em contemplação de casamento futuro, com certa e determinada pessoa. Parte da doutrina entende inconstitucional o dispositivo por implicar interferência de expectativas patrimoniais na

---

32 Segundo o Enunciado 622 da VIII Jornada de Direito Civil do CJF, "para a análise do que seja bem de pequeno valor, nos termos do que consta do art. 541, parágrafo único, do Código Civil, deve-se levar em conta o *patrimônio do doador*".

realização de escolha eminentemente existencial[33]. O Código Civil, todavia, a admite expressamente (arts. 546 e 552, parte final).

Doação meritória é a doação em contemplação do merecimento do donatário, assim entendida aquela movida por sentimento de admiração ou reconhecimento dos méritos do donatário, como no caso da doação de um automóvel ao filho que logra ingressar em universidade pública. Espécie semelhante, mas diversa, é a mal denominada "doação remuneratória". A rigor, não há aqui remuneração, mas mero ato de gratidão do doador para com os préstimos do donatário. Atende a uma necessidade moral do praticante da liberalidade, não a uma exigência jurídica. Nas palavras de Serpa Lopes: "não há doação, ainda que remuneratória, quando o serviço prestado pelo donatário seja de tal ordem que autorize a ação civil para pagamento"[34]. Se há efetiva remuneração, o contrato se desfigura em prestação de serviços. De qualquer modo, para coibir fraudes, o legislador determina que a doação remuneratória perde o caráter de liberalidade no limite do valor da atividade premiada (art. 540).

Na chamada doação com cláusula de reversão estipula-se condição resolutiva, segundo a qual a morte do donatário antes do doador faz reverter ao patrimônio do doador o bem doado. Se o doador morre antes do donatário, o bem se consolida no patrimônio do donatário. Trata-se, portanto, também aqui de uma subespécie de doação condicional, subordinada ao fato de que o donatário sobreviva à morte do doador.

A doação pode ser, por fim, submetida a encargo ou modo, modalidade de negócio jurídico já estudada na Parte Geral. Não se trata de contraprestação, mas de mero ônus imposto ao beneficiário de uma liberalidade. Não há sinalagma, não há vínculo de interdependência entre as prestações. Como registra Paulo Lôbo, "a dimensão econômica do encargo é secundária e não pode conceber-se como preço ou compensação"[35]. Se isso ocorrer, desfigura-se a doação em compra e venda, permuta ou outro contrato dependendo da natureza do encargo e do bem doado. Por precaução, a exemplo do que faz com a doação remuneratória, o legislador destitui do caráter gratuito a doação na medida do encargo imposto (art. 540). Além disso, ciente de que impõe ônus ao donatário, o Código Civil afasta a possibilidade de aceitação tácita na doação modal (art. 539). Registre-se que o encargo, embo-

---

33 Paulo Lôbo, *Comentários ao Código Civil*, cit., v. 6, p. 319-320.
34 Serpa Lopes, *Curso de direito civil*, 4. ed., Rio de Janeiro: Freitas Bastos, 1991, v. III, p. 346.
35 Paulo Lôbo, *Comentários ao Código Civil*, cit., v. 6, p. 293.

ra não seja contraprestação, pode conduzir, se descumprido, à revogação da doação, conforme será visto mais adiante.

6.6. Invalidade das doações

A exemplo do que faz ao tratar do contrato de compra e venda, o Código Civil elenca certas hipóteses em que nega validade às doações por força de características específicas dos sujeitos envolvidos. Por exemplo, nossa codificação considera nula a *doação universal*, isto é, a doação de todos os bens do doador, sem reserva de bens ou renda suficiente para a subsistência do doador (art. 548). O direito abomina a doação que conduz à miséria do doador, em limitação que tem sido frequentemente invocada em casos de doação a instituições religiosas[36]. Embora a tutela da dignidade humana imponha o respeito absoluto à liberdade religiosa do doador, o seu ato patrimonial de privação absoluta não é admitido, por comprometer, em última análise, a sua própria autonomia, impedindo ou mitigando consideravelmente o exercício da sua liberdade de repensar sua escolha existencial no futuro.

O Código Civil considera nula, ainda, a doação inoficiosa, a doação que excede a parte do patrimônio de que o doador, no momento do contrato, poderia dispor em testamento (art. 549), ou seja, metade do seu patrimônio caso existam herdeiros necessários. A nulidade aqui, convém registrar, atinge somente a parte excedente. No restante, a doação é válida. O Código Civil considera, ainda, anulável a doação feita pelo "cônjuge adúltero ao seu cúmplice", atribuindo o direito de anulação ao outro cônjuge e aos herdeiros necessários, com prazo decadencial de até dois anos após a dissolução da sociedade conjugal (art. 550). O dispositivo, anacrônico, exprime um excessivo rigor do legislador na sua cruzada em defesa da família matrimonial e monogâmica.

---

[36] "É incontroverso nos autos que, por meio de cheques nominais (fls. 10 e 12), a Autora/Apelada doou à Igreja Universal do Reino de Deus a quantia total de R$ 74.341,40 (setenta e quatro mil, trezentos e quarenta e um reais e quarenta centavos). Com efeito, o art. 548 do Código Civil coíbe, mediante nulidade, a doação de bens sem reserva de patrimônio viável a assegurar a sobrevivência do doador. (...) Assim, não merecem abrigo as razões declinadas pela Apelante para afirmar a inocorrência de dificuldades de manutenção da Autora a partir da doação, uma vez que a impossibilidade de subsistência digna restou devidamente configurada a partir da doação dos R$ 74.341,40, quantia extremamente expressiva para a Apelada que, à ocasião, não possuía emprego fixo ou renda certa que pudesse garantir sua manutenção, por isso o ato de disposição confronta o disposto no art. 548 do Código Civil, sendo acertada a sua invalidação proclamada em sentença" (TJDFT, 5ª Turma Cível, Ap. Civ. 20100111085544, rel. Des. Angelo Canducci Passareli, j. 30-1-2013).

6.7. Revogação da doação

Além das formas ordinárias de extinção do contrato (cumprimento, declaração de nulidade, anulação etc.), a doação pode ser extinta por ato unilateral do doador em determinadas hipóteses listadas taxativamente pelo legislador. É o que se denomina revogação da doação, figura que provém das fontes romanas. A rigor, o termo revogação exprime a retirada de voz (declaração) por quem a emitiu, ideia que se enquadra melhor nos negócios jurídicos unilaterais, como a proposta de contrato ou a promessa de recompensa. Entretanto, o Código Civil brasileiro emprega o termo também no campo da doação e de outros contratos, como o mandato. A revogação da doação tem efeitos retroativos (*ex tunc*) e só é admitida pela nossa ordem jurídica em duas hipóteses: (a) descumprimento do encargo ou (b) ingratidão do donatário.

O descumprimento do encargo é hipótese que somente pode ocorrer nas doações modais, isto é, nas doações gravadas com encargo. Se não tiver havido estipulação de prazo para o cumprimento do encargo, a lei faculta ao doador que notifique o donatário, indicando "prazo razoável" para o cumprimento do encargo (art. 562). O descumprimento do encargo configura situação a ser aferida objetivamente, considerando a ausência de atendimento do encargo pelo donatário, diante das circunstâncias fáticas que cercam o ônus imposto.

A ingratidão do donatário poderia, por sua vez, sugerir uma hipótese mais aberta, de teor subjetivo e maior margem de argumentação para o intérprete. O Código Civil trata, contudo, de definir o que se pode entender tecnicamente como ingratidão, nos arts. 557 e 558. Configura-se a ingratidão nas seguintes situações (a) se o donatário atentou contra a vida do doador ou cometeu crime de homicídio doloso contra ele; (b) se o donatário cometeu ofensa física contra o doador; (c) se o donatário o injuriou gravemente ou o caluniou; (d) se, podendo ministrá-los, o donatário recusou ao doador alimentos de que necessitava; ou (e) se o donatário praticou qualquer das condutas anteriores em relação ao cônjuge, ascendente, descendente, ainda que adotivo, ou irmão do doador. Registre-se que nossa jurisprudência não exige necessariamente a condenação criminal do donatário nas condutas descritas, bastando sua alegação e demonstração em juízo cível para fins de revogação do contrato de doação[37].

---

37 "Revogação de Doação por Ingratidão – Procedência do pedido – Inconformismo – Desacolhimento – Ausência de trânsito em julgado da sentença penal que é irrelevante, visto que não se trata de execução de título executivo judicial" (TJSP, 5ª Câmara de Direito Privado, Ap. Civ. 0170775-59.2011.8.26.0100, rel. Des. J.L. Mônaco da Silva, j. 12-6-2013).

O elenco é taxativo. Em outras palavras: fora dessas hipóteses, não há ingratidão. Esta é a interpretação que classicamente prevalece na matéria, encontrando seu fundamento no caráter de pena atribuído a este tipo de revogação[38]. Nesse sentido, o Superior Tribunal de Justiça já decidiu que o desapego afetivo e atitudes desrespeitosas não se afiguram suficientes para gerar o direito do doador de revogar a doação[39]. Na legalidade constitucional, reforça-se "a interpretação necessariamente restritiva que deve ser conferida a tais hipóteses, cujo alargamento significaria injustificado atentado às garantias constitucionais da segurança jurídica (art. 5º, *caput*, da CF/1988), da propriedade privada (art. 5º, XXII, da CF/1988) e do direito adquirido (art. 5º, XXXVI, da CF/1988)"[40]. Não obstante, diversos autores têm sustentado, na esteira da supressão da expressão "só se podem revogar", que constava do art. 1.183 do Código Civil de 1916, que o novo Código teria adotado um rol meramente exemplificativo de causas de revogação por ingratidão[41]. Esse entendimento foi acolhido pelo Enunciado n. 33 da I Jornada de Direito Civil do CJF[42], bem como por recente julgado do Superior Tribunal de Justiça[43].

O direito de revogar a doação por ingratidão é irrenunciável, não se podendo abandoná-lo antecipadamente por disposição contratual (art. 556). Pode, naturalmente, o doador deixar de exercer o direito de revogação, presumindo-se aí que perdoou a falta do donatário. Trata-se de direito personalíssimo, que não se transmite aos herdeiros do doador, embora tenham estes o direito de prosseguir na ação já intentada por aquele se vier a falecer no curso da lide (art. 560). O prazo decadencial para o exercício do direito de revogação é de um ano "a contar de quando chegue ao conhecimento do doador o fato que a autorizar,

---

38 J. M. de Carvalho Santos, *Código Civil brasileiro interpretado*, Rio de Janeiro: Freitas Bastos, 1964, v. 16, p. 441-442.

39 STJ, 3ª T., Recurso Especial 791.154/SP, rel. Min. Humberto Gomes de Barros, j. 21-2-2006.

40 Gustavo Tepedino, O regime jurídico da revogação de doações, in *Soluções práticas de direito*, São Paulo: Revista dos Tribunais, 2012, v. II, p. 498.

41 Paulo de Tarso Vieira Sanseverino, *Contratos nominados II*, São Paulo: Revista dos Tribunais, 2005, p. 157 e s.; Cristiano Chaves de Farias e Nelson Rosenvald, *Curso de direito civil: contratos*, 5. ed., São Paulo: Atlas, 2015, p. 751.

42 "O novo Código Civil estabeleceu um novo sistema para a revogação da doação por ingratidão, pois o rol legal previsto no art. 557 deixou de ser taxativo, admitindo, excepcionalmente, outras hipóteses."

43 "O conceito jurídico de ingratidão constante do art. 557 do Código Civil de 2002 é aberto, não se encerrando em molduras tipificadas previamente em lei" (STJ, 3ª Turma, REsp 1.593.857/MG, rel. Min. Ricardo Villas Bôas Cueva, j. 14-6-2016).

e de ter sido o donatário o seu autor" (art. 559). Certas espécies de doação não podem ser revogadas por ingratidão. É o caso, por exemplo, da doação remuneratória, que atende a fato já praticado pelo donatário e que, por essa razão, não sofre a influência da ingratidão posterior.

6.8. Promessa de doação

Questão envolta em controvérsia é aquela relativa à promessa de doação. Discute-se se os contratos preliminares de doação teriam ou não efeito vinculante. O entendimento tradicional, e ainda predominante, é o de que impor a alguém a obrigação de doar um bem, ainda que tenha prometido fazê-lo, seria incompatível com o *animus donandi*, elemento essencial do contrato de doação[44]. A jurisprudência mitiga o rigor desse posicionamento de modo pontual, ao assentar a "validade e eficácia do compromisso de transferência de bens assumidos pelos cônjuges na separação judicial, pois, nestes casos, não se trataria de mera promessa de liberalidade, mas de promessa de um fato futuro que entrou na composição do acordo de partilha dos bens do casal"[45]. Em sentido oposto, parcela da doutrina sustenta a plena validade e exequibilidade da promessa de doação, que não encontraria óbice em nenhum dispositivo da legislação ou em princípios de ordem pública[46]. Afirma-se, ainda, que a exigibilidade seria mais afinada com uma leitura efetivamente contratual, e não puramente moral, da doação, tutelando não apenas o *animus donandi* do doador – presente no momento da celebração da promessa (e não necessariamente na sua execução) –, como também a confiança legítima depositada pelo donatário[47].

7. Locação

O direito romano conhecia três espécies de locação: (a) a *locatio operarum*, locação de mão de obra; (b) a *locatio operis faciendi*, locação de realização de obra; e (c) a *locatio rei*, locação de coisas[48]. Na esteira da influência romana, a

---

44 Nesse sentido, por todos: Agostinho Alvim, *Da doação*, 3. ed., São Paulo: Saraiva, 1980, p. 42.
45 STJ, 3ª Turma, REsp 1.355.007/SP, rel. Min. Paulo de Tarso Sanseverino, j. 27-6-2017.
46 Washington de Barros Monteiro, *Curso de Direito Civil*, 2ª parte, 34. ed., São Paulo: Saraiva, 2003, v. V, p. 137.
47 Maria Celina Bodin de Moraes, Notas sobre a promessa de doação, cit., p. 280-286.
48 Orlando Gomes, *Contratos*, cit., p. 329.

doutrina normalmente inicia o exame da locação, traçando princípios gerais aplicáveis a essas três espécies locativas. Tal orientação não mais se justifica em face do dado normativo: em nosso sistema jurídico, tanto a *locatio operis faciendi* quanto a *locatio operarum* deixaram o campo da locação para constituir tipos contratuais autônomos, respectivamente o contrato da prestação de serviços e o contrato de empreitada. A alteração justifica-se pelo próprio objeto desses contratos, que, centrando-se na atividade humana, não podem ser regidos por uma disciplina construída sobre a ideia de uso de bens alheios. A ausência de distinção precisa entre o tratamento normativo dispensado à locação (sempre locação de coisas, entre nós) e à contratação de serviços humanos implicaria afronta à axiologia constitucional, por reduzir o esforço humano a objeto de apropriação e fruição alheias. No direito brasileiro contemporâneo, portanto, a locação é tipo contratual cujo objeto se restringe aos bens. Foi feliz nesse sentido o Código Civil de 2002, ao substituir a expressão *locação de serviços*, empregada pela codificação anterior, por *prestação de serviços*, dispensando-lhe tratamento autônomo.

Compreendido esse aspecto, pode-se definir a locação como o contrato por meio do qual uma das partes se obriga a transferir a outra o exercício das faculdades de uso e gozo sobre bem infungível temporariamente e mediante retribuição. A locação não implica, como se vê, a transferência da propriedade do bem, mas tão somente transmite a sua posse. A quem cede a posse da coisa locada chama-se *senhorio, locador* ou *arrendador*. A quem a recebe denomina-se *inquilino, locatário* ou *arrendatário*. À retribuição paga denomina-se *aluguel*, nome que, por metonímia, se emprega, por vezes, para designar o próprio contrato de locação.

7.1. Características

A locação é contrato consensual, bilateral, oneroso e normalmente comutativo. Pode, contudo, ser aleatório, como na hipótese de se prever o pagamento do aluguel de acordo com a arrecadação ou receita auferida com o uso do bem.

7.2. Locações especiais

Vista a qualificação do contrato de locação em geral, cumpre registrar que se trata de matéria em que tem forte repercussão a atuação do legislador especial. O relevo constitucional da matéria se torna evidente em campos como a locação de imóveis rurais (arrendamento rural) e as locações de imóveis residenciais urbanos, setores nos quais incidem intensamente os direitos fundamentais à moradia e ao trabalho, além dos princípios da função social da propriedade imobiliária rural e urbana, entre outros institutos expressamente consagrados na Constituição da República. No afã de concretizar os valores constitucionais, o legislador especial tem regulado essas espécies de locação com normas que se diferenciam, em muitos aspectos, da disciplina geral do Código Civil.

A locação de imóveis urbanos, incluídos estabelecimentos comerciais e *shopping centers*, sujeita-se ao disposto na Lei n. 8.245/91. A locação de imóveis rurais, denominada arrendamento rural, é regida preferencialmente pela Lei n. 4.504/64, o chamado Estatuto da Terra. Também o *leasing*, que alguns autores qualificam como espécie de locação, encontra disciplina em lei especial, a Lei n. 6.099/74. Nesse rico tecido normativo, sob a disciplina exclusiva do Código Civil acabam restando as locações de bens móveis em geral, de espaços destinados à publicidade, de vagas em garagens e espaços de estacionamento, além das locações "em *apart*-hotéis, hotéis-residência ou equiparados, assim considerados aqueles que prestam serviços regulares a seus usuários e como tais sejam autorizados a funcionar" (art. 1º, Lei n. 8.245/91).

Em qualquer dessas hipóteses, não se pode deixar de levar em consideração, ainda, a eventual aplicabilidade do Código de Defesa do Consumidor, desde que configurados os pressupostos próprios das relações de consumo. É o que acontece, frequentemente, em relação à locação de automóveis, de livros, de filmes, de *softwares*, e assim por diante. Em face dessa ampla pluralidade de fontes normativas, cabe ao intérprete assegurar a unidade do ordenamento jurídico, tomando sempre como fundamento central as normas constitucionais. Só a análise estrutural e funcional de cada espécie de locação permite compreender que seu escopo e disciplina não assentam em lógicas setoriais e temporárias, mas encontram origem e justificativa na máxima realização da Constituição.

7.3. Disciplina geral da locação

A disciplina geral da locação é traçada no Código Civil. Aplica-se integralmente às locações não disciplinadas em lei especial e, em caráter subsidiário, às locações especiais. Nossa codificação ocupa-se, em síntese, dos elementos, dos efeitos e do modo de extinção da locação.

7.3.1. Elementos da locação

Os elementos do contrato de locação são de três ordens: (a) subjetivo, (b) objetivo e (c) formal. Quanto ao elemento subjetivo, valem os requisitos exigidos para os contratos em geral, convindo destacar que o locador não precisa ser necessariamente o proprietário do bem locado: "basta ser possuidor jurídico, usufrutuário ou simples administrador" da coisa[49]. Quanto ao elemento objetivo, a coisa locada deve, por definição, ser infungível. Se fungível o bem locado, o contrato se converte em contrato de mútuo oneroso, que se diferencia da locação justamente pelo caráter fungível da coisa. Admite-se que a locação tenha por objeto coisa futura ou coisa incorpórea. O objeto da locação não abrange apenas a coisa, mas também o aluguel devido pelo locatário, que torna a locação contrato oneroso, diferenciando-a do contrato de comodato, que também recai sobre bem infungível, porém é necessariamente gratuito. O aluguel é usualmente estipulado em dinheiro; a doutrina, contudo, admite que seja fixado em coisa diversa de pecúnia[50].

Do ponto de vista formal, não há requisito específico para a locação, que é contrato consensual, podendo ser celebrado, por exemplo, por escritura pública, por instrumento particular ou apenas verbalmente.

7.3.2. Efeitos

Vistos os requisitos da locação, cumpre examinar os seus efeitos. Como contrato bilateral, a locação cria obrigações para ambas as partes da relação contratual. O locador tem, em especial, as obrigações de (a) entregar a coisa ao locatário, transferindo-lhe a posse, e (b) lhe garantir o "uso pacífico da coisa" durante o tempo que durar o contrato, resguardando o locatário contra embaraços e turbações de terceiros. Ao locatário, por sua vez, incumbe, principalmente, (a) conservar a coisa locada, cuidando dela como se sua fosse; (b) pagar pontualmente o aluguel ajustado; e (c) restituir, ao fim do prazo de vigência do contrato, a coisa locada "no estado em que a recebeu, salvo as deteriorações naturais ao uso regular" (art. 569).

7.3.3. Extinção

A locação é contrato necessariamente temporário. A perpetuidade o converteria em compra e venda, sendo imprescindível que a coisa retorne ao poder do locador. A locação extingue-se, assim, pela restituição da coisa locada, ao fim do prazo contratual ajustado. Se as partes não ajustarem prazo determinado, o contrato de locação pode ser extinto a qualquer tempo por decisão de qual-

---

49   Clóvis Beviláqua, *Direito das obrigações*, 4. ed., Rio de Janeiro: Freitas Bastos, 1936, p. 326.
50   Caio Mário da Silva Pereira, *Instituições de direito civil*, cit., v. III, p. 254.

quer das partes. Se, findo o prazo ajustado entre as partes, o locatário permanecer na posse da coisa locada sem oposição do locador, o contrato de locação prorroga-se, tornando-se contrato por prazo indeterminado (art. 574).

O contrato de locação pode extinguir-se, ainda, pelas causas comuns aos contratos em geral, como a declaração de nulidade, a anulação e a resolução contratual por onerosidade excessiva, instituto que tem particular utilidade no campo da locação, que é contrato no mais das vezes de longa duração. A alienação pelo locador da coisa locada põe fim ao contrato de locação, em regra, já que o terceiro adquirente não está obrigado a respeitar o contrato firmado entre locador e locatário, cujos efeitos, sendo relativos, não alcançam o comprador do bem. Atento, contudo, à necessidade de proteger o locatário em tais situações, o Código Civil permite, tanto no contrato de locação de móveis quanto de imóveis, que se insira cláusula de vigência em caso de alienação, hipótese em que, levado o contrato a registro (no Registro de Títulos e Documentos, no caso de locação de bens móveis, ou no Registro de Imóveis, no caso de bens imóveis), fica o adquirente da coisa obrigado a respeitar a locação (art. 576).

7.4. Locação de imóveis urbanos

Vistos os principais aspectos da disciplina geral da locação de coisas, tal qual regulada no Código Civil, impõe-se analisar a locação de imóveis urbanos, que encontra disciplina específica na Lei n. 8.245/91, a chamada Lei do Inquilinato. A distinção entre imóveis urbanos e rústicos deve ser feita não com base no local onde se situa o bem, mas com referência à sua destinação econômica: é rústico o imóvel que se destina a uma atividade rural, como a lavoura ou a pecuária; urbanos são todos os demais, independentemente da sua localização[51].

A Lei do Inquilinato trata tanto da locação de imóveis urbanos para fins de moradia (residenciais) quanto para fins comerciais (assim entendidos todos os fins não residenciais, incluindo não apenas a instalação de comércio em sentido estrito, mas também a atividade industrial, por exemplo). Não há dúvida, contudo, de que o problema mais delicado nesse campo vincula-se à questão habitacional, a atrair a tarefa de concretização do direito fundamental de moradia e do imperativo constitucional de organização racional do espaço urbano. Nesse particular, a legislação especial atuou historicamente em um movimento cíclico, apresentando-se "ora de forma liberalizante, ora de forma intervencionista, chegando-se à Lei n. 6.649, de 16 de maio de 1979, que impedia a retoma-

---

51 Sylvio Capanema de Souza, *A Lei do Inquilinato comentada*, 8. ed., Rio de Janeiro: Forense, 2012, p. 14.

da imotivada", resultando em escassez de imóveis residenciais para a locação e aumento do valor dos aluguéis, e isso não apenas contribuiu para a crise habitacional com também para o fenômeno inflacionário que assolava a economia brasileira[52]. Tais preocupações conduziram à Lei n. 8.245/91, de viés um pouco mais liberal, ainda que permeada de dispositivos que pretendem proteger o locatário e estabilizar a relação locatícia, seja no tocante à duração dos contratos de locação, seja, ainda, no que se refere ao valor dos aluguéis.

7.4.1. Características

As características do contrato de locação de imóvel urbano são essencialmente as mesmas da locação em geral. Trata-se de contrato consensual, embora a Lei do Inquilinato estimule a celebração de instrumento escrito. Consiste, ainda, em contrato bilateral, oneroso e normalmente comutativo. A Lei do Inquilinato tem como uma de suas diretrizes centrais a estabilização do valor do aluguel. Não veda, contudo, que as partes fixem cláusula de reajuste ou variação do preço, salvo se vinculada à cotação de moeda estrangeira ou ao valor do salário mínimo (arts. 17 e 18).

7.4.2. Elementos

Também os elementos subjetivos, objetivos e formais são os mesmos da locação em geral, ressalvada apenas a especificidade do objeto, que deve ser imóvel urbano, tal qual já definido. Em relação ao aspecto subjetivo, a Lei do Inquilinato reconhece certa vulnerabilidade do locatário, conferindo-lhe, de modo geral, direitos superiores àqueles que a disciplina do Código Civil reserva ao locatário. Quanto ao aspecto formal, a Lei do Inquilinato incentiva a celebração de contrato escrito, assegurando direitos adicionais ao locatário se o instrumento contratual for levado a registro no Registro de Imóveis (art. 8º, *caput*).

7.4.3. Efeitos

A disciplina da Lei do Inquilinato afasta-se do regime geral da locação de coisas, tal qual estatuído no Código Civil, em diferentes aspectos. Prevê, por exemplo, a estabilização do valor do aluguel, determinando que, somente após três anos de vigência, poderá tanto o locador quanto o locatário pleitear a revi-

---

52 Gustavo Tepedino, Anotações à Lei do Inquilinato, in *Temas de direito civil*, 4. ed., Rio de Janeiro: Renovar, 2008, p. 164.

são judicial do aluguel, "a fim de ajustá-lo ao preço de mercado" (art. 19). Antes do prazo trienal, descabe a ação revisional de aluguel. Sobre esse ponto, discute-se atualmente se é possível invocar, em sede de locação de imóveis urbanos, o remédio geral da revisão contratual por onerosidade excessiva extraído dos arts. 317 e 478 do Código Civil – possibilidade admitida por parte da doutrina e da jurisprudência diante da demonstração de fatos extraordinários e imprevisíveis que resultem em ônus excessivo a qualquer dos contratantes.

Outra diretriz fortemente seguida pela Lei do Inquilinato é a fixação do locatário no imóvel. A lei estimula a celebração de contratos de longa duração no caso de imóveis residenciais, com vigência igual ou superior a 30 meses. Após a vigência desses contratos, o locador pode retomar o imóvel sem necessidade de motivar a retomada (denúncia vazia). Fixado o contrato por prazo inferior a 30 meses, a lei impõe, ao fim da vigência, a prorrogação automática do contrato de locação, somente autorizando a retomada do imóvel diante de certos motivos previstos na legislação (denúncia cheia). Com isso, a celebração de contratos de locação de imóveis para fins residenciais por prazo inferior a 30 meses acaba sendo prejudicial ao locador.

A Lei do Inquilinato distingue, de modo minucioso, as despesas ordinárias e extraordinárias de condomínio, atribuindo ao locatário a responsabilidade pelas primeiras e ao locador a responsabilidade pelas últimas (arts. 22 e 23). Assim, o locatário é obrigado a arcar com o consumo de água, esgoto, gás, luz e força das áreas de uso comum; manutenção e conservação dos elevadores, porteiros eletrônicos e antenas coletivas; pequenos reparos nas dependências e instalações elétricas e hidráulicas de uso comum; salários, encargos trabalhistas e contribuições previdenciárias e sociais dos empregados do condomínio; etc. O locador, por sua vez, é obrigado a arcar com pinturas e reformas da fachada, esquadrias externas e outras estruturas permanentes do imóvel; instalação de equipamentos de segurança e de incêndio, de telefonia, de intercomunicação, de esporte e de lazer; despesas de decoração e paisagismo nas partes de uso comum; entre outras.

A Lei do Inquilinato prevê, ainda no sentido da estabilização do locatário no imóvel, o direito de renovação compulsória do contrato no caso de locações comerciais, desde que atendidos determinados requisitos, como a permanência do locatário no imóvel por cinco anos ou mais e a exploração do comércio no mesmo ramo pelo prazo mínimo e ininterrupto de três anos (art. 51). Em tais hipóteses, pode o inquilino propor a chamada ação renovatória no interregno de um ano, no máximo, até seis meses, no mínimo, anteriores à data do término do prazo do contrato em vigor.

7.4.4. Fiança e outras garantias

A Lei do Inquilinato ocupou-se expressamente das garantias locatícias, vedando a exigência de mais de uma modalidade de garantia no mesmo contrato de locação (art. 37, parágrafo único). A proibição, que não encontra paralelo no Código Civil, tem por escopo facilitar o acesso ao mercado de locações, muitas vezes dificultado, na prática, pela impossibilidade do locatário de atender às múltiplas exigências do locador em relação às garantias.

Inflamada polêmica surgiu, nesse campo, em torno da responsabilidade do fiador nos casos em que o contrato de locação por prazo determinado venha a ser prorrogado por prazo indeterminado. O art. 39 da Lei do Inquilinato, em sua redação original, dispunha expressamente que, "salvo disposição contratual em contrário, qualquer das garantias da locação se estende até a efetiva devolução do imóvel". A jurisprudência, contudo, vinha entendendo que o dispositivo estava limitado aos casos em que não há prorrogação contratual por força de lei[53]. Isso porque a interpretação restritiva dos contratos gratuitos (art. 114) aplica-se ao contrato de fiança, impondo que não se lance sobre o fiador ônus maior que aquele que concordou em assumir. Em 1998, o Superior Tribunal de Justiça editou a Súmula 214, que, nesse sentido, afirmava: "O fiador na locação não responde por obrigações resultantes de aditamento ao qual não anuiu". O próprio STJ viria, todavia, esclarecer que o aditamento contratual é situação distinta da prorrogação legal e tácita do contrato. O tribunal passou, assim, a considerar possível que o fiador continuasse responsável pelos débitos locatícios posteriores à prorrogação legal do contrato desde que (a) tivesse anuído expressamente a essa possibilidade e (b) não tivesse se exonerado na forma do art. 835 do Código Civil[54]. Em 2009, contudo, a Lei n. 12.112 alterou a redação do art. 39 da Lei do Inquilinato, acrescentando ao final do dispositivo a expressão "ainda que prorrogada a locação por prazo indeterminado, por força desta Lei". Com a nova redação do art. 39, o fiador passa a ser responsável inclusive na hipótese de prorrogação do contrato de locação[55]. A Lei n. 12.112 assegurou,

---

53 STJ, 5ª Turma, REsp 222.599/SP, rel. Min. Edson Vidigal, j. 16-5-2000, *DJ* 19-6-2000.
54 "Art. 835. O fiador poderá exonerar-se da fiança que tiver assinado sem limitação de tempo, sempre que lhe convier, ficando obrigado por todos os efeitos da fiança, durante sessenta dias após a notificação do credor." Sobre o posicionamento do STJ, Terceira Seção, ver EREsp 566.633/CE, rel. Min. Paulo Medina, j. 22-11-2006, *DJ* 12-3-2008.
55 A mudança refletiu-se, como era de se esperar, em nossos tribunais, dando origem à Súmula 656 do STJ: "É válida a cláusula de prorrogação automática de fiança na re-

entretanto, ao fiador a possibilidade de, em caso de prorrogação, notificar o locador do seu intuito de se desonerar, ficando ainda obrigado pelos débitos durante 120 dias contados do recebimento da notificação pelo locador. Ao locador faculta-se, nessa hipótese, exigir do locatário novo fiador ou substituição da garantia (Lei do Inquilinato, art. 40, X).

A doutrina tem destacado que a fiança gratuita, extremamente comum nas locações com fim de moradia, por se tratar de garantia prestada normalmente com base em relações de favor, confiança ou afeto, é particularmente informada pelo princípio da solidariedade social, aspecto que não pode ser desconsiderado pelo intérprete ao se debruçar sobre as questões que a envolvem – em que pese a reiterada atuação do legislador em sentido inverso[56].

7.4.5. Cessão e sublocação

De acordo com o art. 13 da Lei do Inquilinato, é possível a sublocação, bem como a cessão da locação e o empréstimo do imóvel pelo locatário, desde que haja "consentimento prévio e escrito do locador". A sublocação diferencia-se da cessão da locação, que configura, tecnicamente, cessão de posição contratual, em que o locatário se despede da sua situação jurídica subjetiva, transferindo-a a outrem, com créditos e débitos. Na sublocação, ao contrário, tem-se uma *relação contratual derivada* entre o locatário (sublocador) e o sublocatário, continuando, porém, o locatário responsável em relação ao locador pelo cumprimento das suas obrigações.

7.4.6. Shopping center

Prevê o art. 54 da Lei do Inquilinato que "nas relações entre lojistas e empreendedores de *shopping center*, prevalecerão as condições livremente pactuadas nos contratos de locação respectivos e as disposições procedimentais previstas nesta lei". Encontra-se no dispositivo citado e em seus parágrafos uma tímida regulamentação de fenômeno dotado de grande complexidade, econômica e jurídica, resultado da intensa evolução da dinâmica comercial na sociedade de consumo. Não obstante sua sede normativa, o perfil jurídico dos centros comerciais não pode ser reduzido a uma simples relação locatícia. O debate

---

novação do contrato principal. A exoneração do fiador depende da notificação prevista no art. 835 do Código Civil".
56 Maria Celina Bodin de Moraes e Gabriel Schulman, Ensaio sobre as iniquidades da fiança locatícia gratuita, *Revista de Direito do Consumidor*, v. 107, set./out. 2016, p. 19-57.

sobre a natureza jurídica do *shopping center* agitou a doutrina no final do século XX, colhendo-se respeitáveis opiniões no sentido de sua qualificação como contrato de locação[57] ou mesmo atípico[58]. Contudo, prevalece a orientação que vê nas operações de *shopping center* um complexo formado por *contratos coligados*[59], que vinculam empreendedor e lojistas diante de um escopo econômico comum. Aspecto relevante nesse tipo de empreendimento é o chamado *tenant mix*, a organização estratégica das lojas, de modo a maximizar o potencial econômico, conciliando, entre outros fatores, a disposição das lojas-âncoras (grandes lojas, responsáveis pela atração do público em geral) e das lojas-satélites. Todos os lojistas ficam vinculados a normas gerais de funcionamento, veiculadas em uma convenção[60].

Note-se que "o legislador apenas se manifestou sobre um dos contratos celebrados entre empreendedor e lojistas, exatamente aquele que trata da ocupação remunerada do espaço-loja, e se omitiu quanto aos demais, somente ressaltando a liberdade das partes na definição das cláusulas contratuais"[61]. É comum a aposição, nos múltiplos contratos coligados, de uma série de cláusulas peculiares, como: aluguel faturamento[62], 13º aluguel, cláusula degrau, *res sperata*, fiscalização da receita do lojista, cláusula de raio[63], entre outras. O reconheci-

---

57 Caio Mário da Silva Pereira, Shopping centers – organização econômica e disciplina jurídica, in José Soares Arruda e Carlos Augusto da Silveira Lôbo (Coords.), *Shopping centers: aspectos jurídicos*, São Paulo: Revista dos Tribunais, 1984, p. 82.
58 Orlando Gomes, Traços do perfil jurídico de um "shopping center", in *Shopping centers: aspectos jurídicos*, cit., p. 113.
59 Ricardo Pereira Lira, Breves notas sobre o negócio jurídico "shopping center", *Revista Forense*, v. 93, n. 337, Rio de Janeiro, p. 397. Sobre a noção de coligação contratual, remete-se o leitor ao capítulo 20, dedicado às noções gerais relativas aos contratos.
60 Gustavo Tepedino, Anotações à Lei do Inquilinato, cit., p. 168-169.
61 Carlos Nelson Konder e Deborah Pereira Pinto dos Santos, O equilíbrio contratual nas locações em shopping center: controle de cláusulas abusivas e a promessa de loja âncora, *Scientia Iuris*, v. 20, n. 3, Londrina, nov. 2016, p. 188.
62 "Nos contratos de locação de loja em shopping center, é fixada a cobrança de aluguel percentual, proporcional ao faturamento bruto mensal da atividade comercial, e que se justifica devido à infraestrutura do empreendimento, que colabora para o sucesso do lojista locatário. O aluguel percentual representa um rateio do sucesso, que em parte é possibilitado pela estrutura e planejamento oferecidos pelo shopping center" (STJ, 3ª Turma, REsp 1.295.808/RJ, rel. Min. João Otávio de Noronha, j. 24-4-2014).
63 "A 'cláusula de raio' inserta em contratos de locação de espaço em shopping center ou normas gerais do empreendimento não é abusiva, pois o shopping center constitui uma estrutura comercial híbrida e peculiar e as diversas cláusulas extravagantes insertas nos ajustes locatícios servem para justificar e garantir o fim econômico do empreendimento" (STJ, 4ª Turma, REsp 1.535.727/RS, rel. Min. Marco Buzzi, j. 10-5-2016).

mento desse amplo espaço de autonomia privada aos contratantes não isenta o intérprete de realizar controle concreto e funcional da validade de tais cláusulas em confronto com o ordenamento jurídico, devendo-se rejeitar qualquer tentativa de imunizar aprioristicamente o conteúdo do contrato com base no suposto caráter "empresarial" da relação[64].

7.4.7. Extinção

A extinção do contrato de locação de imóvel urbano dá-se pelas mesmas causas que fulminam o contrato de locação em geral, com as particularidades acrescentadas pela Lei do Inquilinato (art. 9º). A ação do locador para retomar seu imóvel é a ação de despejo. Uma das hipóteses em que pode ser proposta é a falta de pagamento do aluguel, embora, em tal caso, a lei faculte ao locatário ou ao fiador evitar o despejo pagando, em quinze dias contados da citação, o valor do débito atualizado, incluindo juros de mora, multas, custas e honorários advocatícios. A emenda da mora do locatário não será admitida se o inadimplente já se houver utilizado dessa faculdade nos 24 meses imediatamente anteriores à propositura da ação de despejo[65].

8. *Leasing*

Leasing ou arrendamento mercantil é o contrato por meio do qual o arrendatário recebe uma coisa móvel ou imóvel do arrendador, que, se já não for seu

---

[64] A jurisprudência do STJ parece ter caminhado no sentido oposto do que aqui recomendado, ao assentar que "o controle judicial sobre eventuais cláusulas abusivas em contratos de cunho empresarial é restrito, face a concretude do princípio da autonomia privada e, ainda, em decorrência de prevalência da livre iniciativa, do pacta sunt servanda, da função social da empresa e da livre concorrência de mercado. (...) Os ajustes locatícios, notadamente aqueles firmados para locação de espaço em shopping center, não constituem mero contratos de adesão, pois são de livre estipulação / comutativo entre os contratantes, sem a preponderância de um sobre outro, onde tanto locador como locatário estão livres para pactuarem as cláusulas contratuais que melhor assistam às suas necessidades" (STJ, 4ª Turma, REsp 1.535.727/RS, rel. Min. Marco Buzzi, j. 10-5-2016).

[65] A Lei n. 14.010/2020, publicada em virtude da pandemia do covid-19, foi a vedação à concessão de medidas liminares em ações de despejo em determinadas hipóteses, incluindo a falta de pagamento, até 30 de outubro de 2020: "Art. 9º Não se concederá liminar para desocupação de imóvel urbano nas ações de despejo, a que se refere o art. 59, § 1º, incisos I, II, V, VII, VIII e IX, da Lei n. 8.245, de 18 de outubro de 1991, até 30 de outubro de 2020". O artigo foi inicialmente vetado pela Presidência da República, mas o veto foi posteriormente derrubado pelo Congresso Nacional e o texto do art. 9º foi publicado no *Diário Oficial* de 8 de setembro de 2020.

proprietário, a adquire para lhe ceder o uso e gozo, mediante retribuição, assegurando-se ao arrendatário a possibilidade de, ao fim do contrato, adquirir o bem por um preço residual. A doutrina alude a quatro espécies de *leasing*: (i) o *leasing operacional* ou *operativo*, em que o arrendador já é proprietário do bem; (ii) o *leasing financeiro*, em que o arrendador não é proprietário do bem, adquirindo-o, com capital próprio ou de um financiador, segundo as especificações do arrendatário; (iii) o *leasing imobiliário*, assim entendido aquele que recai sobre bens imóveis; e, finalmente, o (iv) o *lease-back* ou *leasing reverso*, em que o proprietário de bens ou equipamentos duráveis transfere-os, por venda ou dação em pagamento, ao arrendador, que lhe cede imediatamente em seguida o uso e gozo dos referidos bens por meio de contrato de *leasing*. Para alguns autores, o *lease-back* não consiste em espécie de *leasing*, mas em mera coligação contratual entre o negócio translatício e o *leasing*.

O *leasing financeiro* foi disciplinado pela Lei n. 6.099/74, originariamente como modalidade especial de operação de crédito. O *leasing operacional* não encontra previsão específica no ordenamento jurídico brasileiro, razão pela qual muitos autores procuram enquadrá-lo como locação, com o argumento de que se trata de simples modalidade locatícia com opção de compra, que pode ser ou não exercida ao final do prazo de vigência do contrato. A rigor, todavia, o *leasing*, em qualquer das suas modalidades, configura contrato autônomo, de função inteiramente diversa da locação, já que carrega em si, desde o momento inicial, a possibilidade de o arrendatário adquirir o bem, computando-se no preço o valor pago a título de retribuição periódica pelo seu uso e gozo. Por isso mesmo, verifica-se que o *leasing* tem aplicação em hipóteses bem diversas da locação. Sua virtude está justamente em permitir ao arrendatário ter ao seu alcance bens de elevado valor sem a necessidade de expandir seu ativo permanente e de desembolsar o capital correspondente à aquisição. Torna-se especialmente útil em relação aos bens que sofrem maior desgaste ou que se tornam obsoletos rapidamente, como maquinário industrial, aeronaves ou aparelhos de informática.

A tentativa de qualificar o *leasing* como locação, ou ainda como contrato misto entre a locação e a compra e venda, corresponde ao velho temor de deixar a operação econômica no vácuo normativo dos contratos atípicos. Não se justifica, contudo, a postura, cabendo ao intérprete extrair do ordenamento a sua disciplina, com base nas normas gerais do direito contratual e na aplicação analógica das regras que se ajustem ao seu perfil funcional, sem a necessidade de forçar o enquadramento do *leasing* em um tipo contratual concebido com vistas a um propósito econômico e jurídico inteiramente diverso.

O ponto mais polêmico na jurisprudência formada em torno do contrato de *leasing* diz respeito ao chamado *valor residual garantido* ou simplesmente VRG. Não raro, como já visto, a arrendadora capta recursos no mercado para efetuar a aquisição do bem cujo uso cederá à arrendatária (*leasing* financeiro). Se o arrendatário não opta, ao fim do contrato, pela compra do bem, a arrendadora se verá diante de uma parcela do seu investimento que não terá sido ressarcida. A essa parcela denomina-se *valor residual*. O valor residual é, portanto, a diferença entre o valor investido pela arrendadora na aquisição do bem e o valor recebido da arrendatária por meio das prestações periódicas relativas ao contrato de *leasing*. Difere, tecnicamente, do chamado *preço residual*, que é o preço pago pelo arrendatário se, ao fim do contrato de *leasing*, decide exercer a opção de aquisição do bem[66].

Para cobrir o valor residual deixado em aberto pelo não exercício da opção de compra pela arrendatária, deverá a arrendadora vender o bem a terceiros, pagando-se com o produto da venda. Ocorre, entretanto, que usualmente o preço obtido na venda revela-se inferior ao preço de aquisição por conta do desgaste natural e obsolescência do bem. Há, portanto, o risco de que a arrendadora não logre se ressarcir integralmente do seu investimento. Foi para se proteger contra esse risco que as arrendadoras desenvolveram a noção de valor residual garantido. Trata-se de valor que funciona como uma espécie de garantia de retorno mínimo para a arrendadora em face do valor investido. Sua cobrança recai sobre os arrendatários. A Resolução n. 2.309/96 do Banco Central disciplinou o VRG, permitindo sua cobrança "em qualquer momento do contrato".

Nesse cenário, a doutrina discute se o pagamento antecipado do VRG tem natureza jurídica de pagamento pela coisa – caso em que o *leasing* se desfiguraria em uma compra e venda a prazo – ou se tem natureza jurídica de garantia – caso em que não haveria a descaracterização do contrato de *leasing*[67]. Em 2002, o Superior Tribunal de Justiça editou a Súmula 263, em que afirmava que a cobrança antecipada do valor residual garantido convertia o contrato de *leasing* em contrato de compra e venda. Em 2004, aquele tribunal voltou atrás, editando a Súmula 293, na qual sustenta que "a cobrança antecipada do valor residual garantido (VRG) não descaracteriza o contrato de arrendamento mercantil".

---

66   Caio Mário da Silva Pereira, *Instituições de direito civil*, cit., v. III, p. 210.
67   Ver sobre a controvérsia: Guilherme Abdalla, O valor residual garantido em contratos de arrendamento mercantil financeiro, *Revista de Direito Mercantil, Industrial, Econômico e Financeiro*, v. 43, n. 133, jan./mar. 2004, p. 143-156.

Procurando evitar abusos que poderiam decorrer da aplicação da Súmula 293, especialmente no tocante à obtenção pelas arrendadoras de valor superior ao retorno mínimo pactuado, o STJ editou, em 2016, novo enunciado de súmula sobre o tema, no qual afirma: "No caso de reintegração de posse em arrendamento mercantil financeiro, quando a soma da importância antecipada a título de valor residual garantido (VRG) com o valor da venda do bem ultrapassar o total do VRG previsto contratualmente, o arrendatário terá direito de receber a respectiva diferença, cabendo, porém, se estipulado no contrato, o prévio desconto de outras despesas ou encargos pactuados" (Súmula 564).

9. Comodato

Sob a denominação genérica de *empréstimo*, o Código Civil contempla dois tipos contratuais: (a) o contrato de comodato e (b) o contrato de mútuo. Têm em comum o propósito de propiciar a utilização de coisa alheia. Diferem, contudo, quanto a diversos aspectos, que incluem o objeto, o modo de sua celebração e seus efeitos. Correspondem, na verdade, a funções distintas. Daí se fazer necessário o seu exame em separado, a começar pelo comodato. Comodato é o empréstimo gratuito de bem infungível, seja móvel, seja imóvel. Trata-se, em outras palavras, do contrato mediante o qual o comodatário recebe bens não fungíveis para que os utilize e, depois, os restitua ao comodante. Alguns o denominam de *empréstimo de uso*, para diferenciá-lo do mútuo, chamado *empréstimo de consumo*[68].

9.1. *Características*

O comodato é contrato que, por expressa disposição do art. 579 do Código Civil, somente se perfaz com a tradição do objeto. Vale dizer: a entrega da coisa não é efeito do contrato de comodato, mas seu modo de constituição. É, portanto, *contrato real*, categoria que consiste em reminiscência (para alguns autores, injustificada) do direito romano. A maior parte da doutrina curva-se, contudo, à disposição legal, considerando que, sem a entrega efetiva da coisa, contrato de comodato não se tem, mas mera *promessa de comodato* ou *contrato preliminar de contrato*. Do caráter real do comodato deriva a sua unilateralidade, já que, uma vez celebrada a avença, com a entrega do bem pelo comodante, só o comodatário tem obrigações. Trata-se, então, de contrato unilateral.

---

68 Caio Mário da Silva Pereira, *Instituições de direito civil*, cit., v. III, p. 323.

Isso não exclui, todavia, que o comodante tenha, de um lado, que atender a deveres impostos pela boa-fé objetiva, como colaborar com o comodatário para que ele possa fazer da coisa o uso que representa a própria finalidade da contratação. De outro lado, não isenta o comodante de certas obrigações que podem surgir incidentalmente, como a de reembolsar gastos extraordinários e urgentes que o comodatário realize para a conservação da coisa, ou a de ressarcir danos causados ao comodatário em virtude de vício da coisa que o comodante conhecia e ocultou.

Além de real e unilateral, o contrato de comodato é, por definição, gratuito. Estipulada retribuição, o contrato se desfigura, tornando-se contrato de locação ou, dependendo da natureza da retribuição, contrato atípico. Admite-se o *comodato modal*, isto é, onerado com encargo, já que não se tem aí contraprestação, mas subordinação da eficácia do comodato a um ônus imposto ao beneficiário da liberalidade. Exemplo comum é o comodato de imóvel em que se sujeita o comodatário ao encargo de realizar a limpeza do imóvel ao término da sua utilização ou, ainda, de regar durante o tempo do comodato plantas e jardins.

Real, unilateral e gratuito, o contrato de comodato é, ainda, considerado por muitos autores como um contrato *intuitu personae* (personalíssimo). Diversas legislações estrangeiras presumem tal caráter, determinando, por exemplo, que o comodato se extingue com a morte do comodatário, como faz, por exemplo, o Código Civil italiano (art. 1.811). Entretanto, o Código Civil brasileiro não trilhou igual caminho, razão pela qual, embora frequente na prática contratual, o caráter personalíssimo não pode ser considerado essencial ao contrato de comodato nem presumido, em nosso sistema jurídico.

9.2. Elementos

Quanto ao elemento subjetivo, aplicam-se ao comodato os requisitos gerais de qualquer contrato. Cumpre destacar que não é imprescindível que o comodante seja o proprietário do bem. Basta que tenha, por direito, o uso da coisa, podendo transmitir tal uso a terceiro. Como já se viu, o comodato de imóvel urbano pelo locatário somente pode ocorrer com o consentimento prévio e escrito do locador (Lei n. 8.245/91, art. 13). O tutor ou curador, que tem o dever de administrar os bens do incapaz, não pode ceder gratuitamente o seu uso em comodato a terceiros, porque isso não traz, a princípio, qualquer benefício ao proprietário (art. 580).

Quanto ao elemento objetivo, o bem dado em comodato deve ser, como já visto, infungível. São infungíveis, nos termos do art. 85 do Código Civil, os bens que não se podem substituir por outros da mesma espécie, qualidade ou quantidade. A infungibilidade decorre quase sempre da natureza e finalidade econômica do bem. Nada impede, contudo, que bens fungíveis se tornem infungíveis por convenção entre as partes. Em exemplo histórico, o agricultor que toma por empréstimo frutos de outro para exibi-los em exposição agropecuária, celebra comodato, situação de que já o direito romano se ocupava como o pomposo nome de *commodatum pompae vel ostentationis causa*.

Quanto ao elemento formal, como já destacado, a constituição do comodato exige, como solenidade indispensável, a entrega da coisa.

9.3. *Efeitos*

Os efeitos do comodato recaem quase integralmente sobre o comodatário, diante do seu caráter unilateral. Tem o comodatário o dever de cuidar da coisa dada em comodato, "como se sua própria fora" (art. 582), não lhe servindo, naturalmente, de escusa o argumento de que é descuidado com seus próprios bens. Exige-se do comodatário o cuidado que o homem médio dedica ao seu patrimônio. Tem, ainda, o comodatário o dever de arcar com as despesas ordinárias decorrentes do uso e gozo da coisa emprestada (art. 584)[69] e de restituir o bem ao fim do contrato, já que o caráter temporário é essencial ao comodato. Se perpétuo, o comodato desfigura-se em doação.

Se o contrato de comodato for celebrado por prazo indeterminado, o dever de restituir o bem surge quando escoado o tempo "necessário para o uso concedido", nos termos do art. 581 do Código Civil. O comodante tem, todavia, o direito de pedir a devolução da coisa antes disso, em caso de "necessidade imprevista e urgente, reconhecida pelo juiz". São exemplos a situação do comodante que é despejado e requer a restituição do imóvel que havia cedido em comodato ao seu irmão; ou que perde seu veículo em acidente e requer a restituição do veículo emprestado, pois necessita dele para trabalhar[70]. Se, em qualquer caso, o comodatário incorrer em mora na obrigação de restituir, além de responder pelo atraso, ficará obrigado a pagar o aluguel arbitrado pelo comodante.

---

69   Incluindo, de acordo com o STJ, o pagamento do IPTU do imóvel (STJ, 4ª T., AgInt no AREsp 1.657.468/SP, rel. Min. João Otávio de Noronha, j. 21-8-2023).
70   Gustavo Tepedino, Heloisa Helena Barboza e Maria Celina Bodin de Moraes (Coords.), *Código Civil interpretado conforme a Constituição da República*, 2. ed., Rio de Janeiro: Renovar, 2012, v. II, p. 300.

9.4. Extinção

O Código Civil não se ocupa da extinção do comodato. O contrato de comodato extingue-se, assim, pelas razões comuns a todos os contratos, como o cumprimento, o reconhecimento de nulidade, a anulação e assim por diante. Para alguns autores, como Arnoldo Wald, a morte do comodatário extingue o contrato de comodato[71], embora, como já dito, ao contrário do que ocorre em diversas codificações estrangeiras, nosso Código Civil não tenha reservado caráter personalíssimo ao comodato. Mais adequada parece, nesse particular, a lição de Silvio Rodrigues, que deixa ao juiz a tarefa de examinar o caso concreto a fim de verificar se o uso da coisa, razão de ser do comodato, destinava-se exclusivamente ao comodatário ou não. Em suas palavras: "Se empresto algumas juntas de bois ou um trator a meu vizinho para arar suas terras e ele morre antes de realizar a tarefa, não vejo razão para seu falecimento resolver o negócio"[72].

10. Mútuo

Mútuo é o empréstimo de bem fungível. Trata-se do contrato por meio do qual o mutuante obriga-se a transferir ao mutuário a propriedade de determinado bem fungível, obrigando-se o mutuário a restituir coisa do mesmo gênero, quantidade e qualidade. O mútuo é também chamado de empréstimo de consumo. Diversamente do comodato, o mútuo não tem como efeito a transferência do mero uso do bem, mas da propriedade mesma sobre a coisa. Daí decorre que o mutuante, diferentemente do comodante, deve ser o proprietário da coisa emprestada, pois somente assim estará autorizado a transmitir a propriedade ao mutuário.

10.1. Características

O mútuo pode ser gratuito ou oneroso, conforme haja ou não retribuição pelo empréstimo. À falta de estipulação, o mútuo será gratuito, salvo no caso de se destinar a "fins econômicos", situação em que o Código Civil presume devidos "juros" (art. 591). No entender da doutrina, considera-se celebrado para fins econômicos o mútuo sempre que não se der por cortesia, amizade ou espírito de solidariedade[73]. Seja gratuito, seja oneroso, a doutrina afirma que o mútuo é

---

71 Arnoldo Wald, *Obrigações e contratos*, 16. ed., São Paulo: Saraiva, 2005, p. 501.
72 Silvio Rodrigues, *Direito civil*, 28. ed., São Paulo: Saraiva, 2002, v. 3, p. 261.
73 Caio Mário da Silva Pereira, *Instituições de direito civil*, cit., v. III, p. 334.

contrato real. Mesmo quem, como Caio Mário da Silva Pereira, sustenta o ocaso da categoria, vê na entrega efetiva da coisa um requisito legal do mútuo[74]. A rigor, todavia, o Código Civil não contém dispositivo expresso nesse sentido, como aquele que inaugura a disciplina do comodato (art. 579). Tem-se, ao contrário, no art. 587 a afirmação de que o mútuo "transfere o domínio da coisa emprestada ao mutuário", expressão que, embora não de todo precisa, sugere que a transferência se insere entre os efeitos do contrato, não já entre os seus pressupostos de constituição.

Diante da ausência de uma definição legislativa clara, alguns autores têm sustentado que o contrato de mútuo admite dupla configuração no direito brasileiro, de acordo com a sua diversidade de função, conforme seja pactuado gratuita ou onerosamente. A exigência da solenidade de entrega do bem (caráter real) para fins de constituição do contrato explica-se pela necessidade histórica de impor seriedade e firmeza à prática de uma liberalidade, situação que a experiência jurídica enxerga com alguma desconfiança, pela ausência de qualquer benefício ao mutuante. Nas palavras de Maria Celina Bodin de Moraes, "a benevolência presente no mútuo sem correspectivo passa, através do mecanismo do contrato real, de simples motivo, irrelevante para o Direito, a fazer parte da zona da causa e justifica normativamente o ato". Já o mútuo oneroso "responde a uma outra função, para a qual a estrutura consensual é suficiente"[75].

Note-se que a classificação do mútuo como contrato real ou consensual tem decisiva influência na sua qualificação como contrato unilateral ou bilateral. Sendo real, o mútuo será necessariamente unilateral, pois se constituirá com a entrega da coisa, gerando obrigações tão somente para o mutuário. Por outro lado, se o mútuo for consensual, será bilateral, pois a entrega da coisa deixará de ser modo de constituição do contrato para passar a integrar os seus efeitos, recaindo a obrigação de entregar sobre o mutuante e a de restituir sobre o mutuário. É importante notar que o entendimento majoritário segundo o qual o mútuo é sempre contrato real resulta necessariamente em ser o mútuo sempre unilateral, o que acaba por privar o mutuário de diversos instrumentos de tutela que a legislação reserva apenas aos contratos bilaterais, como a exceção do contrato não cumprido, a exceção de insegurida-

---

74 Caio Mário da Silva Pereira, *Instituições de direito civil*, cit., v. III, p. 329.
75 Maria Celina Bodin de Moraes, *O procedimento de qualificação dos contratos e a dupla configuração do mútuo no direito civil brasileiro*, Rio de Janeiro: Revista Forense, 2000, p. 60.

de e assim por diante[76]. Se tal privação justifica-se no mútuo gratuito, em que o mutuário figura como beneficiário de uma liberalidade, dificilmente se explica no mútuo oneroso, em que frequentemente o mutuário já é submetido a obrigações rigorosas pela convenção entre as partes, como a obrigação de pagar juros elevados e prestar garantia. Daí a utilidade do entendimento segundo o qual o mútuo gratuito (sem remuneração) é contrato real e unilateral, enquanto o mútuo oneroso (com remuneração) é contrato consensual e bilateral[77].

10.2. Elementos

Em relação aos elementos subjetivos, como já visto, o mutuante deve ser o proprietário da coisa. O mutuário pode ser pessoa menor de idade, mas se o contrato for concluído sem prévia autorização daquele sob cuja guarda estiver o menor, o objeto do empréstimo "não pode ser reavido nem do mutuário, nem de seus fiadores" (art. 588). A restituição somente será exigível se a pessoa cuja autorização prévia se fazia necessária ratificar o empréstimo, se o menor tiver ganhos de trabalho próprio (caso em que a restituição não superará a força dos seus ganhos), se o empréstimo tiver efetivamente revertido em benefício do menor (por exemplo, aumento do seu patrimônio ou alimentos próprios) ou se o menor tiver obtido o empréstimo maliciosamente (falseando, por exemplo, sua idade).

Quanto ao elemento objetivo, a coisa, como já visto, deve ser fungível. O mais comum é que o mútuo tenha como objeto uma soma de dinheiro, configurando o chamado *mútuo pecuniário*. Se, no mútuo pecuniário, forem estipulados juros a título de remuneração pelo capital emprestado, configura-se o chamado *mútuo feneratício*, extremamente comum na prática bancária, que suscita discussões acaloradas no tocante à taxa de juros e à prática de anatocismo, que serão examinadas mais adiante.

No que se refere ao elemento formal, já se examinou toda a discussão em torno do caráter real do mútuo e da possibilidade de sua dupla qualificação (real e consensual) no direito brasileiro, conforme seja o mútuo gratuito ou oneroso.

---

76   Ver, sobre o tema, o ponto examinado em capítulo anterior sobre a classificação dos contratos e as consequências da distinção entre contratos bilaterais e unilaterais.
77   Gustavo Tepedino, Heloisa Helena Barboza e Maria Celina Bodin de Moraes (Coords.), *Código Civil interpretado conforme a Constituição da República*, cit., v. II, p. 307-308.

10.3. Efeitos

O mútuo oneroso, partindo da premissa de que deve ser considerado consensual e, portanto, bilateral, gera obrigações para ambas as partes. O mutuante obriga-se a entregar o bem emprestado ao mutuário. O mutuário, por sua vez, obriga-se a (a) pagar a remuneração acordada e (b) restituir o bem emprestado ao fim do contrato. O mútuo gratuito, sendo real e unilateral, gera obrigação apenas para o mutuário, qual seja, a obrigação de restituir o bem emprestado. Como em todos os demais contratos unilaterais, não fica isenta a contraparte (mutuante) de cumprir os deveres de assistência e colaboração impostos pela boa-fé objetiva.

A maior parte da doutrina considera lícita a cláusula pela qual o mutuário se obriga a devolver o próprio bem emprestado "ou o seu valor" no momento da restituição, entendendo que isso não desfigura o mútuo, "que será, nesse caso, empréstimo com obrigação alternativa"[78]. A lição, inspirada em conhecido ensinamento de Henri De Page, não é, todavia, pacífica, alegando outros autores que tal situação acaba por converter o contrato de mútuo em contrato de compra e venda a prazo. No plano científico, há nítida diferença funcional na medida em que, na compra e venda, a alienação da propriedade é a própria finalidade do contrato, enquanto no mútuo é mero meio de proporcionar o uso e consumo do bem mutuado. Na prática, todavia, diferenciar tais situações pode ser tarefa árdua.

Ao contrário do comodante, o mutuante não pode requerer a restituição do bem antes do prazo convencionado nem por necessidade urgente e imprevista, pois, sendo o bem, no mais das vezes, consumível, nada impõe que o mutuário tenha coisa do mesmo gênero à sua disposição para restitui-la a qualquer momento ao mutuante. Se não houver prazo estipulado pelas partes no contrato de mútuo, o próprio Código Civil estipula um prazo legal no art. 592, estabelecendo que o prazo será (a) até a próxima colheita, se o mútuo for de produtos agrícolas, quer para o consumo, quer para semeadura; (b) de, no mínimo, 30 dias em se tratando de mútuo de dinheiro; e (c) do lapso de tempo que declarar o mutuante, se for de qualquer outra coisa fungível.

10.4. Mútuo de dinheiro

O mútuo de dinheiro é, de fato, o que oferece maior interesse prático e exige algumas considerações adicionais. Deve, em regra, ser fixado em moeda

---

78 Caio Mário da Silva Pereira, *Instituições de direito civil*, cit., v. III, p. 332.

corrente nacional. Trata-se de consequência do princípio do nominalismo, que o Código Civil acolhe expressamente no art. 315. Há, contudo, exceções ao nominalismo previstas na legislação especial, admitindo-se, por exemplo, a fixação em moeda estrangeira nos "empréstimos e quaisquer outras obrigações cujo credor ou devedor seja pessoa residente e domiciliada no exterior, excetuados os contratos de locação de imóveis situados no território nacional" (Decreto-lei n. 857/69, art. 2º, IV).

O mútuo de dinheiro pode ser oneroso ou gratuito, conforme as partes estipulem ou não a incidência de juros. O Código Civil, no art. 591, limitava a taxa de juros dos mútuos feneratícios àquela estipulada no art. 406 para os juros moratórios. Para escapar à limitação dos juros, as partes recorriam muitas vezes a outros tipos contratuais. Como acontece em relação a qualquer contrato, a qualificação do mútuo não depende do *nomen juris* que lhe emprestam as partes nem dos seus meros elementos estruturais, cumprindo ao intérprete, ao contrário, captar sua função. Nessa direção, o Superior Tribunal de Justiça já decidiu que "a entrega de dez mil sacas de soja, para recebimento de quinze mil, alguns meses após, qualifica-se como mútuo e não troca"[79]. O mesmo ocorre com o chamado negócio de vaca-papel, "contrato onzenário através do qual o emprestador do dinheiro cobra juros acima do permitido na lei, simulando um contrato de parceria, com a obrigação de devolução em dobro de cabeças de gado após um certo tempo, e, em caso de mora, a obrigação de pagar os frutos da produção normal do rebanho"[80]. A Lei n. 14.905/2024 alterou o art. 591 do Código Civil, excluindo a limitação dos juros remuneratórios à taxa legal dos juros moratórios. Além disso, determinou que, no silêncio do contrato acerca da taxa de juros remuneratórios a ser praticada, aplica-se subsidiariamente a taxa legal de juros moratórios, que consiste na diferença entre a taxa SELIC e o IPCA (art. 406, § 1º).

Discute-se, ainda no campo do mútuo feneratício, se permanecem vigentes ou não as restrições impostas pela chamada Lei de Usura (Decreto n. 22.626/1933), cujos dispositivos vedam a fixação de "juros sobre juros" (art. 4º), a estipulação de cláusula penal moratória superior a 10% do valor da obrigação principal (art. 9º), entre outras restrições. Para alguns autores, o Código Civil de 2002 teria revogado a Lei de Usura ao deixar de reproduzir tais restrições. Nossos tribunais, porém, continuaram a invocar a Lei de Usura, como se pode veri-

---

[79] STJ, 3ª Turma, REsp 44.456, rel. Min. Eduardo Ribeiro, j. 22-3-1994, *DJ* 16-5-1994.
[80] STJ, 4ª Turma, REsp 331.200/MS, rel. Min. Ruy Rosado de Aguiar, j. 9-4-2002.

ficar de diferentes precedentes[81]. As restrições da Lei de Usura não se aplicavam, contudo, às instituições que integram o Sistema Financeiro Nacional, disciplinado por lei específica. O Supremo Tribunal Federal consagrou tal entendimento na Súmula 596, em que se lê: "As disposições do Decreto 22.626/33 não se aplicam às taxas de juros e aos outros encargos cobrados nas operações realizadas por instituições públicas ou privadas que integram o Sistema Financeiro Nacional". O Superior Tribunal de Justiça segue fielmente tal entendimento[82]. A Lei n. 14.905/2024 trouxe importantes inovações nesse campo, confirmando a vigência da Lei de Usura e expressamente excluindo de sua incidência as obrigações: (a) contratadas entre pessoas jurídicas; (b) representadas por títulos de crédito ou valores mobiliários; (c) contraídas perante: (c.1) instituições financeiras e demais instituições autorizadas a funcionar pelo Banco Central do Brasil; (c.2) fundos ou clubes de investimento; (c.3) sociedades de arrendamento mercantil e empresas simples de crédito; (c.4) organizações da sociedade civil de interesse público de que trata a Lei n. 9.790/99, que se dedicam à concessão de crédito; e (d) realizadas nos mercados financeiro, de capitais ou de valores mobiliários (art. 3º). Como se nota, o legislador reduziu sensivelmente o campo de aplicação da Lei de Usura, que parece agora limitado essencialmente aos contratos celebrados entre pessoas naturais ou entre pessoa natural e pessoa jurídica não integrante do mercado financeiro. De todo modo, em relação aos contratos submetidos à Lei de Usura, é ainda aplicável a limitação dos juros remuneratórios convencionados pelos contratantes ao dobro da taxa legal dos juros moratórios (art. 1º).

Independentemente da existência de limitações legais rígidas, é certo que os tribunais brasileiros, incluindo o Superior Tribunal de Justiça, não se eximem de efetuar o controle de taxas de juros em casos concretos, tendo a 2ª Seção desse tribunal fixado, em 2008, a orientação segundo a qual se admitia "a revisão das taxas de juros remuneratórios em situações excepcionais, desde que caracterizada a relação de consumo e que a abusividade (capaz de colocar o consumidor em desvantagem exagerada – art. 51, § 1º, do CDC) fique cabalmente demonstrada, ante às peculiaridades do julgamento em concreto"[83]. No ano seguinte, em 2009, o Superior Tribunal de Justiça editou três súmulas sobre contratos bancários:

---

81 STJ, Corte Especial, REsp 1.124.552/RS, rel. Min. Luis Felipe Salomão, j. 3-12-2014; STJ, 3ª Turma, REsp 1.964.227/DF, red. p/ acórdão Min. Moura Ribeiro, j. 27-9-2022.
82 STJ, 2ª Seção, REsp 1.061.530/RS, rel. Min. Nancy Andrighi, j. 22-10-2008; STJ, 4ª Turma, AgInt no AREsp 2.176.599/RS, rel. Min. Marco Buzzi, j. 28-11-2022.
83 STJ, 2ª Seção, REsp 1.061.530, rel. Min. Nancy Andrighi, j. 22-10-2008, *DJe* 10-3-2009.

Súmula 379. Nos contratos bancários não regidos por legislação específica, os juros moratórios poderão ser convencionados até o limite de 1% ao mês[84].

Súmula 380. A simples propositura da ação de revisão de contrato não inibe a caracterização da mora do autor.

Súmula 381. Nos contratos bancários, é vedado ao julgador conhecer, de ofício, da abusividade das cláusulas.

O último enunciado provocou severas críticas da doutrina, embora fundamentado no *tantum devolutum quantum appellatum*. A abusividade de cláusula contratual em relações de consumo dá ensejo à nulidade de acordo com o Código de Defesa do Consumidor (art. 51), nulidade que pode ser sempre reconhecida de ofício pelo Poder Judiciário, nos exatos termos do parágrafo único do art. 168 do Código Civil. A falta de diálogo entre Código Civil e Código de Defesa do Consumidor, omissão imperdoável do legislador de 2002, reflete-se, como se vê, também em nossa jurisprudência.

Ainda dentre as questões polêmicas, merece destaque o problema do anatocismo, que consiste na cobrança de juros sobre juros vencidos e não pagos. O legislador tem seguido diferentes orientações na matéria de acordo com o momento histórico, alternando-se períodos de repressão ao anatocismo com tempos mais liberais em que se autoriza a sua estipulação. A Lei de Usura veda, no art. 4º, o anatocismo, proibindo a cobrança de juros sobre juros. Na mesma direção, a Súmula 121 do Supremo Tribunal Federal, editada em 1963, considerava "vedada a capitalização de juros ainda que expressamente convencionados". Em sentido oposto, a redação original do art. 591 do Código Civil permitia expressamente a capitalização de juros desde que por período não inferior a um ano. A Medida Provisória n. 2.170/2001 já havia autorizado, antes disso, a capitalização de juros com periodicidade inferior a um ano, nas operações realizadas por entidades integrantes do Sistema Financeiro Nacional[85]. A Lei n. 14.905/2024 suprimiu a expressa autorização para a capitalização anual dos juros que constava do art. 591 do Código Civil. No entanto, inexistindo qualquer

---

84 Para uma instigante reflexão acerca da superação da Súmula 379 em razão das ulteriores modificações legislativas sobre a matéria, cf. Francisco de Assis Viégas, *Lei n. 14.905: limites à autonomia privada na pactuação dos juros de mora*, 5 set. 2024, disponível em: <www.conjur.com.br> (acesso em: 5 set. 2024).

85 O Plenário do STF já confirmou a constitucionalidade da MP 2.170/2001 em duas oportunidades: RE 592.377/RS, red. p/ acórdão Min. Teori Zavascki, j. 4-2-2015; ADI 2.316/DF, rel. Min. Nunes Marques, j. 1º-7-2024.

vedação geral nessa matéria, a capitalização – inclusive mensal – parece ser admissível em todos os contratos que não se submetam à Lei de Usura.

10.5. *Extinção*

O mútuo extingue-se pelas causas que dão ensejo à extinção dos contratos em geral, como a declaração de nulidade, a anulação e o cumprimento, que, no caso do mútuo, completa-se com a restituição de coisa do mesmo gênero, qualidade e quantidade ao mutuante. Também pode o mútuo se extinguir pela resolução contratual por onerosidade excessiva, nos termos da disciplina traçada no art. 478 do Código Civil.

11. Prestação de serviços

Como já visto, o direito romano tratava a prestação de serviços como espécie de contrato de locação, a chamada *locatio operarum*. O direito contemporâneo assegura autonomia ao contrato de prestação de serviços, distanciando-o da locação. Afrontaria toda a principiologia constitucional, calcada na proteção à dignidade humana, equiparar-se o esforço humano a *coisas* cujo uso e gozo se podem ceder a outrem. A prestação de serviços, por envolver atividade humana, exige disciplina própria, atenta à tutela da autonomia individual e dos demais atributos da pessoa, e instrumentos de tutela do crédito diferenciados se comparados àqueles que a lei reserva ao locador, como titular do bem alugado. Daí a chamada locação de serviços, como a denominava o Código Civil de 1916, ter se convertido em contrato de prestação de serviços, no Código Civil atual. Longe de representar alteração meramente terminológica, a mudança reflete a atenta preocupação do legislador com a distinção, fundamental à luz dos valores constitucionais, entre esses dois tipos contratuais.

O contrato de prestação de serviços pode ser definido como o contrato por meio do qual o prestador, pessoa física ou jurídica, se obriga a realizar certa atividade em favor do tomador dos serviços, de modo eventual ou continuado, sem dependência ou subordinação e mediante uma remuneração ajustada entre as partes. Cumpre destacar que nem todo serviço ou trabalho humano adentra o tipo contratual da prestação de serviços. O art. 593 do Código Civil expressamente exclui do âmbito desta espécie contratual a prestação de serviço "sujeita às leis trabalhistas ou a lei especial". Em nosso sistema jurídico, portanto, não se confundem o contrato de prestação de serviços e o contrato de trabalho, caracterizando-se esse último por disciplinar relação de emprego, assim entendida aquela que se estabelece entre o empregador, que assume os riscos do negócio, e o empregado, pessoa física que lhe presta serviço de natureza não eventual, sob sua dependência e subordinação, mediante o pagamento de salário[86]. O contrato de trabalho é regido pela Consolidação das Leis Trabalhistas, distanciando-se da disciplina do Código Civil e constituindo o campo de estudo do direito do trabalho.

No contrato puramente civil de prestação de serviços, o prestador conserva sua independência técnica e não se encontra hierarquicamente subordinado ao tomador dos serviços[87]. A relação é, no mais das vezes, eventual, e, mesmo quando continuada, o Código Civil a limita à duração máxima de quatro anos (art. 598), com o escopo de garantir a "inalienabilidade da liberdade humana"[88]. Também não recaem sob a disciplina do contrato de prestação de serviços aquelas atividades disciplinadas em lei especial, como é o caso dos servidores públicos estatutários. Do serviço público e dos estatutos de servidores públicos se ocupa o direito administrativo.

Registre-se, ainda, que a prestação de serviços realizada em favor de um destinatário final por fornecedor habitual e profissional (por exemplo, a prestação de serviços médicos por uma clínica privada para um paciente) configura relação de consumo, atraindo a incidência do Código de Defesa do Consumidor. O contrato não se desfigura nem se afasta a disciplina do Código Civil, que continua aplicável em tudo aquilo que não for regulado de modo diverso pelo diploma consumerista. A proteção contratual do consumidor de serviço é, contudo, bem mais intensa do que aquela reservada ao tomador pela codificação civil, incluindo, por exemplo, proteção contra cláusulas e práticas contratuais abusivas, direito à interpretação pró-consumidor e direito de arrependimento.

11.1. *Características*

A prestação de serviços é contrato bilateral, oneroso e consensual. É normalmente comutativo, embora possa ser aleatório. Parte da doutrina sustenta ser possível o contrato de prestação de serviços gratuito[89]. O entendimento,

---

86 Sobre o contrato de trabalho, ver: Arnaldo Süssekind, *Curso de direito do trabalho*, 3. ed., Rio de Janeiro: Renovar, 2010, p. 211 e s.; Délio Maranhão, *Direito do trabalho*, 17. ed., Rio de Janeiro: Fundação Getulio Vargas, 1993; Orlando Gomes e Elson Gottschalk, *Curso de direito do trabalho*, 19. ed., Rio de Janeiro: Forense, 2012, p. 119 e s.
87 Orlando Gomes, *Contratos*, cit., p. 354-355.
88 Clóvis Beviláqua, *Código Civil dos Estados Unidos do Brasil comentado*, Rio de Janeiro: Francisco Alves, 1958, v. IV, p. 331.
89 Caio Mário da Silva Pereira, *Instituições de direito civil*, cit., v. III, p. 359.

contudo, é inconciliável, a nosso ver, com o art. 596 do Código Civil, em que determina o legislador: "não se tendo estipulado, nem chegado a acordo as partes, fixar-se-á por arbitramento a retribuição, segundo o costume do lugar, o tempo de serviço e sua qualidade". Daí nossa posição segundo a qual o contrato de prestação de serviços é sempre oneroso. A realização de certa atividade em favor de outrem, sem remuneração, quando presentes os elementos que caracterizam um efetivo contrato, deve ser qualificada como contrato atípico.

O contrato de prestação de serviços é considerado, em regra, personalíssimo (*intuitu personae*). A característica emana da própria legislação, que proíbe, salvo ajuste entre as partes, que o prestador de serviços se faça substituir na sua atividade, ou que o tomador de serviços transmita a outrem o direito aos mesmos (art. 605). É também significativo nessa direção que o Código Civil tenha inserido, entre as causas de extinção do contrato de prestação de serviços, "a morte de qualquer das partes" (art. 607).

11.2. *Elementos*

Quanto aos elementos subjetivos da prestação de serviços, aplicam-se as exigências incidentes sobre os contratos em geral. Tanto o prestador quanto o tomador dos serviços podem ser pessoas físicas ou jurídicas, residindo aí importante diferença com o contrato de trabalho, em que o empregado há de ser necessariamente pessoa física. Quanto ao elemento objetivo, qualquer atividade humana, de natureza material ou intelectual, pode, desde que lícita, ser objeto da prestação de serviços. A remuneração pelos serviços é usualmente estipulada em dinheiro, mas a doutrina admite que seja pactuada em bens. Se, todavia, a remuneração se faz por outros serviços, o contrato se desnatura, convertendo-se em contrato atípico[90]. Quanto ao elemento formal, admite-se a celebração do contrato de prestação de serviços por meio de qualquer forma, incluindo a verbal, embora se recomende, por cautela, a adoção de forma escrita. Se qualquer das partes não souber ler nem escrever, o Código Civil autoriza que o instrumento seja "assinado a rogo e subscrito por duas testemunhas" (art. 595).

11.3. *Tutela externa do crédito*

Ponto instigante na disciplina do contrato de prestação de serviços é o da tutela externa do crédito, também conhecida como *responsabilidade do terceiro*

---

90   Caio Mário da Silva Pereira, *Instituições de direito civil*, cit., v. III, p. 359.

cúmplice ou *responsabilidade contratual de terceiro* ou, ainda, *responsabilidade por lesão ao crédito*. Eis um tema desafiador, que ainda não encontrou solução pacífica quer em nossa doutrina[91], quer em nossa jurisprudência. Conforme já abordado no estudo da teoria geral dos contratos, trata-se, em síntese, de saber se um terceiro pode ser responsabilizado por contribuir para a ruptura de um contrato. A discussão, rica no campo teórico, encontra como parâmetro normativo no direito brasileiro o disposto no art. 608, que, ao cuidar da prestação de serviços, afirmou: "aquele que aliciar pessoas obrigadas em contrato escrito a prestar serviço a outrem pagará a este a importância que ao prestador de serviço, pelo ajuste desfeito, houvesse de caber durante dois anos".

A norma tem o mérito de enfrentar problema espinhoso. Sujeita-se, porém, a críticas, por diferentes razões. Primeiro, criou um critério estático, aludindo ao dever de pagar "a importância que ao prestador de serviço, pelo ajuste desfeito, houvesse de caber durante dois anos". Pode ocorrer, contudo, que o contrato não se destine a duração continuada, mas a atividade pontual ou a tarefa específica, o que tornará inaplicável o parâmetro. Além disso, o art. 608 não ressalva o cabimento de indenização adicional por perdas e danos, deixando dúvida em relação àquelas situações em que o prejuízo transcende a importância indicada no dispositivo. Vale dizer: o legislador não deixa claro se o montante previsto funciona como espécie de pena privada ou como mínimo indenizatório. Em terceiro lugar, exige "contrato escrito", não se compreendendo por qual razão se nega igual tutela ao contrato verbal de prestação de serviços, desde que demonstrada sua existência por testemunha ou outros meios. Por fim, o art. 608 deixa de enunciar os pressupostos de responsabilização, que são o grande ponto de dissenso nessa matéria: é necessário que tenha agido com intenção dolosa de romper o contrato, como poderia sugerir o sentido mais literal da expressão "aliciar"? Ou basta que o terceiro conheça a existência do contrato e a incompatibilidade entre o contrato vigente e o novo contrato que pretende celebrar com o prestador? A norma somente se aplica quando houver a ruptura do contrato ou a simples tentativa de aliciamento já dá ensejo ao dever de pagar? A natureza da responsabilidade ali estipulada é contratual ou extracontratual? São questões que a norma não responde expressamente.

O art. 608, conquanto importante, afigura-se insuficiente para a solução do problema, exigindo complementação por meio da aplicação de outros prin-

---

91 Para uma ampla análise da questão, consulte-se: Paula Greco Bandeira, Fundamentos da responsabilidade civil do terceiro cúmplice, *Revista Trimestral de Direito Civil*, v. 30, abr./jun. 2007, p. 79-127.

cípios, em especial a boa-fé objetiva – tudo conforme já explicitado no estudo dos contratos em geral[92].

11.4. Extinção

O contrato de prestação de serviços extingue-se pelas causas de extinção do contrato em geral, como o cumprimento e a invalidação, mas também por causas que lhe são próprias, como a morte de qualquer das partes (art. 607), pelo escoamento do prazo legal de quatro anos (art. 598) ou pela resilição unilateral do contrato de prestação de serviços convencionado sem prazo determinado, observada a necessidade, nesse último caso, de aviso prévio com antecedências mínimas estipuladas pela legislação (art. 599)[93]. Nossa legislação prevê, ainda, que o contrato de prestação de serviços se extingue pela impossibilidade de continuação dos serviços motivada por força maior, previsão dispensável tendo em vista que tal conclusão já derivaria da aplicação das normas gerais do direito obrigacional.

12. Empreitada

Empreitada é o contrato por meio do qual uma das partes, a que se denomina empreiteiro, se obriga, sem subordinação ou dependência, a, mediante o pagamento do preço, entregar uma obra à outra parte, a que se reserva o nome

---

[92] Nessa direção, ao apreciar caso no qual se discutia a incidência do art. 608 diante do suposto aliciamento de um artista que, conquanto tivesse contrato vigente com uma emissora de televisão, transferiu-se para emissora concorrente, o Superior Tribunal de Justiça concluiu que "a interpretação do art. 608 do Código Civil de 2002 deve levar em consideração o comportamento de mercado dos concorrentes envolvidos no ramo de atividade em questão", assentando que "no mercado de entretenimento, como é sabido, os ciclos dos modelos de negócio se alteram em curto espaço de tempo, ou seja, as grades de programação sofrem constantes modificações, o que reforça que para o reconhecimento do aliciamento de artista, prestador de serviço, seja considerado comportamento de terceiro que viole práticas concorrenciais ou deveres anexos à boa-fé objetiva, o que não se vislumbra na hipótese" (STJ, 3ª T., REsp 2.023.942/SP, rel. Min. Ricardo Villas Bôas Cueva, j. 25-10-2022).

[93] "Art. 599. Não havendo prazo estipulado, nem se podendo inferir da natureza do contrato, ou do costume do lugar, qualquer das partes, a seu arbítrio, mediante prévio aviso, pode resolver o contrato. Parágrafo único. Dar-se-á o aviso: I – com antecedência de oito dias, se o salário se houver fixado por tempo de um mês, ou mais; II – com antecipação de quatro dias, se o salário se tiver ajustado por semana, ou quinzena; III – de véspera, quando se tenha contratado por menos de sete dias."

de dono da obra. Como se vê, o empreiteiro, que pode se valer de material próprio ou fornecido pelo dono da obra, recebe como contrapartida um preço ou remuneração, que pode ser global ou proporcional ao trabalho realizado. Embora a empreitada se aproxime da prestação de serviços por envolver o labor humano, o trabalho do empreiteiro não se apresenta como fim em si mesmo, mas como simples *meio* de consecução do propósito contratual, que é a entrega da obra. Não chega, contudo, a empreitada a se confundir com a compra e venda, porque é da sua essência a produção do resultado a ser entregue[94]. Pode-se afirmar, didaticamente, que a empreitada se situa a meio caminho entre a prestação de serviços e a compra e venda, já que o tipo contratual nem se contenta apenas com o trabalho do empreiteiro, nem apenas com a entrega da obra, exigindo a combinação desses dois aspectos.

O direito brasileiro contempla duas espécies de empreitada: (a) a *empreitada de mão de obra* ou *de lavor*, em que o empreiteiro ingressa apenas com seu trabalho; e (b) a *empreitada mista*, assim chamada aquela em que o empreiteiro fornece também os materiais necessários à execução. À falta de estipulação expressa, a empreitada será considerada simplesmente de lavor, já que a obrigação de fornecer materiais não se presume (art. 610, § 1º).

A doutrina distingue, ainda, diversas modalidades de empreitada de acordo com o modo de remuneração do empreiteiro. Fala-se, assim, em (a) *empreitada por preço fixo*, também chamada *empreitada por preço global* ou *a forfait*, em que o preço é predeterminado em função da obra toda, ainda que possa ser pago de modo parcelado; e em (b) *empreitada por medida*, também chamada empreitada *sur dévis* ou por partes da obra, ou, ainda, *empreitada por preços unitários*, em que o preço é fixado de acordo com os itens, componentes, unidades ou medidas da obra, sendo pago proporcionalmente ao trabalho do empreiteiro (art. 614)[95]. Na prática negocial, alude-se, ainda, à empreitada *turnkey*, expressão empregada no direito norte-americano para designar aquelas hipóteses em que o empreiteiro se obriga a entregar a obra pronta e em condições de operar, bastando ao dono da obra "girar a chave" do empreendimento[96]. É situação comum em obras industriais de grande porte, como construção de usinas siderúrgicas, refinarias de petróleo ou centrais hidrelétricas.

---

94 Caio Mário da Silva Pereira, *Instituições de direito civil*, cit., v. III, p. 293.
95 Caio Mário da Silva Pereira, *Instituições de direito civil*, cit., v. III, p. 294.
96 Sobre esta modalidade de empreitada, veja-se, ainda, as considerações de Gustavo Tepedino, Aspectos práticos do contrato de empreitada no regime turnkey, in *Soluções práticas de direito*, São Paulo: Revista dos Tribunais, 2012, v. II, p. 235-237.

12.1. Elementos

Em relação ao aspecto subjetivo, o contrato de empreitada deve respeitar os requisitos atinentes a todos os contratos. São partes no contrato de empreitada o empreiteiro, que assume essencialmente a obrigação de entregar a obra no prazo e no modo ajustados, e o dono da obra, cuja obrigação principal é o pagamento do preço. Na prática contratual, o contrato de empreitada pode envolver, ainda, a participação de outros personagens, como o projetista – o que atrai certas consequências, como se verá adiante, em termos de responsabilidade do empreiteiro. Também não é raro, especialmente em grandes obras, que o empreiteiro se apresente sob a forma de consórcio reunindo mais de uma sociedade.

Elemento objetivo do contrato de empreitada é a obra, que pode ser material ou de cunho intelectual, como obra artística ou artesanal[97]. A realização de obras intelectuais sujeita-se à incidência da Lei de Direitos Autorais, que impõe uma série de garantias aos seus realizadores. Obras públicas sujeitam-se à legislação especial (Lei n. 14.133/21, entre outras), aplicando-se-lhes, subsidiariamente, a disciplina civil da empreitada. O contrato de empreitada não exige forma especial, podendo ser celebrado sob qualquer forma, embora o mais frequente seja sua celebração por instrumento particular.

12.2. Características

A empreitada é contrato bilateral, oneroso, consensual e, normalmente, comutativo, embora possa ser ajustado com caráter aleatório. Não se trata, em regra, de contrato *intuitu personae*, como se extrai expressamente do art. 626, segundo o qual a empreitada não se extingue "pela morte de qualquer das partes, salvo se ajustado em consideração às qualidades pessoais do empreiteiro". Assim, salvo disposição entre as partes, nada impede que o empreiteiro atribua a outrem a construção da obra, por meio do que se convencionou chamar de *subempreitada*. Mesmo em tal hipótese, o empreiteiro continua respondendo perante o dono da obra pela má execução, salvo se houver efetiva cessão da posição contratual, para a qual a prévia concordância do dono da obra afigura-se indispensável.

---

97 Caio Mário da Silva Pereira, *Instituições de direito civil*, cit., v. III, p. 294. Em sentido contrário, restringindo a noção de obra a bens corpóreos: Teresa Ancona Lopez, in Antônio Junqueira de Azevedo (Coord.), *Comentários ao Código Civil*, São Paulo: Saraiva, 2003, v. 7, p. 247.

12.3. Efeitos

Como já visto, o contrato de empreitada gera obrigações tanto para o empreiteiro quanto para o dono da obra. O empreiteiro assume, em primeiro lugar, a obrigação de executar a obra de acordo com os planos e instruções recebidos, e com observância das regras técnicas e normas regulamentares, entregando-a na forma e no prazo ajustados. Se o empreiteiro se afasta das regras técnicas ou das instruções recebidas, abre-se ao dono da obra a alternativa de rejeitá-la ou de recebê-la com abatimento do preço (arts. 615 e 616). Embora se trate, em princípio, de livre escolha do dono da obra, essa opção não é imune a um juízo de merecimento de tutela, de modo que o radical remédio da rejeição da obra deve ficar reservado para as hipóteses em que da inobservância das instruções resultar obra que não atenda de modo substancial ao interesse concreto do dono da obra. O empreiteiro tem também o dever de corrigir os vícios e defeitos que a obra apresente. O dono da obra tem, por outro lado, a obrigação de receber a obra, se em conformidade com planos, instruções e normas técnicas. Tem, além disso, a obrigação de pagar o preço no modo ajustado.

12.4. Variação de preços e risco do empreiteiro

Discute-se qual o efeito da variação de preços dos materiais e da mão de obra no contrato de empreitada. O Código Civil cogitou expressamente da diminuição de preços, no art. 620, em que se lê: "se ocorrer diminuição no preço do material ou da mão de obra superior a um décimo do preço global convencionado, poderá este ser revisto, a pedido do dono da obra, para que se lhe assegure a diferença apurada". A hipótese é rara. Bem mais frequente em nossa economia é a elevação dos preços, discutindo-se, aí, se o empreiteiro faria jus à revisão. O Código Civil traz regra geral sobre o tema no art. 619, segundo o qual, "salvo estipulação em contrário, o empreiteiro que se incumbir de executar uma obra, segundo plano aceito por quem a encomendou, não terá direito a exigir acréscimo no preço, ainda que sejam introduzidas modificações no projeto, a não ser que estas resultem de instruções escritas do dono da obra". Prevalece, portanto, o entendimento de que o empreiteiro não faz jus à revisão em caso de aumento de custos de materiais e mão de obra, presumindo o legislador que conhece os riscos da sua atividade, podendo, todavia, as partes, de comum acordo, estabelecer cláusula de reajustamento do preço devido ao empreiteiro em função do aumento de custos. Na falta de tal pacto, o empreiteiro só terá direito à revisão se (a) o aumento do custo tiver se originado de modificações introduzidas no projeto por instrução escrita do dono da obra; ou (b) mesmo na falta de autorização escrita do dono da obra, o empreiteiro tiver realizado aumentos e acréscimos desde que o dono da obra, "sempre presente à obra, por continuadas visitas", não pudesse ignorar o que se estava passando e nunca tenha protestado (art. 619, parágrafo único). Trata-se, nesse último caso, de uma espécie de concordância tácita do dono da obra com o aumento do escopo da atividade do empreiteiro.

Em nosso entendimento, as regras especiais acima contempladas não afastam a possibilidade de aplicação do regime geral de proteção contra a onerosidade excessiva, desde que preenchidos os pressupostos elencados nos arts. 478 e 317 do Código Civil. Assim, circunstâncias imprevisíveis e extraordinárias como uma greve geral de todo o setor de construção civil ou o advento de nova restrição administrativa que dificulte a realização da obra podem autorizar a revisão contratual ou mesmo sua resolução. O Código Civil cogita expressamente de uma hipótese de revisão contratual da empreitada, no art. 625, inciso II, em que autoriza a suspensão da obra "quando, no decorrer dos serviços, se manifestarem dificuldade imprevisíveis de execução, resultantes de causas geológicas ou hídricas, ou outras semelhantes, de modo que torne a empreitada excessivamente onerosa, e o dono da obra se opuser ao reajuste do preço inerente ao projeto por ele elaborado, observados os preços".

Registre-se, de todo modo, que a imensa maioria dos contratos de empreitada, especialmente os que envolvem obras de valor significativo e longa duração, contém cláusulas de reajuste estipuladas pelas próprias partes, estabelecendo critérios e momentos para revisão do preço e do cronograma da obra.

12.5. *Extinção* × *suspensão*

O contrato de empreitada extingue-se pelas causas que conduzem à extinção dos contratos em geral, como o cumprimento, a anulação, a declaração de nulidade, a resolução por inadimplemento etc. O Código Civil admite, ainda, a rescisão unilateral por parte do dono da obra, com o ressarcimento ao empreiteiro pelas "despesas e lucros relativos aos serviços já feitos, mais indenização razoável, calculada em função do que ele teria ganho, se concluída a obra" (art. 623). Se for ajustado pelas partes o caráter *intuitu personae* da empreitada, como no exemplo da contratação de renomado escultor para entrega de um busto do contratante, a morte de qualquer das partes extingue o contrato, na forma ajustada. Se não houver tal ajuste, contudo, a morte de qualquer delas não extingue o contrato. Nesse sentido, já decidiu o Superior Tribunal de Justiça que a obrigação de construir um edifício é transmitida aos herdeiros e sucessores do construtor falecido, quando a construção pode ser feita por qualquer profissional habilitado[98].

Diversa da extinção é a suspensão da empreitada. A suspensão é direito atribuído ao empreiteiro diante de fatos graves que comprometam o curso normal do contrato e justifiquem a paralisação dos trabalhos. As hipóteses que autorizam a suspensão constam expressamente do art. 625 e, além das já mencionadas (a) "dificuldades imprevisíveis de execução, resultantes de causas geológicas ou hídricas, ou outras semelhantes" capazes de tornar a empreitada excessivamente onerosa, abrangem também os casos de (b) culpa do dono da obra, (c) força maior e (d) exigência pelo dono da obra de modificações que, "por seu vulto e natureza, forem desproporcionais ao projeto aprovado, ainda que o dono se disponha a arcar com o acréscimo de preço".

12.6. *Responsabilidade do empreiteiro*

Nos contratos de empreitada mista de edifícios ou outras construções consideráveis (pontes, viadutos etc.), o empreiteiro responde pela solidez e segurança da obra, tanto em razão dos materiais empregados como do solo, pelo prazo irredutível de cinco anos (art. 618). A ação contra o empreiteiro deve ser proposta, nesse caso, dentro do prazo decadencial de 180 dias contados do aparecimento do vício ou defeito. A norma, que não encontra correspondente na codificação de 1916, suscita críticas da doutrina, que vê nela "involução no sistema de responsabilidade do empreiteiro", sustentando que tal prazo decadencial só pode começar a correr após os cinco anos do prazo de garantia legal e que não tem aplicação em relações de consumo[99]. Quanto ao prazo de cinco anos, o Superior Tribunal de Justiça já decidiu que não se trata nem de prazo decadencial nem de prazo prescricional, mas "prazo de garantia" pela solidez e segurança da obra. O esgotamento do prazo de cinco anos de garantia legal não impede, portanto, que se responsabilize o empreiteiro por danos que surjam em decorrência de sua atuação culposa ou dolosa[100].

---

98 STJ, REsp 703.244, j. 13-5-2008.
99 Caio Mário da Silva Pereira, *Instituições de direito civil*, cit., v. III, p. 299-300.
100 STJ, 4ª Turma, REsp 611.991/DF, rel. Min. Hélio Quaglia Barbosa, j. 11-9-2007.

12.7. Proteção do autor do projeto

Além do empreiteiro e do dono da obra, a empreitada envolve não raro um terceiro personagem, o projetista. É certo que o empreiteiro pode ser ele próprio autor do projeto, mas não é incomum que a obra executada pelo empreiteiro tenha sido projetada por outra pessoa. Nesse caso, o autor do projeto fica responsável apenas pela segurança e solidez da obra (art. 622), naquilo que diga respeito às características do projeto. Inovação trazida pelo Código Civil de 2002 está na vedação à alteração do projeto sem anuência do projetista, constante do art. 621, em que se lê: "Sem anuência de seu autor, não pode o proprietário da obra introduzir modificações no projeto por ele aprovado, ainda que a execução seja confiada a terceiros, a não ser que, por motivos supervenientes ou razões de ordem técnica, fique comprovada a inconveniência ou a excessiva onerosidade de execução do projeto em sua forma originária". A proibição deste artigo não abrange alterações de pouca monta, ressalvada sempre a unidade estética da obra projetada. A norma contida no art. 621 exprime proteção mais intensa que aquela assegurada ao projetista pela Lei de Direitos Autorais (Lei n. 9.610/98), cujo art. 26 se limita a lhe garantir o *direito de repúdio* da obra e eventual indenização pelos danos sofridos em decorrência da atribuição de sua autoria ao projeto repudiado[101].

13. Depósito

Depósito é o contrato por meio do qual o depositário recebe um objeto móvel para guardar até que o depositante o reclame (art. 627). O depósito é considerado contrato real, somente se perfazendo com a tradição da coisa. Trata-se de contrato presumidamente gratuito. Podem, todavia, as partes estipular que seja oneroso, estabelecendo remuneração para o depositante. É oneroso, ainda, o contrato de depósito quando "resultante de atividade negocial ou se o depositário o praticar por profissão" (art. 628).

Por ser tido como contrato real e presumidamente gratuito, o contrato de depósito é normalmente unilateral, gerando obrigações tão somente para o depositário, em especial as obrigações de guardar o bem e de restitui-lo quando

---

101 "Art. 26. O autor poderá repudiar a autoria de projeto arquitetônico alterado sem o seu consentimento durante a execução ou após a conclusão da construção. Parágrafo único. O proprietário da construção responde pelos danos que causar ao autor sempre que, após o repúdio, der como sendo daquele a autoria do projeto repudiado."

solicitado pelo depositante. A entrega do bem é pressuposto de constituição, e não efeito do contrato. Quando, todavia, o depósito é pactuado mediante remuneração, torna-se bilateral, pois o depositante passa a ter a obrigação de pagar ao depositário pela guarda do bem.

Em regra, o contrato de depósito, tal qual o comodato, transmite tão somente a posse do bem, não a sua propriedade. A principal diferença entre o depósito e o comodato reside no fato de que, enquanto o comodato é celebrado no interesse do comodatário que recebe o bem para usá-lo em seu próprio interesse, o depósito é celebrado no interesse do depositante, competindo ao depositário guardar o bem depositado não em seu próprio interesse, mas no interesse do titular do bem. Como se verá adiante, o direito brasileiro admite o depósito de bem fungível, com transmissão da propriedade e não da posse. A isso denomina-se *depósito irregular*, que o legislador determina que seja regido pela disciplina do mútuo.

13.1. *Espécies de depósito*

Distingue-se o depósito, em primeiro lugar, em (a) *depósito voluntário*, quando tem origem no acordo de vontades entre as partes, e (b) *depósito necessário* (art. 647), quando decorre de imposição da lei, denominando-se então *depósito legal*, ou "por ocasião de alguma calamidade, como o incêndio, a inundação, o naufrágio ou o saque", hipótese que recebe em doutrina o nome de *depósito miserável*[102]. A rigor, o depósito necessário não configura propriamente uma espécie de contrato, mas dever legal a que o legislador manda aplicar, por semelhança, a disciplina do depósito voluntário.

Diferencia-se o depósito, em segundo lugar, em (a) *depósito regular*, que tem por objeto coisa infungível, e (b) *depósito irregular*, que incide sobre coisas fungíveis, obrigando-se, nesse caso, o depositário a devolver coisas do mesmo gênero, quantidade e qualidade. O depósito irregular tem a peculiaridade de transmitir a propriedade da coisa depositada. Por essa peculiaridade, o depósito irregular rege-se pela disciplina do mútuo (art. 645), embora não deixe, por isso, de ser depósito: continua sendo praticado no interesse do depositante[103], o qual continua, por exemplo, a deter o direito de recuperar a coisa *ad nutum*. Registre-se que a qualificação de depósito

---

102 Clóvis Beviláqua, *Código Civil dos Estados Unidos do Brasil comentado*, Rio de Janeiro: Francisco Alves, 1954, v. V, p. 18.
103 Orlando Gomes, *Contratos*, cit., p. 420.

irregular não é consequência de uma análise estática da fungibilidade do objeto. É preciso analisar o fim perseguido pela avença: assim, "se ficar caracterizada a obrigação de devolver a mesma coisa, embora fungível, o depósito é regular"[104].

13.2. Efeitos

O depósito gera para o depositário a obrigação de guarda e conservação da coisa. O Código Civil exige que o depositário tenha "na guarda e conservação da coisa depositada o cuidado e diligência que costuma com o que lhe pertence" (art. 629). A fórmula invoca o padrão normal de diligência, não socorrendo, obviamente, o depositário a alegação de que é normalmente desleixado com seus próprios bens[105].

Tampouco pode o depositário se eximir da obrigação de empregar o cuidado devido com o bem depositado por meio de declarações unilaterais, como aquelas afixadas em hotéis ou em tíquetes de estacionamento que advertem não haver responsabilidade do estabelecimento pelos bens deixados no quarto ou pelo veículo estacionado. Trata-se de declaração desprovida de qualquer eficácia. A esse propósito, vale mencionar o Enunciado 130 da Súmula do STJ, em que se lê: "A empresa responde, perante o cliente, pela reparação de dano ou furto de veículo ocorridos em seu estacionamento". Embora o contrato de estacionamento venha ganhando certa autonomia em matéria de qualificação contratual[106], muitos autores continuam a enxergá-lo como contrato de depósito e os precedentes que deram origem ao enunciado ilustram a irrelevância das habituais advertências unilaterais de que não se responde por esse ou aquele tipo de dano sofrido pelo objeto depositado.

Além do dever de guarda e conservação, tem o depositário o dever de restituir a coisa quando solicitada pelo depositante (art. 633), mesmo que o contrato tenha prazo fixo. O depósito, diversamente do comodato ou do mútuo, é feito no interesse do proprietário, de modo que se lhe reserva o direito de exigir *ad nutum*, a qualquer tempo e sem necessidade de motivação, a restituição do bem.

---

104 Caio Mário da Silva Pereira, *Instituições de direito civil*, cit., v. III, p. 341.
105 Caio Mário da Silva Pereira, *Instituições de direito civil*, cit., v. III, p. 342.
106 Nesse sentido, Sílvio Venosa distingue o contrato de depósito daquele que denomina de "contrato de garagem" (*Direito civil: contratos em espécie*, 13. ed., São Paulo: Atlas, 2013, p. 550).

13.3. Direito de retenção

Em algumas hipóteses excepcionais, a legislação autoriza o depositário a não restituir a coisa depositada. É o que ocorre, por exemplo, "se houver motivo razoável de suspeitar que a coisa foi dolosamente obtida" (art. 633). A codificação assegura, ainda, ao depositário o direito de reter a coisa depositada até que se lhe pague "a retribuição devida", quando o depósito for oneroso, ou "o líquido valor das despesas ou dos prejuízos" em que tiver incorrido o depositário em virtude da guarda (arts. 643 e 644).

13.4. Uso da coisa depositada

O depositário não pode se servir da coisa depositada, salvo mediante autorização expressa do depositante (art. 640). Em caso de autorização, é de se analisar cuidadosamente as circunstâncias para se verificar se o depósito preserva sua natureza ou se desnatura em comodato (quando gratuito) ou locação (quando oneroso) ou mútuo (quando tenha por objeto bem fungível) ou, ainda, em alguma modalidade contratual atípica[107]. Em suma, a autorização de uso do bem depositado não pode ser de tal magnitude que supere a prevalência do interesse do depositante na entrega da coisa para sua guarda.

13.5. Extinção

O contrato de depósito se extingue pelas formas habituais de extinção do contrato, como o cumprimento, e por aquelas que o Código Civil menciona especificamente na disciplina do depósito, como (a) o pedido de restituição formulado a qualquer tempo pelo depositante, (b) a incapacidade superveniente do depositário (art. 641) e (c) a morte do depositário, se o contrato for celebrado *intuitu personae*.

A Lei n. 2.313/54 cria, ainda, prazo máximo de duração para contratos de depósito regular, nos termos do art. 1º: "Os contratos de depósito regular e voluntário de bens de qualquer espécie extinguem-se no prazo de 25 (vinte e cinco) anos, podendo, entretanto, ser renovados por expressa aquiescência das partes". O parágrafo único do referido dispositivo acrescenta que, "extintos esses contratos, pelo decurso do prazo, os bens depositados serão recolhidos ao Tesouro Nacional e, aí, devidamente relacionados, em nome dos seus proprie-

---

107 Caio Mário da Silva Pereira, *Instituições de direito civil*, cit., v. III, p. 342; Teresa Ancona Lopez, in Antônio Junqueira de Azevedo (Coord.), *Comentários ao Código Civil*, São Paulo: Saraiva, 2003, v. 7, p. 392.

tários, permanecerão, se não forem estes reclamados no prazo de 5 (cinco) anos, findo o qual se incorporarão ao patrimônio nacional".

13.6. *Prisão civil do depositário infiel*

O art. 652 do Código Civil, repetindo disposição que já constava da codificação de 1916, prevê a prisão civil do depositário infiel, como meio de coagir o depositário a restituir a coisa depositada. A norma é inconstitucional. Embora a Constituição autorizasse, na redação original do art. 5º, o legislador ordinário a prever a prisão civil do depositário infiel, tal instituto afronta a Convenção Americana de Direitos Humanos (Pacto de San José da Costa Rica), que, internalizada pelo Brasil em 1992, autoriza a prisão civil apenas na hipótese de dívida de alimentos. A matéria foi discutida em uma primeira oportunidade no Supremo Tribunal Federal, em 1995, no julgamento do *Habeas Corpus* 72.131/RJ. Prevaleceu, na ocasião, o entendimento do Ministro Moreira Alves, segundo o qual a Convenção Americana de Direitos Humanos, incorporada como lei ordinária, não havia revogado a prisão civil do depositário infiel retratada no Código Civil de 1916, pois, dispondo genericamente sobre direitos humanos, seria a lei geral, sem aptidão para revogar a norma especial do Código Civil[108].

Somente em 2008, o Supremo Tribunal Federal viria, enfim, a reverter tal posicionamento, por ocasião da apreciação do Recurso Extraordinário n. 349.703/RS, em que o Plenário decidiu pela inconstitucionalidade da prisão civil do devedor na alienação fiduciária em garantia, afirmando:

> desde a adesão do Brasil, sem qualquer reserva, ao Pacto Internacional dos Direitos Civis e Políticos (art. 11) e à Convenção Americana sobre Direitos Humanos – Pacto de San José da Costa Rica (art. 7º, 7), ambos no ano de 1992, não há mais base legal para prisão civil do depositário infiel, pois o caráter especial desses diplomas internacionais sobre direitos humanos lhes reserva lugar específico no ordenamento jurídico, estando abaixo da Constituição, porém acima da legislação interna. O status normativo supralegal dos tratados internacionais de direitos humanos subscritos pelo Brasil torna inaplicável a legislação infraconstitucional com ele conflitante, seja ela anterior ou posterior ao ato de adesão[109].

---

108 A decisão foi objeto de críticas por parte da melhor doutrina: Gustavo Tepedino, Direitos humanos e relações jurídicas privadas, in *Temas de direito civil*, cit., p. 77-78.

109 É de se registrar que, mesmo antes da mudança de entendimento do Supremo Tribunal Federal, o Superior Tribunal de Justiça já vinha caminhando para esse entendimento, como se vê em diversas decisões e nas Súmulas 304 e 305. "Súmula 304: É ilegal a

O entendimento veio a ser consolidado na Súmula Vinculante 25: "É ilícita a prisão civil de depositário infiel, qualquer que seja a modalidade de depósito".

O Código Civil de 2002, portanto, incorreu em equívoco ao reafirmar a possibilidade de prisão civil do depositário infiel, que, a rigor, já era inconstitucional desde o Decreto n. 678/92, que promulgou a Convenção Americana sobre Direitos Humanos. Assim, nem o depositário infiel nem muito menos o devedor que assuma a condição de depositário em outros institutos (como a alienação fiduciária em garantia) sujeitam-se à prisão civil.

14. Mandato

Mandato é, na definição do art. 653 do Código Civil, o contrato por meio do qual o mandatário recebe do mandante poderes para, em nome deste último, praticar atos ou administrar interesses. Como se vê, o legislador brasileiro considera a outorga de poderes de representação como elemento indispensável do contrato de mandato. Nesse sentido, já advertia Clóvis Beviláqua: "o que caracteriza o mandato é a representação. Certamente a representação poderá ter outra causa, mas a ideia do mandato envolve a de representação"[110]. O mesmo não ocorre em outros ordenamentos jurídicos, como no ordenamento jurídico italiano, que admite expressamente o mandato sem representação[111]. O que o direito brasileiro admite é a representação sem mandato – como já visto no estudo da representação, contemplada na Parte Geral do Código Civil –, mas não o mandato sem representação.

No tecido normativo do Código Civil de 2002, a representação erige-se na principal característica distintiva entre o mandato e outros tipos contratuais assemelhados. De fato, enquanto no mandato o mandatário age sempre *em nome de outrem*, há uma série de outros contratos em que há simples atuação *no interesse de outrem*. É o caso, por exemplo, do contrato de comissão, que será analisado

---

decretação da prisão civil daquele que não assume expressamente o encargo de depositário judicial. Súmula 305: É descabida a prisão civil do depositário quando, decretada a falência da empresa, sobrévem a arrecadação do bem pelo síndico."

110 Clóvis Beviláqua, *Código Civil dos Estados Unidos do Brasil comentado*, cit., v. V, p. 399.
111 Código Civil italiano, art. 1.705: "Il mandatario che agisce in proprio nome acquista i diritti e assume gli obblighi derivanti dagli atti compiuti con i terzi, anche se questi hanno avuto conoscenza del mandato. I terzi non hanno alcun rapporto col mandante. Tuttavia il mandante, sostituendosi al mandatario, può esercitare i diritti di credito derivanti dall'esecuzione del mandato, salvo che ciò possa pregiudicare i diritti attribuiti al mandatario dalle disposizioni degli articoli che seguono."

oportunamente. O componente representativo intensifica a relação de confiança que se estabelece no âmbito do mandato. Diversos autores destacam esse caráter fiduciário na própria nomenclatura do tipo contratual, pois a expressão mandato deriva de *manus datio*, que significaria literalmente dar a mão a um amigo[112]. O vínculo fiduciário que liga o mandante ao mandatário, além de ter influência decisiva na solução de conflitos surgidos no âmbito do contrato de mandato, responde por algumas características fundamentais do tipo contratual.

14.1. *Elementos*

Quanto ao elemento subjetivo, o contrato de mandato é considerado *intuitu personae*. A escolha do mandatário resulta do convencimento subjetivo do mandante acerca da aptidão daquele sujeito para o fiel cumprimento da tarefa[113]. Não é por outra razão que a morte ou interdição de qualquer das partes põe fim ao mandato. Ainda na mesma direção, o Código Civil determina que o contrato de mandato pode ser revogado a qualquer tempo pela simples manifestação de vontade do mandante (art. 682). Tem-se aqui mais uma consequência do intenso caráter fiduciário da relação contratual estabelecida pelo mandato: desaparecida a confiança depositada no mandatário, pode o mandante, sem nenhuma justificativa, pôr fim ao contrato. A revogabilidade *ad nutum* tem lugar ainda que o mandato contenha prazo fixo ou cláusula de irrevogabilidade, situação que sujeita o mandante ao pagamento de perdas e danos, mas não lhe retira a possibilidade de revogação (art. 683). A lei impõe restrições à revogabilidade apenas em hipóteses excepcionais, como a do mandato estipulado no exclusivo interesse do mandatário (mandato *in rem suam* ou em causa própria) ou como condição de outro negócio bilateral (arts. 684 e 686, parágrafo único).

Quanto ao elemento objetivo, o mandato se centra na outorga de poderes para a prática de atos ou administração de interesses. Não podem ser objeto do mandato *atos personalíssimos*, para os quais a lei exige a intervenção pessoal do interessado[114]. Assim, não pode o mandante outorgar poderes para a prestação de serviço militar, para o exercício do direito de voto nas eleições municipais ou para o depoimento pessoal em processo civil ou penal. O Código Civil admite,

---

112 M. I. Carvalho de Mendonça, *Contratos no direito civil brasileiro*, 4. ed., Rio de Janeiro: Revista Forense, 1957, t. I, p. 191-192.
113 Mairan Gonçalves Maia Júnior, *A representação do negócio jurídico*, São Paulo: Revista dos Tribunais, 2001, p. 108-109.
114 Caio Mário da Silva Pereira, *Instituições de direito civil*, cit., v. III, p. 378.

contudo, o casamento por procuração (art. 1.542). Todos os atos que não sejam personalíssimos podem ser objeto de mandato. É interessante notar, a tal propósito, que o Código Civil brasileiro não restringe o objeto do mandato à celebração de negócios jurídicos, empregando a expressão "praticar atos ou administrar interesses" (art. 653). Há quem critique tamanha amplitude, alegando que o mandato acaba por se confundir com a prestação de serviços. Os dois contratos são inconfundíveis, porém, como revela a análise funcional do contrato de mandato. Como explica Gustavo Tepedino, "enquanto no mandato o que se objetiva são os efeitos jurídicos do ato a ser praticado (futuro), alcançados pela obrigação de fazer do mandatário, na prestação de serviços o efeito jurídico essencial é o serviço em si (presente)"[115]. A causa do contrato é integrada, ademais, pela representação, entendida como técnica de atuação em nome alheio. A representação não se limita à celebração de negócios jurídicos, podendo abranger qualquer manifestação da vontade do representado em face de terceiros, não faltando exemplos úteis quer no campo patrimonial (constituição em mora etc.), quer no existencial (escolha terapêutica etc.).

Quanto ao elemento formal, o contrato de mandato não exige forma específica, podendo ser celebrado verbalmente, por instrumento particular ou por qualquer outro meio de manifestação da vontade dos contratantes.

14.2. *Características*

O mandato presume-se gratuito, presunção que fica afastada se as partes estipularem retribuição ou se, mesmo à falta de estipulação, "o seu objeto corresponder ao daqueles que o mandatário trata por ofício ou profissão lucrativa" (art. 658). É o caso do mandato conferido a advogado para representar seu cliente no foro (mandato judicial). A estipulação de remuneração não afeta a revogabilidade *ad nutum* do mandato nem retira seu caráter *intuitu personae*. Sendo gratuito, o mandato será unilateral, pois daí só derivarão obrigações para o mandatário. Sendo oneroso, o contrato será bilateral, competindo ao mandatário exercer os poderes conferidos de acordo com as instruções do mandante, enquanto ao mandante competirá efetuar o pagamento da remuneração correspondente. A lei não exige, como já visto, forma especial para o mandato, que se qualifica, então, como contrato *intuitu personae*, não solene, presumidamente gratuito e unilateral.

---

115 Gustavo Tepedino, in Sálvio de Figueiredo Teixeira (Coord.), *Comentários ao novo Código Civil*, Rio de Janeiro: Forense, 2008, v. X, p. 39.

14.3. Procuração

A procuração é o instrumento do mandato, diz o art. 653 do Código Civil. O dispositivo exprime, a rigor, certa confusão de conceitos, originária da identificação plena entre representação e mandato, que contaminava a codificação civil de 1916. O instrumento de mandato, como de qualquer contrato, é a escritura pública, instrumento particular ou outro meio pelo qual ambas as partes – no caso, mandante e mandatário – declaram seu acordo de vontades. Coisa inteiramente diversa é a procuração, que a melhor doutrina define como negócio jurídico unilateral de outorga de poderes de representação[116], fenômeno que, como se viu, é essencial ao mandato, mas pode ocorrer sem ele. Também a procuração se instrumentaliza por escrito público ou particular, contendo, como ato unilateral que é, a assinatura tão somente do outorgante. Assim, somente em uma acepção muito genérica se pode dizer, como quer a codificação, que a procuração é "instrumento" do mandato. Serve, sim, a instrumentalizá-lo, a lhe conceder operatividade concreta, mas não se confunde com o instrumento que disciplina as relações entre mandante e mandatário. O instrumento da procuração destina-se a provar ao terceiro que negocia com o mandatário, ou perante quem o mandatário pratica certo ato, que houve prévia outorga de poderes pelo mandante.

14.4. Conflito de interesses

O mandatário deve agir em nome do mandante, e, portanto, no interesse dele. Pode ocorrer, contudo, que, em situações concretas, o interesse do mandatário entre em conflito com o interesse do mandante. Suponha-se, por exemplo, que outorgo poderes para que o mandatário venda um imóvel, em meu nome, pelo melhor preço, mas um dos pretendentes seja seu amigo íntimo e, com isso, o mandatário acabe privilegiando sua proposta, ainda que não a mais atrativa. Terá aí agido o mandatário em conflito de interesses.

O conflito de interesses, matéria das mais palpitantes, não encontrava previsão no Código Civil de 1916, que se limitava a vedar algumas hipóteses específicas de atuação conflituosa. O Código Civil de 2002 supriu a omissão, ao tratar, na Parte Geral, do instituto da representação, no âmbito do qual tornou "anulável o negócio concluído pelo representante em conflito de interesses com o representado, se tal fato era ou devia ser do conhecimento de quem com aque-

---

116 Orlando Gomes, *Contratos*, cit., p. 433.

le tratou" (art. 119). Além disso, a codificação torna anulável o negócio jurídico que o representante celebra consigo mesmo, ou seja, atuando, de um lado, em nome do representado e, de outro, em nome próprio – o equivocadamente denominado *autocontrato* ou *contrato consigo mesmo* –, anulabilidade que também se estende à chamada *dupla representação*, hipótese na qual o representante atua, de ambos os lados, como representante de representados distintos (art. 117). Tais regras, examinadas anteriormente no estudo da representação, aplicam-se também ao contrato de mandato.

14.5. *Espécies de mandato*

O mandato pode ser (a) tácito ou (b) expresso, e, neste último caso, verbal ou escrito (art. 656). Diz-se tácito o mandato quando a outorga de poderes se faz sem a manifestação formal e explícita do mandante. Como se vê, a classificação se refere, estritamente, não ao mandato em si, como negócio jurídico que regula a relação entre mandante e mandatário, mas à outorga do poder de representar[117]. A outorga tácita de poderes não se confunde com a gestão de negócios. Enquanto a gestão se caracteriza pela espontaneidade da interferência na esfera jurídica alheia, não sendo uma figura contratual, "por faltar à sua etiologia o acordo prévio de vontades"[118], a configuração de mandato tácito exige atos do mandante que revelem, claramente, sua intenção de outorgar poder de representação ao mandatário[119].

O mandato expresso pode ser verbal ou escrito, perfazendo-se, neste último caso, por instrumento particular ou escritura pública. Deve-se mencionar, aqui, o chamado *imperativo de atração da forma*, estabelecido no art. 657 do Código Civil, em que se lê: "A outorga do mandato está sujeita à forma exigida por lei para o ato a ser praticado. Não se admite mandato verbal quando o ato deva ser celebrado por escrito". A norma soluciona controvérsia que existia sob a vigência da codificação anterior, acerca da atração ou não da forma. Registre-se, todavia, que o dispositivo se refere, a rigor, à forma da *procuração* (outorga do poder de representação), que deverá atender à exigência de forma que a lei eventualmente estabeleça para o ato que é objeto do mandato[120]. O contrato de

---

117 Gustavo Tepedino, *Comentários ao novo Código Civil*, cit., p. 59.
118 Caio Mário da Silva Pereira, *Instituições de direito civil*, cit., v. III, p. 395.
119 J. M. de Carvalho Santos, *Código Civil brasileiro interpretado*, 12. ed., Rio de Janeiro: Freitas Bastos, 1952, v. XVIII, p. 132.
120 Gustavo Tepedino, *Comentários ao novo Código Civil*, cit., p. 63.

mandato em si, como regulação interna da relação entre mandante e mandatário, permanece livre, podendo ser verbal, escrito ou mesmo tácito.

Quanto à amplitude do objeto do mandato, distingue-se o mandato em (a) *especial*, quando se limite a um ou alguns negócios, ou (b) *geral*, quando diga respeito a todos os negócios do mandante (art. 660). Quanto à extensão dos poderes, diferenciam-se (a) o *mandato em termos gerais*, que se limita a atos de administração ordinária, entendidos tais atos como "os necessários e suficientes a conservar determinados bens, sem implicar a alteração de sua medida ou substância"[121], e o (b) *mandato em termos especiais*, que inclui poderes específicos, não abrangidos pela administração ordinária, como os poderes de alienar, hipotecar, transigir, confessar dívida, conceder fiança, contrair matrimônio, entre outros (art. 661).

14.6. Efeitos do mandato

O escopo do contrato de mandato é disciplinar a relação interna entre mandante e mandatário[122]. Seu principal efeito é impor ao mandatário a obrigação de "aplicar toda sua diligência habitual" (art. 667) na execução dos atos que pratica em nome do mandante, seguindo fielmente suas instruções e agindo sempre no seu interesse. O mandatário tem, além disso, o dever de prestar contas da sua gerência ao mandante, "transferindo-lhe as vantagens provenientes do mandato, por qualquer título que seja" (art. 668).

No caso de mandato oneroso, o mandante terá a obrigação de pagar a remuneração ajustada (art. 676). O Código Civil menciona também uma "obrigação" do mandante de satisfazer todas as obrigações contraídas pelo mandatário (art. 675). Trata-se, tecnicamente, não de uma obrigação do mandante, mas do próprio efeito vinculante da atuação do mandatário, provido dos devidos poderes de representação. O mandante deve, ainda, ressarcir o mandatário das despesas de execução do mandato, ressarcimento sem o qual fica o mandatário autorizado a exercer direito de retenção sobre o que tiver sido recebido por força da prática dos atos em nome do mandante (arts. 681 e 664).

14.7. *Atuação* ultra vires mandati

O mandatário deve atuar nos limites dos poderes que lhe foram conferidos. Se exorbita dos poderes outorgados, atuando *ultra vires mandati* (além

---

121 Gustavo Tepedino, *Comentários ao novo Código Civil*, cit., p. 73-74.
122 Orlando Gomes, *Contratos*, cit., p. 425.

das forças do mandato)[123], o ato pelo mandatário praticado, embora existente e válido, é ineficaz em relação ao mandante (art. 662). Fora dos limites do seu poder de representação, atua o mandatário como gestor de negócios (art. 665), respondendo pessoalmente perante o terceiro, salvo se houver ratificação pelo mandante. A ratificação, quando houver, produz efeitos *ex tunc*, retroagindo à data do ato praticado pelo mandatário. Pode ser expressa ou tácita, se resultar de ato inequívoco do mandante, como o espontâneo cumprimento da obrigação contratada pelo mandatário.

O mandatário tem o dever de provar ao terceiro com quem contrata sua qualidade de representante e a extensão de seus poderes. É o que lhe impõe o art. 118 do Código Civil, que regula a atuação dos representantes em geral. Ao terceiro que contrata com aquele que age em nome alheio, recomenda-se verificar a extensão dos poderes conferidos ao mandatário. Se contrata depois de conhecer os poderes do mandato, não tem ação contra o mandatário, salvo se este lhe tiver prometido ratificação do mandante ou se tiver assumido responsabilidade pessoal (art. 673).

14.8. Abuso de poder do mandatário

Distingue-se da atuação exorbitante do mandatário – a que a doutrina denomina *excesso de poder* – a situação em que o mandatário, sem extrapolar de seus poderes, contraria instruções dadas pelo mandante. Trata-se do chamado *abuso de poder* do mandatário, cujos efeitos não alcançam o terceiro[124]. Vale dizer: ainda que tenha havido abuso do mandatário, o ato praticado produz efeitos na esfera jurídica do mandante, preservando-se o interesse do terceiro. O abuso se resolve em indenização a ser paga pelo mandatário em virtude do prejuízo eventualmente causado ao mandante (art. 679).

14.9. Substabelecimento

O caráter personalíssimo do contrato de mandato não impede o substabelecimento, meio pelo qual o mandatário se faz substituir na execução do mandato, transferindo, com ou sem reserva, os poderes recebidos[125]. Muitas vezes, o substabelecimento constitui instrumento importante para garantir a

---

123 Caio Mário da Silva Pereira, *Instituições de direito civil*, cit., v. III, p. 381.
124 Gustavo Tepedino, *Comentários ao novo Código Civil*, cit., p. 85.
125 Gustavo Tepedino, *Comentários ao novo Código Civil*, cit., p. 104.

maior eficiência na defesa dos interesses do mandante[126]. O Código Civil contempla especificamente as consequências do substabelecimento, traçando o seguinte cenário: (a) se a procuração outorgada proibir o substabelecimento, os atos praticados pelo substabelecido não vinculam o mandante, salvo ratificação, e o mandatário responde perante o mandante por qualquer dano que a atuação do substabelecido possa ter gerado, ainda que decorrente de caso fortuito, "salvo provando que o caso teria sobrevindo, ainda que não tivesse havido substabelecimento" (art. 667, § 1º); (b) se o substabelecimento é expressamente autorizado na procuração, o mandatário só responde pelos danos causados pelo substabelecido "se tiver agido com culpa na escolha deste ou nas instruções dadas a ele" (art. 667, § 2º); e (c) se a procuração for silente a respeito da matéria, o mandatário responde pelos atos culposos do substabelecido.

Ao substabelecer, o mandatário poderá optar por reservar ou não os poderes que lhe foram concedidos. No substabelecimento *com reserva de poderes*, há cumulação de poderes entre o mandatário e o substabelecido[127]. O substabelecimento *sem reserva de poderes* equivale à renúncia, por implicar a plena substituição do mandatário[128].

14.10. *Extinção do mandato*

O mandato se extingue pelas causas comuns a todos os contratos e, adicionalmente, (a) pela revogação do mandato pelo mandante; (b) pela renúncia do mandatário; (c) pela morte de qualquer das partes, efeito que deriva do caráter *intuitu personae* do contrato; ou (d) pela mudança de estado ou interdição, que torna o mandante inapto para conferir os poderes ou o mandatário para os exercer.

Interessam especialmente a revogação e a renúncia. A revogação tem eficácia *ex nunc* (não retroativa), preservando-se os atos praticados pelo mandatário até então. Registre-se que a revogação, comunicada tão somente ao mandatário, não produz efeitos em terceiros (art. 686). Desse modo, compete ao mandante não apenas notificar o mandatário da revogação, mas também se utilizar de instrumentos eficazes para dar notícia da revogação a terceiros, quer por meio da publicação de editais, quer por meio do registro em cartório. Além disso, a revogação

---

126 Luiz da Cunha Gonçalves, *Tratado de direito civil*, São Paulo: Max Limonad, s.d., v. VII, t. 2, p. 585.
127 Gustavo Tepedino, *Comentários ao novo Código Civil*, cit., p. 104.
128 Orlando Gomes, *Contratos*, cit., p. 436.

pode ocorrer tacitamente, como quando o mandante assume pessoalmente a tarefa ou quando nomeia outro mandatário para o mesmo negócio (art. 687).

A renúncia do mandatário deverá ser comunicada ao mandante, com antecedência suficiente para que este providencie a nomeação de outro mandatário. Em caso contrário, a renúncia permanece eficaz, mas responde o mandatário pelos danos causados ao mandante, salvo se demonstrar que "não podia continuar no mandato sem prejuízo considerável, e que não lhe era dado substabelecer" (art. 688).

14.11. Procuração em causa própria

A *procuratio in rem suam* (ou procuração em causa própria) consiste na outorga irrevogável de poderes ao mandatário, em seu exclusivo interesse, para que, independentemente de qualquer outro ato do mandante, possa transferir para si as vantagens oriundas do negócio celebrado. A maior parte da doutrina enxerga no mandato em causa própria uma cessão de direitos. A rigor, trata-se de *negócio indireto*, assim entendido aquele "cuja finalidade econômica perseguida pelas partes é mais ampla do que a finalidade jurídica pré-disposta pelo ordenamento: embora as partes celebrem típico contrato de mandato, desempenham a finalidade econômica do contrato de cessão ou do negócio para qual o mandato seria preparatório"[129]. Vale dizer: alcança-se efeito econômico mais amplo do que os ordinariamente gerados pelo tipo contratual, mas sem que, com isso, se desfigure a causa do mandato[130]. O mandato em causa própria vem expressamente contemplado pelo Código Civil, no art. 685, que o acolhe, dispensando o mandatário de prestar contas e tornando ineficaz a sua revogação pelo mandante.

14.12. Mandato judicial

O mandato judicial é aquele que se volta à representação e defesa dos interesses do mandante em juízo. Não abrange a prestação de serviço do advogado como consultor, conselheiro ou orientador, funções cumpridas sem outorga de poder de representação[131]. O mandato judicial vinha detalhadamente regulado nos arts. 1.324 a 1.330 do Código Civil de 1916. Tal disciplina tornou-se obsoleta com o advento de sucessivas codificações de direito

---

129 Gustavo Tepedino, *Comentários ao novo Código Civil*, cit., p. 171.
130 Gustavo Tepedino, *Comentários ao novo Código Civil*, cit., p. 176.
131 Caio Mário da Silva Pereira, *Instituições de direito civil*, cit., v. III, p. 393.

processual civil e do Estatuto da Advocacia (Lei n. 8.906/94). Assim, o Código Civil de 2002 eximiu-se de regular o instituto, limitando-se a determinar, em seu art. 692, que "o mandato judicial fica subordinado às normas que lhe dizem respeito, constantes da legislação processual e, supletivamente, às estabelecidas neste Código".

O Código de Processo Civil exige que o mandatário seja um advogado regularmente inscrito na Ordem dos Advogados do Brasil (art. 103, *caput*). A prática de atos processuais requer a apresentação de procuração (que poderá ser outorgada por instrumento público ou particular), salvo para a prática de atos urgentes ou necessários para evitar preclusão, decadência ou prescrição (art. 104, *caput*), hipóteses nas quais a procuração deverá ser apresentada no prazo de quinze dias – prorrogável por igual período por despacho do juiz – (art. 104, § 1º), sob pena de ineficácia do ato e responsabilidade do advogado (art. 104, § 2º). Admite-se expressamente a atuação do advogado em causa própria (art. 103, parágrafo único), situação em que, a rigor, não haverá mandato, não havendo que se cogitar também de procuração[132]. A *procuração geral para o foro* é aquela que habilita o advogado a praticar todos os atos processuais, salvo os que exijam *poderes especiais*, que devem constar de cláusula específica, sendo necessários para: receber citação, confessar, reconhecer a procedência do pedido, transigir, desistir, renunciar ao direito sobre o qual se funda a ação, receber, dar quitação, firmar compromisso e assinar declaração de hipossuficiência econômica (art. 105, *caput*).

O art. 112 do Código de Processo Civil estabelece que a renúncia do advogado está condicionada à prova de "que comunicou a renúncia ao mandante, a fim de que este nomeie sucessor", comunicação que fica dispensada "quando a procuração tiver sido outorgada a vários advogados e a parte continuar representada por outro, apesar da renúncia" (art. 112, § 2º). Mesmo realizando o comunicado, "durante os 10 (dez) dias seguintes, o advogado continuará a representar o mandante, desde que necessário para lhe evitar prejuízo" (art. 112, § 1º). Admite-se o substabelecimento nos mandatos judiciais, prática corriqueira na atividade advocatícia. Como o substabelecimento sem reserva de poderes equivale à renúncia, a ele se aplica o disposto no art. 112. A extinção do mandato judicial se dá pelas mesmas causas que afetam o mandato ordinário.

---

132 Gustavo Tepedino, Heloisa Helena Barboza e Maria Celina Bodin de Moraes (Coords.), *Código Civil interpretado conforme a Constituição da República*, 2. ed., Rio de Janeiro: Renovar, 2012, v. II, p. 472.

15. Comissão

Contrato de comissão é aquele por meio do qual o comissário assume a obrigação de celebrar contrato de compra e venda ou negócio jurídico de crédito, em seu próprio nome, mas no interesse de outra pessoa, denominada comitente. Diversamente do mandatário, o comissário age em nome próprio, vinculando-se pessoalmente no contrato que celebra com o terceiro. O contrato de comissão caracteriza-se pelo que se tem denominado de *representação imprópria*[133] ou, mais tecnicamente, *interposição*[134]. Inexiste na atuação do comissário a *contemplatio domini*, já que o comissário não age em nome alheio. Nada impede, todavia, que o comitente figure como anuente ou interveniente no contrato de compra e venda celebrado com o terceiro, desde que o comissário permaneça agindo em nome próprio e assumindo a responsabilidade pelo contrato.

O termo *comissão* tem origem em *committere*, do latim, que remete à ideia de encomendar, de atribuir tarefa ou incumbência a certa pessoa[135]. A atual configuração do contrato de comissão provém do contrato de *commenda*, desenvolvido na Idade Média para proporcionar aos comerciantes a possibilidade de realizarem operações em outras praças, superando proibições que existiam para o exercício do comércio por estrangeiros. No Brasil, a comissão foi muito utilizada "em relação às operações de exportação, armazenagem ou venda interna do café"[136]. O desenvolvimento dos meios de transporte e de comunicação, além da organização da atividade econômica em modelos societários, a proporcionar a proliferação de agências e filiais, reduziu significativamente a utilização prática do contrato de comissão. Em nosso direito positivo, contribuiu para esse cenário a captura do tipo contratual pelo Código Comercial, que o regulou como *comissão mercantil*, gerando discussão sobre a existência ou não de comissão civil. Assim, o contrato de comissão permaneceu por muito tempo na "zona cinzenta entre direito civil e direito comercial"[137]. O Código Civil de 2002 pôs fim à celeuma, com a reunificação dos contratos civis e comerciais.

---

133 Orlando Gomes, *Contratos*, cit., p. 439-440.
134 Seja consentido remeter ao tópico dedicado ao estudo da representação, no capítulo 11 desta obra, em que se traçou a diferença entre representação e interposição.
135 Washington de Barros Monteiro, *Curso de direito civil*, cit., v. V, p. 300.
136 Waldirio Bulgarelli, *Contratos mercantis*, 8. ed., São Paulo: Atlas, 1995, p. 483.
137 Gustavo Tepedino, *Comentários ao novo Código Civil*, cit., apresentação.

15.1. Elementos

Quanto ao elemento subjetivo, o contrato de comissão deve cumprir os requisitos exigidos para os contratos em geral. Para parte da doutrina, trata-se de contrato *intuitu personae*, que assenta sobre a relação de confiança entre comitente e comissário[138], tal qual ocorre no mandato. Há que se destacar, contudo, que o mandato contém em sua essência a ideia de representação, o que não ocorre na comissão. O comissário, ao atuar perante terceiros, atua em seu próprio nome, somente gerando obrigações para si, aproximando-se mais a comissão da prestação de serviços que do mandato – muito embora o Código Civil mande aplicar subsidiariamente à comissão a disciplina deste último (art. 709).

Constituem objeto da comissão a obrigação do comissário de adquirir ou alienar bens, de qualquer natureza, ou de celebrar negócio jurídico de crédito e a obrigação contraposta do comitente de remunerar o comissário. De acordo com a redação original do Código Civil, a prestação devida pelo comissário restringia-se à aquisição ou venda de bens. A Lei n. 14.690/2023 ampliou o objeto do contrato de comissão, que agora abrange "a compra ou venda de bens ou a realização de mútuo ou outro negócio jurídico de crédito" (CC, art. 693). Se a comissão é firmada com vistas a outro tipo de operação econômica, como a locação de bens, o contrato se desvirtua, deixando de ser comissão para se tornar contrato atípico ou, dependendo de outras circunstâncias, como o caráter continuado da relação contratual, adentrar o tipo da agência ou da distribuição, que serão examinados adiante.

A remuneração assume caráter essencial no contrato de comissão, a ponto de declarar o Código Civil, no art. 701: "Não estipulada a remuneração devida ao comissário, será ela arbitrada segundo os usos correntes no lugar". A forma do contrato de comissão é livre, não exigindo a lei nenhuma solenidade especial para sua celebração.

15.2. Características

O contrato de comissão é bilateral, oneroso, podendo ser comutativo ou aleatório, e não solene. É bilateral porque gera obrigações para ambas as partes interligadas por vínculo sinalagmático: o comissário assume o dever de celebrar, em seu próprio nome, contrato de compra e venda ou negócio jurídico de

---

138 Carlos Alberto Bittar, *Contratos comerciais*, 2. ed., Rio de Janeiro: Forense Universitária, 1994, p. 78.

crédito, à conta do comitente. O comitente, por sua vez, assume a obrigação de remunerar o comissário, como já visto. Há ônus econômico para ambas as partes. Sendo contrato bilateral e oneroso, cabe indagar se é comutativo ou aleatório. Pode, em verdade, ser das duas espécies, dependendo da forma como se pactua a remuneração do comissário. Trata-se, por fim, de contrato não solene, porque, conforme já visto, não exige forma especial.

15.3. Efeitos da comissão

O principal efeito do contrato de comissão é gerar, para o comissário, a obrigação de perseguir a celebração da compra e venda ou de negócio jurídico de crédito com cuidado e diligência a fim de proporcionar ao comitente o lucro ou vantagem razoavelmente esperados (art. 696) e, para o comitente, a obrigação de remunerar o comissário. Como atua em nome próprio, o comissário fica diretamente obrigado ante as pessoas com quem contratar, "sem que estas tenham ação contra o comitente, nem este contra elas" (art. 694). O Código Civil trata com ares de exceção a hipótese em que o comissário vier a ceder sua posição contratual ao comitente ou ao contratante.

O comissário tem, ademais, o dever de comunicar o comitente das operações realizadas. Não está obrigado, salvo disposição contratual em contrário, a revelar o nome do terceiro com quem contratou. Muitas vezes, o comissário tem interesse em guardar sigilo sobre a identidade do contratante, evitando que o comitente com ele negocie diretamente em oportunidade futura[139].

15.4. Cláusula del credere

O comissário não responde, em regra, pela insolvência daqueles com quem contratar (art. 697). O Código Civil prevê duas exceções a essa regra: (a) se tiver o comissário agido com culpa, deixando de empregar o cuidado devido na contratação, ou (b) se constar do contrato de comissão a cláusula *del credere*. Por meio dessa cláusula, o comissário assume perante o comitente responsabilidade pelo eventual inadimplemento do terceiro com quem contrata (art. 698). O Código Civil prevê que fará jus o comissário, nessa hipótese, a uma remuneração mais elevada para compensar o ônus assumido – previsão que é de pouca utilidade prática, pela inexistência de um parâmetro objetivo apto a definir qual seria a remuneração devida na ausência da cláusula. A cláusula *del credere*, por fim,

---

139 Gustavo Tepedino, *Comentários ao novo Código Civil*, cit., p. 229.

pode ser meramente parcial, vale dizer, estabelecer um limite para a responsabilidade do comissário pelo inadimplemento do terceiro (CC, art. 698, p.u.).

15.5. *Extinção*

Aplicam-se à comissão as causas que levam à extinção dos contratos em geral. Ao tratar especificamente da comissão, o Código Civil alude à dispensa do comissário com justa causa ou sem justa causa. Em ambos os casos, por ser a comissão um contrato dirigido à celebração de outros negócios jurídicos futuros e eventuais (compra ou venda de bens ou negócios jurídicos de crédito), nossa codificação procura proteger o comissário na hipótese de extinção do contrato em momento no qual já tenha empregado esforços em favor do comitente. O art. 703 do Código Civil determina, por exemplo, que o comissário, mesmo quando tenha dado motivo à sua dispensa, "terá direito a ser remunerado pelos serviços úteis prestados ao comitente", ressalvado ao comitente o direito de exigir do comissário a reparação dos prejuízos sofridos em virtude da sua motivada dispensa. E o art. 705 acrescenta que "se o comissário for despedido sem justa causa, terá direito a ser remunerado pelos trabalhos prestados, bem como a ser ressarcido pelas perdas e danos resultantes de sua dispensa".

A preocupação legislativa em proteger o comissário pelos esforços já empreendidos, evitando o enriquecimento sem causa do comitente, surge no âmbito da disciplina do contrato de comissão, mas se repete também nos demais tipos contratuais ligados à ideia de interposição (por exemplo, agência e distribuição), como se verá a seguir.

16. Agência

A agência consiste no contrato por meio do qual o agente assume, em caráter continuado, mas sem vínculo de dependência, a obrigação de promover, à conta do proponente, mediante retribuição, a realização de certos negócios, em uma zona determinada (art. 710). Se o contrato determinar que o agente já terá à sua disposição a coisa a ser negociada, caracteriza-se o contrato de distribuição (art. 710, parte final), que será examinado mais para a frente.

O contrato de agência não constava do Código Civil de 1916. Sua incorporação ao Código Civil de 2002, em capítulo que trata conjuntamente dos contratos de agência e distribuição, veio fazer jus à utilização frequente desses contratos na prática comercial, para regular a relação entre os produtores de bens ou serviços e os profissionais responsáveis por fazê-los chegar ao mercado[140]. A bem da verdade, os contratos de agência e distribuição substituíram gradativamente a antiga comissão mercantil, com a qual esses contratos costumavam ser confundidos[141]. Ao contrário do comissário, que celebra negócios em nome próprio, muitas vezes sem revelar ao terceiro com quem contrata a identidade do comitente, o agente e o distribuidor atuam ostensivamente à conta do proponente, que mantém um maior controle sobre o escoamento de sua produção, em uma relação continuada, que lhe permite traçar diretrizes e metas para a atuação do agente ou distribuidor.

O contrato de agência já encontrava guarida na Lei n. 4.886/65, diploma que acabou, contudo, por identificar, de forma imprópria, o agente, que atua em nome próprio, e o chamado representante comercial, que, como o nome sugere, haveria de ter poderes de representação para celebrar contratos em nome do representado. Da leitura da Lei n. 4.886/65 verifica-se, porém, que o representante comercial pode não ter poderes de representação, a evidenciar que o emprego do termo *representante* se dá de modo inadequado. A confusão já havia sido objeto de numerosas e severas críticas doutrinárias quando o Código Civil de 2002 foi promulgado[142]. Sem revogar expressamente a Lei n. 4.886/65, a atual codificação previu no parágrafo único do art. 710 que "o proponente pode conferir poderes ao agente para que este o represente na conclusão dos contratos". Em suma, o agente não tem poderes de representação em regra, mas o proponente pode outorgá-los se assim entender conveniente[143].

16.1. *Elementos*

É possível extrair da definição fornecida pelo art. 710, de forma esquemática, os elementos essenciais à estrutura do contrato de agência: (a) obrigação do agente de promover negócios no interesse e por conta do proponente; (b) delimitação da zona de atuação do agente; (c) caráter estável (não eventual) do vínculo; (d) atuação independente, autônoma, do agente; (e) previsão de remuneração (caráter oneroso)[144].

---

140 Gustavo Tepedino, *Comentários ao novo Código Civil*, cit., p. 263.
141 Rubens Requião, Agência, in *Enciclopédia Saraiva do Direito*, São Paulo: Saraiva, 1977, v. V, p. 160-161.
142 Rubens Requião, *Do representante comercial*, 9. ed., atualizada por Rubens Edmundo Requião, Rio de Janeiro: Forense, 2005, p. 49.
143 Exceção a essa regra encontra-se no art. 775 do Código Civil, segundo o qual "os agentes autorizados do segurador presumem-se seus representantes para todos os atos relativos aos contratos que agenciarem".
144 Gustavo Tepedino, *Comentários ao novo Código Civil*, cit., p. 268.

Quanto ao elemento subjetivo, o contrato de agência envolve sempre a atuação de um sujeito no interesse de outrem, em uma relação de interposição. Como já visto, além de atuar no interesse do proponente, o agente pode atuar também em seu nome, se houver outorga de poderes de representação. A relação entre as partes no contrato de agência é sempre uma relação continuada, não eventual, o que tem sido invocado para diferenciar tais contratos do contrato de corretagem[145], que será estudado adiante. A continuidade da relação entre agente e proponente enseja frequentemente a emissão de instruções, diretrizes e orientações para a sua atuação, em um aprimoramento contínuo. O agente conserva, contudo, autonomia no desenvolvimento da sua atividade. Constatando-se, em um caso concreto, que há subordinação do agente ao proponente, pode-se configurar, se o agente for pessoa física, relação empregatícia, desnaturando-se o contrato de agência em contrato de trabalho (CLT, art. 3º).

O objeto do contrato de agência é a obrigação do agente de *promover*, mediante remuneração, certos negócios. Em regra, o agente não celebra contratos[146]. É o próprio proponente que o faz, salvo se tiver concedido ao agente poderes para representá-lo. Ao contrário da comissão, em que o legislador restringe os negócios a serem celebrados à alienação ou aquisição de bens, aqui não há nenhuma limitação. O que o Código Civil prevê como dado essencial do contrato de agência é a delimitação de "zona determinada" para atuação do agente. Embora normalmente se empregue um critério geográfico (uma cidade, a zona oeste da cidade, um bairro específico etc.), admite-se certa flexibilidade na instituição dos critérios delimitadores da área de atuação do agente, podendo as partes se valer de um critério econômico, como a promoção de negócios à conta do proponente junto a sociedades de determinado ramo comercial[147]. O indispensável é que seja possível impedir, com base no critério eleito, a sobreposição entre a atuação de agentes distintos. Isso porque nosso Código Civil consagra a *prerrogativa de exclusividade* do agente, determinando no art. 711 que o proponente não pode constituir, ao mesmo tempo, mais de um agente, na mesma zona, com idêntica incumbência. A recíproca é verdadeira: não pode o agente assumir o encargo de, naquela zona, tratar de negócios do mesmo gênero, à conta de outros propo-

---

145 Pontes de Miranda, *Tratado de direito privado*, 3. ed., São Paulo: Revista dos Tribunais, 1984, t. 44, p. 242.
146 Waldirio Bulgarelli, *Contratos mercantis*, São Paulo: Atlas, 2000, p. 514.
147 Gustavo Tepedino, *Comentários ao novo Código Civil*, cit., p. 272.

nentes. À falta de determinação da zona de atuação, o contrato não será nulo, mas será atípico.

Não há forma especial para o contrato de agência ou distribuição.

16.2. Características

O contrato de agência é bilateral, oneroso, podendo ser comutativo ou aleatório, e não solene. A remuneração do agente é normalmente calculada com base em percentual do volume total de negócios realizados, nada impedindo, contudo, a remuneração fixa. Pela característica territorial e no afã de evitar concorrência desleal ou esvaziamento da atividade do agente, o Código Civil determina no art. 714 que, salvo ajuste em contrário, "o agente ou distribuidor terá direito à remuneração correspondente aos negócios concluídos dentro de sua zona, ainda que sem a sua interferência". Ainda em favor do agente ou distribuidor, determina nossa codificação que a sua remuneração é devida mesmo que o negócio obtido deixe de ser realizado por fato imputável ao proponente (art. 716).

16.3. Efeitos

O contrato de agência obriga o agente a promover negócios no interesse do proponente. Como já visto, o agente, em regra, não celebra negócios e, portanto, não se obriga perante terceiros. Sua atuação é meramente preparatória do contrato que virá a ser celebrado diretamente entre o terceiro e o proponente. Se houver outorga de poderes de representação, o agente poderá celebrar tais contratos (art. 710, parágrafo único). Trata-se de uma atuação funcionalmente tão diversa que talvez o mais adequado fosse, na presença de poderes de representação, ter-se um tipo contratual distinto. A confusão conceitual, que encontra origem na já mencionada disciplina da representação comercial, acabou mantida pelo Código Civil de 2002.

O proponente tem a obrigação de remunerar o agente, podendo a remuneração, como já visto, ser fixa ou variável. Tem, ainda, o proponente a obrigação de atender à demanda gerada pelos negócios promovidos pelo agente. O Código Civil assegura ao agente direito à indenização em caso de cessação do atendimento das propostas ou redução a tal ponto que torne antieconômica a continuação do contrato (art. 715): a chamada *dispensa indireta* do agente.

Salvo estipulação em sentido contrário entre as partes, todas as despesas com a agência correm a cargo do agente (art. 713).

16.4. *Extinção*

Atento ao caráter continuado do contrato de agência e ao fato de que os esforços do agente, que atua ostensivamente no interesse do proponente, acabam sempre se revertendo em benefício deste último, desenvolvendo uma progressiva relação de dependência econômica do agente, o legislador dedica especial atenção à extinção do contrato de agência. Protege, como já visto, o agente da dispensa indireta pelo proponente, que ocorre com a cessação do atendimento das propostas ou sua redução a um nível que torna antieconômica a continuação do contrato. Em tal hipótese, o agente faz jus à indenização. Se a dispensa do agente for diretamente realizada pelo proponente, com justa causa, o agente terá direito a ser remunerado pelos serviços úteis, sem prejuízo do direito a se ressarcir das perdas e danos a que fizer jus o proponente (art. 717). Se a dispensa, ao contrário, se realizar sem justa causa, isto é, sem culpa do agente, o art. 718 do Código Civil lhe assegura a remuneração até então devida, inclusive em relação aos negócios pendentes (aqueles já iniciados, mas não concluídos), além das "indenizações previstas em lei especial".

A parte final do art. 718 tem dado ensejo a debates doutrinários e jurisprudenciais. Parte da doutrina e da jurisprudência tem enxergado na alusão à lei especial uma remissão à Lei n. 6.729/79, conhecida como Lei Ferrari, que disciplina a distribuição de veículos automotores de via terrestre[148]. Os arts. 24 e 25 da Lei Ferrari procuram especificar a indenização a que faz jus o distribuidor de veículos em caso de dispensa, mencionando, entre outras parcelas, a recompra do "estoque de veículos automotores, implementos e componentes novos, pelo preço de venda ao consumidor, vigente na data da rescisão contratual" (art. 24, I) e o pagamento de "perdas e danos, à razão de quatro por cento do faturamento projetado para um período correspondente à soma de uma parte fixa de dezoito meses e uma variável de três meses por quinquênio de vigência da concessão, devendo a projeção tomar por base o valor corrigido monetariamente do faturamento de bens e serviços concernentes a concessão, que o concessionário tiver realizado nos dois anos anteriores à rescisão" (art. 24, III).

Daí ser frequente a invocação da Lei Ferrari por agentes no afã de se obter uma aplicação analógica dos parâmetros ali contemplados. O Superior Tribunal de Justiça tem sido restritivo nesse particular, afirmando que, "nos termos da iterativa jurisprudência desta Corte, a Lei n. 6.729/79 (Lei Ferrari) não se aplica

---

148 Gustavo Tepedino, *Comentários ao novo Código Civil*, cit., p. 359.

a hipóteses diversas da distribuição de veículos automotores"[149]. A rejeição à analogia parece desprovida de uma fundamentação mais substancial que o simples intento de evitar a ampliação de demandas indenizatórias perante o Poder Judiciário. Não há razão para uma rejeição abstrata e geral à analogia, competindo ao intérprete analisar a *ratio legis*, a razão suficiente da lei, e sua eventual aplicabilidade a cada caso concreto, sem exclusões aprioristicas que ameaçam a coerência e unidade da ordem jurídica[150].

17. Distribuição

A distribuição, contrato que o próprio legislador contempla no mesmo capítulo dedicado à agência, configura-se quando o agente tem à sua disposição a coisa a ser negociada. Por ter as mercadorias à sua disposição, o distribuidor encarrega-se também de aliená-las diretamente, em seu próprio nome. Por isso mesmo assume os riscos e as responsabilidades decorrentes do negócio, diferenciando-se nesse particular do agente, que, como já visto, se limita, em regra, a promover a negociação, sem celebrar contratos. A distribuição diferencia-se, ainda por essa razão, do contrato de corretagem, que será examinado adiante, pois, ao contrário do corretor, não atua como mero intermediário, mas celebra contratos diretamente.

Também por ter os bens à sua disposição, o distribuidor nunca atua como representante do proponente. De acordo com a doutrina, a outorga de poderes de representação ao distribuidor desfigura o contrato de distribuição[151]. Daí por que a distribuição não se confunde jamais com o mandato. Mais sutil é a diferenciação entre a distribuição e a comissão. Tanto o comissário quanto o distribuidor agem em nome próprio celebrando negócios em nome próprio, mas no interesse de outrem. A distribuição, contudo, é contrato caracterizado pela continuidade e pela delimitação de uma zona de atuação para o distribuidor. Além disso, pode-se acrescentar que o distribuidor, embora aja em nome próprio, atua ostensivamente para o proponente. O distribuidor é, assim, identificado, na prática social, como distribuidor de bebidas de certa marca ou o distribuidor de produtos de dado fabricante. Na comissão,

---

149 STJ, 4ª Turma, REsp 680.329/RS, rel. Min. Raul Araújo, j. 29-4-2014.
150 Significativa, nessa direção, a alusão de Waldirio Bulgarelli, ao tratar da referida lei, a um microssistema jurídico (Waldirio Bulgarelli, *Questões atuais de direito empresarial*, São Paulo: Malheiros, 1995, p. 42), perspectiva rechaçada pela metodologia civil-constitucional.
151 Gustavo Tepedino, *Comentários ao novo Código Civil*, cit., p. 297.

porém, não há a atuação ostensiva, não sendo raro que o comissário mantenha em segredo a identidade do comitente.

No mais, aplica-se ao contrato de distribuição tudo quanto já foi dito em relação ao contrato de agência, sendo ambos os tipos contratuais regulados em conjunto pelo Código Civil.

17.1. Distribuição e concessão mercantil

Sob a égide do Código Civil de 1916, a doutrina qualificava o contrato de distribuição (também conhecido como *concessão mercantil* ou *comercial*) como atividade de revenda de produtos[152], tratando-se de contrato atípico. O Código Civil de 2002, ao disciplinar a figura que denominou de contrato de distribuição, deu início a profunda celeuma na doutrina. Há quem entenda que a espécie contratual prevista no Código Civil seria mera espécie de contrato de agência ("agência-distribuição"), enquanto o contrato de distribuição (concessão mercantil), caracterizado pela noção de compra para revenda, permaneceria como contrato atípico, não se submetendo ao regime jurídico previsto no Código[153]. Essa não parece, contudo, ser a melhor orientação. Tal interpretação não se coaduna com a cristalina opção legislativa, que dispensa a revenda para a qualificação do contrato de distribuição, optando pela referência à "disposição" da coisa, que não deve ser entendida em sentido puramente físico, mas sim de poder jurídico de disposição, sendo distribuidor todo aquele que vende o bem em nome próprio. O que prevalece nesse tipo contratual é a função de promoção do escoamento do bem de maneira autônoma[154].

18. Corretagem

Corretagem é o contrato por meio do qual uma pessoa, não ligada a outra em virtude de mandato, de prestação de serviços ou por qualquer relação de dependência, obriga-se a obter para a segunda um ou mais negócios, conforme as instruções recebidas (art. 722). Para Pontes de Miranda, "a corretagem é a atividade intermediatriz entre pessoas que desejam contratar, ou praticar para outrem algum ato"[155].

---

152 Orlando Gomes, *Contratos*, cit., p. 463.
153 Paula Forgioni, *Contrato de distribuição*, 2. ed., São Paulo: Revista dos Tribunais, 2008, p. 111.
154 Gustavo Tepedino, *Comentários ao novo Código Civil*, cit., p. 298-303.
155 Pontes de Miranda, *Tratado de direito privado*, Rio de Janeiro: Borsoi, 1963, t. 43, p. 333.

No Brasil, a corretagem foi inicialmente disciplinada pelo Código Comercial de 1850, limitada a corretores profissionais. O Código Civil de 1916, editado em uma sociedade predominantemente agrícola, não se ocupou da figura, que assumiria na segunda metade do século XX elevada importância prática, especialmente por conta do "florescimento de mercados específicos, a exemplo do referente aos valores mobiliários e à venda de imóveis"[156]. Atento, todavia, à especificidade de cada setor, o Código Civil de 2002 limitou-se a trazer regras gerais sobre a matéria, privilegiando a legislação especial (art. 729), como a Lei n. 6.530/78, que regula o exercício da profissão de corretor de imóveis.

18.1. *Elementos*

Quanto ao elemento subjetivo, o contrato de corretagem vincula o corretor ao cliente, devendo obedecer a todos os requisitos dos contratos em geral. Ademais, o contrato de corretagem requer uma atuação imparcial do corretor[157]. O corretor diferencia-se, nesse particular, do agente ou distribuidor, que agem ostensivamente no interesse do proponente. Ressalte-se, ainda, que a corretagem pode ser eventual, enquanto a agência e a distribuição exigem relação continuada entre os contratantes.

Quanto ao elemento objetivo, convém notar que o corretor não se obriga a celebrar negócios nem os celebra efetivamente, limitando-se a aproximar os interessados com vista à realização do ajuste diretamente entre eles. Tem-se aí a linha distintiva entre a corretagem e a comissão. Distancia-se, pela mesma razão e ainda mais, do mandato, em que o mandatário celebra negócios em nome do mandante. O corretor age no interesse do cliente, mas nunca em seu nome.

A forma do contrato de corretagem é livre, não exigindo a lei a observância de nenhuma solenidade especial.

18.2. *Características*

O contrato de corretagem é consensual, bilateral e oneroso, sendo normalmente aleatório, mas podendo ser comutativo. Parte da doutrina afirma que o contrato de corretagem é um contrato acessório, pois dependeria do contrato que porventura venha a ser celebrado pelas partes aproximadas pelo corretor[158].

---

156 Gustavo Tepedino, *Comentários ao novo Código Civil*, cit., p. 385.
157 Gustavo Tepedino, *Comentários ao novo Código Civil*, cit., p. 397.
158 Maria Helena Diniz, *Tratado teórico e prático dos contratos*, 6. ed., São Paulo: Saraiva,

Tal entendimento deriva do fato de que, normalmente, a remuneração do corretor é condicionada à realização do negócio com o terceiro e calculada em função do seu valor. A melhor doutrina esclarece, contudo, que tal modo de fixação da remuneração do corretor não atribui caráter acessório ao contrato de corretagem. A acessoriedade é "tecnicamente injustificada: a inconclusão da compra e venda não torna insubsistente a corretagem que lhe antecedeu"[159].

De fato, um exame funcional do tipo contratual revela que o contrato de corretagem é autônomo. A usual vinculação da remuneração do corretor à celebração do negócio último não é elemento essencial do contrato, decorrendo, antes, do caráter normalmente aleatório do ajuste de corretagem. Nada impede, portanto, que as partes ajustem remuneração em função da simples atuação do corretor, independentemente da conclusão final do negócio perseguido. Ter-se-á, então, contrato de corretagem comutativo[160]. Mais frequente, contudo, na prática negocial é a celebração de contrato de corretagem aleatório, em que o corretor assume o risco de perseguir a aproximação dos interessados, sendo certo que, somente logrando o resultado, passa a fazer jus à contraprestação. O Código Civil privilegiou a praxe ao afirmar no art. 725: "A remuneração é devida ao corretor uma vez que tenha conseguido o resultado previsto no contrato de mediação, ou ainda que este não se efetive em virtude de arrependimento das partes". Tal norma é, contudo, dispositiva, podendo as partes pactuar remuneração pela só atividade do corretor, independentemente de qualquer utilidade efetivamente auferida pela outra parte.

18.3. *Efeitos*

O contrato de corretagem obriga o corretor "a executar a mediação com diligência e prudência, e a prestar ao cliente, espontaneamente, todas as informações sobre o andamento do negócio", além de prestar "ao cliente todos os esclarecimentos acerca da segurança ou do risco do negócio, das alterações de valores e de outros fatores que possam influir nos resultados da incumbência", sob pena de perdas e danos, conforme o disposto no art. 723 do Código Civil. Esse dispositivo enfatiza a caracterização da corretagem enquanto *obrigação de meio*, e não de resultado. Com efeito, a ausência de remuneração na hipótese de não atingimento do resultado previsto (art. 725) decorre, como visto, da aleatorie-

---

2006, p. 427.
159 Gustavo Tepedino, *Comentários ao novo Código Civil*, cit., p. 388.
160 José Maria Trepat Cases, *Código Civil comentado*, São Paulo: Atlas, 2003, v. VIII, p. 103.

dade frequentemente associada ao contrato, não sendo, contudo, característica essencial. Não se pode ter por inadimplente o corretor que diligentemente realiza a atividade de intermediação, muito embora, eventualmente, possa vir a não ser remunerado[161]. Daí atentos estudos apontarem a imprecisão do art. 722, ao atribuir ao corretor a obrigação de "obter negócios"[162].

O Código Civil cuida de uma série de situações que se podem verificar na execução do contrato de corretagem, com vistas a assegurar o direito do corretor à sua remuneração. Dedica, nesse sentido, especial atenção ao negócio concluído como fruto da atuação do corretor, ainda que após o prazo fixado no contrato ou a dispensa do corretor (art. 727). Nesse caso, a remuneração é devida ao corretor. Além disso, se o contrato de corretagem for estipulado com cláusula escrita de exclusividade, a remuneração será devida ao corretor mesmo que "realizado o negócio sem a sua mediação, salvo se comprovada sua inércia ou ociosidade" (art. 726). Haja exclusividade ou não, determina, ainda, o Código Civil que a remuneração será devida ao corretor se aproximar de modo efetivo as partes e o negócio não for celebrado em virtude do arrependimento do cliente (art. 725). Como se vê, nossa codificação procura proteger o corretor, atenta ao fato de que seus esforços não devem resultar em enriquecimento sem causa do cliente.

18.4. Extinção

O contrato de corretagem se extingue pelas causas que dão ensejo à extinção dos contratos em geral, não havendo disposição específica da codificação civil sobre o tema. Convém registrar que, ao contrário do que faz em relação à comissão, à agência e à distribuição, em que o Código Civil manda aplicar subsidiariamente a disciplina do mandato, o legislador, aqui, remete à lei especial (art. 729).

18.5. O problema do registro do corretor

Por fim, não se pode deixar de abordar tema que, ignorado pelo Código Civil, consiste em uma das questões mais candentes da disciplina da corretagem. Trata-se da questão do registro profissional do corretor. Em alguns casos, a lei considera como ofício privativo de determinada classe de profissionais o exercício da corretagem, como ocorre no caso dos corretores de seguros (Lei n.

---

161 Gustavo Tepedino, *Comentários ao novo Código Civil*, cit., p. 390-395.
162 Paulo Nader, *Curso de direito civil*, Rio de Janeiro: Forense, 2005, v. III, p. 438.

4.594/64), corretores de operações de câmbio (Lei n. 5.601/70), entre outros. Entidades de classe têm defendido fortemente a necessidade de registro mesmo em casos em que a lei não o exige, como meio de proteção da qualidade da atividade de corretagem. Aqui interesses de ordem corporativista e de proteção do mercado parecem cada vez mais desafiados por conflitos surgidos com base em um exercício irresponsável da corretagem.

Quando se observa, por exemplo, o que ocorre no mercado de imóveis, vê-se a absoluta ausência de diligência de corretores no anúncio de imóveis com informações não condizentes com a realidade ou, ainda, na oferta de unidades imobiliárias desprovidas de documentação regular, chegando até mesmo a casos de oferta de imóveis cuja propriedade não pertence ao cliente do corretor. A falta de um exame mínimo da documentação imobiliária enfraquece a tese de que a exigência do registro se faz necessária para preservar a qualidade da atividade.

De todo modo, impõe-se destacar que a irregularidade profissional do corretor não obsta a cobrança da remuneração, quando o serviço for efetivamente prestado, uma vez que a contrapartida se justifica pela consensualidade do contrato[163], embora eventualmente sujeite o corretor ao pagamento de multa perante o órgão de classe[164].

19. Transporte

Contrato de transporte é aquele por meio do qual alguém se obriga a transportar, mediante retribuição, de um lugar para outro, pessoas ou coisas (art. 730). O Código Civil de 1916 não tratava do contrato de transporte, que passou a ser regulado de modo esparso pelo ordenamento jurídico brasileiro, por vezes com menções em leis especiais atinentes a cada setor (transporte ferroviário, marítimo etc.). O Código Civil de 2002 veio, na esteira de sua grande utilidade prática, disciplinar o contrato de transporte, pretendendo reconstruir sua unidade conceitual.

Nossa codificação distingue duas espécies de transporte: (a) o transporte de pessoas e (b) o transporte de coisas, dedicando a cada um deles regras próprias. O legislador diferencia, ainda, (a) o contrato de transporte cumulativo,

---

163 Gustavo Tepedino, Questões controvertidas sobre o contrato de corretagem, in *Temas de direito civil*, cit., p. 155.
164 Paulo Nader, *Curso de direito civil*, cit., v. III, p. 437-438.

em que há contrato único de transporte, com vários transportadores (art. 733), conforme se verá adiante, e (b) os chamados contratos de transporte segmentados, em que os diversos trechos são contratados separadamente, em relações contratuais distintas, ainda quando coligadas. A doutrina acrescenta outras distinções como aquela que diferencia o transporte de acordo com o meio empregado, aludindo, nesse sentido, a (a) transporte terrestre, (b) marítimo ou fluvial e (c) aéreo. Há, ainda, os contratos multimodais de transporte, que se valem de mais de um meio durante o percurso.

19.1. *Elementos*

O contrato de transporte envolve, quanto ao aspecto subjetivo, o transportador e o passageiro, no caso do transporte de pessoas, e o transportador e o remetente, também chamado expedidor, no caso do transporte de coisas. Nessa última hipótese, o destinatário da coisa transportada pode ser o próprio remetente ou pessoa diversa, que não é parte necessária do contrato de transporte, figurando, normalmente, como terceiro beneficiário, indicado pelo remetente. O objeto do contrato altera-se radicalmente conforme a espécie de transporte: no caso do transporte de pessoas, o objeto da contratação é a condução do transportado de um lugar a outro, com segurança e comodidade, mediante remuneração; no caso do transporte de coisas, o objeto é o deslocamento, mediante remuneração, do bem ou bens determinados de um lugar a outro, indicado pelo remetente. Atento à profunda diversidade de objeto – o qual, na primeira espécie, envolve o bem-estar e a segurança da pessoa humana, inteiramente distinto do que se verifica no transporte de mercadorias –, o legislador, embora disciplinando ambas as situações sob o rótulo genérico do contrato de transporte, distingue bem as espécies contempladas, atribuindo a cada uma regras próprias.

Em relação ao aspecto formal, o contrato de transporte é consensual, não exigindo forma especial, apesar de respeitada opinião em contrário[165]. Na prática cotidiana, o contrato de transporte é celebrado de modo cada vez mais célere e automático, não raro com submissão do transportado a regras preestabelecidas pelo transportador. O Código Civil reconhece tal possibilidade diante da necessidade de imprimir dinamismo ao contrato de transporte, estabelecendo, por exemplo, no art. 738, que "a pessoa transportada deve sujeitar-se às nor-

---

165 É o caso de J. X. Carvalho de Mendonça, que considera o contrato de transporte real, o qual se aperfeiçoa apenas com a entrega da coisa a ser transportada (*Tratado de direito comercial brasileiro*, 2 ed., Rio de Janeiro: Freitas Bastos, 1939, v. VI, p. 465).

mas estabelecidas pelo transportador, constantes no bilhete ou afixadas à vista dos usuários". Tal situação não afasta as normas relativas aos contratos de adesão (arts. 423 e 424 do Código Civil), que, por exemplo, tornam nula qualquer renúncia antecipada a direito essencial ao contrato, como a guarda e conservação de bagagens. O Código Civil reforça tal orientação ao reafirmar, na própria disciplina do transporte de pessoas, que "o transportador responde pelos danos causados às pessoas transportadas e suas bagagens, salvo motivo de força maior, sendo nula qualquer cláusula excludente da responsabilidade". Em se caracterizando a relação de consumo, aplica-se, ainda, o Código de Defesa do Consumidor.

19.2. Características

O contrato de transporte é, no direito brasileiro, necessariamente oneroso. A característica decorre de expressa determinação legal, contida no art. 736 do Código Civil: "Não se subordina às normas do contrato de transporte o feito gratuitamente, por amizade ou cortesia". Assim, a chamada "carona", se genuinamente gratuita, não se qualifica como contrato de transporte no direito brasileiro. Pode ocorrer, contudo, que a contraprestação ao transportador se dê de modo indireto, como no caso do corretor que conduz o cliente ao imóvel que pretende vender ou do empregador que oferece transporte para levar empregados à fábrica. Aí, embora ausente a contraprestação pecuniária – chamada de *passagem* no transporte de pessoas e de *frete* no transporte de coisas –, o transportador aufere vantagens, configurando-se o contrato de transporte. Essencialmente oneroso, o contrato de transporte pode, como se vê, constituir-se em contrato bilateral ou unilateral, conforme tenha ou não o passageiro ou expedidor a obrigação de remunerar o serviço prestado. Em caso de remuneração indireta, a doutrina sustenta que o contrato de transporte será oneroso, mas unilateral[166].

O contrato de transporte pode ser, ainda, comutativo ou aleatório. E é consensual, como já visto. Trata-se, por fim, de contrato de execução continuada, por se estender no tempo o seu cumprimento em virtude do lapso necessário ao transporte. Incide, por essa razão, a disciplina da resolução/revisão por onerosidade excessiva. O transporte exercido em virtude de autorização, permissão ou concessão de serviço público rege-se pelas normas regulamentares e pelas disposições do próprio ato ou contrato que outorga o direito de

---

166 Gustavo Tepedino, *Comentários ao novo Código Civil*, cit., p. 449-450.

exploração ao transportador. Nada disso afasta, contudo, a incidência da disciplina traçada no Código Civil, como deixa claro o art. 731.

O contrato de transporte não se confunde com o contrato de fretamento. Nesse último, o navio, aeronave, ônibus ou outro veículo têm seu uso cedido, ficando livre o afretador para lhe dar a destinação que desejar. No contrato de transporte, é o transportador quem se obriga a efetuar o deslocamento[167]. Também não se confunde o contrato de transporte com o de empreitada. Embora ambos sejam contratos de resultado, o transporte não é obra em sentido material ou intelectual: limita-se ao deslocamento espacial. Distingue-se também do contrato de depósito, ainda que sob a vigência do Código Civil de 1916 parte da doutrina, procurando escapar à insegurança própria da atipicidade, tenha enxergado entre as duas espécies contratuais traços comuns, especialmente no tocante à guarda da coisa transportada. A causa contratual é, contudo, inteiramente diversa, já que, enquanto o depósito é voltado para a custódia do bem, a ser restituído no mesmo local, o transporte de coisas se destina ao deslocamento de bens de um lugar a outro, sempre com segurança[168]. Distingue-se, aliás, da prestação de serviços por envolver situação específica, voltada à condução de pessoas ou de bens.

19.3. *Efeitos*

Os efeitos do contrato de transporte variam conforme as duas espécies contempladas pelo Código Civil. Em ambos os casos, todavia, a disciplina legislativa do contrato gravita essencialmente em torno do problema da responsabilidade do transportador.

19.3.1. Transporte de pessoas

No transporte de pessoas, verifica-se diretriz mais nítida de proteção ao passageiro, embora a codificação faça certas concessões em benefício do transportador. Assim, conforme já visto, o Código Civil considera nula "qualquer cláusula excludente da responsabilidade" do transportador, mas, no parágrafo único do art. 734, que autoriza ao transportador "exigir a declaração do valor da bagagem a fim de fixar o limite da indenização", aí entendida como a indenização por danos materiais. A limitação não é ad-

---

167 Sílvio de Salvo Venosa, *Direito civil: contratos em espécie*, 13. ed., São Paulo: Atlas, 2013, p. 368.
168 Gustavo Tepedino, *Comentários ao novo Código Civil*, cit., p. 457-458.

missível no caso de relação de consumo, por contrariar o disposto no art. 51, I, do Código de Defesa do Consumidor, que prevalece em razão da sua especialidade. Havendo relação de consumo ou não, o dano moral decorrente de lesão à pessoa ou de extravio de bagagem não pode sofrer restrição, por implicar mitigação inadmissível do princípio fundamental de proteção à dignidade humana[169].

O Código Civil declara expressamente que a responsabilidade contratual do transportador por acidente com passageiro "não é elidida por culpa de terceiro, contra o qual tem ação regressiva" (art. 735). O dispositivo reproduz a Súmula 187 do Supremo Tribunal Federal, editada em 1963, em que já se afirmava: "a responsabilidade contratual do transportador, pelo acidente com o passageiro, não é elidida por culpa de terceiro, contra o qual tem ação regressiva". O transportador tem, ainda, a obrigação de cumprir os horários e itinerários previstos (art. 737). O Código Civil impõe-lhe, ainda, o dever de não recusar passageiros, salvo hipóteses previstas em regulamento ou se as condições de higiene ou saúde do interessado o justificarem (art. 739). Tal dever incide apenas sobre o transportador que se vale de oferta permanente de contratação, prevalecendo, em todas as demais hipóteses, a liberdade de contratar[170].

Interrompendo-se a viagem por motivo alheio à vontade do transportador, ainda que imprevisível, cumpre ao transportador fazer chegar o passageiro ao seu destino, "em outro veículo da mesma categoria, ou, com a anuência do passageiro, por modalidade diferente, à sua custa, correndo também por sua conta as despesas de estada e alimentação do usuário, durante a espera de novo transporte" (art. 741). O transportador tem direito de retenção sobre as bagagens do passageiro para coagi-lo a efetuar o pagamento do valor da passagem, se estiver em mora (art. 742). Trata-se de medida de moralidade discutível, tormentosa execução e pouca ou nenhuma utilidade para o transportador, que não pode alienar os pertences do passageiro, limitando-se a retê-los como meio coercitivo, assumindo não apenas o custo, mas também o risco de seu armazenamento, não sendo raro que a bagagem contenha produtos perecíveis. Daí por que, na prática, a imensa maioria dos transportadores exige pagamento antecipado, antes de dar início à viagem.

---

169 Maria Celina Bodin de Moraes, *Danos à pessoa humana: uma leitura civil-constitucional dos danos morais*, 2. ed., Rio de Janeiro: Processo, 2017, p. 190.
170 Gustavo Tepedino, *Comentários ao novo Código Civil*, cit., p. 539.

19.3.2. Transporte de coisas

Em relação ao transporte de coisas, o Código Civil procura estabelecer preceitos gerais aplicáveis às diversas modalidades de transporte de bens que se sujeitam cada qual a regulamentação específica prevista em lei especial, em alguns casos posterior à própria codificação civil, como ocorre com a Lei n. 11.442/2007, que cuida do transporte rodoviário de cargas. Mais uma vez, impõe-se ao intérprete harmonizar a pluralidade de fontes normativas à luz da Constituição, a fim de assegurar a unidade do sistema jurídico. A principal obrigação do transportador é conduzir a coisa "ao seu destino, tomando todas as cautelas necessárias para mantê-la em bom estado e entregá-la no prazo ajustado ou previsto" (art. 749). O Código Civil impõe-lhe, além disso, o dever de emitir conhecimento de transporte, assim entendido o documento cuja função é provar a entrega da coisa pelo expedidor e servir de título para seu recebimento (art. 744). Trata-se de instrumento probatório, não sendo, a rigor, essencial à entrega do bem. O Código Civil limita, contudo, a responsabilidade do transportador ao "valor constante do conhecimento" (art. 750). A limitação não vale em relações de consumo, pela expressa vedação à limitação de responsabilidade, nos termos do já citado art. 51, I, do Código de Defesa do Consumidor.

19.4. *Responsabilidade civil do transportador aéreo*

Tema que tem gerado grande controvérsia entre nós é a responsabilidade civil do transportador aéreo. A Convenção para a Unificação de Certas Regras Relativas ao Transporte Aéreo Internacional (Convenção de Varsóvia), de 1929, internalizada em 1931 por meio do Decreto n. 20.704, estabelece tetos para a indenização devida pelo transportador aéreo. Segue a mesma linha a Convenção de Montreal de 1999, internalizada pelo Decreto n. 5.910/2006. O limite indenizatório contraria, no caso do dano moral, a Constituição da República, sendo certo que parte da doutrina enxerga afronta ao direito brasileiro também no caso dos danos patrimoniais, invocando ora o Código de Defesa do Consumidor, ora os valores constitucionais. Afirma, nesse sentido, Herman Benjamin que "os limites indenizatórios do transporte aéreo não passam pelo teste da dignidade humana, nem, muito menos, da justiça e da solidariedade constitucional"[171].

---

171 Antonio Herman Benjamin, O transporte aéreo e o Código de Defesa do Consumidor, *Revista de Direito do Consumidor*, v. 26, abr./jun. 1998, p. 40.

O Supremo Tribunal Federal enfrentou a questão em maio de 2017, concluindo que "por força do art. 178 da Constituição Federal, as normas e tratados internacionais limitadoras da responsabilidade das transportadoras aéreas de passageiros, especialmente as Convenções de Varsóvia e Montreal, têm prevalência em relação ao Código de Defesa do Consumidor"[172]. Equivocou-se, a nosso ver, a Suprema Corte brasileira, assumindo preferência nessa matéria a proteção do consumidor.

> Debate sobre a responsabilidade civil do transportador aéreo. O autor analisará criticamente a decisão do Supremo Tribunal Federal que reconheceu, nesse caso, a prevalência dos tratados internacionais sobre o Código de Defesa do Consumidor.
>
> Acesse também pelo *link*: https://uqr.to/1xgtj

19.5. *Transporte cumulativo*

Como já visto, denomina-se transporte cumulativo aquele que se caracteriza pela pluralidade de transportadores em um único contrato de transporte. Ao tratar do transporte cumulativo, o Código Civil empregou redação confusa, sugerindo no *caput* do art. 733 que a responsabilidade de cada transportador seria limitada ao seu percurso[173]. Contraditoriamente, seu § 2º alude à "responsabilidade solidária" entre os transportadores. Por outro lado, ao tratar do transporte de coisas, previu o legislador expressamente a solidariedade entre os diversos transportadores pelos danos causados ao remetente (art. 756).

A melhor doutrina entende que o transporte cumulativo gera responsabilidade solidária, quer em se tratando de transporte de coisas, para o qual há regra expressa (art. 756), quer em se tratando de transporte de pessoas, por

---

172 STF, ARE 766.618/SP e RE 636.331/RJ, julgamento conjunto, relatores Ministros Luís Roberto Barroso e Gilmar Mendes, respectivamente, j. 25-5-2017. Essa prevalência, no entanto, não se estende à indenização por danos morais, como já decidido pelo Superior Tribunal de Justiça: "As indenizações por danos morais decorrentes de extravio de bagagem e de atraso de voo não estão submetidas à tarifação prevista na Convenção de Montreal, devendo-se observar, nesses casos, a efetiva reparação do consumidor preceituada pelo CDC" (STJ, 3ª Turma, REsp 1.842.066/RS, rel. Min. Moura Ribeiro, j. 9-6-2020).

173 "Art. 733. Nos contratos de transporte cumulativo, cada transportador se obriga a cumprir o contrato relativamente ao respectivo percurso, respondendo pelos danos nele causados a pessoas e coisas."

força do disposto no § 2º do art. 733 e da ausência de justificativa para distinção que privilegiasse nesse particular o remetente em relação ao passageiro, ao qual os valores constitucionais recomendam que seja reservada proteção igual ou maior[174]. Em qualquer caso, o transportador que arca com a indenização perante o contratante tem direito de regresso contra o transportador que tenha sido o efetivo causador do dano.

Já no transporte multimodal de cargas, regulado pela Lei n. 9.611/98, não prevalece a responsabilidade solidária, por força do art. 2º da referida lei, que se refere à "responsabilidade única" do operador de transporte multimodal. A regra é excetuada quando a perda, dano ou atraso na entrega da mercadoria ocorre em um segmento de transporte claramente identificado, hipótese na qual a lei estabelece a responsabilidade solidária do operador do referido segmento com o operador de transporte multimodal (art. 17, § 5º). A doutrina ressalva, ainda, a possibilidade de a responsabilidade solidária decorrer da configuração de relação de consumo[175].

19.6. Extinção

O contrato de transporte extingue-se pelas causas que conduzem à extinção dos contratos em geral. O Código Civil contempla, com especial atenção, a desistência por parte do passageiro ou expedidor. Pode o passageiro rescindir o contrato de transporte antes de iniciada a viagem, sendo-lhe devida a restituição do valor da passagem, desde que feita a comunicação ao transportador em tempo de ser renegociada (art. 740). Mesmo depois de iniciada a viagem, "sendo-lhe devida a restituição do valor correspondente ao trecho não utilizado, desde que provado que outra pessoa haja sido transportada em seu lugar" (art. 740, § 1º). O passageiro, a toda evidência, não tem meios de efetuar essa prova, competindo ao transportador a prova contrária: de que ninguém foi transportado em lugar do passageiro. O Código Civil autoriza o transportador, em qualquer dessas hipóteses, a reter "até cinco por cento da importância a ser restituída ao passageiro, a título de multa compensatória" (art. 740, § 3º).

Também no transporte de coisas, o Código Civil autoriza a desistência pelo remetente. No art. 748 afirma que, "até a entrega da coisa, pode o remeten-

---

[174] Gustavo Tepedino, *Comentários ao novo Código Civil*, cit., p. 475.
[175] Gustavo Tepedino, *Comentários ao novo Código Civil*, cit., p. 478.

te desistir do transporte e pedi-la de volta, ou ordenar seja entregue a outro destinatário, pagando, em ambos os casos, os acréscimos de despesa decorrentes da contra ordem, mais as perdas e danos que houver". O perecimento da coisa também conduz à extinção do contrato de transporte, devendo-se apurar, nessa hipótese, se houve ou não culpa do transportador.

20. Seguro

Seguro é o contrato por meio do qual o segurador se obriga, mediante pagamento do prêmio, a garantir interesse legítimo do segurado, relativo a pessoa ou coisa, contra riscos predeterminados (art. 757). Desconhecido no direito romano, o contrato de seguro teve origem no seguro marítimo, desenvolvido, ainda na Idade Média, para cobrir os riscos de perda de cargas em navios. Ampliou-se gradativamente para outras atividades, mas codificações importantes deixaram de tipificá-lo, caso do *Code Napoléon*, que lhe faz referência apenas como exemplo de contrato aleatório[176]. O progresso econômico e a elevação dos riscos da atividade comercial fizeram do seguro instrumento recorrente em diversos campos. O Código Civil brasileiro de 1916 já havia se ocupado do contrato de seguro, disciplinando-o de modo bastante detalhado. O Código Civil de 2002 manteve a orientação traçada pela codificação anterior, trazendo inovações pontuais. Minúcias e peculiaridades foram deixadas para a vasta legislação especial que se ocupa do tema, por meio de leis[177], decretos, resoluções e deliberações da Superintendência de Seguros Privados (SUSEP). O próprio Código Civil afirma que sua aplicação se dá "no que couber, aos seguros regidos por leis próprias" (art. 777).

20.1. *Espécies*

Distinção fundamental, acolhida pela codificação de 2002, é aquela que distingue o seguro em duas espécies: (a) seguro de dano e (b) seguro de pessoas. O seguro de dano é aquele que se dirige a garantir o segurado contra danos que podem se abater sobre seus bens. No seguro de dano, preocupa-se o

---

176 Caio Mário da Silva Pereira, *Instituições de direito civil*, cit., v. III, p. 425.
177 A exemplo da Lei Complementar n. 207/2024, que dispõe sobre o Seguro Obrigatório para Proteção de Vítimas de Acidentes de Trânsito (SPVAT), e da Lei Complementar n. 126/2007, que dispõe sobre a política de resseguro e as operações de cosseguro.

legislador, especialmente, em evitar que o segurado lucre com o infortúnio, restringindo o valor do seguro ao valor do bem segurado (arts. 778 e 781). O seguro de pessoas, por sua vez, destina-se a garantir certa quantia ao segurado em virtude de lesão sobre sua personalidade ou de terceiros, desde que demonstrado seu legítimo interesse. O seguro de pessoas é categoria que abrange espécies de relevo, como o seguro de vida e o seguro de acidentes pessoais.

20.2. Elementos

O contrato de seguro envolve o segurador e o segurado. Em certas espécies de seguro, um terceiro pode ser indicado pelo segurado como beneficiário, como ocorre no seguro de vida, mas não se trata de parte do contrato, configurando-se aí uma forma de estipulação em favor de terceiro. Não podem figurar como seguradores pessoas físicas, mas tão somente pessoas jurídicas autorizadas para esse fim (art. 757). De fato, por força do Decreto-lei n. 2.063/40, a atividade de segurador é atividade empresária, reservadas às sociedades anônimas e, apenas no caso de seguros agrícolas, também às sociedades mútuas e cooperativas. Entidades de previdência social também podem figurar como seguradores em relação aos seus associados ou aos seus empregados ou prepostos.

O objeto do contrato de seguro é o risco que recai sobre determinado bem jurídico[178]. A codificação veda a cobertura de certos riscos, como aquele que provém de ato doloso do segurado (art. 762). Coíbe-se também a contratação de seguro cuja indenização supere o valor do interesse segurado (art. 778), disposição que, evidentemente, não se aplica ao seguro de pessoas. Não há requisito formal para o seguro, que se tornou, na codificação de 2002, contrato consensual. Usualmente, contudo, é celebrado por escrito, com emissão de apólice de seguro. O próprio Código Civil afirma que "a emissão de apólice deverá ser precedida de proposta escrita com a declaração dos elementos essenciais do interesse a ser garantido e do risco" (art. 759). O instrumento escrito permite o controle do risco segurado e ajuda a coibir fraudes.

20.3. Características

O contrato de seguro é contrato bilateral, porque cria para o segurado a obrigação de pagar o prêmio, em contrapartida à obrigação do segurador de indenizar o segurado caso se verifique o infortúnio ou sinistro. É contrato onero-

---

178 Caio Mário da Silva Pereira, *Instituições de direito civil*, cit., v. III, p. 429.

so, porque gera sacrifício econômico para ambas as partes, não se fundando em liberalidade. O seguro é contrato aleatório. O risco é essencial ao seguro, conforme já visto, ressaltando Orlando Gomes que "a natureza aleatória do contrato resulta de sua própria função econômico-social"[179]. Faltando, carece de objeto, o que implica sua nulidade. Nulo é também o contrato de seguro voltado a cobrir risco proveniente de ato doloso do segurado (art. 762). O cálculo atuarial e outras operações voltadas a estimar as chances de ocorrência do sinistro e o custo global dos seguros celebrados, por mais que atribuam previsibilidade ao custo econômico assumido pelo segurador no conjunto de relações mantidas com seus diversos segurados, não retiram o caráter aleatório do contrato de seguro. Tal caráter aleatório persiste em cada contrato concretamente celebrado.

O contrato de seguro é consensual, podendo ser celebrado por qualquer forma. A codificação de 1916 exigia-lhe a forma escrita. O Código Civil de 2002 limitou-se a aludir à apólice ou bilhete do seguro como meio de prova, admitindo, contudo, que sua existência seja demonstrada por outros meios, como o comprovante de pagamento do prêmio (art. 758). Registre-se, por fim, que o contrato de seguro é, normalmente, celebrado por adesão, atraindo a incidência dos arts. 423 e 424 do Código Civil.

20.4. *Efeitos*

O contrato de seguro gera, para o segurado, o dever de pagar o prêmio estipulado. Em disposição severa, o Código Civil determina que "não terá direito a indenização o segurado que estiver em mora no pagamento do prêmio, se ocorrer o sinistro antes de sua purgação" (art. 763). O Superior Tribunal de Justiça tem mitigado tal orientação, concluindo que "o mero atraso no pagamento de prestação do prêmio do seguro não importa em desfazimento automático do contrato, para o que se exige, ao menos, a prévia constituição em mora do contratante pela seguradora, mediante interpelação"[180]. Em direção similar se encaminha o Enunciado n. 371 da IV Jornada de Direito Civil: "a mora do segurado, sendo de escassa importância, não autoriza a resolução do contrato, por atentar ao princípio da boa-fé objetiva".

O segurado tem, ademais, o dever de comunicar o sinistro ao segurador, logo que dele tome conhecimento. Em outro momento de excessivo rigor, o

---

179 Orlando Gomes, *Contratos*, cit., p. 506.
180 STJ, 2ª Seção, REsp 316.552/SP, rel. Min. Aldir Passarinho Junior, j. 9-10-2002.

Código Civil apena com a perda do direito à indenização o segurado que se retarda nessa providência, afirmando: "sob pena de perder o direito à indenização, o segurado participará o sinistro ao segurador, logo que o saiba, e tomará as providências imediatas para minorar-lhe as consequências" (art. 771). A melhor interpretação do dispositivo é a que exige a comprovação de que o segurador sofreu efetivo prejuízo[181], sob pena de enriquecimento sem causa (art. 884), já que não há relação sinalagmática entre o dever de pagar a indenização e o dever de informar a ocorrência do sinistro.

O principal efeito do contrato de seguro para o segurador é obrigá-lo ao pagamento da indenização em caso de sinistro. O pagamento se dá em dinheiro, salvo se houver sido estipulada a reposição da coisa (art. 776), como é usual, por exemplo, em seguros de automóveis que preveem a indenização em dinheiro ou a entrega de automóvel da mesma marca, modelo e ano. Como já visto, o valor do seguro é limitado, no seguro de dano, pelo "valor do interesse segurado no momento da conclusão do contrato" (art. 778).

O seguro de pessoas, como já se viu, não se sujeita a semelhante restrição. O Superior Tribunal de Justiça, nessa direção, sumulou entendimento segundo o qual: "O contrato de seguro por danos pessoais compreende os danos morais, salvo cláusula expressa de exclusão" (Súmula 402). Faculta-se, igualmente, a contratação de "mais de um seguro sobre o mesmo interesse, com o mesmo ou diversos seguradores" (art. 789). A distinção de tratamento advém do fato de que, ao contrário do seguro de dano, o seguro de pessoas recai sobre bens inestimáveis como a integridade física e a vida, não tendo caráter ressarcitório[182]. Mais se assemelha a uma capitalização cujos benefícios são percebidos no momento do infortúnio.

20.5. Efeitos sobre terceiros

Os efeitos do contrato de seguro não se limitam ao segurado e ao segurador, mas implicam divisão de riscos entre todo um universo de segurados e se refletem também sobre terceiros que confiam na efetividade do seguro. Nesse sentido, o Superior Tribunal de Justiça tinha entendimento de que a vítima de acidente de trânsito, apesar de não integrar a relação contratual estabelecida

---

181 Gustavo Tepedino, Heloisa Helena Barboza e Maria Celina Bodin de Moraes (Coords.), *Código Civil interpretado conforme a Constituição da República*, cit., v. II, p. 582-583.
182 Serpa Lopes, *Curso de direito civil*, 5. ed., Rio de Janeiro: Freitas Bastos, v. IV, p. 463-464.

pelo contrato de seguro, seria parte legítima para cobrar a indenização prevista no contrato firmado entre a seguradora e o condutor do veículo. Em uma dessas decisões, afirmava o Ministro Castro Filho que as "relações jurídicas oriundas de contrato de seguro não se encerram entre as partes contratantes, podendo atingir terceiro beneficiário, que, embora estranho à celebração da relação contratual, poderá exigir o cumprimento da obrigação diretamente do segurador"[183]. No entanto, a Segunda Seção pacificou, em 2012, o entendimento contrário, de que

> descabe ação do terceiro prejudicado ajuizada direta e exclusivamente em face da seguradora do apontado causador do dano. No seguro de responsabilidade civil facultativo a obrigação da seguradora de ressarcir danos sofridos por terceiros pressupõe a responsabilidade civil do segurado, a qual, de regra, não poderá ser reconhecida em demanda na qual este não interveio, sob pena de vulneração do devido processo legal e da ampla defesa[184].

Admite-se apenas que "a seguradora denunciada pode ser condenada direta e solidariamente com este (segurado) a pagar a indenização devida à vítima, nos limites contratados na apólice"[185]. O próprio STJ, contudo, já identificou situações nas quais a *ratio* da decisão da Segunda Seção não se aplica, sendo admitida, excepcionalmente, a ação direta de vítima em face da seguradora:

> (...) são pressupostos para o pagamento da aludida cobertura a verificação prévia da responsabilidade civil do segurado no sinistro, pois assim certamente haverá dano a ser indenizado por ele a terceiro, bem como a sua vontade de utilizar a garantia securitária, já que é de natureza facultativa. *Ocorre que há hipóteses em que a obrigação civil de indenizar do segurado se revela incontroversa*, como quando reconhece a culpa pelo acidente de trânsito ao acionar o seguro de automóvel contratado, ou quando firma acordo extrajudicial com a vítima obtendo a anuência da seguradora, ou, ainda, quando esta celebra acordo diretamente com a vítima. *Nesses casos, mesmo não havendo liame contratual entre a seguradora e o terceiro prejudicado, forma-se, pelos fatos sucedidos, uma relação jurídica de direito material envolvendo ambos*, sobretudo se paga a indenização securitária, cujo valor é o objeto contestado[186].

---

183 STJ, REsp 444.716, rel. Min. Nancy Andrighi, j. 11-5-2004. No mesmo sentido, REsp 1.245.618, rel. Min. Nancy Andrighi, j. 22-11-2011, AgRg no REsp 474.921, rel. Min. Paulo de Tarso Sanseverino, j. 5-10-2010.
184 STJ, 2ª Seção, REsp 962.230/RS, rel. Min. Luis Felipe Salomão, j. 8-2-2012.
185 STJ, 2ª Seção, REsp 925.130/SP, rel. Min. Luis Felipe Salomão, j. 8-2-2012.
186 STJ, 3ª Turma, REsp 1.584.970/MT, rel. Min. Ricardo Villas Bôas Cueva, j. 24-10-2017.

20.6. *A boa-fé no contrato de seguro*

A boa-fé objetiva, como norma de ordem pública, incide sobre toda e qualquer relação contratual. Alguns autores sustentam, contudo, sua especial intensidade em matéria de seguro[187], valendo-se para tanto da expressão empregada no art. 765 do Código Civil, que obriga o segurado e o segurador a guardarem "na conclusão e na execução do contrato, a mais estrita boa-fé e veracidade, tanto a respeito do objeto como das circunstâncias e declarações a ele concernentes". Há controvérsia sobre a qualificação da boa-fé aí mencionada. A menção contígua à "veracidade" revela que o legislador parece não ter pretendido se referir ao comportamento das partes, mas sim ao seu estado subjetivo ao prestar declarações e delimitar o risco segurado. De qualquer forma, não há dúvida de que a transparência e mútua colaboração na identificação precisa do risco afiguram-se essenciais ao bom termo da relação contratual estabelecida entre segurador e segurado, bem como ao equilíbrio do sistema securitário como um todo. Com efeito, o relevo da confiança nessa modalidade contratual dá-se não apenas em virtude de ser esse um vínculo obrigacional com prestações duradouras, mas, sobretudo, porque a extensão das obrigações de ambas as partes será medida pelas declarações dadas na fase pré-contratual. O contrato de seguro está sujeito ao princípio do mutualismo, que é a divisão entre muitos dos prejuízos advindos a alguns, de modo que o ônus decorrente do pagamento dessas indenizações não pode desestabilizar economicamente nem a massa de segurados nem aqueles que foram diretamente afetados pelo sinistro, o que poria em risco a própria sobrevivência do instituto.

O Código Civil chega, no art. 766, a apenar com a perda da garantia, sem liberação do dever de pagar o prêmio, o segurado que induz em erro o segurador, afirmando: "se o segurado, por si ou por seu representante, fizer declarações inexatas ou omitir circunstâncias que possam influir na aceitação da proposta ou na taxa do prêmio, perderá o direito à garantia, além de ficar obrigado ao prêmio vencido". O parágrafo único acrescenta: "se a inexatidão ou omissão nas declarações não resultar de má-fé do segurado, o segurador terá direito a resolver o contrato, ou a cobrar, mesmo após o sinistro, a diferença do prêmio". Com efeito, no afã de evitar comportamentos desleais na relação contratual de seguro, o Código Civil se vale de um farto arcabouço de penas privadas, consubstanciadas ora na perda do direito do segurado à indenização (arts. 768 e 769), ora em pagamen-

---

187 Priscila Fichtner, *A boa-fé qualificada no contrato de seguro*, Rio de Janeiro: UERJ, 2009 (tese de doutorado).

tos do prêmio em dobro por parte do segurador (art. 773). Todas essas sanções precisam ser vistas pela ótica do incentivo à colaboração entre as partes, e não como consequências rigorosas a serem aplicadas na hipótese de descuidos ou retardamentos involuntários. Como penas, não podem ser aplicadas ao segurado sem a demonstração de um desvio de conduta que as justifique, em um indispensável exame de proporcionalidade entre pena e conduta apenada[188].

20.7. *Cláusula perfil*

Problema que se insere no âmbito do dever de agir com boa-fé no contrato de seguro diz respeito à chamada *cláusula perfil*, que consiste em formulário preenchido pelo segurado em momento anterior à celebração do contrato. Será com base nas informações prestadas pelo candidato à contratação do seguro que se fará a avaliação do risco e, caso haja aceitação pela seguradora, a quantificação do prêmio a ser pago durante a vigência do contrato. Em outras palavras, a cláusula perfil é disposição contratual utilizada para delimitar o risco que será objeto do contrato por meio da análise do comportamento que o segurado declara ter no seu cotidiano (por exemplo, onde estaciona seu carro, quais regiões da cidade percorre, quem efetivamente o dirige e assim por diante). O cálculo do prêmio a ser pago por ele – contraprestação devida em virtude da contratação de cobertura securitária – irá depender dos usos que o segurado faz do bem exposto a risco. Em contrapartida, cabe à seguradora, por força de seu dever de informar, orientar devidamente o segurado no momento em que for preenchido o formulário de modo a evitar que incorra em erros.

A cláusula perfil suscita algumas controvérsias. Em primeiro lugar, discute-se se a simples ignorância do segurado a respeito de certos fatos pode ser considerada uma violação ao dever de prestar declarações fidedignas para a

---

188 Confira-se, nessa direção, exemplo de conduta considerada ensejadora da incidência de perda da garantia securitária: "O seguro de responsabilidade civil de conselheiros, diretores e administradores de sociedades comerciais (RC D&O) tem por objetivo garantir o risco de eventuais prejuízos causados em consequência de atos ilícitos culposos praticados por executivos durante a gestão de sociedade, e/ou suas subsidiárias, e/ou suas coligadas. (...) No caso, as instâncias ordinárias concluíram que a tomadora, na contratação do seguro, omitiu intencionalmente a existência de investigação do Banco Central de irregularidades na administração da sociedade, o que resultou em erro na avaliação do risco segurado, e que o administrador praticou atos de gestão lesivos à companhia e aos investidores em busca de favorecimento pessoal, circunstâncias que dão respaldo à sanção de perda do direito à indenização securitária" (STJ, 4ª T., AgInt no REsp 1.504.344/SP, rel. Min. Raul Araújo, j. 16-8-2022).

celebração do contrato de seguro. Aqui, a nosso ver, o ônus da ignorância não pode ser lançado sobre o segurado, competindo à seguradora, que melhor conhece os fatos que alteram sua exposição ao risco do segurado, empregar esforços para obter as informações que considere relevantes diante da eventual falta de consciência do segurado acerca desses fatos.

Outro aspecto controvertido diz respeito à permanência da correção das declarações prestadas ao longo do tempo. A cláusula perfil não tem o condão de obrigar o segurado a comportar-se pelo resto da vida de acordo com as declarações prestadas quando do preenchimento do questionário que retrata o seu perfil. Isso significa que se o segurado declara que um imóvel é destinado ao uso residencial, não necessariamente continuará a utilizá-lo como tal, ou se declara ser o condutor principal de um veículo, não significa isso dizer que não poderá, no futuro, permitir que seu filho maior o dirija. Mais uma vez, compete à seguradora solicitar revisão periódica do perfil do segurado no prazo que considerar oportuno a cada modalidade de seguro. Ademais, a conduta contrária às declarações constantes do perfil deve ter sido reiterada e apresentar efetiva relação de causalidade com o advento do sinistro que a seguradora pretende deixar de cobrir. A eventual recusa da seguradora ao pagamento da indenização, baseando-se na violação ao perfil do segurado, observada de modo estático e puramente estrutural, configura abuso do direito (art. 187), ensejando não apenas a falta de legitimidade da pretensão de não pagamento, mas também o dever de indenizar pelos danos que possam decorrer da resistência em cumprir o contrato de seguro.

20.8. *Seguro de vida do companheiro*

O Código Civil permite a celebração de seguro sobre a vida alheia, desde que o contratante demonstre possuir interesse legítimo na contratação. Presume tal interesse no caso de ser o proponente cônjuge, ascendente ou descendente do segurado (art. 790). A codificação de 2002 deixou de mencionar o companheiro, mostrando profunda dissonância com a Constituição e com o tratamento dispensado pela própria codificação em outras matérias[189]. Também deixou de incluir o companheiro entre os que recebem a indenização na falta de indicação ou no impedimento do beneficiário (art. 792). Criticável também a norma

---

189 Confira-se, nesse sentido, o Enunciado n. 186 da III Jornada de Direito Civil: "o companheiro deve ser considerado implicitamente incluído no rol das pessoas tratadas no art. 790, parágrafo único, por possuir interesse legítimo no seguro da pessoa do outro companheiro".

do art. 793, que, em confusa redação, só considera válida a instituição do companheiro como beneficiário se "ao tempo do contrato" o segurado já era separado judicialmente ou de fato, revelando anacrônica interferência da preocupação estatal com a tutela do matrimônio no âmbito dos contratos privados.

20.9. A questão do suicídio no seguro de vida

O Código Civil de 1916 vedava o pagamento da indenização prevista no seguro de vida em caso de morte voluntária, aquela "recebida em duelo, bem como o suicídio premeditado por pessoa em seu juízo" (art. 1.440). Ainda sob a sua vigência, consolidou-se a jurisprudência no sentido de que "o seguro de vida cobre o suicídio não premeditado" (STJ, Súmula 61). A Súmula 105 do Supremo Tribunal Federal dispunha, na mesma direção, que, "salvo se tiver havido premeditação, o suicídio do segurado no período contratual de carência não exime o segurador do pagamento do seguro". Assim, a premeditação ou não do suicídio era o critério empregado para definir quando o segurador podia ou não deixar de efetuar o pagamento da indenização. A prova da premeditação, por vezes, afigura-se difícil, ensejando processos judiciais tormentosos, que gravitam em torno de cartas deixadas pelo suicida ou atos preparatórios por ele praticados.

O Código Civil de 2002 rompeu com essa tradição, elegendo um critério objetivo. O art. 798 afirma que "o beneficiário não tem direito ao capital estipulado quando o segurado se suicida nos primeiros dois anos de vigência inicial do contrato, ou da sua recondução depois de suspenso". Em tal hipótese, o segurador fica obrigado a entregar ao beneficiário a reserva constituída com o montante já pago pelo segurado, mas não tem o dever de pagar a indenização estipulada. O Código Civil fulmina, ainda, com nulidade a cláusula contratual que exclui o pagamento do capital por suicídio do segurado fora da hipótese prevista na própria legislação, qual seja, suicídio nos primeiros dois anos de vigência do contrato.

A doutrina resistiu à inovação. Privilegiando a tradição jurisprudencial formada à luz da codificação de 1916, passou a entender que, nesse prazo de dois anos, apenas *se presume* que o suicídio foi premeditado, podendo o beneficiário fazer prova em contrário, por meio de laudos médicos acerca de doenças psicológicas e outros fatores que caracterizariam a ausência de premeditação, hipótese em que o pagamento do seguro seria devido[190]. Em boa hora, o Supe-

---

190 Caio Mário da Silva Pereira, *Instituições de direito civil*, cit., v. III, p. 439-440.

rior Tribunal de Justiça rejeitou tal orientação doutrinária, construída sob a égide de uma opção legislativa revogada, e privilegiou o critério objetivo, resguardado o dever do segurador de devolver o valor recebido do segurado no caso de suicídio no lapso inicial de dois anos[191]. O entendimento foi recentemente consagrado na Súmula 610 do STJ: "O suicídio não é coberto nos dois primeiros anos de vigência do contrato de seguro de vida, ressalvado o direito do beneficiário à devolução do montante da reserva técnica formada".

> Considerações acerca do seguro de responsabilidade civil. O autor apresentará essa modalidade do contrato de seguro, abordando seu desenvolvimento e relevância em um sistema de responsabilidade comprometido com a solidariedade social.
> Acesse também pelo *link*: https://uqr.to/1xgtk

20.10. Acidentes provocados por embriaguez

Outra questão polêmica no campo do contrato de seguro é o afastamento da indenização, nos seguros de pessoas, dos danos provocados pelo segurado em estado de embriaguez. A jurisprudência ora se inclinava por entender que a embriaguez do segurado representava agravamento do risco, apto a excluir a cobertura securitária, ora por afirmar a necessidade de demonstração de que a embriaguez teria sido o fator determinante para o acidente. A questão foi submetida à Segunda Seção do STJ, que acabou por pacificar um terceiro entendimento: "nos seguros de pessoas, é vedada a exclusão de cobertura na hipótese de sinistros ou acidentes decorrentes de atos praticados pelo segurado em estado de insanidade mental, de alcoolismo ou sob efeito de substâncias tóxicas"[192]. Entendeu a Corte que, no âmbito do seguro de pessoas, a cobertura deve ser mais ampla, sendo da essência deste seguro um permanente e contínuo agravamento do risco, revelando-se abusiva a cláusula de exclusão da cobertura. Tal entendimento restou consagrado na Súmula 620 do STJ: "A embriaguez do segurado não exime a seguradora do pagamento da indenização prevista em contrato de seguro de vida."

---

191 STJ, 2ª Seção, REsp 1.334.005/GO, rel. Min. Paulo de Tarso Sanseverino, red. p/ acórdão Min. Maria Isabel Gallotti, j. 8-4-2015.
192 STJ, 2ª Seção, EREsp 973.725/SP, rel. Min. Lázaro Guimarães, j. 25-4-2018. Na mesma direção: STJ, 2ª Seção, REsp 1.999.624/PR, rel. p/ acórdão Min. Raul Araújo, j. 28-9-2022.

20.11. Cosseguro e resseguro

Em diversos setores, com a ampliação dos riscos da atividade econômica, o segurador sente a necessidade de dividir ou pulverizar o risco assumido em relação aos seus segurados. Daí surgem dois institutos relevantes: (a) cosseguro e (b) resseguro. No cosseguro, o risco segurado é suportado por mais uma seguradora, ficando cada uma delas responsável apenas pelo percentual assumido contratualmente perante o segurado. Trata-se de situação frequente, por exemplo, no âmbito de grandes obras de construção. No resseguro, ao contrário, é a seguradora que procura se resguardar, no todo ou em parte, do ônus da responsabilidade assumida perante o segurado, celebrando uma espécie de seguro de segundo grau. A obrigação assumida perante o segurado por um só segurador é compartilhada com outros através do resseguro. Assim como o segurado procura garantir-se contra os efeitos dos riscos por meio do seguro, procede o segurador resguardando-se, através do resseguro, dos riscos da sua atividade. As operações de resseguro e de cosseguro são disciplinadas pela Lei Complementar n. 126/2007.

20.12. Extinção do contrato de seguro

O contrato de seguro extingue-se pelas causas que conduzem à extinção dos contratos em geral: declaração de nulidade, anulação, cumprimento, resolução, resilição bilateral, escoamento do prazo etc. O art. 774 do Código Civil autoriza a renovação tácita do contrato pelo mesmo prazo, se houver cláusula expressa nesse sentido no contrato original. Determina, contudo, que a renovação tácita só poderá ocorrer uma vez, atento à necessidade de revisão periódica do risco.

21. Constituição de renda

Pelo contrato de constituição de renda, o rendeiro (ou censuário) se obriga perante o instituidor (ou censuente), a título gratuito ou oneroso, a pagar prestações periódicas a um beneficiário. Utilizado no passado para contornar a proibição da usura, este contrato não se revela frequente na realidade contemporânea. O Código Civil de 1916, além de disciplinar o contrato de constituição de renda, previa ainda a renda constituída sobre imóveis como um direito real, orientação abandonada pelo Código Civil vigente.

21.1. Elementos

Quanto ao elemento subjetivo, valem os requisitos exigidos para os contratos em geral. Destaque-se que as partes do contrato de constituição de renda são o instituidor e o rendeiro. O beneficiário da renda não será necessariamente o instituidor, podendo ser um terceiro por ele indicado. Nesta hipótese, não se cogita de contrato plurilateral, mas sim de verdadeira estipulação em favor de terceiro. Reputa-se nula a renda constituída em favor de pessoa já falecida (CC, art. 808).

O objeto do contrato é o pagamento da renda, assim entendida a prestação periódica de um bem fungível[193]. Quanto ao aspecto formal, a constituição de renda, seja ela onerosa ou gratuita, constitui contrato solene, exigindo-se sua celebração mediante escritura pública (CC, art. 807).

A constituição de renda é contrato necessariamente temporário, vedada a renda perpétua. Pode, porém, ser pactuada tanto por prazo determinado, como de modo vitalício. A parte final do art. 806 prevê que o contrato poderá ultrapassar a vida do rendeiro, mas jamais a vida do beneficiário, seja ele o próprio instituidor ou um terceiro. Embora a redação possa suscitar alguma dúvida, esta limitação temporal abrange não apenas os contratos vitalícios, como também aqueles celebrados por prazo certo, que não poderão prosseguir após o falecimento do beneficiário, independentemente do termo final convencionado[194].

21.2. *Características*

A constituição de renda pode ser contrato oneroso, quando a renda é paga em razão de uma contraprestação pelo instituidor (CC, art. 804), ou gratuito, constituindo mera liberalidade do rendeiro (CC, art. 803). Em cada caso, varia a classificação do contrato. A constituição de renda gratuita é contrato unilateral.

Quando onerosa, entende-se majoritariamente que se trata de contrato de natureza real, invocando-se a literalidade do art. 804, que afirma poder ser o contrato oneroso *"entregando-se bens móveis ou imóveis* à pessoa que se obriga a satisfazer as prestações a favor do credor ou de terceiros". A questão, porém, já era polêmica sob a égide da legislação anterior, tendo Serpa Lopes defendido que a entrega dos bens não seria pressuposto, mas sim consequência do contrato[195]. Sob perspectiva funcional, já se viu que a tradição do bem nos contratos reais é uma formalidade que visa assegurar a presença do *animus* da parte em

---

193 Pontes de Miranda, *Tratado de direito privado*, Rio de Janeiro: Borsoi, 1963, t. XLIV, p. 249.
194 Gustavo Tepedino, Heloisa Helena Barboza e Maria Celina Bodin de Moraes (Coords.), *Código Civil interpretado conforme a Constituição da República*, 2. ed., Rio de Janeiro: Renovar, 2012, v. II, p. 619.
195 Serpa Lopes, *Curso de direito civil*, v. IV, cit., p. 409.

celebrar o contrato. Nesta esteira, sendo a constituição de renda, como visto, um contrato solene, exigindo-se escritura pública, apta a garantir a seriedade do negócio, a exigência adicional de entrega do bem para aperfeiçoamento do contrato soa como uma duplicidade desnecessária, fruto de formalismo exacerbado. Daí defendermos ser o contrato consensual. É, portanto, contrato bilateral (constituindo a entrega dos bens a prestação devida pelo instituidor), normalmente comutativo, podendo ser aleatório, quando seu termo final se vincular ao falecimento do instituidor ou do beneficiário.

21.3. Efeitos

O principal efeito da constituição de renda, como dito, é obrigar o rendeiro ao pagamento da renda. Havendo mais de uma pessoa beneficiária, "sem determinação da parte de cada uma, entende-se que os seus direitos são iguais; e, salvo estipulação diversa, não adquirirão os sobrevivos direito à parte dos que morrerem" (CC, art. 812). Exclusivamente em relação aos contratos gratuitos, o legislador prevê a possibilidade de o instituidor estabelecer a impenhorabilidade da renda constituída (CC, art. 813).

Quando se tratar de contrato oneroso, impõe-se também ao instituidor uma obrigação: entregar os bens ao rendeiro. Estes bens podem ser móveis ou imóveis, conforme expressamente consignado no art. 804, e se tornam propriedade do rendeiro com a tradição (CC, art. 809), transferindo-se assim os riscos da coisa. Vale dizer: permanece o rendeiro obrigado ao pagamento da renda ainda que os bens recebidos se percam fortuitamente.

21.4. Extinção

Além das causas usuais de extinção dos contratos, o legislador traz algumas regras específicas acerca do fim da constituição de renda. Como já apontado, o contrato se extinguirá com a morte do beneficiário, ainda que haja termo final acordado entre as partes (CC, art. 806). Havendo prazo, e sendo o termo final do prazo alcançado antes do falecimento do beneficiário, a extinção se dará pelo advento do termo. O Código prevê, ainda, a nulidade do contrato quando o beneficiário falecer nos trinta dias seguintes à celebração do contrato, por força de moléstia preexistente ao negócio (CC, art. 308). Em que pese a similaridade, as hipóteses não se confundem: a simples morte do beneficiário opera o fim do contrato, mantida a validade e a higidez dos efeitos até então produzidos; a morte do beneficiário por moléstia preexistente associada aos demais requisitos do art. 308 enseja a invalidade do negócio, com efeitos *ex tunc*.

Apesar de alguns autores ainda listarem o *resgate* como causa de extinção específica da constituição de renda, admitindo que o rendeiro se desobrigue pelo pagamento ao beneficiário de capital em espécie cujo rendimento assegure renda equivalente, esta faculdade não remanesce à luz da legislação atual, uma vez que o art. 751 do Código Civil de 1916, que previa a possibilidade, não foi reproduzido pelo Código Civil de 2002[196].

22. Jogo e aposta

O Código Civil dedica um capítulo aos contratos de jogo e aposta, estabelecendo um regime jurídico unificado, sem tecer qualquer distinção entre as duas figuras. No entanto, a doutrina brasileira historicamente as diferencia: (a) *jogo* é o contrato pelo qual duas ou mais pessoas prometem uma certa soma àquela dentre os contraentes a quem for favorável certo azar; (b) *aposta* é o contrato em que duas ou mais pessoas, de opinião diferente sobre qualquer assunto, concordem em perder certa soma ou certo objeto em favor daquela dentre os contraentes cuja opinião se verificar ser a verdadeira[197]. Afirma Orlando Gomes serem dois os principais critérios distintivos entre as figuras: (a) a participação, pois no jogo os contratantes participariam da atividade da qual depende o resultado, enquanto na aposta as partes não influenciariam neste acontecimento; e (b) o motivo, que no jogo seria a distração ou o ganho, e na aposta seria o de robustecer uma afirmação[198]. Inexiste, todavia, fundamento normativo para essa distinção; tampouco interesse prático, na medida em que a disciplina de ambos os contratos é idêntica.

22.1. *Características*

Trata-se de contrato bilateral, oneroso, não solene e que tem no caráter aleatório seu traço mais marcante.

22.2. *Efeitos*

A reprovabilidade social que recai sobre diversos tipos de jogos reflete-se no tratamento jurídico destas relações contratuais, assumindo acentuada

---

196 Pablo Stolze Gagliano e Rodolfo Pamplona Filho, *Manual de direito civil*, São Paulo: Saraiva, 2017, p. 802.
197 Clóvis Beviláqua, *Código Civil dos Estados Unidos do Brasil comentado*, Rio de Janeiro: Francisco Alves, 1954, v. V, p. 229.
198 Orlando Gomes, *Contratos*, cit., p. 527.

importância prática a classificação dos jogos em (a) autorizados, (b) proibidos e (c) tolerados. Jogos autorizados são aqueles que contam com expressa permissão legal, como as loterias federais e estaduais. Jogos proibidos, por sua vez, são os expressamente vedados pela legislação, em especial pela Lei das Contravenções Penais (Decreto-Lei n. 3.688/41), que veda os jogos de azar, ou seja, aqueles nos quais "o ganho e a perda dependem exclusiva ou principalmente da sorte" (art. 50)[199]. Entre os dois extremos, encontram-se os jogos tolerados, expressão que abarca todos aqueles jogos que não são nem proibidos, nem explicitamente autorizados pela ordem jurídica brasileira, como a canastra e o truco.

Os jogos permitidos são os únicos que produzem seus regulares efeitos obrigacionais (CC, art. 814, § 2º). A eles se equiparam, por disposição legal, "os prêmios oferecidos ou prometidos para o vencedor em competição de natureza esportiva, intelectual ou artística, desde que os interessados se submetam às prescrições legais e regulamentares" (CC, art. 814, § 3º) – hipótese que merece cautela, pois a ênfase na destreza ou na aptidão intelectual ou artística do competidor pode caracterizar um concurso (que é modalidade de promessa de recompensa), e não um jogo[200].

Quanto aos jogos tolerados e aos jogos proibidos, aplica-se a regra geral constante do *caput* do art. 814 do Código Civil: o contratante não é obrigado a pagar a dívida, mas, se o fizer *voluntariamente*, não poderá recobrá-la. A presença da inexigibilidade associada à irrepetibilidade da dívida conduz a uma automática associação com a categoria das obrigações naturais. Merece destaque, contudo, a objeção trazida por Orlando Gomes, para quem a noção de obrigação natural seria compatível apenas com os jogos tolerados, excepcionalmente privados de seus efeitos normais por serem reputados carentes de interesse social. Em se tratando de jogo proibido, por outro lado, está-se diante de negócio nulo, repudiado pela ordem jurídica e incapaz de dar ensejo a obrigações válidas (ainda que naturais), e, a princípio, de justificar a retenção do pagamento pelo beneficiado. Nesta hipótese,

---

[199] "Art. 50. Estabelecer ou explorar jogo de azar em lugar público ou acessível ao público, mediante o pagamento de entrada ou sem ele: Pena – prisão simples, de três meses a um ano, e multa, de dois a quinze contos de réis, estendendo-se os efeitos da condenação à perda dos móveis e objetos de decoração do local. (...) § 3º Consideram-se jogos de azar: a) o jogo em que o ganho e a perda dependem exclusiva ou principalmente da sorte; b) as apostas sobre corrida de cavalos fora de hipódromo ou de local onde sejam autorizadas; c) as apostas sobre qualquer outra competição esportiva."

[200] Silvio de Salvo Venosa, *Direito civil: contratos em espécie*, cit., p. 459.

a repetição seria afastada por fundamento diverso: a concorrência de causas torpes por ambos os contratantes[201]. De todo modo, autoriza-se que o devedor recobre a dívida em duas situações: (a) quando o pagamento decorreu de dolo do credor, afetando a voluntariedade exigida no adimplemento, e (b) quando o perdente é menor ou interdito, impondo-se na tutela dos vulneráveis, solução de índole mais protetiva.

O mesmo efeito atribuído pelo *caput* do art. 814 aos jogos proibidos e tolerados é estendido, pelo § 1º do dispositivo, ao contrato que "encubra ou envolva reconhecimento, novação ou fiança de dívida de jogo", embora não possa ser oposto aos terceiros de boa-fé. Em igual direção, reputa-se inexigível o reembolso do que se emprestou para jogo ou aposta, quando o empréstimo se opera no momento da aposta ou jogo (CC, art. 815).

O Código Civil exclui do âmbito da disciplina do jogo os chamados *contratos diferenciais*, "contratos sobre títulos de bolsa, mercadorias ou valores, em que se estipulem a liquidação exclusivamente pela diferença entre o preço ajustado e a cotação que eles tiverem no vencimento do ajuste" (CC, art. 816), prática associada à especulação com as oscilações do mercado. Também não se considera como jogo e aposta o sorteio realizado para dirimir questões ou dividir coisas comuns, que poderá ser considerado sistema de partilha ou processo de transação, conforme o caso (CC, art. 817), sendo evidente a distinção funcional em relação ao jogo.

23. Fiança

Fiança é o contrato por meio do qual o fiador se obriga a cumprir a obrigação contraída pelo afiançado, caso este último não a cumpra. A fiança é a principal modalidade de garantia pessoal ou fidejussória, ao lado do aval, instituto atinente à disciplina dos títulos de crédito. O contrato de fiança é firmado entre o fiador e o credor do afiançado, dispensando consentimento, participação ou ciência do devedor. O Código Civil chega mesmo a afirmar que pode ser celebrado "contra a sua vontade" (art. 820). O devedor participa, obviamente, do contrato principal, fonte da obrigação afiançada. A fiança é, nesse sentido, contrato acessório, encontrando justificativa no contrato principal e seguindo o seu destino (art. 824).

---

201 Orlando Gomes, *Contratos*, cit., p. 529-530.

23.1. Elementos

Os sujeitos do contrato de fiança são, como já visto, o fiador e o credor do afiançado. O credor não pode ser obrigado a aceitar determinada pessoa como fiador, cabendo-lhe a prerrogativa de avaliar a capacidade de pagamento daquele que afiança o devedor. O Código Civil impede a recusa, todavia, se o fiador for "pessoa idônea", domiciliada no município onde tenha de prestar a fiança, e possua bens suficientes para cumprir a obrigação (art. 825). O credor pode exigir a qualquer tempo do devedor a substituição do fiador caso se torne insolvente ou incapaz (art. 826).

O objeto do contrato de fiança é a dívida do afiançado, cuja responsabilidade é assumida pelo fiador. Nosso Código Civil admite que dívidas futuras sejam objeto de fiança, mas determina que "o fiador, neste caso, não será demandado senão depois que se fizer certa e líquida a obrigação do principal devedor" (art. 821). A fiança, como garantia de pagamento da dívida, só vale "até ao limite da obrigação afiançada" (art. 823), podendo, todavia, ser celebrada por valor inferior ou em condições menos onerosas que a dívida afiançada, caso em que o credor poderá ter mais de uma fiança em seu favor, que, somadas, não poderão superar o valor da dívida afiançada. Quanto ao aspecto formal, a fiança somente pode ser celebrada por instrumento escrito (art. 819).

23.2. Características

Na classificação dos contratos, a fiança é, em primeiro lugar, contrato unilateral, pois somente cria obrigações para o fiador, em especial a obrigação de satisfazer a obrigação assumida pelo afiançado. Além de unilateral, a fiança é, em regra, contrato gratuito, já que o fiador não aufere vantagem alguma. Daí se lhe aplicar a regra de interpretação restritiva dos contratos benéficos, consagrada no art. 114 do Código Civil, mas reforçada pelo legislador especificamente no art. 819 da codificação. Cabe ressaltar, contudo, que a fiança pode ser estipulada mediante retribuição, e um exemplo prático é a fiança bancária. Aqui, há que se proceder a distinção importante: (a) se a retribuição é paga pelo devedor, o contrato de fiança, estabelecido entre fiador e credor, continua sendo gratuito, pois ali o fiador sofre apenas sacrifício econômico, derivando o seu ganho de outro contrato, que pode ser de prestação de serviços ou de outra ordem; (b) se a retribuição é paga pelo credor, o contrato de fiança torna-se, aí sim, oneroso e bilateral, mas, para muitos autores, desfigura-se nessa hipótese em contrato de seguro[202].

---

202 Sílvio de Salvo Venosa, *Direito civil: contratos em espécie*, cit., p. 466.

A fiança é, ainda, contrato *intuitu personae*, já que assenta na confiança que o credor deposita na pessoa do fiador[203]. Daí determinar o Código Civil que a morte do fiador extingue a fiança, passando-se aos herdeiros apenas o débito existente até o falecimento do fiador e sempre nos limites da herança (art. 836). Por fim, a fiança é contrato formal, pois exige celebração por instrumento escrito. A forma aqui serve de proteção ao fiador, impossibilitando que se obrigue verbalmente a garantir o pagamento de dívida alheia, obrigação que, como visto, só lhe acarreta sacrifício econômico, sem nenhuma contrapartida.

23.3. Efeitos

O principal efeito da fiança é obrigar o fiador a cumprir a obrigação não satisfeita pelo devedor. A obrigação é, nesse sentido, subsidiária, pois o fiador somente pode ser chamado a pagar a dívida após o inadimplemento do devedor[204]. O Código Civil, em disposição algo contraditória com a própria definição que reserva à fiança, autoriza que o fiador se obrigue como "principal pagador" ou "devedor solidário" (art. 828, II), hipóteses em que sua responsabilidade prescinde do prévio inadimplemento do devedor. Para alguns autores, não se trata mais aí de fiança, mas de negócio jurídico instituidor de solidariedade passiva no contrato principal.

23.4. Benefício de ordem ou excussão

Da subsidiariedade da fiança decorre o *benefício de ordem*, também chamado *benefício de excussão*, que o Código Civil contempla no art. 827, em que se lê: "o fiador demandado pelo pagamento da dívida tem direito a exigir, até a contestação da lide, que sejam primeiro executados os bens do devedor". Aqui, o legislador impõe como condição para que se chame o fiador ao pagamento não o mero inadimplemento do devedor, mas a execução dos seus bens. O parágrafo único do dispositivo afirma que o fiador que invocar o benefício "deve nomear bens do devedor, sitos no mesmo município, livres e desembargados, quantos bastem para solver o débito", tratando-se de exigência severa que mitiga a utilidade do benefício[205]. O Código Civil autoriza que o fiador renuncie,

---

203 Caio Mário da Silva Pereira, *Instituições de direito civil*, cit., v. III, p. 468.
204 Orlando Gomes, *Contratos*, cit., p. 536.
205 Maria Celina Bodin de Moraes e Gabriel Schulman, Ensaio sobre as iniquidades da fiança locatícia gratuita, *Revista de Direito do Consumidor*, v. 107, set./out. 2016, p. 36.

desde que expressamente, ao benefício de ordem, cláusula que acabou por se tornar habitual nos contratos de fiança, especialmente no campo locatício. Nos contratos de adesão, nula será a cláusula de renúncia antecipada ao benefício de ordem[206].

23.5. Benefício de divisão

Além do benefício de ordem, o Código Civil contempla o chamado *benefício de divisão*, que corresponde à divisão de responsabilidades entre dois ou mais fiadores do mesmo débito. O benefício de divisão, ao contrário do benefício de ordem, não é presumido pela lei e depende de estipulação expressa entre as partes (art. 829). Noutras palavras, havendo mais de um fiador, serão presumidamente solidários.

23.6. Outorga uxória ou marital para fiança

O Código Civil exige, nos termos do art. 1.647, III, a autorização do cônjuge para a prestação de fiança, salvo no caso de regime de separação absoluta. Revela-se indiferente, de acordo com o Superior Tribunal de Justiça, "o fato de o fiador prestá-la na condição de comerciante ou empresário", sendo exigida a outorga do cônjuge em qualquer caso, diante da "necessidade de proteção da segurança econômica familiar"[207]. Debatiam a doutrina e a jurisprudência, no regime da codificação anterior, qual seria exatamente o efeito da ausência de autorização, havendo opiniões em favor da nulidade, da anulabilidade e, ainda, da ineficácia da fiança assim prestada. O Código Civil de 2002 pôs fim à celeuma, afirmando, no art. 1.649, que a fiança prestada sem outorga uxória ou marital é anulável, podendo o cônjuge pleitear-lhe a anulação no prazo decadencial de dois anos contados da extinção da sociedade conjugal.

23.7. Sub-rogação do fiador

O fiador que paga a dívida sub-roga-se os direitos do credor, podendo demandar o pagamento do afiançado (art. 831). O devedor responde, ainda, perante o fiador por todas as perdas e danos que este último tiver pago ao credor e pelos prejuízos que sofrer em razão da fiança (art. 832). Incluem-se aí juros, honorários advocatícios e outras verbas que decorram do inadimplemento do devedor.

---

206 Enunciado 364 da IV Jornada de Direito Civil.
207 STJ, 4ª T., REsp 1.525.638/SP, rel. Min. Antonio Carlos Ferreira, j. 14-6-2022.

23.8. Responsabilidade do fiador na prorrogação do contrato de locação

O tema, de elevada importância prática, foi tratado no estudo da locação, ao qual se permite remeter o leitor.

23.9. Penhorabilidade do imóvel do fiador

Outra questão controvertida diz respeito ao art. 3º, VII, da Lei n. 8.009/90, que, ao instituir a impenhorabilidade do bem de família, exclui da impenhorabilidade o imóvel residencial do fiador em processos movidos para cobrança de obrigação decorrente de fiança concedida em contratos de locação. Parte da doutrina sustenta a inconstitucionalidade do dispositivo em face do direito à moradia, consagrado pela Emenda Constitucional n. 26/2000, bem como do princípio da isonomia, ao conferir ao garantidor um tratamento mais gravoso do que o dispensado ao devedor principal[208]. O Plenário do Supremo Tribunal Federal, contudo, entendeu que o art. 3º, VII, não se tornou inconstitucional[209].

Em decisão de 2009, a Quinta Turma do Superior Tribunal de Justiça entendeu que a sub-rogação do fiador na posição do credor se dá com todas as suas vantagens, mas também suas desvantagens, razão pela qual também o fiador está impedido de promover constrição sobre o bem de família do afiançado[210]. Cria-se, assim, situação de evidente gravosidade para o fiador, na medida em que, embora possa perder seu próprio imóvel residencial para responder à dívida do afiançado perante o credor, não pode excutir o imóvel residencial do afiançado para se pagar daquilo que teve de desembolsar por força da fiança.

> Discussão mais aprofundada sobre a penhorabilidade do bem de família do fiador. O autor analisará criticamente a decisão do Supremo Tribunal Federal, que reconheceu a constitucionalidade desta exceção à regra geral da impenhorabilidade do bem de família.
> Acesse também pelo *link*: https://uqr.to/1xgtl

---

208 Rosalice Fidalgo Pinheiro e Katya Isaguirre, O direito à moradia e o STF: um estudo de caso acerca da impenhorabilidade do bem de família do fiador, in Gustavo Tepedino e Luiz Edson Fachin (Orgs.), *Diálogos sobre direito civil*, Rio de Janeiro: Renovar, 2008, v. II, p. 155-164.
209 STF, RE 407.688, rel. Min. Cezar Peluso, j. 8-2-2006, vencidos os Ministros Eros Grau, Celso de Mello e Carlos Britto.
210 STJ, REsp 1.081.963, rel. Min. Jorge Mussi, j. 18-6-2009.

23.10. Extinção

Vistos os principais efeitos da fiança e as mais intensas controvérsias na matéria, cumpre examinar a extinção do contrato de fiança. O legislador cuida expressamente do tema, nos arts. 837 a 839, contemplando como causas extintivas, em primeiro lugar, aquelas que ensejam a extinção da obrigação principal, destino que é seguido pela fiança como contrato acessório, desobrigando o fiador. Alude, nesse sentido, por exemplo, à dação em pagamento efetuada pelo devedor (art. 838, III). A essas causas extintivas o legislador acrescenta outras que derivam de atos do credor que, revelando negligência na cobrança da dívida ou benevolência no trato com o devedor, acabariam por onerar para além do pactuado o fiador. Assim, o Código Civil considera desobrigado o fiador, por exemplo, em caso de (a) moratória concedida ao devedor, sem consentimento do fiador (art. 838, I) e (b) retardamento pelo credor na execução dos bens do devedor que o fiador tenha indicado ao invocar o benefício de ordem, se o devedor vier a cair em insolvência e o fiador provar que aqueles bens "eram, ao tempo da penhora, suficientes para a solução da dívida afiançada" (art. 839).

Ainda no campo da extinção do contrato de fiança, assume especial importância prática o direito do fiador de se exonerar da fiança que tiver assinado sem limitação de tempo, sempre que lhe convier. Nessa hipótese, permanecerá, todavia, obrigado pelos efeitos da fiança até o prazo de 60 dias contados da notificação ao credor (art. 835). A fiança extingue-se também pelas demais causas que conduzem à extinção dos contratos em geral, como a declaração de nulidade, a anulação ou a resilição bilateral (distrato).

24. Transação

Transação é, na definição legal, o contrato por meio do qual as partes, mediante concessões mútuas, previnem ou extinguem litígios (art. 840). Trata-se de contrato bilateral, oneroso, normalmente comutativo e formal, já que somente pode ser feita por instrumento particular, escritura pública ou termo nos autos (art. 842). Na codificação de 1916, a transação vinha disciplinada entre as modalidades extintivas das obrigações, o que já era criticado por Pontes de Miranda, entre outros autores[211]. Com efeito, a transação não é mera declaração de vontade destinada a extinguir obrigações, dela podendo advir di-

---

211 Pontes de Miranda, *Tratado de direito privado*, 3. ed., Rio de Janeiro: Borsoi, 1959, t. 25, p. 142.

reitos e obrigações inteiramente novos. O Código Civil português é expresso nesse sentido, afirmando que as concessões mútuas realizadas no âmbito da transação podem envolver "a constituição, modificação ou extinção de direitos diversos do direito controvertido" (art. 1.248). Já o Código Civil brasileiro de 2002, embora alçando a transação a espécie contratual, não reconheceu a possibilidade de conteúdo inovador, registrando no art. 843 que, pela transação, "apenas se declaram ou reconhecem direitos".

Em outra passagem criticável, o Código Civil, repetindo disposição da codificação anterior, determinou no art. 841 que "só quanto a direitos patrimoniais de caráter privado se permite a transação". Em primeiro lugar, o caráter privado não é suficiente para assegurar que a transação seja merecedora de tutela. Em uma realidade jurídica marcada pelo enfraquecimento da dicotomia entre direito público e privado, a simples caracterização de certo direito como privado não o torna disponível, como se vê, por exemplo, nos tantos direitos indisponíveis que compõem a disciplina dos contratos de consumo ou da locação de imóvel residencial. Em segundo lugar, o art. 841 alude à natureza patrimonial dos direitos em si, quando melhor seria referir-se à natureza dos efeitos, já que efeitos patrimoniais decorrentes de situações existenciais podem, em determinados casos, ser legitimamente submetidos a transação. É o exemplo do artista que concorda em encerrar litígio versando sobre a veiculação indevida de sua imagem em campanha política mediante certas concessões da parte contrária. O que é essencial à transação é que verse sobre interesses disponíveis, sendo certo que a disponibilidade não está presente em todo e qualquer interesse patrimonial de direito privado. Nada disso exime, obviamente, a transação, como ato de autonomia privada, de um controle de merecimento de tutela em concreto, a fim de aferir se os interesses cuja realização se persegue se afiguram compatíveis com a ordem constitucional.

25. Compromisso

Figura diversa da transação é o compromisso. Designa-se por compromisso o negócio jurídico pelo qual as partes, em vez de recorrerem ao Poder Judiciário, concordam em submeter seu conflito à arbitragem. A Lei n. 9.307/96 (Lei de Arbitragem) contemplou o compromisso arbitral, que constitui, juntamente com a cláusula compromissória, espécie de convenção de arbitragem. Distinguem-se pelo fato de que no compromisso arbitral as partes submetem à arbitragem um litígio já existente, enquanto na cláusula compromissória obrigam-se para o futuro.

O Código Civil cuida do compromisso ao lado da transação, por enxergar nas duas figuras contratos que têm por escopo a eliminação de conflitos. A codificação, contudo, aludiu também, no art. 853, à cláusula compromissória, em que a submissão à arbitragem se dá já na formação do contrato, antes, portanto, da caracterização de um litígio em concreto. O art. 852 veda a celebração de compromisso com vistas à solução de questões de estado, de direito pessoal de família e de outros que não tenham caráter estritamente patrimonial. Quanto à parte final, valem as críticas já expostas em relação ao art. 841 do Código Civil, relativo à transação.

26. Administração fiduciária de garantias

A Lei n. 14.711/2023 inseriu no Código Civil o art. 853-A, incorporando ao direito positivo o chamado contrato de administração fiduciária de garantias. Trata-se de contrato por meio do qual o credor de uma obrigação reforçada por uma garantia especial designa um *agente de garantia* para constituir, levar a registro, gerir e pleitear a execução (judicial ou extrajudicial) da referida garantia. A lei não restringe as garantias que podem ser objeto deste contrato, que poderá contemplar, assim, tanto garantias reais quanto garantias fidejussórias.

O agente de garantia age, tal qual o comitente, em nome próprio e em benefício dos credores, configurando-se hipótese de *representação imprópria* ou, mais tecnicamente, *interposição*[212]. Sua atuação na gestão do crédito inclui a participação em ações judiciais que envolvam discussões sobre a existência, a validade ou a eficácia do negócio jurídico em que se ampara o crédito garantido. O legislador veda qualquer cláusula que afaste essa regra em desfavor do devedor ou do terceiro prestador da garantia, o que previne eventual insegurança destes sujeitos ao tratarem com o agente de garantia.

Por atuar no interesse de terceiros, exige-se do agente de garantia observância ao dever de fidúcia, devendo responder perante os credores por todos os seus atos (art. 853-A, § 2º). Pela mesma razão, admite-se a resilição unilateral do contrato pelo credor único ou pelos titulares que representarem a maioria simples dos créditos garantidos, reunidos em assembleia. A eficácia da substituição do agente de garantia fica, contudo, subordinada à publicidade do ato a ser

---

212 Seja consentido remeter ao tópico dedicado ao estudo da representação, no capítulo 11 desta obra, em que se traçou a diferença entre representação e interposição.

obtida pela mesma forma com que se tenha dado publicidade à garantia (art. 853-A, § 3º).

O agente de garantia dispõe de 10 (dez) dias úteis para efetuar o pagamento aos credores, contados do recebimento do valor do produto da realização da garantia (art. 853-A, § 6º). A lei protege o interesse dos credores tornando o produto da realização da garantia, enquanto não transferido para os credores garantidos, um *patrimônio separado* daquele do agente de garantia. Tal patrimônio separado não responderá pelas obrigações do agente de garantia pelo período de até 180 (cento e oitenta) dias, contados da data de recebimento do produto da garantia (art. 853-A, § 5º).

Capítulo 24

RESPONSABILIDADE CIVIL

SUMÁRIO: **1.** Responsabilidade por ato ilícito ou responsabilidade subjetiva. **2.** Análise dos elementos do ato ilícito. **3.** Culpa. **3.1.** Da culpa psicológica à culpa normativa. **3.2.** Irrelevância dos graus de culpa. **3.3.** Culpa desproporcional: parágrafo único do art. 944. **3.4.** Responsabilidade objetiva ou sem culpa. **3.5.** Responsabilidade objetiva no Brasil. **3.6.** Cláusula geral de responsabilidade objetiva por atividades de risco. **4.** Dano. **4.1.** Certeza e atualidade do dano. **4.2.** Espécies de dano. **4.3.** Dano patrimonial. **4.4.** Perda da chance. **4.5.** Dano moral. **4.6.** Um caso emblemático. **4.7.** O chamado dano moral *in re ipsa*. **4.8.** Quantificação do dano moral. **4.9.** *Punitive damages*. **4.10.** Dano moral à pessoa jurídica. **4.11.** O chamado dano moral coletivo. **5.** Nexo de causalidade. **5.1.** Teoria da causa direta e imediata. **5.2.** Subteoria da necessariedade causal. **5.3.** A flexibilização do nexo causal. **5.4.** Teoria da causalidade alternativa. **5.5.** Excludentes de causalidade. **6.** Erosão dos filtros da reparação. **7.** Dever de reparar. **8.** Reparação não pecuniária dos danos morais. **8.1.** Retratação pública. **8.2.** Retratação privada. **8.3.** Outros meios não pecuniários de reparação. **9.** Responsabilidade contratual × extracontratual. **10.** Mitigação do próprio dano. **11.** Responsabilidade solidária entre os coautores. **12.** Regras especiais de responsabilidade civil. **12.1.** Responsabilidade por fato de terceiro. **12.2.** Responsabilidade civil do incapaz. **12.3.** Responsabilidade pelo fato das coisas. **12.4.** Responsabilidade pelo fato dos animais. **12.5.** Responsabilidade do empresário pelos danos causados por produtos postos em circulação. **12.6.** Responsabilidade civil do Estado. **13.** Relação entre a responsabilidade civil e a responsabilidade criminal.

1. Responsabilidade por ato ilícito ou responsabilidade subjetiva

O art. 186 do Código Civil consagra a noção de ato ilícito, ao dispor que "aquele que, por ação ou omissão voluntária, negligência ou imprudência, violar direito e causar dano a outrem, ainda que exclusivamente moral, comete ato ilícito"[1]. O ato ilícito representa, historicamente, o conceito fundamental da *responsabilidade civil*, campo do direito civil que se ocupa do tratamento jurídico dos danos sofridos na vida social. Embora ainda hoje seja vista por parte da doutrina como um instrumento destinado exclusivamente à reparação dos danos, a responsabilidade civil contemporânea tem se voltado, cada vez mais, para a prevenção dos danos e para a administração dos riscos de sua produção. A responsabilização do agente causador do dano torna-se, nesse contexto, apenas uma das possíveis consequências que são objeto do estudo da responsabilidade civil, revelando-se ainda mais efetivo cuidar do dano *antes* que ele aconteça. Daí por que, em alguns países, a responsabilidade civil é chamada mais amplamente de "direito de danos" (*derecho de daños*)[2].

Por muito tempo, considerou-se que somente a prática do ato ilícito poderia ensejar a responsabilização do agente pelo dano causado à vítima. O ato ilícito representava, nesse sentido, o fundamento exclusivo da responsabilidade civil. Como a culpa é um dos elementos do ato ilícito, consagrou-se o entendimento de que, sem culpa, não poderia haver responsabilização (*pas de responsabilité sans faute*). Como se verá adiante, o advento da responsabilidade objetiva (responsabilidade sem culpa) alterou, especialmente a partir do início do século XX, esse cenário. Hoje, no direito brasileiro, assim como em tantas outras experiências jurídicas, convivem dois regimes distintos de responsabilidade civil: (a) a responsabilidade civil por ato ilícito, também chamada responsabilidade civil subjetiva; e (b) a responsabilidade civil objetiva, também chamada responsabilidade civil sem culpa ou responsabilidade civil por risco.

2. Análise dos elementos do ato ilícito

Extraem-se do art. 186 os elementos que compõem o ato ilícito: (a) culpa, (b) nexo de causalidade e (c) dano. Com base na análise dos elementos do ato ilícito, e mais especificamente das transformações sofridas por cada um desses elementos no direito contemporâneo, é possível traçar um panorama abrangente da responsabilidade civil brasileira. Convém iniciar o percurso pela noção de culpa.

---

1   A figura do ato ilícito foi apresentada no capítulo 10, sobre os fatos jurídicos, para o qual se remete o leitor.
2   Para mais detalhes, seja permitido remeter a: Anderson Schreiber, *Novos paradigmas da responsabilidade civil: da erosão dos filtros de reparação à diluição dos danos*, 6. ed., São Paulo: Atlas, 2015, p. 227-230.

3. Culpa

A configuração do ato ilícito depende, como já visto, de dolo ou culpa por parte do agente. Exige-se que a conduta voluntária do sujeito (ação ou omissão) tenha se caracterizado pela intenção de causar o prejuízo (dolo) ou pela falta de observância de um dever jurídico (culpa). Como se vê, a identificação da culpa ou dolo – noções reunidas sob a denominação de culpa *lato sensu* – depende de uma valoração da conduta do sujeito. Daí chamar-se de *responsabilidade subjetiva* aquela responsabilidade fundada na culpa ou, mais precisamente, no ato ilícito.

3.1. Da culpa psicológica à culpa normativa

A própria noção de culpa transformou-se ao longo do tempo. Se, antes, a culpa era vista como uma espécie de "pecado jurídico" (*péché juridique*, na expressão de Paul Esmein), a exigir a prova de uma falha psicológica do agente que pudesse ser considerada "reprovável" à luz das circunstâncias concretas, hoje a culpa é vista como a violação a um dever jurídico. A passagem dessa noção psicológica de culpa para uma noção normativa de culpa reflete a necessidade de superar antigas dificuldades de aferição da culpa, que faziam com que se exigisse da vítima verdadeira *probatio diabolica* e que acabariam contribuindo para o surgimento da responsabilidade objetiva, como se verá adiante.

3.2. Irrelevância dos graus de culpa

A histórica gradação da culpa em culpa grave, leve e levíssima[3] não tem nenhuma relevância para a configuração do ato ilícito. Ainda que levíssima a culpa, configura-se a conduta culposa para o direito civil. A irrelevância dos graus de culpa figura como importante característica da responsabilidade civil,

---

3   Sobre a tripartição da culpa, explica Serpa Lopes, *Curso de direito civil*, Rio de Janeiro: Freitas Bastos, 1995, v. 2, p. 344: "Quanto à intensidade da culpa, no tocante à sua gravidade, é fato incontestável encontrarem-se nas fontes romanas as expressões *culpa lata, culpa latior, magna culpa dolo proxima, culpa levis, culpa levior* e uma única vez *culpa levíssima*. Daí a razão pela qual os glosadores, dominados pela ideia constante de tudo classificar, não hesitaram, sob o impulso dessa tendência sistematizadora, em estabelecer categorias e graus estimativos da intensidade da diligência empregada pelo devedor, no cumprimento da obrigação, ou, por outra, para o conhecimento da proporção de sua negligência no não cumprimento da obrigação. Surgiu então a *communis opinio* da tripartição da culpa lata, leve e levíssima".

em oposição à responsabilidade penal, cujo caráter punitivo recomenda a análise da intensidade do desvio cometido pelo agente.

3.3. Culpa desproporcional: parágrafo único do art. 944

Em aparente contradição, porém, com a ideia de irrelevância dos graus de culpa, o Código Civil de 2002 inovou em relação à codificação anterior, trazendo norma que concede ao juiz o poder de reduzir o *quantum* indenizatório com base na desproporção entre a culpa do agente e a extensão do dano. Trata-se do parágrafo único do art. 944, em que se lê: "Se houver excessiva desproporção entre a gravidade da culpa e o dano, poderá o juiz reduzir, equitativamente, a indenização".

Com tal dispositivo, a irrelevância dos graus de culpa permanece válida para fins de configuração do dever de indenizar (*an debeatur*), não já para sua quantificação (*quantum debeatur*). Deve-se ter em mente, contudo, que a norma vem proteger o responsável de um ônus *excessivo*, em conformidade com o espírito de equidade, que exige que o rigor da solução jurídica seja temperado à luz das circunstâncias do caso concreto. Cumpre notar que o legislador brasileiro não autorizou a majoração da indenização com base na culpa grave ou no dolo do agente, mas permitiu tão somente a *redução equitativa* da indenização quando a culpa for desproporcional ao dano provocado. Exemplo sempre lembrado é aquele do fumante que, deixando cair por entre seus dedos a guimba do cigarro que fumava à janela, provoca a explosão de um posto de gasolina. O dano causado afigura-se amplamente desproporcional à culpa leve do agente.

Acrescente-se que a doutrina vem reservando ao parágrafo único do art. 944 uma leitura bastante restritiva. Partindo do entendimento de que a reparação integral do dano é a regra, a mais atenta doutrina recomenda que o dispositivo seja lido em "tom de exceção"[4].

3.4. Responsabilidade objetiva ou sem culpa

Em sua versão de falta moral, vinculada aos impulsos anímicos do sujeito e à previsibilidade dos resultados de sua conduta, a culpa mostrava-se um

---

4   Flávio Tartuce, A redução equitativa da indenização nos arts. 944 e 945 do Código Civil, *Carta Forense*, 3 mar. 2009. Ver, igualmente: Carlos Edison do Rêgo Monteiro Filho, O princípio da reparação integral e sua exceção no direito brasileiro, in *Rumos contemporâneos do direito civil: estudos em perspectiva civil-constitucional*, Belo Horizonte: Fórum, 2017, p. 108.

elemento de dificílima comprovação. Sua aferição impunha aos juízes tarefa extremamente árdua, representada por exercícios de previsibilidade do dano e análises psicológicas incompatíveis com os limites naturais da atividade judiciária, a exigir do magistrado uma capacidade quase divina.

Se, de início, a dificuldade de demonstração da culpa atendia, em boa medida, ao interesse liberal que rejeitava a limitação da autonomia privada, salvo nas hipóteses de uso flagrantemente inaceitável da liberdade individual, o certo é que, com o desenvolvimento do capitalismo industrial e a proliferação de acidentes ligados às novas tecnologias, tal dificuldade intensificou-se ao extremo, atraindo a intolerância social e a rejeição do próprio Poder Judiciário[5].

A tentativa de superar as injustiças impostas pela dificuldade de demonstração da culpa deu margem a inúmeros expedientes técnicos que se propunham a facilitar o acesso concreto da vítima à reparação, como as presunções de culpa que eram amplamente utilizadas pelo Código Civil de 1916 em hipóteses como a responsabilidade civil por fato de animais e a responsabilidade civil por fato de terceiros. Embora todos estes mecanismos devam ser compreendidos como meios de evitar os tormentos suscitados pela rigorosa exigência de prova da culpa, certo é que nenhum deles teve efeito tão revolucionário quanto a consagração da responsabilidade civil objetiva.

A atenuação do papel central da culpa teve como um de seus principais marcos doutrinários uma obra de Raymond Saleilles, *Les accidents de travail et la responsabilité civile: essai d'une théorie objective de la responsabilité délictuelle*[6]. Propunha o autor que o princípio de imputabilidade viesse substituído por um princípio de simples causalidade, a prescindir da avaliação do comportamento do sujeito causador do dano. Orientação semelhante foi seguida por Louis Josserand, que defendia a ideia de risco como critério de responsabilização valendo-se de julgados franceses que já vinha aplicando a responsabilidade por

---

5   Nas palavras de Josserand: "Como um operário que se feriu durante o seu trabalho, pode demonstrar a culpa do patrão? Como o pedestre, colhido por um automóvel, num lugar solitário, à noite, na ausência de testemunhas, pode provar – supondo-se que tenha sobrevivido ao acidente – que o carro não estava iluminado ou que corria a uma velocidade excessiva? Como o viajante que, no curso de um trajeto efetuado em estrada de ferro, cai sobre a via, pode provar que os empregados tinham negligenciado no fechamento da porta, logo depois da partida da última estação?" (Louis Josserand, Evolução da responsabilidade civil, *Revista Forense*, Rio de Janeiro, 1941, v. LXXXVI, p. 551).

6   Raymond Saleilles, *Les accidents de travail et la responsabilité civile: essai d'une théorie objective de la responsabilité délictuelle*, Paris: Arthur Rousseau, 1897.

guarda da coisa de forma bastante objetiva[7]. Na esteira das obras de Saleilles e Josserand, a culpa tornou-se objeto do que já foi referido como "o mais intenso dos ataques doutrinários que talvez se tenha registrado na evolução de um instituto jurídico"[8]. Por toda parte, autores notáveis filiaram-se à ideia de uma responsabilidade objetiva, fundada na teoria do risco. Ao longo do tempo, a responsabilidade objetiva veio a ser adotada em quase todos os ordenamentos jurídicos, por meio de leis especiais, aplicáveis a setores específicos, relacionados aos anseios sociais mais graves no campo da responsabilidade civil. Na maior parte dos casos, todavia, fez-se necessário um longo período de maturação antes que a responsabilidade objetiva ganhasse espaços mais abertos.

3.5. *Responsabilidade objetiva no Brasil*

No Brasil, por exemplo, embora não fosse inteiramente estranha ao Código Civil de 1916[9], a responsabilidade objetiva ingressou efetivamente no ordenamento positivo por meio de diplomas especiais, como a Lei de Estradas de Ferro (Decreto n. 2.681/1912), o Código Brasileiro de Aeronáutica (Lei n. 7.565/86) e a Lei n. 6.453/77, relativa às atividades nucleares. A Constituição de 1988 abriu novos caminhos, não apenas por força da previsão de hipóteses específicas (art. 7º, XXVIII; art. 21, XXIII; art. 37, § 6º), mas, sobretudo, pela inauguração de uma nova tábua axiológica, mais sensível à adoção de uma responsabilidade que, dispensando a culpa, se mostrasse fortemente comprometida com a reparação dos danos em uma perspectiva marcada pela solidariedade social. Atento à nova axiologia constitucional, o Código de Defesa do Consumidor veio instituir a responsabilidade objetiva do fornecedor de produtos ou serviços, criando um sistema de responsabilização livre do fator subjetivo da culpa e abrangente de um vasto campo de relações na sociedade contemporânea.

Em 2002, o novo Código Civil, tão tímido em outras matérias, consolidou corajosamente a orientação constitucional no campo da responsabilidade civil. Em primeiro lugar, converteu em objetiva a responsabilidade aplicável a uma série de hipóteses antes dominadas pela culpa presumida, como a res-

---

7   Louis Josserand, *Evolução da responsabilidade civil*, cit., p. 548.
8   Alvino Lima, *Culpa e risco*, São Paulo: Revista dos Tribunais, 1992, p. 43.
9   O Código Civil de 1916 tinha a culpa como elemento nuclear da responsabilidade civil, mas admitia ao menos uma hipótese de responsabilidade sem culpa em seu art. 1.529. O certo, porém, é que a leitura objetivista deste e de outros dispositivos da codificação de 1916 só veio a ser plenamente aceita com a consagração doutrinária da teoria do risco e com a crescente simpatia do legislador especial pela responsabilidade objetiva.

ponsabilidade por fato de terceiro e por fato de animais. Além disso, elegeu a responsabilidade objetiva em novas hipóteses como aquela relativa à responsabilidade empresarial "pelos danos causados pelos produtos postos em circulação" (art. 931). Sua maior inovação, todavia, foi prever no parágrafo único do art. 927 uma cláusula geral de responsabilidade objetiva por atividades de risco, com a seguinte redação: "Haverá obrigação de reparar o dano, independentemente de culpa, nos casos especificados em lei, ou quando a atividade normalmente desenvolvida pelo autor do dano implicar, por sua natureza, risco para os direitos de outrem".

3.6. Cláusula geral de responsabilidade objetiva por atividades de risco

Com a cláusula geral de responsabilidade objetiva por atividades de risco contida no parágrafo único do art. 927, o legislador de 2002 espancou definitivamente a ideia da prevalência da culpa no sistema brasileiro. Ao exigir a participação da discricionariedade jurisdicional na ampla tarefa de definir as atividades sujeitas à sua incidência, a aludida norma retirou, a um só tempo, a condição excepcional e o caráter *ex lege*, ainda então atribuídos à responsabilidade objetiva na cultura jurídica nacional.

Não há dúvida de que a indefinição quanto às atividades abrangidas pelo art. 927 tem gerado, na doutrina e na jurisprudência, uma continuada perplexidade. Ainda hoje, discute-se o sentido da referência legal às atividades que, "normalmente desenvolvidas", implicam "risco para os direitos de outrem". Contesta-se, habitualmente, que qualquer atividade humana importa, em alguma proporção, risco aos direitos alheios. A crítica, puramente formal, demonstra apenas que o legislador pretendeu, obviamente, referir-se às atividades que tragam risco elevado, risco provável, verdadeiro perigo de dano – o que, a despeito do esclarecimento, não soluciona todas as dúvidas suscitadas pela expressão.

Algumas tentativas de especificação da cláusula geral têm conduzido a equívocos. Parte da doutrina tem, por exemplo, sustentado afigurar-se imprescindível, para a incidência do parágrafo único do art. 927, a constatação de proveitos econômicos auferidos por quem desempenha a atividade lesiva. Assim, afirma-se que maior será o risco da atividade conforme o proveito visado[10]. Tal entendimento contraria a redação do dispositivo, que, ao aludir

---

10   Carlos Roberto Gonçalves, *Responsabilidade civil*, São Paulo: Saraiva, 2003, p. 25.

apenas ao risco, sem cogitar do seu aproveitamento pelo responsável, sugere fortemente a adoção da teoria do risco-criado, e não do risco-proveito. Outra abordagem que parece escapar aos limites da norma tem se fundado na exigência de que a atividade de risco se mostre organizada sob a forma de empresa, o que tampouco encontra respaldo na redação do dispositivo, que, ao contrário, se refere às atividades que causam risco aos direitos de outrem "por sua natureza" – e não já por sua forma de organização. Essa interpretação que restringe a incidência do parágrafo único do art. 927 às atividades empresariais parece inconsistente também com o próprio sistema instaurado pela codificação, que já conta com norma especificamente dirigida à responsabilidade do empresário (art. 931).

Há, ainda, quem sustente certa inutilidade do parágrafo único do art. 927, por se limitar a reeditar a regra do art. 14 do Código de Defesa do Consumidor relativa à responsabilidade objetiva pelo fornecimento de serviços. Embora a prática possa efetivamente revelar um amplo número de situações que poderiam adentrar os dois dispositivos, parece certo que, ao contrário do que sustenta essa corrente, o art. 927 não tem seu âmbito de aplicação limitado a uma responsabilidade perante o destinatário final, abrangendo todo o campo interempresarial, composto pelas relações entre os diversos tipos de fornecedores (fabricante, importador etc.). Em outras palavras, além das diferenças estruturais entre a norma consumerista e a cláusula geral de responsabilidade objetiva contida no Código Civil, resta claro que o fundamento de tutela, aqui e ali, são inteiramente diversos. O escopo do parágrafo único do art. 927 é impor responsabilização com base no elevado risco produzido por certa atividade, o que não se verifica em nenhuma espécie de prestação de serviços, mas apenas naquelas hipóteses em que houver uma elevada possibilidade de dano, seja por sua frequência, seja por sua intensidade.

Na Itália, por exemplo, os tribunais já decidiram consistir em atividade perigosa a gestão de aeroportos e a construção civil[11]. É evidente que a experiência estrangeira na matéria serve apenas como elemento de que se podem socorrer os tribunais brasileiros na qualificação de certa atividade como "atividade de risco". Maior peso deve adquirir a análise de dados estatísticos relativos a acidentes provocados, na realidade brasileira, pela atividade que se examina, adquirindo importância não apenas a quantidade de danos gerados, mas também a sua gravidade, muitas vezes já apreendidas em outras manifes-

---

11 Cassazione civile, seção III, 10-2-2003, n. 1954, in *Danno e responsabilità*, n. 7, 2003, p. 781.

tações da normativa nacional, como a legislação trabalhista e previdenciária. Em direção semelhante, recomenda Raquel Bellini Salles em obra específica sobre o tema que, além de dados estatísticos e previsões legislativas específicas, o intérprete leve em conta "os índices de risco definidos em tabelas de seguro, bem como a existência de taxas de prêmio notadamente superiores à média"[12]. Todos esses parâmetros podem e devem servir de auxílio ao magistrado no momento de aferir se certa atividade se configura ou não como atividade que, normalmente, traz risco aos direitos de outrem nos termos da cláusula geral contida no art. 927.

Registre-se, por fim, que uma adequada compreensão da responsabilidade objetiva e das normas que a consagram se afigura imprescindível em nosso atual momento histórico, no qual a impressionante velocidade de proliferação de novas tecnologias aumenta exponencialmente os riscos que recaem sobre direitos existenciais e patrimoniais de todos os cidadãos[13].

4. Dano

O dano é elemento indispensável do ato ilícito. Tradicionalmente, conceitua-se o dano como a lesão a um interesse juridicamente protegido, a abranger tanto o dano patrimonial quanto o dano moral, a depender da natureza do interesse lesado. Na definição de Paulo Lôbo, "o dano é a violação sofrida pela própria pessoa, no seu corpo ou em seu âmbito moral, ou em seu patrimônio, sem causa lícita. Significa perda ou valor a menos do patrimônio, na dimensão material, e violação de direitos da personalidade, na dimensão moral"[14].

4.1. Certeza e atualidade do dano

Nem todo dano é ressarcível. A doutrina afirma que somente se repara o dano que seja certo e atual. Diz-se atual o dano que já existe "no momento da ação de responsabilidade", e certo aquele que é "fundado sobre fato preci-

---

12 Raquel Bellini de Oliveira Salles, *A cláusula geral de responsabilidade civil objetiva*, Rio de Janeiro: Lumen Juris, 2011, p. 148.
13 O tema tem demandado contínuos esforços doutrinários, podendo-se mencionar João Quinelato de Queiroz, *Responsabilidade civil e novas tecnologias: critérios de imputação objetiva*, São Paulo: Revista dos Tribunais, 2024, e Filipe Medon, *Inteligência artificial e responsabilidade civil: autonomia, riscos e solidariedade*, 2. ed., São Paulo: JusPodivm, 2022.
14 Paulo Lôbo, *Direito civil: parte geral*, 4. ed., São Paulo: Saraiva, 2013, p. 304.

so e não sobre hipótese"[15]. A exigência de que o dano seja certo impede a reparação de danos meramente hipotéticos. Indenizam-se, como se verá adiante, os lucros cessantes e até a perda da chance, mas o dano eventual, meramente hipotético, este permanece à margem do dever de reparação. Por sua vez, a atualidade do dano, ao exigir que ele já tenha se verificado ao tempo da responsabilização, impede a indenização de dano futuro, pela simples razão de que dano ainda não há.

4.2. Espécies de dano

Há duas espécies de dano no direito brasileiro: (a) o dano patrimonial e (b) o dano moral. O dano patrimonial é entendido como a lesão a um interesse jurídico passível de valoração econômica. O dano moral, por sua vez, deve ser compreendido como a lesão a um interesse jurídico atinente à personalidade humana e, por isso mesmo, insuscetível de valoração econômica. A conceituação do dano moral no direito brasileiro é, todavia, objeto de intensas divergências doutrinárias e jurisprudenciais, como se verá mais para a frente.

4.3. Dano patrimonial

O dano patrimonial subdivide-se em (a) danos emergentes e (b) lucros cessantes. Os danos emergentes são os prejuízos econômicos efetivamente sofridos pela vítima. Já os lucros cessantes consistem nos ganhos que a vítima razoavelmente deixou de auferir (art. 402). Em um exemplo corriqueiro, se o motorista de taxi tem seu veículo atingido em acidente de trânsito, sofrerá danos emergentes, que consistem na diminuição patrimonial experimentada pelo decréscimo no valor do seu automóvel, mas também lucros cessantes, consubstanciados na perda das receitas diárias que auferiria por todo o tempo que o veículo estiver indisponível, em conserto, na oficina.

Enquanto os danos emergentes são calculados pela simples comparação entre o patrimônio da vítima antes e depois do evento danoso, a aferição e a quantificação dos lucros cessantes exigem um juízo mais sofisticado, de valoração daquilo que *razoavelmente* a vítima obteria *se* o evento danoso não tivesse ocorrido. Há, nos lucros cessantes, certa valoração hipotética daquilo que ocorreria em uma cadeia de eventos que não é aquela que se verificou na realida-

---

15 É a lição de Caio Mário da Silva Pereira, *Responsabilidade civil*, Rio de Janeiro: Forense, 1989, p. 45, inspirado no tratado célebre de Henri Lalou.

de[16]. Nossos tribunais têm sido restritivos no exame dos lucros cessantes, negando sua reparação sempre que não for possível atestar, com suficiente segurança, que aqueles ganhos ocorreriam. Em geral, somente se concede indenização por lucros cessantes quando dados pretéritos permitem demonstrar que, historicamente, os ganhos se verificaram, não havendo razão objetiva para se acreditar que não se verificariam novamente.

Nesse sentido, interessante caso julgado pelo Superior Tribunal de Justiça, envolvendo contrato celebrado entre uma sociedade limitada e o Banco do Brasil para repasse de recursos destinados à implantação de um complexo agroindustrial. Para viabilizar a operação econômica, a sociedade abriu junto ao banco uma conta garantia. No entanto, o banco lançou débitos indevidos na conta, que teriam inviabilizado a conclusão da obra. A sociedade ingressou com ação indenizatória, pleiteando danos emergentes e lucros cessantes. Os primeiros, referentes aos valores sequestrados, foram deferidos. Quanto aos lucros cessantes, decorrentes da não implantação do complexo, foram afastados pelo Superior Tribunal de Justiça, com o fundamento de que

> é preciso que, na data do inadimplemento, o credor já tivesse previsão razoável e objetiva de lucro. Para tanto, haveria de partir de parâmetro anterior e concreto capaz de servir como termo de comparação na avaliação do lucro potencial. Os lucros cessantes só compõem as perdas e danos quando resultarem direta e imediatamente do inadimplemento. Por isso, não se consideram lucros cessantes ganhos imaginários resultantes de atividade empresarial abortada. A falta de tais ganhos não seria efeito direto e imediato do adimplemento da obrigação do devedor[17].

4.4. Perda da chance

Nascida e desenvolvida no direito francês, a teoria da perda da chance (*perte d'une chance*) propõe que a vítima seja ressarcida sempre que configurada a perda de uma oportunidade de obter certa vantagem ou evitar certo prejuízo. Introduz-se a "chance" no terreno do dano reparável, com o propósito de assegurar à vítima o ressarcimento integral das perdas sofridas. A teoria da perda

---

16 Para um amplo exame da matéria no direito brasileiro, confira-se: Gisela Sampaio da Cruz Guedes, *Lucros cessantes: do bom-senso ao postulado normativo da razoabilidade*, São Paulo: Revista dos Tribunais, 2011.
17 STJ, 3ª T., REsp 846.455/MS, rel. Min. Castro Filho, Red. p/ acórdão Min. Sidnei Beneti, j. 10-3-2009.

da chance difundiu-se mundo afora, não tanto pela sua base técnica, ainda hoje recheada de controvérsias, mas sobretudo pela influência de fatores sociais e econômicos, que vão da multiplicação de estudos estatísticos à crescente intangibilidade das riquezas (créditos, opções, informações etc.), tudo a contribuir para uma expansão do próprio significado de dano no sentimento coletivo[18].

Não faltam, contudo, julgados que negam validade à teoria, com o argumento de que a chance perdida não representa um dano certo e atual, não sendo, portanto, indenizável. Frequentemente, hipóteses de perda da chance acabam sendo tratadas como dano hipotético. Em outras ocasiões, a perda da chance é confundida com os lucros cessantes. No primeiro caso, nega-se indenização ao autor da demanda. No segundo, atribui-se a ele indenização maior que a devida. Para se equilibrar entre os dois extremos, é preciso compreender bem os contornos técnicos da perda da chance, examinando-a em dois planos distintos: (a) existência da perda; e (b) quantificação da perda. No plano da existência, verifica-se se houve a perda efetiva de uma oportunidade real. Em seguida, passa-se ao plano da quantificação da perda, em que se investiga qual seria a probabilidade de obtenção do resultado final, atribuindo-se um valor proporcional à perda da chance de obtê-lo.

A divisão em dois planos (existência e quantificação) é importantíssima para se entender que a perda da chance pode ocorrer mesmo que o resultado final não seja extremamente provável. No famoso caso do *Show* do Milhão, por exemplo, o Superior Tribunal de Justiça reconheceu como indenizável a perda da chance de sucesso de uma participante que correspondia a apenas 25% (um quarto), tendo em vista que, a cada pergunta formulada no programa, havia quatro opções de resposta. Para que tenha aplicação a teoria da perda da chance, não é necessário que haja uma alta probabilidade de ganho, superior a 50% ou a qualquer outro patamar. Mesmo chances reduzidas de sucesso (25%, por exemplo) podem dar ensejo à indenização.

Tecnicamente, a relação probabilística entre a chance e o resultado final só ganha importância no momento da quantificação da perda, isto é, no momento da aferição do valor do dano. A análise da existência da perda da chance independe de ser a chance alta ou não. Mesmo que o resultado final não seja provável, mas tão somente um resultado possível, a perda da chance é indenizável. O que dizer, contudo, daqueles casos em que a chance de sucesso

---

18 Sobre o tema, ver: Rafael Peteffi da Silva, *Responsabilidade civil pela perda de uma chance*, São Paulo: Atlas, 2007; Sergio Savi, *Responsabilidade civil por perda de uma chance*, São Paulo: Atlas, 2006.

é absolutamente irrisória? É o caso do jogador que perdeu, por ato ilícito alheio, o bilhete da loteria, despedindo-se de sua chance de ganhar o prêmio máximo oferecido. A perda da sua chance de sucesso, que correspondia a uma chance em cinquenta milhões, pode ser indenizada? Embora, em situações assim, a perda da chance continue tecnicamente *existindo*, a melhor doutrina tem advertido que a probabilidade de sucesso poderá ser "tão desprezível que nem possa ser tida como correspondendo a um interesse digno de tutela jurídica"[19]. Não se trata, a rigor, de negar existência à perda da chance, mas simplesmente de rejeitar o exercício concreto da pretensão indenizatória, em atenção a outras regras e princípios do ordenamento jurídico (princípio da insignificância etc.). Não raro, contudo, nossa jurisprudência vislumbra aí dano hipotético, desconsiderando a oportunidade ínfima de sucesso.

A perda da chance, registre-se por fim, não é uma espécie de dano patrimonial. Pode verificar-se também no campo exclusivamente moral, como nos casos de perda da chance de aplicação de certo tratamento médico por força de erro de diagnóstico[20]. Hipótese de dano moral por perda de uma chance que se tornou conhecida no direito brasileiro foi o caso de uma empresa especializada em coleta e armazenagem de células-tronco embrionárias que, contratada por um casal, não enviou preposto para realizar a coleta no dia do parto. Examinando o caso, concluiu o Superior Tribunal de Justiça pela "caracterização de dano extrapatrimonial para criança que tem frustrada a chance de ter suas células embrionárias colhidas e armazenadas para, se for preciso, no futuro, fazer uso em tratamento de saúde"[21]. A perda da chance é, a rigor, uma hipótese lesiva, que se configura na perda da oportunidade de obter uma vantagem ou evitar um prejuízo, seja no campo econômico, seja no campo moral.

4.5. Dano moral

A questão da reparabilidade do dano moral encontra-se, hoje, superada. Aos velhos argumentos de que seria imoral reparar a dor com dinheiro

---

19 Fernando Noronha, *Direito das obrigações*, São Paulo: Saraiva, 2003, v. 1, p. 675.
20 Com efeito, o erro médico é a situação na qual mais facilmente se vislumbra o dano moral decorrente da perda de uma chance: "A teoria da perda de uma chance pode ser utilizada como critério para a apuração de responsabilidade civil, ocasionada por erro médico, na hipótese em que o erro tenha reduzido possibilidades concretas e reais de cura de paciente" (STJ, 3ª Turma, REsp 1.662.338/SP, rel. Min. Nancy Andrighi, j. 12-12-2017).
21 STJ, 3ª Turma, REsp 1.291.247/RJ, rel. Min. Paulo de Tarso Sanseverino, j. 19-8-2014.

opõe-se expressamente o art. 5º da Constituição, que reconhece o dever de reparar o dano moral (incisos V e X). No mesmo sentido, o art. 186 do Código Civil reconhece a configuração do ato ilícito mesmo em caso de *dano exclusivamente moral*.

As discussões se voltam atualmente para o próprio conceito de dano moral. Duas grandes correntes doutrinárias se contrapõem nesse campo: (a) a corrente subjetiva, que compreende o dano moral como *dor, sofrimento e humilhação*; e (b) a corrente objetiva, que define o dano moral como a *lesão a um interesse jurídico atinente à personalidade humana* e, por isso mesmo, insuscetível de valoração econômica. A distinção conceitual entre as duas correntes é relevante, na medida em que, embora usualmente a lesão a um interesse jurídico existencial provoque reações emocionais negativas, isso nem sempre ocorre. Assim, a publicação de matéria jornalística imputando falsamente a prática de crime a uma pessoa que se encontra em estado de coma resultará em dano moral para os defensores da corrente objetiva (lesão à honra), mas não para os defensores da corrente subjetiva, uma vez que o estado de inconsciência do paciente impedirá a ocorrência de reações emocionais negativas, como dor, sofrimento e humilhação.

4.6. Um caso emblemático

Há um caso emblemático que permite compreender as diferenças entre a aplicação das noções subjetiva e objetiva de dano moral. Em 1999, o Tribunal de Justiça do Rio de Janeiro julgou improcedente o pedido de indenização por danos morais formulado pela atriz Maitê Proença, que, tendo realizado ensaio fotográfico para certa revista especializada, viu as mesmas fotografias serem publicadas, sem sua autorização, em um jornal de grande circulação. Assim se pronunciou o Tribunal na ocasião:

> O dano moral, como é cediço, é aquele que acarreta, para quem o sofre, muita dor, grande tristeza, mágoa profunda, muito constrangimento, vexame, humilhação, sofrimento. Ora, nas circunstâncias do caso concreto, não se percebe de que forma o uso inconsentido da imagem da autora pode ter-lhe acarretado dor, tristeza, mágoa, sofrimento, vexame, humilhação. Pelo contrário, a exibição do seu belo corpo, do qual ela, com justificada razão, certamente muito se orgulha, naturalmente lhe proporcionou muita alegria, júbilo, contentamento, satisfação, exaltação, felicidade, que só não foi completa porque faltou o pagamento do valor a que tem direito pelo uso inconsentido da sua imagem. Só mulher feia pode se sentir humilhada, constran-

gida, vexada em ver seu corpo desnudo estampado em jornais ou em revistas. As bonitas, não[22].

Decisões como essa demonstram, mais que qualquer argumento técnico, a necessidade de se rejeitar a identificação do dano moral com as repercussões emocionais dos acontecimentos sobre as vítimas. Dor, sofrimento e humilhação são critérios fluidos demais para guiarem a definição de dano moral, já que os mesmos fatos que podem provocar profundo pesar em certas pessoas podem se mostrar irrelevantes para outras, sendo certo, ainda, que a mesma pessoa, ao longo da vida e a depender de seu estado de espírito no momento, pode sofrer enormemente com acontecimentos que, em outras circunstâncias, não provocariam nenhum impacto negativo. Pior: dor, sofrimento e humilhação são repercussões pessoais inacessíveis para fins de aferição jurídica.

4.7. O chamado *dano moral* in re ipsa

Doutrina e jurisprudência têm afirmado que o dano moral é *in re ipsa*, ou seja, "deriva inexoravelmente do próprio fato ofensivo, de tal modo que, provada a ofensa, *ipso facto* está demonstrado o dano moral à guisa de uma presunção natural, uma presunção *hominis* ou *facti*, que decorre das regras da experiência comum"[23]. O Superior Tribunal de Justiça tem, repetidamente, seguido este posicionamento: "Como se trata de algo imaterial ou ideal, a prova do dano moral não pode ser feita através dos mesmos meios utilizados para a comprovação do dano material. Por outras palavras, o dano moral está ínsito na ilicitude do ato praticado, decorre da gravidade do ilícito em si, sendo desnecessária sua efetiva demonstração, ou seja, como já sublinhado: o dano moral existe *in re ipsa*"[24].

---

22 Acórdão publicado na *Revista de Direito do Tribunal de Justiça do Rio de Janeiro*, n. 41, p. 184-187. A decisão do Tribunal de Justiça do Rio de Janeiro foi, posteriormente, reformada pelo Superior Tribunal de Justiça, que reconheceu, por maioria, que o dano configura-se com a lesão à imagem de uma pessoa, com seu uso desautorizado, e não com as consequências negativas (ou positivas) que de tal uso podem derivar. (STJ, 3ª Turma, Recurso Especial 270.730, relatora para acórdão Min. Nancy Andrighi, j. 19-12-2000). Para um detalhado relato do caso, consulte-se: Maria Celina Bodin de Moraes, *Danos à pessoa humana: uma leitura civil-constitucional dos danos morais*, Rio de Janeiro: Renovar, 2003, p. 46-49.
23 Sergio Cavalieri Filho, *Programa de responsabilidade civil*, 9. ed., São Paulo: Atlas, 2010, p. 90.
24 Superior Tribunal de Justiça, Recurso Especial 608.918/RS, j. 20-5-2004.

Na teoria do dano *in re ipsa* parece, contudo, residir um grave erro de perspectiva, ligado à configuração do dano moral com base na dor, sofrimento e humilhação. Por essa ótica, parece mesmo que a prova do dano deve ser dispensada, na medida em que seria inusitado e, antes disso, ineficaz exigir que a vítima prove que sofreu, seja porque dor e sofrimento são fatos inteiramente subjetivos, seja porque, nessa condição, são facilmente simuláveis.

A prova da dor deve, por óbvio, ser dispensada, mas isso não dispensa a prova do dano moral em si, isto é, da lesão a um interesse jurídico atinente à personalidade humana. Quem alega o dano moral deve demonstrar a ocorrência da lesão, tal como ocorre no dano patrimonial. Assim como para haver dano patrimonial não basta à vítima demonstrar que o réu agiu de forma antijurídica, trazendo risco à propriedade alheia, cumprindo-lhe provar que o seu patrimônio foi concretamente afetado, para haver dano extrapatrimonial não é suficiente que a vítima prove ter o réu se conduzido de forma indevida. Exige-se a prova da concreta afetação (*rectius*: lesão) da sua privacidade, da sua imagem, da sua integridade física ou de qualquer outro aspecto da sua personalidade.

Em alguns casos, tal prova será simples, porque dotada de materialidade: por exemplo, os danos morais por lesão à integridade física (*v.g.*, ferimento ou perda de membro) deixam traços materiais que facilitam sua demonstração. Em outros casos, a prova é considerada mais difícil, justamente por faltar-lhe materialidade visível. É o que ocorre, normalmente, no dano à honra, no dano à privacidade e assim por diante. Quem, nesse sentido, alega dano à honra por força de uma notícia falsa veiculada em jornal ou revista pode enfrentar dificuldade em demonstrar que a sua reputação foi efetivamente abalada pela conduta lesiva. Nessas hipóteses, pode o juiz se valer de presunções, considerando o próprio conteúdo da notícia, mas isso não exime o autor de tentar demonstrar o dano sofrido por todos os meios de prova admitidos, incluindo a prova testemunhal.

Visto, portanto, como lesão a um interesse jurídico atinente à personalidade humana, o dano moral exige a prova da lesão, da mesmíssima forma, aliás, que a exige o dano patrimonial, como lesão ao patrimônio. E o fato de que tal prova se mostre mais difícil nos casos em que a lesão não deixa traços materiais tampouco é prerrogativa do dano extrapatrimonial, como se pode verificar, no campo patrimonial, nos casos de indenização por lucros cessantes ou perda de uma chance. Lá, como aqui, a dificuldade não exime a vítima da prova do dano, ou o juiz de sua verificação. O reconhecimento de que o dano moral, tal como o patrimonial, deve ser demonstrado evita, de um lado, o perigoso risco de uniformização rígida ou tabelamento das indenizações, que tende a prevalecer sempre que se dispensa a produção de prova concreta de afetação do interesse existencial da vítima, contrariando a tendência de reparação integral à luz das condições da pessoa lesada. De outro lado, impede uma excessiva abertura que o mito da prova *in re ipsa* traz ao campo dos danos morais. Com efeito, não pode haver maior estímulo à propositura de ações infundadas que dispensar o autor do ônus probatório do elemento mais importante da responsabilidade civil, o dano cuja reparação consiste na função primordial do instituto.

4.8. Quantificação do dano moral

Problema tão controverso quanto o da conceituação do dano moral é aquele referente à sua quantificação, ou mais precisamente à quantificação da indenização devida a título de reparação do dano moral. Não sendo possível atingir matematicamente um resultado econômico preciso, o *quantum* da indenização por dano moral é deixado ao arbitramento dos juízes. A falta de critérios contribui para a disparidade, às vezes gritante, entre os valores indenizatórios. Para corrigir o problema, a doutrina e a jurisprudência têm procurado fixar critérios para a quantificação do dano moral, entre os quais se destacam (a) a gravidade do dano, (b) a gravidade da culpa, (c) a capacidade econômica do ofensor e (d) a capacidade econômica do ofendido.

A rigor, o único desses critérios que encontra respaldo normativo é o critério da gravidade, ou melhor, extensão do dano. O Código Civil afirma, de fato, no *caput* do art. 944 que "a indenização mede-se pela extensão do dano". O critério da capacidade econômica do ofendido, empregado por nossa jurisprudência para reduzir as indenizações devidas a vítimas economicamente menos favorecidas a fim de evitar enriquecimento sem causa, afigura-se, além de discriminatório, inteiramente atécnico, na medida em que o enriquecimento sem causa configura-se apenas diante de transferência patrimonial desprovida de título jurídico, o que não ocorre, a toda evidência, no pagamento de indenizações que representam mera recomposição do *status quo ante*, baseada em uma causa jurídica bem delimitada: o dever de indenizar. Os demais critérios mencionados – capacidade econômica do ofensor e grau de culpa – representam critérios punitivos, que introduzem no campo da responsabilidade civil brasileira uma finalidade sancionatória estranha à sua tradição dogmática.

No afã de racionalizar o processo de arbitramento do valor do dano moral, o STJ tem acolhido a utilização do chamado método bifásico, estruturado, nas palavras do Ministro Paulo de Tarso Sanseverino, da seguinte forma: "(i) Na primeira etapa, deve-se estabelecer um valor básico para a indenização, considerando o interesse jurídico lesado, com base em grupo de precedentes jurisprudenciais que apreciaram casos semelhantes. (ii) Na segunda etapa, devem ser consideradas as circunstâncias do caso, para fixação definitiva do valor da indenização, atendendo a determinação legal de arbitramento equitativo pelo juiz"[25].

4.9. Punitive damages

As chamadas indenizações punitivas ou *punitive damages*, próprias do *common law*, têm sido objeto de uma importação acrítica e arbitrária ao sistema jurídico brasileiro. Em primeiro lugar, é de se registrar que, ao contrário do que ocorre nos sistemas jurídicos de tradição romano-germânica, a responsabilidade civil no *common law* possui uma trajetória histórica de entrelaçamento com a responsabilidade delitual, que lhe outorga características próprias, bastante distintas daquelas que informam a responsabilidade civil no *civil law*. Ademais, é preciso compreender como os *punitive damages* operam em seus países de origem. Nos Estados Unidos, país sempre lembrado pelos defensores das indenizações punitivas, o instituto é cercado de contracautelas: (a) admitem-se *punitive damages* somente em hipóteses excepcionais, normalmente vinculadas à malícia (*malice*) do agente causador do dano (*e.g.*, *intentional infliction of emotional distress*); (b) seu valor é arbitrado separadamente da indenização compensatória; (c) atendendo a fundamentação inteiramente diversa; (d) com garantias processuais típicas do processo penal, incluindo, em alguns estados norte-americanos, a decisão pelo júri[26].

No Brasil, o caráter punitivo tem sido inserido no seio da quantificação do dano moral[27], não se distinguindo minimamente o que é compensação e o

---

25 STJ, 3ª Turma, REsp 959.780/ES, Rel. Min. Paulo de Tarso Sanseverino, j. 26-4-2011. No mesmo sentido, mais recentes: STJ, 4ª Turma, REsp 1.445.240/SP, Rel. Min. Luis Felipe Salomão, j. 10-10-2017; STJ, 3ª Turma, REsp 1.675.015/DF, Rel. Min. Nancy Andrighi, j. 12-9-2017.

26 Para mais detalhes, seja consentido remeter a: Anderson Schreiber, Arbitramento do dano moral no Código Civil, in *Direito civil e Constituição*, São Paulo: Atlas, 2013, p. 184-188.

27 "Quando se cuida do dano moral, o fulcro do conceito ressarcitório acha-se deslocado para a convergência de duas forças: caráter punitivo para que o causador do dano, pelo fato da condenação, se veja castigado pela ofensa que praticou; e o caráter compensatório para a vítima, que receberá uma soma que lhe proporcione prazeres como contrapartida do mal sofrido" (Caio Mário da Silva Pereira, *Res-*

que é punição. Assim, o réu não pode recorrer apenas da punição, cujos fundamentos são necessariamente distintos daqueles que embasam a quantificação da indenização compensatória. Essa mistura entre compensação e punição traz outras dificuldades, já que a punição, em nosso sistema, atende a princípios próprios, como a impossibilidade de imputação de pena sem prévia cominação legal (Constituição, art. 5º, XXXIX). Há, ainda, o problema da destinação da indenização punitiva. Não sendo o particular o titular do direito de punir, por que a indenização imposta a título de pena lhe seria destinada? E, se a punição se basear na conduta repetitiva do agente, como definir qual dentre as vítimas tem direito à indenização punitiva, ou como reparti-la entre as diversas vítimas da reiterada conduta ilícita? São apenas algumas das questões que não podem deixar de ser enfrentadas em uma eventual importação dos *punitive damages* para o sistema jurídico brasileiro.

Daí por que deve ser considerado mais adequado em nosso ordenamento o entendimento doutrinário que rejeita o caráter punitivo do dano moral, admitindo-o apenas excepcionalmente e mediante previsão legal específica[28]. O Código Civil, com efeito, rejeita indenizações punitivas ao prever, no art. 944, que a indenização se mede pela extensão do dano. O que a prática advocatícia parece tentar solucionar com a importação desastrada dos *punitive damages* é o problema do baixo valor das indenizações por dano moral no Brasil. Tal problema, que é grave, deve ser solucionado por meio da elevação dessas indenizações pelo Poder Judiciário com base na percepção dos efeitos sobre cada vítima da lesão à sua personalidade humana. Compete aos advogados promoverem a efetiva demonstração da extensão do dano sofrido sobre aquela vítima em particular, de modo a despertar a sensibilidade da magistratura para a necessidade de reparação integral do dano sofrido, sem as amarras de tabelamentos e uniformizações que consubstanciam inconstitucional limitação à reparação do dano moral.

---

ponsabilidade civil, Rio de Janeiro: Forense, 1999, p. 55). Recente decisão do Superior Tribunal de Justiça, em caso que envolvia a comercialização indevida de camisetas com reprodução de obras musicais do cantor e compositor Tim Maia, reconheceu caráter punitivo inclusive aos danos materiais, para determinar que "a indenização por perdas e danos abarcará o montante total auferido pela grife de roupas com as vendas das camisetas estampadas com as músicas do autor, bem como o valor que seria cobrado pelo titular dos direitos autorais para autorizar a vinculação de suas músicas" (STJ, 3ª T., REsp 2.121.497/RJ, rel. Min. Marco Aurélio Bellizze, j. 10-9-2024).

28 Maria Celina Bodin de Moraes, *Danos à pessoa humana...*, cit., p. 263.

4.10. Dano moral à pessoa jurídica

Questão também controvertida tem sido a da aplicabilidade do dano moral à pessoa jurídica. Compreendendo-se o dano moral como dor, sofrimento ou humilhação, o instituto estaria logicamente afastado do campo das lesões causadas às pessoas jurídicas. Também sob a concepção de lesão a interesse jurídico atinente à personalidade humana, nada recomendaria que se estendesse a reparabilidade do dano moral às pessoas jurídicas, como entes abstratos que são. Ainda assim, nossa jurisprudência consagra, há muito, o entendimento de que "a pessoa jurídica pode sofrer dano moral" (Súmula 227 do STJ, de 1999). São numerosos em nossas cortes os casos em que pessoas jurídicas logram obter indenizações por danos morais, especialmente no tocante à violação à sua honra (reputação). E o Código Civil de 2002 chancelou tal entendimento ao determinar expressamente que os direitos da personalidade aplicam-se, no que couber, às pessoas jurídicas (art. 52).

É preciso, todavia, compreender bem a questão: qualquer lesão à pessoa jurídica, ainda que dirigida à sua honra, resulta sempre em perdas econômicas que configuram, a rigor, dano patrimonial[29]. Se uma matéria de jornal acusa falsamente certa sociedade empresária de empregar trabalho em condições análogas à escravidão, a falsa notícia implicará queda em vendas de produtos e desvalorização da marca. Haveria, todavia, imensa dificuldade de provar e quantificar essas perdas econômicas, já que o número de vendas e o valor de mercado de uma marca são influenciados por múltiplos fatores de que não se têm preciso controle. Daí a opção jurisprudencial de compreender tais danos como danos morais, aplicando tal noção às pessoas jurídicas e abrindo as portas para o arbitramento judicial desses danos.

Esse aspecto foi apontado pelo Ministro Luis Felipe Salomão, em acórdão no qual analisava a problemática específica dos danos morais à pessoa jurídica de direito público:

> Em boa verdade, a Súmula n. 227 constitui solução pragmática à recomposição de danos de ordem material de difícil liquidação – em regra, microdanos – potencialmente resultantes do abalo à honra objetiva da pessoa jurídica (...). Cuida-se, com efeito, de resguardar a credibilidade mercadológica ou a reputação negocial da empresa, que poderiam ser paulatinamente frag-

---

29 Gustavo Tepedino, A pessoa jurídica e os direitos da personalidade, in *Temas de Direito Civil*, 4. ed., Rio de Janeiro: Renovar, 2008, p. 578-581.

mentadas por violações a sua imagem, o que, ao fim e ao cabo, conduziria a uma perda pecuniária na atividade empresarial[30].

4.11. O chamado dano moral coletivo

Com a expressão *dano moral coletivo* pretende-se designar a lesão a um interesse difuso ou coletivo, de cunho extrapatrimonial, tutelado pelo ordenamento jurídico, como a preservação do meio ambiente sadio e o respeito às relações de trabalho.

O dano moral coletivo não se confunde com a tutela coletiva de danos morais individuais. Nosso ordenamento jurídico autoriza a propositura de ações judiciais coletivas voltadas à reparação de danos morais individuais, desde que resultantes da lesão a interesses individuais homogêneos, assim entendidos os "decorrentes de origem comum" (CDC, art. 81, III). Uma única ação coletiva pode, portanto, ser promovida para que todos os pacientes que ingeriram certo medicamento defeituoso obtenham o ressarcimento dos danos morais individualmente sofridos por cada um deles. A ação judicial será, nessa hipótese, coletiva, mas os danos continuarão sendo individuais. Coisa inteiramente diversa é o dano moral coletivo. Aqui, não se trata de proteção coletiva dos interesses individuais das vítimas, mas da lesão a um interesse que se quer efetivamente supraindividual, um interesse que não pertence a cada uma das vítimas (como a sua saúde), mas que pertence a toda uma coletividade (determinada ou indeterminada) de pessoas e que é, exatamente por essa razão, indivisível entre os seus titulares (CDC, art. 81, I e II: diferença entre difuso e coletivo).

A expressão *dano moral coletivo*, contudo, não ajuda. Dano moral é noção construída da perspectiva individual: tanto a corrente subjetiva, que centra o conceito sobre *dor, sofrimento e humilhação*, quanto a corrente objetiva, que alude à lesão a um interesse jurídico atinente à personalidade *humana*, ajustam-se mal à ideia de uma lesão a um interesse supraindividual. Não bastasse isso, o termo *coletivo* não se revela o mais técnico, à luz do nosso direito positivo, que diferencia os interesses supraindividuais em coletivos e difusos, não havendo razão para que o dano moral coletivo, se admitido, esteja limitado à primeira categoria.

Em que pesem todas essas imprecisões e dificuldades, a ideia defendida sob a denominação de dano moral coletivo é inteiramente compatível com nos-

---

30 STJ, 4ª T., REsp 1.258.389/PB, rel. Min. Luis Felipe Salomão, j. 17-12-2013.

sa experiência jurídica. Cumpre notar, nesse sentido, que a Constituição brasileira reserva expressa proteção a diversos interesses que transcendem a esfera individual. O meio ambiente, a moralidade administrativa, o patrimônio histórico e cultural são apenas alguns exemplos de interesses cuja titularidade não recai sobre um indivíduo, mas sobre uma dada coletividade ou sobre a sociedade como um todo. Se a ordem jurídica se dispõe a tutelar tais interesses, é evidente que a sua violação não pode deixar de produzir responsabilidade, sob pena de tornar inútil o comando normativo. Para prevenir ou remediar a lesão a tais interesses, a ordem jurídica pode disponibilizar remédios específicos (*e.g.*, mandado de segurança coletivo). Em nosso sistema, o remédio residual, aplicável a qualquer caso, mesmo à falta de menção expressa do legislador, é a ação de reparação de danos. Tecnicamente, não há razão, portanto, para excluir tal caminho no tocante aos interesses supraindividuais.

O tecido normativo brasileiro não deixa nenhuma dúvida no tocante ao reconhecimento de tutela a interesses transindividuais, que, uma vez lesados, resultam em danos coletivos ou difusos, que podem assumir conotação patrimonial ou moral (*v.g.*, arts. 6º, VI, e 83 do CDC e art. 1º, IV, da Lei n. 7.347/85). Tais danos podem, como também reconhece expressamente a nossa ordem jurídica, ser objeto de ações de reparação. Pode-se chamar a isso dano moral coletivo, reformulando nosso conceito de dano moral para adequá-lo aos dispositivos legais que tutelam interesses supraindividuais, ou empregar outra terminologia: *danos extrapatrimoniais difusos e coletivos*. A questão terminológica importa pouco. O importante é assegurar a aplicação da responsabilidade civil à defesa de interesses supraindividuais que o ordenamento jurídico brasileiro expressamente reconhece, sem nenhuma ressalva, como merecedores de tutela.

O Superior Tribunal de Justiça rejeitou a categoria do dano moral coletivo em um primeiro momento, afirmando que "a ofensa moral sempre se dirige à pessoa enquanto portadora de individualidade própria; de um *vultus* singular e único"[31]. O STJ, entretanto, evoluiu, encontrando-se hoje plenamente consolidada a ressarcibilidade do dano moral coletivo[32]. Sua repara-

---

31 STJ, 1ª Turma, REsp 598.281/MG, rel. Min. Teori Albino Zavascki, j. 2-5-2006.
32 Pioneiro, nessa direção, julgado proferido pela Segunda Turma em 2009, em caso que envolvia a submissão de idosos a procedimento de cadastramento para o gozo do benefício do passe livre, quando o Estatuto da Pessoa Idosa exige apenas a apresentação de documento de identidade (art. 39, § 1º). Em acórdão de relatoria da Ministra Eliana Calmon, assentou-se: "O dano moral coletivo, assim entendido o

ção já foi determinada, por exemplo, em caso envolvendo a exposição da intimidade de crianças e adolescentes cuja origem biológica era objeto de investigação, bem como em caso relativo à previsão em contratos de plano de saúde de cláusulas flagrantemente ilegais, que negavam a cobertura de órteses e próteses necessárias para a realização de procedimentos cirúrgicos[33]. Também já é possível colher da jurisprudência do próprio Supremo Tribunal Federal precedente admitindo o ressarcimento de danos morais coletivos em matéria ambiental[34].

5. Nexo de causalidade

O terceiro e último elemento do ato ilícito é o nexo de causalidade, que liga a conduta culposa do agente ao dano sofrido pela vítima. Para que surja o dever de indenizar, é preciso que o dano verificado seja uma consequência da ação ou omissão do agente. O nexo causal (relação de causa e consequência) é originariamente um conceito lógico, e não jurídico. Todavia, a fim de se evitar uma super-responsabilização, a ciência jurídica tem historicamente procurado qualificar o nexo causal que seria aceito pelo direito como apto a produzir, juntamente com os outros elementos do ato ilícito, a obrigação de indenizar. Nesse sentido, desenvolveram-se numerosas teorias, de que são exemplos mais notórios a teoria da equivalência das condições, a teoria da causalidade adequada, a teoria da causalidade eficiente e a teoria da causalidade direta e imediata[35].

5.1. Teoria da causa direta e imediata

Nosso Código Civil afirma no art. 403: "Ainda que a inexecução resulte de dolo do devedor, as perdas e danos só incluem os prejuízos efetivos e os

---

que é transindividual e atinge uma classe específica ou não de pessoas, é passível de comprovação pela presença de prejuízo à imagem e à moral coletiva dos indivíduos enquanto síntese das individualidades percebidas como segmento, derivado de uma mesma relação jurídica-base" (STJ, 2ª Turma, REsp 1.057.274, rel. Min. Eliana Calmon, j. 1º-2-2009).

33 Respectivamente: STJ, 4ª Turma, REsp 1.517.973/PE, rel. Min. Luis Felipe Salomão, j. 16-11-2017; STJ, 3ª Turma, AgInt no REsp 1.819.070/SP, rel. Min. Ricardo Villas Bôas Cueva, j. 13-5-2024.

34 STF, Tribunal Pleno, ACO 1.527/SP, rel. Min. Gilmar Mendes, j. 23-11-2022.

35 Para um estudo das diversas teorias, ver: Gisela Sampaio da Cruz, *O problema do nexo causal na responsabilidade civil*, Rio de Janeiro: Renovar, 2005, p. 33-153.

lucros cessantes por efeito dela direto e imediato, sem prejuízo do disposto na lei processual". A norma tem sido vista como acolhimento legislativo da teoria da causalidade direta e imediata, que limita o dever de indenizar às consequências direta e imediatamente derivadas da conduta culposa. E o Supremo Tribunal Federal já decidiu, repetidas vezes, que o dispositivo, embora situado na parte do Código Civil dedicada ao direito das obrigações, aplica-se também à responsabilidade civil aquiliana (extracontratual ou, mais tecnicamente, extraobrigacional)[36].

Assim, se o agente provoca um acidente de trânsito que resulta em lesão à integridade física da vítima e ela recebe tratamento em hospital, onde contrai infecção hospitalar que resulta em sua morte, o agente responde pela lesão à integridade física, mas não pela perda da vida da vítima, cuja causa direta e imediata não foi o acidente de trânsito, mas a infecção hospitalar. É evidente que a vítima nem sequer teria ido ao hospital se o acidente de trânsito não tivesse acontecido, mas o acidente de trânsito é causa meramente remota ou indireta da morte. Em outras palavras: a morte da vítima consiste, no exemplo dado, em dano indireto, também chamado dano por ricochete, que não gera responsabilidade. A indenização pela perda do ente querido, nessa hipótese, deve ser buscada perante o hospital, e não perante o motorista.

5.2. *Subteoria da necessariedade causal*

A teoria da causa direta e imediata fornece um critério inegavelmente seguro para evitar uma responsabilidade civil *ad infinitum*. Não houvesse freio à ideia de causalidade, já advertia Binding, o marceneiro poderia acabar sendo responsabilizado pelo adultério cometido sobre a cama que construiu. Também é certo, todavia, que, em alguns casos, a aplicação da teoria da causa direta e imediata pode se revelar injusta. Isso ocorre sempre que se está diante de danos

---

36 Confira-se, a título exemplificativo, trecho do voto do Rel. Min. Moreira Alves no Recurso Extraordinário 130.764, ainda sob a égide do Código Civil de 1916: "Em nosso sistema jurídico, como resulta do disposto no artigo 1.060 do Código Civil, a teoria adotada quanto ao nexo de causalidade é a teoria do dano direto e imediato, também denominada teoria da interrupção do nexo causal. Não obstante aquele dispositivo da codificação civil diga respeito à impropriamente denominada responsabilidade contratual, aplica-se ele também à responsabilidade extracontratual, inclusive a objetiva, até por ser aquela que, sem quaisquer considerações de ordem subjetiva, afasta os inconvenientes das outras duas teorias existentes: a da equivalência das condições e a da causalidade adequada" (STF, 1ª T., RE 130.764-1/PR, j. 12-5-1992).

que, embora não sejam diretamente resultantes da conduta culposa do agente, derivam necessariamente do seu resultado imediato, sem a intervenção de qualquer outra causa.

Veja-se um exemplo: uma indústria polui um rio, gerando a mortandade de peixes. O dano causado diretamente pela conduta da indústria poluente é a mortandade de peixes, um dano ambiental de natureza extrapatrimonial. É certo, todavia, que, como consequência desse dano, um segundo dano ocorrerá: o pescador local, que vive da pesca, não poderá vender seus peixes no mercado e, portanto, sofrerá uma perda econômica de receitas razoavelmente esperadas (lucros cessantes). Esse dano patrimonial é um dano indireto, pois resulta não diretamente da conduta da indústria poluente, mas do dano direto dela derivado, qual seja, a mortandade de peixes. Trata-se, todavia, de um dano indireto *necessário*, isto é, um dano que deriva necessariamente do dano anterior, sem que para tanto seja preciso a intervenção de qualquer outra causa. Tal dano indireto necessário deve ser indenizado pelo agente.

Nas palavras de Agostinho Alvim: "os danos indiretos ou remotos não se excluem, só por isso; em regra, não são indenizáveis, porque deixam de ser efeito necessário, pelo aparecimento de concausas. Suposto não existam estas, aqueles danos são indenizáveis"[37].

5.3. *A flexibilização do nexo causal*

Em que pesem as sólidas formulações teóricas em torno do tema do nexo causal, a jurisprudência brasileira tem aplicado a noção de modo pouco rigoroso. Nossas decisões judiciais caracterizam-se por um tratamento flexível do tema da causalidade. Não é incomum encontrar nos julgados, mesmo sem menção a qualquer dispositivo legal, referências à teoria da causalidade adequada ou à teoria da causalidade eficiente, que asseguram maior margem de discricionariedade ao julgador. Outras vezes, valem-se os magistrados de presunções de causalidade. Todos esses subterfúgios contribuem para uma flexibilização do nexo causal na prática judicial, que gera insegurança e falta de uniformidade nas decisões judiciais em matéria de responsabilidade civil[38].

---

37 Agostinho Alvim, *Da inexecução das obrigações e suas consequências*, 5. ed., São Paulo: Saraiva, 1980, p. 370.
38 Enunciado n. 659 da IX Jornada de Direito Civil (2022): "O reconhecimento da dificuldade em identificar o nexo de causalidade não pode levar à prescindibilidade da sua análise".

Por outro lado, a referida flexibilização exprime certa insuficiência das teorias tradicionais da causalidade, construídas de uma perspectiva de responsabilidade individual fundada na culpa do agente, perante as transformações da responsabilidade civil contemporânea, guiadas pela necessidade de gerir riscos sociais e prevenir danos. É nesse sentido que um número cada vez maior de construções teóricas pontuais tem vindo amenizar os rigores da aplicação das teorias tradicionais da causalidade. Ainda que de modo pouco sistemático e, portanto, tecnicamente criticável, tais construções vêm evidenciando verdadeiros *buracos negros* decorrentes da aplicação da concepção tradicional do nexo de causalidade aos desafios impostos por uma sociedade de riscos. Um exemplo marcante tem-se na chamada teoria da causalidade alternativa.

5.4. Teoria da causalidade alternativa

Ao contrário das teorias tradicionais da causalidade, a teoria da causalidade alternativa não se propõe a eleger um critério de aferição da causalidade jurídica, mas a cuidar de certas situações que parecem restar ao desabrigo daquelas teorias. Sua origem situa-se na discussão sobre o tratamento a ser dado à causalidade em hipóteses em que, embora seja possível identificar o grupo de cuja atuação adveio o dano, mostra-se impraticável a determinação precisa do seu causador. Exemplo clássico é o do acidente de caça em que um disparo atinge a vítima, sem que se possa determinar de que arma partiu o projétil. Ao contrário do que ocorre na causalidade concorrente (em que todos os participantes concorrem para o resultado), aqui não se sabe de qual ou quais agentes partiu a ação que resultou no dano, sendo certo, porém, que nem todos contribuíram para o prejuízo.

A solução para tais casos seria a irresponsabilidade. Afirma-se que, em situações assim, "a relação de causalidade é incerta, já que não é possível estabelecer quem é o autor da falta cometida"[39]. Segundo a dogmática tradicional, "o concurso na produção do dano deve ser especificamente demonstrado pelo lesado. Para este fim, não basta a mera presença do sujeito em um grupo de pessoas se não é identificado o autor do dano. Por exemplo, não se provando qual de duas pessoas no local tenha ateado fogo, nenhuma das duas pode ser tida como responsável"[40]. Os tribunais comovem-se, todavia, com a injustiça de tais situações, uma vez que a vítima fica desamparada, mesmo sendo

---

39 Philippe le Tourneau, *La responsabilité civile*, Paris: Dalloz, 1982, p. 209.
40 Massimo Bianca, *Diritto Civile*, Milão: Dott. A. Giuffrè, 1994, v. 5, p. 648.

certo que o dano lhe foi provocado por, ao menos, um dos integrantes do grupo. Exemplo dramático julgado pelo Tribunal de Justiça do Rio Grande do Sul envolveu criança portadora de hemofilia que, após receber transfusão de sangue em mais de um hospital, contraiu o HIV[41]. Sabe-se que houve falha de um dos hospitais, mas o atual estado da medicina não permite identificar em qual dos hospitais o vírus foi contraído. A solução tradicional é a ausência de responsabilidade civil de todos os hospitais, por impossibilidade de demonstração do nexo causal em relação a qualquer um deles individualmente. Nesse quadro, a vítima nada recebe.

A teoria da causalidade alternativa vem propor solução diversa: a responsabilidade solidária de todos os integrantes do grupo envolvido na geração do dano, embora, a rigor, apenas um de seus integrantes o tenha provocado[42]. Procura-se justificar a teoria da causalidade alternativa com a norma do Código Civil que atribui responsabilidade solidária aos coautores do ato ilícito (art. 942, p.u.). Tecnicamente, contudo, não se trata de coautoria, mas de uma autoria alternativa entre certo número de potenciais causadores do dano. Pior: a teoria da causalidade alternativa esbarraria na vedação à presunção de solidariedade no direito brasileiro (art. 265). Ainda assim, os tribunais brasileiros a aplicam em alguns casos[43].

5.5. Excludentes de causalidade

Admite-se, tradicionalmente, que o nexo de causalidade pode ser interrompido pela intervenção de fatores estranhos à cadeia causal, desde que aptos a romper o liame de causalidade inicial entre a atividade do agente e o dano. Como excludentes de causalidade, apontam-se três categorias fundamentais: (i) o caso fortuito ou força maior; (ii) a culpa exclusiva da vítima; e (iii) o fato de terceiro[44].

O caso fortuito ou força maior "verifica-se no fato necessário, cujos efeitos não era possível evitar ou impedir" (art. 393, parágrafo único). Apesar das

---

41 TJRS, 5ª Câmara Cível, Apelação Cível 593.008.808, rel. Des. Alfredo Guilherme Englert, j. 1-4-1993.
42 Para mais detalhes, ver: Anderson Schreiber, *Novos paradigmas da responsabilidade civil...*, cit., p. 74-78.
43 TJRS, 9ª Câmara Cível, Ap. Civ. 0086732-86.2014.8.21.7000, rel. Des. Miguel Ângelo da Silva, j. 25-11-2015; STJ, 4ª T., REsp 26.975/RS, rel. Min. Aldir Passarinho Junior, j. 18-12-2001.
44 Philippe le Tourneau, *La responsabilité civile*, Paris: Dalloz, 1982, p. 237.

tentativas de apartar conceitualmente as noções, por meio de diferentes critérios, concluiu a melhor doutrina pela efetiva sinonímia entre o caso fortuito e a força maior[45]. A referência à "culpa" exclusiva da vítima, por sua vez, se revela imprópria, pois, a rigor, a excludente não importa verificação da culpa da vítima, mas sim da sua contribuição causal para o dano[46].

Uma análise detida da jurisprudência atual revela, em todo o mundo, uma gradual relativização do poder excludente desses fatores, com a sua absorção pela cadeia causal deflagrada pelo responsável. Assim, por exemplo, ganha calorosa acolhida em diversos ordenamentos a chamada *teoria do fortuito interno*, desenvolvida no âmbito das relações de consumo, a fim de evitar a exclusão da responsabilidade do fornecedor por acontecimentos que, embora imprevisíveis e irresistíveis, se verificam anteriormente à colocação do produto no mercado[47]. Por consistir em risco ligado à atividade do sujeito responsável, o fortuito interno tem sido considerado insuficiente para o afastamento da relação de causalidade entre a atividade desenvolvida e o dano. Nesse sentido, a Segunda Seção do Superior Tribunal de Justiça sumulou o seguinte entendimento: "As instituições financeiras respondem objetivamente pelos danos gerados por fortuito interno relativo a fraudes e delitos praticados por terceiros no âmbito de operações bancárias" (Súmula 479).

6. Erosão dos filtros da reparação

A teoria da causalidade alternativa é apenas um dos muitos exemplos de construções que vêm procurando reduzir o rigor da aplicação dos elementos ou pressupostos da responsabilidade civil na experiência jurídica contemporânea. A isso pode-se denominar erosão dos filtros da reparação. A demonstração da culpa, do nexo causal e do dano, que, no passado, funcionavam como filtros da reparação, selecionando os casos que realmente resultariam em indenizações perante o Poder Judiciário, hoje perdem sua força de filtragem diante de construções teóricas paralelas que minam sua capacidade de contenção. Em numerosos casos, a culpa é presumida ou até dispensada (responsabilidade objetiva),

---

45 Arnoldo Medeiros da Fonseca, *Caso fortuito e teoria da imprevisão*, 3. ed., Rio de Janeiro: Forense, 1958, p. 129.
46 Gisela Sampaio da Cruz, *O problema do nexo causal na responsabilidade civil*, cit., p. 166-167, nota 309.
47 James Marins, *Responsabilidade da empresa pelo fato do produto*, São Paulo: Revista dos Tribunais, 1993, p. 153.

a causalidade é presumida ou flexibilizada por diferentes vias teóricas (teoria da causalidade alternativa, teoria do fortuito interno etc.), o dano moral é considerado *in re ipsa* e mesmo o dano patrimonial, antes aferido por meio de um método quase matemático (teoria da diferença), hoje absorve situações outrora rejeitadas como se viu no estudo da perda da chance.

Toda essa erosão sofrida pelos pressupostos da responsabilidade civil corresponde, por um lado, a uma natural ampliação da tutela dos interesses jurídicos diante de uma ordem jurídica pautada pela proteção à dignidade humana e à solidariedade social; por outro lado, impõe reflexão sobre as consequências da responsabilidade civil, em especial sobre seu principal efeito, que é o dever de reparar o dano sofrido.

7. Dever de reparar

O Código Civil determina, no art. 927, que aquele que, por ato ilícito, causar dano a outrem "fica obrigado a repará-lo". A linguagem não é a mais técnica, pois, como já visto, o dano é, de acordo com o art. 186 da mesma codificação, um elemento necessário do ato ilícito. O art. 927 afigura-se, nesse sentido, redundante. Seu propósito foi simplesmente estatuir que aquele que comete ato ilícito fica obrigado a reparar o dano causado. Também nos casos de responsabilidade civil objetiva (sem culpa) a consequência é o dever de reparar, como deixa claro o parágrafo único do mesmo dispositivo[48].

O dever de reparar é tradicionalmente identificado com a indenização em dinheiro. Mesmo nas hipóteses de dano moral, entende a doutrina que a reparação do dano dá-se por meio de uma compensação pecuniária. Todavia, o dever de reparar pode e deve se exprimir por meios específicos, capazes de assegurar à vítima, tanto quanto possível, exatamente aquilo de que ela foi injustamente privada. A doutrina brasileira há muito admite, em que pese o silêncio do Código Civil, a reparação específica dos danos materiais. Assim, por exemplo, a vítima que tem o muro da sua casa danificado pela colisão de um automóvel pode pleitear do ofensor a indenização pelo decréscimo do valor do imóvel

---

48 "Art. 927. Aquele que, por ato ilícito (arts. 186 e 187), causar dano a outrem, fica obrigado a repará-lo. Parágrafo único. Haverá obrigação de reparar o dano, independentemente de culpa, nos casos especificados em lei, ou quando a atividade normalmente desenvolvida pelo autor do dano implicar, por sua natureza, risco para os direitos de outrem."

causado pela deterioração do muro, mas pode também pedir diretamente o próprio conserto do muro. A questão assume relevância ainda maior no âmbito dos danos morais. Daí vir crescendo em importância na atualidade a chamada reparação não pecuniária do dano moral.

8. Reparação não pecuniária dos danos morais

No direito brasileiro, despatrimonializou-se o dano, mas não a reparação. A abertura ao ressarcimento do dano moral deu-se, aqui como em outros países, mediante forte resistência e sem nenhuma modificação significativa na estrutura tradicional da responsabilidade civil, cujas bases dogmáticas permaneceram rigorosamente inalteradas. Por conta disso, a lesão a um interesse extrapatrimonial continua recebendo uma única resposta: a indenização em dinheiro, remédio típico de uma abordagem econômica do dano. Essa dualidade entre dano moral e indenização em dinheiro não gera apenas dificuldades de quantificação, vistas anteriormente, mas sobretudo propaga nas vítimas o sentimento de impunidade, vinculado à percepção de quem pode pagar pode causar danos.

Daí o surgimento, nos últimos anos, de um movimento de despatrimonialização não do dano, mas da sua reparação[49]. Doutrina e jurisprudência têm se associado na criação e no desenvolvimento de meios não pecuniários de reparação do dano moral, como a retratação pública, a retratação privada e a veiculação de notícia da decisão judicial. Tais meios, esclareça-se, não necessariamente substituem ou eliminam a indenização em dinheiro, mas podem se somar a ela no sentido de reparar tanto quanto possível o dano moral sofrido pela vítima. E, por menos importantes que pareçam à primeira vista, os meios não pecuniários assumem muitas vezes maior efetividade na satisfação da vítima e na pacificação dos conflitos sociais. Tome-se como exemplo a retratação pública.

8.1. Retratação pública

Além de escapar às contradições do binômio lesão existencial-reparação pecuniária, a condenação à retratação pública tem se mostrado extremamente eficaz em seus efeitos de desestímulo à conduta praticada (a festejada *deterrence*

---

[49] Sobre o tema, seja permitido remeter a: Anderson Schreiber, Novas tendências da responsabilidade civil brasileira, in *Direito civil e Constituição*, São Paulo: Atlas, 2013, p. 151-172.

do direito anglo-saxônico). Confira-se, por exemplo, julgado emblemático do Tribunal de Justiça do Rio de Janeiro, que, ao solucionar litígio referente à revista da bolsa de certa cliente, interceptada de forma violenta e vexatória por um segurança na saída de determinado estabelecimento comercial, condenou a sociedade ré não só ao pagamento de R$ 7.000,00, mas também à publicação, em um jornal de grande circulação, de "nota de reconhecimento da abordagem injusta"[50].

A retratação perante a sociedade tem especial relevância na reparação do dano à honra, configurando instrumento eficaz para a reconstrução da reputação do indivíduo no meio social em que se insere[51]. O mecanismo tem sido empregado também, com sucesso, na reparação do dano decorrente de assédio moral no ambiente de trabalho (o chamado *mobbing*)[52]. Em tais casos, a condenação do empregador a afixar um pedido de desculpas ao empregado no próprio ambiente de trabalho pode reparar o dano moral sofrido pela vítima de modo mais eficiente que uma quantia de dinheiro entregue friamente por um preposto do réu no ambiente quase secreto de uma sala de audiências.

8.2. Retratação privada

A retratação pública não é, contudo, compatível com todas as espécies de lesão existencial. Sua efetividade é elevada na reparação de lesões à honra, mas o mesmo não se pode dizer de lesões à privacidade, quando a vítima prefere, no mais das vezes, manter o conflito em sigilo, de modo a evitar chamar ainda maior atenção para o fato integrante da sua vida privada. Nesses casos, a retratação pode ser privada, registrada nos próprios autos ou em

---

50 TJRJ, Apelação Cível 2004.001.08323, j. 18-5-2004.
51 Caso que ganhou os noticiários envolveu um homem de 26 anos que afirmou por meio de redes sociais que teve relações sexuais com uma jovem de 22 anos. Ao tomar ciência das afirmações inverídicas, a vítima procurou a polícia e ajuizou ação penal por crime contra a honra. O processo encerrou-se após a audiência de conciliação, resultando na postagem pelo réu de pedido público de desculpas em suas redes sociais, no qual afirmou: "Utilizo esse espaço para me retratar publicamente e pedir desculpas a todos os envolvidos que se sentiram ofendidos pelos transtornos criados pela mentira que inventei, principalmente a ela, que foi diretamente atingida em sua honra, bem como, sua família e seu namorado". Segundo consta da reportagem, o advogado da vítima explicou que ela "não pediu indenização por danos morais, já que o intuito era apenas que a história espalhada sobre ela fosse desmentida publicamente". Ver: <http://g1.globo.com/espirito-santo/noticia/rapaz-inventa-que-levou-garota-ao-motel-e-apos-contar-vantagem-a-amigos-justica-determina-retratacao-pelo-facebook.ghtml> (acesso em: 21 nov. 2017).
52 Ver Anderson Schreiber, *Novos paradigmas da responsabilidade civil...*, cit., p. 195-201.

correspondência dirigida à vítima. A aplicação da medida exige, em tais hipóteses, redobrada sensibilidade e permanente atenção aos anseios do autor da demanda reparatória. A modalidade (pública ou privada), a extensão e a própria forma da retratação devem ser controladas pelo Poder Judiciário, que deve estabelecer seus termos de modo minucioso na própria decisão, a fim de evitar a burla à condenação imposta. Nada disso compromete o instrumento, apenas ressalta a necessidade de buscar remédios específicos para danos específicos.

Exemplo marcante de aplicação da retratação tem-se em decisão proferida, em 2009, pela Primeira Câmara Cível do Tribunal de Justiça do Rio de Janeiro, envolvendo a reparação de danos morais decorrentes da interrupção do fornecimento de energia elétrica sem prévia comunicação ao consumidor. O aludido tribunal reformou sentença de primeiro grau para acolher, sem prejuízo da condenação do fornecedor em indenização pecuniária, o pedido de retratação pela indevida interrupção do fornecimento de energia elétrica que perdurara por um ano inteiro, expondo a consumidora a situações inusitadas e humilhantes[53].

A condenação à emissão de pedido formal de desculpas é medida que contribui decisivamente, no caso concreto, para uma efetiva reparação do dano moral sofrido pela vítima. O julgado institui novo paradigma para a atuação dos tribunais na reparação de danos morais decorrentes de falhas na prestação de serviços essenciais ao consumidor. Distancia-se a decisão de uma abordagem demasiadamente restrita da responsabilidade civil, que a vê como mero instru-

---

[53] Transcreva-se esclarecedora passagem do acórdão da lavra do Relator Desembargador José Carlos Maldonado de Carvalho: "A retratação pública, como desestímulo à conduta praticada, às expensas da parte vencida ou condenada, por certo, torna mais efetiva a reparação civil, despatrimonializando a condenação, que, no mais das vezes, quando aplicada isoladamente a resposta pecuniária, não satisfaz plenamente os anseios da vítima, não compensando, integralmente, o desvalor moral. Daí ser cabível, ainda que não se encontre expressamente previsto, a veiculação de pedido de desculpa pela falha do serviço prestado e pela consequente interrupção do fornecimento de energia elétrica é também meio válido para a composição judicial da lide. Consequentemente, a simples majoração do *quantum* a ser arbitrado para o dano moral, não inviabiliza, ou justifica, o descarte da retratação pública, nos exatos termos do que foi na inicial pleiteado. Plausível e justo, pois, que a retratação se dê de modo a trazer à parte ofendida a reparação integral do dano moral, através de declaração a ser emitida pelo ofensor onde conste, além do reconhecimento público e formal da falha do serviço, o pedido de desculpas pelo dano que à consumidora autora foi injustamente causado" (TJRJ, 1ª CC, Apelação Cível 2009.001.22993, rel. Des. Maldonado de Carvalho, j. 9-6-2009).

mento de transferência de valores, sem atentar para sua essencial vocação, que é a efetiva reparação do dano sofrido.

8.3. Outros meios não pecuniários de reparação

Além da retratação pública ou privada, há outras condutas que se podem impor ao réu, como meios de alcançar a mais ampla reparação do dano moral. A publicação da decisão judicial, por exemplo, é instrumento que já encontrava previsão na antiga Lei de Imprensa (Lei n. 5.250, de 9-2-1967)[54]. A bem da verdade, deve-se preferir a publicação de um extrato da decisão ou simplesmente de seu dispositivo, contendo a essência do julgado. É que a publicação integral pode reduzir o efeito reparatório da medida, já que dos leitores de jornal não se pode esperar a leitura do inteiro teor de uma sentença ou acórdão, com todos os seus aspectos técnicos, como a discussão de questões preliminares ao julgamento do mérito. A publicação da decisão é caminho útil naqueles casos em que a retratação em si não pode ser obtida ou em que o julgado lança luz sobre fatos divulgados de maneira deturpada[55].

Outros deveres podem ser impostos ao réu a título de reparação do dano sofrido pela vítima. Se, por exemplo, alguém sofre dano moral decorrente de férias frustradas (*vacanze rovinate*), por falha no serviço da agência de turismo ou da companhia aérea, pode o juiz impor à sociedade ré, além do dever de indenizar, o dever de organizar nova viagem para o autor da demanda, a título de reparação não pecuniária do dano sofrido. Se, por outro lado, o autor da demanda sofreu dano moral pela interrupção do serviço de transmissão por TV a cabo no exato momento em que seu time de futebol disputava importante partida, a sociedade ré pode ser condenada a entregar, além da eventual indenização em dinheiro, um ingresso para que a vítima assista, no melhor lugar do

---

54 Em seu art. 75, lia-se: "A publicação da sentença cível ou criminal, transitada em julgado, na íntegra, será decretada pela autoridade competente, a pedido da parte prejudicada, em jornal, periódico ou através de órgão de radiodifusão de real circulação, ou expressão, às expensas da parte vencida ou condenada."

55 Nessa direção, STJ, 3ª T., REsp. 1.771.866/DF, rel. Min. Marco Aurélio Bellizze, j. 12-2-2019: "No caso vertente, e levando em consideração as suas especificidades, permitir que a obra literária continue sendo editada, publicada e reproduzida, com as mesmas palavras e sem qualquer menção à presente demanda, poderia ensejar a perpetuação da crise jurídica e, em última análise, não ser alcançada a função primordial da jurisdição (pacificação social) (...) Portanto, a publicação da petição inicial e do acórdão condenatório nas próximas edições do livro não impõe, de um lado, uma obrigação excessiva, onerosa, desarrazoada ou desproporcional aos réus, pois tal publicação deverá se dar nas edições que vierem a ser editadas a partir desta decisão."

estádio, à próxima partida da equipe. Se a companhia fabricante de aparelhos de ar-condicionado não dispõe de peça necessária à manutenção do produto vendido, forçando o consumidor a aguardar a chegada da peça em pleno verão carioca, pode o juiz impor à fabricante, para a reparação do dano causado e sem prejuízo da indenização cabível, o dever de providenciar a hospedagem do consumidor em hotel provido de ar-condicionado, próximo à sua casa, pelo tempo necessário ao conserto do seu próprio aparelho. São medidas não pecuniárias que podem ser adotadas pelo Poder Judiciário para assegurar reparação mais efetiva aos danos morais sofridos pelas vítimas.

Exemplo interessante se extrai da jurisprudência do Supremo Tribunal Federal, em caso que discutia o dever do Estado de indenizar presos em condições degradantes. O Ministro Luís Roberto Barroso, em seu voto, ponderou que

> diante do caráter estrutural e sistêmico das graves disfunções verificadas no sistema prisional brasileiro, a entrega de uma indenização em dinheiro confere uma resposta pouco efetiva aos danos morais suportados pelos detentos, além de drenar recursos escassos que poderiam ser empregados na melhoria das condições de encarceramento. É preciso, assim, adotar um mecanismo de reparação alternativo, que confira primazia ao ressarcimento *in natura* ou na forma específica dos danos, por meio da remição de parte do tempo de execução da pena, em analogia ao art. 126 da Lei de Execução Penal. A indenização em pecúnia deve ostentar caráter subsidiário, sendo cabível apenas nas hipóteses em que o preso já tenha cumprido integralmente a pena ou não seja possível aplicar-lhe a remição.

Propôs, então, que se adotasse como fórmula preferencial de compensação pelos danos morais sofridos a "remição de 1 dia de pena por cada 3 a 7 dias de pena cumprida em condições atentatórias à dignidade humana". Embora a proposta não tenha sido acolhida pelo plenário, contou com a adesão dos Ministros Luiz Fux e Celso de Mello [56].

Setores mais tradicionais da doutrina brasileira hesitam em recomendar este caminho. Argumentam que seria atribuir demasiado poder ao juiz na reparação do dano moral. Melhor seria resolver tudo com dinheiro. O argumento não deixa de ser intrigante, já que, no campo do direito das obrigações, a unanimidade dos autores reconhece a preferência pela solução *in natura*, privilegiando-se a chamada execução específica das obrigações em detrimento da con-

---

56 STF, RE 580.252/MS, j. 16-2-2017.

versão em perdas e danos. O Código Civil e o Código de Processo Civil trilharam claramente essa via, consagrando como solução prioritária a entrega ao credor do exato bem da vida que pretendia obter ao constituir o vínculo obrigacional. A indenização em dinheiro assume papel subsidiário nesses diplomas.

Naturalmente, tal reparação exige participação mais ativa do Poder Judiciário. Do magistrado passa-se a esperar mais que o simples cálculo do montante monetário devido. Juízes e desembargadores são convocados a participar de modo mais determinante da reparação do dano sofrido, refletindo sobre as medidas mais adequadas para a satisfação da vítima no caso concreto[57]. Rompem-se velhas amarras, valendo aqui a conclusão categórica de Pietro Perlingieri: "acabou-se a época da taxatividade dos remédios"[58]. Novos instrumentos se oferecem para a reparação dos danos[59]. Durante os últimos dois séculos, a responsabilidade civil foi aprimorada e remodelada sempre com base nas suas causas (culpa e risco). É hora de repensar as suas consequências.

9. Responsabilidade contratual × extracontratual

É tradicional, nos ordenamentos jurídicos da tradição romano-germânica, a distinção entre a responsabilidade contratual e extracontratual, baseada na preexistência ou não de uma relação jurídica entre as partes. A responsabilidade contratual é aquela gerada por danos derivados do descumprimento de deveres oriundos de uma relação obrigacional entre a vítima e o ofensor. Apesar de amplamente difundida, afigura-se tecnicamente imprópria a referência a responsabilidade *contratual*, uma vez que pode derivar do descumprimento de obrigações de fontes diversas do contrato (a exemplo dos negócios unilaterais), sendo preferível a expressão "responsabilidade *obrigacional*"[60]. Já a responsabilidade extracontratual (*rectius*, extraobrigacional) – também chamada de res-

---

57 Para uma reflexão sobre os aspectos processuais envolvidos, seja consentido remeter a: Anderson Schreiber, Reparação não pecuniária dos danos morais, in *Direito civil e Constituição*, São Paulo: Atlas, 2013, p. 216-218.

58 Pietro Perlingieri, Riflessioni finali sul danno risarcibile, in Giovanni di Giandomenico (Coord.), *Il danno risarcibile per lesione di interessi legittimi*, Nápoles: Edizioni Scientifiche Italiane, Coleção da Università degli Studi del Molise, n. 20, p. 288.

59 Merece destaque, quanto ao ponto, a obra de Leonardo Fajngold, *Dano moral e reparação não pecuniária: sistemática e parâmetros*, São Paulo: Revista dos Tribunais, 2021, especialmente p. 125-154, na qual o autor sugere diversos parâmetros a serem considerados pelo intérprete na fixação da medida de reparação não pecuniária.

60 Gustavo Tepedino e Anderson Schreiber, *Direito das obrigações*, in Álvaro Villaça Azevedo (Coord.), *Código Civil comentado*, São Paulo: Atlas, 2008, v. IV, p. 340-341.

ponsabilidade aquiliana, por remontar à *Lex Aquilia*[61] – verifica-se quando o dano ocorre sem que exista entre as partes algum vínculo obrigacional, decorrendo da violação do dever geral de não causar danos (*neminem laedere*).

Nosso código acolhe a distinção, tratando da responsabilidade obrigacional no título referente ao inadimplemento das obrigações (art. 389 e s.) e da responsabilidade aquiliana em título próprio (art. 927 e s.). A principal diferença entre as espécies de responsabilidade é a presunção de culpa que se opera no campo obrigacional, por haver o descumprimento de um dever previamente estabelecido entre as próprias partes, bastando ao prejudicado a demonstração do fato objetivo da inexecução da prestação. Em outras palavras: o inadimplemento faz presumir a culpa para fins de configuração do ato ilícito. Já na esfera extraobrigacional, cabe à vítima demonstrar a falta de diligência do causador do dano, provando sua culpa. Apesar das diferenças, há ampla interpenetração entre os regimes jurídicos, reconhecendo-se a aplicabilidade indistinta de regras previstas no Código Civil para apenas uma das espécies: é o caso, por exemplo, do art. 403, que encampa a teoria do dano direto e imediato na seara da causalidade. Tal dispositivo, reconhecidamente, aplica-se tanto à responsabilidade contratual (obrigacional) quanto à responsabilidade extracontratual (extraobrigacional).

A distinção entre responsabilidade contratual e extracontratual é objeto de críticas por parte da chamada *teoria monista*, que nega a existência de diferenças substanciais aptas a justificar a dicotomia. As objeções à distinção são fortalecidas no direito brasileiro por três razões: (a) a já mencionada interpenetração entre os regimes trazidos pelo próprio Código Civil; (b) a total superação da distinção pelo Código de Defesa do Consumidor[62], e (c) o surgimento de novas figuras, que não se enquadram com perfeição na *divisio*, como a responsabilidade do terceiro cúmplice, as responsabilidades pré e pós-contratual e, de modo mais geral, a responsabilidade civil por violação de deveres oriundos da boa-fé objetiva. As fronteiras entre as duas categorias de responsabilidade são cada vez menos nítidas e a dicotomia tende a desaparecer[63].

---

61 Caio Mário da Silva Pereira, *Responsabilidade civil*, 11. ed., atualizada por Gustavo Tepedino, Rio de Janeiro: Forense, 2016, p. 325.
62 A questão será discutida em detalhes adiante, em capítulo dedicado ao estudo do direito do consumidor.
63 Sobre o tema, no direito brasileiro, confira-se Carlos Edison do Rêgo Monteiro Filho, *Responsabilidade contratual e extracontratual*, Rio de Janeiro: Processo, 2016.

10. Mitigação do próprio dano

Oriundo dos países de *common law*, o instituto do *duty to mitigate the loss* tem despertado, nos últimos anos, crescente interesse entre os juristas brasileiros, com a produção de estudos voltados a analisar sua pertinência e real utilidade diante do tecido normativo nacional[64]. A figura traduz, em síntese, a noção de que a própria vítima do dano tem o dever de contribuir para mitigar os prejuízos causados pelo ofensor.

Em um contexto de revisão crítica das bases individualistas da responsabilidade civil, afigura-se compreensível a invocação de uma noção que é contrária à percepção habitual de que a vítima nada precisa fazer em relação ao próprio dano. De certa forma, o *duty to mitigate the loss* reproduz a orientação geral já acolhida em nosso direito das obrigações, no sentido de que ao credor não compete apenas aguardar inerte pela satisfação do seu crédito. Entretanto, enquanto nas relações obrigacionais de fonte negocial exigir do credor cooperação com o resultado final reflete a funcionalização do vínculo jurídico ao propósito comum que une as partes, no campo dos danos, está-se já, por definição, em um cenário patológico, fruto do desrespeito a esse vínculo (no caso da responsabilidade contratual) ou do enquadramento do devedor em alguma das hipóteses de responsabilidade aquilina. Nesse sentido, repugna ao sentimento moral que ainda encontra forte reflexo no campo da responsabilidade civil (construída historicamente sobre a noção de culpa do agente) que a vítima, que já é vítima, tenha não apenas *direito* à reparação, mas tenha também deveres. O dever de mitigar os próprios danos ostenta, portanto, essa dupla faceta: ao mesmo tempo que traduz uma noção essencial de colaboração, tão popular em outros campos do Direito Privado contemporâneo, pretende-se aplicar a um contexto que, por definição, ainda desperta na maior parte dos juristas a antítese dessa ideia.

A mitigação dos próprios danos, contudo, não deve manter-se refém deste antagonismo primordial, que, a rigor, é apenas aparente. À luz da ordem constitucional brasileira, a solidariedade – fundamento último da boa-fé objetiva e dos deveres de cooperação que dela decorrem – assume a feição de verdadeira norma jurídica (CR, art. 1º, III), de caráter cogente, razão pela qual não há qualquer setor do ordenamento que lhe seja aprioristicamente imune, nem

---

64 Merece destaque o precursor estudo de Vera Maria Jacob Fradera, Pode o credor ser instado a diminuir o próprio prejuízo? in *RTDC – Revista Trimestral de Direito Civil*, vol. 19, jul/set, 2004, p. 109-119.

mesmo a responsabilidade civil. Afigura-se, portanto, compatível com a ordem jurídica nacional o reconhecimento de um dever da vítima, fundado no princípio da boa-fé objetiva, de empreender esforços razoáveis para mitigar o dano evitável, sob pena de a ela serem imputados os danos adicionais, decorrentes de sua omissão. Interessante notar que, nessa mesma direção, restou aprovado na VIII Jornada de Direito Civil o Enunciado n. 629, em que se lê: "A indenização não inclui os prejuízos agravados, nem os que poderiam ser evitados ou reduzidos mediante esforço razoável da vítima. Os custos da mitigação devem ser considerados no cálculo da indenização"[65].

11. Responsabilidade solidária entre os coautores

Se mais de uma pessoa for responsável pelo dano, estabelece-se a chamada *coautoria*, instituindo o Código Civil a solidariedade passiva dos coautores perante a vítima (CC, art. 942). Por meio de tal expediente, pretende o legislador conferir uma maior proteção a quem sofre o dano injusto, permitindo que busque a indenização integral no patrimônio de qualquer um dos coautores. Aquele que indeniza a vítima tem direito a buscar, em ação regressiva, o ressarcimento próprio perante os demais coautores. Na relação interna entre os coautores, a quota-parte de cada um deve ser delimitada com base na proporção de sua contribuição causal para o dano. Em outras palavras, a vítima pode se ressarcir integralmente perante qualquer um dos coautores, mas, "na via regressiva, a indenização atribuída a cada agente será fixada proporcionalmente à sua contribuição para o evento danoso" (Enunciado n. 453 da *V Jornada de Direito Civil*). A doutrina destaca que a regra constante do art. 942 aplica-se exclusivamente à responsabilidade aquiliana (extracontratual); no campo obrigacional, a solidariedade passiva é excepcional, tudo conforme já se registrou no estudo das obrigações solidárias.

12. Regras especiais de responsabilidade civil

Compreendidos os contornos do regime geral da responsabilidade civil, impõe-se examinar algumas hipóteses que mereceram, aos olhos do legislador brasileiro, tratamento diferenciado.

---

[65] Para um estudo compreensivo do tema, confira-se a obra de Bruno Terra de Moraes, *Dever de Mitigar o Próprio Dano: fundamento e parâmetros no direito brasileiro*, Rio de Janeiro: Lumen Juris, 2019.

12.1. Responsabilidade por fato de terceiro

A regra na responsabilidade civil é que cada pessoa responde apenas pelos seus próprios atos. Entretanto, a exemplo do que ocorre em diversos países, o legislador brasileiro institui, excepcionalmente, hipóteses de responsabilidade pelo ato de terceiro, também chamada *responsabilidade indireta* ou *responsabilidade por fato de terceiro* ou, ainda, *responsabilidade pelo fato de outrem*[66]. Como ensina Alvino Lima, "a responsabilidade civil pelo fato de outrem se verifica todas as vezes em que alguém responde pelas consequências jurídicas de um ato material de outrem, ocasionando ilegalmente um dano a terceiros. Em matéria de responsabilidade pelo fato de outrem, a reparação do dano cabe a uma pessoa que é materialmente estranha a sua realização"[67].

Entre nós, a possibilidade de responsabilizar uma pessoa por fatos cometidos por outrem encontrou seu fundamento, primeiro, na culpa pela falha de deveres de vigilância (*culpa in vigilando*) ou de cuidado na escolha de prepostos (*culpa in eligendo*). No entanto, a prova desta culpa por omissão revelava-se, muitas vezes, impossível, configurando verdadeira *probatio diabolica*, de modo que nossos tribunais passaram a extrair do texto legal presunções de culpa, que invertiam o ônus da prova da conduta culposa. Na prática, tais presunções de culpa foram se convertendo, pela atuação jurisprudencial, de presunções relativas (que admitem prova em contrário) em absolutas (que não o admitem). Assim, o juiz presumia a culpa de modo tão definitivo que, na prática, a atitude equivalia a dispensar a culpa. O Código Civil de 2002 consolidou este processo evolutivo, atribuindo natureza objetiva à responsabilidade por fato de terceiro, conforme estipula expressamente o art. 933[68].

As hipóteses de responsabilidade por fato de terceiro estão listadas no art. 932 da codificação civil, segundo o qual respondem: (i) os pais, pelos filhos menores que estiverem sob sua autoridade e em sua companhia; (ii) o tutor e o

---

[66] A alusão a fato, em vez de ato, explica-se por que o terceiro que causa o dano nem sempre pratica um ato de vontade à luz da ciência jurídica, na medida em que sua vontade pode ser desconsiderada pelo Direito, como ocorre tradicionalmente no caso dos menores de idade.

[67] Alvino Lima, *A Responsabilidade Civil pelo Fato de Outrem*, Rio de Janeiro: Forense, 1973, p. 27.

[68] "Art. 933. As pessoas indicadas nos incisos I a V do artigo antecedente, ainda que não haja culpa de sua parte, responderão pelos atos praticados pelos terceiros ali referidos." No mesmo sentido do texto legal, dispõe o Enunciado n. 451 da V Jornada de Direito Civil: "A responsabilidade civil por ato de terceiro funda-se na responsabilidade objetiva ou independente de culpa, estando superado o modelo de culpa presumida".

curador, pelos pupilos e curatelados, que se acharem nas mesmas condições; (iii) o empregador ou comitente, por seus empregados, serviçais e prepostos, no exercício do trabalho que lhes competir, ou em razão dele; (iv) os donos de hotéis, hospedarias, casas ou estabelecimentos onde se albergue por dinheiro, mesmo para fins de educação, pelos seus hóspedes, moradores e educandos; (v) os que gratuitamente houverem participado nos produtos do crime, até a concorrente quantia. Em todas essas hipóteses, a responsabilização por ato de terceiro pressupõe o prévio preenchimento, ao menos no plano teórico, dos pressupostos de responsabilidade do próprio terceiro.

Admite-se o *direito de regresso do responsável* pelo fato de terceiro em face do próprio terceiro causador do dano (CC, art. 934). Isso porque a responsabilidade indireta é desenhada para beneficiar a vítima, expandindo suas possibilidades de ressarcimento, mas não tem por intuito desonerar o autor do dano do seu próprio dever indenizatório. O art. 934 ressalva a hipótese de o terceiro causador do dano ser descendente incapaz (absoluta ou relativamente) daquele que indenizou a vítima. Em que pese a menção estrita ao descendente incapaz, a identidade de *ratio* recomenda a aplicação analógica do preceito quando o descendente for pessoa com deficiência intelectual que prejudique de modo substancial o seu discernimento – embora, hoje em dia, sejam reputados capazes pelo art. 6º do Estatuto da Pessoa com Deficiência, não pode haver dúvida acerca de sua vulnerabilidade, apta a afastar a pretensão regressiva de seus ascendentes.

12.2. *Responsabilidade civil do incapaz*

A doutrina tradicional identifica na culpa dois componentes: (a) a antijuridicidade, entendida como violação objetiva a um dever de comportamento e (b) a culpabilidade, entendida como a possibilidade de imputação ao agente desta violação. A culpabilidade exprime, em outras palavras, o discernimento do agente acerca da antijuridicidade da conduta, tornando possível e exigível sua atuação em conformidade com o dever de conduta que acaba restando violado. Nessa perspectiva, a inimputabilidade dos incapazes justificava a total exclusão da sua responsabilidade. O Código Civil de 2002, em seu art. 928, mitigou, contudo, tal exclusão, revelando marcante preocupação com a reparação da vítima. Referido artigo afirma que "o incapaz responde pelos prejuízos que causar, se as pessoas por ele responsáveis não tiverem obrigação de fazê-lo ou não dispuserem de meios suficientes". Impõe, assim, responsabilidade aos incapazes em *caráter subsidiário* à responsabilidade daqueles que responderiam por seus danos.

Importante regra sobre responsabilidade do incapaz que merece interpretação sistemática com o regime trazido pelo Código Civil consta do art. 116 do Estatuto da Criança e do Adolescente (Lei n. 8.069/90), que dispõe sobre a obrigação do adolescente de reparar o dano causado pelo ato infracional cometido: "Em se tratando de ato infracional com reflexos patrimoniais, a autoridade poderá determinar, se for o caso, que o adolescente restitua a coisa, promova o ressarcimento do dano, ou, por outra forma, compense o prejuízo da vítima". A doutrina tem identificado aí exemplo de responsabilidade do menor reconduzível à primeira hipótese mencionada no art. 928 do Código Civil, qual seja, aquela em que o responsável não tem a obrigação de reparar o dano. Em tal situação, permite-se a responsabilização direta do incapaz, como reconheceu o Enunciado n. 40 da I Jornada de Direito Civil: "O incapaz responde pelos prejuízos que causar de maneira subsidiária ou excepcionalmente como devedor principal, na hipótese do ressarcimento devido pelos adolescentes que praticarem atos infracionais nos termos do art. 116 do Estatuto da Criança e do Adolescente, no âmbito das medidas socioeducativas ali previstas".

Registre-se que a *emancipação do menor* implica a cessação de sua incapacidade, de modo que ao emancipado não se aplica o art. 928 do Código Civil. Parcela da doutrina, contudo, tem se insurgido contra esta solução na específica hipótese da emancipação voluntária (art. 5º, p.u., I), afirmando que isto possibilitaria aos pais emancipar seus filhos com o intuito de afastar a sua responsabilidade civil pelos atos da prole. Trata-se de entendimento consagrado no Enunciado n. 41 da I Jornada de Direito Civil: "A única hipótese em que poderá haver responsabilidade solidária do menor de 18 anos com seus pais é ter sido emancipado nos termos do art. 5º, parágrafo único, inc. I, do novo Código Civil".

Uma vez reconhecida a responsabilidade civil do incapaz, a indenização deverá ser *equitativa*, ou seja, deverá levar em consideração dois interesses contrapostos: (a) necessidade de proteção à vítima; e (b) necessidade de evitar sacrifício excessivo ao incapaz. Em qualquer caso, o dever de indenizar "não terá lugar se privar do necessário o incapaz ou as pessoas que dele dependem" (CC, art. 928, p.u.). Trata-se de norma que concretiza a proteção constitucional à dignidade humana, por meio da conservação dos meios materiais necessários à subsistência da pessoa natural. Justamente por isso, sustenta-se que "a impossibilidade de privação do necessário à pessoa, prevista no art. 928, traduz um dever de indenização equitativa, informado pelo princípio constitucional da proteção à dignidade da pessoa humana. Como consequência, também os pais, tutores e curadores serão beneficiados pelo limite humanitário do dever de indenizar, de modo que a passagem ao patrimônio do incapaz se dará não quando esgotados todos os recursos do responsável, mas se reduzidos estes ao montante necessário à manutenção de sua dignidade" (Enunciado n. 39 da I Jornada de Direito Civil).

12.3. Responsabilidade pelo fato das coisas

Com a imprecisa expressão *responsabilidade pelo fato das coisas*, a doutrina refere-se ao conjunto de situações em que o evento danoso é "causado" por um bem corpóreo, sem que este seja necessariamente o instrumento de uma conduta humana. Adentram historicamente esta categoria os danos derivados do uso de elevadores, maquinários e outros engenhos humanos aptos a produzir danos sem a interferência direta de um ato voluntário de outrem. A imputação de responsabilidade civil por estes danos a determinadas pessoas foi inicialmente explicada pela chamada *teoria da guarda*, aludindo-se, especialmente na doutrina francesa, à culpa do guardião (normalmente o proprietário) pela falta de cuidado com a coisa (culpa *in vigilando*), em nítida aproximação com a responsabilidade civil por fato de terceiro. A dificuldade relacionada à comprovação desta culpa por omissão fez com que a jurisprudência gradualmente passasse a presumir a culpa do guardião em tais casos, por vezes de modo absoluto, chegando-se, em muitas situações, à responsabilidade objetiva (independente de culpa).

A responsabilidade pela ruína do edifício, constante do art. 937 do Código Civil de 2002, é um dos exemplos de responsabilidade pelo fato da coisa. Segundo tal dispositivo, responde o dono do prédio ou construção (note-se que o legislador não restringe a finalidade ou o porte do bem) pela sua ruína (total ou parcial), quando esta decorrer de falta de reparos "cuja necessidade fosse manifesta". O preceito é encarado como hipótese de responsabilidade subjetiva, podendo a culpa ser presumida considerando a *manifesta* necessidade de reparo. Ainda sob a égide da codificação de 1916, parte da doutrina havia tentado imprimir caráter mais objetivo à responsabilidade do dono do edifício. A franca expansão das hipóteses de responsabilidade objetiva pelo Código Civil de 2002 conferiu novo fôlego às teses que negam qualquer necessidade de culpa para a configuração da responsabilidade do dono do prédio ou construção: "A responsabilidade civil do dono do prédio ou construção por sua ruína, tratada pelo art. 937 do CC, é objetiva" (Enunciado n. 556 da VI Jornada de Direito Civil).

Outra hipótese de responsabilidade pelo fato da coisa é aquela associada à queda de objetos provenientes de casas e edifícios, hipótese conhecida pela expressão romana *effusum et deiectum*. Aqui, o art. 938 do Código Civil atribui caráter objetivo à responsabilidade do habitante do prédio de onde cai a coisa que atinge a vítima ou seus bens. A propagação dos condomínios de apartamentos suscitou intensa polêmica em torno desta hipótese de responsabilidade civil, pois muitos autores sustentavam que se tornava necessário que a vítima demonstrasse de qual unidade autônoma proveio a coisa danosa. Atentas ao fato de que esta prova de nexo causal tornava, na prática, impossível a reparação, orientaram-se as cortes no sentido de, nesses casos, atribuir a responsabilidade ao condomínio como um todo, ficando como questão *interna corporis* do condomínio a posterior exclusão, em sede de repartição de despesas, das colunas de onde, por sua localização, não teria sido possível que o objeto houvesse caído ou tivesse sido lançado[69]. Em lamentável omissão, o Código Civil de 2002 deixou de regular mais detalhadamente a matéria, limitando-se a repetir substancialmente a norma que já constava da codificação de 1916. A consagrada construção pretoriana encontrou guarida no Enunciado n. 557 da VI Jornada de Direito Civil: "Nos termos do art. 938 do CC, se a coisa cair ou for lançada de condomínio edilício, não sendo possível identificar de qual unidade, responderá o condomínio, assegurado o direito de regresso".

12.4. Responsabilidade pelo fato dos animais

O Código Civil cuida, em seu art. 936, da responsabilidade civil por fato de animais. A matéria é dotada de grande relevância prática, não superada pela substancial urbanização do país: são ainda frequentes os exemplos de danos causados por animais de estimação, como cães ferozes ou por colisões de animais selvagens com veículos. O art. 936 determina que o dono ou detentor do animal "ressarcirá o dano por este causado, se não provar culpa da vítima ou força maior". O dispositivo eliminou a excludente constante do Código Civil de 1916, segundo a qual o dono ou detentor deixava de responder se provasse que exerceu a guarda e vigilância do animal "com o cuidado preciso". Tal exclusão transformou a natureza da responsabilidade por fato do animal: de responsabilidade subjetiva com culpa presumida no Código Civil de 1916 (pois cabia ao dono ou detentor provar que havia sido cuidados) passou, no Código Civil de 2002, a ser hipótese de responsabilidade objetiva, fundada no risco criado pelos animais. Em outras palavras, ainda que prove que empregou todo o cuidado, o

---

69 Com efeito, a jurisprudência já superou, há tempos, a exigência de precisa identificação da unidade da qual se originou a coisa: "A impossibilidade de identificação do exato ponto de onde parte a conduta lesiva, impõe ao condomínio arcar com a responsabilidade reparatória por danos causados a terceiros" (STJ, REsp 64.682/RJ, 4ª Turma, Rel. Min. Bueno de Souza, j. 10.11.1998).

dono ou detentor responde pelo dano causado por seu animal, afastando-se tal responsabilidade apenas se restar provada a "culpa da vítima ou força maior", como se dá, por exemplo, nos casos em que a própria vítima provoca o animal ou o agride.

Registre-se que, embora o art. 936 mencione tão somente a culpa da vítima e a força maior, a responsabilidade objetiva do dono ou detentor do animal pode, a rigor, ser afastada pela demonstração de qualquer evento que ocasione a ruptura do nexo de causalidade, entre os quais o fato de terceiro[70].

12.5. Responsabilidade do empresário pelos danos causados por produtos postos em circulação

Prevê o art. 931 do Código Civil que, "ressalvados outros casos previstos em lei especial, os empresários individuais e as empresas respondem independentemente de culpa pelos danos causados pelos produtos postos em circulação." Para alguns autores, tal hipótese de responsabilidade civil já era objeto de regulação pelo Código de Defesa do Consumidor desde 1990 (art. 12), sendo dispensável a sua menção no Código Civil. Para outros, o art. 931 amplia o regime do Código de Defesa do Consumidor para abranger a circulação de produtos, ainda que sem qualquer relação com um destinatário final ou um destinatário final por equiparação[71]. A rigor, contudo, não há qualquer sobreposição entre a norma constante do art. 931 e o regime do CDC. De um lado, o art. 931 ressalva expressamente "casos previstos em lei especial". De outro, não há dúvida de que "a regra do art. 931 do novo Código Civil não afasta as normas acerca da responsabilidade pelo fato do produto previstas no art. 12 do Código de Defesa do Consumidor, que continuam mais favoráveis ao consumidor lesado" (Enunciado n. 190 da III Jornada de Direito Civil). O art. 931 aplica-se às situações em que o dano não atinja um "destinatário final" do produto, pois, do contrário, aplica-se o regime consumerista de responsabilização (CDC, art. 2º), regime mais sofisticado e mais benéfico em diversos aspectos que a norma

---

70 Confira-se, nessa direção, o Enunciado n. 452 da V Jornada de Direito Civil: "A responsabilidade civil do dono ou detentor de animal é objetiva, admitindo-se a excludente do fato exclusivo de terceiro".

71 Parte da doutrina afirma, nesse sentido, que "o art. 931 amplia o conceito de fato do produto existente no art. 12 do Código de Defesa do Consumidor, imputando responsabilidade civil à empresa e aos empresários individuais vinculados à circulação dos produtos" (Enunciado n. 42 da I Jornada de Direito Civil). A rigor, contudo, a noção de fato de produto é própria do diploma consumerista.

constante do art. 931 não chega a contemplar (exemplos: inversão do ônus da prova em favor do consumidor, desconsideração da personalidade jurídica etc.). O mesmo vale para o destinatário final por equiparação (CDC, arts. 2º, p.u., 17 e 29), também chamado *bystander*, que atrairá o regime consumerista.

O art. 931 aplica-se, então, a quem? Principalmente, a outros participantes da própria cadeia de fornecimento, como o transportador, o armazenador, o comerciante etc. Em exemplo didático, o transportador que tem seu caminhão consumido por incêndio provocado por um aparelho eletrônico que transporta pode invocar o ar. 931 para responsabilizar a sociedade empresária que tenha fabricado o produto. A responsabilidade será objetiva, de acordo com o dispositivo legal, mas se sujeitará naturalmente à demonstração do nexo de causalidade, além do dano sofrido.

Registre-se que a regra do art. 931 revela-se claramente deficiente quando comparada ao CDC: ao se referir aos danos "causados pelos produtos postos em circulação", o dispositivo da codificação civil parece abarcar mesmo os danos causados pela periculosidade inerente ao produto, o que imporia ao empresário uma responsabilidade mais gravosa que aquela incidente nas relações de consumo. A falta de disposição análoga ao § 1º do art. 12 do CDC, que limita a responsabilidade do fornecedor ao produto *defeituoso* (que "não oferece a segurança que dele legitimamente se espera"), não deve impedir o intérprete de recorrer à disposição consumerista para preservar a unidade da ordem jurídica e evitar uma responsabilização excessiva que não encontraria justificativa à luz da ordem constitucional brasileira, que privilegia a proteção do consumidor.

12.6. Responsabilidade civil do Estado

Cumpre, antes de encerrar, tecer algumas considerações sobre questão de grande relevância teórica e prática na realidade brasileira: a responsabilidade civil do Estado. O tema tem sido disputado entre o direito administrativo e o direito civil. A abordagem administrativista tende a desconsiderar certos conceitos fundamentais da teoria geral da responsabilidade civil, enquanto a abordagem civilista tende a ignorar certas questões particulares atinentes ao modo de atuação da Administração Pública, como a questão orçamentária. A matéria, portanto, revela um choque de perspectivas que precisa ser superado, sob pena de um tratamento cada vez mais fragmentado e casuísta, quando não tecnicamente errôneo, da responsabilidade civil do Estado.

Nos Estados absolutistas imperava a sua *irresponsabilidade* pelos danos causados aos seus súditos, incorporada na expressão oriunda do direito inglês, segundo a qual *the King can do no wrong*. Nesse campo, o avanço histórico é inegável. O direito brasileiro contemporâneo reconhece não apenas a possibilidade de responsabilização do Estado, como também consagra em sede constitucional uma cláusula geral de responsabilidade objetiva do Estado, acolhendo a teoria do risco administrativo. Com efeito, dispõe o art. 37, § 6º, da Constituição: "as pessoas jurídicas de direito público e as de direito privado prestadoras de serviços públicos responderão pelos danos que seus agentes, nessa qualidade, causarem a terceiros, assegurado o direito de regresso contra o responsável nos casos de dolo ou culpa". Não é outra a orientação seguida pelo art. 43 do Código Civil[72].

Dentre as múltiplas controvérsias que o tema suscita, convém pontuar aquela referente à responsabilidade do Estado por ato omissivo. Em um país cujo ordenamento é pródigo no reconhecimento de direitos (inclusive em face do Poder Público), mas tão carente em políticas públicas no sentido de protegê-los e efetivá-los, adverte-se que a imputação aos entes públicos dos danos decorrentes de suas omissões poderia conduzir a uma espécie de *panresponsabilização* do Estado. No afã de evitar esse cenário, parte da doutrina passou a advogar que a responsabilidade dos entes públicos por omissão seria *subjetiva*, dependendo da prova da culpa, entendimento que atenta contra a expressa opção constitucional pela responsabilidade objetiva. Há, ainda, autores que propõem distinção entre (a) a omissão genérica do Estado (falta de segurança pública) e (b) a omissão específica do Estado (ausência de reação do policial que testemunhou o assalto), defendendo que, na primeira hipótese, a responsabilidade civil dependeria de prova da culpa. A rigor, a construção é útil, mas o tema nada tem com a culpa. A responsabilidade civil do Estado é sempre objetiva. O que se impõe é a verificação do nexo de causalidade (direto e imediato, ou necessário, como se viu anteriormente no estudo do tema) entre o dano sofrido e a omissão administrativa. Assim, havendo uma causa capaz de romper o nexo entre a omissão do ente público e o dano sofrido pela vítima, impõe-se o afastamento da responsabilidade do Estado[73].

As dificuldades enfrentadas pela doutrina acabam por desaguar nos tribunais, desafiando constantemente as nossas cortes. Por exemplo, o Supremo Tribunal Federal foi chamado a se manifestar sobre a responsabilidade civil do Estado

---

72 "Art. 43. As pessoas jurídicas de direito público interno são civilmente responsáveis por atos dos seus agentes que nessa qualidade causem danos a terceiros, ressalvado direito regressivo contra os causadores do dano, se houver, por parte destes, culpa ou dolo."

73 Sobre esta e outras difíceis questões, ver: Gustavo Tepedino, A evolução da responsabilidade civil no direito brasileiro e suas controvérsias na atividade estatal, in *Temas de direito civil*, 4. ed., Rio de Janeiro: Renovar, 2008, p. 201-227.

por omissão no caso de morte de detentos nos estabelecimentos prisionais. Em denso voto, que restou vitorioso, o Ministro Luiz Fux acolhe a tese aqui defendida de que "a responsabilidade civil estatal, segundo a Constituição Federal de 1988, em seu art. 37, § 6º, subsume-se à teoria do risco administrativo, tanto para as condutas estatais comissivas quanto para as omissivas, posto rejeitada a teoria do risco integral". Pondera o Ministro Fux que "a omissão do Estado reclama nexo de causalidade em relação ao dano sofrido pela vítima nos casos em que o Poder Público ostenta o dever legal e a efetiva possibilidade de agir para impedir o resultado danoso". Especificamente sobre a situação examinada no recurso, concluiu:

> (...) *ad impossibilia nemo tenetur*, por isso que nos casos em que não é possível ao Estado agir para evitar a morte do detento (que ocorreria mesmo que o preso estivesse em liberdade), rompe-se o nexo de causalidade, afastando-se a responsabilidade do Poder Público, sob pena de adotar-se *contra legem* e a *opinio doctorum* a teoria do risco integral, ao arrepio do texto constitucional. A morte do detento pode ocorrer por várias causas, como, *v. g.*, homicídio, suicídio, acidente ou morte natural, sendo que nem sempre será possível ao Estado evitá-la, por mais que adote as precauções exigíveis. A responsabilidade civil estatal resta conjurada nas hipóteses em que o Poder Público comprova causa impeditiva da sua atuação protetiva do detento, rompendo o nexo de causalidade da sua omissão com o resultado danoso[74].

Outra relevante questão já decidida pelo Supremo Tribunal Federal diz respeito à legitimidade passiva para as demandas ressarcitórias, tendo aquela corte concluído que, "a teor do disposto no art. 37, III, da CF, a ação por danos causado por agente público deve ser ajuizada contra o Estado ou a pessoa jurídica de direito privada prestadora de serviço público, sendo parte ilegítima passiva o autor do ato, assegurado o direito de regresso contra o responsável nos casos de dolo ou culpa"[75].

> Outros desdobramentos da responsabilidade civil do Estado. O autor abordará controvérsias nesta matéria com grande repercussão na jurisprudência, analisando de forma crítica como os tribunais têm decidido questões de impacto elevado na vida dos cidadãos.
> Acesse também pelo *link*: https://uqr.to/1xgtm

---

74 STF, Tribunal Pleno, RE 841.526/RS, rel. Min. Luiz Fux, j. 20-3-2016.
75 STF, Tribunal Pleno, RE 1.027.633/SP, rel. Min. Marco Aurélio, j. 14-8-2019.

13. Relação entre a responsabilidade civil e a responsabilidade criminal

A prática de condutas que dão ensejo à responsabilização do agente tanto na esfera civil como na criminal desperta dúvidas acerca da harmonização das decisões proferidas pelos respectivos juízos. O art. 935 do Código Civil proclama a regra geral da independência entre as responsabilidades civil e criminal. Trata-se, com efeito, de institutos autônomos, vocacionados à realização de finalidades distintas (reparação da vítima e punição do autor, respectivamente) e subordinados a pressupostos próprios. Por outro lado, a oferta de respostas completamente díspares pelos juízos cível e criminal, divergindo quanto à avaliação de elementos de fato, colocaria em xeque a própria coerência da ordem jurídica, o que explica as exceções inseridas na segunda parte do art. 935, que veda "questionar mais sobre a existência do fato, ou sobre quem seja o seu autor, quando estas questões se acharem decididas no juízo criminal".

A vedação é, a rigor, excessivamente genérica, exigindo uma maior especificação quanto ao tipo de decisão proferida pelo juízo criminal. É preciso, em síntese, verificar se a sentença proferida foi (a) condenatória ou (b) absolutória, devendo-se, neste último caso, verificar, ainda, se (c) a absolvição se deu por insuficiência de provas.

Em se tratando de *sentença penal condenatória*, a decisão do juízo criminal necessariamente terá reconhecido a ocorrência do fato criminoso e a autoria pelo réu, razão pela qual estas questões não mais poderão ser discutidas na esfera cível, se ali já não tiverem sido julgadas[76]. A cognição do juízo cível ficará adstrita, essencialmente, à investigação acerca da existência de um dano e à sua efetiva reparação. Acrescente-se que a Lei n. 11.719/2008 chegou a modificar a redação original do art. 387, IV, do Código de Processo Penal, para determinar que *"o juiz, ao proferir sentença condenatória: (...) fixará valor mínimo para reparação dos danos causados pela infração, considerando os prejuízos sofridos pelo ofendido"*. A alteração merece todas as críticas, por transferir ao juízo criminal a tarefa de liquidar o dano (ainda que em parcela mínima), atividade tipicamente desenvolvida no âmbito cível, com base em pressupostos próprios e em atendimento à finalidade inteiramente diversa daquela que move a jurisdição penal. Na prática, poucas têm sido as decisões que têm se aventurado a fixar este mínimo in-

---

[76] Segundo o art. 91, I, do Código Penal: "São efeitos da condenação: (...) tornar certa a obrigação de indenizar o dano causado pelo crime". O Código de Processo Civil vai além, conferindo eficácia executiva à sentença penal condenatória transitada em julgado, que passa a valer como título executivo judicial (CPC, art. 515, VI).

denizatório. De todo modo, fixado o valor mínimo reparatório na sentença criminal, dispensa-se a liquidação no juízo cível, a menos que a vítima pretenda pleitear quantia mais elevada.

Por outro lado, em se tratando de *sentença criminal absolutória*, impõe-se ulterior distinção, com base na fundamentação empregada na decisão. Caso a sentença reconheça "estar provada a inexistência do fato" ou "estar provado que o réu não concorreu para a infração penal" (art. 386, incs. I e IV, do CPP), exprimindo *juízo de certeza* acerca do contexto fático, fica o juízo cível vinculado a tais conclusões. Por outro lado, entendendo o juízo criminal "não haver prova da existência do fato" ou "não existir prova de ter o réu concorrido para a infração penal" (art. 386, incs. II e V, do CPP), fica o juízo cível livre para reavaliar a questão. Com efeito, a primazia da decisão proferida no juízo criminal, nos termos acima delineados, justifica-se precisamente pelo *standard* probatório mais rigoroso exigido naquela seara, por implicar, não raramente, a privação da liberdade do indivíduo. Daí porque a insuficiência de prova na esfera penal não repercute sobre o juízo cível.

Conforme sintetiza o Enunciado n. 45 da *I Jornada de Direito Civil*: "No caso do art. 935, não mais se poderá questionar a existência do fato ou quem seja o seu autor se essas questões se acharem categoricamente decididas no juízo criminal". Entretanto, o juízo cível não se encontra vinculado à conclusão do criminal apenas no tocante aos fatos. Em que pese o silêncio do Código Civil, também a qualificação da conduta do réu como abarcada por uma excludente de ilicitude (juízo este estritamente jurídico) afasta definitivamente a possibilidade de uma condenação cível, como esclarece o art. 65 do Código de Processo Penal: "Faz coisa julgada no cível a sentença penal que reconhecer ter sido o ato praticado em estado de necessidade, em legítima defesa, em estrito cumprimento de dever legal ou no exercício regular de direito". Não há diferença substancial entre as excludentes de ilicitude civis e penais, compreendendo-se, portanto, a opção legislativa.

Destaque-se, por fim, que o STJ já reconheceu ser "imprescindível o trânsito em julgado da sentença penal condenatória para que possa fazer coisa julgada no juízo cível"[77].

Discussão sobre a responsabilidade do provedor de aplicações por conteúdo de terceiros. O autor apresentará o regime jurídico traçado no Marco Civil da Internet e tratará da discussão em torno da sua (in)constitucionalidade.
Acesse também pelo *link*: https://uqr.to/1xgtn

---

77 STJ, 3ª T., REsp 1.642.331/SP, Rel. Min. Nancy Andrighi, j. 24-4-2018.

Capítulo 25

DIREITO DO CONSUMIDOR

SUMÁRIO: 1. Direito do consumidor. **2.** Relação de consumo. **3.** Fornecedor. **4.** Consumidor. **5.** Consumidor por equiparação. **6.** Direitos básicos do consumidor. **7.** Proteção à saúde e segurança do consumidor. **8.** Responsabilidade civil pelo fato do produto e do serviço. **9.** Dicotomia entre fato e vício do produto ou serviço. **10.** Riscos de desenvolvimento. **11.** Desconsideração da personalidade jurídica. **12.** Proteção contratual do consumidor. **13.** Superendividamento.

1. Direito do consumidor

A Constituição de 1988 dedica especial atenção à proteção dos consumidores, nos arts. 5º, XXXII, e 170, V, do corpo permanente, e, ainda, no art. 48 do ADCT. Insere a defesa do consumidor no rol de direitos fundamentais e entre os princípios da atividade econômica, impondo o desenvolvimento de uma abrangente política de proteção ao consumidor. Tais comandos não devem, contudo, ser compreendidos como uma iniciativa setorial da Constituição. A proteção do consumidor insere-se e explica-se no âmbito do projeto constitucional mais amplo de tutela da dignidade da pessoa humana e da solidariedade social (arts. 1º, III, e 3º, I), a redimensionar o tratamento de todas as relações patrimoniais[1].

É por essa ótica que se deve enxergar o Código de Defesa do Consumidor (Lei n. 8.078, de 11 de setembro de 1990), que *não* inaugura um microssistema

---

1 Gustavo Tepedino, Os contratos de consumo no Brasil, in *Temas de direito civil*, t. II, Rio de Janeiro: Renovar, 2006, p. 124.

ditado por lógica e valores próprios. Embora divergindo do Código Civil em diversos aspectos, o código consumerista *não* promove, como alegaram alguns, uma "ruptura no direito privado", pois a unidade do direito privado, e do direito como um todo, assenta nas normas constitucionais e na sua concretização, da qual o Código de Defesa do Consumidor é um produto evidente. Somente quem concebe o direito civil como setor estanque à aplicação dos direitos fundamentais espanta-se com o Código de Defesa do Consumidor, da mesma forma que somente quem enxerga o direito privado com olhos do passado vê uma rachadura na unidade da ordem jurídica por força do advento das normas de proteção do consumidor.

2. Relação de consumo

As normas de proteção do consumidor têm por objeto a relação de consumo. A relação de consumo é definida, por sua vez, com base em um critério *ratione personae*, ou seja, baseado nos sujeitos que a integram. Relação de consumo é, assim, toda relação jurídica que se estabelece entre (a) o consumidor e (b) o fornecedor de produtos ou serviços. A construção tem o mérito de enfatizar a irrelevância, para a caracterização da relação de consumo, do meio pelo qual tal relação se estabelece. Não importa o tipo de contrato que é adotado pelas partes, ou mesmo se chegam ou não a celebrar efetivamente um contrato entre elas. Desde que estabelecida uma relação entre o consumidor e o fornecedor de produtos ou serviços estará caracterizada a relação de consumo, a atrair a incidência das normas do Código de Defesa do Consumidor. Compreender, portanto, quem se qualifica como consumidor e quem se qualifica como fornecedor é tarefa imprescindível para que o intérprete possa definir quando se aplicam ou não as normas de direito do consumidor.

3. Fornecedor

O Código de Defesa do Consumidor define o fornecedor de produtos ou serviços no art. 3º. A redação deliberadamente abrangente considera como fornecedor "toda pessoa física ou jurídica, pública ou privada, nacional ou estrangeira, bem como os entes despersonalizados, que desenvolvem atividade de produção, montagem, criação, construção, transformação, importação, exportação, distribuição ou comercialização de produtos ou prestação de serviços". O mesmo dispositivo acrescenta, em seus parágrafos, que produto é "qualquer bem, móvel ou imóvel, material ou imaterial", enquanto serviço é "qualquer atividade fornecida no mercado de consumo, mediante remuneração, inclusive as de natureza bancária, financeira, de crédito e securitária, salvo as decorrentes das relações de caráter trabalhista".

A jurisprudência brasileira tem preservado a integridade do art. 3º do Código de Defesa do Consumidor, resistindo às continuadas tentativas de alguns setores econômicos que pretendiam se excluir da sua incidência, quase sempre invocando a suposta impertinência da legislação consumerista à luz dos seus próprios "microssistemas". Foi o que se viu no julgamento da Ação Direta de Inconstitucionalidade 2.591/DF, ajuizada pela Confederação Nacional das Instituições Financeiras contra o § 2º do art. 3º do Código de Defesa do Consumidor e julgada, ao fim e ao cabo, improcedente pelo Supremo Tribunal Federal.

4. Consumidor

O consumidor é definido como "toda pessoa física ou jurídica que adquire ou utiliza produto ou serviço como destinatário final" (CDC, art. 2º). Como se vê, o legislador brasileiro, afastando-se da tendência seguida na maior parte da Europa, não limita a proteção do consumidor às pessoas físicas, mas abrange também, de modo expresso, as pessoas jurídicas que sejam destinatárias finais de produtos ou serviços. Assim, uma grande fabricante de refrigerantes poderia ser considerada consumidora quando, por exemplo, adquire resmas de papel para seus escritórios.

A controvertida opção legislativa deu ensejo a duas correntes doutrinárias distintas que, ainda hoje, se digladiam nas universidades e nos tribunais: (a) a corrente *maximalista*, que pretende a extensão da proteção legal do consumidor a todo destinatário final de produtos ou serviços, assim entendido aquele que, objetivamente, os retira do mercado; e (b) a corrente *finalista*, que propõe uma interpretação restritiva do conceito de consumidor, calcada na sua vulnerabilidade presumida, limitando a proteção legal a quem retira o produto ou serviço do mercado para *uso não profissional*, ou seja, para satisfação de necessidades próprias ou de sua família.

Diante do embate, o Superior Tribunal de Justiça tem adotado na matéria uma posição que se pode dizer intermediária: reconhece a existência de relações de consumo mesmo em face de consumidores que fazem um uso profissional do produto ou do serviço, mas exige para tanto a caracterização da sua vulnerabilidade técnica, jurídica ou econômica. Para o tribunal, "não se deixa de perquirir acerca do uso, profissional ou não, do bem ou serviço; apenas, como exceção e à vista da hipossuficiência concreta de determinado adquirente ou utente, não obstante seja um profissional, passa-se a considerá-lo consumidor"[2], orientação que, curiosamente, é ora referida como *finalismo aprofundado*[3] e ora como *finalismo mitigado*[4]. A vulnerabilidade técnica, jurídica ou econômica funciona, assim, como pedra de toque na definição do consumidor[5].

A *vulnerabilidade técnica* caracteriza-se quando o contratante não detém ou detém reduzido conhecimento específico sobre a natureza do contrato ou objeto da contratação, sujeitando-se ao poder técnico da contraparte. A *vulnerabilidade econômica* verifica-se quando o contratante se sujeita ao poder econômico ostensivamente superior da contraparte na imposição da contratação em si ou das suas condições. A *vulnerabilidade jurídica*, por sua vez, caracteriza-se quando o contratante carece de conhecimentos relativos ao exercício dos seus próprios direitos na relação jurídica que se estabelece. A essas três hipóteses tradicionais, tem-se agregado ainda mais uma: a *vulnerabilidade informacional*, caracterizada pelo fato de o contratante possuir "dados insuficientes sobre o produto ou serviço capazes de influenciar no processo decisório de compra"[6].

5. Consumidor por equiparação

Ao lado do consumidor em sentido estrito, destinatário final de produtos e serviços, o Código de Defesa do Consumidor reconhece o chamado *consumidor por equiparação* ou *bystander*. E o faz em três diferentes momentos: (a) no parágrafo único do art. 2º, quando, transcendendo o aspecto individual, equipara a consumidor toda a coletividade de pessoas, ainda que indetermináveis, que haja intervindo nas relações de consumo; (b) no art. 17, quando equipara a consumidor, para fins de responsabilidade pelo fato do produto ou do serviço, todas as vítimas do evento; e, finalmente, (c) no art. 29, quando, para fins de proteção

---

2   STJ, 4ª T., REsp 661.145/ES, rel. Min. Jorge Scartezzini, j. 22-2-2005.
3   STJ, 3ª T., REsp 1.195.642/RJ, rel. Min. Nancy Andrighi, j. 13-11-2012.
4   STJ, Corte Especial, AgRg nos EREsp 1.331.112/SP, rel. Min. Herman Benjamin, j. 3-12-2014.
5   Para uma ampla análise das diversas teorias, indispensável a consulta a: Cláudia Lima Marques, *Contratos no Código de Defesa do Consumidor*, 8. ed., São Paulo: Revista dos Tribunais, 2016, p. 306-389.
6   STJ, 3ª T., REsp 1.195.642/RJ, rel. Min. Nancy Andrighi, j. 13-11-2012.

contra certas práticas contratuais, equipara a consumidores todas as pessoas, determináveis ou não, expostas às práticas nele previstas.

6. Direitos básicos do consumidor

Os direitos básicos do consumidor são listados no art. 6º do código consumerista, sem excluir outros que advenham da regulamentação administrativa, da legislação ordinária ou de tratados e convenções internacionais de que o Brasil seja signatário. Entre os direitos básicos contemplados, merecem destaque: (a) a proteção contra a publicidade enganosa e abusiva, métodos comerciais coercitivos ou desleais, bem como contra práticas e cláusulas abusivas ou impostas no fornecimento de produtos e serviços (inciso IV); (b) o direito à modificação das cláusulas contratuais que estabeleçam prestações desproporcionais ou sua revisão em razão de fatos supervenientes que as tornem excessivamente onerosas (inciso V); (c) a efetiva prevenção e reparação de danos patrimoniais e morais, individuais, coletivos e difusos (inciso VI); e (d) a facilitação da defesa de seus direitos, inclusive com a inversão do ônus da prova, a seu favor, no processo civil, quando, a critério do juiz, for verossímil a alegação ou quando for ele hipossuficiente, segundo as regras ordinárias de experiências (inciso VIII).

Entre os direitos básicos do consumidor, inclui também, logo no inciso inaugural do art. 6º, a proteção da vida, saúde e segurança contra os riscos provocados por práticas no fornecimento de produtos e serviços considerados perigosos ou nocivos. É tema que merece exame em separado.

7. Proteção à saúde e segurança do consumidor

A proteção à saúde e segurança do consumidor é regulada nos arts. 8º a 11 do Código de Defesa do Consumidor. Nesses dispositivos, o legislador procura evitar a circulação de produtos e serviços perigosos ou nocivos ao consumidor (art. 8º). Por uma necessidade da vida contemporânea, o legislador admite a circulação de produtos ou serviços que possuem aquilo que Antonio Herman Benjamin denomina *periculosidade inerente*, ou seja, uma periculosidade que é inerente ao produto ou serviço e está relacionada à sua própria utilidade final para o consumidor[7]. É o caso dos medicamentos, do material radioativo usado

---

7   Antonio Herman Benjamin, *Fato do Produto e do Serviço*, in Antonio Herman Benjamin, Claudia Lima Marques e Leonardo Roscoe Bessa, *Manual de direito do consumidor*, 6. ed., São Paulo: Revista dos Tribunais, 2014, p. 166-167.

na produção de energia ou em exames médicos, de certos produtos inflamáveis utilizados no preparo de alimentos ou em atividades de limpeza.

Embora não vede a circulação desses produtos ou serviços de *periculosidade inerente,* o Código de Defesa do Consumidor impõe ao fornecedor um especial dever de informação, que determina que seja cumprido de "maneira ostensiva e adequada" (art. 9º). Além disso, a jurisprudência tem, por toda parte, entendido que não basta a advertência genérica acerca da periculosidade do produto ou serviço, como o rótulo de perigo ou o uso de símbolos como a antiga caveira em frascos de medicamentos cujo consumo excessivo poderia ser fatal. Ao fornecedor compete aludir especificamente aos riscos gerados pelo produto. É sempre lembrada, nesse sentido, decisão da Corte de Cassação francesa, a qual, ainda nos idos de 1983, entendeu insuficiente a advertência de "produto altamente inflamável" veiculada por um fabricante de cola de azulejo, depois que o produto, aproximado a um fogão aceso, provocou explosão e incêndio no lar da família de um consumidor[8]. Era preciso advertir, especificamente, do risco de explosão em contato ou mera aproximação do fogo. O acidente causou danos consideráveis ao consumidor e sua família.

Com efeito, as normas de proteção à segurança e saúde do consumidor nem sempre previnem a ocorrência de danos, daí lhe ser conexo outro tema de suma importância no campo consumerista, que é o da responsabilidade civil do fornecedor de produtos e serviços, tema que se passa a examinar.

8. Responsabilidade civil pelo fato do produto e do serviço

A responsabilidade do fornecedor de produtos ou serviços, delineada no Código de Defesa do Consumidor, representa, de certo modo, uma guinada no tratamento reservado pela doutrina brasileira à responsabilidade civil. Sua inauguração abalou diversos mitos que mantinham a responsabilidade civil em certa estabilidade passiva que contrastava, de um lado, com a transformação pulsante da realidade social e, de outro, com a nova axiologia constitucional.

De pronto, a responsabilidade civil do fornecedor passou por cima de uma dicotomia muito cara à tradicional doutrina brasileira: a dicotomia entre responsabilidade contratual e extracontratual. Em 1990, quando o Código de Defesa do Consumidor veio à lume, a superação da distinção entre o caráter contratual ou extracontratual da responsabilidade civil causou surpresa e admiração.

---

8   Zelmo Denari, in *Código Brasileiro de Defesa do Consumidor comentado pelos autores do anteprojeto*, 8. ed., Rio de Janeiro: Forense Universitária, 2004, p. 169.

O legislador consumerista ignorou, por completo, a existência ou não de contrato prévio entre as partes, instituindo, como já visto, um regime que se aplica independentemente do modo por meio do qual a relação entre consumidor e fornecedor se estabelece, orientação que se reflete sobre a responsabilidade civil deste último. Tal responsabilidade prescinde da verificação do caráter contratual ou extracontratual da relação estabelecida[9].

Não bastasse isso, o Código de Defesa do Consumidor inaugurou um amplo campo de incidência da responsabilidade civil objetiva, ao afirmar que o fornecedor, em regra, responde independentemente de culpa pelos danos decorrentes de produtos ou serviços que não ofereçam a segurança que deles legitimamente se espera, ocasionando acidentes de consumo – aquilo a que o código consumerista se refere como *fato* do produto ou do serviço. Assim, afirma textualmente que "o fabricante, o produtor, o construtor, nacional ou estrangeiro, e o importador respondem, independentemente da existência de culpa, pela reparação dos danos causados aos consumidores por defeitos decorrentes de projeto, fabricação, construção, montagem, fórmulas, manipulação, apresentação ou acondicionamento de seus produtos, bem como por informações insuficientes ou inadequadas sobre sua utilização e riscos" (art. 12)[10]. De modo análogo, determina que "o fornecedor de serviços responde, independentemente da existência de culpa, pela reparação dos danos causados aos consumidores por defeitos relativos à prestação dos serviços, bem como por informações insuficientes ou inadequadas sobre sua fruição e riscos" (art. 14).

Embora já fosse adotada pontualmente pelo ordenamento jurídico brasileiro, como se pode ver pelo Decreto n. 2.681/1912, relativo às estradas de ferro, e pela Lei n. 6.453/77, relativa às atividades nucleares, a responsabilidade objetiva veio encontrar no Código de Defesa do Consumidor um universo muito mais abrangente de relações. Não seria exagero afirmar que o diploma consumerista foi o marco inicial do arrefecimento daquela postura doutrinária e jurisprudencial que enxergava a responsabilidade subjetiva como regra e

---

9 Paulo Lôbo, *Responsabilidade por vício do produto ou do serviço*, Brasília: Brasília Jurídica, 1996, p. 14.

10 Em relação ao comerciante de produtos, o CDC estabelece um regime mais restrito de responsabilidade, afirmando, em seu art. 13, que "o comerciante é igualmente responsável, nos termos do artigo anterior, quando: I – o fabricante, o construtor, o produtor ou o importador não puderem ser identificados; II – o produto for fornecido sem identificação clara do seu fabricante, produtor, construtor ou importador; III – não conservar adequadamente os produtos perecíveis". Também os profissionais liberais respondem de modo diverso, determinando expressamente o CDC que "a responsabilidade pessoal dos profissionais liberais será apurada mediante a verificação de culpa" (art. 14, § 4º).

a responsabilidade objetiva como exceção. É a lei consumerista que começa a minar essa relação entre regra e exceção, não apenas no aspecto quantitativo, mas também qualitativo, tendência que conduziria mais de uma década mais tarde ao parágrafo único do art. 927 do Código Civil, que consagra a chamada cláusula geral de responsabilidade objetiva por atividades de risco, conforme já visto no estudo da responsabilidade civil em geral.

9. Dicotomia entre fato e vício do produto ou serviço

Vistos os aspectos mais inovadores da responsabilidade do fornecedor de produtos ou serviços, cumpre adentrar a sua estruturação interna. O Código de Defesa do Consumidor parte, em sua literalidade, de uma dicotomia entre *fato* e *vício* do produto ou serviço. A doutrina afirma que a distinção corresponde a duas situações diferentes que podem decorrer de imperfeições do produto ou serviço. Na responsabilidade pelo fato do produto ou serviço, como já visto, o legislador observa os danos causados ao consumidor por um produto ou serviço defeituoso, assim entendidos aqueles que não oferecem a segurança que deles legitimamente se espera (CDC, arts. 12, § 1º, e 14, § 1º). Concentra-se, portanto, sobre os chamados acidentes de consumo.

Por outro lado, na responsabilidade por vício do produto ou serviço, o legislador tem em vista as impropriedades qualitativas ou quantitativas do produto ou serviço, criando uma regra de responsabilidade que se assemelha a um princípio de garantia – como aquele que inspira no Código Civil a proteção contra os vícios redibitórios, embora se afigure bem mais ampla a tutela trazida pelo Código de Defesa do Consumidor, que não se limita, por exemplo, aos vícios ocultos. Assim, se uma embalagem de chocolate em pó traz menos conteúdo que o peso líquido indicado, está-se diante de um vício do produto, e não de um fato do produto, que pressupõe danos decorrentes da falta de segurança legitimamente esperada.

A distinção entre fato e vício tem especial importância no tocante à prescrição e à decadência. De acordo com o art. 26, o direito de reclamar pelos vícios caduca (a) em 30 dias, tratando-se de produto ou serviço *não durável*; e (b) em 90 dias, tratando-se de produto ou serviço *durável*. O termo inicial do prazo é, no caso dos vícios aparentes, a entrega efetiva do produto ou a conclusão do serviço, e, no caso de vício oculto, o momento em que ficar evidenciado o vício. O art. 27 do Código de Defesa do Consumidor ocupa-se, por sua vez, da pretensão à reparação pelos danos causados por fato do produto ou do serviço, determinando que ela prescreve em cinco anos.

Vê-se, portanto, que o exercício da pretensão do consumidor para obter reparação em face dos acidentes de consumo sujeita-se a lapso temporal bem mais extenso que aquele a que se sujeita a pretensão de reclamar contra os vícios. Em um exemplo trivial, se um consumidor adquire um fogão cuja chama não se eleva, há um vício do produto, devendo reclamar em 90 dias. Se o fogão explode, causando danos ao consumidor ou à sua família, o prazo para o exercício da pretensão reparatória é de cinco anos. Como se vê, saber se o consumidor se insurge contra vício ou fato do produto ou serviço é de extrema importância para os efeitos práticos da sua proteção. Embora por vezes assuma ares demasiadamente artificiosos diante de exemplos concretos em que o vício se vincula intrinsecamente a um defeito de segurança ou pode resultar em um acidente de consumo, a dicotomia entre vício e fato do produto ou serviço está na base do regime de responsabilidade civil do fornecedor, tal qual construído pelo nosso Código de Defesa do Consumidor.

10. Riscos de desenvolvimento

Problema que merece menção e se relaciona diretamente com a responsabilidade civil do fornecedor de produto ou serviço é o que diz respeito aos chamados *riscos de desenvolvimento*. O Código de Defesa do Consumidor ocupa-se, ao tratar da responsabilidade por fato do produto ou do serviço, das excludentes de responsabilidade, mencionando, por exemplo, a inexistência de defeito, a culpa exclusiva da vítima e o fato de terceiro. Ao contrário do que ocorre em outros países, nossa lei consumerista não menciona os riscos de desenvolvimento, que são aqueles riscos que, imperceptíveis devido ao estado da ciência no momento em que o produto ou serviço é colocado no mercado, vêm posteriormente a se revelar com o desenvolvimento do conhecimento técnico e científico. Exemplo de triste repercussão, sempre lembrado pelos autores que se ocupam do tema, é o do medicamento chamado talidomida, o qual, aprovado em todos os testes à época realizados pelos laboratórios privados e órgãos públicos, se mostrou extremamente danoso, já que, ingerido por gestantes, veio a causar danos graves à integridade física de crianças nascidas em todo o mundo, que ficaram conhecidas como "geração talidomida".

O problema jurídico reside em determinar se o fornecedor pode ou não ser responsabilizado por riscos que a ciência não lhe permitia detectar ao tempo da colocação do produto no mercado, mas que, ainda assim, se concretizaram, causando danos aos consumidores[11].

A União Europeia, por meio do art. 7º da Diretiva 85/374, estabeleceu o risco de desenvolvimento como excludente de responsabilidade. Afirmou-se ali

---

11 A questão é examinada por: Marcelo Junqueira Calixto, *A responsabilidade civil do fornecedor de produtos pelos riscos do desenvolvimento*, Rio de Janeiro: Renovar, 2004.

que o produtor não responde se provar "que o estado dos conhecimentos científicos e técnicos no momento da colocação em circulação do produto não lhe permitiu detectar a existência do defeito". No Brasil, à falta de norma sobre o assunto, têm surgido na doutrina entendimentos antagônicos, ora a favor, ora contra a exclusão da responsabilidade por risco de desenvolvimento. A matéria é delicada e está a exigir debate público e expressa opção legislativa. O exame da experiência estrangeira revela aqui algumas alternativas à simples afirmativa ou negativa de responsabilidade. Exemplo instigante tem-se no sistema que era adotado pela França antes da Diretiva Europeia: o direito francês considerava o risco de desenvolvimento excludente de responsabilidade apenas em relação aos danos causados após dois anos da colocação do produto no mercado. Presumia-se que a descoberta técnica ou científica em dois anos da colocação do produto já deveria estar sendo precedida de pesquisas relevantes, que o fornecedor deveria levar em conta, caracterizando-se, em tais hipóteses, um defeito a ele imputável. É um dos muitos modelos possíveis que o legislador deve levar em conta ao regular a matéria, que exige, repita-se, urgente intervenção[12].

11. Desconsideração da personalidade jurídica

O Código de Defesa do Consumidor, em mais uma inovação relevante ao seu tempo, cuidou expressamente da desconsideração da personalidade jurídica no art. 28.

O preceito convive com o art. 50 do Código Civil, que se filia à chamada teoria maior da desconsideração, a qual exige, para que se atinja o patrimônio dos sócios ou administradores, a configuração de abuso da personalidade jurídica[13]. À teoria maior opõe-se a teoria menor da desconsideração, que se contenta com a simples constatação de que a pessoa jurídica funciona como obstáculo ao ressarcimento de danos. Para alguns autores, o Código de Defesa do Consumidor teria se filiado a esta última corrente. Na verdade, o Código de Defesa do Consumidor pareceu acolher a teoria maior na primeira parte do *caput* do art. 28,

---

12 Na ausência de um posicionamento legislativo sobre o tema, já decidiu o Superior Tribunal de Justiça que "o risco do desenvolvimento, entendido como aquele que não podia ser conhecido ou evitado no momento em que o medicamento foi colocado em circulação, constitui defeito existente desde o momento da concepção do produto, embora não perceptível *a priori*, caracterizando, pois, hipótese de fortuito interno", incapaz, portanto, de excluir a responsabilidade do fornecedor (STJ, 3ª Turma, REsp 1.774.372/RS, rel. Min. Nancy Andrighi, j. 5-5-2020).

13 Aqui, permite-se remeter o leitor a tudo quanto já afirmado no estudo das pessoas jurídicas, no capítulo 7 desta obra, em que se traçou os contornos gerais do regime de desconsideração contido no Código Civil de 2002.

que menciona "abuso de direito, excesso de poder, infração da lei, fato ou ato ilícito ou violação dos estatutos ou contrato social". No restante do dispositivo, contudo, e especialmente no § 5º do art. 28, o Código de Defesa do Consumidor parece albergar a teoria menor da desconsideração, já que ali alude simplesmente ao obstáculo para a reparação de danos.

Toda controvérsia que se instaurou a partir da publicação do Código de Defesa do Consumidor gira em torno de saber se o § 5º do art. 28 deve ser lido em consonância com o *caput*, caso em que o próprio parágrafo se torna inútil, ou se, ao contrário, deve ser lido de forma autônoma, caso em que o que se torna inútil é o *caput*. O tema foi submetido à Terceira Turma do Superior Tribunal de Justiça em 2003, no julgamento do Recurso Especial n. 279.273/SP, relativo à tragédia do desabamento do Osasco *Shopping Center*. A Turma, naquele caso, acabou aplicando a teoria menor da desconsideração, valendo-se de uma leitura autônoma do § 5º do art. 28 do Código de Defesa do Consumidor. Embora a decisão, à época, tenha sido alcançada por simples maioria, a jurisprudência do Superior Tribunal de Justiça veio a se consolidar no sentido do acolhimento da teoria menor nas relações de consumo[14].

12. Proteção contratual do consumidor

Ao lado das normas sobre responsabilidade do fornecedor de produtos ou serviços, o Código de Defesa do Consumidor traz um amplo conjunto de normas por meio das quais se procura assegurar a tutela do consumidor, presumindo que se encontra em desequilíbrio de forças perante o fornecedor. Assim, o consumidor nas relações de consumo conta com instrumentos mais amplos para sua proteção que aqueles de que dispõe o contratante nas relações contratuais em geral, regidas tão somente pelo Código Civil.

Assim, o Código de Defesa do Consumidor assegura, por exemplo, ao consumidor o direito de se arrepender da celebração do contrato "no prazo de 7 dias a contar de sua assinatura ou do ato de recebimento do produto ou serviço, sempre que a contratação de fornecimento de produtos e serviços ocorrer fora do estabelecimento comercial, especialmente por telefone ou a domicílio". Trata-se do chamado "direito de reflexão", que não encontra paralelo no Código Civil. Outra norma importante encontra-se no art. 47 do diploma consumerista, que determina que "as cláusulas contratuais serão interpre-

---

14 STJ, 3ª Turma, REsp 1.537.890/RJ, rel. Min. Paulo de Tarso Sanseverino, j. 8-3-2016; STJ, 4ª Turma, AgRg no REsp 1.106.072/MS, rel. Min. Marco Buzzi, j. 2-9-2014; STJ, 4ª Turma, REsp 1.111.153/RJ, rel. Min. Luis Felipe Salomão, j. 6-12-2012; STJ, 3ª Turma, REsp 737.000/MG, rel. Min. Paulo de Tarso Sanseverino, j. 1-9-2011.

tadas de maneira mais favorável ao consumidor". A regra hermenêutica prescinde da configuração de contrato de adesão, não correspondendo, portanto, ao art. 423 do Código Civil, que consagra a interpretação pró-aderente. Ainda em favor do consumidor, o art. 46 chega a retirar o caráter obrigatório dos contratos celebrados por consumidores "se não lhes for dada a oportunidade de tomar conhecimento prévio de seu conteúdo, ou se os respectivos instrumentos forem redigidos de modo a dificultar a compreensão de seu sentido e alcance".

Extrema importância assume, ainda, o rol do art. 51, onde são listadas as chamadas cláusulas abusivas, que o legislador consumerista considera nulas de pleno direito. No elenco, combinam-se vedações mais específicas, como aquela constante do inciso I referente à cláusula que exonera de responsabilidade o fornecedor, com vedações mais amplas, que configuram verdadeiras cláusulas gerais, como aquela que, no inciso IV, fulmina de nulidade todas as cláusulas que "estabeleçam obrigações consideradas iníquas, abusivas, que coloquem o consumidor em desvantagem exagerada, ou sejam incompatíveis com a boa-fé ou a equidade". O rol do art. 51, registre-se, é meramente exemplificativo. A Secretaria de Direito Econômico do Ministério da Justiça tem emitido portarias que complementam o rol trazido pelo Código de Defesa do Consumidor. Exemplo importante de cláusula abusiva acrescentada por meio desse processo é a que "autorize o fornecedor a investigar a vida privada do consumidor", contemplada na Portaria SDE 5/2002. A norma exprime a tutela da privacidade, como atributo da personalidade humana, que a Constituição contempla entre os direitos fundamentais no art. 5º, inciso X.

Colhe-se aí boa oportunidade para repisar que a axiologia constitucional é fundamento e não consequência da defesa do consumidor[15]. O propósito central deve ser sempre, quer nas relações de consumo, quer não, a proteção da pessoa humana e da solidariedade social, valores unificadores da ordem jurídica. A tutela do contratante vulnerável erige-se, nessa direção, em princípio que não contraria o Código Civil, mas exprime coerência entre os dois principais diplomas do chamado direito privado, unidos pela axiologia constitucional em um ordenamento jurídico que ou é uno, ou não é ordenamento.

---

15 Cabe aqui a observação crítica de José de Oliveira Ascensão, para quem, de certa forma, também o direito do consumidor atende à lógica do mercado: "É a fluidez do mercado que se procura antes de mais assegurar, e essa só existe se se insuflar confiança no consumidor. O Direito do Consumidor tem assim uma dupla face" (Direito europeu do consumidor e direito brasileiro, *Revista Trimestral de Direito Civil*, v. 32, out./dez. 2007, p. 179).

13. Superendividamento

Foi publicada, em julho de 2021, a Lei n. 14.181, que alterou o Código de Defesa do Consumidor e o Estatuto da Pessoa Idosa para aperfeiçoar a disciplina do crédito ao consumidor e dispor sobre a prevenção e o tratamento do superendividamento. Nos termos da nova lei, superendividamento é "a impossibilidade manifesta de o consumidor pessoa natural, de boa-fé, pagar a totalidade de suas dívidas de consumo, exigíveis e vincendas, sem comprometer seu mínimo existencial, nos termos da regulamentação" (CDC, art. 54-A, § 1º). A lei autoriza o consumidor superendividado a requerer perante o Poder Judiciário ou determinados órgãos públicos a instauração de um processo de repactuação de dívidas, em que se realizará audiência conciliatória, na qual "o consumidor apresentará proposta de plano de pagamento com prazo máximo de 5 (cinco) anos, preservados o mínimo existencial, nos termos da regulamentação, e as garantias e as formas de pagamento originalmente pactuadas" (CDC, art. 104-A).

Alcançando-se a conciliação com qualquer dos credores, a sentença judicial homologará o acordo, descrevendo o plano consensual de pagamento da dívida, que contemplará, entre outros aspectos, medidas de dilação dos prazos para pagamento e redução dos encargos da dívida (juros). Os efeitos do plano consensual ficarão condicionados "à abstenção, pelo consumidor, de condutas que importem no agravamento de sua situação de superendividamento" (CDC, art. 104-A, § 4º, IV).

Se, por outro lado, não houver conciliação, a Lei n. 14.181 faculta ao consumidor superendividado pleitear a abertura de um "processo por superendividamento para revisão e integração dos contratos e repactuação das dívidas remanescentes", com vistas à emissão de um "plano judicial compulsório", que abarcará "todos os credores cujos créditos não tenham integrado o acordo porventura celebrado" (novo art. 104-B do CDC). Neste caso, os credores precisarão expor "as razões da negativa de aceder ao plano voluntário ou de renegociar" as dívidas do superendividado. O plano judicial compulsório estipulará "medidas de temporização ou de atenuação dos encargos", mas assegurará aos credores, no mínimo, "o valor do principal devido, corrigido monetariamente por índices oficiais de preço", a ser liquidado em, no máximo, 5 (cinco) anos contados do pagamento previsto no plano consensual de pagamento que resulte de eventual conciliação.

Em 26 de julho de 2022, foi editado o Decreto n. 11.150, que se propôs a regulamentar a Lei n. 14.181. O art. 3º do referido Decreto estabelecia, em sua redação original, como "*mínimo existencial a renda mensal do consumidor pessoa natural equivalente a vinte e cinco por cento do salário mínimo vigente na data de publicação deste Decreto*". Tal percentual correspondia, na data de edição do Decreto, à quantia de R$ 303,00 – valor que, de acordo com a Associação Nacional das Defensoras e dos Defensores Públicos, não permitia a compra de uma cesta básica[16]. Não seria exagero, portanto, concluir que o Poder Executivo Federal, a pretexto de regulamentar a Lei do Superendividamento, acabou por frustrar a finalidade da lei, reduzindo expressamente a amplitude da noção de superendividamento. Posteriormente, o Decreto n. 11.567/2023 aumentou o valor do mínimo existencial para a quantia fixa de R$ 600,00 que, no entanto, parece ainda insuficiente para a preservação da dignidade da pessoa superendividada[17].

Independentemente disso, a Lei n. 14.181/2021 traz forte incentivo à repactuação das dívidas do consumidor em estado de superendividamento e prevê, até mesmo, a possibilidade de sua imposição pela via judicial. Há quem torça o nariz para a novidade, argumentando que isso tudo só reforça o fato de que "o Brasil é um país de devedores". Qualquer mitigação aos direitos dos credores significaria, nessa linha, um desestímulo ao cumprimento pontual dos débitos, funcionando como uma espécie de carta branca para o "calote". No entanto, se o Brasil se tornou um país com elevado número de inadimplentes, parece evidente que este dado não pode ser dissociado das altas taxas de desemprego em nosso país e das sucessivas crises econômicas que atingem, de tempos em tempos, a capacidade de pagamento dos cidadãos brasileiros.

Também desempenha algum papel nesse cenário a maneira como o crédito é concedido entre nós. Se a inadimplência é frequentemente atribuída por economistas à falta de planejamento ou educação financeira, não se pode tratar com indiferença a proliferação recente de instrumentos mecânicos voltados à oferta massiva de financiamentos – instrumentos que vão desde os conhecidos *pop-ups*, que oferecem "empréstimos a um só clique de você" em sites e aplicativos de toda sorte, até as chamadas telefônicas em série, que, advindas dos números mais diversos e nos horários mais sorrateiros, nos conectam a vozes

---

16 Informação extraída de reportagem do Valor intitulada "Mendonça levará ao plenário do STF análise sobre mínimo existencial de R$ 303 para superendividados" (valor. globo.com, 6-9-2022).

17 Registre-se que foram ajuizadas duas Arguições de Descumprimento de Preceito Fundamental – ADPFs 1.005 e 1.006 –, questionando o teor original do Decreto n. 11.105. Após a modificação operada pelo Decreto n. 11.567, a Associação Nacional das Defensoras e Defensores Públicos ajuizou nova Arguição (ADPF 1.097), sustentando que o valor fixado, mesmo majorado, ainda seria inconstitucional. Todas as ações tramitam sob a relatoria do Ministro André Mendonça e, na data de conclusão da presente edição, ainda aguardam julgamento pelo Supremo Tribunal Federal.

robóticas ansiosas por conceder crédito para "você que quer comprar um carro novo ou usado", que "quer dar uma joia ao seu amor no dia dos namorados" ou até mesmo para quem deseje simplesmente crédito "fácil, sem mais perguntas". A facilitação no acesso ao crédito, tão bem-vinda, não pode ser confundida com a concessão irresponsável ou desinformada de crédito.

Esta foi também uma preocupação da Lei n. 14.181/2021, que proibiu, na oferta crédito ao consumidor, as práticas de "ocultar ou dificultar a compreensão sobre os ônus e os riscos da contratação do crédito ou da venda a prazo" e "assediar ou pressionar o consumidor para contratar o fornecimento de produto, serviço ou crédito, principalmente se se tratar de consumidor idoso, analfabeto, doente ou em estado de vulnerabilidade agravada ou se a contratação envolver prêmio", entre outros comportamentos considerados abusivos. A nova legislação também impôs ao fornecedor de crédito, bem como ao intermediário, deveres específicos de conduta, tais como "informar e esclarecer adequadamente o consumidor, considerada sua idade, sobre a natureza e a modalidade do crédito oferecido, sobre todos os custos incidentes" e sobre "as consequências genéricas e específicas do inadimplemento", além de "avaliar, de forma responsável, as condições de crédito do consumidor, mediante análise das informações disponíveis em bancos de dados de proteção ao crédito" (novos arts. 54-C, III e IV, e 54-D, I e II, do CDC). A violação a qualquer desses comandos poderá gerar não apenas o dever de indenizar o consumidor por danos patrimoniais e morais, mas também "poderá acarretar judicialmente a redução dos juros, dos encargos ou de qualquer acréscimo ao principal e a dilação do prazo de pagamento previsto no contrato original, conforme a gravidade da conduta do fornecedor e as possibilidades financeiras do consumidor" (CDC, art. 54-D, p.u.), entre outras sanções.

Alguns dirão que, com essas medidas, a Lei n. 14.181/2021 está invertendo o jogo, ao lançar o ônus da inadimplência sobre o credor, e não sobre o devedor. Não se deve ver aí, contudo, uma inversão, mas uma distribuição mais equilibrada das responsabilidades. A tradição jurídica romano-germânica nos legou um modelo punitivo, em que o devedor é tratado como ofensor e o credor como vítima, mas o enredo nem sempre se desenvolve dessa forma, como se vê especialmente em casos de crédito consignado a pessoas idosas ou em estado de vulnerabilidade.

Não me parece, portanto, que a Lei n. 14.181/2021 vá produzir o aumento da inadimplência por aproveitadores. Bem ao contrário, a nova lei expressamente exclui de sua proteção os devedores que contraem dívidas "mediante fraude ou má-fé", assim entendidas as dívidas que "sejam oriundas de contratos celebrados dolosamente com o propósito de não realizar o pagamento ou decorram da aquisição ou contratação de produtos e serviços de luxo de alto valor" (novo art. 54-A, § 3º, do CDC). Ao introduzir uma via conciliatória e uma via judicial para a repactuação de dívidas, a lei talvez acabe, isso sim, por incentivar uma efetiva recuperação econômica do devedor que, mesmo agindo de boa-fé, acabou por se tornar insolvente em virtude de insucessos econômicos ou circunstâncias que escaparam ao seu controle. Permitir que esse devedor retorne mais prontamente ao mercado talvez até mesmo produza ganhos para a economia como um todo. De todo modo, resta-nos, agora, acompanhar a aplicação da norma pelos tribunais[18].

---

18 Sobre a relação entre as disciplinas do superendividamento e da insolvência civil, seja consentido remeter o leitor ao tópico final do próximo capítulo.

# Capítulo 26

Atos Unilaterais e Preferências Creditórias

SUMÁRIO: **1.** Conceito de atos unilaterais. **2.** Promessa de recompensa. **2.1.** Espécies. **2.2.** Requisitos. **2.3.** Revogabilidade. **2.4.** Beneficiário da promessa. **3.** Gestão de negócios. **3.1.** Distinção entre gestão de negócios e mandato. **3.2.** Natureza jurídica da gestão. **4.** Preferências creditórias. **4.1.** Privilégios. **4.2.** Privilégios gerais e especiais. **4.3.** Direitos reais de garantia. **4.4.** Confronto entre preferências. **4.5.** Por um novo tratamento da insolvência.

1. Conceito de atos unilaterais

Após cuidar dos contratos em espécie, o Código Civil volta-se para os atos unilaterais, reunindo sob esse rótulo as seguintes figuras: (a) promessa de recompensa; (b) gestão de negócios; (c) pagamento indevido; e (d) enriquecimento sem causa. O heterogêneo conjunto tem sido criticado pela doutrina, que realça a distinção profunda entre o enriquecimento sem causa, do qual o pagamento indevido é meio, e as demais figuras tratadas como atos unilaterais. A codificação parece ter pretendido se referir à categoria dos negócios jurídicos unilaterais, assim entendidas as declarações de vontade que, independentemente de outra declaração em sentido convergente, se mostram aptas a criar efeitos obrigacionais para o seu emissor. A doutrina registra que uma declaração de vontade somente pode ser considerada como fonte de obrigações quando reconhecida pela ordem jurídica. Daí o legislador ter procurado reunir sob o título dos atos unilaterais alguns desses negócios. Outros existem que se encontram espalhados pela codificação, como a proposta de contrato e o testamento, de tal modo que a sistematização buscada pelo Código Civil não chegou a se realizar[1].

2. Promessa de recompensa

Promessa de recompensa é o negócio jurídico unilateral pelo qual se estipula, por meio de anúncio público, uma gratificação ou recompensa pelo preenchimento de certa condição ou pela realização de certa atividade (art. 854). A declaração unilateral de vontade apresenta-se aí, por expressa disposição legal, como fonte de obrigação que independe da anuência de outra vontade. Trata-se de *ato unilateral não receptício*, que se entende aperfeiçoado com base na simples declaração de vontade do promitente, cuja exteriorização pública é suficiente para o vincular[2]. No momento do surgimento da obrigação, note-se, o credor ainda é indeterminado. É obrigação *in incertam personam*, mas é já obrigação[3].

2.1. *Espécies*

As promessas podem ser (a) gratuitas, quando feitas em favor de quem preencha certa condição, sem ônus econômico, ou (b) onerosas, quando em favor de quem desempenhe certa atividade, com ônus econômico. São classificadas, ainda, em (a) positivas, quando exigem uma conduta comissiva (descoberta de um invento, achado de um cão perdido), ou (b) negativas, quando se fundam em uma omissão (prêmio ao aluno que não faltar às aulas naquele semestre ou ao empregado que não se atrasar). Essa última classificação, embora recorrente em nossa doutrina, carece de efeito prático, e mais depende, a rigor, do modo como se formula a promessa.

2.2. *Requisitos*

Além dos requisitos gerais do negócio jurídico, a promessa de recompensa exige a publicidade, realizada por meio de anúncios. A doutrina admite a chamada *promessa tácita de recompensa*, que ocorre pela simples exposição pública

---

1   Os institutos do enriquecimento sem causa e do pagamento indevido já foram objeto de análise no capítulo 19 desta obra, para o qual se remete o leitor.
2   Gustavo Tepedino, Heloisa Helena Barboza e Maria Celina Bodin de Moraes (Coords.), *Código Civil interpretado conforme a Constituição da República*, 2. ed., Rio de Janeiro: Renovar, 2012, v. II, p. 688.
3   Pontes de Miranda, *Da promessa de recompensa*, Campinas: Bookseller, 2001, p. 24.

do prêmio, como na brincadeira popular do pau de sebo, um mastro escorregadio em cujo extremo se coloca um prêmio que pertencerá a quem o atingir[4].

2.3. Revogabilidade

A promessa de recompensa, fixada sem prazo, é revogável enquanto não for preenchida a condição ou realizada a atividade. A revogação deve ser feita com a mesma publicidade empregada na divulgação da promessa e não exime o promitente de indenizar o candidato de boa-fé pelas despesas que tiver efetuado (art. 856). Tem-se aí inovação do Código Civil de 2002, já que a codificação de 1916 inclinava-se para a revogabilidade gratuita e incondicional. A codificação atual, mantendo a possibilidade de revogação, assegura indenização ao candidato de boa-fé, em uma saudável tentativa de harmonização entre os diferentes interesses envolvidos.

2.4. Beneficiário da promessa

O Código Civil cuida, ainda, de outros aspectos da promessa de recompensa, como a definição do beneficiário, que corresponde ao primeiro que executou o ato (art. 857). Se simultânea a execução, cada um receberá um quinhão igual na recompensa e, se indivisível a mesma, "conferir-se-á por sorteio, e o que obtiver a coisa dará ao outro o valor do seu quinhão" (art. 858).

3. Gestão de negócios

Figura que a codificação civil também insere entre os atos unilaterais é a gestão de negócios (art. 861). Consiste na administração espontânea de negócio alheio, feita sem procuração[5]. O gestor toma a iniciativa de administrar negócio alheio, sem que tenha a obrigação de fazê-lo ou disponha de autorização contratual para tanto. Age no interesse do dono do negócio e de acordo com a sua vontade presumível[6].

---

4   Pontes de Miranda, *Tratado de direito privado*, 3. ed., São Paulo: Revista dos Tribunais, 1984, t. 31, p. 299.
5   Clóvis Beviláqua, *Código Civil dos Estados Unidos do Brasil comentado*, 10. ed., Rio de Janeiro: Francisco Alves, 1957, v. V, p. 65.
6   Gustavo Tepedino, Heloisa Helena Barboza e Maria Celina Bodin de Moraes (Coords.), *Código Civil interpretado conforme a Constituição da República*, cit., p. 705.

3.1. Distinção entre gestão de negócios e mandato

O Código Civil considera haver gestão de negócios também na atividade do mandatário quando excede aos poderes que lhe foram conferidos (art. 665). Em outras palavras: o mandatário que age sem poderes equipara-se ao gestor, que administra espontaneamente o interesse alheio. A diferença fundamental entre a gestão de negócios e o mandato está em que, não concorrendo a vontade do dono do negócio para a deflagração da gestão de negócios, este só se obriga e responde por aquilo que tiver revertido em seu proveito. Ao contrário do mandante, que, por vontade própria, transmite ao mandatário os poderes de administração, o dono do negócio só tem conhecimento da gestão *a posteriori*, de modo que só a objetiva utilidade dos atos do gestor pode dar ensejo à sua responsabilização. Assim, enquanto o mandante obriga-se perante terceiros por todos os atos praticados pelo mandatário no âmbito dos poderes que lhe foram conferidos, o dono do negócio só se obriga se "o negócio for utilmente administrado" (art. 869). Outra diferença importante é que, enquanto o mandante tem o dever de indenizar o mandatário pelas despesas efetuadas nos limites do mandato, o dono do negócio somente será obrigado a reembolsar despesas úteis e necessárias (art. 869). O que domina a disciplina da gestão, portanto, é a utilidade objetiva da administração espontânea, verificada *a posteriori* pelo dono do negócio (art. 874).

3.2. Natureza jurídica da gestão

É antiga a controvérsia acerca da natureza jurídica da gestão de negócios. O direito romano contemplava a *negotiorum gestio* como quase contrato, categoria que não sobreviveu no nosso direito contemporâneo[7]. O Código Civil de 1916 inseriu a gestão de negócios entre as espécies contratuais, o que despertou a crítica de autores como Pontes de Miranda[8] e Caio Mário da Silva Pereira[9], para os quais a gestão, independendo da vontade do dono do negócio e não se fundando em qualquer acordo de vontades, é negócio jurídico unilateral. Foi o entendimento que prevaleceu na atual codificação.

A posição é, de fato, mais adequada, já que a posterior ratificação do dono do negócio aos atos praticados pelo gestor não é elemento essencial, mas meramente eventual da figura, podendo ocorrer ou não. Mesmo ocorrendo, não

---

7   Orlando Gomes, *Contratos*, 17. ed., Rio de Janeiro: Forense, 1996, p. 385.
8   Pontes de Miranda, *Tratado de direito privado*, 2. ed., Rio de Janeiro: Borsoi, 1963, t. 43, p. 176.
9   Caio Mário da Silva Pereira, *Instituições de direito civil*, 20. ed., atualizada por Caitlin Mulholland, Rio de Janeiro: Forense, 2016, v. III, p. 395-396.

converte em contrato a anterior e espontânea gestão praticada pelo gestor, por sua iniciativa própria. Com a ratificação, o dono do negócio apenas se submete, voluntariamente, aos efeitos da gestão, o que, de resto, pode ocorrer mesmo na ausência da sua aprovação, desde que verificada a objetiva utilidade da atuação do gestor para o dono do negócio.

4. Preferências creditórias

Após tratar dos atos unilaterais, dos títulos de crédito[10] e da responsabilidade civil, o Código Civil encerra o livro do direito das obrigações contemplando o tema das preferências creditórias. Preferência creditória ou creditícia é, em síntese, a primazia ou vantagem reconhecida a determinado credor, em preterimento dos demais, em virtude da natureza do seu crédito[11]. A preferência creditória no direito brasileiro pode resultar de duas fontes: (a) privilégios legais ou (b) direitos reais de garantia.

4.1. Privilégios

Embora sejam espécies de preferências creditórias, os privilégios e os direitos reais de garantia têm inspiração inteiramente diversa. Os privilégios decorrem exclusiva e diretamente da lei e têm como finalidade atribuir prioridade de pagamento a determinados créditos por princípios de equidade ou conveniência pública[12]. Por exemplo, os créditos por despesas funerárias do devedor falecido (art. 965, I) ou por gastos necessários à manutenção da sua vida digna (art. 965, V) gozam de prioridade no pagamento em decorrência de um privilégio legal, ou seja, de uma primazia outorgada pela lei em relação aos demais créditos porventura existentes.

4.2. Privilégios gerais e especiais

Os privilégios se subdividem em (a) gerais e (b) especiais, conforme a preferência recaia sobre todos os bens do devedor ou apenas alguns deles[13]. Goza de privilégio geral, por exemplo, o crédito por custas judiciais, ou por despesas com a arrecadação e liquidação da massa de bens do devedor insolvente

---

10   Matéria afeita ao direito empresarial.
11   J. M. de Carvalho Santos, *Código Civil brasileiro interpretado*, Rio de Janeiro: Freitas Bastos, 1937, v. XXI, p. 468.
12   Rubens Requião, *Curso de direito falimentar*, São Paulo: Saraiva, 1995, p. 280.
13   Gustavo Tepedino, Heloisa Helena Barboza e Maria Celina Bodin de Moraes (Coords.), *Código Civil interpretado conforme a Constituição da República*, cit., p. 959.

(art. 965, II). Por outro lado, tem privilégio especial sobre os exemplares de obra existente na massa do editor o autor da referida obra, por crédito decorrente do contrato de edição (art. 964, VII). Em relação ao bem específico sobre o qual recai, o privilégio especial prefere ao privilégio geral.

4.3. Direitos reais de garantia

Bem diversos dos privilégios são os direitos reais de garantia. Direitos reais de garantia são, em conhecida definição, os que conferem ao seu titular a prerrogativa de obter o pagamento de uma dívida com o valor ou a renda de um bem aplicado exclusivamente à sua satisfação[14]. Ao contrário dos privilégios, não derivam diretamente da lei, mas do acordo entre as partes, embora não possam transbordar das figuras taxativamente previstas na legislação, conforme se verá adiante no estudo dos direitos reais. Também não se inspiram em propósitos humanitários, equitativos ou de conveniência pública, mas atendem ao escopo de *garantia,* enquanto exercício legítimo da autonomia privada. Incidem sobre um único bem, que é o objeto do direito real de garantia. Vedado em nosso direito o *pacto comissório,* o bem será alienado para que o titular do direito real de garantia se satisfaça com o valor da alienação, conforme também se verá adiante. Se o valor obtido for inferior ao valor do crédito, a parcela restante do crédito passa a concorrer com os créditos pessoais quirografários, ou seja, com os créditos pessoais sem garantia. Se o valor obtido for, ao revés, superior ao valor do crédito, o valor excedente não é pago ao titular do direito real, mas retorna ao conjunto de bens do devedor insolvente para o pagamento das demais dívidas. Os titulares de direitos reais de garantia têm preferência em relação aos créditos pessoais privilegiados ou não.

4.4. Confronto entre preferências

No confronto entre títulos de preferência, vale o disposto no art. 961 do Código Civil: "O crédito real prefere ao pessoal de qualquer espécie; o crédito pessoal privilegiado, ao simples; e o privilegiado especial, ao geral". É de se registrar, entretanto, que a ordem de preferência creditória traçada no Código Civil de 2002 já nasceu exigindo revisão. Em primeiro lugar, a codificação trouxe, no tocante aos privilégios, listagem assistemática que deixa de mencionar outros que a própria codificação contempla, como os créditos do comissário, mencionados no

---

14 Orlando Gomes, *Direitos reais*, 21. ed., atualizada por Luiz Edson Fachin, Rio de Janeiro: Forense, 2012, p. 349.

art. 707 do Código Civil[15]. Além disso, pela própria desatualidade do projeto que lhe deu origem, a codificação limitou-se a repetir a estrutura do quadro geral de créditos do Código Civil de 1916, dividido em quatro categorias que se sucedem: (a) créditos com garantia real, (b) créditos com privilégio especial, (c) créditos com privilégio geral e (d) créditos quirografários. O esquema encontra-se há muito ultrapassado por uma vasta gama de leis especiais que, como reflexo da intervenção do Estado nas relações privadas, veio, em atenção aos novos valores da sociedade contemporânea, instituir créditos cujo pagamento deve ser prioritário.

Assim, por exemplo, o art. 499, § 1º, da Consolidação das Leis do Trabalho, com a redação que lhe foi dada pela Lei n. 6.449/77, e o art. 83, I, da atual Lei de Falências atribuem preferência absoluta aos créditos resultantes de salários ou indenizações trabalhistas. De modo semelhante, o art. 186 do Código Tributário Nacional estabelece que "o crédito tributário prefere a qualquer outro, seja qual for a sua natureza ou tempo de constituição deste, ressalvados os créditos decorrentes da legislação do trabalho". O Código Civil de 2002, desatento nesse tema, reinseriu o crédito tributário na sexta posição da ordem dos privilégios gerais, o que teria revogado a disposição do código fiscal, não fosse a sua evidente especialidade na matéria.

O problema já havia sido suscitado por Rubens Requião, quando o Projeto do Código Civil tramitava no Congresso Nacional. Advertiu à época o ilustre comercialista: "É necessário que o Título X, do Livro II, seja totalmente revisto, a fim que as preferências e privilégios se ajustem, em seu elenco, às leis sociais e fiscais que hoje proliferam e dão tratamento especial a certos créditos (...) O Código Civil futuro, coerente com a realidade, não pode permanecer cinquenta anos atrasado nessa matéria"[16]. A advertência, infelizmente, não foi ouvida e ao intérprete compete, agora, valer-se do critério da especialidade das leis para solucionar as antinomias existentes, preservando conquistas sociais e humanitárias trazidas pela legislação, em especial a legislação trabalhista.

4.5. Por um novo tratamento da insolvência

O anacronismo do sistema desenhado pelo Código Civil no tema das preferências creditórias não se reflete apenas na ordem dos créditos. Em outras

---

15 "Art. 707. O crédito do comissário, relativo a comissões e despesas feitas, goza de privilégio geral, no caso de falência ou insolvência do comitente."
16 Rubens Requião, Projeto de Código Civil, *Revista de Direito Mercantil, Industrial, Econômico e Financeiro*, n. 17, p. 143.

palavras, não se trata apenas de revisar a prioridade entre créditos, atualizando-a à luz da legislação especial. O problema é bem mais profundo. A própria concepção do concurso de credores do devedor insolvente, como uma genuína organização de fila de credores para fatiamento do patrimônio remanescente do devedor, encontra-se ultrapassada. O Código Civil deveria estimular a recuperação do devedor, como já faz a ordem jurídica brasileira em relação às sociedades empresárias, que dispõe dos relevantes institutos da recuperação judicial e extrajudicial. Reside aí uma contradição marcante do nosso ordenamento: embora sociedades empresárias contem com institutos que incentivam sua recuperação econômica, com base em concessões voluntárias ou não de seus credores, a pessoa humana continua submetida a um sistema concursal rigoroso, estático e formal. Para as sociedades empresárias, o direito brasileiro logrou construir uma solução moderna e atual, que privilegia a retomada da pessoa jurídica com base justamente na função social da empresa, na importância da atividade econômica para terceiros, especialmente para os empregados. Por outro lado, o empregado em si, pessoa natural, continua submetido a um antiquíssimo fatiamento dos seus bens, sem nenhum estímulo à sua recuperação. Essa flagrante contradição não é apenas logicamente constrangedora, mas se afigura inconstitucional, na medida em que concede tratamento mais favorável à pessoa jurídica que à pessoa humana.

Em 2021, a edição da Lei n. 14.181 promoveu avanços no tratamento da matéria ao inserir no Código de Defesa do Consumidor normas voltadas à prevenção e ao tratamento do superendividamento[17]. A Lei n. 14.181 vem, de certo modo, corrigir a já mencionada distorção existente na legislação, passando simplesmente a fornecer ao consumidor pessoa natural aquilo com que as sociedades empresárias já contavam. No entanto, ao limitar o seu campo de atuação aos "compromissos financeiros assumidos decorrentes de relação de consumo" (CDC, art. 54-A, § 2º), a Lei do Superendividamento deixou desamparadas as pessoas naturais que enfrentam dificuldades econômicas com dívidas de outra natureza, como, por exemplo, as dívidas locatícias. Por esta razão, foi aprovado, na IX Jornada de Direito Civil do Conselho da Justiça Federal, o Enunciado n. 650, segundo o qual "o conceito de pessoa superendividada, previsto no art. 54-A, § 1º, do Código de Defesa do Consumidor, deve abranger, além das dívidas de consumo, as dívidas em geral, de modo a se verificar o real grau de comprometimento do seu patrimônio mínimo para uma existência digna". Em sentido diametralmente contrário, no entanto, o Decreto n. 11.150, de 26 de

---

17 Para uma análise mais detalhada da Lei do Superendividamento, seja consentido remeter o leitor ao capítulo 25 desta obra, dedicado ao Direito do Consumidor.

julho de 2022, que se propôs a regulamentar a Lei n. 14.181, excluiu expressamente da aferição do não comprometimento do mínimo existencial as dívidas e os limites de créditos não afetos ao consumo, como dívidas de financiamento imobiliário, dívidas tributárias, dívidas condominiais e dívidas decorrentes de operação de crédito consignado, entre outras (art. 4º).

O tema da insolvência está a exigir, a rigor, reformulação mais ampla no direito brasileiro, em atenção aos modelos estrangeiros, como o *fresh start* do direito americano e outros que têm sido empregados com uma visão mais atenta à necessidade de criar incentivos à recuperação econômica do devedor[18].

---

18   Sobre o tema, ver: Daniel Bucar, *Superendividamento: reabilitação patrimonial da pessoa humana*, São Paulo: Saraiva, 2017.

DIREITOS
REAIS

Capítulo 27

Introdução aos Direitos Reais

SUMÁRIO: **1.** Direitos reais. **2.** Distinção entre direitos reais e direitos obrigacionais. **3.** Crítica à distinção entre direitos reais e direitos obrigacionais. **4.** A questão da tipicidade dos direitos reais. **5.** Tipicidade × taxatividade. **6.** Classificação dos direitos reais. **7.** Aquisição de direitos reais.

1. Direitos reais

Sob o título *direito das coisas*, ocupa-se o Código Civil dos modos jurídicos de apropriação e utilização econômica dos bens. Contempla aí os chamados direitos reais, cujo regime jurídico assume uma importância que transcende o seu próprio conteúdo técnico, refletindo a própria "forma de organização econômico-política da sociedade"[1]. A apurada dogmática dos direitos reais não deve, porém, dar ensejo ao dogmatismo. Trata-se de setor do direito civil cuja disciplina, marcada por um acentuado individualismo, contrasta fortemente com os anseios sociais em nosso país. Como adverte Luiz Edson Fachin, "a estrutura fundiária brasileira suscita legítima demanda de transformação e reforma", demanda a que não pode nem deve ser indiferente o estudo dos direitos reais[2]. A luta pela terra no campo, a tragédia cotidiana da precária ocupação

---

1 Orlando Gomes, *Direitos reais*, 21. ed., atualizada por Luiz Edson Fachin, Rio de Janeiro: Forense, 2012, p. 9.
2 Luiz Edson Fachin, em nota de atualização a Orlando Gomes, *Direitos reais*, cit., p. 8. Complementa Fachin em: Homens e mulheres do chão levantados, in *Questões de direito civil brasileiro contemporâneo*, Rio de Janeiro: Renovar, 2008, p. 50: "Volvendo o

urbana, a privação de acesso aos chamados bens essenciais são problemas centrais que qualquer leitura do velho direito das coisas deve se propor a enfrentar.

O Código Civil de 2002 foi, nesse particular, extremamente tímido. Servil à estrutura e até à literalidade da codificação anterior, nosso atual Código Civil manteve, no campo dos direitos reais, a racionalidade do passado, limitando-se, com alguns espasmos de exceção, ao que já foi chamado de uma "atualização meramente técnica, uma espécie de purificação legislativa"[3]. Assim, embora se tenha aperfeiçoado a disciplina da posse, na esteira das lições de Ebert Chamoun, responsável pela redação dessa parte do projeto de codificação, e se tenha introduzido algumas outras melhorias no tocante, por exemplo, aos direitos de vizinhança, a cuja disciplina foi incorporada célebre construção de San Tiago Dantas, que se estudará adiante, a verdade é que o Código Civil de 2002 mostra-se, de modo geral, pouco comprometido com a construção de um direito das coisas voltado à realização da dignidade humana, de modo equitativo e solidário.

2. Distinção entre direitos reais e direitos obrigacionais

Antes de adentrar a disciplina dos direitos reais, parece indispensável apresentar seu conceito, o que, por sua vez, exige revisitar a secular distinção entre direitos reais e direitos pessoais, também chamados direitos obrigacionais ou de crédito. Trata-se de distinção cujo mais remoto antecedente advém do sistema de ações do direito romano, em que se distinguia as ações pessoais (*in personam*) das ações reais (*in rem*). Não se podia extrair daí ainda uma distinção entre direitos reais e direitos pessoais, dicotomia que somente foi efetivamente introduzida pelos glosadores medievais, os primeiros a empregar as noções de *iura in re* e *iura in persona*, tendo se tornado célebre nesse sentido a construção de Donellus, que, no século XVI, distingue na ideia de *nostrum* o que é "propriamente nosso" daquilo que "nos é devido", possibilitando, com isso, a cisão entre os direitos *sobre uma coisa* e os direitos *a uma coisa* que nos

---

olhar às raízes, o moderno, no Brasil, é o futuro acontecido ontem. Nos diversos trechos de um solo inacabado, o regime jurídico da propriedade imobiliária ainda não venceu ao debate dos séculos XVII e XVIII. Dilema contemporâneo feito nota mal colocada e acordes indevidos, estão obstados pelo aprisionamento conceitual do século XIX e começo do século XX".

3 Gustavo Tepedino, Os direitos reais no novo Código Civil, in *Temas de direito civil*, Rio de Janeiro: Renovar, 2006, t. II, p. 147.

deve ser dada por outra pessoa[4]. A dicotomia seria aprofundada na Idade Moderna e alcançaria seu apogeu com a *Escola das Pandectas* na Alemanha do século XIX, passando daí às codificações civis de toda parte.

Estruturalmente, a distinção assenta, sobretudo, na oponibilidade *erga omnes* dos direitos reais, oponíveis a todas as pessoas, enquanto os direitos pessoais seriam oponíveis apenas a determinada pessoa, o devedor, de quem se exige certo comportamento comissivo ou omissivo. Daí afirmar-se que os direitos reais são *absolutos* e os direitos pessoais são *relativos*. As manifestações típicas da oponibilidade absoluta dos direitos reais são, segundo a doutrina, (a) a sequela e (b) a preferência. A preferência – limitada, a rigor, aos direitos reais de garantia – diz respeito à prioridade de satisfação no caso de insolvência do devedor, conforme já examinado no capítulo dedicado às preferências creditórias. A sequela, por sua vez, consiste no poder que tem o titular do direito real de persegui-la, reavendo-a de "quem quer que injustamente a possua ou detenha" (art. 1.228). Diziam, nesse sentido, os juristas romanos que o direito real adere à coisa *uti lepra cuti*, ou seja, como a lepra adere à pele, expressão que bem evidencia a importância reservada à sequela pela nossa tradição jurídica.

A oponibilidade *erga omnes* dos direitos reais decorre, na visão tradicional, de encerrarem os direitos reais um poder imediato do homem sobre a coisa. Essa visão, chamada *realista*, suscitou críticas no sentido de que a relação jurídica não se estabelece entre a pessoa e a coisa, mas sempre e necessariamente entre pessoas, como bem esclareceu Marcel Planiol. Daí o surgimento da doutrina *personalista*, segundo a qual as relações jurídicas de direito real, sendo também relações entre pessoas, caracterizam-se pelo *sujeito passivo indeterminado*, aludindo-se, nesse sentido, a uma obrigação passiva universal. Também essa concepção foi alvo de ataques, registrando-se que a obrigação passiva universal nem é propriamente obrigação, consistindo antes em um dever legal, nem é propriamente universal, enxergando-se elevada dose de artificialismo em uma relação estabelecida entre o titular do direito real e todo o restante da humanidade.

3. Crítica à distinção entre direitos reais e direitos obrigacionais

Atualmente, cresce na doutrina e na jurisprudência a ideia de que toda relação jurídica goza, em alguma medida, de um dever geral de abstenção.

---

4   António Menezes Cordeiro, *Direitos reais*, Lisboa: Lex, 1979, p. 18.

Como destaca Menezes Cordeiro, "todos os direitos, porque direitos, devem ser respeitados por todos, razão por que não se pode progredir nesta via para autonomizar quaisquer direitos"[5]. O caráter absoluto já é, há muito, reconhecido aos direitos extrapatrimoniais, como os direitos da personalidade. Mesmo no campo dos direitos patrimoniais, há um número cada vez maior de direitos obrigacionais aos quais o legislador reconhece oponibilidade *erga omnes*, como ocorre, entre nós, por exemplo, na retrovenda, disciplinada no art. 507 do próprio Código Civil[6]. A legislação especial tem ampliado ainda mais essas hipóteses, assegurando a diversos direitos de crédito eficácia perante terceiros, como ocorre no exemplo do acordo de acionistas, que, não obstante seu caráter puramente obrigacional, vincula a companhia uma vez arquivado em sua sede (Lei n. 6.404/1976, art. 118), ou no exemplo do contrato de locação de imóvel urbano por prazo determinado com cláusula de vigência em caso de alienação levado à averbação junto à matrícula do imóvel (Lei n. 8.245/91, art. 8º), ou, ainda, nos contratos de arrendamento rural e parceria rural, cuja vigência não se interrompe pela alienação do imóvel, nos expressos termos do art. 92, § 5º, do Estatuto da Terra (Lei n. 4.504/64). Ainda nessa direção, é emblemática a importância que vem ganhando, entre nós, o tema da responsabilidade de terceiro pela lesão ao crédito, também chamada responsabilidade do terceiro cúmplice ou responsabilidade "contratual" de terceiro, tema já analisado.

Como sintetiza Pietro Perlingieri, a rapidíssima evolução econômica

> reduziu progressivamente a importância da propriedade imobiliária e de outros direitos reais, atribuindo um papel cada vez mais significativo aos direitos de crédito e, mais genericamente, à riqueza mobiliária. Daí a progressiva extensão – às situações de crédito – de prerrogativas e aspectos de disciplina outrora exclusivos dos direitos reais. Basta pensar que as formas de tutela satisfativa, antes consideradas exclusivas dos direitos reais, são cada vez mais estendidas, em atenção da particular razão justificativa do crédito, também a situações creditórias, às quais, no passado, se reservava, ao contrário, uma tutela meramente ressarcitória ou por equivalente[7].

Se, de um lado, a oponibilidade *erga omnes* vem sendo estendida a direitos pessoais, sofre, de outro lado, restrições no próprio campo dos direitos reais.

---

5   António Menezes Cordeiro, *Direitos reais*, cit., p. 239.
6   "Art. 507. O direito de retrato, que é cessível e transmissível a herdeiros e legatários, poderá ser exercido contra o terceiro adquirente."
7   Pietro Perlingieri, *Manuale di diritto civile*, Nápoles: Edizioni Scientifiche Italiane, p. 203.

Basta verificar que a propriedade mobiliária não pode, em diversos casos, ser oposta ao adquirente de boa-fé (art. 1.268) e que, mesmo no campo da propriedade imobiliária, a eficácia absoluta tem sido cada vez mais associada à "publicidade em geral e ao instituto da transcrição registral em particular"[8], não sendo tida mais como um efeito ontológico do domínio ou de outros direitos reais. Tampouco a preferência é prerrogativa exclusiva dos direitos reais. O legislador brasileiro, como já visto, inclui, ao lado dos direitos reais de garantia, diversas situações de direito pessoal que gozam de prioridade no rateio do patrimônio do devedor, algumas até de modo mais favorável, como se vê no caso dos créditos de natureza trabalhista ou fiscal.

Diante da progressiva aproximação entre os efeitos externos dos direitos reais e pessoais, os defensores da distinção têm se voltado para a chamada *face interna* das situações jurídicas de caráter real. A distinção entre uma *face interna* e uma *face externa* dos direitos reais é atribuída a Bekker, que, em 1892, teve o mérito de procurar conciliar teorias distintas em torno do tema, que ora definiam os direitos reais com base no poder sobre a coisa, ora recorriam à oponibilidade *erga omnes* desse poder. A atenuação da face externa (oponibilidade *erga omnes*) como elemento de distinção ao longo do último século tem provocado uma espécie de retorno à face interna. Diversos autores ressaltam que o exercício dos direitos reais se dá de modo imediato sobre a coisa, independentemente da intermediação de outrem, a qual seria, pelo contrário, essencial aos direitos obrigacionais, exercitados de modo mediato. Noutras palavras, haveria no *jus in re* um "poder sobre a coisa", enquanto no direito pessoal, ainda que centrado na obrigação de dar certo bem, haveria mera "tendência para ela – *jus ad rem*"[9].

Também esse critério distintivo não se afigura imune a críticas. Por um lado, há direitos reais cujo exercício depende da intervenção do devedor, como ocorre nos direitos reais de garantia (hipoteca, penhor etc.), em que a lei veda, em regra, ao titular do direito satisfazer-se diretamente com a coisa, conforme se verá adiante no estudo da vedação ao pacto comissório. De outro lado, há direitos obrigacionais cujo exercício se dá imediatamente sobre a coisa, como se pode ver na situação do locatário ou do comodatário que, à exceção do momento constitutivo da relação contratual, prescindem da colaboração do comodante ou do locador para a satisfação diária dos seus interesses, bastando-lhes a sua não intervenção.

---

8   Pietro Perlingieri, *Manuale di diritto civile*, cit., p. 203.
9   Darcy Bessone, *Direitos reais*, São Paulo: Saraiva, 1988, p. 4.

Frustradas as tentativas de encontrar a peculiaridade dos direitos reais na sua eficácia *erga omnes* e na sua especial relação com a coisa, há quem recorra, por fim, ao critério da tipicidade dos direitos reais para diferenciá-los dos direitos obrigacionais, os quais, como já visto, são guiados pela atipicidade.

4. A questão da tipicidade dos direitos reais

De acordo com o princípio da tipicidade dos direitos reais, também chamado princípio do *numerus clausus*, somente poderiam ser considerados direitos reais aqueles que o Código Civil assim define, no art. 1.225[10]. A tipicidade dos direitos reais, que a maior parte da doutrina já sustentava ter sido acolhida no Código Civil de 1916, sofreu histórica resistência entre nós por parte de autores como Lacerda de Almeida, Carvalho Santos e Philadelpho Azevedo, para quem o rol devia ser considerado meramente exemplificativo. Tal posição vinha reforçada, sob a vigência da codificação anterior, pelo fato de que o advérbio "somente" constante do projeto original de Clóvis Beviláqua foi suprimido em virtude de emenda legislativa. Independentemente da disputa histórica, a tipicidade vem sendo alvo de intensa revisão crítica na atualidade: a valorização da tipicidade como característica inerente aos direitos reais remete ao ideário do liberal-individualismo burguês, que pretendia restringir as amarras que podiam ser instituídas em relação aos próprios bens e impediam, por sua eficácia contra terceiros, a livre circulação da propriedade privada.

A tipicidade tinha por escopo, portanto, assegurar a liberdade de iniciativa e incentivar a circulação da riqueza. "Abolidos os vínculos feudais e instaurada uma nova ordem dos direitos sobre as coisas, um sistema fechado serve à maravilha para perpetuar as conquistas obtidas; tudo o que se não adaptar ao esquema legislativo é rejeitado"[11]. Na realidade atual, contudo, a tipicidade dos direitos reais tem se tornado autêntico obstáculo à livre iniciativa e ao empreendedorismo, na medida em que novos institutos acabam tendo seu ingresso freado no Brasil pela ausência de prévio enquadramento no elenco normativo. Foi o que se viu, por exemplo, na figura da *multipropriedade*, que, à falta de previsão

---

10 "Art. 1.225. São direitos reais: I – a propriedade; II – a superfície; III – as servidões; IV – o usufruto; V – o uso; VI – a habitação; VII – o direito do promitente comprador do imóvel; VIII – o penhor; IX – a hipoteca; X – a anticrese; XI – a concessão de uso especial para fins de moradia; XII – a concessão de direito real de uso; e XIII – a laje."

11 José de Oliveira Ascensão, *A tipicidade dos direitos reais*, Lisboa: Petrony, 1968, p. 74.

legislativa no rol de direitos reais, não foi considerada segura o suficiente para atrair investimentos e não obteve, por conseguinte, o mesmo desenvolvimento que se verifica em outros países, nos quais seu caráter real foi expressamente reconhecido pelo legislador[12]. A *multipropriedade imobiliária* foi recente positivada pela Lei n. 13.777/2018, como uma forma de condomínio (CC, arts. 1.358-B e ss.). Continua, no entanto, a ser atípica no direito brasileiro a *multipropriedade sobre bens móveis*.

Além das razões de fundo, depõe contra a tipicidade dos direitos reais, entre nós, a redação do art. 1.225 do Código Civil atual, que não emprega a expressão "somente" nem se vale do conectivo "e", de modo que não se pode enxergar ali, de forma incontestável, um rol *numerus clausus*.

5. Tipicidade × taxatividade

Parte da doutrina tem sustentado, no mesmo sentido de flexibilização do caráter fechado dos direitos reais, que a tipicidade diferencia-se da *taxatividade*. Enquanto a tipicidade impediria a criação de novas espécies de direito real, a taxatividade impediria alterações no conteúdo das espécies já existentes. Para tais autores, o direito brasileiro teria acolhido a tipicidade, e não a taxatividade, de modo que, embora impedidas de criar novas figuras de caráter real, as partes poderiam moldar, de acordo com seus interesses, o objeto e a extensão dos direitos reais já existentes. Trata-se de solução meramente parcial, melhor parecendo reconhecer que tipicidade e taxatividade representam técnicas normativas empregadas pelo legislador de acordo com os fins que pretende alcançar, não se pautando necessariamente por uma distinção abstrata e estrutural entre direitos reais e direitos obrigacionais. Pelo

---

12 Sobre o tema, no Brasil: Gustavo Tepedino, *Multipropriedade imobiliária*, São Paulo: Saraiva, 1993. No julgamento do Recurso Especial 1.546.165/SP, no qual o STJ reconheceu a natureza jurídica de direito real à multipropriedade imobiliária, o voto vencedor do Ministro João Otávio de Noronha aborda a questão, manifestando-se contrariamente à tipicidade dos direitos reais: "Vale referir quanto ao ponto que, se, sob a égide do Código Civil de 1916, já se propugnava pelo caráter limitado, fechado, dos direitos reais (...), divergentes lições doutrinárias de igual magnitude firmavam-se no sentido de admitir a criação de outros direitos reais por não haver expressa vedação na lei de tal faculdade (...). Sob a perspectiva dessa expressiva lição doutrinária, não vejo também como admitir, no contexto do Código Civil de 2002, óbice a se dotar o instituto da multipropriedade imobiliária de caráter real, especialmente sob a ótica da taxatividade e imutabilidade dos direitos reais inscritos no art. 1.225. Primeiro, porque *o vigente diploma, seguindo os ditames do estatuto civil anterior, não traz nenhuma vedação nem faz referência à inviabilidade de consagrar novos direitos reais*".

contrário, tal distinção parece cada vez menos sólida, tornando-se dia a dia mais atrativa a via proposta por Pietro Perlingieri, para quem "as situações subjetivas patrimoniais podem ser suscetíveis de um tratamento unitário"[13].

Para a superação da abordagem dicotômica já apontava estudo célebre de Michelle Giorgianni, que não se pode deixar de mencionar nessa matéria. Em seu *Contributo alla teoria dei diritti di godimento su cosa altrui*, de 1940, Giorgianni desvela o equívoco da pandectística alemã do século XIX, que, mesmo elevando à dicotomia fundamental do direito civil patrimonial uma classificação estrutural entre direitos reais e direitos de crédito, reúne sob a rubrica dos direitos reais direitos com estruturas muito variadas, que escapam a um tratamento uniforme. Desenvolvendo o tema em obras sucessivas, Giorgianni chega, nesse particular, a propor a classificação dos direitos patrimoniais em direitos de crédito, direitos de gozo, direitos de garantia e direitos potestativos[14]. O maior mérito de sua contribuição está, contudo, em ter revelado que a estrutura dos direitos de crédito e a noção de direito real – que o autor assenta na ideia de *inerenza alla cosa* – não são mutuamente excludentes, de tal modo que o direito real, identificado com a possibilidade inerente de extrair utilidade da coisa para satisfação de seu próprio interesse, pode se apresentar sob diferentes formatos estruturais, incluindo até mesmo o formato de um direito de crédito (direito à prestação).

Mais que servir de amparo a reformulações da dicotomia tradicional ou à propositura de novas classificações bipartites, tripartites ou quadripartites, o que tudo isso está a comprovar é que uma distinção entre direitos reais e direitos pessoais, calcada em aspectos estruturais ou até mesmo funcionais (com base na utilidade da coisa ou da prestação que tem por objeto a coisa), talvez não se faça mais necessária nem conveniente no âmbito do direito civil contemporâneo[15]. Ao fim e ao cabo, não deixa de ter razão Demogue, que, negando reconhecimento à categoria dos direitos reais, afirmava que "tudo se resolve no direito das obrigações", tratando-se de pura diferença de intensidade na tutela dos direitos[16].

---

13 Pietro Perlingieri, *Manuale di diritto civile*, cit., p. 205.
14 Michelle Giorgianni, Diritti reali, in Antonio Azara e Ernesto Eula (Coords.), *Novissimo Digesto Italiano*, Turim: UTET, 1968, v. 5, p. 748-753, entre outras.
15 Um amplo estudo da matéria pode ser encontrado na obra de Roberta Mauro Medina Maia, *Teoria geral dos direitos reais*, São Paulo: Revista dos Tribunais, 2013.
16 Darcy Bessone, *Direitos reais*, cit., p. 6.

6. Classificação dos direitos reais

Apesar dessas considerações críticas, o certo é que o Código Civil de 2002 mantém-se leal à velha dicotomia do direito civil, segregando em dois livros próprios o direito das obrigações e o direito das coisas. Os direitos reais são listados, como já visto, no art. 1.225, que menciona: (a) propriedade; (b) superfície; (c) servidões; (d) usufruto; (e) uso; (f) habitação; (g) direito do promitente comprador do imóvel; (h) penhor; (i) hipoteca; (j) anticrese; (k) concessão de uso especial para fins de moradia; (l) concessão de direito real de uso; (m) laje; e (n) os direitos oriundos da imissão provisória na posse, quando concedida à União, aos Estados, ao Distrito Federal, aos Municípios ou às suas entidades delegadas e a respectiva cessão e promessa de cessão. Desse elenco foram excluídas a enfiteuse e a constituição de renda sobre imóvel, que constavam da codificação de 1916, e incluídos o direito de superfície e o direito do promitente comprador do imóvel, de inegável relevância na realidade contemporânea.

No terreno fértil das suas classificações, os direitos reais se dividem, em primeiro lugar, em (a) direitos reais sobre coisa própria (*jus in re propria*), que é a propriedade; e (b) direitos reais sobre coisa alheia (*jus in re aliena*), também chamados direitos reais limitados, que são todos os demais. Os direitos reais limitados dividem-se, por sua vez, em (a) direitos de garantia, que são a hipoteca, o penhor e a anticrese, e (b) direitos de gozo ou fruição, categoria em que se inserem todos os outros que diferem da propriedade (uso, usufruto, habitação, direito do promitente comprador, servidões, superfície e, recentemente, o direito real de laje e os direitos oriundos da imissão provisória do Poder Público na posse de bens em processo de desapropriação).

7. Aquisição de direitos reais

Nossa codificação civil ocupa-se da aquisição ou constituição de direitos reais. Afirma que os direitos reais sobre bens móveis, quando constituídos ou transmitidos por atos entre vivos, adquirem-se com a tradição (art. 1.226). Já no tocante aos direitos reais sobre bens imóveis, afirma a codificação que "quando constituídos ou transmitidos por atos entre vivos, só se adquirem com o registro no Cartório de Registro de Imóveis dos referidos títulos, salvo os casos expressos neste Código" (art. 1.227).

Tradição é, na definição de Caio Mário da Silva Pereira, o "ato de entrega da coisa ao adquirente, transformando a declaração translatícia de vontade em direito real"[17]. Em regra, a tradição é necessária à aquisição de direitos reais sobre bens móveis, mas há exceções, como a especificação e a usucapião, entre outras. Também a transmissão *causa mortis* dos direitos reais sobre bens móveis ocorre independentemente da tradição, por força do princípio da *saisine* (art. 1.784). A legislação por vezes subentende a tradição como nas hipóteses em que "o transmitente continua a possuir pelo constituto-possessório; quando cede ao adquirente o direito à restituição da coisa, que se encontra em poder de terceiro; ou quando o adquirente já está na posse da coisa, por ocasião do negócio jurídico" (art. 1.267, parágrafo único).

Quanto aos direitos reais sobre bens imóveis, a tradição dá-se de modo qualificado por meio do registro do título no Cartório de Registro de Imóveis[18]. Antes do registro, há apenas direito de crédito consubstanciado no direito de exigir a entrega do bem imóvel, e não direito real[19]. Em que pese a importância do registro, a própria codificação prevê outros modos de aquisição de direitos reais sobre bens imóveis, como a avulsão e a usucapião, entre outros. A comunicação de bens por celebração de casamento também constitui direito real sobre imóvel (propriedade), independentemente do registro. Ainda na mesma direção, é de se destacar que a transmissão *causa mortis* dos direitos reais sobre bens imóveis também ocorre independentemente do registro do título, em virtude do princípio da *saisine* (art. 1.784), ainda que se possa e deva proceder *a posteriori* à averbação da partilha de bens no Cartório de Registro de Imóveis.

---

17 Caio Mário da Silva Pereira, *Instituições de direito civil*, 24. ed., atualizada por Carlos Edison do Rêgo Monteiro Filho, Rio de Janeiro: Forense, 2016, v. IV, p. 151.

18 Merece destaque nesta matéria a positiva introdução, pela Lei 14.711/2023, de nova disposição na Lei de Registros Públicos, admitindo o registro "de outros negócios jurídicos de transmissão do direito real de propriedade sobre imóveis ou de instituição de direitos reais sobre imóveis, ressalvadas as hipóteses de averbação previstas em lei e respeitada a forma exigida por lei para o negócio jurídico, a exemplo do art. 108 da Lei n. 10.406, de 10 de janeiro de 2002 (Código Civil)" (LRP, art. 167, I, n. 48). A norma rompe com o caráter aparentemente típico dos títulos passíveis de registro no Registro de Imóveis, compatibilizando a norma registral com a possibilidade de celebração de negócios jurídicos atípicos, inclusive aqueles relativos à instituição e transmissão de direitos reais, contanto que tais negócios não transgridam normas de ordem pública.

19 Orlando Gomes, *Direitos reais*, cit., p. 158-159.

Capítulo 28

Posse

Sumário: 1. O que é a posse. 2. Teorias da posse: Savigny × Ihering. 3. A posse no Código Civil brasileiro. 4. *Ius possidendi* × *ius possessionis*. 5. Autonomia da posse. 6. Função social da posse. 7. Natureza jurídica da posse. 8. Posse direta e indireta. 9. Fâmulo da posse. 10. Posse justa e injusta. 11. Interversão da posse. 12. Posse de boa-fé e de má-fé. 13. Justo título. 14. Crítica à expressão posse de má-fé. 15. Composse. 16. Aquisição da posse. 17. Constituto-possessório e cláusula *constituti*. 18. Aquisição originária e derivada da posse. 19. Atos de mera tolerância. 20. Acessão de posse. 21. Perda da posse. 22. Efeitos da posse. 22.1. Direito aos frutos. 22.2. Direito à indenização e retenção de benfeitorias. 22.3. Posse *ad usucapionem*. 22.4. Responsabilidade pela perda ou deterioração da coisa. 22.5. Interditos possessórios. 22.5.1. Ação de manutenção de posse. 22.5.2. Ação de reintegração de posse. 22.5.3. Interdito proibitório. 22.5.4. Procedimento especial ou ordinário. 22.5.5. Fungibilidade das ações possessórias. 22.5.6. Cumulação de pedidos. 22.5.7. Caráter dúplice das ações possessórias. 22.5.8. *Exceptio dominii*. 22.5.9. Atualidade dos interditos possessórios. 23. Posse de direitos. 24. Posse de bens incorpóreos. 25. Posse de bens públicos.

1. O que é a posse

A posse consiste em um dos temas mais espinhosos de toda a dogmática do direito civil. Como adverte Darcy Bessone, "no tocante à posse, tudo é difícil e suscetível de controvérsias": sua história é obscura, seu conceito provoca acirrados debates e sua natureza jurídica extrema os espíritos[1]. A noção de posse no direito contemporâneo rende-se a teorias construídas com a finalidade de

---

1 Darcy Bessone, *Direitos reais*, São Paulo: Saraiva, 1988, p. 223.

desvendar o sentido e o papel da posse no direito romano, em que, de resto, o instituto assumiu diferentes concepções no longo arco temporal que se estende do período pré-clássico ao justinianeu². Não chega a ser surpreendente, portanto, que a disciplina da posse no direito brasileiro, assim como em outras experiências jurídicas, revele, ao lado de uma apurada técnica jurídica, alguns dilemas aparentemente insolúveis, como aquele que diz respeito à configuração da posse como fato ou como direito.

O que merece maior atenção que esses eternos dilemas em torno da posse é talvez a insuficiência da disciplina atual da posse para prevenir e solucionar de modo adequado os múltiplos conflitos que derivam do seu embate com o direito de propriedade na realidade contemporânea. Mais recentemente, o reconhecimento da função social da posse tem contribuído para a afirmação da autonomia do instituto, oferecendo novos caminhos para o seu desenvolvimento. Para compreender tais caminhos em sua plenitude, faz-se necessário, todavia, partir das duas célebres teorias da posse que influenciaram e continuam a influenciar seu estudo no direito vigente.

2. Teorias da posse: Savigny × Ihering

Em 1803, Friedrich Karl von Savigny, com apenas 24 anos de idade, publicou seu *Das Recht des Besitzes*, obra que foi considerada um divisor de águas no estudo da posse. Em apertada síntese, Savigny procurou reconstruir sistematicamente o tratamento do tema no direito romano, sustentando que a posse resulta da conjunção de dois elementos: (a) o *corpus*, elemento material que se traduz na possibilidade real e imediata de dispor fisicamente da coisa e de defendê-la das agressões de terceiros, e (b) o *animus*, elemento intencional, que corresponde à vontade do possuidor de ter a coisa como sua. A teoria de Savigny, como outras que a antecederam, centrava-se sobre o elemento anímico, mas lhe atribuía especial caráter, na medida em que não se contentava como a chamada *affectio tenendi* (consciência de ter a coisa consigo), mas exigia a intenção de ser dono (*animus domini* ou *animus rem sibi habendi*). Assim, a diferença entre a posse e a mera detenção residia, segundo a construção savigniana, na especial intenção que tem o possuidor de ser dono, intenção que falta ao detentor.

---

2 Moreira Alves, *Posse*, Rio de Janeiro: Forense, v. I, p. 1-5, inspirando-se na lição pioneira de Riccobono, La teoria del possesso nel diritto romano, *Archivio giuridico*, v. 50, p. 270-280.

Não se fazia necessário, para Savigny, que o possuidor tivesse a convicção de ser proprietário (*opinio suo cogitatio domini*), mas precisava estar dotado da vontade de ter a coisa como sua.

Quanto à natureza jurídica da posse, Savigny não deixa de enfrentar o amplo debate já então instaurado entre posse como fato e posse como direito. Adota, contudo, posição peculiar, afirmando que a posse em si mesma considerada deve ser tida como um fato, mas, considerada em seus efeitos, configurava-se em direito, na medida em que da relação material com a coisa, caracterizada pelo *animus domini*, derivavam direitos como a usucapião (posse *ad usucapionem*) e os interditos possessórios (posse *ad interdicta*), direitos que, registre-se, independem do direito de título dominial ou direito de propriedade. Daí a constatação de Hernández Gil, para quem a contribuição mais notável de Savigny foi haver reduzido a posse a um mínimo básico dotado de autonomia em relação à propriedade[3].

À teoria de Savigny opôs-se, cerca de cinquenta anos depois, Rudolf von Ihering, por meio de uma série de escritos em que expôs sua visão sobre a posse, também à luz das fontes romanas. Para Ihering, o *animus domini*, tal qual compreendido por Savigny, afigurava-se irrelevante para a caracterização da posse, pois frequentemente é difícil ou mesmo impossível distinguir entre a vontade de possuir em nome alheio (*affectio tenendi*) e a vontade de possuir como dono ou para ser dono. Quem vê dois cavaleiros que se cruzam não saberá dizer se qualquer deles tem o cavalo como algo seu ou como algo alheio. Basta, assim, para Ihering que haja a exteriorização do domínio, que pode se verificar mesmo em relação a quem não tem a intenção de ser dono: seriam possuidores, nesse sentido, o locatário, o depositário e tantos outros que utilizam coisas alheias por força de mero contrato.

Ihering entendia que a detenção e a posse não se distinguiam ontologicamente, exprimindo ambas uma aparência de propriedade. Sua distinção advinha da *causa possessionis*, isto é, do título de que resultava a posse. Ihering não chegava a negar a influência do *animus* sobre a posse, mas o compreendia como uma vontade abstrata, típica, a que a lei vinculava o título da posse, independentemente da vontade concreta do possuidor, de tal modo que mais correto que aludir à vontade seria aludir à causa. Nessa linha, a detenção não era nada mais que a posse degradada pela lei: a falta de posse pelo detentor não derivava

---

3   Antonio Hernández Gil, *La función social de la posesión*, Madri: Alianza Editorial, 1969.

da sua falta de vontade de ser dono (*animus domini*), mas da lei que negava àquela detenção o caráter de posse. Por essas razões, Ihering denominou sua própria construção de teoria objetiva da posse, em oposição a todas as teorias subjetivas que o antecederam e que se baseavam, de um modo ou de outro, sobre o elemento anímico do possuidor.

O próprio Ihering tenta traduzir algebricamente a diferença entre sua teoria e a de Savigny, por meio das seguintes fórmulas:

Para Savigny: $P = C + A + a$
$D = C + A$

Para Ihering: $P = C + A$
$D = C + A - n$

em que "P" é posse, "D" é detenção, "C" é *corpus*, "A" é *affectio tenendi*, "a" é *animus domini* e "n" é a norma que degrada a posse em detenção[4].

A distinção entre posse e detenção é uma espécie de pedra angular que permite diferenciar as teorias de Savigny e Ihering[5]. Há outras divergências, contudo. Por exemplo, Savigny não admite o desdobramento da posse em posse direta e indireta, o que deriva do seu próprio conceito de *corpus* como poder físico sobre a coisa. Ihering critica tal definição com base em numerosos exemplos das fontes romanas – incluindo o curioso exemplo do javali preso na armadilha preparada pelo caçador (D. 41, 2, 55). O *corpus*, na construção de Ihering, consubstancia-se na relação de fato entre a pessoa e a coisa de acordo com sua destinação econômica, não implicando necessariamente possibilidade de ação imediata sobre a coisa, como pretendia Savigny. Para Ihering, o que se afigura relevante é proceder o possuidor tal como procederia o proprietário. Daí sua célebre fórmula segundo a qual a posse é a *guarda avançada* da propriedade. A tutela da posse é, para Ihering, um corolário da proteção da propriedade e, portanto, um direito.

---

4   Darcy Bessone faz arguta correção à tradução algébrica de Ihering, observando que não se dessume da obra de Savigny que tenha tido a intenção de somar mais de um *animus* ou *affectio* na caracterização da posse, mas simplesmente propor a exigência de um *animus* diverso, especialmente qualificado pela intenção de ser dono. Daí propor o Professor da Casa de Afonso Pena que se substitua a fórmula "$P = C + A + a$" simplesmente por "$P = C + a$", mantidos os demais termos da equação e seus respectivos significados (*Direitos reais*, cit., p. 226).

5   José Carlos de Matos Peixoto, *Corpus e animus na posse em direito romano*, Rio de Janeiro: Jornal do Commercio, 1936.

Também divergem Ihering e Savigny quanto ao fundamento da proteção jurídica da posse. Para Savigny, tal fundamento assentava sobre a tutela da vontade ou da própria pessoa, destinando-se a evitar violência contra o possuidor, tudo em consonância com a sua construção subjetivista. Para Ihering, em contrapartida, o fundamento da proteção jurídica da posse é o direito de propriedade, pois a posse, segundo sua opinião, nada mais seria que a guarda avançada do domínio. A proteção possessória seria complemento da proteção da propriedade, complemento necessário a lhe assegurar o exercício.

As teorias da posse de Savigny e Ihering dominam de tal modo a discussão do tema da posse que já se chegou a afirmar que "nada se fez de original e importante, no que toca ao estudo da posse, após as obras dos dois sábios juristas germânicos"[6]. Todo o estudo contemporâneo da posse é guiado pela contraposição entre os pensamentos dessas duas personalidades. Nosso Código Civil tem sido considerado, nesse sentido, um diploma eclético, no sentido de que nele se encontram soluções inspiradas tanto na teoria subjetiva de Savigny quanto na teoria objetiva de Ihering.

3. A posse no Código Civil brasileiro

O Código Civil brasileiro trata da posse antes da propriedade, orientação que reforça a autonomia da posse em relação à propriedade. Contraditoriamente, nossa codificação subordina a posse à propriedade em diversos momentos. Não chega a definir a posse, mas define o possuidor como "todo aquele que tem de fato o exercício, pleno ou não, de algum dos poderes inerentes à propriedade" (art. 1.196).

Discute-se, ainda, o peso reservado pelo nosso legislador à vontade possessória. Debate-se, entre nós, se é necessária para a aquisição da posse a vontade ou, ao menos, a consciência de se estar adquirindo a posse – ou seja, a *Besitzbegründungswille* ou, mais simplificadamente, *Besitzwille*, a que se referem os juristas alemães. Sobre o tema, conclui José Carlos Moreira Alves que, "no direito brasileiro, para a aquisição da posse quando o modo de adquiri-la não requer vontade juridicamente qualificada ou não a faz surgir automaticamente de fato a que a lei atribui essa consequência, exige-se, ao menos, a vontade

---

6 Darcy Bessone, *Direitos reais*, cit., p. 224.

natural, como caracterizada pela doutrina dominante na Alemanha na figura do *Besitzbegründswille* ou *Bestizswille*"[7].

Tal vontade possessória não precisa ser específica, podendo ser geral, nem exige um efetivo poder físico sobre a coisa, bastando que "a coisa ingresse numa esfera de organização do adquirente que evidencie normalmente ser seu círculo de dominação"[8]. Referido artifício explica porque alguém se torna possuidor das cartas recebidas em sua caixa postal ou do dinheiro depositado em sua máquina de venda, ou, ainda, porque o pescador se torna possuidor do peixe preso em sua rede ou o comprador se torna possuidor da coisa encomendada e entregue em sua residência na sua ausência. Em todas essas hipóteses, mesmo que falte o poder físico sobre o bem, há uma *predisposição consciente do possuidor a deter poder sobre a coisa*, diversamente do que ocorre naquelas situações absurdas que recordava Segrè: o proprietário de uma casa não é possuidor da bomba que seu inimigo ali coloca em segredo nem o passante é possuidor do relógio roubado que o ladrão oculta secretamente em seu bolso para escapar ao flagrante.

4. *Ius possidendi* × *ius possessionis*

A definição da posse como exercício de fato de algum dos poderes inerentes ao domínio suscita questão relevante que diz respeito à autonomia da posse. É conhecida a distinção entre (a) o *ius possidendi*, em que a posse se revela como faculdade inerente ao domínio, e (b) o *ius possessionis* – ou, como prefere Barbero, *factum possessionis* –, em que a posse é encarada em si mesma, independentemente do título dominial. Enquanto o *ius possessionis* é, em relação ao fato da posse, um *posterius* e um quê de adquirido – *possideo, quia possideo* (tenho o direito de continuar a possuir porque possuí até agora) –, o *ius possidendi*, como uma das possíveis manifestações de um direito subjetivo, é um *prius* e um quê de originário (posso exercer a posse porque sou titular do correspondente direito). Nessa direção, o Código Civil da Prússia distinguia entre (a) direito *de* posse (correspondente ao *ius possessionis*) e (b) direito *à* posse (correspondente ao *ius possidendi*). O *ius possidendi* não pertence ao estudo da posse, mas ao estudo da propriedade. Já o *ius possessionis* independe de domínio.

---

7 José Carlos Moreira Alves, O problema da vontade possessória, *Revista do Tribunal Regional Federal da 1ª Região*, v. 8, out./dez. 1996, p. 22.
8 Moreira Alves, O problema da vontade possessória, cit., p. 22.

5. Autonomia da posse

A despeito, pois, de título dominial, o exercício de fato de qualquer das faculdades inerentes ao domínio já configura posse, a suscitar proteção autônoma, como direito dotado de ações próprias. A posse, portanto, não se identifica com o exercício do direito de propriedade, pois, de modo autônomo, independentemente do domínio ou até mesmo em detrimento deste, vem tutelada como meio de efetivo aproveitamento econômico dos bens. Sendo a posse um direito que pode ser exercido mesmo por quem não é dono da coisa e até mesmo contra este, evidencia-se o equívoco em que incorre a assertiva de que a posse consiste em mero reflexo da propriedade. Ao reverso, a posse constitui direito autônomo em relação à propriedade, que exprime a sujeição dos bens à concretização de interesses merecedores de tutela.

Registre-se que, no seu conteúdo, a posse assemelha-se à propriedade, mas isso não compromete sua autonomia. Como explica Ebert Chamoun: "ocorre que o poder de fato, em que a posse consiste, tem o conteúdo mesmo do direito de propriedade, a senhoria ou a economia da propriedade. Não poderia deixar de ser senão assim, pela razão elementar de que a propriedade é o mais extenso direito existente em relação a uma coisa, não havendo poder de fato cuja consistência se subtrai a esse poder de direito"[9]. Por isso, a noção de posse vem normalmente associada à noção de propriedade, mas a proteção da primeira independe da segunda. As aparências são idênticas, mas o direito não protege a posse por ser aparência de propriedade. Daí a definição de posse proposta por Chamoun: "considera-se posse o poder de fato que se manifesta sobre uma coisa, mediante comportamento que corresponde ao exercício de faculdade inerente à propriedade"[10]. Em igual direção, aprovou-se o Enunciado n. 492 na V Jornada de Direito Civil do Conselho da Justiça Federal, em que se lê: "A posse constitui direito autônomo em relação à propriedade e deve expressar o aproveitamento dos bens para o alcance de interesses existenciais, econômicos e sociais merecedores de tutela"[11].

---

9   Trecho da exposição de motivos do anteprojeto do Código Civil brasileiro, publicado no Diário Oficial da União em 1974, extraído do texto *Posse de direito no Código Civil brasileiro de 2002*, de José Carlos Moreira Alves, constante dos Anais da V Jornada de Direito Civil do CJF.
10 Este é o conceito constante do anteprojeto originário do direito das coisas elaborado pelo professor Ebert Chamoun.
11 Autores da proposta: Gustavo Tepedino e Pablo Rentería. Sobre a autonomia da posse no direito brasileiro, ver: Carlos Eduardo Pianovski Ruzyk e Felipe Frank, A autonomia

6. Função social da posse

Em perspectiva histórica, pode-se reconhecer no instituto da posse a origem da funcionalização do direito de propriedade. A tutela de um estado de fato correspondente ao exercício de faculdade do domínio exprime não apenas o intuito de evitar a prática da violência, mas também uma preferência pelo efetivo aproveitamento econômico dos bens. A atribuição de um caráter social a essa função – historicamente bem mais recente – vem desprender o concreto exercício do domínio do exclusivo interesse proprietário, subordinando-o à realização de interesses de toda a coletividade, em uma perspectiva que reserva ainda maior destaque à posse como situação jurídica autônoma.

Também à posse, todavia, se atribui, recentemente, uma função social. A autonomia da posse em relação à propriedade demonstra que não necessariamente a posse vincula-se a esta última, razão pela qual os interesses que concretiza a posse em si também devem se submeter a controle de merecimento de tutela à luz da ordem jurídica. A tutela da posse não pode, portanto, ser resumida na atualidade a uma proteção da aparência ou exteriorização da propriedade ou a uma mera preferência do ordenamento pela situação de fato em detrimento da situação formal da propriedade. Um proprietário que não exterioriza o seu domínio ou não exerce ostensivamente as faculdades de que dispõe não deve ser necessariamente desprestigiado pela ordem jurídica em favor do possuidor, como se pode verificar no caso dos imóveis privados que constituem reservas ambientais, nos quais o proprietário pode estar exercendo a função social da propriedade imobiliária por meio do seu não uso, enquanto o possuidor, ainda que a utilizando ostensivamente (por exemplo, para fins de exploração econômica por meio do desmatamento para plantio), pode não estar realizando a sua função social[12].

Cumpre, portanto, verificar em cada caso concreto se o poder de fato que corresponde ao exercício de faculdades inerentes ao domínio (posse) atende ou não, em relação àquele bem, à sua função social. Ainda que se deva reconhecer

---

da posse frente à propriedade no direito brasileiro e a hipóteses dos parágrafos 4º e 5º do artigo 1.228 do Código Civil, in *Direito civil constitucional*, Editorial Conceito, p. 415 e s.; Marcos Alberto Rocha Gonçalves, *A Posse como Direito Autônomo: teoria e prática no direito civil brasileiro*, Rio de Janeiro: Renovar, 2015.

12 Nesse sentido é que deve ser interpretada a afirmação de Hernández Gil, segundo o qual a posse é uma realidade social, enquanto a socialização é um projeto, aspiração ou propósito, que deve ser alcançado por meio da mudança social e do abandono daquilo que denomina como uma posição de excessiva neutralidade do Estado de Direito em relação à posse.

com Hernández Gil que a centralidade de toda a problemática dos direitos reais deveria ser reservada à posse, como concreto desfrutamento dos bens, e não à propriedade, como titularidade abstrata, é certo que o embate entre posse e propriedade ou, mesmo antes disso, a tutela da posse em si não deve ser vista como mero tributo à realidade, mas depende, antes, da verificação de que aquela posse em concreto atende aos interesses merecedores de tutela à luz da ordem jurídica.

A justificativa da posse se encontra, portanto, diretamente na função social que desempenha o possuidor. Se inserida no âmbito da relação dominical, avalia-se a legitimidade do exercício possessório por intermédio da função cujo atendimento já é imposto ao titular do domínio. Quando destacada do direito de propriedade, a posse tem sua legitimidade condicionada ao interesse jurídico perseguido pelo exercício possessório. E, se assim é, eventual controvérsia entre a posse e a propriedade não pode ser dirimida *a priori*. Como destaca Luiz Edson Fachin,

> a função social é mais evidente na posse e muito menos evidente na propriedade, que mesmo sem uso, pode se manter como tal. A função social da propriedade corresponde a limitações fixadas no interesse público e tem por finalidade instituir um conceito dinâmico de propriedade em substituição ao conceito estático, representando uma projeção da reação anti-individualista. O fundamento da função social da propriedade é eliminar da propriedade privada o que há de eliminável. O fundamento da função social da posse revela o imprescindível, uma expressão natural de necessidade[13].

Com efeito, se mesmo no âmbito da propriedade vem se reconhecendo, gradativamente, a necessidade de uma inversão conceitual em que o domínio deixa de ser visto como mecanismo de apropriação exclusiva e restrição de uso para uma noção de propriedade calcada justamente no direito de acesso a todos os bens fundamentais[14], com maior razão tal perspectiva se estende ao instituto da posse, não se podendo deixar de invocar a feliz expressão de Hernández Gil, que alude à função social da posse como direito de todos ao "mínimo possessório"[15]. Permitir que mais pessoas passem a ter acesso ao desfrute dos bens

---

13 Luiz Edson Fachin. *A função social da posse e a propriedade contemporânea: uma perspectiva da usucapião imobiliária rural*, Porto Alegre: Fabris, 1988, p. 19-20.
14 Stefano Rodotà, *Il terribile diritto: studi sulla proprietà privata*, Bolonha: Il Mulino, p. 453-454.
15 Antonio Hernández Gil, *La función social de la posesión*, Madri: Alianza, 1969, p. 175.

materiais e imateriais é um dos principais modos de propiciar existência digna àqueles que, historicamente, se colocavam à margem de um direito civil que reservava sua tutela apenas ao indivíduo proprietário. A ampliação do acesso à utilização dos bens no quadro social de escassez em que vive a sociedade brasileira concretiza valores fundamentais do ordenamento jurídico pátrio, como aqueles insculpidos nos incisos I e III do art. 3º da Constituição, segundo os quais constitui objetivo fundamental da República Federativa do Brasil construir uma sociedade justa e solidária, erradicar a pobreza e reduzir as desigualdades sociais. A posse cumpridora de sua função social goza de autonomia em relação ao direito de propriedade, podendo prevalecer mesmo contra o domínio[16].

7. Natureza jurídica da posse

Além do debate em torno da caracterização da posse como fato ou direito, aqueles que sustentam tratar-se de um direito discutem qual a sua exata natureza. Os adeptos da chamada concepção realista, dentre os quais Orlando Gomes, consideram a posse um direito real, pois, tal como os demais direitos reais, a posse é exercida sem intermediários, atribuindo ao titular poder direto e imediato sobre a coisa, com oponibilidade *erga omnes*. Contra tal entendimento, posicionam-se aqueles que veem na posse um direito pessoal, argumentando que não encontra previsão no rol alegadamente taxativo do art. 1.225 do Código Civil. Tal concepção personalista da posse ganhou força com a alteração ocorrida em 1994 no Código de Processo Civil então vigente, que passou a dispensar a participação do cônjuge do autor e do cônjuge do réu nas ações possessórias, salvo nos casos de composse ou de ato praticado por ambos – dispensa mantida no novo Código de Processo Civil, art. 73, § 2º. Enxergou-se na alteração legislativa a consagração do entendimento de que a posse não é direito real, já que para as ações reipersecutórias se exige a vênia conjugal.

Conquanto inflamada, a discussão perde substância com a superação da distinção entre as categorias de direito real e obrigacional. Ambas as categorias devem ser compreendidas de modo relativo e dinâmico, variando suas características conforme a realidade política, social e econômica, historicamente determinada. O que importa é que a posse atenda à sua função social, voltando-se à tutela de interesses socialmente relevantes, como a moradia e o trabalho.

---

16 Marcos Alcino de Azevedo Torres, *A Propriedade e a Posse*, Rio de Janeiro: Lumen Juris, 2007.

8. Posse direta e indireta

O Código Civil brasileiro admitiu expressamente o desdobramento da posse, no art. 1.197[17]. A posse pode ser (a) direta ou (b) indireta. Posse indireta é a que o proprietário conserva quando cede, temporariamente, a outrem o exercício de uma ou mais faculdades inerentes ao domínio. Posse direta é a que tem o não proprietário a quem se atribui o exercício de uma ou mais faculdades do domínio. A classificação da posse em direta e indireta é consequência do desdobramento da relação possessória, ficção jurídica que se considera necessária para reconhecer a existência de posses paralelas de um mesmo bem, evitando-se que o proprietário perca a posse e, com isso, a tutela possessória. Nas palavras de Clóvis Beviláqua, "estabelecida uma relação jurídica, em virtude da qual o direito ou obrigação de possuir caiba a uma pessoa que não possui, a título de propriedade, a relação possessória se desdobra, sendo direta para os que detêm a coisa e indireta para os que lhes concedem o direito de possuir"[18].

Assim, constituindo-se um direito real limitado, como o usufruto, o usufrutuário passa a ser possuidor direto e o nu-proprietário, possuidor indireto. O mesmo se passa em certas relações obrigacionais, como na locação: o locador conserva a posse indireta, enquanto a posse direta é atribuída ao locatário. Além de limitada no tempo, a posse direta encontra-se vinculada, sempre, ao título causal do qual é derivada. Registre-se, por sua elevada importância prática, que é admissível o desdobramento da posse em graus sucessivos. O locatário-sublocador é possuidor direto em relação ao proprietário do bem e indireto em relação ao sublocatário. O possuidor direto tem tutela possessória contra o proprietário do bem. Exsurge aí, em toda a sua autonomia, a natureza da posse como direito, a ser defendido independentemente e até contra a propriedade.

9. Fâmulo da posse

Fâmulo da posse é aquele que, "achando-se em relação de dependência para com outro, conserva a posse em nome deste e em cumprimento de ordens ou instruções suas" (art. 1.198). O fâmulo da posse consiste em mero instrumento

---

17 "Art. 1.197. A posse direta, de pessoa que tem a coisa em seu poder, temporariamente, em virtude de direito pessoal, ou real, não anula a indireta, de quem aquela foi havida, podendo o possuidor direto defender a sua posse contra o indireto."

18 Clóvis Beviláqua, *Código Civil dos Estados Unidos do Brasil comentado*, 11. ed., Rio de Janeiro: Paulo de Azevedo, 1958, v. III, p. 969-970.

da posse de outrem. Serve ao possuidor. Trata-se, portanto, de mera detenção, e não de posse. A origem da figura, segundo noticia Darcy Bessone, situa-se "na casa romana, da qual só o *pater familias* tinha posse"[19].

10. Posse justa e injusta

Distingue-se, ainda, a posse em (a) posse justa e (b) posse injusta. O art. 1.200 ocupa-se da distinção, definindo expressamente a posse justa como aquela que "não for violenta, clandestina ou precária". Do dispositivo se extrai *a contrario sensu* a definição de posse injusta, como aquela que é violenta, clandestina ou precária. Posse violenta é a adquirida pela força. Parte da doutrina afirma que a figura abrange também a aquisição calcada em fundada ameaça de dano, ainda que não haja violência concreta e efetiva. Posse clandestina é aquela adquirida às ocultas, por meio de artifícios, como o vizinho que, no exemplo de Orlando Gomes, avança, durante a noite, a cerca que separa o seu terreno do contíguo. Posse precária é a que se adquire por abuso de confiança.

É importante destacar que não autorizam a aquisição da posse os atos violentos, ou clandestinos, senão depois de cessar a violência ou a clandestinidade (art. 1.208). Os vícios da posse têm caráter relativo, como adverte Ebert Chamoun[20]. Assim, a posse do esbulhador, apesar de injusta, fica protegida pelos interditos possessórios em face de terceiros[21].

11. Interversão da posse

Salvo prova em contrário, entende-se manter a posse o mesmo caráter com que foi adquirida (art. 1.203). Ninguém pode mudar, por sua própria e exclusiva vontade, a causa ou o título de sua posse (*nemo sibi ipsi causam poessessionis mutare potest*). No entanto, permite o Código Civil, ao admitir a *prova em contrário*, a inversão do título da *causa possessionis*, fenômeno também conhecido como *interversão da posse*, pela qual se atribui novo fundamento jurídico à posse. Por exemplo, o usufrutuário, ao possuir o bem como titular de um direito real limitado, exerce posse *ad interdicta* e não posse *ad usucapionem*. Por esse motivo, não

---

19 Darcy Bessone, *Direitos reais*, cit., p. 266.
20 Ebert Chamoun, *Direito civil – aulas do 4º ano proferidas na Faculdade de Direito da Universidade do Distrito Federal*, Rio de Janeiro: Ed. Aurora 1955.
21 Caio Mário da Silva Pereira, *Instituições de direito civil*, 24. ed., atualizada por Carlos Edison do Rêgo Monteiro Filho, Rio de Janeiro: Forense, 2016, v. IV, p. 23.

poderia usucapir o terreno sobre o qual recai o direito de usufruto, na medida em que usa e frui por força de posse direta, decorrente do negócio celebrado com o proprietário. Todavia, se seu comportamento for contrário ao direito do nu-proprietário, deixando de restituir o bem conforme o título aquisitivo de seu direito, ocorre uma mudança no caráter de sua posse, que se torna injusta. Não é apenas a vontade unilateral do possuidor que ocasiona a alteração do caráter da posse, mas a inversão de seu título, com base em circunstâncias concretas que exprimam uma diferente exteriorização da posse.

12. Posse de boa-fé e de má-fé

Posse de boa-fé é a do possuidor que ignora o vício ou obstáculo que lhe impede a aquisição da coisa (art. 1.201). Posse de má-fé, ao revés, é aquela em que o possuidor tem conhecimento de tal vício ou obstáculo. O critério de que se vale aqui o legislador é a *boa-fé subjetiva*, também chamada *boa-fé possessória*, concebida como ignorância do vício. Distingue-se, portanto, da boa-fé objetiva como parâmetro de comportamento, noção que já foi examinada no estudo do direito das obrigações.

Registre-se que a posse de boa-fé não é necessariamente justa. Enquanto a distinção entre posse justa e injusta assenta sobre a existência objetiva de um vício, a distinção entre posse de boa-fé e de má-fé baseia-se na percepção subjetiva do possuidor. Ademais, o caráter com que a posse foi adquirida se preserva, comunicando-se aos sucessivos possuidores, salvo prova em contrário (art. 1.203), conforme já visto. Assim, se alguém adquire a posse de modo clandestino e a transmite a outrem, o novo possuidor, desconhecendo o vício de aquisição do seu antecessor, terá posse de boa-fé, mas injusta.

13. Justo título

Presume-se a boa-fé do possuidor com justo título (art. 1.201, parágrafo único). Nas palavras de Darcy Bessone, "título, aqui, é o fato gerador do direito, o fato do qual a posse deriva. A justiça do título diz respeito à sua aptidão, em princípio, para constituir ou transmitir o direito"[22]. Em que pese a terminologia empregada pelo Código Civil, Ebert Chamoun destaca que o justo título, "embora seja rigorosamente um título, ou seja, um fato jurídico que serve de funda-

---

22   Darcy Bessone, *Direitos reais*, cit., p. 272.

mento a um direito subjetivo, não é necessariamente um título justo, no sentido de que corresponda aos ideais de justiça, e não é jamais um título legítimo, vale dizer, um título que satisfaça os requisitos de validade dos atos jurídicos"[23]. A presunção de boa-fé deflagrada pelo justo título é uma presunção *relativa*, podendo ser afastada por prova em contrário, como expressamente reconhece o Código Civil, no parágrafo único do art. 1.201. A doutrina dá o exemplo do possuidor que obtém a coisa mediante contrato de doação, mas não ignora que ela não pertence ao doador: haverá aí justo título, mas não boa-fé.

14. Crítica à expressão posse de má-fé

Por fim, a distinção entre (a) posse de boa-fé e (b) posse de má-fé, embora consagrada pelo uso doutrinário e pelo Código Civil brasileiro, não se afigura a mais adequada do ponto de vista terminológico. A alusão à posse de má-fé suscita no intérprete um inevitável paralelo com sancionamentos que a lei reserva a outras situações caracterizadas pela malícia do agente, pela sua intenção de prejudicar. Aqui, ao contrário, o que está em jogo é apenas a consciência ou não do vício que macula a posse, vício que, de resto, não impede a sua proteção e mesmo a sua conversão em propriedade, como se vê na usucapião extraordinária. Em outras palavras: enquanto outras menções legislativas à má-fé do agente servem de base para o seu sancionamento, aqui há mera distinção de situações de fato que, não obstante a eventual presença da ciência do vício, atraem proteção jurídica pela utilidade social e econômica que se dá ao bem. De fato, o possuidor de má-fé, ainda que ciente do vício, atribui utilidade à coisa possuída, preenchendo um vazio deixado pelo proprietário. Assim, equivoca-se o Código Civil, a nosso ver, quando, por exemplo, atribui responsabilidade ao possuidor de má-fé pela perda ou deterioração acidental ou fortuita da coisa. Ciente ou não do vício, o possuidor atribui à coisa uma destinação melhor que a não destinação que lhe reserva o titular formal do domínio, razão pela qual a legislação não devia proteger com tamanha intensidade este último. O termo "possuidor de má-fé" contribui para atrair, por paralelismo, soluções de caráter sancionador que não se enquadram bem na questão da posse com ciência do vício, posse que, repita-se, recebe tutela do ordenamento jurídico e realiza um interesse social no aproveitamento efetivo dos bens.

---

23 Ebert Chamoun, Justo título, verbete na *Enciclopédia Saraiva do Direito*, organizada por Rubens Limongi França, São Paulo: Saraiva, 1977, v. 47, p. 378.

15. Composse

O direito brasileiro admite a *composse*, também chamada *posse comum*, que se distingue da posse exclusiva. Savigny negava reconhecimento à noção de composse, pois, coerentemente com sua definição de *corpus* como poder físico sobre a coisa, a posse teria de se exercer com exclusividade, não admitindo compartilhamento. Observa-se, todavia, que na composse ou posse comum "o que se dá é uma divisão puramente intelectual ou abstrata da posse. Não se realiza uma divisão concreta"[24]. Diferencia-se a composse do desdobramento da posse, em que, como já visto, "os graus da posse são diversos, pois um dos possuidores fica privado da utilização imediata da coisa. Na composse, todos podem utilizá-la diretamente, desde que uns não excluam os outros"[25]. Também a nossa jurisprudência já reconheceu que "em se tratando de composse, os copossuidores devem exercer seus direitos sem qualquer prejuízo aos demais"[26].

16. Aquisição da posse

Tendo o legislador definido o possuidor como todo aquele que "tem de fato o exercício, pleno ou não, de algum dos poderes inerentes à propriedade" (art. 1.196), seria incoerente que viesse a elencar, como fazia a codificação de 1916, os modos de aquisição da posse. O elenco constante da codificação anterior fora inserido por emenda da Câmara ao projeto de Clóvis Beviláqua, que já havia criticado duramente a intromissão, por se afigurar, a seu ver, incoerente com a adoção da teoria objetiva da posse. Com efeito, terá adquirido a posse quem exerça de fato algum dos poderes inerentes ao domínio. Foi o que pretendeu declarar o art. 1.204, embora com redação um tanto confusa. Afirma o referido dispositivo: "adquire-se a posse desde o momento em que se torna possível o exercício, em nome próprio, de qualquer dos poderes inerentes à propriedade". A referência ao exercício "em nome próprio" comprova que não é possuidor o mero detentor, ou seja, aquele que exerce algum dos poderes inerentes à propriedade em nome alheio.

---

24 Darcy Bessone, *Direitos reais*, cit., p. 267.
25 Orlando Gomes, *Direitos reais*, 21. ed., atualizada por Luiz Edson Fachin, Rio de Janeiro: Forense, 2012, p. 46.
26 TJRJ, Ap. Cível 200500111179, Rel. Des. Sidney Hartung, j. 12-7-2005.

17. Constituto-possessório e cláusula *constituti*

Com a acertada supressão do rol de modos de aquisição da posse que constava da codificação civil de 1916, o Código Civil acabou deixando de contar com expressa previsão de caráter geral sobre o chamado *constituto-possessório*, instituto que permite a aquisição da posse sem apreensão material da coisa, que se conserva nas mãos do antigo possuidor, passando este último a ser mero detentor. Constituto-possessório é, assim, a "cláusula contratual, pela qual o possuidor transfere a posse a outra pessoa, passando à condição de detentor", de modo que "continua a coisa em seu poder, porém não mais a título de posse, mas já a título de simples detenção"[27].

O Código Civil de 2002 continua mencionando o constituto-possessório, mas apenas na disciplina da aquisição da propriedade móvel: o art. 1.267, em seu parágrafo único, afirma: "subentende-se a tradição quando o transmitente continua a possuir pelo constituto-possessório". A linguagem normativa tem sido criticada pela doutrina, pois "o alienante, em princípio, permanece com a coisa alienada na qualidade de detentor, a menos que o novo possuidor, que adquire a posse pelo constituto, decida desdobrar a posse, conferindo àquele que a perdeu a posse direta mediante acordo de vontade entre eles. De todo modo, não é da essência do constituto o desdobramento da posse"[28]. Parece, assim, que o Código Civil de 2002 confunde o constituto-possessório com a cláusula *constituti*, instituto diverso que, além da transmissão da posse, prevê o desdobramento da posse em direta e indireta, por ato de vontade do novo possuidor[29].

---

27 Darcy Bessone, *Direitos reais*, cit., p. 282.
28 Gustavo Tepedino, Heloisa Helena Barboza e Maria Celina Bodin de Moraes (Coords.), *Código Civil interpretado conforme a Constituição da República*, Rio de Janeiro: Renovar, 2011, v. III, p. 460.
29 "(...) mediante a aposição de cláusula *constituti*, utilizada pelo tabelionato, costuma-se prever mais do que o simples modo de aquisição e perda da posse: autoriza-se contratualmente novo apossamento pelo vendedor, estipulando-se o desdobramento da posse, de modo que o adquirente se torna possuidor indireto e o vendedor, que se tornaria detentor, por conta do constituto-possessório, ato contínuo passa a possuidor direto, munido de autorização contratual para o uso da coisa vendida – seja como locatário, como comodatário ou por outra espécie contratual –, projetando-se tal situação por prazo indeterminado ou pelo período de tempo convencionado para a desocupação do imóvel" (Gustavo Tepedino, *Comentários ao Código Civil*, São Paulo: Saraiva: 2011, v. 14, p. 129-130).

18. Aquisição originária e derivada da posse

A doutrina afirma que a posse, como os direitos reais em geral, adquire-se (a) por modo originário ou (b) por modo derivado. Diz-se originária a aquisição quando independe do consentimento do possuidor precedente. Diz-se derivada quando depende do seu consentimento. A distinção tem enorme relevância prática, pois se a aquisição se dá de modo originário, a posse se apresenta despida dos vícios que a maculavam nas mãos do antecessor. Trata-se, em poucas palavras, de *posse nova*. Se, ao contrário, a aquisição é derivada, a posse carrega consigo os vícios da posse do antecessor.

19. Atos de mera tolerância

Atos de mera tolerância ou permissão de uso não promovem aquisição de posse. Também não há aquisição de posse enquanto durar o ato de violência ou clandestinidade empregado na captura da coisa (art. 1.208).

20. Acessão de posse

A soma do tempo da posse denomina-se acessão de posse ou *acessio possessionis*. O art. 1.207 cuida do tema, afirmando que "o sucessor universal continua de direito a posse do seu antecessor; e ao sucessor singular é facultado unir sua posse à do antecessor, para os efeitos legais". A sucessão universal implica acessão de posse. Entende o legislador que a posse do herdeiro é a mesma posse do *de cujus*, tratando-as sem solução de continuidade. A sucessão singular, ao contrário, faculta – mas não obriga – o novo possuidor a se valer da duração da posse do antecessor. Na prática, o direito de somar posses é normalmente exercido para fins de aquisição da propriedade por usucapião.

21. Perda da posse

A codificação de 1916 enumerava modos de perda da posse, sofrendo nítida influência da teoria subjetiva de Savigny. Aludia ora à perda do *corpus* (por exemplo, abandono da coisa possuída), ora à perda do *animus* (por exemplo, constituto-possessório), ora de ambos. O Código Civil de 2002 preferiu trazer regra geral mais afeita ao conceito de posse que consagra. Determina que a posse se perde "quando cessa, embora contra a vontade do possuidor, o poder sobre o bem" (art. 1.223). A expressão "embora contra a vontade do possuidor" deve ser interpretada no sentido de "ainda que contra a vontade do possuidor", uma vez que o possuidor pode perder a posse tanto por vontade própria (como ocorre, por exemplo, no abandono do bem ou na tradição da coisa), quanto contra a sua vontade (como ocorre, por exemplo, no perecimento do bem).

22. Efeitos da posse

Em matéria de efeitos da posse, autorizada doutrina já advertiu que "as opiniões variam tanto que, se há quem lhe negue qualquer efeito, há também quem lhe atribui setenta e dois efeitos diferentes"[30]. A maior parte da doutrina, contudo, indica como efeitos da posse (a) o direito aos interditos possessórios (tutela da posse); (b) o direito à percepção de frutos; (c) o direito à indenização por benfeitorias úteis e necessárias; (d) o direito de retenção pelo valor das mesmas benfeitorias; (e) o *jus tollendi* quanto às benfeitorias voluptuárias; (f) o direito de usucapir a coisa possuída; (g) o direito à indenização dos prejuízos sofridos com a turbação ou o esbulho; e (h) a responsabilidade pela perda ou deterioração da coisa. Convém examinar cada um desses efeitos em separado, registrando-se, desde logo, que alguns deles variam conforme seja a posse de boa-fé ou de má-fé.

22.1. *Direito aos frutos*

O direito do possuidor à percepção dos frutos é disciplinado nos arts. 1.214 a 1.216, variando a solução conforme a posse seja de boa-fé ou de má-fé[31]. Em síntese: o possuidor de boa-fé tem direito aos frutos percebidos e às despesas de produção e custeio dos frutos pendentes, mas não faz jus aos frutos pen-

---

30 Darcy Bessone, *Direitos reais*, cit., p. 286, referindo-se, neste último particular, ao entendimento de Tápia.

31 "Art. 1.214. O possuidor de boa-fé tem direito, enquanto ela durar, aos frutos percebidos. Parágrafo único. Os frutos pendentes ao tempo em que cessar a boa-fé devem ser restituídos, depois de deduzidas as despesas da produção e custeio; devem ser também restituídos os frutos colhidos com antecipação. Art. 1.215. Os frutos naturais e industriais reputam-se colhidos e percebidos, logo que são separados; os civis reputam-se percebidos dia por dia. Art. 1.216. O possuidor de má-fé responde por todos os frutos colhidos e percebidos, bem como pelos que, por culpa sua, deixou de perceber, desde o momento em que se constituiu de má-fé; tem direito às despesas da produção e custeio."

dentes nem aos frutos antecipadamente colhidos, que devem ser restituídos. Já o possuidor de má-fé não tem direito a quaisquer frutos; tem direito apenas à indenização pela produção e custeio dos frutos colhidos e percebidos, que devem ser restituídos.

O direito do possuidor aos frutos representa mitigação da regra segundo a qual os frutos competem ao proprietário. Trata-se de prevalência atribuída pela ordem jurídica ao interesse do possuidor que imprime utilidade econômica à coisa possuída. A expressão frutos deve aí ser interpretada de forma ampla, isto é, de maneira a compreender também os produtos da coisa[32]. O direito do possuidor de má-fé à indenização da produção e custeio dos frutos restituídos assenta, segundo sustenta San Tiago Dantas, no escopo de se evitar o enriquecimento sem causa, de modo que se aplica somente se o investimento tiver sido proveitoso àquele sobre o qual incide o dever de indenizar[33].

22.2. Direito à indenização e retenção de benfeitorias

O direito à indenização por benfeitorias também varia conforme (a) a modalidade de benfeitoria (necessária, útil ou voluptuária) e (b) a posse, se de boa-fé ou má-fé. Em síntese: o possuidor de boa-fé tem direito à indenização das benfeitorias necessárias e úteis, podendo exercer direito de retenção da coisa para se pagar. Quanto às benfeitorias voluptuárias, o possuidor de boa-fé tem direito de levantá-las, quando puder fazê-lo sem detrimento da coisa. O possuidor de má-fé somente tem direito ao ressarcimento das benfeitorias necessárias, não lhe assistindo nem o direito de retenção da coisa, nem o direito de levantar as benfeitorias voluptuárias.

A distinção entre as benfeitorias necessárias, úteis e voluptuárias já foi examinada. Regra controversa consta do art. 1.222, que permite ao reivindicante, na indenização de benfeitorias ao possuidor de má-fé, "optar entre o seu valor atual e o seu custo", o que lhe autoriza, na prática, a escolher o menor valor. Na codificação de 1916, a regra se aplicava tanto ao possuidor de má-fé quanto ao possuidor de boa-fé, atraindo críticas doutrinárias neste último caso[34], que acabaram por resultar na alteração de orientação no Código Civil de 2002.

---

32 Sobre a distinção entre frutos e produtos, ver o capítulo dedicado ao estudo dos bens em geral.
33 San Tiago Dantas, *Programa de direito civil*, Rio de Janeiro: Ed. Rio, 1979, v. III, p. 90.
34 Carvalho Santos, *Código Civil brasileiro interpretado*, 7. ed., Rio de Janeiro: Freitas Bastos, 1961, v. VII, p. 232-233.

22.3. *Posse* ad usucapionem

Um dos principais efeitos da posse apontados pela doutrina seria permitir a aquisição da propriedade por usucapião após determinados lapsos de tempo que variam conforme as características do bem ocupado e a finalidade da ocupação. A rigor, contudo, a usucapião não é efeito da posse: a posse é que consiste em "um dos elementos integrativos do usucapião, ao lado do tempo (usucapião extraordinário) e do justo título e da boa-fé, além do tempo (usucapião ordinário)"[35].

22.4. *Responsabilidade pela perda ou deterioração da coisa*

A posse não confere apenas direitos ao possuidor, mas também deveres e responsabilidades. Além do dever de restituir frutos no caso de posse de má-fé e outros efeitos que decorrem da disciplina dos próprios direitos conferidos ao possuidor, sobre o possuidor pode também incidir responsabilidade pela perda ou deterioração da coisa possuída. Enquanto o possuidor de boa-fé é isento de responsabilidade em caso de perda ou deterioração da coisa, o possuidor de má-fé responde pela perda ou deterioração da coisa, ainda que acidentais, salvo se provar que de igual modo se teriam dado, estando a coisa na posse do reivindicante (art. 1.218). A codificação dispensa, assim, ao possuidor de má-fé tratamento semelhante àquele reservado ao devedor em mora, sobre o qual incide responsabilidade agravada. A opção legislativa justifica-se, na opinião de Carvalho Santos, porque se o possuidor de má-fé "tinha a convicção de que a coisa não lhe pertencia, e quando muito só poderia agir como um mero administrador da coisa alheia, é evidente que não lhe seria lícito dispor desta, nem abandoná-la, nem deixar de cuidar dela com aquele zelo que se exige no trato das próprias coisas e, com mais rigor, das de outrem"[36]. O entendimento desconsidera, contudo, que o próprio exercício da posse, ainda que de má-fé, instaura-se usualmente no espaço deixado pela ausência de aproveitamento socialmente útil do bem pelo proprietário, de tal modo que a situação do possuidor, mesmo de má-fé, diferencia-se da situação do devedor em mora, não havendo, a rigor, identidade de razão para o agravamento da responsabilidade a ponto de abarcar perda e a deterioração fortuitas ou acidentais.

---

35 Darcy Bessone, *Direitos reais*, cit., p. 286.
36 Carvalho Santos, *Código Civil brasileiro interpretado*, cit., v. VII, p. 214.

22.5. Interditos possessórios

Já o direito romano contava com instrumentos eficientes para a tutela da posse, de criação pretoriana, a que se denominava *interditos* (do latim *interdicta*). Os interditos eram ordens orais emitidas pelo pretor para tutelar, de modo provisório, uma situação preexistente. Como explica José Carlos Moreira Alves, o litigante contra quem se dirigia o interdito o acatava ou não: "se o acatasse, o litígio terminaria definitivamente; caso contrário, iniciava-se um processo para que o *iudex* (ou os *recuperatores*) verificasse se os fatos que tinham dado margem ao interdito eram verdadeiros ou falsos, e, portanto, se houvera, ou não, desobediência à ordem do magistrado"[37]. Com o tempo, os interditos se autonomizaram, passando a constituir ações independentes.

Na esteira da tradição romana, o direito brasileiro consagra os chamados interditos possessórios, que consistem essencialmente em meios processuais de que se pode valer o possuidor para defender sua posse. Por isso mesmo, alguns autores chegam a sustentar que a matéria deveria ser tratada, com exclusividade, pelo direito processual civil. Não procede a crítica, já que a proteção da posse combina aspectos materiais e processuais. Ademais, se as disposições sobre o tema ganharam tom procedimental na codificação de 1916, mantido, em parte, na codificação de 2002, isso se deve a razões históricas: é que até 1937, a competência para legislar sobre o processo civil no Brasil pertencia aos estados-membros, de modo que "o legislador federal, ao dispor sobre a posse, receou que os legisladores estaduais viessem a deformar o instituto, não estabelecendo eficientes formas de proteção possessória", razão pela qual "cuidou, então, de formular, ele próprio, certas disposições, que lhe pareceram de importância fundamental a respeito"[38].

A matéria não se exaure em ações e defesas judiciais. Basta notar, por exemplo, que, entre os meios de defesa da posse, insere-se o chamado *desforço imediato* ou *in continenti*, hipótese de autotutela que dispensa recurso ao Poder Judiciário (art. 1.210, § 1º). Assim, preferível parece ser disciplinar o tema tanto no Código Civil quanto no Código de Processo Civil, desde que de forma sistemática. Essa foi a orientação adotada em nosso ordenamento, no qual os interditos possessórios encontram previsão tanto na codificação civil (arts. 1.210 e seguintes) quanto no diploma processual civil (CPC, arts. 554-568), que regula as chamadas *ações possessórias*.

---

37 José Carlos Moreira Alves, *Direito romano*, Rio de Janeiro: Forense, v. I, p. 236.
38 Darcy Bessone, *Direitos reais*, cit., p. 287.

Distingue-se, nessa direção, (a) o juízo possessório e (b) o juízo petitório. No juízo possessório, campo das ações possessórias, discute-se apenas a posse, e não a titularidade dominial, que consiste em objeto de juízo petitório. Daí afirmar o Código Civil que "não obsta à manutenção ou reintegração na posse a alegação de propriedade, ou de outro direito sobre a coisa" (art. 1.210, § 2º). Não há, todavia, uniformidade de pensamento em relação ao rol das ações possessórias. Aí se inserem, sem dúvida, (a) a ação de manutenção de posse, (b) a ação de reintegração de posse e (c) o interdito proibitório. Estes são os interditos clássicos, mencionados tanto pela codificação civil quanto pelo Código de Processo Civil. Alguns autores incluem no elenco a ação de imissão na posse, cuja finalidade é investir alguém na qualidade de possuidor, de modo que antecede, a rigor, a posse. O Superior Tribunal de Justiça já decidiu, porém, que a imissão na posse é ação de natureza petitória[39]. Há, ainda, autores que inserem no rol das ações possessórias (a) a ação de nunciação de obra nova, (b) a ação de dano infecto e (c) os embargos de terceiro senhor e possuidor – ações ou processos incidentais que, para outra parcela da doutrina, teriam caráter dominial, pois voltados à defesa da propriedade, embora também possam ser propostos por quem é possuidor.

22.5.1. Ação de manutenção de posse

Ação de manutenção de posse é o meio processual de que se pode valer o possuidor para conservar sua posse em caso de turbação. Turbação é todo ato que embaraça o livre exercício da posse. A ação de manutenção, que se aplica tanto à posse de bens móveis como imóveis, pode ser intentada inclusive contra o proprietário da coisa.

22.5.2. Ação de reintegração de posse

Ação de reintegração de posse é o meio processual de que se pode valer o possuidor para recuperar a posse de que foi esbulhado. Esbulho é a perda da posse. Diferencia-se da turbação porque "em um caso, o possuidor é apenas incomodado, molestado; no outro, é excluído"[40]. Se o possuidor não sofreu esbulho, descabe a ação de reintegração. A ação de reintegração de posse pode ser proposta contra o autor do esbulho ou contra o terceiro que recebeu a coisa sabendo que era esbulhada (art. 1.212).

---

39 STJ, 3ª T., REsp 1.126.065, j. 17-9-2009.
40 Darcy Bessone, *Direitos reais*, cit., p. 296.

22.5.3. Interdito proibitório

Fecha a tríade das clássicas ações possessórias o chamado interdito proibitório, ação de caráter preventivo, voltada a impedir que venha a ocorrer turbação ou esbulho. O Código Civil lhe faz alusão na parte final do art. 1.210, quando assegura proteção ao possuidor contra "violência iminente, se tiver justo receio de ser molestado". O diploma processual também o reconhece, em seu art. 567, como meio processual voltado à obtenção de "mandado proibitório em que se comine ao réu determinada pena pecuniária caso transgrida o preceito". Se, no curso do interdito proibitório, verifica-se a turbação ou esbulho que o possuidor receava, a ação se converte, conforme o caso, em ação de manutenção ou de reintegração de posse.

22.5.4. Procedimento especial ou ordinário

Se intentadas dentro de ano e dia da turbação ou esbulho, a ação de manutenção e a de reintegração de posse seguem o procedimento especial previsto nos arts. 560 a 566 do novo Código de Processo Civil. Em tal caso, a doutrina aludia outrora à ação de "força nova". Após tal prazo, aquelas ações regem-se pelo procedimento ordinário, sem perder, contudo, o caráter possessório (CPC, art. 558).

Já o interdito proibitório segue sempre a disciplina especial, por força do art. 568 do CPC. A distinção de tratamento se explica pelo fato de que o interdito, por se fundar em esbulho ou turbação apenas iminente, mas ainda não verificada, não deflagra o prazo de ano e dia, cujo escoamento conduz ao procedimento ordinário diante da falta de diligência do possuidor em se valer da medida urgente para manter ou recuperar sua posse. Se o valor do imóvel não exceder a quarenta salários mínimos, a competência para processamento e julgamento da ação possessória, qualquer que seja, será dos Juizados Especiais Cíveis (Lei n. 9.099/95, art. 3º, IV).

22.5.5. Fungibilidade das ações possessórias

Utilíssima característica das ações possessórias é a sua fungibilidade, que o novo diploma processual civil, na esteira do que já fazia seu antecessor, consagra expressamente no art. 554, segundo o qual "a propositura de uma ação possessória em vez de outra não obstará a que o juiz conheça do pedido e outorgue a proteção legal correspondente àquela, cujos pressupostos estejam provados".

22.5.6. Cumulação de pedidos

O autor da ação de manutenção de posse ou de reintegração de posse pode, cumulativamente com o pedido principal de conservação ou restituição da posse, requerer a cominação de pena para o caso de nova turbação ou esbulho, a condenação do réu no dever de reparar as perdas e danos e o desfazimento de construção ou plantação feita em detrimento da sua posse (CPC, art. 555).

22.5.7. Caráter dúplice das ações possessórias

As ações possessórias apresentam o que a doutrina processual denomina de *caráter dúplice*, podendo o réu contrapor-se na própria ação ao pedido do autor, demandando proteção possessória e indenização. Nesse sentido, o novo diploma processual civil afirma que "é lícito ao réu, na contestação, alegando que foi o ofendido em sua posse, demandar a proteção possessória e a indenização pelos prejuízos resultantes da turbação ou do esbulho cometido pelo autor" (art. 556).

22.5.8. *Exceptio dominii*

A alegação de propriedade ou de outro direito real sobre a coisa não obsta, como já visto, à manutenção ou reintegração de posse (art. 1.210, § 2º). A assertiva, que pode parecer injusta à primeira vista, explica-se pela especial finalidade das ações possessórias, cujo procedimento célere, voltado a afastar uma ameaça imediata, não se compadeceria com a sempre tormentosa e longa discussão do domínio. Reconhecida a autonomia da posse em relação à propriedade, compreende-se a opção legislativa, reservando-se ao proprietário a via da ação reivindicatória, ação petitória que não se confunde com as ações possessórias, consoante entendimento pacificamente admitido desde o direito romano. Daí a afirmação de Orlando Gomes, para quem a *exceptio dominii* "deve ser repelida, como uma excrescência no terreno da proteção possessória"[41].

22.5.9. Atualidade dos interditos possessórios

Parte da doutrina tem sustentado que a franca acolhida da legislação processual às medidas cautelares tornaria dispensável o interdito proibitório. Afirma-se, em sentido semelhante, que o reconhecimento, sempre em sede proces-

---

41 Orlando Gomes, *Direitos reais*, cit., p. 46.

sual, de um poder geral de cautela e de antecipação dos efeitos da tutela jurisdicional pretendida retira a razão justificadora das ações possessórias em geral, aproximando seu regime do procedimento ordinário. Entretanto, algumas especiais características das ações possessórias, como a vedação à *exceptio dominii*, contrariam essa tese, recomendando sua preservação em nosso sistema.

23. Posse de direitos

O que não parece ter mais cabimento diante dos avanços da ciência processual é a chamada posse de direitos – chamado *possessio iuris* ou *quasi possessio*. A rigor, a posse incide sobre a coisa, mas parte da doutrina sustentou, no passado, a possibilidade de que tivesse por objeto também direitos, com especial atenção para os direitos pessoais, em cuja proteção seria possível, com base nesse raciocínio, invocar os interditos possessórios, de procedimento sumário e solução mais célere. A construção, defendida entre nós por ninguém menos que Ruy Barbosa, assentava sobre uma alegada distinção entre posse e domínio, calcada no binômio inserido na redação do art. 485 do Código Civil de 1916. A matéria conserva, nos dias atuais, interesse puramente histórico, pois, de um lado, o novo Código Civil não repetiu a dualidade dos termos propriedade e domínio, extirpando qualquer dúvida acerca da sinonímia entre as expressões. De outro lado, o reconhecimento da possibilidade de provimento liminar em qualquer espécie de demanda, associado à criação de remédios constitucionais aplicáveis aos direitos pessoais como o *habeas corpus*, o *habeas data* e o mandado de segurança, tornaram a extensão da posse à tutela dos direitos pessoais, além de atécnica, desnecessária.

24. Posse de bens incorpóreos

Nossa jurisprudência acolhe, embora em hipóteses excepcionais, a proteção possessória de bens incorpóreos, e o exemplo mais notável é a admissão de usucapião de linha telefônica, cuja possibilidade ficou reconhecida na Súmula 193 do Superior Tribunal de Justiça (1997): "O direito de uso de linha telefônica pode ser adquirido por usucapião". Quanto aos direitos autorais, a jurisprudência firmou-se no sentido de não lhes reconhecer proteção possessória nem, por conseguinte, admitir o interdito proibitório para sua defesa. Nessa direção, o Superior Tribunal de Justiça editou a Súmula 228 (1999): "É inadmissível o interdito proibitório para a proteção de direito autoral".

> Debate teórico acerca da possibilidade de posse sobre bens incorpóreos. O autor discutirá os argumentos normalmente empregados nessa discussão e as súmulas do STJ sobre o tema.
>
> Acesse também pelo *link*: https://uqr.to/1xgto

25. Posse de bens públicos

Os bens públicos também se sujeitam à posse, que pode ser exercida (*rectius*, titularizada) tanto pelo Estado como por particulares. Sob a égide do Código Civil de 1916, diversos doutrinadores negavam a possibilidade de posse sobre os bens públicos de uso especial e comum, por serem inalienáveis e, portanto, estarem fora do comércio – sendo certo que o art. 520, III, daquela codificação determinava a perda da posse sobre as coisas retiradas do comércio. O Código Civil de 2002 não reproduziu o dispositivo, que pecava por confundir a posse com a capacidade de disposição do domínio.

Insistem alguns autores em afirmar a impossibilidade de posse particular sobre bens públicos, sob renovado fundamento: a vedação constitucional e legal à usucapião de bens públicos (CR, arts. 183, § 3º, e 191, parágrafo único; CC, art. 102). Sustenta-se que a impossibilidade de aquisição da propriedade pública pela posse demonstraria o caráter precário do direito do particular, caracterizando verdadeira detenção. A tese tem prosperado no STJ, que, no entanto, distingue duas situações: (a) o conflito do particular com o ente público proprietário do bem, hipótese em que haveria apenas detenção, de modo a afastar não apenas a manutenção da posse pelo particular, como também o direito aos frutos e à indenização pelas benfeitorias[42]; (b) o conflito entre particulares sobre um bem público, hipótese na qual haveria verdadeira posse, pois a degradação do direito do particular só se justificaria em face do Estado[43]. Neste segundo

---

42 Nesse sentido, foi recentemente aprovado o texto da Súmula 619 do STJ: "A ocupação indevida de bem público configura mera detenção, de natureza precária, insuscetível de retenção ou indenização por acessões e benfeitorias".

43 "A jurisprudência do STJ é sedimentada no sentido de que o particular tem apenas detenção em relação ao Poder Público, não se cogitando de proteção possessória. É possível o manejo de interditos possessórios em litígio entre particulares sobre bem público dominical, pois entre ambos a disputa será relativa à posse" (STJ, 4ª Turma, REsp 1.296.964/DF, rel. Min. Luis Felipe Salomão, j. 18-10-2016). Entre as turmas de direito público, cf.: STJ, 2ª Turma, REsp 1.457.851/RN, rel. Min. Herman Benjamin, j. 26-5-2015.

caso, porém, as decisões ora limitam a possibilidade de posse particular aos bens públicos dominicais[44], ora aos bens de uso comum[45]. A Corte Especial do STJ pacificou o entendimento de que o Poder Público pode apresentar oposição (CPC, art. 682) nas demandas possessórias entre os particulares, alegando incidentalmente o domínio do bem imóvel como meio de demonstração da posse[46].

Em que pese a posição do STJ, não há nenhuma razão para se negar a posse particular sobre bens públicos. A vedação à usucapião não impede a configuração da posse, mas apenas a produção de um de seus efeitos específicos: a aquisição do domínio. A posse poderá recair sobre qualquer espécie de bem público, sendo inadequado realizar limitações aprioristicas. O que o intérprete deve analisar é, como em qualquer outro caso, se é possível exercer sobre o bem poderes inerentes à propriedade. Registre-se, ainda, que a própria legislação reconhece a possibilidade de posse particular sobre bens públicos, como prevê a Medida Provisória n. 2.220/2001, ao disciplinar a concessão de uso especial para fins de moradia[47]. Uma vez caracterizada a posse, será ela oponível tanto a outros particulares como ao próprio Estado. A rejeição da tutela da posse frente ao ente público apenas se justificaria à luz de um suposto princípio da supremacia do interesse público sobre o particular, atualmente rejeitado pelos melhores publicistas. O particular que confere ao bem função social merece ter sua situação jurídica protegida em face do proprietário que a negligenciou.

---

44 STJ, 4ª Turma, REsp 1.296.964/DF, rel. Min. Luis Felipe Salomão, j. 18-10-2016.
45 STJ, 3ª Turma, REsp 1.582.176/MG, rel. Min. Nancy Andrighi, j. 20-9-2016.
46 STJ, Corte Especial, EREsp 1.134.446/MT, rel. Min. Benedito Gonçalves, j. 21-3-2018.
47 Sobre o tema, Barbara Almeida de Araujo, *A posse dos bens públicos*, Rio de Janeiro: Forense, 2010, p. 100-126.

Capítulo 29

PROPRIEDADE

SUMÁRIO: 1. Propriedade. **2.** Função social da propriedade. **3.** Pluralidade de estatutos proprietários. **4.** Função social da propriedade na Constituição brasileira. **5.** Função social da propriedade no Código Civil. **6.** A chamada expropriação judicial. **6.1.** Natureza jurídica controvertida. **6.2.** Aplicação prática. **6.3.** Aplicabilidade a bens públicos. **7.** Perfil estrutural da propriedade. **8.** Modos de aquisição da propriedade imóvel. **8.1.** Usucapião de bem imóvel. **8.1.1.** Fundamento. **8.1.2.** Coisas usucapíveis. **8.1.3.** Requisitos da usucapião. **8.1.4.** Usucapião ordinária ≠ extraordinária. **8.1.5.** Usucapião tabular. **8.1.6.** Modalidades especiais de usucapião. **8.1.7.** Usucapião extrajudicial. **8.2.** Acessão. **8.2.1.** Acessões ≠ benfeitorias. **8.2.2.** Acessão invertida. **8.3.** Aquisição pelo registro. **8.3.1.** Sistema alemão. **8.3.2.** Sistema francês. **8.3.3.** Sistema brasileiro. **8.3.4.** Princípios registrais. **8.3.5.** Aspectos formais da transcrição. **8.3.6.** Retificação, anulação e cancelamento do registro. **9.** Modos de aquisição da propriedade móvel. **9.1.** Ocupação. **9.1.1.** Diferença entre ocupação e descoberta. **9.2.** Achado do tesouro. **9.3.** Especificação. **9.4.** Confusão, comistão e adjunção. **9.5.** Tradição. **9.6.** Usucapião de bem móvel. **10.** Perda da propriedade. **11.** Limitações ao direito de propriedade. **12.** Propriedade resolúvel. **12.1.** Efeitos. **12.2.** Propriedade resolúvel ≠ propriedade *ad tempus*. **13.** Propriedade fiduciária. **13.1.** Negócio fiduciário ≠ negócio indireto. **13.2.** Usos da propriedade fiduciária. **13.3.** *Trust*. **13.4.** Alienação fiduciária em garantia. **14.** Fundos de investimento.

1. Propriedade

A propriedade ou domínio é o mais amplo dos direitos reais: *plena in re potesta*, como queriam os romanos. É tradicionalmente definida do ponto de vista exclusivamente estrutural, como situação jurídica complexa que abrange as faculdades de usar, gozar e dispor da coisa, além de reivindicá-la de quem quer que injustamente a possua ou detenha (art. 1.228). Afirma-se, ainda, que é direito exclusivo, perpétuo e tendencialmente ilimitado. Também aqui se percebe a influência do direito romano: *dominium est ius utendi et abutendi*. O liberal-individualismo jurídico viria a acentuar essa tendência. O *Code Napoleón* definiu o direito de propriedade como o direito de usar e dispor das coisas "de la manière plus absolute" (art. 544). O chamado "poder proprietário", guiado exclusivamente pelo interesse individual do titular do domínio, esbarrava apenas em limitações de caráter negativo, deveres impostos pela lei. E mesmo essas limitações eram consideradas excepcionais e estranhas ao instituto da propriedade.

Tal modelo proprietário não guiava apenas a disciplina do direito de propriedade nas experiências jurídicas contemporâneas, mas se expandia para todos os setores do direito[1]. O próprio conceito de direito subjetivo é inspirado nessa concepção individualista da propriedade, como já denunciava Michel Miaille[2]. Daí o emprego ainda hoje recorrente de expressões como "propriedade intelectual" e "patrimônio genético", que exprimem o profundo patrimonialismo arraigado à construção jurídica do direito civil e também de outros campos do direito.

A tudo isso veio se opor a ideia de função social da propriedade. A crise de legitimação da propriedade privada e o movimento solidarista evidenciaram a necessidade de tutelar, com o instituto da propriedade, não apenas os interesses individuais e patrimoniais do proprietário, mas também interesses supraindividuais, de caráter extrapatrimonial[3], como a preservação do meio ambiente sadio e equilibrado, o bem-estar dos trabalhadores. O irresponsável exercício do domínio cede passagem a uma concepção de propriedade guiada pela sua utilidade social. Assim, ao contrário do que sugere nosso Código Civil ao preservar o conceito puramente estrutural de propriedade no *caput* do art. 1.228, qualquer conceituação da propriedade hoje não pode partir senão da sua função social.

2. Função social da propriedade

Os institutos jurídicos, em consagrada classificação, decompõem-se em dois elementos: (a) o elemento estrutural e (b) o elemento teleológico ou funcional. Em outras palavras: a estrutura e a função. Na lição de Pietro Perlingieri,

---

1 Pietro Barcellona, *L'individualismo proprietario*, Turim: Boringhieri, 1987.
2 Michel Miaille, *Une introduction critique au droit*, Paris: François Maspero, 1976.
3 León Duguit, *Les transformations génerales du droit privé depuis le Code Napoleón*, Paris: Armand Colin, 1913.

"estrutura e função respondem a duas indagações que se põem em torno do fato. O *como é?* evidencia a estrutura, o *para que serve?* evidencia a função"[4]. A função corresponde aos interesses que certo instituto pretende tutelar, e é, na verdade, o seu elemento de maior importância, já que determina, em última análise, os traços fundamentais da estrutura. Para Salvatore Pugliatti, a função é a "razão genética do instituto" e, por isso mesmo, seu elemento caracterizador[5].

Das lições do Professor de Messina se extrai não apenas que a função corresponde ao interesse que o ordenamento visa tutelar por meio de determinado instituto jurídico, mas também que a função de um instituto jurídico predetermina a sua estrutura. A função social da propriedade exprime, assim, a necessidade de atendimento a interesses sociais relevantes, condicionando o exercício da propriedade, como elemento interno, e a privando do *status* de direito-poder de usar e dispor da coisa da maneira mais absoluta[6]. Ao tratar da função social da propriedade, afirma Trabucchi que é preciso inserir na rígida concepção individualista do direito subjetivo de propriedade "o momento do dever", de tal forma que o *ius excludendi omnes alio* (o direito de excluir a todos, que caracteriza a concepção tradicional da propriedade) vem mitigado por uma "exigência imperativa de colaboração social"[7].

A função social da propriedade não consiste, registre-se, em um conjunto de limitações externas, mas em elemento interno do domínio, que o define e o direciona a um *massimo sociale* (máximo social)[8]. A propriedade deixa de ser uma situação de poder para se tornar uma situação jurídica complexa, que conjuga direitos e deveres. A determinação do seu conteúdo passa a depender também de interesses extraproprietários. Discute-se se a função social é noção que se limita à propriedade dos bens de produção ou se abrange a propriedade de todo e qualquer bem. Debate-se, ainda, se a propriedade *tem* função social ou *é* função social, tal a influência do elemento funcional sobre a estrutura do direito de propriedade. Não se pode deixar de mencionar propostas que, considerando

---

4   Pietro Perlingieri, *Perfis do direito civil – introdução ao direito civil constitucional*, Rio de Janeiro: Renovar, 1999, p. 94.
5   Salvatore Pugliatti, *La proprietà nel nuovo diritto*, Milão: Dott. A. Giuffrè Editore, 1964, p. 300.
6   A necessidade de buscar a legitimação da propriedade não em seu conteúdo, mas em seus fins, remonta a P. J. Proudhon, *Théorie de la propriété. Suivie d'un nouveau plan d'exposition perpétuelle*, Paris: Librarie Internationalle, 1871, p. 128.
7   Alberto Trabucchi, *Istituzioni di diritto civile*, Pádua: Dott. Antonio Milano, p. 409.
8   Stefano Rodotà, Proprietà – diritto vigente, verbete no *Novissimo Digesto Italiano*, Turim: UTET, v. XIV, 1967.

a função social e o seu conteúdo promocional ou positivo (e não meramente negativo, centrado em limitações), defendem autêntico giro conceitual do instituto da propriedade, como se vê em célebre obra de Stefano Rodotà, *Il terribile diritto*, que, já no início dos anos 1980, recomendava que fosse interpretada a garantia da propriedade não como poder de exclusão de terceiros, e sim como garantia de acesso a bens fundamentais.

3. Pluralidade de estatutos proprietários

Como adverte Pietro Perlingieri[9], o problema central reside em definir o conteúdo da função social da propriedade, identificando aqueles interesses sociais que o exercício do domínio deve atender. Tal definição não deve ser feita em abstrato, mas tendo em vista o concreto exercício do direito de propriedade. Já advertia Pugliatti[10] que a propriedade é caracterizada por tamanha pluralidade que só abstratamente pode ser reconduzida a um conceito único, devendo se preferir a expressão "as propriedades" à expressão "a propriedade". À pluralidade de estatutos proprietários correspondem diversas funções sociais cujo conteúdo somente adquire densidade de aplicação à luz das circunstâncias concretas. Ao legislador compete oferecer parâmetros ao intérprete nessa importante tarefa – parâmetros que, embora ausentes em nosso Código Civil, encontram previsão, em alguma medida, em nosso texto constitucional.

4. Função social da propriedade na Constituição brasileira

Entre nós, a noção de função social da propriedade, mesmo não sendo nova, permaneceu sem efetividade até a Constituição de 1988, que, inovando em relação às Constituições anteriores, traçou parâmetros substanciais para o preenchimento do seu significado. Assim, consagrou a necessidade de atendimento à função social da propriedade no art. 5º, XXIII ("a propriedade atenderá a sua função social") entre os direitos fundamentais, reservando-lhe, portanto, o *status* de cláusula pétrea (art. 60, § 4º)[11], a salvo de qualquer investida do Poder

---

9 Pietro Perlingieri, *Perfis do direito civil – introdução ao direito civil constitucional*, tradução Maria Cristina De Cicco, Rio de Janeiro: Renovar, 1999, p. 226.

10 Salvatore Pugliatti, *La proprietà nel nuovo diritto*, Milão: Dott. A. Giuffrè Editore, 1964, p. 309.

11 Constituição da República, art. 60, § 4º, IV: "Não será objeto de deliberação a proposta de emenda tendente a abolir: (...) IV – os direitos e garantias individuais".

Constituinte Derivado. A função social aparece também no art. 170, III, entre os princípios da ordem econômica. Até aí, não haveria, todavia, nenhuma indicação mais específica sobre os interesses sociais que a propriedade funcionalizada deveria reverenciar. Entretanto, a preocupação em atribuir efetividade concreta à noção de função social da propriedade surge intensamente no art. 186 do texto constitucional, que indica expressamente requisitos para atendimento da função social da propriedade rural. Ali, afirma a Constituição que "a função social é cumprida quando a propriedade rural atende, simultaneamente, segundo critérios e graus de exigência estabelecidos em lei, aos seguintes requisitos: I – aproveitamento racional e adequado; II – utilização adequada dos recursos naturais disponíveis e preservação do meio ambiente; III – observância das disposições que regulam as relações de trabalho; IV – exploração que favoreça o bem-estar dos proprietários e dos trabalhadores".

O mesmo se pode dizer em relação à função social da propriedade urbana, já que a Constituição especifica, no art. 182, § 2º, que "a propriedade urbana cumpre sua função social quando atende às exigências fundamentais de ordenação da cidade expressas no plano diretor". Embora de teor menos específico e objetivo, a referida norma condiciona o cumprimento da função social a parâmetros traçados na esfera municipal, respeitando a autonomia do ente federativo. Pode-se concluir que ao menos no que diz respeito à propriedade imobiliária, urbana e rural, a Constituição indica expressamente, nos arts. 182 e 186, interesses sociais relevantes que entende que devem ser atendidos pelo titular do direito de propriedade, assegurando aplicabilidade prática à noção de função social. Não são, porém, apenas a esses interesses sociais que se deve submeter o proprietário. Os dispositivos constitucionais mencionados acima não podem ser interpretados isoladamente, mas precisam ser lidos em conformidade com os princípios fundamentais da Constituição. A própria opção axiológica da Carta Magna, privilegiando valores existenciais sobre valores meramente patrimoniais, deve ser levada em consideração na definição do conteúdo concreto do princípio da função social da propriedade[12]. Dessa forma, a noção de função social deve ser informada também por valores existenciais e interesses sociais relevantes, ainda que estranhos à literalidade dos arts. 182 e 186 da lei fundamental.

---

12 Gustavo Tepedino, O Código Civil, os chamados microssistemas e a Constituição: premissas para uma reforma legislativa, in *Problemas de direito civil-constitucional*, Rio de Janeiro: Renovar, 2000, p. 10.

A análise das decisões judiciais confirma esse entendimento. O Supremo Tribunal Federal, por exemplo, já decidiu que a propriedade imobiliária urbana não cumpre sua função social quando desrespeita normas municipais de caráter urbanístico, ainda que não se trate de exigências formuladas no plano diretor[13]. O Superior Tribunal de Justiça já concluiu que hospitais particulares devem atender à função social representada pelo interesse geral à saúde e ao trabalho e, portanto, estão compelidos a aceitar o ingresso de médicos e a internação dos respectivos pacientes em suas instalações, ainda que esses médicos sejam estranhos ao seu corpo clínico[14]. Outro exemplo dessa abordagem jurisprudencial encontra-se em polêmica decisão do Tribunal de Justiça do Rio Grande do Sul, que considerou não cumprir sua função social propriedade rural que, não obstante produtiva, apresentava débitos fiscais de natureza federal. A corte manteve assentadas, por essa razão, as seiscentas famílias carentes que haviam ocupado a área[15].

Decisão interessante colhe-se também no Tribunal de Justiça do Rio de Janeiro, que invocou a função social para julgar necessária a conformação do direito de propriedade de condômino ao interesse da segurança coletiva, por meio da retirada de fechadura instalada em porta de elevador que conduzia ao seu pavimento[16]. Confira-se, ainda, decisão do Tribunal de Justiça do Paraná, que encontrou na função social da propriedade o legítimo fundamento para exigência de instalação, em bancos comerciais, de bebedouros e sanitários acessíveis aos seus clientes[17]. Em cada uma dessas decisões, e em tantas outras, o que se nota é que os tribunais brasileiros têm buscado tutelar, por meio da função social da propriedade, interesses sociais que transcendem a interpretação literal dos arts. 182, § 2º, e 186 da Constituição. Nos casos men-

---

13   STF, Recurso Extraordinário n. 178.836-4/SP, julgado em 8 de junho de 1999, trecho extraído do voto do Ministro Carlos Velloso.
14   STJ, Recurso Especial n. 27.039-3/SP, julgado em 8 de novembro de 1993, trecho extraído do voto do Min. Nilson Naves.
15   TJRS, Agravo de Instrumento n. 598.360.402 – São Luiz Gonzaga, julgado em 6 de outubro de 1998, rel. Des. Elba Aparecida Nicolli Bastos, trecho extraído da ementa oficial. Para o exame dos aspectos mais polêmicos dessa decisão, seja permitido remeter a: Gustavo Tepedino e Anderson Schreiber, Função social da propriedade e legalidade constitucional, in *A luta pela reforma agrária nos tribunais*, Porto Alegre: Companhia Rio-Grandense de Artes Gráficas
16   TJRJ, Apelação Cível 2000.001.09199, registrada em 26 de março de 2001, rel. Des. Milton Fernandes de Souza, ementa oficial.
17   TJPR, Apelação Cível 79.573-5 – Londrina, julgada em 28 de setembro de 1999, trecho do voto do rel. Des. Fleury Fernandes.

cionados, interesses sociais em saúde, segurança, trabalho e bem-estar coletivo, embora não contemplados expressamente nos dispositivos constitucionais específicos, encontraram no princípio da função social da propriedade um caminho para sua efetivação.

5. Função social da propriedade no Código Civil

O Código Civil de 2002 tratou expressamente da função social da propriedade, mas, pelo prisma topográfico, foi descuidado ao inserir a função social em parágrafo do art. 1.228, cujo *caput* segue sendo servil à concepção puramente estrutural e pretensamente neutra do domínio. Melhor seria que tivesse fundido *caput* e parágrafo único, a demonstrar que a função é elemento indispensável do conceito de propriedade no direito contemporâneo. Pelo prisma substancial, o art. 1.228, § 1º, pouco acrescentou ao que já se extraía, até com maior clareza, do texto constitucional. Limitou-se a afirmar que "o direito de propriedade deve ser exercido em consonância com as suas finalidades econômicas e sociais e de modo que sejam preservados, de conformidade com o estabelecido em lei especial, a flora, a fauna, as belezas naturais, o equilíbrio ecológico e o patrimônio histórico e artístico, bem como evitada a poluição do ar e das águas". A remissão à lei especial evidencia que o Código Civil preferiu escapar à consolidação do conceito de função social como noção aplicativa e manter a ideia sob estrita reserva de lei, o que contrasta com o reconhecimento atual de que o legislador não detém o monopólio para indicar os interesses socialmente relevantes, que podem, antes do mais, ser extraídos do texto constitucional, norma fundamental da ordem jurídica brasileira. O emprego do termo "preservados" parece, ademais, contrariar a própria noção de função social da propriedade, que não se limita a evitar atentados aos interesses sociais relevantes (abordagem patológica), mas pretende também realizar a sua promoção efetiva na vida social (abordagem promocional). Por fim, os bens jurídicos arrolados de modo genérico no dispositivo não ajudam o intérprete na difícil tarefa de assegurar efetividade à funcionalização do domínio.

Os problemas não param por aí. No § 2º do art. 1.228, o Código Civil cuidou, em disposição verdadeiramente supérflua e anacrônica, de vedar os atos emulativos, ou seja, atos desprovidos de utilidade para o seu titular, destinados exclusivamente a causar dano a outrem. A rigor, a própria codificação já os vedava em sua parte geral, por meio do art. 187, inteiramente aplicável ao exercício ilegítimo do direito de propriedade. No § 3º do art. 1.228, a codificação cuidou da perda de propriedade permanente ou temporária em função de ato do Poder Público, afirmando que "o proprietário pode ser privado da coisa, nos casos de desapropriação, por necessidade ou utilidade pública ou interesse social, bem como no de requisição, em caso de perigo público iminente" – institutos disciplinados pelo direito administrativo.

Inovação autêntica tem-se tão somente nos §§ 4º e 5º do art. 1.228. Trata-se, contudo, de inovação de utilidade duvidosa, que merece atenção em separado.

6. A chamada expropriação judicial

O Código Civil dispõe no § 4º do art. 1.228 que o proprietário pode ser privado da coisa no curso de ação reivindicatória se o imóvel consistir em extensa área na posse de boa-fé e ininterrupta, por mais de cinco anos, de um número considerável de pessoas, as quais tenham realizado nele obras e serviços considerados pelo juiz de interesse social e econômico relevante. De acordo com o disposto no parágrafo seguinte, faz jus o proprietário a justa indenização, cujo pagamento constitui condição *sine qua non* para que a sentença possa servir de título para a transferência da propriedade aos possuidores.

Apesar das opiniões contrárias à sua constitucionalidade[18], os dispositivos legais ora comentados traduzem indiscutivelmente um novo instituto, destinado, ao que parece, a servir de instrumento para a regularização dos núcleos irregulares de moradia, com fundamento no art. 5º, inciso XXIII, da Constituição da República, que vincula a legitimidade do exercício da propriedade ao atendimento de sua função social. O juiz há de verificar, no caso concreto, os pressupostos de incidência do dispositivo, enumerados no § 4º: (a) presença de ação reivindicatória; (b) imóvel correspondente a uma extensa área coletivamente utilizada por número considerável de pessoas; (c) posse ininterrupta e de boa-fé por tal coletividade por mais de cinco anos; e (d) realização de obras e serviços de interesse social e econômico relevante.

---

18 Assim pronuncia-se Caio Mário da Silva Pereira: "a primeira observação que se deve dirigir ao inciso é a sua flagrante inconstitucionalidade. Somente a Constituição pode definir os casos de 'privação' da propriedade, uma vez que é ela que assegura o 'direito de propriedade'. A lei que 'priva' o proprietário do seu direito, fora dos termos constitucionais, está ofendendo o cânon que assegura aquele direito" (Crítica ao anteprojeto de Código Civil, *Revista Forense*, v. 242, abr./jun. 1973, p. 21).

6.1. Natureza jurídica controvertida

Como se vê, o legislador valeu-se de diversos conceitos indeterminados que atribuem ao juiz grande margem de apreciação na aplicação dos §§ 4º e 5º do art. 1.228. Daí alguns autores denominarem esse instituto de *desapropriação judicial*. A desapropriação, recorde-se, é definida como "o procedimento administrativo pelo qual o poder público ou seus delegados, mediante prévia declaração de necessidade pública, utilidade pública ou interesse social, impõe ao proprietário a perda de um bem, substituindo-o em seu patrimônio por justa indenização"[19]. Para outros autores, tratar-se-ia de absoluta inovação em nosso sistema[20], de um instituto inteiramente novo. Parcela da doutrina sustenta, ainda, que o instituto assume natureza de (a) nova modalidade de usucapião; (b) figura híbrida a meio caminho entre a usucapião e a desapropriação; ou (c) acessão social invertida coletiva.

Nenhuma das propostas é tecnicamente perfeita. Primeiro, o instituto em espécie não pode ser assimilado a uma modalidade de usucapião, tendo em vista a expressa previsão de indenização em favor do proprietário prejudicado – a usucapião é, entre nós, sempre gratuita, de modo que o reconhecimento de usucapião onerosa destoa da nossa tradição jurídica. Também a tese da acessão social exprime certo esticamento das noções tradicionais, pois as "obras e serviços de interesse social e econômico relevante" a que se refere o § 4º do art. 1.228 não precisam ter sido realizados necessariamente pela coletividade. Como acontece com frequência, tais obras e serviços são realizados pelo Poder Público em atendimento a uma demanda social que se configura sobre o terreno (por exemplo, instalação de luz elétrica, saneamento básico etc.). Não há, assim, uma necessária legitimação da aquisição por força do trabalho daquele em favor de quem ocorreria a acessão, mas sim por atuação de um terceiro.

A rigor, o que os dispositivos em análise disciplinam é uma nova hipótese de defesa contra a reivindicação do bem imóvel[21], a qual, sem refutar a preten-

---

19 Maria Sylvia Zanella Di Pietro, *Direito administrativo brasileiro*, 11. ed., São Paulo: Atlas, 1999, p. 151.
20 Silvio de Salvo Venosa, *Código Civil comentado: direito das coisas, posse, direitos reais, propriedade*, São Paulo: Atlas, 2003, v. XII, p. 215.
21 A literalidade do § 4º do art. 1.228, com efeito, sugere que o legislador tinha em mira uma defesa a ser invocada pelos réus-possuidores no âmbito de ações reivindicatórias. Tem-se entendido, contudo, a partir do exame integrado dos demais requisitos, que não há qualquer razão substancial para restringir o instituto a essa hipótese,

são do proprietário ao domínio, extingue, todavia, a obrigação de restituir a coisa, substituindo-na pelo pagamento da respectiva indenização. Assim, deve-se, conforme sustentado em estudo específico sobre o tema, enxergar no instituto contemplado nos §§ 4º e 5º do Código Civil uma "modalidade de perda do domínio por não realização da função social da propriedade por seu titular, em contrapartida a atuação da coletividade que já realizou no imóvel obras e serviços de 'interesse social e econômico relevante', já destinou o solo ao atendimento de sua função social"[22].

Com efeito, a alusão à *extensa área* ocupada ininterruptamente por *considerável número de pessoas* remete prontamente à situação das comunidades formadas em favelas. *Favela* é, com toda sua força semântica, a palavra omitida no dispositivo, a realidade dura que o Código Civil não menciona, mas que seguramente serviu de inspiração à elaboração dos §§ 4º e 5º do art. 1.228. A assertiva pode ser comprovada pelo célebre precedente da Favela do Pullman, que, embora decidido antes da vigência da nova codificação e em sentido bem diverso do que ficou ali preconizado, vem sendo até hoje invocado como principal exemplo de situação concreta que atrairia a incidência dos dispositivos em questão.

Essa nobre ambição secreta do § 4º do art. 1.228 – dar alguma solução oficial aos conflitos decorrentes da pretensão de retomada de imóveis em que se instalaram comunidades carentes – resta, contudo, fundamentalmente comprometida pelo contragolpe imposto pelo § 5º do mesmo artigo. Em verdadeiro arroubo de conservadorismo, em autêntica recaída pela visão individualista do direito de propriedade, o legislador civil acrescenta à previsão revolucionária do § 4º um dever pecuniário irrealizável: o pagamento de um preço por possuidores que, ao menos nos casos mais relevantes socialmente, não dispõem, à toda evidência, dos recursos para tanto. O § 5º mutila, em poucas palavras, a esperança que o § 4º despertava. O art. 10 do Estatuto da Cidade, mesmo antes do Código Civil de 2002, já previa a figura da usucapião coletiva, operando a transferência da propriedade para a coletividade sem

---

sendo possível sua aplicação também como meio de defesa em ações possessórias, por exemplo. Tal entendimento restou consagrado no Enunciado 310 da IV Jornada de Direito Civil do Conselho da Justiça Federal: "Interpreta-se extensivamente a expressão 'imóvel reivindicado' (art. 1.228, § 4º), abrangendo pretensões tanto no juízo petitório quanto no possessório".

22 Anderson Schreiber, O ornitorrinco jurídico: por uma aplicação prática dos §§ 4º e 5º do art. 1.228 do Código Civil, in *Direito civil e Constituição*, São Paulo: Atlas, 2013, p. 277-278.

ônus algum para os possuidores, privilegiando a posse legitimada pela sua utilidade social.

Com efeito, na situação descrita no § 4º do art. 1.228, como na situação da usucapião coletiva, o conflito se estabelece entre o proprietário que não realiza a função social e a coletividade de possuidores que já a realizam, em seu lugar. A tutela constitucional da função social não pode ser condicionada pelo legislador civil a requisitos pecuniários não estabelecidos pelo constituinte. Nosso entendimento tem sido, por essa razão, de que o § 5º do art. 1.228 contraria a função social da propriedade e se revela, portanto, inconstitucional. O § 4º deve ganhar autonomia, desprendendo-se do dever de indenizar se o magistrado concluir, à luz do caso concreto, que a utilidade social atribuída ao imóvel justifica a prioridade de tutela da coletividade a tal ponto de retirar tutela à propriedade do reivindicante. Nenhuma indenização aí é devida, pois tal resultado decorre da própria função social, tendo o Código Civil, por assim dizer, cedido a um impulso do passado quando acrescenta ao fim dos parágrafos do art. 1.228 uma injustificável exigência de indenização.

Em suma, aqui não se tem nem acessão, nem usucapião, nem desapropriação em sentido técnico, mas perda de propriedade no âmbito de ação reivindicatória por força da perda de merecimento de tutela do direito de propriedade do reivindicante que não atende à sua função social. O instituto é, portanto, mero reflexo do controle no cumprimento da função social da propriedade, não se justificando, senão numa visão indiferente à concepção funcional do domínio, o afã da doutrina de enquadrar o instituto em categorias pré-moldadas ou, pior ainda, em negar-lhe constitucionalidade.

6.2. *Aplicação prática*

A solução apresentada não exime de dificuldades a aplicação dos §§ 4º e 5º do art. 1.228. Seus conceitos amplos exigem esforço de interpretação, que é, contudo, perfeitamente possível. Na apreciação do que sejam *obras e serviços de interesse social e econômico relevante*, por exemplo, enquadram-se, em princípio, estradas, praças, equipamentos urbanos e todas as demais construções realizadas pelos possuidores que se destinem ao uso comum daqueles que ali residem e trabalhem, atendendo a interesses supraindividuais. Há outras deficiências bem mais significativas, que põem em dúvida a efetividade da inovação. Podem ser assim resumidas: (a) ao contrário da usucapião especial coletiva, prevista no art. 10 do Estatuto da Cidade (Lei n. 10.257/2001), os dispositivos do

Código Civil não restringem seu alcance a possuidores de baixa renda que não sejam proprietários de outro imóvel urbano ou rural; (b) ao contrário das diversas modalidades de usucapião coletiva, previstas na Constituição da República, no Estatuto da Terra e no da Cidade, o instituto ora analisado exige a posse de boa-fé; e (c) de acordo com o § 5º, presentes os pressupostos estabelecidos no parágrafo anterior, o juiz fixará a indenização devida ao proprietário, que assegurará a eficácia translativa da sentença, de modo a transferir a propriedade do imóvel para o nome dos possuidores.

Essa última exigência afigura-se, a nosso ver, inconstitucional, mas, se assim não reconhecer o Poder Judiciário na análise da aplicação concreta, restará por definir quem deverá depositar o preço. A indagação não é simples, pois, por um lado, a coletividade muito provavelmente não disporá dos recursos necessários e, de outro, como já visto, as obras de relevante interesse econômico e social são, por vezes, realizadas pelo Poder Público – o qual, todavia, não poderia, em princípio, por força dos limites processuais, ser chamado a arcar com o custo da indenização ao proprietário, sem falar em restrições administrativas e orçamentárias[23]. Eis talvez a maior das dificuldades na aplicação prática do dispositivo,

---

23 O Superior Tribunal de Justiça já reconheceu, em caso cercado de peculiaridades, a responsabilidade da Administração Pública pela indenização prevista no § 5º do art. 1.228, ainda que em caráter excepcional: "Ora, não há como negar, diante dos fatos delineados no acórdão recorrido, que os danos causados à proprietária do imóvel decorreram de atos omissivos e comissivos da administração pública, tanto na esfera estadual quanto na municipal, respeitadas as atribuições específicas de cada ente da federação, tendo em conta que deixou de fornecer a força policial necessária para o cumprimento do mandado reintegratório, permanecendo omissa quanto ao surgimento de novas habitações irregulares, além de ter realizado obras de infraestrutura no local, com o objetivo de garantir a função social da propriedade, circunstâncias que ocasionaram o desenvolvimento urbano da área e a desapropriação direta de parte do imóvel. Assim, rejeito a preliminar suscitada, uma vez que o Município de Rio Branco, juntamente com o Estado do Acre constituem sujeitos passivos legítimos da indenização prevista no art. 1.228, § 5º, do CC/2002, visto que os possuidores, por serem pessoas hipossuficientes, não podem arcar com o ressarcimento dos prejuízos sofridos pelo proprietário do imóvel. Sobre o tema, o Conselho da Justiça Federal editou o Enunciado 308, reconhecendo a possibilidade de pagamento da indenização pela Administração, com o seguinte conteúdo: 'A justa indenização devida ao proprietário em caso de desapropriação judicial (art. 1.228, § 5º) somente deverá ser suportada pela Administração Pública no contexto das políticas públicas de reforma urbana ou agrária, em se tratando de possuidores de baixa renda e desde que tenha havido intervenção daquela nos termos da lei processual. Não sendo os possuidores de baixa renda, aplica-se a orientação do Enunciado 84 da I Jornada de Direito Civil', circunstância registrada pelo Tribunal de origem" (STJ, 1ª T., REsp 1.442.440/AC, rel. Min. Gurgel de Faria, j. 7-12-2017).

já que, presumindo-se que existe para beneficiar populações de baixa renda, é inevitável concluir que o condicionamento do preço em muito reduz a aplicação prática do instituto.

Também a exigência de que a posse exercida seja "de boa-fé" enseja séria restrição à aplicação prática do instituto. O entendimento de que se trataria de referência à boa-fé subjetiva, ou seja, ao desconhecimento do vício possessório nas situações descritas no § 4º, tem sido criticado por diversos autores que registram que, em sendo aplicada uma exigência rigorosa de ignorância quanto ao caráter alheio do imóvel, a normativa contida nos §§ 4º e 5º do Código Civil "estaria fadada ao ocaso"[24]. Daí ter sido aprovado na IV Jornada de Direito Civil do Conselho da Justiça Federal o Enunciado 309, em que se lê: "O conceito de posse de boa-fé de que trata o art. 1.201 do Código Civil não se aplica ao instituto previsto no § 4º do art. 1.228". Mesmo que se ignorasse o Enunciado em questão, parece certo que a análise da presença da boa-fé em situações de ocupação coletiva, ainda que se tratasse de boa-fé subjetiva, não poderia dar-se em um plano puramente psicológico de ignorância ou ciência quanto ao vício, mas deveria ser guiada pelo comportamento socialmente esperado das partes no contexto fático em que se encontram[25].

6.3. *Aplicabilidade a bens públicos*

Discute-se, ainda, a possibilidade de utilização do instituto previsto nos §§ 4º e 5º em ações reivindicatórias relativas a bens públicos dominicais. A rigor, se, na legalidade constitucional, a propriedade legitima-se com base no cumpri-

---

24 Cristiano Chaves de Farias e Nelson Rosenvald, *Curso de direito civil: reais*, São Paulo: Atlas, 2015, v. 5, p. 63.

25 Como já destacou em inspirada passagem o Tribunal de Justiça de São Paulo: "O que sobreleva, na interpretação da norma brasileira, é ignorância do possuidor de obstáculos que lhe impedem de adquirir a coisa, o que há de ser interpretado de conformidade com as circunstâncias e o padrão cultural do meio em que vive. Diga-se e repita-se que, em zonas suburbanas desta megalópole, de tudo ou quase tudo muito carente, não age de má-fé o homem humilde, sem teto para abrigar a si próprio e a sua família, assente residência em casa modesta, com notória aparência de abandono. Não se há de lhe exigir que faça anúncios à procura do dono, porque mal tem para se sustentar, nem que permaneça sofrendo privação, aguardando a boa vontade do proprietário, se as coisas existem para satisfazer as necessidades humanas e o direito condiciona a propriedade ao cumprimento de sua função social" (TJSP, Apelação 9113288-02.2002.8.26.0000, rel. Des. João Carlos Garcia, j. 13-5-2003).

mento de sua função social, não há por que excluir do alcance do preceito constitucional o bem público dominical que, com maior razão, deve ser destinado à satisfação dos objetivos fundamentais da República. A Administração Pública deve, inclusive pelos princípios da moralidade, eficiência e impessoalidade, garantir a satisfação dos valores constitucionais pela propriedade pública. A aplicação do instituto ora contemplado aos bens públicos dominicais tem a vantagem de não transgredir a regra proibitiva estabelecida nos arts. 183, § 3º, e 191, parágrafo único, da Constituição da República, que impedem a aquisição de bens públicos por usucapião. Como já visto, aqui não se trata de usucapião, mas de simples perda da propriedade por descumprimento da sua função social.

7. Perfil estrutural da propriedade

Em que pese o notável desenvolvimento em torno da função (social) da propriedade, insiste o Código Civil em definir o direito de propriedade de modo puramente estrutural. Seu art. 1.228 afirma que "o proprietário tem a faculdade de usar, gozar e dispor da coisa, e o direito de reavê-la do poder de quem quer que injustamente a possua ou detenha". O legislador se vale de noção analítica do conteúdo da propriedade, elencando as múltiplas faculdades reconhecidas ao proprietário. Apresenta, primeiro, o aspecto interno do domínio (também chamado de *senhoria*), que exprime a exploração econômica da coisa pelo titular, composto pelas faculdades de conferir utilização econômica à coisa sem lhe alterar a substância (*ius utendi*), extrair frutos, beneficiando-se economicamente (*ius fruendi*), e dela dispor, seja modificando a sua substância, limitando o próprio direito pela constituição de direitos reais em favor de terceiros, transferindo a sua titularidade ou mesmo destruindo-a, "quando isso não configure conduta antissocial"[26] (*ius abutendi*). Em seguida, trata do chamado aspecto externo da propriedade, referente à relação do proprietário com os não proprietários, consubstanciada na faculdade de reivindicar a coisa de quem injustamente a possua ou detenha (*rei vindicatio*).

O *caput* do art. 1.228, como se vê, descreve um verdadeiro direito subjetivo, com toda a sua carga histórica: um poder reconhecido pelo ordenamento a um sujeito para a realização de um interesse próprio. Todavia, se é verdade que a função de instituto determina a sua estrutura, a inserção de interesses sociais no elemento funcional do domínio gera, por via reflexa, uma remodelação da estrutura

---

26 Gustavo Tepedino, *Comentários ao Código Civil*, São Paulo: Saraiva: 2011, v. 14, p. 235.

do direito de propriedade, que passa a ser visto não mais como direito absoluto ou "poder inviolável e sagrado" do proprietário, mas como *situação jurídica subjetiva complexa*, em que se inserem, além das faculdade elencadas pelo art. 1.228, também deveres, ônus, obrigações. Esses deveres não equivalem àqueles de caráter negativo, considerados externos ao domínio e impostos ao proprietário em nome do interesse público ou do poder administrativo de polícia. São deveres de caráter também positivo atribuídos ao titular do domínio como consequência do próprio direito de propriedade: sua origem não se situa em um fator externo qualquer que justifique a limitação do exercício do direito, mas, ao contrário, encontram sua gênese no interior do próprio instituto, mais precisamente em seu elemento funcional, justificando sua proteção pela ordem jurídica, como já visto.

No que concerne à extensão vertical da propriedade (imóvel), é sempre lembrada a fórmula repetida pelos glosadores, segundo a qual *"qui dominus est soli dominus est usque ad coelos et usque ad inferos* – quem é dono do solo é também dono até o céu e até o inferno". Como adverte Caio Mário da Silva Pereira, "a fórmula é poética, mas não exprime uma realidade econômica nem encerra uma verdade material"[27]. De fato, o art. 1.229 do Código Civil determina: "A propriedade do solo abrange a do espaço aéreo e subsolo correspondentes, *em altura e profundidade úteis ao seu exercício*, não podendo o proprietário opor-se a atividades que sejam realizadas, por terceiros, a uma altura ou profundidade tais, que *não tenha ele interesse legítimo em impedi-las*". Nessa esteira, por exemplo, não tem o proprietário de um prédio o direito de remover os tirantes de sustentação (pinos de concreto) do prédio vizinho que invadem seu subsolo, quando estes não acarretam qualquer prejuízo para a utilização da sua propriedade[28]. O legislador também dissocia da propriedade do solo a propriedade das "jazidas, minas e demais recursos minerais, os potenciais de energia hidráulica, os monumentos arqueológicos e outros bens referidos por leis especiais" (CC, art. 1.230), atribuída à União pelo texto constitucional (art. 20, VIII, IX e X).

8. Modos de aquisição da propriedade imóvel

Modos de aquisição da propriedade são fatos ou atos aos quais a ordem jurídica atribui a eficácia de fazer surgir para alguém o direito de propriedade

---

27 Caio Mário da Silva Pereira, *Instituições de direito civil*, 24. ed., atualizada por Carlos Edison do Rêgo Monteiro Filho, Rio de Janeiro: Forense, 2016, v. IV, p. 83.
28 STJ, 3ª Turma, REsp 1.256.825/SP, rel. Min. João Otávio de Noronha, j. 5-3-2015.

sobre alguma coisa. A doutrina, seguindo uma classificação que não é romana, mas que encontra apoio em certos textos romanos[29], distingue os modos de aquisição em (a) aquisição a título originário e (b) aquisição a título derivado, conforme exista ou não vínculo entre o direito de propriedade que se adquire e um direito de propriedade precedente. Se há tal vínculo, trata-se de uma aquisição a título derivado, como no exemplo da aquisição de bem imóvel por registro do respectivo contrato de compra e venda. Se não há tal vínculo, trata-se de uma aquisição a título originário, como a aquisição de propriedade imóvel por abandono de álveo de rio particular.

Outras classificações são consagradas na doutrina, como aquelas que diferenciam (a) aquisição a título gratuito, assim entendida aquela que ocorre sem contraprestação, e (b) aquisição a título oneroso, ou seja, mediante contraprestação. Distingue-se, ainda, entre (a) aquisição *inter vivos* e (b) aquisição *causa mortis*, sendo esta última aquela que resulta da morte do titular anterior da propriedade e sendo *inter vivos* todas as demais. A doutrina traça distinção, por fim, entre (a) aquisição a título singular, assim compreendida a que recai sobre um bem ou mais bens determinados ou determináveis, e (b) aquisição a título universal, sendo esta última aquela em que o adquirente recebe a propriedade de todo o patrimônio do titular anterior.

O Código Civil brasileiro não adota, expressamente, nenhuma dessas classificações ao tratar dos modos de aquisição da propriedade, limitando-se a indicá-los de modo casuístico. Parte da doutrina tem, contudo, tentado identificar traços comuns em uma construção unitária do modo de aquisição da propriedade, normalmente em torno do apossamento material ou da manifestação de vontade do adquirente, sendo certo, todavia, que ainda não se logrou definir uma teoria capaz de abranger todos os diferentes fatos idôneos a constituir direito de propriedade. Ora, falta-lhes a vontade (como na sucessão *causa mortis*), ora o apossamento material não se afigura como requisito (como na transcrição do título no Registro de Imóveis), de tal modo que a matéria continua sendo objeto de uma abordagem tópica e essencialmente positivista, já que centrada nas opções específicas realizadas pelo legislador.

São modos de aquisição da propriedade imóvel listados no capítulo dedicado ao tema pelo Código Civil: (a) usucapião, (b) acessão e (c) registro do

---

29 José Carlos Moreira Alves, *Direito romano*, Rio de Janeiro: Forense, v. I, p. 292.

título. Cumpre, desde logo, destacar que há outros meios de aquisição da propriedade imóvel, reconhecidos pelo próprio Código Civil em outras passagens, como a sucessão hereditária (art. 1.784) e o instituto previsto no art. 1.228, §§ 4º e 5º, examinado anteriormente.

8.1. Usucapião de bem imóvel

A usucapião, também chamada prescrição aquisitiva, é, no conceito sempre lembrado de Modestino, o modo de adquirir a propriedade pela posse continuada durante certo lapso de tempo e de acordo com os requisitos estabelecidos na lei. No mesmo sentido, Clóvis Beviláqua a define como modo de aquisição de propriedade de bens móveis ou imóveis pela *posse qualificada e prolongada no tempo*[30]. Embora o instituto da usucapião seja milenar, sua ampliação no direito brasileiro contemporâneo, com a criação de novas espécies de usucapião em sede constitucional, tem sido vista como consequência da valorização da posse perante a propriedade e como concretização da sua função social. A usucapião revela-se, de fato, como instrumento privilegiado na ampliação de acesso a direitos reais que se voltam à realização dos valores sociais consagrados na Constituição. Daí ter o próprio Constituinte disciplinado duas espécies de usucapião: a usucapião especial individual rural e a usucapião urbana (arts. 183 e 191)[31].

A imensa maioria da doutrina brasileira considera a usucapião modo de aquisição do domínio a título originário[32], mas corrente minoritária a com-

---

30 Clóvis Beviláqua, *Código Civil dos Estados Unidos do Brasil comentado*, v. III, Rio de Janeiro: Paulo de Azevedo, 1958, p. 71.
31 "Art. 183. Aquele que possuir como sua área urbana de até duzentos e cinquenta metros quadrados, por cinco anos, ininterruptamente e sem oposição, utilizando-a para sua moradia ou de sua família, adquirir-lhe-á o domínio, desde que não seja proprietário de outro imóvel urbano ou rural. § 1º O título de domínio e a concessão de uso serão conferidos ao homem ou à mulher, ou a ambos, independentemente do estado civil. § 2º Esse direito não será reconhecido ao mesmo possuidor mais de uma vez. § 3º Os imóveis públicos não serão adquiridos por usucapião. (...) Art. 191. Aquele que, não sendo proprietário de imóvel rural ou urbano, possua como seu, por cinco anos ininterruptos, sem oposição, área de terra, em zona rural, não superior a cinquenta hectares, tornando-a produtiva por seu trabalho ou de sua família, tendo nela sua moradia, adquirir-lhe-á a propriedade. Parágrafo único. Os imóveis públicos não serão adquiridos por usucapião."
32 Pontes de Miranda, *Tratado de direito privado*, São Paulo: Revista dos Tribunais, 1983, t. 11, p. 117; Orlando Gomes, *Direitos reais*, Rio de Janeiro: Forense, 2008, 19. ed., p. 187; entre outros.

preende como modo de aquisição derivado[33]. Ao nosso ver, assiste razão à orientação majoritária, pois, como lembra Serpa Lopes, o usucapiente não adquire *do* proprietário, mas sim *contra* o proprietário, uma vez que o exercício prolongado da posse que enseja a usucapião opõe-se justamente ao aproveitamento do bem pelo titular do domínio[34]. Assim, a sentença que reconhece a usucapião apenas declara um direito preexistente, com eficácia que a maior parte da doutrina considera retroativa até a data de início da posse (e não apenas até a data em que se completa o tempo necessário à usucapião, como se poderia supor a princípio)[35]. Na síntese de Menezes Cordeiro, "a usucapião é uma forma de constituição de direitos reais e não uma forma de transmissão"[36].

Nossa jurisprudência tem afirmado o caráter originário da aquisição da propriedade por usucapião, já tendo o Superior Tribunal de Justiça, inclusive, rejeitado efeitos a hipotecas constituídas em momento anterior ao início da posse *ad usucapionem*[37]. Outra consequência prática relevante desse entendimento segundo o qual a usucapião constitui forma de aquisição originária de propriedade é que não incide imposto de transmissão em sede de usucapião[38].

8.1.1. Fundamento

Não há consenso quanto ao fundamento da usucapião. Orlando Gomes distingue, de um lado, teorias subjetivas, que procuram fundamentar a usucapião na presunção de renúncia tácita do direito de propriedade por parte do proprietário que não o exerce efetivamente; e, de outro lado, as teorias objetivas que fundamentam a usucapião na utilidade social do aproveitamento ou, ainda, na necessidade de estabilização das situações de fato que se prolongam no tempo, como forma de prevenir conflitos e preservar a paz social[39]. O desenvolvimento da noção de função social da propriedade, embora historicamente bem poste-

---

33 Caio Mário da Silva Pereira, *Instituições de direito civil*, Rio de Janeiro: Forense, 2005, v. I, p. 396; San Tiago Dantas, *Programa de direito civil*, Rio de Janeiro: Ed. Rio, 1979, v. III, p. 157.
34 Serpa Lopes, *Curso de direito civil*, 3. ed., Rio de Janeiro: Freitas Bastos, 1964, v. VI, p. 544.
35 Luiz Edson Fachin. *A função social da posse e a propriedade contemporânea: uma perspectiva da usucapião imobiliária rural*, Porto Alegre: Fabris, 1988.
36 António Menezes Cordeiro, *Direitos reais*, Lisboa: Lex, 1979, p. 476.
37 STJ, REsp 941.464, rel. Min. Luis Felipe Salomão, j. 24-4-2012.
38 TJRJ, Ap. Cível 2002.001.28308, j. 28-5-2003.
39 Orlando Gomes, *Direitos reais*, cit., p. 187-188.

rior ao instituto da usucapião, revela-se apto a lhe fornecer fundamento de proteção à luz do direito contemporâneo.

8.1.2. Coisas usucapíveis

Objeto da usucapião são as coisas usucapíveis. Os imóveis públicos não podem ser objeto de usucapião, por expressa vedação constitucional em dois dispositivos (arts. 183, § 3º, e 191, parágrafo único), em que o Constituinte repete a mesmíssima norma: "os imóveis públicos não serão adquiridos por usucapião". Parte da doutrina registra que a usucapião pode resultar não apenas na aquisição de direito de propriedade, como direito real pleno, mas também de direitos reais sobre coisa alheia, como o uso e o usufruto[40]. Daí ser possível concluir que, ainda quando a posse recaia sobre bens públicos, embora a propriedade não possa ser adquirida por usucapião, outros direitos reais podem sê-lo, já tendo o Superior Tribunal de Justiça reconhecido, por exemplo, a possibilidade de usucapião do domínio útil (particular) de bem enfitêutico[41].

8.1.3. Requisitos da usucapião

São requisitos essenciais da usucapião: (a) posse *ad usucapionem* e (b) o decurso do tempo. O decurso do tempo varia conforme a espécie de usucapião, podendo ser mais longo ou mais curto a depender das características da coisa possuída e da finalidade para a qual se possui. A posse *ad usucapionem* não é a posse simples, mas posse qualificada, que se exprime, para usar as expressões empregadas pelo Código Civil brasileiro, em posse da coisa *como sua, sem interrupção, nem oposição*.

A posse da coisa como sua é definida pela maior parte da doutrina brasileira como posse *cum animo domini*, isto é, com "a vontade de possuir como se fosse dono"[42]. Aqui, a doutrina enxerga a principal concessão do direito brasileiro à teoria subjetiva da posse, de Savigny. A posse sem intenção de dono não deflagra a usucapião. Como a usucapião gera a perda da propriedade pelo titular do domínio, a posse *ad usucapionem* há de ser uma posse que não decorre da posse do proprietário. Assim, a posse direta do locatário, do comodatário, do usufrutuário e de outras figuras similares não gera usucapião, por serem frutos

---

40 Carvalho Santos, *Código Civil brasileiro interpretado*, Rio de Janeiro: Freitas Bastos, 1952, v. VIII, p. 427.
41 STJ, REsp 575.572/RS, rel. Min. Nancy Andrighi, j. 6-9-2005.
42 Luiz Edson Fachin. *A função social da posse e a propriedade contemporânea*, cit., p. 43.

do desdobramento da posse do titular do domínio – salvo se houver transformação posterior no título da posse.

Além disso, a posse *ad usucapionem* precisa ser *contínua*, no sentido de não ter sofrido interrupção durante o lapso temporal exigido para a usucapião. Posse contínua é a posse "exercida sem intermitências nem lacunas"[43]. A posse *ad usucapionem* há de ser, por fim, *mansa e pacífica*, no sentido de não sofrer oposição do proprietário durante o lapso de tempo necessário à usucapião. A tentativa de esbulho por terceiros, quando defendidos com sucesso pelo possuidor, não privam a posse do seu caráter manso e pacífico, não impedindo, portanto, a usucapião. Para que a posse se configure mansa e pacífica, não pode ter sido objeto de contestação levada a cabo pelo proprietário contra o qual se deseja usucapir[44]. A posse *ad usucapionem* configura, como se vê, "uma posse mais exigente, mas não uma posse de diversa natureza"[45].

O segundo requisito da usucapião é o decurso do tempo. Os lapsos temporais variam conforme a espécie de usucapião. Registre-se que o art. 10 da Lei n. 14.010/2020 (RJET) determinou a suspensão dos prazos de aquisição para a propriedade imobiliária ou mobiliária, nas diversas espécies de usucapião, entre 12 de junho e 30 de outubro de 2020, em virtude da pandemia de covid-19. Não havia, contudo, razão para produzir um impacto sobre todos os prazos da prescrição aquisitiva em curso (alguns longuíssimos, de dez ou quinze anos), complicando a contagem desses prazos, quando o propósito do legislador se limitava a atingir aqueles prazos que estavam na iminência de se completar no curso da pandemia. Melhor teria sido que o legislador tivesse determinado simplesmente a prorrogação dos prazos que estavam para findar naquela mesma janela temporal (12 de junho a 30 de outubro de 2020). Foi o que advertimos em artigo publicado quando ainda se encontrava em tramitação o Projeto de Lei[46].

---

43 Serpa Lopes, *Curso de Direito Civil*, cit., v. VI, p. 557.
44 Em recente julgado do Superior Tribunal de Justiça, decidiu-se que o mero oferecimento de defesa (contestação) pelo proprietário na ação de usucapião não é capaz de caracterizar efetiva oposição à posse, impedindo a usucapião, uma vez que "a mencionada peça defensiva não tem a capacidade de exprimir a resistência do demandado à posse exercida pelo autor, mas apenas a sua discordância com a aquisição do imóvel pela usucapião. Contestar, no caso, impõe mera oposição à usucapião postulada pelos autores, e não à posse" (STJ, 3ª T., REsp 1.361.226/MG, rel. Min. Ricardo Villas Bôas Cueva, j. 5-6-2018).
45 José de Oliveira Ascensão, *Direitos reais*, Coimbra: Almedina, 1978, p. 297.
46 Anderson Schreiber e Rafael Mansur, *O projeto de lei de regime jurídico emergencial e transitório do covid-19: importância da lei e dez sugestões de alteração*, disponível em: <andersonschreiber.jusbrasil.com.br> (acesso em: 27 ago. 2020).

O legislador seguiu, todavia, outro caminho e, agora, por anos a fio, terá de se levar em consideração na contagem dos prazos de usucapião a suspensão do decurso dos prazos durante a pandemia.

Ainda sobre a contagem dos prazos, convém registrar que se permite, para o cômputo do tempo, a soma da posse com posses antecedentes (*acessio possessionis*), contando que todas sejam contínuas e pacíficas (art. 1.243). Não se exige, assim, para fins de usucapião, que aquele possuidor específico tenha sido sempre o mesmo durante todo o prazo legal. Ainda conforme a espécie de usucapião, pode a lei exigir requisitos adicionais para a usucapião, como a boa-fé do possuidor e o justo título, conforme se passa a detalhar a seguir.

8.1.4. Usucapião ordinária ≠ extraordinária

Na usucapião extraordinária, a propriedade é adquirida pelo possuidor, em prazo mais longo, independentemente de justo título e boa-fé. Na usucapião ordinária, além da posse por certo lapso de tempo, exige-se o justo título e a boa-fé. Chama-se também usucapião abreviada. Bem observa Orlando Gomes que a terminologia da classificação deveria ser invertida, pois ordinário normalmente é o que exige menos requisitos que o extraordinário. O Código Civil de 2002 procurou sistematizar as diversas espécies de usucapião de bens imóveis que encontram assento na Constituição da República. Talvez a mais importante inovação na matéria tenha sido a redução dos prazos de usucapião previstos no Código Civil de 1916. Assim, o Código Civil reduziu o prazo da usucapião extraordinária para quinze anos (art. 1.238), diminuindo-o ainda mais, para dez anos, se "o possuidor houver estabelecido no imóvel a sua moradia habitual, ou nele realizado obras ou serviços de caráter produtivo" (art. 1.238, parágrafo único). Embora não tenha chegado a ser tão acentuada quanto a redução dos prazos prescricionais extintivos, a redução dos prazos da usucapião teve efeitos práticos extremamente relevantes no Brasil.

Em relação à usucapião ordinária, o Código Civil fixa prazo de dez anos, ao afirmar no art. 1.242 que adquire também a propriedade do imóvel aquele "que, contínua e incontestadamente, com justo título e boa-fé, o possuir por dez anos". O parágrafo único do art. 1.242 traz uma inovação digna de aplausos: a criação da usucapião tabular.

8.1.5. Usucapião tabular

A usucapião tabular é aquela por meio da qual alguém adquire a propriedade de imóvel que possuir, contínua e incontestadamente, com justo título e boa-fé, por cinco anos se o tiver adquirido, onerosamente, com base em registro constante do respectivo cartório, cancelado posteriormente, desde que o possuidor nele tiver estabelecido a sua moradia ou realizado investimentos de interesse social e econômico. O instituto encontra previsão no parágrafo único do art. 1.242 e tem permitido pacificar inúmeros conflitos decorrentes de equívocos no registro, frequentemente ligados a causas que correm longe no passado. Até hoje, há ações judiciais discutindo erros de registro na ocupação da Barra da Tijuca, por exemplo, e há mesmo lides que se fundam em falhas registrais do Brasil Imperial. A doutrina tem, por isso, aplaudido a usucapião tabular. O novo instituto conecta-se, de certo modo, à antiga concepção do direito romano, de que dá notícia Arnoldo Wald quando afirma que a posse para usucapião era aquela vinculada a um adquirente imperfeito, que recebera a coisa sem as solenidades necessárias[47].

8.1.6. Modalidades especiais de usucapião

Além da usucapião extraordinária e ordinária, o Código Civil, inspirado no que já havia feito o Constituinte (arts. 183 e 191), traz modalidades especiais de usucapião, calcadas no uso do imóvel para certos fins. Nesse sentido, pode-se mencionar (a) a usucapião especial *pro labore*, (b) a usucapião especial urbana *pro habitatio* e (c) a usucapião especialíssima ou familiar.

A usucapião especial *pro labore* (pró-trabalho) é contemplada no art. 1.239 do Código Civil, segundo o qual "aquele que, não sendo proprietário de imóvel rural ou urbano, possua como sua, por cinco anos ininterruptos, sem oposição, área de terra em zona rural não superior a cinquenta hectares, tornando-a produtiva por seu trabalho ou de sua família, tendo nela sua moradia, adquirir-lhe-á a propriedade". Alia-se, no instituto, a moradia ao trabalho sobre o imóvel, como se vê na exigência de que o imóvel tenha se tornado produtivo.

Já a usucapião especial *pro habitatio* (pró-moradia) funda-se exclusivamente na moradia[48] e vem contemplada no art. 1.240 do Código Civil, segundo o qual "aquele que possuir, como sua, área urbana de até duzentos e cinquenta

---

47 Arnoldo Wald, *Direito civil*, São Paulo: Saraiva, 2009, v. 4, p. 137.
48 Merece registro decisão do Superior Tribunal de Justiça que entendeu que a lei não exige "destinação exclusiva residencial do bem a ser usucapido. Assim, o exercício simultâneo de pequena atividade comercial pela família domiciliada no imóvel objeto do pleito não inviabiliza a prescrição aquisitiva buscada" (STJ, 3ª Turma, REsp 1.777.404/TO, rel. Min. Nancy Andrighi, j. 5-5-2020).

metros quadrados, por cinco anos ininterruptamente e sem oposição, utilizando-a para sua moradia ou de sua família, adquirir-lhe-á o domínio, desde que não seja proprietário de outro imóvel urbano ou rural". Aqui, a codificação exige que o possuidor não seja proprietário de outro imóvel e não permite que a mesma pessoa se valha dessa espécie de usucapião por mais de uma vez. Alguns autores a denominam usucapião especial *pro misero*.

Cumpre destacar que nossa jurisprudência enfrentou a polêmica sobre a possibilidade de legislações infraconstitucionais estabelecerem metragem mínima de módulo proprietário urbano (dimensão de lotes) ou área mínima necessária ao aproveitamento econômico do imóvel rural para sustento familiar (art. 64, Lei n. 4.504/64), de modo a obstar o reconhecimento dessas modalidades especiais de usucapião. Ao analisar a usucapião *pro habitatio*, o Supremo Tribunal Federal, reconhecendo a superioridade hierárquica do comando constitucional e a relevância da norma para fins de concretização do acesso à moradia, rechaçou a possibilidade de a usucapião ser impedida em razão da metragem mínima do lote e aprovou a seguinte tese: "preenchidos os requisitos do art. 183 da Constituição Federal, o reconhecimento do direito à usucapião especial urbana não pode ser obstado por legislação infraconstitucional que estabeleça módulos urbanos na respectiva área em que situado o imóvel (dimensão do lote)"[49]. Na esteira dessa decisão, o Superior Tribunal de Justiça entendeu que a usucapião especial *pro labore* não pode ser negada em razão de limite mínimo de área fixada em lei, uma vez que o constituinte estabeleceu "a existência de demarcação de área máxima passível de ser usucapida, não de área mínima. Mais relevante que a área do imóvel é o requisito que procede a esse, ou seja, o trabalho realizado pelo possuidor e sua família, que torne a terra produtiva, dando a ela função social"[50].

Outra questão polêmica consiste na compatibilidade do instituto da acessão possessória com as figuras da usucapião *pro labore* e *pro habitatio*. Tem prevalecido, sobre o tema, o entendimento de que o escopo humanitário inerente a essas modalidades de usucapião lhes conferiria um caráter pessoal ou familiar, incompatível com a possibilidade do cômputo do tempo de posse exercido por um possuidor pretérito, o que seria corroborado pelo prazo mais exíguo exigido pelo legislador para sua configuração[51].

---

49 STF, RE 442.349, rel. Min. Dias Toffoli, j. 29-4-2015.
50 STJ, REsp 1.040.296, rel. p/ acórdão Min. Luis Felipe Salomão, j. 2-6-2015.
51 STJ, 4ª T., REsp 1.799.625/SP, rel. Min. Marco Buzzi, j. 6-6-2023. Confira-se, ainda, o

Por fim, a usucapião especialíssima ou familiar foi introduzida no Código Civil pela Lei n. 12.424, de 2011, tendo em vista a situação de cônjuges ou companheiros que permaneciam na pequena propriedade urbana abandonada por seu consorte. Assim, o art. 1.240-A assegura que "aquele que exercer, por 2 (dois) anos ininterruptamente e sem oposição, posse direta, com exclusividade, sobre imóvel urbano de até 250 m² (duzentos e cinquenta metros quadrados) cuja propriedade divida com ex-cônjuge ou ex-companheiro que abandonou o lar, utilizando-o para sua moradia ou de sua família, adquirir-lhe-á o domínio integral, desde que não seja proprietário de outro imóvel urbano ou rural". Na lição de Luiz Edson Fachin, a usucapião especialíssima ou familiar "protege o direito à moradia da pessoa que ficou no imóvel. Trata-se de uma escolha que visa proteger o *mínimo existencial* daquele que, materialmente, pouco ou nada mais possui, ainda que isso se dê em detrimento da hipótese abstrata de tutela à propriedade daquele que abandonou o lar. Assegura, ademais, *segurança jurídica material* àquele que no imóvel permaneceu após ter sido abandonado financeira e moralmente". Ainda segundo Fachin, o termo "posse direta" mencionado no dispositivo deve ser interpretado "como se este mencionasse apenas posse, sem o desdobramento sugerido pelo termo 'direta', atecnicamente empregado: ali posse direta é pessoa concreta, efetiva"[52].

Outro aspecto importante dessa modalidade de usucapião diz respeito à interpretação da expressão "abandono do lar", que de modo algum pode significar sanção por descumprimento de deveres conjugais, nem se conectar à culpa pelo fim do relacionamento. O "abandono do lar" deve ser compreendido "como um abandono familiar, no sentido de um desamparo da família por um daqueles que deveria ser seu provedor"[53]. Por fim, é de se registrar que o efetivo abandono

---

enunciado n. 317 da IV Jornada de Direito Civil do CJF: "A *accessio possessionis*, de que trata o art. 1.243, primeira parte, do Código Civil, não encontra aplicabilidade relativamente aos arts. 1.239 e 1.240 do mesmo diploma legal, em face da normatividade do usucapião constitucional urbano e rural, arts. 183 e 191, respectivamente".

52 Luiz Edson Fachin, A constitucionalidade da usucapião familiar do artigo 1.240-A do Código Civil brasileiro, *Carta Forense*, disponível em: <http://www.cartaforense.com.br/conteudo/artigos/a-constitucionalidade-da-usucapiao-familiar-do-artigo-1240-a-do-codigo-civil-brasileiro/7733> (acesso em: 21 dez. 2017).

53 Ricardo Lucas Calderon e Michele Mayumi Iwasaki, Usucapião familiar: quem nos salva da bondade dos bons?, *Revista Brasileira de Direito Civil*, v. 3, jan./mar. 2015, p. 51. Tal entendimento foi referendado no Enunciado n. 595 da VII Jornada de Direito Civil do CJF, segundo o qual "o requisito 'abandono do lar' deve ser interpretado na ótica do instituto da usucapião familiar como abandono voluntário da posse do imóvel somado à ausência da tutela da família, não importando em averiguação da culpa pelo fim do casamento ou união estável".

do lar, correspondente à separação de fato, marca o início da contagem do período aquisitivo[54], independentemente de reconhecimento formal do divórcio[55].

Cumpre registrar, ainda, que a legislação especial traz espécies de usucapião adicionais àquelas previstas na codificação civil. O Estatuto da Cidade (Lei n. 10.257/2001) consagra, por exemplo, a já mencionada *usucapião coletiva*, ao afirmar no art. 10 que "os núcleos urbanos informais existentes sem oposição há mais de cinco anos e cuja área total dividida pelo número de possuidores seja inferior a duzentos e cinquenta metros quadrados por possuidor são suscetíveis de serem usucapidos coletivamente, desde que os possuidores não sejam proprietários de outro imóvel urbano ou rural". Também o Estatuto do Índio (Lei n. 6.001/1973) já trazia modalidade especial de usucapião, conhecida como *usucapião indígena*, por meio da qual o "índio, integrado ou não, que ocupe como próprio, por dez anos consecutivos, trecho de terra inferior a cinquenta hectares, adquirir-lhe-á a propriedade plena" (art. 33).

8.1.7. Usucapião extrajudicial

Convém mencionar, ainda, a possibilidade introduzida pelo novo Código de Processo Civil de a usucapião se processar extrajudicialmente, nos termos do art. 1.071, que acrescenta o art. 216-A na Lei de Registros Públicos, segundo o qual, sem prejuízo da via judicial, se admite o pedido de reconhecimento extrajudicial de usucapião, que será processado diretamente perante o Cartório de Registro de Imóveis da comarca em que estiver situado o imóvel usucapiendo, a requerimento do interessado, representado por advogado. O pedido deve ser instruído com (a) ata notarial lavrada pelo tabelião, atestando o tempo de posse do requerente e seus antecessores, conforme o caso e suas circunstâncias; (b) planta e memorial descritivo assinado por profissional legalmente habilitado, com prova de anotação de responsabilidade técnica no respectivo conselho de fiscalização profissional, e pelos titulares de direitos reais e de outros direitos registrados ou averbados na matrícula do imóvel usucapiendo e na matrícula dos imóveis confinantes; (c) certidões negativas dos distribuidores da comarca

---

54 Enunciado n. 664 da IX Jornada de Direito Civil (2022): "O prazo da usucapião contemplada no art. 1.240-A só iniciará seu curso caso a composse tenha cessado de forma efetiva, não sendo suficiente, para tanto, apenas o fim do contato físico com o imóvel".

55 Enunciado n. 501 da V Jornada de Direito Civil do CJF: "As expressões 'ex-cônjuge' e 'ex-companheiro', contidas no art. 1.240-A do Código Civil, correspondem à situação fática da separação, independentemente de divórcio".

da situação do imóvel e do domicílio do requerente; e (d) justo título ou quaisquer outros documentos que demonstrem a origem, a continuidade, a natureza e o tempo da posse, como o pagamento dos impostos e das taxas que incidirem sobre o imóvel. Como se vê, a expressão usucapião extrajudicial não exprime uma espécie nova de usucapião, mas tão somente a possibilidade de reconhecimento extrajudicial da usucapião, com base na lavratura de ata notarial que ateste o tempo de posse e outros documentos comprobatórios do cumprimento dos requisitos de cada modalidade de usucapião.

8.2. *Acessão*

Acessão é o modo de aquisição da propriedade pela união ou incorporação de duas ou mais coisas, em virtude de fato natural (acessão natural) ou ato do homem (acessão artificial). A doutrina adverte que "a acessão natural, precisamente porque involuntária, não dá lugar à indenização, que é devida em alguns casos de acessão artificial"[56]. A acessão pode dar-se: (a) pela formação de ilhas em rios particulares; (b) por aluvião, que é o acréscimo paulatino de terras que o rio deixa naturalmente nos terrenos ribeirinhos ou pelo descobrimento parcial do álveo em razão de afastamento das águas; (c) por avulsão, que é o desprendimento por força natural violenta de uma porção de terra que se vai juntar ao terreno de outro proprietário; (d) pelo permanente e total abandono do álveo; e (e) pela construção ou plantação (art. 1.248). Enquanto a última hipótese é de acessão artificial, pois depende da atuação do homem, todas as anteriores são formas de acessão natural. O Código Civil trata da acessão de bens imóveis a outros bens imóveis nos quatro primeiros casos, e de bens móveis a bens imóveis no último. Registre-se, contudo, que a acessão pode também ocorrer de móveis a móveis, como ocorre nos institutos da confusão, comistão e adjunção, disciplinadas como modos de aquisição da propriedade mobiliária nos arts. 1.272 a 1.274 do Código Civil.

8.2.1. Acessões ≠ benfeitorias

As acessões não se confundem com as benfeitorias. As benfeitorias destinam-se à conservação, ao incremento da utilidade ou ao embelezamento da coisa, enquanto as acessões alteram a substância da coisa em si[57]. Em que pese a distinção conceitual, na prática, a diferenciação pode ser tormentosa. "Consi-

---

56 Darcy Bessone, *Direitos reais*, São Paulo: Saraiva, 1988, p. 162
57 Serpa Lopes, *Curso de direito civil*, 4. ed., Rio de Janeiro: Freitas Bastos, 1962, v. I, p. 373.

dera-se acessão, por exemplo, a casa construída em terreno nu, mas constitui benfeitoria a obra que amplia a casa em mais um quarto. Com efeito, a distinção entre ambas as figuras só poderá ser estabelecida do ponto de vista funcional"[58]. Melhor seria, por essa razão, que o legislador tivesse procedido à uniformização de regimes entre as benfeitorias e as acessões. Não o fez, havendo distinções sensíveis, como o fato de que o possuidor de boa-fé tem direito à indenização apenas pelas benfeitorias necessárias ou úteis, não já pelas voluptuárias, enquanto o art. 1.255 assegura àquele que, de boa-fé, "semeia, planta ou edifica em terreno alheio" o direito a ser indenizado independentemente de qualquer consideração sobre as causas ou consequências da construção ou plantação sobre o imóvel – e, portanto, independentemente da sua necessidade ou utilidade.

Há, ainda, a relevante questão da acessão invertida, que não encontra paralelo na disciplina das benfeitorias e que tem merecido destaque nos estudos sobre a acessão.

8.2.2. Acessão invertida

A acessão invertida consiste em inovação trazida pelo Código Civil de 2002, que, no parágrafo único do art. 1.255, afirma que, "se a construção ou a plantação exceder consideravelmente o valor do terreno, aquele que, de boa-fé, plantou ou edificou, adquirirá a propriedade do solo, mediante pagamento da indenização fixada judicialmente, se não houver acordo". Assim, embora a regra seja que as plantações e construções acedem ao solo, tornando-se propriedade do dono do terreno (art. 1.255, *caput*), a codificação, atenta à proteção da boa-fé e à valoração dos bens, determina que, nos casos em que o valor da plantação ou construção for consideravelmente superior ao valor do terreno, a regra se inverte, operando em benefício de quem construiu ou plantou: é este último que adquire a propriedade do solo, restando assegurado ao proprietário do terreno a devida indenização.

A mesma inspiração guia o legislador nos arts. 1.258 e 1.259, em que se ocupa da situação daquele que, plantando ou construindo sobre solo próprio, invade terreno alheio: caso a invasão não seja superior à vigésima parte do imóvel invadido, adquire o construtor de boa-fé a propriedade da parte invadida, se o valor da construção exceder o dessa parte, ficando assegurada ao proprie-

---

[58] Gustavo Tepedino, Heloisa Helena Barboza e Maria Celina Bodin de Moraes (Coords.), *Código Civil interpretado conforme a Constituição da República*, Rio de Janeiro: Renovar, 2011, v. III, p. 542.

tário da parte perdida uma indenização que abranja não apenas o valor da área invadida, mas também a desvalorização da área remanescente (art. 1.258). Se, ao contrário, a área invadida exceder a vigésima parte, o construtor de boa-fé também adquire a parte do solo alheio, mas responde por perdas e danos que abranjam o valor que a invasão acrescer à construção, mais o da área perdida e o da desvalorização da área remanescente (art. 1.259).

O problema é que, naqueles dispositivos, entendeu por bem o legislador contemplar também o invasor de má-fé, estabelecendo que também adquirirá a área invadida se inferior à vigésima parte caso o valor da construção exceda consideravelmente o da área invadida e não se puder demolir a parte da construção situada na área invadida sem grave prejuízo para a construção como um todo (art. 1.258, parágrafo único). O invasor haverá de pagar, nessa hipótese, dez vezes o valor das perdas e danos. Mesmo assim, a extensão ao construtor de má-fé desperta a crítica de parte da doutrina, que preferia ver o instituto da acessão invertida limitado àquele que age de boa-fé, em consonância com sua inspiração em princípios de equidade. Explica-se, contudo, a opção do legislador, já que a preservação da obra com perda de parte do terreno alheio, nessas hipóteses, configura mal evidentemente menor que sua demolição, a qual pode atingir interesses que transcendem os interesses do proprietário e do construtor, alcançando terceiros que nada têm com a disputa.

8.3. Aquisição pelo registro

O registro do título translativo (contrato de compra e venda, contrato de permuta e qualquer outro negócio jurídico que obrigue a transferir a propriedade de um bem imóvel) no Registro de Imóveis é o modo mais frequente de aquisição da propriedade imobiliária na experiência jurídica brasileira. A tradicional importância atribuída aos bens imóveis, por um lado, e a possibilidade física de sua individualização, pelo outro, contribuíram para a organização de um registro para a transferência da propriedade dos imóveis, que, tornando-a pública, proporciona maior segurança à circulação da riqueza imobiliária. O direito romano não conheceu o registro de imóveis, mas alguns autores enxergam vestígios da sua existência na Antiguidade grega e egípcia[59]. Entretanto, a origem do registro de imóveis, tal qual o conhecemos, situa-se com maior precisão na Idade Média, no conjunto de livros em que os senhores feudais mantinham os assentos de suas relações dominicais com os vassalos. Os registros tinham

---

59 Darcy Bessone, *Direitos reais*, cit., p. 140.

mera finalidade de prova dos atos, mas a doutrina germânica viria a lhe atribuir efeito constitutivo.

8.3.1. Sistema alemão

O sistema alemão, que Orlando Gomes chama "o mais perfeito se considerado o aspecto da segurança jurídica que é conferida pelo registro", atribui ao registro do título presunção absoluta da propriedade. Aquele em cujo nome se acha transcrita a propriedade de um imóvel tem a seu favor a presunção absoluta de que o imóvel lhe pertence. Seu direito não pode ser contestado porque a presunção legal não admite prova em contrário. Abstrai-se a causa da transferência, fazendo-se suceder ao negócio jurídico celebrado um "acordo formal de transferência", ou seja, outro negócio jurídico abstrato e autônomo, cuja validade independe do negócio jurídico anterior. Por essa razão, a nulidade do negócio jurídico anterior não contamina a validade do registro do título translativo.

8.3.2. Sistema francês

Diametralmente oposto é o sistema francês, em que a propriedade se transfere pela simples celebração do contrato. O art. 1.196 do *Code Napoléon* afirma que "nos contratos que tenham por objeto a alienação da propriedade ou a cessão de um outro direito, a transferência se opera quando da conclusão do contrato". O registro assume essencialmente a função de dar publicidade à propriedade imobiliária, mas não é constitutivo do direito de propriedade. O contrato não se limita a produzir efeitos obrigacionais. Em outras palavras, o contrato não se limita a obrigar o alienante a transferir a propriedade ao adquirente. É o próprio contrato que transfere a propriedade.

8.3.3. Sistema brasileiro

Pode-se afirmar que o direito brasileiro situa-se a meio caminho entre o sistema alemão e o sistema francês. Sofre a influência do sistema alemão no deslocamento do momento aquisitivo do negócio jurídico para o registro, mas não chega à abstração de conceber um acordo formal de transferência nem confere ao registro uma presunção *iuris et de iure* (absoluta) de propriedade. Em nosso sistema, em que pese algum debate inicial – é conhecida a controvérsia entre Philadelpho Azevedo, defensor da presunção absoluta, e Soriano Neto, defensor da presunção relativa –, há atualmente consenso de que o efeito do registro é gerar uma presunção *juris tantum* (relativa) que transfere o ônus da prova àquele que pretenda impugnar o registro. É como nossa doutrina interpreta as normas contidas no

§ 2º do art. 1.245, em que se afirma que, "enquanto não se promover, por meio de ação própria, a decretação de invalidade do registro, e o respectivo cancelamento, o adquirente continua a ser havido como dono do imóvel". A isso acrescenta o art. 1.247: "se o teor do registro não exprimir a verdade, poderá o interessado reclamar que se retifique ou anule". Nesse sistema, o negócio que deu causa à transferência há de ser válido para que o registro opere seus efeitos. Se inválido, o registro pode ser invalidado. Assim, a celebração do negócio jurídico por si só não basta para transferir a propriedade: exige-se o registro, mas a invalidade do negócio jurídico contamina a validade do registro que nele se funda.

Merece, entretanto, menção e homenagem nessa matéria o entendimento de Darcy Bessone, que, divergindo da *communis opinio* da nossa doutrina, sustentava que não é o registro que transmite a propriedade no direito brasileiro, tratando-se, antes, o negócio translativo de um negócio jurídico complexo, de formação progressiva ou sucessiva, que se completa com o registro, no caso dos bens imóveis, ou com a tradição, no caso dos bens móveis. Argumentava Bessone que "o registro pode ser promovido por qualquer das partes. Não é necessariamente, nem pessoalmente, ato do vendedor. Não constitui, pois, execução de uma obrigação deste. O registro, como modo de adquirir, depende, assim, de um título, que é o contrato, e, por consequência, é de entender-se que ele somente transfere o domínio, quando aliado a um contrato, seja este de compra e venda, de permuta, de doação etc."[60].

8.3.4. Princípios registrais

São características do registro, a que alguns autores denominam princípios registrais: (a) a obrigatoriedade; (b) a fé pública; (c) a possibilidade de retificação; e (d) a continuidade. Alude-se ao "princípio" da obrigatoriedade do registro para significar que o registro do título translativo é indispensável à aquisição da propriedade imobiliária *inter vivos*, ressalvados os demais modos de aquisição previstos em lei. Diz-se, nesse sentido, que somente o registro confere a propriedade, não bastando a escritura pública de compra e venda. Portanto, para o adquirente, o registro é um ônus. Qualquer pessoa pode promover o registro exigindo-se apenas que o título seja apto à transcrição.

O chamado princípio da fé pública traduz o valor de prova do registro. Assim, presume-se pertencer o direito real à pessoa em cujo nome se transcreveu ou inscreveu o título dominial. Incumbe ao prejudicado provar

---

60   Darcy Bessone, *Direitos reais*, cit., p. 137.

que o registro é falso, pois até prova em contrário, presume-se verdadeiro. A possibilidade de retificação representa a oportunidade de alteração do registro. A retificação faz-se por meio de processo próprio. Alude-se, por fim, ao princípio da continuidade do registro, segundo o qual se afigura sempre necessário nas transferências o registro do título anterior, de tal modo que a cadeia dominial mantenha-se concatenada, ainda que possa haver modo originário de aquisição (exemplo: desapropriação) em determinado ponto da sequência registral.

8.3.5. Aspectos formais da transcrição

O Código Civil emprega o termo "registro" como gênero de ato registral que engloba tanto (a) a *transcrição* quanto (b) a *inscrição*. Considera-se transcrição o traslado, palavra por palavra, do documento para o livro do oficial, enquanto a inscrição consiste em uma espécie de síntese ou resumo do mesmo. Adota-se, como regra geral, a inscrição[61]. Os atos que se sujeitam a registro estão listados no art. 167, I, da Lei de Registros Públicos (Lei n. 6.015/73), como a constituição dos direitos reais, a compra e venda, a doação, a permuta, entre outros. A Lei de Registros Públicos conserva também a figura da *averbação* para as hipóteses descritas no inciso II do art. 167, dentre as quais a extinção dos ônus e direitos reais, o contrato de locação para fins de exercício da preferência, as cláusulas de inalienabilidade, impenhorabilidade e incomunicabilidade impostas a imóveis etc. A averbação é "tipo de assentamento destinado para atos acessórios, que modifiquem um outro"[62].

A aquisição da propriedade imobiliária por registro verifica-se do seguinte modo: depois de protocolado o título translativo e estando o imóvel matriculado, procede-se ao registro nos 30 dias subsequentes à prenotação (LRP, art. 188), assentando, no livro 2, o oficial: a data, o nome, o domicílio e a nacionalidade do transmitente e do adquirente, o título de transmissão, sua forma, procedência e caracterização e o valor do contrato. A eficácia do registro retroage ao momento da prenotação, com a ressalva do disposto no art. 192 da Lei de Registros Públicos, segundo o qual, se duas escrituras públicas lavradas na mesma data e apresentadas no mesmo dia determinarem "taxativamente a hora da sua lavratura", prevalecerá, para efeito de prioridade, a que tiver sido lavrada em primeiro lugar.

---

61 Walter Ceneviva, *Lei dos Registros Públicos comentada*, 18. ed., São Paulo: Saraiva, 2008, p. 356.
62 Eduardo Sócrates Castanheira Sarmento Filho, *Direito registral imobiliário*, Curitiba: Juruá, 2013, p. 112.

8.3.6. Retificação, anulação e cancelamento do registro

A Lei de Registros Públicos trata separadamente da (a) *retificação*, (b) da *anulação* e (c) do *cancelamento* do registro. A retificação do registro destina-se a corrigir erros materiais, como o nome das partes, as dimensões do imóvel, seus limites confrontantes e assim por diante. A anulação, por sua vez, pressupõe a existência de (a) vícios intrínsecos ou (b) vícios extrínsecos do registro. São extrínsecos os vícios que dizem respeito ao registro em si, como a falta de competência do Registro Imobiliário. Intrínseco, por sua vez, é o vício que afeta a própria validade do título levado a registro, como a nulidade do contrato de compra e venda por simulação. Menezes Cordeiro alude, nesse mesmo sentido, a (a) invalidades registrais e (b) invalidades substanciais[63]. Uma vez anulado o registro ou o negócio jurídico que lhe antecede, dá-se o cancelamento.

9. Modos de aquisição da propriedade móvel

Os modos de aquisição da propriedade de bem móvel também se dividem em modos de aquisição (a) a título originário e (b) a título derivado. No primeiro campo, estão (a) a ocupação, (b) o achado do tesouro e (c) a usucapião. No segundo campo, estão (a) a especificação, (b) a comistão (a que o Código Civil denomina erroneamente *comissão*), (c) a confusão, (d) a adjunção e (e) a tradição. Em relação à codificação de 1916, pode-se afirmar que o Código Civil de 2002 reduziu as modalidades de aquisição da propriedade mobiliária, abolindo a expressa referência à caça e à pesca, bem como retirando a invenção, que passou a denominar descoberta, dos capítulos dedicados aos modos de aquisição da propriedade[64].

9.1. Ocupação

A ocupação é o assenhoramento de coisa móvel sobre a qual não recaiam direitos e cuja aquisição não seja vedada por lei (art. 1.263). Dirige-se precipuamente à *res nullius* (coisa que nunca teve dono), mas parte da doutrina a estende também à *res derelicta* (coisa abandonada). São exemplos de *res nullius* o peixe que se pesca ou as conchas que se catam à beira do mar. São exemplos de *res derelicta* as latas de bebidas que o consumidor voluntariamen-

---

63 António Menezes Cordeiro, *Direitos reais*, cit., p. 275.
64 O tema da descoberta será tratado no tópico seguinte, relativo à ocupação.

te descarta, após o consumo do conteúdo, e as guimbas de cigarros, sendo certo que a condição de coisa abandonada não se estende à saliva e outros fluidos biológicos que carregam o código genético do ser humano, merecendo especial proteção da ordem jurídica contemporânea. A doutrina assemelha a ocupação à investidura inicial na posse, discutindo aqui se é ou não necessária a configuração do requisito subjetivo, identificado com a vontade (*animus*) de ser dono.

9.1.1. Diferença entre ocupação e descoberta

As coisas sem dono e abandonadas distinguem-se das coisas perdidas, que o são por razões casuais (não voluntárias) e que, por isso mesmo, permanecem na propriedade do seu titular, aplicando-se aí a disciplina da *descoberta*, que não é modo de aquisição da propriedade. Outrora chamada *invenção*, a descoberta impõe deveres de busca ao particular e ao Poder Público (art. 1.233), culminando, em caso de insucesso, com a venda da coisa em hasta pública, salvo nos casos de bem de diminuto valor, que poderá ser deixado pelo município em favor de quem o encontrou (art. 1.237, parágrafo único). Atualmente, a descoberta não é, como se vê, modo de aquisição da propriedade, salvo indiretamente, na hipótese de abandono pelo município, em que o que se tem, a rigor, é uma ocupação de *res derelicta*.

9.2. Achado do tesouro

O instituto do achado do tesouro remete ao hábito antigo de enterrar bens preciosos na iminência de uma invasão ou revolta, para posterior recuperação, o que nem sempre ocorria, dando ensejo ao achamento de tesouro (*thesaurus*). Na Índia, sob a lei de Manu, a propriedade do tesouro era atribuída ao seu descobridor conforme a casta a que pertencia; na Grécia clássica, o tesouro era considerado confiado à terra, chegando-se a cominar pena de morte a quem indevidamente o desenterrasse; no direito romano, a disciplina variou intensamente desde a atribuição de propriedade ao descobridor até a divisão entre o descobridor e o proprietário ou entre o descobridor e o Fisco. Atualmente, há grande controvérsia em torno do instituto: para alguns autores, trata-se de mera espécie de ocupação; para outros, seria uma acessão de móvel a imóvel regida por regras especiais; para uma última corrente, ainda, o achado do tesouro nada mais é que descoberta, devendo, *de lege ferenda*, seguir sua disciplina.

O Código Civil definiu o tesouro como "depósito antigo de coisas preciosas, oculto e de cujo dano não haja memória" (art. 1.264), sendo certo que a doutrina considera como "coisas preciosas" também os bens de valor histórico como "esqueletos humanos de priscas eras, animais fossilizados e ruínas de civilização"[65]. Como regra geral, nossa codificação impõe seja dividido por igual o tesouro entre o proprietário do imóvel e o que achar o tesouro, embora admita exceções, como no caso em que o tesouro é encontrado em pesquisa ordenada pelo proprietário do imóvel, caso em que lhe pertencerá integralmente.

9.3. Especificação

Especificação é o modo de aquisição da propriedade de bem móvel com base na transformação de um bem, tomado como matéria-prima, em outro bem móvel, por força da intervenção humana. O mero reparo de uma coisa não configura especificação, fazendo-se necessária a constituição de um bem novo. A transformação natural de um bem em outro (como a transformação do carvão em diamante) não configura tampouco especificação, que exige labor humano. O Código Civil traça a regra geral da especificação nos arts. 1.270 e 1.271: se não se puder restituir o bem ao estado anterior, o especificador lhe adquire a propriedade se tiver agido de boa-fé ou se o valor da espécie nova superar consideravelmente o valor da matéria-prima, ressarcindo-se o proprietário dessa última por sua utilização. São exemplos de especificação a transformação da tela em pintura, da rocha em escultura etc.

9.4. Confusão, comistão e adjunção

Confusão, comistão e adjunção são a mistura de coisas pertencentes a proprietários diversos, sem o seu consentimento. Na esteira da tradição doutrinária e legislativa, o Código Civil atribui à mistura de coisas nomes distintos conforme a sua natureza: (a) confusão é a reunião de líquidos, como na mistura de vinhos ou azeites; (b) comistão é a mistura de coisas sólidas, como na combinação de grãos de café de dois tipos distintos; e (c) adjunção é a justaposição de uma coisa sobre a outra, como no verniz que se passa sobre o móvel[66]. A codificação determina que, em não sendo mais possível separar as coisas misturadas sem destruição da sua substância ou exigindo tal separação dispêndio excessi-

---

65 Gustavo Tepedino, *Comentários ao Código Civil*, São Paulo: Saraiva: 2011, v. 14, p. 429.
66 Clóvis Beviláqua, *Código Civil dos Estados Unidos do Brasil comentado*, 11. ed., Rio de Janeiro: Paulo de Azevedo, 1958, v. III, p. 126.

vo, se uma das coisas puder ser considerada a coisa principal, atribui-se ao seu dono a propriedade do todo, cabendo-lhe indenizar os demais (art. 1.272, § 2º). Se não for possível identificar uma coisa principal, a lei institui um condomínio forçado, com cada proprietário tendo quinhão proporcional ao valor da sua coisa que se misturou ou agregou. Se houver má-fé, incide o dever de reparar e abre-se ao proprietário inocente a opção entre adquirir a propriedade do todo indiviso, abatendo-se do montante a ser pago pela aquisição o valor das perdas e danos causados pelo ato malicioso, ou renunciar ao que lhe pertence, sendo indenizado pelo valor da coisa mais perdas e danos (art. 1.273). Se da mistura ou do agregado resultar espécie nova, o Código Civil de 1916 mandava aplicar a disciplina da especificação, solução que se afigurava, a nosso ver, melhor que a adotada na codificação atual, a qual mantém o assunto sob as regras da confusão, comistão e adjunção (art. 1.274).

9.5. Tradição

Tradição é o ato de entrega da coisa móvel. Trata-se da principal modalidade de aquisição da propriedade móvel. A tradição pode ser (a) real, com a entrega física ou material da coisa, ou (b) ficta, naqueles casos em que a lei a considera realizada independentemente da entrega física ou material da coisa (art. 1.267, parágrafo único). Parte da doutrina alude ainda a uma terceira espécie, que seria a (c) tradição simbólica, como ocorre com a entrega das chaves de automóvel, mas, para muitos autores, o que se tem aí é tão somente uma espécie de tradição ficta. Tendo os contratos efeitos meramente obrigacionais no direito brasileiro, a tradição se faz necessária à transferência do direito real nos casos dos negócios jurídicos translativos sobre bens móveis.

9.6. Usucapião de bem móvel

Sobre a usucapião, aplica-se o que já foi exposto em relação à usucapião de bens imóveis quanto ao conceito, ao fundamento e aos requisitos do milenar instituto. Em relação à usucapião de bens móveis, especificamente, nosso Código Civil reconhece duas espécies de usucapião: (a) a usucapião ordinária e (b) a usucapião extraordinária. Para a configuração da usucapião ordinária, exige justo título, boa-fé e posse contínua e inconteste por três anos (art. 1.260). O prazo, como se vê, é mais curto que aquele aplicável à usucapião ordinária de bens imóveis. Já a usucapião extraordinária de bens móveis exige posse *ad usucapionem* por maior lapso, cinco anos, mas dispensa o justo título e a boa-fé do possuidor. Também aqui se pode somar as posses (*acessio possessionis*) para fins de aquisição por usucapião.

10. Perda da propriedade

A perda da propriedade de bem móvel ou imóvel dá-se pelos mesmos modos que conduzem à sua aquisição, na medida em que a propriedade normalmente se transfere de um titular a outro. Além disso, o Código Civil prevê como causas de perda da propriedade em geral: (a) a alienação, (b) a renúncia, (c) o abandono, (d) o perecimento da coisa e, finalmente, (e) a desapropriação. Há outros modos de perder a propriedade, regulados no próprio Código Civil, como o já examinado instituto disciplinado nos §§ 4º e 5º do art. 1.228.

Ao contrário do que faz ao tratar da aquisição, a codificação não distingue os modos de perda da propriedade conforme o seu objeto seja móvel ou imóvel. Trata da perda da propriedade de maneira unitária. A doutrina procura dar alguma sistematização à matéria. De modo geral, segue-se a classificação traçada por Lafayette em sua célebre obra *Direito das coisas*. Afirma-se, assim, que a propriedade se perde: (a) por fato relativo à própria pessoa, (b) por fato relativo ao seu objeto e (c) por fato relativo ao próprio direito. Na primeira categoria, tem-se, por exemplo, a morte natural do titular do domínio ou a sua ausência, que culmina na sua sucessão provisória e, em seguida, definitiva. Na segunda categoria, relativa ao objeto, insere-se, por exemplo, o perecimento da coisa, mais comum nos bens móveis, ou a sua acessão a outro bem (como na acessão invertida do solo). Na terceira e última categoria, referente ao próprio direito, inserem-se modos voluntários de perda da propriedade, como o abandono da coisa, a renúncia ao direito de propriedade ou a alienação do bem, além de modos involuntários, como a desapropriação efetuada pelo Poder Público.

11. Limitações ao direito de propriedade

Vistos os modos de aquisição e perda da propriedade, cumpre enfrentar as chamadas limitações ao direito de propriedade. Tais limitações são usualmente divididas em (a) legais, (b) administrativas, (c) judiciais e (d) voluntárias. Como exemplos de limitações, a doutrina costuma recordar as prescrições que regulam as construções urbanas, estabelecendo gabaritos ou impedindo a alteração das fachadas de edificações; a legislação de proteção aos animais que cria restrições ao uso dos semoventes; o direito à ação renovatória estabelecido pela Lei do Inquilinato; o exercício do poder de polícia pelos órgãos competentes da Administração Pública[67]. Também os direitos de vizinhança consistem em uma

---

67 Darcy Bessone, *Direitos reais*, cit., p. 193-194.

limitação legal ao direito de propriedade, instituída em favor dos proprietários de imóveis vizinhos (não necessariamente contíguos).

É preciso destacar, contudo, que o próprio tema das limitações ao direito de propriedade, conquanto recorrente em nossa doutrina, prende-se a um paradigma do passado. Hoje, como se viu, a propriedade não é mais tida como um poder tendencialmente absoluto do proprietário, limitado apenas externamente pela ordem jurídica. A função social da propriedade impôs uma transformação profunda na noção de domínio, de modo que a propriedade não consiste mais em um espaço de liberdade individual que vem a sofrer meras limitações pontuais no interesse coletivo. Ao contrário, a propriedade contém como elemento interno um constante imperativo de atendimento e promoção dos interesses sociais, que estabelece diversos e mutáveis deveres ao proprietário, deveres que não consistem, tecnicamente, em limitações ao direito de propriedade, mas que são, a rigor, parte integrante da situação jurídica complexa de que é titular o proprietário.

Por exemplo, quando a doutrina fala em limitações legais ou administrativas ao direito de propriedade, como o dever que tem o proprietário de um estabelecimento de ensino de cumprir certas normas de higiene ou de ceder o espaço de sua propriedade para o funcionamento de uma seção eleitoral durante as eleições, não se tem aí nada além da propriedade cumprindo sua função social. Trata-se de uma exigência da função social que o legislador capta em determinado momento e cristaliza em um comando legal, mas que, a rigor, exprime um condicionamento do exercício do direito de propriedade ao atendimento de interesses sociais, condicionamento que integra o próprio núcleo interno do domínio. Do mesmo modo, se o Poder Judiciário impede a construção de torres pontiagudas no terreno de um proprietário, como fez a jurisprudência francesa no célebre caso *Clement-Bayard*, com o argumento de que as torres têm o exclusivo propósito de prejudicar o vizinho – hipótese, portanto, de ato emulativo – não se tem aí, a rigor, uma "limitação judicial" ao direito de propriedade, mas a vedação a um uso do domínio que discrepa da sua função social, elemento interno da situação jurídica complexa que é a propriedade.

A maior parte das limitações ao direito de propriedade poderiam ser estudadas, assim, no âmbito da função social da propriedade ou do abuso do direito de propriedade, que nada mais é do que seu exercício disfuncional. No campo das limitações ao direito de propriedade, restariam apenas as limitações voluntárias, que derivam da vontade das partes. Pode o titular do domínio, por exemplo, gravar a propriedade com um direito real limitado, como o usufruto, que acompanhará a coisa ainda que transmitida a um terceiro. Pode, ainda, alguém impor cláusula de inalienabilidade sobre um imóvel que deixa em testamento para os seus herdeiros ou legatários, sujeitando-se a restrição, se incidente sobre a legítima, à declaração da justa causa, nos termos do art. 1.848 do Código Civil. Enfim, por vários caminhos, pode o direito de propriedade acabar limitado pela vontade do proprietário. Essas restrições não derivam da função social da propriedade, embora devam ser com ela compatíveis.

Essas limitações voluntárias, entretanto, acabam sendo estudadas ou no âmbito dos próprios institutos (direitos reais limitados, bem de família voluntário etc.) ou no âmbito dos negócios jurídicos que lhes servem de fonte (testamento, doação etc.). Sua menção é meramente ilustrativa nesse ponto, como também é meramente ilustrativa a invocação de limitações não voluntárias, pela simples razão de que variam imensamente conforme o estatuto proprietário em análise. Aqui, vale retomar a lição de Salvatore Pugliatti sobre a propriedade ou, em suas palavras, as propriedades. Sendo muitos e tão distintos os estatutos proprietários, torna-se quase impossível contemplar todas as limitações que incidem sobre as suas diversas modalidades, embora o direito administrativo, na sua vocação regulamentar, se empenhe nessa tarefa. O direito civil tem outras preocupações.

12. Propriedade resolúvel

A propriedade é considerada direito perpétuo, de duração tendencialmente ilimitada (*semel dominus, sempre dominus*). Apesar disso, a lei admite a chamada propriedade resolúvel, assim entendida aquela cuja duração se subordina a condição resolutiva ou a termo final, previstos no título constitutivo do domínio. A propriedade resolúvel já carrega no seu título constitutivo o germe da sua extinção. Na expressão de Lafayette Rodrigues, já nasce com prenúncio da sua morte, porque a causa da sua aquisição encerra, em si mesma, a expectativa da sua resolução.

É exemplo de propriedade resolúvel a propriedade adquirida com cláusula de retrovenda (art. 505): uma vez exercido o direito de resgate, a propriedade resolve-se, retornando à titularidade do alienante. Outro exemplo é a propriedade decorrente de substituição fideicomissária, em que o fiduciário recebe, por disposição testamentária, a propriedade de um bem do falecido, subordinando-se o seu domínio à condição resolutiva, a termo final ou à sua própria morte, eventos que implicam resolução da propriedade em favor do fideicomissário (art. 1.951).

12.1. Efeitos

A doutrina afirma que a resolução da propriedade resolúvel produz efeitos retroativos. Se a eficácia *ex tunc* já seria de se esperar na propriedade subordinada a condição resolutiva, por força das regras próprias da condição (art. 128), o mesmo não se poderia dizer da propriedade sujeita a termo final. Ainda nesse caso, contudo, os efeitos se verificam de modo retroativo, devido, segundo a doutrina, ao "mecanismo próprio da propriedade resolúvel"[68]. Nesse sentido, dispõe o art. 1.359 do Código Civil: "resolvida a propriedade pelo implemento da condição ou pelo advento do termo, entendem-se também resolvidos os direitos reais concedidos na sua pendência, e o proprietário, em cujo favor se opera a resolução, pode reivindicar a coisa do poder de quem a possua ou detenha". A eficácia *ex tunc* é dado importante para distinguir a propriedade resolúvel da propriedade *ad tempus*.

12.2. Propriedade resolúvel ≠ propriedade ad tempus

Propriedade *ad tempus* é aquela que, embora não adquirida para durar certo tempo, se apresenta como potencialmente temporária, e o seu titular pode perdê-la por força de certos eventos. Ao contrário do que ocorre na propriedade resolúvel, a propriedade *ad tempus* não contém já no seu título constitutivo a razão da sua temporalidade. Extingue-se por causa superveniente e, por isso, o efeito da extinção é *ex nunc*, não retroage. Exemplo de propriedade *ad tempus* é a propriedade do donatário que vem a sofrer a revogação da doação por ingratidão. A causa da extinção do seu direito de propriedade é a ingratidão, não prevista, obviamente, no seu título constitutivo. A doutrina considera a propriedade *ad tempus* distinta da propriedade resolúvel, quer na feição do seu título constitutivo, quer no seu efeito.

13. Propriedade fiduciária

Espécie de propriedade resolúvel que assume particular relevo é a propriedade fiduciária. O Código Civil define a propriedade fiduciária como "a propriedade resolúvel de coisa móvel infungível que o devedor, com escopo de garantia, transfere ao credor" (art. 1.361). Como se vê, a codificação vincula a propriedade fiduciária à ideia de garantia. O conceito é, todavia, mais amplo

---

68 Orlando Gomes, *Direitos reais*, cit., p. 268.

que isso. Propriedade fiduciária é toda propriedade que seu titular recebe em confiança, para certos fins, e o adquirente se obriga a devolvê-la ao alienante em determinadas circunstâncias. A alienação da propriedade configura aí *negócio fiduciário*, que consiste em negócio jurídico que produz efeitos mais extensos que aqueles efetivamente pretendidos pelas partes. Na lição de Pontes de Miranda, "sempre que a transmissão tem um fim que não é a transmissão mesma, de modo que ela serve a negócio jurídico que não é o de alienação àquele a quem se transmite, diz-se que há fidúcia ou negócio jurídico fiduciário"[69]. O esquema jurídico excede a finalidade econômica pretendida com a operação[70].

13.1. Negócio fiduciário ≠ negócio indireto

O negócio fiduciário distingue-se do *negócio indireto*, em que ocorre exatamente o oposto: no negócio indireto, o negócio jurídico escolhido pelas partes produz efeitos menos extensos que os pretendidos. Em outras palavras, o negócio indireto afigura-se insuficiente ao alcance da finalidade econômica desejada. Pretende-se mais que aquilo que o esquema jurídico oferece, atingindo-se o fim indiretamente. É exemplo de negócio jurídico indireto o mandato em causa própria dado para fins de alienação do imóvel ao mandatário. A intenção real, a transferência da propriedade, somente se atinge indiretamente, por meio do exercício de poderes de representação outorgados por um negócio jurídico que, em teoria, não tem o condão de produzir o efeito pretendido. Tanto o negócio fiduciário quanto o negócio indireto diferenciam-se da simulação, vedada em nossa ordem jurídica[71].

13.2. Usos da propriedade fiduciária

Entre os diversos usos da propriedade fiduciária estão: (a) a cessão fiduciária de direitos creditórios decorrentes da alienação de imóveis (Lei n. 4.864/65, Decreto-lei n. 70/66 e Lei n. 9.514/97); (b) a alienação fiduciária de ações (Lei n. 6.404/76); (c) a propriedade fiduciária de imóveis para fins de constituição de fundos de investimento imobiliário (Lei n. 8.668/93); (d) a propriedade fiduciária de bens móveis para fins de garantia cedular – promessa de entrega de produtos rurais: Cédula de Produto Rural – CPR (Lei n. 8.929/94,

---

69 Pontes de Miranda, *Tratado de direito privado*, Rio de Janeiro: Borsoi, 1955, t. 3, p. 116.
70 Para mais detalhes sobre o tema, ver as contribuições de Melhim Namem Chalhub, *Alienação fiduciária* – negócio fiduciário, Rio de Janeiro: Forense, 2019, e Milena Donato Oliva, *Do negócio fiduciário à fidúcia*, São Paulo: Atlas, 2014.
71 Sobre o tema da simulação, ver o capítulo dedicado aos defeitos do negócio jurídico.

art. 5º, inciso III). Há, ainda, usos da propriedade fiduciária não incorporados no direito brasileiro, como o *trust*.

13.3. Trust

Instituto do *common law* de larga utilização no direito empresarial e sucessório, o *trust* é objeto de projeto de lei atualmente em tramitação no Congresso Nacional[72]. No *trust*, o *settlor* (instituidor) institui um patrimônio que será administrado pelo *trustee* (administrador) em favor do *beneficial owner* (beneficiário). Desdobra-se a propriedade em propriedade do instituidor e propriedade do beneficiário, figurando como intermediário o *trustee*, que tem o dever de administrar o patrimônio instituído de acordo com os fins traçados pelo instituidor. Na maior parte dos países que o admitem, o *trust* pode ser de duas espécies: (a) irrevogável ou (b) revogável. Para muitos, o *trust* revogável não se constitui em *trust* autêntico, preservando-se sobre o instituidor a propriedade integral do patrimônio instituído. O instituto do *trust* aproxima-se da nossa fundação, mas poderia ser usada para fins exclusivamente particulares e não se sujeitaria a controle do Ministério Público. Há forte paralelo também com a figura do fideicomisso, que acabou limitada em nossa codificação de 2002. A utilidade e, mais que isso, a sua própria conveniência têm sido questionadas entre nós, diante do frequente emprego por cidadãos brasileiros de *trusts* no exterior para fins de sonegação fiscal, burla à herança legítima e outros propósitos piores. A incorporação do instituto ao direito brasileiro por meio de uma séria iniciativa legislativa seria uma oportunidade de disciplinar o instituto, evitando o sigilo e prevenindo usos espúrios que têm sido dados ao *trust*[73].

13.4. *Alienação fiduciária em garantia*

A utilidade da propriedade fiduciária transcende, portanto, o escopo de garantia a que alude o Código Civil nos arts. 1.361 e seguintes. Não foi

---

[72] Projeto de Lei n. 4.758/2020, que dispõe sobre a figura da fidúcia, ali definida como "o negócio jurídico pelo qual uma das partes, denominada fiduciante, transmite, sob regime fiduciário, bens ou direitos, presentes ou futuros, a outra, denominada fiduciário, para que este os administre em proveito de um terceiro, denominado beneficiário, ou do próprio fiduciante, e os transmita a estes ou a terceiros, de acordo com o estipulado no respectivo ato constitutivo" (art. 2º).

[73] Ver Luciana Pedroso Xavier, *Os trusts no direito brasileiro contemporâneo*, Belo Horizonte: Fórum, 2023.

por outra razão que a Lei n. 10.931/2004 veio acrescentar o art. 1.368-A, em que se ressalvam outros usos da propriedade fiduciária regulados, precipuamente, em lei especial. A alteração é saudável, mas conviria alterar também o conceito do art. 1.361, que continua restrito à noção de garantia de pagamento a um débito. Melhor seria, aliás, tratar da propriedade fiduciária com fins de garantia com o nome que sempre lhe foi reservado na nossa experiência jurídica, qual seja, *alienação fiduciária em garantia*. Esse tema será desenvolvido no capítulo destinado aos direitos reais de garantia, gênero no qual se insere.

> Tendência relevante da jurisprudência sobre a matéria. O autor analisará criticamente julgado do Superior Tribunal de Justiça, que impediu a aplicação da teoria do adimplemento substancial às alienações fiduciárias em garantia.
> Acesse também pelo *link*: https://uqr.to/1xgtp

14. Fundos de investimento

A Lei da Liberdade Econômica (Lei n. 13.784/2019) introduziu no título dedicado ao direito de propriedade no Código Civil um novo capítulo disciplinando o *fundo de investimento* (arts. 1.368-C a F). Os fundos de investimento já eram objeto de regulamentação pela Comissão de Valores Mobiliários, especialmente em sua Instrução Normativa n. 555/2014. Curiosamente, a Lei da Liberdade Econômica inseriu a figura no Código Civil, para, imediatamente em seguida, proclamar a competência da CVM para discipliná-lo (art. 1.368-C, § 2º). Foi então editada a Resolução CVM n. 175/2022, que adaptou o regulamento administrativo às novas regras legais e revogou a ICVM n. 555/2014

Na esteira de tendência que já era observada em outras normas[74], a Lei da Liberdade Econômica afirmou ser o fundo uma comunhão de recursos, "constituído sob a forma de condomínio de natureza especial"[75]. A melhor doutrina,

---

74 Como a Lei n. 8.668/93, que dispõe sobre os Fundos de Investimento Imobiliário (art. 2º), e a antiga ICVM n. 555/2014 (art. 3º).

75 Nada obstante a qualificação dos fundos de investimento como "condomínios de natureza especial", o Superior Tribunal de Justiça já reconheceu a aplicabilidade excepcional do instituto da desconsideração da personalidade jurídica: "A impossibilidade de responsabilização do fundo por dívidas de um único cotista, de obrigatória observância em circunstâncias normais, deve ceder diante da comprovação inequívoca de que a própria constituição do fundo de investimento se deu de forma fraudulenta, como

no entanto, denuncia, há muito, a incompatibilidade conceitual e de regimes jurídicos entre os fundos de investimento e o condomínio. Com efeito, fosse o fundo de investimento, como indica o art. 1.368-C, uma genuína espécie de condomínio, sua disciplina deveria ter sido introduzida no capítulo destinado ao condomínio no livro da codificação destinado aos direitos reais. No entanto, nenhum dos regimes condominiais previstos no Código Civil (modalidades de condomínio ordinário ou de condomínio edilício) revela-se capaz de disciplinar adequadamente os fundos de investimento.

Como destaca Milena Donato Oliva, "os fundos de investimento, tecnicamente, não traduzem comunhão sobre propriedade, ou seja, condomínio, mas podem consistir em comunhão sobre um patrimônio, vale dizer, sobre uma universalidade de direito. Daí a inadequação do instituto do condomínio para explicar determinados fenômenos relativos aos fundos, vez que pertinentes à noção de universalidade, não já à noção de comunhão de propriedade"[76].

Nessa esteira, o próprio § 1º do art. 1.638-C prevê que "não se aplicam ao fundo de investimento as disposições constantes dos arts. 1.314 ao 1.358-A deste Código". Tal parágrafo, em que pese consagrar solução pragmática, afigura-se claramente incoerente com o *caput*, incoerência que não é amenizada pelo fato deste aludir a um condomínio "de natureza especial". No mais, o Código Civil não parece mesmo o *locus* adequado para a disciplina de um instituto que se encontra em constante adaptação para atender à dinâmica do mercado. Trata-se de matéria cujo tratamento jurídico seria mais bem veiculado por lei especial ou pela regulamentação da CVM.

---

forma de encobrir ilegalidades e ocultar o patrimônio de empresas pertencentes a um mesmo grupo econômico. Comprovado o abuso de direito, caracterizado pelo desvio de finalidade (ato intencional dos sócios com intuito de fraudar terceiros), e/ou confusão patrimonial, é possível desconsiderar a personalidade jurídica de uma empresa para atingir o patrimônio de outras pertencentes ao mesmo grupo econômico" (STJ, 3ª T., REsp 1.965.982/SP, rel. Min. Ricardo Villas Bôas Cueva, j. 5-4-2022).

76 Milena Donato Oliva, Indenização devida ao 'fundo de investimento': qual quotista vai ser contemplado, o atual ou o da data do dano?, in *Revista dos Tribunais*, v. 904, 2011.

Capítulo 30

Direito de Vizinhança

Sumário: 1. Direito de vizinhança. **2.** Vizinhança ≠ contiguidade. **3.** Fundamento. **4.** Natureza jurídica. **5.** Disciplina do direito de vizinhança. **6.** Classificação dos direitos de vizinhança. **7.** Uso anormal da propriedade. **7.1.** Teoria da imissão corpórea. **7.2.** Teoria do uso normal. **7.3.** Teoria da necessidade. **7.4.** Teoria mista de San Tiago Dantas. **7.5.** Uso anormal no Código Civil de 2002. **7.6.** Exemplos jurisprudenciais. **7.7.** Instrumentos de tutela. **8.** Direitos especiais de vizinhança. **9.** O futuro do direito de vizinhança.

1. Direito de vizinhança

Direito de vizinhança é o ramo do direito civil que regula os conflitos de interesses surgidos da interferência provocada em um imóvel pela utilização de outro imóvel. Tais conflitos, aos quais se denomina *conflitos de vizinhança*, afiguram-se extremamente frequentes em virtude da própria interligação física existente entre os bens imóveis, a qual faz com que os atos de um proprietário, ainda que praticados no âmbito do seu imóvel, se propaguem para os imóveis vizinhos. É o que ocorre, por exemplo, quando um proprietário decide erguer em seu terreno um edifício que faz sombra sobre a casa ao lado, quando uma indústria emite odores fortes que se misturam ao ar respirado em vários terrenos próximos ou quando o cão que pertence ao morador do apartamento à frente late durante a noite, incomodando a vizinhança. Enfim, na vida diária, sobretudo nos grandes centros urbanos, em que o homem é cada vez mais constrito a viver em espaços pequenos e apinhados, mas também nas áreas rurais, são numerosos os exemplos em que o uso de um imóvel interfere de alguma forma no imóvel vizinho.

2. Vizinhança ≠ contiguidade

Note-se, desde já, que prédio *vizinho* não é sinônimo de prédio *contíguo*, ou seja, aquele prédio que está exatamente ao lado do outro. Todo prédio contíguo é necessariamente vizinho, mas nem todo prédio vizinho é necessariamente contíguo. A vizinhança é um conceito mais amplo que a contiguidade e abrange todos os imóveis próximos, que estejam sujeitos a sofrer interferência de um outro imóvel. Não há medida espacial ou raio que defina ou limite a vizinhança. Dois imóveis são vizinhos sempre que, em determinado caso concreto, o uso de um deles puder repercutir de alguma forma em outro. E essa interferência pode ir longe, como comprova diariamente o baterista amador que, ensaiando no interior da sua casa, faz ecoar o seu talento em construção por sucessivos quarteirões.

3. Fundamento

A interferência recíproca entre imóveis vizinhos gera verdadeira colisão de direitos de propriedade. Cada proprietário tem, como já visto, o direito de usar, fruir e dispor (*jus utendi e abutendi*) do seu imóvel, mas o proprietário vizinho tem também o direito de afastar qualquer interferência indesejada sobre o seu bem. Ora, se o direito não regulasse de alguma forma as relações entre vizinhos, os dois direitos de propriedade permaneceriam em um eterno entrechoque de suas faculdades, sem nenhum proveito econômico para qualquer dos vizinhos e com grave prejuízo para um convívio social que se pretende harmonioso. Eis o fundamento para a normativa destinada a prevenir e solucionar os conflitos de vizinhança: o próprio uso pacífico da propriedade. Do ponto de vista metodológico, contudo, não se pode deixar de realçar que o estudo dos direitos de vizinhança liga-se de modo umbilical com as transformações experimentadas no direito de propriedade, nomeadamente considerando a função social da propriedade. É por essas lentes que se deve examinar a disciplina da matéria no Código Civil. O direito brasileiro, influenciado pela pandectística alemã do século XIX, tratou dos direitos de vizinhança (*iura vincinitatis*) como conjunto de restrições impostas ao proprietário em prol do pacífico convívio com os seus vizinhos, proprietários ou possuidores. Essas restrições não ensejam, todavia, apenas deveres negativos. Os *deveres de vizinhança* podem consistir em fazer ou não fazer algo. Por exemplo, o dever que tem o proprietário de contribuir com o vizinho na demarcação dos limites entre os prédios contíguos (art. 1.297) é um dever positivo, enquanto o dever do proprietário de não impedir ou desviar o curso natural das águas que percorrem o seu terreno rumo ao terreno vizinho (art. 1.290) é um dever negativo. Para além, contudo, da distinção entre deveres negativos e positivos, cumpre reconhecer ao direito de vizinhança uma função promocional, destinada a assegurar o melhor uso da propriedade imóvel em harmonia com seu entorno.

4. Natureza jurídica

A natureza jurídica dos deveres de vizinhança é controvertida. Para alguns autores, trata-se de servidão legal, enquanto outros qualificam-nos como obrigações *propter rem*, havendo, ainda, doutrinadores que lhes atribuem a natureza de limitações legais ao direito de propriedade. A este último entendimento parece ter se filiado o Código Civil de 2002, como se vê no acentuado casuísmo que caracteriza a disciplina da matéria, ainda que a nova codificação tenha se esforçado por apresentá-la com base nas disposições mais gerais, que incorporaram ao nosso direito positivo a concepção de San Tiago Dantas sobre o uso anormal da propriedade, conforme se verá adiante. Sobre as limitações ao direito de propriedade, vale tudo quanto já foi dito no estudo do domínio.

5. Disciplina do direito de vizinhança

A disciplina dos direitos de vizinhança compreende (a) o exame do chamado *uso anormal da propriedade*, que corresponde a uma espécie de regra geral para solução de conflitos de vizinhança, e (b) regras específicas relativas a situações contempladas pelo legislador. Como já advertido, a disciplina do direito de vizinhança caracteriza-se por um minucioso detalhamento de situações de interferência entre imóveis, em um casuísmo que não mais se justifica diante da incorporação no Código Civil de 2002 de uma disciplina geral do uso anormal da propriedade, que inexistia no Código Civil de 1916. A atual codificação, contudo, preferiu manter as regras específicas trazidas pela codificação anterior, ao lado da disciplina geral. Assim, a disciplina dos direitos de vizinhança, entre nós, abrange uma série de problemas específicos, contemplados pelo legislador com impressionante particularismo, a saber: (a) o problema das árvores limítrofes; (b) a passagem forçada; (c) a passagem de cabos e tubulações; (d) o chamado regime jurídico das águas; (e) os limites entre prédios; (f) o direito de tapagem; e, finalmente, (g) o direito de construir.

6. Classificação dos direitos de vizinhança

Os direitos de vizinhança classificam-se em (a) gratuitos e (b) onerosos, conforme seu exercício acarrete ou não para o proprietário o dever de indenizar o dono do prédio vizinho. Assim, por exemplo, é oneroso o direito de passagem forçada, que impõe remuneração ao proprietário do imóvel que serve de passagem, enquanto o direito de cortar ramos de árvores limítrofes é gratuito.

7. Uso anormal da propriedade

Como já visto, o exercício da propriedade de um imóvel interfere frequentemente em outros imóveis próximos, gerando incômodos e aborrecimentos aos vizinhos. O problema central do direito de vizinhança consiste, portanto, em saber quais interferências devem e quais interferências não devem ser toleradas. Aqui, não se mostra possível aplicar o critério geral da culpa, que se emprega no campo da responsabilidade civil: "o direito de vizinhança funda-se numa modificação objetiva do estado dos lugares que o vizinho não é obrigado a suportar, e não numa reação a um ato ilícito"[1]. Também o critério do abuso de direito afigura-se insuficiente. San Tiago Dantas, em obra célebre sobre o tema, recorda o exemplo dos ruídos constantes de uma atividade industrial, que incomodam o proprietário vizinho: não se trata necessariamente de ato ilícito, nem de abuso do direito, pois não há choque com a função daquela propriedade industrial, nem violação a um dever jurídico prévio, mas nem por isso se pode concluir que o vizinho está compelido a tolerá-los. A aplicação dos critérios de culpa ou abuso não resolve a hipótese mais frequente de conflito de vizinhança: aquela em que há "dois proprietários, ambos ciosos de observar a lei, as normas de precaução, as prescrições técnicas, e no entanto em irremediável choque, porque o uso que um faz do respectivo prédio impede ou prejudica o que o outro deseja fazer do seu"[2]. Daí por que, historicamente, inúmeras teorias surgiram a fim de traçar um critério seguro que permitisse proceder a essa distinção.

7.1. Teoria da imissão corpórea

A primeira dessas teorias que merecem registro foi a teoria da imissão corpórea, formulada com base em extratos do Digesto por Spangenberg, para

---

[1] José de Oliveira Ascensão, *Direito civil – reais*, 5. ed., Coimbra: Coimbra Editora, 1993, p. 252.

[2] San Tiago Dantas, *O conflito de vizinhança e sua composição*, Rio de Janeiro, 1939, p. 107-108.

quem somente as imissões de substâncias materiais, palpáveis, corpóreas poderiam ser afastadas pelo proprietário do prédio vizinho. Dessa forma, a propagação de lascas de pedra, poeira ou fuligem sobre um terreno próximo seriam interferências que poderiam ser coibidas. Já a transmissão de ruído, calor, iluminação excessiva, odores, por serem interferências imateriais, impalpáveis, incorpóreas, não poderiam ser repelidas pelo proprietário do prédio afetado. A teoria da imissão corpórea foi muito criticada não apenas no que diz respeito à sua validade para o direito moderno, mas também com relação à sua suposta vigência entre os romanos. Os próprios textos romanos já previam hipóteses em que imissões incorpóreas eram repelidas. É conhecido dos romanistas o caso do vizinho de uma fábrica de queijos, o qual, incomodado com o forte mau cheiro que dali emanava, vai se queixar ao jurisconsulto Aristo, que termina por acolher o seu pedido.

7.2. *Teoria do uso normal*

A teoria do uso normal da propriedade, formulada por Rudolf Von Ihering, influenciou intensamente as codificações do século XIX e continua a se fazer sentir na maior parte dos ordenamentos ocidentais. De acordo com a teoria do uso normal, as interferências que devem ser toleradas são aquelas que (a) trazem incômodos ou prejuízos que não ultrapassam a receptividade ordinária e (b) derivam do uso normal da propriedade. Como se vê, essa teoria analisa a questão das interferências sob dois aspectos: (a) o *aspecto passivo*, ou seja, da recepção da interferência, com base em um critério de ordinariedade; e (b) o *aspecto ativo*, relacionado à própria origem ou produção da interferência, com base em um critério de normalidade.

Sob o aspecto passivo, observa-se a receptividade ordinária ou, em outras palavras, a sensibilidade do homem médio àquela espécie de interferência. Por óbvio, há pessoas mais sensíveis que outras: o ruído de um liquidificador no apartamento ao lado pode ser irrelevante para uns, conduzindo outros à insanidade. Se o direito de vizinhança fosse se ater à sensibilidade pessoal de cada pessoa, não haveria critério possível e faltaria segurança jurídica a essas relações. Não é por outra razão que Ihering propõe que se observe a receptividade *ordinária*, a receptividade média das pessoas ou, em outras palavras, a receptividade do homem médio, aquele ser fictício que, na passagem inspirada de Silvio Rodrigues, não pode ter nem a dureza de um pugilista nem a hipersensibilidade de um Marcel Proust. A teoria do uso normal recomenda que se observe ainda o aspecto ativo da interferência. Vale dizer: é preciso verificar se a interferência deriva de um uso normal ou de um uso anormal da propriedade. No primeiro caso, a interferência deve ser tolerada; no segundo, não. Por exemplo, a instalação de um apiário em um terreno residencial não é, como já decidiram nossos tribunais[3], um uso normal da propriedade, pois foge aos padrões de normalidade daquela vizinhança. Por essa razão, a interferência sonora que deriva do apiário não deve ser tolerada.

É verdade – e o próprio Ihering já o advertia – que, na maior parte das situações, a média das pessoas tolera justamente aquilo que deriva de um uso normal da propriedade, de tal maneira que os dois aspectos (ativo e passivo) muitas vezes se sobrepõem, mas isso por si só não invalida a teoria, podendo, no máximo, resultar em redundância. O problema central está em identificar os parâmetros de normalidade do uso e ordinariedade da recepção, parâmetros que a teoria do uso normal em si não fornece.

7.3. Teoria da necessidade

A teoria do uso normal foi severamente criticada por Bonfante, que formulou a teoria da necessidade. Para Bonfante, o critério do uso normal da propriedade afigura-se falacioso, pois é a evolução econômica que, ao criar novas necessidades sociais, define quais são as interferências toleráveis. Com a sua teoria da necessidade, Bonfante propõe, em síntese, que se substitua o critério do uso normal da propriedade pelo critério da "necessidade geral do povo" (*il bisogno generale del popolo*), expressão que adquire, em sua obra, o sentido de um interesse social pelo desenvolvimento econômico. Como se pode imaginar, a teoria da necessidade serviu muito adequadamente à larga expansão industrial. Os vapores, os ruídos, as trepidações e outras tantas interferências que a instalação de uma indústria provoca nos prédios vizinhos e que poderiam ser, segundo a teoria de Ihering, consideradas anormais e, portanto, coibidas, justificavam-se na concepção de Bonfante, diante da necessidade geral de progresso industrial e econômico.

7.4. Teoria mista de San Tiago Dantas

Dentre nós, quem melhor enfrentou o tema dos conflitos de vizinhança foi San Tiago Dantas. Utilizando-se em parte da teoria da necessidade de Bonfante e em parte da teoria do uso anormal de Ihering, San Tiago Dantas

---

3   *Revista Forense* 117/188.

desenvolveu sua *teoria mista* ou *eclética*. Em sua obra *O conflito de vizinhança e sua composição*, submetida à Congregação da Faculdade Nacional de Direito em 1939, San Tiago Dantas propôs que se utilizasse na solução dos conflitos de vizinhança um duplo critério. Nos conflitos em que colidissem interesses exclusivamente particulares, o critério da normalidade deveria ser utilizado. Nos conflitos que, ao contrário, envolvessem interesse público ou coletivo, o critério a ser utilizado deveria ser o da necessidade. San Tiago Dantas constrói, assim, instigante sistema segundo o qual o juiz poderá compor de três modos os conflitos de vizinhança: (a) se o uso da propriedade for normal e os incômodos não ultrapassarem a receptividade ordinária, ordenará o juiz que a interferência seja tolerada; (b) verificando, porém, que o uso da propriedade é anormal ou os incômodos ultrapassam a receptividade ordinária, o juiz precisará verificar se há, no caso concreto, um interesse público que justifique a interferência e, havendo tal interesse público, o juiz não mandará cessar a interferência, mas ordenará que se indenize o proprietário que sofre o incômodo em favor da coletividade, adotando-se as medidas necessárias e possíveis para reduzir a interferência; (c) não havendo, todavia, interesse público que justifique os incômodos impostos ao vizinho, o juiz ordenará que cesse imediatamente a interferência.

É fascinante notar como, ultrapassando a questão dos conflitos de vizinhança, o sistema de San Tiago Dantas já prenunciava, em 1939, um método de ponderação de interesses para aferir a legitimidade da interferência nos casos em que fosse animada pelo interesse público. Hoje tão festejada, a técnica da ponderação, que impõe concessões recíprocas entre os interesses em conflito, já aparecia muito firme na base da teoria mista elaborada pelo catedrático menino, teoria que acabou consagrada na nossa jurisprudência e no Código Civil de 2002.

7.5. *Uso anormal no Código Civil de 2002*

É o que se vê no art. 1.277 do Código Civil, em que se lê: "O proprietário ou o possuidor de um prédio tem o direito de fazer cessar as interferências prejudiciais à segurança, ao sossego e à saúde dos que o habitam, provocadas pela utilização da propriedade vizinha". O parágrafo único ressalva que "proíbem-se as interferências considerando-se a natureza da utilização, a localização do prédio, atendidas as normas que distribuem as edificações em zonas, e os limites ordinários de tolerância dos moradores da vizinhança". E o art. 1.278 completa o sistema, afirmando que "o direito a que se refere o artigo antecedente não prevalece quando as interferências forem justificadas por interesse público, caso em que o proprietário ou possuidor, causador delas, pagará ao vizinho indenização cabal". Em qualquer caso, a codificação permite ao vizinho que sofre a interferência obter judicialmente a redução ou eliminação do incômodo pelo uso dos recursos técnicos disponíveis.

Assim, o incômodo sofrido por certo vizinho pode ser reduzido com medidas de prevenção como a filtragem de gases e vapores, a vedação de frestas para impedir a propagação de ruído ou luminosidade, o revestimento de paredes com proteção acústica, a utilização de telas protetoras em obras e pedreiras e assim por diante. Essas técnicas de prevenção ou eliminação de interferências muitas vezes são o suficiente para que se restaure a convivência pacífica entre os titulares das propriedades vizinhas.

7.6. Exemplos jurisprudenciais

Convém examinar alguns casos concretos. Moradora do bairro do Itanhangá, em imóvel localizado na área de abrangência da associação de moradores Greenwood Park, a atriz Danielle Winitskowski de Azevedo (Danielle Winits) passou a locar seu imóvel para a realização de filmagens comerciais, as quais demandavam a circulação e o estacionamento de veículos de grande porte que bloqueavam as ruas da associação, ocupando calçadas, portas de garagens, obstruindo a circulação dos moradores e vulnerando a segurança da associação com o trânsito intenso de pessoas. A associação de moradores ingressou com ação pleiteando a cessação dessa atividade. O Tribunal de Justiça do Estado do Rio de Janeiro, mantendo a sentença de primeira instância, entendeu configurado o uso anormal da propriedade, fazendo incidir o art. 1277 do Código Civil para determinar que a ré se abstivesse de realizar eventos de produção audiovisual, em sua residência e na área associativa, que promovessem interferência nos direitos de vizinhança, com ressalva quanto à possibilidade da realização de filmagens dentro da casa da ré, desde que não causassem repercussão externa[4].

Outro exemplo esclarecedor pode ser colhido na jurisprudência do Tribunal de Justiça do Estado do Rio Grande do Sul, com base em ação movida por morador do município de Santa Rosa contra indústria frigorífica localizada naquela cidade. A pessoa jurídica realizava atividade de abate de suínos, implicando

---

4   TJRJ, 18ª Câmara Cível, Apelação Cível 0027581-86.2013.8.19.0209, rel. Des. Cláudio Dell'Orto, j. 11-3-2015.

emissão de odor e poluentes que afetavam toda a municipalidade, o que levou diversos moradores a ajuizarem ações indenizatórias em face do frigorífico, em razão do uso anormal da propriedade. A sentença de primeira instância reconheceu a existência de danos morais individuais ao autor, fixando compensação no valor de R$ 3.000,00. O tribunal gaúcho, ao analisar a questão, ponderou diversos aspectos subjacentes, como: (a) o fato de que o réu já vinha tomando todas as medidas para diminuir ao máximo o odor causado pela atividade desenvolvida nas suas instalações, tendo inclusive celebrado termo de ajustamento de conduta com o Ministério Público em ação civil pública; (b) o frigorífico estava instalado na localidade desde o ano de 1955, quando esta era ainda considerada área rural, a qual apenas posteriormente seria alcançada pela urbanização, permanecendo, ainda assim, mesmo atualmente, em área da cidade considerada industrial; e (c) o réu desenvolvia atividade econômica que empregava diversos moradores e contribuía para a economia regional, de modo que haveria impacto social negativo decorrente da procedência de todas as ações individuais ajuizadas, resultando na falência da ré. Diante disso, decidiu pela prevalência do interesse coletivo na atividade econômica, afastando-se do sistema criado por San Tiago Dantas para considerar improcedente o pedido indenizatório, com o argumento de que seu acolhimento, por força do elevado número de pleitos, conduziria o frigorífico à falência, comprometendo, em última análise, o interesse coletivo que se pretendia tutelar[5]. O instigante julgado suscita relevante discussão sobre os meios de tutela contra o uso anormal da propriedade.

7.7. Instrumentos de tutela

A tutela contra o uso anormal da propriedade pode se dar por diferentes caminhos. Pode o vizinho prejudicado se valer de uma *ação cominatória*, voltada a compelir o proprietário interferente a cumprir seu dever de não produzir ou cessar a interferência, ou de *ação indenizatória*, remédio geral reservado pela nossa ordem jurídica à reparação dos danos sofridos. O Código Civil oferta, ainda, a possibilidade de propositura de *ação de dano infecto* (*damni infecti*), para a caução de dano iminente à propriedade (art. 1.281) ou, ainda, a *ação demolitória* (art. 1.280), havendo que se mencionar também a *ação de nunciação de obra nova*, que vinha disciplinada no art. 934 e seguintes do antigo Código de Processo

---

[5] TJRS, 9ª Câmara Cível, Apelação Cível 0001371-33.2016.8.21.7000, rel. Des. Carlos Eduardo Richinitti, j. 16-3-2016.

Civil, mas não encontrou previsão no diploma processual atual, razão pela qual remanesce como registro histórico, devendo seus efeitos serem perseguidos por meio de antecipação dos efeitos da tutela em ação ordinária[6].

8. Direitos especiais de vizinhança

O Código Civil traz regras particulares para situações específicas de conflitos de vizinhança, como aqueles surgidos diante do avanço de raízes ou ramos de árvores sobre o terreno vizinho – situação na qual assegura poder de autotutela ao proprietário do terreno invadido (art. 1.283), bem como propriedade sobre os frutos nele caídos (art. 1.284) – ou, ainda, diante da necessidade de passagem de cabos, tubulações e outros dutos subterrâneos relativos a serviços de utilidade pública – situação na qual atribui ao proprietário o dever de suportá-la mediante indenização se a passagem for de outro modo impossível ou extremamente onerosa (art. 1.286). A codificação disciplina, ainda, o direito de tapagem, que consiste no direito do proprietário de murar, valar ou de qualquer forma cercar seu imóvel, independentemente da vontade dos proprietários confinantes, assim como o direito de delimitar corretamente e com precisão o seu imóvel, ordenando que as respectivas despesas sejam repartidas proporcionalmente entre os interessados (art. 1.297). Regula, igualmente, a passagem forçada para acesso de imóveis confinados à via pública, nascente ou porto (art. 1.285), o aproveitamento das águas que se comunicam entre imóveis diversos (arts. 1.288 a 1.296, cotejados com o Código de Águas) e o direito de construir (arts. 1.299 a 1.313), o qual, conquanto constituindo faculdade inerente ao domínio, tem seu exercício "condicionado pelos direitos dos vizinhos e pelos regulamentos administrativos"[7].

No âmbito do direito de construir, ocupou-se o legislador do tema da abertura de janelas, fonte recorrente de conflitos nos grandes centros urbanos. O art. 1.301 do Código Civil estabelece uma distância mínima de um metro e meio do terreno vizinho para a abertura de janelas, eirados ou varandas, acrescentando que janelas "cuja visão não incida sobre a linha divisória, bem como as perpendiculares" devem respeitar a distância mínima de 75 centímetros (art. 1.301).

---

6 Fernando da Fonseca Gajardoni, Procedimentos, déficit procedimental e flexibilização procedimental no novo CPC, in *Revista de Informação Legislativa*, v. 48, n. 190, t. 1, p. 165, abr./jun. 2011.

7 Ricardo Pereira Lira, *Elementos de direito urbanístico*, Rio de Janeiro: Renovar, 1997, p. 156.

A finalidade da norma é, segundo a doutrina, assegurar uma mínima proteção à intimidade dos habitantes vizinhos, sem comprometer a necessidade de iluminação natural e arejamento dos imóveis. Em consonância com esse fim, o Supremo Tribunal Federal já havia consolidado em súmula, sob a vigência do Código Civil anterior, o entendimento de que "parede de tijolos de vidro translúcido pode ser levantada a menos de metro e meio do prédio vizinho, não importando servidão sobre ele" (Súmula 120, 1963). A jurisprudência, todavia, entendia que "não se distingue a visão direta da oblíqua na proibição de abrir janela, fazer terraço, eirado ou varanda, a menos de metro e meio do prédio de outrem" (STF, Súmula 414, 1964), entendimento que ficou superado diante da nova redação do art. 1.301, § 1º, do Código Civil, que institui o limite inferior de 75 centímetros para essas situações. A Administração Pública Municipal naturalmente pode instituir limites superiores, atenta às peculiaridades de cada aglomeração urbana.

Discute-se em doutrina se a proibição se estende a portas, que, podendo permanecer continuamente abertas, representariam violação equivalente à intimidade do vizinho. Há autores que recusam a interpretação extensiva da norma, por seu caráter proibitivo[8]. O Código Civil exclui expressamente da vedação as "aberturas para luz ou ventilação" de medidas diminutas e situadas a mais de dois metros de altura de cada piso. A proibição volta a ser aplicável, todavia, em caso de pequenas aberturas contíguas, formando um conjunto capaz de se converter em vão de maior proporção e permitir a invasão de privacidade do vizinho, tal qual ocorreria em caso de janela[9].

A codificação de 2002, repetindo norma do Código Civil de 1916, institui prazo de *ano e dia* da construção da obra para que o proprietário exija o desfazimento da janela, sacada ou terraço (art. 1.302). Após o escoamento de tal prazo, que é de natureza decadencial[10], o proprietário que teve sua intimidade exposta não poderá construir muro ou qualquer outra forma de vedação sem respeitar a distância de um metro e meio ou 75 centímetros, conforme o caso. Trata-se do que se convencionou chamar, em doutrina, de *servidão de janela* – ou seja, direito real que impõe respeitar a distância legal entre a janela e as novas construções lindeiras. Como destaca Gustavo Tepedino, a inércia do proprietário lhe impõe

---

8 Carvalho Santos, *Código Civil brasileiro interpretado*, 4. ed., Rio de Janeiro: Freitas Bastos, 1950, v. VIII, p. 141.
9 Caio Mário da Silva Pereira, *Instituições de direito civil*, Rio de Janeiro: Forense, 2009, v. IV, p. 194.
10 Arnoldo Wald, *Direito das coisas*, São Paulo: Saraiva, 2009, p. 210.

respeitar a distância legal de um metro e meio "em relação à janela aberta e cujo fechamento não fora por ele tempestivamente solicitado"[11]. O parágrafo único do art. 1.302, que não encontra correspondente na codificação anterior, confirma tal entendimento ao permitir que se erga contramuro a qualquer tempo apenas "em se tratando de vãos ou aberturas para luz", e não de janelas. O tema, contudo, ainda desafia os nossos tribunais.

9. O futuro do direito de vizinhança

Vistas as regras gerais que permitem solucionar os conflitos de vizinhança, não se pode deixar de fazer referência aos desafios que os avanços técnicos e jurídicos têm imposto ao antiquíssimo campo do direito de vizinhança. Novas formas de aproveitamento econômico da propriedade imobiliária – como a multipropriedade imobiliária ou *time sharing* – têm suscitado interessante debate sobre a possibilidade de configuração de relações de vizinhança não apenas no espaço, mas no tempo. Com efeito, no *time sharing*, proprietários distintos se valem do mesmo espaço em lapsos de tempo sucessivos, e o uso da propriedade feito pelo antecessor não deixa de poder afetar o uso do proprietário que o sucederá. Discute-se se haveria aí uma relação de vizinhança de caráter temporal.

O destacamento da questão espacial tem sugerido também alguma discussão quanto à possibilidade de aplicar os critérios criados para a solução de conflitos de vizinhança em ambientes não físicos, como os virtuais. O uso de espaços virtuais, como *sites* compartilhados ou interconectados, poderia ser assemelhado à situação de imóveis contíguos, atraindo, por analogia, a incidência da disciplina do direito de vizinhança? A possibilidade é instigante, embora seja preciso aqui enorme cautela a fim de evitar que o modelo proprietário de utilização exclusiva venha a ser estendido para esferas nas quais a patrimonialidade não se apresenta ou não se apresenta da mesma forma.

---

11 Gustavo Tepedino, Os direitos reais no novo código civil, in *Temas de direito civil*, Rio de Janeiro: Renovar, 2006, t. II, p. 163.

Capítulo 31

CONDOMÍNIO

SUMÁRIO: **1.** Condomínio. **2.** Relações internas e externas. **3.** Natureza jurídica. **4.** Espécies de condomínio. **5.** Condomínio geral. **5.1.** Direitos dos condôminos. **5.2.** Direito de divisão. **5.3.** Renúncia à parte ideal. **5.4.** Deveres dos condôminos. **5.5.** Administração do condomínio. **5.6.** Extinção do condomínio. **5.7.** Condomínio *pro diviso*. **5.8.** Condomínio forçado. **6.** Condomínio edilício. **6.1.** Utilidade social. **6.2.** Natureza jurídica. **6.3.** Evolução legislativa. **6.4.** Características. **6.5.** Constituição do condomínio edilício. **6.6.** Convenção de condomínio e regimento interno. **6.6.1.** Normas condominiais e valores constitucionais. **6.7.** Direitos do condômino no condomínio edilício. **6.8.** Deveres do condômino no condomínio edilício. **6.9.** Administração do condomínio edilício. **6.10.** Síndico. **6.11.** Direito de voto do locatário. **6.12.** Exclusão de condômino. **6.13.** Extinção do condomínio edilício. **6.14.** Condomínio de lotes. **6.15.** Condomínio urbano simples. **7.** Condomínio de fato. **7.1.** Loteamento de acesso controlado. **8.** Condomínios especiais. **8.1.** Condomínio em multipropriedade. **8.2.** *Flat service*. **8.3.** *Shopping center*. **9.** Incorporação imobiliária. **10.** Extinção dos contratos imobiliários ("Lei do Distrato").

1. Condomínio

Embora o direito de propriedade tenha como nota característica a exclusividade (art. 1.231), admite-se o seu exercício por mais de um titular sobre a mesma coisa, configurando-se, nessa hipótese, a *compropriedade* ou *condomínio*. Historicamente apresentado como situação excepcional, anômala e transitória, porque tendente sempre à divisão da coisa entre os diferentes coproprietários, o instituto do condomínio vai se desprendendo na atualidade dessa abordagem, por conta do vasto desenvolvimento dos chamados *condomínios edilícios*. As duas espécies, contudo, mantêm-se apartadas na disciplina do Código Civil, que contempla, de um lado, (a) o *condomínio geral* e, de outro, (b) o *condomínio edilício*, em que, conforme se verá adiante, há, em verdade, uma disciplina mista, que combina elementos de propriedade individual (áreas privativas) com a cotitularidade de áreas comuns.

Note-se que há aparente contradição entre a exclusividade característica do direito de propriedade e a possibilidade do condomínio. Afirmava Pothier, a propósito, que *próprio* e *comum* são conceitos que se contradizem. Para superar a aparente contradição, compreende-se que, no condomínio, há um único direito de propriedade, já que, embora sendo múltiplos os seus titulares, cada um desses coproprietários ou condôminos atua perante terceiros como se fosse o proprietário exclusivo, absoluto e perpétuo da coisa, sendo certo que, internamente, o exercício da propriedade por cada condômino não pode excluir o exercício pelos demais. Como explica a doutrina, "o potencial conflito entre comproprietários resolve-se a partir da construção jurídica que – preservada a indivisão da coisa quanto ao exercício do direito de propriedade sobre o todo – divide abstratamente a titularidade em cotas ideais representativas da participação de cada um dos proprietários"[1]. Essa quota ou fração "é apenas concebida ou pensada, mas não concretizada na coisa, que permanece indivisa enquanto dura o condomínio. Por isso diz-se que ela é ideal ou intelectual"[2].

2. Relações internas e externas

Assim, há dois feixes de relações no condomínio: (a) relações internas ou intracondominiais e (b) relações externas ou extracondominiais. Nas relações internas, os direitos e deveres de cada condômino são exercidos em consonância com a sua *fração ideal* sobre o bem comum, dividindo-se, por exemplo, as despesas e frutos da coisa proporcionalmente à respectiva quota condominial. Nas relações externas, qualquer condômino apresenta-se como proprietário integralmente e independentemente de sua respectiva fração ideal.

3. Natureza jurídica

O condomínio sempre foi visto como socialmente inconveniente, por ser fonte de inúmeros conflitos e controvérsias entre os condôminos. O instituto

---

1 Gustavo Tepedino, Heloisa Helena Barboza e Maria Celina Bodin de Moraes (Coords.), *Código Civil interpretado conforme a Constituição da República*, Rio de Janeiro: Renovar, 2011, v. III, p. 655.
2 Darcy Bessone, *Direitos reais*, São Paulo: Saraiva, 1988, p. 51.

conhecido pelos romanos como *mater rixarum* (mãe de rixas) já foi jocosamente chamado de *condemônio*, em alusão ao pandemônio que causa entre os coproprietários, envolvidos em infinitos debates acerca do uso da coisa, dos limites de atuação de cada um, da divisão de despesas empregadas na manutenção do bem e de tantas outras questões tormentosas que o compartilhamento da propriedade suscita. A própria natureza jurídica do instituto é controversa. Sua aparente contradição com a exclusividade do domínio deu ensejo a diferentes teorias: (a) parte da doutrina defende que, no condomínio, a propriedade recaia sobre a quota e não sobre a coisa; (b) outra parte sustenta que, em verdade, existem tantos direitos de propriedade quanto condôminos; (c) havendo, ainda, aqueles que sustentam se tratar o condomínio de uma nova pessoa coletiva[3]. Preferível a todas essas construções é o entendimento de Ebert Chamoun, segundo o qual a diversidade de teorias não traz utilidade à figura do condomínio, bastando compreendê-lo como "a participação numa propriedade de vários titulares", de tal modo que ostenta "a mesma natureza jurídica do domínio, da propriedade"[4]. O novo Código Civil segue, como não podia deixar de ser, esse caminho, como se verifica na ausência de referência ao condomínio na listagem dos direitos reais (art. 1.225).

4. Espécies de condomínio

Como já visto, há dois gêneros de condomínio: (a) o *condomínio geral* ou *ordinário* (também chamado por alguns autores de *condomínio romano*); e (b) o *condomínio edilício*, tradicionalmente chamado *condomínio horizontal* ou *de apartamentos*. O *condomínio geral* divide-se em duas espécies: (a1) *condomínio voluntário*, que deriva do acordo de vontades entre os condôminos; e (a2) *condomínio necessário*, que decorre de imposição legal, como no caso de paredes, cercas, muros e valas entre terrenos vizinhos. O *condomínio edilício*, por sua vez, divide-se em três espécies: (b1) *condomínio edilício tradicional*; (b2) *condomínio de lotes*; e (b3) *condomínio urbano simples*.

Por fim, modalidade singular é o *condomínio em multipropriedade*, caracterizado pelo fracionamento temporal da propriedade exclusiva sobre um único bem. Como o critério definidor é diverso, a multipropriedade pode ocorrer tan-

---

[3] Sobre as várias teorias, ver: José de Oliveira Ascensão, *Direitos reais*, Coimbra: Almedina, 1978, p. 270-272.

[4] Ebert Chamoun, *Apostila do curso de direito civil ministrado na Faculdade Nacional de Direito da Universidade do Brasil*, 1972, sem responsabilidade da cátedra, p. 163.

to em condomínios voluntários como em condomínios edilícios, conforme se detalhará ainda neste capítulo.

5. Condomínio geral

O condomínio geral ou ordinário é a modalidade clássica de condomínio, podendo decorrer da lei ou da vontade dos condôminos.

5.1. Direitos dos condôminos

Os principais direitos que a lei confere ao condômino são: (a) o direito de usar a coisa de acordo com a sua destinação (art. 1.314, *caput* e parágrafo único); (b) o direito de reivindicar de terceiros a coisa (art. 1.314); (c) o direito de alienar a sua parte ideal na coisa, assegurado direito de preferência aos demais condôminos (arts. 1.314 c/c 504); (d) o direito de gravar a sua parte ideal (art. 1.420, § 2º, *in fine*); e, finalmente, (e) o direito de requerer, a qualquer tempo, a divisão da coisa (art. 1.320).

5.2. Direito de divisão

O direito de requerer a divisão configura direito potestativo, que pode ser exercido por qualquer dos condôminos independentemente da vontade dos demais. O Código Civil brasileiro, a exemplo de outras codificações, permite que os condôminos pactuem que a coisa permaneça indivisa por prazo *não superior a cinco anos*, suscetível de prorrogação ulterior por novo acordo entre os condôminos. De qualquer forma, mesmo na vigência do pacto de indivisão, pode o juiz extinguir o condomínio a requerimento de qualquer interessado "se graves razões o aconselharem" (art. 1.320, § 3º). Com isso, acolhe-se a conveniência prática da preservação do condomínio em certas hipóteses sem impedir soluções de conflitos que podem ser inalcançáveis com a manutenção do estado de indivisão.

A extinção do condomínio dá-se com a divisão da coisa comum entre os diversos condôminos, cada um recebendo uma parcela correspondente à sua parte ideal. Se, todavia, a coisa for indivisível, os condôminos podem (a) concordar em atribuí-la a um dos consortes, que indenizará os demais, ou (b) decidir pela venda da coisa, caso em que o preço obtido com a alienação será dividido entre os vários condôminos, na proporção de suas frações ideais. O procedimento a ser seguido na ação de divisão encontra-se descrito nos arts. 588 e seguintes do novo Código de Processo Civil.

5.3. Renúncia à parte ideal

O Código Civil de 2002 inseriu na disciplina da propriedade condominial a norma do art. 1.316, que contempla o direito do condômino de renunciar à parte ideal que lhe é cabível, eximindo-se com isso do pagamento de despesas e dívidas. É, nas palavras de Luiz Edson Fachin, "o caráter da ambulatoriedade passiva que aí se faz ver como traço característico de uma obrigação real". Acrescenta que "embora não seja expressa hipótese também aí impende inserir o abandono liberatório"[5]. A renúncia pode reverter em favor dos demais condôminos, se assumirem os encargos correspondentes, ou conduzir à divisão da coisa. A renúncia, por si só, não exime o condômino renunciante da sua responsabilidade pelas dívidas condominiais até então contraídas. Como destaca Milena Donato, os encargos condominiais representam obrigações *propter rem*, obrigações originadas da titularidade sobre a coisa, mas que, "uma vez constituídas, se autonomizam e se incorporam no patrimônio do titular da situação jurídica subjetiva real, que se torna responsável pelo adimplemento dos débitos"[6].

5.4. Deveres dos condôminos

Vistos os principais direitos do condômino, cumpre examinar os seus deveres. Dois avultam em importância: (a) o dever de concorrer para as despesas de conservação e divisão da coisa e suportar os ônus a que estiver sujeita (art. 1.315); e (b) o dever de responder aos demais condôminos pelos frutos obtidos ou pelos danos provocados à coisa (art. 1.319). Como já destacado, os deveres do condômino têm natureza de obrigações *propter rem*, pois acompanham a coisa e a sua parte ideal, onerando quem quer que integre o condomínio. As dívidas pretéritas, todavia, se autonomizam e se integram ao patrimônio do então titular.

5.5. Administração do condomínio

Não sendo possível ou conveniente para os condôminos usar conjuntamente a coisa comum, podem vendê-la ou administrá-la. Todas as decisões da administração serão tomadas por maioria, calculada proporcionalmente às respectivas partes ideais sobre a coisa (art. 1.325). Faculta-se – não se trata de um

---

5   Luiz Edson Fachin, em nota de atualização a Orlando Gomes, *Direitos reais*, 21. ed., Rio de Janeiro: Forense, 2012, p. 229.

6   Milena Donato Oliva, A responsabilidade do adquirente pelos encargos condominiais na propriedade horizontal, *Revista Trimestral de Direito Civil*, v. 26, abr./jun. 2006, p. 80.

dever, como sugere o art. 1.323 – aos condôminos elegeram, por maioria, um administrador, condômino ou não. Se o administrador decidir pela locação da coisa comum, e algum dos condôminos tiver interesse em alugá-la, terá preferência sobre terceiros. Se mais de um condômino tiver interesse em alugar a coisa, utilizar-se-á por analogia os critérios do art. 1.322, que dá preferência entre os condôminos àquele que tiver benfeitorias mais valiosas na coisa e, não as havendo, ao que tiver a maior parte ideal.

5.6. *Extinção do condomínio*

O condomínio se extingue por dois modos principais: (a) pela alienação da coisa ou (b) por sua divisão. Há outras formas de extinção, como o perecimento da coisa ou sua desapropriação, mais raras na vida prática. Há, ainda, quem aluda ao advento do termo fixado pelos próprios condôminos, mas, a rigor, o termo por si só não põe fim ao condomínio, mas apenas à obrigação pactuada entre os condôminos de manter indiviso o condomínio.

5.7. *Condomínio* pro diviso

Na prática, tem se verificado em alguns casos o chamado condomínio *pro diviso* de bens imóveis, em que cada condômino age sobre uma parte delimitada do terreno, com exclusão dos demais condôminos, utilizando-se da coisa para a destinação que lhe pareça conveniente e concedendo o uso daquela parte a quem quer que seja, tudo como se a coisa comum já houvesse sido dividida. Essa situação de fato não é amparada pelo regime legal do condomínio, em que cada condômino tem a titularidade de uma parte ideal e a totalidade da coisa é utilizada em comum por todos os coproprietários.

A jurisprudência, todavia, tem, em certos casos, prestigiado essas situações de fato e protegido um condômino contra a invasão do outro. A solução jurisprudencial parece se justificar por duas razões: primeiro, porque o condômino insatisfeito tem, como veremos, o direito de exigir a divisão da coisa, extinguindo o condomínio; segundo, porque os tribunais não podem manter-se indiferentes àquilo que foi tacitamente convencionado e que, no mundo real, era o comportamento dos condôminos. É em atenção à realidade que a jurisprudência brasileira tem aceitado o condomínio *pro diviso*, mas em caráter excepcional. Portanto, a norma do parágrafo único do art. 1.314 continua válida como regra geral, ressalvada apenas a hipótese excepcional do chamado condomínio *pro diviso*.

5.8. Condomínio forçado

O Código Civil trata, ainda, do condomínio necessário de paredes, cercas, muros e valas, tema que está intimamente ligado ao direito de vizinhança, especialmente ao estudo do direito de tapagem e do direito de construir. Também chamado *condomínio forçado*, o instituto tem natureza especial, estremando-se da disciplina do condomínio voluntário. Trata-se de um artifício legal para impor a repartição de custos e responsabilidades. De fato, a principal consequência do condomínio necessário, regulado nos arts. 1.327 a 1.330, é que passam ambos os vizinhos a ser responsáveis pelas despesas de conservação e restauração da parede, cerca, muro ou vala divisória. Outra consequência é que o condômino tem o dever de tolerar o ingresso do vizinho, mediante prévio aviso, em seu terreno, quando indispensável à reparação, reconstrução ou limpeza do muro divisório. Atenta-se aí à necessidade de conservação da coisa comum, em benefício de ambos os coproprietários.

Em outras situações, o Código Civil impõe a indivisão de certos bens. É o que ocorre no tocante à herança, que será estudada no direito sucessório, e que permanece indivisa até o momento oportuno da partilha. Trata-se aí de um condomínio legal, imposto por lei, mas temporário e transitório. Diversa é a hipótese do condomínio de paredes, cerca, muros e valas, em que a indivisão é da própria finalidade do bem. Daí por que parte da doutrina diferencia o condomínio necessário do condomínio legal, duas espécies a que se soma o condomínio voluntário para resultar em uma classificação tripartite da matéria. A tripartição, compreensível em sua lógica interna, não parece ter efeito prático, já que tanto no condomínio necessário quanto nas demais hipóteses de condomínio legal, o certo é que a lei configura fonte direta da copropriedade e seu tratamento há de seguir a específica disciplina que a legislação reserva, não lhe sendo aplicável a disciplina do condomínio ordinário voluntário.

6. Condomínio edilício

Condomínio edilício é aquele formado com base na conjugação de partes de propriedade exclusiva e outras de propriedade comum. Diversas são as denominações empregadas para designá-lo: *condomínio em edifícios, propriedade horizontal, condomínio de edificações, condomínio de apartamentos, condomínio sui generis*, entre outras. Aliás, não escapou a Caio Mário da Silva Pereira a "ironia do paradoxo" de se atribuir a alcunha de *propriedade horizontal* ao fenômeno ensejado pela expansão *vertical* das cidades, nomenclatura em tese justificada pela divisão do edifício em planos horizontais sobrepostos[7].

Trata-se da justaposição de propriedades distintas: (a) a propriedade exclusiva das áreas privativas e (b) a copropriedade das áreas comuns. Essas duas espécies de propriedade tornam-se indissociáveis no condomínio edilício. A situação jurídica subjetiva do condômino é composta, assim, de (a) um direito de copropriedade sobre a área comum, composta usualmente pelo solo e as partes comuns do edifício, unido indissociavelmente ao (b) direito de propriedade exclusiva sobre a unidade autônoma, que pode ser um apartamento, uma sala, um andar, ou mesmo um lote, como se verá adiante. Essa combinação forma uma propriedade una, indissolúvel, distinta dos elementos que a compõem e com características próprias que a diferenciam das demais espécies.

6.1. Utilidade social

O condomínio edilício tem a vantagem de proporcionar a melhor distribuição dos espaços disponíveis, com uma ocupação mais racional do solo. Nas últimas décadas, fatores econômicos e culturais como a posição estratégica do setor de construção civil e o chamado sonho da casa própria estimularam a ampla difusão do condomínio edilício nos grandes centros urbanos brasileiros, de tal forma que hoje a vida urbana é impensável sem esse relevante instituto.

6.2. Natureza jurídica

Se a natureza jurídica do condomínio geral já é controvertida, ainda mais controversa afigura-se a natureza jurídica do condomínio edilício. Darcy Bessone, após registrar que "lavra perplexidade" nessa matéria, defende a natureza jurídica eclética ou híbrida do condomínio edilício, tendo em vista que nele ocorre o convívio de duas ordens de direitos – o condomínio e a propriedade exclusiva –, convívio que, "não sendo propriamente insólito, acentua-se aqui mais do que em qualquer outra relação jurídica", revelando-se impraticável qualquer dissociação entre a propriedade exclusiva e o condomínio forçado das partes comuns, cuja ligação "é umbilical, à moda do feto no útero"[8]. Registre-se que parte minoritária da doutrina compreende o condomínio como entidade personali-

---

7   Caio Mário da Silva Pereira, *Condomínio e incorporações*, 10. ed., Rio de Janeiro: Forense, 2002, p. 60.
8   Darcy Bessone, *Direitos reais*, cit., p. 67-69.

zada, autônoma dos condôminos. A tese somente pode ser examinada *de lege ferenda*, já que nosso direito positivo é claro em manter a orientação tradicional segundo a qual o condomínio não consiste em pessoa jurídica diversa dos cotitulares do domínio.

Embora desprovido de personalidade jurídica, o condomínio tem capacidade processual no ordenamento jurídico brasileiro, podendo ser representado em juízo. Daí alguns autores sustentarem que o condomínio se equipara à massa falida e ao espólio, reservando-lhe a natureza de ente despersonalizado. Outros juristas preferem aludir ao condomínio edilício como "ficção jurídica", o que, a rigor, pouco acrescenta à discussão. O certo, ao fim e ao cabo, é que o Código Civil o contempla como modalidade de condomínio e, portanto, de propriedade, devendo assim ser tratado, ainda que, por vezes, na prática social o condomínio edilício assuma tal dimensão que difícil se torna identificar seus cotitulares. Em tais casos, haverá seguramente um síndico, cuja atuação, por mais autônoma que possa parecer, assenta sempre na vontade dos condôminos reunidos em assembleia.

6.3. *Evolução legislativa*

O Decreto n. 5.481, de 1928, regulou pela primeira vez a situação dos *edifícios coletivos*, limitando a possibilidade de sua instituição a edifícios de mais de cinco andares e destinados a escritórios ou residências particulares. Sua disciplina sofreu posteriores modificações até a Lei n. 4.591, de 1964, que, fruto de projeto de autoria de Caio Mário da Silva Pereira, deu tratamento mais sistemático e atual à matéria, cunhando a denominação *condomínio em edificações*. Além de depurar a disciplina dos condomínios em edifícios com planos horizontais, a referida lei inovou ao regular, em seu art. 8º, os condomínios formados pela construção de mais de uma edificação em terreno aberto, ainda que não se verifique a superposição de unidades – fenômeno que, embora genuinamente horizontal, é por vezes designado como *condomínio vertical*.

O Código Civil de 2002 cuidou do tema, sem revogar expressamente a Lei n. 4.591/64 – que continua em vigor em tudo aquilo que não for contrário à codificação –, mas preferiu o termo *condomínio edilício*, em detrimento de outros até mais tradicionais entre nós. Miguel Reale sustentou, entretanto, que a escolha por condomínio edilício foi mais acertada não apenas em virtude da raiz latina da expressão, mas também porque é um condomínio que se constitui *como resultado do ato da edificação*, sendo, por tal razão, denominado edilício. Recentemente, a Lei n. 13.465/2017 inseriu expressamente no Código Civil a figura do *condomínio de lotes*, bem como regulou o chamado *condomínio urbano simples*. Ambos são, a rigor, espécies de condomínio edilício.

6.4. Características

Cumpre examinar as principais características do condomínio edilício. Primeiro, caracteriza-se pela existência de uma edificação composta de partes sujeitas a propriedade exclusiva, de utilização independente e suscetíveis de livre alienação ou oneração pelos seus respectivos proprietários, possuindo, ainda, acesso direto ao logradouro público. Além disso, a edificação há de conter também partes de propriedade comum, que serão utilizadas, em conjunto, pelos condôminos, não podendo ser objeto de divisão ou de alienação destacada, salvo quando ocorrer alguma das hipóteses especialmente previstas em lei. Tem-se aqui importante dissonância entre o condomínio edilício e o geral, pois nesse último, como já visto, a divisão da coisa comum pode ser requerida a qualquer tempo pelo condômino (art. 1.320 × art. 1.331, § 2º). O condomínio edilício abrange, assim, um condomínio forçado das partes comuns, que o próprio Código Civil enumera a título exemplificativo: solo, estrutura do prédio, telhado, rede geral de distribuição de água, esgoto, gás e eletricidade, entre outras partes (art. 1331, § 2º). Por fim, é preciso que cada unidade corresponda a uma fração ideal do solo e das partes comuns, a qual será proporcional ao valor do conjunto da edificação, podendo ou não o condômino possuir direito a espaço para abrigo de veículo (vaga), que pode ser tratado como propriedade exclusiva ou não, dependendo do que a esse respeito disserem os atos constitutivos do condomínio edilício.

6.5. Constituição do condomínio edilício

O condomínio edilício pode ser instituído por ato *inter vivos* ou por testamento (art. 1.332). É, portanto, sempre voluntário, tendo sua origem em um negócio jurídico. O instrumento há de ser levado a registro no Cartório de Registro de Imóveis. A melhor doutrina atribui ao registro o papel de conferir publicidade e oponibilidade *erga omnes* ao condomínio, não se tratando de solenidade de caráter indispensável para que produza eficácia entre os próprios condôminos[9].

O modo mais comum de instituição do condomínio é a incorporação imobiliária, conceituada no art. 28, parágrafo único, da Lei n. 4.591/64, como a atividade exercida com o intuito de promover e realizar a construção, para alie-

---

9   Luiz Edson Fachin, *Comentários ao Código Civil*, São Paulo: Saraiva, 2003, v. 15, p. 234.

nação total ou parcial, de edificações, ou conjunto de edificações compostas de unidades autônomas. Caio Mário da Silva Pereira, em obra célebre sobre o tema, afirma que a incorporação ocorre quando pessoa física ou jurídica "adquire o terreno e realiza a edificação, vendendo a vários condôminos as unidades autônomas, com as quotas ideais respectivas"[10]. O Código Civil não trouxe palavra sobre o tema da incorporação, que continua disciplinado pela Lei n. 4.591/64, a qual deve, contudo, ser interpretada à luz dos valores constitucionais, em especial a proteção do consumidor, como se verá adiante.

6.6. Convenção de condomínio e regimento interno

Convenção de condomínio é ato-regra, qualificação que se extrai do seu caráter estatutário ou institucional, como conjunto de normas de conduta destinado a reger determinada comunidade. A tese contratualista, que atribui à convenção a natureza de contrato, é pouco defensável, uma vez que a convenção assume caráter normativo para todo o agrupamento social, aplicando-se coercitivamente, inclusive para aqueles condôminos que manifestam vontade discordante de sua elaboração ou redação, ou, ainda, para os que venham a se agregar ao condomínio após a sua aprovação, assemelhando-se, nesse sentido, à lei. "Não encontraria, por exemplo, explicação na teoria do contrato uma disposição regulamentar proibitiva do uso do elevador social para subida de certos volumes, pois uma tal 'cláusula contratual' seria oponível ao signatário da convenção, ao seu sucessor *inter vivos* ou *causa mortis*, ao seu locatário etc. Contudo, a um estranho ela não se aplicaria. E, no entanto, obriga"[11].

O Código Civil ocupou-se da convenção de condomínio considerando seu art. 1.333, em passagem repleta de pontos controversos. Primeiro, referiu-se à "convenção que constitui o condomínio", sabido, contudo, que o ato constitutivo do condomínio edilício e sua convenção não se confundem conceitualmente. Os requisitos do ato constitutivo constam do art. 1.332, enquanto os da convenção constam do art. 1.334, evidenciando a diferença entre as duas noções. O parágrafo único do art. 1.333 determina, por sua vez, que a convenção só será oponível a terceiros se registrada no Cartório de Registro de Imóveis, sugerindo que só seria eficaz, antes disso, entre os condôminos que a subscreveram. O Superior Tribunal de Justiça já entendeu o contrário em inúmeras decisões que conduziram à Súmula 260: "A convenção de condomínio aprovada, ainda que sem registro, é eficaz para

---

10 Caio Mário da Silva Pereira, *Condomínios e incorporações*, 10. ed., Rio de janeiro: Forense, 2002, p. 110.
11 Caio Mário da Silva Pereira, *Condomínios e incorporações*, cit., p. 95.

regular as relações entre os condôminos". O texto do enunciado afigura-se aplicável às relações entre quaisquer "condôminos", signatários ou não da convenção. Essa é a interpretação que resulta, de resto, dos numerosos casos que deram ensejo ao entendimento sumulado, casos gerados pela alegação frequente de falta de registro da convenção de condomínio por parte dos condôminos que pretendiam se eximir do cumprimento das normas da convenção.

O quórum mínimo para aprovação da convenção é de dois terços das frações ideais de todos os condôminos – e não apenas dos condôminos presentes à assembleia que aprovar a convenção. O Código Civil estabelece quórum especial para a alteração da convenção, aludindo ali a "dois terços dos condôminos" (art. 1.351), expressão que deve ser interpretada como dois terços das frações ideais porque pouco ou nenhum sentido haveria em estabelecer um quórum para aprovação inicial da convenção diverso do quórum para sua alteração.

Além da convenção, outro importante estatuto normativo da vida condominial é o regimento interno. Trata-se de norma complementar à convenção, destinado a regular aspectos mais rotineiros e dinâmicos do condomínio, tal como o horário de silêncio, a utilização dos espaços comuns ou as funções do zelador. O regimento interno assume expressiva relevância prática no dia a dia da vida condominial.

6.6.1. Normas condominiais e valores constitucionais

Assim como as leis, as normas condominiais constantes da convenção e do regimento interno também precisam ser elaboradas e interpretadas à luz da Constituição. Assim, por exemplo, devem ser rejeitadas regras de caráter discriminatório, como aquelas que vedam o ingresso de moradores de determinadas etnias ou orientações sexuais. O mesmo se pode dizer das regras, frequentemente reproduzidas em regimentos internos, que vedam o acesso de empregados e prestadores de serviço ao elevador social, ainda que não estejam carregando volumes ou se verifique qualquer outra circunstância objetiva que recomende a utilização do elevador de serviço. Tais previsões segregam o acesso de pessoas a um local em razão de sua condição social ou de trabalho, afigurando-se discriminatórias[12].

Outra discussão relevante nesse campo diz respeito à possibilidade de regimento interno vedar completamente a criação ou guarda de animais do-

---

12 Marco Aurélio Bezerra de Melo, Comentários ao art. 1.334, in Anderson Schreiber et al., *Código Civil comentado: doutrina e jurisprudência*, Rio de Janeiro: Forense, 2019, p. 950.

mésticos nas unidades autônomas. O STJ já decidiu, acertadamente, que tais restrições, se estabelecidas de modo genérico, afiguram-se desarrazoadas, devendo-se sempre considerar o risco à segurança e à tranquilidade dos demais moradores como critério legitimador de eventuais proibições regimentais[13]. Esta interpretação se harmoniza com a já apontada tendência contemporânea de se atribuir um regime diferenciado aos animais, especialmente aqueles objeto de afeição humana, contribuindo para a realização dos interesses existenciais da própria pessoa natural[14].

6.7. Direitos do condômino no condomínio edilício

Além daqueles fixados na convenção de condomínio, a própria lei atribui direitos e deveres aos condôminos no âmbito do condomínio edilício. O Código Civil elenca os direitos do condômino no art. 1.335, dentre os quais: (a) usar, fruir e livremente dispor de sua unidade autônoma; (b) usar das partes comuns, conforme sua destinação e conquanto não se exclua a utilização dos demais copossuidores. Acesa polêmica surge no tocante ao inciso III do art. 1.335, que garante ao condômino o direito de "votar nas deliberações da assembleia e delas participar, estando quite". A parte final tem tido sua constitucionalidade questionada, especialmente em face dos meios ordinários de que dispõe o condomínio para efetuar a cobrança das eventuais dívidas do condômino, sem necessidade de se limitar esse fundamental aspecto do exercício do direito de copropriedade. Colhe-se, ainda, na prática judicial debate em torno da proibição do uso de partes comuns, como salão de festas e suas dependências, imposta ao condômino inadimplente, havendo decisões em ambos os sentidos: pela possibilidade e impossibilidade da restrição.

6.8. Deveres do condômino no condomínio edilício

Entre os deveres do condômino, que vão desde o dever de não alterar a forma e a cor da fachada até não se valer das áreas comuns de maneira pre-

---

13 STJ, 3ª Turma, REsp 1.783.076/DF, Rel. Min. Ricardo Villas Bôas Cueva, j. 14-5-2019. Confira-se, no mesmo sentido, o Enunciado 566 da VI Jornada de Direito Civil: "A cláusula convencional que restringe a permanência de animais em unidades autônomas residenciais deve ser valorada à luz dos parâmetros legais de sossego, insalubridade e periculosidade".

14 Seja consentido remeter o leitor ao tópico específico no capítulo 9, dedicado ao estudo dos bens jurídicos.

judicial ao sossego, salubridade e segurança dos demais possuidores (art. 1.336), avulta em importância o dever de pagar as despesas condominiais. Em caso de alienação, o adquirente será obrigado ao pagamento, conforme registra expressamente o art. 1.345. O efeito não decorre da natureza dos encargos condominiais, que são obrigações *propter rem*, mas de expressa opção legislativa[15]. O art. 1.345 inclui entre as obrigações do adquirente a de pagar também "multas e juros moratórios" devidos pelo alienante. Especialmente no tocante às multas, a matéria enseja discussão, já que representam sanção à conduta pessoal do condômino, a invocar, para parte da doutrina, o chamado princípio da pessoalidade da pena. É de se reservar interpretação restritiva à norma, para abranger somente as multas aplicadas por atraso no pagamento, e não aquelas derivadas de outras violações a deveres existentes perante o condomínio (art. 1.337).

Nossa jurisprudência tem realizado um intenso controle de abusividade dos meios empregados pelos condomínios para a cobrança de tais dívidas, impedindo o recurso a técnicas de caráter vexatório, como a afixação de listas de inadimplentes em portarias e elevadores. Nessa esteira, o STJ já decidiu ser "ilícita a prática de privar o condômino inadimplente do uso de áreas comuns do edifício, incorrendo em abuso de direito a disposição condominial que proíbe a utilização como medida coercitiva para obrigar o adimplemento das taxas condominiais. Em verdade, o próprio Código Civil estabeleceu meios legais específicos e rígidos para se alcançar tal desiderato, sem qualquer forma de constrangimento à dignidade do condômino e dos demais moradores"[16].

Norma altamente controvertida é aquela constante do art. 1.340 do Código Civil, segundo o qual "as despesas relativas a partes comuns de uso exclusivo de um condômino, ou de alguns deles, incumbem a quem delas se serve". O comando, que não constava do direito anterior, vem atender antigo anseio expresso em um sem-número de demandas judiciais propostas por condôminos que, fundados na vedação ao enriquecimento sem causa, se negavam a repartir despesas sobre áreas e serviços de que não se utilizavam, como no caso do proprietário de loja no andar térreo do edifício que não se vale dos elevadores ou do condômino que, não tendo direito a vaga para seu veículo, se recusa a arcar com o custo da instalação de porta automática da garagem. No Rio de Janeiro, são conhecidos os conflitos envolvendo as des-

---

15 Como sustentou em estudo específico: Milena Donato Oliva, A responsabilidade do adquirente pelos encargos condominiais na propriedade horizontal, cit., p. 103.
16 STJ, 4ª T., REsp 1.699.022/SP, rel. Min. Luis Felipe Salomão, j. 28-5-2019.

pesas de vans que transportam condôminos de condomínios edilícios da Barra da Tijuca ao centro da cidade.

Há que se diferenciar, na aplicação da regra do art. 1.340, aquela hipótese em que (a) o condômino é efetivamente privado do uso por razão de fato ou de direito que transcende a sua vontade (*e.g.*, condômino cuja unidade não dá direito a vaga na garagem, condômino situado no térreo que, por isso, não faz uso dos elevadores), e (b) aquela hipótese em que há abstenção de uso (*e.g.*, condômino que decide, por vontade própria, não se utilizar das quadras de tênis cujo uso a convenção a todos franqueia, ou condômino que, embora habitando no quarto andar, prefere subir de escada). Enquanto na primeira hipótese a regra do art. 1.340 tem inegável aplicação, o mesmo não se pode dizer da segunda hipótese, pois ao condomínio muitas vezes será inviável controlar rigorosamente o uso das áreas comuns pelos próprios condôminos, ou esse próprio controle gerará despesas adicionais que os demais condôminos não se propõem a pagar[17]. Em semelhante direção, situa-se a nossa melhor tradição jurisprudencial, como se pode ver em antigo acórdão do Supremo Tribunal Federal, no qual se decidiu que o banco proprietário do andar térreo de certo edifício não estava isento de arcar com os custos de elevadores, porque, mantendo relógio luminoso e anúncios na laje da edificação, tinha à sua disposição os elevadores para realizar a manutenção desses equipamentos[18].

O conjunto dos deveres legais específicos relativos ao condomínio edilício e as normas emanadas da convenção não encerram o complexo de comandos que devem ser observados por cada condômino. Incidem também deveres de caráter mais geral, como aqueles atinentes aos direitos de vizinhança, aplicáveis às relações em condomínio edilício. Como destaca a doutrina, "a normalidade do uso, portanto, fixada pelo direito de vizinhança incide nas relações condominiais tendo por parâmetro a destinação coletiva definida (arts. 1.335, I, e 1.336, IV), sendo certo que os parâmetros para se definir o uso norma das unidades, assim como na vizinhança comum, têm autonomia em relação às normas de direito administrativo, com estas não se confundindo"[19].

---

17 Gustavo Tepedino, Heloisa Helena Barboza e Maria Celina Bodin de Moraes (Coords.), *Código Civil interpretado conforme a Constituição da República*, cit., v. III, p. 698.
18 STF, 2ª T., RE 72.365/PR, rel. Min. Antônio Neder, j. 7-12-1973.
19 Gustavo Tepedino, Heloisa Helena Barboza e Maria Celina Bodin de Moraes (Coords.), *Código Civil interpretado conforme a Constituição da República*, cit., v. III, p. 684.

6.9. Administração do condomínio edilício

A assembleia geral é o órgão deliberativo e soberano do condomínio. Reúne-se em caráter ordinário, anualmente, na forma prevista na convenção de condomínio[20]. São suas atribuições normais: (a) a aprovação do orçamento; (b) a fixação das contribuições dos condôminos; e (c) o julgamento das contas do síndico. Reúne-se, além disso, em caráter extraordinário a qualquer tempo, para deliberar e decidir outras matérias de sua competência, como a modificação da convenção de condomínio e o regulamento interno do edifício e a alteração da destinação do edifício ou da unidade (arts. 1.333 e 1.351)[21].

A Lei n. 14.309/2022 inseriu no Código Civil importantes inovações em matéria de assembleia condominial, passando a permitir, expressamente, a realização de assembleias de forma eletrônica, desde que a prática não seja vedada pela convenção e que sejam preservados aos condôminos os direitos de voz, de debate e de voto (art. 1.354-A). Além disso, passou-se a admitir, para a deliberação de questões que demandem quórum especial, a instauração de uma sessão permanente, de modo que os votos consignados em reuniões distintas da assembleia possam ser computados para uma mesma votação para que se alcance o quórum exigido em lei ou na convenção, respeitado o limite máximo de noventa dias de duração da sessão (art. 1.353, § 1º a § 3º).

A assembleia tem, ainda, a competência de escolher o síndico, que é o administrador do condomínio.

6.10. Síndico

Cabe à assembleia escolher um síndico, podendo a designação recair em um condômino ou pessoa estranha ao condomínio, salvo se a convenção dispuser diversamente a esse respeito. O síndico é órgão executivo do condomínio, incumbindo-lhe a administração geral da edificação, a polícia interna do condo-

---

20 O art. 12 da Lei n. 14.010/2020 (RJET), motivada pela pandemia de covid-19, estabeleceu que "a assembleia condominial, inclusive para os fins dos arts. 1.349 e 1.350 do Código Civil, e a respectiva votação poderão ocorrer, em caráter emergencial, até 30 de outubro de 2020, por meios virtuais, caso em que a manifestação de vontade de cada condômino será equiparada, para todos os efeitos jurídicos, à sua assinatura presencial". Trata-se de medida compatível com a necessidade de evitar aglomerações para combater a disseminação da doença naquele excepcional período.

21 A Lei n. 14.405/2022 alterou a redação do art. 1.351 do Código Civil para autorizar a mudança da destinação do edifício ou da unidade imobiliária a partir da aprovação de apenas dois terços dos condôminos. A redação anterior do dispositivo exigia que tais modificações fossem aprovadas pela unanimidade dos condôminos.

mínio, o cumprimento das disposições legais, convencionais ou regulamentares, bem como a elaboração do orçamento anual do condomínio e sua execução. Ao síndico compete, em suma, administrar o condomínio, exercendo as atividades previstas no art. 1.348 do Código Civil e outras necessárias à administração.

A lei atribui ao síndico poder de representação do condomínio, em juízo e fora dele, para prática de todos os atos necessários à defesa dos interesses comuns. Do poder de representação em juízo resulta que a decisão proferida fará coisa julgada contra ou a favor, sendo oponível aos condôminos individualmente, não obstante não tenham sido parte no feito, porém nos limites daquilo que esteja adstrito aos interesses comuns. Algumas ações como a ação de desapropriação são incompatíveis com o poder de representação do síndico, devendo cada condômino ser citado pessoalmente (Decreto-lei n. 3.365/41).

A destituição do síndico pode ser deliberada pela assembleia em virtude da prática de irregularidades, ausência de prestação de contas ou má administração (art. 1.349). A Lei n. 4.591/64 exigia dois terços da assembleia para a sua destituição, mas o Código Civil reduz o quórum para a maioria absoluta. A convocação da assembleia para este fim recai na regra do art. 1.350, § 1º, que autoriza convocação por um quarto dos condôminos. Além da destituição, o síndico pode ser responsabilizado pelos danos decorrentes da violação aos seus deveres.

6.11. *Direito de voto do locatário*

Questão controvertida no âmbito do condomínio edilício diz respeito ao direito de voto do locatário em assembleias de condomínio. O art. 24, § 4º, da Lei n. 4.591/64 prevê o direito de voto do locatário à falta do condômino-locador nas deliberações que não envolvam despesas extraordinárias. A norma não foi repetida pelo Código Civil de 2002, que trouxe tratamento amplo do condomínio edilício. A omissão enseja discussão doutrinária: para a maior parte da doutrina, a norma do art. 24, § 4º, da Lei n. 4.591/64 continua em vigor, mas há entendimento minoritário no sentido de que teria sido revogada pela codificação.

6.12. *Exclusão de condômino*

O Código Civil admite a possibilidade de imposição de sanção pecuniária (multa) ao condômino que descumpre reiteradamente os seus deveres perante o condomínio, podendo chegar, no caso de geração de incompatibilidade de convivência com os demais condôminos ou possuidores, ao décuplo do valor atribuído à contribuição para as despesas condominiais. O art. 1.337 da codificação determina, nesse sentido, que "o condômino, ou possuidor, que não cumpre reiteradamente com os seus deveres perante o condomínio poderá, por deliberação de três quartos dos condôminos restantes, ser constrangido a pagar multa correspondente até ao quíntuplo do valor atribuído à contribuição para as despesas condominiais, conforme a gravidade das faltas e a reiteração, independentemente das perdas e danos que se apurem". O parágrafo único do dispositivo acrescenta que "o condômino ou possuidor que, por seu reiterado comportamento antissocial, gerar incompatibilidade de convivência com os demais condôminos ou possuidores, poderá ser constrangido a pagar multa correspondente ao décuplo do valor atribuído à contribuição para as despesas condominiais, até ulterior deliberação da assembleia".

A jurisprudência tem, contudo, ido além e admitido, em alguns precedentes, a exclusão do condômino antissocial[22]. O art. 57 do Código Civil, recorde-se, autoriza a exclusão do associado por "justa causa", debatendo a doutrina se a hipótese teria aplicação analógica ao campo do condomínio edilício, à luz da necessidade de convivência harmônica entre os moradores e da impossibilidade de divisão, ao contrário do que ocorre no condomínio ordinário ou geral.

6.13. Extinção do condomínio edilício

Uma das principais diferenças entre o condomínio ordinário e o condomínio edilício é que, no primeiro, qualquer condômino pode, a todo tempo, promover a divisão da coisa comum e, não havendo consenso, recorrer à chamada ação divisória. No condomínio edilício isso não ocorre, porque a copropriedade que incide sobre o solo e partes e coisas comuns do edifício está organicamente vinculada à propriedade exclusiva das respectivas unidades. O caráter indivisível é da própria essência do instituto, que tende à perpetuidade. Apesar disso, o condomínio pode cessar por outras razões. O Código Civil ocupa-se de duas em especial: (a) a ruína do edifício; e (b) a desapropriação. Em ambos os casos, a codificação cuida de assegurar a repartição entre os condôminos, "proporcionalmente ao valor das suas unidades imobiliárias", do valor obtido com a desapropriação ou a venda do remanescente do prédio arruinado (arts. 1.357 e 1.358). A quota ideal demarca a participação dos condôminos no solo.

Parte da doutrina sustenta, ainda, que o condomínio edilício se extingue pela confusão em uma pessoa da titularidade de todas as unidades imobiliárias.

---

22 TJSP, 2ª Câmara de Direito Privado, Apelação 0003122-32.2010.8.26.0079, rel. Des. Flavio Abramovici, v.u., j. 27-8-2013.

A hipótese deve ser vista com cautela, ante a função do instituto e também ante a função da própria confusão obrigacional, já examinada no estudo do direito das obrigações. O condomínio edilício pode se extinguir também por deliberação unânime dos condôminos.

6.14. Condomínio de lotes

Paralelamente à expansão dos edifícios de apartamentos, para os quais o formato do condomínio edilício foi originariamente desenhado, verificou-se a difusão da prática de construção de múltiplas edificações em um mesmo "espaço". Não se trata de fenômeno uniforme, abrangendo diferentes realidades, como vilas de casas, loteamentos cercados, vias públicas fechadas por cancelas e grupos de condomínios de apartamentos. A regulamentação destas relações tem se revelado desafiadora em nossa experiência jurídica.

Conforme registrado, a Lei n. 4.591/64 já previa a possibilidade de condomínio edilício formado por mais de uma edificação em um mesmo terreno (art. 8º). Entretanto, a Lei n. 6.766, editada em 1979, ao dispor sobre o parcelamento do solo urbano, determinou que, na hipótese de loteamento de glebas, as vias, praças e espaços livres passariam para a propriedade do Município (art. 22), não se submetendo à copropriedade dos titulares dos lotes individuais. Embora não se confundam, as situações previstas em ambas as leis podem ser de difícil distinção prática, o que dificultava o registro dos condomínios. Por outro lado, em casos de efetivo loteamento, não raramente se tentava invocar a disciplina da Lei n. 4.591 para possibilitar o reconhecimento da copropriedade da área entre os lotes. A insegurança jurídica foi agravada com a entrada em vigor do Código Civil de 2002, que inaugurou intensa discussão sobre a revogação ou não do art. 8º da Lei n. 4.591/64.

Na tentativa de superar a polêmica, a Lei n. 13.465/2017 incorporou expressamente o *condomínio de lotes* ao nosso ordenamento jurídico, inserindo no Código Civil o art. 1.358-A, em que se lê: "pode haver, em terrenos, partes designadas de lotes que são propriedade exclusiva e partes que são propriedade comum dos condôminos". Opera-se, deste modo, a compatibilização das figuras do loteamento e do condomínio, refletida também na Lei n. 6.766/79, que passa a prever que "o lote poderá ser constituído sob a forma de imóvel autônomo ou de unidade imobiliária integrante de condomínio de lotes" (art. 2º, § 7º). Determina o Código que se aplicam à figura, no que couber, (a) as normas do condomínio edilício, respeitada a legislação urbanística pertinente, e (b) o regime jurídico das incorporações imobiliárias (Lei n. 4591/64), equiparando-se o empreendedor ao incorporador quanto aos aspectos civis e registrários (CC, art. 1.358-A, § 2º). Estabelece, ainda, a responsabilidade do incorporador pela implantação de toda a infraestrutura do local (CC, art. 1.358-A, § 3º), retirando do Poder Público a responsabilidade pelo custeio de obras em áreas de propriedade privada.

6.15. Condomínio urbano simples

Outra nova hipótese de condomínio edilício criada pela Lei n. 13.465/2017 foi o chamado *condomínio urbano simples*. Referida lei afirma que, "quando um mesmo imóvel contiver construções de casas ou cômodos, poderá ser instituído, inclusive para fins de Reurb[23], condomínio urbano simples, respeitados os parâmetros urbanísticos locais, e serão discriminadas, na matrícula, a parte do terreno ocupada pelas edificações, as partes de utilização exclusiva e as áreas que constituem passagem para as vias públicas ou para as unidades entre si". O parágrafo único do dispositivo estabelece a incidência das normas da própria lei especial, bem como as normas do Código Civil sobre condomínio edilício, no que forem compatíveis. Por falha da Lei n. 13.465/2017, o condomínio urbano simples não foi expressamente incorporado ao Código Civil, encontrando-se regulado entre os arts. 61 e 63 da lei especial.

Esta modalidade de condomínio abarca tanto situações de pluralidade de casas em um mesmo terreno (*e.g.*, pequenas vilas, "casa de fundos") como cômodos autônomos em uma mesma edificação. A referência legal a "cômodos" deve ser bem compreendida, advertindo-se ser ilógico conferir autonomia a cômodos integrantes de uma mesma casa. Exige-se, portanto, que tais cômodos sejam *funcionalmente autônomos* para que possam ser alçados à condição de unidade autônoma condominial. A possibilidade de acesso autônomo ao cômodo, embora indicativa desta autonomia funcional, não parece constituir um requisito adicional, como tem defendido parcela da doutrina[24]. De todo modo, garan-

---

23 Reurb é a Regularização Fundiária Urbana, igualmente disciplinada pela Lei n. 13.465/2017, "a qual abrange medidas jurídicas, urbanísticas, ambientais e sociais destinadas à incorporação dos núcleos urbanos informais ao ordenamento territorial urbano e à titulação de seus ocupantes" (art. 9º). A redação do art. 61 deixa claro que, embora possa se enquadrar neste contexto, o condomínio urbano simples não se limita ao âmbito do Reurb, sendo uma figura condominial de caráter geral.

24 "Não se pode admitir o condomínio urbano simples para cômodos que estejam funcional e espacialmente conectados, como no caso de quartos de um mesmo apartamento. É preciso haver autonomia funcional e de acesso no cômodo para ele constituir uma unidade autônoma de condomínio urbano simples" (Carlos Eduardo Elias de Oliveira, *Novidades da Lei n. 13.465, de 2017: o condomínio de lotes, o condomínio urbano simples e o loteamento de acesso controlado*, Brasília: Núcleo de Estudos e Pesquisas/CONLEG/Senado, jul. 2017, p. 16).

te-se que as unidades autônomas tenham acesso ao logradouro público (art. 62, § 3º). Em consonância com a maior simplicidade deste arranjo, a lei prevê a dispensa à convenção de condomínio (art. 62, *caput*), devendo a gestão da área comum ser realizada de comum acordo entre os condôminos, podendo ser formalizada em instrumento particular (art. 62, § 3º).

7. Condomínio de fato

Denomina-se *condomínio de fato* aquele que surge da associação informal de vizinhos, que, embora proprietários exclusivos de seus imóveis, decidem partilhar despesas comuns atinentes à segurança, limpeza e outros aspectos da vida comum. Podem ou não se organizar por meio da criação de associações de moradores. Em geral, o condomínio de fato exprime uma resposta à "insuficiência do poder público quanto às questões de segurança, higiene, abastecimento de água, conservação de vias e logradouros públicos de uso comum do povo"[25].

A principal questão referente ao condomínio de fato diz respeito à recusa no pagamento da quota condominial. De um lado, há quem sustente que a recusa implica enriquecimento sem causa do proprietário, que se locupleta às custas dos demais. Essa é a tese que por muito tempo prevaleceu no Tribunal de Justiça do Estado do Rio de Janeiro, outrora consolidada em sua Súmula 79: "Em respeito ao princípio que veda o enriquecimento sem causa, as associações de moradores podem exigir dos não associados, em igualdade de condições com os associados, que concorram para o custeio dos serviços por elas efetivamente prestados e que sejam do interesse comum dos moradores da localidade"[26]. De outro lado, situam-se os autores que enxergam na imposição da quota em condomínio de fato violação à liberdade constitucional de associação. Esse é o entendimento que prevaleceu no Superior Tribunal de Justiça, corte segundo a qual "taxas de manutenção criadas por associação de moradores, não podem ser impostas a proprietário de imóvel que não é associado, nem aderiu ao ato que instituiu o encargo"[27].

---

25 Danielle Machado Soares, *Condomínio de fato*, Rio de Janeiro: Renovar, 1999, p. 82.
26 Tal enunciado foi cancelado em 2017, com base justamente na pouca sedimentação da matéria (TJRJ, Órgão Especial, Processo Administrativo 0032466-23.2015.8.19.0000, rel. Des. Carlos Santos de Oliveira, j. 20-3-2017).
27 STJ, 2ª S., EREsp 444.931, rel. Min. Fernando Gonçalves, rel. p/ acórdão Min. Humberto Gomes de Barros, j. 16-10-2005. O entendimento foi posteriormente reafirmado pela 2ª Seção no REsp 1.439.163/SP, rel. Min. Ricardo Villas Bôas Cueva, rel. p/ acórdão Min. Marco Buzzi, j. 11-3-2015.

O Supremo Tribunal Federal julgou a matéria no final do ano de 2020, confirmando o entendimento do Superior Tribunal de Justiça de que a regra é a liberdade de associação, sendo ilegítima, a princípio, a cobrança de contribuições de proprietários não associados. O Ministro Dias Toffoli, relator do processo, destacou, contudo, que há duas situações em que tal cobrança será legítima: (a) se, como fruto da competência do Município para "promover, no que couber, adequado ordenamento territorial, mediante planejamento e controle do uso, do parcelamento e da ocupação do solo urbano" (CR, art. 30, VIII), houver lei municipal que preveja a obrigatoriedade da contribuição; e (b) se for aplicável ao caso concreto a Lei n. 13.465/2017, que inseriu na Lei de Parcelamento do Solo Urbano (Lei n. 6.766/1979) o art. 36-A[28] e, no Código Civil, o art. 1.358-A[29], pois, segundo o Ministro Relator, "abriu-se a possibilidade de cotização entre os beneficiários das atividades desenvolvidas pelas associações, desde que assim previsto no ato constitutivo das organizações. Cabe aqui recordar que, por óbvio, a lei se dirige aos loteamentos regularmente constituídos, ou seja, com aprovação junto ao poder público municipal e competente registro no cartório de imóveis. Assim, para que exsurja para os beneficiários o dever obrigacional de contraprestação pelas atividades desenvolvidas pelas associações (ou outra entidade civil organizada) em loteamentos, é necessário que a obrigação esteja disposta em ato constitutivo firmado após o advento da Lei n. 13.465/2017 (e que este esteja registrado na matrícula atinente ao loteamento no competente Registro de Imóveis, a fim de se assegurar a necessária publicidade ao ato)". O Plenário aprovou, nessa direção, a seguinte tese de repercussão geral: "É inconstitucional a cobrança por parte de associação de taxa de manutenção e conser-

---

28 "Art. 36-A. As atividades desenvolvidas pelas associações de proprietários de imóveis, titulares de direitos ou moradores em loteamentos ou empreendimentos assemelhados, desde que não tenham fins lucrativos, bem como pelas entidades civis organizadas em função da solidariedade de interesses coletivos desse público com o objetivo de administração, conservação, manutenção, disciplina de utilização e convivência, visando à valorização dos imóveis que compõem o empreendimento, tendo em vista a sua natureza jurídica, vinculam-se, por critérios de afinidade, similitude e conexão, à atividade de administração de imóveis. Parágrafo único. A administração de imóveis na forma do *caput* deste artigo sujeita seus titulares à normatização e à disciplina constantes de seus atos constitutivos, cotizando-se na forma desses atos para suportar a consecução dos seus objetivos."

29 "Art. 1.358-A. Pode haver, em terrenos, partes designadas de lotes que são propriedade exclusiva e partes que são propriedade comum dos condôminos. (...) § 2º Aplica-se, no que couber, ao condomínio de lotes o disposto sobre condomínio edilício neste Capítulo, respeitada a legislação urbanística."

vação de loteamento imobiliário urbano de proprietário não associado até o advento da Lei n. 13.465/2017, ou de anterior lei municipal que discipline a questão, a partir da qual se torna possível a cotização dos titulares de direitos sobre lotes em loteamentos de acesso controlado, que: (i) já possuindo lote, adiram ao ato constitutivo das entidades equiparadas a administradoras de imóveis ou (ii) sendo novos adquirentes de lotes, o ato constitutivo da obrigação esteja registrado no competente Registro de Imóveis"[30].

7.1. Loteamento de acesso controlado

Muitos condomínios de fato surgem do loteamento de um terreno que é cercado e tem seu acesso restrito, de algum modo, pelos proprietários dos lotes, situação por vezes referida como *condomínio fechado*, embora, a rigor, não exista situação de copropriedade. Como forma de disciplinar esta realidade, a Lei n. 13.465/2017 inseriu o art. 2º, § 8º, na Lei n. 6.766/79 (Lei de Parcelamento do Solo Urbano), criando a figura do *loteamento de acesso controlado*. O dispositivo prevê que "controle de acesso será regulamentado por ato do poder público Municipal, sendo vedado o impedimento de acesso a pedestres ou a condutores de veículos, não residentes, devidamente identificados ou cadastrados", como forma de conciliar o interesse dos proprietários dos lotes com o interesse público.

O loteamento de acesso controlado não se confunde com o condomínio de lotes, já estudado. O loteamento de acesso regulado é composto por áreas públicas e privadas, tendo tão somente o acesso restrito por força de regulamentação municipal. O condomínio de lotes, ao contrário, é constituído apenas por áreas privadas, sendo uma parte da propriedade privada privativa e outra parte da propriedade privada destinada ao uso comum entre os particulares. Convivem, portanto, as duas figuras.

8. Condomínios especiais

Algumas modalidades especiais de condomínio ou copropriedade têm se desenvolvido na prática e demandam maior atenção por parte do legislador. Nesse sentido, pode-se mencionar: (a) condomínio em multipropriedade ou *time sharing*; (b) *flat service*; e (c) *shopping center*.

---

30 STF, Tribunal Pleno, RE 695.911/SP, rel. Min. Dias Toffoli, j. 18-12-2020.

8.1. Condomínio em multipropriedade

A multipropriedade imobiliária, também denominada *time sharing*, consiste, na definição de Gustavo Tepedino, da "relação jurídica de aproveitamento econômico de uma coisa móvel ou imóvel, repartida em unidades fixas de tempo, de modo que diversos titulares possam, cada qual a seu turno, utilizar-se da coisa com exclusividade e de maneira perpétua"[31]. É uma forma de copropriedade que amplia enormemente o potencial de uso de imóveis em áreas de veraneio, como praias e balneários, e outros recantos de repouso e férias. Superando o vácuo normativo que, há anos, impedia esta forma instigante de exploração da propriedade imobiliária, a Lei n. 13.777/2018, inseriu o novo Capítulo VII-A no Título III do Livro III da Parte Especial do Código Civil, tratando do condomínio em multipropriedade.

Com as alterações promovidas pela Lei n. 13.777/2018, o Código Civil passou a definir a multipropriedade imobiliária como "o regime de condomínio em que cada um dos proprietários de um mesmo imóvel é titular de uma fração de tempo, à qual corresponde a faculdade de uso e gozo, com exclusividade, da totalidade do imóvel, a ser exercida pelos proprietários de forma alternada" (art. 1.358-C). Trata-se, portanto, na dicção da lei, de uma forma de condomínio aplicável apenas aos bens imóveis[32], em que há uma divisão temporal no aproveitamento exclusivo da titularidade do bem, sendo certo que cada fração de tempo de utilização do imóvel deve ser indivisível e de, no mínimo, 7 (sete) dias *"seguidos ou intercalados"* (art. 1.358-E). A fração de tempo poderá ser: (a) fixa e determinada, correspondente ao mesmo período de cada ano (ex. primeira semana de fevereiro, dias 10 a 16 de abril etc.); (b) flutuante, isto é, variável de tempos em tempos, respeitada a objetividade e a transparência do procedimento de escolha e o tratamento isonômico entre os diversos multiproprietários; ou (c) mista, combinando características do sistema fixo e do sistema flutuante.

Interessante notar que o regime de condomínio em multipropriedade poderá ser utilizado para o condomínio geral, como na hipótese de uma casa de veraneio compartilhada no tempo por diversos multiproprietários. É possível, ainda, que a multipropriedade seja estipulada para condomínio edilício, como por exemplo nas hipóteses de *pool* hoteleiros, em que várias pessoas adquirem uma unidade do condomínio edilício em regime de *time sharing*. Neste último

---

31 Gustavo Tepedino, *Multipropriedade imobiliária*, São Paulo: Saraiva, 1993, p. 1.
32 Tramita no Congresso Nacional o PL 2419/2019, que visa a instituir a multipropriedade sobre bens móveis.

caso, o regime de multipropriedade abrangerá a totalidade ou mesmo parcela das unidades autônomas, sendo certo que sua adoção será feita no próprio instrumento de instituição do condomínio edilício ou por deliberação da maioria absoluta dos condôminos (art. 1.358-O).

Quanto à sua forma de constituição, o condomínio em multipropriedade pode ser instituído por ato *inter vivos* ou por testamento (art. 1.358-F), devendo a convenção de condomínio determinar, entre outros, os poderes e deveres dos multiproprietários, o número máximo de pessoas que podem ocupar simultaneamente o imóvel, as regras de acesso do administrador ao imóvel (arts. 1.358-G a 1.358-H). O Código estipula direitos e obrigações dos multiproprietários, garantindo, por exemplo, direito de voto em assembleia de forma proporcional à sua fração de tempo, desde que quite com suas obrigações (art. 1.358-I)[33]. Além disso, o multiproprietário pode, ainda, alienar e onerar sua fração de tempo de forma livre, devendo, contudo, informar tal fato ao administrador do condomínio em multipropriedade. A alienação da fração de tempo, destaque-se, não depende da anuência dos demais coproprietários; tampouco se garante aos demais condôminos o direito de preferência, salvo disposição expressa no instrumento de instituição da multipropriedade imobiliária (art. 1.358-L)[34].

8.2. Flat service

Flat service ou condomínio com serviços de hotelaria é modalidade de condomínio edilício com ampliação dos serviços oferecidos aos condôminos, demandando uma maior extensão de áreas comuns como bar, restaurante, lavanderia, academia de ginástica, além de regulamentação mais detalhada na convenção condominial sobre a forma como esses serviços serão explorados e prestados[35]. Daí parte da doutrina entender que melhor seria contar com regu-

---

33 Acerca do instigante tema das limitações aos direitos dos proprietários impostas pelo regime da multipropriedade, v. Mariana Maia de Vasconcellos, *Multipropriedade imobiliária: análise funcional das restrições ao direito de propriedade à luz da Lei n. 13.777/18*, Rio de Janeiro: Processo, 2024.

34 Seja consentido remeter a Anderson Schreiber, *Multipropriedade Imobiliária e a Lei 13.777/18*, disponível em: <http://www.cartaforense.com.br/conteudo/colunas/multipropriedade-imobiliaria-e-a-lei-1377718/18333> (acesso em: 23 jul. 2019). Confira-se, ainda, o editorial de Gustavo Tepedino, A nova Lei da Multipropriedade Imobiliária, in Revista Brasileira de Direito Civil, v. 19, jan./mar. 2019, p. 11-14.

35 Gustavo Tepedino, Heloisa Helena Barboza e Maria Celina Bodin de Moraes (Coords.), *Código Civil interpretado conforme a Constituição da República*, cit., v. III, p. 681.

lamentação específica, embora, à falta de uma especial dedicação do legislador, se aplique a disciplina do condomínio edilício, somada à tutela consumerista na forma do Código de Defesa do Consumidor.

8.3. Shopping center

Por fim, é de se mencionar a figura do *shopping center*, que se rege por uma série de contratos coligados que envolvem as relações entre proprietários e lojistas e entre os lojistas e a administração do centro comercial. Entram em jogo aí diferentes questões atinentes ao chamado *tenant mix*, que consiste no "plano de determinação dos ramos e localização das lojas e pontos de venda dentro do centro de compras, gravitando em torno das chamadas lojas-âncora, as quais funcionam como ponto magnético da clientela"[36]. Tais questões, de complexa solução, não encontram parâmetros normativos no direito brasileiro, que se ocupa do *shopping center* de modo minimalista na Lei do Inquilinato (arts. 52, § 2º, e 54). Sobre o tema, remete-se o leitor ao tópico específico dedicado ao *shopping center* no estudo do contrato de locação, no capítulo 23 desta obra.

9. Incorporação imobiliária

Matéria de extrema importância prática correlata ao condomínio edilício é a proteção do adquirente de unidade residencial no âmbito de incorporação imobiliária. A incorporação imobiliária consiste, como já visto, na atividade exercida com o intuito de promover e realizar a construção, para alienação total ou parcial, de edificações, ou conjunto de edificações compostas de unidades autônomas. A jurisprudência tem reconhecido a incidência do Código de Defesa do Consumidor para proteger o adquirente em tais relações. Por exemplo, nossos tribunais possuem entendimento pacífico no sentido de que, por força da tutela conferida ao adquirente-consumidor, fica vedada a previsão da perda total das quantias pagas em caso de incorporação imobiliária (art. 53, CDC). Além disso, entidades legitimadas à proteção do consumidor têm atuado para prevenir abusos. Termos de ajustamento de conduta celebrados com o Ministério Público têm previsto, por exemplo, que (a) multas por atraso de pagamento não poderão ser superiores a 2% do valor da parcela atrasada, salvo alteração

---

36 Silvio de Salvo Venosa, *Lei do Inquilinato comentada: doutrina e prática*, 6. ed., São Paulo: Atlas, 2003, p. 263.

da legislação em vigor; (b) não haverá cláusula que restrinja ou impossibilite a antecipação de pagamento de parcelas; (c) no caso de rescisão por culpa do adquirente, os valores que excederem a 10% do valor do contrato serão devolvidos, observando-se a mesma periodicidade e índice contratual utilizado nos pagamentos efetuados pelo consumidor; (d) o percentual de multa por atraso na entrega da obra deve ser redigido com destaque especial, sendo fixado na mesma proporção da multa que tiver sido estabelecida para a hipótese de não devolução do imóvel por parte do adquirente, em caso de resolução do contrato; (e) não haverá cláusula restritiva da responsabilidade civil por eventuais vícios de construção; (f) as cláusulas restritivas de direitos dos adquirentes deverão ser destacadas, para que possam ser facilmente visualizadas; (g) deve haver cláusula que informe claramente a respeito da necessidade de se contrair financiamento para a construção, quando sejam exigidas garantias para tanto; (h) a incorporadora deverá enviar relatórios sobre o andamento da obra em intervalos de, no máximo, 180 dias, até a entrega das chaves; (i) a incorporadora deverá entregar ao adquirente um manual do proprietário, contendo normas de utilização e conservação das áreas privativas e comuns da edificação; (j) deverá ser fornecido ao adquirente memorial descritivo das especificações, além dos prazos e critérios de garantia dos materiais, serviços e equipamentos; (k) deve haver cláusula que informe expressamente o valor total que o adquirente pagará, incluindo os juros, no caso de pagamento a prazo; (l) os juros não poderão exceder a 12% ao ano, calculados pela Tabela Price.

Um ponto extremamente polêmico consiste na cobrança de juros antes da entrega das chaves. A Portaria n. 03, de 15 de março de 2001, da Secretaria de Direito Econômico do Ministério da Justiça, afirma: "serão consideradas abusivas as cláusulas: (...) 14 – Que estabeleçam, no contrato de venda e compra de imóvel, a incidência de juros antes da entrega das chaves". As incorporadoras defendem-se com base na autorização legal para a capitalização de juros, no art. 5º, III, da Lei n. 9.514/97. O Superior Tribunal de Justiça já decidiu pela legalidade da cobrança de juros em momento anterior à entrega das chaves, com o argumento de que

> o pagamento pela compra de um imóvel em fase de produção, a rigor, deve ser feito à vista. Nada obstante, pode o incorporador oferecer certo prazo ao adquirente para o pagamento, mediante parcelamento do preço, que pode se estender (...) a prazos que vão além do tempo previsto para o término da obra. É, sem dúvida, um favorecimento financeiro que se oferece ao comprador. Em tal hipótese, em decorrência dessa convergência de interesses, o incorporador es-

tará antecipando os recursos que são de responsabilidade do adquirente, destinados a assegurar o regular andamento do empreendimento. Afigura-se, nessa situação, legítima a cobrança de juros compensatórios[37].

10. Extinção dos contratos imobiliários ("Lei do Distrato")

As turbulências enfrentadas pelo mercado imobiliário nos últimos anos ensejaram um aumento do já elevado número de conflitos entre alienantes e adquirentes de unidades imobiliárias. Na falta de um marco legislativo específico, o STJ foi chamado a decidir sobre as diversas controvérsias surgidas nesse campo. No afã de conferir maior segurança jurídica à aquisição de unidades imobiliárias, foi editada a Lei n. 13.786/2018, que promoveu alterações nas Leis n. 4.591/1964 (Lei de Incorporação Imobiliária) e n. 6.766/1979 (Lei do Parcelamento do Solo Urbano). Em que pese a efetiva necessidade de uma regulação mais clara de alguns pontos, a Lei n. 13.786/2018 tem sido objeto de severas críticas pela doutrina em razão de suas diversas falhas técnicas (inclusive no tocante à nomenclatura empregada), pelo teor das soluções acolhidas e pela falta de diálogo com o Código de Defesa do Consumidor, fatores que acabam por frustrar o seu declarado propósito de contribuir para a segurança dos negócios imobiliários. O novo diploma recebeu a alcunha de "Lei do Distrato", embora, a rigor, suas atenções recaiam sobre a resolução contratual, e não propriamente sobre a resilição bilateral (distrato)[38].

O art. 67-A inserido pela "Lei do Distrato" na Lei n. 4.591 passou a disciplinar a extinção dos contratos de incorporação imobiliária "mediante distrato ou resolução por inadimplemento absoluto de obrigação do adquirente". A referência ao distrato ao lado do inadimplemento absoluto enseja alguma perplexidade, seja em razão da radical distinção entre as figuras, seja pelo fato de o § 13 do mencionado dispositivo autorizar a pactuação de condições específicas para o distrato – levando parcela da doutrina a sustentar que "a interpretação correta da lei, evidentemente, é permitir que o incorporador possa firmar distrato em bases mais favoráveis ao adquirente"[39]. De todo modo, em ambos

---

37 STJ, EREsp 670.117/PB, rel. Min. para o acórdão Antonio Carlos Ferreira, j. 13-6-2012.
38 Sobre as diversas modalidades de extinção contratual, seja consentido remeter o leitor ao capítulo 22 desta obra.
39 Alexandre Junqueira Gomide, *Lei 13.786/2018 (Lei dos "Distratos"): primeiras impressões a respeito da extinção da relação contratual*. Disponível em: <http://civileimobiliario.web971.

os casos, a lei determina a restituição das quantias pagas diretamente ao incorporador, deduzidas (a) a integralidade da comissão de corretagem e (b) a "pena convencional" (*rectius*, cláusula penal compensatória). A esta cláusula penal o legislador atribuiu um teto específico, não podendo exceder 25% da quantia paga. Estando a incorporação submetida ao regime do patrimônio de afetação, o § 5º do art. 67-A eleva o limite legal a 50% da quantia paga, valor que tem atraído críticas da doutrina pela possibilidade de ensejar desequilíbrio contratual. A estipulação de um teto para a cláusula penal – o que já ocorre na sistemática do próprio Código Civil (art. 412) – não exclui a invocação do art. 413 da codificação para controlar eventuais excessos à luz das circunstâncias do caso concreto[40].

Os §§ 10 e 11 do art. 67-A tratam do direito de arrependimento do adquirente em "contratos firmados em estandes de vendas e fora da sede do incorporador", sem limitar a incidência da regra às relações de consumo. Nestas, aplica-se concomitantemente o art. 49 do CDC, que garante a possibilidade de arrependimento "sempre que a contratação de fornecimento de produtos e serviços ocorrer fora do estabelecimento comercial", abarcando situações excluídas do âmbito da regra mais recente.

O art. 43-A da Lei de Incorporação, por sua vez, prevê que a entrega do imóvel em até 180 dias corridos da data estipulada para conclusão do empreendimento não dará ensejo à resolução do contrato ou ao pagamento de qualquer penalidade, exigindo, para tanto, expressa previsão de forma clara e destacada – a qual, na prática, denomina-se cláusula de tolerância. Na crítica certeira da doutrina, "a lei criou uma espécie de 'mora à brasileira', uma mora com termo de graça preestabelecido em favor da parte mais forte"[41], de questionável constitucionalidade, especialmente nas relações de consumo. Ultrapassado este prazo de 180 dias, o adquirente poderá optar entre a resolução do contrato (art.

---

uni5.net/wp-content/uploads/2019/01/PL-distratosfinal.pdf>. Acesso em: 16 ago. 2019.

40 Também admitem a incidência do art. 413, destacando que "devolver o imóvel e perder cinquenta por cento ou até mais sobre o que se pagou é algo que extrapola os limites do razoável e do desejado equilíbrio contratual", Marco Aurélio Bezerra de Melo e Flávio Tartuce, *Primeiras linhas sobre a restituição ao consumidor das quantias pagas ao incorporador em caso de desfazimento do vínculo contratual na lei 13.786/18*. Disponível em: <https://www.migalhas.com.br/dePeso/16,MI293842,71043-Primeiras+linhas+sobre+a+restituicao+ao+consumidor+das+quantias+pagas>. Acesso em: 16 ago. 2019.

41 Otavio Luiz Rodrigues Junior, *Retrospectiva 2018: leis, livros e efemérides do direito civil*. Disponível em: <https://www.conjur.com.br/2019-jan-02/retrospectiva-2018-leis-livros-efemerides-direito-civil>. Acesso em: 16 ago. 2019.

43-A, § 1º) ou sua execução específica, com indenização prefixada em 1% do valor efetivamente pago à incorporadora, para cada mês de atraso (art. 43-A, § 2º). Embora lei não o ressalve expressamente, afigura-se possível o pleito de indenização suplementar, em analogia com o art. 404, parágrafo único, do Código Civil, considerando especialmente o fato de que a base de cálculo acolhida pela regra, o valor pago à incorporadora, em nada se relaciona com o prejuízo sofrido pelo adquirente, consubstanciado na privação do bem.

Inovação merecedora de aplausos é a obrigatoriedade de que os contratos de incorporação imobiliária e de alienação de loteamento sejam iniciados por um quadro-resumo, do qual deverão constar informações essenciais ao acordo, como o preço total a ser pago pelo imóvel, o valor referente à corretagem, a forma do pagamento do preço, entre diversas outras informações de relevo (art. 35-A da Lei n. 4.591/64 e art. 26-A da Lei n. 6.766/76). Tem-se aqui norma que concretiza o dever de informação que decorre do princípio da boa-fé objetiva. A ausência das informações exigidas pela lei implica a concessão de prazo de 30 dias para saneamento da omissão, findo o qual o adquirente fica autorizado a "rescindir" o contrato. Conforme observado pela doutrina mais recente, "a hipótese não parece remeter à extinção contratual por qualquer das causas supervenientes conhecidas no direito brasileiro (resolução, resilição unilateral, distrato), pois a *fattispecie* disciplinada pelo dispositivo traduz um vício originário e estrutural no contrato (a ausência do quadro-resumo). Logo, aparentemente, trata-se da previsão legislativa de uma causa de invalidade contratual. (...) Por escolha legislativa, criou-se o decurso do prazo de trinta dias como uma incomum pré-condição para o exercício do direito à invalidação"[42].

Registre-se, por fim, que, ao apreciar questão de ordem em processo discutindo controvérsias referentes a contratos imobiliários, a Segunda Seção do Superior Tribunal de Justiça assentou a inaplicabilidade da Lei n. 13.786/2018 aos contratos celebrados antes da data da sua vigência[43].

---

42 Eduardo Nunes de Souza e Rodrigo da Guia Silva, *Como funciona o controle de validade dos contratos de aquisição imobiliária?* Disponível em: <https://www.jota.info/opiniao-e-analise/artigos/como-funciona-o-controle-de-validade-dos-contratos-de-aquisicao-imobiliaria-31012019>. Acesso em: 16 ago. 2019.

43 STJ, 2ª Seção, REsp 1.498.484/DF, Rel. Min. Luis Felipe Salomão, j. 22-5-2019.

Capítulo 32

Direitos Reais sobre Coisa Alheia

Sumário: 1. *Jura in re aliena*. **2.** Direito de superfície. **2.1.** Dupla disciplina. **2.2.** Estatuto da Cidade ≠ Código Civil. **3.** Servidões. **3.1.** Servidões contínuas e descontínuas. **3.2.** Servidões aparentes e não aparentes. **3.3.** Constituição das servidões. **3.4.** Exercício das servidões. **3.5.** Extinção das servidões. **3.6.** Servidões legais. **4.** Usufruto. **4.1.** Objeto do usufruto. **4.2.** Direitos e deveres do usufrutuário. **4.3.** Extinção do usufruto. **4.4.** Usufruto legal. **5.** Uso. **6.** Habitação. **7.** Direito real de habitação do cônjuge sobrevivente. **8.** Concessão de uso especial para fins de moradia. **9.** Concessão de direito real de uso. **10.** Direito de laje. **11.** Direitos oriundos da imissão provisória do Poder Público na posse de bens em processo de desapropriação. **12.** Direito do promitente comprador. **12.1.** Natureza jurídica: direito real de aquisição. **12.1.1.** Direito real de aquisição do fiduciante. **12.2.** Promessa de compra e venda e hipoteca. **13.** Enfiteuse.

1. Jura in re aliena

Após cuidar da posse e da propriedade, o Código Civil passa a se ocupar dos chamados direitos reais sobre coisa alheia (*jura in re aliena*). Na lição de Clóvis Beviláqua os direitos reais sobre coisa alheia constituem-se pela "desagregação de uma parcela do poder dominical, ou recaem sobre utilidades particulares da coisa". Seu conteúdo consiste, de fato, em uma parcela ou aspecto do domínio, que se destaca da titularidade do proprietário para passar, temporariamente, à titularidade de outrem. Assim, são direitos reais sobre coisa alheia todos os direitos reais, com exceção da propriedade, a saber: (a) a superfície; (b) as servidões; (c) o usufruto; (d) o uso; (e) a habitação; (f) o direito do promitente comprador do imóvel; (g) a concessão de uso especial para fins de moradia; (h) a concessão de direito real de uso; (i) a laje; (j) os direitos oriundos da imissão provisória na posse, quando concedida à União, aos Estados, ao Distrito Federal, aos Municípios ou às suas entidades delegadas e a respectiva cessão e promessa de cessão; e (l) os direitos reais de garantia, incluindo o penhor, a hipoteca e a anticrese[1]. Sobre o caráter fechado do rol, remete-se o leitor a tudo quanto já foi exposto no capítulo 27.

2. Direito de superfície

O direito de superfície confere ao seu titular o direito de construir ou de plantar em terreno alheio. Difere do simples arrendamento, porque configura um direito real sobre coisa alheia (art. 1.225, III), oponível *erga omnes*. Representa exceção ao princípio segundo o qual *superficies solo cedit* (a superfície acede ao solo), já que o que se constrói ou se planta pertence ao superficiário, não ao proprietário do terreno.

2.1. *Dupla disciplina*

Com raízes no direito romano, o direito de superfície foi suprimido do direito brasileiro pelo Código Civil de 1916 e ficou esquecido por algum tempo. Porém, a doutrina passou a sentir-lhe a falta, destacando sua importância como instrumento de ordenação do meio urbano. O instituto voltou ao nosso ordenamento por meio do Estatuto da Cidade (Lei n. 10.257/2001), que, no art. 21, afirmou: "o proprietário urbano poderá conceder a outrem o direito de superfície do seu terreno, por tempo determinado ou indeterminado, mediante escritura pública registrada no cartório de registro de imóveis". O atual Código Civil ocupou-se, em seguida, da matéria, traçando regras que divergem, em alguns aspectos, da disciplina desenhada no Estatuto da Cidade.

Já se observou que há aí alguma ironia: um instituto que ficou por tantas décadas ausente do nosso ordenamento voltou a ser regulado, num lapso de menos de dois anos, por dois diplomas legislativos distintos[2]. O entendimento majoritário tem sido no sentido de que o Código Civil não revogou as disposições do Estatuto da Cidade sobre a matéria. Convivem as duas disciplinas[3].

---

1 Os direitos reais de garantia, em razão de suas peculiaridades, serão examinados em capítulo autônomo, seguinte a este.
2 Ricardo Luiz Pereira Marque, Direito real de superfície, *Revista Trimestral de Direito Civil*, v. 10, n. 38, abr./jun. 2009, p. 111.
3 Ricardo Pereira Lira, Direito de superfície e o novo Código Civil, *Revista Forense*, n. 364, nov./dez. 2002, p. 263.

O Código Civil chega a ressalvar a legislação especial em relação ao direito de superfície constituído por pessoa jurídica de direito público. Este, contudo, não é o caso do Estatuto da Cidade, que disciplina a concessão de direito de superfície por qualquer proprietário de imóvel urbano. A linha distintiva entre os dois diplomas estaria, segundo parte da doutrina, no propósito de realização da política urbana que animaria o direito de superfície no Estatuto da Cidade, enquanto no Código Civil o instituto se destinaria ao mero atendimento do interesse particular. O critério é, todavia, perigoso, não podendo se perder de vista que a propriedade urbana, por expressa disposição constitucional, somente se afigura merecedora de tutela quando cumpre sua função social, a qual não se restringe ao simples atendimento de interesses particulares, especialmente em se tratando de propriedade imobiliária. Daí outra parte da doutrina inclinar-se para o critério geográfico. Se a superfície se situa na área urbana, rege-se pelo Estatuto da Cidade. Se fora dela, pelo Código Civil[4].

2.2. *Estatuto da Cidade ≠ Código Civil*

As características do direito de superfície, comuns às disciplinas do Código Civil e do Estatuto da Cidade, são as seguintes: em ambos os casos, (a) o direito de superfície constitui-se mediante registro no Cartório de Registro de Imóveis; (b) a concessão da superfície pode ser gratuita ou onerosa; (c) o direito de superfície pode ser transferido a terceiros; e (d) em caso de alienação do imóvel ou do direito de superfície, o superficiário ou proprietário tem direito de preferência. As principais diferenças entre a disciplina do Código Civil e do Estatuto da Cidade são as seguintes: (a) no Estatuto da Cidade, o direito de superfície pode ser fixado por prazo indeterminado, enquanto no Código Civil constitui-se necessariamente por prazo determinado (art. 1.369); (b) no Estatuto da Cidade, o direito de superfície abrange o direito de utilizar o solo, o subsolo ou o espaço aéreo relativo ao terreno (art. 21, § 1º), enquanto no Código Civil o direito de superfície "não autoriza obra no subsolo, salvo se for inerente ao objeto da concessão" (art. 1.369, parágrafo único); e (c) no Estatuto da Cidade, a morte do superficiário transmite o direito de superfície aos seus herdeiros (art. 21, § 5º), enquanto o Código Civil é omisso sobre o assunto, havendo divergência sobre a solução aplicável.

---

4   José dos Santos Carvalho Filho, *Manual de direito administrativo*, 28. ed., São Paulo: Atlas, 2015, p. 1.232.

3. Servidões

Servidão é o direito real sobre coisa imóvel, que lhe impõe um ônus em proveito de outra coisa imóvel, pertencente a dono diverso. O imóvel que suporta a servidão denomina-se *prédio serviente*. O outro imóvel, em favor do qual se constitui, chama-se *prédio dominante*. A terminologia exprime certo vestígio da orientação segundo a qual os direitos reais se constituem entre as coisas, havendo de se recordar que a servidão, como todo direito real, é relação entre pessoas e se estabelece em função dos seus propósitos, devendo atender, ainda, aos interesses sociais relevantes.

3.1. Servidões contínuas e descontínuas

As servidões têm conteúdo amplo e variadíssimo, abrangendo, por exemplo, as servidões de passagem, as servidões de vista, as já mencionadas servidões de janela, entre outras. Dentre as várias classificações das servidões em doutrina, duas apresentam relevante interesse prático. Primeiro, diferenciam-se as servidões em (a) contínuas e (b) descontínuas. São contínuas as servidões que dispensam atos humanos para que subsistam e sejam exercidas, como a servidão de aqueduto. São descontínuas as que dependem, para seu exercício, de atos do dono ou possuidor do prédio dominante para que se mantenham vigentes, como a servidão de passagem.

3.2. Servidões aparentes e não aparentes

Outra classificação importante distingue as servidões em (a) aparentes e (b) não aparentes. São aparentes as que revelam sinais exteriores da sua existência, como a servidão de passagem, e não aparentes as demais, como a servidão *altius non tolendi*, ou seja, de não construir acima de certa altura. As servidões que sejam, a um só tempo, aparentes e contínuas podem ser adquiridas por usucapião, como afirma expressamente o art. 1.379 do Código Civil, em que se lê: "o exercício incontestado e contínuo de uma servidão aparente, por dez anos, nos termos do art. 1.242, autoriza o interessado a registrá-la em seu nome no Registro de Imóveis, valendo-lhe como título a sentença que julgar consumado a usucapião". A regra tem origem na concepção de que a posse *ad usucapionem* somente pode se manifestar por meio de uma exteriorização do poder material sobre a coisa, o que só ocorreria em relação às servidões quando aparentes e contínuas.

3.3. Constituição das servidões

As servidões se constituem por (a) ato entre vivos ou (b) manifestação de última vontade, devidamente registrada no Cartório de Registro de Imóveis (art. 1.378). Admite a própria codificação a constituição de servidão por usucapião, como já visto, mas a sentença deve, em tal hipótese, ser levada a registro (art. 1.379).

3.4. Exercício das servidões

Já afirmavam os romanos que a servidão deve ser exercida *civiliter*, ou seja, civilizadamente, evitando-se, quanto possível, agravar o encargo ao prédio serviente. A regra encontra previsão expressa no art. 1.385 do Código Civil. De outro lado, não pode o dono ou possuidor do prédio dominante embaraçar o exercício legítimo da servidão (art. 1.383). A servidão, como direito real que é, pode ser exercida *erga omnes*, contra qualquer pessoa que ocupe o imóvel serviente.

Regra controvertida é aquela constante do art. 1.385, § 3º, do Código Civil, que autoriza ao dono do prédio dominante a expandir, por necessidades de cultura ou indústria, a servidão, mediante indenização ao dono do prédio serviente. Trata-se, segundo destaca a doutrina, de "um caso de expropriação por interesse particular"[5]. Só remotamente atende-se a um interesse social no desenvolvimento da produção. A norma é polêmica, mas sua aplicação não se tem feito sentir na jurisprudência.

3.5. Extinção das servidões

Para a extinção da servidão, exige o Código Civil o cancelamento do respectivo registro no cartório de Registro de Imóveis, salvo na hipótese de desapropriação. O dono do prédio serviente tem o direito de exigir o cancelamento em várias situações que a própria codificação contempla, como (a) a renúncia do titular da servidão ou (b) a cessação da utilidade da servidão para o prédio dominante, como ocorre no exemplo da servidão de trânsito que deixa de ser útil quando o imóvel dominante passa a contar com acesso mais facilitado à via pública. O Código Civil menciona, igualmente, entre as causas extintivas da servidão, (c) o *direito de resgate*, que, na servidão, não é compulsório, exigindo a concordância do

---

5 Silvio Rodrigues, *Direito civil*, 28. ed., São Paulo: Saraiva, 2003, v. 5, p. 291.

dono do prédio dominante. As servidões extinguem-se, ainda, entre outras causas, (d) pela reunião dos prédios serviente e dominante sob a titularidade da mesma pessoa e (e) pelo não uso por dez anos continuados (art. 1.389, III). A regra reflete o escopo tradicional das servidões, que consiste na sua utilidade ou comodidade para o dono do prédio dominante, de tal modo que o não exercício por tão prolongado período evidencia o esmorecimento do seu propósito original.

3.6. Servidões legais

Alguns ordenamentos as admitem. Entre nós, os ônus impostos pela lei não constituem servidões, mas limitações ao direito de propriedade, matéria que, atualmente, deve ser examinada em conexão com a função social do domínio, permitindo-se remeter o leitor a tudo quanto já foi exposto sobre o tema no capítulo 29, dedicado ao estudo da propriedade.

4. Usufruto

Na definição que já se extraía do *Digesto*, o usufruto é o direito de desfrutar de um bem alheio, conservando-lhe, porém, a substância. No usufruto, portanto, passam ao usufrutuário, temporariamente, as faculdades de uso e gozo da coisa. O proprietário se despe das principais faculdades do domínio, sendo por isso mesmo chamado de *nu-proprietário*. Mantém apenas o direito de dispor da coisa e de exigir a conservação da sua substância.

4.1. Objeto do usufruto

O usufruto pode recair sobre bens móveis ou imóveis (art. 1.390). O próprio Código Civil admite o usufruto sobre títulos de crédito (art. 1.395), fixando-lhe as regras de exercício. O usufruto de créditos e de ações de sociedades anônimas também são recorrentes na prática negocial. A doutrina emprega a expressão *usufruto impróprio* ou *quase usufruto* para se referir às situações em que o direito real recai sobre coisas fungíveis ou consumíveis, cuja substância não pode, por definição, ser conservada.

4.2. Direitos e deveres do usufrutuário

Cumpre examinar os direitos e deveres do usufrutuário. Dentre os seus direitos, destacam-se a administração e a percepção dos frutos (art.

1.394), não já dos produtos, pois, conforme distinção já estudada, os produtos pressupõem a diminuição da substância da coisa, inadmissível, por definição, no usufruto. Registre-se, contudo, que o Código Civil admite expressamente o gozo e a exploração de recursos minerais eventualmente existentes no prédio sobre o qual recai o usufruto (art. 1.392, § 2º), hipótese que a doutrina criticava ainda sob a vigência da codificação de 1916, que contava com dispositivo semelhante. Outro direito relevante do usufrutuário, que consiste em inovação do Código Civil de 2002, é o direito de realizar despesas de conservação da coisa, cobrando do nu-proprietário a importância despendida (art. 1.404, § 2º).

Dentre os deveres do usufrutuário, destacam-se (a) o dever de conservar a substância da coisa; (b) o dever de dar ciência ao nu-proprietário de qualquer lesão ou ameaça produzida contra a posse da coisa ou seus direitos; e (c) o dever de arcar com as contribuições do seguro se a coisa dada em usufruto estiver segurada.

4.3. Extinção do usufruto

O usufruto é, por sua própria natureza, temporário. A lei determina sua inexorável extinção pelo transcurso do tempo, enunciando como causas extintivas, entre outras, (a) o advento do termo final da sua duração e (b) a morte do usufrutuário ou a extinção da pessoa jurídica em favor de quem o usufruto foi constituído. Para contornar o fato de que a pessoa jurídica pode existir por tempo indeterminado, a própria lei impõe, em tal caso, a extinção pelo "decurso de trinta anos da data em que se começou a exercer" (art. 1410, III). O prazo, a propósito, embora longo, foi significativamente reduzido em comparação à codificação de 1916, que aludia a nada menos que cem anos.

Note-se que, embora temporário, o usufruto pode ser *vitalício*. O usufruto vitalício destina-se a perdurar por toda a vida do usufrutuário, sendo extinto apenas com a sua morte. A título de exceção, o art. 1.411 do Código Civil permite que morte do usufrutuário não extinga o usufruto se houver dois ou mais usufrutuários, cabendo o quinhão do morto, por expressa disposição das partes, ao sobrevivente. Outras causas extintivas do usufruto são, por exemplo, a destruição da coisa e o não uso ou não fruição da coisa em que o usufruto recai. Todas as causas extintivas impõem o cancelamento do registro do usufruto no Cartório de Registro de Imóveis (art. 1.410, *caput*).

4.4. Usufruto legal

Ao lado do usufruto de fonte convencional, a que se aplicam as regras já examinadas, há o chamado *usufruto legal*, que decorre da lei. Assim, os pais têm usufruto legal sobre os bens dos filhos. Vale o imperativo de conservação da substância da coisa, mas o instituto segue, a rigor, regras próprias, razão pela qual muitos autores negam-lhe a natureza de usufruto. De fato, trata-se de hipótese que não é, como ocorre no usufruto convencional, funcionalizada à fruição ou desfrutamento dos bens pelos usufrutuários – no exemplo citado, o usufruto legal dos pais não é inspirado no uso e gozo dos bens dos filhos, mas sim na necessidade de assegurar a sua administração e conservação até que os filhos tenham condições de administrá-los e conservá-los por si mesmos. A função é, portanto, muito diversa do usufruto convencional, o que recomendaria o emprego de instituto diverso.

5. Uso

O uso é uma espécie de usufruto de abrangência mais restrita, pois limitado às necessidades do seu titular e de sua família. É o que afirma expressamente o Código Civil, no art. 1.412: "o usuário usará da coisa e perceberá os seus frutos, quanto o exigirem as necessidades suas e de sua família". As necessidades da família do usuário compreendem as de seu cônjuge, dos filhos solteiros e das pessoas de seu serviço doméstico. Por isso mesmo, a maior parte da doutrina não admite a cessão do uso, ao contrário do usufruto cujo exercício pode ser cedido. O uso rege-se, em tudo que não contrariar sua restrição conceitual, pela disciplina do usufruto (art. 1.413).

6. Habitação

Também o direito real de habitação é uma espécie de usufruto em miniatura[6]. O Código Civil o trata como algo semelhante a uma espécie de uso. Consiste, em essência, no direito real do titular de habitar, gratuitamente, com sua família, casa alheia. A lei veda que o titular do direito real de habitação alugue ou empreste a morada, podendo simplesmente ocupá-la (art. 1.414). Também não se admite a cessão do direito real de habitação. Se o direito real de habitação

---

6 Orlando Gomes, *Direitos reais*, 21. ed., atualizada por Luiz Edson Fachin, Rio de Janeiro: Forense, 2012, p. 325.

for conferido a mais de uma pessoa, qualquer delas que sozinha habite a casa não terá de pagar aluguel à outra, ou às outras, mas não as pode inibir de exercerem, querendo, o direito, que também lhes compete, de habitá-la. Exatamente como ocorre com o uso, a habitação é regida, em tudo que não for contrário à sua natureza, pela disciplina do usufruto.

7. Direito real de habitação do cônjuge sobrevivente

Além do direito real de habitação de fonte convencional, ora retratado, o Código Civil cria, no art. 1.831, um direito real de habitação de fonte legal, em favor do cônjuge sobrevivente sobre o imóvel destinado à residência da família, "desde que seja o único daquela natureza a inventariar"[7]. Embora o art. 1.831 mencione apenas o cônjuge, a isonomia sucessória, já reconhecida pelo Supremo Tribunal Federal, impõe que o direito real de habitação seja conferido também à companheira ou companheiro sobrevivente[8].

A existência de bens particulares no patrimônio do cônjuge sobrevivente, segundo entendimento que tem prevalecido na jurisprudência do Superior Tribunal de Justiça, não impede a proteção do direito real de habitação, uma vez que "o objetivo da lei é permitir que o cônjuge sobrevivente permaneça no mesmo imóvel familiar ao tempo da abertura da sucessão como forma, não apenas de concretizar o direito constitucional à moradia, mas também por razões de ordem humanitária e social, já que não se pode negar a existência de um vínculo afetivo e psicológico estabelecidos pelos cônjuges com o imóvel em que, no transcurso de sua convivência, constituíram não somente residência, mas um lar"[9]. Foi também uma análise funcional que levou o STJ a reconhecer que "é

---

7   "Art. 1.831. Ao cônjuge sobrevivente, qualquer que seja o regime de bens, será assegurado, sem prejuízo da participação que lhe caiba na herança, o direito real de habitação relativamente ao imóvel destinado à residência da família, desde que seja o único daquela natureza a inventariar." A despeito da redação do dispositivo que impõe a inexistência de outros bens imóveis residenciais a inventariar, o STJ já relativizou tal regra, afirmando que "o direito real de habitação, assegurado, devido à união estável, ao cônjuge sobrevivente, pelo art. 7º da Lei n. 9.287/96, incide, relativamente ao imóvel em que residia o casal, ainda que haja mais de um imóvel residencial a inventariar" (STJ, 3ª T., REsp 1.220.838/PR, rel. Min. Sidnei Beneti, j. 19-6-2012).

8   O benefício, de resto, encontra-se expressamente previsto no parágrafo único do art. 7º da Lei n. 9.278/96, que, de acordo com o STJ, não foi revogada, neste ponto, pelo Código Civil (STJ, 3ª T., AgRg no REsp 1.436.350/RS, rel. Min. Paulo de Tarso Sanseverino, j. 12-4-2016).

9   STJ, 3ª T., REsp 1.582.178/RJ, rel. Min. Ricardo Villas Bôas Cueva, j. 11-9-2018. Na mesma direção, STJ, 4ª T., REsp 1.249.227/SC, rel. Min. Luis Felipe Salomão, j. 17-12-2013.

possível relativizar o direito real de habitação em situações excepcionais, nas quais devidamente comprovado que a sua manutenção não apenas acarreta prejuízos insustentáveis aos herdeiros/proprietários do imóvel, mas também não se justifica em relação às qualidades e necessidades pessoais do convivente supérstite"[10].

Ainda de acordo com o STJ, o direito real de habitação de fonte legal dispensa registro[11]. Finalmente, a Segunda Seção do STJ pacificou o entendimento de que a existência de condomínio sobre o imóvel anteriormente à abertura da sucessão afasta a configuração do direito real de habitação, sob o fundamento de que não seria razoável impor limitação ao direito de propriedade do terceiro condômino em prol da solidariedade familiar de uma relação conjugal da qual ele não participava[12].

8. Concessão de uso especial para fins de moradia

A concessão de uso especial para moradia sobre bens públicos constitui instituto inovador que homenageia a função social da posse de bens públicos, garantindo a seu titular não a aquisição da propriedade, mas o acesso à moradia. Trata-se de importante instrumento de concretização do direito fundamental previsto no art. 6º da Constituição. A rigor, a concessão de uso especial para fins de moradia já encontrava previsão no § 1º do art. 183 da Constituição. A relevância do instituto não impediu, todavia, o veto do Presidente da República à Seção IV do Estatuto da Cidade (Lei n. 10.257/2001), que o disciplinava. Após a entrada em vigor desta lei e a fim de suprir as lacunas perpetradas pelo veto presidencial, editou-se a Medida Provisória n. 2.220, de 4 de setembro de 2001, que regulamentou a concessão de uso especial para fins de moradia.

---

10 STJ, 3ª T., REsp 2.151.939/RJ, rel. Min. Nancy Andrighi, j. 24-9-2024. No caso concreto, o Tribunal considerou que "(I) a cônjuge sobrevivente recebe pensão vitalícia em montante elevado, possuindo recursos financeiros suficientes para assegurar sua subsistência e moradia dignas; e (II) os herdeiros são os nu-proprietários do imóvel, sendo que não recebem quaisquer outros valores a título de pensão e alugam outros bens para residirem com os seus descendentes (netos do falecido), os quais também poderiam ser abrigados no imóvel inventariando. Logo, na excepcional situação examinada, deve-se relativizar o direito real de habitação em favor dos herdeiros".
11 STJ, 3ª T., REsp 565.820, rel. Min. Carlos Alberto Direito, j. 16-9-2004.
12 STJ, 2ª S., EREsp 1.520.294/SP, rel. Min. Maria Isabel Gallotti, j. 26-8-2020.

O art. 1º da Medida Provisória n. 2.220/2001, com a redação dada pela Lei n. 13.465/2017, define a concessão de uso especial para fins de moradia da seguinte forma:

> aquele que, até 22 de dezembro de 2016, possuiu como seu, por cinco anos, ininterruptamente e sem oposição, até duzentos e cinquenta metros quadrados de imóvel público situado em área com características e finalidade urbanas, e que o utilize para sua moradia ou de sua família, tem o direito à concessão de uso especial para fins de moradia em relação ao bem objeto da posse, desde que não seja proprietário ou concessionário, a qualquer título, de outro imóvel urbano ou rural.

A concessão de uso especial para fins de moradia encontra-se, hoje, mencionada na listagem de direitos reais do Código Civil, tendo sido ali introduzido pela Lei n. 11.481/2007, fruto da conversão em lei de medidas provisórias anteriores.

O objeto da concessão de uso especial para fins de moradia se restringe a imóveis públicos urbanos (art. 1º c/c art. 3º). São requisitos: (a) posse mansa, pacífica e ininterrupta de imóvel urbano com até 250 metros quadrados por cinco anos, até 22 de dezembro de 2016; (b) possuidor que não seja proprietário ou concessionário de outro imóvel rural ou urbano; e (c) destinação do bem para sua moradia e de sua família. A referida medida provisória prevê, ainda, uma modalidade de concessão *coletiva* de uso especial para fins de moradia dirigida a populações de baixa renda que tenham ocupado imóvel de extensão superior ao limite legal de 250 metros quadrados, onde não for possível identificar os terrenos ocupados por possuidor, desde que não sejam proprietários ou concessionários, a qualquer título, de outro imóvel urbano ou rural (art. 2º). Como se pode verificar, são os mesmos requisitos da usucapião coletiva do art. 10 do Estatuto da Cidade, com a diferença de que o instituto da concessão de uso especial para fins de moradia aplica-se a bens públicos, inclusive aos terrenos de marinha e acrescidos (art. 22-A na Lei n. 9.636/1998).

O título de concessão de uso pode ser obtido gratuitamente, pela via administrativa perante o órgão competente da Administração Pública, ou pela via judicial, se negado pelo órgão público (art. 6º). Trata-se, para parte da doutrina, de verdadeiro direito potestativo do possuidor, já que, preenchidos os requisitos legais, o poder público é obrigado a conceder o referido título. Em qualquer caso, o ato administrativo ou a sentença judicial constituem títulos idôneos a serem levados a registro no respectivo Cartório de Registro de Imóveis. Uma vez registrada em favor de seu titular, a concessão de uso para fins de moradia adquire eficácia *erga omnes* e, consequentemente, direito de sequela.

Trata-se, com efeito, de importantíssimo instituto, cujos benefícios vão além da regularização fundiária e da promoção de acesso à moradia por meio do reconhecimento da função social da posse. O acréscimo do inciso VIII ao art. 1.473 do Código Civil, mencionando a concessão de uso especial para fins de moradia entre os direitos reais, levada a cabo, como já dito, pela Lei n. 11.481/2007, teve importante consequência: garantir o acesso ao crédito à população de baixa renda, pois, em se reconhecendo sua natureza de direito real, autorizou-se indiretamente a constituição de hipoteca sobre a concessão de uso especial para fins de moradia, ampliando as possibilidades de financiamento.

9. Concessão de direito real de uso

A concessão de direito real de uso é modalidade de direito real semelhante à concessão de uso especial para fins de moradia. Diferencia-se dessa última por ter finalidade mais ampla, podendo ser realizada com o propósito de urbanização, industrialização, edificação, cultivo de terra, entre outros fins. A depender da dimensão do imóvel pode ser acordada de forma gratuita ou onerosa, por instrumento público, particular ou por termo administrativo. Outra diferença muito relevante é que a concessão de direito real de uso é instrumento que depende da iniciativa do Poder Público, podendo se dar com dispensa ou não de licitação, conforme a legislação especial.

A concessão de direito real de uso incide, igualmente, sobre bens públicos, apresentando vantagem evidente se comparada à usucapião, embora também aqui a propriedade não se transmita. Os contratos de constituição do direito real de uso consistem em título de aceitação obrigatória em garantia de contratos de financiamentos habitacionais (Lei n. 10.257/2001, art. 48, II). O Estatuto da Cidade acrescenta, ainda, que, nos casos de programas e projetos habitacionais de interesse social, desenvolvidos por órgãos ou entidades da Administração Pública com atuação específica nessa área, a concessão de direito real de uso de imóveis públicos poderá ser contratada coletivamente (art. 4º, § 2º).

10. Direito de laje

A Medida Provisória n. 759, de 22 de dezembro de 2016, incorporou ao ordenamento jurídico brasileiro o chamado direito de laje. Referida Medida Provisória foi convertida na Lei n. 13.465/2017, que teve o mérito de corrigir algumas deficiências técnicas nesse campo específico. Debatido pela doutrina desde os anos 1990 – tendo sido notável nesse sentido a contribuição de Ricardo

Pereira Lira[13] –, o direito de laje procura transpor para o ordenamento jurídico formal realidade que caracteriza as favelas verticalizadas de grandes centros urbanos, especialmente no Rio de Janeiro e em São Paulo, já que no restante do Brasil a imensa maioria das favelas ainda tem características horizontais. Em favelas verticalizadas, afigura-se extremamente frequente o uso da laje por terceiro de modo independente do uso dado pelo possuidor do imóvel subjacente, transferindo-se de pessoa a pessoa, com base em assentamentos mantidos por associações de moradores.

A Medida Provisória n. 759/2016 procurou incorporar essa realidade ao nosso ordenamento jurídico – iniciativa que é meritória em si mesma –, mas incorreu em diversos equívocos. A Lei n. 13.465/2017 corrigiu alguns deles. Assim, por exemplo, enquanto a Medida Provisória definia o direito real de laje como "possibilidade de coexistência de unidades imobiliárias autônomas de titularidades distintas situadas em uma mesma área, de maneira a permitir que o proprietário ceda a superfície de sua construção a fim de que terceiro edifique unidade distinta daquela originalmente construída sobre o solo", a Lei n. 13.465/2017 limitou-se a afirmar, de modo mais técnico, que "o proprietário de uma construção-base poderá ceder a superfície superior ou inferior de sua construção a fim de que o titular da laje mantenha unidade distinta daquela originalmente construída sobre o solo" (Código Civil, art. 1.510-A, na redação dada por aquela lei). Corrigiu também o trecho que afirmava que o direito de laje se constituía "a fim de que terceiro edifique unidade distinta daquela originalmente construída sobre o solo". A vinculação finalística, que se compreenderia se voltada à tutela da moradia, faz pouco sentido da forma puramente estrutural como foi veiculada. Ademais, um instituto que visa reconhecer uma situação fática já existente deveria prestar homenagem à realidade, partindo do princípio de que a unidade já pode ter sido edificada.

Em outra lamentável opção, a Medida Provisória n. 759/2016 vedava a instituição pelo titular do direito real de laje de "sobrelevações sucessivas". Tal proibição feria de morte a prática comum em algumas comunidades cariocas de se chegar ao terceiro ou quarto nível de edificação (Rocinha, Dona Marta, entre outras). O equívoco foi corrigido, mais uma vez, pela Lei n. 13.465/2017, segundo a qual o titular da laje "poderá ceder a superfície de sua construção para a instituição de um sucessivo direito real de laje, desde que haja autorização ex-

---

13 Ricardo Pereira Lira, A aplicação do direito e a lei injusta, *Revista da Faculdade de Direito da Universidade do Estado do Rio de Janeiro*, n. 5, 1997, p. 85–97.

pressa dos titulares da construção-base e das demais lajes, respeitadas as posturas edilícias e urbanísticas vigentes" (Código Civil, art. 1.510-A).

A Lei n. 13.465/2017 manteve, todavia, o equívoco de exigir do titular do direito real de laje o pagamento dos encargos e tributos que incidirem sobre a sua unidade (art. 1.510-A, § 2º), sem estabelecer ou, ao menos, ressalvar a necessidade de criação de benefícios tributários que estimulem a efetiva aquisição do direito de laje. Conquanto tenha isentado de "custas e emolumentos" o primeiro registro do direito de laje (Lei n. 13.465/2017, art. 13, § 1º, VII), nada disse sobre os tributos que pesarão sobre o titular, desincentivando a formalização de uma situação faticamente já consolidada e usualmente respeitada no âmbito das comunidades.

Deixou, ainda, a Lei n. 13.465/2017 de declarar expressamente que o direito real de laje pode ser objeto de hipoteca, afirmação que seria relevante para garantir o acesso dos titulares desse direito a financiamentos, inclusive para eventual edificação futura sobre a laje. Aqui, o intérprete haverá de recorrer ao art. 1.473 do Código Civil, em que o legislador elenca os bens que podem ser hipotecados, aplicando-se o inciso I ("os imóveis") ao direito real de laje, seja porque o direito de laje deve, consoante a própria linguagem da Lei n. 13.465/2017, possuir "matrícula própria", como unidade autônoma, seja porque o direito real de laje foi incluído no rol do art. 1.225 do Código Civil como direito real, de modo que se lhe aplica o art. 80, I, da codificação, que afirma que são bens imóveis "os direitos reais sobre imóveis". Tal esforço interpretativo, conquanto pareça simples, contrasta com a lógica seguida pelo legislador no art. 1.473, que reserva incisos autônomos para o direito real de uso, a propriedade superficiária e o direito de uso especial para fins de moradia (incisos VIII, IX e X), de modo que melhor teria feito a Lei n. 13.465/2017 se tivesse inserido novo inciso no referido dispositivo legal. Foi igualmente omissa a Lei n. 13.465/2017 em relação à possibilidade de usucapião do direito de laje.

De modo geral, a disciplina do direito de laje parece ter desconsiderado alguns aspectos fundamentais da vida em comunidades e de toda a experiência acumulada pela doutrina especializada nas últimas décadas. Como adverte Alex Ferreira Magalhães, a regulação jurídica da vida nas favelas "resulta de permanente processo de articulação entre normas jurídicas editadas pelo Estado e normas costumeiras elaboradas localmente, resultantes das práticas jurídicas institucionalizadas dos moradores de favelas"[14]. Seus problemas não se resol-

---

14 Alex Ferreira Magalhães, *Direito da favela no contexto pós-programa Favela Bairro*, IPPUR/UFRJ, 2010 (tese de doutoramento).

vem com alterações legislativas abstratas, típicas do olhar discriminatório que, desconhecendo a realidade concreta, pretende solucionar questões delicadas com passes de mágica. As comunidades em favelas parecem ainda à espera de uma abordagem normativa mais sensível à sua situação fática, por meio de leis que as enxerguem antes de as regularem.

11. Direitos oriundos da imissão provisória do Poder Público na posse de bens em processo de desapropriação

A Lei n. 14.620/2023 inseriu no art. 1.225 do Código Civil um novo direito real, consubstanciado nos "direitos oriundos da imissão provisória na posse, quando concedida à União, aos Estados, ao Distrito Federal, aos Municípios ou às suas entidades delegadas e a respectiva cessão e promessa de cessão"[15]. Em que pese a Constituição condicionar a desapropriação de bens particulares ao pagamento de justa e *prévia* indenização em dinheiro (CR, art. 5º, XXIV), o Decreto-lei n. 3.365/1941, que disciplina as desapropriações por utilidade pública, admite, em caso de urgência, a imissão provisória do ente expropriante na posse do bem, mediante o depósito de uma quantia calculada com base nos critérios legais (art. 15). A propriedade do bem, por sua vez, permanece na esfera jurídica do particular até a conclusão do processo de desapropriação e o consequente pagamento pelo Poder Público da integralidade da indenização.

Ao longo dos anos, diversas reformas legislativas alteraram leis especiais no afã de ampliar a potencialidade de exploração econômica dos bens em cuja posse o Poder Público tenha sido imitido. Nessa direção, a Lei n. 9.785/1999 permitiu fosse registrada, junto ao Registro de Imóveis, a imissão provisória do Poder Público na posse para a execução de parcelamento popular, com finalidade urbana, destinado às classes de menor renda (LRP, art. 167, I, n. 36). Posteriormente, as Leis n. 11.977/2009 e 12.424/2011 ampliaram o escopo da norma registral, passando a determinar o registro de todas as imissões provisórias do Poder Público na posse de bens imóveis, independentemente de sua finalidade (DL 3.365, art. 15, § 4º, e LRP, art. 167, I, n. 36). Em 2021, a Lei n. 14.273 acrescentou o § 4º ao art. 5º do Decreto-lei n. 3.365/1941, estipulando que "os bens desapropriados para fins de utilidade pública e os direitos decorrentes da respectiva

---

15 O preceito reproduz a redação do inciso XIII outrora introduzido no mesmo art. 1.225 pela Medida Provisória n. 700, de 8 de dezembro de 2015, que acabou caducando em 17 de maio de 2016, sem que o Congresso Nacional promovesse sua conversão em lei.

imissão na posse poderão ser alienados a terceiros, locados, cedidos, arrendados, outorgados em regimes de concessão de direito real de uso, de concessão comum ou de parceria público-privada e ainda transferidos como integralização de fundos de investimento ou sociedades de propósito específico", assegurando uma ampla disponibilidade sobre os direitos decorrentes da imissão provisória do Poder Público na posse. A Lei n. 14.620/2023 insere-se nesta mesma tendência legislativa, promovendo alterações na disciplina da imissão provisória do Poder Público na posse em diversas leis, inclusive no Código Civil.

O legislador especial não esclareceu, todavia, quais seriam os "direitos oriundos da imissão provisória na posse" que passam a ser mencionados no art. 1.225, XIV, da codificação civil. A doutrina há muito proclama que a imissão *initio litis* recai sobre a "posse inerente ao domínio", promovendo a "sustação da disponibilidade do bem, como dos frutos dela decorrentes"[16]. Este novo direito real, no entanto, não pode se confundir com a posse, pois esta já era reconhecida ao Poder Público antes da presente alteração do Código Civil.

Extrai-se do inciso XIV do art. 1.225, ainda, que seriam direitos reais, além dos "direitos oriundos da imissão provisória na posse", a sua "respectiva cessão e promessa de cessão". É flagrante a atecnia legislativa, uma vez que a cessão e a promessa de cessão de direitos constituem negócios jurídicos e não direitos subjetivos, não podendo ser qualificadas como direitos reais. O que o legislador parece ter desejado afirmar é que, uma vez celebrado contrato definitivo ou preliminar de cessão dos direitos oriundos da imissão provisória na posse, também será real o direito transferido ao cessionário ou ao promitente cessionário.

Tudo isso indica que o propósito da reforma legislativa teria sido simplesmente o de afirmar a natureza real do direito conferido ao Poder Público por meio da imissão na posse, mesmo antes do pagamento integral da indenização, de modo a conferir maior segurança jurídica à exploração econômica deste bem, inclusive na sua transmissão a terceiros cessionários, que também receberão um direito real no lugar de um simples direito de crédito.

Destaque-se que a Lei n. 14.620/2023 limitou-se a inscrever os direitos oriundos da imissão do Poder Público na posse (bem como os direitos dos cessionários e promitentes cessionários) no rol dos direitos reais, sem inserir no Código Civil uma disciplina própria para tais direitos, que seguem sujei-

---

16 Caio Tácito, Desapropriação – Imissão Provisória – Correção Monetária, in *Revista de Direito Administrativo*, n. 242, 2005, p. 254.

tos a um regramento fragmentado em diversas leis, tornando duvidosa a conveniência da alteração pontualmente promovida no art. 1.225. A Lei n. 14.620 teve, contudo, o mérito de esclarecer a possibilidade de instituição de hipoteca (CC, art. 1.473, XI)[17] e de celebração de alienação fiduciária em garantia (Lei n. 9.514/1997, art. 22, §1º, V) sobre tais direitos, afastando incertezas sobre a matéria.

12. Direito do promitente comprador

Como qualquer contrato preliminar, a promessa de compra e venda de bem imóvel produz efeitos meramente obrigacionais. Todavia, a necessidade de tutelar minimamente os interesses do comprador e a progressiva evolução dos negócios imobiliários, com base no advento das incorporações de edifícios e no loteamento de terrenos, vieram a atrair profunda preocupação jurídica em torno dos efeitos dessa espécie de contrato preliminar. A legislação passou, então, gradativamente, a reconhecer a possibilidade de constituição de um *direito real do promitente comprador* de imóvel, desde que atendidos certos requisitos adicionais à simples celebração do compromisso de compra e venda. A primeira manifestação legislativa nesse sentido advém do Decreto-lei n. 58/37, que, inspirado, segundo se afirma, na promessa de alienação do direito uruguaio, veio atribuir ao compromisso de compra e venda o caráter de *ônus real*, mas limitadamente, ao menos em sua literalidade, aos imóveis loteados. Foi a Lei n. 649/49, que, alterando aquele Decreto-lei n. 58/37, instituiu, claramente, o direito real do promitente comprador, mediante a inscrição no Registro de Imóveis do compromisso de compra e venda, firmado sem cláusula de arrependimento. O Código Civil de 2002 incorporou o instituto, acrescentando ao rol dos direitos reais o direito do promitente comprador do imóvel. E disciplinou a matéria em termos muito semelhantes àqueles já constantes da legislação especial.

O direito real do promitente comprador pode ser, assim, definido como o direito real de aquisição do imóvel que se constitui mediante o registro de com-

---

17 Embora tenha desperdiçado a oportunidade de corrigir a omissão da Lei n. 13.465/2017 e inserir entre os possíveis objetos de hipoteca, também, o direito real de laje, conforme apontado no tópico anterior. Além disso, parece ter surgido uma nova incoerência no art. 1.473 do Código Civil, que agora admite a hipoteca do direito dos cessionários e promitentes cessionários dos direitos oriundos da imissão do Poder Público na posse, mas segue sem contemplar o direito real de aquisição do promitente comprador do imóvel, analisado no tópico a seguir.

promisso público ou particular de compra e venda, sem cláusula de arrependimento. Não se confunde o direito real do promitente comprador com o contrato preliminar de compra e venda. O contrato preliminar tem efeitos meramente obrigacionais. Pode dar ensejo ao direito real, se atender aos requisitos indicados na legislação, a saber: (a) ausência de cláusula de arrependimento; e (b) registro do instrumento público ou particular no Registro de Imóveis.

12.1. Natureza jurídica: direito real de aquisição

Não há consenso quanto à natureza jurídica do direito real do promitente comprador. Embora seja claramente direito real, trata-se de instituto de difícil enquadramento nas classificações tradicionais dos direitos reais. Nem é direito real pleno (propriedade), nem é direito real de gozo ou fruição (usufruto, uso, habitação e servidões), nem é direito real de garantia (penhor, hipoteca, anticrese). Ainda assim, há diferentes correntes doutrinárias que o enquadram em cada uma destas categorias. Melhor, todavia, afirmar com Serpa Lopes que o direito do promitente comprador deve ocupar lugar à parte na classificação dos direitos reais, como um "direito real de aquisição"[18].

De fato, atendidos os requisitos legais, o registro da promessa de compra e venda faz surgir um direito real à aquisição do imóvel pelo promitente comprador. Essa aquisição irá materializar-se através da outorga da escritura definitiva ou, ante a recusa do promitente vendedor, com a adjudicação compulsória do bem, passando só então o promitente comprador a ser titular da propriedade[19]. Como direito real que é, o direito do promitente comprador à aquisição do imóvel pode ser exercido contra terceiros, como registra expressamente o art. 1.418 do Código Civil. Fica, assim, o promitente comprador protegido contra eventuais alienações fraudulentas que possa empreender o promitente vendedor. A quitação do preço não é condição para a constituição do direito real do promitente comprador.

12.1.1. Direito real de aquisição do fiduciante

Na esteira da bem-sucedida incorporação do direito real do promitente comprador à nossa ordem jurídica, o legislador avançou para atribuir caráter

---

18 Serpa Lopes, *Curso de direito civil*, 3. ed., Rio de Janeiro: Freitas Bastos, 1964, v. VI, p. 39.
19 Arnaldo Rizzardo, *Promessa de compra e venda e parcelamento do solo urbano*, São Paulo: Revista dos Tribunais, p. 101.

real ao direito reconhecido ao adquirente no âmbito de outros negócios jurídicos. Nessa direção, a Lei n. 13.043/2014 inseriu no Código Civil o art. 1.368-B, dispondo que "a alienação fiduciária em garantia de bem móvel ou imóvel confere direito real de aquisição ao fiduciante, seu cessionário ou sucessor". O negócio de alienação fiduciária em garantia será objeto de estudo no próximo capítulo. Neste ponto, basta destacar que o reconhecimento de um direito real ao devedor fiduciante lhe permite, após a quitação da dívida, adquirir a propriedade do bem dado em garantia inclusive em face de terceiros.

12.2. Promessa de compra e venda e hipoteca

É frequente a celebração de promessas de compra e venda no âmbito de incorporação imobiliária. Diante da necessidade de garantir o custeio da construção do edifício em um cenário em que muitos adquirentes das unidades autônomas optam por parcelar o valor devido, tornou-se prática comum entre as incorporadoras instituir hipotecas sobre tais unidades a serem construídas, em garantia de empréstimo contraído junto a financiadores para execução da obra. Assim, na escritura de promessa de compra e venda, consta, com frequência, cláusula em que os promitentes compradores declaram ter ciência de que o imóvel pode ser objeto de hipoteca para obtenção de financiamento. A prática tem sido, há muito, rechaçada pelo Superior Tribunal de Justiça, que firmou seu entendimento na Súmula 308, segundo a qual "a hipoteca firmada entre a construtora e o agente financeiro, anterior ou posterior à celebração da promessa de compra e venda não tem eficácia perante os adquirentes do imóvel".

13. Enfiteuse

A enfiteuse, também chamada aforamento, é definida como o direito real limitado que confere ao seu titular, perpetuamente, os poderes inerentes ao domínio de bem imóvel, com a obrigação de pagar ao dono da coisa uma renda anual denominada foro ou cânon. Na enfiteuse, o proprietário da coisa, chamado senhorio direto, transfere ao enfiteuta ou foreiro todas as faculdades inerentes ao domínio. O enfiteuta tem assim o *jus utendi*, *fruendi* e *disponendi*. Daí se dizer, na esteira da construção medieval, que o senhorio direito é o titular do domínio eminente ou direto, enquanto o enfiteuta ou foreiro possui o domínio útil. Toda a utilidade econômica da coisa é, em outras palavras, transferida ao enfiteuta. Por isso se diz que é o mais amplo dos direitos reais sobre coisa alheia.

O Código Civil de 2002 proibiu, no art. 2.038, a constituição de novas enfiteuses e subenfiteuses. Seu conhecimento na atualidade conserva utilidade por apenas duas razões. Primeiro, a existência de regra de direito intertemporal, que, contida no mesmo dispositivo, ordena a aplicação da disciplina do Código Civil de 1916 às enfiteuses já existentes ao tempo da promulgação da nova codificação. Segundo, o comando constitucional do art. 49, § 3º, do Ato das Disposições Constitucionais Transitórias impôs a aplicação da enfiteuse a terrenos de marinha e seus acrescidos.

Capítulo 33

DIREITOS REAIS DE GARANTIA

SUMÁRIO: 1. Direitos reais de garantia. **2.** Sequela e preferência. **3.** Publicidade e especialização. **4.** Indivisibilidade. **5.** Acessoriedade. **6.** Natureza jurídica: *jus in re aliena*. **7.** Espécies. **7.1.** Penhor. **7.1.1.** Espécies de penhor. **7.1.2.** Constituição e registro do penhor. **7.1.3.** Coisa móvel. **7.1.4.** Direitos do credor pignoratício. **7.1.5.** Pacto comissório ≠ pacto marciano. **7.1.6.** Crítica ao pacto marciano. **7.1.7.** Direito à venda antecipada. **7.1.8.** Deveres do credor pignoratício. **7.1.9.** Extinção do penhor. **7.1.10.** Modalidades especiais de penhor. **7.1.11.** Penhor sucessivo e subpenhor. **7.2.** Hipoteca. **7.2.1.** Constituição da hipoteca. **7.2.2.** Acessoriedade. **7.2.3.** Espécies. **7.2.4.** Hipoteca de segundo grau. **7.2.5.** Eficácia *erga omnes*. **7.2.6.** Prazo da hipoteca. **7.2.7.** Extinção da hipoteca. **7.2.8.** Execução extrajudicial. **7.2.9.** Hipoteca legal. **7.2.10.** Hipoteca judiciária. **7.3.** Anticrese. **7.4.** Alienação fiduciária em garantia. **7.4.1.** Natureza jurídica. **7.4.2.** Desdobramento da posse. **7.4.3.** Vedação ao pacto comissório. **7.4.4.** Venda extrajudicial. **7.4.5.** Busca e apreensão extrajudicial. **7.4.6.** Prisão civil do fiduciante.

1. Direitos reais de garantia

Direitos reais de garantia são aqueles que conferem ao seu titular a prerrogativa de obter o pagamento de uma dívida com o valor ou a renda de um bem aplicado exclusivamente à sua satisfação[1]. Na lição de Eduardo Espínola, "é a garantia que ocorre quando uma coisa é especialmente submetida ao ônus de assegurar a satisfação de um crédito". Destinam-se a conferir ao seu titular a prerrogativa de obter o pagamento de uma dívida com o valor ou a renda

---

1 Orlando Gomes, *Direitos reais*, 21. ed., atualizada por Luiz Edson Fachin, Rio de Janeiro: Forense, 2012, p. 349.

extraída de um bem aplicado à sua satisfação. Parcela da doutrina chega a recusar a inserção dos direitos reais de garantia no gênero dos direitos reais, na medida em que, na maior parte dos casos, não asseguram ao seu titular o uso ou o gozo da coisa. É célebre a construção de Henri De Page, segundo a qual os direitos reais de garantia seriam direitos reais, mas de segunda zona, por atuarem somente diante do não pagamento de uma dívida e sempre com fins de satisfação do crédito. Alguns autores germânicos chegam a afirmar, como registra José Serpa Santa Maria, que os direitos reais de garantia são simples direitos ao valor do bem[2].

Sua função é garantir ao credor o pagamento da dívida, por meio de certo bem que, sem deixar o patrimônio do devedor, fica vinculado a essa finalidade específica. Em outras palavras, o direito do credor concentra-se sobre determinado elemento patrimonial do devedor, sem renunciar à garantia que representa o patrimônio como um todo. O valor do bem fica como que afetado ao pagamento do débito. Deve-se a De Page a observação de que, no caso da garantia pessoal (*sûreté personnelle*), o credor procura uma garantia da execução fora do patrimônio do devedor, ao passo que, no caso da garantia real (*sûreté réelle*), o credor a busca usualmente no patrimônio do próprio devedor, embora nada impeça que a garantia real seja fornecida por terceiro.

2. Sequela e preferência

Os dois principais atributos dos direitos reais de garantia são a sequela e a preferência. A sequela autoriza o titular do direito real de garantia a exercer sua prerrogativa sobre a coisa ainda que o devedor a tenha transmitido a outra pessoa. O direito real de garantia acompanha a coisa e se faz valer ainda que o bem esteja em poder de terceiro. A sequela é, para diversos autores, o atributo que, permitindo sua oposição *erga omnes*, evidencia o caráter real dos direitos reais de garantia. Convém destacar, entretanto, que "o direito de sequela permanece em estado potencial, até o momento em que a dívida torna-se exigível, porque, antes disso, o credor não tem interesse em impedir relações referentes à coisa", donde se afirma que "opera, assim, o direito de sequela em proveito do de preferência"[3].

---

2 José Serpa Santa Maria, *Curso de direito civil*, Rio de Janeiro: Freitas Bastos, 1993, v. VII, p. 242.
3 Darcy Bessone, *Direitos reais*, São Paulo: Saraiva, 1988, p. 374.

A preferência consiste no atributo que assegura ao titular do direito real de garantia que o bem será usado para a satisfação do seu crédito, antes da satisfação dos outros credores. Como já destacado no estudo das preferências creditórias, o crédito real prefere ao pessoal de qualquer espécie, conferindo importante vantagem ao titular de direito real de garantia, que prefere ao credor que dispõe de simples garantia pessoal, como a fiança, e também, naturalmente, ao credor quirografário (sem garantia). Daí a frequente utilização de direitos reais de garantia em operações de valor econômico mais significativo.

O titular do direito real de garantia possui, ainda, preferência sobre os créditos dotados de privilégio geral ou especial. Os privilégios têm sua origem no direito romano (*privilegium*) e asseguravam primazia aos créditos de certas pessoas, como os da mulher em relação ao dote[4]. No direito contemporâneo, denomina-se privilégio a prioridade de pagamento instituída por lei em atenção a princípios de humanidade, equidade e conveniência pública[5]. O privilégio é, assim, conferido em atenção à natureza e qualidade do crédito, enquanto o direito real de garantia pode ser instituído sobre qualquer crédito. Outra diferença é a fonte do privilégio, que é sempre legal, ao contrário do direito real de garantia, que deriva, frequentemente, de um ato voluntário, embora possa também decorrer da lei, como se vê na hipoteca legal e no penhor legal. O privilégio, ademais, é de natureza pessoal, não instituindo nenhum poder sobre a coisa.

3. Publicidade e especialização

A doutrina, tratando-os ora como requisitos dos direitos reais de garantia, ora como princípios que norteariam a matéria, alude (a) à publicidade e (b) à especialização. A publicidade serve a tornar o direito real de garantia oponível a terceiros, os quais, tendo ciência da afetação do bem a certa dívida, podem avaliar adequadamente a conveniência de celebrar negócio com o devedor. Na opinião de Darcy Bessone, "quando se estabelece uma garantia, não se tem em vista tanto a posição do devedor, mas principalmente interferência que, no campo da relação creditória, possam praticar outras pessoas"[6]. A publicidade

---

4   Clóvis Beviláqua, *Código Civil dos Estados Unidos do Brasil comentado*, Rio de Janeiro: Francisco Alves, 1926, v. V, p. 344.
5   Rubens Requião, *Curso de direito falimentar*, São Paulo: Saraiva, 1995, p. 280.
6   Darcy Bessone, *Direitos reais*, cit., p. 372.

evita essa interferência ao atribuir eficácia *erga omnes* ao direito real. Opera-se por meio dos registros públicos, variando conforme a espécie de direito real de garantia.

A especialização é a individuação da coisa e da dívida que garante. Trata-se de um complemento indispensável à publicidade, na medida em que ao terceiro deve ser dado conhecer o valor do bem que desfalca o patrimônio do devedor e o valor da dívida a cuja satisfação encontra-se afetado. Somente assim pode avaliar corretamente a conveniência de estabelecer relação negocial com o devedor. Também ao credor e ao devedor a individuação beneficia, na medida em que evita discussões sobre a extensão e amplitude do vínculo de garantia.

4. Indivisibilidade

Ao lado da especialização e da publicidade, a doutrina alude, ainda, à indivisibilidade como característica típica dos direitos reais de garantia. Trata-se da regra segundo a qual a solvência parcial do crédito não fraciona a garantia correspondente à parte não solvida. A garantia permanece una e indivisível. Nessa direção, o art. 1.421 do Código Civil declara expressamente que "o pagamento de uma ou mais prestações da dívida não importa exoneração correspondente da garantia, ainda que esta compreenda vários bens, salvo disposição expressa no título ou na quitação". A indivisibilidade é "um benefício de segurança, outorgado por lei, ao titular do crédito"[7] e de tal modo o favorece que a codificação civil determina que "os sucessores do devedor não podem remir parcialmente o penhor ou a hipoteca na proporção dos seus quinhões" (art. 1.429).

5. Acessoriedade

Os direitos reais de garantia são, além de reais, acessórios. Prendem-se sempre a um crédito cuja satisfação se destinam a garantir. Reflexo desse vínculo tem-se no art. 1.425, que considera antecipadamente vencida a dívida se: (a) deteriorando-se ou depreciando-se o bem dado em segurança, desfalcar a garantia, e o devedor, intimado, não a reforçar ou substituir; (b) perecer o bem

---

7 José Serpa Santa Maria, *Curso de direito civil*, cit., v. VII, p. 245.

dado em garantia, e não for substituído; (c) for desapropriado o bem dado em garantia, hipótese na qual se depositará a parte do preço que for necessária para o pagamento integral do credor. Além dessas hipóteses, o Código Civil prevê como causa de vencimento antecipado o atraso no pagamento de prestações e a insolvência ou falência do devedor (art. 1.425, II e III); essa última hipótese já encontrava previsão no art. 333 do Código Civil, que, situado na disciplina geral do tempo do pagamento, acrescenta, ainda, que o credor terá direito a cobrar a dívida antes do vencimento "se os bens, hipotecados ou empenhados, forem penhorados em execução por outro credor" (art. 333, II). Cumpre notar, adicionalmente, que o art. 333 estende tal possibilidade de cobrança antecipada à cessação ou insuficiência das garantias fidejussórias (fiança e aval) se o devedor, intimado, se negar a reforçá-las. É de se registrar, por fim, que enquanto o art. 333 alude ao direito do credor de cobrar a dívida antes do vencimento, o art. 1.425 afirma simplesmente que "a dívida considera-se vencida", redação que sugere efeito *ipso iure*, de caráter automático, independentemente do exercício de qualquer direito ou faculdade pelo credor, embora a redação seja contrariada na hipótese do inciso III, em cuja parte final o legislador menciona uma renúncia tácita do credor que recebe prestação em atraso ao seu direito de execução imediata. O certo é que a bipartição do tema do vencimento antecipado em dois dispositivos normativos distintos, ambos combinando hipóteses que tratam e não tratam de garantia, gera, além de repetições inúteis, dúvidas interpretativas decorrentes da diferença de linguagem empregada pelo legislador nas diferentes ocasiões. Não é por outra razão que a matéria do vencimento antecipado, que mereceria uniformização legislativa, é constantemente disciplinada pelas partes em contratos de valor econômico significativo, no afã de evitar dúvidas sobre suas causas e seus efeitos.

6. Natureza jurídica: *jus in re aliena*

Os direitos reais de garantia são direitos reais sobre coisa alheia (*jus in re aliena*) porque o credor-titular da garantia não é proprietário da coisa, que integra o patrimônio do devedor. Parte da doutrina insere, contudo, dentre os direitos reais da garantia figuras em que a propriedade é transmitida ao credor, a título de salvaguarda ao pagamento da dívida. Assim, Darcy Bessone inclui sob o título dos direitos reais em garantia também: (a) a alienação fiduciária em garantia, a que o Código Civil denomina propriedade fiduciária; (b) a promessa de compra e venda de imóvel; e (c) a compra e venda com reserva de domínio (*reservatio dominii*). A tais hipóteses o autor denomina "garantia dominical", pois é a própria transferência ou preservação do domínio que serve a garantir a satisfação do débito[8]. A maior parte da doutrina brasileira, contudo, trata do tema no campo da propriedade e de sua aquisição. De fato, tais situações não exprimem direitos reais sobre coisa alheia – uma vez que a propriedade plena é transferida ou preservada com o credor –, embora Bessone sustente que, "de um certo modo, o direito real se exerce sobre coisa alheia, uma vez que o devedor, na medida em que paga prestações, esvazia o direito do credor (vendedor ou financiador) e vai ocupando o espaço que este perde"[9]. Os direitos reais poderiam, entretanto, ser simplesmente qualificados como direitos reais que têm escopo de garantia, a prescindir da configuração como direito real sobre coisa própria ou sobre coisa alheia – dicotomia que, de resto, assenta em excessivo estruturalismo jurídico e merece, já há algum tempo, revisitação crítica, especialmente diante da ampliação cada vez maior de hipóteses de afetação patrimonial.

7. Espécies

Consoante a abordagem tradicional, são direitos reais de garantia, no direito brasileiro, o penhor, a hipoteca e a anticrese. O Código Civil declara expressamente no art. 1.419 que, "nas dívidas garantidas por penhor, anticrese ou hipoteca, o bem dado em garantia fica sujeito, por vínculo real, ao cumprimento da obrigação". Também a alienação fiduciária em garantia, como já observado, tem sido incluída nesse rol pela doutrina. Cumpre examinar cada um desses institutos em separado.

7.1. Penhor

Denominado com base no vocábulo latino *pignus*, o penhor pode ser sinteticamente definido como o direito real de garantia sobre coisa móvel. Trata-se do direito real constituído sobre coisa móvel, suscetível de alienação, pelo devedor ou por terceiro em favor do credor, em garantia de um débito (art. 1.431)[10]. Em regra, o penhor exige a tradição da coisa móvel empenhada ao credor. O penhor, contudo, é figura que abrange múltiplas espécies, havendo algumas delas em que a tradição não ocorre.

---

8   Darcy Bessone, *Direitos reais*, cit., p. 375.
9   Darcy Bessone, *Direitos reais*, cit., p. 376.
10 Para uma releitura do instituto do penhor, confira-se a obra de Pablo Rentería, *Penhor e Autonomia Privada*, São Paulo: Atlas, 2016.

7.1.1. Espécies de penhor

O penhor pode resultar da lei ou do contrato. Há, portanto, penhor legal e penhor voluntário. O legislador constitui o penhor legal no intuito de garantir particular proteção: (a) aos hospedeiros ou fornecedores de pousada ou alimento, sobre as bagagens, móveis, joias ou dinheiro que os seus consumidores ou fregueses tiverem consigo nas respectivas casas ou estabelecimentos, pelas despesas ou consumo que aí tiverem feito; e (b) ao dono do prédio rústico ou urbano, sobre os bens móveis que o rendeiro ou inquilino tiver guarnecendo o mesmo prédio, pelos aluguéis ou rendas (art. 1.467, I e II). O penhor legal constitui-se pela tomada da posse da coisa, seguida *incontinenti* da homologação judicial[11].

O penhor voluntário, nascido de convenção entre as partes, subdivide-se em (a) comum ou (b) especial. Há diversas modalidades de penhor especial (e.g., penhor rural, penhor industrial, penhor de direitos de crédito, penhor de veículos), que se afastam, em muitos aspectos, da disciplina do penhor comum.

7.1.2. Constituição e registro do penhor

A constituição do penhor se dá mediante a transferência da posse da coisa empenhada, salvo nas hipóteses em que é dispensada pela legislação. O Código Civil afirma expressamente, no parágrafo único do art. 1.431, que, no penhor rural, industrial, mercantil e de veículos, as coisas empenhadas continuam em poder do devedor, que as deve guardar e conservar.

O instrumento de penhor, que pode ser escritura pública ou instrumento particular, deve, ademais, ser levado a registro, o que pode ser feito por qualquer dos contratantes (art. 1.432). O penhor comum é registrado no Registro de Títulos e Documentos (Lei n. 6.015/73, art. 127, II). Já o penhor rural e o penhor industrial ou mercantil devem ser registrados no Registro de Imóveis (arts. 1.438 e 1.448).

7.1.3. Coisa móvel

Como visto, a transferência da posse não é essencial à definição de penhor, havendo espécies de penhor em que a tradição não ocorre. O núcleo con-

---

[11] Razão pela qual persiste ainda entre nós instigante polêmica acerca da distinção entre o penhor legal e o direito de retenção. Sobre o tema, v. Clóvis Beviláqua, *Código Civil dos Estados Unidos do Brasil comentado*, Rio de Janeiro: Ed. Rio, 1973, v. II, p. 1.240-1.241.

ceitual da figura no direito brasileiro fica, assim, reduzido à sua incidência sobre coisa móvel. Todavia, a verdade é que nem aí se tem uma assertiva válida para todas as espécies de penhor. De um lado, há bens móveis, como navios e aeronaves, que se sujeitam à hipoteca. De outro lado, admite-se que certas espécies de penhor recaiam sobre bens imóveis por acessão, como ocorre no penhor agrícola. Daí a crítica de Orlando Gomes, para quem a definição de penhor apresenta-se hoje "sem firmeza, dada a variedade de formas que reveste"[12]. Com efeito, a doutrina tem, de modo geral, seguido os passos um tanto inseguros do legislador, que vem amontoando sob o título de penhor sempre novas espécies cuja disciplina varia sensivelmente em atenção às particularidades do objeto empenhado e à natureza do débito subjacente. Falta, nesse particular, um esforço que já se verifica em outros países de unificar a disciplina do penhor e da hipoteca, em atenção à sua unidade funcional, que é garantir o pagamento do débito por meio de um direito real. Com base nisso, poderia se acolher com mais conforto figuras particulares, que apresentam características hoje atribuídas ora ao penhor, ora à hipoteca, e que, a rigor, variam não tanto conforme a natureza móvel ou imóvel do bem, mas sim conforme a função desempenhada na relação concreta entre credor e devedor.

7.1.4. Direitos do credor pignoratício

O credor pignoratício tem direito à posse da coisa sempre que não se trate de modalidade especial de penhor que se constitua sem a tradição. Tem, ainda, direito a reter a coisa até que seja indenizado de eventuais despesas com a conservação da coisa. A nova codificação autoriza o credor pignoratício a se apropriar dos frutos da coisa empenhada que se encontre em seu poder (art. 1.433, V), devendo, porém, imputar tais frutos nas despesas de guarda e conservação da coisa empenhada, nos juros e no capital da obrigação garantida, sucessivamente (art. 1.435, III). Os frutos, portanto, embora passíveis de apropriação pelo credor pignoratício, revertem em favor do devedor.

O credor pignoratício tem também o direito de exigir o reforço da garantia pelo devedor em caso de deterioração ou depreciação do bem empenhado (art. 1.425, I), e o terceiro que presta garantia real por dívida alheia não está obrigado a substituí-la ou reforçá-la quando, sem culpa sua, se perca, deteriore ou desvalorize, salvo ajuste expresso nesse sentido (art. 1.427). Tem, igualmente, direito à inspeção do objeto empenhada nos casos em que permanece na posse do deve-

---

12   Orlando Gomes, *Direitos reais*, cit., p. 363.

dor (arts. 1.441, 1.450 e 1.464). O principal direito do credor pignoratício consiste no direito de promover a execução judicial ou, se assim o permitir o contrato ou lhe autorizar o devedor mediante procuração, promover a venda amigável da coisa empenhada. Discute-se se, nesta última hipótese, poderia o credor comprar a coisa de si próprio. Tradicionalmente, a doutrina brasileira sustenta que o credor "não pode comprá-la para si mesmo, pois que uma tal operação envolveria o pacto comissório, vedado por lei"[13]. Convém examinar o tema em detalhe.

7.1.5. Pacto comissório ≠ pacto marciano

A vedação ao pacto comissório encontra previsão no art. 1.428 do Código Civil, em que se lê: "é nula a cláusula que autoriza o credor pignoratício, anticrético ou hipotecário a ficar com o objeto da garantia, se a dívida não for paga no vencimento". Embora o artigo tenha linguagem ampla, sem aludir à questão da precificação do bem, não são poucos os autores que identificam como fundamento da proibição ao pacto comissório a necessidade de desincentivar negócios usurários, já que, por meio desse tipo de ajuste, o credor poderia acabar compelindo o devedor a aceitar como preço da coisa empenhada um valor menor ao que a coisa realmente ostenta no mercado ao tempo da execução da garantia. O problema, em outras palavras, não estaria em o credor ficar com a coisa empenhada para si, mas sim no modo de precificá-la nesse caso, a fim de se evitar um abuso pelo credor de seu poder econômico, a prejudicar o devedor e também os demais credores do devedor, que restariam privados do preço excedente da coisa. Corrobora essa tese o parágrafo único do art. 1.428 que admite a dação em pagamento da coisa empenhada, a depender de iniciativa do devedor ao tempo do vencimento da dívida.

Alguns autores têm defendido a necessidade de se distinguir entre (a) o pacto comissório e (b) o pacto marciano. O pacto marciano é assim denominado por ter sido defendido já em Roma pelo jurisconsulto Marciano e posteriormente confirmado pelos imperadores Severo e Antonino. Como explica Moreira Alves: "por esse pacto, se o débito não for pago, a coisa poderá passar à propriedade plena do credor pelo seu justo valor, a ser estimado, antes ou depois de vencida a dívida, por terceiros"[14]. Assim, o pacto marciano, ao atribuir a terceiros a fixação do valor da coisa empenhada, evitaria o abuso do

---

13   Caio Mário da Silva Pereira, *Instituições de direito civil*, 24. ed., atualizada por Carlos Edison do Rêgo Monteiro Filho, Rio de Janeiro: Forense, 2016, v. IV, p. 300.
14   José Carlos Moreira Alves, *Da alienação fiduciária em garantia*, São Paulo: Saraiva, 1973, p. 127.

credor, ao mesmo tempo que facilitaria o alcance da finalidade prática do direito real de garantia, dispensando o credor do processo judicial ou extrajudicial de venda. Desse modo, seus defensores alegam que o direito brasileiro vedaria o pacto comissório, mas não o pacto marciano[15].

7.1.6. Crítica ao pacto marciano

A defesa do chamado pacto marciano, mais facilmente sustentável à luz do direito positivo de outros países, encontra obstáculos sólidos em nosso ordenamento. Primeiro, o art. 1.428 do Código Civil brasileiro torna nula a cláusula que autorize o credor a permanecer com o bem, o que inevitavelmente albergaria o pacto marciano, independentemente da atribuição da tarefa de fixação do preço a outrem. Segundo, o longo histórico de abuso de garantias no Brasil que conduziu, como se recorda, até mesmo à tese da prisão civil do devedor nos casos de alienação fiduciária em garantia recomendaria que uma flexibilização à vedação ao pacto comissório viesse acompanhada de proteções substanciais ao devedor, sob pena de se vislumbrar a imposição de cláusulas indicando terceiros que não sejam dotados da efetiva imparcialidade para a fixação justa do preço do bem objeto da garantia.

Ademais, se o que se defende é a possibilidade de passagem do bem dado em garantia ao patrimônio do credor pelo preço de mercado, não se trata exatamente de defender o pacto marciano (que transfere a quantificação ao terceiro), mas de se abolir a vedação ao pacto comissório, permitindo-se a aquisição pelo credor por um preço justo – seja fixado por um terceiro, seja calculado com base em índices e parâmetros de mercado, seja mediante consenso entre as próprias partes acerca do preço justo, restando tal consenso sempre sujeito à verificação de abuso por iniciativa de qualquer das partes perante o Poder Judiciário. Defender a legitimidade do pacto marciano pela simples presença de um terceiro responsável pela quantificação, sem qualquer exigência ou controle adicional, parece ser uma via indireta e artificial de combater a vedação ao pacto comissório, opção legitimamente efetuada pelo legislador brasileiro, ainda que com inconvenientes práticos aos credores e consequente restrição do crédito aos seus tomadores. Melhor seria, portanto, defender o afastamento da vedação ao pacto comissório ou a sua

---

15 Para detalhes sobre o tema, ver: Carlos Edison do Rêgo Monteiro Filho, *Pacto comissório e pacto marciano no sistema brasileiro de garantias*, Rio de Janeiro: Processo, 2017.

flexibilização diante de garantias que não fossem meramente estruturais – como a atribuição do poder de quantificação a um terceiro –, mas sim que exprimissem uma substancial proteção contra o abuso por parte do credor, mazela contra a qual a vedação ao pacto comissório se dirige. Conforme se verá adiante, a legislação brasileira já admite que o credor pignoratício fique com o bem em, ao menos, uma hipótese.

7.1.7. Direito à venda antecipada

O Código Civil de 2002, inovando em relação à codificação anterior, autoriza a venda antecipada, mediante prévia autorização judicial, sempre que haja receio fundado de que a coisa empenhada se perca ou deteriore, devendo o preço ser depositado (art. 1.433, VI). O que se verifica aí é "a sub-rogação da garantia, que recai agora sobre o preço apurado" e depositado em juízo[16]. Recorde-se que se a faculdade da venda antecipada não é exercida pelo credor pignoratício e a deterioração ou perda vem a ocorrer, cabe-lhe direito de exigir o reforço da garantia. Havendo recusa do devedor, a dívida considera-se vencida antecipadamente nos termos do art. 1.425, I, do Código Civil.

7.1.8. Deveres do credor pignoratício

O credor pignoratício que recebe a coisa no momento da constituição do penhor passa a ser seu depositário. Tem, assim, o dever de guardar a coisa e outros deveres decorrentes dessa condição, além do dever de restituir a coisa, com os respectivos frutos e acessões, uma vez paga a dívida. Caso não haja o pagamento da dívida e se faça necessário alienar o bem empenhado, o credor pignoratício tem o dever de entregar ao devedor aquilo que "sobeje do preço", isto é, a parcela do valor obtido com a venda judicial ou extrajudicial do bem que supere o valor da dívida. A rigor, o credor pignoratício só pode ser chamado a cumprir tal dever em caso de venda extrajudicial, pois, na alienação judicial, há o depósito do produto da arrematação em juízo, facultando-se ao credor levantar somente o montante correspondente ao seu crédito. O restante permanece depositado para ser, uma vez pagas custas e despesas processuais, levantado pelo próprio devedor.

---

16 Gustavo Tepedino, Heloisa Helena Barboza e Maria Celina Bodin de Moraes (Coords.), *Código Civil interpretado conforme a Constituição da República*, Rio de Janeiro: Renovar, 2011, v. III, p. 873.

7.1.9. Extinção do penhor

Há diferentes modos de extinção do penhor. Se o devedor paga a dívida, o penhor se extingue (art. 1.436, I), como expressão da regra segundo a qual *accessorium sequitur principale*. Pela mesma razão, a remissão de dívida, a dação em pagamento, a compensação, a novação e outros modos de extinção da obrigação também ensejam extinção do penhor. Se a dívida não é paga no seu vencimento nem é extinta por qualquer outra razão, o credor pignoratício pode promover a venda judicial do bem empenhado. É o que se denomina *excussão do penhor*. Pode promover, ainda, a venda amigável "se lhe permitir expressamente o contrato ou lhe autorizar o devedor mediante procuração" (art. 1.433, IV).

Em caso de venda judicial, o devedor tem direito à *remição* do penhor, isto é, direito a liberar o bem a qualquer tempo antes da arrematação ou da adjudicação, por meio do pagamento ou consignação da importância atualizada da dívida mais juros, custas e honorários advocatícios (CPC, art. 826). Na arrematação, o bem alienado é adquirido por terceiro, enquanto na adjudicação é o credor que o adquire para si. Se o valor obtido pelo bem é superior à integralidade da dívida, incluindo as despesas de alienação, o devedor faz jus ao excedente. Se, ao contrário, é inferior à integralidade da dívida, o devedor continua obrigado pelo restante (art. 1.430). A lei não permite, contudo, que o credor pignoratício se aproprie do objeto da garantia. Nula será qualquer cláusula nesse sentido (art. 1.428), pois, como já visto, considera-se tradicionalmente proibido, em nosso direito, o pacto comissório. A vedação admite, ao menos, uma exceção no penhor de crédito, em que não há materialização (tradição material da coisa) e o credor pignoratício se satisfaz com o próprio exercício do direito.

O penhor extingue-se, ainda, por confusão nas qualidades de credor e de dono da coisa e por renúncia do credor à garantia, preservando-se a dívida. O Código Civil presume a renúncia do credor à garantia quando consentir na venda particular da coisa empenhada sem reserva de preço, quando restituir a posse do bem empenhado ao devedor ou quando anuir à sua substituição por outra garantia. Sem prejuízo das hipóteses de presunção, a renúncia ao penhor, como toda renúncia, interpreta-se restritivamente (art. 114). A alienação da coisa empenhada pelo devedor por si só não extingue o penhor, visto que o direito real acompanha a coisa, assegurando-se ao credor pignoratício o direito de sequela[17]. Mesmo nos casos de penhor especial, em que não se opera a tradição material da coisa, a alienação pelo devedor do bem empenhado é vedada pela

---

17 Arnaldo Rizzardo, *Direito das coisas*, 4. ed., Rio de Janeiro: Forense, 2009, p. 1.046.

legislação, somente podendo ocorrer com anuência do credor (art. 1.449), em respeito à função de garantia a que se encontra afetada a coisa.

A doutrina registra, por fim, que o perecimento do bem empenhado, não substituído pelo devedor, também conduz à extinção do penhor, salvo quando segurado, hipótese que enseja sub-rogação real, passando o direito à indenização a ser objeto do penhor (art. 1.425, § 1º). A desapropriação produz o vencimento antecipado da dívida, e a lei exige o depósito do preço necessário ao pagamento do credor (art. 1.425, V).

7.1.10. Modalidades especiais de penhor

Ao lado do penhor comum, o Código Civil disciplina uma série de modalidades especiais de penhor, caracterizadas pelo tipo de bem sobre os quais recaem. Tem-se, assim, (a) o penhor rural (que abrange o penhor agrícola e o penhor pecuário), (b) o penhor industrial ou mercantil, (c) o penhor de direitos, (d) o penhor de títulos de crédito e (e) o penhor de veículos.

Em relação ao penhor rural, ao penhor industrial ou mercantil e ao penhor de veículos, o legislador determina que as coisas empenhadas continuem em poder do devedor, bastando à constituição do direito real o registro do instrumento de penhor junto ao cartório competente (arts. 1.431, parágrafo único, e 1.432). Isso porque tais modalidades de penhor não guardariam nenhuma utilidade ao devedor se fosse exigida, como ocorre em regra no penhor, a tradição da coisa empenhada ao credor pignoratício. A permanência do bem com o devedor atende ao interesse do credor, sem impor sacrifício excessivo ao devedor.

Além disso, tanto no penhor rural quanto no penhor industrial, o Código Civil autoriza o devedor, que prometer pagar em dinheiro a dívida garantida com o penhor, a emitir em favor do credor pignoratício uma *cédula de crédito*, na forma disciplinada por lei especial (arts. 1.438, parágrafo único, e 1.448, parágrafo único)[18]. Assim, mobiliza-se o crédito garantido por penhor, que pode circular.

Já o penhor de direitos pode recair sobre direitos de qualquer natureza desde que suscetíveis de cessão e cujo objeto consista em coisa móvel (art. 1.451). Assim, podem ser objeto de penhor os direitos autorais e os direitos so-

---

18 A cédula de crédito rural encontra-se disciplinada na Lei n. 492/1937 e no Decreto-lei n. 167/1967, enquanto a cédula de crédito industrial ou mercantil é regida pelo Decreto-lei n. 413/1969 e pela Lei n. 6.840/1980.

bre patentes, por exemplo[19]. O penhor de direitos constitui-se mediante o registro do instrumento público ou particular no Cartório de Registro de Títulos e Documentos (art. 1.452). Também aqui se dispensa, portanto, um ato material de tradição ao credor pignoratício, incompatível com a própria natureza imaterial dos direitos. O Código Civil impõe, todavia, que o devedor entregue ao credor pignoratício os documentos comprobatórios desse direito, ressalvada a demonstração de legítimo interesse do devedor em conservá-los (art. 1.452, parágrafo único). Se o penhor for de direito de crédito, sua eficácia fica condicionada à notificação do devedor do crédito empenhado (art. 1.453).

O penhor de títulos de crédito, por sua vez, constitui-se por meio da tradição do título ao credor pignoratício, o que pode ocorrer por instrumento público ou particular ou por simples endosso pignoratício, também chamado *endosso-penhor* (art. 1.458). Note-se que a própria posse do título pelo credor pignoratício já impede a circulação da coisa empenhada sem a sua anuência, afirmando-se, nesse sentido, que já confere ao penhor a necessária publicidade. Não se exige, portanto, o registro, ao contrário do que ocorre no penhor de direitos de crédito. Outra diferença em relação ao penhor de direitos de crédito é que, no penhor de títulos de crédito, não há necessidade de notificação do devedor do crédito, como condição de eficácia do penhor. A transmissibilidade, por mera circulação física, é elemento essencial ao título cambial, de tal modo que o devedor tem o dever de pagar a quem quer que lhe apresente a cártula, independentemente de notificação prévia.

Além das modalidades especiais de penhor reconhecidas em lei, a prática negocial acabou por, sem desrespeitar o *numerus clausus*, desenvolver outras modalidades de penhor, como o penhor de recebíveis. *Recebíveis* são créditos futuros, ainda não constituídos juridicamente. São exemplos os créditos que a companhia aérea tem expectativa de ver se constituírem por passagens ainda não vendidas, ou aqueles que a concessionária de certa rodovia tem expectativa de ver se constituírem por pedágios ainda não pagos. Embora no caso dos recebíveis ainda não haja, juridicamente, um crédito, o Código Civil afirma expressamente que pode ser objeto de penhor qualquer "coisa móvel, suscetível de alienação" (art. 1.431), e, ao tratar da compra e venda (principal modalidade de alienação onerosa), afirma que esta "pode ter por objeto coisa atual ou futura"

---

[19] Enunciado n. 668 da IX Jornada de Direito Civil (2022): "Os direitos de propriedade industrial caracterizados pela exclusividade são suscetíveis de penhor, observadas as necessidades de averbação junto ao Instituto Nacional da Propriedade Industrial para a plena eficácia perante terceiros".

(art. 483). Daí se extrai que a futuridade do crédito não impede que seja empenhado. Outro possível obstáculo ao penhor sobre coisa futura seria a exigência de tradição que vigora no penhor comum. Ocorre, no entanto, que a tradição material da coisa é dispensada no penhor de crédito; como o recebível é um crédito futuro com razoável expectativa de constituição, pode-se concluir pela possibilidade de aplicação analógica da disciplina do penhor de crédito nesse particular, ficando também o penhor de recebíveis dispensado da tradição como requisito de constituição do penhor. Independentemente das controvérsias doutrinárias que possam ser suscitadas por esse itinerário interpretativo, a prática de mercado tem consagrado o penhor de recebíveis, largamente utilizado no financiamento de atividades empresariais, especialmente no âmbito das *start-ups*, a revelar que o penhor, apesar da sua antiguidade, continua a apresentar elevada utilidade na realidade econômica atual.

7.1.11. Penhor sucessivo e subpenhor

Problema instigante é o da pluralidade de penhores. Discute-se, em doutrina, se é possível ao devedor constituir mais de um penhor sobre a mesma coisa. Sendo a transferência da posse essencial ao penhor comum no direito brasileiro, um segundo penhor constituído pelo devedor sobre o mesmo bem afigura-se inviável: o devedor já não tem mais a posse para transferi-la a outrem. Ainda que porventura a tivesse, como ocorre nas modalidades especiais de penhor, a conservação da posse com o devedor dá-se em atenção à utilidade do bem para si, e não para que constitua nova garantia com o mesmo objeto, o que poderia suscitar dúvida sobre a prioridade entre os credores – embora em teoria pudesse ser solucionada pela prioridade do registro, sendo o registro definido de acordo com a circunscrição em que se localiza o bem e podendo, por tal razão, alterar-se ao longo do tempo, é possível vislumbrar conflitos de difícil solução que surgiriam do segundo penhor. Ainda assim, ao tratar do penhor de direitos – em que a tradição não é exigida –, o Código Civil alude, pontualmente, à possibilidade de vários penhores incidirem sobre o mesmo direito de crédito (art. 1.456), aplicando a regra da preferência entre os credores pignoratícios, a ser guiada pela prioridade do registro no RTD.

Diversa é, todavia, a situação do subpenhor, que consiste em penhor oferecido *pelo credor pignoratício* a terceiro. O credor pignoratício, titular de um direito real de garantia perante o devedor, oferece esse mesmo direito real de que é titular em garantia ao seu próprio credor. A exigência de tradição para a constituição do penhor não inibe o subpenhor, uma vez que, operando em favor do credor pignoratício que já recebeu a coisa empenhada, nada impediria, em teoria, sua transferência a outrem, mantendo-se, contudo, responsável pelos deveres de guarda e custódia perante o devedor originário.

7.2. Hipoteca

Hipoteca é instituto de origem grega. Consiste no direito real de garantia sobre coisa normalmente imóvel, que se conserva em poder do devedor, tendo o credor hipotecário a faculdade de promover a sua venda judicial e preferir, no pagamento, a outros credores, observada a prioridade na inscrição hipotecária. No direito brasileiro, admite-se a hipoteca de navios e aeronaves (art. 1.473, VI e VII), que são bens móveis. A hipoteca de navios e aeronaves rege-se por lei especial, inclusive no que tange à sua constituição (Lei n. 7.652/98, para os navios, e Lei n. 7.565/86, para as aeronaves). Podem ser, ainda, objeto de hipoteca (a) o domínio direto e o domínio útil (em que se divide a enfiteuse), (b) as estradas de ferro, (c) as jazidas, minas e demais recursos minerais, (d) os potenciais de energia hidráulica, (e) os monumentos arqueológicos, independentemente do solo em que se encontrem, (f) o direito de uso especial para fins de moradia, (g) o direito real de uso, (h) a propriedade superficiária e (i) os direitos oriundos da imissão provisória na posse, quando concedida à União, aos Estados, ao Distrito Federal, aos Municípios ou às suas entidades delegadas e a respectiva cessão e promessa de cessão.

A doutrina ressalta a "superioridade econômica e técnica" da hipoteca, como direito real de garantia, por não desapossar o devedor do bem hipotecado, ao contrário do que ocorre, em regra, com o penhor. A vantagem é evidente, já que permite ao devedor hipotecante continuar usufruindo do bem e exime o credor hipotecário do dever de custódia da coisa. A conservação em poder do devedor da coisa dada em garantia é tendência que tem sido seguida em diversas modalidades especiais de penhor (como o penhor rural, o penhor industrial, o penhor de veículos etc.) e em outras garantias, como a alienação fiduciária em garantia.

7.2.1. Constituição da hipoteca

A hipoteca, como os direitos reais de garantia em geral, é regida pela especialização e publicidade. Impõe-se, portanto, a individuação do bem hipotecado e da dívida que serve a garantir. A publicidade é alcançada pelo meio de constituição. Constitui-se a hipoteca mediante registro no Cartório de Registro de Imóveis (art. 1.492 c/c Lei n. 6.015/1973, art. 167, I, alínea 2), salvo nos casos de navios e aeronaves, em que o registro se dá, respectivamente, junto ao Tribunal Marítimo e ao Registro Aeronáutico Brasileiro (Lei n. 7.652/98, art. 12; e Lei n. 7.565/86, art. 141)[20].

Registre-se que o Código Civil suprimiu, acertadamente, o art. 848 da codificação anterior, que afirmava que "enquanto não inscritas, as hipotecas só subsistem entre os contraentes". O que subsiste entre os contratantes é eventual direito de crédito e obrigação de fornecer garantia. Como direito real de garantia, a hipoteca somente se constitui mediante registro.

7.2.2. Acessoriedade

Como os direitos reais de garantia em geral, a hipoteca caracteriza-se pela acessoriedade. Assim, a prescrição da dívida conduz à extinção da hipoteca. O Superior Tribunal de Justiça já afirmou, nesse sentido, que "a pretensão derivada da obrigação principal, não persiste a garantia hipotecária, em face da sua natureza acessória"[21]. Aplicam-se também à hipoteca todas as demais características dos direitos reais de garantia, como a publicidade e a especialização.

7.2.3. Espécies

A hipoteca pode ser (a) voluntária, (b) legal ou (c) judiciária. A espécie mais frequente de hipoteca é a hipoteca voluntária, que se divide, por sua vez, em (a) hipoteca comum e (b) hipotecas especiais, aí abrangidas (a) a hipoteca naval, (b) a hipoteca aérea e (c) a hipoteca ferroviária ou de vias férreas. A hipoteca naval e a hipoteca aérea são regidas por leis especiais já mencionadas. A hipoteca de vias férreas é disciplinada pelo próprio Código Civil, nos arts. 1.502 a 1.505. Qualquer espécie de hipoteca voluntária pode ser instituída por contrato ou por testamento, levado a registro na forma já explicitada. O Código Civil torna nula a cláusula que proíbe o proprietário de alienar o imóvel hipotecado, permitindo-se às partes convencionar, nessa hipótese, o vencimento antecipado da dívida (art. 1.475).

---

20 A Lei n. 7.652/98 prevê que as hipotecas de navios, inclusive em construção, devem ser registradas perante o Tribunal Marítimo, sob pena de não valer perante terceiros (art. 12). Já a Lei n. 7.565/86 (Código Brasileiro de Aeronáutica) prevê, em seu art. 141, que a hipoteca de aeronave constitui-se pela inscrição do contrato no Registro Aeronáutico Brasileiro e com averbação na respectiva matrícula. Também pode recair sobre aeronave em construção (art. 118, § 1º).

21 STJ, 3ª Turma, REsp 1.408.861/RJ, rel. Min. Paulo de Tarso Sanseverino, j. 20-10-2015.

7.2.4. Hipoteca de segundo grau e extensão da hipoteca

O Código Civil admite a constituição de hipotecas sucessivas pelo proprietário sobre imóvel já hipotecado (art. 1.476). Um imóvel pode, portanto, ser hipotecado mais de uma vez pelo proprietário ao mesmo credor ou a outro mediante novo registro. A hipoteca de segundo grau, também chamada sub-hipoteca[22], somente desperta interesse quando o valor do bem hipotecado é superior ao da dívida garantida pela primeira hipoteca. E assim sucessivamente com as adicionais hipotecas que se pretenda constituir, não havendo limitação de número ou grau de hipotecas.

A prioridade pertence, em qualquer caso, ao primeiro credor hipotecário, valendo a preferência do segundo credor hipotecário após a satisfação do primeiro, e assim sucessivamente, segundo a ordem de inscrição das diversas hipotecas. Vale aqui a máxima *prius in tempore potior in iure*, já que a prioridade no registro oferece preferência no direito. Se a dívida do segundo credor hipotecário vem a vencer antes da dívida do primeiro credor hipotecário, seu direito de excussão se retarda porque sua garantia é condicional, recaindo apenas sobre o remanescente do valor obtido com o bem hipotecado[23]. A regra vale para todos os credores hipotecários sucessivos[24]. O credor da hipoteca sucessiva tem, a qualquer tempo, direito de oferecer o pagamento da dívida garantida pela hipoteca anterior (art. 1.478). Nessa hipótese, consoante a redação legal, fica sub-rogado no direito do credor hipotecário de grau anterior, embora parte da doutrina enxergue aí, mais tecnicamente, hipótese de mera extinção da hipoteca.

No afã de facilitar a exploração do potencial econômico do bem dado em hipoteca, a Lei n. 14.711/2023 introduziu no Código Civil o art. 1.487-A, que autoriza a extensão da uma hipoteca já existente para a garantia de novas obrigações contraídas pelo proprietário do bem em favor do mesmo credor, evitando a necessidade de se constituir nova hipoteca de segundo grau. O preceito legal impõe, no entanto, que a extensão respeite "a prioridade de direitos contraditórios ingressos na matrícula do imóvel" (inclusive a de outras hipotecas

---

22 Por rigor terminológico, prefere-se a denominação hipoteca de segundo grau, já que constituída sempre pelo proprietário do bem imóvel nos termos do art. 1.476 do Código Civil. Diversa seria, a rigor, a situação de uma sub-hipoteca em sentido estrito, constituída pelo credor hipotecário em favor do seu respectivo credor. Confira-se, a propósito, o que já foi dito acerca da diferença entre o subpenhor e o penhor de segundo grau.
23 Clóvis Beviláqua, *Código Civil dos Estados Unidos do Brasil comentado*, cit., v. II, p. 1.272.
24 Tito Fulgêncio, *Direito real de hipoteca*, São Paulo: Saraiva, 1928, p. 320.

de segundo grau em favor de credores distintos) e não exceda o prazo e o valor máximo garantido constantes da especialização da hipoteca original.

7.2.5. Eficácia *erga omnes*

A hipoteca, como direito real de garantia, tem eficácia *erga omnes*. O credor hipotecário pode valer-se do direito de sequela para obter a satisfação do seu crédito mediante a alienação do bem hipotecado, esteja este último com quem estiver. É de se notar, contudo, que, em circunstâncias especiais, a jurisprudência relativiza a eficácia absoluta para proteger terceiros, como se vê na Súmula 308 do Superior Tribunal de Justiça: "A hipoteca firmada entre a construtora e o agente financeiro, anterior ou posterior à celebração da promessa de compra e venda, não tem eficácia perante os adquirentes do imóvel". Trata-se de entendimento jurisprudencial nitidamente firmado em defesa dos adquirentes de imóveis. Registre-se que, mesmo se, por alguma razão, a hipoteca for considerada eficaz perante os adquirentes, podem estes últimos requerer o fracionamento da garantia, conforme assegura o art. 1.488 do Código Civil de 2002, importante inovação em relação à codificação anterior, que veio assegurar maior proteção ao adquirente da unidade imobiliária, por meio da repartição proporcional da garantia.

7.2.6. Prazo da hipoteca

A hipoteca, como acessório da dívida, mantém-se enquanto esta última perdurar. O Código Civil estabelece, todavia, um prazo máximo de trinta anos da data do contrato de constituição da hipoteca (art. 1.485), após o qual a hipoteca se extingue, devendo ser reconstituída por novo título e novo registro. É a chamada *usucapio libertatis*, que libera o proprietário do imóvel do ônus real pelo decurso do tempo. A extinção da hipoteca por decurso do prazo é denominada *perempção hipotecária*. Cabe lembrar que o prazo no texto original do Código Civil de 2002 havia sido reduzido para vinte anos, mas a Lei n. 10.931/2004 restaurou o prazo de trinta anos.

7.2.7. Extinção da hipoteca

Além da perempção, a hipoteca extingue-se por outras causas. O art. 1.499 do Código Civil traz rol exemplificativo dos modos de extinção da hipoteca, mencionando (a) a extinção da obrigação principal, (b) o perecimento da coisa, (c) a resolução da propriedade, (d) a renúncia do credor, (e) a remição e (f) a arrematação ou adjudicação. Quanto à extinção da obrigação, trata-se de reflexo da regra segundo a qual *accessorium sequitur principale*. O brocardo não pode, todavia, ser tomado em sentido absoluto: a novação, por exemplo, pode extinguir a dívida, mas conservar a hipoteca mediante estipulação entre as partes, na forma do art. 364 do Código Civil. Caio Mário da Silva Pereira recorda, ainda, o exemplo do pagamento com sub-rogação, que, sem perder a qualificação de modalidade extintiva da obrigação, transfere ao *solvens* todos os direitos, ações, privilégios e garantias do credor primitivo[25].

O perecimento da coisa hipotecada é outra causa de extinção da hipoteca. Se a coisa for objeto de seguro, o credor hipotecário conserva preferência em relação ao valor da indenização, nos termos do art. 1.425, § 1º. A doutrina alude aí a uma hipótese de sub-rogação legal, apesar da diversidade de natureza do bem a desafiar o cabimento de hipoteca. A resolução da propriedade também é causa de extinção da hipoteca: a lei admite que o titular de propriedade resolúvel ou subordinada a termo a ofereça em hipoteca, ficando o credor hipotecário sujeito ao risco de perder a garantia em caso de resolução. A resolução do domínio tem efeitos retroativos e produz a resolução de todos os direitos reais concedidos na sua pendência, nos termos do art. 1.359. A renúncia do credor à hipoteca também provoca sua extinção: o crédito remanesce com natureza quirografária.

Alude também o Código Civil à *remição*, instituto por meio do qual o devedor hipotecário, o credor sub-hipotecário ou o terceiro adquirente podem liberar o bem da hipoteca, oferecendo o pagamento da dívida[26]. Remir a hipoteca é liberar o bem hipotecado por efeito do pagamento da dívida que garante. O Código Civil, em sua redação original, estendia, por meio do art. 1.482, o direito de remição ao cônjuge, aos descendentes ou ascendentes do executado. A norma, todavia, foi expressamente revogada pelo novo Código de Processo Civil. Permanecem tais familiares do executado – e o companheiro – com direito de adjudicação do bem (CPC, art. 876, § 5º) e preferência em relação a outros titulares do direito de adjudicar (CPC, art. 876, § 6º).

A última causa de extinção da hipoteca mencionada no art. 1.499 do Código Civil é a arrematação e adjudicação do bem hipotecado, com a satisfação

---

25 Caio Mário da Silva Pereira, *Instituições de direito civil*, cit., v. IV, p. 355.
26 O termo *remição* remete à ideia de resgate do bem e se diferencia, convém registrar, da *remissão*, expressão que, com grafia diversa, alude ao perdão, como na remissão de dívida, que já se estudou no campo do direito das obrigações.

da dívida garantida. A excussão da garantia conduz à alienação do bem, arrematado por terceiro ou adjudicado pelo credor para si próprio. Em qualquer caso, extingue-se a hipoteca, com a satisfação do credor hipotecário.

7.2.8. Execução extrajudicial

Tradicionalmente, exigia-se que a excussão da garantia hipotecária fosse promovida judicialmente[27], o que tornava a hipoteca uma garantia significativamente menos atrativa para os credores que a alienação fiduciária. A Lei n. 14.711/2023 passou a admitir de forma ampla a execução extrajudicial dos créditos garantidos por hipoteca (art. 9º)[28], chegando a erigir a expressa previsão do procedimento extrajudicial de excussão a requisito de validade do título constitutivo da hipoteca (art. 9º, § 15).

7.2.9. Hipoteca legal

Hipoteca legal é aquela instituída por lei. As hipóteses de hipoteca legal estão listadas no art. 1.489 do Código Civil. Entre outras situações indicadas no dispositivo, a lei a confere (a) às pessoas de direito público interno hipoteca sobre os imóveis pertencentes aos encarregados da cobrança, guarda ou administração dos respectivos fundos e rendas; (b) ao ofendido, ou aos seus herdeiros, sobre os imóveis do delinquente, para satisfação do dano causado pelo delito e pagamento das despesas judiciais; (c) ao credor sobre o imóvel arrematado, para garantia do pagamento do restante do preço da arrematação.

A hipoteca legal aproxima-se do privilégio (conquanto seja este último direito pessoal), mas tem menor efetividade, e a melhor doutrina destaca que "a hipoteca legal não penetrou em nossos costumes. Sua especialização é rara"[29]. Como sua constituição também depende de especialização do bem hipotecado e da inscrição no registro (art. 1.497), a hipoteca legal acaba, muitas vezes, não se efetivando na vida prática. Ademais, nem sempre a hipoteca legal pressupõe um débito, mas serve tão somente para garantir futura responsabilidade (*e.g.*, art. 1.489, I), razão pela qual se torna tormentosa sua es-

---

27 A legislação especial já admitia, excepcionalmente, a execução extrajudicial da hipoteca em hipóteses de emissão de cédula hipotecária (Lei n. 5.741/1971, art. 1º c/c DL 70/1966, arts. 31 e 32).
28 Restando vedada a excussão extrajudicial apenas nas operações de financiamento da atividade agropecuária (art. 9º, § 13).
29 Orlando Gomes, *Direitos reais*, cit., p. 388.

pecialização. O procedimento de especialização era previsto nos arts. 1.205 a 1.210 do Código de Processo Civil anterior, que não foram repetidos no diploma processual de 2015, de modo que, para piorar, a matéria subordina-se atualmente ao procedimento ordinário[30].

7.2.10. Hipoteca judiciária

Hipoteca judiciária ou judicial é "o direito de sequela conferido, na execução de uma sentença, à parte vencedora, sobre os bens da parte vencida"[31]. Encontrava expressa previsão no art. 824 do Código Civil de 1916, que, no âmbito da disciplina da hipoteca, afirmava: "compete ao exequente o direito de prosseguir na execução da sentença contra os adquirentes dos bens do condenado; mas para ser oposto a terceiros, conforme valer, e sem importar preferência, depende de inscrição e especialização". A norma, que já era controvertida, não foi repetida pelo Código Civil de 2002. O novo Código de Processo Civil mantém, todavia, o instituto, repetindo norma constante da codificação processual anterior, que estabelece a hipoteca judiciária como um dos efeitos da sentença. Seu art. 495 afirma expressamente: "a decisão que condenar o réu ao pagamento de prestação consistente em dinheiro e a que determinar a conversão de prestação de fazer, de não fazer ou de dar coisa em prestação pecuniária valerão como título constitutivo de hipoteca judiciária".

A hipoteca judiciária produz-se mesmo que a condenação seja genérica, ainda que o credor possa promover o cumprimento provisório da sentença, esteja pendente arresto sobre bem do devedor ou a sentença tenha sido impugnada por recurso dotado de efeito suspensivo. Sua constituição se dá mediante apresentação de cópia da sentença perante o cartório de registro imobiliário, independentemente de ordem judicial, de declaração expressa do juiz ou de demonstração de urgência. No prazo de até quinze dias da data de realização da hipoteca, a parte beneficiada deve informá-la ao juízo da causa, que determinará a intimação da outra parte para que tome ciência do ato. O credor hipotecário passa, como em qualquer hipoteca, a ter direito de preferência, quanto ao pagamento, em relação a outros credores, observada a prioridade no registro. Se sobrevier reforma ou anulação da decisão que impôs o pagamento de quantia, a parte responderá, independentemente de culpa, pelos danos que a outra parte tiver so-

---

30 Sílvio de Salvo Venosa, *Direito civil: direitos reais*, 16. ed., São Paulo: Atlas, v. V, p. 630.
31 Orlando Gomes, *Direitos reais*, cit., p. 388.

frido em razão da constituição da garantia, devendo o valor da indenização ser liquidado e executado nos próprios autos.

Para muitos autores, a hipoteca judicial é, a rigor, mera espécie de hipoteca legal[32]. Para outros trata-se de verdadeira "excrescência"[33], devendo ser eliminada do ordenamento jurídico brasileiro.

7.3. Anticrese

Anticrese é o direito real de garantia sobre coisa imóvel, cuja posse é transferida ao credor para que lhe perceba os frutos e rendimentos, em compensação da dívida, ficando ainda com o direito de retê-la em seu poder enquanto a dívida não for paga. Sua utilização prática é diminuta pelas dificuldades que impõe. Por exemplo, o credor anticrético pode administrar os bens dados em anticrese e fruir seus frutos e utilidades, mas deverá apresentar anualmente balanço, exato e fiel, de sua administração. Se o devedor anticrético não concordar com o que se contém no balanço, por ser inexato, ou ruinosa a administração, poderá impugná-lo, e, se o quiser, requerer a transformação em arrendamento, fixando o juiz o valor mensal do aluguel, o qual poderá ser corrigido anualmente (art. 1.507, § 1º). Quando a anticrese recair sobre bem imóvel, pode o imóvel ser hipotecado pelo devedor ao credor anticrético ou a terceiros. O imóvel já hipotecado também pode ser dado em anticrese.

7.4. Alienação fiduciária em garantia

A alienação fiduciária em garantia é o negócio jurídico por meio do qual o devedor, chamado fiduciante, transfere ao credor, chamado fiduciário, a propriedade de certa coisa com o escopo de garantir o pagamento de certo débito. O Código Civil exige que se trate de "coisa móvel infungível" (art. 1.361). Não obstante, a evolução da legislação especial tem assegurado impressionante expansão à alienação fiduciária em garantia, passando a admitir que recaia sobre bens fungíveis e também sobre bens imóveis (*e.g.*, Lei n. 9.514/97). Nem a legislação especial nem o Código Civil exigem que o bem dado em garantia seja o próprio objeto do financiamento, admitindo que seja bem já pertencente ao patrimônio do devedor. Determina a codificação civil que a propriedade fiduciária se constitui com o registro do contrato, celebra-

---

32 Caio Mário da Silva Pereira, *Instituições de direito civil*, cit., v. IV, p. 352.
33 Orlando Gomes, *Direitos reais*, cit., p. 388.

do por instrumento público ou particular, que lhe serve de título, no Registro de Títulos e Documentos do domicílio do devedor, "ou, em se tratando de veículos, na repartição competente para o licenciamento, fazendo-se a anotação no certificado de registro" (art. 1.361, § 1º)[34].

A alienação fiduciária em garantia era instituto que, até o advento do Código Civil de 2002, encontrava disciplina no Decreto-lei n. 911/69. A codificação não o revogou expressamente, o que despertou alguma insegurança jurídica. Em 2004, a Lei n. 10.931 inseriu no Código Civil o art. 1.368-A, que encerrou as dúvidas sobre o tema ao estabelecer que "as demais espécies de propriedade fiduciária ou de titularidade fiduciária submetem-se à disciplina específica das respectivas leis especiais, somente se aplicando as disposições deste Código naquilo que não for incompatível com a legislação especial".

7.4.1. Natureza jurídica

A função da alienação fiduciária em garantia é, como a própria expressão já revela, de garantia: a propriedade alienada serve para assegurar o pagamento do débito. Não se trata exatamente de um direito real de garantia[35], mas sim de transferência de propriedade resolúvel com fins de garantia. Daí por que não encontra previsão na listagem do art. 1.225, tendo sido disciplinada pela codificação civil na parte referente à propriedade, noção à qual se subsume, como espécie de propriedade fiduciária. Sua especial função recomenda, todavia, que, respeitadas as suas peculiaridades, lhe sejam aplicadas as normas relativas aos direitos reais em garantia. O Código Civil dispõe nesse sentido ao mandar aplicar à propriedade fiduciária em garantia de bens móveis ou imóveis as disposições gerais relativas aos direitos reais de garantia (arts. 1.419 a 1.430) e a legislação especial pertinente, "não se equiparando, para quaisquer efeitos, à propriedade plena" (art. 1.367).

---

34 Alguns notários insurgiram-se contra a norma, sustentando que, mesmo no caso da alienação fiduciária de veículos, seria ainda necessário o registro do título em cartório de Registro de Títulos e Documentos. Haveria, assim, exigência de duplo registro. Ao apreciar o tema, o Supremo Tribunal Federal decidiu ser "constitucional o § 1º do artigo 1.361 do Código Civil no que revela a possibilidade de ter-se como constituída a propriedade fiduciária com o registro do contrato na repartição competente para o licenciamento do veículo" (STF, Tribunal Pleno, RE 611.639/RJ, rel. Min. Marco Aurélio, j. 21-10-2015).

35 Contra: Gustavo Tepedino, Heloisa Helena Barboza e Maria Celina Bodin de Moraes (Coords.), *Código Civil interpretado conforme a Constituição da República*, cit., v. III, p. 727.

7.4.2. Desdobramento da posse

A principal peculiaridade da alienação fiduciária está em já transferir, *ab initio*, ao credor a propriedade plena da coisa. Embora se trate de propriedade afetada ao propósito específico de garantia, o credor fiduciário estará mais bem assegurado que o credor pignoratício, por exemplo, que tem mera posse do bem. A alienação fiduciária em garantia implica, a propósito, desdobramento da posse, tornando-se o devedor possuidor direto da coisa, enquanto o credor fiduciário recebe a propriedade e a posse indireta. O desdobramento dura até a restituição da propriedade ao devedor. Com efeito, como destaca Melhim Chalhub, a transmissão da propriedade fiduciária se realiza em dois momentos: (a) primeiro, ao fiduciário, em caráter transitório, e, depois, (b) de volta ao fiduciante, quando solvida a dívida[36].

7.4.3. Vedação ao pacto comissório

Tal qual ocorre no penhor, o credor fiduciário não pode estipular pacto comissório para ficar com a coisa dada em garantia a fim de se pagar. É compelido pelo Código Civil a vendê-la para se satisfazer com o produto da venda. Na alienação fiduciária em garantia, todavia, diversamente do que ocorre no penhor e na hipoteca, o fiduciário já é proprietário do bem, de modo que a vedação ao pacto comissório, que lhe impõe proceder à venda do bem em hasta pública, soa aqui não apenas excessivamente rigorosa, mas verdadeiramente artificial, como já advertia Pontes de Miranda: "ao titular do direito real de garantia não se permite que se torne mais do que é", mas, na alienação fiduciária em garantia em particular, a proibição ao pacto comissório implica "negar-se a alguém poder continuar a ser o que já é"[37].

O dever de promover a venda do bem gera, além de elevação de custo operacional que acaba por onerar o devedor, dificuldades práticas como a eventual ausência de interesse de terceiros. A legislação especial tem flexibilizado a vedação, permitindo, em certas hipóteses, que o credor fique com a coisa (Lei n. 9.514/1997, art. 27). Admite-se também a adjudicação da coisa pelo próprio credor no leilão judicial, por ser este "público, com prévia avaliação e fiscalização do juiz"[38], embora a alienação possa se dar também extrajudicialmente. Com efei-

---

36 Melhim Namem Chalhub, *Negócio fiduciário*, 4. ed., Rio de Janeiro: Renovar, 2009, p. 132.
37 Pontes de Miranda, *Tratado de direito privado*, São Paulo: Revista dos Tribunais, 1984, t. 21, p. 333.
38 Francisco Eduardo Loureiro, *Código Civil comentado*, cit., p. 1.376.

to, mitigando a vedação ao pacto comissório, o parágrafo único do art. 1.365 do Código Civil afirma que o "devedor pode, com a anuência do credor, dar seu direito eventual à coisa em pagamento da dívida, após o vencimento desta". A previsão é análoga àquela existente para os direitos reais de garantia, cuja disciplina, conquanto vedando igualmente o pacto comissório, afirma que "após o vencimento, poderá o devedor dar a coisa em pagamento da dívida" (art. 1.428, parágrafo único). Aqui, não tendo o fiduciante a coisa, já transmitida ao fiduciário, permite-se que efetue, sempre após o vencimento da dívida, a dação em pagamento com seu direito à restituição do bem. Em ocorrendo a dação, a doutrina afirma que "o credor é imitido na posse direta do bem alienado, e fica exonerado de efetuar sua venda a terceiro, bem como de entregar qualquer remanescente ao devedor. Por outro lado, exonera-se este de qualquer saldo residual"[39].

7.4.4. Venda extrajudicial

Na esteira do que já dispunha o Decreto-lei n. 911/1969, o Código Civil autoriza o fiduciário a alienar a coisa "judicial ou extrajudicialmente" (art. 1.364), sendo a mesma solução adotada pela Lei n. 9.514/1997. A possibilidade de alienação extrajudicial representa uma das grandes vantagens da alienação fiduciária em garantia, já que exime o credor de recorrer ao Poder Judiciário para a satisfação do seu crédito. Daí a ampla utilização na atualidade da alienação fiduciária como modalidade de garantia, em detrimento de institutos mais antigos como o penhor. Sobre o tema, já decidiu o Supremo Tribunal Federal que "é constitucional o procedimento da Lei n. 9.514/1997 para a execução extrajudicial da cláusula de alienação fiduciária em garantia, haja vista sua compatibilidade com as garantias processuais previstas na Constituição Federal"[40].

7.4.5. Busca e apreensão extrajudicial

Para que possa efetivar a alienação, é necessário que o fiduciário recupere o bem dado em garantia, que se encontra sob a posse direta do devedor fiduciante, promovendo a sua busca e apreensão, em se tratando de bem móvel, ou a reintegração na posse, em caso de bem imóvel. A Lei n. 14.711/2023 inovou ao inserir no Decreto-lei n. 911/69 o art. 8º-C, que autoriza o credor a requerer ao oficial de registro de títulos e documentos a busca e apreensão extrajudicial do

---

39 Caio Mário da Silva Pereira, *Instituições de direito civil*, cit., v. IV, p. 384.
40 STF, Tribunal Pleno, RE 860.631/SP, rel. Min. Luiz Fux, j. 26-10-2023.

bem dado em garantia. O dispositivo foi inicialmente vetado pelo Presidente da República, ao fundamento de que a realização de medida coercitiva pelos tabelionatos de registro de títulos e documentos sem ordem judicial violaria a cláusula de reserva de jurisdição, pondo em risco direitos e garantias individuais do devedor. O veto, no entanto, foi derrubado pelo Congresso Nacional[41].

7.4.6. Prisão civil do fiduciante

O Decreto-lei n. 911/69 atribuía ao devedor fiduciante a condição de "possuidor direto e depositário com tôdas as responsabilidades e encargos que lhe incumbem de acordo com a lei civil e penal" (art. 1º). A menção à condição de depositário levou parte da doutrina e da jurisprudência a sustentar a aplicação ao fiduciante da pena de prisão civil do depositário infiel, regulada como medida coercitiva na codificação de 1916 e apenas admitida (e não imposta) no art. 5º da Constituição de 1988. A inconveniente extensão afrontava também a Convenção Americana de Direitos Humanos, o chamado Pacto de San José da Costa Rica, que, internalizado pelo Brasil em 1992, autorizava a prisão civil apenas na hipótese de dívida de alimentos. A prisão civil do devedor na alienação fiduciária foi severamente criticada pelo então Ministro Francisco Rezek, que foi, todavia, vencido em uma primeira discussão sobre a matéria no Supremo Tribunal Federal, travada em 1995 no julgamento do *Habeas Corpus* 72.131/RJ. Em 2008, a Suprema Corte viria, enfim, a reverter sua posição no julgamento do Recurso Extraordinário 349.703/RS, em que o Plenário decidiu pela inconstitucionalidade da prisão civil do devedor na alienação fiduciária em garantia.

---

41 Em doutrina, defendem a constitucionalidade do procedimento extrajudicial: Carlos E. Elias de Oliveira e Flávio Tartuce, *Lei das Garantias*, Rio de Janeiro: Forense, 2024, p. 91-92.

DIREITO DE FAMÍLIA

Capítulo 34

A Família Contemporânea

Sumário: 1. A família. **2.** O direito de família. **3.** Princípios constitucionais da família. **4.** Livre planejamento familiar. **5.** Paternidade responsável. **6.** Papel do Estado na família. **7.** Entidades familiares. **7.1.** *Numerus apertus*. **7.2.** Requisitos. **7.3.** Crítica. **7.4.** Famílias simultâneas. **7.4.1.** Uniões estáveis simultâneas. **7.4.2.** O problema do concubinato. **7.4.3.** Súmula STF 380. **7.4.4.** Inconstitucionalidade do art. 1.727. **7.4.5.** Companheiro de boa-fé. **7.4.6.** O entendimento do Supremo Tribunal Federal. **8.** Parentesco. **8.1.** Efeitos do parentesco. **8.2.** Linhas e graus de parentesco. **8.3.** Afinidade. **8.4.** Cônjuge e companheiro. **9.** Direitos da criança e do adolescente. **10.** Um caso emblemático. **11.** Filiação. **11.1.** Presunção *pater is est*. **11.2.** Reconhecimento de filhos. **11.2.1.** Reconhecimento voluntário. **11.2.2.** Reconhecimento judicial. **11.2.3.** Exame de DNA. **11.2.4.** Relativização da coisa julgada. **11.2.5.** Paternidade socioafetiva. **11.2.6.** Multiparentalidade. **11.2.7.** Efeitos da multiparentalidade. **11.2.8.** Reconhecimento extrajudicial da paternidade socioafetiva. **11.2.9.** Reconhecimento extrajudicial de multiparentalidade. **11.2.10.** Filiação assistida. **11.2.10.1.** Inseminação artificial homóloga. **11.2.10.2.** Inseminação artificial heteróloga. **11.2.10.3.** Gestação de substituição. **11.3.** Autoridade parental. **11.3.1.** Disciplina normativa. **11.3.2.** Titularidade da autoridade parental. **11.3.3.** Exercício da autoridade parental. **11.3.4.** Guarda. **11.3.5.** Guarda compartilhada. **11.3.6.** Extinção da autoridade parental. **11.3.7.** Suspensão da autoridade parental. **11.3.8.** Perda da autoridade parental. **11.3.8.1.** Castigo imoderado. **11.3.8.2.** Abandono do menor. **11.3.8.3.** Abandono afetivo. **11.3.8.4.** Alienação parental. **11.3.8.5.** Autoalienação parental. **11.4.** Adoção. **11.4.1.** Disciplina constitucional. **11.4.2.** Disciplina legal. **11.4.3.** Crítica à Lei n. 12.010/2009. **11.4.4.** Interesse do adotando. **11.4.5.** Concordância do adotando maior de 12 anos. **11.4.6.** Consentimento dos pais ou representantes legais do adotando. **11.4.7.** Estágio de convivência. **11.4.8.** Processo judicial. **11.4.9.** Requisitos do adotante. **11.4.10.** Adoção por ascendentes. **11.4.11.** Adoção por casal homoafetivo. **11.4.12.** Adoção por divorciados. **11.4.13.** Efeitos da adoção. **11.4.14.** Plena equiparação entre filhos. **11.4.15.** Extinção do vínculo com a família original. **11.4.16.** Direito ao conhecimento da origem biológica. **11.4.17.** Mudança de nome. **11.4.18.** Adoção à brasileira. **11.4.19.** Adoção internacional.

1. A família

A família sofreu profundas transformações ao longo do século XX. Mudanças sociais, culturais e econômicas resultaram em uma revisão crítica da noção de família, até então exclusivamente identificada com o modelo patriarcal, fundado no matrimônio e na submissão da mulher e dos filhos ao chamado "chefe" da sociedade conjugal. Com a emancipação feminina e a revolução sexual, teve início uma proliferação de novos modos de convivência familiar, que passaram a ser, paulatinamente e não sem algum atraso, reconhecidos pelo direito.

Verificou-se, para recordar a lição de José Lamartine Corrêa e Francisco Muniz, um gradativo "processo de desintegração da família"[1], que deixou de corresponder ao modelo único, centrado no vínculo matrimonial, para abarcar múltiplas manifestações de convívio socioafetivo. Em obra célebre intitulada *A família em desordem*, Elisabeth Roudinesco demonstra como antigas vítimas do modelo familiar dominante, como mulheres, homossexuais e transexuais, passaram a perseguir não a ruptura com todo e qualquer laço de família – conforme muitos pensadores chegaram a acreditar que ocorreria nos anos de 1960 e 1970 –, mas sim o reconhecimento de uma nova concepção, plural e igualitária, do fenômeno familiar, capaz de abrangê-las. Roudinesco refere-se, nesse sentido, a um "familiarismo redescoberto"[2].

Na mesma direção, o jurista italiano Francesco Prosperi enxerga na doutrina do direito de família certo gosto pelo paradoxo (*gusto del paradosso*): de um lado, critica-se o modelo familiar tradicional, como elemento alienante e reprodutor da assimetria do poder político vigente, e, de outro, procura-se expandir a disciplina da família para situações que poderiam ser tratadas fora do conceito de família, simplesmente como relações livres. Nesse contexto, abandona-se uma conceituação de família fundada em elementos puramente estruturais, como a habitação sob o mesmo teto, o prévio casamento ou o vínculo biológico. O conceito passa por uma flexibilização guiada por uma leitura funcional, tornando-se "um conceito flexível e instrumental"[3]. Com efeito, "a realização pessoal da afetividade, no ambiente de convivência e solidariedade, é a função básica da família de nossa época"[4].

---

1 José Lamartine Corrêa e Francisco Muniz, *Direito de família (direito matrimonial)*, Porto Alegre: Sergio Fabris, 1990, p. 10.
2 Elisabeth Roudinesco, *A família em desordem*, Rio de Janeiro: Jorge Zahar, 2003, p. 9.
3 Gustavo Tepedino, A disciplina civil-constitucional das relações familiares, in *Temas de direito civil*, 4. ed., Rio de Janeiro: Renovar, 2008, p. 422.
4 Paulo Lôbo, *Direito civil – famílias*, São Paulo: Saraiva, 2008, p. 14.

2. O direito de família

Toda essa transformação não poderia deixar de ser captada pelo direito de família, que foi não apenas destinatário, mas também artífice, em algumas ocasiões, dessa mudança de paradigma no campo das relações familiares. Outrora centrado na proteção de uma instituição-família que, como célula *mater* da sociedade, era tratada como fim em si mesma, o direito de família brasileiro tem, nas últimas décadas, sido objeto de verdadeiro giro conceitual para se dirigir à tutela não propriamente da família, mas das pessoas que compõem as diferentes entidades familiares. A família ou as famílias deixam de ser fins em si mesmas para se tornar *locus* privilegiado dirigido à promoção e ao desenvolvimento da personalidade dos seus integrantes, esta sim objeto de proteção. Trata-se, nas palavras de Gustavo Tepedino, de uma "tutela essencialmente funcionalizada à dignidade de seus membros"[5]. Os institutos do direito de família passam a ser objeto daquilo que se denominou alhures "uma atenta valoração crítica" destinada a oferecer "uma adequada resposta às modificadas exigências históricas"[6].

Entre nós, essa verdadeira virada copernicana operou-se, em larga medida, por meio da metodologia da constitucionalização do direito civil, capitaneada, nesse campo, não apenas pela Academia, mas também por uma diligente atuação do Instituto Brasileiro de Direito de Família (IBDFam). Com efeito, a Constituição de 1988 trouxe diversas normas que colidem frontalmente com o modelo de família consagrado na codificação civil de 1916, cujo texto original declarava o marido "chefe da sociedade conjugal" (art. 233) e considerava relativamente incapaz a mulher casada "enquanto subsistir a sociedade conjugal" (art. 6º, II). Uma interpretação comprometida com a máxima concretização do projeto constitucional alterou profundamente esse cenário.

3. Princípios constitucionais da família

A Constituição brasileira de 1988 consagrou, entre outras regras e princípios, (a) a igualdade de direitos entre homens e mulheres na sociedade conjugal (art. 226, § 5º); (b) a igualdade entre filhos, havidos ou não "fora do casamento",

---

5 Gustavo Tepedino, A disciplina civil-constitucional das relações familiares, cit., p. 421.
6 Francesco Prosperi, *La famiglia non fondata sul matrimonio*, Camerino-Nápoles: ESI, 1980, p. 11.

ou por adoção, proibindo-se "quaisquer designações discriminatórias relativas à filiação" (art. 227, § 6º); (c) a plena proteção às entidades familiares não fundadas no casamento e às família monoparentais (art. 226, §§ 3º e 4º); (d) a possibilidade de dissolução do casamento por divórcio (art. 226, § 6º, com redação dada pela Emenda Constitucional n. 66/2010); (e) a especial proteção da criança e do adolescente (art. 227); e (f) a especial proteção das pessoas idosas (art. 230).

Registre-se que a doutrina especializada alude, ainda, aos princípios da solidariedade familiar, do melhor interesse da criança e do adolescente e, não sem alguma controvérsia, ao princípio da afetividade, recentemente invocado pelo Supremo Tribunal Federal, que, em boa hora, aprovou, na apreciação da Repercussão Geral 622, a tese segundo a qual "a paternidade socioafetiva, declarada ou não em registro público, não impede o reconhecimento do vínculo de filiação concomitante baseado na origem biológica, com os efeitos jurídicos próprios"[7].

Em todo o capítulo dedicado à família, o Constituinte revela, acima de qualquer proteção institucional, acentuada preocupação com a promoção e tutela da dignidade da pessoa humana em suas relações familiares. Daí derivam, no dizer da doutrina, importantes consequências, como (a) o reconhecimento da pluralidade de formas de convivência familiar; (b) o reconhecimento da inexistência de hierarquia entre as diversas formas de família; e (c) a democratização das relações familiares, com ênfase na igualdade de papéis e no diálogo entre cônjuges e companheiros, bem como na participação dos filhos no seu processo educacional[8].

4. Livre planejamento familiar

A Constituição declara no art. 226, § 7º, que o planejamento familiar, fundado nos princípios da dignidade da pessoa humana e da paternidade responsável, é livre decisão do casal, competindo ao Estado propiciar recursos educacionais e científicos para o exercício desse direito, vedada qualquer forma de coerção por parte de instituições oficiais ou privadas. O dispositivo constitucional foi regulado pela Lei n. 9.263/96, que define o planejamento familiar como "o conjunto de ações de regulação da fecundidade que garanta direitos iguais de constituição, limitação ou aumento da prole pela mulher, pelo homem

---

[7] Sobre o tema: Ricardo Calderón, *O princípio da afetividade no direito de família*, 2. ed., Rio de Janeiro: Forense, 2017.

[8] Gustavo Tepedino, A disciplina civil-constitucional das relações familiares, cit., p. 421.

ou pelo casal" (art. 1º). Está expressamente proibido o emprego das referidas ações para "qualquer tipo de controle demográfico" (art. 2º, parágrafo único). O planejamento familiar, como se vê, consiste em espaço de exercício da autonomia existencial dos integrantes da família. Ao Estado compete não interferir nas livres escolhas dos membros da família, restringindo-se a propiciar os recursos necessários ao pleno exercício dessa liberdade[9].

A Lei n. 9.263/96 veda expressamente "a indução ou instigamento individual ou coletivo à prática da esterilização cirúrgica" (art. 12), bem como "a exigência de atestado de esterilização ou de teste de gravidez para quaisquer fins" (art. 13). O referido diploma legal obriga, ainda, a garantir, por meio do Sistema Único de Saúde, assistência à concepção e contracepção, atendimento pré-natal e assistência ao parto, entre outros (art. 3º). Registre-se, por fim, que o § 5º do art. 10 da Lei n. 9.263 previa que, "na vigência de sociedade conjugal, a esterilização depende do consentimento expresso de ambos os cônjuges". O preceito, que instituía uma inconstitucional ingerência sobre a autonomia corporal de um dos cônjuges pelo outro, foi finalmente revogado pela Lei n. 14.443/2022.

5. Paternidade responsável

A garantia do livre planejamento familiar não significa, todavia, que o exercício da liberdade do casal possa pôr em risco a proteção dos filhos. Como bem destaca Fabiola Albuquerque Lobo, "a paternidade responsável é um balizamento ao princípio do livre planejamento familiar. O Estado não interfere na decisão/liberdade do casal quanto ao projeto parental, mas em contrapartida impõe aos pais a obrigação de exercer o múnus público decorrente do poder familiar em relação a cada um dos filhos, independentemente da origem, se biológica ou socioafetiva"[10].

Verifica-se que a paternidade responsável tem assumido relevância crescente nos debates relativos às relações familiares. O Supremo Tribunal Federal já invocou o princípio da paternidade responsável para relativizar coisa julgada em ação investigatória de paternidade na qual não foi realizado exame de DNA[11].

---

9   O tema foi objeto do aprofundado estudo de Renata de Lima Rodrigues, *Planejamento Familiar: limites e liberdade parentais*, São Paulo: Foco, 2021.
10 Fabiola Albuquerque Lobo, A responsabilidade dos pais e a proteção da pessoa dos filhos, in *Direito civil constitucional – a ressignificação da função dos institutos fundamentais*, Florianópolis: Conceito Ed., 2014, p. 469.
11 STF, Tribunal Pleno, RE 363.889/DF, rel. Min. Dias Toffoli, j. 2-6-2011.

Problema dramático que se discute no âmbito da paternidade responsável diz respeito à concepção por pessoas acometidas da síndrome de Down. A discussão é tormentosa e remete ao choque entre autonomia existencial, reforçada pelo Estatuto da Pessoa com Deficiência, e o princípio da paternidade responsável.

6. Papel do Estado na família

A garantia do livre planejamento familiar, registre-se, não deve ser interpretada restritivamente como diretriz concernente apenas à concepção de filhos, mas deve ser lida de modo abrangente, a fim de abarcar os diferentes aspectos da realização da pessoa humana em suas relações familiares. O Estado assume um papel de propiciar as condições básicas para o exercício da autonomia familiar. Esse papel não deve, contudo, ser confundido com não intervenção do Estado nas relações familiares. A intervenção estatal continua presente, por exemplo, quando se considera a necessidade de prevenção e repressão à violência doméstica (art. 226, § 8º), sendo festejável nesse particular o papel desempenhado no Brasil pela Lei Maria da Penha (Lei n. 11.340/2006).

A usual contraposição entre atuação do Estado e autonomia existencial da família deve, em suma, ser vista com cautela. O Estado não pode ser visto como "inimigo da família", sob pena de se coroar um espaço de liberdade em que, no passado, proliferaram dramas secretos como aqueles atinentes à violência contra a mulher, em uma cruel versão do dito popular "em briga de marido e mulher ninguém mete a colher". As ações estatais não devem ser suprimidas, mas redirecionadas a servir à função estatal de prover condições necessárias ao exercício de uma autonomia efetiva, igualitária, dialética e democrática no âmbito das famílias.

7. Entidades familiares

Na esteira das profundas transformações evidenciadas até aqui, os juristas brasileiros têm empreendido considerável esforço na elaboração de um novo conceito de família, capaz de abarcar as diferentes manifestações fáticas de convivência afetiva. A antiga concepção jurídica do instituto, exclusivamente calcada no matrimônio, foi progressivamente substituída pelas chamadas "entidades familiares", expressão plúrima que pretende conjugar situações variadas, incluindo, em listagem sempre crescente, as famílias monoparentais, as uniões homoafetivas, a família matrimonial, as uniões estáveis, as famílias recompostas, as famílias anaparentais etc.

7.1. Numerus apertus

Em boa hora, concluiu a melhor doutrina que o rol dessas entidades familiares é, mesmo em sua menção constitucional, meramente exemplificativo, não encerrando qualquer espécie de *numerus clausus*.

Os tipos de entidades familiares explicitamente referidos na Constituição brasileira não encerram *numerus clausus*. As entidades familiares, assim entendidas as que preencham os requisitos de afetividade, estabilidade e ostentabilidade, estão constitucionalmente protegidas, como tipos próprios, tutelando-se os efeitos jurídicos pelo Direito de Família e jamais pelo Direito das Obrigações, cuja incidência degrada sua dignidade e das pessoas que a integram[12].

A própria apreensão antropológica do fenômeno familiar parece desafiar enumerações rígidas, diante da fluidez que vem caracterizando, na atualidade, "o modo de entender e o modo de viver o amor e a sexualidade, a fecundidade e a procriação, o vínculo familiar, a paternidade e a maternidade, o relacionamento entre homem e mulher"[13].

7.2. Requisitos

Assim, reconhecendo o caráter aberto do fenômeno familiar, os juristas têm procurado apontar traços conceituais distintivos, que permitiriam estremar as entidades familiares de outras formas de convívio que seriam estranhas à noção (ou às noções) de família. Como requisitos imprescindíveis à configuração de uma entidade familiar, a doutrina tem mencionado: (a) a afetividade; (b) a estabilidade; e (c) a ostentabilidade[14].

A afetividade é, para muitos autores, a pedra de toque na identificação das relações familiares. Nas palavras de Maria Berenice Dias, "é o envolvimento emocional que leva a subtrair um relacionamento do âmbito do direito obri-

---

12 Paulo Lôbo, Entidades familiares constitucionalizadas: para além do *numerus clausus*, in Rodrigo da Cunha Pereira (Coord.), *Família e cidadania – Anais do III Congresso Brasileiro de Direito de Família*, Belo Horizonte: IBDFAM, 2002, p. 89-107.
13 João Carlos Petrini, Notas para uma antropologia da família, in Cristiano Chaves de Farias (Coord.), *Temas atuais de direito e processo de família*, Rio de Janeiro: Lumen Juris, 2004, p. 43.
14 Ver, entre outros: Paulo Lôbo, *Direito civil – famílias*, São Paulo: Saraiva, 2008, p. 56.

gacional – cujo núcleo é a vontade – para inseri-lo no direito das famílias, que tem como elemento estruturante o sentimento do amor que funde as almas e confunde patrimônios, gera responsabilidades e comprometimentos mútuos"[15]. Por sua vez, o requisito da estabilidade serviria para distinguir das entidades familiares os relacionamentos episódicos e ocasionais, nos quais, apesar da afetividade, faltaria a segura consolidação no tempo necessária à invocação do termo *família*. Já a ostentabilidade "pressupõe uma unidade familiar que se apresente assim publicamente"[16].

Embora os três requisitos estejam, de fato, presentes em grande parte dos núcleos familiares, o certo é que relações de família podem ser identificadas mesmo à falta de alguma dessas características. Não há dúvida, por exemplo, de que o casal homoafetivo que não ostenta publicamente sua condição, preferindo escapar ao olhar discriminatório de setores conservadores da sociedade, não deixa por isso de configurar uma "entidade familiar", atraindo, mesmo à falta da chamada ostentabilidade, a proteção do direito de família. De modo semelhante, o pai que carece de qualquer afeto pelo filho, ou que nem sequer tem notícia da sua existência, não se despede da relação familiar de paternidade que os vincula pelo liame biológico. Tampouco a eventual ausência de estabilidade em uma relação amorosa, com rompimentos e retomadas sucessivas, pode ser tida, em dado recorte temporal, como excludente definitiva de um vínculo de natureza familiar, sobretudo quando já centrado em outros atos formais de constituição, como é o caso do matrimônio.

A evolução jurídica tem demonstrado a contínua flexibilização no próprio conteúdo desses requisitos para a configuração das entidades familiares. Veja-se o exemplo da união estável, para a qual a legislação exigia o decurso de prazo fixo (estabilidade), e parte da doutrina aludia, mesmo contra orientação jurisprudencial expressa[17], à necessidade de coabitação entre os conviventes (ostentabilidade). Tais exigências foram, gradativamente, dispensadas, reconhecendo-se a dificuldade de congelar em requisitos fixos um fenômeno que é sociológico em sua essência e múltiplo em suas manifestações.

---

15 Maria Berenice Dias, *Manual de direito das famílias*, São Paulo: Revista dos Tribunais, 2007, p. 41.
16 Paulo Lôbo, Entidades familiares constitucionalizadas: para além do *numerus clausus*, cit., p. 91.
17 Com efeito, a Súmula 382 do Supremo Tribunal Federal, editada em 1964, dispunha expressamente: "A vida em comum sob o mesmo teto, *more uxorio*, não é indispensável à caracterização do concubinato".

7.3. Crítica

Com efeito, não se pode ceder à tentação de enxergar o direito de família como um conjunto de normas destinado à proteção de entidades familiares, quando seu objeto consiste, em verdade, nas relações de família ostentadas por cada pessoa humana, cuja dignidade merece a mais elevada proteção do ordenamento constitucional. A família não deve ser enxergada como valor em si, mas tão somente como comunidade funcionalizada à proteção e ao desenvolvimento da personalidade daqueles que a integram. Como ensina Gustavo Tepedino, "a dignidade da pessoa humana, alçada pelo art. 1º, III, da Constituição Federal, a fundamento da República, dá conteúdo à proteção da família atribuída ao Estado pelo art. 226 do mesmo texto maior"[18]. Assim, a referência às entidades familiares, expressão cuja utilidade consiste em revelar a abertura da tutela jurídica a múltiplas formas de manifestação do fenômeno familiar, não pode resultar, de modo algum, na renúncia a "um olhar que conceba a família como relação de coexistência, e não como ente transpessoal"[19].

Nem pode a família ser confundida com um leque de entidades familiares. Família é, antes que qualquer corpo intermediário, um complexo de relações de natureza existencial, que vincula o seu titular a outras pessoas humanas, com base em fundamentos que podem ser muito distintos entre si, como o parentesco, a afinidade e a socioafetividade. Emblemática, nesse sentido, é a definição de família adotada pela Lei n. 11.304, de 7 de agosto de 2006, a chamada Lei Maria da Penha, que, ocupando-se da violência contra a mulher, definiu família como "a comunidade formada por indivíduos que são ou se consideram aparentados, unidos por laços naturais, por afinidade ou por vontade expressa". À parte eventuais imprecisões, preocupou-se o legislador em definir a família considerando o complexo de relações, de distinta natureza, que se estabelecem entre seus membros, reservando importância à comunidade familiar apenas na medida em que dirigida à proteção dos seus integrantes e das relações que mantêm entre si.

---

18 Gustavo Tepedino, Novas formas de entidades familiares: efeitos do casamento e da família não fundada no matrimônio, in *Temas de direito civil*, 3. ed., Rio de Janeiro: Renovar, 2004, p. 372.
19 Carlos Eduardo Pianovsky Ruzyk, *Famílias simultâneas: da unidade codificada à pluralidade constitucional*, Rio de Janeiro: Renovar, 2005, p. 216.

7.4. Famílias simultâneas

Essa perspectiva *inter-relacional* do direito de família afigura-se imprescindível para compreender o fenômeno das famílias simultâneas. Como se sabe, toda a disciplina moderna do direito de família foi construída tendo "em vista, precipuamente, as relações oriundas do casamento, fonte única da família legítima"[20]. Com a queda da unicidade do modelo familiar matrimonial, o direito de família passou a ampliar seu objeto para alcançar outras entidades familiares, iniciando pela união estável e famílias monoparentais (Constituição, art. 226, §§ 3º e 4º), e partindo, recentemente, em busca do reconhecimento de outros modos de convívio, há tanto marginalizados pelo direito positivo.

A agregação das novas entidades familiares foi, todavia, promovida de modo meramente cumulativo, adicionando-se à tradicional família formada pelo casamento novos entes abstratos – união estável, família monoparental, união homoafetiva etc. Essa incorporação meramente aditiva mascara questões de suma importância prática ligadas às intercessões e sobreposições entre os conjuntos de relações familiares que são ostentadas por cada pessoa humana. Reedita-se, assim, de modo não declarado (e, portanto, não debatido), uma das principais diretrizes do modelo matrimonial: a exclusividade do núcleo familiar.

Em outras palavras, a concentração das atenções sobre as entidades familiares transmite a ideia de que cada pessoa deve ser inserida em apenas um esquema pré-moldado de família (ainda que o rol dos esquemas não seja mais considerado taxativo), rejeitando-se, implicitamente, a construção e o desenvolvimento de relações familiares concomitantes ou simultâneas, especialmente se fundadas em diferentes convivências afetivas mantidas pela mesma pessoa. Com isso, a proteção à pessoa humana fica em segundo plano, tutelando-se, de modo abstrato, a entidade familiar em si mesma (com a exclusão de outras que aquela pessoa pudesse integrar concomitantemente), enquanto o ordenamento constitucional exige justamente o oposto. Tal atentado à Constituição revela-se ainda mais grave quando se observa que a simultaneidade familiar é fenômeno de frequência significativa na realidade brasileira, sendo certo que negar efeitos jurídicos a uma realidade tão evidente atenta contra toda a evolução mais recente do direito de família, marcada pelo reconhecimento de juridicidade a relações de convivência desenvolvidas na prática social.

---

20   Orlando Gomes, *Direito de família*, Rio de Janeiro: Forense, 1968, p. 7.

7.4.1. Uniões estáveis simultâneas

Mesmo a doutrina mais avançada tem negado a possibilidade de configuração de uniões estáveis simultâneas com o argumento de que "a união estável é relação jurídica *more uxorio*, derivada de convivência geradora do estado de casado, o qual, consequentemente, tem como referência o casamento, que no direito brasileiro é uno e monogâmico"[21]. A despeito das opiniões em contrário, a união estável constitui entidade familiar independente, diversa, em sua essência, da família formada pelo casamento. Não deve ser vista como mera situação de aparência, atrelada ao paradigma do matrimônio, ou equiparada a um suposto "casamento de fato". Sua tutela constitucional não deve ser perquirida na ostentação de um estado de casado, mas no reconhecimento jurídico de uma forma autônoma de convivência, que independe por completo do matrimônio e, não raro, lhe é antagônica.

Examine-se, com olhar imparcial, a disciplina normativa da união estável. A Constituição lhe atribui, no art. 226, § 3º, proteção jurídica como "entidade familiar" e, embora facilite sua "conversão em casamento", tem-se aí não atenuação, mas reforço de sua autonomia em relação ao matrimônio[22]. O Código Civil de 2002, de sua parte, conceitua a união estável como a "convivência pública, contínua e duradoura e estabelecida com o objetivo de constituição de família" (art. 1.723). Nada mais exige. Sobre exclusividade não há palavra. E, em que pese o eventual moralismo do intérprete, não resta nenhuma dúvida de que convivências públicas, contínuas e duradouras podem ser estabelecidas simultaneamente com diferentes pessoas em distintas ou até em uma mesma comunidade. O próprio caráter espontâneo da formação dessa espécie de entidade familiar permite sua incidência múltipla, não sendo raros os casos, na vasta geografia brasileira, de pessoas que, afligidas pela distância imensa entre a residência familiar original e o local de trabalho, constituem nova união, sem desatar os laços da família anterior. Se mantêm ou não sigilo acerca da outra família, essa é questão que pode gerar efeitos sobre a sua esfera individual. O que não se pode admitir é a negativa de proteção jurídica aos componentes da segunda união, que são, de qualquer ângulo, e também à luz do art. 1.723, tão "família" quanto aquela primeira.

---

21 Paulo Lôbo, *Direito civil – famílias*, cit., p. 154.
22 "Art. 226 (...) § 3º Para efeito da proteção do Estado, é reconhecida a união estável entre o homem e a mulher como entidade familiar, devendo a lei facilitar sua conversão em casamento."

A propósito, o § 1º do art. 1.723 estabelece os "impedimentos" à configuração da união estável, aludindo expressamente às causas arroladas no art. 1.521[23]. Da leitura conjunta dos dispositivos, vê-se que há impedimento para a constituição de união estável por pessoa casada, e, ainda assim, apenas se não estiver separada de fato ou judicialmente[24]. Não há, todavia, qualquer menção à prévia existência de união estável como impedimento para a constituição de uma nova. De fato, ao contrário do que ocorre com o casamento, a configuração de união estável não é afastada pelo legislador na hipótese de existência de outro vínculo idêntico.

Nem poderia ser diferente. O instituto da união estável surgiu como meio de proteção às famílias formadas espontaneamente, à margem do liame solene do matrimônio. Privadas do reconhecimento estatal, tais famílias ficavam, quase sempre, desamparadas na ocasião de sua ruptura, fosse pela morte ou pelo abandono do seu provedor, que era premiado, nesta última hipótese, pela clandestinidade da situação a que ele próprio dera causa. As relações de afeto e solidariedade, rompidas nesta célula estranha ao corpo jurídico, resolviam-se como problemas de não direito. Festejada a mudança que lhes outorgou reconhecimento constitucional como entidade familiar, contraditório seria negar proteção às relações familiares estabelecidas no seu seio com o argumento – sem nenhuma base normativa – de que outras relações de idêntica natureza se configuraram no mesmo recorte temporal[25].

7.4.2. O problema do concubinato

A união estável existe – e deve ser juridicamente reconhecida como existente – diante de outra união estável, sem que haja, quer na base constitucional, quer na disciplina infraconstitucional do instituto, qualquer obstáculo à simultaneidade. Questão mais complexa diz respeito à possibilidade de coexistência entre a união estável e o casamento. Embora a doutrina tradicional e a jurisprudência sejam unânimes em repelir a ideia, rejeitando qualquer efeito

---

23 "Art. 1.723. (...) § 1º A união estável não se constituirá se ocorrerem os impedimentos do art. 1.521; não se aplicando a incidência do inciso VI no caso de a pessoa casada se achar separada de fato ou judicialmente."

24 Mesmo este impedimento deve, em alguns casos, ser flexibilizado, como se pretende demonstrar no tópico seguinte.

25 Para mais detalhes sobre o tema, seja consentido remeter a: Anderson Schreiber, Famílias simultâneas e redes familiares, in *Direito civil e Constituição*, São Paulo: Atlas, 2013, p. 297-314.

de ordem familiar ao chamado *concubinato*, uma resposta mais produtiva pode ser alcançada.

Também aqui, não é demais começar pelos fatos, por não ser de outra coisa que se ocupa o direito. A realidade brasileira revela significativo número de situações em que a mesma pessoa, vinculada a uma pelo matrimônio, a outra se liga pela convivência fática[26]. O que se está a discutir não é, portanto, se a situação existe, mas se, existindo, deve ou não ser juridicamente reconhecida como existente. Não há dúvida de que toda a disciplina do casamento é construída sobre a ideia de monogamia[27]. Também é inegável que o Código Civil, no art. 1.566, inciso I, estabelece entre os cônjuges o dever de "fidelidade recíproca". O que nenhum autor consegue explicar, de modo satisfatório, é por que a violação desse dever de fidelidade implicaria sanção para o companheiro. Em outras palavras: por que a companheira, muitas vezes inconsciente do vínculo matrimonial do seu parceiro, deve ser privada de proteção jurídica na relação inegavelmente familiar que estabelece?

Na prática, o resultado é odioso, pois negar reconhecimento jurídico à relação mantida com pessoa casada significa, quase sempre, deixar ao completo desamparo quem mais precisa de proteção. Como se sabe, não é raro, na realidade brasileira, que uma mulher constitua com seu companheiro uma família, confiando no seu trabalho em outra cidade, nas suas noites no quartel, na sua profissão de caminhoneiro ou comerciante que o conduz ao longe, e, somente no momento da morte, descubra que, à parte o golpe emocional da revelação, não faz jus a um quinhão da herança, uma pensão previdenciária, um seguro de vida e a outros amparos em que a morte do convivente normalmente resultaria. Difícil negar que o direito vem, nas palavras de Maria Berenice Dias, "premiar os homens por sua infidelidade!"[28].

Se, sob o aspecto prático, a solução é lamentável, tampouco se afigura admirável pelo prisma jurídico. Em primeiro lugar, verifica-se que, também aqui,

---

26 Veja-se, a título ilustrativo, decisão do Supremo Tribunal Federal, Recurso Extraordinário 590.779/ES, 10-2-2009.

27 Luciana Brasileiro e Maria Rita Holanda, A proteção da pessoa humana nas famílias simultâneas, in *Direito civil constitucional – a ressignificação da função dos institutos fundamentais*, Florianópolis: Ed. Conceito, 2014, p. 495.

28 A autora, nada obstante, entende que, "em face do repúdio do legislador (CC 1.727) e da própria jurisprudência em reconhecer a existência das famílias paralelas, excluindo-as do âmbito do direito das famílias", a solução deve ser buscada, como providência mínima, no instrumento indenizatório (Maria Berenice Dias, *Manual de direito das famílias*, cit., p. 173).

a doutrina brasileira adota uma abordagem que privilegia a entidade familiar como organismo abstrato, em detrimento da pessoa humana e das relações que esta pessoa efetivamente estabelece. Protege-se o casamento como "casca", desconsiderando-se a relação afetiva que o próprio cônjuge constitui com outra pessoa, despertando fundadas expectativas não apenas no convivente, mas em terceiros que acreditam na aparência de legitimidade daquele convívio familiar.

Não se pode ignorar, ainda no plano jurídico, o preenchimento pelo convivente de todos os requisitos tradicionalmente apontados para a constituição da entidade familiar. Há, na esmagadora maioria dos casos, (a) afetividade, (b) estabilidade e (c) ostentabilidade[29]. Tem-se um convívio que se funda no envolvimento emocional, afigura-se duradouro e apresenta-se publicamente. Ainda assim, a prévia constituição de um vínculo matrimonial por um dos conviventes, frequentemente desconhecida pelo outro, conduz à negação de proteção à entidade formada, que se não é familiar, ninguém sabe dizer que outra coisa seria.

7.4.3. Súmula STF 380

Inusitadas, a propósito, são as soluções que a jurisprudência tem reservado à matéria, invocando a Súmula 380 do Supremo Tribunal Federal, para assegurar à chamada concubina indenização com base na "dissolução de sociedade de fato"[30], ou, ainda, na "prestação de serviços" ao companheiro casado. Apesar de sua utilidade prática, o artifício é não apenas tecnicamente equivocado – porque sociedade, no direito brasileiro, é comunhão com propósito de lucro –, mas sobretudo degradante, porque reduz uma relação indiscutivelmente afetiva à dimensão meramente patrimonial, equiparando o concubino a um simples prestador de serviços[31]. Afronta, a toda evidência, a dignidade da pessoa humana, e resulta na negativa de proteção de ordem familiar à relação que ostenta inegavelmente tal natureza.

Note-se que tal negativa de proteção, além de artificial, afigura-se incoerente com o que o próprio ordenamento jurídico determina, não apenas em seu vértice – a proteção da dignidade da pessoa humana acima de qualquer enti-

---

29 Sobre os três requisitos e uma crítica à sua exigência rígida, ver, sem prejuízo do argumento aqui formulado, os itens anteriores deste capítulo.
30 "Súmula 380. Comprovada a existência de sociedade de fato entre os concubinos, é cabível a sua dissolução judicial, com a partilha do patrimônio adquirido pelo esforço comum."
31 É a crítica de Paulo Lôbo, *Direito civil – famílias*, cit., p. 166.

dade intermediária –, mas em outras situações análogas. Confira-se, em primeiro lugar, o tratamento dispensado aos filhos dessa "convivência negada". A Constituição de 1988, ao assegurar a igualdade entre os filhos, no art. 227, § 6º, determina que os "filhos, havidos ou não da relação do casamento, ou por adoção, terão os mesmos direitos e qualificações, proibidas quaisquer designações discriminatórias relativas à filiação".

Tem-se, assim, que o filho fará jus à herança e aos demais direitos que decorrem da sua relação familiar, mas seu genitor ficará privado de proteção familiar. Trata-se de verdadeira *família pela metade*. Vale dizer: a comunidade afetiva formada pelo companheiro adúltero, se resultar em filhos, atrai proteção de ordem familiar em relação a estes, mas não em relação ao convivente, que permanece desamparado, podendo, no máximo, invocar um direito à indenização com base em fuga inteiramente artificial para o direito das obrigações. Nem se diga que a proteção ao filho decorre do fato biológico da procriação, porque doutrina e jurisprudência reconhecem, com frequência cada vez maior, os efeitos da paternidade socioafetiva[32]. O resultado é que, no âmbito daquela renegada união concubinária, o afeto pode gerar efeitos de ordem familiar em relação aos filhos do convivente, mas não em relação ao próprio.

Para além dessa inicial incongruência, veja-se uma mais marcante. O art. 1.561 do Código Civil dispõe que "embora anulável ou mesmo nulo, se contraído de boa-fé por ambos os cônjuges, o casamento, em relação a estes como aos filhos, produz todos os efeitos até o dia da sentença anulatória. § 1º Se um dos cônjuges estava de boa-fé ao celebrar o casamento, os seus efeitos civis só a ele e aos filhos aproveitarão". Nos exatos termos do dispositivo, o casamento nulo – que, como ato nulo, não produziria, segundo a civilística tradicional, nenhum efeito – mantém-se plenamente eficaz em relação ao cônjuge "de boa-fé". Ou seja, quem se casa, sem saber do prévio vínculo matrimonial do seu cônjuge, violando a regra da exclusividade do casamento e o imperativo monogâmico,

---

32 Veja-se, por todos, o ensinamento de Luiz Edson Fachin: "Parece inequívoco que, contemporaneamente, o elemento socioafetivo se apresenta como o de maior relevância na análise das questões atinentes ao direito de família, pelo que sua repercussão nas relações atinentes à filiação é consequência natural, verdadeiro corolário lógico de uma nova racionalidade que coloca a dignidade da pessoa humana como centro das preocupações do direito civil" (*Questões de direito civil contemporâneo*, Rio de Janeiro: Renovar, 2008, p. 155). Confira-se, ainda, em plena sintonia, a lição de Rosana Fachin: "Em determinados casos, a verdade biológica deve dar lugar à verdade do coração; na construção de uma nova família, deve-se procurar equilibrar estas duas vertentes: a relação biológica e a relação socioafetiva" (Em busca da família do novo milênio, in *Família e cidadania*, cit., p. 63).

não perde, se estiver de boa-fé, a proteção jurídica de ordem familiar. O casamento produz, em relação ao cônjuge de boa-fé, todos os seus efeitos.

Ora, se a violação à regra imperativa de exclusividade do casamento não implica perda de proteção jurídica ao cônjuge de boa-fé, a constituição de união estável – que deriva de circunstância fática e não exige, como visto, exclusividade – não poderia resultar na perda de proteção ao convivente de boa-fé. Trata-se de uma questão de isonomia (quem casa com pessoa casada não pode ter tratamento mais benéfico que quem passa a conviver com ela, faticamente), além de consequência lógica e necessária de um sistema jurídico que se queira, minimamente, coerente.

Contra todos esses argumentos, ergue-se a letra fria da lei. Os redatores do Código Civil de 2002 orientaram-se, ao tratar da união estável, pela impossibilidade de sua constituição quando um dos companheiros for pessoa casada. De início, o art. 1.723, § 1º, do Código Civil atrai para a convivência fática os impedimentos do art. 1.521, incluindo seu inciso VI, que faz expressa referência às "pessoas casadas", impedimento atenuado expressamente apenas na hipótese de "a pessoa casada se achar separada de fato ou judicialmente"[33]. De modo ainda mais definitivo, o art. 1.727 conclui: "as relações não eventuais entre o homem e a mulher, impedidos de casar, constituem concubinato".

7.4.4. Inconstitucionalidade do art. 1.727

Diante desses dispositivos, há duas posturas possíveis. A primeira consiste em reconhecer a sua cristalina inconstitucionalidade. Se o Constituinte reservou proteção à união estável como entidade familiar independente do casamento, é certo que o legislador ordinário não poderia ter imiscuído na sua disciplina o regime dos impedimentos matrimoniais. A gênese fática da união estável e a desnecessidade de chancela estatal para sua formação afastam, por definição, um rol de impedimentos a ser observado pelos companheiros. E se o Estado não se dispõe – nem poderia – a controlar o momento constitutivo da união estável, não é legítimo que venha, posteriormente, a negar proteção jurídica a quem, estabelecendo convivência pública, contínua e duradoura, esbarre em impedimento típico do matrimônio, entidade familiar diversa.

---

33 Na íntegra: "§ 1º A união estável não se constituirá se ocorrerem os impedimentos do art. 1.521; não se aplicando a incidência do inciso VI no caso de a pessoa casada se achar separada de fato ou judicialmente."

Nesse sentido, veja-se o entendimento manifestado pelo Ministro Carlos Ayres Britto, em corajoso voto vencido, no qual discorre sobre o tratamento constitucional das relações de companheirismo:

> Sem essa palavra azeda, feia, discriminadora, preconceituosa, do concubinato. Estou a dizer: não há concubinos para a Lei Mais Alta do nosso País, porém casais em situação de companheirismo. (...) Com efeito, à luz do Direito Constitucional brasileiro o que importa é a formação em si de um novo e duradouro núcleo doméstico. A concreta disposição do casal para construir um lar com subjetivo ânimo de permanência que o tempo objetivamente confirma. Isto é família, pouco importando se um dos parceiros mantém uma concomitante relação sentimental *a-dois*. No que *andou bem* a nossa Lei Maior, ajuízo, pois ao Direito não é dado sentir ciúmes pela parte supostamente traída, sabido que esse órgão chamado coração "é terra que ninguém nunca pisou". Ele, coração humano, a se integrar num contexto empírico da mais entranhada privacidade, perante a qual o Ordenamento Jurídico somente pode atuar como instância protetiva. Não censora ou por qualquer modo embaraçante[34].

7.4.5. Companheiro de boa-fé

Ainda que não se reconheça a inconstitucionalidade dos dispositivos, é de se admitir, no mínimo, a necessidade de uma interpretação sistemática com o art. 1.561, § 1º, para que a união estável produza efeitos em relação à pessoa "de boa-fé", desconhecedora do impedimento matrimonial do seu companheiro. Trata-se tão somente de "invocar o mesmo princípio e reconhecer a existência de uma união estável putativa"[35], como *solução mínima* para o problema da coexistência entre o companheirismo e o matrimônio.

Desse modo, também a inconsciência do estado matrimonial do companheiro funcionaria como exceção à incidência do inciso VI do art. 1.521, porque, embora não expressa no art. 1.723, § 1º, decorre, inevitavelmente, de uma interpretação sistemática com o art. 1.561, § 1º. Em outras palavras: se o casamento com pessoa já casada (e, portanto, impedida de casar) produz efeitos perante o cônjuge de boa-fé, não há razão alguma para que a união estável com pessoa casada não produza efeitos em favor do companheiro de boa-fé.

---

34 Voto vencido proferido no âmbito do Recurso Extraordinário 397.762-8/BA, 3-6-2008.
35 Maria Berenice Dias, *Manual de direito das famílias*, cit., p. 164.

7.4.6. O entendimento do Supremo Tribunal Federal

O STF foi chamado a examinar a matéria ao julgar recurso interposto contra decisão proferida pelo Tribunal de Justiça do Estado de Sergipe que negou ao autor da ação direito à metade da pensão por morte deixada por pessoa com quem mantinha relacionamento afetivo, em razão da preexistência de outra união estável. Por maioria de votos, o Supremo reiterou o seu posicionamento tradicional no sentido de negar qualquer eficácia às famílias simultâneas, tendo sido aprovada a seguinte tese de repercussão geral: "A preexistência de casamento ou de união estável de um dos conviventes, ressalvada a exceção do art. 1.723, § 1º, do Código Civil, impede o reconhecimento de novo vínculo referente ao mesmo período, inclusive para fins previdenciários, em virtude da consagração do dever de fidelidade e da monogamia pelo ordenamento jurídico-constitucional brasileiro"[36].

8. Parentesco

Noção de suma relevância no direito de família é a de parentesco. Pode-se definir o parentesco como a relação jurídica estabelecida entre integrantes da mesma família, nos termos da ordem jurídica. A profunda transformação sofrida pelo direito de família no século XX atingiu intensamente a noção de parentesco, que se desprendeu da exclusividade dos vínculos biológicos para passar a abranger novas modalidades, calcadas não apenas nos vínculos de afinidade e vínculos civis gerados por adoção, mas também no reconhecimento dos vínculos de socioafetividade.

É significativa, nesse particular, a expressão empregada pelo art. 1.593 do Código Civil, ao distinguir o parentesco em natural ou civil, conforme resulte da consanguinidade ou "outra origem", termo voltado a abranger hipóteses as mais variadas, como a adoção, a paternidade socioafetiva ou a paternidade derivada da concepção mediante utilização de material genético alheio.

---

36 STF, Tribunal Pleno, RE 1.045.273/SE, rel. Min. Alexandre de Moraes, j. 21-12-2020. Este entendimento foi reafirmado pelo STF poucos meses depois, em julgamento no qual restou aprovada a seguinte tese: "É incompatível com a Constituição Federal o reconhecimento de direitos previdenciários (pensão por morte) à pessoa que manteve, durante longo período e com aparência familiar, união com outra casada, porquanto o concubinato não se equipara, para fins de proteção estatal, às uniões afetivas resultantes do casamento e da união estável" (STF, Tribunal Pleno, RE 883.168/SC, rel. Min. Dias Toffoli, j. 3-8-2021).

Registre-se que a socioafetividade não se limita ao parentesco em linha reta. Como esclarece Luiz Edson Fachin, "a socioafetividade pode se configurar tanto na relação paterno-filial como, também, na relação entre irmãos, seja associada a outros critérios de determinação de parentesco (presuntivo ou biológico), seja tomada individualmente. Não se restringe, todavia, ao parentesco em linha reta"[37]. A noção de parentesco revela, assim, de modo emblemático, a transformação por que passa todo o direito de família.

8.1. Efeitos do parentesco

Historicamente ligado à identidade de culto religioso e por séculos influenciado pelas distinções que lhe foram atribuídas no direito romano, com base na célebre diferenciação entre *agnatio* e *cognatio*[38], o parentesco assume, nos dias de hoje, o papel de elo jurídico entre os diversos integrantes de uma família. Seus efeitos principais são: (a) instituir o dever recíproco de alimentos; (b) impedir a celebração de matrimônio entre parentes; (c) atrair, preferencialmente ao terceiro, os encargos de tutor e curador; (d) atribuir legitimidade para a defesa dos direitos da personalidade do morto; e, finalmente, (e) guiar a ordem de sucessão *causa mortis*, delimitando os beneficiários da herança.

É de se registrar, todavia, que os efeitos do parentesco transcendem o direito civil, fazendo-se sentir em outros ramos do direito. No direito constitucional, por exemplo, há impedimentos de ordem política, determinando o art. 14, § 7º, da Constituição que são inelegíveis, "no território de jurisdição do titular, o cônjuge e os parentes consanguíneos ou afins, até o segundo grau ou por adoção, do Presidente da República, de Governador de Estado ou Território, do Distrito Federal, de Prefeito ou de quem os haja substituído dentro dos seis meses anteriores ao pleito, salvo se já titular de mandato eletivo e candidato à reeleição". No direito administrativo, a Lei n. 8.112/90, no art. 117, VIII, veda ao servidor público manter "em cargo ou função de confiança cônjuge, companheiro ou parente até o segundo grau civil". No direito penal, isenta-se de pena por crimes contra o patrimônio, como o furto, o ascendente ou descendente,

---

37 Luiz Edson Fachin, *Questões de direito civil brasileiro contemporâneo*, cit., p. 275.
38 "No direito romano havia duas espécies de parentesco: o agnatício (*agnatio* = agnação) e o cognatício (*cognatio* = cognação). O parentesco agnatício é o que se transmite apenas pelos homens; o cognatício é o que se propaga pelo sangue, e, em consequência, tanto por via masculina quanto por via feminina" (José Carlos Moreira Alves, *Direito romano*, 16. ed., Rio de Janeiro: Forense, 2014, p. 115).

seja o parentesco civil ou natural (Código Penal, art. 181). No direito processual civil, a relação de parentesco impede, por exemplo, que deponham como testemunha "o cônjuge, o companheiro, o ascendente e o descendente em qualquer grau e o colateral, até o terceiro grau, de alguma das partes, por consanguinidade ou afinidade, salvo se o exigir o interesse público, ou, tratando-se de causa relativa ao estado da pessoa, não se puder obter de outro modo a prova que o juiz repute necessária ao julgamento do mérito" (CPC, art. 447, § 2º).

8.2. Linhas e graus de parentesco

O parentesco se organiza por linhas e graus. São parentes *em linha reta* as pessoas que sejam entre si ascendentes ou descendentes. São parentes em *linha colateral* ou *transversal* as pessoas que, embora provenientes do mesmo tronco familiar, não descendem umas das outras. Assim, dois irmãos são parentes em linha colateral, enquanto avô e neto são parentes em linha reta. O parentesco entre irmãos distingue-se ainda em (a) *bilateral*, quando procedem das mesmas linhas materna e paterna, e (b) *unilateral*, quando têm apenas uma das linhas em comum. Os irmãos bilaterais são também chamados *germanos*.

Para determinar o grau de parentesco cumpre verificar, na linha reta, quantas gerações separam o ascendente do descendente. Na linha colateral, é preciso contar o número de gerações subindo de um dos parentes até o ascendente comum, e descendo até encontrar o outro parente. Assim, para identificar o grau de parentesco entre o tio-avô e o sobrinho-neto, é preciso subir do sobrinho-neto até o seu bisavô (três graus) e descer até o tio-avô (um grau), concluindo-se, então, que são parentes de quarto grau. Não há, portanto, parente colateral de primeiro grau.

O Código Civil somente reconhece o parentesco na linha colateral até o quarto grau (art. 1.592), não havendo juridicamente relação dessa natureza entre, por exemplo, o sobrinho-neto e o filho do seu tio-avô. Na linha reta, ou seja, entre ascendentes e descendentes, há relação de parentesco infinitamente, sem limitação de graus. Em algumas hipóteses, a legislação limita expressamente o efeito do parentesco a grau anterior ao quarto. Assim, para fins de casamento, o parentesco que gera impedimento é somente aquele estabelecido até o terceiro grau (art. 1.521, IV). No que tange aos alimentos, o Código Civil limita o dever de prestá-los, na linha colateral, aos irmãos, parentes de segundo grau (art. 1.697).

8.3. Afinidade

O Código Civil de 2002 qualificou como modalidade de parentesco o vínculo de afinidade, que se estabelece entre cada cônjuge ou companheiro e os ascendentes, descendentes e irmãos do seu consorte. Parte da doutrina critica a opção do legislador, entendendo que o vínculo de afinidade não deveria ser considerado relação de parentesco[39]. Outra parcela da doutrina sustenta que a qualificação da afinidade como parentesco encontra respaldo na própria transformação sofrida pelo direito de família, que se desprendeu da "exclusividade de seus vínculos biológicos" para abraçar as relações fundadas na socioafetividade[40].

Tradicionalmente, não se estabelece relação de parentesco por afinidade entre os afins de um cônjuge ou companheiro e os afins de outro. Aqueles que são chamados concunhados não ostentam juridicamente relação de parentesco. Assim como ocorre com as demais relações de parentesco, a codificação alude ao (a) parentesco por afinidade em linha reta (sogro e nora, madrasta e enteado) e (b) ao parentesco por afinidade em linha colateral (cunhados).

8.4. Cônjuge e companheiro

O cônjuge e o companheiro não são considerados parentes no direito brasileiro. Curiosamente, tornam-se parentes por afinidade dos ascendentes, descendentes e irmãos do seu consorte, mas não há entre cônjuges ou companheiros relação de parentesco. Há relação de conjugalidade ou companheirismo. Essa foi a orientação seguida pelo Código Civil, na esteira de longa tradição. *De lege ferenda*, todavia, não há hoje razão para não considerar o cônjuge ou companheiro como parentes. Como visto, a própria noção de parentesco transformou-se, abandonando a exclusividade biológica, para abarcar relações calcadas no afeto. Também o direito sucessório passou a considerar o cônjuge e o companheiro como herdeiros. Assim, não há motivo para deixar de considerá-los parentes, tanto mais em um cenário onde a afinidade foi alçada à condição de fundamento para a relação de parentesco. Afigura-se realmente tautológico que o marido seja parente do irmão da sua mulher, mas dela não. Se o quadro é inofensivo – uma vez que o Código Civil atribui ao cônjuge e ao companheiro deveres e direitos muito semelhantes aos que reserva aos parentes, além de outros –, não deixa, por isso, de ser incoerente do ponto de vista substancial.

---

39 Guilherme Calmon, Das relações de parentesco, in *Direito de família e o novo Código Civil*, Belo Horizonte: Del Rey, 2005.
40 Paulo Lôbo, *Direito civil – famílias*, cit., p. 183.

9. Direitos da criança e do adolescente

Concretizando as diretrizes constitucionais, o Estatuto da Criança e do Adolescente (Lei n. 8.069/90) consagra, no art. 4º, os direitos fundamentais da criança e do adolescente. Refere-se, nesse sentido, aos direitos "à vida, à saúde, à alimentação, à educação, ao esporte, ao lazer, à profissionalização, à cultura, à dignidade, ao respeito, à liberdade e à convivência familiar e comunitária". Tais direitos, ressalte-se, não têm como fonte a legislação ordinária. São direitos reconhecidos pelo texto constitucional, quer por expressa menção no rol de direitos fundamentais, quer pela incorporação de tratados e convenções internacionais (art. 5º, §§ 2º e 3º). É de se mencionar nesse particular a Declaração Universal dos Direitos da Criança, de 1959, da Organização das Nações Unidas, que consagra o direito da criança à "especial proteção para o seu desenvolvimento físico, mental e social", à "alimentação, moradia e assistência médica adequadas para a criança e a mãe", ao "amor e à compreensão por parte dos pais e da sociedade", "à educação gratuita e ao lazer infantil", entre outros.

O Estatuto da Criança e do Adolescente apenas detalha o modo de concretização desses direitos. Sua chave de leitura encontra-se no art. 6º, que indica como critério hermenêutico "a condição peculiar da criança e do adolescente como pessoas em desenvolvimento". Tem-se aqui uma verdadeira "inflexão relativamente à política legislativa do passado, deslocando a proteção primordial do Estado, antes dirigida à 'família-instituição', para a 'família-instrumento' de proteção e desenvolvimento da personalidade dos seus componentes"[41]. Eis o sentido do art. 6º, ao reservar especial proteção, dentre os integrantes da família, às crianças e adolescentes, cuja personalidade se encontra em desenvolvimento.

Na ampla rede protetiva criada pelos dispositivos do Estatuto, merecem destaque algumas normas como o art. 53, em que se lê: "a criança e o adolescente têm direito à educação, visando ao pleno desenvolvimento de sua pessoa, preparo para o exercício da cidadania e qualificação para o trabalho". O dispositivo assegura, ainda, (a) a igualdade de condições para o acesso e permanência na escola; (b) o direito de ser respeitado por seus educadores; (c) o direito de contestar critérios avaliativos, podendo recorrer às instâncias escolares superiores; (d) o direito de organização e participação em entidades estudantis; e (e) o acesso à escola pública e gratuita próxima de sua residência.

---

41 Gustavo Tepedino, A disciplina jurídica da filiação na perspectiva civil-constitucional, in *Temas de direito civil*, 4. ed., Rio de Janeiro: Renovar, 2008, p. 508.

Como se vê, o Estatuto procura assegurar efetividade à função emancipatória do processo educacional, garantindo à criança e ao adolescente voz ativa no processo didático, tão relevante para o pleno desenvolvimento da sua personalidade. O respeito à autonomia da criança e do adolescente mostra-se também intensamente presente no art. 16 do Estatuto, que especifica aspectos que, juntos de outros, integram seu direito à liberdade, como: (a) ir, vir e estar nos logradouros públicos e espaços comunitários, ressalvadas as restrições legais; (b) opinião e expressão; (c) crença e culto religioso; (d) brincar, praticar esportes e divertir-se; (e) participar da vida familiar e comunitária, sem discriminação; (f) participar da vida política, na forma da lei; e (g) buscar refúgio, auxílio e orientação. O Estatuto protege, com especial cuidado, a esfera pessoal da criança e do adolescente, incluindo seus direitos à inviolabilidade da integridade física, psíquica e moral da criança e do adolescente, abrangendo a preservação da imagem, identidade, autonomia, valores, ideias e crenças, espaços e objetos pessoais.

A doutrina tem registrado que "a concessão de direitos e prerrogativas ao filho não se dá sem contrapartida"[42]. Nessa direção, o Estatuto da Criança e do Adolescente disciplina a responsabilidade do adolescente (maior de 12 anos) pela prática de ato infracional, assim entendida "a conduta descrita como crime ou contravenção penal" (art. 103). Entre as consequências previstas pelo Estatuto, inclui-se a obrigação de reparar o dano, caso assim determine a autoridade competente. Com o advento do Código Civil de 2002, que, no art. 928, previu a responsabilidade do incapaz, o patrimônio da criança, menor de 12 anos, também pode ser atingido pelo dever de reparar o dano causado.

Ao mesmo tempo que procura assegurar o pleno desenvolvimento da criança e do adolescente, a legislação não lhes isenta de responsabilidade nem lhes assegura plena autonomia, sujeitos que se encontram à autoridade parental, conforme se verá detalhadamente adiante. Por vezes, os interesses próprios da criança e do adolescente podem se chocar com preocupações com sua saúde e segurança, impedindo ou condicionando a prática de certos atos.

10. Um caso emblemático

O caso Laura Dekker é emblemático. Aos 13 anos, a holandesa Laura Dekker decidiu realizar, sozinha, a volta ao mundo em um barco a vela. Os pais,

---

42 Gustavo Tepedino, A disciplina jurídica da filiação na perspectiva civil-constitucional, cit., p. 512.

que resistiram à viagem, acabaram cedendo, mas o governo holandês adotou uma série de medidas a fim de evitar que a viagem acontecesse. Após uma batalha judicial, Laura conquistou o direito de realizar a viagem, desde que realizasse um curso de primeiros socorros e se inscrevesse em um programa de educação à distância, a ser cursado durante a viagem. Aos 16 anos, Laura Dekker completou sua volta ao mundo, tornando-se o mais jovem velejador a realizar o feito. Sua façanha não foi inserida no *Guinness World Records*, que não contém uma categoria do "mais jovem" a realizar o feito, a fim de evitar que pais rigorosos estimulem seus filhos a bater recordes.

11. Filiação

A filiação consiste na relação de parentesco que se estabelece entre pais e filhos, sendo denominada também, do ponto de vista dos pais, como relação de paternidade ou maternidade. Assume especial importância, pois, "dentre as diversas relações de parentesco, a mais intensa, o vínculo mais próximo e estreito é o estabelecido entre os pais e os filhos"[43]. No direito brasileiro, a filiação é conceito unitário, que não admite subespécies ou adjetivações discriminatórias, como filiação *adulterina*, *ilegítima* ou *adotiva*, expressões empregadas no passado para justificar diferenciação de tratamento entre filhos. A Constituição de 1988 veio declarar a plena igualdade de direitos entre os filhos, determinando no art. 227, § 6º, que "os filhos, havidos ou não da relação do casamento, ou por adoção, terão os mesmos direitos e qualificações, proibidas quaisquer designações discriminatórias relativas à filiação".

A norma, repetida literalmente no art. 1.596 do Código Civil, representa, em matéria de filiação, o fim daquilo que já se denominou de um "vergonhoso *apartheid* legal"[44]. A odiosa distinção entre filhos atendia a "uma lógica patrimonialista bem definida", que procurava preservar os bens na linhagem consanguínea e no núcleo matrimonial, protegendo-se as velhas instituições familiares em detrimento da pessoa dos seus membros, "em particular da mulher e dos filhos sob pátrio poder"[45]. A superação da diversidade entre filhos, com a desvinculação

---

43 Gustavo Tepedino, A disciplina jurídica da filiação na perspectiva civil-constitucional, cit., p. 475.
44 Paulo Lôbo, *Direito civil – famílias*, cit., p. 193.
45 Gustavo Tepedino, A disciplina jurídica da filiação na perspectiva civil-constitucional, cit., p. 477.

entre a proteção conferida aos filhos e a espécie de relação mantida entre os pais, representou passo fundamental na construção de um novo direito de família, caracterizado pela funcionalização das relações familiares ao pleno desenvolvimento da personalidade de seus membros.

Embora tenha reconhecido a igualdade entre filhos, o Código Civil de 2002 ainda manteve estrutura bastante semelhante à da codificação de 1916, a exigir constante atenção do intérprete na compatibilização entre antigas normas e novos valores. É o que se vê, de modo emblemático, no art. 1.597 da atual codificação, que arrola uma série de presunções legais de filiação, cuja finalidade, no regime anterior, era assegurar a condição de filho legítimo e preservar a instituição do matrimônio, mas hoje assumem conotação inteiramente diversa.

11.1. *Presunção* pater is est

A atribuição do estado de filiação pode se dar de diversas maneiras: (a) por presunção legal; (b) mediante reconhecimento voluntário; e (c) mediante reconhecimento judicial. Presunção milenar na tradição jurídica romano-germânica é aquela segundo a qual presume-se como pai o marido da mãe de filho havido na constância do casamento. Vale dizer: demonstrado o estado de casado, o marido será presumidamente o pai. *Pater is est quem justae nuptiae demonstrant*. Na denominação da presunção, abrevia-se o brocardo: presunção *pater is est*.

A presunção *pater is est* foi consagrada de modo quase absoluto pelo Código Civil de 1916, que, no art. 344, atribuía "privativamente ao marido o direito de contestar a legitimidade dos filhos nascidos de sua mulher". Fixava, ainda, prazo decadencial extremamente curto para a impugnação da paternidade: dois meses do nascimento, se presente o marido, ou, se o marido se encontrava ausente ou se lhe ocultaram o nascimento, três meses contados do seu retorno ou da ciência do fato (art. 178, §§ 3º e 4º, I). Por fim, a codificação de 1916 estipulava taxativamente as causas que poderiam ser invocadas pelo marido para desconstituir a presunção (art. 340).

O Código Civil atual manteve a presunção *pater is est*, no art. 1.597, que presume concebidos na constância do casamento os filhos "nascidos cento e oitenta dias, pelo menos, depois de estabelecida a convivência conjugal" ou "nos trezentos dias subsequentes à dissolução da sociedade conjugal, por morte, separação, judicial, nulidade e anulação do casamento". Embora mantendo a presunção, o legislador de 2002 lhe reservou conotação bem menos rígida. Em primeiro lugar, o art. 1.601 do Código Civil reconheceu que o direito do marido de contestar a paternidade é imprescritível. Em segundo lugar, suprimiu-se, do mesmo dispositivo, a expressão "privativamente", reconhecendo, com isso, que, além do marido, o próprio filho tem sempre direito à busca da sua paternidade biológica. Por fim, quanto às causas que ilidem a presunção, ainda que o Código Civil tenha mantido algumas restrições da codificação anterior (arts. 1.600 e 1.602), admitiu a livre apreciação do juiz em relação aos motivos que devem conduzir à conclusão contrária.

Como se vê, mesmo com a presunção *pater is est* conservando utilidade prático-operacional, sua aplicação não se dá mais de modo absoluto, reconhecendo-se o amplo direito do filho ao conhecimento de sua paternidade biológica, ainda que em detrimento da paz matrimonial. A perquirição da verdade biológica tem sido estimulada pelo amplo desenvolvimento e difusão dos exames de DNA, que "desvirilizam, em muito, a necessidade de presunções neste campo"[46]. Merece registro nesse sentido a Lei n. 10.317/2001, que, alterando a Lei n. 1.060/50, veio incluir, no âmbito da assistência judiciária, a isenção de "despesas com a realização do exame de código genético – DNA que for requisitado pela autoridade judiciária nas ações de investigação de paternidade ou maternidade" (art. 3º, VI). O dispositivo foi revogado pelo CPC, que, no entanto, traz disposição análoga em seu art. 98, § 1º, V.

Deve-se ter em mente, contudo, que a verdade biológica não equivale, necessariamente, à verdade jurídica. Respeitado o direito do filho de conhecer sua origem genética, a relação de filiação consiste em vínculo familiar que transcende o dado biológico, devendo ser levados em consideração outros aspectos, em especial a eventual consolidação de uma paternidade socioafetiva, a ser objeto de ponderação no caso concreto para fins de se determinar aquilo que mais atende à dignidade humana dos envolvidos. Como já destacado pela melhor doutrina, há, no novo contexto do direito de família, um redirecionamento funcional da presunção *pater is est*, cuja função "deixa de ser a de presumir a legitimidade do filho, em razão da origem matrimonial, para a de presumir a paternidade em razão do estado de filiação, independentemente da sua origem ou de sua concepção"[47].

Ainda sobre a presunção *pater is est*, parte da doutrina tem sustentado que o art. 1.597 do Código Civil se aplica também à união estável, não obstante as expressas referências à "constância do casamento", à "convivência conjugal"

---

46   Gustavo Tepedino, A disciplina jurídica da filiação na perspectiva civil-constitucional, cit., p. 487.
47   Paulo Lôbo, *Direito civil – famílias*, cit., p. 196.

e à figura do "marido". Aqui, em vez de uma extensão ampla e irrestrita, o melhor nos parece sustentar que, nas hipóteses de união estável, as presunções do art. 1.597 devem ser aplicadas, analogicamente, desde que não se trate de união caracterizada pela liberdade de relacionamento sexual com outros parceiros (o que, a nosso ver, não exclui a configuração da união estável). Em suma: a analogia dependerá, como, de resto, deveria ocorrer sempre, da identidade de fundamentação à luz do caso concreto.

11.2. Reconhecimento de filhos

O reconhecimento de filhos é instituto de que o Código Civil só cogita em relação ao "filho havido fora do casamento" (art. 1.607). Isso porque, em relação aos filhos havidos na constância do casamento, aplica-se, como se viu, a presunção *pater is est*. O reconhecimento de filhos pode ser (a) voluntário ou (b) forçado, assim chamado aquele que decorre de decisão judicial – sendo preferível a denominação reconhecimento judicial.

11.2.1. Reconhecimento voluntário

O reconhecimento voluntário é aquele que decorre da vontade do genitor. Trata-se de ato jurídico em sentido estrito, de caráter irrevogável e personalíssimo, com eficácia *erga omnes*. Embora o Estatuto da Criança e do Adolescente tenha se limitado a admitir o reconhecimento de filhos "no próprio termo de nascimento, por testamento, mediante escritura ou outro documento público, qualquer que seja a origem da filiação" (art. 26), a Lei n. 8.560/92 veio possibilitar também o reconhecimento por "escrito particular, a ser arquivado em cartório" ou "manifestação direta e expressa perante o juiz". A orientação foi, em boa hora, mantida pelo Código Civil de 2002, no art. 1.609. O caráter irrevogável do reconhecimento voluntário de filhos mantém-se mesmo nos casos em que se dá por testamento, negócio jurídico unilateral que, como se sabe, é revogável no tocante às suas demais disposições.

11.2.2. Reconhecimento judicial

O reconhecimento do estado de filiação é um direito do filho, conforme afirma expressamente o art. 27 do Estatuto da Criança e do Adolescente: "o reconhecimento do estado de filiação é direito personalíssimo, indisponível e imprescritível, podendo ser exercitado contra os pais ou seus herdeiros, sem qualquer restrição, observado o segredo de Justiça". De fato, qualquer pessoa pode promover ação de investigação de paternidade a fim de ver reconhecido, judicialmente, seu estado de filiação. A iniciativa não admite, nos termos do dispositivo transcrito, "qualquer restrição". A expressão assume importância diante do art. 1.604 do Código Civil, segundo o qual "ninguém pode vindicar estado contrário ao que resulta do registro de nascimento, salvo provando-se erro ou falsidade do registro". Não obstante sua linguagem restritiva, não podem ser vistos como limites à investigação de paternidade, mas devem ser interpretados como disposições que não obstam o direito substancial do filho ao conhecimento de sua paternidade.

11.2.3. Exame de DNA

Polêmica ainda hoje em aberto diz respeito à possibilidade ou não de se compelir o réu em ação investigatória de paternidade a realizar o exame de DNA. Em precedente conhecido, julgado em 1994, o Supremo Tribunal Federal decidiu pela impossibilidade de se forçar o réu à realização do exame, ainda que mediante a mera entrega de um fio de cabelo. Afirmou que ninguém pode ser conduzido "debaixo de vara" a realizar exame de DNA. Restou vencido o Ministro Francisco Rezek, que, em voto precioso, realizou ponderação entre, de um lado, o direito à intangibilidade e intimidade do réu, e, de outro, o direito ao conhecimento da origem biológica, concluindo pela prevalência deste último[48].

Sobre o mesmo tema, o Superior Tribunal de Justiça aprovou, em 2004, a Súmula 301, com o seguinte teor: "em ação investigatória, a recusa do suposto pai a submeter-se ao exame de DNA induz presunção *juris tantum* de paternidade". O enunciado, a toda evidência, não traz solução ao drama do autor da ação investigatória, cujo escopo não consiste no estabelecimento do vínculo de paternidade com o réu, por presunção de um fato biológico, mas na real identificação da sua origem genética. O que o autor pretende, no mais das vezes, é verificar se o réu é seu pai biológico, de modo que uma verdade presumida não se afigura capaz de satisfazê-lo, persistindo, para sempre, a dúvida.

Daí parte da doutrina sustentar, em sentido contrário à posição dos nossos tribunais superiores, que

> a perícia compulsória se, em princípio, repugna àqueles que, com razão, vêm o corpo humano como bem jurídico intangível e inviolável, parece ser providência necessária e legítima, a ser adotada pelo juiz, quando tem por objetivo

---

48   STF, *Habeas Corpus* 71373-4/RS, 10-11-1994.

impedir que o exercício contrário à finalidade de sua tutela prejudique, como ocorre no caso do reconhecimento do estado de filiação, direito de terceiro, correspondente à dignidade de pessoa em desenvolvimento, interesse que é, a um só tempo, público e individual[49].

11.2.4. Relativização da coisa julgada

Em 2011, o plenário do Supremo Tribunal Federal emitiu decisão emblemática, na qual relativizou a coisa julgada formada em ação de investigação de paternidade, na qual não havia sido realizado o exame de DNA. Argumentou a Suprema Corte que não devem ser impostos óbices de natureza processual ao direito fundamental à busca da identidade genética, invocando, ainda, os princípios da igualdade entre os filhos e da socioafetiva paternidade responsável[50].

11.2.5. Paternidade socioafetiva

O reconhecimento judicial da filiação não deriva apenas da identificação do vínculo biológico. O direito civil contemporâneo reconhece que a filiação é um dado cultural, construído no cotidiano da convivência familiar, que pode corresponder ou não à descendência biológica. Já há algum tempo, a doutrina vinha empregando a expressão "posse do estado de filho", para indicar a situação fática daquele que, independentemente da origem biológica, é tratado como filho por outra pessoa, de modo contínuo e notório. O termo revela indisfarçável associação com o instituto da posse, que, no passado, parte da doutrina defendeu ser passível de extensão aos direitos de qualquer natureza. A expressão posse do estado de filho indicava, assim, que a exteriorização de uma relação paterno-filial atraía a proteção da ordem jurídica, mesmo nas hipóteses em que contrariasse a verdade biológica. Para tanto, exigia-se tríplice pressuposto: (a) *tractatus* (tratamento de filho), (b) *nomen* (uso do nome de família) e (c) *fama* (reconhecimento social como filho).

Atualmente, tais requisitos não são vistos de forma rígida. A remodelagem da paternidade como relacionamento concreto, desenvolvido no âmbito da comunidade familiar, fez com que a proteção dos filhos fosse alçada a um patamar mais elevado que a simples tutela da aparência exterior. Reconhece-se, hoje,

---

49 Maria Celina Bodin de Moraes, Recusa à realização de exame de DNA na investigação de paternidade e direitos da personalidade, in Vicente Barreto (Org.), *A nova família: problemas e perspectivas*, Rio de Janeiro: Renovar, 1997, p. 194.
50 STF, Tribunal Pleno, RE 363.889/DF, rel. Min. Dias Toffoli, j. 2-6-2011.

a paternidade socioafetiva, a fim de indicar não uma modalidade excepcional ou hierarquicamente inferior de paternidade, mas uma nova faceta da paternidade, como entendida pelo direito contemporâneo, independente do vínculo biológico. Nossa jurisprudência tem atribuído inúmeros efeitos à paternidade socioafetiva, às vezes em contraste com dogmas arraigados do civilismo brasileiro, como aquele relativo à imutabilidade do nome. A tal propósito, o Superior Tribunal de Justiça decidiu, ainda em 2007, que certa pessoa pode acrescentar ao seu nome os sobrenomes dos pais de criação[51]. Hoje, a Lei de Registros Públicos conta com o § 8º do art. 57, incluído pela Lei n. 11.924/2009, que autoriza expressamente a inclusão do sobrenome do padrasto ou da madrasta, embora exija a "expressa concordância destes" e um "motivo ponderável"[52].

11.2.6. Multiparentalidade

O Supremo Tribunal Federal, ao apreciar a Repercussão Geral 622, aprovou a tese de que "a paternidade socioafetiva, declarada ou não em registro público, não impede o reconhecimento do vínculo de filiação concomitante baseado na origem biológica, com os efeitos jurídicos próprios". Com isso, reconheceu expressamente a paternidade socioafetiva, independentemente de registro público. Além disso, esclareceu que o reconhecimento da paternidade socioafetiva não impede o reconhecimento da paternidade biológica concomitante, evidenciando que não há hierarquia entre essas duas formas de relação paterno-filial. Como consequência, acolheu no direito brasileiro a chamada multiparentalidade.

O caso concreto apreciado pelo Supremo Tribunal Federal não foi o primeiro nessa matéria – basta lembrar, por exemplo, que cartórios de todo o Brasil têm sido chamados a registrar o nome de mais de um pai ou mais de uma mãe nas certidões de nascimento, situação que, por vezes, acaba desaguando no Judiciário[53] –, nem o mais simples. O próprio julgamento do recurso e a análise

---

51   STJ, REsp 605.708/RJ, 3-9-2007.
52   "§ 8º O enteado ou a enteada, havendo motivo ponderável e na forma dos §§ 2º e 7º deste artigo, poderá requerer ao juiz competente que, no registro de nascimento, seja averbado o nome de família de seu padrasto ou de sua madrasta, desde que haja expressa concordância destes, sem prejuízo de seus apelidos de família."
53   Confira-se, entre outras, a sentença da juíza titular da 15ª Vara de Família da Capital do Rio de Janeiro, Maria Aglae Vilardo, que reconheceu, em 2014, o direito de três irmãos terem duas mães, a biológica e a socioafetiva, em seus registros de nascimento (TJRJ reconhece multiparentalidade, *IBDFam*, 12 fev. 2014, disponível em: < www.ibdfam.org.br/noticias/5243/TJRJ+reconhece+multiparentalidade >, acesso em: 21 nov. 2017).

da tese aprovada, ao final, pela Suprema Corte não se mostraram muito coesos, com propostas antagônicas e algumas reviravoltas, revelando que a visão do tema entre os Ministros não é necessariamente unívoca. A conclusão alcançada, pela maioria, foi, contudo, corajosa e ousada, na medida em que exprimiu clara ruptura com o dogma antiquíssimo segundo o qual cada pessoa tem apenas um pai e uma mãe. Em um campo tão delicado como o da família, cercado de "pré--conceitos" de origem religiosa, social e moral (por vezes, moralista), o Supremo Tribunal Federal adotou um posicionamento claro e objetivo, em sentido diametralmente oposto ao modelo da dualidade parental, consolidado na tradição civilista e construído à luz da chamada "verdade" biológica.

11.2.7. Efeitos da multiparentalidade

O reconhecimento da multiparentalidade traz numerosas e profundas consequências, não apenas para o direito de família, mas também para muitos outros campos jurídicos, como o direito previdenciário e o direito sucessório. Há ainda, como é natural, muitas perguntas em aberto. Por exemplo, se uma pessoa pode receber herança de dois pais, é preciso recordar que também pode ocorrer o contrário, pois a tese aprovada produz efeitos em ambas as direções: direito do filho em relação aos múltiplos pais ou mães, mas também direitos dos múltiplos pais ou mães em relação ao filho. Assim, o que ocorre caso o filho venha a falecer antes dos pais, sem deixar descendentes? A resposta da lei brasileira sempre foi a de que "os ascendentes da linha paterna herdam a metade, cabendo a outra metade aos da linha materna" (Código Civil, art. 1.836). Em primeiro grau, isso significava que o pai recebia a metade dos bens, e a mãe, a outra metade. Agora, indaga-se como será feita a distribuição nessa hipótese: a mãe recebe metade e cada pai recebe um quarto da herança? Ou se divide a herança igualmente entre os três, para que a posição de pai não seja "diminuída" em relação à posição de mãe (ou vice-versa)? Esse último entendimento nos parece o mais adequado, por assegurar a isonomia entre os múltiplos pais.

Outra pergunta que se impõe, na mesma direção, é a seguinte: o que ocorre se os múltiplos pais vierem a necessitar de alimentos? O filho, a rigor, deve ser chamado a prestar alimentos aos seus múltiplos pais, podendo a multiparentalidade vir a se converter em ônus elevado àquele personagem que costuma ser visto como "beneficiado" nas decisões judiciais que reconhecem a multiparentalidade. Há, ainda, o generalizado receio de que a posição adotada pelo Supremo Tribunal Federal possa gerar demandas mercenárias, baseadas em puro interesse patrimonial. Argumenta-se que a Corte teria aberto as portas do Judiciário para filhos que somente se interessam pelos pais biológicos no momento de necessidade ou ao se descobrirem como potenciais herdeiros de fortunas. Nesse particular, competirá aos juízes e tribunais separar, como sempre, o joio do trigo, empregando os mecanismos disponíveis na ordem jurídica brasileira para evitar o exercício de uma situação jurídica subjetiva em descompasso com seu fim axiológico-normativo. O abuso do direito e a violação à boa-fé objetiva têm plena aplicação nesse campo, sendo de se lembrar que são instrumentos que atuam não apenas no interesse particular, mas também no interesse público de evitar a manipulação de remédios que são concedidos pelo ordenamento não de modo puramente estrutural, mas sempre à luz de uma finalidade que se destinam a realizar[54].

Outra dúvida importante que também terá de ser respondida é se o entendimento do Supremo Tribunal Federal produzirá algum efeito sobre a adoção, em que pese a convicção exposta por alguns Ministros de que o instituto da adoção não sofreria nenhuma alteração. Como se sabe, por expressa disposição do art. 41 do Estatuto da Criança e do Adolescente, a adoção rompe o vínculo do menor com a família biológica, contrariamente ao que ocorre, como decidiu o Supremo Tribunal Federal, no caso da paternidade socioafetiva. Haveria aí uma incoerência do sistema jurídico? Deve a disciplina da adoção ser alterada? A indagação é relevante especialmente quando se pensa naquelas "adoções" feitas sem atos jurídicos formais, por meio do simples acolhimento no lar – situação que é tão frequente no Brasil que foi batizada pelos juristas com o nome sintomático de adoção "à brasileira". Nesses casos, adoção e paternidade socioafetiva, embora correspondam a institutos jurídicos distintos, confundem-se na realidade dos fatos, de modo que disciplinas jurídicas diversas podem gerar inconsistências injustificadas no que tange aos efeitos produzidos sobre o dado real.

Há, ainda, a delicada questão dos doadores de material genético para a assim chamada inseminação artificial[55]. O tema é cercado de incertezas. Em 2016, foi editado o Provimento n. 52 da Corregedoria Geral de Justiça, que, disciplinando o registro de nascimento de filhos havidos por reprodução assistida, passou a exigir para o registro "declaração, com firma reconhecida, do diretor

---

54 Sobre abuso do direito e boa-fé objetiva, ver: Anderson Schreiber, *A proibição de comportamento contraditório – tutela da confiança e* venire contra factum proprium, 4. ed., São Paulo: Atlas, cap. 2.

55 Questão suscitada por Flávio Tartuce, ao lado de outras possíveis repercussões da decisão proferida no âmbito do RE 898.060, em artigo escrito no dia do julgamento, acompanhado em tempo real pelo autor: Flávio Tartuce, Breves e iniciais reflexões sobre o julgamento do STF sobre parentalidade socioafetiva, disponível em: <www.flaviotartuce.jusbrasil.com.br> (acesso em: 20 nov. 2017).

técnico da clínica, centro ou serviço de reprodução humana em que foi realizada a reprodução assistida, indicando a técnica adotada, o nome do doador ou da doadora, com registro de seus dados clínicos de caráter geral e características fenotípicas, assim como o nome dos seus beneficiários" (art. 2º, II). Tal determinação feria o sigilo e anonimato dos doadores de material genético e desestimulava potencialmente a doação. No entanto, o Provimento n. 63 da Corregedoria Geral de Justiça, editado em 2017, não somente suprimiu a exigência de indicação do doador, como também passou a prever, expressamente, que "o oficial de registro civil das pessoas naturais não poderá exigir a identificação do doador de material genético como condição para a lavratura do registro de nascimento de criança gerada mediante técnica de reprodução assistida" (art. 8º). Consta, ainda, do referido Provimento que "o conhecimento da ascendência biológica não importará no reconhecimento do vínculo de parentesco e dos respectivos efeitos jurídicos entre o doador ou a doadora e o filho gerado por meio da reprodução assistida" (art. 17, § 3º).

A situação, que já era complexa, ganha um dado novo com a recente manifestação do Supremo Tribunal Federal e estimula indagações: seria válida, à luz do entendimento da Suprema Corte, a identificação de uma relação de ascendência biológica sem efeito de paternidade? Ou a ascendência biológica representa sempre um vínculo de paternidade, com todos os seus efeitos? A resposta a essas perguntas, além de produzir repercussões jurídicas significativas, produzirá efeitos relevantes sobre o funcionamento prático das doações de material genético, campo em que as imprecisões e incertezas, não podem perdurar por muito tempo, sob pena de desestimular a iniciativa dos doadores. A instabilidade não deriva aqui, é bom que se diga, da decisão proferida pelo Supremo Tribunal Federal, a qual apenas veio pôr em evidência inconsistências que já vinham proliferando na matéria.

A propósito, convém registrar que à Corte Suprema do país não compete redesenhar, em cada decisão, todo o sistema jurídico. Ao Supremo Tribunal Federal cumpre dar o norte, fixar paradigmas, como fez na análise da Repercussão Geral 622 com: (a) a consagração da relevância jurídica da socioafetividade (e não do afeto em si, que é sentimento íntimo e pessoal, mas da sua manifestação exterior na vida social, apesar da insistência de alguns em confundir os conceitos); (b) o reconhecimento da inexistência de hierarquia entre a paternidade socioafetiva e a biológica[56]; e (c), finalmente, o acolhimento da multiparentalidade. As

---

56   Era já, registre-se, a posição defendida pela melhor doutrina, como se pode ver em: Jones Figueirêdo Alves, Socioafetividade em cartório – paternidade socioafetiva tem

respostas mais específicas a repercussões que a tese possa ter em diferentes setores jurídicos virão pouco a pouco, pelas boas mãos da doutrina e da jurisprudência[57]. O mais importante aqui é que, na linha do que já havia feito com o reconhecimento das uniões homoafetivas, o Supremo Tribunal Federal reitera seu papel no campo do direito de família: não fechar os olhos para realidade, acolhendo todas as diferentes formas de família que já existem na prática e que não se enquadram necessariamente nos modelos fechados que constam das nossas leis e dos nossos códigos.

11.2.8. Reconhecimento extrajudicial da paternidade socioafetiva

Em razão da ausência de previsão legal expressa, o reconhecimento da paternidade socioafetiva limitava-se ao âmbito dos processos judiciais, geralmente de caráter litigioso. Em 2017, a Corregedoria do Conselho Nacional de Justiça publicou o Provimento n. 63, prevendo o reconhecimento voluntário da paternidade socioafetiva perante os oficiais de registro civil das pessoas naturais. A matéria encontra-se atualmente regulada no *Código Nacional de Normas da Corregedoria Nacional de Justiça do Conselho Nacional de Justiça – Foro Extrajudicial* (Provimento CNJ n. 149/2023), que revogou a maior parte do Provimento n. 63. Embora em consonância com o crescente movimento de desjudicialização e desburocratização de demandas, há quem levante dúvidas sobre a possibilidade de se realizar no âmbito cartorial uma adequada verificação dos requisitos necessários para a configuração do parentesco socioafetivo.

Atentando para estes aspectos, o Provimento n. 149 determina que o registrador ateste "a existência do vínculo afetivo da paternidade ou da maternidade socioafetiva mediante apuração objetiva por intermédio da verificação de elementos concretos" (art. 506, § 1º). Tal comprovação se dará por todos os meios em direito admitidos, sendo listados, exemplificativamente, "apontamento escolar como responsável ou representante do aluno; inscrição do pretenso filho em plano de saúde ou em órgão de previdência; regis-

---

igualdade com biológica, *Conjur*, 28 dez. 2013, disponível em: <www.conjur.com.br> (acesso em: 22 nov. 2017).

57 Como tive oportunidade de ressaltar na tarde do julgamento em entrevista ao jornal *O Globo*: "A decisão do Supremo dá um norte e cria um novo paradigma do direito de família. Tem uma série de repercussões, como essa, que vamos ter que discutir caso a caso na medida que elas surjam" (Carolina Brígido, Decisão do STF abre caminho para pai biológico e afetivo registrarem mesmo filho, disponível em: <www.oglobo.globo.com>, acesso em: 20 nov. 2017).

tro oficial de que residem na mesma unidade domiciliar; vínculo de conjugalidade — casamento ou união estável — com o ascendente biológico; inscrição como dependente do requerente em entidades associativas; fotografias em celebrações relevantes; declaração de testemunhas com firma reconhecida" (art. 506, § 2º). Ainda de acordo com o Provimento n. 149, "a ausência destes documentos não impede o registro, desde que justificada a impossibilidade, no entanto, o registrador deverá atestar como apurou o vínculo socioafetivo" (art. 506, § 3º).

Outro aspecto importante consiste na limitação do reconhecimento extrajudicial de paternidade socioafetiva aos maiores de 12 anos (art. 505, *caput*), exigindo-se, ainda, o consentimento do menor de idade (art. 507, § 4º). Previsões do Provimento n. 149 que parecem contrariar o próprio espírito da norma são a necessidade de um parecer favorável do Ministério Público como requisito para o registro (art. 507, § 9º) e de um limite de um único ascendente socioafetivo, seja do lado paterno ou do materno, devendo a inclusão de mais de um ascendente socioafetivo tramitar pela via judicial (art. 510, §§ 1º e 2º).

11.2.9. Reconhecimento extrajudicial de multiparentalidade

Outro aspecto relevante do regulamento editado pelo CNJ diz respeito à possibilidade de reconhecimento extrajudicial de multiparentalidade. Em suas considerações iniciais, o Provimento n. 63 expressamente alude à tese consagrada pelo STF na matéria. Já o Provimento n. 149, no seu art. 510, afirma que "o reconhecimento da paternidade ou da maternidade socioafetiva somente poderá ser realizado de forma unilateral e *não implicará o registro de mais de dois pais e de duas mães* no campo FILIAÇÃO no assento de nascimento". Assim, enquanto o Provimento n. 63 tem a virtude de reconhecer a possibilidade de o registro da filiação socioafetiva implicar situação de multiparentalidade – conferindo reconhecimento normativo ao instituto da multiparentalidade –, o Provimento n. 149 tem o defeito de inserir limite quantitativo arbitrário, que não se justifica à luz da ordem jurídica brasileira. Suponha-se que um casal homoafetivo adote uma criança e, após se separarem, ambos os pais estabeleçam novas relações afetivas com pessoas do mesmo sexo que, por sua vez, vêm a criar vínculos socioafetivos com a criança. Esta situação, perfeitamente plausível na realidade contemporânea, encontraria obstáculo no art. 510 do Provimento n. 149, que, interpretado literalmente, impediria que qualquer dos pais socioafetivos pudesse obter o reconhecimento extrajudicial de seu vínculo de parentesco.

11.2.10. Filiação assistida

Em algumas hipóteses, é o próprio legislador que vem declarar a irrelevância do dado genético, outorgando a condição de pai a pessoa diversa do ascendente biológico, como se vê de modo emblemático no campo da filiação assistida, por meio de técnicas de inseminação artificial. Impensável ao tempo da codificação civil de 1916, a inseminação artificial assumiu notável importância prática nas últimas décadas e ganhou expressa menção no Código Civil de 2002. Embora empregando de modo algo aleatório os termos "concepção", "fecundação" e "inseminação" artificial, cuidou o legislador de distinguir entre (a) a inseminação artificial homóloga, realizada com material genético do próprio casal interessado, e (b) a inseminação artificial heteróloga, que se vale de sêmen doado por terceiro.

Valendo-se dessa distinção, o legislador preocupou-se, basicamente, em instituir presunções de paternidade nas situações que contempla[58]. Deixou de lançar sobre o fenômeno da filiação assistida um olhar mais amplo, que captasse os seus aspectos mais variados e polêmicos, como a destinação de embriões excedentários e a exigência de consentimento informado do cônjuge ou companheiro para a realização de inseminação artificial, ainda que heteróloga. Tais matérias continuam a ser reguladas por normas deontológicas, em especial a Resolução n. 2.320/2022 do Conselho Federal de Medicina, que institui normas éticas para a utilização das técnicas de reprodução assistida. Há ali dispositivos relevantes, como o item II.1, segundo o qual "todas as pessoas capazes que tenham solicitado o procedimento e cuja indicação não se afaste dos limites desta resolução podem ser receptoras das técnicas de reprodução assistida, desde que os participantes estejam de inteiro acordo e devidamente esclarecidos, conforme legislação vigente".

Independentemente dos avanços e retrocessos do Conselho Federal de Medicina na nova regulamentação, parece evidente que tão relevante matéria deveria ter recebido um tratamento mais abrangente por parte do Código Civil, distinto de mera limitação às presunções de paternidade, que não esgotam, a toda evidência, a complexidade da matéria.

11.2.10.1. *Inseminação artificial homóloga*

Em relação à inseminação artificial homóloga, o Código Civil presume a paternidade "mesmo que falecido o marido" (art. 1.597, III). A norma deve ser

---

58 O Provimento n. 149/2023 do CNJ, por sua vez, disciplina alguns aspectos relativos ao registro do nascimento de filho havido por técnicas de reprodução assistida nos seus arts. 512 a 515, como se verá posteriormente.

lida com cautela, já que a paternidade é decisão que pertence ao campo estrito da autonomia pessoal. Daí o Enunciado n. 106 aprovado durante a I Jornada de Direito Civil do Conselho de Justiça Federal, segundo o qual a incidência do art. 1.597, III, depende de se encontrar a mulher "na condição de viúva, devendo haver ainda autorização escrita do marido para que se utilize seu material genético após sua morte". Note-se que o dispositivo, presumindo o cenário mais usual, no qual o marido falece primeiro, não trata da hipótese inversa, de utilização pelo marido do material genético da esposa falecida. À luz da igualdade constitucional, no entanto, a regra aplicável deve ser rigorosamente a mesma: "É possível ao viúvo ou ao companheiro sobrevivente, o acesso à técnica de reprodução assistida póstuma – por meio da maternidade de substituição, desde que haja expresso consentimento manifestado em vida pela sua esposa ou companheira" (Enunciado n. 633 da VIII Jornada de Direito Civil do CJF). Registre-se que às instituições responsáveis pelo armazenamento de material genético compete condicionar sua utilização à apresentação do consentimento expresso do titular, não podendo entregar ao cônjuge sobrevivente o sêmen armazenado, que, como parte destacada do corpo humano, não integra o objeto de herança ou meação, institutos de índole patrimonial. Se, de qualquer modo, a criança vier a ser concebida sem que o cônjuge sobrevivente tenha obtido o consentimento do falecido, não será possível o reconhecimento da filiação em relação ao cônjuge morto[59].

A inseminação artificial homóloga pode ocorrer por vários métodos, entre os quais a utilização de *embriões excedentários*, assim entendidos aqueles que resultam da manipulação genética, mas não são introduzidos no ventre da mulher, permanecendo armazenados nas instituições especializadas, para eventual utilização posterior. O Código Civil presume a paternidade do marido em relação aos filhos "havidos, a qualquer tempo, quando se tratar de embriões excedentários, decorrentes de concepção artificial homóloga" (art. 1.597, IV). Também aqui o consentimento expresso do marido é indispensável, devendo-

---

[59] Provimento n. 149/2023 do CNJ: "Art. 513. Será indispensável, para fins de registro e de emissão da certidão de nascimento, a apresentação dos seguintes documentos: (...) § 2º Nas hipóteses de reprodução assistida *post mortem*, além dos documentos elencados nos incisos do *caput* deste artigo, conforme o caso, deverá ser apresentado termo de autorização prévia específica do falecido ou falecida para uso do material biológico preservado, lavrado por instrumento público ou particular com firma reconhecida. § 3º O conhecimento da ascendência biológica não importará no reconhecimento do vínculo de parentesco e dos respectivos efeitos jurídicos entre o doador ou a doadora e o filho gerado por meio da reprodução assistida".

-se tomar especial cuidado quando já finda a sociedade conjugal, hipótese em que a presunção "somente poderá ser aplicada se houver autorização prévia, por escrito, dos ex-cônjuges, para a utilização dos embriões excedentários, só podendo ser revogada até o início do procedimento de implantação destes embriões" (CJF, I Jornada de Direito Civil, Enunciado n. 107). Especificamente em caso de implantação *post mortem* dos embriões excedentários, o Superior Tribunal de Justiça já reconheceu a insuficiência de declaração constante do contrato padrão de prestação de serviços de reprodução humana, exigindo-se que, em razão dos relevantes efeitos patrimoniais e existenciais decorrentes da geração de um filho, a autorização concedida pelo *de cujus* seja expressa e específica, além de dever ser efetivada por testamento ou documento análogo, capaz de garantir a higidez da vontade do falecido[60].

O Código Civil não traz nenhuma palavra sobre o destino dos embriões excedentários que não forem utilizados pelo casal. A Resolução CFM n. 2.320/2022 determina que "o número total de embriões gerados em laboratório será comunicado aos pacientes para que decidam quantos embriões serão transferidos a fresco, conforme determina esta Resolução. Os excedentes viáveis *devem* ser criopreservados" (V.2). Aduz, ainda, que, "antes da geração dos embriões, os pacientes devem manifestar sua vontade, por escrito, quanto ao destino dos embriões criopreservados em caso de divórcio, dissolução de união estável ou falecimento de um deles ou de ambos, e se desejam doá-los" (V.3). Apesar disso, a livre determinação do destino dos embriões excedentários tem gerado controvérsia, havendo vozes de relevo a exigir sua proteção nos termos do art. 2º do Código Civil, prevalecendo, todavia, entre os especialistas, a ideia de que o embrião não pode ser considerado nascituro "antes da transferência para o útero da mãe"[61].

A discussão assume especial relevância no tocante à utilização de células-tronco embrionárias, obtidas de embriões humanos produzidos por fertilização *in vitro* e não utilizados no procedimento de inseminação. A Lei n. 11.105/2005 (Lei de Biossegurança) autorizou a utilização de células-tronco embrionárias desde que extraídas de "embriões inviáveis" ou "embriões congelados há 3 (três) anos ou mais, na data da publicação desta Lei, ou que, já congelados na data da publicação desta Lei, depois de completarem 3 (três) anos, contados a partir da

---

60 STJ, 4ª T., REsp 1.918.421/SP, rel. p/ acórdão Min. Luis Felipe Salomão, j. 8-6-2021.
61 Heloisa Helena Barboza, *A filiação: em face da inseminação artificial e da fertilização* in vitro, Rio de Janeiro: Renovar, 1993, p. 83.

data de congelamento" (art. 5º, incisos I e II). Cercado por forte polêmica, o art. 5º da Lei n. 11.105/2005 foi objeto da Ação Direta de Inconstitucionalidade 3.510, julgada improcedente pelo Supremo Tribunal Federal[62].

11.2.10.2. Inseminação artificial heteróloga

A inseminação artificial heteróloga, com utilização de material genético de outro parceiro, suscita um número ainda maior de questões. Aqui, o Código Civil presume a paternidade desde que haja "prévia autorização do marido" (art. 1.597, V). Diante da própria presunção de paternidade, impõe-se a ampla informação e conscientização do parceiro, que deve estar pronto para emitir autorização consistente e responsável. O ideal é que a aprovação se dê por escrito, embora, na falta de exigência legal, a doutrina admita a autorização verbal.

Registre-se que a autorização concedida é irrevogável. O pai presumido não poderá impugnar, posteriormente, a paternidade. A presunção afigura-se absoluta. O caráter absoluto justifica-se diante da necessidade de proteger o filho concebido por inseminação artificial heteróloga, campo em que a desconsideração do vínculo biológico constitui verdadeira premissa. Não obstante, parte da doutrina considera "surpreendente que, em um campo onde a ciência genética é triunfante, a verdade biológica seja proibida"[63]. Não só a impugnação da paternidade mas também a investigação de paternidade biológica, por iniciativa do filho, devem ser vedadas. O anonimato do doador é essencial para atender às expectativas dos envolvidos, garantindo que "a doação de sêmen seja efetivamente uma doação desinteressada, desprovida de qualquer interesse econômico ou da pretensão ao próprio vínculo de paternidade"[64]. Nesse sentido, a Resolução CFM n. 2.320/2022 determina expressamente que "a doação não pode ter caráter lucrativo ou comercial" (IV.1) e "os doadores não devem conhecer a identidade dos receptores e vice-versa" (IV.2).

A referida resolução assegura, ainda, o sigilo sobre a identidade dos doadores, admitindo que certas informações sobre os doadores – e não a sua identidade civil – possam ser transmitidas a médicos, em situações excepcionais, como no caso de enfermidade cuja cura ou diagnóstico dependam da

---

62 STF, ADI 3526/DF, rel. Min. Ayres Britto, 5-3-2008.
63 Paulo Lôbo, *Direito civil – famílias*, cit., p. 201.
64 Gustavo Tepedino, A disciplina jurídica da filiação na perspectiva civil-constitucional, cit., p. 504.

análise do histórico genético do paciente: "deve ser mantido, obrigatoriamente, sigilo sobre a identidade dos doadores de gametas e embriões, bem como dos receptores, com a ressalva do item 2 do Capítulo IV. Em situações especiais, informações sobre os doadores, por motivação médica, podem ser fornecidas exclusivamente aos médicos, resguardando a identidade civil do(a) doador(a)" (IV.4).

Para tal fim, impõe-se às instituições encarregadas da inseminação artificial o dever de conservar, em caráter permanente, "um registro com dados clínicos de caráter geral, características fenotípicas, de acordo com legislação vigente" (IV.5). Trata-se, contudo, de um registro dirigido a finalidades médicas, devendo-se preservar, sempre, a identidade civil do doador, contra investigações voltadas ao estabelecimento do vínculo de paternidade. Aqui é corriqueira certa analogia com a adoção, na qual, em favor da recepção integral na família adotiva, se cancela todo o vínculo jurídico com a origem biológica. É de se recordar, todavia, que a Lei n. 12.010/2009 veio consagrar o direito do adotado ao conhecimento da sua origem biológica[65]. Na experiência estrangeira, alguns ordenamentos admitem, no campo da inseminação artificial heteróloga, o direito do filho ao conhecimento de sua origem biológica, ressalvando que tal identificação não produz efeitos familiares ou sucessórios. Ainda assim, a medida não parece saudável, pois poderia conduzir a forte desestímulo à doação de material genético, não pelos efeitos jurídicos, mas sim morais da identificação do vínculo biológico.

Atentando a estas questões, o Provimento n. 149/2023 do CNJ prevê, expressamente, que "o oficial de registro civil das pessoas naturais não poderá exigir a identificação do doador de material genético como condição para a lavratura do registro de nascimento de criança gerada mediante técnica de reprodução assistida" (art. 479), de modo a proteger o sigilo e anonimato dos doadores de material genético e estimular a doação. O mesmo diploma estabelece, ainda, que "o conhecimento da ascendência biológica não importará no reconhecimento do vínculo de parentesco e dos respectivos efeitos jurídicos entre o doador ou a doadora e o filho gerado por meio da reprodução assistida" (art. 513, § 3º) – norma igualmente importante para incentivar doadores, ainda que

---

65 Dando nova redação ao art. 48 do ECA: "Art. 48. O adotado tem direito de conhecer sua origem biológica, bem como de obter acesso irrestrito ao processo no qual a medida foi aplicada e seus eventuais incidentes, após completar 18 (dezoito) anos. Parágrafo único. O acesso ao processo de adoção poderá ser também deferido ao adotado menor de 18 (dezoito) anos, a seu pedido, assegurada orientação e assistência jurídica e psicológica".

se possa discutir se uma restrição tão relevante aos efeitos da ascendência biológica poderia ser instituída em sede de provimento do CNJ.

Não bastassem todos esses aspectos tormentosos, a inseminação artificial heteróloga suscita, por fim, temores de relações incestuosas inconscientes entre filhos gerados com base no material genético do mesmo doador, situação que, de resto, pode ocorrer mesmo na concepção natural. À ordem jurídica compete, todavia, adotar medidas preventivas, como fez a Resolução CFM n. 2.320/2022, que, referindo-se a registro de nascimentos que deve ser mantido pela clínica, centro ou serviço que se utilizem de doação, determina: "Na região de localização da unidade, o registro dos nascimentos evitará que um(a) doador(a) tenha produzido mais de 2 (dois) nascimentos de crianças de sexos diferentes em uma área de 1 (um) milhão de habitantes. Exceto quando uma mesma família receptora escolher um(a) mesmo(a) doador(a), que pode, então, contribuir com quantas gestações forem desejadas" (IV.6).

11.2.10.3. *Gestação de substituição*

Cabe uma última palavra sobre a gestação de substituição, popularmente conhecida como *barriga de aluguel*. A codificação civil não tratou do assunto, limitando-se à disposição genérica do art. 13, que veda o ato de disposição do próprio corpo quando importar diminuição permanente da integridade física ou contrariar os bons costumes, ressalvados os casos de exigência médica. Mais uma vez, é a Resolução CFM n. 2.320/2022 que traça os parâmetros para a análise do tema, autorizando a gestação de substituição, também chamada "cessão temporária do útero", "desde que exista uma condição que impeça ou contraindique a gestação" (VII).

Quanto ao vínculo de filiação, o Provimento n. 149/2023 do CNJ estabelece que, "na hipótese de gestação por substituição, não constará do registro o nome da parturiente, informado na declaração de nascido vivo, devendo ser apresentado termo de compromisso firmado pela doadora temporária do útero, esclarecendo a questão da filiação" (art. 513, § 3º).

A Resolução CFM n. 2.320/2022 proíbe expressamente que a cessão temporária do útero tenha "caráter lucrativo ou comercial" (VII.2), de tal modo que a chamada barriga de aluguel encontra expressa vedação em nossa ordem jurídica. No afã de evitar fraudes à norma, a resolução determina, ainda, que "a cedente temporária do útero deve: a) ter ao menos um filho vivo; b) pertencer à família de um dos parceiros em parentesco consanguíneo até o quarto grau (primeiro grau: pais e filhos; segundo grau: avós e irmãos; terceiro grau: tios e sobrinhos; quarto grau: primos); c) na impossibilidade de atender o item b, deverá ser solicitada autorização do Conselho Regional de Medicina (CRM)" (VII.1).

Além da polêmica limitação familiar – ainda mais à família "biológica", uma vez que o texto se refere a "parentesco consanguíneo" –, é criticável o emprego da expressão "cessão temporária de útero" (embora certamente superior à fórmula "doação temporária de útero", empregada por resoluções anteriores), a invocar a lógica patrimonial do instituto da cessão de crédito, cuja interferência nesse campo se afigura intolerável. O mesmo vale para a expressão "barriga de aluguel", que a resolução em boa hora se exime de empregar.

11.3. Autoridade parental

Poder familiar ou, mais precisamente, *autoridade parental* é a situação jurídica complexa que autoriza a interferência dos pais na esfera jurídica dos filhos, sempre no interesse destes. Trata-se de autoridade temporária exercida até a maioridade ou emancipação dos filhos. A matéria sofreu transformação radical ao longo das últimas décadas. Contemplado pelo Código Civil de 1916 sob a designação de *pátrio poder*, o instituto refletia a orientação hierarquizada e patriarcal que enxergava no pai o chefe da família, submetendo ao seu comando e arbítrio os filhos. O pátrio poder fincava raízes no *patria potestas* dos romanos, "dura criação de direito despótico", que se assemelhava a autêntico direito de propriedade sobre os filhos[66].

Com a emancipação da mulher casada e o reconhecimento da dignidade dos filhos, sobretudo considerando a Constituição de 1988, o pátrio poder foi se despedindo do seu despotismo e se funcionalizando cada vez mais ao "melhor interesse da criança", a ser perseguido por ambos os pais de modo consensual, compartilhado e equilibrado. A expressão "melhor interesse da criança" tem origem na fórmula do idioma inglês *the best interests of the child*, empregada no art. 3º da Convenção dos Direitos da Criança, aprovada pela Assembleia Geral da ONU em 1989 e traduzida no Brasil pelo Decreto n. 99.710/90, que promulgou entre nós a Convenção, após aprovação do Congresso e ratificação pelo Governo brasileiro, como "o interesse maior da criança".

A atuação dos pais passa a estar voltada, permanentemente, à realização dos direitos protegidos em nível constitucional, sempre com o escopo de garantir

---

66 Pontes de Miranda, *Tratado de direito privado*, São Paulo: Revista dos Tribunais, 1974, t. 9, p. 106.

o mais pleno desenvolvimento da personalidade da criança e do adolescente. Essa profunda alteração conceitual do pátrio poder implicou alteração terminológica, e o Código Civil de 2002 passou a tratar da matéria sob o título de *poder familiar*, o que realça o papel igualitário entre pai e mãe no seu exercício. Algumas legislações estrangeiras e parte da doutrina nacional têm preferido, contudo, a expressão *autoridade parental*, a fim de reservar destaque ao fato de se tratar de exercício de função ou múnus, orientado sempre ao interesse alheio e associado, na medida do possível, à participação do próprio interessado[67]. Com efeito, "em uma concepção de igualdade, participativa e democrática da comunidade familiar", a sujeição dos filhos deve ser substituída pelo exercício cotidiano e equilibrado de um "ofício finalizado à promoção das potencialidades criativas dos filhos"[68].

11.3.1. Disciplina normativa

A Constituição de 1988 consagra, no art. 227, ampla proteção à criança e ao adolescente, afirmando que "é dever da família, da sociedade e do Estado assegurar à criança e ao adolescente, com absoluta prioridade, o direito à vida, à saúde, à alimentação, à educação, ao lazer, à profissionalização, à cultura, à dignidade, ao respeito, à liberdade e à convivência familiar e comunitária, além de colocá-los a salvo de toda forma de negligência, discriminação, exploração, violência, crueldade e opressão". Sobre o cuidado com os filhos, determina o art. 229 da Constituição: "os pais têm o dever de assistir, criar e educar os filhos menores, e os filhos maiores têm o dever de ajudar e amparar os pais na velhice, carência ou enfermidade".

Em sede infraconstitucional, o poder familiar é contemplado quer pelo Código Civil de 2002, quer pelo Estatuto da Criança e do Adolescente (Lei n. 8.069/90), que não tem sido considerado incompatível com a codificação. De modo geral, contudo, a legislação infraconstitucional dá forte ênfase ao aspecto patológico da autoridade parental, dedicando inúmeros dispositivos à suspensão e perda do poder familiar[69]. Revela, ainda, forte interesse pelos aspectos patrimoniais do exercício do poder familiar, disciplinando detalhadamente o usufruto legal e a administração dos bens dos filhos menores (Código Civil, arts. 1.689-1.693). Os pais figuram, como já visto no estudo do usufruto, como

---

[67] Sobre a ampla reformulação do instituto do poder familiar, ver a obra de Ana Carolina Brochado Teixeira, *Família, Guarda e Autoridade Parental*, Rio de Janeiro: Renovar, 2009.
[68] Pietro Perlingieri, *Perfis do direito civil – introdução ao direito civil constitucional*, trad. Maria Cristina De Cicco, Rio de Janeiro: Renovar, 1999, p. 258.
[69] Gustavo Tepedino, A disciplina da guarda e a autoridade parental na ordem civil--constitucional, in *Temas de direito civil*, Rio de Janeiro: Renovar, 2006, t. II, p. 179.

usufrutuários e detentores dos poderes de administração do patrimônio dos filhos sob sua autoridade. É usufruto legal, que dispensa inscrição no registro público, mesmo que recaia sobre imóveis. Sua natureza é inteiramente peculiar, pois exercido sempre no interesse do menor, respondendo os pais pela adequada defesa e conservação do seu patrimônio.

11.3.2. Titularidade da autoridade parental

A autoridade parental é exercida em igualdade de condições pelos pais. Em dispositivo criticável, o Código Civil determina que o poder familiar compete aos pais "durante o casamento e a união estável" (art. 1.631). Pelo contrário, o poder familiar é reconhecido mesmo em outras espécies de entidade familiar, já que o instituto não tem relação com o vínculo que liga os pais entre si, mas sim com o vínculo entre pais e filhos. Nesse sentido, o Código Civil reconhece, no art. 1.632, que "a separação judicial, o divórcio e a dissolução da união estável não alteram as relações entre pais e filhos, senão quanto ao direito, que aos primeiros cabe, de terem em sua companhia os segundos". Assim, diversamente do que ocorre em alguns ordenamentos estrangeiros, como o italiano e o francês, em que a dissolução da sociedade conjugal pode levar o juiz a atribuir a autoridade parental apenas ao titular da guarda, no Brasil, ambos os pais permanecem plenamente investidos do poder familiar ou autoridade parental.

Nosso Código Civil esclarece, ainda, que "o pai ou a mãe que contrai novas núpcias, ou estabelece união estável, não perde, quanto aos filhos do casamento anterior, os direitos ao poder familiar", estendendo-se a norma também "ao pai ou à mãe solteiros que casarem ou estabelecerem união estável" (art. 1.636). Na falta ou impedimento temporário de um dos pais, o Código Civil autoriza que o outro exerça, com exclusividade, o poder familiar. Na ausência de ambos os pais, será nomeado tutor para o menor.

Em caso de desacordo entre os pais, no exercício da autoridade parental (opções educacionais, religiosas etc.), a legislação assegura o recurso ao Poder Judiciário para a solução da divergência. A solução judicial deve ser reservada às divergências inconciliáveis, já que a vitória judicial de um dos pais não conduz necessariamente à pacificação do conflito no seio familiar. Daí a recomendação da doutrina de que o juiz se valha, sempre que possível, da "tentativa prévia de mediação familiar, que tem por característica a ausência de julgamento e de ganho de um contra o outro, mas a gestão confidencial e imparcial da resolução conjunta do problema, induzida pelo mediador, mediante acordo durável e mutuamente aceitável, com espírito de corresponsabilidade parental, podendo ser concluída com homologação judicial"[70]. Aqui, as vantagens da mediação sobre a solução autoritária do conflito, nas relações familiares, têm sido continuamente destacadas pela doutrina mais recente[71].

Em qualquer hipótese, o conflito deve ser solucionado com base no melhor interesse do menor, sendo este ouvido sempre que possível acerca das alternativas em debate, de modo a garantir sua participação como sujeito e não como objeto das questões decididas. Também ao próprio menor a legislação assegura expressamente, em certas hipóteses, o recurso direto ao Poder Judiciário, como no caso de injusta negativa dos pais para casamento (art. 1.519). Ao tratar dos aspectos patrimoniais do exercício do poder familiar, o Código Civil traz, ainda, a possibilidade de nomeação, a requerimento do próprio menor ou do Ministério Público, de curador especial "sempre que no exercício do poder familiar colidir o interesse dos pais com o do filho" (art. 1.692).

11.3.3. Exercício da autoridade parental

Como situação jurídica complexa, a autoridade parental é composta de direitos, faculdades, ônus, deveres, exercidos sempre no interesse do menor. A Constituição assegurou, como se viu, diversos direitos fundamentais da criança e do adolescente, dentre os quais a educação, a alimentação e o lazer. Ao amplo rol constitucional, soma-se o disposto no Estatuto da Criança e do Adolescente, que, no art. 22, impõe aos pais "o dever de sustento, guarda e educação dos filhos menores". Também o Código Civil atribui aos pais os deveres de, em relação aos filhos menores, "dirigir-lhes a criação e educação", "exercer a guarda unilateral ou compartilhada", "representá-los judicial e extrajudicialmente até os 16 (dezesseis) anos, nos atos da vida civil, e assisti-los, após essa idade, nos atos em que forem partes" (art. 1.634).

11.3.4. Guarda

Dentre os vários deveres que compõem a autoridade parental, merece destaque a guarda. Tratada tradicionalmente como direito subjetivo, a ser atribuído a um dos pais em caso de separação, a guarda é instituto carregado de ambiguidade semântica, compreendido usualmente como "ato de vigilância,

---

70 Paulo Lôbo, *Direito civil – famílias*, cit., p. 273.
71 Conrado Paulino da Rosa, *Desatando nós e criando laços: os novos desafios da mediação familiar*, Belo Horizonte: Del Rey, 2012.

sentinela que mais se afeiçoa ao olho unilateral do dono de uma coisa guardada, noção inadequada a uma perspectiva bilateral de diálogo e de troca, na educação e formação da personalidade do filho"[72]. Da mesma forma que a autoridade parental, de que constitui um aspecto, a guarda passou por profundas transformações nas últimas décadas[73], sempre com o escopo de assegurar efetiva proteção ao melhor interesse da criança e de evitar uma espécie de "desresponsabilização" (*deresponsabilizzazione*) do genitor que não permanece com a guarda. Daí se verifica, de um lado, o desenvolvimento das novas modalidades de guarda compartilhada e de guarda alternada, que foram colhidas na experiência estrangeira como formas de assegurar o convívio do menor com ambos os pais. De outro lado, testemunha-se um crescente reconhecimento de que a guarda configura apenas um aspecto da autoridade parental, verdadeira responsabilidade da qual nenhum dos pais fica privado, como expressamente reconhece o art. 1.632, com base na dissolução da sociedade conjugal, ainda que com a atribuição da guarda unilateral ao outro genitor.

Na mesma direção, já decidiu o Superior Tribunal de Justiça que ambos os genitores, inclusive aquele que não detém a guarda unilateral, são responsáveis pelos atos ilícitos praticados pelos filhos menores. Ressalvou, contudo, a possibilidade – não albergada, registre-se, pelo Código Civil de 2002 (art. 933) – de comprovarem os genitores que não concorreram com culpa para a ocorrência do dano[74].

11.3.5. Guarda compartilhada

A Lei n. 11.698/2008 incorporou ao ordenamento jurídico brasileiro o instituto da guarda compartilhada, que consiste no equânime compartilhamento do dever de guarda entre os genitores do menor. A guarda compartilhada surge em contraposição à guarda unilateral, que é aquela atribuída com exclusividade a um dos genitores, enquanto ao outro se reserva o direito de visitação. Já a guarda compartilhada pode ser definida, no dizer do art. 1.583, § 1º, do Código Civil, como "a responsabilização conjunta e o exercício de direitos e deveres do pai e da mãe que não vivam sob o mesmo teto, concernentes ao poder familiar dos filhos comuns". Na guarda compartilhada, ambos os genitores exercem

---

72 Gustavo Tepedino, A disciplina da guarda e a autoridade parental na ordem civil--constitucional, cit., p. 177.
73 Ver Elisa Costa Cruz, *Guarda Parental*: releitura a partir do cuidado, Rio de Janeiro: Processo, 2021.
74 STJ, 3ª T., REsp 777.327, j. 17-11-2009.

a guarda, de modo que o tempo de convívio com os filhos deve ser dividido de forma equilibrada com a mãe e com o pai, sempre tendo em vista as condições fáticas e os interesses dos filhos[75].

A Lei n. 11.698/2008 foi interpretada pelas nossas cortes como sendo uma autorização para a aplicação da guarda compartilhada se houvesse consenso entre os genitores ou, ainda, em casos de bom convívio entre os pais. Em 2014, a Lei n. 13.058 veio, de modo mais explícito, afirmar o caráter preferencial da guarda compartilhada, ordenando ao juiz que a aplique mesmo na ausência de consenso entre os pais, desde que sejam "ambos os genitores aptos a exercer o poder familiar" e ressalvada a hipótese de "um dos genitores declarar ao magistrado que não deseja a guarda do menor" (art. 1.584, § 2º). Nesse sentido, o Superior Tribunal de Justiça já decidiu que não é possível ao julgador impedir a aplicação da guarda compartilhada "sem a demonstração cabal de que um dos ex-cônjuges não está apto a exercer o poder familiar"[76].

Mais recentemente, a Lei n. 14.713/2023 inseriu no § 2º do art. 1.584 do Código Civil uma segunda hipótese impeditiva da fixação da guarda compartilhada: "Quando houver elementos que evidenciem a probabilidade de risco de violência doméstica ou familiar". O legislador buscou evitar que a prorrogação da convivência com um agressor pelo compartilhamento da guarda exponha os menores ou o outro genitor a risco à sua integridade psicofísica. Por outro lado, deve o juiz proceder com prudência, exigindo a demonstração dos elementos probatórios referidos na lei, de modo a impedir que a convivência familiar seja obstada por alegações infundadas.

O instituto da guarda compartilhada continua sendo, ainda hoje, polêmico no meio especializado. Há quem critique a guarda compartilhada, afirmando que, por vezes, a coerção ao convívio acaba produzindo mais prejuízos que benefícios à formação do menor. Há, de outro lado, quem exalte o instituto como forma de aprendizagem também para os pais e instrumento relevante para se evitar a chamada síndrome da alienação parental.

11.3.6. Extinção da autoridade parental

O Código Civil contempla, no art. 1.635, as hipóteses que dão margem à extinção do poder familiar ou autoridade parental, entendendo-se por extinção

---

75 Enunciado n. 671 da IX Jornada de Direito Civil (2022): "A tenra idade da criança não impede a fixação de convivência equilibrada com ambos os pais".
76 STJ, 3ª Turma, rel. Min. Nancy Andrighi, processo em segredo de justiça.

a sua interrupção definitiva. A doutrina sustenta que tais hipóteses são taxativas, não se admitindo o reconhecimento de quaisquer outras. São causas de extinção, por exemplo, (a) a maioridade do filho, (b) sua emancipação ou (c) a adoção, que cancela, conforme se verá adiante, qualquer vínculo com a família biológica original. A extinção opera de modo automático *(ipso iure)* com base na ocorrência de qualquer das causas listadas no Código Civil.

11.3.7. Suspensão da autoridade parental

A suspensão distingue-se da extinção em diversos aspectos. Primeiro, a suspensão é temporária, enquanto a extinção é definitiva. Segundo, a suspensão, ao contrário da extinção, assenta em causas que revelam uma conduta antijurídica por parte dos pais. As hipóteses legais de suspensão abrangem: (a) o abuso da autoridade parental; (b) o descumprimento de deveres inerentes à autoridade parental; (c) a criação de risco à segurança do menor ou de seus bens; e (d) a condenação do genitor por sentença irrecorrível, em virtude de crime cuja pena exceda a dois anos de prisão. A doutrina afirma que, diferentemente do que ocorre na extinção, o rol aqui não é taxativo, admitindo-se outras hipóteses que digam respeito ao indevido exercício da autoridade parental, como privar o menor de alimentos ou deixá-lo em estado habitual de vadiagem ou libertinagem. Parece, todavia, que os amplos termos do art. 1.637 já são capazes de abranger todas as possíveis violações perpetradas pelos pais no exercício da autoridade parental.

Admite-se a suspensão meramente parcial da autoridade parental, com a adoção de medidas restritivas a serem adotadas pelo juiz, de modo a se preservar o exercício da autoridade parental, com cautelas e proteções à integridade pessoal e patrimonial do menor. A suspensão, total ou parcial, pode ser sempre revista diante da alteração das circunstâncias que conduziram à sua decretação.

A Lei n. 12.318/2010 (Lei de Alienação Parental) previa a suspensão da autoridade parental como uma das possíveis consequências da caracterização de atos de alienação parental (art. 6º, VII)[77]. Tal previsão, no entanto, restou revogada pela Lei n. 14.340/2022, aparentemente no afã de robustecer a garantia da criança à convivência familiar. De todo modo, a alienação parental, a depender da gravidade, poderá ser considerada forma de abuso da au-

---

77 O fenômeno da alienação parental será objeto de estudo mais detido em tópico próprio, ainda neste capítulo.

toridade parental, a justificar a suspensão do poder familiar com base na cláusula geral constante do art. 1.637 do Código Civil.

11.3.8. Perda da autoridade parental

A perda da autoridade parental ou poder familiar é a consequência reservada pelo ordenamento a condutas extremamente graves adotadas pelos pais no exercício da sua autoridade parental. Como a suspensão, a perda não é sanção dirigida aos pais, mas medida a ser adotada sempre no interesse do menor. O Código Civil contempla as seguintes hipóteses de perda do poder familiar: (a) "deixar o filho em abandono"; (b) "praticar atos contrários à moral e aos bons costumes"; (c) "castigar imoderadamente o filho"; (d) incidir, reiteradamente, em qualquer das condutas que podem conduzir à suspensão do poder familiar; (e) "entregar de forma irregular o filho a terceiros para fins de adoção" (CC, art. 1.638, I a V).

A Lei n. 13.715/2018 incluiu, no art. 1.638, parágrafo único prevendo a perda da autoridade parental também nas seguintes hipóteses: (a) "homicídio, feminicídio ou lesão corporal de natureza grave ou seguida de morte, quando se tratar de crime doloso envolvendo violência doméstica e familiar ou menosprezo ou discriminação à condição de mulher"; e (b) "estupro, estupro de vulnerável ou outro crime contra a dignidade sexual sujeito à pena de reclusão". A perda da autoridade parental opera-se quando tais delitos forem praticados (i) "contra outrem igualmente titular do mesmo poder familiar" ou (ii) "contra filho, filha ou outro descendente". Entendeu o legislador que essas condutas representam grave ofensa à solidariedade familiar, incompatíveis com a responsabilidade que se espera do titular da autoridade parental. Tais hipóteses, a rigor, já se encontram abrangidas pela previsão mais ampla do Código Penal que institui a perda do poder familiar como um dos efeitos possíveis da condenação por "crimes dolosos sujeitos à pena de reclusão cometidos contra outrem igualmente titular do mesmo poder familiar, contra filho, filha ou outro descendente" (CP, art. 92, II). Diante da disposição mais abrangente do Código Penal, há que se perquirir a razão pela qual o novo dispositivo do Código Civil limitou-se a certos crimes. Para conciliar os preceitos, deve-se entender que o Código Penal requer a condenação criminal do titular da autoridade, enquanto nas hipóteses elencadas no Código Civil bastará o reconhecimento de sua prática pelo juízo cível, decretando a perda da autoridade parental sem necessidade de condenação criminal. Tal interpretação alinha-se com aquela reservada a outros temas similares no Código Civil como a revogação da doação por ingratidão e a indignidade do herdeiro.

Merecem especial atenção duas das hipóteses indicadas na legislação: o castigo imoderado e o abandono do filho.

11.3.8.1. *Castigo imoderado*

A doutrina tem denunciado que "o Código Civil, ao incluir a vedação ao castigo imoderado, admite implicitamente o castigo moderado"[78]. A rigor, a codificação civil limita-se a indicar o castigo imoderado como causa de perda do poder familiar, não podendo daí se extrair que compactua com o chamado castigo moderado, que bem pode configurar causa de suspensão da autoridade parental, por abuso, nos termos do art. 1.637 do Código Civil. Com efeito, embora se admita, no âmbito do aprendizado familiar, a privação de certos prazeres de que desfrutaria o menor, a título de incentivo ao seu bom comportamento, a aplicação de castigos físicos, em qualquer grau, não se compactua com o ordenamento constitucional e configura claro abuso da autoridade parental, por força da evidente desproporção de forças entre o menor e o genitor. Também o castigo psíquico deve ser reprimido com vigor, já que, nos termos do art. 227 da Constituição, é dever da família, do Estado e da sociedade pôr a criança e o adolescente "a salvo de toda forma de negligência, discriminação, exploração, violência, crueldade e opressão".

Nessa direção, a Lei n. 13.010/2014 incluiu no Estatuto da Criança e do Adolescente, entre outros dispositivos, o art. 18-A, dispondo que "a criança e o adolescente têm o direito de ser educados e cuidados *sem o uso de castigo físico ou de tratamento cruel ou degradante, como formas de correção, disciplina, educação ou qualquer outro pretexto*, pelos pais, pelos integrantes da família ampliada, pelos responsáveis, pelos agentes públicos executores de medidas socioeducativas ou por qualquer pessoa encarregada de cuidar deles, tratá-los, educá-los ou protegê-los". O legislador esclareceu, ainda, o que deve ser entendido como castigo físico – "ação de natureza disciplinar ou punitiva aplicada com o uso da força física sobre a criança ou o adolescente que resulte em sofrimento físico ou lesão" (parágrafo único, I) – e como tratamento cruel ou degradante – "conduta ou forma cruel de tratamento em relação à criança ou ao adolescente que humilhe, ameace gravemente ou ridicularize" (parágrafo único, II).

11.3.8.2. *Abandono do menor*

O Estatuto da Criança e do Adolescente registra expressamente que "a falta ou a carência de recursos materiais não constitui motivo suficiente para a perda ou a suspensão do poder familiar" (art. 23). Compete ao Estado amparar, por meio de programas oficiais, a família de origem, e não destituir de

---

78 Paulo Lôbo, *Direito civil – famílias*, cit., p. 282.

poder familiar os seus titulares. O que conduz, isso sim, à perda do poder familiar ou autoridade parental é o abandono do menor (art. 1.638, II), entendido tradicionalmente como a postura dos pais que não se preocupam em assegurar à criança ou adolescente os meios necessários à sua subsistência, conquanto dispondo desses meios. O abandono tem sido compreendido, historicamente, em um sentido material. Recentemente, contudo, tem se debatido na doutrina e na jurisprudência o chamado abandono afetivo.

11.3.8.3. Abandono afetivo

Por abandono afetivo entende-se a situação em que ao menos um dos genitores deixa, apesar do provimento de recursos materiais, de reservar ao filho o necessário amparo emocional e psíquico, por meio de sua companhia e convívio familiar. Em precedente controvertido julgado em 2005, a Quarta Turma do Superior Tribunal de Justiça, embora reconhecendo o dever dos pais de criar e educar os filhos, tendo-os em sua companhia, julgou improcedente o pedido de indenização por danos morais apresentado por parte autora que alegava ter sido tratada ao longo dos anos com frieza e rejeição pelo pai, que deixara de comparecer a aniversários, comemorações, reuniões de pais e formatura da filha. O Superior Tribunal de Justiça entendeu, naquela ocasião, que a consequência jurídica do abandono afetivo era a perda do poder familiar, e não a atribuição de valor pecuniário a título indenizatório[79].

Algumas considerações parecem relevantes: (a) é preciso ter em mente que a responsabilidade civil é remédio de caráter geral, não havendo nenhuma imunidade ao dever de reparar o dano causado em relações de família; (b) em se tratando de hipótese de responsabilidade civil, faz-se imprescindível, contudo, a configuração de nexo de causalidade e dano, o que recomenda um exame por vezes interdisciplinar, tendo em vista que se trata da própria formação da personalidade da vítima; (c) o nome "abandono afetivo" é enganoso, na medida em que não se trata de examinar a questão afetiva, mas a questão do cumprimento dos deveres impostos pelo ordenamento aos pais; (d) também não se trata necessariamente de um abandono, pois, em teoria, o dever de reparar os danos não ocorre apenas na hipótese de total e continuado descumprimento dos deveres, mas também diante do descumprimento parcial e episódico; e (e) não se deve dar azo aqui a pretensões punitivas, que não integram a função da responsabilidade civil.

---

79 STJ, REsp 757.411/MG, rel. Min. Fernando Gonçalves, j. 29-11-2005.

Em 2012, a Terceira Turma do Superior Tribunal de Justiça concluiu pela plena possibilidade de reparação do dano moral decorrente de abandono afetivo em precedente julgado pela Min. Nancy Andrighi, que cunhou a célebre frase: "Amar é faculdade, cuidar é dever"[80]. Desde então, este passou a ser o entendimento do STJ sobre o tema[81], embora já se tenha esclarecido, na linha das observações acima, que "não há dever jurídico de cuidar afetuosamente, de modo que o abandono afetivo, se cumpridos os deveres de sustento, guarda e educação da prole, ou de prover as necessidades de filhos maiores e pais, em situação de vulnerabilidade, não configura dano moral indenizável"[82].

11.3.8.4. Alienação parental

A alienação parental é considerada por alguns autores como o "outro lado da moeda" em comparação com o abandono afetivo. Aqui, o genitor não abandona o filho, mas é o filho que passa a ser indiferente ao genitor em virtude da ação deliberadamente excludente do outro genitor. A questão foi regulada pela Lei de Alienação Parental (Lei n. 12.318/2010), que oferece ao intérprete importantes parâmetros normativos. A lei considera "ato de alienação parental a interferência na formação psicológica da criança ou do adolescente promovida ou induzida por um dos genitores, pelos avós ou pelos que tenham a criança ou adolescente sob a sua autoridade, guarda ou vigilância para que repudie genitor ou que cause prejuízo ao estabelecimento ou à manutenção de vínculos com este" (art. 2º), trazendo ainda, no parágrafo único do mesmo dispositivo, uma lista exemplificativa de condutas que podem configurar alienação parental, como "dificultar contato de criança ou adolescente com genitor". Por fim, o art. 6º da lei prevê certos remédios que podem ser fixados judicialmente diante da caracterização de atos de alienação parental, como a advertência ao alienador, a estipulação de multa e a alteração da guarda do menor.

Questão particularmente sensível consiste na prova da alienação parental, que quase sempre exige a oitiva da criança acerca dos alegados atos de alienação. Diante disso, o art. 699 do CPC determina que, nos processos que envolvam discussão sobre fato relacionado a abuso ou a alienação parental, o juiz, ao tomar o depoimento do menor, esteja acompanhado por um especialista. Posteriormente, a Lei n. 13.431/2017 estabeleceu o sistema de garantia de

---

80 STJ, REsp 1.159.242/SP, j. 24-4-2012.
81 Confira-se, exemplificativamente: STJ, 3ª T., REsp 1.981.131/MS, rel. Min. Paulo de Tarso Sanseverino, j. 8-11-2022.
82 STJ, 4ª T., REsp 1.579.021/RS, rel. Min. Maria Isabel Gallotti, j. 19-10-2017.

direitos da criança e do adolescente vítima ou testemunha de violência, qualificando o ato de alienação parental como forma de violência psicológica (art. 4º, II, *b*) e garantindo o direito do menor a ser ouvido por meio de escuta especializada – assim entendido o "procedimento de entrevista sobre situação de violência com criança ou adolescente perante órgão da rede de proteção, limitado o relato estritamente ao necessário para o cumprimento de sua finalidade" (art. 7º) – e depoimento especial – "procedimento de oitiva de criança ou adolescente vítima ou testemunha de violência perante autoridade policial ou judiciária" (art. 8º). Essa modificação foi reforçada pela Lei n. 14.340/2022 por meio da inclusão na Lei de Alienação Parental do art. 8º-A, que comina pena de nulidade processual à oitiva de crianças e de adolescentes sem observância da exigência de escuta especializada e de depoimento especial. Em 2024, o Conselho Nacional de Justiça editou a Recomendação n. 157, relativa à adoção do "Protocolo para a escuta especializada e depoimento especial de crianças e adolescentes nas ações de família em que se discuta alienação parental" no âmbito do Poder Judiciário brasileiro, que veicula diretrizes para a oitiva dos menores nesses processos.

11.3.8.5. *Autoalienação parental*

Pode ocorrer, nas demandas discutindo a existência de alienação parental, que o magistrado conclua pela ausência de configuração do instituto, verificando que o afastamento não decorre de conduta do outro genitor, mas sim de uma postura ativa do próprio autor da ação, que criou com seu próprio comportamento barreiras ao convívio sadio, gerando o afastamento do filho. Tais situações não se resumem a simples "não alienações", constatando-se uma efetiva alienação parental autoinfligida, ou, como a doutrina tem preferido denominar, *autoalienação parental*[83]. Este quadro, que guarda certa semelhança com o abandono afetivo, constitui verdadeiro exemplo de exercício abusivo do poder familiar. A relevância de sua elevação a categoria própria reside na maior visibilidade que confere à questão, permitindo que, uma vez identificada, enseje não apenas a improcedência da ação de alienação, mas também a deflagração dos remédios adequados à tutela dos direitos da criança e do adolescente[84].

---

83 Rolf Madaleno, Autoalienação parental, in Tânia da Silva Pereira, Guilherme de Oliveira e Antônio Carlos Mathias Coltro (Orgs.), *Cuidado e afetividade*, São Paulo: Atlas, 2017, p. 558 e s.

84 Livia Teixeira Leal, Exercício abusivo da autoridade parental sob a perspectiva da democratização da família: uma análise crítica da alienação e da autoalienação parental, *Revista IBDFAM: Famílias e Sucessões*, v. 24, nov./dez. 2017, p. 50-51.

11.4. Adoção

A adoção consiste em ato jurídico complexo que constitui relação de filiação entre pessoas que não a detêm biologicamente. No ordenamento jurídico brasileiro, a adoção atribui ao filho adotivo *status* idêntico ao de filho biológico, sendo vedada qualquer espécie de discriminação em relação ao adotado. Sob o aspecto funcional, a adoção é sempre realizada com a finalidade de assegurar efetivo benefício ao adotado, integrando-o do modo mais completo e saudável à nova família, a fim de permitir o pleno desenvolvimento da sua personalidade. A adoção é instituto que assume imensa importância prática na realidade socioeconômica brasileira, marcada por um número elevado de menores abandonados, aos quais o direito pode assegurar um destino mais digno e promissor.

11.4.1. Disciplina constitucional

A Constituição de 1988 procurou claramente fomentar a adoção, como se vê no § 5º do art. 227, segundo o qual "a adoção será assistida pelo Poder Público, na forma da lei, que estabelecerá casos e condições de sua efetivação por parte de estrangeiros". Além disso, o Constituinte deu passo marcante ao instituir, no art. 227, § 6º, a plena equiparação entre filhos adotivos e biológicos: "os filhos, havidos ou não da relação do casamento, ou por adoção, terão os mesmos direitos e qualificações, proibidas quaisquer designações discriminatórias relativas à filiação". A plena equiparação entre filhos adotivos e biológicos deu ao instituto da adoção uma configuração funcional inteiramente diversa da que lhe vinha reservada até então, coroando uma transformação que começara algumas décadas antes. Já San Tiago Dantas alertava que a adoção vinha sofrendo ao longo do século XX nítida transformação no sentido de se lhe retirar "a base psicológica exclusiva, que impressionava no século passado, para se lhe dar um caráter solidarista, para se fazer dele um meio de repartição dos encargos educativos na sociedade"[85]. Em 1990, o Estatuto da Criança e do Adolescente (Lei n. 8.069) veio consolidar a incidência dos princípios constitucionais no âmbito da adoção de menores, atentando à particular vulnerabilidade das pessoas em desenvolvimento.

11.4.2. Disciplina legal

Anteriormente ao Código Civil de 2002, a adoção era dividida em duas espécies: (a) a chamada *adoção simples*, regulada pelo Código Civil de 1916 e

---

85 San Tiago Dantas, *Direitos de família e das sucessões*, 2. ed., Rio de Janeiro: Forense, 1991, p. 387.

fundada na autonomia individual, reservada exclusivamente a adotandos maiores de idade; e (b) a chamada *adoção plena*, regulada pelo Estatuto da Criança e do Adolescente, com a completa desvinculação do adotado de sua família de origem e a plena identidade de direitos, inclusive sucessórios, entre os filhos adotivos e os naturais.

O Código Civil de 2002 reunificou o instituto da adoção, tomando como paradigma inafastável a disciplina constitucional que impõe, desde 1988, a plena equiparação entre os filhos. Assim, a nova codificação trouxe um regime único, aplicável à adoção tanto de filhos maiores quanto menores. Apesar disso, o entendimento amplamente majoritário na doutrina e na jurisprudência foi de que as disposições do Estatuto da Criança e do Adolescente permaneceram em vigor naquilo em que não se mostrassem incompatíveis com o Código Civil. Ademais, os contornos jurídicos da adoção no Brasil continuaram a ser positivamente influenciados por toda a experiência construída em torno da elaboração, interpretação e aplicação do Estatuto, especialmente no tocante à necessidade de uma visão interdisciplinar e de uma ativa participação do adotando em todo o processo de adoção.

Em 2009, a Lei n. 12.010 veio dispor sobre a adoção, alterando dispositivos do Estatuto e do Código Civil, entre outros. Em mais uma reviravolta na matéria, foram alterados os arts. 1.618 e 1.619 do Código Civil, que passaram a determinar que "a adoção de crianças e adolescentes será deferida na forma prevista pela Lei n. 8.069, de 13 de julho de 1990 – Estatuto da Criança e do Adolescente", enquanto a adoção de maiores de 18 anos "dependerá da assistência efetiva do poder público e de sentença constitutiva", aplicando-se, no que couber, as regras gerais do Estatuto. As demais regras do Código Civil relativas à adoção foram completamente revogadas. Como se vê, o Estatuto voltou a ocupar, por expresso comando legal, papel predominante na disciplina do instituto, aplicando-se inclusive à adoção de pessoas adultas, naquilo em que se mostrar compatível. Mais que isso: no plano axiológico, há convergência em torno das normas constitucionais – em especial, a plena equiparação entre filhos adotivos e biológicos –, que consistem em fundamento de validade e chave de leitura quer da adoção de maiores, quer da adoção de menores.

11.4.3. Crítica à Lei n. 12.010/2009

A Lei n. 12.010/2009 tem sido criticada por parcela significativa da doutrina. Ao tratar a adoção como "medida excepcional" (ECA, art. 39, § 1º, com redação dada por aquela lei), o legislador acabou por impor novos entraves à concessão da adoção, o que reduziu a sua celeridade e comprometeu, em alguma medida, a sua efetividade como instrumento de garantia da convivência familiar. Daí a opinião de Maria Berenice Dias, para quem a lei de 2009 "nada mais fez do que burocratizar e emperrar o direito à adoção de quem teve a desdita de não ser acolhido no seio de sua família biológica"[86].

11.4.4. Interesse do adotando

Pressuposto fundamental da adoção, que se vincula à própria função do instituto, é que traga "reais vantagens para o adotando", conforme determina o art. 43 do Estatuto da Criança e do Adolescente, o qual exige, ainda, que a adoção se funde em motivos legítimos. Distanciando-se de visões ultrapassadas que enxergavam a adoção por lentes individualistas, como instrumento de consolo ao casal incapaz de gerar prole natural, tanto o Estatuto quanto o Código Civil de 2002 enxergam a adoção como mecanismo de solidariedade social, orientando-se, claramente, em favor do bem-estar do adotando. Dessa clara orientação funcional derivam alguns pressupostos estruturais da adoção, como a concordância do adotando maior de 12 anos.

11.4.5. Concordância do adotando maior de 12 anos

O Estatuto da Criança e do Adolescente (art. 45, § 2º) exige a concordância do próprio adotando "se contar mais de doze anos". O patamar etário não deve ser enxergado de modo rígido, atentando-se não apenas ao peculiar amadurecimento de cada adotando, mas também ao caráter progressivo da emancipação intelectual, a exigir, ao contrário de um tratamento dicotômico entre menores e maiores de 12 anos, graus diferenciados de participação do adotando conforme a sua faixa etária e seu particular desenvolvimento pessoal. Alguma participação é sempre recomendável, mesmo em se tratando de menor de 12 anos.

11.4.6. Consentimento dos pais ou representantes legais do adotando

Registre-se que o consentimento dos pais ou representantes legais do adotando também é exigido, sendo dispensado tal consentimento em relação "à criança ou adolescente cujos pais sejam desconhecidos ou tenham sido destituídos do poder familiar" (art. 45, § 1º). O Código Civil estendia a dispensa ao órfão não reclamado por qualquer parente "por mais de um ano" (art. 1.624), prazo

---

86 Maria Berenice Dias, *Manual de direito das famílias*, cit., p. 489.

criticado, com razão, pela doutrina por privar o órfão da possibilidade de adoção durante todo o seu primeiro ano de vida, período considerado pela medicina contemporânea como essencial ao desenvolvimento da criança, tendo sido salutar a revogação do dispositivo.

11.4.7. Estágio de convivência

Ainda no sentido de assegurar real benefício ao adotando, o Estatuto determina, no art. 46, que "a adoção será precedida de estágio de convivência com a criança ou adolescente, pelo prazo que a autoridade judiciária fixar, observadas as peculiaridades do caso". O estágio de convivência será acompanhado por "equipe interprofissional a serviço da Justiça da Infância e da Juventude" (art. 46, § 4º). Aqui, afigura-se indispensável o auxílio de assistentes sociais, psicanalistas e outros profissionais capazes de identificar, com mais precisão que juristas, a presença dos elementos necessários ao sucesso da adoção. O estágio de convivência pode ser dispensado se o adotando já estiver sob a tutela ou guarda legal do adotante por tempo suficiente a permitir a avaliação da conveniência da constituição do vínculo adotivo (art. 46, § 1º).

11.4.8. Processo judicial

Ao contrário do Código Civil de 1916, que admitia a adoção por escritura pública, o Estatuto da Criança e do Adolescente exige a sentença judicial para a constituição do vínculo adotivo (art. 47). A exigência, criticada por parte da doutrina, dificulta, por óbvio, a difusão prática da adoção, mas tem sido defendida por outros autores por assegurar maior proteção ao adotando, proteção que consiste no exclusivo escopo da atuação judicial e da intervenção do Ministério Público neste campo. As autoridades envolvidas no processo de adoção devem ter em mente que a celeridade é do especial interesse do adotando, uma vez que somente com a sentença constitutiva se dá a plena integração à família adotiva. Daí a Lei n. 13.509/2017 ter incluído o § 10 no art. 47 do ECA, prevendo um prazo máximo de 120 dias, prorrogável uma única vez por igual período, para a conclusão do processo de adoção.

11.4.9. Requisitos do adotante

Em relação ao adotante, o Código Civil de 2002 já exigia, em sua redação anterior, que fosse pessoa "maior de dezoito anos" (art. 1.618), distanciando-se de modo significativo do Código Civil de 1916, que estabelecia idade mínima de 30 anos. A codificação atual impunha, ainda, que o adotante fosse "pelo menos dezesseis anos mais velho que o adotado". Os arts. 1.618 e 1.619 tiveram sua redação alterada pela Lei n. 12.010/2009, porém a idade mínima de 18 anos para o adotante e a diferença etária de, pelo menos, 16 anos em relação ao adotado continuam a ser exigidas, por força do art. 42, *caput* e § 3º, do Estatuto da Criança e do Adolescente, aplicáveis, por seu caráter de disposição geral, também à adoção de maiores. É vedada, ainda, a adoção por ascendentes ou irmãos do adotando (ECA, art. 42, § 1º), como também a adoção do pupilo ou curatelado pelo tutor ou curador enquanto não tiver prestado contas e pago eventual débito (ECA, art. 44).

11.4.10. Adoção por ascendentes

Em caso absolutamente dramático julgado em 2014, o Superior Tribunal de Justiça flexibilizou a vedação à adoção por ascendente, considerando uma leitura funcional da proibição. Tratava-se ali do caso de "pais que adotaram uma criança de oito anos de idade, já grávida, em razão de abuso sexual sofrido e, por sua tenríssima idade de mãe, passaram a exercer a paternidade socioafetiva de fato do filho dela, nascido quando contava apenas 9 anos de idade". A Corte concluiu que "a vedação da adoção de descendente por ascendente, prevista no art. 42, § 1º, do ECA, visou evitar que o instituto fosse indevidamente utilizado com intuitos meramente patrimoniais ou assistenciais, bem como buscou proteger o adotando em relação a eventual 'confusão mental e patrimonial' decorrente da 'transformação' dos avós em pais". No caso, a situação era inteiramente diversa "porque os avós sempre exerceram e ainda exercem a função de pais do menor, caracterizando típica filiação socioafetiva", restando possível a adoção por ascendentes[87].

11.4.11. Adoção por casal homoafetivo

Em passagem criticada, o Código Civil, em sua redação original, trouxe uma série de reservas à adoção por duas pessoas, admitindo-a apenas "se forem marido e mulher, ou se viverem em união estável" (art. 1.622). Idêntica exigência encontra-se no Estatuto (art. 42, § 2º). Tais normas excluiriam, em uma interpretação puramente literal, a adoção por casais homoafetivos e outras espécies de entidade familiar diversas da união matrimonial e da união estável.

---

87 STJ, 3ª T., REsp 1.448.969/SC, rel. Min. Moura Ribeiro, j. 21-10-2014.

A vedação atenta contra os princípios constitucionais (especialmente, a dignidade humana e a solidariedade social) e soa contraditória com a própria orientação do Código Civil e do Estatuto da Criança e do Adolescente, que não trazem nenhuma restrição à chamada adoção unilateral, que poderia ser realizada livremente por um dos parceiros homoafetivos. Além disso, diante do controle judicial do processo adotivo, fundado na regra do efetivo benefício do adotando, não há razão para uma restrição abstrata e genérica calcada no tipo de vínculo estabelecido entre os adotantes.

Se a natureza do relacionamento entre os adotantes puder, por alguma razão, causar prejuízo ao desenvolvimento do adotado, isso poderá ser aferido em concreto durante o processo de adoção. Advirta-se, ademais, que estudos especializados garantem que a adoção por casal homoafetivo não gera inconveniente algum para o adotado, estimulando, ao contrário, uma visão de mundo tolerante e plural, benéfica à formação da sua personalidade[88].

Caso de ampla repercussão na mídia foi o caso do menino Chicão, filho da cantora Cassia Eller, que, contrariando a vontade do avô, preferiu permanecer com a companheira da mãe, Maria Eugênia. Instaurou-se um litígio judicial, que acabou decidido em favor da companheira. Uma pesquisa realizada por jornal do Rio de Janeiro mostrou que 83,3% dos leitores eram favoráveis à decisão.

Afinada com estas transformações sociais, a jurisprudência do STJ tem se consolidado no sentido da plena conformidade da adoção por pessoas homoafetivas com a ordem jurídica brasileira[89], rechaçando, inclusive, tentativas de impor limitações arbitrárias, como uma suposta idade mínima de 12 anos do adotando[90] – exigência que se revelaria flagrantemente inconstitucional.

---

88   Ana Carla Harmatiuk Matos, Filiação e homossexualidade, in Rodrigo da Cunha Pereira (Coord.), *Família e dignidade humana: Anais do V Congresso Brasileiro de Direito de Família*, São Paulo: IOB Thomson, 2006, p. 69-101. Confira-se, nesse sentido, relevante passagem de decisão do STJ: "Os diversos e respeitados estudos especializados sobre o tema, fundados em fortes bases científicas (realizados na Universidade de Virgínia, na Universidade de Valência, na Academia Americana de Pediatria), 'não indicam qualquer inconveniente em que crianças sejam adotadas por casais homossexuais, mais importando a qualidade do vínculo e do afeto que permeia o meio familiar em que serão inseridas e que as liga a seus cuidadores" (STJ, 4ª Turma, REsp 889.852/RS, rel. Min. Luis Felipe Salomão, j. 27-4-2010).
89   STJ, 3ª Turma, REsp 1.281.093/SP, rel. Min. Nancy Andrighi, j. 18-12-2012.
90   STJ, 3ª Turma, REsp 1.540.814/PR, rel. Min. Ricardo Villas Bôas Cueva, j. 18-8-2015.

11.4.12. Adoção por divorciados

Registre-se, ainda sobre o tema, que o Estatuto da Criança e do Adolescente (art. 42, § 4º) autoriza a adoção por divorciados e judicialmente separados, bem como por ex-companheiros, desde que acordem sobre a guarda e o regime de visitas e desde que o estágio de convivência tenha sido iniciado na constância da sociedade conjugal. Tal autorização normativa confirma que o foco do processo de adoção deve ser a relação concreta entre os adotantes e o adotado, e não o vínculo estabelecido pelos adotantes entre si.

11.4.13. Efeitos da adoção

Os efeitos da adoção começam com base no trânsito em julgado da sentença, salvo se o adotante vier a falecer no curso do processo de adoção, caso em que a eficácia da sentença retroage à data do óbito (ECA, art. 42, § 6º c/c art. 47, § 7º). Transitada em julgado a sentença, expede-se mandado judicial ao cartório de Registro Civil, que faz a inscrição da adoção, cancelando o registro original do adotado.

11.4.14. Plena equiparação entre filhos

O principal efeito da adoção é tornar o adotado filho do adotante, para todos os efeitos legais. A Constituição, como já se viu, impõe a plena equiparação entre filhos adotivos e biológicos, o que implica em igualdade de direitos, inclusive no campo sucessório. A eficácia da adoção não se limita à relação entre o adotante e o adotado, mas produz também relação de parentesco entre o adotante e os descendentes do adotado e entre o adotado e todos os parentes do adotante (ECA, art. 41, § 2º).

11.4.15. Extinção do vínculo com a família original

Em regra, a adoção cancela os vínculos jurídicos entre o adotado e sua família original. Há, contudo, duas ressalvas: (a) os impedimentos matrimoniais seguem preservados, não podendo, por exemplo, o adotado casar-se com sua irmã biológica (art. 1.521, IV) – registre-se que a limitação é atualmente controversa em face dos avanços da ciência e da consagração do matrimônio como espaço de realização existencial independente da procriação; e (b) se um dos cônjuges ou companheiros adota o filho do outro, mantém-se o vínculo entre o adotado, seu genitor biológico e todos os seus parentes (ECA, art. 41, § 1º). Nessa última hipótese, a finalidade da adoção não é, por óbvio, a substituição familiar, mas a mera oficialização do vínculo socioafetivo que se institui faticamente em tais situações. Em qualquer caso, a morte dos adotantes não reestabelece o vínculo com a família original (ECA, art. 49).

11.4.16. Direito ao conhecimento da origem biológica

Inovou a Lei n. 12.010/2009 ao atribuir nova redação ao art. 48 do Estatuto da Criança e do Adolescente para assegurar o direito do adotado ao conhecimento de sua origem biológica, nos seguintes termos: "o adotado tem direito de conhecer sua origem biológica, bem como de obter acesso irrestrito ao processo no qual a medida foi aplicada e seus eventuais incidentes, após completar 18 (dezoito) anos". O acesso ao processo de adoção poderá ser também deferido ao adotado menor de 18 anos, a seu pedido, asseguradas orientação e assistência jurídica e psicológica. O conhecimento da origem biológica tem sido indicado por alguns autores como direito fundamental, a ser assegurado ao adotando. Tal conhecimento pode auxiliar no combate e prevenção de doenças de origem genética, mas pode também se fundar em razões puramente pessoais.

11.4.17. Mudança de nome

A adoção confere ao adotado o sobrenome do adotante. Possibilita-se, ainda, a alteração do prenome do adotado, se menor, a pedido do próprio adotado ou do adotante, caso em que o adotado será ouvido, exigindo-se, se maior de 12 anos, o seu consentimento (ECA, arts. 47, § 5º, e 28, §§ 1º e 2º). Trata-se de exceção à regra da imutabilidade do prenome, consagrada na Lei de Registros Públicos.

11.4.18. Adoção à brasileira

Convencionou-se chamar de *adoção à brasileira* a falsa e consciente declaração de paternidade ou maternidade, movida por intuito generoso de integrar a criança à família. Sobre o tema, afirma Paulo Lôbo: "a convivência familiar duradoura transforma a adoção à brasileira em posse de estado de filho, que é espécie do gênero estado de filiação, que independe do fato originário da falsidade ou não da declaração"[91]. A adoção à brasileira tem sido vista como subproduto de um caráter excessivamente burocrático e lento no procedimento de adoção no país.

---

91 Paulo Lôbo, *Direito civil – famílias*, cit., p. 226.

11.4.19. Adoção internacional

Considera-se adoção internacional aquela realizada por pessoa ou casal residente ou domiciliado fora do país, conforme previsto no art. 2º da Convenção de Haia, de 29 de maio de 1993, relativa à Proteção das Crianças e à Cooperação em Matéria de Adoção Internacional. O Estatuto da Criança e do Adolescente contém diversos dispositivos sobre a adoção internacional. Com a redação que lhe foi dada pela Lei n. 13.509/2017, prevê que a adoção internacional somente se dará quando tiverem sido "esgotadas todas as possibilidades de colocação da criança ou adolescente em família adotiva brasileira, com a comprovação, certificada nos autos, da inexistência de adotantes habilitados residentes no Brasil com perfil compatível com a criança ou adolescente, após consulta aos cadastros mencionados nesta Lei" (art. 51, § 1º, II). Além disso, o Estatuto outorga a brasileiros residentes no exterior preferência em relação aos estrangeiros, nos casos de adoção internacional de criança ou adolescente brasileiro (art. 51, § 2º). Exige, ainda, estágio de convivência, cumprido no território nacional, de, no mínimo, 30 dias (art. 46, § 3º, do ECA), independentemente da idade da criança – o prazo anterior do próprio Estatuto era de 15 dias para crianças até 2 anos de idade e de 30 dias para crianças com mais de 2 anos. A Lei n. 13.509/2017 acrescentou ao dispositivo um prazo máximo de 45 dias para o estágio de convivência, prorrogável por até igual período, uma única vez.

O Estatuto da Criança e do Adolescente, em especial após as alterações promovidas pela Lei n. 12.010/2009, tem sido criticado por "dificultar" o processo de adoção ou lhe atribuir caráter excepcional. Tal abordagem não é incomum em países da América do Norte ou da Europa. No Brasil, contudo, tem sido considerada dissonante da realidade social, por conta do enorme contingente de crianças que necessita de cuidados, sobretudo em idades superiores à primeira infância. O sistema jurídico formal parece, ainda, não ter conseguido veicular uma solução adequada para o problema da vasta população infantil, que carece de uma família em nosso país, nem a sociedade civil parece ter despertado para sua evidente capacidade de solução da questão.

Importante novidade legislativa sobre a adoção. O autor apresentará as inovações trazidas pela recente Lei n. 13.509, de 2017, que busca agilizar o processo de adoção, apontando as alterações de maior relevância prática.
Acesse também pelo *link*: https://uqr.to/1xgtq

Capítulo 35

Casamento

Sumário: 1. Casamento. **2.** Natureza jurídica (casamento ≠ contrato). **3.** Espécies de casamento. **4.** Paradigma da reserva familiar. **5.** Capacidade para o casamento. **6.** Impedimentos matrimoniais. **7.** Causas suspensivas do casamento. **8.** *Turbatio sanguinis*. **9.** Casamento inexistente. **10.** Casamento nulo. **11.** Casamento anulável. **11.1.** Erro essencial. **12.** Casamento putativo. **13.** Formação do casamento. **14.** Efeitos do casamento. **15.** Regime de bens. **15.1.** Regime legal supletivo. **15.2.** Mutabilidade. **15.3.** Pacto antenupcial. **15.4.** Regime da comunhão universal. **15.4.1.** Proventos do trabalho. **15.4.2.** Pensão previdenciária. **15.5.** Regime da comunhão parcial. **15.6.** Regime da separação de bens. **15.7.** Separação legal de bens. **15.7.1.** Súmula 377 do STF. **15.7.2.** Inconstitucionalidade. **15.8.** Regime de participação final nos aquestos. **16.** Dissolução do casamento. **16.1.** Fim da separação judicial. **16.2.** Divórcio. **16.2.1.** Divórcio extrajudicial. **16.2.2.** Divórcio e autoridade parental. **16.2.3.** O chamado divórcio *post mortem*. **16.2.4.** Partilha dos bens.

1. Casamento

A noção de casamento não é unívoca. A palavra casamento designa tanto o ato jurídico complexo e formal fundador da família matrimonial – o chamado *matrimonium in fieri* – quanto a relação jurídica familiar que tem naquele ato a sua fonte – o chamado *matrimonium in facto*[1]. Quando se diz que o casamento de Pedro ocorreu no dia tal, tem-se uma alusão ao ato jurídico do matrimônio. Quando se diz que o casamento de Pedro acabou, alude-se à relação jurídica

---

1 Pietro Perlingieri, *Manuale di diritto civile*, Nápoles: Edizioni Scientifiche Italiane, p. 774.

matrimonial. Essa dualidade conceitual torna necessário distinguir, no âmbito da disciplina matrimonial, "as normas que se destinam a regular os efeitos do casamento, como ato jurídico solene, das normas que visam a disciplinar o casamento como relação familiar"[2]. Enquanto as primeiras não podem ser aplicadas supletivamente às demais entidades familiares quando têm como pressuposto a solenidade e publicidade do ato do matrimônio, as últimas podem ser aplicadas porque se referem, a rigor, à relação de convívio familiar independentemente do ato que lhe serve de fonte.

Essa observação torna-se extremamente relevante quando se verifica que a família matrimonial não é mais a única forma de família reconhecida pela ordem jurídica. Outrora considerado como pilar fundamental do direito de família e visto como modelo exclusivo de convivência familiar chancelado pelo Estado, o casamento perdeu hoje essa exclusividade. Não se pode, ainda, dizer, contudo, que tenha perdido completamente a sua centralidade no direito de família, pois não faltam autores que o tomam como paradigma para a análise de novas formas de convivência familiar. Trata-se, a nosso ver, de vício metodológico, que se consubstancia na leitura do presente com as lentes do passado.

2. Natureza jurídica (casamento ≠ contrato)

Para evidenciar a profunda transformação por que passou no último século o instituto do casamento, vale recordar a definição de Clóvis Beviláqua, para quem o casamento é "contrato bilateral e solene, pelo qual um homem e uma mulher se unem indissoluvelmente, legitimando por ele suas relações sexuais"[3]. A indissolubilidade do vínculo, obra do direito canônico, por meio do conhecido axioma segundo o qual *quos Deus coniunxit, homo non separet* (o que Deus uniu, o homem não separa), foi gradativamente, e não sem imensa luta e esforço das parcelas menos conservadoras da sociedade brasileira, superada em nosso direito com o acolhimento progressivo do divórcio, do qual se tratará mais para a frente. Na mesma esteira, o reconhecimento do direito à livre realização sexual, independentemente do matrimônio, invalida qualquer argumento no sentido de que o casamento se faria necessário para legitimar as relações entre conviventes. A distinção entre família legítima e

---

2   Gustavo Tepedino, A disciplina civil-constitucional das relações familiares, in *Temas de direito civil*, Rio de Janeiro: Renovar, 2008, 4. ed., p. 431.
3   Clóvis Beviláqua, *Direito da família*, 7. ed., Rio de Janeiro: Freitas Bastos, 1943, p. 34.

ilegítima perde sentido no direito atual, conforme já visto. A própria diversidade de sexos, na qual assentavam tradicionais definições de casamento – como a de Modestino, para quem *nuptiae sunt coniunctio maris et feminae, consortium omnis vitae, divini et humani iuris communicatio* (núpcias são a união entre homem e mulher, consórcio para toda vida, comunicação entre o direito divino e humano) –, não se afigura mais verdadeira na atualidade, havendo um número cada vez maior de autores que, além do pleno reconhecimento de uniões homoafetivas, já chancelado pelo Supremo Tribunal Federal, defendem a possibilidade de casamento entre pessoas do mesmo sexo.

O Código Civil de 1916, em consonância com sua época, traçou a disciplina do casamento com fortes tintas patrimoniais, dando especial ênfase ao regime de bens entre os cônjuges e à administração do patrimônio do casal. O Código Civil de 2002 não soube superar essa tradição patrimonialista e, em longas passagens, limitou-se a reproduzir aquilo que já constava da codificação anterior. Muitos aspectos do casamento seguem, assim, ainda disciplinados entre nós de uma perspectiva que o enxerga como um *contrato*, e não como um livre exercício de autonomia existencial.

A qualificação do casamento como contrato não pode ser admitida. A corrente contratualista, defendida por Orlando Gomes, Marco Aurélio Sá Viana e outros civilistas tradicionais, não se ajusta à relação familiar constituída pelo casamento, amparada em um vínculo que não tem natureza patrimonial. O modelo contratual é incompatível com o casamento, em que não se identificam prestações de cunho econômico de parte a parte, mas sim deveres de natureza existencial (fidelidade conjugal etc.) incidentes sobre a relação familiar dali decorrente. É certo que o casamento pode produzir efeitos patrimoniais (comunhão de bens, débito de alimentos e assim por diante), mas tais efeitos, além de incidentais, não integram o núcleo conceitual do casamento. A decisão de se casar deve ser puramente existencial, livre de considerações econômicas, que, se existirem no caso concreto, não devem ser reconhecidas como elementos relevantes pelo direito. Daí ser preferível o entendimento de que o casamento é "ato jurídico complexo e solene que não tem natureza contratual"[4].

Constatando a inadequação do casamento ao modelo contratual, alguns autores sobem na escala de abstração dos institutos, buscando na teoria dos fatos jurídicos os subsídios para a qualificação do matrimônio. Divergem, porém, em relação a seu enquadramento como *negócio jurídico* ou *ato jurídico em sentido*

---

4   Arnoldo Wald, *Direito civil: direito de família*, São Paulo: Saraiva, p. 17.

estrito, a depender da amplitude que reconhecem à autonomia privada para a regulação dos efeitos. Também se opõem à concepção contratualista os defensores do tradicional entendimento que vê no casamento uma *instituição social*, ou seja, um "conjunto de normas imperativas cujo objetivo consiste em dar à família uma organização social moral correspondente às aspirações atuais e à natureza permanente do homem"[5].

A verdade, porém, é que "a discussão, ainda que tradicional, se revela estéril e inútil"[6]. O conteúdo existencial do casamento depõe contra as tentativas de qualificá-lo à luz dos institutos tradicionais do direito civil, cujo foco na patrimonialidade e no aspecto volitivo falham em traduzir os traços essenciais do matrimônio e, por conseguinte, em oferecer ao intérprete elementos para a determinação do regime jurídico aplicável.

O Código Civil de 2002 esquivou-se da polêmica sobre a natureza jurídica, afirmando apenas que o "casamento estabelece comunhão plena de vida, com base na igualdade de direitos e deveres dos cônjuges" (art. 1.511). Caminhou bem o legislador ao destacar, de plano, a igualdade entre cônjuges, característica de um direito de família democrático e igualitário, que se opõe ao modelo patriarcal e hierárquico em que o marido era tido como "chefe" da sociedade conjugal. A noção atual de casamento gravita, portanto, em torno do objetivo de comunhão de vida, não como união de pessoas em uma só carne (o *caro una* do direito canônico), mas como realização pessoal de cada um dos cônjuges em sua satisfação recíproca. Valoriza-se a chamada *affectio maritalis*, que pode ser definida como uma relação de afeto de existência "mais concreta, sendo provada quotidianamente, o que novamente revela um modelo jurídico de família mais preocupado com os sujeitos do que com o conjunto"[7].

3. Espécies de casamento

Já o direito romano distinguia o casamento em três espécies: a *confarreatio* (casamento de cunho religioso e cercado de solenidades), a *coemptio* (casamento

---

5 Caio Mário da Silva Pereira, *Instituições de direito civil*, 24. ed., atualizada por Tânia da Silva Pereira, Rio de Janeiro: Forense, 2016, v. V, p. 85.
6 Maria Berenice Dias, *Manual de direito das famílias*, São Paulo: Revista dos Tribunais, 2013, p. 157.
7 Silvana Maria Carbonera, O papel jurídico do afeto nas relações de família, in Luiz Edson Fachin (Coord.), *Repensando os fundamentos do direito civil brasileiro contemporâneo*, Rio de Janeiro: Renovar, 2000, p. 298.

civil, menos solene) e o *usus* (o chamado casamento plebeu, calcado na relação de fato pelo curso de um ano, salvo se a continuidade da coabitação fosse interrompida por três noites consecutivas, a chamada *usurpatio trinoxium*). O direito brasileiro, de início, conhecia apenas o casamento religioso, de teor católico. Somente em 1861 seria editada entre nós a lei que permitiu o casamento civil para as chamadas "seitas dissidentes". Com a proclamação da República e a separação formal entre Estado e Igreja, o casamento civil tornou-se a regra, embora os costumes tenham conservado paralelamente o casamento religioso. A Constituição de 1934, sob o argumento de que seriam desaconselháveis as duplas núpcias, passou a atribuir efeitos civis ao casamento religioso mediante registro, sistema que a Constituição de 1988 conservou no art. 226, § 2º, e o Código Civil de 2002 reproduziu no art. 1.515 ao afirmar que "o casamento religioso, que atender às exigências da lei para a validade do casamento civil, equipara-se a este, desde que registrado no registro próprio, produzindo efeitos a partir da data de sua celebração".

Convivem, portanto, em nossa ordem jurídica (a) o casamento civil e (b) o casamento religioso com efeitos civis. O Código Civil reconhece, ainda, (c) o casamento nuncupativo ou em *articulo mortis*, em que parte das solenidades são dispensadas diante de grave moléstia ou iminente risco de morte que se abata sobre o nubente (arts. 1.539 a 1.541).

4. Paradigma da reserva familiar

Avulta em importância na disciplina normativa do casamento o chamado paradigma da reserva familiar, consagrado no art. 1.513 do Código Civil, segundo o qual "é defeso a qualquer pessoa, de direito público ou privado, interferir na comunhão de vida instituída pela família". Edifica-se um espaço de não intervenção, imune ao Estado e aos demais particulares. Daí se afirmar que "o modelo matrimonializado não pode ser lido como engessamento ou formalidade que se sobrepõe à felicidade dos membros da família: trata-se de estrutura instrumental que chancela uma forma de conjugalidade que não deve visar a outro objetivo senão a realização plena daqueles que alçam voo sob a égide do matrimônio civil"[8].

---

8   Luiz Edson Fachin e Carlos Eduardo Pianovski Ruzyk, *Código Civil comentado*, São Paulo: Atlas, 2003, p. 40.

5. Capacidade para o casamento

O Código Civil de 2002 equiparou a idade núbil do homem e da mulher em 16 anos de idade. Entretanto, antes de atingida a maioridade civil (18 anos), exige-se a autorização de ambos os pais, ou de seus representantes legais. Se houver divergência entre os pais ou representantes, qualquer deles pode recorrer ao Poder Judiciário para solucionar a divergência. Hipótese diversa é o suprimento judicial da autorização, que pode ser pedido pelo filho ou filha no caso de negativa injusta de fornecer a autorização para casar. O parâmetro que deve ser empregado pelo magistrado para solucionar a divergência entre os pais, aferir a abusividade ou suprir judicialmente o consentimento é sempre o mesmo: o *melhor interesse do nubente*. Nossa jurisprudência tem considerado, por exemplo, como motivo injusto para a negativa de consentimento o preconceito religioso dos pais que pretendem ver o filho ou a filha se casar com pessoa do mesmo culto.

Em dispositivo dissonante de seu tempo, o Código Civil admitia o casamento de pessoas que não atingiram a idade núbil (menores de 16 anos) para "evitar imposição ou cumprimento de pena criminal ou em caso de gravidez" (art. 1.520, redação originária). Tratava-se da vetusta tutela da honra da família, que reduzia a mulher a objeto, ferindo a sua dignidade, e incentivando casamentos fundados em escolhas que não se revelam plenamente livres. Em boa hora, a Lei n. 11.106/2005 derrogou os incisos VII e VIII do art. 107 do Código Penal, suprimindo do rol de causas extintivas da punibilidade o casamento da vítima, nos casos de crimes contra a liberdade sexual, de modo a tornar inaplicável a primeira parte do dispositivo, restando apenas a possibilidade de casamento abaixo da idade núbil em caso de gravidez. Mais recentemente, a Lei n. 13.811/2019 modificou a redação do art. 1.520 do CC, que agora prevê: "Não será permitido, em qualquer caso, o casamento de quem não atingiu a idade núbil". Também a gravidez não parece uma razão idônea a autorizar o casamento de pessoa menor de 16 anos, não devendo haver confusão entre os deveres parentais para com o filho, totalmente independentes de qualquer relação entre os genitores, e o casamento, fonte de vínculo familiar entre os cônjuges. Havendo genuíno interesse no casamento, o casal sempre poderá aguardar a chegada da idade núbil. Esse período pode servir para evitar a constituição irrefletida de uma entidade familiar exclusivamente em razão da gravidez, criando um ambiente doméstico conflituoso e infeliz, prejudicial ao adequado desenvolvimento da prole.

6. Impedimentos matrimoniais

Impedimentos matrimoniais são obstáculos legais ao casamento. A ausência de impedimento consiste em requisito de validade do casamento. O impedimento diferencia-se da incapacidade para casar, pois "a incapacidade é geral, o impedimento circunstancial"[9]. A pessoa é ou não é capaz para se casar, mas, mesmo sendo capaz, pode ou não estar impedida para o casamento. A doutrina distingue os impedimentos em (a) impedimentos de caráter geral ou (b) impedimentos de caráter relativo. São impedimentos de caráter geral aqueles que impedem o nubente de se casar com *qualquer pessoa*. Por outro lado, são impedimentos de caráter relativo aqueles que impedem o nubente de se casar apenas com certa pessoa. O Código Civil de 1916 distinguia os impedimentos em impedimentos dirimentes públicos, impedimentos dirimentes privados e impedimentos impedientes, mas a atual codificação suprimiu essa distinção, tratando como impedimentos matrimoniais apenas os antigos impedimentos dirimentes públicos.

O art. 1.521 traz o rol taxativo de impedimentos matrimoniais, afirmando que não se podem casar: (a) pessoas que tenham determinadas relações de parentesco (*e.g.*, os ascendentes com seus descendentes, os irmãos unilaterais ou bilaterais e os colaterais até o terceiro grau); (b) pessoas já casadas; e (c) o cônjuge sobrevivente com o condenado por homicídio ou tentativa de homicídio contra o seu consorte. A doutrina afirma que os impedimentos matrimoniais assentam em razões de ordem moral ou médica. A referência à justificativa médica é anacrônica, diante do reconhecimento de que o casamento não se destina necessariamente a fins de procriação (e diante do fato evidente de que a procriação pode ocorrer sem casamento). Assim, impedir irmãos de se casarem não é medida que possa se dizer fundada em razão médica. A restrição é puramente moral e, como tal, deve ser tratada, suscitando aqui a discussão acerca dos limites da intervenção do Estado nas relações familiares.

Os impedimentos podem ser opostos por qualquer pessoa, desde que capaz, até o momento da celebração do casamento. Constituem matéria de ordem pública, de modo que o juiz ou oficial do registro, tendo conhecimento do impedimento, será obrigado a declará-lo (art. 1.522). A oposição de impedimento sabidamente inexistente gera responsabilidade civil por dano moral.

Por expressa determinação da lei, os impedimentos matrimoniais aplicam-se à união estável, com exceção daquele relativo à existência de casamento anterior, se a pessoa casada se encontrar separada de fato ou judicialmente (art.

---

9 Orlando Gomes, *Direito de família*, Rio de Janeiro: Forense, 1968, p. 91.

1.723, § 1º). A aplicação dos impedimentos matrimoniais à união estável, embora reconhecida sem dificuldade pela maior parte da doutrina brasileira, merece crítica severa. A sistemática dos impedimentos matrimoniais ajusta-se mal à união estável, entidade familiar de formação fática, informal e progressiva. Sua incidência, por isso mesmo, acaba gerando efeitos apenas *a posteriori*, na pretensão sempre tormentosa de cancelar situações fáticas já consolidadas.

De resto, os avanços da medicina e a inexistência de vinculação necessária entre o matrimônio e o propósito da procriação eliminam ou mitigam fortemente os fundamentos que inspiravam, no passado, a previsão dos impedimentos matrimoniais fundados nas relações de parentesco. Também o impedimento fundado na prática de crime é de constitucionalidade duvidosa, na medida em que, além de instituir sanção perpétua, sem delimitação de tempo, transcende a pessoalidade da pena para impedir a realização afetiva do cônjuge da vítima, o qual não necessariamente é partícipe do delito.

7. Causas suspensivas do casamento

As causas suspensivas do casamento não invalidam o casamento, mas impõem a observância do regime de separação obrigatória de bens (art. 1.641, I). A expressão "causas suspensivas" é, portanto, imprópria, na medida em que não suspendem efetivamente nada[10]. Incidem causas suspensivas, por exemplo, sobre o viúvo que tiver filho do cônjuge falecido, enquanto não fizer inventário dos bens do casal com partilha aos herdeiros (art. 1.523, I), e sobre a pessoa divorciada, enquanto não houver sido homologada ou decidida a partilha dos bens do casal (art. 1.523, III). Evita-se, nessas hipóteses, a confusão entre os acervos patrimoniais relativos ao casamento anterior e ao casamento sucessivo. Em geral, as causas suspensivas fundam-se em situações que podem trazer prejuízos aos nubentes ou a terceiros, mas não são consideradas suficientemente graves para configurarem impedimentos matrimoniais. Não consistem, por isso mesmo, em vícios de ordem pública e não podem ser alegadas por qualquer pessoa.

8. *Turbatio sanguinis*

Hipótese controvertida de causa suspensiva do casamento encontra-se no art. 1.523, II, do Código Civil, segundo o qual não deve se casar "a viúva, ou

---

10 Caio Mário da Silva Pereira, *Instituições de direito civil*, 24. ed., atualizada por Tânia da Silva Pereira, Rio de Janeiro: Forense, 2016, v. V, p. 116.

a mulher cujo casamento se desfez por ser nulo ou ter sido anulado, até dez meses depois do começo da viuvez, ou da dissolução da sociedade conjugal". Trata-se de dispositivo voltado a evitar a chamada *turbatio sanguinis* (confusão de sangue), ensejadora de possível dúvida sobre a paternidade de filho concebido após o enviuvamento. O leitor há de recordar que o art. 1.597, em seus incisos I e II, presume concebidos na constância do casamento os filhos nascidos 180 dias, pelo menos, depois de estabelecida a convivência conjugal e também aqueles nascidos nos 300 dias subsequentes à dissolução da sociedade conjugal, inclusive por morte. Assim, se o filho vem a nascer após 180 dias do novo matrimônio, mas antes de decorridos 300 dias da dissolução da sociedade conjugal anterior, as duas presunções, a rigor, teriam aplicação. Resultado: seriam pais presumidos da criança tanto o marido atual quanto o marido anterior da viúva. Para evitar essa situação é que se prevê a causa suspensiva do art. 1.523, II, do Código Civil.

Na atualidade, todavia, com a ampla disponibilização dos exames de DNA, há quem enxergue no dispositivo uma injustificada limitação ao livre exercício da autonomia existencial da mulher, mera reminiscência de velhos preconceitos sociais que exigiam, no passado, o resguardo da viúva. O risco da *turbatio sanguinis* é, se não inteiramente afastado, consideravelmente mitigado pela técnica que permite a identificação da paternidade por meio do exame do código genético. Além disso, novamente, o Código Civil parece ter presumido que o casamento resulta necessariamente ou sempre se dirige à procriação.

9. Casamento inexistente

Casamento inexistente é aquele a que falta um pressuposto de fato necessário ao casamento. Nossa codificação não contempla a figura do casamento inexistente, mas a construção, que se deve ao jurista Zacharie e que foi desenvolvida por Saleilles nos idos de 1911, conta com numerosos adeptos em nossa doutrina, que vislumbra o casamento inexistente em três situações: (a) ausência de celebração do casamento, como na hipótese de nubentes que se declaram casados em documento particular ou, ainda, no curioso caso relatado por Caio Mário da Silva Pereira de uma escritura pública de "casamento temporário"; (b) ausência total de consentimento, como na hipótese do casamento por procuração em que o procurador não conta com poderes especiais para casar; e (c) ausência de diversidade de sexo, hipótese que, como já se registrou, é hoje anacrônica e discriminatória, impondo-se, à luz dos valores constitucionais, admitir a existência e plena validade do casamento civil de pessoas do mesmo sexo.

10. Casamento nulo

Casamento nulo é aquele contraído com infringência de impedimento matrimonial (art. 1.548, II). O Código Civil de 2002, em sua redação original, previa também a nulidade do casamento contraído pelo enfermo mental sem o necessário discernimento para os atos da vida civil, mas o Estatuto da Pessoa com Deficiência suprimiu essa previsão, na esteira das modificações trazidas ao regime da incapacidade. A hipótese está, assim, absorvida pela situação do "incapaz de consentir ou manifestar, de modo inequívoco, o consentimento", prevista no art. 1.550, IV, que dá ensejo não à nulidade, mas à anulabilidade do casamento. A nulidade é resposta a vício que fere o interesse público e pode ser arguida por qualquer interessado.

11. Casamento anulável

É anulável o casamento quando: (a) contraído por quem não completou a idade núbil; (b) contraído pelo menor que, embora com idade núbil, não conta com autorização do seu representante legal; (c) contraído por incapaz de consentir ou manifestar, de modo inequívoco, o consentimento; (d) realizado pelo mandatário, sem que ele ou o outro contraente soubesse da revogação do mandato, e não sobrevindo coabitação entre os cônjuges; (e) houver vício de incompetência da autoridade celebrante; e, finalmente, (f) houver erro essencial ou coação (CC, art. 1.550). A anulabilidade tem por fundamento a proteção ao interesse dos próprios nubentes, não assentando em razões de ordem pública.

A modificação do art. 1.520, passando a vedar totalmente o casamento de quem não completou a idade núbil, não foi acompanhada de qualquer modificação quanto ao efeito da inobservância à vedação, que segue sendo a anulabilidade do matrimônio, e não sua nulidade. Vale destacar, ainda, o disposto no art. 1.551: "Não se anulará, por motivo de idade, o casamento de que resultou gravidez".

11.1. *Erro essencial*

Dentre as hipóteses de anulabilidade do casamento aquela que merece destaque é o erro essencial sobre a pessoa do cônjuge, que o Código Civil considera ficar caracterizado quando: (a) houver erro a respeito da "sua identidade, sua honra e boa fama, sendo esse erro tal que o seu conhecimento ulterior torne insuportável a vida em comum ao cônjuge enganado"; (b) houver "ignorância de crime, anterior ao casamento, que, por sua natureza, torne insuportável a vida conjugal"; e (c) quando houver "ignorância, anterior ao casamento, de defeito físico irremediável que não caracterize deficiência ou de moléstia grave e transmissível, por contágio ou por herança, capaz de pôr em risco a saúde do outro cônjuge ou de sua descendência" (art. 1.557).

A jurisprudência é farta em casos polêmicos envolvendo ações anulatórias de casamentos por erro essencial sobre a pessoa do cônjuge, fundadas, por exemplo, em descoberta tardia de impotência sexual do consorte, prática de crime no passado, prévia filiação ocultada do cônjuge e prévia realização de cirurgia de mudança de sexo. O Superior Tribunal de Justiça já decidiu que não se decreta a anulação do casamento pelo fato de o noivo ter assumido "compromissos comerciais acima de suas posses, registrando dívidas vencidas com fornecedores e outros credores"[11].

A anulação do casamento por erro essencial sobre a pessoa do cônjuge era expediente empregado com frequência no passado, com o escopo de burlar a indissolubilidade do vínculo matrimonial. A admissão do divórcio reduziu sua utilização prática por tornar mais conveniente, nessas hipóteses, a simples dissolução do casamento. Entretanto, a regra do art. 1.564, I, do Código Civil, que diz que, "quando o casamento for anulado por culpa de um dos cônjuges, este incorrerá na perda de todas as vantagens havidas do cônjuge inocente", ainda incentiva o manejo da anulação do casamento por erro essencial com propósitos patrimoniais. Melhor seria, a nosso ver, que o instituto fosse abolido, diante da sua inadequação a um sistema jurídico hoje caracterizado pela ampla possibilidade de divórcio.

12. Casamento putativo

Casamento putativo é aquele que, embora anulável ou mesmo nulo, produz efeitos em atenção à boa-fé de um ou ambos os cônjuges. Mesmo o casamento nulo contraído de má-fé por ambos os cônjuges produz efeitos em relação aos filhos do casal, a revelar que tem razão Caio Mário da Silva Pereira quando afirma que a teoria das nulidades oferece "peculiaridades marcantes em matéria de casamento"[12].

13. Formação do casamento

O casamento, como já visto, é ato jurídico complexo e solene. Sua formação divide-se em três fases: (a) habilitação; (b) celebração; e (c) registro. A primeira fase é a *habilitação*, que deve ser promovida perante oficial do registro ci-

---

11 STJ, 4ª T., REsp 134.690, rel. Ruy Rosado de Aguiar, j. 21-9-2000, DJ 30-10-2000.
12 Caio Mário da Silva Pereira, *Instituições de direito civil*, cit., v. V, p. 177.

vii. A habilitação é composta do requerimento de habilitação para o casamento, da juntada de documentos, da publicidade por meio de edital, da oitiva do Ministério Público e do certificado respectivo de aptidão para o casamento. Na sua linguagem original, o Código Civil de 2002 havia exigido a homologação do juiz, mas, em boa hora, a Lei n. 12.133/2009 veio reservar a homologação judicial apenas às hipóteses em que houver impugnação do oficial, do Ministério Público ou de terceiro. À habilitação segue-se a celebração do casamento, que envolve a manifestação livre e consciente dos nubentes, o testemunho dos que se fazem presentes e a declaração da autoridade judicial ou religiosa. À celebração segue-se o registro do casamento.

A formação do casamento é, como se vê, dividida em múltiplas etapas e cercada de solenidades. A tendência nas codificações civis mais recentes tem sido a simplificação do procedimento necessário ao casamento, tendo em vista o acentuado dinamismo da vida contemporânea.

14. Efeitos do casamento

O casamento gera direitos e deveres para os cônjuges. Merecem destaque, nesse sentido, os deveres de (a) fidelidade recíproca, (b) vida em comum no domicílio conjugal, (c) mútua assistência e (d) respeito e consideração recíprocos. Produz, ainda, o casamento efeitos patrimoniais, como dever de alimentos, direitos sucessórios e efeitos em relação à eventual atividade empresarial dos cônjuges. Também nesse campo insere-se o relevante tema do regime de bens.

15. Regime de bens

O regime de bens consiste no "estatuto patrimonial do casamento"[13]. Para San Tiago Dantas, "fundando a sociedade conjugal, o matrimônio cria a necessidade de se constituir para ela um patrimônio próprio". Isso porque, "mesmo que no momento do matrimônio, um dos nubentes não tenha bens ou que nenhum deles os tenha, pode suceder que, no futuro, depois de constituída a família, venha algum dos cônjuges, pela sua atividade, a adquirir bens" e será "necessário saber se esses permanecem no seu patrimônio pró-

---

13 Gustavo Tepedino, Heloisa Helena Barboza e Maria Celina Bodin de Moraes (Coords.), *Código Civil interpretado conforme a Constituição da República*, cit., v. IV, p. 257.

prio ou se comunicam, de algum modo, ao patrimônio do outro cônjuge"[14]. Não obstante sua importância prática, o regime de bens tornou-se, da ótica patrimonialista, o tema mais minuciosamente regulado de todo o livro dedicado ao direito de família.

15.1. Regime legal supletivo

O regime de bens consiste, entre nós, em uma consequência inevitável do matrimônio. Não há casamento sem regime de bens. Apesar disso, a lei assegura aos cônjuges ampla liberdade na definição do seu próprio regime, podendo estipular quanto aos seus bens "o que lhes aprouver" (art. 1.639). Podem, assim, escolher um dentre os diferentes regimes típicos que a lei oferece, mas podem, ainda, elaborar seu próprio regime. Se as partes não elegem nenhum dos regimes disponíveis nem confeccionam regime próprio, aplica-se-lhes o *regime legal supletivo*, que é o regime da comunhão parcial de bens.

Ao lado do regime legal supletivo, há o regime legal obrigatório (*separação legal de bens*), que incide em circunstâncias excepcionais que serão examinadas adiante. Sobre o tema, recente decisão do Supremo Tribunal Federal concluiu que, "nos casamentos e uniões estáveis envolvendo pessoa maior de 70 anos, o regime de separação de bens previsto no art. 1.641, II, do Código Civil pode ser afastado por expressa manifestação de vontade das partes, mediante escritura pública"[15]. A questão será examinada em mais detalhes ainda neste capítulo. Por ora, vale destacar que tal decisão, na prática, tornou a separação de bens em regime legal (não mais obrigatório, mas sim) supletivo na específica hipótese de um dos cônjuges ou companheiros se tratar de pessoa maior de 70 anos.

15.2. Mutabilidade

O Código Civil de 2002, ao contrário da codificação anterior, autoriza a mudança de regime de bens, "mediante autorização judicial em pedido motivado de ambos os cônjuges, apurada a procedência das razões invocadas e ressalvados os direitos de terceiros" (art. 1.639, § 2º). A admissão da mutabilidade de regime é bem-vinda, pois evita a extinção do vínculo conjugal, que vinha muitas vezes por divórcio simulado, com a exclusiva finalidade de se alterar o regime de

---

14 San Tiago Dantas, *Direitos de família e das sucessões*, 2. ed., Rio de Janeiro: Forense, 1991, p. 257.
15 STF, Tribunal Pleno, ARE 1.309.642/SP, rel. Min. Luís Roberto Barroso, j. 1º-2-2024.

bens por meio do início de um novo matrimônio com o mesmo cônjuge. Discute-se se a possibilidade de alteração alcança os casamentos celebrados sob a vigência da codificação de 1916, em face da norma do art. 2.039 do Código Civil atual, que afirma: "o regime de bens nos casamentos celebrados na vigência do Código Civil anterior, Lei n. 3.071, de 1º de janeiro de 1916, é o por ele estabelecido". A melhor orientação, contudo, é a de que o art. 2.039 limita-se aos efeitos do regime escolhido pelos cônjuges, não impedindo a sua mutabilidade, solução que, de resto, é consentânea com a proteção não da instituição do casamento em si, mas da liberdade de realização pessoal dos cônjuges. Nesse sentido, o Superior Tribunal de Justiça tem reiteradamente decidido que é possível alterar o regime de bens do casamento realizado sob a égide do Código Civil de 1916[16].

Peca o Código Civil atual ao exigir recurso à via judicial para a alteração do regime de bens. Tanto o casamento quanto o divórcio podem, hoje, ser feitos em cartório, razão pela qual não se compreende o porquê da alteração de um aspecto patrimonial do casamento ter que ser feita necessariamente em juízo. A proteção a credores e terceiros, que poderiam ser prejudicados pela mudança no regime de bens, poderia ser alcançada por meio de exigências de publicidade, com editais, tal qual ocorre na formação do casamento (habilitação). Outro ponto em que o Código Civil deixa a desejar consiste na exigência de "pedido motivado". A motivação para a alteração do regime de bens assenta usualmente em uma escolha pessoal dos cônjuges, residindo na esfera íntima do casal. A exposição do motivo ao juiz pouco ou nada acrescenta, na medida em que o magistrado não tem nenhuma ingerência ou poder de sindicância sobre a motivação dos consortes. A norma está a merecer reforma, para que se autorize a mudança de regime de bens extrajudicialmente, sem necessidade de motivação, desde que assegurada ampla publicidade e proteção aos terceiros de boa-fé.

Por fim, grande polêmica se estabeleceu quanto à possibilidade de atribuição de efeitos retroativos à alteração do regime de bens, modificando a titularidade dos bens adquiridos pelos cônjuges a partir da celebração do casamento até o trânsito em julgado da sentença que defere o pedido de mudança. O reconhecimento de efeitos *ex tunc* ao novo regime escolhido pelo casal suscita preocupações especialmente quanto à proteção de direitos de terceiros, razão pela qual o STJ vinha determinando uma eficácia exclusivamente *ex nunc* à modificação[17]. Decisão proferida pela Quarta Turma do STJ em 2023, contudo, ado-

---

16 STJ, REsp 1.112.123, j. 16-6-2009.
17 STJ, 3ª T., REsp 1.300.036/MT, rel. Min. Paulo de Tarso Sanseverino, j. 13-5-2014.

tou uma posição mais matizada sobre o tema, concluindo que "a eficácia ordinária da modificação de regime de bens é *ex nunc*, valendo apenas para o futuro, permitindo-se a eficácia retroativa (*ex tunc*), a pedido dos interessados, se o novo regime adotado amplia as garantias patrimoniais, consolidando, ainda mais, a sociedade conjugal. A retroatividade será corolário lógico do ato se o novo regime for o da comunhão universal, pois a comunicação de todos os bens dos cônjuges, presentes e futuros, é pressuposto da universalidade da comunhão, conforme determina o art. 1.667 do Código Civil de 2002. A própria lei já ressalva os direitos de terceiros que eventualmente se considerem prejudicados, de modo que a modificação do regime de bens será considerada ineficaz em relação a eles (art. 1.639, § 2º, parte final)"[18].

15.3. Pacto antenupcial

Só por meio de pacto antenupcial podem os nubentes escolher ou elaborar seu regime de bens. Tais convenções são solenes, devendo ser celebradas por escritura pública. A lei condiciona (*conditio juris*) sua eficácia à realização do casamento, corrigindo equívoco da codificação de 1916, que situava a questão no plano da validade do matrimônio. Portanto, o pacto antenupcial é convenção acessória, cuja eficácia depende do casamento. A lei não estabelece um prazo para que o casamento se realize. Na falta de matrimônio, qualquer dos interessados pode perquirir a declaração judicial de sua ineficácia. A ineficácia passa de temporária a definitiva se um dos nubentes falecer ou casar com pessoa distinta.

A doutrina e a jurisprudência admitem que o pacto antenupcial contenha, além do regime de bens, que lhe é essencial, outras declarações (a) de cunho patrimonial, como uma doação ou confissão de dívida, ou (b) de cunho existencial, como deveres conjugais adicionais ou o reconhecimento de um filho[19]. O embricamento entre disposições patrimoniais e existenciais há de ser visto com cautela, uma vez que não se deve permitir nenhuma influência de fatores econômicos sobre o livre exercício da autonomia existencial dos cônjuges. Nessa direção, há intenso debate acerca da validade de cláusulas do pacto antenupcial que flexibilizem o cumprimento de deveres conjugais. Segundo a melhor doutrina,

---

18 STJ, 4ª T., REsp 1.671.422/SP, rel. Min. Raul Araújo, j. 25-4-2023.
19 Enunciado n. 635 da VIII Jornada de Direito Civil do CJF: "O pacto antenupcial e o contrato de convivência podem conter cláusulas existenciais, desde que estas não violem os princípios da dignidade da pessoa humana, da igualdade entre os cônjuges e da solidariedade familiar".

no que tange a deveres atinentes à solidariedade conjugal, como a mútua assistência, ou aos deveres decorrentes da autoridade parental, que alcançam a pessoa dos filhos, não há dúvida quanto à sua indisponibilidade. Mas no que tange às formas de convivência a dois, especialmente quanto à fidelidade e à coabitação, há de se examinar, caso a caso, a seriedade do pacto, de modo que, caso não violem a dignidade da pessoa dos cônjuges e o princípio da isonomia, não parece haver, *a priori*, óbice na ordem pública para sua admissão[20].

Também controversa é a validade de cláusulas que fixem indenização para a violação ao dever de fidelidade ou para o término prematuro do matrimônio. Não há, em nossa ordem jurídica, um impedimento legal para tanto, devendo-se analisar o merecimento de tutela de cada disposição diante das circunstâncias concretas, levando-se sempre em consideração a função instrumental da família no desenvolvimento da pessoa humana e a necessidade de proteção do livre exercício da sua autonomia existencial[21].

15.4. *Regime da comunhão universal*

O regime da comunhão universal de bens é, como o próprio nome revela, aquele em que o patrimônio dos cônjuges se comunica do modo mais abrangente. Tornam-se patrimônio comum do casal, nesse regime, os bens móveis e imóveis que cada cônjuge traz para a sociedade conjugal, adquiridos antes do matrimônio, e também os adquiridos na constância do casamento, com as exceções previstas em lei. Na comunhão universal, portanto, os cônjuges tornam-se meeiros em todos os bens do casal, ainda que somente um deles os haja trazido e adquirido. Forma-se um acervo comum do qual o casal tem a propriedade coletiva[22]. Estabelece-se entre eles, no dizer da doutrina, um *condomínio especial*, pois nenhum deles pode dispor de sua fração ideal nem requerer a divisão dos bens que integram o patrimônio comum. Cada cônjuge é dono da metade ideal das coisas móveis e imóveis, não importando que determinado bem esteja no

---

20   Gustavo Tepedino, Controvérsias sobre regime de bens no novo Código Civil, in *Temas de direito civil*, Rio de Janeiro: Renovar, 2009, t. III, p. 242.
21   Essas e outras instigantes questões contemporâneas são analisadas em: Luciano Figueiredo, *Pacto antenupcial: limites da customização matrimonial*, São Paulo: JusPodivm, 2024.
22   Diante disso, já decidiu o Superior Tribunal de Justiça que "é nula a doação entre cônjuges casados sob o regime da comunhão universal de bens, na medida em que a hipotética doação resultaria no retorno do bem doado ao patrimônio comum amealhado pelo casal diante da comunicabilidade de bens no regime e do exercício comum da copropriedade e da composse" (STJ, 3ª Turma, REsp 1.787.027/RS, rel. Min. Nancy Andrighi, j. 4-2-2020).

nome de um deles somente. O direito concreto à meação, cada consorte só poderá exercer quando extinta a sociedade conjugal.

As dívidas dos cônjuges também integram o patrimônio único, mas o próprio Código Civil exclui da comunhão as dívidas anteriores ao casamento, "salvo se provierem de despesas com seus aprestos, ou reverterem em proveito comum" (art. 1.668, III). Também são excluídos da comunhão universal, por exemplo, os bens herdados com cláusula de incomunicabilidade e as doações antenupciais feitas de um cônjuge a outro com cláusula de incomunicabilidade. O rol das exclusões não tem sido lido de modo taxativo pela doutrina e pela jurisprudência. Por exemplo, além das exclusões previstas em lei, muitos autores entendem que não se comunicam as indenizações recebidas em virtude de dano moral.

15.4.1. Proventos do trabalho

Acesa polêmica tem-se no tocante aos proventos do trabalho pessoal de cada cônjuge, excluídos tanto da comunhão universal quanto da comunhão parcial (arts. 1.668, V, e 1.659, VI). A expressão "proventos do trabalho" tem gerado polêmica. A maior parte da doutrina entende que o que não se comunica é o direito aos proventos do trabalho, mas que, uma vez pago o salário ao cônjuge, o resultado financeiro desse pagamento comunica-se entre os cônjuges. Vale dizer: se o cônjuge, durante o casamento, recebe o salário e com ele adquire um automóvel, o automóvel se comunica. Do igual modo, se investe o seu salário em aplicação financeira, enquanto o outro cônjuge arca com as despesas do lar, o investimento se comunica. Afirma-se que, percebido o salário, converte-se de rendimento em patrimônio e como tal integra a comunhão, atendendo à regra geral de comunicação dos bens adquiridos onerosamente na constância do casamento.

15.4.2. Pensão previdenciária

Discussão ainda mais intensa tem-se no tocante às pensões previdenciárias. O Código Civil exclui tanto da comunhão universal quanto da comunhão parcial as "pensões, meios-soldos, montepios e outras rendas semelhantes" (arts. 1.668, V, e 1.659, VII). A norma abrangeria, em uma interpretação literal, tanto a pensão previdenciária de caráter público quanto a previdência privada. A melhor doutrina, contudo, tem feito aqui distinção importante, registrando que, ao contrário da pensão previdenciária de caráter público, a previdência privada é espécie de aplicação financeira que pode reverter em benefício previdenciário, mas que pode também, por outro lado, ser resgatada antes disso pelo investidor, respeitadas certas condições. Assim, até o momento da conversão da aplicação em benefício previdenciário, o investimento integraria, como qualquer outra aplicação financeira, a comunhão, passando a ser excluído apenas a partir da conversão do investimento em benefício previdenciário. Com razão, sustenta-se que o entendimento contrário permitiria facilmente a fraude ao regime de bens, "bastando que, para tanto, em vez de um dos cônjuges adquirir um imóvel ou investir em fundos (bens partilháveis ao fim do casamento), invista na previdência privada para se ver livre da partilha"[23].

15.5. Regime da comunhão parcial

O regime da comunhão parcial é um regime misto, pelo qual alguns bens se comunicam, configurando propriedade comum, e outros bens não se comunicam, constituindo propriedade exclusiva de cada cônjuge. No regime da comunhão parcial, portanto, é frequente que haja três massas patrimoniais distintas: (a) os bens comuns, que integram a propriedade coletiva dos cônjuges; (b) os bens próprios do marido; e (c) os bens próprios da mulher. Essa tripartição, que também pode ocorrer naturalmente no regime da comunhão universal, em que a comunhão também conhece exceções, é mais corriqueiro no regime da comunhão parcial, pois o universo dos bens comuns é mais restrito.

Com efeito, na comunhão parcial, os bens comuns são apenas aqueles que "sobrevierem ao casal, na constância do casamento", com exceções previstas em lei. Já o patrimônio exclusivo de cada cônjuge é formado pelos bens, direitos e obrigações de que já dispunha ao casar, mais aqueles que, embora sobrevindos na constância do casamento, se enquadrem nas exceções legais. São exemplos de exceção legal (a) os bens recebidos por doação ou sucessão, (b) as obrigações provenientes de ato ilícito, salvo reversão em proveito do casal, (c) os proventos do trabalho pessoal de cada cônjuge e (d) as suas eventuais pensões previdenciárias, aplicando-se quanto a estas duas últimas situações tudo que já foi dito no exame do regime da comunhão universal. No regime da comunhão parcial, o patrimônio comum assenta na presunção de que a aquisição de um bem, na constância do casamento, é fruto do trabalho ou esforço comum, mediante colaboração de ambos os cônjuges.

O regime de comunhão parcial é o regime legal supletivo, aplicável na ausência de pacto antenupcial em sentido diverso. O Código Civil estende seus

---

23 José Fernando Simão, Comunhão parcial de bens e previdência privada: mear ou não mear eis a questão! Parte 2, *Carta Forense*, disponível em: <http://www.cartaforense.com.br/conteudo/colunas/comunhao-parcial-de-bens-e-previdencia-privada-mear-ou-nao-mear-eis-a-questao-parte-2/3836> (acesso em: 21 dez. 2017).

efeitos também à união estável, em dispositivo que, como se mostrará adiante, deve ser visto com alguma cautela.

15.6. Regime da separação de bens

No regime da separação de bens, como o próprio nome indica, cada cônjuge é dono exclusivo de seus bens, tanto dos bens que tinha por ocasião do casamento quanto daqueles que lhe sobrevierem na constância da sociedade conjugal, a qualquer título, oneroso ou gratuito. Cada cônjuge administra sem ingerência do outro os bens particulares. Além dos poderes de administração, cada cônjuge pode alienar livremente seus bens móveis. Cada cônjuge é também responsável exclusivo pelas dívidas que contrair. Em outras palavras: nem ativo nem passivo se comunicam no regime da separação. E só os bens do devedor podem ser executados para pagamento das obrigações por ele assumidas. Excepcionalmente, entende-se que se a dívida reverteu em benefício da família, da sociedade conjugal, para não incentivar enriquecimento ilícito, a dívida assumida por um dos cônjuges pode ser cobrada de ambos, respondendo o cônjuge que não assumiu diretamente a obrigação, com seu patrimônio pessoal, na proporção do proveito que obteve.

Ao lado do regime de separação de bens, que tem fonte convencional na opção dos cônjuges por ele por meio de pacto antenupcial, o Código Civil brasileiro contempla o regime da separação legal de bens.

15.7. Separação legal de bens

O regime de separação legal de bens, também chamado de *regime da separação obrigatória*, aplica-se em três hipóteses previstas expressamente no art. 1.641 do Código Civil: (a) quando o casamento se der com uma das causas suspensivas listadas no art. 1.523, como no casamento entre tutor e pupila ou no casamento de viúva realizado até dez meses da viuvez; (b) quando um dos cônjuges for maior de 70 anos[24]; e, finalmente, (c) quando o casamento tiver exigido suprimento judicial da autorização para casar.

Nessas hipóteses, não há margem para a escolha do regime de bens, aplicando-se por expressa imposição legal o regime da separação obrigatória. O

---

24 Hipótese de separação de bens aplicável igualmente à união estável, de acordo com a Súmula 655 do STJ: "Aplica-se à união estável contraída por septuagenário o regime da separação obrigatória de bens, comunicando-se os adquiridos na constância, quando comprovado o esforço comum".

intuito do legislador foi proteger o patrimônio do cônjuge ou os interesses especialmente qualificados de terceiros. O Código Civil procura coibir a fraude à separação obrigatória por meio de outros institutos, como a constituição de sociedade. Assim, o art. 977 do Código Civil faculta aos cônjuges "contratar sociedade, entre si ou com terceiros, desde que não tenham casado no regime da comunhão universal de bens, ou no da separação obrigatória".

15.7.1. Súmula 377 do STF

A principal discussão no campo do regime da separação legal de bens diz respeito à preservação ou não da Súmula 377 do Supremo Tribunal Federal, em que se lê: "no regime de separação legal de bens, comunicam-se os adquiridos na constância do casamento". O enunciado foi editado em 1964, considerando a regra constante do art. 259 da codificação de 1916, que afirmava: "embora o regime não seja o da comunhão de bens, prevalecerão, no silêncio do contrato, os princípios dela, quanto à comunicação dos adquiridos na constância do casamento". Tratava-se de uma aberração jurídica, que dava lugar à distinção, em nosso ordenamento, entre separação absoluta de bens e separação parcial de bens, verificando-se essa última sempre que os cônjuges não afastassem expressamente em seu pacto antenupcial a incidência do esdrúxulo dispositivo. Em boa hora, o Código Civil de 2002 deixou de repetir a norma, verdadeira armadilha para aqueles que se casavam em regime de separação.

Extinta a norma, discute-se se ainda está em vigor o enunciado 377 da Súmula do Supremo Tribunal Federal. Há, de um lado, quem defenda a perda de eficácia em face do Código Civil de 2002, e, de outro lado, quem sustente que o entendimento se calcava na solidariedade social e na vedação do enriquecimento sem causa, mantendo-se, portanto, aplicável. A nosso ver, deve prevalecer o primeiro entendimento: a Súmula 377 destoa do dado normativo. Eventuais abusos e vícios de vontade devem ser examinados caso a caso, não podendo ser presumidos pela legislação com paradoxal inversão da incomunicabilidade imposta pelo regime da separação legal.

O Superior Tribunal de Justiça pacificou seu entendimento pela preservação da Súmula 377, exigindo, contudo, a *prova de esforço comum* na aquisição dos bens para que se opere a comunicação dos aquestos, de modo a prestigiar a eficácia da separação legal[25]. Diante da insistência da jurisprudência na aplicação do verbete, parcela da doutrina tem sustentado a possibilidade de, mesmo nas

---

25 STJ, 2ª Seção, EREsp 1.623.858/MG, rel. Min. Lázaro Guimarães, j. 23-5-2018.

hipóteses de separação obrigatória, os nubentes celebrarem pacto antenupcial, afastando qualquer comunicação dos aquestos, de modo a excluir a incidência da súmula, garantindo que o regime de separação opere seus efeitos normais[26]. Tal entendimento tem encontrado eco, mais recentemente, na própria jurisprudência do STJ[27].

15.7.2. Inconstitucionalidade

A rigor, nenhuma das três hipóteses em que o Código Civil manda aplicar o regime da separação legal de bens justifica tamanha interferência estatal na definição do estatuto patrimonial do casamento. A hipótese relativa ao nubente maior de 70 anos é flagrantemente inconstitucional, instituindo nítido preconceito de idade, em violação ao art. 3º, IV, da Constituição, que define como um dos objetivos fundamentais da República "promover o bem de todos, sem preconceitos de origem, raça, sexo, cor, idade e quaisquer outras formas de discriminação". Fere, ainda, o princípio constitucional da isonomia. Ao que parece, o legislador pretendeu evitar o chamado *golpe do baú*, mas tal tarefa não compete ao Estado, que deve se abster de interferir na autonomia da pessoa humana para definir os destinos da sua vida e do seu patrimônio. Além disso, a tentativa errou o alvo, na medida em que o casamento pode envolver duas pessoas com mais de 70 anos, ambas com patrimônio já formado, e às quais é sempre facultado optarem pelo regime convencional de separação de bens, se assim pretenderem. Para os casos de falta de discernimento, o caminho é a interdição, não a restrição legal à autonomia existencial sem exame concreto das particularidades de cada pessoa.

Ao analisar a questão, o Supremo Tribunal Federal decidiu atribuir interpretação conforme à Constituição ao inciso II do art. 1.641, para considerá-lo "norma dispositiva, que deve prevalecer à falta de convenção das partes em sentido diverso, mas que pode ser afastada por vontade dos nubentes, dos cônjuges ou dos companheiros. Ou seja: trata-se de regime legal facultativo e não cogente". Dessa forma, criou-se um segundo regime legal supletivo, ao lado da

---

26 Ana Luiza Maia Nevares, O regime de separação obrigatória de bens e o verbete 377 do Supremo Tribunal Federal, *Civilística.com*, a. 3, n. 1, jan./jun. 2014. A tese foi consagrada no Enunciado n. 634 da VIII Jornada de Direito Civil do CJF: "É lícito aos que se enquadrem no rol de pessoas sujeitas ao regime da separação obrigatória de bens (art. 1.641 do Código Civil) estipular, por pacto antenupcial ou contrato de convivência, o regime da separação de bens, a fim de assegurar os efeitos de tal regime e afastar a incidência da Súmula 377 do STF".

27 STJ, 4ª Turma, REsp 1.922.347/PR, rel. Min. Luis Felipe Salomão, j. 7-12-2021.

comunhão parcial de bens, aplicável quando um dos cônjuges ou companheiros for maior de 70 anos. Entendeu o STF, ainda, que a expressa manifestação de vontade das partes no sentido de afastar o regime de separação de bens deve ser formalizada por meio de escritura pública[28].

Também na hipótese de suprimento judicial da autorização para casar, a aplicação do regime legal de separação obrigatória de bens afigura-se injustificada. O suprimento judicial, recorde-se, somente se dará quando o magistrado entender que a recusa à autorização foi injusta, decisão que será tomada à luz do melhor interesse do nubente. Ora, se a recusa foi injusta, não pode produzir nenhum efeito, menos ainda o efeito de restringir as opções livres daquele que terá sido vítima da injustiça. Por fim, na hipótese relativa ao casamento realizado na presença de causas suspensivas também não se justifica a aplicação de um regime cogente de bens. As causas suspensivas assentam, como já visto, no interesse particular, de tal modo que não poderiam amparar restrições imperativas à liberdade do nubente. A preocupação com a confusão patrimonial, principal motor das causas suspensivas, resolve-se por meio de prova durante a partilha patrimonial da relação anterior. Por mais difícil que tal prova possa vir a ser na prática, não se pode em tais circunstâncias, a título de facilitação do esforço probatório, impor tamanha restrição aos nubentes, como a incidência de um regime de bens obrigatório.

15.8. Regime de participação final nos aquestos

O Código Civil inovou ao acrescentar aos regimes já examinados o chamado regime da participação final nos aquestos. Elaborado com o objetivo de harmonizar o reconhecimento do esforço comum e a liberdade individual na gestão dos próprios bens, o regime da participação final nos aquestos tem sido chamado de "regime híbrido", porque associa a livre administração do regime de separação na constância do matrimônio com a divisão, em caso de dissolução da sociedade conjugal, do saldo dos bens adquiridos durante o casamento.

Na experiência comparada, a doutrina registra que o regime de participação final nos aquestos figura como regime legal supletivo, tanto no direito alemão quanto no direito francês, seguindo obviamente regras próprias a cada uma dessas experiências. No Brasil, procurou-se seguir a mesma inspiração desses modelos. Algumas imperfeições legislativas, entretanto, dificultam a assimila-

---

28   STF, Tribunal Pleno, ARE 1.309.642/SP, rel. Min. Luís Roberto Barroso, j. 1º-2-2024.

ção do regime à prática jurídica. Muitas críticas têm sido formuladas pela doutrina. Em primeiro lugar, a forma de apuração dos aquestos envolve cálculos complexos, alcançando não somente os bens restantes no momento da dissolução, mas todos aqueles que tenham sido adquiridos na constância do casamento, ainda que inexistam ao término da sociedade conjugal.

Em segundo lugar, embora garantida a livre administração por cada cônjuge dos bens móveis, a administração dos bens imóveis fica ameaçada pela interpretação *a contrario sensu* do art. 1.673, parágrafo único, do Código Civil, em que se lê: "a administração desses bens é exclusiva de cada cônjuge, que os poderá livremente alienar, se forem móveis". Também nessa direção, o art. 1.647, I, da codificação dispensa a outorga conjugal para alienar ou gravar bens imóveis "no regime de separação absoluta", deixando de mencionar o regime da participação final nos aquestos, o que sugere que a alienação dos bens imóveis continua a depender do consentimento do outro consorte neste último regime.

Por fim, o art. 1.675 do Código Civil autoriza a reivindicação pelo cônjuge do bem que tiver sido doado a terceiro pelo outro, independentemente de qualquer prova de fraude. Trata-se de forte ingerência que contraria a própria inspiração do regime de participação final nos aquestos, além de verdadeira atecnia já que, alienado o bem por quem era seu legítimo proprietário, não haveria, em tese, espaço para reivindicação. De qualquer modo, as soluções para essas questões poderiam ser conferidas por uma interpretação adequada e eventualmente pela adoção das devidas cautelas no próprio pacto antenupcial, como já sugere o art. 1.656 do Código Civil, ao afirmar que, "no pacto antenupcial, que adotar o regime da participação final nos aquestos, poder-se-á convencionar a livre disposição dos bens imóveis, desde que particulares". O regime tem sido, entretanto, pouco procurado na prática brasileira.

16. Dissolução do casamento

O vínculo matrimonial era, até 1977, indissolúvel no Brasil. O direito civil brasileiro refletia, até então, a concepção católica do casamento como instituição divina, que não podia ser extinta por vontade dos cônjuges – conforme o já citado brocardo canônico segundo o qual *quos Deus coniunxit, homo non separet*. Admitia-se apenas o chamado *desquite*, que dissolvia a sociedade conjugal, mas não o vínculo matrimonial. Permitia-se a separação de corpos, partilhava-se o patrimônio comum, segregava-se a guarda dos filhos, arbitravam-se os alimentos, mas os desquitados permaneciam impedidos de se casar novamente, recaindo qualquer novo convívio familiar na ilegitimidade.

A Lei n. 6.515, de 1977, finalmente admitiu o divórcio, como modalidade voluntária de extinção do vínculo matrimonial. Cedendo, todavia, às pressões antidivorcistas, o legislador preservou o desquite, sob a denominação de *separação judicial*. O direito brasileiro conservou durante décadas esse modelo dualista, contemplado inclusive na redação original da Constituição de 1988, que afirmava: "o casamento civil pode ser dissolvido pelo divórcio, após prévia separação judicial por mais de um ano nos casos expressos em lei, ou comprovada separação de fato por mais de dois anos". Nesse modelo dualista, ao lado do divórcio, que extingue o vínculo matrimonial, situava-se a separação, que extinguia a sociedade conjugal apenas (deveres recíprocos, regime de bens etc.), mas preservava o matrimônio, com todos os seus impedimentos. O divórcio, segundo a norma constitucional, admitia duas modalidades: (a) o chamado *divórcio direto*, precedido de separação de fato por mais de dois anos; e o (b) *divórcio por conversão*, após um ano da separação judicial.

Para a melhor doutrina, o modelo dualista não mais se justificava, já que "a submissão a dois processos judiciais (separação judicial e divórcio por conversão) resultava em acréscimos de despesas para o casal, além de prolongar sofrimentos evitáveis"[29]. Sua inspiração permanecia nitidamente religiosa, calcada na tradição católica que resistia à ruptura do vínculo matrimonial. Em 2010, o cenário foi alterado pela Emenda Constitucional n. 66, que veio dar nova redação ao art. 226, § 6º, da Constituição, que, hoje, afirma simplesmente: "o casamento civil pode ser dissolvido pelo divórcio".

16.1. *Fim da separação judicial*

Conquanto disciplinada em nosso Código Civil, a separação judicial perdeu a razão de ser com a Emenda Constitucional n. 66. Ainda havia vozes na doutrina[30] que defendiam sua preservação, sustentando que a existência de uma opção adicional de dissolução da sociedade conjugal não prejudica os consortes. O Código de Processo Civil de 2015 mencionou expressamente a separação consensual no art. 733, o que reforçaria tal entendimento. A nosso ver, contudo, a separação judicial foi integralmente substituída pelo divórcio direto. Primeiro, porque o instituto ficou esvaziado de qualquer interesse prático, sen-

---

29 Paulo Lôbo, *Direito Civil – Famílias*, São Paulo: Saraiva, 2008, p. 127.
30 Enunciado n. 514 da V Jornada de Direito Civil do CJF: "A Emenda Constitucional n. 66/2010 não extinguiu o instituto da separação judicial e extrajudicial".

do difícil cogitar de hipótese na qual os consortes optariam pela separação judicial, em vez do divórcio. Segundo, e talvez mais importante, porque a extinção da separação judicial configura passo importante rumo à superação da dicotomia entre (a) dissolução da sociedade conjugal e (b) dissolução do vínculo matrimonial. Tal dicotomia, cuja utilidade consistia em dificultar a ruptura do matrimônio, serve de obstáculo à plena realização da personalidade dos cônjuges, na medida em que a existência de opções mais brandas para a ruptura matrimonial não raro exerce o papel de instrumento de pressão da sociedade ou da família sobre quem deseja pôr fim ao seu relacionamento anterior. À ordem jurídica não compete oferecer um leque tão complexo de opções para o fim do casamento. Deve, ao contrário, estimular decisões conscientes pela conservação ou pela ruptura, assegurando a plena liberdade existencial da pessoa humana.

Foi precisamente este o caminho trilhado pelo Supremo Tribunal Federal ao decidir, no fim de 2023, que, "após a promulgação da Emenda Constitucional n. 66/2010, a separação judicial não é mais requisito para o divórcio nem subsiste como figura autônoma no ordenamento jurídico. Sem prejuízo, preserva-se o estado civil das pessoas que já estão separadas, por decisão judicial ou escritura pública, por se tratar de ato jurídico perfeito (art. 5º, XXXVI, da CF)"[31]. Logo em seguida, o Conselho Nacional de Justiça editou a Resolução n. 571/2024, alterando a Resolução CNJ n. 35/2007, que trata da separação consensual, para adaptá-la à decisão do STF e autorizar a escritura pública de declaração de separação de fato consensual, que deverá se ater exclusivamente ao fato de que cessou a comunhão plena de vida do casal (art. 52-A).

16.2. *Divórcio*

A garantia de acesso direto ao divórcio, consagrada pela Emenda Constitucional n. 66, merece retumbantes aplausos, na medida em que consubstancia conquista histórica contra o forte *lobby* antidivorcista, guiado por razões religiosas e moralistas[32]. Exprime, de modo emblemático, a substituição da visão da família como instituição tutelada em si mesma por uma família livre e democrática, compreendida apenas como *locus* privilegiado para o desenvolvimento da personalidade de seus membros, desenvolvimento que há de passar, por vezes, pela desunião.

---

31 STF, Tribunal Pleno, RE 1.167.478/RJ, rel. Min. Luiz Fux, j. 8-11-2023.
32 Silvana Carbonera, Laicidade e Família: um diálogo necessário a partir do olhar de Stefano Rodotà, in *Diálogos sobre direito civil*, v. III, p. 373-400.

Também é de se destacar que nenhum papel deve ser reservado à noção de "culpa" no campo da dissolução do casamento. A atuação do Estado no passado em prol da preservação do casamento, como curador do vínculo em processos de dissolução, deve restar inteiramente superada, evitando-se converter processos judiciais ou extrajudiciais de divórcio em espaço para discussão de frustrações emocionais que nenhuma relação devem guardar com o universo jurídico, constituindo campo da psicanálise e outras ciências.

16.2.1. Divórcio extrajudicial

Desde janeiro de 2007, o divórcio, quando consensual, não exige mais processo judicial, podendo ser realizado por mera escritura pública. Tal possibilidade, consagrada pela Lei n. 11.441/2007, foi mantida no art. 733 do atual Código de Processo Civil, em que se lê: "o divórcio consensual, a separação consensual e a extinção consensual de união estável, não havendo nascituro ou filhos incapazes e observados os requisitos legais, poderão ser realizados por escritura pública". O divórcio extrajudicial deve ser requerido por ambos os cônjuges, mediante consenso sobre a partilha dos bens comuns, a eventual pensão alimentícia entre os cônjuges, a guarda dos filhos incapazes, entre outras consequências da dissolução da sociedade conjugal. Em 2024, a Resolução n. 571 do CNJ alterou a Resolução CNJ n. 35/2007, que trata do divórcio consensual, para autorizar a lavratura da escritura pública de divórcio mesmo havendo filhos comuns do casal menores ou incapazes, desde que devidamente comprovada a prévia resolução judicial de todas as questões referentes à guarda, visitação e alimentos deles (art. 34, § 2º).

16.2.2. Divórcio e autoridade parental

O divórcio não altera o poder familiar, exceto no que diz respeito à guarda, conforme o que ficar acordado entre os pais ou decidido pelo juiz. A atribuição exclusiva da guarda a um dos pais não altera os direitos e deveres do outro em relação ao filho (art. 1.579). Tampouco as novas núpcias podem trazer qualquer restrição nesse sentido. Conforme já estudado, há hoje preferência legal pela guarda compartilhada.

16.2.3. O chamado divórcio *post mortem*

O direito potestativo ao divórcio afigura-se personalíssimo, podendo ser exercitado exclusivamente pelos cônjuges (CC, art. 1.582). Daí o tradicional entendimento de que, "em ação de divórcio, o falecimento do autor em data anterior ao trânsito em julgado de decisão que decreta o divórcio implica a extinção do processo, sem julgamento de mérito"[33]. No entanto, o ajuizamento da ação de divórcio já representa inequívoca manifestação da vontade de pôr fim à relação matrimonial, inexistindo mais qualquer condicionante ao exercício desse direito em nosso ordenamento jurídico. Desse modo, deve-se prestigiar a autonomia privada existencial do autor da ação e permitir o prosseguimento do feito mesmo diante do seu posterior falecimento, com a prolação de sentença de divórcio dotada de eficácia retroativa, como já concluiu o Superior Tribunal de Justiça[34].

16.2.4. Partilha dos bens

O divórcio (ou a separação de fato, caso o preceda) põe fim ao regime matrimonial de bens, tornando necessária a partilha dos bens comuns eventualmente existentes. O divórcio não é condicionado à prévia partilha de bens (CC, art. 1.581), o que torna possível a manutenção do estado de indivisão dos bens comuns indefinidamente. Nesse sentido, o STJ já decidiu que o direito à partilha dos bens possui natureza potestativa e, não havendo prazo decadencial cominado em lei, inexiste limite temporal para o seu exercício[35].

---

33 STJ, 3ª Turma, REsp 331.924/SP, rel. Min. Nancy Andrighi, j. 12-11-2001.
34 STJ, 4ª Turma, REsp 2.022.649/MA, rel. Min. Antonio Carlos Ferreira, j. 16-5-2024.
35 STJ, 4ª Turma, REsp 1.817.812/SP, rel. Min. Marco Buzzi, j. 3-9-2024.

Capítulo 36

União Estável e Outras Entidades Familiares

> **Sumário: 1.** União estável. **2.** União estável *versus* casamento. **3.** Características. **4.** União estável "virtual". **5.** Relações patrimoniais na união estável. **6.** Deveres dos companheiros. **7.** Uniões estáveis simultâneas. **8.** Extinção da união estável. **9.** Outras entidades familiares. **10.** União homoafetiva. **11.** Casamento civil homoafetivo. **12.** União poliafetiva.

1. União estável

União estável é habitualmente definida como a entidade familiar formada entre homem e mulher de modo espontâneo, sem a solenidade do casamento. A Constituição da República tutela expressamente a união estável, no art. 226, § 3º, em que se lê: "para efeito da proteção do Estado, é reconhecida a união estável entre o homem e a mulher como entidade familiar, devendo a lei facilitar sua conversão em casamento". Como explica Paulo Lôbo, "a união estável, inserida na Constituição de 1988, é o epílogo da lenta e tormentosa trajetória de discriminação e desconsideração legal, com as situações existenciais enquadradas sob o conceito depreciativo de concubinato, definido como relações imorais e ilícitas, que desafiavam a sacralidade atribuída ao casamento"[1].

Estimuladas de certo modo pela própria ordem jurídica, que, como visto, negava até 1977 a possibilidade de divórcio, as *relações familiares de fato* eram tratadas pela jurisprudência ora como relações ilícitas, ora como meras sociedades de fato, reduzindo-se toda a riqueza da convivência afetiva a uma artificial

---

1 Paulo Lôbo, *Direito civil – famílias*, São Paulo: Saraiva, 2008, p. 149.

combinação de esforços que gerava efeitos puramente patrimoniais (STF, Súmula 380). Após a Constituição da República, que reconheceu, enfim, o *status* familiar da união estável, as Leis n. 8.971/94 e n. 9.278/96 procuraram, não sem alguma desarmonia entre si, estabelecer um estatuto mínimo para reger o instituto. Alusões a requisitos adicionais ao texto constitucional, como a coabitação ou um tempo mínimo de convivência de cinco anos, foram derrubadas pela doutrina e pela jurisprudência ante a sua evidente inconstitucionalidade.

2. União estável *versus* casamento

O Código Civil de 2002 foi influenciado pela repetição servil do Código Civil de 1916, resultando em uma nítida preferência do seu texto pela família matrimonial, que se evidencia até na distribuição topográfica dos temas no livro dedicado ao direito de família. Além disso, o legislador de 2002 atraiu para a união estável regras que se vinculam ao ato solene do matrimônio, como a disciplina dos impedimentos matrimoniais. Para parte da doutrina, a subserviência da união estável ao matrimônio justifica-se pela alusão da Constituição, no art. 226, § 3º, ao dever do Estado de facilitar a conversão da união estável em casamento. A norma constitucional não pretendeu, contudo, converter a união estável em simulacro de casamento, regido à sua imagem e semelhança.

À união estável deve ser assegurada plena autonomia conceitual, como instituto independente e francamente distinta do casamento. A referida autonomia, no entanto, não afasta a existência de importantes pontos de contato, que precisam ser bem compreendidos. Assim, *a união estável se distingue fundamentalmente do casamento, naquilo que diz respeito à chancela estatal da convivência, mas se equipara ao casamento naquilo que diz respeito aos direitos dos conviventes*. Seu traço distintivo é a espontaneidade da formação da convivência familiar, em tudo oposta ao matrimônio, como modelo familiar formado com a participação do Estado e sob a sua chancela. A união estável oferece, ainda, um conteúdo flexível, referindo-se não a um dever de fidelidade conjugal, mas a um dever de lealdade entre os companheiros, que se abre à mútua e transparente pactuação de um estatuto relacional próprio, conforme se verá adiante.

O núcleo conceitual da união estável, que assenta sobre a informalidade da união e a dispensa de qualquer chancela estatal, impede uma equiparação integral com o casamento, ontologicamente distinto e caracterizado pelo *referendum* do Estado em todas as suas etapas de constituição, característica que se reflete inevitavelmente sobre o seu desenvolvimento. O que se deve perquirir – e eis aí a questão central neste tema – é quais consequências jurídicas do casamento encontram sua *ratio* na chancela estatal e quais, ao contrário, encontram sua razão de ser no convívio familiar dos cônjuges. Enquanto as primeiras não podem ser aplicadas à união estável, as últimas podem e devem, pois o convívio familiar é elemento comum a ambas as modalidades de família. No intuito de auxiliar os intérpretes na individuação do regime jurídico aplicável à união estável, editou-se, na VIII Jornada de Direito Civil do CJF, o Enunciado n. 641: "A decisão do Supremo Tribunal Federal que declarou a inconstitucionalidade do art. 1.790 do Código Civil não importa equiparação absoluta entre o casamento e a união estável. Estendem-se à união estável apenas as regras aplicáveis ao casamento que tenham por fundamento a solidariedade familiar. Por outro lado, é constitucional a distinção entre os regimes, quando baseada na solenidade do ato jurídico que funda o casamento, ausente na união estável"[2].

Tome-se como exemplo o direito a alimentos, que assenta sobre a noção de solidariedade familiar e não tem, por isso mesmo, qualquer relação com a prévia chancela do Estado à convivência: aplica-se o direito a alimentos, portanto, não apenas aos cônjuges, mas também aos companheiros (como reconhece o art. 1.694 do Código Civil). Já a exigência de outorga uxória ou marital (contemplada no art. 1.647) é consequência que se vincula necessariamente à chancela prévia do Estado, pois se afigura impossível saber se o alienante vive ou não em união estável, modalidade familiar que, repita-se, é de constituição fática e progressiva. A exigência de outorga uxória ou marital aplica-se, portanto, ao casamento, mas não à união estável.

3. Características

Inspirada nas normas que se ocupam da matéria no Código Civil (especialmente, art. 1.723)[3], a doutrina enumera as características da união estável: (a) convivência pública, contínua e duradoura; (b) escopo de compartilhamento de um projeto de vida comum; e (c) formação espontânea e informal.

As duas primeiras características são comuns à união estável e à família matrimonial, mas a última característica, relativa à formação espontânea e informal da união estável, as diferencia profundamente. Toda a disciplina do casamento é influenciada pela solenidade e publicidade do seu ato formador. A formação

---

2 Sobre a decisão do STF referida no enunciado, veja-se, neste livro, o tópico atinente à sucessão do companheiro.

3 "Art. 1.723. É reconhecida como entidade familiar a união estável entre o homem e a mulher, configurada na convivência pública, contínua e duradoura e estabelecida com o objetivo de constituição de família."

espontânea e informal da união estável não pode ser desrespeitada por uma assimilação acrítica de normas próprias da disciplina matrimonial, mormente aquelas que se ligam funcionalmente ao ato constitutivo do casamento e ao seu caráter público e solene. É, como já dito, o caso dos impedimentos matrimoniais, indevidamente estendidos, pelo Código Civil de 2002, ao estatuto jurídico da união estável.

Voltemos, todavia, às características da união estável, que merecem um exame mais atento. A característica referida como "escopo de compartilhamento de um projeto de vida comum" – ou "objetivo de constituição de família", na linguagem da parte final do art. 1.723 da codificação civil – é um elemento especialmente ambíguo. O que se está a dizer, ao fim e ao cabo, é que se considera como família a convivência estabelecida com o objetivo de constituir família. Uma flagrante tautologia. Não bastasse isso, parece certo que o juiz não poderá saber qual era o objetivo dos conviventes, seja porque podiam ter objetivos distintos, seja porque os objetivos de cada um pertencem à subjetividade inacessível da sua individualidade. O que se pode analisar são elementos de fato que sugerem que os conviventes estavam em uma relação que seria percebida socialmente como família.

O legislador parece ter percebido isso ao listar, na primeira parte do art. 1.723, os qualificativos dessa convivência: "pública, contínua e duradoura". O problema que se tem, a rigor, é que ser "contínua e duradoura" revela apenas que os conviventes estão em um relacionamento estável e, como podem ter livremente decidido apenas namorar (escolha legítima à luz da ordem jurídica brasileira), continuidade e duração não são elementos capazes de qualificar aquele relacionamento como união estável para fins de aplicação do regime jurídico dessa espécie de relação familiar. A publicidade tampouco parece ser um elemento seguro, especialmente diante de relações homoafetivas, nas quais os companheiros, premidos pelo preconceito ainda presente em nossa sociedade, muitas vezes deixam de ostentar publicamente sua relação.

Diante da inegável dificuldade de encontrar meios seguros de qualificar as convivências afetivas prolongadas entre pessoas, diferenciando a união estável do namoro, a práxis judicial acabou por se agarrar a certos elementos identificadores, embora sem amparo na legislação, como a prova da existência de prole comum (que, a rigor, não é fruto necessariamente de uma convivência estável) e, especialmente, a prova da coabitação. Embora o direito positivo não exija mais tal pressuposto – a Lei n. 8.971/94, que exigia a coabitação como condição da união estável, foi revogada pela Lei n. 9.278/96 –, a coabitação segue exercendo um forte papel de convencimento na análise dos magistrados. Coabitar é, para muitas cortes, sinônimo de viver em união estável. Tais elementos constituem, a rigor, subterfúgios empregados, à margem da lei, para aferir a existência da união estável, não podendo desempenhar papel definitivo na avaliação do intérprete.

> Considerações sobre o chamado "contrato de namoro". O autor analisará a validade do pacto celebrado por membros de um casal para afastar a configuração de uma união estável.
> Acesse também pelo *link*: https://uqr.to/1xgtr

4. União estável "virtual"

A intensa expansão do uso dos meios eletrônicos para as mais diversas modalidades de interação social, inclusive aquelas de natureza romântica ou afetiva, suscitou instigante debate acerca da possibilidade de configuração de união estável a partir de convívio exclusivamente mantido por via eletrônica ou digital, através de computadores, celulares ou *tablets*, o que parcela da doutrina tem denominado *união estável virtual*. Vale advertir que a expressão não é tecnicamente a melhor: virtual é, a rigor, adjetivo que exprime algo potencial, algo que está por vir, algo que pode acontecer no futuro. Aqui, ao contrário, está a se tratar de união estável que se configura, desde já, na realidade dos fatos, a partir de meios de comunicação a distância. Poder-se-ia aludir, nesse sentido, a uma *união estável digital* ou *união estável eletrônica*, mas a expressão mais correta talvez seja simplesmente *união estável a distância*, independente do espanto que a nomenclatura pode provocar ao combinar uma alusão à convivência (*união*) com uma alusão ao *distanciamento* (que traz, em si, ao menos tradicionalmente, uma ideia de desunião). O que o fenômeno exprime é, todavia, precisamente isso: a constatação atualíssima de que a convivência, inclusive para fins de constituição de família, pode ocorrer por meios de comunicação a distância.

À luz dos requisitos contidos no art. 1.723 do Código Civil, a configuração de uma união estável a distância é plenamente possível. Conviventes podem manter, sem dúvida, uma relação "contínua e duradoura" por meios de comunicação a distância. Também não parece haver dúvida de que essa forma inovadora de convivência pode ser "pública". Os meios eletrônicos e digitais de comunicação ostentam, frequentemente, uma faceta pública, cujo alcance pode ser mesmo imensamente superior ao convívio físico, bastando pensar na postagem de imagens e declarações amorosas por meio das redes sociais. Restaria, por fim, aferir o objetivo de constituir família, que, como já visto, é um elemento tautológico da definição de união estável. A coabitação, conforme também já visto, não é um requisito para a configuração da união estável. O que se verifica, portanto, é que pode haver união estável a distância (constituída por meios digitais ou eletrônicos) e um exame mais detido da matéria revela que as dificuldades inerentes à aferição de união estável nessas hipóteses são, a rigor, bastante semelhantes àquelas que se verificam no tocante às uniões estáveis presenciais (físicas)[4].

5. Relações patrimoniais na união estável

Em indevida aproximação, o art. 1.725 manda aplicar às relações patrimoniais entre os companheiros, na falta de contrato escrito, o regime da comunhão parcial de bens, no que couber. A doutrina tem dito, nesse sentido, que se aplica à união estável o regime legal de comunhão parcial de bens. A afirmação é incorreta. O art. 1.725 do Código Civil consiste em reflexo de longa evolução doutrinária e jurisprudencial que reconheceu a necessidade de partilha dos bens adquiridos pelo esforço comum na hipótese de dissolução da convivência familiar de fato. A Súmula 380 do Supremo Tribunal Federal já caminhara, em 1964, rumo a esse mesmo resultado e a jurisprudência veio, mais tarde, a aplicar a tais hipóteses as regras da comunhão parcial, partilhando os bens adquiridos durante a união estável, independentemente da demonstração de efetivo auxílio econômico na formação do patrimônio. A Lei n. 9.278/96 estabeleceu, também nesse sentido, uma presunção legal de que os bens adquiridos onerosamente na constância da união estável se consideravam comuns. A intenção por trás de toda essa trajetória era proteger a companheira ou o companheiro no momento de dissolução da união estável.

É de se ressaltar, contudo, que a aplicação das regras da comunhão parcial se dá por analogia, não se submetendo a união estável, tecnicamente, a um regime de bens. A consideração é importante porque a união estável consiste em entidade familiar dotada de autonomia, não se reduzindo a mero simulacro de casamento, como já destacado. A ideia de um regime de bens incidente sobre a união estável ajusta-se mal à convivência fática que caracteriza a união estável e que, normalmente, só é evidenciada *a posteriori*. Deve-se garantir a justa repartição do patrimônio, e não lançar sobre a união estável amarras formais concebidas para a realidade matrimonial. Como explica Gustavo Tepedino, "uma coisa é a divisão

---

4   Para uma análise mais aprofundada do tema, ver Anderson Schreiber, A chamada união estável virtual: transformações do direito de família à luz da pandemia, in Ana Luiza Maia Nevares, Marília Pedroso Xavier e Silvia Felipe Marzagão (Coords.), *Coronavírus: impactos no direito de família e sucessões*, São Paulo: Foco, 2020, p. 85-92.

do patrimônio comum, angariado pela dedicação diária dos companheiros, outra é o regime de bens instituído pelo ato solene do casamento, que o torna público, de maneira a oferecer segurança ao tráfego jurídico"[5]. Nessa direção, a jurisprudência já decidiu acertadamente pela inexigibilidade de outorga conjugal para a celebração de contrato de fiança pelo fiador que vive em união estável[6].

6. Deveres dos companheiros

O Código Civil ocupa-se das relações pessoais entre companheiros no art. 1.724, que lhes impõe os deveres de (a) lealdade, (b) respeito e assistência, bem como (c) guarda, sustento e educação dos filhos. É interessante notar que o legislador empregou aqui o termo "lealdade", e não "fidelidade conjugal", como consta da disciplina do matrimônio. Reconheceu, assim, que a união estável, como entidade familiar de formação espontânea e conteúdo variável, pode ensejar modos de convivência afetiva diversos da exclusividade que marca a fidelidade matrimonial. A ideia de exclusividade afetiva que caracteriza o modelo matrimonial encontra nítida inspiração no modelo proprietário como *ius excludendi omnes alio* (direito de excluir todos os demais do uso da coisa), não configurando opção necessária para a convivência familiar. Ao direito de família não compete, repita-se, impor modelos de inter-relacionamento pessoal, mas oferecer o instrumental necessário para que a pessoa humana se realize em suas relações familiares. Em matéria de família, não há modelo bom ou melhor ou correto e, portanto, não há modelo jurídico. Impera a autonomia existencial da pessoa humana, protegidos os filhos como pessoas em desenvolvimento.

7. Uniões estáveis simultâneas

Como já visto, não há na disciplina da união estável na Constituição ou no Código Civil exigência de exclusividade. Conceitualmente, nada impede a formação de uniões estáveis simultâneas, que são, de resto, uma realidade no Brasil. O Supremo Tribunal Federal enfrentou em caso emblemático a matéria. Tratava-se de disputa por pensão previdenciária travada entre a esposa e a companheira de falecido fiscal de rendas da Bahia, que atendia pelo nome de Waldemar do Amor Divino. Prevaleceu, apesar de inspirador voto vencido do Ministro Ayres

---

5 Gustavo Tepedino, A disciplina civil-constitucional das relações familiares, in *Temas de direito civil*, 4. ed., Rio de Janeiro: Renovar, 2008, p. 440.

6 STJ, 4ª T., REsp 1.299.894/DF, rel. Min. Luis Felipe Salomão, j. 25-2-2014.

Britto, a tese segundo a qual as famílias simultâneas configuravam concubinato, não havendo nenhum direito da companheira, mãe de nove filhos com o falecido, a qualquer parcela da pensão previdenciária[7].

Os defensores da tese do concubinato calcam-se em um suposto *princípio da monogamia* que integraria a ordem pública constitucional, ainda que a Constituição não lhe faça nenhuma menção direta ou indireta. Trata-se daquilo que Pietro Perlingieri já detectou como uma defesa da "cultura oficial", que não encontra tutela no ordenamento constitucional. A união estável não pode ser vista como mera situação de aparência, atrelada ao paradigma do matrimônio, ou equiparada a um suposto "casamento de fato". Sua tutela constitucional não deve ser perquirida na ostentação de uma posse do estado de casado, mas no reconhecimento jurídico de uma forma autônoma de convivência, que independe por completo do matrimônio e, não raro, lhe é antagônica. Suas possibilidades são variadas, não havendo o Estado que interferir neste campo, intimamente ligado à realização da pessoa humana.

Daí ter decidido, com acerto, o Tribunal de Justiça do Rio Grande do Sul, em caso envolvendo a coexistência entre união estável e casamento:

> ainda que o falecido não tenha se separado de fato e nem formalmente da esposa, existindo a convivência pública, contínua, duradoura e o objetivo de constituir família com a companheira, há que se reconhecer a existência da união estável paralela ao casamento. O aparente óbice legal representado pelo § 1º do art. 1723 do Código Civil fica superado diante dos princípios fundamentais consagrados pela Constituição Federal de 1988, principalmente os da dignidade e da igualdade[8].

No mesmo sentido, acórdão emblemático do Tribunal de Justiça de Minas Gerais concluiu:

> negar a existência de união estável, quando um dos companheiros é casado, é solução fácil. Mantém-se ao desamparo do Direito, na clandestinidade, o que parte da sociedade prefere esconder. Como se uma suposta invisibilidade fosse capaz de negar a existência de um fato social que sempre aconteceu, acontece e continuará acontecendo. A solução para tais uniões está em reconhecer

---

7 Sobre o tema, seja consentido remeter a: Anderson Schreiber, *Direitos da personalidade*, 3. ed., São Paulo: Atlas, 2014, p. 234-240.
8 TJRS, 4º Grupo de Câmaras Cíveis, Embargos Infringentes 70020816831, Red. p/ acórdão Des. José Ataídes Siqueira Trindade, j. 14-9-2007.

que ela gera efeitos jurídicos, de forma a evitar irresponsabilidades e o enriquecimento ilícito de um companheiro em desfavor do outro[9].

Para mais detalhes sobre o tema da simultaneidade familiar, remete-se o leitor ao capítulo 34, em que se aprofundou o tema.

8. Extinção da união estável

Por sua gênese fática, a dissolução da união estável afigura-se menos dificultosa que a dissolução do casamento. Ainda assim, pode ser considerada prudente a orientação seguida pelo legislador processual, que, no art. 733 do atual Código de Processo Civil, acrescentou às hipóteses de separação consensual e divórcio consensual em sede extrajudicial a hipótese da extinção consensual da união estável, a qual independe de intervenção judicial.

9. Outras entidades familiares

Não é possível hoje falar em união estável sem, ao menos, registrar a existência de outras formas de convivência familiar que vêm obtendo progressivo reconhecimento, como (a) as *famílias monoparentais*, reconhecidas expressamente no texto constitucional, (b) as *famílias reconstituídas*, (c) as *famílias anaparentais* e (d) as *uniões homoafetivas*. As famílias monoparentais são aquelas formadas por apenas um genitor e o filho ou os filhos provenientes ou não de casamento ou união estável anterior. As famílias reconstituídas – expressão que não deve sugerir que as famílias monoparentais estejam na pendência de reconstituição – são aquelas formadas pelo genitor e seus filhos com outro cônjuge ou companheiro, como no caso da mãe que se casa novamente, formando nova família com o padrasto de seus filhos. Famílias anaparentais são consideradas aquelas formadas por irmãos sem a presença dos genitores. Merecem exame em separado, por seu reconhecimento pleno pelo Supremo Tribunal Federal, as famílias homoafetivas.

10. União homoafetiva

Em julgamento histórico, realizado no ano de 2011, o Supremo Tribunal Federal atribuiu interpretação conforme a Constituição ao art. 1.723 do Código

---

9   TJMG, 5ª CC, Apelação 0168826-28.2005.8.13.0017, rel. Des. Maria Elza, j. 20-11-2008.

Civil "para dele excluir qualquer significado que impeça o reconhecimento da união contínua, pública e duradoura entre pessoas do mesmo sexo como 'entidade familiar', entendida esta como sinônimo perfeito de 'família'. Reconhecimento que é de ser feito segundo as mesmas regras e com as mesmas consequências da união estável heteroafetiva"[10]. Tal julgamento significou verdadeira mudança de rumos na nossa Suprema Corte em questões de família. Com efeito, a referência constitucional à união estável como consórcio "entre o homem e a mulher", reproduzida no art. 1.723 do Código Civil, deve ser interpretada historicamente, como uma pretensão inclusiva do Constituinte dirigida às milhares de famílias que viviam sob o que o direito considerava um manto de ilegitimidade. Não pode tal trecho do dispositivo constitucional ser empregado para excluir outras formas de entidades familiares, que podem ser enquadradas no conceito de união estável ou atrair, por analogia, a sua disciplina.

11. Casamento civil homoafetivo

O direito ao casamento civil homoafetivo tem sido defendido por diversos autores, havendo, inclusive, projeto de lei que tramita no Congresso Nacional. Em um Estado laico, a restrição do casamento a casais heteroafetivos configura, de fato, injustificada diferenciação entre pessoas por conta de sua orientação sexual, aspecto que integra sua identidade pessoal e cuja manifestação se insere no espaço de livre exercício da autonomia existencial da pessoa humana. A restrição fere, de uma só tacada, a cláusula geral de tutela da dignidade da pessoa humana e o princípio constitucional da isonomia, além de representar intervenção injustificada do Estado nas formas de convívio familiar. Caminha-se para o seu pleno reconhecimento pelos tribunais superiores, já havendo decisões judiciais que reconhecem seus efeitos e permitem sua realização contra todos os entraves criados por cartórios de Registro Civil em diferentes partes do país[11].

---

10 ADPF 132/RJ, ajuizada pelo Estado do Rio de Janeiro, e ADI 4.277/DF, ajuizada pela Procuradoria Geral da República, ambas relatadas pelo Min. Carlos Ayres Britto, j. 5-5-2011.

11 Destaque-se importantíssimo acórdão do STJ que reconheceu a existência e validade dos casamentos homoafetivos, na esteira da decisão do STF sobre as uniões estáveis: "O *pluralismo familiar* engendrado pela Constituição – explicitamente reconhecido em precedentes tanto desta Corte quanto do STF – impede se pretenda afirmar que as famílias formadas por pares homoafetivos sejam menos dignas de proteção do Estado, se comparadas com aquelas apoiadas na tradição e formadas por casais heteroafetivos. (...) Os arts. 1.514, 1.521, 1.523, 1.535 e 1.565, todos do Código Civil de 2002, não vedam expressamente o casamento entre pessoas do mesmo sexo, e não

Reforça esta tendência a Resolução n. 175 de 2013 do CNJ, ao vedar "a recusa de habilitação, celebração de casamento civil ou de conversão de união estável em casamento entre pessoas de mesmo sexo".

> Aprofundamento sobre a questão do casamento civil homoafetivo. O autor apresentará o desenvolvimento do tema no direito brasileiro e o atual estágio de debate, apontando as linhas de tendência observadas na jurisprudência nacional.
> Acesse também pelo *link*: https://uqr.to/1xgts

12. União poliafetiva

Um dos pontos mais controvertidos no debate contemporâneo acerca das novas formas de família envolve as chamadas *famílias poliafetivas* ou *poliamorosas*. Trata-se de entidades familiares formadas por um núcleo conjugal integrado por mais de duas pessoas. A doutrina tradicional invoca um suposto "princípio" da monogamia para negar reconhecimento jurídico a essas relações. É o que evidencia decisão do Conselho Nacional de Justiça, proferida em junho de 2018, que proibiu os cartórios de registrar escrituras públicas de uniões poliafetivas[12].

A crescente relevância atribuída à autonomia privada no âmbito familiar, contudo, impõe que se revisite o tema, sob renovada perspectiva. Em primeiro lugar, o texto constitucional não oferece óbice ao reconhecimento das famílias poliafetivas. Com efeito, embora o § 5º do art. 226 se refira ao exercício de direitos e deveres em uma sociedade conjugal "pelo homem e pela mulher", semelhante passagem, constante do § 3º do mesmo dispositivo, já foi interpretada pelo STF (no caso das uniões homoafetivas) como sendo de caráter meramente exemplificativo no que se refere ao gênero dos integrantes. Nada impede que a mesma lógica seja aplicada ao aspecto quantitativo: a referência a (um) homem e (uma) mulher se explica apenas historicamente pelo excessivo apego a um modelo exclusivista, construído à imagem e semelhança do direito de propriedade, já

---

há como se enxergar uma vedação implícita ao casamento homoafetivo sem afronta a caros princípios constitucionais, como o da igualdade, o da não discriminação, o da dignidade da pessoa humana e os do pluralismo e livre planejamento familiar" (STJ, 4ª Turma, REsp 1.183.378/RS, rel. Min. Luis Felipe Salomão, j. 25-10-2011).

12 CNJ, Pedido de Providências 0001459-08.2016.2.00.0000, rel. Conselheiro João Otávio de Noronha, j. 26-6-2018.

tendo, inclusive, restado afastada pelo STF no campo das relações parentais, ao admitir a multiparentalidade.

Não há uma razão substancial para a restrição da admissibilidade da família conjugal a um limite de duas pessoas. A referência a um suposto "princípio" da monogamia é equivocada e não encontra amparo na ordem jurídica brasileira. A prevalência do modelo exclusivista à luz de concepções morais e religiosas particulares, ainda que majoritárias, não justifica sua imposição a toda coletividade, aviltando a autonomia existencial das pessoas que traçam seus projetos de vida em comunhão com dois ou mais parceiros. Além disso, revela-se discriminatória, violando o princípio da isonomia, a diferenciação no tratamento de entidades familiares com base em critério estrutural, de ordem puramente quantitativa, quando constatada verdadeira identidade qualitativa, fundada na solidariedade familiar.

Capítulo 37

ALIMENTOS, TUTELA, CURATELA E TOMADA DE DECISÃO APOIADA

SUMÁRIO: 1. Alimentos. **1.1.** Espécies de alimentos. **1.2.** Possibilidade e necessidade. **1.3.** Proporcionalidade. **1.4.** Características dos alimentos. **1.4.1.** Irrepetibilidade. **1.4.2.** Irrenunciabilidade. **1.5.** Duração dos alimentos. **1.6.** Quantificação dos alimentos. **1.7.** Revisão dos alimentos. **1.8.** Prestação de contas. **1.9.** Cessação dos alimentos. **1.10.** Indignidade. **1.11.** Prisão civil do devedor de alimentos. **2.** Tutela, curatela e tomada de decisão apoiada. **2.1.** Tutela. **2.1.1.** Nomeação do tutor. **2.1.2.** Tutela testamentária. **2.1.3.** Tutela legítima. **2.1.4.** Tutela dativa. **2.1.5.** Tutor único para irmãos. **2.1.6.** Incapacidade para tutela. **2.1.7.** Escusa da tutela. **2.1.8.** Protutor. **2.1.9.** Exercício da tutela. **2.1.10.** Cessação da tutela. **2.2.** Curatela. **2.2.1.** Posicionamento da matéria. **2.2.2.** Distinção entre tutela e curatela. **2.2.3.** Curatela do menor. **2.2.4.** Interdição. **2.2.5.** Limites da curatela. **2.2.6.** Exercício da curatela. **2.2.7.** Cessação da curatela e levantamento da interdição. **2.2.8.** Curatela das pessoas com deficiência. **2.3.** Tomada de decisão apoiada.

1. Alimentos

O dever de prestar alimentos consiste em dever mútuo e recíproco entre parentes, cônjuges ou companheiros. Os alimentos não se restringem, como o nome poderia sugerir, à alimentação, mas abrangem todos os aspectos da manutenção de uma vida digna para aquele que os recebe, "de modo compatível com a sua condição social" (art. 1.694). Os alimentos abarcam, assim, gastos com vestimentas, material escolar, atividades de lazer, atividades culturais etc. Consistem em expressão do dever de solidariedade familiar.

A disciplina dos alimentos encontra-se fragmentada em diversos diplomas legislativos. O Código Civil veicula as principais disposições materiais sobre o tema, enquanto a Lei n. 5.478/68 dispõe sobre a ação de alimentos[1]. A Lei n. 11.804/2008, por sua vez, disciplina especificamente os chamados alimentos gravídicos. Importantes normas sobre o tema constam ainda do Código de Processo Civil (*v.g.*, arts. 528 a 533, 693, p.u., e 911 a 913) e do Estatuto da Pessoa Idosa (arts. 11 a 14), entre outras leis.

1.1. *Espécies de alimentos*

De acordo com o Código Civil, o dever de alimentos tem origem no vínculo de (a) parentesco, (b) casamento ou (c) união estável. O legislador regula aí diferentes espécies de dever alimentar, que podem exigir tratamento diferenciado em certas questões, como se verá na polêmica em torno da irrenunciabilidade dos alimentos. Quanto ao modo de prestação, os alimentos podem ser (a) em dinheiro ou (b) *in natura*. O Superior Tribunal de Justiça, contudo, tem afirmado que a prestação de alimentos deve ser feita, em regra, em dinheiro, para evitar indevida intromissão do alimentante na administração das finanças do alimentando[2].

Quanto à fonte do dever alimentar, a doutrina distingue os alimentos em (a) alimentos legais, (b) alimentos contratuais e, ainda, (c) alimentos testamentários. O Código Civil admite, ainda, no art. 948, II, a prestação de alimentos como modalidade de reparação do dano-morte. O tema é mais afeto à responsabilidade civil que propriamente ao direito de família. Configura, a rigor, meio de pagamento da indenização devida, mas alguns autores têm se referido, nesse sentido, a uma quarta espécie de alimentos, a que denominam alimentos judiciais.

Quanto ao momento de sua concessão, os alimentos distinguem-se em (a) alimentos provisórios, (b) alimentos provisionais e (c) alimentos definitivos.

---

1 O art. 2º da Lei n. 5.478 dispensa a assistência de advogado na audiência inicial do procedimento especial da ação de alimentos. O Conselho Federal da Ordem dos Advogados do Brasil contestou judicialmente a recepção do preceito legal pela Constituição, alegando violação ao direito à defesa técnica. O STF, no entanto, decidiu pela recepção da regra legal, ao fundamento de que a necessidade de garantir o acesso à Justiça e de conferir celeridade a certos ritos processuais, geralmente imbuídos de menor complexidade, pode levar ao reconhecimento, em situações excepcionais, do caráter não absoluto da representação por advogado. Na ação de alimentos, especificamente, "o comparecimento a Juízo sem a assistência de advogado é medida assecuratória do direito do alimentando. A medida é prévia à instauração da lide e fundamentada na urgência da pretensão deduzida. Nas fases processuais subsequentes, a lei exige a presença de profissional habilitado" (STF, Tribunal Pleno, ADPF 591/DF, rel. Min. Cristiano Zanin, j. 19-8-2024).

2 STJ, AgRg no EDcl no HC 149.618, 19-11-2009.

Os alimentos provisórios, previstos no art. 4º da Lei n. 5.478/68, são fixados em antecipação de tutela, visando à manutenção do alimentando durante o processo, mas exigem prova pré-constituída do dever alimentar (certidão de nascimento, certidão de casamento etc.). Os alimentos provisionais, por sua vez, encontram previsão no art. 1.706 do Código Civil: são igualmente fixados de modo antecipado, visando à manutenção do alimentando durante o processo, mas não exigem prova pré-constituída. São exemplos de alimentos provisionais aqueles fixados liminarmente em ação de investigação de paternidade. Por fim, os alimentos definitivos são aqueles fixados por sentença ou acordo homologado judicialmente.

A Lei n. 11.804/2008 consagrou, ainda, os alimentos gravídicos, aqueles que podem ser pleiteados pela mulher grávida para que sejam recebidos desde o momento da concepção até o parto do bebê, com a finalidade de lhe suprir as necessidades adicionais decorrentes da gravidez (alimentação, exames, consultas médicas, despesas hospitalares etc.)[3]. Por fim, a jurisprudência e a doutrina têm aludido a duas espécies de alimentos que não encontram previsão legal entre nós: (a) os alimentos temporários ou transitórios; e (b) os alimentos compensatórios. Os alimentos temporários ou transitórios, como se verá adiante, são aqueles fixados pelo juiz, em certas circunstâncias excepcionais, com termo final de duração, divergindo da característica habitual dos alimentos, que é a sua durabilidade. Já os alimentos compensatórios são aqueles que buscam minimizar o desequilíbrio financeiro entre os cônjuges ocorrido em decorrência do divórcio ou dissolução da união estável, a fim de proporcionar aos ex-cônjuges ou ex-companheiros o mesmo padrão socioeconômico. Esses alimentos podem ser estabelecidos de forma limitada no tempo, como enquanto não for ultimada a partilha de bens, que atribuirá a um dos ex-consortes patrimônio suficiente para dele extrair rendimentos que assegurem a conservação do seu padrão de vida.

1.2. *Possibilidade e necessidade*

O dever de alimentos assenta em dois pressupostos fundamentais: (a) a possibilidade econômica do alimentante; e (b) a necessidade econômica do alimentando. Trata-se do chamado *binômio alimentar*, que se aplica não apenas ao

---

3   Enunciado n. 675 da IX Jornada de Direito Civil (2022) "As despesas com doula e consultora de amamentação podem ser objeto de alimentos gravídicos, observado o trinômio da necessidade, possibilidade e proporcionalidade para a sua fixação".

juízo relativo ao *an debeatur* (juízo sobre o dever ou não de prestar alimentos), mas também ao *quantum debeatur* (juízo sobre o valor dos alimentos a serem prestados). Com efeito, por expressa disposição do Código Civil, o valor dos alimentos deve ser fixado "na proporção das necessidades do reclamante e dos recursos da pessoa obrigada" (art. 1.694, § 1º).

1.3. Proporcionalidade

Na fixação dos alimentos, a doutrina e a jurisprudência têm mencionado um terceiro requisito: a razoabilidade ou proporcionalidade. Argumenta-se que não apenas o alimentando mas também o alimentante devem manter condições necessárias para uma vida digna. A proporcionalidade não configura, a rigor, um terceiro requisito, mas sim um parâmetro para a avaliação dos dois anteriores. A possibilidade do alimentante e a necessidade do alimentando devem manter entre si uma relação de proporcionalidade, de tal modo que o padrão de vida de ambos seja, na medida do possível, assegurado, evitando-se a ruína de qualquer deles.

1.4. Características dos alimentos

A doutrina aponta as seguintes características dos alimentos: (a) irrepetibilidade; (b) irrenunciabilidade; (c) impenhorabilidade; (d) incompensabilidade; (e) imprescritibilidade; (f) irretroatividade; (g) periodicidade, entre outras. Algumas dessas características merecem, por sua importância, análise mais profunda.

1.4.1. Irrepetibilidade

Por irrepetibilidade dos alimentos alude-se à proibição de que seja devolvida a verba alimentar. A exoneração alimentar ou a redução dos alimentos não possuem efeito retroativo, sua eficácia é sempre *ex nunc*, somente operando efeitos para o futuro. Isso acontece porque se trata de verba *consumível* por definição, verba que serve para assegurar a manutenção da vida diária, não havendo como pleitear a sua devolução. A irrepetibilidade atinge tanto os alimentos devidos em virtude das relações de parentesco quanto os das relações entre cônjuges ou companheiros. A ideia de irrepetibilidade é tão forte entre nós que a maior parte da doutrina não admite a restituição de alimentos sequer naquelas hipóteses em que o vínculo de paternidade é desconstituído através de uma ação investigatória de paternidade. Alimentos pagos não são devolvidos.

A título excepcional, admite-se a devolução de alimentos na hipótese de comprovada má-fé de quem os pleiteou. Exemplo invocado nesse particular é aquele da mulher que, conhecendo a paternidade biológica do seu filho, pleiteia alimentos em face de alguém que sabe não ser o pai. Melhor nos parece, aqui, todavia, a corrente doutrinária que sustenta que a má-fé deve dar ensejo a uma eventual ação de indenização por danos patrimoniais e morais sofridos pelo alimentante, mas não exatamente à repetição dos alimentos[4].

Onde o dogma da irrepetibilidade tem cedido com acerto é nos casos de erro manifesto no pagamento. É o caso, por exemplo, de desconto de verba alimentar em folha feito em duplicidade, por equívoco. Nessa hipótese, o Tribunal de Justiça do Estado de São Paulo já reconheceu a necessidade de "abrandamento do rigor normativo da irrepetibilidade e vedação de compensação dos alimentos, buscando evitar locupletamento ilícito de uma das partes"[5]. Outro exemplo tem-se na continuação do desconto em folha, quando cessada a obrigação alimentar, em descumprimento da ordem judicial[6].

1.4.2. Irrenunciabilidade

Outra característica dos alimentos que merece destaque é a sua irrenunciabilidade. O art. 1.707 do Código Civil afirma expressamente: "pode o credor não exercer, porém lhe é vedado renunciar o direito a alimentos, sendo o respectivo crédito insuscetível de cessão, compensação ou penhora". Como para tal regra não está prevista nenhuma exceção, inúmeras são as controvérsias em sede doutrinária. Na opinião de Paulo Lôbo, "qualquer cláusula de renúncia, apesar da autonomia dos que a celebrarem, considera-se nula"[7]. Tal entendimento chegou a ser consagrado na Súmula 379 do Supremo Tribunal Federal: "No acordo de desquite não se admite renúncia aos alimentos, que poderão ser pleiteados ulteriormente, verificados os pressupostos legais".

A jurisprudência mais recente, contudo, tem admitido a renúncia em sede de acordo de dissolução da sociedade conjugal. O Superior Tribunal de Justiça, por exemplo, afirma que "a cláusula de renúncia a alimentos, constante em acordo de separação devidamente homologado, é válida e eficaz, não per-

---

4   Flávio Tartuce, *Manual de direito civil: volume único*, Rio de Janeiro: Forense, 2016, p. 1430.
5   TJSP, Agravo de Instrumento 2002756-94.2013.8.26.0000, Des. Relator Beretta da Silveira, j. 5-11-2013.
6   TJSP, Apelação Cível 9044955-51.2009.8.26.0000, Des. Relator Dimas Carneiro, j. 30-9-2009.
7   Paulo Lôbo, *Famílias*, São Paulo: Saraiva, 2008, p. 348.

mitindo ao ex-cônjuge que renunciou, a pretensão de ser pensionado ou voltar a pleitear o encargo"[8]. O mesmo entendimento tem sido aplicado aos acordos celebrados em sede de divórcio e de dissolução de união estável[9]. O STJ também já reconheceu a possibilidade de celebração de acordos para a exoneração do devedor quanto a alimentos já vencidos e não pagos, sob o fundamento de que "a irrenunciabilidade atinge o direito, e não o seu exercício"[10]. Evidentemente, eventuais vícios na celebração do acordo como erro ou coação poderão conduzir à sua anulabilidade e à restauração do dever de alimentos.

1.5. Duração dos alimentos

Fundando-se na solidariedade familiar, os alimentos duram enquanto perdurar a necessidade do alimentando. Em relação aos alimentos devidos aos filhos, tem-se entendido que a maioridade do alimentando faz cessar a autoridade parental, mas não extingue *ipso jure* a obrigação alimentar, que perdurará se o filho não tiver meios de se manter. Afirma-se que a exoneração automática dos alimentos, sem oitiva do alimentando, feriria os princípios constitucionais do contraditório e da ampla defesa. É o que reconhece o Superior Tribunal de Justiça por meio da Súmula 358: "O cancelamento de pensão alimentícia de filho que atingiu a maioridade está sujeito à decisão judicial, mediante contraditório, ainda que nos próprios autos".

É recorrente, nesse sentido, a situação do filho universitário que continua a depender dos pais para se manter, haja vista a continuada dedicação aos seus estudos. Em tais casos, a jurisprudência tem aplicado o entendimento de que a obrigação alimentar perduraria até os 24 anos de idade, invocando, por analogia, a legislação do imposto de renda (Lei n. 1.474/51). Parece preferível analisar a duração dos alimentos em cada caso concreto, à luz da específica necessidade do alimentando. O fundamento do dever de alimentos é a solidariedade familiar e não seria compatível com esse princípio que os pais, tendo possibilidade, deixassem de arcar com alimentos para filhos que continuam a ter necessidade. Instigante julgado do Tribunal de Justiça do Rio Grande do Sul manteve, nesse sentido, o dever de prestação de alimentos dos pais à filha que, tendo concluído o curso superior, ingressou em curso de pós-graduação[11].

---

8   STJ, REsp 701.902/SP, rel. Min. Nancy Andrighi, 3ª Turma, j. 15-9-2005.
9   STJ, AgRg no Ag 1.044.922/SP, Min. Raúl Araújo, j. 22-6-2010.
10 STJ, 3ª Turma, REsp 1.529.532/DF, rel. Min. Ricardo Villas Bôas Cueva, j. 9-6-2020.
11 TJ/RS, 7ª Câm. Civ., ApCiv. 7000.6854384, rel. Des. Sérgio Fernando Vasconcellos Chaves, DOERS 7-11-03, in RBDFam 23:108.

Nos casos de divórcio ou extinção da união estável, especialmente quando encerram relações que não duraram por muitos anos, nossos tribunais têm, vez por outra, admitido a fixação de *alimentos temporários*, assim entendidos aqueles destinados a durarem apenas por certo tempo, normalmente calculado de modo compatível com a duração da sociedade conjugal. Trata-se de possibilidade excepcional, que se coaduna, porém, com o dinamismo das relações de convivência na vida contemporânea. Afirma-se, nesse sentido, que "a concessão do pensionamento não está limitada somente à prova da alteração do binômio necessidade-possibilidade, devendo ser consideradas outras circunstâncias, tais como a capacidade potencial para o trabalho e o tempo decorrido entre o seu início e a data do pedido de desoneração"[12].

1.6. *Quantificação dos alimentos*

Não há, entre nós, uma fórmula fixa que permita a quantificação dos alimentos. Deve-se atender, como já dito, ao equilíbrio entre a possibilidade do alimentante e a necessidade do alimentando. A jurisprudência tem, não obstante, desenvolvido alguns parâmetros concretos, como a fixação do teto de 30% dos rendimentos do alimentante, que não deve ser tomado em sentido rígido, mas que funciona na prática judicial como um ponto de partida. Os tribunais procedem, ainda, à observação dos sinais exteriores de riqueza do alimentante, para além da análise de suas receitas ordinárias. Discute-se, ainda, a influência ou não do nascimento de novos filhos, discussão candente na nossa jurisprudência. O Tribunal de Justiça de São Paulo, por exemplo, já afirmou que o nascimento de outra filha é "insuficiente" para dar suporte ao pleito de redução de alimentos, "pois, do contrário, configuraria incentivo à paternidade irresponsável". Concluiu, na ocasião, a corte que o "apelante que foi em busca de encargos superiores deve ir à procura da majoração de sua renda"[13].

1.7. *Revisão dos alimentos*

Os alimentos podem ser sempre revistos. O Código Civil reconhece expressamente, no art. 1.699, que, em sobrevindo "mudança na situação financeira" do alimentante ou do alimentando, após a fixação dos alimentos, "poderá o

---

12   STJ, 3ª Turma, REsp 1.829.295/SC, rel. Min. Paulo de Tarso Sanseverino, j. 10-3-2020.
13   TJSP, 4ª CDP, Apelação Cível 0004925-14.2010.8.26.0091, Des. Relator Natan Zelinschi de Arruda, j. 13-2-2014.

interessado reclamar ao juiz, conforme as circunstâncias, exoneração, redução ou majoração do encargo".

1.8. Prestação de contas

Há forte controvérsia na doutrina brasileira sobre a possibilidade do alimentante cobrar prestações de contas do alimentando em relação às despesas feitas com a verba alimentar. De um lado, há autores que defendem que a prestação de contas é um direito e até um dever do alimentante, com base nos arts. 1.589 e 1.583, § 3º, do Código Civil, além de outros dispositivos que tratam do dever de fiscalização e supervisão da manutenção e educação dos filhos[14]. Em sentido diametralmente oposto, há autores que negam ao alimentante o direito de pedir a prestação de contas da verba alimentar, entendendo ser irrazoável exigir do titular da guarda uma demonstração contábil dos diversos gastos, muitas vezes de pequena monta, necessários à criação do alimentando[15].

A jurisprudência do Superior Tribunal de Justiça oscila entre os dois extremos. Algumas decisões adotam a orientação de que alimentante não tem essa possibilidade, por falta de interesse de agir[16]. Eventual prestação de contas que resultasse em verificação de má aplicação da verba alimentar não geraria benefício algum ao alimentante, uma vez que os alimentos são verba irrepetível, ou seja, não podem ser objeto de pleito de restituição, como já visto. Outros julgados, contudo, concluem que o interesse de agir decorre da vinculação da verba alimentícia aos interesses básicos fundamentais do alimentando, sendo necessária a existência de mecanismo que permita ao prestador dos alimentos aferir o real atendimento dessa função[17].

---

14 Yussef Said Cahali, *Dos alimentos*, São Paulo: Revista dos Tribunais, 2007, p. 387.
15 Jose Carlos Teixeira Giorgis, *Alimentos: algumas notas*, Porto Alegre: Magister, v. 4, n. 19, p. 41-50.
16 STJ, 3ª Turma, REsp 1.767.456/MG, rel. Min. Ricardo Villas Bôas Cueva, j. 25-11-2021; STJ, 4ª Turma, REsp 970.147/SP, rel. Min. Luis Felipe Salomão, rel. p/ acórdão Min. Marco Buzzi, j. 4-9-2012.
17 STJ, 3ª Turma, rel. Min. Paulo de Tarso Sanseverino, rel. p/ acórdão Min. Moura Ribeiro, j. 26-5-2020. A Corte ressalvou, todavia, que "o que justifica o legítimo interesse processual em ação dessa natureza é só e exclusivamente a finalidade protetiva da criança ou do adolescente beneficiário dos alimentos, diante da sua possível malversação, e não o eventual acertamento de contas, perseguições ou picuinhas com a(o) guardiã(ao), devendo ela ser dosada, ficando vedada a possibilidade de apuração de créditos ou preparação de revisional pois os alimentos são irrepetíveis".

1.9. Cessação dos alimentos

O dever de alimentos cessa, segundo o art. 1.708 do Código Civil, com o casamento, a união estável ou o concubinato do alimentando. A norma representa indevida interferência entre o aspecto existencial e o patrimonial. O fundamento dos alimentos está na solidariedade familiar que, se não se extingue com a ruptura da sociedade conjugal entre alimentante e alimentando – ao contrário, tal ruptura serve-lhe de fonte – não deveria se extinguir com as novas núpcias ou a constituição de união estável pelo alimentando. O que conduz à extinção dos alimentos é a alteração da situação econômica do alimentando. Embora o novo casamento ou a constituição de união estável faça presumir que o desamparo econômico deixou de existir, a presunção aí é relativa e pode ser desconstituída pelo alimentando.

1.10. Indignidade

O Código Civil determina, ainda, que o direito a alimentos cessa se o alimentando "tiver procedimento indigno em relação ao devedor" (art. 1.708, parágrafo único). A linguagem do dispositivo é demasiadamente aberta e tem suscitado controvérsias na doutrina e na jurisprudência. A exemplo do que ocorre na indignidade do herdeiro, tema que será estudado no capítulo atinente ao direito das sucessões, e na ingratidão do donatário, têm sido reconhecidos como atos de indignidade do alimentando (a) a injúria grave contra o alimentante, (b) o atentado contra a vida ou a integridade física do alimentante, entre outros. Melhor seria, todavia, que o legislador, como o fez na indignidade do herdeiro e na ingratidão do donatário, tivesse listado taxativamente as hipóteses de indignidade do alimentando.

A jurisprudência tem rejeitado a configuração de "procedimento indigno" em hipóteses como meras brigas de casais ou divergência entre ex-consortes. O estabelecimento de múltiplas relações afetivas ou sexuais pelo ex-cônjuge, alimentando, após o fim do casamento ou de união estável também não representa procedimento indigno. O Superior Tribunal de Justiça já decidiu, em mais de uma ocasião, que "namoro da ex-mulher" não é causa de exoneração do dever alimentar, a revelar de modo emblemático como patrimonialismo e machismo associam-se perigosamente na realidade brasileira[18].

---

18   STJ, 4ª T., REsp 111.476/MG, rel. Min. Salvio de Figueiredo Teixeira, j. 25-3-1999.

1.11. Prisão civil do devedor de alimentos

A Constituição brasileira admite expressamente a prisão civil por "inadimplemento voluntário e inescusável de obrigação alimentícia" (CR, art. 5º, LXVII). Tem-se entendido que a medida drástica se justifica pela função peculiar do débito alimentar, dirigido à preservação da dignidade humana do alimentando[19]. A prisão civil do devedor de alimentos é, contudo, admitida apenas como meio de coerção ao pagamento, não já como forma de punição ao devedor inadimplente. Se o alimentante deve alimentos porque não tem condição de pagá-los naquele momento, a prisão civil não se aplica. Nessa direção, o Superior Tribunal de Justiça tem afirmado que a demonstração de circunstâncias concretas relativas à ausência de urgência no recebimento dos alimentos ou às condições pessoais do devedor podem justificar o afastamento do decreto prisional[20].

O art. 528 do Código de Processo Civil disciplina a prisão civil do devedor de alimentos, determinando que o não pagamento pelo alimentante, sem que este seja justificado por uma impossibilidade absoluta de pagamento, enseja a decretação judicial da prisão do devedor pelo prazo de um a três meses, em regime fechado, embora separado dos presos comuns. Restou positivado, ainda, o entendimento que já vinha sendo pacificamente adotado pelo STJ no sentido de que "o débito alimentar que autoriza a prisão civil do alimentante é o que compreende até as 3 (três) prestações anteriores ao ajuizamento da execução e as que se vencerem no curso do processo" (Súmula 309 do STJ e CPC, art. 528, § 7º).

2. Tutela, curatela e tomada de decisão apoiada

Tutela e curatela são institutos voltados a permitir a representação do incapaz na vida civil, a administração de seus bens e a prestação do auxílio de que possa necessitar. Sua natureza é de múnus público, ou seja, de serviço prestado

---

[19] Justamente por esta razão, entende o STJ que "o inadimplemento dos alimentos compensatórios (destinados à manutenção do padrão de vida do ex-cônjuge que sofreu drástica redução em razão da ruptura da sociedade conjugal) e dos alimentos que possuem por escopo a remuneração mensal do ex-cônjuge credor pelos frutos oriundos do patrimônio comum do casal administrado pelo ex-consorte devedor não enseja a execução mediante o rito da prisão positivado no art. 528, § 3º, do CPC/2015, dada a natureza indenizatória e reparatória dessas verbas, e não propriamente alimentar" (STJ, 3ª T., RHC 117.996/RS, rel. Min. Marco Aurélio Bellizze, j. 2-6-2020). Na mesma direção: STJ, 4ª T., HC 744.673/SP, rel. Min. Raul Araújo, j. 13-9-2022).

[20] STJ, 3ª T., HC 875.013/RN, rel. Min. Moura Ribeiro, j. 20-2-2024; STJ, 3ª T., RHC 91.642/MG, rel. Min. Nancy Andrighi, j. 6-3-2018.

à sociedade em caráter compulsório. No direito brasileiro, a tutela pressupõe a menoridade do protegido, enquanto a curatela se aplica às demais hipóteses de incapacidade. O Estatuto da Pessoa com Deficiência incluiu no Código Civil, em 2015, no mesmo título da tutela e de curatela, um novo instituto denominado *tomada de decisão apoiada*.

2.1. Tutela

A tutela é o sucedâneo do poder familiar. Aplica-se, portanto, quando há falecimento ou ausência dos pais, ou ainda quando estes sofrem a perda ou suspensão do poder familiar (art. 1.728 c/c ECA, art. 36). O tutor tem o dever de dirigir a educação do tutelado ou pupilo, prestar alimentos ao menor e administrar seus bens, além de outros deveres que a legislação lhe atribui. O Código Civil assegura ao tutor o direito de receber "remuneração proporcional à importância dos bens administrados", o que não descaracteriza a natureza de múnus público que a doutrina reserva ao instituto (art. 1.752). O tutor responde pelos prejuízos causados ao menor, por culpa ou dolo no exercício da tutela.

2.1.1. Nomeação do tutor

De acordo com os contornos da nomeação do tutor, distingue-se a tutela em três espécies: (a) tutela testamentária; (b) tutela legítima; e (c) tutela dativa. Examine-se cada uma dessas espécies em separado.

2.1.2. Tutela testamentária

Podem os pais, detentores do poder familiar, nomear o tutor em caráter preventivo. A hipótese não é comum, mas pode se verificar em caso de doença grave dos pais ou em outras situações que tragam risco sobre a vida dos genitores. Tal nomeação deve constar de "testamento ou de qualquer outro documento autêntico" (art. 1.729, parágrafo único), aqui entendido como instrumento público ou particular. Trata-se da chamada *tutela testamentária*, embora melhor fosse chamá-la de *tutela preventiva* ou *tutela de nomeação prévia*, já que, como reconhece o legislador, tal nomeação pode se dar por instrumento diverso do testamento.

2.1.3. Tutela legítima

Tutela legítima é aquela que se verifica quando, na falta de tutor previamente indicado pelos pais, a lei atribui o múnus aos parentes consanguíneos do menor, de acordo com os critérios do art. 1.731, segundo o qual, na falta de tutor nomeado pelos pais, incumbe a tutela aos parentes consanguíneos do menor, por esta ordem: (a) aos ascendentes, preferindo o de grau mais próximo ao mais remoto; (b) aos colaterais até o terceiro grau, preferindo os mais próximos aos mais remotos, e, no mesmo grau, os mais velhos aos mais moços. Em qualquer dos casos, o juiz escolherá entre eles o mais apto a exercer a tutela em benefício do menor. De fato, nem a doutrina nem a jurisprudência têm sido rígidas na observância da ordem estabelecida pelo legislador, atendendo, primordialmente, ao interesse do pupilo.

2.1.4. Tutela dativa

Denomina-se tutela dativa aquela em que a nomeação recai sobre terceiro, por não haver tutor testamentário ou legítimo, ou ainda por terem sido excluídos, escusados ou removidos da tutela.

2.1.5. Tutor único para irmãos

Havendo dois irmãos órfãos, o Código Civil determina que lhes seja nomeado um único tutor (art. 1.733). Com isso, procura o legislador preservar a unidade da família. A norma, contudo, não deve ser lida de modo absoluto, devendo se curvar, sempre que necessário, ao interesse de cada um dos menores envolvidos. O Código Civil cuidava, ainda, do que chamava de "menores abandonados". Sem deixar de enfrentar a questão, a Lei n. 12.010/2009 deu nova redação ao art. 1.734 do Código Civil, suprimindo a referência a "menores abandonados" e a expressão "recolhidos a estabelecimento público", preferindo, de modo mais consentâneo com a legislação extravagante, determinar a inclusão do menor em "programa de colocação familiar", regulado no Estatuto da Criança e do Adolescente. A tutela surge aí como etapa intermediária do processo de adoção, instituto examinado em capítulo anterior.

2.1.6. Incapacidade para tutela

O Código Civil contempla hipóteses de incapacidade para o exercício da tutela, como a incapacidade daqueles que estejam privados da administração de seus próprios bens ou que sejam inimigos dos pais do pupilo (art. 1.735). São situações que impedem a investidura na tutela ou impõem a exoneração do tutor, quando constatadas apenas durante o exercício do encargo. Hipótese digna de atenção é a do inciso IV, que impede o exercício da tutela por "condenados por crime de furto, roubo, estelionato, falsidade, contra a família ou os costumes, tenham ou não cumprido pena". Embora compreensível a preocupação do legislador com o resguardo dos interesses do tutelado, uma aplicação rigorosa da regra pode fazer com que pessoas já ressocializadas e com fortes vínculos socioafetivos com o tutelado sejam afastadas da tutela, sendo substituídas por alguém menos apto. Daí a pertinente interpretação suscitada pelo Enunciado n. 636 da VIII Jornada de Direito Civil do CJF: "O impedimento para o exercício da tutela do inc. IV do art. 1.735 do Código Civil pode ser mitigado para atender ao princípio do melhor interesse da criança." Diversa da incapacidade para a tutela e da exoneração do tutor é a escusa da tutela.

2.1.7. Escusa da tutela

Denomina-se escusa da tutela a faculdade atribuída à pessoa designada para se liberar do múnus por razões que tornariam demasiadamente oneroso o seu exercício. É o caso dos maiores de 60 anos ou daqueles que têm sob sua autoridade mais de três filhos (art. 1.736). O Código Civil de 2002 incluiu, entre os que se podem escusar da tutela, as "mulheres casadas", previsão que se revela absolutamente inconstitucional diante da igualdade entre homens e mulheres consagrada no Texto Maior. O Código Civil permite, ainda, a escusa do nomeado que não for parente do menor, "se houver no lugar parente idôneo, consanguíneo ou afim, em condições de exercê-la" (art. 1.731). A doutrina considera inadequada a referência aos afins que não estão listados entre aqueles que devem ser preferencialmente nomeados tutores.

Ao contrário da incapacidade, que pode ser alegada por qualquer interessado, a escusa somente pode ser invocada pela própria pessoa designada para o exercício da tutela. A escusa deve ser alegada no prazo de dez dias (art. 1.738), contado da designação ou, se já aceito o múnus, da ocorrência do motivo escusatório, sob pena de exercer compulsoriamente a tutela.

2.1.8. Protutor

O Código Civil criou, em dispositivo que não encontra correspondência na codificação de 1916, a figura do *protutor*, assim entendido aquele que é nomeado para fiscalizar o exercício da tutela. O protutor exerce função auxiliar da justiça, devendo comunicar ao juiz qualquer irregularidade que recomende a suspensão ou remoção do tutor. O protutor, como o tutor, deve agir sempre no interesse do pupilo.

2.1.9. Exercício da tutela

São deveres do tutor, no exercício da tutela, (a) dirigir a educação do menor, (b) defendê-lo, (c) prestar-lhe alimentos, conforme os seus haveres e condição, (d) adimplir os demais deveres que normalmente cabem aos pais, ouvida a opinião do menor, se este já contar 12 anos de idade. Incumbe ao tutor, ainda, sob a fiscalização do juiz, administrar os bens do tutelado, em proveito deste último, cumprindo seus deveres com zelo e boa-fé.

2.1.10. Cessação da tutela

A cessação da tutela dá-se normalmente pelo advento do termo final do prazo de dois anos, pelo qual o tutor é obrigado a servir (art. 1.765). A tutela pode, ainda, cessar por (a) advento da maioridade, emancipação, reconhecimento ou adoção do menor, hipóteses em que o poder familiar será ou extinto ou transferido a outrem; (b) qualquer das razões de incapacidade, se reveladas posteriormente ao início do exercício da tutela; (c) superveniência de situação que dê ensejo à escusa; ou (d) remoção do tutor.

A remoção do tutor é a consequência reservada pelo ordenamento para os casos de negligência ou prevaricação daquele sobre quem recai o múnus (art. 1.766). Qualquer interessado ou o Ministério Público podem requerer a remoção. O Estatuto da Criança e do Adolescente impõe, ainda, a destituição do tutor nas hipóteses de violação aos deveres de sustento, guarda ou educação do menor (ECA, arts. 38 c/c 24). A remoção não isenta o tutor de responder pelos prejuízos que, por culpa ou dolo, tenha causado ao tutelado.

2.2. *Curatela*

Curatela assemelha-se à tutela no fundamento assistencial, mas dela se diferencia por se estender sobre pessoas maiores. Estão sujeitos a curatela: (a) aqueles que, por causa transitória ou permanente, não puderem exprimir sua vontade; (b) os ébrios habituais e os viciados em tóxico; e (c) os pródigos. Além dessas hipóteses, contidas no art. 1.767 do Código Civil, a lei contempla outros casos de curatela, como a curatela do nascituro (art. 1.779). Em sua Parte Geral, a codificação trata, ainda, da nomeação de curador para o ausente, como consequência primeira da declaração de ausência (art. 22). A curatela do ausente dará ensejo, após o transcurso dos lapsos temporais previstos na legislação (art. 26), à sucessão provisória e, mais tarde, à sucessão definitiva dos seus bens.

2.2.1. Posicionamento da matéria

A doutrina costuma tecer crítica ao posicionamento da curatela como capítulo do direito de família. Isso porque, ao contrário da tutela, que é sucedânea do poder familiar, a curatela visa à proteção da pessoa legal da pessoa incapaz e, por tal razão, estaria mais bem situada na Parte Geral do Código Civil, como, aliás, fez o legislador ao tratar da curatela dos ausentes. A inserção no direito de família talvez se explique pelo fato de que o múnus de curador recai, preferencialmente, sobre o cônjuge ou companheiro e, na falta deste, sobre o pai ou a mãe, e, sucessivamente, sobre os descendentes. Somente "na falta das pessoas mencionadas", o Código Civil cogita da livre escolha do curador pelo juiz (art. 1.775). Embora a doutrina e a jurisprudência não sigam a ordem de modo rígido, atendendo primordialmente aos interesses do curatelado, afigura-se bastante frequente a nomeação do cônjuge, companheiro ou algum de seus parentes como curador do maior incapaz. Assim, se a situação que dá ensejo à curatela não tem, ao contrário da tutela, conotação familiar, é no seio da família que o legislador vai buscar, preferencialmente, a solução para a gestão dos interesses do maior incapaz.

2.2.2. Distinção entre tutela e curatela

Por serem institutos afins, o legislador determina que ao exercício da curatela se apliquem as regras estabelecidas para o exercício da tutela. Ainda assim, tutela e curatela guardam diferenças significativas, principalmente no que toca aos pressupostos para a sua aplicação. Enquanto o menor já é tido como incapaz, exigindo a nomeação de um tutor que lhe dirija a educação e administre seus bens, o maior é, em princípio, plenamente capaz, razão pela qual a nomeação de um curador para defender seus interesses implica pesada restrição à sua autonomia pessoal, a ser avaliada com extrema cautela pelo magistrado e sempre à luz das condições pessoais do curatelado. Registre-se, conquanto desnecessário, que a idade avançada não é motivo suficiente para a instituição de curatela.

2.2.3. Curatela do menor

A doutrina afirma que o menor pode estar excepcionalmente sujeito à curatela. A advertência se funda no art. 1.733, § 2º, que, ao tratar da tutela, estabelece: "quem institui um menor herdeiro, ou legatário seu, poderá nomear-lhe curador especial para os bens deixados, ainda que o beneficiário se encontre sob o poder familiar, ou tutela". Embora o legislador empregue aqui o termo "curador especial", é certo que o simples fato de se encontrar tal personagem na administração de bem cujo titular é um menor atrai os princípios e regras típicos do instituto da tutela e da legislação extravagante que o protege, especialmente o Estatuto da Criança e do Adolescente. Assim, apesar das abalizadas opiniões em contrário, a assimilação com a curatela deve ser vista aqui como grave equívoco. Não à toa o legislador empregou o termo "curador especial", mesmo termo que emprega em hipóteses previstas em outras situações, que também diferem, em extensão e fundamento, das hipóteses de curatela contempladas no Código Civil.

2.2.4. Interdição

Ainda no sentido de proteger a autonomia pessoal do maior, a nomeação de curador deve ser precedida de rigorosa aferição da sua incapacidade, por meio de processo judicial a que se denomina *interdição*, promovido por parente ou cônjuge do interditando, ou ainda pelo Ministério Público, nos termos do art. 747 e seguintes do novo Código de Processo Civil. Durante o processo de interdição, o juiz entrevistará pessoalmente o interditando (art. 751), assistido por especialistas (psicólogos, psiquiatras, entre outros).

2.2.5. Limites da curatela

Cumpre registrar que o instituto da curatela e a própria disciplina das incapacidades passou por significativa transformação ao longo do século XX. A exemplo do que ocorreu com o antigo pátrio poder, convertido em autoridade parental e funcionalizado ao interesse dos filhos, a doutrina e a jurisprudência têm enfatizado cada vez mais que a curatela não pode implicar supressão da autonomia pessoal, devendo a atuação do curador ser restrita àqueles aspectos em que a livre manifestação de vontade do curatelado poderia efetivamente lhe trazer prejuízo injustificado. Daí a necessidade de o julgador considerar na sentença que decreta a interdição "as características pessoais do interdito, observando suas potencialidades, habilidades, vontades e preferências" (art. 755, II, CPC).

2.2.6. Exercício da curatela

O exercício da curatela inicia-se com a prolação da sentença de interdição, que produz efeito imediato, ainda que se interponha apelação. A sentença será inscrita no Registro de Pessoas Naturais e publicada na imprensa e na internet, "constando do edital os nomes do interdito e do curador, a causa da interdição, os limites da curatela e, não sendo total a interdição, os atos que o interdito poderá praticar autonomamente" (CPC, art. 755, § 3º).

O exercício da curatela rege-se pelas normas atinentes ao exercício da tutela. Assim, observadas as próprias especificidades, o curador tem o dever de administrar os bens do curatelado, em proveito deste último, representá-lo nos atos da vida civil, prestar-lhe alimentos, responder por qualquer prejuízo causado ao curatelado por dolo ou culpa no exercício da curatela e assim por diante. Tem também o curador o dever de prestar contas da administração dos bens do interditado, salvo na hipótese de ser seu cônjuge e casado em regime de comunhão universal de bens, hipótese em que a unidade do patrimônio dispensa a prestação de contas, salvo determinação em contrário do juiz (art. 1.783).

A autoridade do curador abrange também o atendimento e gestão dos interesses existenciais e patrimoniais dos filhos do curatelado (art. 1.778). A doutrina estende também ao curador as hipóteses de incapacidade e escusa dos tutores (arts. 1.735-1.737), temas já examinados no tópico atinente à tutela.

2.2.7. Cessação da curatela e levantamento da interdição

O Código Civil não cuida expressamente da extinção da curatela. A doutrina e a jurisprudência estendem à curatela as causas de extinção da tutela, quais sejam, o decurso do prazo de dois anos e a ocorrência das hipóteses previstas para a remoção, incapacidade ou escusa do tutor, nos termos já analisados. A curatela se extingue, ainda, pela cessação da causa que a determinou, como a superação do vício pelo ébrio habitual ou pelo viciado em tóxico. O novo Código de Processo Civil determina, em tais hipóteses, o levantamento da interdição, após exame do interditado e nova sentença, à qual se dará, assim como à sentença de interdição, ampla publicidade com a publicação na imprensa, na internet e averbação no Registro de Pessoas Naturais (art. 756, § 3º, CPC).

2.2.8. Curatela das pessoas com deficiência

O Estatuto da Pessoa com Deficiência, embora proclame que a deficiência não afeta a plena capacidade (art. 6º), não exclui a possibilidade do recurso à curatela "quando necessário" (art. 84, § 1º). A curatela, neste caso, não será precedida da interdição, uma vez que o curatelado, ao menos em tese, não tem sua capacidade afetada. Trata-se, como esclarece a lei, de uma medida protetiva extraordinária, proporcional às necessidades e às circunstâncias de cada caso, devendo durar o menor tempo possível (art. 84, § 3º). Também aqui a lei se afasta do modelo tradicional para abraçar a concepção contemporânea da curatela como instrumento flexível às necessidades concretas da pessoa[21]. Em razão disso, a curatela restringirá apenas a autonomia patrimonial da pessoa, não incidindo sobre sua esfera existencial, de modo a não alcançar, por exemplo, o direito ao próprio corpo, à sexualidade, ao matrimônio, à privacidade, à educação, à saúde, ao trabalho e ao voto (art. 85, *caput* e § 1º). Esta regra, contudo, precisa ser vista com cautela: a preservação da autonomia existencial deve se dar na medida do possível, sendo certo que, em determinadas situações, a deficiência intelectual impedirá totalmente o exercício da autonomia, sendo necessário transferir a prerrogativa de determinadas escolhas a um terceiro, que deverá atuar sempre no interesse do curatelado. É neste sentido a conclusão alcançada na VIII Jornada de Direito Civil do CJF: "Admite-se a possibilidade de outorga ao curador de poderes de representação para alguns atos da vida civil, inclusive de natureza existencial, a serem especificados na sentença, desde que comprovadamente necessários para proteção do curatelado em sua dignidade" (Enunciado n. 637).

2.3. Tomada de decisão apoiada

A inspiração do instituto da tomada de decisão apoiada parece ter sido a *amministrazione di sostegno* introduzida no direito italiano com mais de uma década de antecedência (Lei n. 6, de 9-1-2004). O instituto italiano veio atender, em larga medida, à crítica que ali se fazia à rigidez dos instrumentos tradicionais da *interdizione giudiziale* e da *inabilitazione*. Daí a criação de um instituto novo, cujas características principais foram, desde a origem, "flexibilidade e proporcionalidade"[22], tendo o legislador italiano aberto ao *amministratore di sostegno* um leque amplo de atuação, que pode se exprimir por meio de representação ou por meio de assistência, conforme o ato que se tenha em vista, tudo a depender da avaliação do juiz no caso concreto e sem afetar a plena capacidade do beneficiário para todos os atos que não venham a ser contemplados de modo específico. Desse modo, embora tenha sido topograficamente inserida ao lado dos institutos tradicionais, a *amministrazione di sostegno* foi introduzida no ordenamento italiano com o propósito de substituir progressivamente os institutos tradicionais, inaugurando uma nova abordagem de proteção da pessoa, moldada à luz das suas concretas necessidades e aptidões, radicalmente diferente daquela abordagem abstrata e geral com que o tema da incapacidade sempre fora tratado.

---

21 Para uma releitura do instituto da curatela, ver Vitor Almeida, *A Capacidade Civil das Pessoas com Deficiência e os Perfis da Curatela*, Belo Horizonte: Fórum, 2019.
22 Giovanni Bonilini e Ferruccio Tommaseo, Dell'amministrazione di sostegno, in *Il Codice Civile – Commentario*, Milão: Giuffrè, 2008, p. 28.

Nas palavras de Paolo Cendon, o instituto "tem em si um potencial de maciez, de elasticidade, de ductilidade suficiente para adaptar-se de maneira proporcional, calibrada e de distinguir as dificuldades específicas de cada pessoa"[23].

No Estatuto da Pessoa com Deficiência, diversamente do que ocorre na experiência italiana, a tomada de decisão apoiada surge como uma espécie de instrumento *auxiliar*, em benefício da pessoa com deficiência que já conta com a possibilidade de uma curatela "proporcional às necessidades e às circunstâncias de cada caso" (art. 84, § 3º). Tal flexibilização da curatela, a nosso ver, já havia sido operada pela doutrina especializada na matéria, com base no art. 1.772 do Código Civil[24], e, por isso, não chega a ser uma conquista do próprio Estatuto, como alardeiam os seus entusiastas, mas é indiscutivelmente bem-vinda na medida em que reforça a necessidade de modulação dos efeitos da incapacidade. O certo, todavia, é que, diante dessa reconhecida transformação da curatela, com sua imperativa adequação "às necessidades e às circunstâncias de cada caso", a tomada de decisão apoiada, construída à luz do modelo italiano da *amministrazione di sostegno*, perde sentido e utilidade[25].

A tomada de decisão apoiada somente guardaria alguma efetiva utilidade nesse novo contexto se representasse uma via *mais simples* para o beneficiário, mas não é o que ocorre no Estatuto: trata-se de processo *necessariamente judicial*, o que já ameaça por definição sua agilidade. Pior: o § 3º do novo art. 1.783-A que o Estatuto inseriu na codificação civil determina que "antes de se pronunciar sobre o pedido de tomada de decisão apoiada, o juiz, assistido por equipe multidisciplinar, após oitiva do Ministério Público, ouvirá pessoalmente o requerente e as pessoas que lhe prestarão apoio". Burocratiza-se, ao extremo,

---

23 Paolo Cendon, La tutela civilistica dell'infermo di mente, in Salvatore Patti, *La riforma dell'interdizione e dell'inabilitazione*, Milão: Giuffrè, 2002, p. 33.

24 "Art. 1.772. Pronunciada a interdição das pessoas a que se referem os incisos III e IV do art. 1.767, o juiz assinará, segundo o estado ou o desenvolvimento mental do interdito, os limites da curatela, que poderão circunscrever-se às restrições constantes do art. 1.782." Pouco depois de ter seu texto consideravelmente modificado pelo Estatuto da Pessoa com Deficiência, o dispositivo foi revogado pelo novo Código de Processo Civil.

25 Na ausência de uma limitação clara do campo de cada um dos institutos, surgem, inclusive, dúvidas acerca da sua conciliação. Seria possível que uma pessoa com deficiência submetida a curatela instituísse simultaneamente uma tomada de decisão apoiada em relação às suas decisões existenciais, a princípio não abarcadas pela curatela? Se, em uma perspectiva pragmática, a sobreposição de instrumentos e de pessoas envolvidas (a própria pessoa com deficiência, dois apoiadores e um curador) pareça contraindicar esta opção, não se verifica efetiva incompatibilidade entre os institutos, afigurando-se possível, embora com questionável benefício para o curatelado/apoiado, a simultaneidade dos institutos.

a tomada de decisão apoiada. A oitiva do Ministério Público, aliás, nem sequer tem cabimento, uma vez que se trata aqui de remédio disponibilizado para pessoa *capaz*. O excessivo controle do juiz tampouco encontra justificativa, à luz dessa plena capacidade do beneficiário. O Estatuto deveria ter ouvido, nesse particular, as críticas que a melhor doutrina italiana faz à sua própria reforma legislativa, especialmente ao desnecessário caráter judicial da *amministrazione di sostegno* nos casos em que se trata de mero auxílio. Aliás, no que se refere a modelos, talvez melhor tivesse sido seguir, nesse campo, o instituto do *sauvegarde de justice*, do direito francês, o qual se instaura por mero provimento administrativo, sem necessidade alguma de processo judicial, ou enveredar por modelo novo, constituído por ato entre particulares (todos, repita-se, capazes).

Respeitadas as diferenças intrínsecas a cada experiência estrangeira, não há dúvida de que a judicialização da tomada de decisão apoiada em um país como o Brasil, em que a celeridade na tramitação dos processos judiciais ainda é um objetivo distante de alcançar, traz significativo risco de desinteresse sobre o novo instituto. Para a pessoa com deficiência, plenamente capaz, mais prático que recorrer à tomada de decisão apoiada, por meio de um processo judicial com desnecessárias oitivas, será recorrer ao mandato ou a outros instrumentos que a ordem jurídica já lhe oferece. O Estatuto, que em tantas passagens declara em alto e bom tom que a pessoa com deficiência é capaz, parece ter se esquecido desse aspecto ao desenhar a tomada de decisão apoiada. Como toda pessoa capaz, a pessoa com deficiência conta com instrumentos contratuais à sua disposição que dispensam a submissão a um processo judicial, com todas as agruras que o ingresso em juízo implica, especialmente para a população mais carente de recursos econômicos – e mais necessitada, em larga medida, da proteção que o Estatuto deveria oferecer.

Também é difícil compreender a opção do legislador brasileiro pela indicação de "pelo menos 2 (duas) pessoas idôneas" para o exercício da função de apoiador. O rigoroso controle judicial, com a definição no termo a ser aprovado em juízo dos "limites do apoio a ser oferecido" (art. 1.783-A, § 1º), somado à ampla responsabilidade do apoiador – inclusive pelo exercício de "pressão indevida" (art. 1.783-A, § 7º), expressão aberta que promete desestimular o exercício do múnus público de apoiador – e à expressa possibilidade de que a pessoa apoiada solicite, a qualquer tempo, o término da vigência da tomada de decisão apoiada (art. 1.783-A, § 9º), já representa garantia mais que suficiente contra o abuso do apoiador. A exigência de que os apoiadores sejam "pelo menos 2 (duas) pessoas" configura duplo mal: não contribui para evitar os abusos, ao mesmo tempo que dificulta em muito a vida do apoiado, desestimulando a participação de apoiadores que, conquanto mantenham com ele vínculo sólido, podem não se sentir confortáveis de exercer a função em conjunto com outra pessoa, que não conhecem tão bem ou com quem não mantêm o mesmo tipo de relação.

Para completar o confuso quadro da tomada de decisão apoiada, o Estatuto acrescenta o insólito § 5º ao art. 1.783-A do Código Civil, permitindo ao terceiro "solicitar que os apoiadores contra-assinem o contrato ou acordo". A faculdade é absolutamente inútil, por um lado, porque o próprio dispositivo não reserva nenhuma consequência jurídica diferenciada na hipótese de contra--assinatura pelos apoiadores. Ainda assim, a exigência da tal contra-assinatura provavelmente acabará por se tornar praxe, já que aqueles que contratam com a pessoa com deficiência tendem a exigir a assinatura dos apoiadores no afã de trazer maior segurança ao negócio celebrado. Tal expediente ameaça converter a tomada de decisão apoiada em uma espécie de nova e disfarçada assistência, quando a finalidade declarada do novo instituto é justamente o auxílio à pessoa com deficiência no fornecimento de "elementos e informações necessários para que possa exercer sua capacidade" (art. 1.783-A, *caput*), não devendo por isso mesmo produzir nenhum efeito em relação a terceiros.

O § 5º do art. 1.783-A estimula a preconceituosa "suspeita" daqueles que contratam com a pessoa com deficiência, que agora poderão exigir a assinatura de outra pessoa como se a dela não valesse por si só – ao contrário do que pretendeu o Estatuto ao declarar a pessoa com deficiência capaz. Significa dizer que a referida norma não produzirá apenas severos estragos se a tomada de decisão apoiada for buscada, contra todos os desestímulos legislativos, mas pode produzir o estrago ainda mais devastador: incentivar terceiros a exigirem da pessoa com deficiência que busque a tomada de decisão apoiada precisamente para se permitir a contra-assinatura do apoiador como elemento de garantia à validade do negócio. Voltaria, assim, a pessoa com deficiência à velha incapacidade, só que agora por via oblíqua, aberta pelo próprio Estatuto que deveria defendê-la.

DIREITO DAS SUCESSÕES

Capítulo 38

Sucessões

Sumário: 1. Direito hereditário. 2. Fundamento da herança. 3. Crítica à herança. 4. Espécies de sucessão. 5. Princípios do direito sucessório. 6. Herança. 7. Capacidade para suceder. 7.1. Comoriência. 7.2. Nascituros e concebidos. 7.3. Curador de ventre. 7.4. Prole *post mortem*. 7.5. Prole eventual. 7.6. Sucessora pessoa jurídica. 7.7. Ao tempo do óbito. 8. Abertura da sucessão. 9. *Droit de saisine*. 10. Aceitação da herança. 11. Aceitação direta e indireta. 12. Benefício de inventário. 13. Renúncia da herança. 14. Herança jacente. 15. Herança vacante. 16. Indignidade. 17. Deserdação.

1. Direito hereditário

Direito das sucessões é a parte especial do direito civil que disciplina a destinação do patrimônio de uma pessoa física em virtude do seu falecimento. A palavra *suceder* tem, no vocabulário comum, o sentido de vir depois de algo ou alguém. Essa ideia de sequência, de continuidade, também está presente no sentido técnico do termo *sucessão*, que designa o fenômeno jurídico por meio do qual uma pessoa insere-se "na titularidade de uma relação jurídica que lhe advém de outra pessoa"[1]. Nesse sentido, a sucessão pode ocorrer: (a) por ato entre vivos, como se vê na cessão de crédito ou na incorporação de uma companhia por outra; ou (b) por força da morte (*causa mortis*). A sucessão *causa mortis* consiste em apenas uma das espécies de sucessão, razão pela qual parte da

---

1 Caio Mário da Silva Pereira, *Instituições de direito civil*, 23. ed., atualizada por Carlos Roberto Barbosa Moreira, Rio de Janeiro: Forense, 2016, v. VI, p. 1.

doutrina estrangeira tem preferido tratar da sua disciplina sob a designação de *direito hereditário*.

2. Fundamento da herança

A sucessão *causa mortis* teve, no passado, fundamentos morais e até religiosos. No direito romano, era vista como fenômeno necessário à continuidade da religião doméstica e da própria unidade familiar, já que o *pater familias* instituía, na pessoa do seu herdeiro, o novo titular da soberania no âmbito da família. Na Idade Média, as sucessões atuaram como instrumento importante de conservação do poder pela estirpe do senhor feudal, por meio da transmissão da propriedade da terra e renovação do voto dos vassalos em favor do novo titular do domínio. No direito moderno, procurou-se afastar o direito das sucessões da ideia de conservação do poderio político e econômico. Buscou-se na proteção da propriedade privada e da liberdade individual do titular do patrimônio o novo fundamento para sua disposição *causa mortis*.

No direito contemporâneo, pode-se dizer, de modo muito sintético, que se tem buscado na noção de solidariedade familiar um renovado fundamento para a sucessão *causa mortis*[2]. Dessa alteração funcional derivam consequências importantes, como (a) a ampliação do rol de herdeiros para abranger também o cônjuge e o companheiro, em alguma medida; e (b) a atenuação dos efeitos da vontade do sucedido, como se vê, por exemplo, na exigência de justa causa para as cláusulas de inalienabilidade. Nada disso impede, por óbvio, que o direito de herança seja alvo de críticas.

3. Crítica à herança

Sublinha-se, frequentemente, que o direito das sucessões acaba por gerar um desestímulo ao exercício de atividades produtivas, "colocando em mãos afortunadas bens para cuja acumulação não concorreram"[3]. Pior: implica, em larga medida, conservação da desigualdade social e econômica, reeditando, a cada geração, o drama da diversidade entre os que partem do zero e os que já largam mais adiante. O direito à herança representa, nesse sentido, uma afronta genética ao direito à igualdade.

---

2 Ana Luiza Maia Nevares, *A sucessão do cônjuge e do companheiro na perspectiva civil-constitucional*, 2. ed., São Paulo: Atlas, 2015, p. 46-48.
3 Caio Mário da Silva Pereira, *Instituições de direito civil*, cit., v. VI, p. 6.

Sem prejuízo das críticas que sofre, o direito à sucessão é uma realidade praticamente universal. Todos os ordenamentos jurídicos o regulam em alguma medida. Mesmo o Código Soviético contemplava a transmissão hereditária de bens de consumo, nos arts. 416 e seguintes. A Constituição brasileira de 1988 protege o direito à sucessão como direito fundamental no art. 5º, inciso XXX, em que afirma "é garantido o direito de herança". Trata-se de dupla garantia: não apenas para o herdeiro que é chamado a suceder na forma da lei, mas também ao autor da herança, ao qual se assegura dispor de seu patrimônio para depois da morte.

O dispositivo torna inconstitucional qualquer proposta de supressão do direito das sucessões como um todo. Além disso, os efeitos nocivos do direito de herança podem ser contornados por outros caminhos, como (a) a restrição na ordem de vocação hereditária, limitando-a aos que têm relação mais direta com o *de cujus*, e (b) a tributação progressiva, incidindo de modo mais intenso à medida que aumentem o distanciamento em graus de parentesco e o volume da herança[4]. O direito das sucessões não tem sido, contudo, "campo aberto a inovações de grande porte", sendo certo que "até anunciadas reformas nos dias correntes prendem-se inadvertida ou teimosamente ao passado"[5]. Sua importância tende, ademais, a decrescer com a sofisticação do direito financeiro e societário, sempre prontos a oferecer alternativas à transmissão do capital, inclusive no âmbito do chamado planejamento sucessório.

Apesar disso, não se deve acreditar que o direito das sucessões mantém-se inteiramente inalterado ao longo dos séculos, calcado em categorias abstratas e gerais, imunes às transformações do seu tempo[6]. Como se verá adiante, o direito hereditário tem sofrido constantes modificações, seja em virtude da revisão crítica de seus institutos, seja em decorrência das inovações tecnológicas e médicas que conduzem ao prolongamento da vida, à fecundação artificial que pode gerar descendentes muito tempo após a abertura da sucessão e de outras inovações que serão discutidas em detalhes.

---

4   Ricardo Lobo Torres, *Tratado de direito constitucional financeiro e tributário*, Rio de Janeiro: Renovar, 2007, v. IV, p. 226-228.
5   Orlando Gomes, *Sucessões*, 15. ed., atualizada por Mario Roberto Carvalho de Faria, Rio de Janeiro: Forense, 2012, prólogo, p. XXIX.
6   Eroulths Cortiano Jr. e Ilton Norberto Filho, O ensino do direito civil: breve ensaio sobre o ensino do direito das sucessões, in Gustavo Tepedino e Luiz Edson Fachin (Org.), *Diálogos sobre direito civil*, Rio de Janeiro: Renovar, 2008, v. II, p. 651.

4. Espécies de sucessão

A doutrina classifica a sucessão em várias espécies. A sucessão, como se viu, pode ser *causa mortis* ou *inter vivos*, conforme ocorra em virtude da morte ou durante a vida do sucedido. No âmbito da sucessão *causa mortis*, distingue-se, ainda, (a) a *sucessão legítima*, que se verifica por força da lei, e (b) a *sucessão testamentária*, que decorre da prévia manifestação de vontade do sucedido, a produzir efeitos com a sua morte. Quando a pessoa sucumbe sem deixar testamento, diz-se que falece *ab intestato*, transmitindo-se seu patrimônio integralmente aos herdeiros apontados na lei. Quando, porém, o falecido tiver deixado testamento, opera a sucessão testamentária, favorecendo as pessoas indicadas no testamento. Se o testador tiver *herdeiros necessários*, a sucessão testamentária operará ao lado da sucessão legítima, pois, como se verá, a liberdade de testar não é plena no direito brasileiro, pois nossa legislação somente permite que o falecido (*de cujus*) disponha em testamento de metade do seu patrimônio hereditário, destinando-se a outra metade, chamada *herança legítima*, aos herdeiros necessários, se houver.

Quanto à amplitude da sucessão *causa mortis*, diferencia-se, ainda, (a) a sucessão *a título universal*, que transmite aos herdeiros a totalidade do patrimônio do falecido, e (b) a sucessão *a título singular*, que recai sobre bens determinados, a que se reserva o nome de *legado*. O legado somente ocorre na sucessão testamentária. A sucessão legítima é sempre a título universal, ou seja, transmite a totalidade dos bens ou uma fração ideal da totalidade dos bens, ficando excluídos apenas aqueles que foram objeto de legado por disposição de vontade do *de cujus*.

5. Princípios do direito sucessório

Não há consenso na doutrina nacional e estrangeira sobre os princípios que regem o direito das sucessões. Orlando Gomes indica três princípios pelos quais continua se pautando o nosso direito das sucessões: (a) respeito à vontade do finado; (b) o caráter supletivo que assume a sucessão legítima em relação a essa vontade; e (c) a igualdade entre herdeiros (*par conditio*).

6. Herança

O objeto do direito das sucessões é a herança. Também denominada monte, massa ou acervo hereditário, a herança é o conjunto patrimonial transmitido *causa mortis*. Não abrange os direitos da personalidade e outras situações jurídicas subjetivas de cunho existencial. A herança constitui-se no momento da morte como uma universalidade de direito (*universitas juris*), um patrimônio unitário e indivisível, que assim permanece até o momento da partilha e adjudicação dos bens aos herdeiros. Durante o lapso de indivisão, a herança regula-se pelas normas relativas ao condomínio (art. 1.791), possuindo cada herdeiro *legitimidade ad causam* para proteger o monte das investidas de terceiros. Nesse sentido, já decidiu o Superior Tribunal de Justiça que, sendo a herança regida pelas regras do condomínio, a cessão de direitos hereditários reclama que seja assegurado, por comunicação prévia aos coerdeiros, o exercício do direito de preferência (art. 504)[7].

> Considerações sobre a chamada "herança digital". O autor abordará o problema da destinação dos dados sobre determinada pessoa presentes na internet, após o seu falecimento.
>
> Acesse também pelo *link*: https://uqr.to/1xgtt

7. Capacidade para suceder

Entende-se por capacidade sucessória a aptidão para receber herança. O Código Civil de 2002 preferiu a expressão "legitimação para suceder". A alteração terminológica tem sido criticada pelo risco de ensejar certa confusão com a sucessão legítima, quando o ponto diz respeito também à sucessão testamentária. Por isso, e por apego à tradição, a maior parte da doutrina continua empregando o termo capacidade sucessória. Considera-se legitimado a suceder todo aquele já nascido ou já concebido ao tempo da abertura da sucessão (art. 1.798). Como se verá adiante, a fórmula não é absoluta, já que a lei reconhece, em algumas hipóteses, capacidade sucessória a quem ainda não exista, como "os filhos, ainda não concebidos, de pessoas indicadas pelo testador" (art. 1.799, I). Ainda assim, pode-se afirmar, com segurança, que não têm capacidade de suceder os indivíduos que, ao tempo da abertura da sucessão, já se encontravam mortos, pois a sucessão requer "a sobrevivência do sucessor, por fração ínfima que seja, de tempo"[8].

---

7   STJ, 4ª Turma, REsp 550.940/MG, Rel. Min. João Otávio de Noronha, j. 20-8-2009.
8   Caio Mário da Silva Pereira, *Instituições de direito civil*, cit., v. VI, p. 19.

7.1. Comoriência

Por essa razão, assume grande importância prática a demonstração da sobrevivência em caso de familiares falecidos em decorrência de um mesmo fato, como um acidente aéreo ou um incêndio. Trata-se do conhecido problema da comoriência. Se, por nenhum meio de prova (*e.g.*, perícia médico-legal, testemunhas), for possível determinar a ordem cronológica dos falecimentos, o Código Civil presume, no art. 8º, a simultaneidade do óbito. O direito brasileiro associa-se, nesse particular, ao direito alemão e ao italiano, divergindo do direito francês, que se socorre, para a solução do problema da comoriência, de presunções que variam conforme o sexo e a idade dos falecidos.

7.2. Nascituros e concebidos

Embora não admita a sucessão de pessoa já morta ao tempo do óbito do autor da herança, o Código Civil reconhece capacidade sucessória ao herdeiro que ainda não tenha nascido. Não há aqui, a nosso ver, nenhuma concessão ao concepcionismo. A personalidade civil somente tem início com o nascimento com vida. O que ocorre simplesmente é que a lei põe a salvo, desde a concepção, os direitos do nascituro (art. 2º) e é, nesse contexto, que o art. 1.798 do Código Civil reconhece aptidão sucessória às "pessoas nascidas *ou já concebidas* no momento da abertura da sucessão".

A sucessão do nascituro enseja um "*estado de pendência da delação*, recolhendo seu representante legal a herança sob condição resolutiva"[9]. Se nascer com vida, o nascituro, já então pessoa, recebe a herança com todos os seus frutos e rendimentos. Se natimorto, considera-se como se nunca tivesse existido.

7.3. Curador de ventre

Ao admitir a legitimação sucessória do nascituro, o Código Civil afasta-se, a rigor, daquela "relação de continuidade, que deve existir entre o *de cujus* e o herdeiro"[10]. Tal relação de continuidade é uma exigência, conforme se verá adiante, do chamado *droit de saisine*, costume do direito francês medieval, expresso na fórmula *le mort saisit le vif*, que prega a imediata transmissão da herança aos herdeiros no momento do óbito. Adotado no Brasil desde 1754 e atualmente

---

9   Orlando Gomes, *Sucessões*, cit., p. 30.
10 Orlando Gomes, *Sucessões*, cit., p. 31.

consagrado já no primeiro artigo que o Código Civil dedica às sucessões (art. 1.784), esse imediatismo da transmissão da herança evita que o patrimônio do falecido permaneça acéfalo e desprotegido, sujeitando-se a esbulhos e abusos. No caso do nascituro, o Código Civil prescinde dessa relação de continuidade entre o *de cujus* e o herdeiro, mas se acautela contra os riscos que daí poderiam derivar. Com efeito, embora o herdeiro ainda não tenha nascido, e, portanto, inexista, a herança é confiada a um curador – chamado *curador de ventre* – que tem o dever de proteger a herança até o nascimento do herdeiro. Contorna-se, por esse caminho, o inconveniente da inexistência do herdeiro ao tempo da abertura da sucessão.

7.4. *Prole* post mortem

Problema grave na codificação de 2002, já examinado no estudo do direito de família, diz respeito ao art. 1.597, III, que presumiu "concebidos na constância do casamento" os filhos havidos por fecundação artificial homóloga, "mesmo que falecido o marido". Ora, sendo a concepção posterior à abertura da sucessão, faltaria a tais filhos, nem sequer concebidos, a capacidade sucessória. A insólita presunção, que configura verdadeira ficção jurídica por fazer retroagir à constância do casamento o momento da concepção, preencheria aparentemente o requisito do art. 1.798 do Código Civil, pois se teria aí herdeiro já concebido no momento de abertura da sucessão (morte). Em tal hipótese, todavia, "nunca seria praticamente possível a fixação do mapa dos herdeiros e o esclarecimento das situações sucessórias"[11]. A partilha dos bens do falecido ficaria sujeita sempre a indefinidas alterações futuras. A questão no Brasil se torna ainda mais complexa diante da norma constitucional que impõe absoluta igualdade de direitos entre os filhos (art. 227, § 6º), inclusive para fins sucessórios.

O tormentoso problema divide a doutrina. Para alguns autores, os filhos concebidos após a abertura da sucessão têm capacidade sucessória, devendo reivindicar sua parte na sucessão por meio de ação de petição de herança[12]. Para outros autores, tais filhos, em que pese a presunção do art. 1.597 do Código Civil, não possuem capacidade sucessória, pois o entendimento contrário implicaria

---

11 José de Oliveira Ascensão, *Direito civil – sucessões*, 5. ed., Coimbra: Coimbra Editora, 2000, p. 128.
12 Guilherme Calmon Nogueira da Gama, Capacidade para testar, para testemunhar e para adquirir por testamento, in Giselda Hironaka e Rodrigo da Cunha Pereira (Coord.), *Direito das sucessões e o novo Código Civil*, Belo Horizonte: Del Rey, 2004, p. 208.

permanente insegurança quanto à partilha da herança[13]. O mesmo problema prático impõe-se, a rigor, na hipótese de embriões excedentários (art. 1.597, IV). Prevalece aqui, todavia, o entendimento de que têm capacidade sucessória por já estarem concebidos ao tempo do óbito – preenchendo, portanto, os requisitos do art. 1.798 sem necessidade de recurso a presunções[14].

7.5. Prole eventual

O Código Civil dispensa expressamente o requisito da concepção ao tempo do óbito do sucedido na hipótese de sucessão testamentária em favor dos "filhos, ainda não concebidos, de pessoas indicadas pelo testador, desde que vivas estas ao abrir-se a sucessão" (art. 1.799, I). É lícita, portanto, no direito brasileiro a *deixa à prole eventual* de pessoas indicadas pelo testador. Para que a sucessão não permaneça indefinidamente à espera da concepção e nascimento do beneficiário, o Código Civil fixa no art. 1.800, § 4º, um prazo de espera de dois anos após a abertura da sucessão. Se concebido até então, espera-se o seu nascimento, e a sucessão ocorre com todos os frutos e rendimentos a partir da morte do testador. Se, no prazo de dois anos, o herdeiro esperado não vem sequer a ser concebido, os bens reservados, salvo disposição do testador em contrário, cabem aos herdeiros legítimos. Durante o prazo de espera, os bens são confiados a um curador, que, exceto disposição testamentária em sentido diverso, será "a pessoa cujo filho o testador esperava ter por herdeiro". A maior parte da doutrina admite que o testador reduza ou dilate o prazo do art. 1.800, § 4º, por disposição testamentária.

7.6. Sucessora pessoa jurídica

Também pode ser sucessora testamentária a pessoa jurídica (art. 1799, II), assim entendida aquela já constituída ao tempo da abertura da sucessão. O Código Civil admite, todavia, a deixa testamentária destinada à constituição de fundação, considerando-se como fundador o próprio falecido. A doutrina tem debatido se é possível a deixa testamentária às chamadas sociedades de fato, sendo caminho mais seguro ao testador em tais casos deixar os bens a uma pessoa física para que os transmita à sociedade de fato sob a condição de se constituir

---

13 Jussara Maria Leal de Meirelles, Os embriões humanos mantidos em laboratório e a proteção da pessoa: o novo Código Civil brasileiro e o texto constitucional, in Heloisa Helena Barboza, Jussara Maria Leal de Meirelles e Vicente de Paulo Barretto (Orgs.), *Novos temas de biodireito e bioética*, Rio de Janeiro: Renovar, 2003, p. 89.
14 Caio Mário da Silva Pereira, *Instituições de direito civil*, cit., v. VI, p. 28.

regularmente – podendo, ainda, para alguns autores, se empregar aí o instituto do *fideicomisso*, considerando-se a sociedade de fato ainda não constituída em situação análoga à do herdeiro ainda não concebido (art. 1.952).

7.7. Ao tempo do óbito

É importante destacar que a capacidade sucessória é regida pela lei vigente ao tempo da abertura da sucessão (art. 1.787). Vale dizer: a capacidade sucessória é aferida no momento do óbito da pessoa sucedida e não pode sofrer alterações em decorrência de modificações legislativas posteriores ao falecimento. Se a lei posterior vem a retirar capacidade sucessória ao herdeiro, nenhum efeito se produz se a sucessão já estiver aberta.

8. Abertura da sucessão

A abertura da sucessão dá-se com a morte. Por morte deve se entender a morte natural, já que não se admite no direito brasileiro a chamada morte civil. Diversa da morte é, como já visto, a ausência: o Código Civil autoriza a sucessão nos bens do ausente, de modo provisório e depois definitivo, mas não se trata de sucessão *causa mortis*, tanto que, regressando, o ausente retoma os seus bens no estado em que se encontrarem (art. 39). Por outro lado, como também já visto, o Código Civil admite, no art. 7º, a declaração de morte presumida em duas hipóteses: (a) "se for extremamente provável a morte de quem estava em perigo de vida"; ou (b) "se alguém, desaparecido em campanha ou feito prisioneiro, não for encontrado até dois anos após o término da guerra". Também a legislação especial estabelece hipóteses de morte presumida, como se vê, de modo emblemático, nas Leis n. 9.140/1995 e n. 10.536/2002, que reconheceram como mortas pessoas detidas por envolvimento em atividades políticas durante a ditadura militar no Brasil.

A abertura da sucessão determina a lei aplicável. Com efeito, toda sucessão é regida pela lei vigente ao tempo da sua abertura, ou seja, ao tempo do óbito do sucedido. Considera-se como lugar da abertura da sucessão o lugar do último domicílio do falecido (CC, art. 1.785), ainda que o falecimento se dê em localidade diversa.

9. Droit de saisine

No momento da morte, a transmissão do patrimônio do falecido opera imediatamente em favor dos seus herdeiros. É o que determina o art. 1.784 do

Código Civil: "Aberta a sucessão, a herança transmite-se, desde logo, aos herdeiros". Como já se adiantou, o direito brasileiro acolhe, assim, o chamado *droit de saisine*, expresso na fórmula *le mort saisit le vif* e desenvolvido pelo direito costumeiro francês para evitar a prática que se tornara comum na Idade Média de exigir dos herdeiros do servo falecido um pagamento ao senhor para que, só então, este último autorizasse a imissão dos herdeiros na posse dos bens do sucedido. Esse imediatismo na transmissão dos bens impede que o patrimônio permaneça por qualquer instante sem titular, o que serve a evitar abusos e conflitos decorrentes do esbulho de heranças abertas.

10. Aceitação da herança

Embora a abertura da sucessão implique transmissão imediata da herança aos herdeiros, o Código Civil determina, no art. 1.804, que essa transmissão somente se torna definitiva com a aceitação da herança. A doutrina brasileira define a aceitação como uma declaração não receptícia de vontade por meio da qual o herdeiro "confirma" o recebimento da herança que já lhe fora deferida no momento do óbito. A esse fenômeno se reserva o nome de *delação da herança*.

Não se pode deixar de notar que, sendo a transmissão da herança um efeito imediato do falecimento no direito brasileiro, a aceitação do herdeiro não produz, rigorosamente, nenhum efeito jurídico inovador. A bem da verdade, o que se assegura ao herdeiro é a faculdade de recusar a herança ou, dito de modo mais técnico, renunciar à herança. A aceitação, como explica San Tiago Dantas, consiste simplesmente na "negativa da renúncia; é a não renúncia. Seria o caso de dizermos: é a conformação do herdeiro com o efeito translativo da abertura da sucessão." Não é por outra razão que o Código Civil reconhece ampla liberdade no modo de manifestar a aceitação, que pode ser (a) expressa, (b) tácita ou até (c) presumida considerando o silêncio do herdeiro quando intimado para aceitar a herança. Já para a renúncia, nossa codificação exige forma rigorosa, devendo constar expressamente de instrumento público ou termo judicial. Tanto a aceitação quanto a renúncia são irrevogáveis (art. 1.812), não podendo, ainda, ser parciais ou submetidas a condição ou termo.

11. Aceitação direta e indireta

A aceitação pode ser, ainda, (a) direta, quando feita pelo próprio herdeiro, ou (b) indireta, quando manifestada por outra pessoa em seu lugar. O direito brasileiro admite a aceitação indireta em três hipóteses: (a) aceitação pelos sucessores do herdeiro falecido após a abertura da sucessão mas antes da aceitação; (b) aceitação por mandatário (debate a doutrina se igual faculdade é atribuída ao mero gestor de negócios); e (c) aceitação pelos credores do herdeiro, que, com autorização do juiz, podem aceitar a herança após a renúncia do herdeiro e em nome do renunciante (art. 1.813). Esta última espécie de aceitação vale apenas até a medida dos créditos detidos contra o renunciante, devolvendo-se o remanescente da herança àquele a quem o repúdio beneficia.

12. Benefício de inventário

No direito brasileiro, a aceitação da herança não pode prejudicar o herdeiro, transmitindo-lhe encargos superiores aos ativos. Trata-se do chamado *benefício de inventário*, que, no direito anterior ao Código Civil de 1916, dependia de declaração formal do herdeiro, sem a qual poderia herdar responsabilidades *ultra vires hereditatis* (para além das forças da herança). Por emenda do Senado inseriu-se no Projeto Bevilaqua a previsão de que as responsabilidades do herdeiro não ultrapassariam os ativos herdados. Foi o que ficou afirmado no art. 1.587 do Código Civil de 1916 e repetido pela codificação atual no art. 1.792.

13. Renúncia da herança

A renúncia da herança consiste em negócio jurídico unilateral pelo qual o herdeiro declara não aceitar a herança. Trata-se de negócio jurídico formal, que, como já adiantado, somente pode ser praticado por escritura pública ou termo judicial (art. 1.806). Portanto, a renúncia, ao contrário da aceitação, há de ser expressa "e, mais do que expressa, há de ser solene"[15]. A renúncia não implica nenhuma alteração no patrimônio do herdeiro, configurando simples obstáculo à aquisição da herança, que não chega a se transmitir ao renunciante. A renúncia tem efeitos retroativos à abertura da sucessão: o renunciante deve ser tratado como se nunca tivesse sido chamado a suceder. Tal circunstância nem sempre bem apreendida, é de extrema relevância para fins tributários. A esse propósito, a doutrina costuma distinguir (a) a *renúncia abdicativa* e (b) a chamada *renúncia translativa* ou *translatícia*, que se opera declaradamente em favor de outrem. Enquanto a primeira consiste em autêntica renúncia, a segunda consiste, na

---

15 San Tiago Dantas, *Direitos de família e das sucessões*, 2. ed., Rio de Janeiro: Forense, 1991, p. 468.

verdade, em aceitação da herança seguida de sua transmissão a certo favorecido, operando-se aí os efeitos tributários pertinentes[16].

A renúncia deve ser praticada por agente capaz. Sendo o herdeiro incapaz, seu representante somente poderá renunciar à herança após autorização judicial, calcada em sólida fundamentação acerca da conveniência do repúdio. Se o herdeiro que pretende renunciar à herança for casado, a renúncia exige outorga do outro cônjuge, exceto se o regime for da separação de bens (art. 1.647, IV). A renúncia não pode ser feita antes de aberta a sucessão. Não vale a renúncia se praticada após a aceitação expressa ou tácita, que é, como a renúncia, irretratável. A renúncia pode ser anulada por erro, dolo, coação e outros vícios que maculam o negócio jurídico. O principal efeito da renúncia é transmitir aos demais herdeiros da mesma classe a quota do renunciante (direito de acrescer). Se o renunciante for o único da sua classe, a herança se transmite aos herdeiros da classe seguinte. Na sucessão testamentária, o testador pode indicar substitutos que tomam o lugar do favorecido, em caso de renúncia.

14. Herança jacente

No direito romano, a abertura da sucessão (*delatio*) não transmitia, desde logo, aos herdeiros o patrimônio do falecido, fazendo-se necessário um ato do herdeiro chamado de adição (*additio*). Enquanto isso, permanecia a herança como *hereditas iacens*, sem titular[17]. No direito atual, adotado que restou o princípio da *saisine*, a fase acéfala da herança desapareceu. Conservou-se, todavia, o termo "herança jacente" para designar aquelas situações em que os herdeiros não são conhecidos. Em casos assim, os bens da herança são arrecadados pelo juiz (CPC, art. 738), que atribuirá sua guarda, conservação e administração a um curador, até que haja sucessor devidamente habilitado ou que se declare a sua vacância (art. 1.819).

A jacência da herança é, portanto, sempre uma situação transitória. Publicam-se na imprensa editais dando conta da situação e convocando os sucessores do finado a se habilitarem, tendo o novo Código de Processo Civil acrescentado a necessidade de divulgação pela rede mundial de computadores, no sítio eletrônico

---

16 A impropriedade técnica da noção de "renúncia translativa" é destacada na obra de Marcella Campinho Vaz, *Renúncia de direitos: limites e parâmetros de aplicação no direito civil*, Rio de Janeiro: Processo, 2022, p. 43-46, ao identificar na *função abdicativa* a nota distintiva do instituto da renúncia.

17 José Carlos Moreira Alves, *Direito romano*, 16. ed., Rio de Janeiro: Forense, 2014, p. 770.

do tribunal e na plataforma de editais do Conselho Nacional de Justiça (CPC, art. 741). Se, no lapso de um ano, não aparecer herdeiro que clame pelos bens da herança, o juiz, por sentença, declarará a herança vacante.

15. Herança vacante

A declaração judicial de vacância transmite a propriedade dos bens ao município onde era domiciliado o sucedido ao tempo da abertura da sucessão. Trata-se, todavia, de propriedade resolúvel, já que os credores e os herdeiros, com exceção dos colaterais (1.822, parágrafo único), ainda podem reclamar seus direitos sobre o acervo hereditário por ação direta (CPC, art. 743, § 2º, que inclui menção expressa ao companheiro). Transcorridos, contudo, cinco anos da abertura da sucessão, os bens vagos se incorporam definitivamente ao patrimônio público, fechando-se as portas para reivindicações por parte de qualquer sucessor.

16. Indignidade

A exclusão do herdeiro, instituto que encontra raízes no direito romano, foi bem delimitada pelas modernas codificações. O Código Civil de 2002, na esteira do seu antecessor, elenca de modo taxativo as hipóteses que conduzem à exclusão dos herdeiros (art. 1.814, incisos I a III), também chamada *indignidade*. Trata-se, em síntese, de atentados contra a vida[18] ou crimes contra a honra do falecido ou de seus familiares próximos, além de atos contra a sua liberdade de testar. Embora, em regra, os atos que dão ensejo à indignidade precedam a abertura da sucessão, autorizada doutrina tem entendido que a expressão "crimes contra a honra" abrange as ofensas contra a memória do morto[19].

A indignidade tem caráter de pena imposta ao herdeiro, distinguindo-se, nesse particular, da simples incapacidade sucessória, que revela falta de aptidão para receber a herança. A exclusão ou indignidade diferencia-se, ainda, da

---

18 Sobre o tema, já decidiu o Superior Tribunal de Justiça que a indignidade sucessória não incide exclusivamente sobre a hipótese de tentativa ou consumação do delito de homicídio, em sentido estrito, como se extrairia de uma interpretação literal do art. 1.814, I, do Código Civil, alcançando, ainda, a hipótese de ato infracional análogo ao homicídio, perpetrado por criança ou adolescente (STJ, 3ª T., REsp 1.943.848/PR, rel. Min. Nancy Andrighi, j. 15-2-2022).

19 Itabaiana de Oliveira, *Tratado de direito das sucessões*, 5. ed., Rio de Janeiro: Freitas Bastos, 1986, p. 96.

deserdação, instituto que tem *fonte testamentária* e se destina à exclusão do *herdeiro necessário* por iniciativa do testador. Já a exclusão ou indignidade tem *fonte legal* e alcança qualquer espécie de herdeiro, recaindo sua iniciativa sobre pessoas diversas do sucedido.

A indignidade deve ser declarada por sentença (art. 1.815). A configuração da indignidade não exige sentença penal condenatória, mas, caso tal sentença seja proferida, seu trânsito em julgado acarretará a imediata exclusão do herdeiro ou legatário indigno, independentemente de qualquer manifestação do juízo cível (art. 1.815-A)[20]. Inexistindo sentença penal condenatória, a indignidade será declarada em ação ordinária proposta contra o indigno por quem tenha legítimo interesse na sucessão, restando o juízo cível, contudo, vinculado a eventual sentença criminal que tenha concluído pela inexistência de crime ou atribuído sua autoria a pessoa diversa do herdeiro (art. 935). A ação deve ser proposta após a abertura da sucessão, no prazo decadencial de quatro anos (art. 1.815, § 1º). A ação de exclusão da sucessão não pode ser proposta *antes da abertura da sucessão*, porque até então sucessão não há. Se vivo o ofendido, tem a faculdade de *deserdar* o ofensor, se herdeiro necessário, ou simplesmente de reconsiderar, no caso de herdeiros testamentários ou legatários, a sua disposição voluntária. A exclusão da sucessão é instituto cuja aplicação se dá após o falecimento do sucedido, sob iniciativa dos herdeiros que seriam beneficiados pela exclusão, ressalvada a hipótese de trânsito em julgado da sentença penal condenatória, anterior ou posterior à morte do *de cujus*. A Lei n. 13.532/2017 incluiu o § 2º no art. 1.815, atribuindo legitimidade ao Ministério Público para demandar o reconhecimento da indignidade quando esta resultar do cometimento de homicídio doloso (ou sua tentativa) contra o sucedido ou seus familiares (art. 1.814, I). Questão polêmica, que a reforma poderia ter dirimido, é aquela que diz respeito à possibilidade de reconhecimento de uma legitimidade ainda mais ampla ao Ministério Público, desde que presente o interesse público[21].

Na pendência da ação, o indigno permanece com a posse da herança, mas, sendo a sentença meramente declaratória, seus efeitos se operam retroati-

---

20 O art. 1.815-A foi inserido no Código Civil pela Lei n. 14.661/2023. Até então, a sentença penal condenatória afigurava-se insuficiente para promover a exclusão sucessória, exigindo-se, ainda, a ulterior prolação de uma sentença cível, por força do art. 1.815.

21 Nesse sentido, o Enunciado n. 116 da I Jornada de Direito Civil do CJF: "O Ministério Público, por força do art. 1.815 do novo Código Civil, desde que presente o interesse público, tem legitimidade para promover ação visando à declaração da indignidade de herdeiro ou legatário".

vamente, de modo que deve o indigno, caso procedente a ação, restituir àquele que se beneficia da exclusão os bens da herança, com frutos e rendimentos, atribuindo-lhe a lei, todavia, o direito de ser ressarcido das despesas com a conservação da herança (art. 1.817, parágrafo único). Como se vê, o Código Civil trata o indigno de modo análogo ao possuidor de má-fé (art. 1.216), atento ao fato de que não pode ignorar o vício que obsta a aquisição da herança, pois fundado em sua própria conduta pessoal. Os bens que o indigno deixa de herdar – chamados *bens erepticios* – transmitem-se àqueles que os herdariam se o indigno já estivesse falecido na abertura da sucessão (art. 1.816). Afirma-se que o indigno equipara-se ao premorto, embora a indignidade não guarde, naturalmente, nenhuma conexão com o antigo instituto da morte civil.

Como pena que é, a exclusão tem efeitos pessoais, não alcançando os descendentes do indigno. Assim, se o indigno é o único da sua classe, a herança se defere aos da classe seguinte; se não o for, defere-se aos coerdeiros da sua classe, resguardado aos seus descendentes o direito de herdar por estirpe. Critica-se tal sistema, afirmando-se que implica sucessão de pessoa viva, em afronta à regra segundo a qual *hereditas viventis non datur* (não há herança de pessoa viva)[22]. A solução contrária violaria, todavia, a pessoalidade da pena, que não deve ultrapassar a pessoa do ofensor. Para evitar que o indigno se beneficie indiretamente da sucessão pelos seus descendentes, o Código Civil impede que venha a administrar ou ter o usufruto dos bens erepticios. Priva-o, ainda, da sucessão futura e eventual desses mesmos bens (art. 1.816, parágrafo único). Registra a doutrina que, aqui, "exagera o Código", já que a indignidade do herdeiro "existe, por definição, unicamente em relação ao *de cujus*"[23].

Embora a sentença declaratória de indignidade tenha efeitos retroativos, o Código Civil protege os terceiros de boa-fé, conservando a eficácia dos atos de administração praticados pelo indigno, assim como as alienações onerosas, anteriormente à sentença de exclusão (art. 1.817). A doutrina identifica aqui uma hipótese legal de tutela da aparência, ressaltando que o indigno se apresenta a terceiros como *herdeiro aparente*. Os demais herdeiros conservam, contudo, o direito de exigir do indigno o ressarcimento das perdas e danos eventualmente decorrentes de tais atos.

Registre-se, por fim, que a indignidade pode ser perdoada por ato de vontade do *de cujus*, manifestado expressamente em testamento ou em ato au-

---

22 Clóvis Beviláqua, *Direito das sucessões*, 5. ed., Rio de Janeiro: Paulo de Azevedo, 1955, p. 66-67.
23 Orlando Gomes, *Sucessões*, cit., p. 36.

têntico (art. 1.818), isto é, por escritura pública. A essa declaração de vontade chama-se *reabilitação do indigno*. Discute-se, em doutrina, se a reabilitação é irretratável ou retratável. Há, de outro lado, certo consenso de que a nulidade do ato de reabilitação implica a ineficácia do perdão, diante dos rigorosos requisitos formais exigidos pela lei. Alguns autores admitiam o perdão tácito, com efeitos plenos, na hipótese de o indigno vir a ser contemplado em testamento pelo testador que já conhecia a causa da indignidade. O Código Civil de 2002 é, todavia, expresso ao restringir a sucessão, em tais casos, ao "limite da disposição testamentária" (art. 1.818, parágrafo único). Vale dizer: permanece o indigno sujeito à exclusão como sucessor legítimo.

17. Deserdação

A deserdação é o instituto por meio do qual o herdeiro necessário fica privado de sua legítima. Embora encontre raízes nas mais antigas civilizações, a *exheredatio* não é uma unanimidade entre os doutrinadores contemporâneos. Clóvis Beviláqua abolira a deserdação no seu projeto original de Código Civil, com o argumento de que incentivava conflitos *post mortem* e sua finalidade já era alcançada pelo instituto da indignidade. Ainda assim, a deserdação foi reintroduzida no Código Civil de 1916 e a codificação civil de 2002 conservou o instituto nos arts. 1.961 a 1.965.

A deserdação aproxima-se da indignidade no seu fundamento ético e na sua função. Têm como escopo sancionar aquilo que Orosimbo Nonato denominava de uma "ingratidão conspícua". Estruturalmente, porém, há, como já visto, significativas diferenças: (a) a deserdação é fenômeno próprio da sucessão testamentária; (b) deve constar expressa e justificadamente do testamento; (c) assenta na iniciativa do falecido; e (d) se dirige apenas contra os herdeiros necessários. A exclusão por indignidade, como já se viu, tem (a) fonte na lei (*ope legis*), (b) alcança toda a sorte de herdeiros (legítimos ou testamentários e até legatários), (c) recaindo sua iniciativa sobre pessoas diversas do *de cujus*.

As causas que autorizam a deserdação são aquelas previstas para a indignidade, com a adição de algumas outras que o legislador lista especificamente para a deserdação dos descendentes e para a deserdação dos ascendentes, como a manutenção de "relações ilícitas com a madrasta ou com o padrasto" e o "desamparo do ascendente em alienação mental ou grave enfermidade" (art. 1.963). Embora o Código Civil tenha inserido, entre os herdeiros necessários, o cônjuge, como se verá adiante, não ocorreu ao legislador enumerar os fatos específicos que poderiam conduzir à sua deserdação. Nesse cenário, a doutrina tem admitido a deserdação do cônjuge pelos motivos gerais previstos para a exclusão por indignidade (art. 1.814), mas não a aplicação analógica das hipóteses de deserdação dos descendentes e ascendentes, em virtude do caráter punitivo da deserdação. Daí resulta, por exemplo, que, em caso de romance entre o filho e sua madrasta, mulher do testador, o filho poderá ser deserdado, mas a madrasta não.

A deserdação exige a expressa declaração de sua causa no testamento (art. 1.964). Além disso, é necessário que o herdeiro a quem aproveite a deserdação demonstre a veracidade da causa declarada pelo testador. O Código Civil de 1916 contemplava, nesse sentido, de modo expresso, a "ação do interessado em pleitear a exclusão do herdeiro (...) ou provar a causa da sua deserdação" (art. 178, § 9º, IV). O novo Código Civil não repetiu a referência e, embora na disciplina da exclusão por indignidade tenha exigido sua declaração por sentença (art. 1.815), não adotou expressamente tal orientação no tocante à deserdação. Ainda assim, a maior parte da doutrina continua a entender necessária a sentença judicial para que a deserdação alcance, com a demonstração *a posteriori* da veracidade da causa, o seu efeito excludente.

O prazo para provar a veracidade da causa de deserdação é de quatro anos contados da abertura do testamento (art. 1.965, parágrafo único). Trata-se de prazo decadencial. Não havendo que se cogitar da abertura de testamento público ou particular, o termo inicial indicado parece restrito ao testamento cerrado. Naqueles casos, alguns autores sustentam que o prazo deve ser contado da abertura da sucessão; outros que deve se iniciar com a decisão que ordena o cumprimento do testamento. Provada a veracidade da causa, a sentença privará o herdeiro necessário da sua legítima. Não restando demonstrada a veracidade da causa, ou transcorrido *in albis* o prazo decadencial, a deserdação não produzirá efeito algum. O Código Civil de 1916 previa, ainda, a chamada *ação de impugnação*, promovida pelo próprio deserdado para compelir o interessado a se desincumbir do ônus de provar a veracidade da causa, confiando no fracasso que torna sem efeito a deserdação. Também aqui a codificação de 2002 abandonou a referência, mas a doutrina continua admitindo seu cabimento com a aplicação do mesmo prazo decadencial de quatro anos previsto no art. 1.965.

Assentando a deserdação no ato de vontade do testador, nada impede que venha ele próprio a cancelar a deserdação, revogando o testamento, substituindo-o integralmente por outro que não mencione a deserdação ou, ainda, tornando-a sem efeito em testamento posterior. O cancelamento da deserdação, como se vê, deve ser feito sempre pela via testamentária, não bastando a simples alegação de reconciliação fática entre o deserdado e o testador.

Quanto aos efeitos da deserdação, o Código Civil não trouxe norma semelhante ao art. 1.816, que, ao tratar da indignidade, declara expressamente sua limitação à pessoa do ofensor, autorizando a sucessão pelos herdeiros do excluído como se ele "morto fosse". Apesar da omissão e de alguma controvérsia em âmbito doutrinário, a melhor orientação é de que a deserdação, assim como a indignidade, assume a natureza de pena civil, de efeitos personalíssimos. Assim, admite-se que os bens que seriam herdados pelo deserdado o sejam pelos seus descendentes, como se aquele fosse já morto ao tempo da abertura da sucessão. Há quem sustente, contudo, que, não havendo regra expressa nesse sentido na parte referente à deserdação, os bens devem ser distribuídos entre os demais herdeiros.

Não se tem admitido como válida a chamada *deserdação penal*, cláusula testamentária por meio da qual o herdeiro que tente impugnar o testamento é punido com a deserdação. Admite-se, todavia, que o testador imponha ao impugnante a perda no todo ou em parte de bens que excedam a legítima, pois aí impera a vontade do instituidor.

> Considerações sobre o planejamento sucessório. O autor apresentará alguns dos principais instrumentos utilizados atualmente pelos particulares para organizar o destino do seu patrimônio após o falecimento.
>
> Acesse também pelo *link*: https://uqr.to/1xgtu

Capítulo 39

Sucessão Legítima

Sumário: 1. Sucessão legítima. **2.** Herdeiros legítimos. **3.** Herdeiros necessários. **4.** Proteção da legítima. **5.** Cálculo da legítima. **6.** Redução das liberalidades. **7.** Colação. **8.** Modos de suceder. **8.1.** Sucessão *jure proprio.* **8.2.** Sucessão *jure representationis.* **8.3.** Sucessão *jure transmissionis.* **9.** Modos de partilhar a herança. **10.** Vocação hereditária. **11.** Sucessão do cônjuge. **11.1.** Concorrência com os descendentes. **12.** Sucessão do companheiro. **13.** Multiparentalidade.

1. Sucessão legítima

Denomina-se *sucessão legal* ou *legítima* aquela que é deferida por determinação da lei. Na Antiguidade, a existência de testamento fazia com que a manifestação de vontade substituísse a sucessão legítima. Atualmente, a sucessão legal convive com a sucessão testamentária. A sucessão legítima verifica-se: (a) quando o sucedido falece *ab intestato*, isto é, sem deixar testamento; (b) quando o testador não dispõe em testamento de todos os seus bens, hipótese na qual a sucessão legal opera sobre o restante do patrimônio; ou (c) em qualquer caso em que haja herdeiros necessários, cuja quota reservada é protegida por lei em caráter imperativo.

2. Herdeiros legítimos

Herdeiro legítimo é a pessoa indicada na lei como sucessor nos casos de sucessão legal[1]. São herdeiros legítimos todos aqueles mencionados na ordem

---

1 Orlando Gomes, *Sucessões*, 15. ed., atualizada por Mario Roberto Carvalho de Faria, Rio de Janeiro: Forense, 2012, p. 40.

de vocação hereditária, quais sejam, os descendentes, os ascendentes, o cônjuge e os colaterais até o quarto grau (arts. 1.829 c/c 1.839). Em relação aos herdeiros legítimos, existe a subcategoria dos *herdeiros necessários* ou *reservatários*: aqueles que não podem ser privados da sua quota na herança.

3. Herdeiros necessários

Segundo o art. 1.845 do Código Civil, "são herdeiros necessários os descendentes, os ascendentes e os cônjuges", rol no qual parte da doutrina já inseria também, *de lege ferenda,* o companheiro. O entendimento foi reforçado pela decisão do Supremo Tribunal Federal que equiparou os regimes sucessórios do cônjuge e do companheiro. Com efeito, à luz dos já mencionados critérios de distinção entre os regimes do cônjuge e do companheiro[2], torna-se evidente que a proteção conferida pela ordem jurídica ao herdeiro necessário funda-se na solidariedade familiar, igualmente presente na união estável e no casamento. Aos herdeiros necessários a lei reserva, "de pleno direito, a metade dos bens da herança, constituindo a legítima" (art. 1.846). Portanto, não podem os herdeiros necessários ser excluídos por testamento da herança legítima, salvo nas hipóteses de indignidade e deserdação, diversamente do que pode ocorrer em relação aos colaterais. Como afirma o art. 1.850 do Código Civil, "para excluir da sucessão os herdeiros colaterais, basta que o testador disponha de seu patrimônio sem os contemplar".

4. Proteção da legítima

A proteção da legítima transcende o direito das sucessões. Não se protege a legítima apenas contra disposições testamentárias (art. 1.789), mas também contra liberalidades praticadas em vida (art. 549). Trata-se, todavia, de uma opção legislativa. Não faltam autores, pretéritos e atuais, que defendem uma ampla e irrestrita liberdade de dispor do próprio patrimônio. O direito brasileiro adota, porém, a liberdade mitigada, instituindo, na hipótese de haver herdeiros necessários, o limite de metade do acervo hereditário. Em outras palavras, na ausência de herdeiros necessários, a liberdade de dispor é plena. Na existência deles, limita-se à metade disponível, consistindo o restante em reserva hereditária, parcela indisponível do próprio patrimônio.

A doutrina mais atual tem afirmado, em uma leitura atenta aos valores constitucionais, que a solução adotada pelo direito brasileiro "concilia a liberdade

---

2 Cf. o capítulo desta obra referente à união estável.

e a solidariedade no âmbito do direito das sucessões", sendo certo que a reserva hereditária "desempenha, para os membros da família, a função de instrumento para a concretização de uma vida digna, uma vez que estabelece mecanismos econômicos capazes de libertá-los de suas necessidades"[3]. Há que se registrar, entretanto, que, em alguns países, a amplitude da legítima varia conforme a idade dos herdeiros ou outros critérios vinculados à situação particular de cada herdeiro, como sua eventual enfermidade ou incapacidade civil, exprimindo de modo mais fidedigno um compromisso efetivo com a realização da solidariedade familiar. O direito brasileiro está a merecer reforma nesse particular.

> Reflexão sobre a legítima no direito das sucessões. O autor analisará criticamente a atual configuração do instituto, apontando a necessidade de funcionalizar a legítima aos valores constitucionais da dignidade humana e da solidariedade.
> Acesse também pelo *link*: https://uqr.to/1xgtv

5. Cálculo da legítima

O Código Civil determina o modo de cálculo da legítima, afirmando que se calcula a legítima "sobre o valor dos bens existentes na abertura da sucessão, abatidas as dívidas e as despesas do funeral, adicionando-se, em seguida, o valor dos bens sujeitos a colação" (art. 1.847).

6. Redução das liberalidades

Aberta a sucessão, são avaliadas as liberalidades praticadas em vida e *causa mortis* pelo falecido, a fim de se apurar se foi ultrapassada a metade disponível, adentrando-se a esfera da legítima, reservada, como se viu, aos herdeiros necessários. As liberalidades excessivas são nulas naquilo que excederem a metade disponível. Nesse sentido, dispõe o art. 549 do Código Civil, já mencionado no estudo do contrato de doação: "nula é também a doação quanto à parte que exceder à de que o doador, no momento da liberalidade, poderia dispor em testamento." Em doutrina, há quem defenda ser preferível o caminho da anulabilidade, uma vez que o instituto visa, a rigor, tutelar os interesses dos herdeiros, de modo que poderiam eles decidir respeitar a liberalidade praticada em vida, ainda que inoficiosa. A opção legislativa pela nulidade afigura-se, contudo, incontestável.

---

3   Ana Luiza Maia Nevares, *A sucessão do cônjuge e do companheiro na perspectiva civil-constitucional*, 2. ed., São Paulo: Atlas, 2015, p. 28 e 31.

Denomina-se *redução das liberalidades* a declaração de nulidade do excedente por violação aos limites impostos pela legítima, limites que não podem ser afastados pelo doador. A maior parte da doutrina afirma que a redução das liberalidades exprime comando de ordem pública. Ademais, a redução é instituto que incide sobre toda sorte de herdeiros, incluindo testamentários, e também sobre terceiros que, mesmo não ostentando a qualidade de herdeiros, tenham sido contemplados em doação.

7. Colação

Instituto inteiramente diverso da redução das liberalidades é a *colação*, que consiste no dever de conferir à herança os valores das doações recebidas em vida do sucedido, para o fim de serem igualados os quinhões, em homenagem à *par conditio* entre herdeiros, completando-se as quotas daquele que tenha sido prejudicado pelas doações do *de cujus*. O dever de colação alcança os descendentes do falecido e também o cônjuge, por força da interpretação conjunta dos arts. 2.002 e 544 do Código Civil, sendo certo que este último dispositivo presume que a doação de ascendente a descendente ou de um cônjuge a outro "importa adiantamento do que lhes cabe por herança". O doador pode, porém, dispensar de colação as doações que determine saírem da parte disponível, contanto que não a excedam (art. 2.005). A dispensa da colação faz-se por simples menção no próprio instrumento de doação.

8. Modos de suceder

Há diferentes modos de suceder. Nesse sentido, distingue-se, por exemplo, a sucessão (a) por direito próprio, (b) por representação e (c) por transmissão. Os modos de suceder dizem respeito ao chamamento a suceder. Coisa diversa, como se verá adiante, são os modos de partilhar a herança entre os herdeiros chamados a suceder.

8.1. *Sucessão* jure proprio

O modo mais frequente de sucessão é por direito próprio (*jure proprio*), quando o herdeiro pertence à classe chamada à sucessão. Assim, o filho chamado a suceder o pai é sucessor por direito próprio. O ordenamento jurídico permite, contudo, em certas situações, que a posição do herdeiro pertencente à classe chamada a suceder seja assumida por pessoa que não integre aquela classe.

8.2. Sucessão jure representationis

Quando a ordem jurídica autoriza que ingresse na sucessão um herdeiro que não pertence a classe chamada a suceder, dá-se a chamada sucessão *jure representationis* ou simplesmente *direito de representação*, instituto que, no direito brasileiro, se aplica (a) somente na linha reta descendente, nunca na ascendente (art. 1.852), e (b) na linha transversal somente se verifica em relação aos "filhos de irmãos do falecido, quando com irmãos deste concorrerem" (art. 1.853). É o que acontece, por exemplo, quando netos são chamados a representar o filho premorto na sucessão da herança deixada pelo avô. A sucessão por representação ocorre, como se vê, quando a lei chama certos parentes do herdeiro falecido "a suceder em todos os direitos, em que ele sucederia se vivo fosse" (art. 1.851).

Em que pese o desafortunado nome do instituto, não há aqui representação, em sentido técnico. Os descendentes do herdeiro já falecido não o representam, eis que não pode haver representação de pessoa morta; assumem, isto sim, o seu lugar na sucessão, por força de expressa determinação normativa. A função do direito de representação é evitar a injustiça que decorreria de uma aplicação rigorosa da regra de que os parentes mais próximos excluem os mais remotos, naquelas hipóteses em que um descendente ou irmão do *de cujus*, já morto ao tempo da abertura da sucessão ou excluído da sucessão por indignidade, tenha deixado prole. Vislumbra-se aqui certa preocupação do legislador na tutela da legítima justamente com os mais jovens, embora a idade menos avançada que a dos concorrentes não seja um fato necessário nem uma exigência da nossa legislação.

Embora o Código Civil só cogite, no capítulo dedicado ao direito de representação, da hipótese de pré-morte do sucessível, impõe-se a aplicação do instituto também no caso de exclusão da sucessão por indignidade, como já se adiantou, porque o art. 1.816 do Código Civil declara que "os descendentes do herdeiro excluído sucedem, como se ele morto fosse antes da abertura da sucessão". Idêntico efeito deve ser reservado, por aplicação analógica, às hipóteses de deserdação, embora haja aqui certa controvérsia doutrinária sobre a extensão dos efeitos da deserdação aos herdeiros do deserdado, conforme examinado no capítulo anterior. Registre-se, por fim, quanto ao modo de partilhar a herança recebida por direito de representação, que o quinhão do "representado" deve ser dividido por igual entre os herdeiros chamados a suceder em seu lugar, se mais de um houver.

8.3. Sucessão jure transmissionis

Instituto diverso do direito de representação é a chamada sucessão *jure transmissionis* ou sucessão por *direito de transmissão*. Aqui, diferentemente do que ocorre na representação, a herança se transmite ao herdeiro, vivo ao tempo da abertura da sucessão, e só então se defere, em razão da sua morte, aos seus respectivos sucessores. Trata-se, em verdade, de nova sucessão.

9. Modos de partilhar a herança

Definidos quem são os herdeiros chamados a suceder, é necessário atribuir a cada qual uma quota do acervo hereditário. Há três modos de partilhar a herança: (a) por cabeça (*in capita*), ou seja, em partes iguais para cada herdeiro, sendo esta a regra geral da sucessão; (b) por linha (*in lineas*), que ocorre na hipótese de sucessão pelos ascendentes, em que se divide a herança ao meio para atender, em iguais condições, não os herdeiros, mas as linhas paterna e materna (art. 1.836, § 2º); e (c) por estirpe (*in stirpes*), que se verifica nos casos de representação, em que os sucessores do herdeiro premorto ou excluído da sucessão tomam seu lugar, fazendo jus cada qual a uma igual participação no quinhão do "representado". Não há, neste caso, igualdade entre os representantes e os demais herdeiros, já que os primeiros concorrem entre si por uma fatia igual àquela que cada um dos últimos recebe sozinho.

10. Vocação hereditária

Vocação hereditária é a expressão empregada para designar a ordem preferencial que a lei estabelece, em abstrato, entre os sucessores do falecido no âmbito da sucessão legal. Trazendo alteração significativa em relação à codificação de 1916, o art. 1.829 do Código Civil de 2002 inseriu o cônjuge na vocação hereditária, antes guiada com exclusividade pelas relações de parentesco. Determina o dispositivo que a sucessão legítima defere-se na ordem seguinte: (a) aos descendentes, em concorrência com o cônjuge sobrevivente, salvo se casado este com o falecido no regime da comunhão universal, ou no da separação obrigatória de bens (art. 1.640, parágrafo único), ou se, no regime da comunhão parcial, o autor da herança não houver deixado bens particulares; (b) aos ascendentes, em concorrência com o cônjuge; (c) ao cônjuge sobrevivente; e (d) aos colaterais.

A cada degrau da vocação hereditária chama-se *classe*. O Código Civil traz regras específicas em relação à sucessão dos herdeiros de cada uma das classes contempladas no art. 1.829. Determina, por exemplo, que, entre os descendentes, os de grau mais próximo excluem os de grau mais remoto, como regra geral (art. 1.833). Entre os ascendentes, o Código Civil não apenas determina que os mais próximos excluem os mais remotos (art. 1.836, § 1º), como institui a regra da igualdade de divisão entre as linhas materna e paterna (art. 1.836, § 2º). Na sucessão dos colaterais, limita a vocação hereditária ao quarto grau (art. 1.839).

11. Sucessão do cônjuge

Uma das mais importantes inovações do Código Civil de 2002 foi, como dito, inserir o cônjuge entre os herdeiros legítimos. A alteração inspira-se diretamente na solidariedade familiar, que transcende os vínculos biológicos e a relação de parentesco, para fortalecer a posição daquele sobre quem recai a escolha para a constituição da vida em família. O cônjuge sobrevivente concorre, assim, com descendentes e, na ausência destes, com os ascendentes (art. 1.829, I e II). Não os havendo, herda sozinho (art. 1.829, III), preterindo os colaterais. Ao cônjuge sobrevivente, a codificação civil assegura, qualquer que seja o regime de bens e sem prejuízo da participação que lhe caiba na herança, o *direito real de habitação* relativamente ao imóvel destinado à residência da família, desde que seja o único daquela natureza a inventariar. Sobre o tema, remete-se o leitor ao capítulo 32, dedicado aos direitos reais sobre coisa alheia, em que se tratou da matéria.

11.1. Concorrência com os descendentes

O direito hereditário do cônjuge, quando concorre com os descendentes do *de cujus*, varia conforme o seu regime de bens. A tutela patrimonial do cônjuge traduz um sistema integrado, composto pelo regime de bens e pela sucessão *causa mortis*, no qual, em regra, uma maior proteção conferida pelo primeiro reflete-se em uma menor proteção no âmbito da segunda, sendo necessária uma interpretação sistemática de ambas as disciplinas para se alcançar a função protetiva do cônjuge pretendida pela ordem jurídica[4]. A tal propósito, o art. 1.829, I, com redação extremamente confusa, tem gerado polêmica na doutrina e na jurisprudência. Confira-se a redação do dispositivo: "A sucessão legítima defere-se na ordem seguinte: aos descendentes, em concorrência com o cônjuge sobrevivente, salvo se casado este com o falecido no regime da comunhão universal, ou no da

---

4 Gustavo Tepedino, Controvérsias sobre a sucessão do cônjuge e do companheiro, *Pensar*, Fortaleza, v. 17, n. 1, jan./jun. 2012, p. 138-139.

separação obrigatória de bens (art. 1.640, parágrafo único); ou se, no regime da comunhão parcial, o autor da herança não houver deixado bens particulares".

Cumpre esclarecer, desde já, que o direito do cônjuge à herança não se confunde com seu direito à meação. A meação é direito que tem o cônjuge em virtude da comunhão patrimonial criada pela sociedade conjugal nos regimes de bens que a instituem. Não se trata de direito decorrente de sucessão *causa mortis*. À meação já tem direito o cônjuge em vida. A morte do seu consorte apenas põe fim ao estado de indivisão, permitindo que sejam discriminados e individualizados os bens sobre os quais recai a meação. A meação é típica dos regimes de comunhão universal e parcial, mas a doutrina a reconhece também no caso do novo regime de participação final nos aquestos, embora incidente apenas ao fim da dissolução da sociedade conjugal[5].

Voltando ao art. 1.829, o dispositivo afasta a vocação hereditária do cônjuge sobrevivente se casado: (a) em regime de comunhão universal de bens; (b) em regime de separação obrigatória; ou (c) em regime de comunhão parcial, caso o autor da herança não tenha deixado bens particulares.

No regime de *comunhão universal de bens*, o cônjuge já é meeiro da totalidade do patrimônio do falecido, condição capaz de lhe garantir proteção patrimonial suficiente, na visão do legislador, dispensando-se o direito de herança[6].

Em se tratando do regime de *comunhão parcial de bens*, inexistindo bens particulares, a situação prática equivalerá à comunhão universal, com a meação do cônjuge incidindo sobre todo patrimônio do *de cujus*, razão pela qual também se afastará a herança. Já na hipótese de existirem bens particulares, muito mais frequente na prática, o cônjuge será herdeiro, observando-se intensa controvérsia acerca da massa de bens sobre a qual incide o direito sucessório[7]. Após divergência entre a Terceira e a Quarta Turma, a Segunda Seção do Superior Tribunal de Justiça uniformizou, em 2015, o entendimento de que o cônjuge sobrevivente, casado sob o regime da comunhão parcial de bens, concorre com os descendentes

---

5 Caio Mário da Silva Pereira, *Instituições de direito civil*, 23. ed., atualizada por Carlos Roberto Barbosa Moreira, Rio de Janeiro: Forense, 2016, v. VI, p. 119.

6 O Código não ressalva a possibilidade de haver, mesmo na comunhão universal, bens particulares, situação na qual a composição do acervo se assemelharia à verificada na comunhão parcial, abrindo espaço para se cogitar da incidência analógica da disciplina aplicável a tal regime.

7 É possível encontrar em doutrina três diferentes entendimentos sobre a composição desta massa: (i) totalidade do acervo hereditário (meação do finado + bens particulares); (ii) apenas bens particulares do falecido; (iii) apenas a meação do falecido.

na herança do morto apenas em relação aos bens particulares deixados: "a lei teria deixado implícita uma proibição de concorrência sobre os aquestos por considerar que, em relação a estes, a simples meação já é suficiente para assegurar a situação patrimonial do cônjuge. Prevaleceria, em Direito Sucessório, a máxima cunhada por Miguel Reale segundo a qual *quem é meeiro não deve ser herdeiro*"[8].

O Código alude, ainda, ao *regime de separação obrigatória (ou legal) de bens*[9], caso em que eventual herança poderia acabar por fazer *tabula rasa* da separação dos patrimônios imposta pelo legislador. No regime da separação não há meação, de modo que o cônjuge sobrevivente não teria direito a nenhuma parcela do patrimônio do *de cujus*. Todavia, para aqueles que defendem a preservação da aplicabilidade da Súmula 377 do Supremo Tribunal Federal[10], existe, na separação obrigatória, direito à meação sobre os bens adquiridos na constância do casamento, uma vez que, como afirma o aludido enunciado, "no regime da separação legal de bens, comunicam-se os adquiridos na constância do casamento". A Segunda Seção do STJ pacificou seu entendimento no sentido da incidência da Súmula 377, mas exigindo a *prova de esforço comum* na aquisição dos bens para que se opere a comunicação dos aquestos, de modo a prestigiar a eficácia da separação legal[11]. Há que se recordar, todavia, a já mencionada tendência no sentido de se admitir que o casal sujeito à separação obrigatória opte, por meio de pacto antenupcial, pelo regime de separação convencional, de modo a afastar a Súmula 377.

Vale, ainda, recordar a inconstitucionalidade da separação obrigatória de bens, nos termos reconhecidos pelo STF[12]. Como já visto, o Supremo Tribunal Federal atribuiu interpretação conforme à Constituição ao art. 1.641, II, do Código Civil, para determinar que, "nos casamentos e uniões estáveis envolvendo pessoa maior de 70 anos, o regime de separação de bens (...) pode ser afastado por expressa manifestação de vontade das partes, mediante escritura pública"[13]. Naquele precedente, a constitucionalidade do dispositivo legal era discutida justamente para fins de incidência do 1.829, I, controvertendo-se acerca da concorrência da companheira sobrevivente com os descendentes. O STF concluiu

---

8   STJ, 2ª Seção, REsp 1.368.123/SP, rel. Min. Sidney Benetti, j. 22-4-2015.
9   Remetendo, equivocadamente, ao art. 1.640, parágrafo único, quando, na verdade, tal regime encontra-se previsto no art. 1.641.
10 Posição da qual discordamos, conforme registrado no estudo dos regimes de bens.
11 STJ, 2ª Seção, EREsp 1.623.858/MG, rel. Min. Lázaro Guimarães, j. 23-5-2018.
12 Sobre esses temas relativos ao regime de separação de bens, seja consentido remeter o leitor ao capítulo 35 desta obra, dedicado ao casamento.
13 STF, Tribunal Pleno, ARE 1.309.642/SP, rel. Min. Luís Roberto Barroso, j. 1º-2-2024.

que, "como não houve manifestação do falecido, que vivia em união estável, no sentido de derrogação do art. 1.641, II, do Código Civil, a norma é aplicável", tendo-se negado provimento ao recurso da companheira que buscava o reconhecimento da sua participação na herança.

Feitas essas observações, admite-se a concorrência do cônjuge com os descendentes em todos os demais regimes: separação convencional de bens[14], participação final nos aquestos, comunhão parcial com existência de bens particulares e eventuais regimes atípicos estabelecidos pelos cônjuges[15].

Quando em concorrência com os descendentes, caberá ao cônjuge quinhão igual ao quinhão dos seus concorrentes, não podendo, todavia, a sua quota ser inferior à quarta parte da herança se for ascendente dos herdeiros com que concorrer (art. 1.832). Essa quota mínima, contudo, deve ser afastada na hipótese de filiação híbrida, ou seja, composta por descendentes tanto do cônjuge sobrevivente como exclusivos do *de cujus*, uma vez que a norma do art. 1.832 se justifica pelo fato de que os descendentes de ambos os cônjuges irão, posteriormente, herdar o patrimônio do sobrevivente, para o qual se reverteu a quota, o que não ocorre em relação à prole exclusiva do falecido, rompendo-se assim a igualdade entre os quinhões dos descendentes[16].

---

14   STJ, 2ª Seção, REsp 1.382.170/SP, rel. p/ acórdão Min. João Otávio de Noronha, j. 22-4-2015: "No regime de separação convencional de bens, o cônjuge sobrevivente concorre com os descendentes do falecido. A lei afasta a concorrência apenas quanto ao regime da separação legal de bens prevista no art. 1.641 do Código Civil".

15   É de se conferir a crítica de Ana Luiza Maia Nevares, que aponta a deficiência do regime legal construído com base nos regimes de bens típicos. Melhor seria que o Código se referisse ao resultado concreto da aplicação do regime de bens, esclarecendo, por exemplo, se bastaria a existência de bens comuns para excluir a concorrência (ainda que, além deles, houvesse bens particulares), ou se a concorrência se imporia sempre que houvesse bens particulares. Além de mais simples, esta solução ofereceria respostas mais adequadas aos regimes atípicos (Ana Luiza Maia Nevares, *A sucessão do cônjuge e do companheiro na perspectiva civil-constitucional*, 2. ed., São Paulo: Atlas, 2015, p. 105-106).

16   Nesse sentido, já decidiu o STJ que "a interpretação mais razoável do enunciado normativo do art. 1.832 do Código Civil é a de que a reserva de ¼ da herança restringe-se à hipótese em que o cônjuge ou companheiro concorrem com os descendentes comuns. (...) Não haverá falar em reserva quando a concorrência se estabelece entre o cônjuge/companheiro e os descendentes apenas do autor da herança ou, ainda, na hipótese de concorrência híbrida, ou seja, quando concorrem descendentes comuns e exclusivos do falecido" (STJ, 3ª T., REsp 1.617.650/RS, rel. Min. Paulo de Tarso Sanseverino, j. 11-6-2019).

12. Sucessão do companheiro

Mesmo não mencionado em todo o capítulo da vocação hereditária, o companheiro teve seus direitos sucessórios assegurados pelo Código Civil no art. 1.790. O dispositivo afirma que a companheira ou o companheiro participará da sucessão do outro "quanto aos bens adquiridos onerosamente na vigência da união estável", nas condições seguintes: (a) se concorrer com filhos comuns, terá direito a uma quota equivalente à que por lei for atribuída ao filho; (b) se concorrer com descendentes só do autor da herança, tocar-lhe-á a metade do que couber a cada um daqueles; (c) se concorrer com outros parentes sucessíveis, terá direito a um terço da herança; e (d) não havendo parentes sucessíveis, terá direito à totalidade da herança. O Código Civil não contempla a hipótese de cônjuge e companheiro concorrerem à sucessão do falecido, tratando de modo isolado de cada uma dessas situações. Também não há menção à hipótese de uniões estáveis simultâneas.

O dispositivo era objeto de severas críticas doutrinárias, que afirmavam o caráter discriminatório do preceito. Ora, qual a razão para que a lei diferencie o companheiro do cônjuge em relação aos seus direitos sucessórios? O cônjuge herda não porque tenha havido prévia chancela do Estado à sua relação familiar, mas porque conviveu familiarmente com o *de cujus*. E tal convivência familiar existe de igual modo na união estável. Assim, não há razão legítima para que o legislador diferencie o cônjuge do companheiro em relação ao seu *quantum* hereditário[17].

Em agosto de 2016, o Supremo Tribunal Federal iniciou o julgamento do Recurso Extraordinário 878.694/MG, a fim de avaliar a constitucionalidade da diferenciação legal entre o regime sucessório do cônjuge e do companheiro. O relator Ministro Luís Roberto Barroso votou pela procedência do recurso, concluindo: "no sistema constitucional vigente é inconstitucional a distinção de regimes sucessórios entre cônjuges e companheiros, devendo ser aplicado, em ambos os casos, o regime estabelecido no art. 1829 do Código Civil de 2002". Em seu entendimento, o legislador pode atribuir regimes jurídicos distintos ao casamento e à união estável, mas só será legítima tal diferenciação "se não implicar hierarquização de uma entidade familiar em relação à outra, desigualando o nível de proteção estatal conferido aos indivíduos". O entendimento prevaleceu no Supremo Tribunal Federal, que equiparou o regime sucessório do

---

17 Veja-se, por todos, Ana Luiza Maia Nevares, Casamento ou união estável?, *Revista Brasileira de Direito Civil*, v. 8, abr./jun. 2016, p. 163-166.

companheiro ao regime sucessório do cônjuge, sem eficácia retroativa sobre as partilhas já realizadas, de modo que se remete o leitor ao tópico anterior, no qual se tratou da sucessão do cônjuge.

A decisão foi criticada por muitos civilistas que nela enxergaram uma verdadeira equiparação entre união estável e casamento. Tal equiparação seria contrária à intenção do Constituinte, que contemplou a união estável como forma autônoma de família, distinta da família matrimonial. A equiparação seria, assim, uma intervenção autoritária do Estado – no caso, do Estado-juiz –, pois resultaria numa espécie de *conversão forçada* da união estável em casamento, jogando por terra a liberdade concedida aos particulares para escolherem suas próprias formas de convivência, com as vantagens e desvantagens asseguradas em cada caso pela lei ordinária, inclusive para fins sucessórios. A crítica, todavia, não procede. Como já visto, a decisão do Supremo Tribunal Federal que declarou a inconstitucionalidade do art. 1.790 do Código Civil *não importa equiparação absoluta entre o casamento e a união estável*. Estendem-se à união estável apenas as regras aplicáveis ao casamento que tenham por fundamento a solidariedade familiar. Por outro lado, é constitucional a distinção entre os regimes, quando baseada na solenidade do ato jurídico que funda o casamento, ausente na união estável. Tal entendimento restou consagrado no Enunciado n. 641 do VIII Jornada de Direito Civil do CJF[18].

13. Multiparentalidade

Inovação que produz efeitos relevantes no direito sucessório é a multiparentalidade, reconhecida pelo Supremo Tribunal Federal em 2016. O tema já foi tratado no estudo do direito de família, mas convém recordar que, reconhecida a possibilidade de que uma mesma pessoa tenha mais de um pai ou mais de uma mãe, se multiplicam, naturalmente, os ascendentes. Com isso, uma pessoa pode passar a ter direito a mais heranças que o ordinário, pois a morte de cada um desses múltiplos pais enseja abertura da respectiva sucessão, sendo o filho chamado a suceder[19]. Problema intrigante diz respeito à hipó-

---

18 Uma análise mais detida da questão pode ser encontrada no capítulo dedicado ao estudo da união estável.

19 Em caso no qual "a instância de origem, apesar de reconhecer a multiparentalidade, em razão da ligação afetiva entre enteada e padrasto, determinou que, na certidão de nascimento, constasse o termo 'pai socioafetivo', e afastou a possibilidade de efeitos patrimoniais e sucessórios", o Superior Tribunal de Justiça, em decisão exemplar,

tese em que o filho venha a falecer antes dos múltiplos pais. Abre-se aí a sucessão do filho, que, na falta de descendentes, será deferida aos ascendentes, em concorrência ou não com eventual cônjuge ou companheiro. A regra na sucessão por ascendentes sempre foi, como registrado anteriormente, a partilha por linhas (*in lineas*), reservando-se igual quinhão aos herdeiros da linha materna e aos herdeiros da linha paterna. Na multiparentalidade, contudo, a partilha por linhas torna-se de difícil aplicação prática, impondo-se a seguinte pergunta na hipótese de três pais (uma mãe e dois pais ou um pai e duas mães, por exemplo): deve-se continuar, nesse caso, a dividir a herança por linhas ou se deve passar a dividi-las por cabeça?

A primeira opção conduziria a uma situação em que a mãe viria a receber o dobro que cada um dos pais, ou o pai viria a receber o dobro que cada uma das duas mães. Sendo, todavia, todos pais em sentido jurídico, mais correto nos parece, inclusive à luz da isonomia constitucional entre homens e mulheres, reservar igual quinhão a cada um dos múltiplos pais. Pode-se continuar a vislumbrar aí uma divisão por linhas, desde que se passe a admitir mais de duas linhas[20], ou se pode afirmar que a divisão nesses casos se fará por cabeça. O importante é assegurar igualdade de tratamento entre os múltiplos pais, pois da mesma forma que a Constituição não autoriza distinção entre filhos, não o pode autorizar entre os diferentes pais reconhecidos com base na consagração da multiparentalidade.

---

reformou a decisão original, assentando expressamente "a equivalência de tratamento e dos efeitos jurídicos entre as paternidades biológica e socioafetiva na hipótese de multiparentalidade" (STJ, 4ª Turma, REsp 1.487.596/MG, rel. Min. Antonio Carlos Ferreira, j. 28-9-2021).

20 Enunciado n. 676 da IX Jornada de Direito Civil (2022): "A expressão diversidade em linha, constante do § 2º do art. 1.836 do Código Civil, não deve mais ser restrita à linha paterna e à linha materna, devendo ser compreendidas como linhas ascendentes".

Capítulo 40

Sucessão Testamentária

Sumário: 1. Testamento. **2.** Conteúdo existencial do testamento. **3.** Natureza jurídica do testamento. **4.** Capacidade para testar. **5.** Formalismo no testamento. **6.** Espécies de testamento. **6.1.** Testamento público. **6.2.** Testamento cerrado. **6.3.** Testamento particular. **6.4.** Testamento marítimo, aeronáutico e militar. **6.5.** Testamento nuncupativo. **6.6.** Codicilo. **6.7.** Legado. **6.7.1.** Liberalidade. **6.7.2.** Sucessão a título singular. **6.7.3.** Fonte testamentária. **6.7.4.** Espécies de legado. **6.7.5.** Pagamento do legado. **6.7.6.** Extinção e caducidade do legado. **7.** Disposições testamentárias. **7.1.** Nomeação de herdeiro ou legatário. **7.2.** Cláusulas de inalienabilidade, impenhorabilidade e incomunicabilidade. **8.** Interpretação do testamento. **9.** Substituição testamentária. **9.1.** Substituição ordinária. **9.2.** Substituição recíproca. **9.3.** Fideicomisso. **9.4.** Conversão legal em usufruto. **9.5.** Distinção em relação à deixa em favor de prole eventual. **9.6.** Propriedade resolúvel do fiduciário. **9.7.** Transmissão dos bens ao fideicomissário. **9.8.** Fideicomissário ainda não concebido ao tempo da substituição. **9.9.** Falecimento do fiduciário. **9.10.** Falecimento do fideicomissário. **9.11.** Caducidade do fideicomisso. **9.12.** Fideicomisso *inter vivos*? **10.** Direito de acrescer. **11.** Testamenteiro. **11.1.** Aceitação do testamenteiro. **11.2.** Função indelegável. **11.3.** Testamenteiro universal × particular. **11.4.** Atribuições do testamenteiro. **11.5.** Prêmio ou vintena. **11.6.** Renúncia do testamenteiro. **11.7.** Cessação da testamentaria. **12.** Revogação do testamento. **12.1.** Revogação expressa. **12.2.** Revogação tácita. **12.3.** Rompimento do testamento. **12.4.** Caducidade do testamento. **12.5.** Invalidade do testamento. **12.6.** Prazo para invalidação.

1. Testamento

Testamento é o negócio jurídico unilateral e gratuito, de caráter personalíssimo, revogável a qualquer tempo, pelo qual uma pessoa dispõe de seus bens para depois de sua morte, ou faz outras declarações de última vontade. O testamento representa, para muitos autores, a máxima concessão ao voluntarismo jurídico, reservando eficácia *post mortem* à declaração de vontade do sujeito. Nesse sentido, ensina, em passagem inspirada, Luiz Edson Fachin: "o sujeito volitivo desenha, em boa medida, o que dar-se-á, no destino patrimonial (e às vezes, sob certos aspectos, pessoal), para depois da morte. Há, porém, limites"[1].

2. Conteúdo existencial do testamento

Historicamente limitado ao campo da disposição patrimonial, o testamento, como ato de última vontade, tem se convertido, nos últimos tempos, em instrumento de veiculação de manifestações de vontade que transcendem o terreno estrito da destinação dos bens, como o reconhecimento de paternidade (art. 1.609, III), a nomeação de tutor para o filho menor (art. 1.729, parágrafo único), ou a declaração da destinação do próprio corpo (art. 14). Há quem se refira, nesse sentido, a "conteúdo atípico do testamento", expressão que não pode ser considerada válida no direito brasileiro, que admite, inclusive, o testamento dispondo apenas sobre matéria não patrimonial. Com efeito, declara o Código Civil no art. 1.857, § 2º, que "são válidas as disposições testamentárias de caráter não patrimonial, ainda que o testador somente a elas se tenha limitado".

É necessário, contudo, adotar aqui alguma cautela. A possibilidade de inserção de disposições de caráter não patrimonial no testamento não significa que o conteúdo de tais disposições de caráter existencial se subordine, em tudo, à disciplina do testamento, concebida e estruturada com vistas à proteção dos interesses patrimoniais não apenas do falecido, mas também dos seus herdeiros. Nesse sentido, por exemplo, o Enunciado n. 643 aprovado na VIII Jornada de Direito Civil do CJF afirma: "O rompimento do testamento (art. 1.973 do Código Civil) se refere exclusivamente às disposições de caráter patrimonial, mantendo-se válidas e eficazes as de caráter extrapatrimonial, como o reconhecimento de filho e o perdão ao indigno".

Sobre o ainda pouco explorado tema da projeção da autonomia privada existencial no campo sucessório, vale reproduzir a lição de Ana Luiza Maia Nevares:

> Quanto à análise do exercício da autonomia privada no campo das situações jurídicas existenciais pertencentes ao testador, é preciso reconhecer a heterogeneidade de tais disposições, bem como a variabilidade de seus con-

---

1 Luiz Edson Fachin, *Teoria crítica do direito civil*, 3. ed., Rio de Janeiro: Renovar, 2012, p. 61.

teúdos. Na esfera existencial, em regra, devem prevalecer os interesses do autor da herança. No entanto, tendo em vista que toda e qualquer manifestação da autonomia privada deve ser submetida ao juízo de merecimento de tutela diante da tábua axiológica prevista na Constituição da República Federativa do Brasil, é preciso não perder de vista parâmetros para os limites de tais disposições, que serão encontrados em aspectos inerentes à dignidade dos sucessores, bem como em interesses sociais relevantes cabalmente comprovados[2].

Ressalva importante diz respeito ao instituto que se tem denominado pela expressão *testamento biológico ou vital*. Em que pese sua indiscutível inserção no âmbito da existencialidade, não se trata, a rigor, de verdadeira modalidade de testamento, uma vez que sua eficácia se produz ainda durante a vida do declarante (muito embora impossibilitado, na situação concreta, de manifestar sua vontade), enquanto os testamentos, como se verá, são negócios jurídicos de eficácia *causa mortis*[3].

3. Natureza jurídica do testamento

O testamento consiste, como já visto, em negócio jurídico unilateral, cuja eficácia está sujeita por lei (*conditio iuris*) à morte do testador. É negócio *causa mortis*, portanto. A necessidade de aceitação da herança ou legado não contraria a unilateralidade do testamento, bastando, para tanto, notar que a aceitação ocorre após a abertura da sucessão, não influenciando na validade ou eficácia do testamento enquanto negócio jurídico unilateral. O testamento é, como também já se destacou, negócio jurídico personalíssimo, devendo ser feito pelo testador, sem a interferência alheia. Não vale, por isso mesmo, no direito brasileiro, o chamado *testamento conjuntivo*, assim entendido aquele feito em conjunto, (a) sob a forma de *testamento simultâneo*, isto é, feito "de mão comum", figurando no mesmo instrumento duas ou mais pessoas, ou (b) sob a forma de *testamento recíproco*, assim entendido aquele em que os testadores se nomeiam mutuamente, instituindo como herdeiro o que sobreviver, ou, ainda, (c) sob a forma de *testamento correspectivo*, com disposições em retribuição a outras correspon-

---

2   Ana Luiza Maia Nevares, *A função promocional do testamento: tendências do direito sucessório*, Rio de Janeiro: Renovar, 2009, p. 333.

3   Seja consentido remeter o leitor ao capítulo 5, dedicado à pessoa humana, onde estudamos o testamento biológico de modo mais detido.

dentes do testamento alheio (CC, art. 1.863)[4]. O ordenamento jurídico abomina qualquer intervenção capaz de influenciar na disposição de última vontade, que deve ser livre, singular e personalíssima.

Não se admite contraprestação às disposições testamentárias, consistindo o testamento em negócio jurídico gratuito. É também solene, devendo-se observar a forma prescrita em lei. O Código Civil regula, minuciosamente, as formas (a) ordinárias e (b) especiais de testamento, conforme se verá adiante. Cumpre registrar desde já, todavia, a precursora lição de Orosimbo Nonato, para quem as exigências formais têm a função de assegurar a autenticidade da vontade do testador, não se devendo erigir a forma em valor que mereça proteção por si só[5]. Na mesma direção, adverte Pietro Perlingieri que não se deve confundir forma e formalismo, identificando-se este último com a exultação da forma que resulta em um estudo concentrado sobre "relações meramente lógicas, prescindindo da sua função"[6].

O testamento é, ainda, negócio jurídico revogável, podendo ser alterado a qualquer tempo. O novo testamento revoga o anterior em tudo que lhe for contrário. Em resumo, a natureza jurídica do testamento é de negócio jurídico unilateral, personalíssimo, gratuito, solene, de eficácia condicionada por lei (*conditio iuris*) à morte do testador e revogável por ele a qualquer tempo.

---

4   O Tribunal de Justiça do Distrito Federal e dos Territórios, no entanto, apreciou caso interessante, no qual um casal de imigrantes portugueses residentes no Brasil, sem qualquer parente vivo, realizou um testamento conjuntivo público, equivocadamente lavrado pelo tabelião, deixando todo o seu patrimônio para a sua filha de criação, sem vínculo de parentesco reconhecido. Ao apreciar o tema, a Turma julgadora concluiu pela validade do testamento, assentando que "não se pode desprezar, em razão do equívoco perpetrado pelo Tabelião – que lavrou as últimas vontades dos testadores em um único documento –, a intenção ali assentada, vez que os falecidos manifestaram inequívoco interesse em deixar seus bens (presentes e futuros), em favor da requerente/apelada, sua filha de criação. O argumento de que o testamento que aparelha os autos é conjuntivo, o que ensejaria, nos termos do art. 1.630 do CC/1916 (dispositivo repetido no art. 1.863 do CC/2002), sua nulidade, encerra excessivo apego ao formalismo, tendo em vista que, em razão da moldura fática apresentada nos autos, os bens deixados pelo casal falecido, em razão da ausência de ascendentes, descendentes e da inexistência de notícia de colaterais, serão entregues à Fazenda Pública" (TJDFT, 1ª Turma Cível, Apelação 0011120-70.2011.8.07.0006, rel. Des. Alfeu Machado, j. 1-10-2014).

5   Orosimbo Nonato, *Estudos sobre sucessão testamentária*, Rio de Janeiro: Forense, 1957, v. I, n. 148.

6   Pietro Perlingieri, *Manuale di diritto civile*, Nápoles: Edizioni Scientifiche Italiane, p. 92.

4. Capacidade para testar

O Código Civil regula a capacidade de testar, reservada aos maiores de 16 anos que tenham pleno discernimento para a prática do ato (art. 1.860). Como se vê, os relativamente incapazes, entre 16 e 18 anos, podem testar, não se aplicando aqui a regra geral que exige a assistência dos pais ou tutores, pois, sendo o testamento ato personalíssimo, o direito repudia qualquer intervenção alheia na sua realização. Ao contrário do direito romano, que exigia a capacidade de testar *medio tempore*, o direito atual afirma expressamente que "a incapacidade superveniente do testar não invalida o testamento", do mesmo modo que o testamento do incapaz não se torna válido com a superveniência da sua capacidade (art. 1.861). O momento de aferição da capacidade de testar é o da elaboração do testamento.

5. Formalismo no testamento

O direito brasileiro tem progressivamente simplificado a confecção do testamento, no afã de ampliar a sua utilização prática. O Código Civil de 2002 dispensou diversas solenidades exigidas no passado e projetos de lei têm sido apresentados ao Congresso Nacional no sentido de reduzir ainda mais as formalidades exigidas para a realização do testamento. A atual codificação já prevê o processo mecânico na veiculação da vontade do testador (art. 1.864, parágrafo único, entre outros), tendo também abolido antigas exigências de declaração "de viva voz" por parte de testador, mas cresce atualmente a demanda pelo reconhecimento do testamento em vídeo. A evolução legislativa revela, ainda, uma contínua queda do número de testemunhas exigidas nas formas ordinárias de testamento e também a abertura da possibilidade de testar a pessoas outrora excluídas, como o cego e o surdo. Toda essa tendência de redução do formalismo acaba se reproduzindo na jurisprudência, que tem mitigado as invalidades decorrentes de vícios formais como meio de garantir a observância da vontade do testador[7].

---

[7] Conforme se observa nos seguintes julgados: "Evidenciada, tanto a capacidade cognitiva do testador quanto o fato de que testamento, lido pelo tabelião, correspondia, exatamente à manifestação de vontade do *de cujus*, não cabe então, reputar como nulo o testamento, por ter sido preterida solenidades fixadas em lei, porquanto o fim dessas – assegurar a higidez da manifestação do *de cujus* –, foi completamente satisfeita com os procedimentos adotados" (STJ, 3ª Turma, REsp 1.677.931/MG, rel. Min. Nancy Andrighi, j. 15-8-2017); "A regra segundo a qual a assinatura de próprio punho é requisito de validade do testamento particular, pois, traz consigo a presunção de que aquela é a real vontade do testador, tratando-se,

6. Espécies de testamento

O direito brasileiro reconhece diferentes espécies de testamento, também chamadas de formas testamentárias. Dividem-se primeiro em (a) formas ordinárias e (b) formas especiais. As formas ordinárias abrangem (a) o testamento público, (b) o testamento cerrado e (c) o testamento particular. As formas especiais, por sua vez, abrangem (a) o testamento marítimo, (b) o testamento aeronáutico e (c) o testamento militar. Alude-se, ainda, entre nós, ao testamento nuncupativo. Todas essas espécies serão examinadas a seguir.

6.1. Testamento público

Testamento público, também chamado testamento aberto ou testamento autêntico, é aquele em que as declarações do testador são tomadas por oficial público em livro de notas, perante duas testemunhas. Ao contrário da codificação de 1916, não se exige que o testador faça suas declarações "de viva voz", conforme já se adiantou, podendo trazer minuta a ser transcrita pelo notário. A forma pública exige, durante toda a confecção do testamento, a presença de duas testemunhas, ditas *testemunhas instrumentárias* por não bastar sua assinatura no ato. Ao tabelião compete, uma vez tomadas as declarações do testador, ler o testamento, em voz alta, ao testador e às duas testemunhas. Não há sigilo quanto ao conteúdo das declarações. O testamento público é a forma testamentária mais utilizada no Brasil.

6.2. Testamento cerrado

Testamento cerrado, também chamado testamento secreto ou testamento místico, é aquele que se realiza por meio da aprovação pelo oficial público de uma cédula testamentária, que lhe é entregue pelo testador, na presença de duas testemunhas. A cédula pode ser escrita pelo próprio testador ou por outra pessoa, a seu pedido, já tendo o Superior Tribunal de Justiça decidido, há muito, que a

---

todavia, de uma presunção *juris tantum*, admitindo-se, ainda que excepcionalmente, a prova de que, se porventura ausente a assinatura nos moldes exigidos pela lei, ainda assim era aquela a real vontade do testador. Hipótese em que, a despeito da ausência de assinatura de próprio punho do testador e do testamento ter sido lavrado a rogo e apenas com a aposição de sua impressão digital, não havia dúvida acerca da manifestação de última vontade da testadora que, embora sofrendo com limitações físicas, não possuía nenhuma restrição cognitiva" (STJ, 2ª Seção, REsp 1.633.254/MG, rel. Min. Nancy Andrighi, j. 11-3-2020).

ausência de identificação daquele que redige a cédula não invalida o testamento se não houver indício de favorecimento[8]. Ao entregar a cédula, o testador deve declarar que aquele é seu testamento e que pretende vê-lo aprovado. O notário, sem ler o conteúdo da cédula, deve iniciar o auto de aprovação, logo após a última palavra do testador. O *auto de aprovação* – melhor seria designá-lo *auto de autenticação*, como sugere Caio Mário da Silva Pereira, pois ao notário não é dado aprovar ou desaprovar o testamento[9] – é lido ao testador e às testemunhas, sendo por todos assinado. O auto de aprovação e a cédula testamentária são inseridos, em seguida, em um único invólucro, cabendo ao tabelião "cerrar e coser o instrumento aprovado" (art. 1.869), o que assegura o sigilo das declarações do testador. O invólucro é entregue ao testador, limitando-se o notário a fazer a anotação no livro próprio. O testamento cerrado é sigiloso, como se vê, e empregado essencialmente por aqueles que, não querendo deflagrar disputa entre seus herdeiros, pretendem manter segredo sobre a sua disposição de última vontade.

6.3. *Testamento particular*

Testamento particular, também chamado testamento privado ou testamento hológrafo, é aquele escrito pelo testador, de próprio punho ou mediante processo mecânico, e lido perante três testemunhas, que apõem ao ato a sua assinatura. Consiste, sem dúvida, na forma mais simples e acessível de testar. Apresenta, todavia, maior risco de ineficácia, tendo em vista que exige sua confirmação pelo juiz após a morte do testador. Para tanto, procede-se à "publicação" do testamento em juízo (art. 1.877), com a citação dos herdeiros. Se as testemunhas reconhecerem suas assinaturas e a do testador, confirmando a realização do testamento particular, o juiz confirmará o testamento, que será eficaz. Pode ocorrer, todavia, que faltem as testemunhas por morte ou alguma outra razão. Nesse caso, o Código Civil afirma, no art. 1.878, parágrafo único: "se faltarem testemunhas, por morte ou ausência, e se pelo menos uma delas o reconhecer, o testamento poderá ser confirmado, se, a critério do juiz, houver prova suficiente de sua veracidade".

O dispositivo é criticável. Tomado em sua literalidade, torna inútil o testamento particular caso nenhuma das testemunhas compareça em juízo. Isso porque o dispositivo traz, na sua redação, requisitos cumulativos: (a) o reconhecimento por uma testemunha e (b) prova suficiente, a critério do juiz, da veracidade do

---

8 STJ, 4ª T., REsp 228/MG, rel. Min. Athos Carneiro, j. 14-8-1989, *DJ* 4-12-1989.
9 Caio Mário da Silva Pereira, *Instituições de direito civil*, 23. ed., atualizada por Carlos Roberto Barbosa Moreira, Rio de Janeiro: Forense, 2016, v. VI, p. 224.

testamento particular. Melhor teria sido reconhecer ao juiz, mesmo na ausência de qualquer das três testemunhas, a possibilidade de aferir a veracidade do testamento, mediante, por exemplo, exame pericial para a verificação da autenticidade da assinatura do testador. O Código Civil de 2002, que, em tantas passagens, reservou amplo espaço de discricionariedade ao juiz, aqui o manteve de mãos atadas.

A orientação normativa chega a ser contraditória com o dispositivo imediatamente seguinte, em que o legislador autoriza a confirmação, a critério do juiz, de testamento particular realizado de próprio punho pelo testador, sem nenhuma testemunha, desde que presentes "circunstâncias excepcionais declaradas na cédula" (art. 1.879). Ora, se o Código Civil reserva ao juiz o poder de confirmar o testamento particular realizado, desde o primeiro momento, sem nenhuma testemunha, parece de excessivo rigor negar-lhe tal possibilidade na hipótese de faltarem, por morte ou ausência, as testemunhas indicadas no testamento particular perante elas celebrado. Pior: desestimula-se a realização de testamento particular, já que o testador não tem nenhuma segurança quanto à eficácia de sua disposição de última vontade, que fica a depender da sobrevivência e da futura presença em juízo das testemunhas que indicar. A circunstância mostra-se mais grave quando se tem em vista que o testamento particular deveria ser o mais utilizado, já que desprovido de obstáculos formais presentes em outras formas testamentárias. Nesse sentido, por exemplo, o legislador admite que o testamento particular seja redigido em língua estrangeira, contanto que as testemunhas a compreendam (art. 1.880). Bem se vê daí o amplo espectro de situações que a forma particular poderia abarcar, não fosse sua confirmação *post mortem* tão dependente da figura testemunhal.

6.4. *Testamento marítimo, aeronáutico e militar*

As formas especiais de testamento abrangem, como já visto, o testamento marítimo, aeronáutico e militar. Consistem em formas excepcionais de testar, limitadas ao propósito transitório de assegurar a sucessão de pessoa em situação de risco. Assim, é que permite a lei àquele que estiver em viagem, a bordo de navio ou aeronave, testar perante o comandante ou, no caso de aeronave, pessoa por ele designada, dispensando-se as solenidades normalmente exigidas para o testamento. Procedimento semelhante é reservado ao militar em campanha ou "em praça sitiada" ou "que esteja de comunicações interrompidas" (art. 1.893). As formas especiais de testamento têm validade temporária. O testamento marítimo e o testamento aeronáutico caducam caso o falecimento do testador não se dê em 90 dias contados do desembarque em terra, onde possa fazer, na forma ordinária, outro testamento (art. 1.891). O testamento militar caduca desde que "o testador esteja, noventa dias seguidos, em lugar onde possa testar na forma ordinária", admitindo-

-se, todavia, sua preservação se observadas certas solenidades especiais (arts. 1.895 e 1.894). As três formas especiais de testamento são raríssimas na prática e mereceriam ser substituídas, em nossa legislação, pela figura do testamento nuncupativo.

6.5. Testamento nuncupativo

Testamento nuncupativo é aquele feito oralmente, normalmente por quem se encontra em risco extremo, sem a oportunidade de testar pela via ordinária. O Código Civil cogita de circunstâncias excepcionais, ao tratar do testamento particular (art. 1.879), mas não prescinde da forma escrita. A doutrina identifica, contudo, certo vestígio do testamento nuncupativo no art. 1.896 da codificação, que autoriza o militar empenhado em combate, ou ferido, a "testar oralmente, confiando a sua última vontade a duas testemunhas". O testamento nuncupativo substituiria, com vantagens, as formas especiais de testamento, limitadas a certas classes (militar) e determinadas situações de risco (em navios e aeronaves), quando outras podem existir como a situação de mineiros em minas, bombeiros em incêndios e policiais em combate à violência urbana, hipóteses muito mais frequentes que aquelas contempladas pelo Código Civil de 2002, ao qual faltou senso crítico na reprodução das formas especiais de testamento.

6.6. Codicilo

O termo codicilo, que deriva de pequeno *codex*, é reservado, no direito brasileiro, a uma declaração de última vontade que não chega a configurar um testamento. A lei o define como o escrito particular por meio do qual qualquer pessoa capaz de testar pode "fazer disposições especiais sobre o seu enterro, sobre esmolas de pouca monta a certas e determinadas pessoas, ou, indeterminadamente, aos pobres de certo lugar, assim como legar móveis, roupas ou joias, de pouco valor, de seu uso pessoal". (art. 1.881). Pela menor relevância do seu objeto, o codicilo não está sujeito aos requisitos do testamento.

6.7. Legado

A definição de legado tem, na forte passagem de Orlando Gomes, "torturado os juristas porque as legislações designam com esse vocábulo diversas espécies de disposições testamentárias, às quais falta um traço comum"[10]. À

---

10 Orlando Gomes, *Sucessões*, 15. ed., atualizada por Mario Roberto Carvalho de Faria, Rio de Janeiro: Forense, 2012, p. 192.

falta de consenso, tem a doutrina optado por definições genéricas como aquela que apresenta o legado como qualquer liberalidade feita em testamento a título singular. Cumpre examinar, em detalhe, todavia, os elementos dessa definição.

6.7.1. Liberalidade

Já os romanos afirmavam, na esteira da definição de Modestino: *legatum est donatio testamento relicta*[11]. Assim, o legado seria toda liberalidade feita em testamento. A tese do legado como liberalidade, embora majoritária, encontrou opositores de prestígio, como Windscheid, Hartmann e, entre nós, Pontes de Miranda e Orlando Gomes. Todos esses juristas afirmam, em apertadíssima síntese, que, embora, normalmente, o legado consista em uma liberalidade em favor do legatário, nem sempre o é, admitindo-se a existência de legados que impõem ônus ou encargos ao legatário, capazes de absorver inteiramente o valor do benefício. A doutrina chega mesmo a aludir ao *legado de dívida*. Tais hipóteses, porém, são raras na prática, e a legislação brasileira, se não as repudia expressamente, tampouco as acolhe na literalidade da codificação. Daí por que tem prevalecido entre nós o conceito de legado como liberalidade praticada pelo testador a título singular.

6.7.2. Sucessão a título singular

O legado distingue-se da herança, que é a modalidade de sucessão a título universal, recebendo o herdeiro a totalidade ou uma quota-parte da totalidade dos bens do falecido. O legatário recebe, por sua vez, bens determinados ou, ao menos, determináveis. Aqui, os críticos da definição não se voltam contra o título singular, mas contra o próprio fenômeno sucessório. Com efeito, admitindo a nossa legislação o legado de quitação de dívida (*legatum liberationis*), contemplado no art. 1.918 do Código Civil, objeta-se que inexiste aí efetiva sucessão. Daí por que alguns autores, como Ruggiero, têm preferido definir o legado por exclusão, como qualquer disposição testamentária *que não signifique instituição de herdeiro*[12].

6.7.3. Fonte testamentária

No que estão de acordo todos os autores é que o legado deriva sempre da vontade do testador. Não há legado na sucessão do que falece *ab intestato*

---

11 Digesto, Livro 30, Título II, fr. 36.
12 Roberto de Ruggiero, *Instituições de direito civil*, Campinas: Bookseller, 1999, v. III, p. 581.

(intestado), sendo instituto próprio da sucessão testamentária. Isso não quer dizer, obviamente, que o testador não possa contemplar com um legado pessoa que já é herdeira legítima. A hipótese – que a doutrina mais tradicional denomina *prelegado* – vem expressamente contemplada no Código Civil, que consagra a autonomia e independência dos títulos sucessórios no art. 1.808, § 1º, no qual se lê: "o herdeiro, a quem se testarem legados, pode aceitá-los, renunciando a herança; ou, aceitando-a, repudiá-los". Pode também o herdeiro, embora o dispositivo não o diga, aceitar tanto a herança quanto o legado, ou a ambos renunciar.

6.7.4. Espécies de legado

É amplíssima a variedade de espécies de legados. O Código Civil contempla expressamente (a) o legado de coisa certa, (b) o legado de coisa determinada pelo gênero e quantidade, (c) o legado de coisa que deva encontrar-se em determinado lugar, (d) o legado de crédito, (e) o legado de quitação de dívida, (f) o legado de usufruto, (g) o legado de alimentos e (h) o legado de bem imóvel, já abrangido, a rigor, pelo legado de coisa certa. Em sede doutrinária, cogita-se, ainda, do legado de dívida, do legado de obrigação de dar, fazer ou não fazer e de outras modalidades menos frequentes de legado.

O legado pode estar subordinado, ainda, a condição, encargo ou termo. Fala-se nesse sentido em (a) legado condicional, (b) legado a termo e (c) legado modal. Não se estende ao legatário a vedação do art. 1.898 do Código Civil, que tem por não escrita a designação de tempo em que deve se iniciar ou cessar o direito do herdeiro. O Código Civil admite expressamente o legado condicional e o legado sujeito a termo no art. 1.924, em que afirma: "o direito de pedir o legado não se exercerá, enquanto se litigue sobre a validade do testamento, e, nos legados condicionais, ou a prazo, enquanto esteja pendente a condição ou o prazo não se vença". A doutrina menciona também o *legado remuneratório*, em um paralelo com a doação da mesma espécie; ambos não configuram, a rigor, remuneração, mas simples liberalidade em contemplação de um ato ou atividade do beneficiado que não dá ensejo à exigência de contraprestação, tudo conforme já visto no estudo do contrato de doação.

O Código Civil traz regras específicas para as espécies de legado que contempla, algumas de caráter extremamente casuísta e até dispensáveis, como a que determina que o legado de quitação de dívida "não compreende as dívidas posteriores à data do testamento" (art. 1.918, § 2º). Em algumas passagens, identifica-se certa desatualização e até inconsistências na disciplina normativa do legado. Assim, por exemplo, o Código Civil considera ineficaz o legado de coisa certa que não pertença ao testador no momento da abertura da sucessão (art. 1.912). Admite, todavia, o legado de coisa determinada apenas pelo gênero e quantidade, "ainda que tal coisa não exista entre os bens deixados pelo testador" (art. 1.915). Autoriza também o legado que imponha ao herdeiro ou legatário o dever de entregar coisa de sua propriedade a outrem (art. 1.913). São dispositivos que desafiam o intérprete na sua busca de coerência e unidade do ordenamento jurídico.

6.7.5. Pagamento do legado

O legado pertence, desde a abertura da sucessão, ao legatário, salvo se lhe tiver sido imposta condição suspensiva (art. 1.923). A eventual fixação de termo inicial não impede a aquisição do direito ao legado, em atendimento à regra geral do art. 131. Embora a aquisição do legado seja, em regra, imediata, a posse e o efetivo exercício do direito que tem sobre o bem legado ficam sujeitos à iniciativa do legatário. O legatário deve, portanto, "pedir o legado" (art. 1.924), expressão que não é tecnicamente a melhor, já que o bem legado, como se viu, já lhe pertence desde a abertura da sucessão. A doutrina alude, mais tecnicamente, ao ato de "pedir a entrega" ou "requerer a transferência da posse" do legado.

Trata-se, a rigor, de um vestígio do legado *per damnationem* do direito romano, que consistia, como explica San Tiago Dantas, em espécie de legado que o herdeiro ficava encarregado de entregar ao legatário, não tendo este último a possibilidade de reivindicar a coisa. Cabia ao legatário, nesse caso, propor contra o herdeiro ação pessoal, a ação *ex testamento*, para pleitear que o herdeiro cumprisse a obrigação que o testador lhe imputara[13]. O direito contemporâneo conserva essa característica, para todo e qualquer legado, aludindo ao *pedido* do legatário e ao *pagamento* do legado. À falta de disposição testamentária, o pagamento dos legados incumbe "aos herdeiros e, não os havendo, aos legatários, na proporção do que herdaram" (art. 1.934). As despesas da entrega correm, contudo, por conta do legatário (art. 1.936).

O legado, como se vê, possui uma sistemática diversa da herança. Enquanto a herança deve ser aceita ou renunciada pelo herdeiro, o legado, embora tenha sua propriedade transferida ao legatário com a abertura da sucessão, deve ser "pedido", pois não se defere ao legatário, de pronto, a posse do legado (art.

---

13 San Tiago Dantas, *Direitos de família e das sucessões*, 2. ed., Rio de Janeiro: Forense, 1991, p. 549.

1.923, § 1º). Pode o legatário, claro, deixar de pedi-lo ou renunciar ao legado expressa ou tacitamente. O Código Civil não estipula um prazo para o pedido do legado. À falta de disposição específica, a doutrina invoca o prazo geral de dez anos (art. 205)[14].

6.7.6. Extinção e caducidade do legado

O direito ao legado pode se extinguir por causas genéricas, como a nulidade do testamento, o advento do termo final instituído para o legado, a prescrição, entre outras. Como causa específica da extinção do legado, o Código Civil menciona a *caducidade*, que ocorre nas seguintes hipóteses: (a) se, depois do testamento, o testador modificar a coisa legada, a ponto de já não ter a forma nem lhe caber a denominação que possuía; (b) se o testador, por qualquer título, alienar no todo ou em parte a coisa legada, caducando, nesse caso, o legado até a medida em que a coisa deixou de pertencer ao testador; (c) se a coisa perecer ou for evicta, vivo ou morto o testador, sem culpa do herdeiro ou legatário incumbido do seu cumprimento; (d) se o legatário for excluído da sucessão; e (e) se o legatário falecer antes do testador. A doutrina menciona, ainda, entre as causas extintivas próprias do legado, a *adenção* (*ademptio*), assim entendida a revogação tácita ou expressa do legado por vontade do testador.

7. Disposições testamentárias

As disposições testamentárias podem versar, como se viu, sobre interesses existenciais do testador. O Código Civil, entretanto, no capítulo dedicado às disposições testamentárias, limitou-se a cuidar daquelas que assumem caráter patrimonial. Ocupou-se, em especial, das disposições testamentárias voltadas à instituição de herdeiro ou legatário, à destinação e repartição dos bens do testador e à imposição de gravames.

7.1. *Nomeação de herdeiro ou legatário*

O Código Civil autoriza que a nomeação de herdeiro ou legatário seja feita "sob condição, para certo fim ou modo, por certo motivo" (art. 1.897). Aqui, impõe-se controle de licitude e de legitimidade sobre a finalidade ou circunstância a que se subordina a eficácia da disposição testamentária. Não se é

---

14 Orlando Gomes, *Sucessões*, cit., p. 211.

de admitir, por exemplo, o condicionamento da deixa à adoção de certo credo ou à ruptura do matrimônio ou, ainda, à conservação do estado de viuvez (*si in viduitate manserit*)[15]. Revelando perigosa influência da generosidade patrimonial sobre os interesses existenciais da pessoa, todas essas condições devem ser reputadas ilícitas, invalidando-se a disposição testamentária, por força da aplicação do art. 123 do Código Civil. Solução mais justa, para alguns, seria tomá-las por inexistentes, beneficiando o herdeiro ou legatário, o que esbarra, contudo, no primado da vontade do testador.

A deixa testamentária pode vir subordinada a um encargo (modo). O encargo não impede, ao contrário da condição suspensiva, a aquisição do direito, pesando, todavia, sobre o beneficiário, que, aceita a herança, se encontra obrigado a cumpri-lo. Descumprido o encargo, podem exigir seu cumprimento qualquer interessado, o testamenteiro ou ainda, nas deixas de caráter social, o Ministério Público. A disposição testamentária pode se voltar ao atendimento de certa causa, expressa como sua razão determinante. Assim, quem é nomeado herdeiro "porque descobriu a cura de certa doença" deixa de sê-lo quando se prova que a notícia era falsa ou o resultado, forjado.

O Código Civil não admite a nomeação de herdeiro a termo, inicial ou final, tendo-se semelhante limitação por não escrita, salvo nas disposições fideicomissárias. A vedação, contida no art. 1.898, não abrange, como já visto, os legatários. A chamada *disposição contumeliosa*, que institui legatário ou nomeia herdeiro sob crítica severa ou injúria, é tida como pura e simples. Em regra, a disposição testamentária deve nomear pessoa certa como herdeiro ou legatário (art. 1900, II e III). Excepcionalmente, o Código Civil autoriza a disposição em favor de pessoa incerta que deva ser determinada por terceiro "dentre duas ou mais pessoas mencionadas pelo testador, ou pertencentes a uma família, ou a um corpo coletivo, ou a um estabelecimento por ele designado" (art. 1.901, I). Admite-se a deixa aos carentes ou necessitados de certo lugar (art. 1.902).

7.2. Cláusulas de inalienabilidade, impenhorabilidade e incomunicabilidade

A exemplo do que ocorre com o doador nas liberalidades praticadas *inter vivos*, o testador pode apor aos bens deixados cláusulas de inalienabilidade, impenhorabilidade e incomunicabilidade. A imposição de tais gravames é

---

15   Contra: Caio Mário da Silva Pereira, *Instituições de direito civil*, cit., v. VI, p. 244.

admitida tanto na herança testamentária quanto na legítima, condicionando-se, porém, neste último caso, à declaração de uma "justa causa" no testamento (art. 1.848). A exigência de justa causa configura solução intermediária adotada pelo Código Civil atual, quando, em verdade, o que se impunha era a abolição da possibilidade de tão severas restrições sobre o patrimônio deixado pelo sucedido.

Sobre os efeitos da cláusula de inalienabilidade já decidiu o Superior Tribunal de Justiça que o seu propósito é proteger o patrimônio do beneficiário, de modo que a cláusula não pode ter vigência para além da sua vida. Com a morte do beneficiário, se não há a instituição de novo gravame por disposição testamentária, os bens se transmitem aos herdeiros de forma livre e desembaraçada[16].

8. Interpretação do testamento

O testamento interpreta-se sempre de modo a melhor assegurar a observância da vontade do testador (art. 1.899). Não se deve extrair disso um apego ferrenho à literalidade das declarações do testador; pelo contrário, deve-se perseguir a intenção nelas consubstanciada (art. 112). É nesse sentido que o art. 1.910 declara que a ineficácia de uma disposição testamentária importará na ineficácia de todas as outras que, sem aquela, "não teriam sido determinadas pelo testador". Como se vê, a interpretação do testamento transcende, em muito, o elemento literal ou filológico, aplicando-se aqui todas as lições da hermenêutica jurídica contemporânea.

A interpretação do testamento vem dificultada muitas vezes pela linguagem atécnica empregada pelo testador, especialmente no testamento particular, feito sem assistência jurídica. Deve-se buscar, aqui, o sentido por trás das palavras utilizadas. O Código Civil contempla, na Parte Geral, regra de interpretação do testamento no art. 133, segundo a qual "nos testamentos, presume-se o prazo em favor dos herdeiros".

Admite-se que o testamento se reporte a pessoa ou coisa mencionada em ato anterior, de natureza testamentária ou não. Trata-se do que Vitali denomina testamento *per relazione*. No exemplo primoroso de Caio Mário da Silva Pereira, deve-se ter como válido o legado deixado "ao primeiro aluno de direito civil do ano da abertura da sucessão"[17].

---

16 STJ, 3ª T., REsp 1.101.702, j. 22-9-2009.
17 Caio Mário da Silva Pereira, *Instituições de direito civil*, cit., v. VI, p. 204.

9. Substituição testamentária

Já o direito romano admitia que o testador indicasse substitutos para herdeiros ou legatários, impossibilitados ou indesejosos de suceder. A isso se denomina *substituição testamentária*. A expressão *substituição* aparece aqui no sentido de instituição de herdeiro ou legatário em segundo plano (*sub institutio*). Não se admite a substituição do herdeiro necessário, não se concedendo ao testador o poder de influir de tal maneira na destinação da sua legítima. O Código Civil brasileiro admite três espécies de substituição: (a) substituição vulgar ou ordinária, (b) substituição recíproca e (c) substituição fideicomissária.

9.1. Substituição ordinária

A substituição vulgar ou ordinária consiste em substituição condicional (*conditio substitutionis*) do herdeiro ou legatário, no caso de não poder ou não querer aceitar a herança ou legado. Pode, além dessa condição, estar sujeita a outras, como no exemplo de quem indica certa pessoa como substituta de outra, se esta não aceitar a herança e se aquela não contrair novas núpcias[18]. A designação do substituto será sempre expressa, nunca tácita. Não há limite de graus, podendo-se designar substituto para o próprio substituto e assim sucessivamente, *ad infinitum*. O Código Civil autoriza expressamente que o testador substitua uma pessoa por várias, ou vice-versa (art. 1.948).

O substituto é herdeiro testamentário, embora nomeado em segundo grau. Sucede, assim, não ao substituído, mas ao testador. Se a recusa ou exclusão do herdeiro ou legatário instituído ocorre após o falecimento do *de cujus*, é no momento do óbito do testador (abertura da sucessão) que se apura a legitimação sucessória do substituto, que, repita-se, é herdeiro do testador, não do substituído. Caduca a substituição (a) pela aceitação do instituído, (b) pelo falecimento do substituto antes do substituído ou (c) pela ausência de legitimação sucessória do substituto.

9.2. Substituição recíproca

A substituição recíproca consiste, a rigor, em modalidade especial da substituição vulgar ou ordinária, em que o testador designa uma pluralidade

---

18   Caio Mário da Silva Pereira, *Instituições de direito civil*, cit., v. VI, p. 277.

de herdeiros ou legatários, determinando que se substituam reciprocamente. A quota do que não puder ou não quiser aceitar a herança reparte-se entre os demais, na proporção que tiver sido fixada na instituição de primeiro grau, salvo disposição em contrário no testamento. Por exemplo, se o testador deixou um quarto de seus bens a Olivia, um quarto a Julia e metade a Luisa, na impossibilidade sucessória de Julia, sua quota será dividida de tal modo que Luisa receba o dobro do que receberá Olivia. Pode, ainda, o testador fazer incluir entre os substitutos recíprocos alguma outra pessoa, só nesta hipótese chamada a suceder. O que se terá aí, em verdade, é uma combinação entre a substituição recíproca e a substituição vulgar. O Código Civil determina em tal hipótese que, salvo disposição em contrário no testamento, "o quinhão vago pertencerá em partes iguais aos substitutos" (art. 1.950). O substituto vulgar recebe, portanto, porção idêntica à dos demais.

9.3. Fideicomisso

A substituição fideicomissária ou, simplesmente, *fideicomisso* diferencia-se das demais formas de substituição por envolver vocação sucessiva. O substituto não é chamado *na falta do* herdeiro instituído, mas *depois* dele. O fideicomisso consiste, assim, na instituição de herdeiro ou legatário, com vistas à transmissão da herança ou legado a outrem, após certo lapso de tempo, ocorrida certa condição ou, ainda, em virtude do seu falecimento. O fideicomisso envolve, como se vê, três personagens: (a) o fideicomitente, que institui o fideicomisso; (b) o fiduciário ou gravado, sucessor inicial; e (c) o fideicomissário, que é o destinatário remoto dos bens.

O fideicomisso é instituto polêmico. Foi banido em diversos ordenamentos contemporâneos, atendendo-se às críticas daqueles que identificam no fideicomisso uma forma intolerável de impedir a circulação negocial de riquezas e uma fonte de conflitos sem fim. Entre nós, a codificação de 1916 o admitia em termos relativamente amplos. Ainda assim, autorizada doutrina sustentava a necessidade de limitar sua permissão "exclusivamente para ensejar a sucessão de pessoa inexistente no momento de sua abertura. Se o testador quer instituir herdeiros futuros netos, não tem outro meio"[19]. O Código Civil de 2002 adotou orientação semelhante no art. 1.952, autorizando a substituição fideicomissária apenas quando voltada a favorecer pessoas não concebidas ao tempo da morte do testador. Não se exige que o fideicomissário

---

19 Orlando Gomes, *Sucessões*, cit., p. 224.

seja descendente do fideicomitente, podendo ser prole de qualquer pessoa. Nisso difere o Código Civil de 2002 do Projeto de 1965, de Orosimbo Nonato, Orlando Gomes e Caio Mário da Silva Pereira, que somente admitia o fideicomisso em relação aos descendentes do testador ainda não nascidos ao tempo da sua morte.

9.4. Conversão legal em usufruto

Se o fideicomissário já tiver nascido ao tempo da abertura da sucessão, o fideicomisso se converte em usufruto, figurando o fideicomissário como nu-proprietário e o fiduciário como usufrutuário (art. 1.952, parágrafo único). O Código Civil não esclarece o que ocorre se o fideicomissário não tiver nascido, mas já tiver sido concebido. Interpretação literal conduziria à ineficácia do fideicomisso, por afronta ao art. 1.952, *caput*, que o tolera apenas em favor dos não concebidos, sem a conversão legal em usufruto prevista no parágrafo único do mesmo dispositivo, que é deferida apenas aos já nascidos. Parte da doutrina tem sustentado, todavia, que já tendo sido concebido o fideicomissário, a solução seria aguardar seu nascimento, aplicando-se, então, a conversão legal em usufruto, "hipótese que melhor se coaduna com a vontade do testador"[20].

9.5. Distinção em relação à deixa em favor de prole eventual

O fideicomisso, cumpre registrar, não se confunde com a disposição em favor da prole eventual, admitida no art. 1.799, I, do Código Civil. No fideicomisso, há herdeiros sucessivos. Na disposição em favor de prole eventual, os bens ficam tão somente confiados a um curador – que não é herdeiro – nomeado pelo juiz, fixando a codificação prazo de dois anos contados da abertura da sucessão para que o herdeiro esperado seja concebido. Não havendo a concepção no prazo legal, os bens reservados "caberão aos herdeiros legítimos" (art. 1.800, § 4º). Há autores, contudo, que enxergam no fideicomisso uma manifestação particular da disposição em favor de prole eventual, vislumbrando entre os dois institutos uma relação de gênero e espécie[21].

---

20 Mário Roberto Carvalho de Faria, nota de atualização a Orlando Gomes, *Sucessões*, cit., p. 231.
21 Carlos Roberto Barbosa Moreira, nota de atualização a Caio Mário da Silva Pereira, *Instituições de direito civil*, cit., v. VI, p. 284, nota 32.

9.6. Propriedade resolúvel do fiduciário

No fideicomisso, o fiduciário recebe a propriedade resolúvel dos bens. Tem o dever de conservar os bens e, na qualidade de proprietário que é, está livre para extrair frutos e rendimentos, os quais pode usar, consumir e alienar sem restrição alguma. Admite-se que o fiduciário grave com direito real a propriedade resolúvel que recebeu. Chegado o momento da substituição, o direito real alienado se extingue, e o fideicomissário, "em cujo favor se opera a resolução, pode reivindicar a coisa do poder de quem a possua ou detenha" (art. 1.359).

Alguns autores sustentam que o fiduciário está impossibilitado de alienar a propriedade dos bens fideicomitidos, porque isso acarretaria na frustração do fideicomisso; outros, contudo, admitem a alienação, ressalvando que a propriedade alienada carrega consigo o caráter resolúvel. Se, no tocante aos bens imóveis e a alguns poucos bens móveis cuja transmissão está sujeita a registro (ações etc.), a transferência da propriedade resolúvel não gera riscos intoleráveis, o mesmo não se pode dizer em relação aos bens móveis cuja transmissão se dá sem registro algum, o que acarretaria grave insegurança no tráfego jurídico, lesão aos interesses do fideicomissário e fácil desrespeito à vontade do testador. A ausência de impedimento teórico deve ceder passagem aqui à conveniência prática, que recomenda que permaneça o fiduciário com os bens fideicomitidos, salvo em circunstâncias excepcionais que recomendem a alienação, devendo o fiduciário adotar aí todas as cautelas necessárias à retomada do bem, sob pena de responsabilização em face do fideicomissário. É de se destacar que o art. 1.953 do Código Civil concede ao fiduciário uma propriedade não apenas resolúvel, mas também "restrita", adjetivo ao qual o intérprete há de reservar algum significado.

9.7. Transmissão dos bens ao fideicomissário

Com o advento do termo, da condição ou da morte do fiduciário, os bens se transmitem ao fideicomissário. Se o fideicomissário renuncia à herança ou legado, a propriedade, salvo disposição testamentária em contrário, se consolida no fiduciário, perdendo seu caráter resolúvel (art. 1.955). Não é lícito instituir fideicomisso além do segundo grau (art. 1.959), admitindo-se, porém, que o testador nomeie substituto vulgar para a hipótese de o fideicomissário não poder ou não desejar aceitar a herança ou legado. A essa combinação de substituições a doutrina denomina *substituição compendiosa*.

A legitimação sucessória do fiduciário é apurada no momento da abertura da sucessão, enquanto a do fideicomissário nem sequer concebido a tal tempo, somente é apurada quando da substituição. Apura-se, todavia, em relação ao testador, já que o fideicomissário é seu herdeiro, e não herdeiro do fiduciário. Assim, o fato de o fideicomissário ter sido testemunha do testamento do fiduciário (art. 1.801, II) não impede a substituição, já que nenhum obstáculo existe em relação à sucessão nos bens do fideicomitente.

9.8. Fideicomissário ainda não concebido ao tempo da substituição

O Código Civil não contempla a hipótese de o fideicomissário não ter ainda sido concebido no momento em que, por força do advento do termo, da condição ou do óbito do fiduciário, deveria ocorrer a substituição. Parte da doutrina sugere que seja aplicado o art. 1.800, § 4º, do Código Civil, aguardando-se o prazo de dois anos da abertura da substituição, solução que "melhor preserva a vontade do testador, reduzindo a possibilidade de o fideicomisso caducar"[22]. Outros autores se pronunciam pela caducidade do fideicomisso[23].

9.9. Falecimento do fiduciário

Se falece o fiduciário, sendo o fideicomisso instituído a termo ou condição, recebem seus herdeiros os bens gravados com o mesmo caráter resolúvel e encargo de transmissão ao fideicomissário. Em se tratando, contudo, de fideicomisso sujeito à morte do fiduciário, os bens não chegam a se transmitir a seus herdeiros, que têm tão somente o dever de entregá-los ao fideicomissário, a quem a propriedade se transfere pelo fato mesmo do óbito do fiduciário.

9.10. Falecimento do fideicomissário

Se o fideicomissário falecer antes do evento que deflagra a abertura da substituição, caduca o fideicomisso, consolidando-se a propriedade no fiduciário (art. 1.958).

---

22 Carlos Roberto Barbosa Moreira, nota de atualização a Caio Mário da Silva Pereira, *Instituições de direito civil*, cit., v. VI, p. 284, nota 32.
23 Guilherme Calmon Nogueira da Gama, Substituições e fideicomisso, in Giselda Hironaka e Rodrigo da Cunha Pereira (Coord.), *Direito das sucessões e o novo Código Civil*, Belo Horizonte: Del Rey, 2004, p. 351-352.

9.11. Caducidade do fideicomisso

Denomina-se caducidade a ineficácia do fideicomisso por causa posterior à elaboração do testamento. Já se viu que o fideicomisso caduca se o fideicomissário vier a falecer antes do momento da substituição, o mesmo ocorrendo se lhe faltar legitimação para suceder a tal tempo ou se renunciar ao recebimento dos bens fideicomitidos. Em todas essas hipóteses, a propriedade se consolida no fiduciário, perdendo seu caráter resolúvel. Outras causas de caducidade do fideicomisso apontadas pela doutrina são (a) o perecimento dos bens fideicomitidos, sem culpa do fiduciário e sem sub-rogação no valor do seguro; e (b) a renúncia pelo fiduciário. No primeiro caso, extingue-se o fideicomisso pela extinção da propriedade em si. No segundo caso, o efeito algo enigmático previsto pela codificação de 2002 é se deferir "ao fideicomissário o poder de aceitar" (art. 1.954). A consequência afigura-se insólita, já que, para haver fideicomisso, é necessário, como se viu, que o fideicomissário não tenha sido ainda concebido ao tempo da abertura da sucessão. Não tendo nascido ao tempo da abertura, parece improvável que possa vir a manifestar aceitação quando da renúncia pelo fiduciário – ainda que, na prática, decorra entre um e outro momento algum lapso de tempo. Daí o entendimento da maior parte da doutrina no sentido de que, renunciando o fiduciário, o fideicomisso se extingue, deixando como remanescente a disposição testamentária em favor de prole eventual, situação que atrai a incidência do art. 1.800 do novo Código Civil, com seu prazo de dois anos para a concepção[24].

9.12. *Fideicomisso* inter vivos?

Discute-se se é possível instituir fideicomisso por ato *inter vivos*. Como instituto típico do direito sucessório, a maior parte da doutrina nega a possibilidade de sua constituição por ato entre vivos. Alguns autores destacam, no entanto, que, vigorando nos contratos o princípio da liberdade de contratar, nada impede que, no contrato de doação, as partes estipulem que o donatário fique obrigado a conservar os bens adquiridos para transmiti-los, posteriormente, a pessoa já designada pelo doador. "Sem ter o nome, esse mecanismo é idêntico ao da substituição fideicomissária"[25].

---

24 Caio Mário da Silva Pereira, *Instituições de direito civil*, cit., v. VI, p. 288; Mário Roberto Carvalho de Faria, nota de atualização a Orlando Gomes, *Sucessões*, cit., p. 233.
25 Orlando Gomes, *Sucessões*, cit., p. 226.

10. Direito de acrescer

Nas hipóteses de disposição testamentária que beneficie conjuntamente diversos herdeiros ou legatários, é de se perguntar que destinação deve ser dada ao quinhão daquele que não puder ou não quiser aceitar a herança ou legado. Tal quinhão deve ser destinado aos herdeiros legítimos ou deve ser dividido entre os coerdeiros testamentários ou colegatários? O direito romano inclinava-se pela segunda solução, consagrando o chamado *ius accrescendi*, que se justificava inteiramente diante da impossibilidade de combinação das duas espécies de sucessão: legítima e testamentária. Ora, sendo impossível combiná-las, a solução era manter o quinhão na esfera dos coerdeiros testamentários ou colegatários, sem chamar os herdeiros legítimos à sucessão do quinhão vago.

Conservando o direito de acrescer, o direito contemporâneo lhe impôs, de modo geral, requisitos mais severos, permitindo, na ausência de tais requisitos, a chamada dos herdeiros legítimos, em consonância com a atual compatibilidade entre a sucessão legítima e a testamentária. Assim, o Código Civil brasileiro prevê o direito de acrescer entre herdeiros testamentários quando (a) a disposição testamentária se destinar a diversos herdeiros conjuntamente e (b) não houver quinhões determinados para cada um (art. 1.941). Entre legatários, a codificação institui o direito de acrescer quando (a) nomeados conjuntamente a respeito de uma só coisa, certa e determinada, ou (b) quando o objeto do legado não puder ser dividido "sem risco de desvalorização" (art. 1.942).

Não há razão para antipatia ao direito de acrescer, que não destoa da regra aplicável em matéria de sucessão legítima, na qual o quinhão do renunciante acresce ao dos coerdeiros da mesma classe (art. 1.810). Ademais, sendo limitado às disposições feitas em benefício conjunto, é bastante simples ao testador evitar sua verificação, se o desejar. Basta que individualize as disposições testamentárias ou se valha da substituição vulgar para designar substituto ao herdeiro testamentário ou colegatário que não possa ou não queira aceitar a liberalidade. De resto, é livre o testador para instituir direito de acrescer fora das hipóteses contempladas na legislação, valendo-se para tanto da substituição recíproca ou vulgar. O direito de acrescer consiste tão somente em uma substituição presumida pela lei nas hipóteses de disposição testamentária conjunta.

Inexistindo direito de acrescer entre coerdeiros testamentários, o Código Civil ordena a transmissão da quota vaga aos herdeiros legítimos (art. 1.944). Em se tratando de legado, na ausência de direito de acrescer entre colegatários, a quota vaga acresce à porção do herdeiro ou legatário "incumbido de satisfazer esse legado" ou, se o legado se deduziu da herança, "a todos os herdeiros, na proporção de seus quinhões" (art. 1.944, parágrafo único).

Nossa codificação proíbe, em regra, o repúdio ao acréscimo. O herdeiro ou legatário não pode repudiar o acréscimo senão renunciando à herança ou legado acrescidos. A lei abre exceção se o acréscimo implicar "encargos especiais impostos pelo testador", caso em que o repúdio implica transmissão do acréscimo à pessoa em favor de quem os encargos foram instituídos (art. 1.945).

11. Testamenteiro

Testamenteiro é a pessoa que o testador tem a faculdade de designar para dar cumprimento ao testamento. Não indicado testamenteiro, a lei atribui a execução testamentária "a um dos cônjuges, e, em falta destes, ao herdeiro nomeado pelo juiz" (art. 1.984). A expressão "um dos cônjuges" veio substituir a anacrônica referência da codificação de 1916 ao "cabeça do casal". Melhor teria sido, porém, empregar a expressão "cônjuge sobrevivente". O testamenteiro é indicado no próprio testamento ou por meio de codicilo (art. 1.883). Pode o encargo ser atribuído a uma pessoa ou a várias, conjuntamente ou com distribuição de tarefas, conforme instruções deixadas pelo testador. No direito brasileiro, não se admite a indicação de pessoa jurídica para ser testamenteiro, ao contrário do que ocorre, por exemplo, no direito italiano.

11.1. *Aceitação do testamenteiro*

Diferentemente da tutela e da curatela, que são encargos públicos, a testamentaria é *munus privatum*, "função que ninguém é obrigado a exercer, senão por anuência livre"[26]. Assim, a lei determina que o juiz intime o testamenteiro para afirmar se aceita o encargo e assinar o termo de testamentaria. Se o testamenteiro estiver ausente ou não aceitar o encargo, "o juiz nomeará testamenteiro dativo, observando-se a preferência legal" (CPC, art. 735, § 4º). A jurisprudência tem considerado nulo o processo de inventário se faltar a citação do testamenteiro.

11.2. *Função indelegável*

O testamenteiro pode constituir mandatário, com poderes especiais, para que o represente (art. 1.985). Não se admite, todavia, que delegue integralmente o exercício da testamentaria. Tampouco se transmite o encargo aos seus herdeiros.

---

26 Caio Mário da Silva Pereira, *Instituições de Direito Civil*, v. VI, cit., p. 297.

11.3. Testamenteiro universal × particular

Denomina-se *testamenteiro universal* aquele a quem o testador defere a posse e a administração dos bens da herança (art. 1.977, CC). Nesse caso, o testamenteiro extrai da herança os recursos necessários a dar cumprimento ao testamento. Não tendo, entretanto, a posse e a administração da herança – hipótese na qual será denominado *testamenteiro particular* –, cumpre aos herdeiros provê-lo com os meios materiais necessários ao atendimento da vontade do testador.

11.4. Atribuições do testamenteiro

Ao testamenteiro incumbe dar execução ao testamento. A lei lhe encarrega também de "defender a validade do testamento" (art. 1.981). Em sua função de defender e cumprir o testamento, o ordenamento lhe assegura determinados poderes, como requerer ao detentor do testamento "que o leve a registro" (art. 1.979). Suas atribuições, por outro lado, abrangem o requerimento de abertura do inventário quando estiver na posse dos bens da herança (art. 1.978), a prestação de contas da testamentaria (art. 1.980) e outras tarefas atinentes ao cumprimento do testamento.

Na falta de prazo fixado pelo próprio testador, o Código Civil institui prazo de 180 dias, contados da aceitação do testamenteiro, para que seja cumprido o testamento, permitindo a prorrogação "se houver motivo suficiente" (art. 1.983, parágrafo único). O testamenteiro responde pelos prejuízos que causar, culposa ou dolosamente, no exercício da função. Ao testamenteiro é vedado adquirir os bens da herança, ainda que em hasta pública (art. 497, I).

11.5. Prêmio ou vintena

Quando o testamenteiro for herdeiro testamentário ou legatário, sua função se presume gratuita, pela circunstância de já ter sido contemplado pela liberalidade do testador. Quando não o for, a lei lhe reserva uma remuneração, a que denomina *prêmio*, embora se trate de gratificação pelo serviço prestado, e não de liberalidade. Registre-se que, sendo o testamenteiro herdeiro legítimo, fará jus ao prêmio, já que recebe seu quinhão *ope legis*, e não por liberalidade do testador. O prêmio, se não tiver sido fixado pelo testador, será "de um a cinco por cento, arbitrado pelo juiz, sobre a herança líquida, conforme a importância dela e maior ou menor dificuldade na execução do testamento" (art. 1.987). Alguns autores chamam o prêmio de *vintena*, em referência ao percentual máximo de 5%, que corresponde a um vigésimo da herança líquida. O prêmio, como fruto de disposição testamentária, é deduzido da parte disponível da herança, não onerando a legítima (art. 1.987, parágrafo único).

11.6. Renúncia do testamenteiro

Em razão do caráter privado do *munus*, deve-se admitir que o testamenteiro renuncie ao encargo, desde que tenha justa causa para tanto, a ser apreciada em juízo. Essa era a orientação consagrada no art. 1.141 do Código de Processo Civil de 1973. A norma não foi reproduzida no Código de Processo Civil atual. Em que pese a omissão, o entendimento deve ser mantido.

11.7. Cessação da testamentaria

A testamentaria se extingue: (a) pela renúncia, como já visto; (b) pela cabal execução do testamento; (c) pela morte do testamenteiro; (d) pela anulação do testamento; (e) pela superveniência de motivo que incapacite o testamenteiro para a execução do testamento.

12. Revogação do testamento

A revogação do testamento é o ato pelo qual se manifesta a vontade do testador, tornando-o ineficaz. Trata-se de novo ato de vontade (*voluntas novissima*), apto a cancelar os efeitos do ato anterior. É ato unilateral, solene e não receptício. Consiste em faculdade irrenunciável do testador, não tendo nenhuma validade a chamada *cláusula derrogatória*, por meio da qual o testador se obriga a não revogar aquele testamento. Quanto à amplitude, a revogação pode ser (a) total ou (b) parcial, conforme atinja o testamento na sua integridade ou apenas algumas disposições testamentárias. Quanto ao modo como se exprime, a revogação pode ser (a) expressa ou (b) tácita.

12.1. Revogação expressa

Diz-se expressa a revogação quando decorre de manifestação explícita do testador, veiculada necessariamente por outro testamento (art. 1.969). Não se exige o emprego da mesma forma testamentária, podendo um testamento público ser revogado por um particular ou cerrado, e vice-versa. O testamento revogador que não respeite as solenidades exigidas para o ato será nulo e, como tal, não produzirá efeito algum. Tampouco produz efeito revogatório o testamento emitido por agente já então privado de capacidade testamentária. Se a hipótese, contudo, não for de nulidade, mas de caducidade, que, como se verá, consiste na ineficácia do testamento por razão superveniente à sua feitura, aí então o efeito revogatório se produz, como consequência imediata do ato, mesmo que o testamento revogador venha a caducar. É de se indagar: a revogação do testamento revogador restaura o testamento original revogado por aquele? A resposta é negativa, a não ser que haja explícita manifestação do testador neste sentido. Não há efeito repristinatório.

12.2. Revogação tácita

A revogação tácita do testamento ocorre em duas situações apenas: (a) elaboração de novo testamento incompatível com o anterior (art. 1.970, parágrafo único); (b) inutilização do testamento. A esta hipótese a doutrina denomina *revogação material* ou *real*. Consiste basicamente em riscar, rasgar, queimar ou, por qualquer outro modo, destruir o testamento, o que faz presumir a intenção do testador em revogá-lo. Em se tratando de testamento cerrado, nem é preciso tanto: a simples abertura ou dilaceração do invólucro já produz o efeito revogatório (art. 1.972). Por outro lado, a revogação material não tem lugar no testamento público, cuja eficácia assenta no registro, e não na integridade do documento testamental. Por fim, a presunção da intenção revogatória do testador na destruição do testamento não é absoluta. Demonstrando-se que o testamento foi destruído por outra pessoa ou o foi acidentalmente, sua eficácia pode ser conservada, devendo ser tudo rigorosamente apurado em juízo.

12.3. Rompimento do testamento

O Código Civil contempla em capítulo próprio o chamado *rompimento do testamento*, espécie peculiar de extinção que tem lugar em duas hipóteses: (a) em caso de superveniência de descendente sucessível do testador, que não existia ou do qual não tinha conhecimento ao tempo da feitura do testamento (art. 1.973), como no exemplo do testador que vem a ter um filho após a realização do testamento ou vem a reconhecer, espontaneamente ou por decisão judicial, a paternidade de criança que já existia; (b) na hipótese de testamento feito na ignorância de existirem outros herdeiros necessários. É o que ocorre com o reaparecimento de um filho ou de um ascendente ou mesmo de cônjuge que o testador acreditava já falecido, ou ainda na controvertida hipótese de nascimento de filho concebido *post mortem*, por meio artificial.

O rompimento do testamento ocorre, portanto, diante de situações especialíssimas em que se presume que o testador não teria disposto de seus bens do modo que dispôs se tivesse conhecimento de certos fatos ignorados ao tempo da realização do testamento. Também aqui a presunção não é absoluta, podendo ser afastada nos casos em que a vontade do testador assim o recomende, como quando tenha expressamente contemplado os filhos concebidos após a sua morte ou ainda quando tenha manifestado sua intenção de excluir da metade disponível qualquer herdeiro necessário (art. 1.975).

12.4. Caducidade do testamento

Caduca o testamento quando, embora válido, deixa de produzir efeitos por obstáculo que surge posteriormente à realização do testamento. É o que acontece em caso de renúncia, exclusão ou morte do herdeiro testamentário ou legatário. Caduca, ainda, o testamento se não se realiza a condição imposta pelo testador para a transmissão da herança ou legado. Já o testamento especial caduca se o testador não morre na viagem ou em campanha e não emite novo testamento nos prazos fixados na lei.

12.5. Invalidade do testamento

Invalida-se o testamento pelas seguintes causas: (a) inobservância da forma, já que o ato é solene; (b) incapacidade testamentária ativa do testador; (c) vício de vontade na realização do testamento. Disposições testamentárias específicas podem ser invalidadas por violação a normas cogentes, como aquela que institui como herdeiro ou legatário pessoa incerta, cuja identidade não se possa averiguar (art. 1.900, II), ou aquela que nomeia herdeiro ou legatário sob a condição captatória de que este disponha também por testamento em benefício do testador ou de terceiro (art. 1.900, I).

12.6. Prazo para invalidação

O Código Civil fixa prazo de cinco anos para se "impugnar a validade do testamento, contado o prazo da data do seu registro" (art. 1.859). A hipótese abrange tanto os casos de nulidade (*e.g.*, desrespeito à forma) quanto de anulabilidade do testamento (*e.g.*, erro ou coação). Cria-se para o testamento um regime peculiar, já que, para os negócios jurídicos em geral, a nulidade pode ser reclamada a qualquer tempo e a anulabilidade atende a prazos mais curtos, de dois a quatro anos (arts. 178 e 179). Como se vê, o regime do testamento é mais rigoroso que o regime geral na hipótese de nulidade, e menos rigoroso, na hipótese de anulabilidade. Se já aí se nota alguma inconsistência, a situação agrava-se diante do disposto no art. 1.909, parágrafo único, do Código Civil, que, ao tratar da anulação de disposição testamentária, repete o prazo de quatro anos da Parte Geral: "são anuláveis as disposições testamentárias inquinadas de erro, dolo ou coação", extinguindo-se "em quatro anos o direito de anular a disposição, contados de quando o interessado tiver conhecimento do vício".

Tomadas as normas mencionadas em seu sentido literal, tem-se o seguinte cenário: se o interessado pretende anular todo o testamento em virtude de vício da vontade, o prazo para fazê-lo será de cinco anos. Se pretende anular apenas uma ou algumas disposições testamentárias, o prazo será de quatro anos. A disparidade afigura-se de difícil explicação, já que o testamento não é nada mais que um conjunto de disposições testamentárias. Daí ter sido proposto no Projeto de Lei n. 6.960/2002 dispositivo com a seguinte redação: "extingue-se em cinco anos o direito de requerer a declaração de nulidade do testamento ou de disposição testamentária, e em quatro anos o de pleitear a anulação do testamento ou de disposição testamentária, contado o prazo da data do registro do testamento". O aludido projeto encontra-se, porém, arquivado, de modo que a sistematização na matéria permanece à espera da iniciativa do Poder Legislativo.

Capítulo 41

Inventário e Partilha

Sumário: 1. Inventário. **1.1.** Inventário extrajudicial. **1.2.** Inventário judicial. **1.3.** Inventário negativo. **1.4.** Inventariante. **1.4.1.** Administração provisória da herança. **1.4.2.** Nomeação do inventariante. **1.4.3.** Atribuições do inventariante. **1.4.4.** Remoção do inventariante. **1.5.** Processamento do inventário. **2.** Partilha. **2.1.** Espécies de partilha. **2.1.1.** Partilha amigável. **2.1.2.** Partilha judicial. **2.2.** Partilha em vida. **2.3.** Anulação da partilha. **2.4.** Garantia dos quinhões hereditários. **3.** Sonegados. **4.** Petição de herança.

1. Inventário

Inventário é o procedimento de liquidação do acervo hereditário. O Código Civil, na esteira da codificação anterior, o queria necessariamente judicial, como se vê nos termos do art. 1.796, em que se lê: "no prazo de trinta dias, a contar da abertura da sucessão, instaurar-se-á inventário do patrimônio hereditário, perante o juízo competente no lugar da sucessão, para fins de liquidação e, quando for o caso, de partilha da herança". Em boa hora, contudo, a Lei n. 11.441/2007 passou a admitir o inventário extrajudicial por mera escritura pública. O inventário extrajudicial atende à moderna tendência de dispensar o controle judicial para a solução de questões envolvendo direitos disponíveis de pessoas maiores e capazes.

1.1. Inventário extrajudicial

Para que se possa proceder ao inventário extrajudicialmente, exige-se a presença cumulativamente dos seguintes requisitos: (a) inexistência de testamento; (b) inexistência de herdeiro incapaz; (c) consenso entre todos os herdeiros quanto à divisão dos bens; e (d) estejam todas as partes assistidas por advogados

(CPC, art. 610). Enquanto os três últimos requisitos afiguram-se compreensíveis diante da necessidade de proteção dos herdeiros e da própria natureza do inventário extrajudicial, a primeira exigência, relativa à ausência de testamento, não tem razão de ser. Pelo contrário, cria no Brasil um cenário insólito em que o testador que realiza testamento, pretendendo justamente evitar conflitos futuros entre seus herdeiros, acaba por lhes impor a via judicial, mesmo que não haja nenhum herdeiro incapaz e todos estejam de acordo quanto à divisão dos bens. Trata-se de verdadeiro contrassenso. Sem prejuízo da crítica necessária à previsão legal, vale registrar que corregedorias de Tribunais de Justiça de diversos Estados da Federação, como Rio de Janeiro, Paraná e Paraíba, editaram provimentos admitindo o processamento extrajudicial de inventários após a ação judicial de cumprimento de testamento. A possibilidade foi também endossada por ampla parcela da doutrina[1] e por decisões do Superior Tribunal de Justiça[2].

Em 2024, o Conselho Nacional de Justiça editou a Resolução n. 571, alterando a Resolução CNJ n. 35/2007, que trata da lavratura dos atos notariais relacionados a inventário e partilha, para admitir o inventário e a partilha consensuais promovidos extrajudicialmente por escritura pública, ainda que o autor da herança tenha deixado testamento, desde que obedecidos certos requisitos, como a expressa autorização do juízo sucessório competente em ação de abertura e cumprimento de testamento válido e eficaz, em sentença transitada em julgado (art. 12-B). A Resolução CNJ n. 571/2024 avançou, ainda, para admitir o inventário realizado por escritura pública mesmo que inclua interessado menor ou incapaz, desde que o pagamento de seu quinhão hereditário ou de sua meação ocorra em parte ideal em cada um dos bens inventariados e haja manifestação favorável do Ministério Público, sendo vedada a prática de atos de disposição relativos aos bens ou direitos do interessado menor ou incapaz (art. 12-A).

1.2. *Inventário judicial*

Ausente qualquer dos pressupostos mencionados, o inventário se dará mediante processo judicial, a ser iniciado "dentro de 2 (dois) meses, a contar

---

1 Enunciado n. 600 da VII Jornada de Direito Civil: "Após registrado judicialmente o testamento e sendo todos os interessados capazes e concordes com os seus termos, não havendo conflito de interesses, é possível que se faça o inventário extrajudicial". Na mesma direção, o Enunciado n. 51 da I Jornada de Direito Processual Civil e o Enunciado n. 77 da I Jornada sobre Prevenção e Solução Extrajudicial de Litígios.
2 STJ, 4ª Turma, REsp 1.808.767/RJ, rel. Min. Luis Felipe Salomão, j. 15-10-2019; STJ, 3ª Turma, REsp 1.951.456/RS, rel. Min. Nancy Andrighi, j. 23-8-2022.

da abertura da sucessão", nos termos do art. 611 do novo Código de Processo Civil. A abertura do inventário pode ser requerida por qualquer pessoa que tenha legítimo interesse, aí incluídos, além dos herdeiros e legatários, o testamenteiro, a Fazenda Pública, o credor do herdeiro, do legatário ou do autor da herança, entre outros (CPC, art. 616).

1.3. Inventário negativo

Denomina-se inventário negativo o processo judicial instaurado para estabelecer que o finado não deixou bens. Seu propósito não é a partilha, mas a mera declaração de que o patrimônio era equivalente a zero ou negativo. Embora, intuitivamente, pareça lógico concluir que a ausência de acervo implicaria a ausência de inventário, "no âmbito jurídico, muitas vezes, a necessidade de estabilidade e segurança jurídica faz com que o reconhecimento oficial de uma situação de inexistência seja exigido"[3].

1.4. Inventariante

Aberto o inventário, o juiz tratará de nomear o inventariante, que é o administrador da herança. Nos termos do art. 75, VII, do novo Código de Processo Civil, o inventariante representa ativa e passivamente o espólio, hipótese, aliás, de representação anômala pela ausência de representado, já que o espólio é desprovido, em nosso sistema, de personalidade jurídica. O inventariante prestará compromisso de bem e fielmente desempenhar sua função.

1.4.1. Administração provisória da herança

Antes do compromisso do inventariante, a herança permanece sob administração provisória que o Código Civil defere, sucessivamente, às seguintes pessoas: (a) ao cônjuge ou companheiro, se com o outro convivia ao tempo da abertura da sucessão; (b) ao herdeiro que estiver na posse e administração dos bens, e, se houver mais de um nessas condições, ao mais velho; (c) ao testamenteiro; (d) a pessoa de confiança do juiz, na falta ou escusa das indicadas anteriormente, ou quando tiverem de ser afastadas por motivo grave levado ao conhecimento do juiz (art. 1.797). A administração provisória encerra-se com a assinatura do compromisso pelo inventariante.

---

3   Pablo Stolze Gagliano e Rodolfo Pamplona Filho, *Manual de direito civil*, São Paulo: Saraiva, 2017, p. 1658.

1.4.2. Nomeação do inventariante

Também para a designação do inventariante a lei estabelece uma ordem de preferência, no art. 617 do novo Código de Processo Civil: (a) o cônjuge ou companheiro sobrevivente, desde que estivesse convivendo com o outro ao tempo da morte deste; (b) o herdeiro que se achar na posse e na administração do espólio, se não houver cônjuge ou companheiro sobrevivente ou se estes não puderem ser nomeados; (c) qualquer herdeiro, quando nenhum deles estiver na posse e na administração do espólio; (d) o herdeiro menor, por seu representante legal; (e) o testamenteiro, se lhe tiver sido confiada a administração do espólio ou se toda a herança estiver distribuída em legados; (f) o cessionário do herdeiro ou do legatário; (g) o inventariante judicial, se houver; (h) pessoa estranha idônea, quando não houver inventariante judicial. O rol assemelha-se àquele trazido pelo Código Civil para a administração provisória. Embora, em teoria, os institutos não se confundam, é frequente na prática que o administrador provisório seja nomeado inventariante.

1.4.3. Atribuições do inventariante

O inventariante tem o dever de administrar a herança, com todos os poderes inerentes à administração ordinária, como receber créditos, pagar débitos e celebrar contratos. Para alienar bens, precisa de autorização judicial. Suas atribuições incluem: (a) relacionar e individuar os herdeiros e legatários; (b) convocá-los; (c) apresentar, arrolar e descrever os bens da herança; (d) promover a sua avaliação; (e) recolher os tributos incidentes sobre os bens da herança e os devidos pela sua transmissão aos herdeiros; (f) submeter ao juiz o plano de partilhar; (e) prestar contas da inventariança. A inventariança é encargo que se exerce de modo gratuito, sem assegurar a lei qualquer remuneração ao inventariante, salvo no caso de inventariante judicial ou dativo, de acordo com a tabela de custas aprovada pelo respectivo tribunal (CPC, art. 617).

1.4.4. Remoção do inventariante

Faltando com seus deveres, o inventariante será removido. A remoção ocorrerá nas seguintes hipóteses: (a) se o inventariante não prestar, no prazo legal, as primeiras ou as últimas declarações; (b) se não der ao inventário andamento regular, se suscitar dúvidas infundadas ou se praticar atos meramente protelatórios; (c) se, por culpa sua, bens do espólio se deteriorarem, forem dilapidados ou sofrerem dano; (d) se não defender o espólio nas ações em que for citado, se deixar de cobrar dívidas ativas ou se não promover as medidas necessárias para evitar o perecimento de direitos; (e) se não prestar contas ou se as que prestar não forem julgadas boas; (f) se sonegar, ocultar ou desviar bens do espólio (art. 622, CPC). A remoção não exime o inventariante de responsabilidade perante os herdeiros e legatários lesados pela sua conduta dolosa ou culposa.

1.5. Processamento do inventário

O processamento do inventário se realiza em etapas sucessivas, que abrangem: (a) a elaboração de relação de herdeiros e legatários; (b) o expurgo de bens e direitos alheios; (c) o pagamento de dívidas; (d) a avaliação dos bens; (e) o recolhimento do imposto de transmissão *causa mortis* perante o fisco; e (f) homologação dos cálculos, que antecede a realização da partilha. Quanto ao pagamento das dívidas, merece destaque o fato de que os credores do falecido não podem atacar o patrimônio dos herdeiros, devendo se limitar às forças da herança. Podem acionar os herdeiros, mas respondem estes *pro rata*, "na proporção da parte que lhe coube" (CC, art. 1.997). Trata-se de uma consequência da *separatio bonorum*, separação que o direito romano já reconhecia entre o patrimônio do falecido e o patrimônio dos herdeiros. Registre-se que, surgindo no curso do inventário qualquer "questão de alta indagação", o juiz a remete às vias ordinárias, considerando a natureza e o propósito específico do inventário.

2. Partilha

A abertura da sucessão, como já visto à exaustão, transmite aos herdeiros legítimos e testamentários a propriedade da herança, como *universitas*. Vale dizer: recebem os herdeiros um conjunto indiviso de bens, regido pelas regras do condomínio. O estado de indivisão é temporário, assegurando a lei a qualquer herdeiro o direito de requerer a partilha, que consiste justamente na divisão dos bens da herança entre os herdeiros. Trata-se do ponto culminante na liquidação da herança, quando o acervo deixa de ser *res communis* dos herdeiros, individuando-se os bens de cada um.

Afirma-se que a partilha tem efeito declaratório, e não constitutivo, pois a propriedade da herança se transmite com a abertura da sucessão. Mais clara, contudo, a posição daqueles que veem na partilha um ato modificativo do patrimônio dos herdeiros, que sofre redução quantitativa ao lado de ampliação qualitativa, já que sua titularidade deixa de abranger todos os bens da herança, concentrando-se sobre alguns deles, sobre os quais deixam de incidir, por outro lado, as restrições inerentes ao condomínio[4]. Antes da partilha, o acervo here-

---

4   José de Oliveira Ascensão, *Direito civil – sucessões*, 5. ed., Coimbra: Coimbra Editora, 2000, p. 546.

ditário deve ser privado de todo passivo. Pagam-se os débitos e os legados, recolhendo-se o imposto de transmissão *causa mortis*. Feito isso, tem-se a *herança líquida*, também chamada monte partível, justamente porque será objeto da partilha. Cabe lembrar por fim, que a partilha não é indispensável à sucessão. Havendo herdeiro único, não há partilha.

2.1. Espécies de partilha

Há duas espécies de partilha: (a) amigável e (b) judicial.

2.1.1. Partilha amigável

Partilha amigável é aquela que deriva do consenso entre todos os herdeiros. Pode efetuar-se por escritura pública, instrumento particular ou termo nos autos, que será homologado pelo juiz, nos termos dos arts. 2.015 do Código Civil e 659 do novo Código de Processo Civil. A Lei n. 11.441/2007 criou forma especial de partilha amigável, que dispensa a homologação em juízo. Celebrada por escritura pública, vale, desde logo, como título hábil para o registro imobiliário. Só pode ocorrer, contudo, se, além do consenso entre os herdeiros, inexistir testamento ou herdeiro incapaz (CPC, art. 610)[5].

2.1.2. Partilha judicial

Partilha judicial é a deliberada pelo juiz. A divisão da herança não decorre do consenso entre os interessados, mas de decisão judicial, que não é meramente homologatória. É necessariamente judicial a partilha se os herdeiros divergirem ou se algum deles for incapaz (art. 2.016).

2.2. Partilha em vida

Instituto que encontra raízes no direito egípcio, a partilha em vida foi incorporada pelos romanos e sobreviveu até os nossos dias, sendo expressamente admitida pela legislação, desde que realizada por ascendente e que não importe prejuízo à legítima, reservada aos herdeiros necessários. O Código Civil declara expressamente no art. 2.018 que "é válida a partilha feita por ascendente, por ato entre vivos ou de última vontade, contanto que não prejudique a

---

5   Sobre o tema, seja consentido remeter o leitor às considerações tecidas no tópico dedicado ao inventário extrajudicial neste mesmo capítulo, *supra*.

legítima dos herdeiros necessários". A utilidade da partilha em vida consiste em reduzir as chances de litígio entre os descendentes, confiando em que respeitarão a vontade do ascendente no tocante à repartição de seus bens. Discute-se a natureza jurídica da partilha em vida: alguns sustentam que se trata de doação; outros, de sucessão antecipada.

2.3. Anulação da partilha

A partilha amigável, realizada por meio de consenso entre os interessados, pode vir a ser anulada pelos vícios que maculam os negócios jurídicos em geral. Atento à necessidade de encerrar o já longo caminho iniciado com a abertura da sucessão, fechando as portas ao prolongamento dos conflitos entre herdeiros, o legislador fixa prazo decadencial estreitíssimo, de apenas um ano, para a anulação da partilha (art. 2.027). Também a sentença que deliberou sobre a partilha pode ser atacada, por meio de ação rescisória (CPC, art. 658). O prazo da rescisória é de dois anos contados do trânsito em julgado da sentença que julgou a partilha (CPC, art. 975).

2.4. Garantia dos quinhões hereditários

Conforme a lição inspirada de Caio Mário da Silva Pereira, pode ocorrer que, "embora aparentemente escorreita e igualitária, a partilha traga em si o germe da disparidade"[6]. É o que acontece quando, entre os bens do monte partível restou, por qualquer razão, coisa alheia, atribuída com a partilha ao patrimônio individual de certo herdeiro, que vem a perder a coisa por força da evicção. Para proteger o herdeiro evicto, a lei estabelece uma espécie de garantia recíproca entre os partilhantes, obrigados a indenizar o prejudicado pela evicção dos bens aquinhoados (art. 2.024). A garantia não se aplica em caso de evicção do legado, beneficiando apenas os herdeiros. Mesmo entre estes, pode ser afastada por convenção, não operando, ademais, se a evicção se der por culpa do evicto ou por fato posterior à partilha (art. 2.025).

3. Sonegados

A ação de sonegados é a via judicial destinada a obrigar o inventariante ou herdeiro a apresentar os bens que dolosamente ocultar. O Código Civil im-

---

6 Caio Mário da Silva Pereira, *Instituições de direito civil*, cit., v. VI, p. 405.

põe ao sonegador a pena de perda de qualquer direito que lhe caiba sobre os bens sonegados (art. 1.992). Em se tratando de inventariante, a sonegação dá ensejo, além disso, à remoção da inventariança (art. 1.993). Tais penas são aplicadas na ação de sonegados, e não no processo de inventário (art. 1.994). Em qualquer caso, o sonegador responde também pelos prejuízos causados pela sua ocultação maliciosa.

Discute-se, em doutrina, qual o prazo prescricional aplicável à ação de sonegados. À falta de menção expressa na codificação, a maior parte dos autores se inclina pela aplicação do prazo geral de dez anos (art. 205), contados da declaração pelo inventariante de que não há outros bens a inventariar ou, no caso de herdeiro, com base na sua interpelação para se manifestar acerca da sonegação. Há, contudo, quem sustente ser imprescritível a ação de sonegados. Os bens sonegados, bem como quaisquer outros bens da herança de que se tiver notícia após a partilha, ficam sujeitos a sobrepartilha (art. 2.022).

4. Petição de herança

O herdeiro será chamado a participar do processo de inventário, cabendo ao inventariante diligenciar pela sua citação. Se, todavia, por qualquer razão, deixar de ser convocado, tem o direito de demandar o reconhecimento de seu direito sucessório, instantaneamente adquirido com a abertura da sucessão. O meio para tanto é a petição de herança, regulada nos arts. 1.824 e seguintes do Código Civil. Se proposta contra coerdeiro, limita-se ao direito sobre sua quota-parte. Se proposta contra quem não detém esta qualidade, pode a *petitio hereditatis* abranger a totalidade da herança. A propósito, embora autorizada doutrina sustentasse, na vigência da codificação anterior, que a ação adequada contra o não herdeiro fosse a reivindicatória, o Código Civil atual expressamente inseriu no objeto da petição de herança a pretensão de restituição da herança ou parte dela "contra quem, na qualidade de herdeiro, ou mesmo sem título, a possua" (art. 1.824).

Discute-se qual o prazo prescricional para a petição de herança. Sustentam alguns autores que seria imprescritível por se tratar de ação de estado. Tem prevalecido, no entanto, o entendimento de que se trata de pretensão de cunho econômico, assemelhando-se à reivindicatória, de modo que atrai a incidência do prazo geral de dez anos (art. 205).

Quanto ao termo inicial do referido prazo, entende o STJ que "o prazo prescricional para propor ação de petição de herança conta-se da abertura da sucessão, aplicada a corrente objetiva acerca do princípio da *actio nata*", de modo que "a ausência de prévia propositura de ação de investigação de paternidade, imprescritível, e de seu julgamento definitivo não constitui óbice para o ajuizamento de ação de petição de herança e para o início da contagem do prazo prescricional"[7]. Assim, a fluência do prazo prescricional para propor ação de petição de herança "não é impedida, suspensa ou interrompida pelo ajuizamento de ação de reconhecimento de filiação, independentemente do seu trânsito em julgado"[8].

---

7   STJ, 2ª Seção, EAREsp 1.260.418/MG, rel. Min. Antonio Carlos Ferreira, j. 26-10-2022.
8   STJ, 2ª Seção, REsps 2.029.809/MG e 2.034.650/SP, rel. Min. Marco Aurélio Bellizze, j. 22-5-2024.

Índice alfabético-remissivo

Abandono afetivo (cap. 34, 11.3.8.3)

Abuso do direito (cap. 10, 11 a 17)
– aplicação jurisprudencial (cap. 10, 14)
– e ato ilícito (cap. 10, 15)
– e boa-fé objetiva (cap. 10, 12) (ver também Boa-fé objetiva)
– conceito (cap. 10, 11)
– concepção objetiva (cap. 10, 13)
– juízo de merecimento de tutela (cap. 10, 17) (ver Merecimento de tutela)

Acessão (cap. 29, 8.2)
– distinção com benfeitorias (cap. 29, 8.2.1)
– invertida (cap. 29, 8.2.2)

Achado de tesouro (cap. 29, 9.2)

Adimplemento das obrigações (cap. 16)
– modalidades indiretas de pagamento (cap. 16, 6) (ver também Pagamento em consignação, Sub-rogação, Imputação em pagamento e Dação em pagamento)
– modos de extinção da obrigação diversos do adimplemento (cap. 16, 7) (ver também Novação, Compensação, Confusão e Remissão de dívida)
– e pagamento (cap. 16, 1)
– presunção de pagamento (cap. 16, 5)
– quitação (cap. 16, 4)
– requisitos do pagamento (cap. 16, 3)
– tríplice transformação (cap. 16, 2)

Adjunção (cap. 29, 9.4)

Adoção (cap. 34, 11.4)
– à brasileira (cap. 34, 11.4.18)
– concordância do adotando maior de 12 anos (cap. 34, 11.4.5)
– consentimento dos pais ou representantes legais do adotando (cap. 34, 11.4.6)
– disciplina constitucional (cap. 34, 11.4.1)
– disciplina legal (cap. 34, 11.4.2)
– efeitos (cap. 34, 11.4.13)
– equiparação entre filhos (cap. 34, 11.4.14)
– estágio de convivência (cap. 34, 11.4.7)
– extinção do vínculo com a família original (cap. 34, 11.4.15)
– interesse do adotando (cap. 34, 11.4.4)
– internacional (cap. 34, 11.4.19)
– mudança de nome (cap. 34, 11.4.17)
– por ascendentes (cap. 34, 11.4.10)
– por casal homoafetivo (cap. 34, 11.4.11)
– por divorciados (cap. 34, 11.4.12)
– processo judicial (cap. 34, 11.4.8)
– requisitos do adotante (cap. 34, 11.4.9)

Agência (cap. 23, 16)

Alienação fiduciária em garantia (cap. 29, 13.4; cap. 33, 7.4)

– busca e apreensão extrajudicial (cap. 33, 7.4.5)
– de veículos (cap. 33, 7.4.6)
– desdobramento da posse (cap. 33, 7.4.2)
– natureza jurídica (cap. 33, 7.4.1)
– prisão civil do fiduciante (cap. 33, 7.4.6)
– vedação ao pacto comissório (cap. 33, 7.4.3) (ver também Pacto marciano)
– venda extrajudicial (cap. 33, 7.4.4)

Alienação parental (cap. 34, 11.3.8.4)

Alimentos (cap. 37, 1)
– características (cap. 37, 1.4)
– cessação (cap. 37, 1.9)
– duração (cap. 37, 1.5)
– espécies (cap. 37, 1.1)
– indignidade (cap. 37, 1.10)
– irrenunciabilidade (cap. 37, 1.4.2)
– irrepetibilidade (cap. 37, 1.4.1.
– possibilidade e necessidade (cap. 37, 1.2)
– prestação de contas (cap. 37, 1.8)
– prisão civil do devedor de alimentos (cap. 37, 1.11)
– proporcionalidade (cap. 37, 1.3)
– quantificação (cap. 37, 1.6)
– revisão (cap. 37, 1.7)

Animais (cap. 9, 3)

Anticrese (cap. 33, 7.3)

Arras (cap. 18, 7)
– arras penitenciais e CDC (cap. 18, 7.4)
– arras penitenciais x cláusula penal (cap. 18, 7.3)
– confirmatória x penitencial (cap. 18, 7.1)
– pacto acessório e real (cap. 18, 7.2)
– redução equitativa (cap. 18, 7.5)

Associações (cap. 7, 8)
– início e extinção (cap. 7, 8.1)
– jurisprudência (cap. 7, 8.2)

Assunção de dívida (cap. 15, 27 a 29)
– e adjunção ou adesão (cap. 15, 29)
– e cessão de crédito (cap. 15, 24)
– conceito (cap. 15, 27)
– por expromissão x por delegação (cap. 15, 28)

Ato ilícito (cap. 10, 8 a 17)
– e abuso do direito (cap. 10, 11 a 15) (ver também Abuso do direito)
– análise funcional (cap. 10, 8)
– conceito (cap. 10, 9)
– excludentes (cap. 10, 10)
– e juízo de merecimento de tutela (cap. 10, 17) (ver também Merecimento de tutela)
– responsabilidade por ato ilícito (cap. 24, 1) (ver também Responsabilidade)

Atos unilaterais
– conceito (cap. 26, 1)
– gestão de negócios (cap. 26, 3) (ver também Gestão de negócios)
– preferências creditórias (cap. 26, 4) (ver também Preferências creditórias)
– promessa de recompensa (cap. 26, 2) (ver também Promessa de recompensa)

Atualização monetária (cap. 18, 4)

Ausência (cap. 5, 25)
– efeitos existenciais (cap. 5, 27)
– fases (cap. 5, 26)
– retorno do ausente (cap. 5, 28)

Autoalienação parental (cap. 34, 11.3.8.5)

Autoridade parental (cap. 34, 11.3)
– e abandono do menor (cap. 34, 11.3.8.2)
– disciplina normativa (cap. 34, 11.3.1)
– exercício (cap. 34, 11.3.3)
– extinção (cap. 34, 11.3.6)
– perda (cap. 34, 11.3.8)
– suspensão (cap. 34, 11.3.7)
– titularidade (cap. 34, 11.3.2)

Bens (cap. 9)
– acessórios (cap. 9, 16)
– e benfeitorias (cap. 9, 19)
– bens públicos (cap. 9, 21; cap. 28, 25; cap. 29, 6.3)
– classificação (cap. 9, 5 a cap. 5, 16)
– e coisas (cap. 9, 1) (ver também Coisas)
– consumíveis e inconsumíveis (cap. 9, 11)
– de família (cap. 9, 22 a 24)
– definição de imóveis (cap. 9, 6)
– definição de móveis (cap. 9, 7)
– e direito dos animais (cap. 9, 3)
– divisíveis e indivisíveis (cap. 9, 13)
– frutos e produtos (cap. 9, 18)
– fungíveis (cap. 9, 8)
– imóveis (cap. 9, 5)
– infungibilidade dos bens imóveis (cap. 9, 9)
– infungíveis (cap. 9, 8)
– móveis (cap. 9, 5)
– no Código Civil de 2002 (cap. 9, 4)
– e patrimônio (cap. 9, 15)
– pertenças (cap. 9, 20)
– principais (cap. 9, 16)
– e princípio da gravitação jurídica (cap. 9, 17) (ver também Princípio da gravitação jurídica)
– singulares e coletivos (cap. 9, 14)
– tendências atuais (cap. 9, 2)

Biografias não autorizadas (cap. 6, 24)

Boa-fé objetiva
– e abuso do direito (cap. 10, 12)
– e princípios contratuais (cap. 20, 7.1)

Capacidade (cap. 5, 11 a 13)
– de direito (cap. 5, 12)
– de fato (cap. 5, 13)
– incapacidades (cap. 5, 14 a 18) (ver também Incapacidade)
– para o casamento (cap. 35, 5)
– para suceder (cap. 38, 7)
– para testar (cap. 40, 4)

Casamento
– anulabilidade (cap. 35, 11)
– capacidade (cap. 35, 5)
– causas suspensivas (cap. 35, 7)
– conceito (cap. 35, 1)
– dissolução (cap. 35, 16) (ver também Divórcio)
– efeitos (cap. 35, 14)
– e erro essencial (cap. 35, 11.1)
– espécies (cap. 35, 3)
– fim da separação judicial (cap. 35, 16.1)
– formação (cap. 35, 13)
– homoafetivo (cap. 36, 11)
– impedimentos matrimoniais (cap. 35, 6)
– inexistência (cap. 35, 9)
– natureza jurídica (cap. 35, 2)
– nulidade (cap. 35, 10)
– putativo (cap. 35, 12)
– regime de bens (ver Regime de bens)
– *turbatio sanguinis* (cap. 35, 8)
– *versus* união estável (cap. 36, 2)

Caso fortuito e força maior (cap. 18, 3.6; cap. 24, 5.5)
– fortuito interno (cap. 18, 3.7)

Cessão de crédito (cap. 15, 24 a 26)
– e assunção de dívida (cap. 15, 24)
– eficácia (cap. 15, 25)
– *pro soluto* e *pro solvendo* (cap. 15, 26)

Cessão de posição contratual (cap. 15, 30)

Cláusula de impenhorabilidade (cap. 40, 7.2)

Cláusula de inalienabilidade (cap. 40, 7.2)

Cláusula de incomunicabilidade (cap. 40, 7.2)

Cláusula limitativa ou excludente do dever de indenizar (cap. 18, 3.8)

Cláusula penal (cap. 18.6)
– alegação de prejuízo (cap. 18, 6.4)
– arras penitenciais x cláusula penal (cap. 18, 7.3)
– compensatória x moratória (cap. 18, 6.2)
– indenização suplementar (cap. 18, 6.5)
– obrigação acessória (cap. 18, 6.1)
– redução equitativa (cap. 18, 6.6)
– valor (cap. 18, 6.3)

Coação (cap. 12, 4)
– avaliação da ameaça (cap. 12, 4.2)
– supressão da equivalência do dano (cap. 12, 4.3)
– *vis absoluta* x *vis compulsiva* (cap. 12, 4.1)

Codicilo (cap. 40, 6.6)

Coisas (ver Bens)

Comissão (cap. 23, 15)
– características (cap. 23, 15.2)
– cláusula *del credere* (cap. 23, 15.4)
– efeitos (cap. 23, 15.3)
– elementos (cap. 23, 15.1)
– extinção (cap. 23, 15.5)

Comistão (cap. 29, 9.4)

Comodato (cap. 23, 9)
– características (cap. 23, 9.1)
– efeitos (cap. 23, 9.3)
– elementos (cap. 23, 9.2)
– extinção (cap. 23, 9.4)

Comoriência
– conceito (cap. 5, 23)
– e sucessão (cap. 38, 7.1)

Compra e venda (cap. 23, 3)
– a contento ou sujeita a prova (cap. 23, 3.6.2)
– *ad corpus* x *ad mensuram* (cap. 23, 3.5)
– classificação (cap. 23, 3.2)
– com reserva de domínio (cap. 23, 3.6.4)
– efeito obrigacional (cap. 23, 3.3)
– elementos (cap. 23, 3.1)
– internacional de mercadorias (CISG) (cap. 23, 3.7)
– invalidade (cap. 23, 3.4)
– pactos adjetos à compra e venda (cap. 23, 3.6) (ver também Preferência, Preempção e Retrovenda)
– sobre documentos (cap. 23, 3.6.5)

Compromisso (cap. 23, 25)

Concessão de direito real de uso (cap. 32, 9)

Concessão de uso especial para fins de moradia (cap. 32, 8)

Concubinato (cap. 34, 7.4.2)

Condição (cap. 11, 7.1 a 7.8)

– conceito (cap. 11, 7.1)
– condição impossível (cap. 11, 7.7)
– condição perplexa (cap. 11, 7.6)
– puramente potestativa (cap. 11, 7.4)
– simplesmente potestativa (cap. 11, 7.5)
– suspensiva x resolutiva (cap. 11, 7.3)
– e termo (cap. 11, 7.10)

Condomínio (cap. 31)
– administração do condomínio (cap. 31, 5.5)
– conceito (cap. 31, 1)
– de fato (cap. 31, 7)
– de lotes (cap. 31, 6.14)
– deveres dos condôminos (cap. 31, 5.4)
– direito de divisão (cap. 31, 5.2)
– direitos dos condôminos (cap. 31, 5.1)
– edilício (31, 6) (ver também Condomínio edilício)
– especiais (cap. 31, 8) (ver também Multipropriedade imobiliária, *Flat service*, *Shopping center*)
– espécies (cap. 31, 4)
– extinção do condomínio (cap. 31, 5.6)
– forçado (cap. 31, 5.8)
– geral (cap. 31, 5)
– incorporação imobiliária (cap. 31, 16) (ver Incorporação imobiliária)
– loteamento de acesso controlado (cap. 31, 7.1)
– em multipropriedade (cap. 31, 8.1) (ver também Condomínio em multipropriedade)
– natureza jurídica (cap. 31, 3)
– *pro diviso* (cap. 31, 5.7)
– relações internas e externas (cap. 31, 2)
– renúncia à parte ideal (cap. 31, 5.3)
– urbano simples (cap. 31, 6.15)

Condomínio edilício
– administração (cap. 31, 6.9)
– características (cap. 31, 6.4)
– constituição (cap. 31, 6.5)
– convenção de condomínio (cap. 31, 6.6)
– de lotes (cap. 31, 6.14)
– deveres dos condôminos (cap. 31, 6.8)
– direito de voto do locatário (cap. 31, 6.11)
– direitos dos condôminos (cap. 31, 6.7)
– evolução legislativa (cap. 31, 6.3)
– exclusão do condômino (cap. 31, 6.12)
– extinção do condomínio (cap. 31, 6.13)
– natureza jurídica (cap. 31, 6.2)
– e normas constitucionais (cap. 31, 6.6.1)
– regimento interno (cap. 31, 6.6)
– síndico (cap. 31, 6.10)
– urbano simples (cap. 31, 6.15)
– utilidade social (cap. 31, 6.1)

Confusão (cap. 29, 9.4)

Constituição de renda (cap. 23, 21)
– características (cap. 23, 21.2)
– efeitos (cap. 23, 21.3)
– elementos (cap. 23, 21.1)
– extinção (cap. 23, 21.4)

Contratos (cap. 20 a 23)
– e acordo de confidencialidade (cap. 21, 13)
– acessórios (cap. 23, 9.12)
– aleatórios (cap. 23, 9.3)
– atípicos (cap. 23, 9.6)
– bilaterais (cap. 23, 9.1)
– boa-fé objetiva (cap. 20, 7.1) (ver também Princípios contratuais)
– cartas de intenções e memorando de entendimentos (cap. 21, 12)
– cativos de longa duração (cap. 23, 9.8)

– cessão de posição contratual (cap. 15, 30)
– civis (cap. 23, 9.16 e 9.17)
– classificação (cap. 20, 10)
– coligados (cap. 23, 9.13)
– com pessoa a declarar (cap. 21, 17)
– comutativos (cap. 23, 9.3)
– condições contratuais gerais (cap. 23, 9.11)
– consensuais (cap. 23, 9.5)
– consensualismo (cap. 20, 2)
– contrato-fato (cap. 20, 9)
– de adesão (cap. 23, 9.10)
– de consumo (cap. 23, 9.16)
– de execução instantânea, diferida e continuada (cap. 23, 9.7)
– eletrônicos (cap. 23, 9.15)
– em espécie (cap. 23)
– empresariais (cap. 23, 9.17)
– equilíbrio contratual (cap. 20, 7.3) (ver também Princípios contratuais)
– escolha da lei aplicável (cap. 21, 9)
– extinção (cap. 22) (ver também Resilição, Resolução, Exceção do contrato não cumprido, Onerosidade excessiva superveniente, Exceção de insegurida-de, Vícios redibitórios, Evicção e Frustração do fim do contrato)
– formação (cap. 21, 1) (ver Formação do contrato)
– formais (cap. 23, 9.4)
– função social (cap. 20, 7.2) (ver também Princípios contratuais)
– gratuitos (cap. 23, 9.2)
– incompletos (cap. 23, 9.14)
– informais (cap. 23, 9.4)
– interpretação (cap. 21, 19) (ver também Interpretação)
– lugar do contrato (cap. 21, 8)
– momento de formação (cap. 21, 7)
– morte (cap. 20, 4)
– negociações preliminares (cap. 21, 10; cap. 21, 11)
– no direito contemporâneo (cap. 20, 5)
– no liberalismo (cap. 20, 3)
– novos princípios contratuais (cap. 20, 7)
– oferta ao público (cap. 21, 4; cap. 21, 5)
– onerosos (cap. 23, 9.2)
– origens (cap. 20, 1)
– paritários (cap. 23, 9.10)
– preliminares ou pré-contratos (cap. 20, 10.9; cap. 21, 14 e 15)
– principais (cap. 23, 9.12)
– princípios contratuais tradicionais (cap. 20, 6) (ver também Princípios contratuais)
– proposta (cap. 21, 2, 3 e 6)
– qualificação (cap. 23, 2)
– reais (cap. 23, 9.5)
– redes contratuais (cap. 23, 9.13)
– relacionais (cap. 23, 9.8)
– responsabilidade pós-contratual (cap. 22, 12)
– típicos (cap. 23, 9.6)
– tutela externa do crédito (cap. 21, 18)
– unilaterais (cap. 23, 9.1)

Correção monetária (cap. 18, 4)

Corretagem (cap. 23, 18)
– características (cap. 23, 18.2)
– efeitos (cap. 23, 18.3)
– elementos (cap. 23, 18.1)
– extinção (cap. 23, 18.4)
– problema do registro do corretor (cap. 23, 18.5)

Culpa (cap. 24, 3)
– culpa desproporcional (cap. 24, 3.3)
– da psicológica à normativa (cap. 24, 3.1)

– irrelevância dos graus de culpa (cap. 24, 3.2)

Curatela (cap. 37, 2.2)
– cessação (cap. 37, 2.2.7)
– das pessoas com deficiência (cap. 37, 2.2.8)
– distinção da tutela (cap. 37, 2.2.2)
– do menor (cap. 37, 2.2.3)
– exercício (cap. 37, 2.2.6)
– interdição (cap. 37, 2.2.4)
– limites (cap. 37, 2.2.5)

Dano (cap. 24, 4)
– certeza e atualidade (cap. 24, 4.1)
– dano emergente (cap. 18, 3.1)
– espécies de dano (cap. 24, 4.2)
– interesse contratual positivo e negativo (cap. 18, 3.3)
– lucros cessantes (cap. 18, 3.2)
– moral (ver Dano Moral)
– patrimonial (cap. 24, 4.3)
– perda da chance (cap. 24, 4.4)

Dano moral (cap. 24, 4.5 a 4.11)
– à pessoa jurídica (cap. 24, 4.10)
– coletivo (cap. 24, 4.11)
– conceito (cap. 24, 4.5)
– decorrente de inadimplemento (cap. 18, 3.5)
– *in re ipsa* (cap. 24, 4.7)
– e prescrição (cap. 14, 2.19)
– *punitive damages* (cap. 24, 4.9)
– reparação não pecuniária (cap. 24, 8)
– quantificação (cap. 24, 4.8)

Decadência (cap. 14, 3)
– convencional (cap. 14, 3.4)
– fatalidade do prazo (cap. 14, 3.1)
– irrenunciabilidade e inalterabilidade (cap. 14, 3.2)
– legislação especial (cap. 14, 3.6)
– prazo (cap. 14, 3.5)
– reconhecimento *ex officio* (cap. 14, 3.3)

Defeitos dos negócios jurídicos (cap. 12) (ver também Erro, Dolo, Coação, Lesão, Estado de perigo e Fraude contra credores)
– visão atual (cap. 12, 8)

Depósito (cap. 23, 13)
– direito de retenção (cap. 23, 13.3)
– efeitos (cap. 23, 13.2)
– espécies (cap. 23, 13.1)
– extinção (cap. 23, 13.5)
– prisão do depositário infiel (cap. 23, 13.6)
– uso da coisa depositada (cap. 23, 13.4)

Deserdação (cap. 38, 17)

Desconsideração da personalidade jurídica
– conceito (cap. 7, 10)
– no direito do consumidor (cap. 25, 11)

Dever jurídico (cap. 4, 4)

Dignidade da pessoa humana (cap. 6, 1) (ver também Direitos da personalidade)

Direito à honra (cap. 6, 20) (ver também Direitos da personalidade)

Direito à identidade pessoal (cap. 6, 18 e 19) (ver também Direitos da personalidade)
– das pessoas transgênero (cap. 6, 19)

Direito à imagem (cap. 6, 22) (ver também Direitos da personalidade)

Direito à privacidade (cap. 6,15) (ver também Direitos da personalidade e Proteção de dados pessoais)

Direito adquirido (cap. 2, 10 a 13)
– e direito transitório (cap. 2, 12)
– sacralização (cap. 2, 13)
– teoria de Gabba (cap. 2, 10)
– teoria objetiva de Roubier (cap. 2, 11)

Direito ao conhecimento da origem biológica (cap. 34, 11.4.16)

Direito ao esquecimento (cap. 6, 25)

Direito ao nome (cap. 6, 17)

Direito ao próprio corpo (cap. 6, 8 a 14)
– caso Moore (cap. 6, 9)
– e cirurgia de transgenitalização (cap. 6, 12)
– conceito (cap. 6, 8)
– e consentimento informado (cap. 6, 14)
– e mercado humano (cap. 6, 9)
– exigência médica (cap. 6, 11)
– os *wannabes* (cap. 6, 13)

Direito civil
– conceito (cap. 1, 4)
– Direito civil-constitucional (cap. 1, 11)
– e as grandes codificações (cap. 1, 6)
– e Constituição de 1988 (cap. 1, 10)
– e funcionalização dos institutos (cap. 1, 15)
– e liberalismo (cap. 1, 5)
– e papel do civilista (cap. 1, 16)
– e ramos do direito (cap. 1, 2)
– e unidade da ordem jurídica (cap. 1, 1)
– e unidade do ordenamento (cap. 1, 1)

Direito de família
– conceito (cap. 34, 2)

– conceito de família (cap. 34, 1)
– entidades familiares (cap. 34, 7; cap. 36, 9)
– famílias simultâneas (cap. 34, 7.4)
– papel do Estado na família (cap.34, 6)
– princípios constitucionais da família (cap. 34, 3)

Direito de laje (cap. 32, 10)

Direito de superfície (cap. 32, 2)
– dupla disciplina (cap. 32, 2.1)
– Estatuto da Cidade e Código Civil (cap. 32, 2.2)

Direito do consumidor (cap. 25)
– conceito (cap. 25, 1)
– consumidor (cap. 25, 4 e 5)
– desconsideração da personalidade jurídica (cap. 25, 11) (ver também Pessoa jurídica)
– direitos básicos do consumidor (cap. 25, 6 e 7)
– fornecedor (cap. 25, 3)
– proteção contratual do consumidor (cap. 25, 12)
– relação de consumo (cap. 25, 2)
– responsabilidade pelo fato do produto e do serviço (cap. 25, 8)
– risco do desenvolvimento (cap. 25, 10)

Direito do promitente comprador (cap. 32, 12)

Direito potestativo (cap. 4, 5)

Direito real de habitação do cônjuge sobrevivente (cap. 32, 7)

Direito real de uso (cap. 32, 5)
– concessão de (cap. 32, 9)

Direito subjetivo (cap. 4, 3)

Direitos da criança e do adolescente (cap. 34, 9)

Direitos da personalidade (cap. 6) (ver também Direito ao próprio corpo, Direito ao esquecimento, Privacidade, Identidade pessoal, Honra, Imagem, Direito ao nome)
– autolimitação (cap. 6, 6)
– e autonomia existencial (cap. 6, 2)
– características (cap. 6, 5)
– e dignidade da pessoa humana (cap. 6, 1)
– e liberdade de expressão informação (cap. 6, 23)
– e pessoa jurídica (cap. 7, 4)
– e sua marcha infinita (cap. 6, 28)
– instrumentos de tutela (cap. 6, 26)
– no Código Civil de 2002 (cap. 6, 7)
– tutela *post mortem* (cap. 6, 27)

Direitos de vizinhança (cap. 30)
– classificação (cap. 30, 6)
– conceito (cap. 30, 1)
– diferença entre vizinhança e contiguidade (cap. 30, 2)
– direitos especiais (cap. 30, 8)
– disciplina (cap. 30, 5)
– fundamento (cap. 30, 3)
– futuro (cap. 30, 9)
– natureza jurídica (cap. 30, 4)
– uso anormal (cap. 30, 7)

Direitos oriundos da imissão provisória do Poder Público na posse de bens em processo de desapropriação (cap. 32, 11)

Direitos reais (cap. 27 a 33)
– aquisição (cap. 27, 7)
– classificação (cap. 27, 6)
– conceito (cap. 27, 1)
– crítica à distinção entre direitos reais e obrigacionais (cap. 27, 3)
– distinção para direitos obrigacionais (cap. 27, 2)
– e tipicidade (cap. 27, 4)
– tipicidade x taxatividade (cap. 27, 5)

Direitos reais de garantia (cap. 33)
– acessoriedade (cap. 33, 5)
– conceito (cap. 33, 1)
– espécies (cap. 33, 7) (ver também Penhor, Hipoteca, Anticrese, Alienação fiduciária em garantia)
– indivisibilidade (cap. 33, 4)
– natureza jurídica (cap. 33, 6)
– publicidade e especialização (cap. 33, 3)
– sequela e preferência (cap. 33, 2)

Direitos reais sobre coisa alheia (cap. 32)
– espécies (cap. 32, 2 a 13) (ver também Direito de superfície, Servidores, Usufruto, Uso, Habitação, Direito real de habitação do cônjuge sobrevivente, Concessão de uso especial para fins de moradia, Concessão de direito real de uso, Direito de laje, Direitos oriundos da imissão provisória do Poder Público na posse de bens em processo de desapropriação, Direito do promitente comprador, Enfiteuse)
– *jura in re aliena* (cap. 32, 1)

Distrato (cap. 22, 3.1) (ver também Resilição)

Distribuição (cap. 23, 17)
– e concessão mercantil (cap. 23, 17.1)

Divórcio (cap. 35, 16.2)
– e autoridade parental (cap. 35, 16.2.2)

– extrajudicial (cap. 35, 16.2.1)
– partilha dos bens (cap. 35, 16.2.4)
– *post mortem* (cap. 35, 16.2.3)

Doação (cap. 23, 6)
– *animus donandi* (cap. 23, 6.2)
– classificação (cap. 23, 6.4)
– espécies (cap. 23, 6.5)
– e forma escrita (cap. 23, 6.3)
– invalidade (cap. 23, 6.6)
– objeto (cap. 23, 6.1)
– promessa (cap. 23, 6.8)
– revogação (cap. 23, 6.7)

Dolo (cap. 12, 3)
– *dolus bonus* (cap. 12, 3.2)
– por omissão (cap. 12, 3.3)
– principal x acidental (cap. 12, 3.1)
– recíproco (cap. 12, 3.4)

Domicílio (cap. 8)
– civil (cap. 8, 7.1)
– conceito (cap. 8, 1)
– da pessoa jurídica (cap. 8, 6)
– especial (cap. 8, 7.4)
– espécies (cap. 8, 7)
– geral (cap. 8, 7.4)
– importância (cap. 8, 2)
– indeclinabilidade (cap. 8, 3)
– leitura civil-constitucional (cap. 8, 8)
– mudança (cap. 8, 5)
– necessário (cap. 8, 7.3)
– pluralidade (cap. 8, 4)
– político (cap. 8, 7.1)
– profissional (cap. 8, 7.2)
– voluntário (cap. 8, 7.3)

Efeitos da posse (cap. 28, 22)
– *ad usucapionem* (cap. 28, 22.3)
– frutos (cap. 28, 22.1)
– indenização e benfeitorias (cap. 28, 22.2)
– interditos possessórios (cap. 28, 22.5) (ver também Interditos possessórios)
– responsabilidade pela perda ou deterioração da posse (cap. 28, 22.4)

EIRELI (Empresa Individual de Responsabilidade Limitada) (cap. 7, 7)

Emancipação (cap. 5, 18) (ver Incapacidade)

Empreitada (cap. 23, 12)
– características (cap. 23, 12.2)
– efeitos (cap. 23, 12.3)
– elementos (cap. 23, 12.1)
– extinção x suspensão (cap. 23, 12.5)
– proteção do autor do projeto (cap. 23, 12.7)
– responsabilidade do empreiteiro (cap. 23, 12.6)
– riscos do empreiteiro (cap. 23, 12.4)
– variação de preços (cap. 23, 12.4)

Encargo (cap. 11, 7.11 e 7.12)
– conceito (cap. 11, 7.11)
– efeitos (cap. 11, 7.12)

Enfiteuse (cap. 32, 13)

Enriquecimento sem causa (cap. 19)
– e caráter subsidiário (cap. 19, 10)
– conceito (cap. 19, 7)
– *indebitum ex re x indebitum ex persona* (cap. 19, 2)
– e justa causa (cap. 19, 9)
– pagamento indevido (cap. 19, 1 a 6) (ver Pagamento indevido)
– requisitos (cap. 19, 8)
– e teoria do duplo limite (cap. 19, 11)

Erro (cap. 12, 2)
– de direito (cap. 12, 2.6 e 2.7)
– e conservação (cap. 12, 2.10)

– escusável (cap. 12, 2.3)
– incidental (cap. 12, 2.2)
– perceptibilidade x escusabilidade (cap. 12, 2.5)
– perceptível (cap. 12, 2.4)
– sobre motivo (cap. 12, 2.8)
– substancial (cap. 12, 2.1)
– e teoria da pressuposição (cap. 12, 2.9)

Escolas interpretativas (cap. 3, 3 a 7)
– Escola da Exegese (cap. 3, 3)
– Escola do Direito Livre (cap. 3, 6)
– Escola Histórica (cap. 3, 4)
– Pandectística (cap. 3, 5)
– Uso alternativo do direito (cap. 3, 7)

Especificação (cap. 29, 9.3)

Estado de perigo (cap. 12, 6)
– e conservação do negócio jurídico (cap. 12, 6.3)
– elemento objetivo (cap. 12, 6.1)
– elemento subjetivo (cap. 12, 6.2)

Estado pessoal (*status*) (cap. 4, 11)

Estimatório (cap. 23, 5)

Estipulação em favor de terceiro (cap. 21, 16)

Evicção (cap. 22, 11)

Exceção de contrato não cumprido (cap. 22, 7)
– *exceptio non rite adimpleti contractus* (cap. 22, 8)

Exceção de inseguridade (cap. 22, 9)

Execução pelo equivalente (cap. 18, 2)

Faculdade jurídica (cap. 4, 6)

Fato jurídico (cap. 10)
– e ato-fato (cap. 10, 7)
– e ato ilícito (cap. 10, 8 a cap. 10, 17) (ver também Ato ilícito)
– e ato jurídico em sentido estrito (cap. 10, 6)
– classificação (cap. 10, 3)
– crítica (cap. 10, 2)
– definição (cap. 10, 1)
– ilícito (cap. 10, 5)
– lícito (cap. 10, 5)
– e merecimento de tutela (cap. 10, 17) (ver Merecimento de tutela)

Fiança (cap. 23, 23)
– benefício de divisão (cap. 23, 23.5)
– benefício de ordem ou excussão (cap. 23, 23.4)
– características (cap. 23, 23.2)
– efeitos (cap. 23, 23.3)
– elementos (cap. 23, 23.1)
– extinção (cap. 23, 23.10)
– e outorga uxória ou marital (cap. 23, 23.6)
– penhorabilidade do imóvel do fiador (cap. 23, 23.9) (ver também Bem de família)
– responsabilidade do fiador na prorrogação do contrato de locação (cap. 23, 23.8)
– sub-rogação (cap. 23, 23.7)

Fideicomisso (cap. 40, 9.3 a 9.12)

Filiação (cap. 34, 11)
– assistida (cap. 34, 11.2.10) (ver Inseminação artificial e Gestação de substituição)
– e exame de DNA (cap. 34, 11.2.3)
– presunção *pater is est* (cap. 34, 11.1)
– reconhecimento de filhos (cap. 34, 11.2)

Flat service (cap. 31, 8.2)

Fontes do direito (cap. 2, 1)
– pluralidade de fontes normativa (cap. 1, 2)

Forma do negócio jurídico (cap. 11, 6.1 a 6.4)
– e distinção de formalismo (cap. 11, 6.4)
– *ad solemnitatem* (cap. 11, 6.3)
– *ad probationem tantum* (cap. 11, 6.3)
– liberalidades (cap. 11, 6.2)

Formação do contrato
– aceitação (cap. 21, 6)
– lugar (cap. 21, 8)
– momento de formação (cap. 21, 7)
– proposta (cap. 21, 3)

Fraude contra credores (cap. 12, 7)
– efeitos (cap. 12, 7.5)
– e outras espécies de fraude (cap. 12, 7.4)
– requisitos (cap. 12, 7.1)
– transmissão gratuita (cap. 12, 7.2)
– transmissão onerosa (cap. 12, 7.3)

Frustração do fim do contrato (cap. 22, 6)

Fundações (cap. 7, 9)
– extinção (cap. 7, 9.1)
– início (cap. 7, 9.1)

Fundos de investimento (cap. 29, 14)

Gestação de substituição (cap. 34, 11.2.10.3)

Gestão de negócios (cap. 26, 3)
– distinção para o mandato (cap. 26, 3.1)
– natureza jurídica (cap. 26, 3.2)

Guarda (cap. 34, 11.3.4)
– compartilhada (cap. 34, 11.3.5)

Habitação (cap. 32, 6)

Herança
– aceitação (direta e indireta) (cap. 38, 10 e 11)
– crítica à herança (cap. 38, 3)
– direito hereditário (cap. 38, 1)
– fundamentos (cap. 38, 2)
– jacente (cap. 38, 14)
– modos de partilhar (cap. 39, 9)
– petição de (cap. 41, 4)
– renúncia (cap. 38, 13)
– vacante (cap. 38, 15)

Herdeiro
– nomeação testamentária (cap. 40, 7.1)
– legítimo (cap. 39, 2)
– necessário (cap. 39, 3)

Hipoteca
– acessoriedade (cap. 33, 7.2.2)
– constituição (cap. 33, 7.2.1)
– de segundo grau (cap. 33, 7.2.4)
– eficácia *erga omnes* (cap. 33, 7.2.5)
– espécies (cap. 33, 7.2.3)
– extensão (cap. 33, 7.2.4)
– extinção (cap. 33, 7.2.7)
– hipoteca judicial (cap. 33, 7.2.10)
– hipoteca legal (cap. 33, 7.2.9)
– prazo (cap. 33, 7.2.6)
– e promessa de compra e venda (cap. 32, 12.2)

Inadimplemento (ver também Mora)
– caráter subsidiário das perdas e danos (cap. 18, 3.4)
– caso fortuito ou força maior (cap. 18, 3.6)
– conceito (cap. 17, 1)

– dano moral decorrente do inadimplemento (cap. 18, 3.5)
– fortuito interno (cap. 18, 3.7)
– inadimplemento antecipado (cap. 17, 9 e cap. 17, 10)
– mora x inadimplemento absoluto (cap. 17, 2)
– perdas e danos (cap. 18, 3)
– e teoria do adimplemento substancial (cap. 17, 12 e cap. 17, 13)
– e violação positiva do contrato (cap. 17, 11)

Inadimplemento absoluto
– efeitos (cap. 18, 2)
– perdas e danos (cap. 18, 3)

Incapacidade (cap. 5, 14 a 18)
– absoluta x relativa (cap. 5, 14)
– emancipação (cap. 5, 18)
– falta de legitimação (cap. 5, 15)
– interdição (cap. 5, 17)
– releitura das incapacidades (cap. 5, 16)

Incorporação imobiliária (cap. 31, 9)
– extinção dos contratos (cap. 31, 10)

Indignidade (cap. 38, 16)

Inseminação artificial
– heteróloga (cap. 34, 11.2.10.2)
– homóloga (cap. 34, 11.2.10.1)

Interdição (cap. 5, 17) (ver também Curatela)
– e Estatuto da Pessoa com Deficiência (cap. 5, 19)

Interditos possessórios (cap. 28, 22.5)
– caráter dúplice (cap. 28, 22.5.7)
– cumulação (cap. 28, 22.5.6)
– *exceptio dominii* (cap. 28, 22.5.8)
– fungibilidade (cap. 28, 22.5.5)
– interdito proibitório (cap. 28, 22.5.3)
– manutenção da posse (cap. 28, 22.5.1)
– procedimento (cap. 28, 22.5.4)
– reintegração da posse (cap. 28, 22.5.2)

Interesse legítimo (cap. 4, 8)

Interpretação (cap. 3)
– das normas jurídicas (cap. 3, 1)
– do contrato (cap. 21, 19)
– do negócio jurídico (cap. 11, 9)
– do testamento (cap. 40, 8)
– elementos (cap. 3, 9)
– integração (cap. 3, 10) (ver também Métodos de integração)
– interpretação-integração-aplicação (cap. 3, 14)
– *in claris fit interpretativo* (cap. 3, 2)

Invalidades do negócio jurídico (cap. 13)
– atenuação dos rigores da nulidade (cap. 13, 12)
– causas de nulidade (cap. 12, 3)
– conversão (cap. 12, 6 a 10)
– distinção nulidade e anulabilidade (cap. 13, 2)
– princípio da conservação dos negócios jurídicos (cap. 12, 5.4)
– redução (cap. 13, 11)
– revisão crítica (cap. 13, 13)
– simulação (cap. 13, 4) (ver também Simulação)
– teoria da inexistência do negócio (cap. 13, 14 a 16)
– vícios de forma (cap. 11, 6.1 a 6.5) (ver também Forma do negócio jurídico)

Inventariante (cap. 41, 1.4)
– administração provisória da herança (cap. 41, 1.4.1)
– atribuições (cap. 41, 1.4.3)
– nomeação (cap. 41, 1.4.2)

– remoção (cap. 41, 1.4.4)

Inventário (cap. 41, 1)
– benefício de (cap. 38, 12)
– extrajudicial (cap. 41, 1.1)
– judicial (cap. 41, 1.2)
– negativo (cap. 41, 1.3)
– processamento (cap. 41, 1.5)

Jogo e aposta (cap. 23, 22)
– características (cap. 23, 22.1)
– efeitos (cap. 23, 22.2)

Juros moratórios (cap. 18, 5)
– desnecessidade de alegação do prejuízo (cap. 18, 5.2)
– SELIC x CTN (cap. 18, 5.1)
– taxa legal (cap. 18, 5.1)
– termo inicial (cap. 18, 5.3)

Leasing (cap. 23, 8)

Legado (cap. 40, 6.7)
– espécies (cap. 40, 6.7.3)
– extinção e caducidade (cap. 40, 6.7.5)
– fonte testamentária (cap. 40, 6.7.2)
– e liberalidade (cap. 40, 6.7.1)
– pagamento (cap. 40, 6.7.4)
– e sucessão a título singular (cap. 40, 6.7.1)

Legítima
– cálculo (cap. 39, 5)
– colação (cap. 39, 7)
– proteção (cap. 39, 4)
– redução das liberalidades (cap. 39, 6)

Lesão (cap. 12, 5)
– e conservação do negócio (cap. 12, 5.4)
– elemento objetivo (cap. 12, 5.1)
– elemento subjetivo (cap. 12, 5.2)

– e equilíbrio contratual (cap. 12, 5.3) (ver também Equilíbrio contratual)
– no CDC (cap. 12, 5.5)

Locação (cap. 23, 7)
– características (cap. 23, 7.1)
– efeitos (cap. 23, 7.3.2)
– elementos (cap. 23, 7.3.1)
– especiais (cap. 23, 7.2)
– extinção (cap. 23, 7.3.3)
– de imóveis urbanos (cap. 23, 7.4) (ver Locação de imóveis urbanos)

Locação de imóveis urbanos (cap. 23, 7.4)
– características (cap. 23, 7.4.1)
– cessão (cap. 23, 7.4.5)
– efeitos (cap. 23, 7.4.3)
– elementos (cap. 23, 7.4.2)
– extinção (cap. 23, 7.4.7)
– fiança (cap. 23, 7.4.4)
– garantias (cap. 23, 7.4.4)
– *Shopping center* (cap. 23, 7.4.6)
– sublocação (cap. 23, 7.4.5)

Lucro da intervenção (cap. 19, 12)
– cumulatividade com pretensão reparatória (cap. 19, 12.2)
– enquadramento sistemático (cap. 19, 12.1)
– quantificação (cap. 19, 12.3)

Mandato (cap. 23, 14)
– abuso de poder do mandatário (cap. 23, 14.8)
– atuação *ultra vires mandati* (cap. 23, 14.7)
– características (cap. 23, 14.2)
– conflito de interesses (cap. 23, 14.4)
– distinção para gestão de negócio (cap. 26, 3.1)
– efeitos (cap. 23, 14.6)
– elementos (cap. 23, 14.1)

– espécies (cap. 23, 14.5)
– extinção (cap. 23, 14.10)
– mandato judicial (cap. 23, 14.12)
– procuração (cap. 23, 14.3)
– procuração em causa própria (cap. 23, 14.11)
– e representação (cap. 11, 10)
– substabelecimento (cap. 23, 14.9)

Merecimento de tutela (cap. 10, 17)

Métodos de integração (cap. 3, 10 a 14)
– definição (cap. 3, 10)
– analogia *legis* (cap. 3, 11)
– costume (cap. 3, 12)
– princípios gerais do direito (analogia *juris*) (cap. 3, 13)

Mora (cap. 17, 3 a 8)
– distinção purga x cessação (cap. 17, 8)
– efeitos (cap. 18, 1)
– em obrigações decorrentes de ato ilícito (cap. 17, 6.3)
– *ex persona* (cap. 17, 6.2)
– *ex re* (cap. 17, 6.1)
– obrigações negativas (cap. 17, 7)
– requisitos da mora do credor (cap. 17, 5)
– requisitos da mora do devedor (cap. 17, 4)
– termo inicial (cap. 17, 6)

Morte
– civil (cap. 5, 24)
– comoriência (ver Comoriência)
– eutanásia (cap. 5, 21)
– presumida (cap. 5, 24)
– sucessão *mortis causa* (cap. 38)

Multiparentalidade (cap. 34, 11.2.6; cap. 39, 13)

Multipropriedade imobiliária (cap. 31, 8.1)

Mútuo (cap. 23, 10)
– características (cap. 23, 10.1)
– de dinheiro (cap. 23, 10.4)
– efeitos (cap. 23, 10.3)
– elementos (cap. 23, 10.2)
– extinção (cap. 23, 10.5)

Nascituro (cap. 5, 6 a 10)
– aborto (cap. 5, 8)
– aborto de anencéfalos (cap. 5, 9)
– direito de não nascer (cap. 5, 10)
– proteção jurídica dos embriões (cap. 5, 7)
– tutela dos interesses (cap. 5, 6)

Negócio fiduciário (cap. 29, 13.1)

Negócio indireto (cap. 29, 13.1)

Negócio jurídico (cap. 11)
– bilaterais (cap. 11, 8)
– causa (cap. 11, 6.5)
– classificação (cap. 11, 8)
– conceito (cap. 11, 1)
– crítica (cap. 10, 2)
– eficácia (cap. 11, 7) (ver também Condição, Termo, Encargo)
– existência (cap. 11, 5)
– interpretação (cap. 11, 9)
– e planos do negócio (cap. 11, 4)
– e releitura da autonomia privada (cap. 11, 3)
– e representação (cap. 11, 10)
– unilaterais (cap. 11, 8)
– validade (cap. 11, 6) (ver também Regime das invalidades)

Nexo causal (cap. 24, 5)
– causalidade alternativa (cap. 24, 5.4)
– excludentes da causalidade (cap. 24, 5.5) (ver também Caso fortuito e Força maior)

– flexibilização (cap. 24, 5.3)
– subteoria da necessariedade causal (cap. 24, 5.2)
– teoria da causa direta e imediata (cap. 24, 5.1)

Obrigações (cap. 15)
– alternativas (cap. 15, 12)
– cessão de posição contratual (cap. 15, 30)
– com pluralidade de sujeitos (cap. 15, 15)
– conceito (cap. 15, 2)
– cumulativas (cap. 15, 12)
– de dar (cap. 15, 11.1)
– de dar coisa certa (cap. 15, 11.1.1)
– de dar coisa incerta (cap. 15, 11.1.2)
– de fazer (cap. 15, 11.2)
– de meio (cap. 15, 32)
– de não fazer (cap. 15, 11.3)
– de resultado (cap. 15, 32)
– débito e responsabilidade (cap. 15, 8)
– elementos (cap. 15, 5)
– escolha, concentração e especificação das obrigações alternativas (cap. 15, 13)
– facultativa ou com faculdade de substituição (cap. 15, 14)
– fontes (cap. 15, 4)
– função (cap. 15, 6)
– indivisíveis (cap. 15, 16)
– intransmissíveis (cap. 15, 31)
– modalidades (cap. 15, 11)
– natural (cap. 15, 9)
– e ônus reais (cap. 15, 10)
– patrimonialidade (cap. 15, 7)
– *propter rem* (cap. 15, 10)
– relação obrigacional (cap. 15, 3)
– solidárias (cap. 15, 17 a 22) (ver também Solidariedade)
– transmissão (cap. 15, 23)

Ocupação (cap. 29, 9.1)
– diferença com descoberta (cap. 29, 9.1.1)

Onerosidade excessiva superveniente (cap. 22, 5.1)
– antecedentes teóricos (cap. 22, 5.1)
– e cláusula *rebus sic stantibus* (cap. 22, 5.1.1)
– conceito (cap. 22, 5)
– e desequilíbrio contratual superveniente (cap. 22, 5.2)
– e dever de renegociar (cap. 22, 5.5)
– efeitos (cap. 22, 5.4)
– requisitos (cap. 22, 5.3)
– resolução do contrato (cap. 22, 5.4.1)
– revisão judicial do contrato (cap. 22, 5.4.2)

Ônus (cap. 4, 9)

Pacto marciano (cap. 33, 7.1.5 e 7.1.6)
– crítica (cap. 33, 7.1.6)
– distinção para pacto comissório (cap. 33, 7.1.5)

Pagamento indevido (cap. 19, 1 a 6)
– definição (cap. 19, 1)
– e dívida condicionada (cap. 19, 4)
– e a entrega de imóvel (cap. 19, 3)
– *indebitum ex persona* (cap. 19, 2)
– *indebitum ex re* (cap. 19, 2)
– e obrigação natural (cap. 19, 5)
– para fim lícito (cap. 19, 6)

Parentesco
– do cônjuge e do companheiro (cap. 34, 8.4)
– efeitos (cap. 34, 8.1)
– linhas e graus de parentesco (cap. 34, 8.2)
– por afinidade (cap. 34, 8.3)

Partilha (cap. 41, 2)
– amigável (cap. 41, 2.1.1)
– anulação (cap. 41, 2.3)
– em vida (cap. 41, 2.2)
– espécies (cap. 41, 2.1)
– garantia dos quinhões hereditários (cap. 41, 2.4)
– judicial (cap. 41, 2.1.2)
– no divórcio e na separação (cap. 35, 16.2.4)

Paternidade (cap. 34, 5) (ver também Filiação)
– reconhecimento extrajudicial (cap. 34, 11.2.8)
– socioafetiva (cap. 34, 11.2.5)

Patrimônio (cap. 9, 15)

Penhor
– cédula de crédito pignoratício (cap. 33, 7.1.10)
– conceito (cap. 33, 7.1)
– constituição e registro (cap. 33, 7.1.2)
– deveres do credor pignoratício (cap. 33, 7.1.8)
– direitos do credor pignoratício (cap. 33, 7.1.4)
– e coisa móvel (cap. 33, 7.1.3)
– e direito à venda antecipada (cap. 33, 7.1.7)
– e distinção entre pacto comissório e pacto marciano (cap. 33, 7.1.5)
– espécies (cap. 33, 7.1.1)
– extinção (cap. 33, 7.1.9)
– legal (cap. 33, 7.1.1)
– modalidades especiais (cap. 33, 7.1.10): agrícola e pecuário; industrial ou mercantil; de direitos; de títulos de crédito; de veículos; de recebíveis
– sucessivo (cap. 33, 7.1.11)

Personalidade
– fim (cap. 5, 20) (ver também Morte)
– início (cap. 5, 5)
– e interesses do nascituro (cap. 5, 6) (ver também Nascituro)
– sentido objetivo (cap. 5, 4)
– sentido subjetivo (cap. 5, 3)

Pessoa humana
– conceito (cap. 5, 1)
– e direitos da personalidade (cap. 6) (ver também Direitos da personalidade)
– distinção para pessoas jurídicas (cap. 5, 2) (ver também Pessoa jurídica)
– e tutela dos interesses do nascituro (cap. 5, 6) (ver também Nascituro)

Pessoa jurídica (cap. 7)
– classificação (cap. 7, 6 a 9) (ver também Sociedades, EIRELIs, Associações, Fundações)
– conceito (cap. 7, 1)
– e dano moral (cap. 24, 4.10)
– desconsideração da personalidade jurídica (ver Desconsideração da personalidade jurídica)
– e direitos da personalidade (cap. 7, 4)
– e entes não personalizados (cap. 7, 11)
– e função social da empresa (cap. 7, 5)
– natureza jurídica (cap. 7, 2)

Poder jurídico (cap. 4, 7)

Posse (cap. 28)
– acessão (cap. 28, 20)
– *ad usucapionem* (cap. 28, 22.3)
– aquisição (cap. 28, 16)
– aquisição derivada (cap. 28, 18)
– aquisição originária (cap. 28, 18)
– atos de mera tolerância (cap. 28, 19)
– autonomia (cap. 28, 5)

– cláusulas *constituti* (cap. 28, 17)
– e o Código Civil (cap. 28, 3)
– composse (cap. 28, 15)
– conceito (cap. 28, 1)
– constituto possessório (cap. 28, 17)
– crítica à expressão posse de má-fé (cap. 28, 14)
– de bens incorpóreos (cap. 28, 24)
– de bens públicos (cap. 28, 25)
– de boa-fé (cap. 28, 12)
– de direitos (cap. 28, 23)
– de má-fé (cap. 28, 12)
– direta (cap. 28, 8)
– efeitos (cap. 28, 22) (ver também Efeitos da posse)
– fâmulo (cap. 28, 9)
– e função social (cap. 28, 6)
– indireta (cap. 28, 8)
– injusta (cap. 28, 10)
– interversão (cap. 28, 11)
– *ius possidendi* x *ius possessionis* (cap. 28, 4)
– justa (cap. 28, 10)
– justo título (cap. 28, 13)
– natureza jurídica (cap. 28, 7)
– perda (cap. 28, 21)
– teorias: Savigny x Ihering (cap. 28, 2)

Preempção (ver Preferência)

Preferência
– e preempção (cap. 23, 3.6.3)
– e sequela (cap. 33, 3)

Preferências creditórias (cap. 26, 4)
– confronto entre preferências (cap. 26, 4, 4)
– direitos reais de garantia (cap. 26, 4.3)
– novo tratamento da insolvência (cap. 26, 4.5)
– privilégios (cap. 26, 4.1)
– privilégios gerais e especiais (cap. 26, 4, 4.2)

Prescrição (cap. 14, 2)
– ausência de pretensão (cap. 14, 2.12)
– conceito (cap. 14, 2.3)
– danos morais (cap. 14, 2.19)
– fundamentos (cap. 14, 2.4)
– impedimento (cap. 14, 2.10)
– inalterabilidade dos prazos (cap. 14, 2.13)
– intercorrente (cap. 14, 2.20)
– interrupção (cap. 14, 2.5 e 2.8)
– prazos legais (cap. 14, 2.17)
– prescrição aquisitiva (cap. 14, 2.1)
– prescrição extintiva (cap. 14, 2.2)
– pretensões contra Fazenda Pública (cap. 14, 9)
– pretensões imprescritíveis (cap. 14, 2.18)
– reconhecimento *ex officio* (cap. 14, 2.14)
– renúncia (cap. 14, 2.15)
– suspensão (14, 2.10 e 2.11)
– termo inicial (cap. 14, 2.16)

Prestação de serviços (cap. 23, 11)
– características (cap. 23, 11.1)
– elementos (cap. 23, 11.2)
– extinção (cap. 23, 11.4)
– tutela externa do crédito (cap. 23, 11.3)

Pretensão (cap. 4, 10)

Princípio da gravitação jurídica (cap. 9, 17)

Princípios contratuais
– boa-fé objetiva (cap. 20, 7.1) (ver também Boa-fé objetiva)
– da intervenção mínima (cap. 20, 8)
– equilíbrio contratual (cap. 20, 7.3)
– função social (cap. 20, 7.2)
– tradicionais (cap. 20, 6)

Privacidade (cap. 6, 15)

Promessa de fato de terceiro (cap. 21, 16)

Promessa de recompensa (cap. 26, 2)
– beneficiários (cap. 26, 2.4)
– espécies (cap. 26, 2.1)
– requisitos (cap. 26, 2.2)
– revogabilidade (cap. 26, 2.3)

Propriedade (cap. 29)
– e expropriação judicial (cap. 29, 6)
– função social (cap. 29, 2, 4 e 5)
– limitações (cap. 29, 11)
– modos de aquisição da propriedade imóvel (cap. 29, 8) (ver também Usucapião, Acessão e Registro)
– modos de aquisição da propriedade móvel (cap. 29, 9)
– perda da propriedade (cap. 29, 10)
– perfil estrutural (cap. 29, 7)
– pluralidade de estatutos proprietários (cap. 29, 3)
– propriedade fiduciária (cap. 29, 13)
– propriedade resolúvel (cap. 29, 12)
– uso anormal (cap. 30, 7)

Proteção de dados pessoais (cap. 6, 16)

Regime de bens (cap. 35, 15)
– comunhão parcial (cap. 35, 15.5)
– comunhão universal (cap. 35, 15.4)
– legal supletivo (cap. 35, 15.1)
– mutabilidade (cap. 35, 15.2)
– pacto antenupcial (cap. 35, 15.3)
– participação final nos aquestos (cap. 35, 15.8)
– separação de bens (cap. 35, 15.6)
– separação legal de bens (cap. 35, 15.7)

Regime Jurídico Emergencial e Transitório das Relações Jurídicas de Direito Privado no período da pandemia de Covid-19 (coronavírus)
– assembleia condominial por meios virtuais (cap. 31, 6.9)
– caso fortuito e força maior (retroatividade dos efeitos) (cap. 18, 3.6)
– despejo (vedação de liminares) (cap. 23, 7.4.7)
– prazo para abertura do inventário (cap. 41, 1.2)
– prazos de usucapião (cap. 29, 8.13)
– prazos decadenciais (cap. 14, 3.1)
– prazos prescricionais (cap. 14, 2.10)
– prisão civil por dívida alimentícia: domiciliar (cap. 37, 1.11)
– resolução/revisão por onerosidade excessiva (cap. 22, 5.3.4)

Registro (cap. 29. 8.3)
– anulação (cap. 29, 8.3.6)
– aquisição da propriedade imóvel (cap. 29, 8.3)
– aspectos formais da transcrição (cap. 29, 8.3.5)
– cancelamento (cap. 29, 8.3.6)
– no sistema alemão (cap. 29, 8.3.1)
– no sistema brasileiro (cap. 29, 8.3.3)
– no sistema francês (cap. 29, 8.3.2)
– princípios registrais (cap. 29, 8.3.4)
– retificação (cap. 29, 8.3.6)

Relação jurídica (cap. 4, 1) (ver também Situações jurídicas subjetivas)
– elementos (cap. 4, 13)
– sujeito (cap. 4, 14)
– como ligação entre situações jurídicas subjetivas (cap. 4, 12)

Representação (cap. 11, 10) (ver também Mandato)
– *complatio domini* (cap. 11, 10.2)
– conflito de interesses (cap. 11, 10.5)
– e interposição (cap. 11, 10.3)

– *procuratio* (cap. 11, 10.1)
– sem mandato (cap. 11, 10.4)
– representante aparente (cap. 11, 10.6)

Rescisão (cap. 22, 2)

Resilição (cap. 22, 3)
– bilateral (cap. 22, 3.1) (ver também Distrato)
– denúncia (cap. 22, 3.4 e 3.5)
– distinção para resolução (cap. 22, 2)
– unilateral (cap. 22, 3.2)
– unilateral convencional (cap. 22, 3.3)

Resolução (cap. 22, 4) (ver também Onerosidade excessiva superveniente)
– cláusula resolutiva expressa ou tácita (cap. 22, 4.1)
– conceito (cap. 22, 4)
– controle do exercício (cap. 22, 4.2) (ver Adimplemento substancial)

Responsabilidade civil (cap. 24)
– contratual x extracontratual (cap. 24, 9)
– dever de reparar (cap. 24, 7) (ver também Perdas e danos)
– do Estado (cap. 24, 11.6)
- do incapaz (cap. 24, 11.2)
– elementos do ato ilícito (cap. 24, 2 a 5) (ver também Culpa, Nexo causal e Dano)
– erosão dos filtros de reparação (cap. 24, 6)
– objetiva ou sem culpa (cap. 24, 3.4 e 3.6)
– pelo fato dos animais (cap. 24, 11.4)
– pelo fato das coisas (cap. 24, 11.3)
– por ato ilícito (responsabilidade subjetiva) (cap. 24, 1)
– por fato de terceiro (cap. 24, 11.1)
– por produtos postos em circulação (cap. 24, 11.5)
– pós-contratual (cap. 22, 12)
– pré-contratual (cap. 21, 10)
– e reparação não pecuniária (cap. 24, 8)
– e responsabilidade criminal (cap. 24, 12)
– solidária entre os coautores (cap. 24, 10)

Responsabilidade pós-contratual (cap. 22, 12)

Responsabilidade pré-contratual (cap. 21, 10)

Retrovenda (cap. 23, 3.6.1)

Saisine (cap. 38, 9)

Seguro (cap. 23, 20)
– acidente provocado por embriaguez (cap. 23, 20.10)
– e boa-fé (cap. 23, 20.6)
– características (cap. 23, 20.3)
– de vida do companheiro (cap. 23, 20.8)
– e cláusula perfil (cap. 23, 20.7)
– e cosseguro e resseguro (cap. 23, 20.11)
– efeitos (cap. 23, 20.4 e 20.5)
– elementos (cap. 23, 20.2)
– espécies (cap. 23, 20.1)
– extinção (cap. 23, 20.12)
– e suicídio (cap. 23, 20.9)

Servidões (cap. 32, 3)
– aparentes e não aparentes (cap. 32, 3.2)
– constituição (cap. 32, 3.3)
– contínuas e descontínuas (cap. 32, 3.1)
– exercício (cap. 32, 3.4)

– extinção (cap. 32, 3.5)
– servidões legais (cap. 32, 3.6)

Shopping center (cap. 31, 8.3)
– contrato de locação (cap. 23, 7.4.6)

Simulação (cap. 13, 4)
– absoluta x relativa (dissimulação) (cap. 13, 4.3)
– alegação por quem simula (cap. 13, 4.6)
– elementos (cap. 13, 4.1)
– hipóteses (cap. 13, 4.5)
– inocente (cap. 13, 4.2)
– preservação do negócio jurídico simulado (cap. 13, 4.3)
– e terceiros de boa-fé (cap. 13, 4.7)

Situações jurídicas subjetivas (cap. 4, 2)
– dever jurídico (cap. 4, 4)
– direito potestativo (cap. 4, 5)
– direito subjetivo (cap. 4, 3)
– estado pessoal (*status*) (cap. 4, 11)
– faculdade jurídica (cap. 4, 6)
– interesse legítimo (cap. 4, 8)
– ônus (cap. 4, 9)
– poder jurídico (cap. 4, 7)
– pretensão (cap. 4, 10)

Sociedades (cap. 7, 7)

Solidariedade
– ativa (cap. 15, 20)
– convencional (cap. 15, 19)
– legal (cap. 15, 18)
– natureza jurídica (cap. 15, 21)
– obrigações (cap. 15, 17)
– passiva (cap. 15, 20)
– renúncia (cap. 15, 22)

Sonegados (cap. 41, 3)

Sucessão *causa mortis* (cap. 38)
– a título singular (cap. 40, 7.7.2)

– abertura (cap. 38, 8)
– do companheiro (cap. 39, 12)
– do cônjuge (cap. 39, 11)
– espécies (cap. 38, 4)
– *jure proprio* (cap. 39, 8.1)
– *jure representationis* (cap. 39, 8.2)
– *jure transmissionis* (cap. 39, 8.3)
– legítima (cap. 39, 1)
– modos de suceder (cap. 39, 8)
– princípios (cap. 38, 5)
– testamentária (cap. 40) (ver Testamento)

Superendividamento (cap. 25, 13)
– e insolvência civil (cap. 26, 4.5)

Termo (cap. 11, 7.8)
– distinção para condição (cap. 11, 7.10)
– efeitos (cap. 11, 7.9)

Testamenteiro (cap. 40, 11)
– aceitação (cap. 40, 11.1)
– atribuições (cap. 40, 11.4)
– cessação (cap. 40, 11.7)
– indelegabilidade (cap. 40, 11.2)
– particular (cap. 40, 11.3)
– prêmio ou vintena (cap. 40, 11.5)
– renúncia (cap. 40, 11.6)
– universal (cap. 40, 11.3)

Testamento (cap. 40, 1)
– aeronáutico (cap. 40, 6.4)
– biológico (cap. 5, 22)
– caducidade (cap. 40, 12.4)
– cerrado (cap. 40, 6.2)
– conteúdo existencial (cap. 40, 2)
– direito de acrescer (cap. 40, 10)
– disposições testamentárias (cap. 40, 7)
– espécies (cap. 40, 6)
– formalismo (cap. 40, 5)
– interpretação (cap. 40, 8)
– invalidade (cap. 40, 12.5)

– marítimo (cap. 40, 6.4)
– militar (cap. 40, 6.4)
– natureza jurídica (cap. 40, 3)
– nuncupativo (cap. 40, 6.5)
– particular (cap. 40, 6.3)
– público (cap. 40, 6.1)
– revogação (cap. 40, 12)
– rompimento (cap. 40, 12.3)
– substituição testamentária (cap. 40, 9)

Tomada de decisão apoiada (cap. 37, 2.3)

Tradição (cap. 29, 9.5)

Transação (cap. 23, 24)

Transmissão das obrigações (cap. 15, 23 a 31)

Transporte (cap. 23, 19)
– características (cap. 23, 19.2)
– cumulativo (cap. 23, 19.5)
– de coisa (cap. 23, 19.3.2)
– de pessoas (cap. 23, 19.3.1)
– efeitos (cap. 23, 19.3)
– elementos (cap. 23, 19.1)
– extinção (cap. 23, 19.6)
– responsabilidade do transportador aéreo (cap. 23, 19.4)

Troca ou permuta (cap. 23, 4)

Trust (cap. 29, 13.3)

Tutela (cap. 37, 2.1)
– cessação (cap. 37, 2.1.10)
– dativa (cap. 37, 2.1.4)
– escusa (cap. 37, 2.1.7)
– exercício (cap. 37, 2.1.9)
– incapacidade para (cap. 37, 2.1.6)
– legítima (cap. 37, 2.1.3)
– testamentária (cap. 37, 2.1.2)

Tutela externa de crédito (cap. 21, 18)

Tutor
– nomeação (cap. 37, 2.1.1)
– protutor (cap. 37, 2.1.8)
– único para irmãos (cap. 37, 2.1.5)

União estável
– características (cap. 36, 3)
– conceito (cap. 36, 1)
– deveres dos companheiros (cap. 36, 6)
– distinção do casamento (cap. 36, 2)
– extinção (cap. 36, 8)
– relações patrimoniais (cap. 36, 5)
– união estável "virtual" (cap. 36, 4)
– união homoafetiva (cap. 36, 10)
– uniões estáveis simultâneas (cap. 36, 7; cap. 34, 7.4.1)

União poliafetiva (cap. 36, 12)

Uso (cap. 32, 5)

Usucapião (cap. 29, 8.1; cap. 29, 9.6)
– coisas usucapíveis (cap. 29, 8.1.2)
– de bem imóvel (cap. 29, 8.1)
– de bem móvel (cap. 29, 9.6)
– extrajudicial (cap. 29, 8.1.7)
– extraordinária (cap. 29, 8.1.4)
– fundamento (cap. 29, 8.1.1)
– modalidades especiais (cap. 29, 8.1.6)
– ordinária (cap. 29, 8.1.4)
– requisitos (cap. 29, 8.1.3)
– tabular (cap. 29, 8.1.5)

Usufruto (cap. 32, 4)
– direitos e deveres do usufrutuário (cap. 32, 4.2)
– extinção (cap. 32, 4.3)
– legal (cap. 32, 4.4)
– objeto (cap. 32, 4.1)

Vícios redibitórios (cap. 22, 10)

Vigência da lei (cap. 2, 3 e 4)

Bibliografia

ABDALLA, Guilherme. O valor residual garantido em contratos de arrendamento mercantil financeiro. *Revista de Direito Mercantil, Industrial, Econômico e Financeiro*, jan./mar. 2004, v. 43, n. 133, p. 143-156.

ABÍLIO, Viviane da Silveira. *Cláusulas penais moratória e compensatória*. Belo Horizonte: Fórum, 2019.

AGUIAR DIAS, José de. *Cláusula de não-indenizar*. Rio de Janeiro: Forense, 1980.

AGUIAR JÚNIOR, Ruy Rosado de. *Extinção dos contratos por incumprimento do devedor (resolução)*. São Paulo: Aide, 1991.

_____. *Extinção dos contratos por incumprimento do devedor (resolução)*. 2. ed. Rio de Janeiro: Aide, 2004.

_____. *Comentários ao novo Código Civil*. Rio de Janeiro: Forense, 2011. v. VI, t. II.

ALMEIDA, Vitor. *A capacidade civil das pessoas com deficiência e os perfis da curatela*. Belo Horizonte: Fórum, 2019.

ALVES, João Luis. *Código Civil da República dos Estados Unidos do Brasil anotado*. Rio de Janeiro: Borsoi, 1958. v. IV.

ALVES, Jones Figueirêdo. Socioafetividade em cartório – paternidade socioafetiva tem igualdade com biológica. *Conjur*, 18 dez. 2013. Disponível em: <www.conjur.com.br/2013-dez-18/jones-figueiredo-paternidade-socioafetiva-igualdade-biologica>. Acesso em: 20 nov. 2013.

ALVIM, Agostinho. *Da inexecução das obrigações e suas consequências*. 5. ed. São Paulo: Saraiva, 1980.

_____. *Da doação*. 3. ed. São Paulo: Saraiva, 1980.

_____. Do enriquecimento sem causa. *Revista dos Tribunais*, São Paulo, maio 1957, v. 46, n. 259.

ALVIM NETTO, José Manoel de Arruda. A função social da propriedade, os diversos tipos de direito de propriedade e a função social da posse. In: VENOSA, Sílvio de Salvo; GAGLIARDI, Rafael Villar; NASSER, Paulo

Magalhães (Coords.). *10 anos do Código Civil*: desafios e perspectivas. São Paulo: Atlas, 2012. p. 568-598.

AMARAL, Francisco. *Direito civil:* introdução. 6. ed. Rio de Janeiro: Renovar, 2006.

_____. *Direito civil:* introdução. 7. ed. Rio de Janeiro: Renovar, 2008.

_____. A autonomia privada como princípio fundamental da ordem jurídica: perspectivas estrutural e funcional. *Revista de Informação Legislativa*, Brasília, 1989, v. 102, p. 207-230.

_____. A relação jurídica. In: TEIXEIRA, Ana Carolina Brochado; RIBEIRO, Gustavo Pereira Leite (Coord.). *Manual de teoria geral do direito civil*. Belo Horizonte: Del Rey, 2011, p. 163-176.

AMERICANO, Jorge. *Ensaio sobre o enriquecimento sem causa:* dos institutos de direito em que se manifesta a condemnação do locupletamento injustificado. São Paulo: Saraiva, 1933.

AMORIM FILHO, Agnelo. Critério científico para distinguir a prescrição da decadência e para identificar as ações imprescritíveis. *Revista dos Tribunais*, out. 1960, v. 49, n. 300, p. 7-37.

ANTUNES VARELA, João. *Direito das obrigações*. Rio de Janeiro: Forense, 1977.

_____. *Das obrigações em geral*. 10. ed. Coimbra: Almedina, 2000. v. II.

AOKI, Erica. Comércio eletrônico – modalidades contratuais. *Anais do 10º Seminário Internacional de Direito de Informática e Telecomunicações*, Associação Brasileira de Direito de Informática e Telecomunicações, 1996.

ARAUJO, Barbara Almeida de. *A Posse dos Bens Públicos*. Rio de Janeiro: Forense, 2010.

_____. A ausência: análise do instituto sob a perspectiva civil-constitucional. In: TEPEDINO, Gustavo (Coord.). *A parte geral do novo Código Civil* – estudos na perspectiva civil-constitucional. Rio de Janeiro: Renovar, 2013, p. 75-100.

ASCENSÃO, José de Oliveira. *A tipicidade dos direitos reais*. Lisboa: Petrony, 1968.

_____. *Direitos reais*. Coimbra: Almedina, 1978.

_____. *Direito civil – sucessões*. 5. ed. Coimbra: Coimbra Editora, 2000.

_____. *Direito civil – reais*. 5. ed. Coimbra: Coimbra Editora, 1993.

_____. Direito europeu do consumidor e direito brasileiro. *Revista Trimestral de Direito Civil*, out./dez. 2007, v. 32.

_____. Alteração das circunstâncias e justiça contratual no novo Código Civil. *R. CEJ*, Brasília, abr./jun. 2014, n. 25.

ASSIS, Araken de. *Resolução do contrato por inadimplemento*. São Paulo: Revista dos Tribunais, 2004.

_____. *Resolução do contrato por inadimplemento*. 5. ed. São Paulo: Revista dos Tribunais, 2013.

_____. Da resolução por onerosidade excessiva. In: ALVIM, Arruda; ALVIM, Thereza (Coords.). *Comentários ao Código Civil brasileiro*. Rio de Janeiro: Forense, 2007. v. V.

ASSUMPÇÃO ALVES, Alexandre Ferreira. *A desconsideração da personalidade jurídica à luz do direito civil-constitucional:* o descompasso das disposições do Código de Defesa do Consumidor com a *disregard doctrine*. Rio de Janeiro: UERJ, 2003 (tese de doutorado).

ATIYAH, Patrick S. *The Rise and Fall of Freedom of Contract*. USA: Oxford University Press, 1985.

AZEVEDO, Álvaro Villaça. Inexecução culposa e cláusula penal compensatória. *Revista dos Tribunais*, 2001, v. 90, n. 791, p. 121-132.

AZEVEDO, Antônio Junqueira de. *Negócio jurídico:* existência, validade e eficácia. 4. ed. São Paulo: Saraiva: 2002.

_____. Princípios do novo direito contratual e desregulamentação do mercado – direito de exclusividade nas relações contratuais de fornecimento – função social do contrato e responsabilidade aquiliana do terceiro que contribui para inadimplemento contratual. *Revista dos Tribunais*, São Paulo, ano 87, abr. 1998, v. 750, p. 113-120.

_____. Insuficiências, deficiências e desatualização do Projeto de Código Civil na questão da boa-fé objetiva nos contratos. *Revista Trimestral de Direito Civil*, Rio de Janeiro, Padma, 2000, v. 1.

_____. Contrato de opção de venda de participações societárias. Variação imprevisível do valor da coisa prometida em relação ao preço de mercado. Possibilidade de revisão por onerosidade excessiva com base nos arts. 478 a 480 do Código Civil em contrato unilateral. In: _____. *Novos estudos e pareceres de direito privado*. São Paulo: Saraiva, 2009.

AZULAY, Fortunato. *Do inadimplemento antecipado do contrato*. Rio de Janeiro: Ed. Brasília/Rio, 1977.

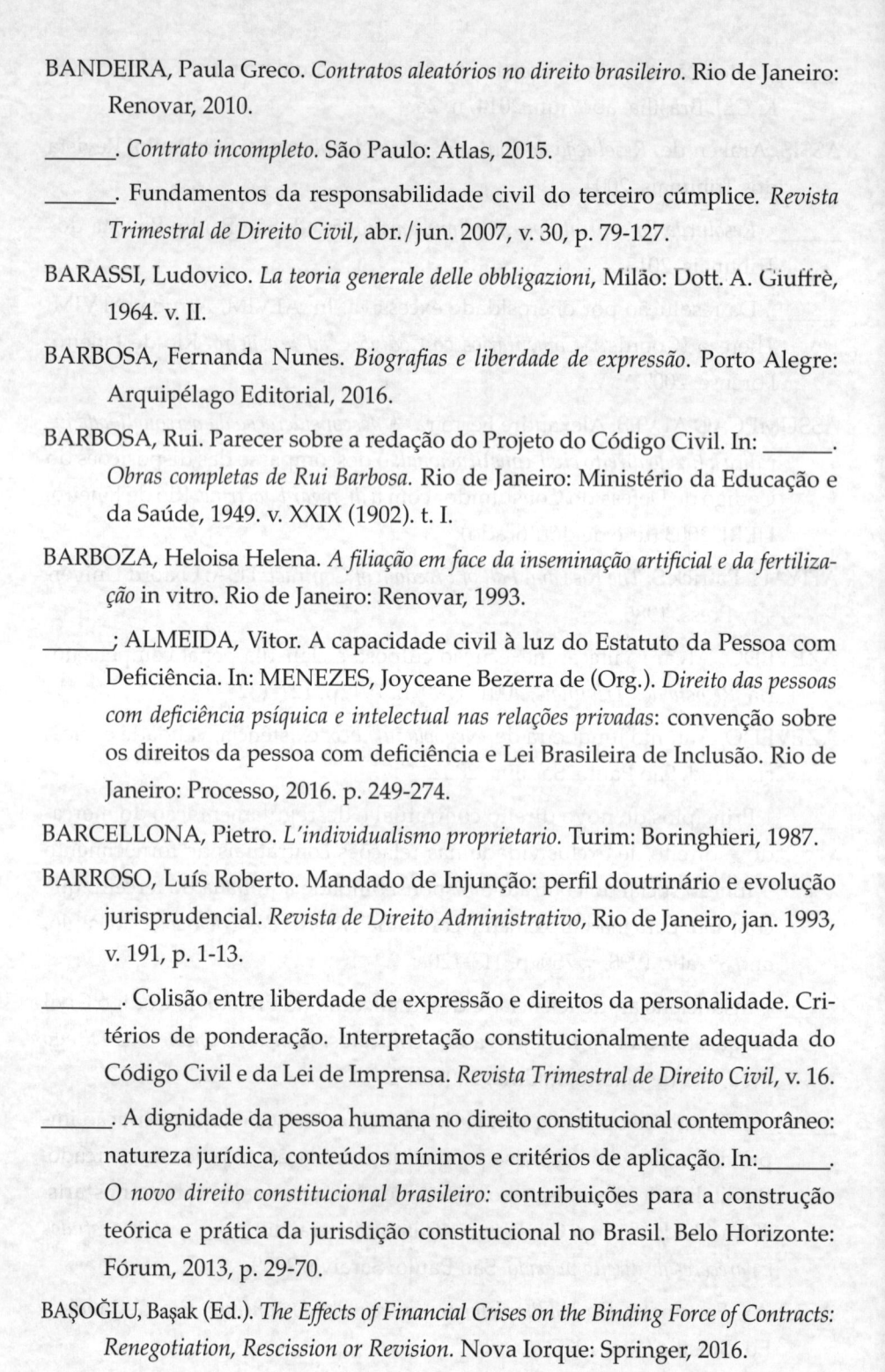

BANDEIRA, Paula Greco. *Contratos aleatórios no direito brasileiro*. Rio de Janeiro: Renovar, 2010.

_____. *Contrato incompleto*. São Paulo: Atlas, 2015.

_____. Fundamentos da responsabilidade civil do terceiro cúmplice. *Revista Trimestral de Direito Civil*, abr./jun. 2007, v. 30, p. 79-127.

BARASSI, Ludovico. *La teoria generale delle obbligazioni*, Milão: Dott. A. Giuffrè, 1964. v. II.

BARBOSA, Fernanda Nunes. *Biografias e liberdade de expressão*. Porto Alegre: Arquipélago Editorial, 2016.

BARBOSA, Rui. Parecer sobre a redação do Projeto do Código Civil. In: _____. *Obras completas de Rui Barbosa*. Rio de Janeiro: Ministério da Educação e da Saúde, 1949. v. XXIX (1902). t. I.

BARBOZA, Heloisa Helena. *A filiação em face da inseminação artificial e da fertilização* in vitro. Rio de Janeiro: Renovar, 1993.

_____; ALMEIDA, Vitor. A capacidade civil à luz do Estatuto da Pessoa com Deficiência. In: MENEZES, Joyceane Bezerra de (Org.). *Direito das pessoas com deficiência psíquica e intelectual nas relações privadas*: convenção sobre os direitos da pessoa com deficiência e Lei Brasileira de Inclusão. Rio de Janeiro: Processo, 2016. p. 249-274.

BARCELLONA, Pietro. *L'individualismo proprietario*. Turim: Boringhieri, 1987.

BARROSO, Luís Roberto. Mandado de Injunção: perfil doutrinário e evolução jurisprudencial. *Revista de Direito Administrativo*, Rio de Janeiro, jan. 1993, v. 191, p. 1-13.

_____. Colisão entre liberdade de expressão e direitos da personalidade. Critérios de ponderação. Interpretação constitucionalmente adequada do Código Civil e da Lei de Imprensa. *Revista Trimestral de Direito Civil*, v. 16.

_____. A dignidade da pessoa humana no direito constitucional contemporâneo: natureza jurídica, conteúdos mínimos e critérios de aplicação. In:_____. *O novo direito constitucional brasileiro*: contribuições para a construção teórica e prática da jurisdição constitucional no Brasil. Belo Horizonte: Fórum, 2013, p. 29-70.

BAŞOĞLU, Başak (Ed.). *The Effects of Financial Crises on the Binding Force of Contracts: Renegotiation, Rescission or Revision*. Nova Iorque: Springer, 2016.

BECKER, Anelise. Inadimplemento antecipado do contrato. *Revista de Direito do Consumidor*, out/dez 1994, v. 12, p. 68-78.

BENETTI, Giovana. *Dolo no Direito Civil*: uma análise da omissão de informações. São Paulo: Quartier Latin, 2019.

BENJAMIN, Antonio Herman. O transporte aéreo e o Código de Defesa do Consumidor. *Revista de Direito do Consumidor*, abr./jun.1998, v. 26.

_____; MARQUES, Claudia Lima; BESSA, Leonardo Roscoe. *Manual de direito do consumidor*. 6. ed. São Paulo: Revista dos Tribunais, 2014.

BERLINGUER, Giovanni; GARRAFA, Volnei. *O mercado humano*. 2. ed. Brasília: UnB, 2001.

BESSONE, Darcy. *Da compra e venda:* promessa e reserva de domínio. Belo Horizonte: Bernardo Alvares, 1960.

_____. *Direitos reais*. São Paulo: Saraiva, 1988.

_____. *Ideias políticas*. Rio de Janeiro: Forense Universitária, 1987.

BETTI, Emilio. Negozio giuridico. In: AZARA, Antonio; EULA, Ernesto (Coords.). *Novissimo Digesto Italiano*. Turim: UTET, 1965. v. XI.

BEVILAQUA, Clovis. *Teoria geral do direito civil*. 7. ed. Rio de Janeiro: Paulo de Azevedo, 1955.

_____. *Teoria geral do direito civil*. 4. ed. Ministério da Justiça: Serviço de Documentação, 1972.

_____. *Direito das obrigações*. 4. ed. Rio de Janeiro: Freitas Bastos, 1936.

_____. *Direito das obrigações*. 5. ed. Rio de Janeiro: Freitas Bastos, 1940.

_____. *Direito da família*. 7. ed. Rio de Janeiro: Freitas Bastos, 1943.

_____. *Direito das sucessões*. 5. ed. Rio de Janeiro: Paulo de Azevedo, 1955.

_____. *Código Civil dos Estados Unidos do Brasil comentado*. 3. ed. Rio de Janeiro: Francisco Alves, 1927. v. I.

_____. *Código Civil dos Estados Unidos do Brasil comentado*. 11 ed. Rio de Janeiro: Paulo de Azevedo, 1958. v. III.

_____. *Código Civil dos Estados Unidos do Brasil comentado*. Rio de Janeiro: Francisco Alves, 1933. v. IV.

_____. *Código Civil dos Estados Unidos do Brasil comentado*. Rio de Janeiro: Francisco Alves, 1946. v. IV.

_____. *Código Civil dos Estados Unidos do Brasil comentado*. Rio de Janeiro: Francisco Alves, 1958. v. IV.

_____. *Código Civil dos Estados Unidos do Brasil comentado*. Rio de Janeiro: Francisco Alves, 1954. v. V.

_____. *Código Civil dos Estados Unidos do Brasil comentado*. 10. ed. Rio de Janeiro: Francisco Alves, 1957. v. V.

BIANCA, Massimo. *Diritto civile*. Milão: Dott. A. Giuffrè, 1994. v. 2 e 5.

BIANCHINI, Luiza Lourenço. *Contrato preliminar:* conteúdo mínimo e execução. Porto Alegre: Arquipélago Editorial, 2017.

BIRENBAUM, Gustavo. Classificação: obrigações de dar, fazer e não fazer. In: TEPEDINO, Gustavo (Coord.). *Obrigações:* estudos na perspectiva civil--constitucional. Rio de Janeiro: Renovar, 2005. p. 121-145.

BITTAR, Carlos Alberto. *Contratos comerciais*. 2. ed. Rio de Janeiro: Forense Universitária, 1994.

BOBBIO, Norberto. *Teoria generale del diritto*. Turim: G. Giappichelli Ed., 1993.

_____. *Teoria do ordenamento jurídico*. 10. ed. Brasília: UnB, 1997.

BODIN DE MORAES, Maria Celina. *Danos à pessoa humana* – uma leitura civil--constitucional dos danos morais. Rio de Janeiro: Renovar, 2003.

_____. *Na medida da pessoa humana:* estudos de direito civil-constitucional. Rio de Janeiro: Renovar, 2010.

_____. Recusa à realização de exame de DNA na investigação de paternidade e direitos da personalidade. In: BARRETO, Vicente (Org.). *A nova família:* problemas e perspectivas. Rio de Janeiro: Renovar, 1997. p. 169-194.

_____. O procedimento de qualificação dos contratos e a dupla configuração do mútuo no direito civil brasileiro. Rio de Janeiro: Revista Forense, 2000, p. 51-53.

_____. Sobre o nome da pessoa humana. *Revista da EMERJ*, 2000, v. 3, n. 12, p. 48-74.

_____. Prefácio. In: MENEZES, Joyceane Bezerra de (Org.). *Direito das pessoas com deficiência psíquica e intelectual nas relações privadas:* Convenção sobre os Direitos da Pessoa com Deficiência e Lei Brasileira de Inclusão. Rio de Janeiro: Processo, 2016.

_____; KONDER, Carlos Nelson. *Dilemas de direito civil-constitucional*. Rio de Janeiro: Renovar, 2012.

_____; SCHULMAN, Gabriel. Ensaio sobre as iniquidades da fiança locatícia gratuita. *Revista de Direito do Consumidor*, set./out. 2016, v. 107, p. 19-57.

BONILINI, Giovanni; TOMMASEO, Ferruccio. *Dell'amministrazione di sostegno*. In: SCHLESINGER, Piero (Fond.); BUSNELLI, Francesco (Dir.). *Il Codice Civile* – commentario. Milão: Giuffrè, 2008.

BORGES, Roxana Cardoso Brasileiro. Reconstrução do conceito de contrato: do clássico ao atual. In: HIRONAKA, Giselda Maria Fernandes Novaes; TARTUCE, Flávio (Coord.). *Direito contratual*: temas atuais. São Paulo: Método, 2007.

BRASILEIRO, Luciana; HOLANDA, Maria Rita. A proteção da pessoa humana nas famílias simultâneas. In: RUZYK, Carlos Eduardo P. et al. (Orgs.). *Direito civil constitucional* – a ressignificação da função dos institutos fundamentais. Florianópolis: Ed. Conceito, 2014. p. 495-508.

BRITO, Rodrigo Toscano de. *Equivalência material dos contratos* – civis, empresariais e de consumo. São Paulo: Saraiva, 2007.

BRUNO, Richard L. Devotees, Pretenders and Wannabes: Two Cases of Factitious Disability Disorder. *Journal of Sexuality and Disability*, 1997, v. 15, p. 243-260.

BUCAR, Daniel. *Superendividamento:* reabilitação patrimonial da pessoa humana. São Paulo: Saraiva, 2017.

BULGARELLI, Waldirio. 8. ed. *Contratos mercantis*. São Paulo: Atlas, 1995.

_____. *Questões atuais de direito empresarial*. São Paulo: Malheiros, 1995.

CAHALI, Yussef Said. *Dos alimentos*. São Paulo: Revista dos Tribunais, 2007.

_____. *Fraude contra credores*. 3. ed. São Paulo: Revista dos Tribunais, 2002.

CALDERÓN, Ricardo. *O princípio da afetividade no direito de família*. 2. ed. Rio de Janeiro: Forense, 2017.

_____; IWASAKI, Michele Mayumi. Usucapião familiar: quem nos salva da bondade dos bons? *Revista Brasileira de Direito Civil*, v. 3, jan./mar. 2015.

CALERA, María del Carmen Gete-Alonso y. *Structura y función del tipo contractual*. Barcelona: Bosch, 1979.

CALIXTO, Marcelo Junqueira. *A responsabilidade civil do fornecedor de produtos pelos riscos do desenvolvimento*. Rio de Janeiro: Renovar, 2004.

_____. *Dos bens*. In: TEPEDINO, Gustavo (Coord.). *O Código Civil na perspectiva civil-constitucional*: parte geral. Rio de Janeiro: Renovar, 2013. p. 165-193.

CÂMARA, Alexandre Freitas. *O novo processo civil brasileiro*. São Paulo: Atlas, 2015.

CÂMARA LEAL, Antônio Luís da. *Da prescrição e da decadência*. 2. ed. Rio de Janeiro: Forense, 1959.

CAMPOS, Diogo Leite de. Enriquecimento sem causa, responsabilidade civil e nulidade. *Revista dos Tribunais*, São Paulo, jun. 1982, n. 71, v. 560, p. 259-266.

CAMPOS FILHO, Paulo Barbosa de. *O problema da causa no Código Civil Brasileiro*. São Paulo: Max Limonad, s.d.

CAPANEMA DE SOUZA, Sylvio. *A Lei do Inquilinato comentada*. 8. ed. Rio de Janeiro: Forense, 2012.

CAPITANT, Henri. *Introduction a l'étude du droit civil*. 2. ed. Paris: A. Pedone, 1904.

CAPPELLINI. Paolo. *Rappresentanza (diritto intermedio)*. In: *Enciclopedia del Diritto*. Varese: Giuffrè, 1984.

CARBONERA, Silvana Maria. O papel jurídico do afeto nas relações de família. In: FACHIN, Luiz Edson (Coord.). *Repensando os fundamentos do direito civil brasileiro contemporâneo*. Rio de Janeiro: Renovar, 2000. p. 273-313.

_____. Laicidade e Família: um diálogo necessário a partir do olhar de Stefano Rodotà. In: TEPEDINO, Gustavo; FACHIN, Luiz Edson (Org.). *Diálogos sobre direito civil*. Rio de Janeiro: Renovar, 2012. v. III.

CARDOSO, Vladimir Mucury. *Revisão contratual e lesão à luz do Código Civil de 2002 e da Constituição da República*. Rio de Janeiro: Renovar, 2008.

CARPENA, Heloísa. O abuso do direito no Código Civil de 2002: relativização de direitos na ótica civil-constitucional. In: TEPEDINO, Gustavo (Coord.). *O Código Civil na perspectiva civil-constitucional:* parte geral. Rio de Janeiro: Renovar, 2013.

CARPENTER, Luiz F. *Da prescrição (artigos 161 a 179 do Código Civil)*. 3. ed. Rio de Janeiro: Nacional de Direito, 1958.

CARVALHO, Luiz Gustavo Grandinetti Castanho de. Direito à informação x direito à privacidade. O conflito de direitos fundamentais. *Fórum: Debates sobre Justiça e Cidadania, Revista da AMAERJ*, n. 5, 2002.

CARVALHO DE MENDONÇA, José Xavier. *Tratado de direito comercial brasileiro*. 2. ed. Rio de Janeiro: Freitas Bastos, 1939. v. VI.

_____. *Tratado de direito comercial brasileiro*. São Paulo: Freitas Bastos, 1964. v. VI.

CARVALHO DE MENDONÇA, Manuel Inácio. *Doutrina e prática das obrigações*. Rio de Janeiro: Forense, 1956. v. I.

_____. *Contratos no direito civil brasileiro*. 4. ed. Rio de Janeiro: Revista Forense, 1957. t. I.

CARVALHO FILHO, José dos Santos. *Manual de direito administrativo*. 28. ed. São Paulo: Atlas, 2015.

CARVALHO SANTOS, João Manoel. *Código Civil brasileiro interpretado, principalmente do ponto de vista prático*. 11. ed. Rio de Janeiro: Freitas Bastos, 1981. v. I.

_____. *Código Civil brasileiro interpretado, principalmente do ponto de vista prático*. 7. ed. Rio de Janeiro: Freitas Bastos, 1961. v. VII.

_____. *Código Civil brasileiro interpretado, principalmente do ponto de vista prático*. Rio de Janeiro: Freitas Bastos, 1952. v. VIII.

_____. *Código Civil brasileiro interpretado, principalmente do ponto de vista prático*. 14. ed. Rio de Janeiro: Freitas Bastos, 1989. v. X.

_____. *Código Civil brasileiro interpretado, principalmente do ponto de vista prático*. Rio de Janeiro: Freitas Bastos, 1936. v. XI.

_____. *Código Civil brasileiro interpretado, principalmente do ponto de vista prático*. 7. ed. Rio de Janeiro: Freitas Bastos, 1958. v. XII.

_____. *Código Civil brasileiro interpretado, principalmente do ponto de vista prático*. Rio de Janeiro: Freitas Bastos, 1936. v. XIII.

_____. *Código Civil brasileiro interpretado, principalmente do ponto de vista prático*. Rio de Janeiro: Freitas Bastos, 1936. v. XV.

_____. *Código Civil brasileiro interpretado, principalmente do ponto de vista prático*. Rio de Janeiro: Freitas Bastos, 1964. v. XVI.

_____. *Código Civil brasileiro interpretado, principalmente do ponto de vista prático*. 12. ed. Rio de Janeiro: Freitas Bastos, 1952. v. XVIII.

_____. *Código Civil brasileiro interpretado, principalmente do ponto de vista prático*. Rio de Janeiro: Freitas Bastos, 1937. v. XXI.

CASES, José Maria Trepat. *Código Civil comentado*. São Paulo: Atlas, 2003. v. III.

CASTANHEIRA NEVES, António. *Metodologia jurídica*: problemas fundamentais. Coimbra: Coimbra Editora, 1993.

CASTRONOVO, Carlo. *Principi di diritto europeo dei contratti*. Milão: Giuffrè, 2001.

CAVALIERI FILHO, Sergio. *Programa de responsabilidade civil*. 9. ed. São Paulo: Atlas, 2010.

CEDON, Paolo. La tutela civilistica dell'infermo di mente. In: PATTI, Salvatore. *La riforma dell'interdizione e dell'inabilitazione*. Giuffrè, 2002.

CENEVIVA, Walter. *Lei dos Registros Públicos comentada*. 18. ed. São Paulo: Saraiva, 2008.

CHAMOUN, Ebert. *Apostila do Curso de Direito Civil ministrado na Faculdade Nacional de Direito da Universidade do Brasil*. 1972. Sem responsabilidade da cátedra.

_____. *Direito civil* – aulas do 4º ano proferidas na Faculdade de Direito da Universidade do Distrito Federal. Rio de Janeiro: Ed. Aurora, 1955.

_____. *Justo título*. In: FRANÇA, Rubens Limongi (Org.). *Enciclopédia Saraiva do Direito*. São Paulo: Saraiva, 1977. v. 47.

CHIODI, Giovanni. *Giustizia contrattuale* – itinerari della giurisprudenza italiana tra otto e novecento. Milão: Giuffrè, 2009.

CHOERI, Raul Cleber da Silva. *O direito à identidade na perspectiva civil-constitucional*. Rio de Janeiro, Renovar, 2010.

COELHO, Fábio Ulhoa. *Curso de direito comercial*. São Paulo: Saraiva, 2002. v. III.

COELHO, Francisco Manuel Pereira. *O enriquecimento e o dano*. Coimbra: Almedina, 1970.

COELHO, Júlia Costa de Oliveira. *Direito ao esquecimento e seus mecanismos de tutela na internet*: como alcançar uma proteção real no universo virtual? São Paulo: Foco, 2020.

COELHO DA ROCHA, Manuel Antônio. *Instituições de direito civil*. São Paulo: Saraiva, 1984. t. II.

COGO, Rodrigo Barreto. *A frustração do fim do contrato*: o impacto dos fatos supervenientes sobre o programa contratual. Rio de Janeiro: Renovar, 2012.

COLOMBO, Maici Barboza dos Santos. *Emancipação*: um estudo sobre a capacidade civil de adolescentes. São Paulo: Foco, 2024.

CORRÊA, Gustavo Testa. *Aspectos jurídicos da internet*. São Paulo: Saraiva, 2000.

CORRÊA, José Lamartine; MUNIZ, Francisco. *Direito de família (direito matrimonial)*. Porto Alegre: Sergio Fabris, 1990.

CORREIA, Atalá. *Prescrição*: entre passado e futuro. São Paulo: Almedina, 2021.

CORTIANO JÚNIOR, Eroulths. Alguns apontamentos sobre os chamados direitos da personalidade. In: FACHIN, Luiz Edson (Coord.). *Repensando fundamentos do direito civil contemporâneo*. Rio de Janeiro: Renovar, 1998. p. 31-56.

_____. Para além das coisas: breve ensaio sobre o direito, a pessoa e o patrimônio mínimo. In: RAMOS, Carmem Lucia Silveira et al. *Diálogos sobre direito civil*. Rio de Janeiro: Renovar: 2002. v. I. p. 155-166.

_____; NORBERTO FILHO, Ilton. O ensino do direito civil: breve ensaio sobre o ensino do direito das sucessões. In: TEPEDINO, Gustavo; FACHIN, Luiz Edson (Orgs.). *Diálogos sobre direito civil*. Rio de Janeiro: Renovar, 2008. v. II. p. 651-666.

COSTA, Mário Júlio de Almeida. *Noções de direito civil*. 4. ed. Coimbra: Almedina, 2001.

COULANGES, Fustel de. *A cidade antiga*. São Paulo: Editora das Américas, 1961.

COUTO E SILVA, Clóvis do. *A obrigação como processo*. São Paulo: Bushatsky, 1976.

CRETELLA JÚNIOR, José. *Direito romano moderno*. 12. ed. Rio de Janeiro: Forense, 2003.

CRUZ, Elisa Costa. *Guarda Parental*: releitura a partir do cuidado. Rio de Janeiro: Processo, 2021

CRUZ GUEDES, Gisela Sampaio da. *O problema do nexo causal na responsabilidade civil*. Rio de Janeiro: Renovar, 2005.

_____. *Lucros cessantes*: do bom-senso ao postulado normativo da razoabilidade. São Paulo: Revista dos Tribunais, 2011.

_____. As excludentes de ilicitude no novo Código Civil. In: TEPEDINO, Gustavo (Coord.). *O Código Civil na perspectiva civil-constitucional:* parte geral. Rio de Janeiro: Renovar, 2013.

_____; LGOW, Carla Wainer Chalréo. Prescrição extintiva: questões controversas. In: TEPEDINO, Gustavo (Coord.). *O Código Civil na perspectiva civil-constitucional:* parte geral. Rio de Janeiro: Renovar, 2013.

CUNHA DE SÁ, Fernando Augusto. *Abuso do direito*. Lisboa: Petrony, 1973.

CUNHA GONÇALVES, Luiz da. *Tratado de direito civil em comentário ao Código Civil português*. 2. ed. atualizada e aumentada e 1. ed. brasileira. São Paulo: Max Limonad, 1958. v. III, t. I.

_____. *Tratado de direito civil em comentário ao Código Civil português*. São Paulo: Max Limonad, [195-]. v. VII, t. 2.

DADALTO, Luciana. *Testamento vital*. 2. ed. Rio de Janeiro: Lumen Juris, 2013.

DE CUPIS, Adriano. *I diritti della personalità*. Milão: Giuffrè, 1950.

_____. *Il danno* – teoria generale della responsabilità civile. Milão: Giuffrè, 1979. v. I.

DEL NERO, João Alberto Schützer. *Conversão substancial do negócio jurídico*. Rio de Janeiro: Renovar, 2001.

DENSA, Roberta. A função social do contrato. In: VENOSA, Sílvio de Salvo; GAGLIARDI, Rafael Villar; NASSER, Paulo Magalhães (Coords.). *10 anos do Código Civil:* desafios e perspectivas. São Paulo: Atlas, 2012.

DI PIETRO, Maria Sylvia Zanella. *Direito administrativo brasileiro*. 11. ed. São Paulo: Atlas, 1999.

DIAS, Antônio Pedro Medeiros. *Revisão e resolução do contrato por excessiva onerosidade*. Belo Horizonte: Fórum, 2017.

DIAS, Maria Berenice. *Manual de direito das famílias*. São Paulo: Revista dos Tribunais, 2007.

DÍAZ, Julio Alberto. A teoria da imprevisão no novo Código Civil brasileiro. *Revista de Direito Privado*, São Paulo, Revista dos Tribunais, out./dez. 2004, n. 20.

DÍAZ-FLORES, Maria Mercedes Alberruche. *La rescisión por lesión en el Derecho Civil español*. Madri: La Ley Actualidad, 2010.

DICKSTEIN, Marcelo. *A boa-fé objetiva na modificação tácita da relação jurídica:* surrectio e suppressio. Lumen Juris: Rio de Janeiro, 2010.

_____. *Nulidades prescrevem? Uma análise funcional da invalidade*. Rio de Janeiro: Lumen Juris, 2016.

DIDIER JR., Fredie et al. *Curso de direito processual civil: execução*. 7. ed. Salvador: Ed. JusPodivm, 2017.

DÍEZ-PICAZO, Luis. *Fundamentos del derecho civil patrimonial*. Madrid: Civitas, 1993. v. II

_____. *La doctrina de los propios actos:* un estudio crítico sobre la jurisprudencia del Tribunal Supremo. Barcelona: Bosch, 1963.

DINIZ, Maria Helena. *Tratado teórico e prático dos contratos*. 6. ed. São Paulo: Saraiva, 2006.

DIREITO, Carlos Gustavo Vianna. *Do contrato – teoria geral*. Rio de Janeiro: Renovar, 2007.

DOMINGUES DE ANDRADE, Manuel Antonio. *Teoria geral da relação jurídica*. Coimbra: Almedina, 1992. v. I.

_____. *Teoria geral da relação jurídica*. Coimbra, Almedina, 1998. v. II.

DONEDA, Danilo. *Da privacidade à proteção de dados pessoais*. Rio de Janeiro: Renovar, 2006.

DONNINI, Rogério Ferraz. *Responsabilidade pós-contratual no novo Código Civil e no Código de Defesa do Consumidor*. São Paulo: Saraiva, 2004.

DUGUIT, León. *Les transformations génerales du droit privé depuis le Code Napoleón*. Paris: Armand Colin, 1913.

DULCKEIT, Gerhard. *Zur Lehre vom Rechtsgeschäft im Klassischen römischen Recht*. In: *Festschrift für Fritz Schulz*, Band 1, Weimar, 1951.

ENGISCH, Karl. *Introdução ao pensamento jurídico*. Lisboa: Fundação Calouste Gulbenkian, 2001.

ENNECCERUS, Ludwig; KIPP, Theodor; WOLFF, Martin. *Tratado de derecho civil*. Barcelona: Bosch, 1933. v. 1. t. II.

ESPÍNOLA, Eduardo. *Sistema do direito civil brasileiro*. 4. ed. Rio de Janeiro: Livraria Conquista, 1961. v. II.

_____. *Dos contratos nominados no direito civil brasileiro*. Rio de Janeiro: Gazeta Jurídica, 1953.

_____. *Garantia e extinção das obrigações. Obrigações solidárias e indivisíveis*. Rio de Janeiro: Freitas Bastos, 1951.

ESTORNINHO, Maria João. *A fuga para o direito privado: contributo para o estudo da actividade de direito privado da Administração Pública*. Coimbra: Almedina, 1996.

FACHIN, Luiz Edson. *Teoria crítica do direito civil*. 3. ed. Rio de Janeiro: Renovar, 2012.

_____. *Estatuto jurídico do patrimônio mínimo*. 2. ed. Rio de Janeiro: Renovar, 2006.

_____. *Comentários ao Código Civil*. São Paulo: Saraiva, 2003. v. 15.

_____. *A função social da posse e a propriedade contemporânea: uma perspectiva da usucapião imobiliária rural*. Porto Alegre: Fabris, 1988.

_____. *Questões de direito civil brasileiro contemporâneo*. Rio de Janeiro: Renovar, 2008.

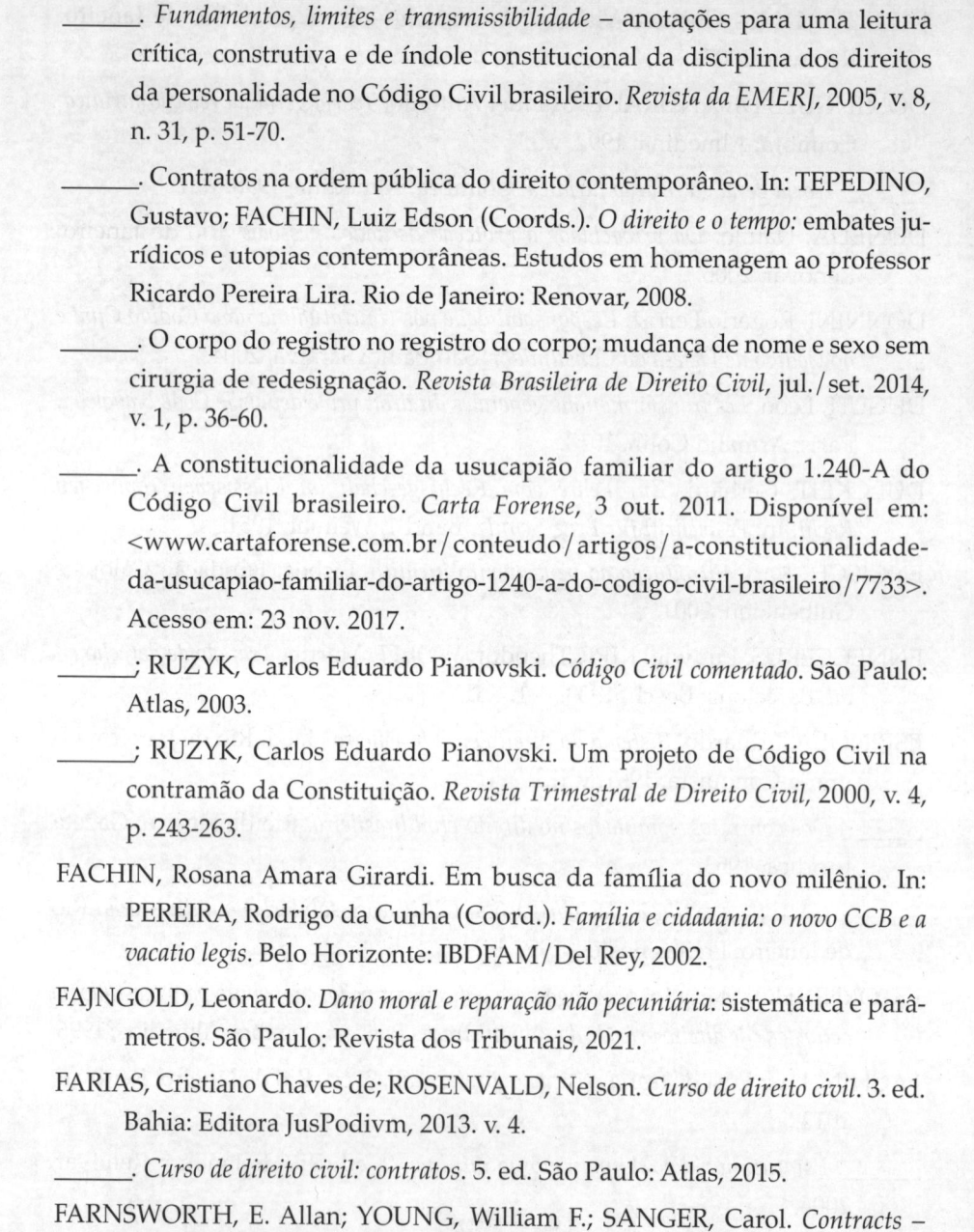

_____. *Fundamentos, limites e transmissibilidade* – anotações para uma leitura crítica, construtiva e de índole constitucional da disciplina dos direitos da personalidade no Código Civil brasileiro. *Revista da EMERJ*, 2005, v. 8, n. 31, p. 51-70.

_____. Contratos na ordem pública do direito contemporâneo. In: TEPEDINO, Gustavo; FACHIN, Luiz Edson (Coords.). *O direito e o tempo*: embates jurídicos e utopias contemporâneas. Estudos em homenagem ao professor Ricardo Pereira Lira. Rio de Janeiro: Renovar, 2008.

_____. O corpo do registro no registro do corpo; mudança de nome e sexo sem cirurgia de redesignação. *Revista Brasileira de Direito Civil*, jul./set. 2014, v. 1, p. 36-60.

_____. A constitucionalidade da usucapião familiar do artigo 1.240-A do Código Civil brasileiro. *Carta Forense*, 3 out. 2011. Disponível em: <www.cartaforense.com.br/conteudo/artigos/a-constitucionalidade-da-usucapiao-familiar-do-artigo-1240-a-do-codigo-civil-brasileiro/7733>. Acesso em: 23 nov. 2017.

_____; RUZYK, Carlos Eduardo Pianovski. *Código Civil comentado*. São Paulo: Atlas, 2003.

_____; RUZYK, Carlos Eduardo Pianovski. Um projeto de Código Civil na contramão da Constituição. *Revista Trimestral de Direito Civil*, 2000, v. 4, p. 243-263.

FACHIN, Rosana Amara Girardi. Em busca da família do novo milênio. In: PEREIRA, Rodrigo da Cunha (Coord.). *Família e cidadania: o novo CCB e a vacatio legis*. Belo Horizonte: IBDFAM/Del Rey, 2002.

FAJNGOLD, Leonardo. *Dano moral e reparação não pecuniária*: sistemática e parâmetros. São Paulo: Revista dos Tribunais, 2021.

FARIAS, Cristiano Chaves de; ROSENVALD, Nelson. *Curso de direito civil*. 3. ed. Bahia: Editora JusPodivm, 2013. v. 4.

_____. *Curso de direito civil: contratos*. 5. ed. São Paulo: Atlas, 2015.

FARNSWORTH, E. Allan; YOUNG, William F.; SANGER, Carol. *Contracts – Cases and Materials*. New York: Foundation Press, 2001.

FERRAJOLI, Luigi. Intervista a Luigi Ferrajoli. *Diritto e Questioni Pubbliche*, n. 5, 2005. Disponível em: <http://www.dirittoequestionipubbliche.org/D_Q-5/contributi/testi_5_2005/rec_G_Figueroa-Ferrajoli.pdf>. Acesso em: 20 nov. 2017. Entrevista concedida a Alfonso García Figueroa

FERRARA, Francesco. La condizione potestativa. *Rivista del Diritto Commerciale e del Diritto Generale delle Obbligazioni*, Milão, F. Vallardi, a. 29, 1931, n. 9-10, pt. 1.

FERREIRA, Alexandre Pimenta Batista. É necessária a figura das pertenças no Código Civil?. *Revista de Informação Legislativa*, Brasília, a. 48, jul./set. 2011, n. 191, p. 7-15.

FERRI, Luigi. Nozione giuridica di autonomia privata. In: *Studi in onore di Francesco Messineo:* per il suo XXXV anno d'insegnamento. Milão: Dott. A. Giuffrè, 1959. v. 4.

FICHTNER, Priscila. *A boa-fé qualificada no contrato de seguro*. Rio de Janeiro: UERJ, 2009 (tese de doutorado).

FIGUEIREDO, Luciano. *Pacto antenupcial*: limites da customização matrimonial. São Paulo: JusPodivm, 2024.

FONSECA, Arnoldo Medeiros da. *Caso fortuito e teoria da imprevisão*. 3. ed. Rio de Janeiro: Forense, 1958.

FORGIONI, Paula. *Contrato de distribuição*. 2. ed. São Paulo: Revista dos Tribunais, 2008.

FOUILLÉE, Alfred. *La science sociale contemporaine*. Paris: Hachette, 1880.

FRADERA, Véra Jacob de. A saga da uniformização da compra e venda internacional: da *lex mercatoria* à Convenção de Viena de 1980. In: _____; MOSER, Luiz Gustavo Meira (Org.). *A compra e venda internacional de mercadorias* – estudos sobre a Convenção de Viena de 1980. São Paulo: Atlas, 2011.

FRANTZ, Laura Coradini. *Revisão dos contratos:* elementos para sua construção dogmática. São Paulo: Saraiva, 2007.

FUBINI, Riccardo. *La dottrina dell'errore in diritto civile italiano*, Torino: Bocca, 1902, n. 4.

FUCHS, Ernst. *Die gemeinschädlichkeit der konstruktiven Jurisprudenz*. Karlsruhe: G. Braun, 1907.

FURTADO, Gabriel da Rocha. *Mora e inadimplemento substancial*. São Paulo: Atlas, 2014.

GABBA, Carlo Francesco. *Teoria della retroattività delle leggi*. Turim: Unione Tip. Ed. Torinese, 1891.

GABRIELLI, Enrico. *L'eccessiva onerosità sopravvenuta*. Turim: G. Giappichelli, 2012.

GAGLIANO, Pablo Stolze; PAMPLONA FILHO, Rodolfo. *Novo curso de direito civil*. 3. ed. São Paulo: Saraiva, 2003. v. I.

_____. *Novo curso de direito civil*. São Paulo: Saraiva, 2002. v. II.

_____. *Manual de direito civil*. São Paulo: Saraiva, 2017.

GAJARDONI, Fernando da Fonseca. Procedimentos, déficit procedimental e flexibilização procedimental no novo CPC. In: *Revista de Informação Legislativa*, abr./jun. 2011, v. 48, n. 190, t. 1, p. 163-177.

GALEANO, Eduardo. *As veias abertas da América Latina*. São Paulo: Paz e Terra, 1996.

GALGANO, Francesco. *Trattato de diritto civile*. 2. ed. Pádua: Cedam, 2010 v. II.

_____. Il negozio giuridico. In: CICU, Antonio; MESSINEO, Francesco. *Trattato di diritto civile e commerciale*. Milão: Giuffrè, 1988. v. III. t. 1.

GALLO, Paolo. *Sopravvenienza contrattuale e problemi di gestione del contratto*. Milão: Giuffrè, 1992.

GAMA, Guilherme Calmon Nogueira. Capacidade para testar, para testemunhar e para adquirir por testamento. In: HIRONAKA, Giselda; PEREIRA, Rodrigo da Cunha (Coord.). *Direito das sucessões e o novo Código Civil*. Belo Horizonte: Del Rey, 2004. p. 191-239.

_____. Das relações de parentesco. In: DIAS, Maria Berenice; PEREIRA, Rodrigo da Cunha (Coords.). *Direito de família e o novo Código Civil*. Belo Horizonte: Del Rey, 2005. p. 101-131.

_____. Substituições e Fideicomisso. In: HIRONAKA, Giselda; PEREIRA, Rodrigo da Cunha (Coord.). *Direito das Sucessões e o Novo Código Civil*. Belo Horizonte: Del Rey, 2004.

GARCIA, Rebeca. *Vícios redibitórios*: análise crítica de um regime especial de proteção do adquirente. Rio de Janeiro: Lumen Juris, 2024.

GARDNER, James A. *Legal Imperialism – American Lawyers and Foreign Aid in Latin America*. University of Winsconsin Press, 1980.

GEDIEL, José Antônio Peres. *Os transplantes de órgãos e a invenção moderna do corpo*. Curitiba: Moinho do Verbo, 2000.

GIL, Antonio Hernández. *La función social de la posesión*. Madrid: Alianza Editorial, 1969.

GILISSEN, John. *Introdução histórica ao direito*. 2. ed. Traduzido por António Manuel Hespanha. Lisboa: Calouste Gulbenkian, 1995.

GILMORE, Grant. *The Death of Contract*. USA: Ohio State University Press, 1995.

GIORGI, Giorgio. *Teoria delle obbligazioni nel diritto moderno italiano*. Florença: Fratelli Cammelli, 1924. v. I.

GIORGIANNI, Michelle. O direito privado e as suas atuais fronteiras. *Revista dos Tribunais*, v. 747, p. 35-55.

_____. Diritti reali. In: AZARA, Antonio; EULA, Ernesto (Coords.). *Novissimo Digesto Italiano*, Turim: UTET, 1968. v. 5.

GIORGIS, José Carlos Teixeira. Alimentos: algumas notas. *Magister*, Porto Alegre, v. 4, n. 19.

GIROLAMI, Matilde. *L'artificio della* causa contractus. Pádua: Cedam, 2012.

GOMES, Orlando. *Introdução ao direito civil*. 10. ed. Rio de Janeiro: Forense, 1988.

_____. *Introdução ao direito civil*. 1. ed. universitária. Rio de Janeiro: Forense, 1989.

_____. *Introdução ao direito civil*: revista, atualizada e aumentada de acordo com o Código Civil de 2002. Rio de Janeiro: Forense, 2008.

_____. *Obrigações*. Rio de Janeiro: Forense, 2000.

_____. *Contratos*. 17. ed. Rio de Janeiro: Forense, 1996.

_____. *Contratos*. Edição atualizada por Antônio Junqueira de Azevedo e Francisco Paulo De Crescenzo Marino. Rio de Janeiro: Forense, 2009.

_____. *Direitos reais*. 19. ed., atualizada por Luiz Edson Fachin. Rio de Janeiro: Forense, 2008.

_____. *Direitos reais*. 21. ed., atualizada por Luiz Edson Fachin. Rio de Janeiro: Forense, 2012.

_____. *Direito de família*, Rio de Janeiro: Forense, 1968.

_____. *Sucessões*. 15. ed., atualizada por Mario Roberto Carvalho de Faria. Rio de Janeiro: Forense, 2012.

_____. *Raízes históricas e sociológicas do Código Civil brasileiro*. São Paulo: Martins Fontes, 2003.

_____. Autonomia privada e negócio jurídico. In: _____. *Novos temas de direito civil*. Rio de Janeiro: Forense, 1983.

_____. Traços do perfil jurídico de um "shopping center". In: ARRUDA, José Soares; LÔBO, Carlos Augusto da Silveira (Coords.). *Shopping centers*: aspectos jurídicos. São Paulo: Revista dos Tribunais, 1984.

_____; GOTTSCHALK, Elson. *Curso de direito do trabalho*. 19. ed. Rio de Janeiro: Forense, 2012.

GONÇALVES, Carlos Roberto. *Direito civil brasileiro*. 6. ed. São Paulo: Saraiva, 2008. v. I.

_____. *Direito civil brasileiro*. 10. ed. São Paulo: Saraiva, 2012. v. I.

_____. *Responsabilidade civil*. São Paulo: Saraiva, 2003.

GONÇALVES, Marcos Alberto Rocha. *A posse como direito autônomo:* teoria e prática no direito civil brasileiro. Rio de Janeiro: Renovar, 2015.

GRAMSCI, Antonio. *Cadernos do cárcere*, vol. 4: temas de cultura, ação católica, americanismo e fordismo. Rio de Janeiro: Civilização Brasileira, 2001.

GRINOVER, Ada Pellegrini et al. *Código Brasileiro de Defesa do Consumidor comentado pelos autores do anteprojeto*. 8. ed. Rio de Janeiro: Forense Universitária, 2004.

GUIMARÃES, Aureliano. *A compra e venda civil*. São Paulo: Livraria Acadêmica, 1927.

HERNÁNDEZ GIL, Antonio. *La función social de la posesión*. Madri: Alianza, 1969.

HESPANHA, António Manuel. *A cultura jurídica europeia:* síntese de um milénio. Coimbra: Almedina, 2012.

HESSE, Konrad. *Derecho constitucional y derecho privado*. Madrid: Ed. Civitas, 1995.

HORA NETO, João. A resolução por onerosidade excessiva no novo Código Civil: uma quimera jurídica? *Revista da ESMESE*, 2003, n. 4.

IRTI, Natalino. *L'età della decodificazione*. Milão: Dott. A. Giuffrè, 1999.

ITABAIANA DE OLIVEIRA, Arthur Vasco. *Tratado de direito das sucessões*. 5. ed. Rio de Janeiro: Freitas Bastos, 1986.

JAYME, Erik. Entrevista com o professor Erik Jayme. *Revista Trimestral de Direito Civil*, Rio de Janeiro, Padma, jul./set. 2000, v. 3.

JOSSERAND, Louis. Evolução da responsabilidade civil. *Revista Forense*, Rio de Janeiro, 1941, v. LXXXVI.

KANT, Immanuel. *Fundamentos da metafísica dos costumes*. Rio de Janeiro: Ediouro, 1997.

KAUFMANN, Erich. *Das Wesen des Völkerrechts und di clausula rebus sic stantibus*. Tübingen: Mohr, 1911.

KHOURI, Paulo Roberto Roque Antônio. *A revisão judicial dos contratos no novo Código Civil, Código do Consumidor e Lei 8.666/93:* a onerosidade excessiva superveniente. São Paulo: Atlas, 2006.

KLIEMANN, Ana Carolina. O princípio da manutenção do negócio jurídico: uma proposta de aplicação. *Revista Trimestral de Direito Civil,* Rio de Janeiro, abr./jun. 2006, v. 26, p. 3-26.

KONDER, Carlos Nelson. *Contratos conexos:* grupos de contratos, redes contratuais e contratos coligados. Rio de Janeiro: Renovar, 2006.

_____. *Causa e tipo:* a qualificação dos contratos sob a perspectiva civil-constitucional. Rio de Janeiro, 2014.

_____. *O consentimento no biodireito:* os casos dos transexuais e dos *wannabes*. *Revista Trimestral de Direito Civil,* Rio de Janeiro, jul./set. 2003, v. 15.

_____. Enriquecimento sem causa e pagamento indevido. In: TEPEDINO, Gustavo (Coord.). *Obrigações: estudos na perspectiva civil-constitucional.* Rio de Janeiro: Renovar, 2005.

_____. Privacidade e Corpo: convergências possíveis. *Pensar,* Fortaleza, maio/ago. 2013, v. 18, n. 2, p. 354-400.

_____. Arras e Cláusula Penal nos Contratos Imobiliários. In: AZEVEDO, Fábio de Oliveira; BEZERRA DE MELO, Marco Aurélio (Coord.). *Direito Imobiliário: escritos em homenagem ao Professor Ricardo Pereira Lira.* São Paulo: Atlas, 2015.

_____. Prefácio. In: LINS, Thiago. *O lucro da intervenção e o direito à imagem.* Rio de Janeiro: Lumen Juris, 2016.

_____; RENTERÍA, Pablo. A funcionalização das relações obrigacionais: interesse do credor e patrimonialidade da prestação. In: TEPEDINO, Gustavo; FACHIN, Luiz Edson (Orgs.). *Diálogos sobre direito civil.* Rio de Janeiro: Renovar, 2008. v. II.

_____; SANTOS, Deborah Pereira Pinto dos. O equilíbrio contratual nas locações em *shopping center*: controle de cláusulas abusivas e a promessa de loja âncora. *Scientia Iuris,* Londrina, nov. 2016, v. 20, n. 3.

KRÜCKMANN, Paul. Clausula rebus sic stantibus, Kriegsklausel, Streikklausel. *Archiv für die civilistische Praxis,* 116, Tübingen, Mohr, 1918.

LACERDA DE ALMEIDA, Francisco de Paula. *Obrigações.* Rio de Janeiro: Revista dos Tribunais, 1916.

LARENZ, Karl. *Geschäftsgrundlage und Vertragserfüllung*. Munique: Beck, 1951.

_____. *Base del negocio juridico y cumplimento de los contratos*. Tradução de Carlos Fernandez Rodriguez. Madri: Editorial Revista de Derecho Privado, 1956.

LASSALLE, Ferdinand. *Programma operaio*. Roma: Luigi Mongini, 1903.

LEAL, Livia Teixeira. Exercício abusivo da autoridade parental sob a perspectiva da democratização da família: uma análise crítica da alienação e da autoalienação parental. *Revista IBDFAM: Famílias e Sucessões*, v. 24, nov./dez. 2017.

LEITE, Gonçalo Rollemberg. Contrato por pessoa a declarar. *Revista Forense*, 1959, n. 181.

LENEL, Otto. *Die Lehre von der Voraussetzung (im Hinblick auf den Entwurf eines bürgerlichen Gesetzbuches)*, AcP 74 (1889).

LEONARDO, Rodrigo Xavier. *Redes contratuais no mercado habitacional*. São Paulo: Revista dos Tribunais, 2003.

_____. A prescrição no Código Civil Brasileiro (ou o jogo dos sete erros). *Revista da Faculdade de Direito UFPR*, Curitiba, 2010, n. 51, p. 101-120.

_____. A pessoa jurídica no direito privado brasileiro do século XXI. In: TEIXEIRA, Ana Carolina Brochado; RIBEIRO, Gustavo Pereira Leite (Coord.). *Manual de teoria geral do direito civil*. Belo Horizonte: Del Rey, 2011. p. 385-426.

LEWICKI, Bruno. O domicílio no Código Civil de 2002. In: TEPEDINO, Gustavo (Coord.). *O Código Civil na perspectiva civil-constitucional:* parte geral. Rio de Janeiro: Renovar, 2013. p. 139-164.

LGOW, Carla Wainer Chalréo. *Direito de preferência*. São Paulo: Atlas, 2013.

LIMA, Alvino. *A responsabilidade civil pelo fato de outrem*. Rio de Janeiro: Forense, 1973.

_____. *Culpa e risco*. São Paulo: Revista dos Tribunais, 1992.

LIMONGI FRANÇA, Rubens. *Instituições de direito civil*. 3. ed. São Paulo: Saraiva, 1994.

LIMPENS, Jean. Territorial Expansion of the Code. In: SCHWARTZ, Bernard (Ed.). *The Code Napoleon and the Common-Law World:* The Sesquicentennial Lectures Delivered at the Law Center of New York University, December 13-15, 1954. New Jersey: The Lawbook Exchange, 2008.

LINS, Thiago. *O lucro da intervenção e o direito à imagem*. Rio de Janeiro: Lumen Juris, 2016.

LIRA, Ricardo Pereira. A onerosidade excessiva no Código Civil e a impossibilidade de modificação judicial dos contratos comutativos sem anuência do credor. In: TEPEDINO, Gustavo; FACHIN, Luiz Edson (Coords.). *O direito e o tempo:* embates jurídicos e utopias contemporâneas. Estudos em homenagem ao professor Ricardo Pereira Lira. Rio de Janeiro: Renovar, 2008.

_____. *Elementos de direito urbanístico*. Rio de Janeiro: Renovar, 1997.

_____. Direito de Superfície e o Novo Código Civil. *Revista Forense*, n. 364, nov./dez. 2002.

_____. A Aplicação do Direito e a Lei Injusta. *Revista da Faculdade de Direito da Universidade do Estado do Rio de Janeiro*, n. 5, 1997.

_____. A obrigação alternativa e a obrigação acompanhada de prestação facultativa. *Revista da Faculdade de Direito da UERJ*, Rio de Janeiro.

_____. A onerosidade excessiva nos contratos. *Revista de Direito Administrativo*, Rio de Janeiro, FGV, 1985, v. 159.

_____. Considerações sobre a representação nos negócios jurídicos. A teoria da aparência e o princípio da publicidade na Administração Pública. *Revista da Faculdade de Direito da UERJ*, Rio de Janeiro, 1993, v. 1.

_____. Breves notas sobre o negócio jurídico "shopping center". *Revista Forense*, Rio de Janeiro, v. 93, n. 337.

LOBO, Fabiola Albuquerque. A responsabilidade dos pais e a proteção da pessoa dos filhos. In: RUZYK, Carlos Eduardo P. et al. (Orgs.). *Direito civil constitucional* – a ressignificação da função dos institutos fundamentais, Florianópolis: Conceito, 2014. p. 467-481.

LÔBO, Paulo. *Responsabilidade por vício do produto ou do serviço*. Brasília: Brasília Jurídica, 1996.

_____. *Teoria geral das obrigações*. São Paulo: Saraiva, 2005.

_____. *Direito civil – parte geral*. 4. ed. São Paulo: Saraiva, 2013.

_____. *Direito Civil – contratos*. São Paulo: Saraiva, 2008.

_____. *Direito Civil – famílias*. São Paulo: Saraiva, 2008.

_____. Parte especial: das várias espécies de contratos. In: AZEVEDO, Antônio Junqueira de (Coord.). *Comentários ao Código Civil*. São Paulo: Saraiva, 2003. v. 6.

_____. Função atual da pessoa jurídica. *Revista de Direito Civil, Imobiliário, Agrário e Empresarial*, out./dez. 1988, v. 46, p. 50-70.

_____. Entidades familiares constitucionalizadas: para além do *numerus clausus*. In: PEREIRA, Rodrigo da Cunha (Coord.). *Família e cidadania:* o novo CCB e a *vacatio legis*. Belo Horizonte: IBDFAM/ Del Rey, 2002. p. 89-107.

_____. Danos morais e direitos da personalidade. *Revista Trimestral de Direito Civil*, Rio de Janeiro, v. 6, p. 79-98.

LOPEZ, Teresa Ancona. *Comentários ao Código Civil*. São Paulo: Saraiva, 2003. v. VII.

LUSTOSA, Paulo Franco. *Bem de família:* renúncia e disposição. Rio de Janeiro: Lumen Juris, 2016.

MACEDO JÚNIOR, Ronaldo Porto. *Contratos relacionais e defesa do consumidor*. São Paulo: Max Limonad, 1998.

MADALENO, Rolf. Autoalienação parental. In: PEREIRA, Tânia da Silva; OLIVEIRA, Guilherme de; COLTRO; Antônio Carlos Mathias (Org.). *Cuidado e afetividade*. São Paulo: Atlas, 2017.

MAIA, Lívia Barboza. *Violação de patente por contribuição*. Rio de Janeiro: Lumen Juris, 2024.

MAIA JÚNIOR, Mairan Gonçalves. *A representação do negócio jurídico*. São Paulo: Revista dos Tribunais, 2001.

MAGALHÃES, Alex Ferreira. *Direito da Favela no Contexto Pós-Programa Favela Bairro*. Tese de doutoramento IPPUR/UFRJ, 2010.

MALUF, Carlos Alberto Dabus. Pagamento indevido e enriquecimento sem causa. *Revista da Faculdade de Direito da Universidade de São Paulo*, v. 93, 1998, p. 115-132.

MANSUR, Rafael. Decisão do STF não é 'pá de cal' no direito ao esquecimento. *Consultor Jurídico*, 24 fev. 2021. Disponível em: <https://www.conjur.com.br/2021-fev-24/mansur-stf-nao-jogou-pa-cal-direito-esquecimento>. Acesso em: 2 set. 2021.

_____. Execução pelo *Equivalente Pecuniário*: natureza e regime jurídico. Universidade do Estado do Rio de Janeiro (dissertação de mestrado), 2021.

MARANHÃO, Délio. *Direito do trabalho*.17. ed. Rio de Janeiro: Fundação Getulio Vargas, 1993.

MARINHO, Maria Proença. *Frustração do fim do contrato*. São Paulo: Foco, 2020.

MARINO, Francisco Paulo de Crescenzo. *Interpretação do negócio jurídico.* São Paulo: Saraiva, 2011.

MARINS, James. *Responsabilidade da empresa pelo fato do produto.* São Paulo: Revista dos Tribunais, 1993.

MARQUES, Claudia Lima. *Contratos no Código de Defesa do Consumidor.* São Paulo: Revista dos Tribunais, 2002.

_____. *Contratos no Código de Defesa do Consumidor.* 8. ed. São Paulo: Revista dos Tribunais, 2016.

MARQUES, Ricardo Luiz Pereira. Direito Real de Superfície. *Revista Trimestral de Direito Civil,* v. 10, n. 38, abr./jun. 2009.

MARQUES, Roberta Silva Melo Fernandes Remédio. A ação/impugnação pauliana. Análise comparativa entre o direito português e o direito brasileiro. *Revista Brasileira de Direito Civil,* jul./set. 2016, v. 9, p. 111-138.

MARTINS, Guilherme Magalhães. *Contratos eletrônicos de consumo.* 3. ed. São Paulo: Atlas, 2016.

MARTINS-COSTA, Fernanda Mynarsky. *Condição suspensiva:* função, estrutura e regime jurídico. São Paulo: Almedina, 2017.

MARTINS-COSTA, Judith. *A boa-fé no direito privado:* sistema e tópica no processo obrigacional, São Paulo: Revista dos Tribunais, 2000.

_____. *A boa-fé no direito privado:* critérios para a sua aplicação. São Paulo: Marcial Pons, 2015.

_____. Do direito das obrigações – adimplemento e extinção das obrigações. In: TEIXEIRA, Sálvio de Figueiredo (Coord.). *Comentários ao novo Código Civil.* Rio de Janeiro: Forense, 2003. v. V. t. I.

_____. Do inadimplemento das obrigações. In: TEIXEIRA, Sálvio de Figueiredo (Coord.). *Comentários ao novo Código Civil.* 2. ed. Rio de Janeiro: Forense, 2009. v. V. t. II.

_____. A boa-fé e o adimplemento das obrigações. *Revista Brasileira de Direito Comparado,* Rio de Janeiro, Instituto de Direito Comparado Luso-Brasileiro, n. 25, p. 229-281.

_____. Os avatares do abuso do direito e o rumo indicado pela boa-fé. In: TEPEDINO, Gustavo (Org.). *Direito civil contemporâneo:* novos problemas à luz da legalidade constitucional. São Paulo: Atlas, 2008. p. 57-95.

MATOS, Ana Carla Harmatiuk. Filiação e homossexualidade. In: PEREIRA, Rodrigo da Cunha (Coord.). *Família e dignidade humana:* Anais do V Congresso Brasileiro de Direito de Família. São Paulo: IOB Thomson, 2006. p. 69-101.

MATTIETTO, Leonardo de Andrade. Os juros legais e o artigo 406 do Código Civil. In: *Revista Trimestral de Direito Civil*, 2003, v. 15, p. 89-106.

_____. Invalidade dos atos e negócios jurídicos. In: TEPEDINO, Gustavo (Coord.). *A parte geral do novo Código Civil:* estudos na perspectiva civil-constitucional. 3. ed. Rio de Janeiro: Renovar, 2007.

_____. O princípio do equilíbrio contratual. *Revista da Procuradoria Geral do Rio de Janeiro*, Rio de Janeiro, CEJUR, v. 64, 2009.

MAXIMILIANO, Carlos. *Hermenêutica e aplicação do direito*. 19. ed. Rio de Janeiro: Forense, 2001.

McELROY, Roy G.; WILLIAMS, Glanville. The Coronation Cases – I. *Modern Law Review*, 1941, v. 4. n. 4.

MEDICUS, Dieter. *Tratado de las relaciones obligacionales*. Barcelona: Bosch, 1995. t. I.

MEDINA MAIA, Roberta Mauro. *Teoria geral dos direitos reais*. São Paulo: Revista dos Tribunais, 2013.

MEDON, Filipe. *Inteligência artificial e responsabilidade civil*: autonomia, riscos e solidariedade. 2. ed. São Paulo: JusPodivm, 2022.

MEIRELES, Rose Melo Vencelau. *Autonomia privada e dignidade humana*. Rio de Janeiro: Renovar, 2009.

_____. O negócio jurídico e suas modalidades. In: TEPEDINO, Gustavo (Coord.). *O Código Civil na perspectiva civil-constitucional:* parte geral. Rio de Janeiro: Renovar, 2013. p. 219-263.

MEIRELLES, Jussara Maria Leal de. Os embriões humanos mantidos em laboratório e a proteção da pessoa: o novo Código Civil brasileiro e o texto constitucional. In: BARBOZA, Heloisa Helena; MEIRELLES, Jussara Maria Leal de; BARRETO, Vicente de Paulo (Orgs.). *Novos temas de biodireito e bioética*. Rio de Janeiro: Renovar, 2003.

MELLO, Marcos Bernardes de. Classificação dos fatos jurídicos. In: TEIXEIRA, Ana Carolina Brochado; RIBEIRO, Gustavo Pereira Leite (Coord.). *Manual de teoria geral do direito civil*. Belo Horizonte: Del Rey, 2011.

MENEZES CORDEIRO, António Manuel da Rocha e. *Da boa fé no direito civil.* Coimbra: Almedina, 1997.

_____. *Direitos reais.* Lisboa: Lex, 1979.

_____. *Tratado de direito civil.* 2. ed. Coimbra: Almedina, 2002. v. I. t. II.

_____. Da pós-eficácia das obrigações. In: *Estudos de direito civil.* Coimbra: Almedina, 1984.

MESQUTA, Euclides de. *A compensação no direito civil brasileiro.* São Paulo: Leud, 1975.

MIAILLE, Michel. *Une introduction critique au droit.* Paris: François Maspero, 1976.

_____. *Uma introdução crítica ao direito.* Lisboa: Moraes Ed., 1976.

MICHELON JÚNIOR, Cláudio. *Direito restituitório:* enriquecimento sem causa, pagamento indevido, gestão de negócios. São Paulo: Revista dos Tribunais, 2007.

MONCADA, Luís Cabral de. *Lições de direito civil:* parte geral. 4. ed. Coimbra: Almedina, 1995.

MONTEIRO, João. *Teoria do processo civil.* 6. ed., atualizada por J. M. de Carvalho Santos. Rio de Janeiro: Borsoi, 1956. t. I.

MONTEIRO, Washington de Barros. *Curso de direito civil.* 40. ed. São Paulo, Saraiva, 2005. v. I.

_____. *Curso de direito civil.* São Paulo: Saraiva, 1979. v. IV.

_____. *Curso de direito civil.* 34. ed. São Paulo: Saraiva, 2003. v. V.

MONTEIRO FILHO, Carlos Edison do Rêgo. O princípio da reparação integral e sua exceção no direito brasileiro. In: _____. *Rumos contemporâneos do direito civil:* estudos em perspectiva civil-constitucional. Belo Horizonte: Fórum, 2017.

_____. *Pacto comissório e pacto marciano no sistema brasileiro de garantias.* Rio de Janeiro: Processo, 2017.

_____. *Responsabilidade contratual e extracontratual.* Rio de Janeiro: Processo, 2016.

MOREIRA ALVES, José Carlos. *Direito romano.* 13. ed. Rio de Janeiro: Forense, 2002. v. I.

_____. *Direito romano.* 16. ed. Rio de Janeiro: Forense, 2014.

_____. *Posse.* Rio de Janeiro: Forense, 1999. v. I.

_____. *Da alienação fiduciária em garantia*. São Paulo: Saraiva, 1973.

_____. *Problema da vontade possessória*. Revista do Tribunal Regional Federal da 1a Região, out./dez. 1996, v. 8, p. 17-26.

_____. *Posse de direito no Código Civil brasileiro de 2002*. Revista Trimestral de Direito Civil, jan./mar. 2012, v. 49, p. 107-116.

MOREIRA NETO, Diogo de Figueiredo. Mutações do Direito administrativo novas considerações (avaliação e controle das alterações). *Revista Eletrônica sobre a Reforma do Estado*, Salvador, jun./ago. 2005, v. 2. Disponível em: <http://www.direitodoestado.com/revista/RERE-2-JUNHO-2005-DIOGO%20FIGUEIREDO.pdf>. Acesso em: 20 nov. 2017.

MOSCATI, Enrico. Le obbligazioni naturali tra diritto positivo e realtà sociale. *Rivista di Diritto Civile*, n. 2, mar./apr. 1991, ano XXXVII, Padova: Cedam.

MOTA PINTO, Carlos Alberto da. *Cessão da posição contratual*. Coimbra: Almedina, 1982.

MOTA PINTO, Paulo da. *Interesse contratual negativo e interesse contratual positivo*. Coimbra: Coimbra Editora, 2008. v. II.

MULHOLLAND, Caitlin. *Internet e contratação*: panorama das relações contratuais eletrônicas de consumo. Rio de Janeiro: Renovar, 2006.

MUNIZ, Francisco José Ferreira. *Textos de direito civil*. Curitiba: Juruá, 1998.

NADER, Paulo. *Curso de direito civil*. Rio de Janeiro: Forense, 2005. v. III.

NANNI, Giovanni Ettore. *Enriquecimento sem causa*. 3. ed. São Paulo: Saraiva, 2012.

_____. *Direito civil e arbitragem*. São Paulo: Atlas, 2014.

_____. *Inadimplemento absoluto e resolução contratual*: requisitos e efeitos. São Paulo: Revista dos Tribunais, 2021.

NASSER, Paulo Magalhães. *Onerosidade excessiva no contrato civil*. São Paulo: Saraiva, 2011.

NEGREIROS, Teresa. *Teoria do contrato*: novos paradigmas. 2. ed. Rio de Janeiro: Renovar: 2006.

_____. Enriquecimento sem causa: aspectos de sua aplicação no Brasil como um princípio geral de direito. *Revista da Ordem dos Advogados*, Lisboa, dez. 1995, v. 55, n. 3, p. 757-845.

NEVARES, Ana Luiza Maia. *A sucessão do cônjuge e do companheiro na perspectiva civil-constitucional*. 2. ed. São Paulo: Atlas, 2015.

_____. *A Função Promocional do Testamento*: tendências do direito sucessório. Rio de Janeiro: Renovar, 2009.

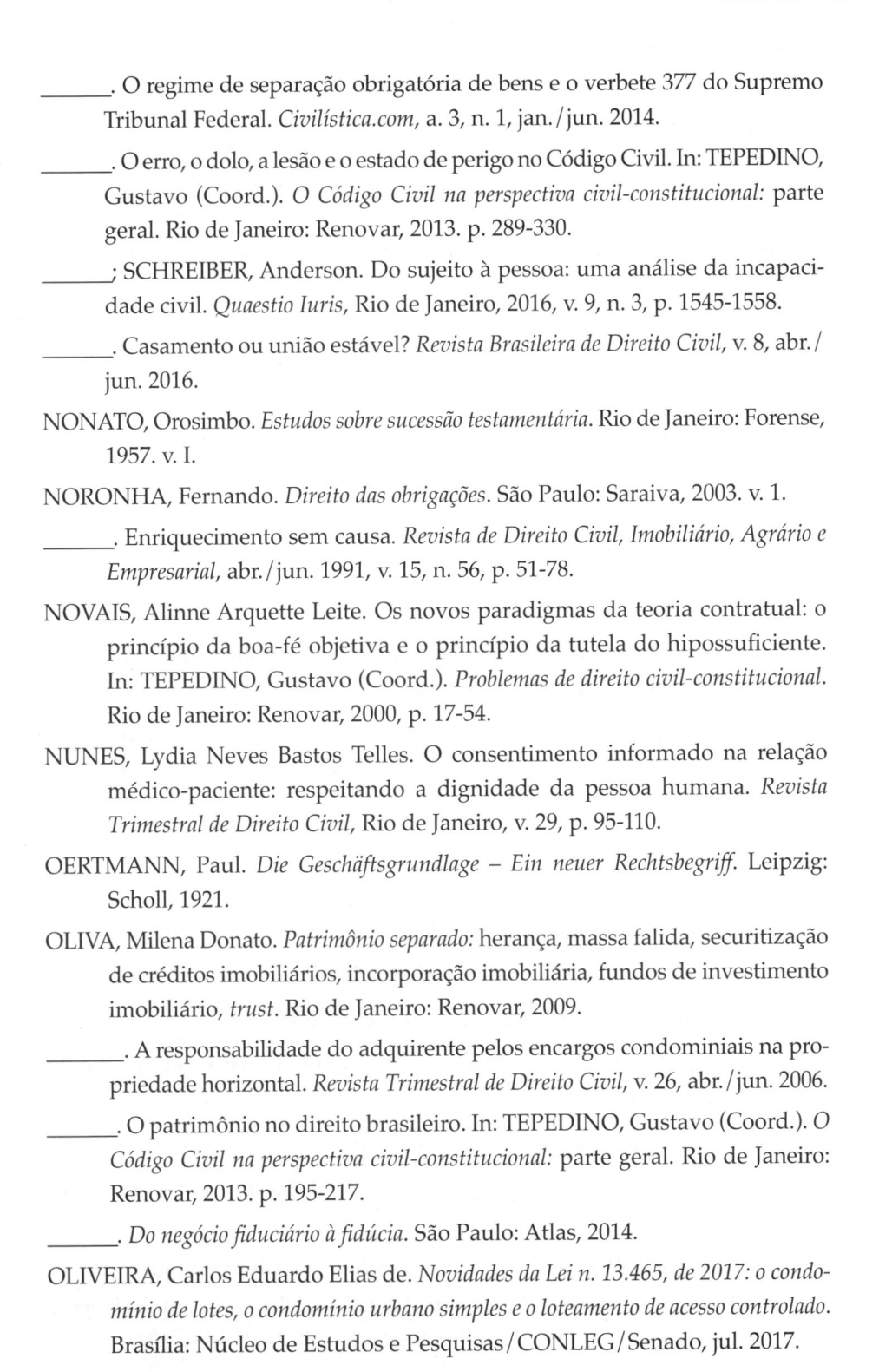

_____. O regime de separação obrigatória de bens e o verbete 377 do Supremo Tribunal Federal. *Civilística.com*, a. 3, n. 1, jan./jun. 2014.

_____. O erro, o dolo, a lesão e o estado de perigo no Código Civil. In: TEPEDINO, Gustavo (Coord.). *O Código Civil na perspectiva civil-constitucional:* parte geral. Rio de Janeiro: Renovar, 2013. p. 289-330.

_____; SCHREIBER, Anderson. Do sujeito à pessoa: uma análise da incapacidade civil. *Quaestio Iuris*, Rio de Janeiro, 2016, v. 9, n. 3, p. 1545-1558.

_____. Casamento ou união estável? *Revista Brasileira de Direito Civil*, v. 8, abr./jun. 2016.

NONATO, Orosimbo. *Estudos sobre sucessão testamentária*. Rio de Janeiro: Forense, 1957. v. I.

NORONHA, Fernando. *Direito das obrigações*. São Paulo: Saraiva, 2003. v. 1.

_____. Enriquecimento sem causa. *Revista de Direito Civil, Imobiliário, Agrário e Empresarial*, abr./jun. 1991, v. 15, n. 56, p. 51-78.

NOVAIS, Alinne Arquette Leite. Os novos paradigmas da teoria contratual: o princípio da boa-fé objetiva e o princípio da tutela do hipossuficiente. In: TEPEDINO, Gustavo (Coord.). *Problemas de direito civil-constitucional*. Rio de Janeiro: Renovar, 2000, p. 17-54.

NUNES, Lydia Neves Bastos Telles. O consentimento informado na relação médico-paciente: respeitando a dignidade da pessoa humana. *Revista Trimestral de Direito Civil*, Rio de Janeiro, v. 29, p. 95-110.

OERTMANN, Paul. *Die Geschäftsgrundlage – Ein neuer Rechtsbegriff*. Leipzig: Scholl, 1921.

OLIVA, Milena Donato. *Patrimônio separado:* herança, massa falida, securitização de créditos imobiliários, incorporação imobiliária, fundos de investimento imobiliário, *trust*. Rio de Janeiro: Renovar, 2009.

_____. A responsabilidade do adquirente pelos encargos condominiais na propriedade horizontal. *Revista Trimestral de Direito Civil*, v. 26, abr./jun. 2006.

_____. O patrimônio no direito brasileiro. In: TEPEDINO, Gustavo (Coord.). *O Código Civil na perspectiva civil-constitucional:* parte geral. Rio de Janeiro: Renovar, 2013. p. 195-217.

_____. *Do negócio fiduciário à fidúcia*. São Paulo: Atlas, 2014.

OLIVEIRA, Carlos Eduardo Elias de. *Novidades da Lei n. 13.465, de 2017: o condomínio de lotes, o condomínio urbano simples e o loteamento de acesso controlado*. Brasília: Núcleo de Estudos e Pesquisas/CONLEG/Senado, jul. 2017.

_____; TARTUCE, Flávio. *Lei das Garantias*. Rio de Janeiro: Forense, 2024.

OLIVEIRA, J. M. Leoni Lopes de. *Curso de direito civil*. São Paulo: Atlas, 2015. v. I.

OTHON SIDOU, José Maria. *Resolução judicial dos contratos (cláusula rebus sic stantibus) e contratos de adesão*. 3. ed. Rio de Janeiro: Forense, 2000.

PEIXOTO, José Carlos de Matos. *Corpus e animus na posse em direito romano*. Rio de Janeiro: Jornal do Commercio, 1936.

PELUSO, Cezar (Org.). *Código Civil comentado*. 2. ed. Barueri: Manole, 2008.

PEREIRA, Caio Mário da Silva. *Instituições de direito civil*. 24. ed., atualizada por Maria Celina Bodin de Moraes. Rio de Janeiro: Forense, 2011. v. I.

_____. *Instituições de direito civil*: introdução ao direito civil e teoria geral do direito civil. 29. ed., atualizada por Maria Celina Bodin de Moraes. Rio de Janeiro: Forense, 2016. v. I.

_____. *Instituições de direito civil*: teoria geral das obrigações. Rio de Janeiro: Forense, 2003. v. II, atualizado por Guilherme Calmon Nogueira da Gama.

_____. *Instituições de direito civil*: contratos. 20. ed., atualizada por Caitlin Mulholland. Rio de Janeiro: Forense, 2016. v. III.

_____. *Instituições de direito civil*: direitos reais. 24. ed., atualizada por Carlos Edison do Rêgo Monteiro Filho. Rio de Janeiro: Forense, 2016. v. IV.

_____. *Instituições de direito civil*: direito de família. 24. ed., atualizada por Tânia da Silva Pereira. Rio de Janeiro: Forense, 2016. v. V.

_____. *Instituições de direito civil*: direito das sucessões. 23. ed., atualizada por Carlos Roberto Barbosa Moreira. Rio de Janeiro: Forense, 2016. v. VI.

_____. *Condomínios e incorporações*. 10. ed. Rio de Janeiro: Forense, 2002.

_____. *Responsabilidade civil*. Rio de Janeiro: Forense, 1989.

_____. *Responsabilidade civil*. 11. ed., atualizada por Gustavo Tepedino. Rio de Janeiro: Forense, 2016,

_____. *Lesão nos contratos bilaterais*. Belo Horizonte: Imprensa Oficial, 1949.

_____. Crítica ao anteprojeto de Código Civil. *Revista Forense*, abr./jun. 1973, v. 242, p. 16-24.

_____. *Shopping centers* – organização econômica e disciplina jurídica. In: ARRUDA, José Soares; LÔBO, Carlos Augusto da Silveira (Coords.). *Shopping centers*: aspectos jurídicos. São Paulo: Revista dos Tribunais, 1984.

PEREIRA, Paula Moura Francesconi de Lemos. *Relação médico-paciente: o respeito à autonomia do paciente e a responsabilidade civil do médico pelo dever de informar*. Rio de Janeiro: Lumen Juris, 2011.

PEREIRA, Regis Fichtner. *A responsabilidade civil pré-contratual*. Rio de Janeiro: Renovar, 2001.

PEREIRA, Vinicius. *Cláusula de não indenizar*. Rio de Janeiro: Lumen Juris, 2015.

PEREZ, Viviane. O instituto da lesão no Código de Defesa do Consumidor: uma análise dirigida aos juros praticados em contratos bancários. *Revista Trimestral de Direito Civil*, Rio de Janeiro, jul./set. 2007, n. 31, p. 87-110.

PERILLO, Joseph M. Hardship and its Impact on Contractual Obligations: A Comparative Analysis. *Saggi, Conferenze e Seminari* 20. Disponível em: <www.cisg.law.pace.edu/cisg/biblio/perillo4.html>. Acesso em: 20 nov. 2017.

PERLINGIERI, Pietro. *Perfis do direito civil – introdução ao direito civil constitucional*. Tradução de Maria Cristina De Cicco. Rio de Janeiro: Renovar, 1999.

_____. *Il diritto civile nella legalità costituzionale*. Nápoles: ESI, 2001,

_____. *O direito civil na legalidade constitucional*. Tradução de Maria Cristina De Cicco. Rio de Janeiro: Renovar, 2008.

_____. *Manuale di diritto civile*. 2. ed. Nápoles: ESI, 2000.

_____. *Manuale di diritto civile*. Nápoles: ESI, 2003.

_____. *Manuale di diritto civile*. Nápoles: ESI, 2005.

_____. *La personalità umana nell'ordinamento giuridico*. Nápoles: ESI, 1972.

_____. *La personalità umana nell'ordinamento giuridico*. Camerino: Scuola di Perfezionamento in Diritto Civile dell'Università di Camerino, 1982.

_____. Modi di estinzione delle obbligazioni diversi dall'adempimento. In: *Commentario del Codice Civile*, Bolonha: Zanichelli, 1975.

_____. *Il fenomeno dell'estinzione nelle obbligazioni*. Camerino-Nápoles: ESI, 1980.

_____. Recenti prospettive nel diritto delle obbligazioni. In: *Le obbligazioni tra vecchi e nuovi dogmi*. Nápoles: ESI, 1990.

_____. *Autonomia negoziale e autonomia contrattuale*. Nápoles: ESI, 2000.

_____. *Il diritto dei contratti tra persona e mercato*. Nápoles: ESI, 2003.

_____. Riflessioni finali sul danno risarcibile. In: GIANDOMENICO, Giovanni di (Coord.). *Il danno risarcibile per lesione di interessi legittimi*. Nápoles: ESI, 2004. (Coleção da Università degli Studi del Molise, n. 20).

PEROZZI, Silvio. *Le obbligazioni romane*. Bolonha: Nicola Zanichelli, 1903.

PETIT, Eugène. *Tratado elementar de direito romano*. Campinas: Russel, 2003.

PETRINI, João Carlos. Notas para uma antropologia da família. In: FARIAS, Cristiano Chaves de (Coord.). *Temas atuais de direito e processo de família*. Rio de Janeiro: Lumen Juris, 2004. p. 41-64.

PICARD, Edmond. *Le droit pur*. Paris: Flammarion, 1920.

PINHEIRO, Rosalice Fidalgo; ISAGUIRRE Katya. O direito à moradia e o STF: um estudo de caso acerca da impenhorabilidade do bem de família do fiador. In: TEPEDINO, Gustavo; FACHIN, Luiz Edson (Orgs.). *Diálogos sobre direito civil*. Rio de Janeiro: Renovar, 2008. v. II. p. 131-164.

PINO, Augusto. *L'eccessiva onerosità delle prestazione*. Pádua: Cedam, 1952.

PINTO MONTEIRO, António. *Cláusula penal e indemnização*. Coimbra: Almedina, 1999.

PIRANDELLO, Luigi. *Il fu Mattia Pascal*. Trento: Einaudi, 2006.

PONTES DE MIRANDA, Francisco Cavalcanti. *Tratado de direito privado*. Rio de Janeiro: Borsoi, 1954. t. I.

_____. *Tratado de direito privado*. 3. ed. Rio de Janeiro: Borsoi, 1970. t. I.

_____. *Tratado de direito privado*. Rio de Janeiro: Borsoi, 1955. t. III.

_____. *Tratado de direito privado*. 3. ed. Rio de Janeiro: Borsoi, 1970. t. III.

_____. *Tratado de direito privado*. Rio de Janeiro: Borsoi, 1955. t. V.

_____. *Tratado de direito privado*. 3. ed. Rio de Janeiro: Borsoi, 1970. t. V.

_____. *Tratado de direito privado*. Rio de Janeiro: Borsoi, 1955. t. IX.

_____. *Tratado de direito privado*. São Paulo: Revista dos Tribunais, 1974. t. IX.

_____. *Tratado de direito privado*. São Paulo: Revista dos Tribunais, 1983. t. XI.

_____. *Tratado de direito privado*. São Paulo: Revista dos Tribunais, 1984. t. XXI.

_____. *Tratado de direito privado*. Rio de Janeiro: Borsoi, 1958. t. XXII.

_____. *Tratado de direito privado*. Rio de Janeiro: Borsoi, 1958. t. XXIV.

_____. *Tratado de direito privado*. 3. ed. Rio de Janeiro: Borsoi, 1959. t. XXV.

_____. *Tratado de direito privado*. Rio de Janeiro: Borsoi, 1959. t. XXVI.

_____. *Tratado de direito privado*. 3. ed. São Paulo: Revista dos Tribunais, 1984. t. XXXI.

_____. *Tratado de direito privado*. Rio de Janeiro: Borsoi, 1962. t. XXXVIII.

_____. *Tratado de direito privado*. 2. ed. Rio de Janeiro: Borsoi, 1963. t. XLIII.

_____. *Tratado de direito privado*. 3. ed. São Paulo: Revista dos Tribunais, 1984. t. XLIV.

_____. *Da promessa de recompensa*. Campinas: Bookseller, 2001.

PROSPERI, Francesco. *La famiglia non fondata sul matrimonio*. Camerino-Nápoles: ESI, 1980.

PROUDHON, P. J. *Théorie de la proprieté. Suivie d'un nouveau plan d'exposition perpétuelle*. Paris: Librarie Internationalle, 1871.

PUGLIATTI, Salvatore. *Diritto civile*: metodo, teoria, pratica. Milão: Giuffrè, 1951.

_____. *La proprietà nel nuovo diritto*. Milão: Dott. A. Giuffrè, 1964.

_____. *I fatti giuridici*. Revisão e atualização de Angelo Falzea, Milão: Giuffrè, 1996.

PUGLIESI, Antonio Celso Fonseca. Teoria da imprevisão e o novo Código Civil. *Revista dos Tribunais*, dez. 2004, v. 830.

QUEIROZ, João Quinelato de. *Responsabilidade civil e novas tecnologias*: critérios de imputação objetiva. São Paulo: Revista dos Tribunais, 2024.

RANIERI, Filippo. *Rinuncia tacita e Verwirkung*. Pádua: Cedam, 1971.

REALE, Miguel. *O projeto de Código Civil* – situação atual e seus problemas fundamentais. São Paulo: Saraiva, 1986.

REINIG, Guilherme Henrique Lima; CARNAÚBA, Daniel Amaral. Nulidade da doação e conversão substancial do negócio jurídico: comentários ao acórdão do REsp 11.225.861/RS. *Revista de Direito Civil Contemporâneo*, v. 1, out. 2014.

RENTERÍA, Pablo. *Obrigações de meio e de resultado:* análise crítica. Rio de Janeiro: Forense, 2011.

_____. *Penhor e autonomia privada*. São Paulo: Atlas, 2016.

REQUIÃO, Rubens. *Do representante comercial*. 9. ed., atualizada por Rubens Edmundo Requião. Rio de Janeiro: Forense, 2005.

_____. *Curso de direito falimentar*. São Paulo: Saraiva, 1995.

_____. Agência. In: *Enciclopédia Saraiva do Direito*, São Paulo: Saraiva, 1977. v. V.

_____. Projeto de Código Civil. *Revista de Direito Mercantil, Industrial, Econômico e Financeiro*, n. 17.

RIBAS, Felipe; MANSUR, Rafael. A tese da posição preferencial da liberdade de expressão frente aos direitos da personalidade: análise crítica à luz da legalidade constitucional. In: SCHREIBER, Anderson; MORAES, Bruno Terra de; TEFFÉ, Chiara Spadaccini de (Coords.). *Direito e mídia:* tecnologia e liberdade de expressão. São Paulo: Foco, 2020. p. 29-54.

RIBEIRO FILHO, Basileu. A lesão nos atos jurídicos: tese de concurso para livre-docente de Cadeira de Instituições de Direito Civil e Comercial da Faculdade Nacional de Ciências Econômicas. Rio de Janeiro: Aurora, 1948.

RICCOBONO, Salvatore. La teoria del possesso nel diritto romano. *Archivio giuridico*, 1893, v. 50.

RIPERT, Georges. *A regra moral nas obrigações civis*. Campinas: Bookseller, 2000.

RODOTÀ, Stefano. *Il terribile diritto:* studi sulla proprietà privata. Bolonha: Il Mulino, 1981.

_____. *Dal soggetto alla persona*. Nápoles: Editoriale Scientifica, 2007.

_____. *Proprietà – diritto vigente*. In: AZARA, Antonio; EULA, Ernesto (Coords.). *Novissimo Digesto Italiano*. Turim: UTET, 1967. v. XIV.

_____. *Intervista su privacy e libertà*. Roma-Bari: Laterza, 2005.

_____. La dignità della fine. *Il Manifesto*, Roma, 27 set. 2006. Entrevista.

RODRIGUES, Renata de Lima. *Planejamento Familiar*: limites e liberdade parentais. São Paulo: Foco, 2021.

RODRIGUES, Silvio. *Direito civil*. 32. ed. São Paulo: Saraiva, 2002. v. 1.

_____. *Direito civil*. São Paulo: Saraiva, 2002. v. 2.

_____. *Direito civil*. 28. ed. São Paulo: Saraiva, 2002. v. 3.

_____. *Direito civil*. 28. ed. São Paulo: Saraiva, 2003. v. 5.

RODRIGUES JUNIOR, Otávio Luiz. *Código Civil Comentado*, v. VI, t. I. São Paulo: Atlas, 2008.

ROPPO, Enzo. *O contrato*. Coimbra: Almedina, 1988.

ROPPO, Vincenzo. *Trattato del contratto*. Milão: Giuffrè, 2006. v. 5.

_____. *Diritto privato*. Turim: Giappichelli, 2010.

ROSA, Conrado Paulino da. *Desatando nós e criando laços:* os novos desafios da mediação familiar. Belo Horizonte: Del Rey, 2012.

ROUBIER, Paul. *Le droit transitoire:* conflits des loi dans le temps. 2. ed. Paris: Dalloz et Sirey, 1960.

ROUDINESCO, Elisabeth. *A família em desordem*. Rio de Janeiro: Jorge Zahar, 2003.

RUGGIERO, Roberto de. *Instituições de direito civil*. Campinas: Bookseller, 1999. v. I.

_____. *Instituições de direito civil*. Campinas: Bookseller, 1999. v. III.

RUSCELLO, Francesco. Dal patriarcato al rapporto omosessuale: dove va la famiglia? *Rassegna di Diritto Civile*, 2002.

RUZYK, Carlos Eduardo P. *Famílias simultâneas:* da unidade codificada à pluralidade constitucional. Rio de Janeiro: Renovar, 2005.

_____; FRANK, Felipe. A autonomia da posse frente à propriedade no direito brasileiro e a hipóteses dos parágrafos 4º e 5º do artigo 1.228 do Código Civil. In RUZYK, Carlos Eduardo P. et al. (Orgs.) *Direito civil constitucional – a ressignificação da função dos institutos fundamentais*, Florianópolis: Conceito, 2014. p. 415-436.

SAAB, Rachel. *Prescrição:* função, pressupostos e termo inicial. Belo Horizonte: Fórum, 2018.

SACK, Pedro. *A interpretação do silêncio no negócio jurídico*. São Paulo: Revista dos Tribunais, 2024.

SALEILLES, Raymond. *Les accidents de travail et la responsabilité civile:* essai d'une theorie objective de la responsabilite delictuelle. Paris: Arthur Rousseau, 1897.

SALLES, Raquel Bellini de Oliveira. *A cláusula geral de responsabilidade civil objetiva*. Rio de Janeiro: Lumen Juris, 2011.

SAN TIAGO DANTAS, Francisco Clementino de. *O conflito de vizinhança e sua composição*. Rio de Janeiro, 1939.

_____. *Programa de direito civil*. Rio de Janeiro: Ed. Rio, 1977. v. I.

_____. *Programa de direito civil – teoria geral*. Edição revista e atualizada por Gustavo Tepedino et al. Rio de Janeiro: Forense, 2001.

_____. *Programa de direito civil*. Rio de Janeiro: Ed. Rio, 1978. v. II.

_____. *Programa de direito civil*. Rio de Janeiro: Ed. Rio, 1979. v. III.

_____. *Direitos de família e das sucessões*. 2. ed. Rio de Janeiro: Forense, 1991.

SANSEVERINO, Paulo de Tarso Vieira. *Contrato nominados II*. São Paulo: Revista dos Tribunais, 2005.

SANTA MARIA, José Serpa. *Curso de direito civil*. Rio de Janeiro: Freitas Bastos, 1993. v. VII.

SANTOS, Deborah Pereira Pinto dos. *Indenização e Resolução Contratual*. São Paulo: Almedina, 2022.

SANTOS, José Beleza dos. *A simulação em direito civil*. Coimbra: [s.n.], 1955.

SARLET, Ingo Wolfgang. *Dignidade da pessoa humana e direitos fundamentais na Constituição Federal de 1988*. Porto Alegre: Livraria do Advogado, 2001.

SARMENTO, Daniel. Liberdades comunicativas e "direito ao esquecimento" na ordem constitucional brasileira. *Revista Brasileira de Direito Civil*, v. 7, jan./mar. 2016.

SARMENTO FILHO, Eduardo Sócrates Castanheira. *Direito registral imobiliário*. Curitiba: Juruá, 2013.

SAVI, Sérgio. *Responsabilidade civil por perda de uma chance*. São Paulo: Atlas, 2006.

_____. *Responsabilidade civil e enriquecimento sem causa:* o lucro da intervenção. São Paulo: Atlas, 2012.

SAVIGNY, Friedrich Karl von. *Traité de droit romain*. 2. ed. Paris: Firmin Didot, 1856. t. III.

_____. *Sistema del derecho romano actual*. Madrid: Góngora, 1878. v. 3. t. 4.

SCHMOECKEL, Mathias; RÜCKERT, Joachim; ZIMMERMANN, Reinhard. *Historisch-Kritischer Kommentar zum BGB*, Band I, Tübingen: Mohr Siebeck, 2003.

SCHREIBER, Anderson. *Direito civil e Constituição*. São Paulo: Atlas, 2013.

_____. *Direitos da personalidade*. 3. ed. São Paulo: Atlas, 2014.

_____. *Novos paradigmas da responsabilidade civil:* da erosão dos filtros de reparação à diluição dos danos. 6. ed. São Paulo: Atlas, 2015.

_____. *A proibição de comportamento contraditório:* tutela da confiança e *venire contra factum proprium*. 4. ed. São Paulo: Atlas, 2016.

_____. *Equilíbrio contratual e dever de renegociar*. São Paulo: Saraiva Educação, 2018.

_____. Direito à moradia como fundamento para impenhorabilidade do imóvel residencial do devedor solteiro. In: RAMOS, Carmem Lucia Silveira et al. (Coord.). *Diálogos sobre direito civil*. Rio de Janeiro: Renovar: 2002. v. I.

_____. Os direitos da personalidade e o Código Civil de 2002. In: TEPEDINO, Gustavo; FACHIN, Luiz Edson (Org.). *Diálogos sobre direito civil*. Rio de Janeiro: Renovar, 2008. v. II.

_____. Contratos eletrônicos e consumo. *Revista Brasileira de Direito Civil*, jul./set. 2014, v. 1, p. 95-119.

_____. Marco Civil da Internet: avanço ou retrocesso? A responsabilidade civil por dano derivado do conteúdo gerado por terceiro. In: LUCCA, Newton de; SIMÃO FILHO, Adalberto; LIMA, Cíntia Rosa Pereira de (Coords). *Direito & Internet. Tomo II:* Marco Civil da Internet (Lei nº 12.965/2014). São Paulo: Quartier Latin, 2015. p. 277-304.

_____. Princípios fundamentais do direito dos contratos. In: MONTEIRO FILHO, Carlos Edison do Rêgo; CRUZ GUEDES, Gisela Sampaio da; MEIRELES, Rose Melo Vencelau (Orgs.). *Direito civil*. Rio de Janeiro: Freitas Bastos, 2015. p. 201-221.

_____. Compensação de Créditos em Contrato de Empreitada e Instrumentos Genéricos de Quitação. *Revista Brasileira de Direito Civil*, v. 9, 2016.

_____. Boa-fé objetiva no novo Código de Processo Civil. In: MENDES, Aluisio Gonçalves de Castro; BEDAQUE, José Roberto dos Santos; CARNEIRO, Paulo Cezar Pinheiro; WAMBIER, Teresa Arruda Alvim (Coords.). *O novo processo civil brasileiro:* temas relevantes – estudos em homenagem ao Professor, Jurista e Ministro Luiz Fux. Rio de Janeiro: GZ, 2018. v. 1, p. 73-84.

_____. Liberdade de expressão e tecnologia. In: SCHREIBER, Anderson; MORAES, Bruno Terra de; TEFFÉ, Chiara Spadaccini de (Coords.). *Direito e mídia*: tecnologia e liberdade de expressão. São Paulo: Foco, 2020. p. 1-28.

_____. Direito ao esquecimento. In: SCHREIBER, Anderson; MORAES, Bruno Terra de; TEFFÉ, Chiara Spadaccini de (Coords.). *Direito e mídia*: tecnologia e liberdade de expressão. 2. ed. São Paulo: Foco, 2022. p. 217-230.

_____. A chamada união estável virtual: transformações do direito de família à luz da pandemia. In: NEVARES, Ana Luiza Maia; XAVIER, Marília Pedroso; MARZAGÃO, Silvia Felipe (Coords.). *Coronavírus*: impactos no direito de família e sucessões. São Paulo: Foco, 2020. p. 85-92.

_____. Contratos de locação imobiliária na pandemia. *Revista Pensar*, v. 25, n. 4, 2020.

_____. A chamada responsabilidade contratual de terceiro. In: FRAZÃO, Ana; CASTRO, Rodrigo R. Monteiro de; CAMPINHO, Sérgio (Orgs.). *Direito empresarial e sua interfaces*: homenagem a Fábio Ulhoa Coelho. São Paulo: Quartier Latin, 2022. v. IV. p. 173-187.

_____. Biografias, privacidade e indenização. *Carta Forense*. Disponível em: <http://www.cartaforense.com.br/conteudo/artigos/biografias-privacidade-e-indenizacao/12635 >. Acesso em: 21 dez. 2017.

_____. Multipropriedade imobiliária e a Lei 13.777/18. *Carta Forense*. Disponível em: <http://www.cartaforense.com.br/conteudo/colunas/multipropriedade-imobiliaria-e-a-lei-1377718/18333>. Acesso em: 23 jul. 2019.

_____ et al. *Código Civil comentado:* doutrina e jurisprudência. Rio de Janeiro: Forense, 2019.

_____; KONDER, Carlos Nelson (Coords.). *Direito civil constitucional*. São Paulo: Atlas, 2016.

_____; MANSUR, Rafael. *O projeto de lei de regime jurídico emergencial e transitório do covid-19*: importância da lei e dez sugestões de alteração. Disponível em: <andersonschreiber.jusbrasil.com.br>. Acesso em: 27 ago. 2020.

_____; SILVA, Rodrigo da Guia. Aspectos relevantes para a sistematização do lucro da intervenção no direito brasileiro. *Revista Pensar*, v. 23, n. 4, 2018. Disponível em: <http://periodicos.unifor.br/rpen/article/view/7815>.

SCHWARTZ, Andrew. A Standard Clause Analysis of the Frustration Doctrine and the Material Adverse Change Clause. *UCLA Law Review*, 2010, v. 57, n. 3.

SERPA LOPES, Miguel Maria de. *Curso de direito civil*. 4. ed. Rio de Janeiro: Freitas Bastos, 1962. v. I.

_____. *Curso de direito civil*. 8. ed. Rio de Janeiro: Freitas Bastos. v. I.

_____. *Curso de direito civil*. Rio de Janeiro: Freitas Bastos, 1995. v. II.

_____. *Curso de direito civil*. 4. ed. Rio de Janeiro: Freitas Bastos, 1991. v. III.

_____. *Curso de direito civil*. 6. ed. Rio de Janeiro: Freitas Bastos, 1996. v. III.

_____. *Curso de direito civil*. 5. ed. Rio de Janeiro: Freitas Bastos, 1999. v. IV.

_____. *Curso de direito civil*. Rio de Janeiro: Freitas Bastos, 1995. v. V.

_____. *Curso de direito civil*. 3. ed. Rio de Janeiro: Freitas Bastos, 1964. v. VI.

_____. *Comentários à Lei de Introdução ao Código Civil*. 2. ed. Rio de Janeiro: Freitas Bastos, 1959. v. I.

SILVA, Juliana Pedreira da. *Contratos sem negócio jurídico:* crítica das relações contratuais de fato. São Paulo: Atlas, 2011.

SILVA, Rafael Peteffi da. *Responsabilidade civil pela perda de uma chance*. São Paulo: Atlas, 2007.

SILVA, Rodrigo da Guia. *Enriquecimento sem causa: as obrigações restitutórias no direito civil*. São Paulo: Revista dos Tribunais, 2018.

SIMÃO, José Fernando. A hipoteca do bem de família: a garantia sobrevive. Carta Forense. Disponível em: <http://www.cartaforense.com.br/conteudo/colunas/a-hipoteca-e-bem-de-familia-a-garantia-sobrevive/195>. Acesso em: 21 dez. 2017.

_____. Comunhão parcial de bens e previdência privada: mear ou não mear eis a questão! Parte 2. *Carta Forense*. Disponível em: <http://www.cartaforense.com.br/conteudo/colunas/comunhao-parcialde-bens-e-previdencia-privada-mear-ou-nao-mear-eis-a-questaoparte-2/3836>. Acesso em: 21 dez. 2017.

_____. Estatuto da Pessoa com Deficiência causa perplexidade: partes I e II. *Conjur*, 6 e 7 ago. 2015. Disponível em: <www.conjur.com.br/2015-ago-06/jose-simao-estatuto-pessoa-deficiencia-causa-perplexidade>; <www.conjur.com.br/2015-ago-07/jose-simao-estatuto-pessoa-deficiencia-traz-mudancas>. Acesso em: 20 nov. 2017.

SIQUEIRA, Mariana Ribeiro. *Adimplemento substancial:* parâmetros para a sua configuração. Rio de janeiro: Lumen Juris, 2019.

SOARES, Danielle Machado. *Condomínio de fato*. Rio de Janeiro: Renovar, 1999.

SOARES, Felipe Ramos Ribas. *Remédios para a frustração do fim do contrato*. Rio de Janeiro: UERJ, 2023 (tese de doutorado).

_____. Utilização indevida de imagem de pessoa jurídica: responsabilidade civil ou enriquecimento sem causa? *Revista de Direito Civil Contemporâneo*, n. 5, v. 15, abr./jun. 2018.

SOUZA, Adalberto Pimentel Diniz de. *Risco contratual, onerosidade excessiva & contratos aleatórios*. Curitiba: Juruá, 2015.

SOUZA, Eduardo Nunes de. *Abuso das situações jurídicas subjetivas no direito brasileiro*. Createspace, 2016.

_____. *Situações jurídicas subjetivas*: aspectos controversos. *Civilística*, 2015, a. 4, n. 1.

_____. Categorias de atos jurídicos lícitos e seu controle de validade. *Revista dos Tribunais*, maio 2016, v. 967, p. 115-141.

_____. *Teoria geral das invalidades do negócio jurídico*. São Paulo: Almedina, 2017.

SOUZA NETO, José Soriano de. *Da novação*. São Paulo: Saraiva, 1937.

STAUB, Hermann. Die positiven Vertragsverletzungen und ihre Rechtsfolgen. *Festschrift für den XXVI. Deutschen Juristentag*, Berlim: J. Guttentag, 1902.

STEINER, Renata C. *Reparação de danos:* interesse positivo e interesse negativo. São Paulo: Quartier Latin, 2018.

SÜSSEKIND, Arnaldo. *Curso de direito do trabalho*. 3. ed. Rio de Janeiro: Renovar, 2010.

TÁCITO, Caio. Desapropriação – Imissão Provisória – Correção Monetária. In: *Revista de Direito Administrativo*, n. 242, 2005.

TARTUCE, Flávio. *Função social dos contratos – do Código de Defesa do Consumidor ao Código Civil de 2002*. 2. ed. São Paulo: Método, 2007.

_____. *Manual de direito civil:* volume único. Rio de Janeiro: Forense, 2016.

_____. A revisão do contrato pelo novo Código Civil. In: ALVES, Jones Figueirêdo; DELGADO, Mario Luiz (Coords.). *Questões controvertidas no novo Código Civil*. São Paulo: Método, 2003. v. 1.

_____. A penhora do bem de família do fiador. *Carta Forense*. Disponível em: <http://www.cartaforense.com.br/conteudo/colunas/a-penhora-do-bem-de-familia-do-fiador/2378>. Acesso em: 21 dez. 2017.

_____. Penhora do bem de família de alto valor: impossibilidade. *Carta Forense*. Disponível em: <http://www.cartaforense.com.br/conteudo/artigos/penhora-do-bem-de-familia-de-alto-valor-impossibilidade/17219>. Acesso em: 21 dez. 2017.

_____. A redução equitativa da indenização nos arts. 944 e 945 do Código Civil. *Carta Forense*. Disponível em: <http://www.cartaforense.com.br/conteudo/artigos/a-reducao-equitaviva-da-indenizacao-nos-arts-944-e-945-do-codigo-civil/3622>. Acesso em: 21 dez. 2017.

_____. Breves e iniciais reflexões sobre o julgamento do STF sobre parentalidade socioafetiva. Disponível em: <www.flaviotartuce.jusbrasil.com.br>. Acesso em: 21 dez. 2017.

TEFFÉ, Chiara Spadaccini de. *Dados Pessoais Sensíveis*: qualificação, tratamento e boas práticas. São Paulo: Foco, 2022.

TEIXEIRA, Ana Carolina Brochado. Integridade psíquica e capacidade de exercício. *Revista Trimestral de Direito Civil,* jan./mar. 2008, v. 33, p. 3-36.

_____. *Saúde, corpo e autonomia privada*. Rio de Janeiro: Renovar, 2010.

_____. *Família, guarda e autoridade parental*. Rio de Janeiro: Renovar, 2009.

_____; RODRIGUES, Renata de Lima. Aspectos gerais dos direitos da personalidade. In: TEIXEIRA, Ana Carolina Brochado; RIBEIRO, Gustavo Pereira Leite (Coord.). *Manual de teoria geral do direito civil*. Belo Horizonte: Del Rey, 2011. p. 229-248.

TEIXEIRA DE FREITAS, Augusto. *Código Civil:* esboço. Rio de Janeiro: Typographia Universal de Laemmert, 1860.

_____. *Consolidação das Leis Civis*. 3. ed. Rio de Janeiro: B. L. Garnier, 1876.

TELLES, Inocêncio Galvão. *Direito das obrigações*. Coimbra: Coimbra Editora, 1983.

TEPEDINO, Gustavo. *Temas de direito civil*. 3. ed. Rio de Janeiro: Renovar, 2004.

_____. *Temas de direito civil*. 4. ed. Rio de Janeiro: Renovar, 2008.

_____. *Temas de direito civil*. Rio de Janeiro: Renovar, 2006. t. II.

_____. *Temas de direito civil*. Rio de Janeiro: Renovar, 2009. t. III.

_____. *Soluções práticas de direito civil*. São Paulo: Revista dos Tribunais, 2012. v. I, II e III.

_____. *Multipropriedade imobiliária*. São Paulo: Saraiva, 1993.

_____. In: TEIXEIRA, Sálvio de Figueiredo (Coord.). *Comentários ao novo Código Civil*. Rio de Janeiro: Forense, 2008. v. X.

_____. *Comentários ao Código Civil*. São Paulo: Saraiva: 2011. v. 14.

_____. O Código Civil, os chamados microssistemas e a Constituição: premissas para uma reforma legislativa. In: _____ (Coord.). *Problemas de direito civil-constitucional*. Rio de Janeiro: Renovar, 2000. p. 1-17.

_____. *O novo Código Civil*: duro golpe na recente experiência constitucional brasileira. *Revista Trimestral de Direito Civil*, Rio de Janeiro, 2001, v. 7.

_____. Notas sobre a função social dos contratos. In: _____; FACHIN, Luiz Edson (Coords.). *O direito e o tempo*: embates jurídicos e utopias contemporâneas. Estudos em homenagem ao professor Ricardo Pereira Lira. Rio de Janeiro: Renovar, 2008.

_____. A função social da propriedade e o meio ambiente. *Revista Trimestral de Direito Civil*, Rio de Janeiro, 2009, v. 37, p. 127-148.

_____. Atividade sem negócio jurídico fundante e a formação progressiva dos contratos. *Revista Trimestral de Direito Civil*, out./dez. 2010, v. 11, n. 44, p. 19-30.

_____. Controvérsias sobre a sucessão do cônjuge e do companheiro. *Pensar*, Fortaleza, v. 17, n. 1, jan./jun. 2012.

_____. Crise de fontes normativas e técnica legislativa na parte geral do Código Civil de 2002. In: _____ (Coord.). *O Código Civil na perspectiva civil-constitucional:* parte geral. Rio de Janeiro: Renovar, 2013.

_____. Esboço de uma classificação funcional dos atos jurídicos. *Revista Brasileira de Direito Civil*, jul./set. 2014, v. 1, p. 8-38.

_____. Contratos em direito de família. In: PEREIRA, Rodrigo da Cunha (Org.). *Tratado de direito das famílias.* Belo Horizonte: IBDFAM, 2015. p. 475-501.

_____. Livro (eletrônico) e o perfil funcional dos bens jurídicos na experiência brasileira. In: Dário Moreira Vicente (et. al.). *Estudos de Direito Intelectual em homenagem ao Prof. Dr. José de Oliveira Ascensão.* Coimbra: Almedina, 2015.

_____. A nova Lei da Multipropriedade Imobiliária. In: *Revista Brasileira de Direito Civil*, v. 19, jan./mar. 2019.

_____; BARBOZA, Heloisa Helena; BODIN DE MORAES, Maria Celina (Coords.). *Código Civil interpretado conforme a Constituição da República.* Rio de Janeiro: Renovar, 2007, v. I; 2012, v. II; 2011, v. III; 2014, v. IV.

_____; SCHREIBER, Anderson. Direito das obrigações. In: AZEVEDO, Álvaro Villaça (Coord.). *Código Civil comentado.* São Paulo: Atlas, 2008. v. IV.

_____; SCHREIBER, Anderson. Função social da propriedade e legalidade constitucional. In: *A luta pela reforma agrária nos tribunais.* Porto Alegre: Companhia Rio-Grandense de Artes Gráficas, p. 41-57.

_____; SCHREIBER, Anderson. *Fundamentos do direito civil.* Rio de Janeiro: Forense, 2024. v. 2.

_____; SCHREIBER, Anderson. Minorias no direito civil brasileiro. *Revista Trimestral de Direito Civil*, Rio de Janeiro, 2002, v. 10, p. 135-155.

_____; SCHREIBER, Anderson. O extremo da vida – eutanásia, accanimento terapêutico e dignidade humana. *Revista Trimestral de Direito Civil*, Rio de Janeiro, jul./set. 2009, v. 39, p. 3-17.

_____; VIEGAS, Francisco. Notas sobre o termo inicial dos juros de mora e o artigo 407 do Código Civil. *Scientia Iuris*, Londrina, mar. 2017, v. 21, n. 1, p. 55-86.

TERRA DE MORAES, Bruno. *O dever de mitigar o próprio dano:* fundamento e parâmetros no direito brasileiro. Rio de Janeiro: Lumen Juris, 2019.

THEODORO JÚNIOR, Humberto. Dos defeitos do negócio jurídico ao final do livro III. In: TEIXEIRA, Sálvio de Figueiredo (Coord.). *Comentários ao novo Código Civil.* Rio de Janeiro: Forense, 2003. v. III. t. I.

TITO FULGÊNCIO. Do direito das obrigações. In: LACERDA, Paulo de (Coord.). *Manual do Código Civil brasileiro.* Rio de Janeiro: Jacintho Ribeiro dos Santos, 1928. v. X.

_____. *Direito real de hipoteca.* São Paulo: Saraiva, 1928.

TOLOMEI, Carlos Young. *A proteção do direito adquirido sob o prisma civil-constitucional:* uma perspectiva sistemático-axiológica. Rio de Janeiro: Renovar: 2005.

TORRES, Ricardo Lobo. *Tratado de direito constitucional financeiro e tributário.* Rio de Janeiro: Renovar, 2007. v. IV.

TOURNEAU, Philippe le. *La responsabilité civile.* Paris: Dalloz, 1982.

TRABUCCHI, Alberto. *Istituzioni di diritto civile.* Pádua: Cedam, 2017.

TRINDADE, Marcelo. Enriquecimento sem causa e repetição de indébito: observações à luz do Código Civil de 2002. *Revista Trimestral de Direito Civil,* abr./jun. 2004, v. 18, p. 235-261.

TROISI, Bruno. *La prescrizione come procedimento.* Camerino: ESI, 1980.

VALVERDE TERRA, Aline de Miranda. *Inadimplemento anterior ao termo.* Rio de Janeiro: Renovar, 2009.

_____. *Cláusula resolutiva expressa.* Belo Horizonte: Fórum, 2017.

_____. Execução pelo equivalente como alternativa à resolução: repercussões sobre a responsabilidade civil. *Revista Brasileira de Direito Civil.* Belo Horizonte, v. 18, out./dez. 2018.

_____; CRUZ GUEDES, Gisela Sampaio da. Considerações acerca da exclusão do lucro ilícito do patrimônio do agente ofensor. *Revista da Faculdade de Direito da UERJ,* Rio de Janeiro, dez. 2015, n. 28.

VASCONCELLOS, Mariana Maia de. *Multipropriedade imobiliária:* análise funcional das restrições ao direito de propriedade à luz da Lei n. 13.777/18. Rio de Janeiro: Processo, 2024.

VAZ, Marcella Campinho. *Renúncia de direitos:* limites e parâmetros de aplicação no direito civil. Rio de Janeiro: Processo, 2022.

VELOSO, Zeno. O domicílio no direito brasileiro, no português e no Projeto de Código Civil do Brasil. *Revista de Direito Civil, Imobiliário, Agrário e Empresarial*, jul./set. 1986, n. 37, p. 14-37.

VENOSA, Silvio de Salvo. *Direito civil*. São Paulo: Atlas, 2003. v. II.

_____. *Direito Civil:* contratos em espécie. 13. ed. São Paulo: Atlas, 2013.

_____. *Código Civil comentado:* direito das coisas, posse, direitos reais, propriedade. São Paulo: Atlas, 2003. v. XII.

_____. *Lei do Inquilinato comentada:* doutrina e prática. 6. ed. São Paulo: Atlas, 2003.

VIÉGAS, Francisco de Assis. *Denúncia contratual e dever de pré-aviso*. Belo Horizonte: Fórum, 2018.

_____. *Lei n. 14.905*: limites à autonomia privada na pactuação dos juros de mora. *Consultor Jurídico*, 5 set. 2024. Disponível em: <https://www.conjur.com.br/2024-set-05/lei-no-14-905-2024-limites-a-autonomia-privada-na-pactuacao-dos-juros-de-mora/>. Acesso em: 5 set. 2024.

VILLEY, Michel. La genèse du droit subjectif chez Guillaume d'Occam. *Archives de Philosophie du Droit*, PUF, 1964, v. 1.

WALD, Arnoldo. *Curso de direito civil brasileiro:* introdução e parte geral. 7. ed. São Paulo: Revista dos Tribunais, 1992.

_____. *Direito das obrigações*. São Paulo: Malheiros, 2001.

_____. *Obrigações e contratos*. 16. ed. São Paulo: Saraiva, 2005.

_____. *Direito civil:* direito de família. São Paulo: Saraiva, 2015.

_____. *Direito das coisas*. São Paulo: Saraiva, 2009.

_____. *Direito civil*. São Paulo: Saraiva, 2009. v. 4.

WEISKOPF, Nicholas. Frustration of Contractual Purpose: Doctrine or Myth. *St. John's Law Review*, 1996, v. 70, n. 2.

WESTERMANN, Harm Peter. *Código Civil alemão:* direito das obrigações (parte geral). Porto Alegre: Sergio Antonio Fabris, 1983.

WILLCOX, Victor. *Princípio da Conservação do Negócio Jurídico:* releitura à luz da legalidade constitucional. Rio de Janeiro: Lumen Juris, 2023.

WINDSCHEID, Bernhard. *Die Lehre des römischen Rechts von der Voraussetzung*. Düsseldorf: Buddeus, 1850.

_____. *Diritto delle Pandette*, Turim: UTET, 1902. v. I. pt 1.

XAVIER, Luciana Pedroso. *Os trusts no direito brasileiro contemporâneo*. Belo Horizonte: Fórum, 2023.

ZANETTI, Andrea Cristina. *Princípio do equilíbrio contratual*. São Paulo: Saraiva, 2012.

ZANETTI, Cristiano de Sousa. *A conservação dos contratos por defeito de forma*. São Paulo: Quartier Latin, 2013.

ZIMMERMANN, Reinhard. *The Law of Obligations* – Roman Foundations of the Civilian Tradition. Cidade do Cabo: Juta & Co., 1992.

ZWEIGERT, Konard; KÖTZ, Hein. *Introduzione al diritto comparato*, Milão: Giuffrè, 2011. v. II.

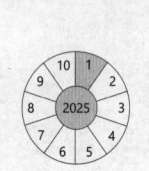